岳麓山读书

爱晚品美

唐松林 杨明刚 编著

中南大学出版社
www.csupress.com.cn

图书在版编目（CIP）数据

去麓山读书：全4册／唐松林，杨明刚编著．--长沙：中南大学出版社，2016.12

ISBN 978-7-5487-2652-4

Ⅰ．①去… Ⅱ．①唐…②杨… Ⅲ．①审美教育 Ⅳ．①G40-014

中国版本图书馆CIP数据核字(2016)第314703号

去麓山读书

QU LUSHAN DUSHU

唐松林　杨明刚　编著

□责任编辑　陈应征
□责任印制　易建国
□出版发行　中南大学出版社
社址：长沙市麓山南路　邮编：410083
发行科电话：0731-88876770　传真：0731-88710482
□印　　装　长沙鸿和印务有限公司

□开　　本　710×1000　1/16　□印张 46.75　□字数 921 千字
□版　　次　2016年12月第1版　□2016年12月第1次印刷
□书　　号　ISBN 978-7-5487-2652-4
□全套定价　188.00元

总序　沙龙话沙龙

唐松林　杨明刚　于晓卉　魏婷婷 *

时间：2016 年 9 月 19 日　19：00—22：30

地点：唐松林家

参加人：唐松林 杨明刚 于晓卉 魏婷婷

唐松林：我常说，2005 年我选择来湖南大学生活，真是一份难得的幸福！

从那时起，我和研究生们一起读书，一起说话，一起辩论……名曰学术沙龙。

我们在一起进岳麓书院，上爱晚亭，游清风峡……真正体会到了杜威说的"教育就是生活"！但我似乎更想说，教育就是享受生活！我当时要孩子们读书的目的很简单：加强通识！要他们补"通识"之课，补基础教育阶段和大学教育阶段的通识教育的缺失！所以，我有意给学生们推荐文史哲方面的经典，使他们从古人游，学会思考。果不其然，他们在接触各种哲学家及其理论流派之时，其阅读兴趣勃然，其思想日渐深邃，更重要的是大多孩子养成了淘书、藏书与品书的习惯！我们的教育从小学到大学，不鼓励孩子说话，他们口头表达的机会较少，缺

* [作者简介]
唐松林（1962 年出生），男，湖南常德人，湖南大学教授，博士生导师，从事教师教育、教育哲学研究；
杨明刚（1975 年出生），男，湖南城步人，湖南大学博士生，从事教育管理、马克思主义哲学研究；
于晓卉（1990 年出生），女，山东威海人，湖南大学教育科学研究院 2014 级研究生，从事教育哲学研究；
魏婷婷（1993 年出生），女，甘肃平凉人，湖南大学教育科学研究院 2014 级研究生，从事教育管理研究。

乏反思、猜测与批判的习惯与精神。我常常想，一个连话都不会说的人，哪里谈得了创造精神，更遑论全面发展。而学术沙龙，恰恰给了孩子们一个说话、辩论与表现的机会与平台。

于晓卉：我记得在沙龙上，我们连续三次读《道德经》，您流露出对老子的敬仰，后来看了您与您的学生写的那些有关生命论的文章，我就能体验到您主办学术沙龙的良苦用心。按照您的话说，在大学里，沙龙提供了相对自由的文化土壤，生命孕育其中，自由生长，自然造化，繁衍茂盛。大学品质是我们生命品质的彰显。大学是一种特殊的文化土壤，青年学子的好奇心、求知欲、创造力等天赋能量在大学文化里涵咏绵延，神奇缥缈，浑然天成，蕴藏巨大能量，生成无限可能，这也决定了大学的无限可能。沙龙是一个自由与诗意栖居的场所，师生在沙龙之中自由交流、对话，享受创造的乐趣与尊严，编织着一种美好的关系。

魏婷婷：沙龙，让我学会享受生活，这真是难得的幸福！沙龙巨大的魅力在于它不像课堂那样机械。它是自由开放、平等与共享的。沙龙的参与者亦来自不同的学校和单位，不仅有湖南大学的师生，而且有中南大学、湖南师范大学的师生，还有中学老师、企事业单位人员参与。特别值得一提的是，长沙师范学院的李京玉老师与长沙市六中的侯兰花、匡林林两位老师，他们是我们沙龙的常客。他们的参与为沙龙注入了新鲜血液，给一个话题的思考与讨论提供了更多的视角。他们都是热爱学习、愿意交流、善于享受贵族式生活的人。在消费主义、效率至上的时代，慢下来，学会享受、思考与分享的精神真是难能可贵。

孔子说："素其位而行，不愿乎其外。"一个真正的求学者，迫切需要在世界中找到自己爱的对象。他们做自己喜欢的事，互不羡妒，让感知、顿悟、智慧、良知与性情在这里生长，心灵找到了归属。这是"止于至善"的生存法则，生命亦如其所是。

杨明刚：我觉得学术沙龙不仅蕴含着自由、开放、平等与共享的特质，其形而上学的哲学思辨也无时不彰显出探寻真理、激扬生命与关注人性的理论情怀，这只反思历史、直面现实与眺望未来的形而上之手亦无时不抚慰着创造与想像，催生、繁衍着追寻科学、坚守真理的生命冲力与动能，诚如叔本华所言，人应是需要形而上学的，大学也需要形而上学，它是一所大学存在的精神支柱。《皮尔士》在谈到科学时也说到，如果"科学没有形而上学，它就是一门软弱无力、东倒西歪、腐化堕落的科学"①。作为科学圣地的大学，若没有独具内涵的形而上学与人文底蕴，它将是苍白与不可持续的，也是无力量的。

唐松林：早在800多年以前，就是在这里，据说朱熹和张栻在理学问题上意见不合，鏖战三天三夜，开展了激烈的辩论，留下了朱张"中和之辩"的千古传说。

① [美]科尼利斯·瓦尔.皮尔士[M].郝长墀,译.北京：中华书局,2003：60

与之不同的是，如今我们的学术沙龙不是名家之间的辩论，而是师生之间，特别是学生之间的自由对话，是一种日常生活形式。柏格森说，历史就是生命。我要说，我们的学术沙龙是一场绵延千年的文化生命之流。但它秉承“日新又日新”之精神，有新的超越，它从思想泰斗之间的唇枪舌剑，演变为平民之间的自由讨论与心灵分享。不参加这样的沙龙，不看这些演讲报告，你可能永远无法知晓“指点江山，激扬文字”的大学生活，你可能不会相信他们会如此语出惊人，说出如此深邃玄妙的哲理！所以，作为大学老师，这个沙龙经常让我有一种“其实我一无所知”的内疚与惭愧！同时也有“长江后浪推前浪”的喜悦！我经常疑问，当初“朱张会讲”时，他们的学生在做什么？所以，几年前，我在《教师与哲学家》中说了一句话：“‘我’就是哲学家。”周国平曾说，孩子天生就是哲学家！就教学的自由与文明而言，我有一种“俱往矣，数风流人物，还看今朝！”的自豪与欣慰，因为，我在沙龙上看到了孩子们思辨碰撞的深邃与魅力，看到了师生在自由平等中猜测反驳的现代学术文明。

杨明刚：从这个角度说，沙龙之意义在于它尊重了生命，释放了生命，它将人类与生俱来的原始能量和本能冲动释放出来，生发创造情欲与意志的力量，在你独特的成长经验、经历、记忆思想的流动中，促进你智慧、良知、道德与人格的整体发展。一种生命得以栖身的文化精神，是一种和而不同、浩瀚宽广、复杂的生命关系。在这样的关系里，释放创造，生成智慧，激扬良知，涵养人格。正如冯友兰先生对清华学子希冀的那样，“我们希望清华成一个‘万物并育而不相害，道并行而不相悖’的大大学”。这样的“大”大学，不会是一个物性扩张而精神匮乏的大学，相反，却是一片关系错综复杂，但又相和万生的、生命诗意栖身的大美无言之土壤。

唐松林：沙龙不只是一种简单的教学组织形式，而是一种课程，是一种教学文化。它为你提供了良好的自由文化与学术生存的土壤。它是生命的一种自由形式，唤醒你的生命能量，促进你的良知、理性与勇敢茁壮成长，涵养着大学教育的质量。它启动于生命内部之自然力量，不受任何外力的驱动，充满了哲与思，流动着力与美。在这里，闲逸的好奇，学术的争鸣，都是源于生命的冲动与神奇，都是世界独一无二的生命样式。我们所释放的思想、语言与行为，都是生命冲动的释放，即使你的语言刁钻古怪，即使你的思想恣意妄为，但对于生命的生长，都是最有利和最有意义的。

魏婷婷：学术沙龙的价值，正是它尊重和承认大学是一个千奇百怪的生命世界。大学质量的驱动，不能依靠外在的功利性规划与利益驱动，而须依赖大学之中师生所拥有的充沛的生命活力。沙龙的开放与自由性，使你对他者的理论与经验发出怀疑、反驳、批评与争论，这才是真正的学术生活，是人类知识进步的重要方法，是知识分子“敬业乐群”的重要形式，是大学“兼容并包”的文化生态。

"大学的真义就是无限的广大、无限的包容" ①，使你开放心态，包容异质，谦卑行动使你的智慧、良知与境遇趋向圆满，使你的心灵充满温暖，让你享受知识的分量与人生的尊严。

于晓卉：沙龙，在一定程度上，正如我和唐老师在一篇文章中强调的那样，它可以消解大学中绩效主义因素的荒诞性。绩效主义使大学质量出现种种荒诞，目标技术的片面、物质利益的驱动、数量指标的蛮横，过分强调效率而忽视生命，这是现代大学遭遇的最大问题。"绩效"与"分数"意识，似乎成为一种"集体无意识"，遮蔽了我们个体生命中最珍贵的情感与艺术，兼具个性与才华魅力的学生凤毛麟角，导致了一种"结果导向"的质量文化氛围，看不见大学质量的生命属性。大学质量被抽象为可操控的数量形式，教育目标变成指标与数字体系；教师劳动成果则是根据课题、论文、评奖、经费等进行评价，大学质量演化为各种工程、项目、基金等指标，致使大学沦为一个机器系统，就如克拉克·克尔描绘的那样，"它更是一架机器……一架由管理条例维系和由金钱赋予动力的机器"②。这座巨型机器具有功利价值导向、利益驱动与任务分割等特征，把大学引上一条远离生命及其生存关系的不归之路。

魏婷婷：沙龙，使学者真正成为"学术村庄"中"拥有房子的自由人"，使你回归生命，让你诗意地栖居。在那里，你无忧无虑自由自在无畏无惧，享受真理与创造世界的乐趣。沙龙，使你在与他人的辩论与对话中，发现并弥补自己的"无知"。学者只有明确"自己无知之处"，才能使你听从内心良知的呼唤，不再懒散，做出符合自身学识的决定，说自己的话，做自己的事情，"成为你自己！"③沙龙，使你享受审美的人生，因为它寓于人性的单纯、真理的简单和生命的自然之中，它以美的"好玩"而"不可利用"为特征，它体现生命万物并育、天道并行的审美意蕴。

于晓卉：沙龙，是在为现存大学备受诟病的诸问题寻求新的解脱。高度结构化、层次化与集中化的管理体制，使学术话语权、人的创造力、情感、尊严与爱被整体漠视；师生自主学习、自我反思、同行评价与学术争鸣的自由氛围消弭，抹杀了生命的多样性。形而上学之营养的枯竭，使大学灵魂与精神旁落，大学质量背离了"使他们有哲学般深邃，又有艺术般高雅" ④的学术信仰，如同蒋勋先生对世人的警训，"一个唯利是图的社会，每个人都会在物化自己与他人的过程中成为受害者" ⑤。

---

① 杨东平. 大学精神[M]. 上海：文汇出版社，2003，100

② 杨东平. 大学精神[M]. 上海：文汇出版社，2003，100

③ 肖川. 大学要带给学生什么[J]. 湖南师范大学教育科学学报，2014(1)：19

④ 肖川. 大学要带给学生什么[J]. 湖南师范大学教育科学学报，2014(1)：19

⑤ [美]Clark Kerr. 大学的功用[M]. 陈学飞等，译. 南昌：江西教育出版社，1993：10

杨明刚：沙龙，是一种以反思和争鸣作为手段的质量评价方式。参与者既有理智、谨慎与崇尚真理的共性，也有“意出尘外，怪生笔端”的生命差异之神奇。沙龙中的猜测、反驳与辩论，是决定你“接受”或“摈弃”、“继续研究”或“停止研究”的方法。① 一个真正的学者，对宇宙、对人类有一种亲密的崇敬与畏惧感，他能把自己选择的事情看作“我”的生命，无论什么“利好”，终不肯牺牲“我”之生命与之交换。苏霍姆林斯基曾出于回归原初动力的心态，给教师们提出这样的建议，我们都有一种心灵深处根深蒂固的需要，“这就是希望自己是发现者、研究者……”②

唐松林：《去麓山读书》，书名源于与胡弼成、陈应征、杨明刚的一次小型沙龙，这套丛书是2013年3月至2015年1月的部分沙龙记录的整理稿。沙龙是自由的，不仅没有固定的时间与地点，而且校内外有爱好之人均可参与其中。沙龙的每一个主题，是主讲者阅读的一部著作或对某一选题的学习或研究心得，其中饱含了孩子们对知识的热爱、尊重、敬畏与期待，对彼此之间互动最美好的希冀、记载与回忆。我们徜徉书海，领略万种人物豪情，充斥着思想飞驰的天马行空，享受心灵的碰撞、辩论的乐趣，享受着一次次思想的震撼。就如摆在你面前的一篇篇文章，你无法相信是一群研究生的读书笔记或专题研究。当你看到每位主讲者15000字左右的读书报告，你会惊讶于他们的认真、典雅、深思与创造，你会情不自禁地想起陈寅恪在王国维的纪念碑铭上的那句名言：“独立之精神，自由之思想。”此刻，我要重复我经常对学生们说的那句话：如果你能写出如此美丽的读书报告，你的人生何愁不美！

于晓卉：我在整理《去麓山读书：爱晚品美》时，悉谙它所传递的审美、知识与反思的价值意蕴。席勒在《审美教育书简》中提到，要把审美活动作为恢复或实现人的完整存在的基本途径。阅读与教育能够培育、发展审美的能力，而审美的过程亦是一个使人受教育的过程。审美是对人的精神维度的建构，通过智慧与情感的陶冶，促进心灵的成长与完善，引导个体探寻生命的意义，寻求生活的价值、领悟生命的真谛。审美教育并非机械主义的强迫灌输，它更是一种生命自主、自为的过程，发端于个体生命中最真切的情感体验，由感悟而引发内心的震动。岳麓沙龙在为师生们提供了一个自由、无拘的释放环境之外，亦有生命关怀、促进成长的审美教育书籍，如《美的历程》《没有宽恕就没有未来》《瓦尔登湖》《人的宗教》等，师生们跟随李泽厚、跟随梭罗、跟随图图大主教等思想者，在精神世界中驰骋遨游，以他们为镜像，关怀个体生命。

魏婷婷：通过整理《去麓山读书：清风巡世》，其间的智慧与思考让我受益颇

---

① ［美］Clark Kerr. 大学的功用［M］. 陈学飞等，译. 南昌：江西教育出版社，1993：10

② ［德］尼采. 作为教育家的叔本华［M］. 周国平，译. 南京：译林出版社，2014：4

深。雅斯贝尔斯曾说：教育决定一个时代、一个人和一个民族的精神面貌，这风靡一时的观点，是毋庸置疑的。大学是研究高深知识与学问的场所，但是“平庸的大学”的论调却从未停歇。它的淡泊与宁静正在被工具主义、功利主义、机械主义侵蚀。大学何谓？大学何为？大学固有的卓越精神，时刻给予我们这样的警醒与反思：不管在哪个时代，哪种精神状况下，大学都不应该沦为时代平庸的牺牲品。现代大学应努力超越平庸，复归卓越，从而引领时代潮流，为人类社会提供一种终极关怀，这才是高等教育何以谓之“高”。在本系列丛书的第二部分，结合专业主旨，汇聚专业精神探讨了高等教育发展中的重重困境。以《巨流河》《失去灵魂的卓越：哈佛是如何忘记教育宗旨的》《找回大学精神》《伤魂》《中国在梁庄》《乌合之众：大众心理研究》《乡关何处》《文化苦旅》《人生的枷锁》《耳语者》《教父》等书籍为例，思考其呈现给我们的社会伤痕与教育现实，并以此建构起自身的批判精神与反思意识，敢于质疑、敢于发问，寻回大学的本真样式。

杨明刚：《去麓山读书：书院论学》相对较难，是一组政治经济学与社会学著作，是唐松林老师讲授《教育社会学》的部分课外读物。社会学、经济学、政治学和教育学均作为社会科学，它们的联系甚密。首先，社会学本身蕴含着丰富的研究方法与理念，许多的教育现象、问题均可以用社会学的方法、理论等加以分析和阐释。第二，如果将教育回归到社会去认识，其本身是一种社会制度与社会组织。正如有学者讲到，“学校就是一个社会制度，它是个人社会化的一个重要的场所，所以，学校作为一个组织含有一般社会组织的原理”，并明确提出，一方面，用以改良教育，另一方面就是改良未来的社会。这种理念在杜威的教育思想中亦有体现。它在《学校与社会》《民主主义与教育》中，论述了教育与社会进步的关系，更把学校看成一种社会制度，肯定学校的社会功能等。相应的社会学家，如迪尔凯姆、韦伯等亦尤其关注教育与社会的关系。因此，教育研究与社会研究一脉相承，对社会学的关注更有利于我们去解决和反思教育问题。因此，岳麓沙龙举办了以社会学名著为主题的学术盛宴，其间学习、分享、讨论《心灵、自我与社会》《历史的终结及最后之人》《实用主义与社会学》《德川宗教：现代日本的文化渊源》《孤独的人群》《日常生活中的自我呈现》《权利和特权：社会分层的理论》等书籍，为我们更好地认识和研究教育问题开启了视野。

唐松林：《去麓山读书：古刹谈智》是我们的教学改革内容之一。我在《教育哲学》的教学中，以“自主选择(专题)—搜集文献—反思探究—学术报告—合作讨论”的教学形式，将艺术、身体、美德、知识、正义、幸福、生活、自由、民主、理性等哲学命题与教育相融合，让学生通过广泛阅读，自我探究，拷问内心，联结现实，回溯本源涉及教育学中一些最本质的问题，促进人不断地探索和反思，深入地认识自己及自己与世界的关系，给人提供一种恰当的逻辑思维方式。我们想要的是灵魂纯正，勤于思考，富于智慧，思想深刻，不畏雄辩的人，而不是要那种按部就班、墨守成规与鹦鹉学舌的人。

教育的真谛不在知识的灌输，而在以文化人。这场“学术的飨宴”仿佛使你置身于天、地、人的浩瀚而又绵绵的空间，内心久久无法平静，总有探求与挖掘的冲动，真是浸润心灵，澡雪精神。可惜的是，本沙龙虽然始于2005年，但由于缺乏系统的录音、总结与整理，只剩下讲稿及残缺的讨论笔记。这里的《去麓山读书》丛书，只是2013年来部分有完整记录的沙龙的再现。其中的整理、修改与校对，得到了部分研究生们的辛劳付出，他们是：于晓卉、魏婷婷、于思琪、郑洁、李倩、李吟霁、涂南、吴丽霞、王志娟、肖利伟、沈豪英、张素华、吕亚妮、冯誉萱、芦方园、周咪等，他们辛劳的汗水化为这份温馨的回忆，弥足珍贵。

“嘤其鸣矣，求其友声”，我们的沙龙还在继续，但我现在的感觉，似乎不是为了孩子的“通识”，甚至不是为了孩子的成长，而是完全发自自我心灵的需要，如果两个星期不经受沙龙的洗礼，就像两个星期没有沐浴那样让你难受！我们期待越来越多的志同道合者、热爱读书者加入其中，各言尔志，分享经验，碰撞思想，砥砺灵魂，滋润生命，这是教育的常态，也应该是生活的常态。

沙龙:知识传递与创新的摇篮

姚利民

《爱晚品美》是《去麓山读书》书系的第一辑，本辑选读了《美的历程》《巨流河》《瓦尔登湖》《学术与政治》《人类简史》等名著，书中既蕴含了美的记忆与中国精神、诗意的栖居与精神守望，也有对学术中的理智与情感的探讨、对自己的重新审视……

唐松林教授治学严谨、为人谦和、爱生如子，对学术沙龙十余载的坚守更是令人钦佩，其倡导与践行的沙龙已然成为本院的一个学术实践与传递知识的符号，亦是我院的一张浸润着学术张力与创新动能的亮丽的名片。

沙龙作为一个以自由、平等与创新为精神追求的“非正式”的学术交流平台，以其休闲、体验、建构、反思等特征，在新的时代背景下焕发出新的活力，就其研究与学习功能而言，它能促进知识创新，是知识传递与学术创新的场所与摇篮。其知识创新功能是：它使人主动思想具有了可能性；能培养一种创造的信念与习惯；容易使知识发生聚变形成新知识。在此，人人都是主体，传统课堂上的客体消失得无影无踪，依托沙龙主题呈现的载体，“在场的”平等主体的思想可以自由驰骋，而自由的精神亦促成“在此的”主体得以各抒己见、畅所欲言，在传承历史与“现成的”知识文本的陈述中，生命创造的冲动得以激励，在激烈的“交锋”与“对峙”中，真理越辩越明并在生命深处彰显，美越描越清且在心灵深处呈现，激越的碰撞使创新的灵感与火花得以迸发……

作为知识传递与学术创新的场所与摇篮的学术沙龙，其具有新知识、新思想产生所需要的一些环境特点：

其一，知识分子网络的出现。唐松林教授认为：学术沙龙，是一个知识分子网络，网络成员具有一定的亲缘与学缘关系，是出于闲暇目的的一种经常性聚会。它与沙龙相比，主题更鲜明，内容也显得不那么随意。而参与的知识分子根据自己的专业基础和生活经验，充分发表自己的观点，形成自己的创造能力和创新意识。

其二，知识聚集性。知识聚集性使学术学习者呈现出多层次、多样化格局，每个人的学术及其结论都具有浓厚的个性色彩，这种格局客观上要求大家互相尊重；在那里，参与者根据自己的专业基础和生活经验，充分发表自己的观点，形成自己的创造能力和创新意识，学术沙龙中的知识分子网络常常是某个学科或某个方向的学者。它有一套自己的互动仪式与学术范式，“由于各人的基础、起点、掌握的信息、视角、研究方式及分析综合能力等各不相同，通过彼此交流、切磋，不但会形成大量的新创意，而且会形成智慧的叠加、互补和增值，显著提高整体的智商、情商和创意能力。”（唐松林语）

其三，相对的核心人物的引导。学术沙龙是一个开放的、远离平衡态的耗散结构体系，在新旧人员不断进退中，输入与释放能量，使组织长期处于一个虽然松散但不断发生思想碰撞，同时又有相当凝聚力的工作状态。而核心人物能提出一些比较具有前沿性、价值性和趣味性的问题，能在轻松自如的休闲式对话中激发参与者思想热情，活跃学术气氛。

其四，开放自由的特质。学术沙龙的开放自由性的特质，使学习过程成为不同个体灵感显现的过程，学习者有各自的思维方式，在批判与质疑中形成变通的个性与批判性思维习惯，在学习中不迷信科学权威，不受任何教条束缚，学术沙龙没有空间、时间、身份限制。参与者任凭思维驰骋，思想与思想碰撞，常常有意想不到的发现。最可贵的是，这种特质能使休闲、思考与创新一体化。通过参与者的相互沟通与互动，任凭潜意识无限释放，达到忘情的地步。参加者既可在他人思想同一方向上开拓创新，又可在不同方向上互相质疑，可能成为论敌，在反驳与争斗中促进知识的创新。

总之，沙龙的环境能培养一种创造的信念和习惯，它容易使知识发生聚变从而形成新知识，情景多元化、知识生成多元化的学术学习范式，使学术目标、学习方式和学习职能发生转变，即由偏重逻辑与实证转变到注重生活经验与创造上来，学习者的活动由被动引经据典转变为辩论、批判与怀疑，参与者由传播真理转变为创造知识，等等。愿本丛书的出版能够引起沙龙活动倡导者与参与者的共鸣，也愿广大读者能够从中得到启思并以宽容的心态来阅读本丛书，感谢松林教授的辛勤付出，愿在学术沙龙实践方面能够取得更大的成果。

2016 年 10 月于麓山脚下

目　录

《美的历程》：美的记忆与中国精神

佘君君*

时间：2014 年 6 月 4 日

地点：湖南大学教育科学研究院 310 教室

出版社：生活·读书·新知三联书店，2013

参与人：唐松林、张小燕、张燕玲、刘丹丹、佘君君、王祖霖、王晨、姚尧（湖南师范大学研究生）、张娟娟、朱春水、杨沙明（中南林业科技大学教师）、刘轶臻（华融湘江银行内控合规部总经理）、廖锐、邓杰、刘凤

一、书籍概况

（一）作者简介

李泽厚，湖南省长沙市宁乡县人，生于 1930 年 6 月，曾就读于宁乡四中、湖南省第一师范，1954 毕业于北京大学哲学系。1983 年当选为巴黎国际哲学院院士，1998 年获美国科罗拉多学院人文学荣誉博士学位。主要从事中国近代思想史和哲学、美学研究。李泽厚成名于 20 世纪 50 年代，以重实践、尚“人化”的“客观性与社会性相统一”的美学观卓然成家。其主要著作有《批判哲学的批判——康德述评》《我的哲学提纲》《中国〈古代、近代、现代〉思想史论》《美的历程》《华夏美学》《美学四讲》《走我自己的路》《世纪新梦》等。

---

* 作者简介：佘君君（1993 年出生），女，湖南长沙人，湖南大学教育科学研究院 2013 级硕士研究生，从事教育哲学研究。

(二) 内容简介

《美的历程》是李泽厚在新时期的重要著作，涵盖了李泽厚先生众多美学思想。作者认为，艺术趣味和审美理想的转变，并非艺术本身所能决定，决定它们的归根到底仍然是现实生活，故而考察一个时代的艺术以及艺术精神，必须要结合那个时代的社会经济、政治情况。此书，正是将中国美学发展史置于中国文明、中国政治经济发展的大框架内，剖析了众多美学现象中所积淀凝练的美学内容，浑然一体而又绵延不绝，简单而又深刻，发人深省。《美的历程》全书共分十章，每一章评述某一时期的审美趣味，其中也包括某一具体艺术，如诗歌、绘画、建筑的发展。它并不是细节式地分析具体艺术作品，而是将审美、作品与历史的发展有机地联系起来，万物有因有果，汇聚成一股“实践美学”。

(三) 相关背景

美学大讨论：20 世纪五六十年代的美学大讨论主要是围绕“美本质、自然美、美学研究对象”三个问题展开的，其中“美本质”问题是讨论的核心，历时九年。1956 年，朱光潜发表了一篇自我批评的文章《我的文艺思想的反动性》，此文引起轩然大波，贺麟、黄药眠、蔡仪、敏泽、李泽厚等人随即发表了对朱光潜美学思想的批判文章，并且随着批判的深入，这些不同的批判者之间也展开了对彼此的批判。随之产生了以高尔泰为代表的主观论美学(美是人的一种观念)、以蔡仪为代表的绝对客观论美学(客观存在的美是主观意识美感的根源)、以朱光潜为代表的主客观统一论美学(美不仅在物，亦不仅在心，它在心与物的关系上)、以李泽厚为代表的实践本体论美学(美既是社会的，又是客观的)四大学派。

二、章节赏析

(一) 龙飞凤舞

对使用工具的合规律性的形体感受和在所谓“装饰品”上的自觉加工，两者不但有着漫长的时间距离(数十万年)，而且在性质上也是根本不同的……尽管两者似乎都是“自然的人化”和“人的对象化”，但前者是将人作为超生物存在的社会生活外化和凝冻在物质生产工具上，是真正的物化活动；后者则是将人的观念和幻想外化和凝冻在这些所谓的“装饰品”的物质对象上，它们只是物态化的活动。前者是现实的“人的对象化”和“自然的人化”，后者是想像中的这种“人化”和“对象化”。(P2)

原始人群之所以染红穿戴、撒抹红粉，已不是对鲜明夺目的红颜色的动物性的生理反应，而开始有其社会性的巫术礼仪的符号意义……红色诉诸当时原始人群的便不只是感官愉快，而是其中参与了、储存了特定的观念意义了。在对象一方，自然形式（红的色彩）里已经积淀了社会内容；在主体一方，官能感受（对红色的感觉愉快）中已经积淀了观念性的想像、理解。（P3）

这一章包含了三个小节，即“远古图腾”“原始歌舞”和“有意味的形式”。中国有着辉煌灿烂的文明历史，史前文化就代表着中国文明已经初露曙光。这个时候的美，从石器工具的进步上就可以看出史前人民对形体性状的初步感受，这种原始的物态化的活动便正是人类社会意识形态和上层建筑的开始，积淀着原始人们强烈的情感、思想、信仰与期望，也是审美意识的萌芽。远古的图腾活动、巫术礼仪、原始神话、歌舞等都是“美”的代表。例如，远古图腾歌舞作为巫术礼仪，是有观念内容和情节意义的，而这情节意义就是喜剧和文学的先驱。当这些内容积淀为形式，想像、观念积淀为感受，美就不是一般的形式，而是“有意味的形式”，它是积淀了社会内容的自然形式。随着岁月的流逝，时代的变迁，“这种原来是‘有意味的形式’却由于重复的仿制，其间的社会内容与思想会慢慢流逝，成为规范化的一般形式美”。（P28）

（二）青铜饕餮

中国的青铜饕餮也是这样。在那看来狞厉可畏的威吓神秘中，积淀着一股深沉的历史力量。它的神秘恐怖正只是与这种无可阻挡的巨大历史力量相结合，才成为美——崇高的。（P40）

图1　兽面纹鼎

图2　战国泰虎符小篆

后世那些张牙舞爪的各类人、神造型或动物形象，尽管如何夸耀威吓恐惧，却徒然只显其空虚可笑而已。它们没有青铜艺术这种历史必然的命运力量和人类早期的童年气质。（P41）

这种净化了的线条——书法美，就不是一般的图案花纹的形式美、装饰美，而是真正意义上的“有意味的形式”。一般形式美经常是静止的、程式化、规格化和失去现实生命感、力量感的东西（如美术字），“有意味的形式”则恰恰相反，它是活生生的、流动的、富有生命暗示和表现力量的美。（P45）

这个部分论述了“狞厉的美”“线条的美”和“解体和解放”。夏代标志着蛮荒原始社会的结束，中国步入奴隶社会。夏文化则是具有浓厚宗教性质的巫史文化。饕餮纹，一种青铜器纹饰，也是一种凶狠恐怖的兽面纹，所谓狞厉的美，这些表示的是初生阶级对自身统治地位的肯定与幻想。人类为了摆脱动物状态，最初使用的都是野蛮的、无情的手段，饕餮的形象一方面是恐怖的化身，另一方面也是保护的神祇。和青铜器同时发展的，还有汉字，以其净化了的线条美表现和表达出种种形体姿态、情感意兴和气势力量，终于形成了中国特有的线的艺术，而后的书法，正是一种流动的、富有生命暗示和表现力量的美。当审美、艺术日益从巫术和宗教的笼罩下解放出来，时代风貌也就从野蛮变为理性，由厚重变为轻灵。无论是青铜还是书法，都体现着历史前进的力量，都是真正的审美对象。

（三）先秦理性精神

中国美学的着眼点更多不是对象、实体，而是功能、关系、韵律，强调得更多的是内在生命意兴的表达，而不在模拟的忠实、再现的可信。作为效果，强调得更多的是情理结合、情感中潜藏着智慧以得到现实人生的和谐和满足，而不是非理性的迷狂或超世间的信念。作为形象，强调得更多的是情感性的优美（“阴柔”）和壮美（“阳刚”），而不是宿命的恐惧或悲剧性的崇高。所有这些中国古典美学“中和”原则和艺术特征，都无不可以追溯到先秦理性精神。（P55）

图 3　河北正定唐开寺钟楼

图 4　扬州瘦西湖的园林建筑

图5　苏州留园曲溪楼

中国建筑的平面纵深空间，使人慢慢游历在一个复杂多样楼台亭阁的不断进程中，感受到生活的安适和对环境的和谐。瞬间直观把握的巨大空间感受，在这里变成长久漫游的时间历程。实用的、入世的、理智的、历史的因素在这里占着明显的优势，从而排斥了反理性的迷狂意识。（P66）

这部分包括了“儒道互补”“赋比兴原则”和“建筑艺术”三个部分。贯穿先秦的一个总倾向就是理性主义。主要表现为以孔子为代表的儒家学说，以庄子为代表的道家学说。儒家是怀疑论或无神论的世界观和对现实生活积极进取的入世人生观，道家则是遵循自然与避弃现世的出世人生观；儒家强调的是为社会政治服务的实用功利，道家强调的是人与自然的审美关系，所以，道家也是儒家的对立与补充。原始时代是诉诸感官知觉的审美形式的开端，而《诗经》则是以概念文字为材料，诉诸想像的艺术，后人又从中总结了“赋比兴”的美学原则，它们都是情感、理解、想像诸因素的不同比例的配合。如同诗文中的情感因素一样，建筑同样也凝聚着中华民族在审美上的基本特色。建筑的平面结构、严格的对称机构都透露着一股理性精神，渲染的是现实世间的生活意绪。

（四）楚汉浪漫主义

《离骚》把最为生动鲜艳、只有在原始神话中才能出现的那种无羁而多义的浪漫想像，与最为炽热深沉、只有在理性觉醒时刻才能有的个体人格和情操，最完满地溶化成了有机整体。（P70）

这个世界是有意或无意地作为人的本质的对象化，作为人的有机或非有机的躯体而表现着的。它是人对客观世界的征服，这才是汉代艺术的真正主题。（P75）

这部分含有“屈骚传统”“琳琅满目的世界”和“气势和古拙”三个小节。当理性主义在北中国取得优势的时候，南中国则仍保持和发展着绚烂的远古传统。以屈原为代表的楚文化，弥漫在一片奇异的想像的神话世界中，屈原的《离骚》正是因为这种浪漫想像与炽热深沉的情感的有机融合，开创了中国抒情诗无可比拟的典范。汉代艺术的主题在于人对客观世界的征服，汉代艺术通过神话跟历史、现实和神等丰满的形象画面，展示了一个琳琅满目的世界。它既不恐怖威吓，也不消沉颓废，而是积极乐观，对世间生活怀有热情与肯定。这种琳琅满目，展现出来的是人对客观世界的直接征服与胜利。汉代的画砖、画像透露出来的都是一种粗线条粗轮廓，尽管粗重，却心胸开阔，静态中包含着运动与力量的速度感，粗拙中透露出一股气势。

（五）魏晋风度

内的追求是与外的否定联在一起，人的觉醒是在对旧传统旧信仰旧价值旧风习的破坏、对抗和怀疑中取得的。（P94）

所谓“文的自觉”，是一个美学概念，非单指文学而已。其他艺术，特别是绘画与书法，同样从魏晋起，表现着这个自觉。它们同样展现为讲究、研讨、注意自身创作规律和审美形式。（P103）

这个部分分为“人的主题”“文的自觉”与“阮籍和陶渊明”三节。魏晋时期，门阀士族成为引领社会风气的阶级，代之而兴的是他们的世界观与人生观，即人的觉醒。比如在当时的诗文中，对生死存亡的重视、哀伤，对人生短促的感慨、喟叹，在相当长一段时间弥漫开来，成为当时的典型音调。这一主题也就造就了“言不尽意”“气韵生动”“以形写神”等中国艺术学原则。同时，人的觉醒带来了文的自觉，比如对汉字修辞的审美特性与音韵的对称与均衡，还有书法表现出来的飘俊飞扬、逸伦超群的魏晋风度。艺术与政治、经济常不平衡，所以，门阀士族们经常生活在既富贵又满怀忧祸的矛盾且复杂的境地中，外表尽管洒脱不凡，内心却更强烈地执着人生。阮籍和陶潜正是这种魏晋风度的典型代表，“一个忧愤无端，慷慨任气；一个超然事外，平淡冲和”。（P109）

（六）佛陀世容

这（自我牺牲）是统治者的自我慰安与欺骗，又是他们撒向人间的鸦片和麻药。它是一种地道的反理性的宗教迷狂，其艺术音调是激昂、狂热、紧张、粗犷的。（P113）

宗教里的苦难既是现实的苦难的表现，又是对这种现实的苦难的呻吟。宗教是被压迫生灵的叹息，是无情世界的情感。（P114）

艺术趣味和审美理想的转变，并非艺术本身所能决定，决定它们的归根到底仍然是现实生活。（P121）

这一章包含“悲惨世界”“虚幻颂歌”和“走向世俗”三个小节。佛教艺术在中国广泛传播流行，于南北朝占据统治地位，隋唐达到极盛，而后逐渐衰亡。这个过程是一个接受、改造、消化、摆脱的过程，是清醒的理性主义对反理性的迷狂主义的战胜。这时发展的雕塑、壁画、佛窟等表现出来的都是一种沉重阴郁的美，是对悲惨现实和苦痛牺牲的描述。而隋唐的形象与之前的悲惨世界相比，是另一种美的典型，佛像变得慈祥和蔼，壁画则是绚烂华丽，圆润流利，这是一种对欢乐和幸福的幻想。而后，宗教艺术还是被世俗艺术所替代，这一切也是以中国社会的经济基础和社会关系的重要变动为现实基础的。

图6　敦煌壁画：割肉贸使鸽（北魏）

图7　麦积山石窟北魏雕佛像

（七）盛唐之音

这部分包括“青春、李白”“音乐性的美”“杜诗颜字韩文”三个部分。盛唐闪烁的是青春、自由与欢乐，其典型代表就是唐诗。刘希夷的《代悲白头翁》，显示的是少年时代所感受到的那股莫名的惆怅，是面对无限宇宙时生命的有限，也是关于人生、关于宇宙的“自我意识”的觉醒；张若虚的《春江花月夜》正是度过十六七岁的少年期后，开始走向成熟，建功立业；李白的恣意洒脱、痛快淋漓，指斥人生。这些都使得盛唐艺术奏出了最强音。盛唐诗歌与书法的审美实质和艺术核心是一种音乐性的美，如狂草，各种异国曲调，霓裳羽衣，可歌可唱的诗歌等。如果李白、张旭等人代表的是“活泼美”，那么杜诗颜字韩文就是一种“规范美”，这两种都是不同的“有意味的形式”，积淀着不同的社会内容与情感。发展至盛唐中唐之交时，盛唐时期的雄伟气势则被收纳于一定形式、规格与律令中，那种不可捉摸，高贵飘逸的气派演变为更为工整规矩的世俗风度。

（八）韵外之致

苏轼在美学上追求的是一种朴质无华、平淡自然的情趣韵味，一种退避社

会、厌弃世间的人生理想和生活态度，反对矫揉造作和装饰雕琢，并把这一切提到某种透彻了悟的哲理高度。（P166）

这一章包括“中唐文艺”、“内在矛盾”和“苏轼的意义”三个小节。安史之乱后，唐代开始走下坡路，但是同一时期，出现了文坛艺苑的百花齐放。这一时期的美学风格开始染上一层薄薄的孤冷、伤感和忧郁。也是从此刻起，热衷政治与不得为之或不愿为之的矛盾开始酝酿，出世与入世成为文人们的矛盾。苏轼就是这一矛盾取向的代表，一方面忠君爱国，满怀抱负，另一方面又想逃避政治，甚至逃避社会，有一种无法解脱却又想要解脱的感伤。

（九）宋元山水意境

世俗地主阶级作为占有者与自然毕竟处在一种闲散、休息、消极静观的关系之中，他们最多只能是农村生活的享受者和欣赏者。这种社会阶级的特征也相当清晰地折射在中国山水画上：人与自然那种愉悦亲切和牧歌式的宁静，成为它的基本音调，即使点缀着负薪的樵夫，泛舟的渔父也决不是什么劳动的颂歌，而仍然是一幅掩盖了人间各种痛苦和不幸的、懒洋洋、慢悠悠的封建农村的理想画。（P172）

图8　溪山行旅图

图9　倪云林：容膝齐图

本章分为四个小节，“缘起”“无我之境”“细节忠实和诗意追求”和“有我之境”。绘画艺术尤其是山水画的高峰在宋元时期。这时的审美兴味和美的理想由具体人事、仕女牛马转到自然对象、山水花鸟，反映的是一种世俗地主大夫满足于既得利益，希望长久保持稳定的心情，同时与现实生活相适应的哲学思潮，就是形成这种审美趣味的主观因素。宋元山水的第一种基本形象和艺术意境是“无我之境”，即情感思想没有直接外露，通过纯客观的描写对象来传达甚至不自知地传达自身的情感与思想。第二种美学特征是“细节忠实和诗意追求”，追求细节的逼真写实，并以诗入画，将人们审美感受中的想像、情感等因素更加局部化、明确化。第三种特征是“无我之境”向“有我之境”的推移。“有我之境”就是通过某些自然景观以笔墨趣味来传达出作者主观的心绪观念，主动地借客观来言说主观。

（十）明清文艺思潮

封建秩序的削弱、阶级关系的变迁使现实社会中个人道路的多样化趋势在萌芽，使现实生活的偶然性与必然性的关系更为丰富而复杂。虽然还谈不上个性解放，但在这些世俗小说中已可窥见对个人命运的关注。（P194）

这部分从四个方面来讲述：“市民文艺”“浪漫洪流”“从感伤文学到《红楼梦》”和“绘画与工艺”。以小说戏曲为代表的明清文艺描绘的是世俗人情，是市民文艺。这里没有远大的思想抱负，也没有慷慨激昂的情感，有的多是平淡无奇却又真实和丰富的或世俗或幻想的故事。李贽正是这一时期的代表人物，他反道学反虚伪，他的童心说正是下层市民文艺到上层浪漫文艺的重要中介，包括之后的《西游记》与《牡丹亭》，都称得上是具有近代解放气息的浪漫主义思潮。但是这一思潮并没有延续，上层浪漫主义演变为感伤主义，逐渐成为批判主义。从《桃花扇》到《红楼梦》，都是痛定思痛，描述着种种金玉其外败絮其中的腐朽，充满着苦痛、悲伤与求索。而其美学价值不在于感伤，而在于对这些现实的描述、揭发与批判。同样，不仅是文学，绘画同样经历了从市民至浪漫至感伤的过程，不同之处在于绘画并没有发展成批判主义，而仍然是感伤主义的进一步发展。

三、总结思考

李泽厚先生的主体性实践美学思想是从马克思实践哲学出发，结合对康德哲学、黑格尔哲学的研究而逐步形成的。其核心观念是“自然的人化”“积淀说”“人的自然化”等。在《美的历程》中，作者并没有完全按照朝代来划分，这就使得每个时代不同的艺术特征之间不能自然地衔接。历史绵延不断，美的发展更是绵延不断。李泽厚先生正是自觉地注意到了这一特点，才使读者能感受到“美”并非断断续续，而是浑然一体、绵延不绝。他将审美置于人类整体文化背景之意识，这是一种框架性的前提。他给我们绘制了一幅美的历程的画卷，描述了一个美的世界，提供了一种美的思维。他在引言中说道：时代精神的火花凝练，积淀下来，传留和感染人们的思想、情感、观念、意绪，经常是一唱三叹，流连不已。所以，无论如何，美是值得被敬惜的。

（一）何为美

李泽厚先生认为实践是物质生产实践，人类通过物质生产，发生“自然的人化”，即内在自然的人化和外在自然的人化，由此，美和美感得以产生，合规律性和合目的性得到同一。车尔尼雪夫斯基却说：“真正的最高的美正是人在现实世界中所遇到的美，而不是艺术所创造的美。”美没有固定的概念与精准的描述，每个人是不同的个体，是不同的感受美的个体。而你心中的“美”又是什么呢？

我心中的美首先基于一种我与世界的共在，是用一种主客不分（也可以称为天人合一）的心态来感受世界，美的终极理念是如何突破自然性、工具性的限制。比如康德说：“没有美的科学，只有美的艺术。”这样就是在科学与艺术的分离中，将主客对立起来，设置了一道界阈。尽管李泽厚先生的实践美学也更偏向客观型，但是其美学思想中所涉及的“人的本质力量的对象化”（人的本质力量只有发展到一定的程度，自然才能成为其认识对象，这种被人认识了的自然——人化的自然才能与人发生审美关系）给了我启发，科学研究对象能成为研究者的认识对象，此时研究者就是一个审美主体，研究对象也具备了一定的审美属性，审美活动就在审美主体对对象的观照、求真的相互渗透中成长起来。所以，我认为既有美的艺术，也有美的科学，科学与艺术是一种共在，美是一种共在。

（二）何为审美

审美观在某种程度上决定了我们的情绪，从而成为一种潜在的力量。审美是一个人内心的直觉，是灵魂无法掩饰的外在。我认为美学的意义更重要的指向是人的意义，认识美的本质，取决于如何认识人的本质。比如：若认为人是上帝的造物，美即是神性的美；若认为人是经验的产物，美就是经验的美；若认为人是实践的产物，美就是实践的美。但是，我认为审美不能等同于生活实践，一旦等同，审美则完全成为本能式的活动。纯粹意义上的审美是一种精神需要，是一种感受世界的能力，是一种源于生活却又高于生活的追求。那么，为什么需要美？因为一旦失去这些感受，失去这些超越现实的追求，人们将会被限制于可实践活动的限度之中，将无法摆脱外部世界的羁绊。而在认识美、拥有审美能力、进行审美活动后，人们能更好地打破主客二元界限，以精神之力超越现实之束缚，不再把周围的世界仅仅看作可占有和利用的资源，而是敞开自己的胸怀，以个体聪明的头脑与热情的态度去接触和拥抱天地万物的生命。

而现代人的问题恰恰在于逐步丧失了审美的能力。庄子有言：天地有大美而不言。现在则是：天地有大美而不知。现代的教育只会告诉你一个最简单的价值判断，至于“为什么”则从来没有。比如全世界都说《蒙娜丽莎》画得好，而为什么好？因为大家都说好。弗洛姆曾说：“我们有丰裕的物质，却没有愉快的生活。我们比以前更富有了，然而，我们缺少自由；我们比以前消费多了，然而，我们却更为贫乏空虚；我们有了更多的原子武器，然而，我们却越发不能防卫了；我们受到了更多的教育，然而，我们却越发缺乏批判性的判断力和信念；我们有了更多的宗教信仰，然而，我们却变得更加实利主义。”

作者在结语中问道：“凝冻在上述种种古典作品中的中国民族的审美趣味、艺术风格，为什么仍然与今天人们的感受爱好相吻合呢？为什么会使我们有那么多的亲切感呢？”(P216)作者回答道：“心理结构是浓缩了的人类历史文明，艺术作品则是打开了的时代魂灵的心理学。而这，也就是所谓‘人性’吧？”(P216)同样，我也相信，审美的意义最终回到“人”的落脚点上，就是人性，就是一种审美人格的建构，用审美的力量走出精神困境。我所理解的审美人格即具备审美能力，拥有审美特征。具备审美能力就是拥有对美的鉴赏力，不仅是美与丑的概念，还包括道德价值的判断、独立思考的能力。我心中的审美特征是和谐、自由、创造。和谐，即意味着构成事物整体的各个要素之间是有差异的统一，人格要素之间也应是有差异的统一，如感性与理性。自由，即审美人格的建构不是按照某种固定的规则和听从他人的意见而形成的，而是在生活之中经过不断的熏陶、积淀而成。创造，即不囿于常规，不满足于已知世界，不断开拓想像、思考。审美人格不是脱离现实、不食人间烟火，而是基于现实，从现实到理想的过渡。

（三）何为美育

谈到美育，首先跃于脑海之中的是蔡元培先生，他认为通过美育可以培养学生高尚的品德：“不顾祸福，不计生死，以热烈感情奔赴之；凡与人同乐，舍己为群之德，属于此类，赖美育之助者也。”鲁迅也提倡美育的出发点是陶冶性情。他认为“美伟强力”足以达到“美善吾人之性情，崇大吾人之思想”的目的。但是美的功能绝不仅仅指向道德功能。康德说美是一种无目的的快乐。所以美的教育不是为了考试，也不是成为什么大家，而是一个人生的感受，就是通过美的教育或艺术教育，拥有一个别样的人生。

教育应是培养人的审美能力的重要方式。但是当今的学校生活远没有人们所希冀的那么美妙。模式、机械、竞争的教育在很大程度上导致他们对学校的恐惧、疏远、厌恶甚至憎恨。尽管模式、机械已经得以改善，但是竞争、比较却是家庭教育与学校教育中容易令人忽视的地方。显然，这样的教育不可能成为建构审美人格的力量，它反而会成为重要的障碍。正如蒋勋所说：“我们评判一个学生是坏学生，因为他的分数不够，但也许他对人性已经有丰满的理解；我们评判一个好学生，也是用分数，却不代表他有能力面对情感和伦理的种种课题。分数和人格的发展绝对是两码事，知识完全不等于智慧，也完全没有办法转换成智慧。”中国的古人曾有一个非常好的传统，写过字的纸不用之后，不是撕碎或者扔进纸篓，而是焚化掉，焚化的炉子旁边贴着小纸条，上面有四个字——“敬惜字纸”。因为这个写了字的纸是有灵性的，就像写字人的魂灵被注入其中一样。这样一种敬畏、珍惜如何不会熏陶一个人的灵魂呢？美的力量是什么呢？就是完善我们人格的发展，指引我们向着良善生活而非优渥生活的不断接近。

美的人生又是怎样的呢？第一，艺术的人生。艺术的人生并非成为艺术家，也并非让我们变得特立独行，而是恢复我们的天真与善良，恢复对这个世界的好奇与探索。只有当人们拥有这种天真与好奇，当人们能够置身于世界这个大框架之下，才能改变思考的方式，拥有更多的宽容与更多的自由。这也是为什么美拥有对抗暴力与伤害的力量的原因吧。第二，创造的人生。美的本质就是创造。人，生生不息；美，生生不息。“生生不息”的“生”，就是创造，再创造。李泽厚先生也清晰地指出美直接培养人的创造性，人的全部创造力都来源于美。实际上，一直强调的美育的道德情操培养功能就可以还原为创造力，道德的判断是一种美的鉴赏能力，情操的陶冶就是一种美的创造与生成。第三，爱的人生。人类的全部情感、全部意识目的最终要归结为一个字，那就是爱。现在爱已变成“矫情”，刻意把这些情感矫饰为教育的形式、内容、口号，最后培养出的都是作秀或者虚伪的人。美的教育可以拥有爱的人生——爱自己、爱大自然，爱别人、爱这个世界。爱是人类唯一的情感巅峰。审美的境界从某种意义上讲就是人获得爱的境界，只有关爱生命，热爱生活的人才是真正的审美之人。反过来说，当人审美之时就是获得爱的时刻。

各美其美，美人之美，美美与共，天下大同。

——费孝通

讨论部分

唐松林老师：谢谢君君，这么美丽的报告，这么美丽的讲演，这么美丽的见解。什么是美？谈到美，几乎没有固定的概念，大致有如下一些理解与描述：

从结构上论述美，美是结构的和谐。如我国的建筑、对联、服装特别是中山装等，均强调严格的对称结构，透露着一股理性精神；当然，结构美不一定都是对称美，如女孩的裙子，有的一边长一边短，并不对称，看起来也非常美，它不对称，但和谐，所以也美。结构，无论对称与否，渲染的是现实生活或“中规中矩”

或“个性解放”的社会审美价值意蕴。

从功利上论述美，美是功名利禄的获得。我国的“美”字就是一个“羊”字与“大”字的结合，看来，大的羊是美的；我们考取了湖南大学，拿到录取通知书的时候心理美滋滋的，这都属于功利之美。

从心灵上论述美，美是心灵的愉悦。当你进行唱歌、跳舞等艺术活动时，你并不一定有什么世俗的目的，往往是一种情绪与情感的满足，感觉这样的生活是美的。

从伦理上论述美，美是一种美好的人伦关系。古代的中国，我们的祖先强调男尊女卑，长幼有序，“三纲五常”，以为这是美的，但现代，我们强调男女平等，个性自由，反对论资排辈，这是一种美。时代在变，美的观念也在变。

美的定义是如此的复杂，以至于歌德如是说：“美是难的”！我一下子难以概括美的概念，但我喜欢黑格尔的一句话，“美是理性的感性显现，美是寓杂多于整一”。可见，美是主体对客体的理性反映，并通过感性的形式表达出来；美是主体对客体复杂性的整体的反映，是主体与客体的统一。主体之差异，决定了感受美、欣赏美、发现美、表现美与创造美的能力之差异。这本书所描述的美，它是来自于客观事物，自然界中的存在物，通过我们的感受与加工，表达出来，美是客观的；我们表达出来的形象是一种艺术加工，是将人类的主观意识活动外化、凝练，成为作品，美又是主观的。艺术作品里面，有特定的观念意义，不管是作家还是观众，在那个时代都会包含那个时代的一些精神要素。由于时间关系，我暂时就开个头，大家也思考一下自己的感受。

姚尧：我感觉自己不是很美，但是这种美对于每一个人来说是很重要的。我现在也想问大家两个问题：大家觉得爱迪生伟大还是牛顿伟大(大家都觉得爱迪生伟大一些)；大家觉得爱迪生伟大一些还是亚里士多德伟大一些(大家一致认为亚里士多德伟大一些)。传统观点是人们需要有一定的物质基础才能拥有审美的思维，亚里士多德既不管吃也不管喝，但是在座的各位都会认为亚里士多德非常的伟大。所以，并非物质极大丰富了，衣食彻底无忧了才能来谈审美，中国古代虽然物质贫乏，但是依然有审美观念。所以审美需要建立在物质的基础上，但是物质的成分恰当即可。学生一般都是以就业为目标来选择专业，比如教育学，同学们就会觉得教育学就业前景不好，就不会去追寻自己想做的事情。所以，物质对于美的思维还是起着很大的作用的。

刘轶臻：我所接触的只有一本朱光潜的《西方美学史》，对美的这一块没有很系统的认识。我就谈一谈什么是美以及美的来源。第一，美这个词是一个形容词，也是一种意识形态的传播，美是人的意识形态的一个产物。但是人在谈美，那么动物没有意识形态，它们是否有美的意识和美的存在？这就回到庄子说的：子非鱼，焉知鱼之乐。第二，美是自由意志的产物。人具备自由意志，美具备一定的力量，能够反作用于人的行为，也就是说我们现在在谈美和美育，就是希望大家能尽可能地形成美，去引导人的行为，然后再形成一个更完美的社会与世界。第三，美是有个性的。从个性的角度讲，各美其美，每个民族和每个人都有一套价值观与标准，各自有各自的美，同时要包容他人的美。从社会的角度讲，在有个性的基础上，大家应该形成一些共识，来指引自己的行为与判断。

美的来源，美是基于爱产生的，小美是对自己、家庭的爱，大美是对整个世界的爱。牛顿、爱迪生和亚里士多德就是大美。科学本身并不是目的，科学的目的也并不是本身。亚当·斯密有一本《国富论》和一本《道德情操论》，实际上也是指出在经济活动中应该具有良好的道德情操，绝不是主张“为富不仁”，而是“富而有道，富而有德”。总归以我自己的经验来说，还是需要带着感情来做事，不仅仅是作为谋生的手段，基于感情对待周围的人和事在获得较好的生活的同时，也会获得更多的快乐。当你具备爱的情感的同时，你也是一个很美的人。

唐松林老师：很喜欢轶臻的观点，“美是自由意志的产物”，每一个人对美的感受不一样，是每个人的生命能量的流露，有情感，有理性。每个人需要培养自己的审美素质，这些素养与知识是融合在一起的，要多感受一些历史故事和名人传记。理解作者的生平与时代背景对理解一本书是很有好处的。

我觉得美是一个名词，是世界万物存在的一种自然状态。第一，美是一种和谐状态。比如兔子，两只耳朵一个鼻子，对称，它的形式和结构很和谐，所以有人就将美定义为事物的结构或者存在形式的和谐。第二，美是欲望得到满足时的情绪状态，是从人的主体内部发出的一种愉悦的情绪状态。比如有的学生觉得教育学与学习教育学不美，因为它不能满足自己利益的欲望。第三，美是杂多的统一体，如我们的祖先说，“天地有大美而不言，四时有明法而不议，万物有成理而不说”。说明天地宇宙是包容的、统一的、和谐的，是大美。

刘凤：作者的文字和情感都震撼了我，这也引发了我的思考。首先，美有大气磅礴的美和细节的美。从主客一分为二地看待，客体的大气之美是一种趋势，比如建筑，主体的大气之美就是大度宽容之心。客体的细节之美称之为精致，主体的细节之美就是人之间的差别。其次，美有古典之美和现代之美。第三种是宁静之美与灵动之美。虽然对很多古典音乐没有很深的理解，但是音乐确实能够给人以安静的享受。所以，我觉得美就是大美与小美的交融，古典美与现代美的有机结合，宁静美与灵动之美的相互包容。美的历程也是美的继承、传承。

杨沙明：我主要是回答前面的问题。首先，我觉得人和动物都是有美的，动物的美是为了满足生存而存在，人的美主要是为了满足自身的精神需求。比如孔雀的开屏就是为了吸引对方。其次，在对爱迪生、牛顿、亚里士多德的讨论中，我的排名是亚里士多德第一、牛顿第二、爱迪生第三。因为亚里士多德奠定了整个西方文明的基础，所以后面才会产生牛顿这样的人物，而牛顿对之后的社会变革又起到不可估量的作用，这才会产生条件使爱迪生获得成功。第三，不管是政府还是宗教，都应该是为人民服务的，而不应成为统治者的工具。第四，书中提到苏轼将进取与退隐的矛盾双重心理发展到一个新的质变点。要先理解道家思想与儒家思想，儒家为阳，道家为阴。儒家推崇的是积极进取，道家推崇的是隐忍、无为。儒家是明知不可为而为之，道家就是大道无为。像苏轼在官场上能够顺风顺水，就是以儒家思想为主，而一旦被贬不得志，则会以道家思想让自己解脱。对于钱，佛家是“金钱是万恶之源”，儒家是“君子爱财，取之有道”，道家则是“福兮祸所伏，祸兮福所倚”。这两种思想相互交织，推动着中国文明的前进。作为现代人，我们的社会人格要儒家，自然人格要道家，以出世之心做入世之事。

唐松林老师：对，苏轼的自然人格是道家的，很圆润、忍让，他的画体现的是一种无为的人生境界。但是，同时他又有一种儒家的社会人格，他作为朝廷命官，有“齐家治国平天下”的理想，有以天下为己任的情怀和使命意识。所以，在他那里，中国知识分子的人生哲学在他身上有一定代表性，也使我们得到一些启示，以出世之心做入世之事是一种人生智慧，也是我国读书人的一种大美的人生境界。

刘丹丹：我主要谈两个问题：什么是美？怎么培养审美能力？

什么是美？我认为美是主观个体对客观世界或者客观实践活动的一种主观感受。其中主体是人，对象就是客观世界和实践活动，结果就是产生一种欣赏、享受的主观感受。

怎么培养审美能力？我有几个关键词：爱、自由、体验、反思、包容。

爱。古人曾说“云在意中妙”，这道出了朴素的审美理趣，美的可贵和神圣，正在于它是用心才能换取、用心才能创造。美和爱往往是相伴而生的，要追求美，须有执着的爱。爱自然，爱人生，爱艺术……在爱的路途中自有美的发现，美的情趣，美的享受。

自由。每个人都是独一无二的存在，都是一个独立的个体，都向往一份自由。要有审美的能力，人必须是自由的，不能被束缚。我们现在经常说，累时困时就去大自然走走，在那我们会感受人生的一切美好！也就是在自由、无拘无束的环境下，我们静下心来发现美。

体验。有句非常著名的话说：“世上不是缺少美，而是缺少发现美的眼睛。”说的就是我们要重视体验，重视身边的事物，在生活体验中感受美。

反思。每个人都要在反思中成长，我们通过反思会发现那些曾经被我们忽视的美好。

包容。世上不可能所有的事情都如我们个人的想法，有些时候，我们会遇到一些看不惯、不喜欢的人或者事，如果我们一味地计较这些烦恼，我们就是庸人自扰，我们要学会包容，包容那些不喜欢的人或者事，这样我们可能会在不同中找出差异美。

张娟娟：第一，美是具有时代特征的，是一个社会时代特征的缩影。以古代女性为例，都以小脚为美，促使女生去缠足，在父权社会中，女性的生活准则也是以父权社会的要求与标准而设立。第二，美是有历史传承性的。唐诗宋词元曲的悠久流长都证明美的传承性。唐诗追求深厚宽大的意境，宋词追求精工细巧的意境，元曲是酣畅明达的境界。美最终会归结到人身上，是基于形式上的内心感受。

王晨：我认为美有审美和创造美两种主要活动。审美是一种主体对客体的投射，这种主体的感受就形成了一种美感，这些受个体的价值观、心境、个性、喜好的影响。创造美是一种物化活动，就是把自己的观念意识物化成了实在。美的条件除了自由意志，还必须源于主体的想像，这种想像必须高于现实世界。

王祖霖：第一，美是一种先验存在。美先于审美，美本来就存在，人类的出现于美之后，人不断地在发现美，并在政治、经济、文化背景下面创造美。第二，审美又产生美，审美是主观感受，正如说“有一千名读者，就有一千个哈姆雷特”，每个人对美有不同的感受与体验。所以，美是客观的，审美是主观的。

唐松林老师：前面我说“美”是一个名词，我觉得我说的不完善，除了名词以外，它还可以是形容词和动词。第一，美是名词和形容词时，它是一种客观的或主观的状态，如自然状态、情绪状态与世界的和谐统一的状态。第二，说它是动词时，它是一种审美活动过程，这种过程包含主体的欣赏、发现、表现与创造等审美形式。

美的产生，它是一种自由意志的产物还是客观本身的存在，大家有不同的争论。我认为它是两者的统一，即主体与客体的统一。这也意味着，它既是自由意志的产物，也是客观世界的某些属性、功能与形态。说它是自由意志的产物，就意味着，美，并不一定受外界的影响，如很多科学家研究科学事物，探讨科学规律，一开始并不是来自于为了科学目的而进行的科学研究，更多的是来自于审美，正如很多教育家讲大学应该是一种自由的地方，就意味着，大学是一个审美的地方，至于大学是否在审美，这是另外一个问题。说美是客观本身的存在，自然界中，我们看到美丽的山川湖泊、花鸟虫鱼、飞禽走兽等，的确有许多不为我们意志所左右的美丽世界。但它需要我们主体的理性参与，情感的参与，才能真正体验到它们的存在，感受到它们的美丽。所以，美是主体与客体的统一。正如李泽厚先生说的，“在对象一方，自然形式(红的色彩)里已积淀了社会内容；在主体一方，官能感受(对红色的感觉愉快)中已经积淀了观念性的想像、理解”。

审美究竟有没有条件？有，它的条件就是自由，美的创造是需要自由的心境的。有人说，艺术家是离上帝最近的人，我很喜欢这句话。因为，在自由中，人们才能生长发现、欣赏、表现与创造美的能力，并在这个过程中体验到美，有审美的欲望与创造，当然能创造美的作品。实际上，这种欲望，就是生命能量由内向外的不断拓展。如果人的自由受到限制，人的审美能力就会退化。只要我们静心研究历史上流传下来的艺术作品，你就会发现，流传下来的精品的作者，大多来自统治者群体，他们有充足的闲暇时间，他们对自然存在一种悠然静观的联系，有时间欣赏自然之美丽，这种闲情逸致体现了作者那种田园牧歌式的宁静心境，那种朴质、平淡与无为的自然情趣，清晰地折射在他们的作品中。相反，现在的许多艺术创作，很多时候就是违背了这种自由，致使我们的艺术生活过程及其成果，充满着丑恶、痛苦与不道德。

最美的艺术是自然的，是生命的质朴、纯正、无羁、多义、浪漫的力量的表达，它或讴歌或哭泣，或仰天大笑，或抑郁忧愤，“它是人对客观世界的征服”，也是人主体意识的彻底释放，只要是内在的生命力量的自然流露，不模拟、不做作、不虚伪，如屈原对生之轻视，如嵇康对死之宁静，皆是文章，皆是人间之大美。所以，李泽厚先生说，“‘有意味的形式’则是活生生的、流动的、富有生命暗示和表现力量的美”。

美有强烈的社会性，美学思想也体现一个历史过程。李泽厚先生在“明清文艺思潮”这一部分中，说“市民文艺”与“浪漫洪流”具有某种相关性，这意味着社会文明的进步与人性的觉醒是相联系的，在封建专制时代，人的美的意识与能力越强，就越是痛苦与悲伤。所以，艺术就有从浪漫主义演变为感伤主义，逐渐演变成为批判主义的趋势。因此，可以说，艺术作品中表现的人生之悲剧与生死之哀伤，恰好反映了明清文艺中人的觉醒与文的自觉。

美的社会性，还可以从“悲惨世界”“虚幻颂歌”和“走向世俗”的节奏中反映出来。艺术作品总是以社会的生产力水平和社会关系的属性及其变动为现实基础的，正如作者说，“艺术趣味和审美理想的转变，并非艺术本身所能决定，决定它们的归根到底仍然是现实生活”。所以，艺术作品总是打上现实世界的烙印。

今天已经不早了，谢谢大家的参与。

《巨流河》：记忆苦难而伟大的大学时代

邓洁隽 *

时间：2014 年 9 月 24 日晚上 7:00—10:00

地点：湖南大学教育科学研究院 310 教室

出版社：生活 · 读书 · 新知三联书店，2010

参与人：唐松林、张小燕、张娟娟、张燕玲、魏珊、佘君君、王晨、刘丹丹、陈坤、王祖霖、刘凤、邓洁隽、廖锐、魏婷婷、于晓卉、张欢欢、胡秀银、胡一舟、周舟、刘茂梅、王春平（湖南省电力设计院工程师）、刘轶臻（华融湘江银行内控合规部总经理）

一、书籍概况

图 10　齐邦媛

（一）作者简介

齐邦媛（1924—），辽宁铁岭人，我国台湾地区国民党政界人士齐世英的长女，国立武汉大学外文系毕业，1947 年到中国台湾，1968 年赴美国印第安纳大学研究，1969 年出任中兴大学新成立之外文系系主任，1988 年从中国台湾大学外文系教授任内退

* 作者简介：邓洁隽（1992 年出生），女，湖南长沙人，湖南大学教育科学研究院 2014 级硕士研究生，从事教育哲学研究。

休，受聘为台大荣誉教授。曾任美国圣玛丽学院、旧金山加州州立大学访问教授，德国柏林自由大学客座教授。[1]

齐邦媛老师在教学、写作以及文章论述方面相当严谨；她所编选、翻译、出版文学评论诸多，她的卓越贡献在于，将西方文学思想与作品引介到中国台湾，又将中国台湾具有代表性的文学作品英译以致推向西方世界。

（二）内容简介

耄耋提笔《巨流河》。齐邦媛1924年生于辽宁铁岭，她的家乡有一条河叫作辽河，在清代时人们唤作巨流河，为了怀念故乡以此作为书名。“巨流河”在齐老师的笔下，是一个寄托故乡情思的意象，也是一个历史沧桑的意象。齐邦媛的父亲齐世英跟随郭松龄兵谏张作霖失败，从那以后举家流亡。在战争岁月里，齐邦媛跟随家人从南京、北平跟着撤退的部队一路往西南，在南开中学四川分校度过青春年少时光，后就读国立武汉大学，跟随朱光潜、吴宓等名家学习。1947年，齐邦媛大学毕业到中国台湾，开始从教，结婚育子，追求学问，直到垂垂老矣。书中描写道：“那英挺有大志的父亲，牧草中哭泣的母亲，公而忘私的先生；那唱着《松花江上》的东北流亡子弟，初识文学滋味的南开少女，含泪朗诵雪莱和济慈的朱光潜；那盛开铁石芍药的故乡，那波涛滚滚的巨流河，那深邃无尽的哑口海，那暮色山风里、隘口边回头探望的少年张大飞……”直到1993年，齐邦媛才再度踏上大陆的土地，重回故乡。对于她来说《巨流河》能够被大陆读者所捧读，就是代替年迈的她真正“还乡”了。

齐邦媛在《巨流河》的序言中解释了她写此书的初衷。第二次世界大战之后，欧洲犹太人写他们悲伤的故事，日本人侵略惹来两颗原子弹也写个不休。中国人自20世纪开始即苦难交缠，却渐渐被湮没与遗忘。而在那场战争中长大成人的她，心灵上刻满弹痕，60年来，何曾为自己生身的故乡和为她奋斗的人写过一篇血泪记录。（P1）齐邦媛在80岁时开始写此书，历时5年，85岁时正式出版。齐邦媛认为最有骨气的中国是那时的抗战14年，是一个苦难而伟大的时代，写这本书是对父母的报答，同时也是完成自己的心愿。香港中文大学中国文化研究所前所长陈方正为时代周报推荐书目时说：同样颇具史诗风格，但味道却截然相反的是齐邦媛的自传《巨流河》。它卑之无甚高论，只是一个中国女孩子在抗战、内战、辗转流亡中国台湾的艰苦岁月中，奋斗、成长、追求幸福与理想的故事。然而它是如此平实、充沛，如此充满温暖、希望，读后我们禁不住要相信，中国人对人性，对未来的不可救药的乐观虽然好像很肤浅、幼稚，其实还是有道理的。

故人，往事，政治，学术，流离之痛，国家之殇，纷繁错杂，齐老师的文笔十分细腻，绵密而诚恳地将历史与文学交会，既是一部关于个人身世的记录又是一曲为故国招魂的挽歌。她作为一个苦难时代的亲历者，将中国历史的大事一件件娓娓道来，《巨流河》对历史的感知力让人隐隐动容，此书所述丰富且复杂的众多人物里，有四个人物是不得不翔实提及的。

二、章节赏析

(一)民国初年热血青年，巨流河的“潜文本”——齐世英

在《巨流河》中，齐邦媛着墨甚多的是她的父亲，使人留下深刻的印象。作为读者的我们，渴望进一步去还原和了解齐世英和他的时代。

图 11　齐世英

“二十年来，我无数次坐在双亲墓前，望着太平洋浩瀚波涛，想着他的一生，我多么幸运和这样的父母结缘，能有如此前世今生。”

姓“齐”很惹眼，所以父亲就常常改姓。我记得我们最常姓“王”“徐”。姓“王”的时候，我在读天津老西开小学三年级。因为家里不敢让一个小女孩在大城市里跑路，就雇黄包车接送。我记得我坐黄包车离开学校的时候，有时会有调皮的同学在后面喊：“王八圆！王八圆！”我被喊得很生气，回去就哭。姓过一阵子“徐”后，我还姓过“张”。因为父亲必须不断地改姓，母亲也不断地做“王太太”“徐太太”……我上学前常常问：“妈，我今天姓什么？”一个七八岁的孩子问“我姓什么”，真的很可笑。（P27）

1924 年的东北辽宁铁岭，军阀割据，兵荒马乱，战火频仍。齐邦媛的祖父齐鹏大在奉军中做高官，一辈子对张作霖忠心耿耿，父亲齐世英是独子，是留学日本和德国的精英，留学德国是得益于张作霖的资助。归国后，先在沈阳教育界工作，后在东北军郭松龄处做文职幕僚。满腔热血救国救民，深得郭松龄欣赏，受邀参与东北兴学的重责大任。

郭松龄塞外人物，骁勇善战的英雄特质，才智兼备，是张作霖极为倚重的智囊，也是张学良的恩师。但郭松龄对于绿林出身的张作霖逐渐不满，认为其贪恋权势，穷兵黩武，导致广袤东北生灵涂炭，无法教育生息。齐世英赞成郭松龄将军反对内战、实行民主的主张，支持郭松龄回师奉天。1925 年 11 月，郭松龄趁奉军再次挥军关内的机会策动倒戈，他的军队气势如虹，从天津挥兵至山海关，长驱直入来到巨流河岸与奉军对峙。碰到天寒地冻无法渡河，加上资源补给不足，短短一个月，竟不敌奉军渗透分化而溃败，郭松龄殉身，吃了张家饭还激昂愤慨反张大帅的齐世英也遭到通缉，从此流亡。

“火车里，人贴人坐着、站着、蹲着，连一寸空隙都没有；车顶上也攀坐满了

人，尽管站长声嘶力竭地叫他们下来，却没人肯下来。那时，每个人都想：只要能上了车离开南京就好。这天近午，我父亲站在秋风已经寒冷的火车站外，二十天后将被日军屠城的鬼蜮街口，看着挤得爆满、连车顶都攀满了难民的火车沉重地驶离站台，他的心也载满了忧愁。日机昼夜不停地沿着长江轰炸，五百多里的长路，这些系在他心上的生命能否安然躲过一劫?”(P45)

改变中国命运的壮举，如今却成了一出人间戏剧，曾经撼动山河的革命，一夕之间成了过往云烟。齐世英对兵败巨流河，错失革新东北、振兴关外的机会，感到惆怅且憾恨，于是辗转日本。后经日本领事吉田茂的安排经朝鲜、日本到南京，投奔了正在北伐的蒋介石。蒋介石对这位东北精英很器重，安排他到陈果夫、陈立夫主持的党务情报机构工作。

1926 年他回上海，加入国民党。

1928 年张作霖在皇姑屯被炸死，同年北伐成功，但东北群龙无首，让日本关东军势力得以迅速入侵。

1929 年，齐世英已任职为国民党中央政治会议特务秘书，并且是国民党在东北的党务领导人。

1931 年日本占领沈阳，爆发近代史上最沉痛的“九一八”事变，此时齐世英受南京中央政府之命，投入中央和东北地下抗战联系工作。

1934 年，齐世英说服教育部，在北平成立国立中山中学，招收大批失学的东北流亡学生，不久东北沦陷，华北局势也山雨欲来。中山中学师生刚南迁就爆发了“七七”卢沟桥事变，正式拉开对日抗战的序幕，日军长驱直入，首都南京岌岌可危，政府确立一面抗战一面办教育的救国方针，下令所有学生尽快撤离，前往大后方避难。

“父亲找了一辆车，载着我母亲、另一位老师的母亲，还有一位太太，我和剩下的两个妹妹也往湖南去。半路上，赶上学校的队伍，我哥哥在队伍后面走，舅舅叫我哥哥上车，在司机座位旁边挤出个位子。第二天到一个站上，父亲从后面赶来了，他问我哥哥为什么坐车。舅舅说：‘车上有空位，你只有这么一个儿子，就让他坐车吧!’父亲说：‘我们带出来的这些学生，很多都是独子，他们家里把独子交给我们，要保留一个种，为什么他们走路，我的独子就该坐车?’就令车子赶上队伍，叫我哥哥下去，跟着队伍走。”(P50)

1937 年 12 月 12 日，南京城陷，保卫战伤亡五万人，妇孺老弱惨遭屠杀者十万，日军夸口三个月内占领全中国，没想到过了五个月，面对的却是更加坚决抵抗的中国。齐家随着队伍撤退，沿着南方人的母亲河一路溯长江而上，转进汉口。战事紧绷，一行人或搭车或徒步，又从汉口一路跋涉到长沙、桂林、贵州、重庆。

“在家里，我那五十五岁的爸爸泰然自若地看书、会客，客人少些。书看得多些。开会的时候，早上精神抖擞地搭交通车上班。自嘲房子越住越小，车子越坐越大。那十多年间，监视他的人在门外‘执勤’，家里没有小偷光顾。他原未曾利用身份做过生意，也从未置产，幸而尚有立法委员薪水，家用不愁。我母亲随着他颠沛一生，清朴度日。”“但是，君子绝交不出恶言。他尊重领导抗日、坚持到底的蒋委员长，终生称他为蒋先生，在《时与潮》上论政也对事不对人。他对多年政坛上的友情、义气、风范，仍很珍惜。”（P50）

在那样的抗战年代，齐世英身居要职，对于每一位东北流亡的学子都给予无私的大爱。曾经有人问齐邦媛：“为什么你的书里面的人物这么美，这么善良？”她说：“我的世界非常小，就是我的爸爸，我的妈妈。我的爸爸就想着，很多人把他的独子托给了他，怎么照顾他们。我的妈妈就想着这些人都没有妈妈了，如何来我们家吃一口水饺，这些人走的时候妈妈在后面追着他们问吃饱了没有，吃饱了没有。这就是我所认识的世界。”

1938年，齐世英于汉口出任《时与潮》杂志社社长，介绍国际现况。当抗日战争已进入第七个年头，大家在轰炸底下简直活不下去的时候，齐世英某日突然醒悟，于是创办了《时与潮》杂志，这对唤醒民众、凝聚精神、树立信心甚至对整个抗日战争都将起到积极而伟大的指导作用。

1949年去台后，专任“立法委员”。后齐世英因反对陈诚“内阁”提出的“电力加价案”，被开除出党。

齐世英这样的民国初年的自由民主人士，其特殊的成长经历造就了其坚韧的气节和品质。齐世英与郭松龄有着忘年之交，与张学良有恩怨过节，与陈立夫信守不渝，与吉田茂有私人交往，到中国台湾后又遭国民党以反对党中央政策的理由开除党籍，后又与雷震等人共同筹组新的反对党“中国民主党”，在这众多人物关系中，其与张学良之间的恩怨情结，绵延持续近半个世纪。政治人物，毕竟也是有感情的。可惜，历史不容假设。齐世英先生于1987年去世。1990年，齐世英逝世三周年，由齐邦媛整理，中央研究院近代史研究所出版了《齐世英先生访问纪录》。林忠胜先生眼中的齐世英本人，“举止温文，谈笑儒雅，有古大臣之风”。

齐世英有着救亡图存、壮志未酬的悲剧形象，但女儿齐邦媛笔下的齐世英永远都是一位温和的君子。

（二）不能释怀的抗日英雄——张大飞

烽火烧得炙热，读书成为支撑国富民强的集体使命，幼时结实的兄长张大飞，则成为了稳定的笔友，也是精神的寄托。在那个“中国有我，不亡”的年代，孤儿张大飞报效由美国军人陈纳德号召的志愿飞行队。从他入伍再到由美回国选入飞虎队（The Flying Tigers），写给齐邦媛的信沉淀着厚重与沧桑。

在"满洲国"成立之初，张大飞的父亲时任沈阳县警察局局长，因接济且放走了不少地下抗日工作者，被日本人在广场浇油漆烧死。后又与在北平的母亲兄妹永远失去联系，逃亡至营口后，他把父母所取的吉祥名字"张乃昌"改为"张大非"（后改为张大飞）。

图12　张大飞

齐邦媛与张大飞两人相识在1936年。齐邦媛在书中写下了最难忘的他好似青春中的初恋。1943年4月是两人最后一次见面。1945年8月噩耗传来，最坏的结果在抗战胜利前夕到来，离日军投降还有两个月，张大飞在5月18日豫南会战时掩护友机，殉国于河南信阳上空。在张大飞牺牲后，部队把大飞写给邦媛的所有信件用美军帆布袋装好寄给了邦媛。自从大飞在战时牺牲之后，齐邦媛余生对他的祭奠方式是成为一名基督教徒，这份真心真情在冥冥之中让齐邦媛在1999年去到南京之时，偶然看到纪念抗日航空战士的公墓。这使得他们在多年以后相遇重逢，阳光衬映着邦媛欣慰的脸庞，而大飞却安详而平静地流淌在时空的碎片里，此情此景，温馨祥和。书中颇为感动的一段文字，是一封张大飞在殉国前写给齐邦媛哥哥齐振一的诀别信。

"这是一封诀别的信，是一个26岁年轻人与他有限的往事告别的信。我虽未能保留至今，但他写的字字句句却烙印我心。他说：

振一：

你收到此信时，我已经死了。八年前和我一起考上航校的七个人都走了。二十一天前，最后的好友晚上没有回航，我知道下一个就轮到我了。我祷告，我沉思。内心觉得平静。感谢你这些年来给我的友谊。感谢妈妈这些年对我的慈爱关怀，使我在上不着天、下不着地全然的漂泊中有一个可以思念的家。也请你原谅我对邦媛的感情，既拿不起也未早日放下。

我请地勤的周先生在我死后，把邦媛这些年写的信妥当地寄回给她。请你们原谅我用这种方式使她悲伤。自从我找到你们在湖南的地址，她代妈妈回我的信，这八年来我写的信是唯一可以寄的家书，她的信是我最大的安慰。我似乎看得见她瘦小女孩长成少女，那天看到她从南开的操场走来，我竟然在惊讶中脱口而出说出心意，我怎么会终于说我爱她呢？这些年中，我一直告诉自己，只能是兄妹之情，否则，我死了会害她，我活着也是害她。这些年来我们走着多么不同的道路，我这些年只会升空作战，全神贯注天上地下的生死存亡，而她每日在诗书之间，正朝向我祝福的光明之路走去。以我这必死之身，怎能对她说"我爱你"呢？去年暑假前，她说要转学到昆明来靠我近些，我才知道事情严重。爸爸妈妈怎会答应？像我这样朝不保夕，移防不定的人怎能照顾她？我写信力劝她留在四川，好好读书。我现在休假也去喝酒，去跳舞了，我活到26岁，这些人生滋味以前全未尝过。从军以来保持身心洁净，一心想在战后去当随军牧师。秋天驻防桂林时，在礼拜堂认识一位和我同年的中学老师。她到云南来找我，圣诞节和我在驻地结婚，我死之后抚恤金一半给我弟弟，请他在胜利后回家乡奉养母亲。请你委婉劝邦媛忘了我吧，我生前死后只盼望她一生幸福。”

齐邦媛与张大飞的爱情故事被很多人所感动，齐邦媛说“张大飞的一生，在我心中，如同一朵昙花，在最黑暗的夜里绽放，迅速阖上，落地。那般灿烂洁净，那般无以言说的高贵”。(P370)此书面世后的第二个月，吴宇森导演找上门来要将其电影《飞虎队》插入这段凄美的爱情故事，但最终都被齐邦媛所拒。在她看来，外界的很多猜测和解读都是对张大飞和那段纯洁感情的亵渎，她宁愿将其保存在内心深处。她说：“这样做我受不了。在现实里他是个木讷寡言的人，连人生都没想清楚,26岁就死了。他死得那么干净，全心全意的，就是为了报国。我在有生之年，不愿意看到他短促的一生成为一场热闹的电影。”张大飞的高贵是感人肺腑的，我想今生有必要去南京抗日航空烈士公墓为张大飞烈士献上一束花，以表达对他的景仰之情！

（三）怀念终生的好老师——朱光潜

从南开中学毕业，齐邦媛考入武汉大学。她住在乐山一处小阁楼的斗室。小小的天窗开向大渡河岸，夜深人静时听见河水从窗外流过，不是潺潺的水声，是深水大河恒久的汹涌奔流声。在她虽然年轻却饱经忧患的现实生活里，竟然有这样的夜晚，听着鸟声在她一个人的窗外歌唱！那一年她20岁，面对着重重威胁的人生，觉着随时可能失去一切，孤苦无依。唯一必须留下的是自己的心灵。幸运的是来到武汉大学她遇到了朱光潜。

图13　朱光潜

1943年，齐邦媛考上武汉大学哲学系，并决心攻读。大一期末，齐邦媛的英语统考全校第一。第二天她突然接到教务处一份毛笔写的通知，让她去见教务长朱光潜。朱先生当时已经名满天下，齐邦媛不明白为什么会召见她这个普通学生。见面后，朱先生问她为什么不转外文系。齐说自己不是没考上，而是第一志愿是哲学系，没有填武大的外文系；父母，则希望自己上中文系。朱又问她为什么要读哲学系、已经念了哪些哲学书。听齐回答完，最后他对齐说：

“现在武大搬迁到这么僻远的地方，老师很难请来，哲学系有一些课都开不出来。我已由国文老师处看到你的作文，你太多愁善感，似乎没有钻研哲学的慧根。中文系的课你可以旁听，也可以一生自修。但是外文系的课程必须有老师带领，加上好的英文基础才可以认路入门。暑假回去你可以多想想再决定。你如果转入外文系，我可以做你的导师，有问题可以随时问我。”(P109)

此后，齐邦媛在中国台湾的外国文学教育与翻译方面，取得了不俗的成绩，事实证明朱光潜先生的眼光是敏锐的。年轻学子是需要雕琢才能成型的璞玉，有其盲目与懵懂之处，仿佛需要像朱光潜先生这样善于因材施教的老师来慧眼发现和负责任的指点。在老师朱光潜的指导下，她整日浸淫在雪莱、济慈、华兹华斯、莎士比亚中。

“直到有一天，教到华兹华斯较长的一首《玛格丽特的悲苦》，写一妇女，其独子出外谋生，七年无音讯。诗人隔着沼泽，每夜听见她呼唤儿子名字：“where art thou, chains, my beloved son,……”(你在哪儿，我亲爱的儿啊……)逢人便问有无遇见，揣想种种失踪情境。朱老师读到“the fowls of heaven have wings, …chains tie us down by land and sea”(天上的鸟儿有翅膀……链紧我们的是大地和海洋)，说中国古诗有相似的‘风云有鸟路，江汉限无梁’之句，此时竟然语带哽咽，稍微停顿又继续念下去，念‘If any chance to heave a sign’(若有人为我叹息)，‘They pity me, and not my grief.’(他们怜悯的是我，不是我的悲苦。)老师取下了眼镜，眼泪流下双颊，突然把书合上，快步走出教室，留下满室愕然，却无人开口说话。也许，在那样一个艰困的时代，坦率表现感情是一件奢侈的事，对于仍然崇拜偶像的大学二年级学生来说，这是一件难于评论的意外，甚至是感到荣幸的事，能看到文学名师至情的眼泪。”(P113)

毫无疑问，朱光潜先生的英诗课，已经内化为齐邦媛生命的特殊记忆，诗意而永恒。朱先生不是所谓的套装知识，而是融会言行感染的人格教育。今天的学术界时常发问，为何在战乱年代会有大师成群结队地出现。而在今天外表光鲜、配置豪奢的大学校园，我们只能看见日益为课题、论文、职称等奔走劳碌的教师们。

每次回公寓的路上，我总能看到强劲有力的六个书法大字“此身此时此地”挂在公寓门口，当时不理解其深意，读完此书才明白了解，原是朱光潜先生的“三此主义”忘我精神，“三此主义”，即此身、此时、此地：“此身应该做而且能够做的事，就得由此身担当起，不推诿给旁人”，“此时应该做而且能够做的事，就得在此时做，不拖延到未来”，“此地(我的地位、我的环境)应该做而且能够做的事，就得在此地做，不推诿到想像中另一地位去做”。这就是朱光潜不尚空谈，着眼现在，脚踏实地的治学精神的体现。

（四）一生为故国招魂——钱穆

1969年，齐邦媛从美国进修回来，返台回中兴大学，出任新成立之外文系系主任。她参与创设了中兴大学外文系，主编了中国台湾中学国文教科书，编译了《中国现代文学选集》，并有缘与国学大师钱穆先生结为忘年之交。钱穆，中国现代历史学家、国学大师。江苏无锡人。7岁入私塾，熟悉中国的传统文献典籍。13岁入常州府中学堂学习，因家贫辍学之后自学成才。梁漱溟被称为“最后一个儒家”，钱穆则被称为“最后的国学大师”。但大家熟知前者，对钱穆先生可能停留在毛泽东那篇著名的社论《丢掉幻想，准备斗争》中，毛泽东点名批评了胡适、傅斯年和钱穆，说他们是“被帝国主义及其走狗的中国反动政府”所能控制的“极少数人”。他在乡间当了18年小学、中学老师，后由顾颉刚的鼎力相荐至北大，成为北大最叫座的教授之一，与胡适并称“北胡南钱”。齐邦媛初识钱穆时正任职“国立编译馆”，而钱穆先生则半隐于台北外双溪畔的素书楼，为了一本新编《中国通史》是否亵渎武圣岳飞之事，一同卷入一场是非。

图14　钱穆

在我进馆之前，“大学丛书”收到一份台大历史系林瑞翰教授的书稿，尚在审查阶段，是否出版未定，却有报纸报道：（君命有所不受，要十二道金牌才召得他回朝。宋高宗为什么杀他，并不是那么单纯的事）。林瑞翰教授所著《中国通史》是台大一年级必修的中国通史课本，竟诬蔑岳飞跋扈，说将在外，如此不敬之言，台大竟作教材。而国立编译馆竟然接受林教授《宋史要略》书稿，将要出版，简直是动摇国本！（P270）“王馆长是历史教授出身，知道当时各校学者无人愿审，亦无人能抵挡此政治意识的汹涌波涛，命我去拜见由香港来台湾定居的钱穆先生，请他作个仲裁，说几句话，指引一下“国立编译馆”对此书处理的态度。”（P271）

国学大师竟被指责为“动摇国本”的学术著作背书，但钱穆不为所动，“一生为故国招魂”的老人自然有着自己的底气。从那时起，齐邦媛有了18年定时往访钱穆先生的因缘。

“十八年间我在那石阶上下近百次，阶旁两排枫树长得很高了。一九八五年我车祸住院时，钱师母去看我，说老师很惦念。一年后我再去看他，慢慢爬上石阶时，才看到路旁小沟里积满了中国台湾少见的红枫叶。”（P273）如余英时文中说：“时间老人最后还是公平的。所以在他的谈话中，他总是强调学者不能太急于自售，致为时代风气卷去，变成吸尘器中的灰尘”。自一九九0年八月三十日

钱先生逝世，我都念着，有生之年能写此记忆。因为对历史的温情与敬意，世界上仍有忘不了的人和事。(P277)

20世纪，在西方新思想的冲击下，中国传统文化将何去何从？对于崇洋蔑己的现状感到堪忧，钱穆没有被时代的潮流所裹挟而去，他仍是那个钟情旧世界的顽固派，他秉承着"历史更能寄托中国人智慧与情感"的这一心念埋头于古籍世界里苦读，自学成才，在战火纷飞的时代钱穆先生写下了历史著作《国史大纲》，被当时的国民政府教育部指定为全国大学用书，风行全国。

在《国史大纲》的开篇，钱穆即对读者提出了四项对待国史的殷切期待，其中重要的一条就是"对其本国历史略有所知者，尤必附随一种对其本国以往历史之温情与敬意"，这让钱穆成为20世纪中国史学家中最具中国情怀的一位。20世纪的中国被西方风暴吹得满目疮痍，而钱穆先生立志"做一名现代中国的士"。1990年8月，钱穆在台北逝世。他的学生余英时说，钱穆的一生，是"为故国招魂"的一生。

三、总结思考

(一)弦歌不辍

读完全书，我感受到作者笔下的父亲——温和洁净的真君子，张大飞——悲天悯人的真英雄，朱光潜——因材施教的好老师，钱穆——对历史温情敬重的大家。"任何事情要沉住气"，父亲的教育，对齐一生专注学业与事业有十分重大的影响。"连生死都超然，你还留恋着什么?"是张大飞的超脱，给予她一生的启迪。"中国不亡，有我!"南开中学的响亮口号和治学氛围，培养了她敢于担当的勇气。"文学名师至情的眼泪"朱光潜隐然开启了她此后一生致力的教育事业。"对历史的温情与敬意"是钱穆对过往的诠释也是她最受教之处。由家乡巨流河漂泊到中国台湾哑口海，一路艰辛与坎坷，齐邦媛用惊人的记忆力写下了长路上的父亲、母亲、师友、长辈，他们的热血、善良、磊落、勤奋、从容……

战乱年代与自幼无父的世界，使齐邦媛年轻时遇事就已能冷静思考，沉着审慎地面对现实，最重要是注重维护自己内心以及学术的尊严，在追求学业道路上的努力、专注、坚持，与她一生尊崇精神至上密不可分。"我是很好的精神战胜一切的人。我现在还有一个精神在。"苦难岁月一路走来，她持以自强不息的刚健精神支撑着自己、家族，社会穿过阴霾岁月，走出苦难迈向伟大。齐邦媛在中国台湾教书、"故宫"兼职、海外求学、编办教材、创办英美文学系等几十年，将精力投注于文学教育和交流，取得了事业上的重要成就，在中国台湾文化与教育界是最受敬重的一位前辈，有着"永远的齐老师"之称。小说家白先勇这样形容他的老师齐邦媛："她一生只能用一个字来形容：真！"并将她称为"中国台湾文学的守护天使"。而她对自己的评价只是两个字——"平静"："如果说我的优点，就是可以集中精神做事，也能静静地思索、坚持。"不仅是齐邦媛内心的平静，从巨流河到哑口海，历史的长河不会倒流，波涛汹涌的大海也将归于平静，平静也是海峡两岸人民共同的愿景。"我的一生，自病弱的童年起，一直在一本一本的书叠起的石梯上，一字一句地向上攀登，从未停步。"

人生之峰以书为梯，这是齐邦媛先生给我最大的启示。在这浮躁的世界里捧读与回望，齐邦媛带着我们与历史对话，对于齐邦媛来说她是一个漂泊者，她无法与历史割舍，因为那是能找到故乡小路的灯盏。而当下的我们在阅读的过程中可能有过短暂的感动，但那只是稍纵即逝的情绪，我们更多的是要在与历史对话过程中转变为一种发现自我、找到自我的真实情感。感谢这本好书。

讨论部分

王祖霖：我想从书中叙述的"逃难史"和齐先生的"求学史"两个方面来谈谈自己的一些感想。看到书中的关于"逃难史"的几个细节描写，既悲愤、同情，又无奈。一是在火车站拥挤的准备逃难的民众，还有那些爬上火车顶棚在行使途中却被甩下的不幸者，书中的描述让我自然地想起了电影《1942》中的场景，是那样真切和生动，不免有悲痛的感受；二是齐先生这样的大户人家，其亲人也因为逃难备受折磨，甚至死亡，那些普通民众所遭受的苦难就更为深重了。另外，齐先生的"求学史"，尤其是她在国外的求学，不去选择容易得到学分的课程，而是选择难度大，自身知识体系欠缺的相应的课程，这种学习的态度及行动，我觉得是值得倡导及学习的。

王晨：我在这本书里读出了这样一个主题即"时代与信仰"。在我看来，齐先生一家能够在苦难年代里不仅顾全自己的小家，同时照顾所有有难的人，并以坦诚和善良待人，我相信是这种信仰让深陷苦难的中国同胞能够共同渡过难关。另外，齐先生说她最大的优点就是"平静"，我想对待生活用宽容、平静的态度则会使生活更祥和，因为我相信即使是陷入困境，你只要端正心态、怀揣理想就能走出困境，毕竟，时间会改变一切。

佘君君：首先，我想从以下几个方面来谈谈我对这本书的感受。一是亲情，在这本书中我最感动的是齐老师和他父亲之间的感情，其中有这样一句话让我印象最为深刻，齐世英对女儿齐邦媛说："在有生之年，我必能找到你。"这句话折射出了一种深深的父女情；二是爱情，齐老师与张大飞的爱情如此纯真和凄美，这不禁让我反思现在的爱情观，教会我们身处这样的欲望都市如何去爱；三是师生情，战乱年代能有如此相伴相知的师生成长史，在和平年代我们更应该珍惜来之不易的学习机会和与老师之间的真挚情感。

其次，我想谈谈阅读完这本书的感悟。第一，身为一名知识分子的坚定。朱光潜老师、钱穆老师、张伯苓老师都拥有知识分子的坚定，不仅是信念，更是行动。知识分子可行使评判权，亦可行使坚守信念权，不断地完善自身实现人生的理想，做一个自由独立又有批判眼光的人。第二，身为一名社会人的真实。在战乱纷飞的年代，人们并没有想着如何保全自身，体现得更多的是一种社会责任感，无须外界刻意强调与灌输。第三，身为一个人的真实。无论是教育还是生活，情感的力量都不能被忽视。

魏婷婷：一个战火纷飞的年代，一个家族的风雨历程，一位学者的成长史，敬佩之情油然而生。首先应该是作者的求学与治学的精神，让我看到了一位知识分子的辛酸的成长经历与孜孜不倦的育人之路。作为一名学生，她的好学与智慧可能是我们无法企及的，尤其是在那个动荡的年代，生命都朝不保夕，但对于自己的求学之路从未放弃。作为一位老师，她坚守自己的本分，兢兢业业，秉承为人师者的操守，不敢有丝毫的怠慢，更是对学术心怀敬畏与仰慕。第二，作为一名女性，作者的内心是柔弱的，但是我们似乎看到了一副铁骨铮铮的形象，我想这些都源于勇气与勇敢。在苦难面前，她没有低下高贵的头颅，总是勇敢地一步步前进，但我们似乎很缺少这些。齐邦媛，一位伟大的女性，我看到了她的坚守，她就是一个典型的中国新女性的杰出代表，既秉承传统的美德，内秀、坚韧、勇敢，又富于智慧、深邃。第三，我感受到了一个家庭里，心心相惜的情感。亲情的温暖总会融会生命中的坚冰。这种爱，是爱情、友情无法赐予我们的，父母情、兄妹情我们一生都无法割舍掉，这种情感看似朴实无华，无须虚饰，但却真正能够浸入人的内心。第四，学会做一个有信仰、内心平静的人，坚守自己的心灵。人总归是要有梦想的，虽然生活可能并不如我们想像的一般如意，但是生活并不会欺骗我们。它就像一面镜子，你对它笑，它便会对你笑，你消极地对待它，又如何期待生活回你微笑。无论我们的外部世界如何变迁，重要的还是自己的内心，做一个内心温暖的人，有梦想、有信仰，即使我们无法逃离苦难，但至少内心是幸福与充实的，因为心灵有寄托之处。

廖锐：这本书让我想到另外一本关于师生回忆录的书《燃灯者》，读完这本书我心中有几个疑问希望得到老师、学长学姐和各位同学的解疑。在这个浮夸的年代好的老师还剩下多少？我们又能遇到多少？教师是“职业”还是“燃灯者”？从我个人的求学经历来讲，我认为遇到一个好老师能够改变自己的一生。但老师不能授予我们全部，我们还是得靠自己的努力和勤奋在求学道路上走得更远更好，那么，当下，我们应该如何做呢？

佘君君：其实老师只能教授他们所能教的，关键还在于自己的真实感悟。我认为应做好以下几点：第一，把当前能做的事做好；第二，做一个温暖的人，无论是对自己还是他人，都应懂得宽容、不妒忌、活得简单；第三，勿忘初心，方得始终。做到这一点是需要忍耐庞杂的人事对自己的干扰和同化的，要达到一定的境界才能做到并且感染他人；第四，既然选择了这条路，那么你走就是了，在这条路上不断地阅读，扩宽视野，锻炼自己的能力，提高自己的心境。

王春平：读完此书，我想学生在学校中应该学会多与人交往，在社会和学校基本规制下适度地自由发展。在上好基础课的同时广泛阅读，快乐地、勤奋地、独立地思考。即使外界现实条件和个人条件有限，也能自由选择自己所感兴趣的和所喜爱的事物。例如，体坛巨将邓亚萍，她因手短一开始就被认为并不适合选择乒乓球这一项运动来发展，但她因为热爱而苦练，于是有了惊人的成就。另外，我还想推荐大家读读季羡林的《牛棚杂忆》，这类同样是追忆苦难年代的书籍，我想这类书籍能够使人心灵纯净并且有鉴往知今的作用。

刘轶臻：我想谈谈我的几点感受。其一，作为现代知识分子应兼具“形而上”的情操和“形而下”的技能。读这类书籍的作用在于以史为镜，以人为镜。我认为齐邦媛老师在那样的时代既是幸运的又是不幸的，幸运的是她能遇到那样美好的人事，不幸的是身处苦难时代。其二，人的定位是很难的，也许我们应怀有这样的信念：“不求成功，但求成人。”其三，懂得尊重和包容他人的观点，学会借鉴与沟通。其四，学会平静地思考，在学习和生活中，需要一些时间来思考，不断地反省自身，不断地完善自我即是思考的意义所在。其五，我倡导大家能够怀抱理想，脚踏实地，活在当下。

刘茂梅：我想先从《巨流河》中折射出的家庭教育谈谈我的感想。我认为家庭教育是人格的底色，有什么样的父母，就有什么样的孩子。然后是谈谈个人与环境的关系，我认为有什么样的环境，就有什么样的自我，同时自我又是别人的环境，每个人在这个环境中做好自己即成就了一个良序的环境。

周舟：在最近的新闻中，我注意到这样一则新闻，某一高中有两名学生跳楼自杀，在遗言中说到跳楼原因，是因为自己的成绩与父母所希望的差距太大，因此，承受不起巨大的打击与心理的负担而选择跳楼。很多人认为价值一定是外显的，我们有多少价值我们就能获得多少外在的利益或是物质，如果我们没能获得这些所谓的利益，则说明我们是无价值的，因此，我们感受不到幸福而迷茫。我认为这种观点是错误的，因为我们没有认识到自己真正的价值，人的内在价值不需要外在事物的衡量，人不断地阅读，不断地学习，是让自己的内心归于平静，而不是越来越浮躁。

《瓦尔登湖》：唤醒你澄澈的心灵

魏婷婷*

时间：2014 年 10 月 26 日

地点：湖南大学教育科学研究院

出版社：汕头大学出版社，2013

参与人：唐松林、涂阳军、刘轶臻、侯兰花（长沙市第六中学老师）、李京玉（长沙师范学院老师）、于晓卉、魏婷婷、李吟霁、欧阳鹏、学生 A、蒋丹、李倩、于思琪、郑洁、陈玥玙、涂阳军

一、书籍概况

（一）作者简介

亨利·戴维·梭罗（Henry David Thoreau，1817—1862），美国作家、哲学家，自然主义、超验主义、废奴主义的代表人物。早年毕业于哈佛大学，在担任数年中学校长后，毅然决定以作诗和论述自然为终生的事业。曾协助爱默生编辑评论季刊《日晷》。写有许多政论，反对美国与墨西哥的战争，一生支持废奴运动，他到处演讲倡导废奴，并抨击《逃亡奴隶法》。其思想深受爱默生影响，提倡回归本心，亲近自然。梭罗才华横溢，一生共创作了 20 多部一流的散文集，被称为自然随笔的创始者。其文笔简练有力，朴实自然，富有思想性，在美国 19 世纪散文中

* 魏婷婷（1993—），女，甘肃平凉人，湖南大学教育科学研究院 2014 级硕士研究生，从事教育哲学研究。

独树一帜，《瓦尔登湖》在美国文学中被公认为是最受读者欢迎的非虚构作品，以及“塑造读者人生的25部书”之首选经典。

（二）内容简介

在超验主义者看来，自然界是精神的象征，是超龄的外衣，大自然充满生机，能够净化人的心灵。梭罗曾说，“直观的自然经历可以产生实实在在的智慧”，因此，梭罗从一开始便强调参与自然、亲身实践的经历，并产生一种强烈的投身荒野的激情。为此，梭罗几乎放弃了世人所追求的一切——财富、名利、安逸。实际上恐怕他很少懂得习以为常的欢乐与享受，因为他像爱默生所说的那样，一生都在追求那种常人望而却步的美。《瓦尔登湖》即是梭罗于山林中独居时的产物。

1845年，在距离康科德两英里的瓦尔登湖畔，梭罗自己砍柴在湖畔建了一座小木屋，开始了两年的林中幽居生活，自耕自食、阅读、思考、写作，过着非常简朴和原始的生活。以此为题材写成的长篇散文《瓦尔登湖》（又译为《湖滨散记》）（1854年），成为超验主义经典作品。《瓦尔登湖》充满了对大自然的热爱、对生活的情趣、对人类文明的反思，文字间流露出的清新、健康之气息，裹挟着宁静、恬淡与智慧，让久居城市、现代文明的人找到了宁静的港湾，让我们有一种返璞归真之感。梭罗在日记中说他想在外在文明的深处过一种较原始的生活，他并不想完全从社会撤退，也不是想冒险或做苦行僧。他只是想直面生活，想尝试“过一种经过省察的生活，去面对人生最本质的问题”。正如一些评论家所指出的，梭罗关注的是人的精神和内心世界。他从自然中领悟到的最重要的信息，就是注重精神上的富有与崇高，物质部分并不重要，奢华的生活甚至有害。他还说：“我到瓦尔登湖去的目的，并不是去节俭地生活，也不是去挥霍，而是去经营一些私事，为的是在那儿尽量少些麻烦”“按自己的天性毫无拘束地生活”。（P15）似是作者在以自己的实践向世人证明：人们完全没有必要将时间花费在无休止的物质追求上，而应将更可能多的时间用于精神探索，因为如果一个人能够满足于基本的生活需要，已经能够从容、充实地享受人生了。这种回归本心、亲近自然的思想为美国乃至整个世界都带来了清新之风。《瓦尔登湖》中有许多关于动物和植物的观察记录，并被作者赋予了通俗的哲学意义，我想这也正是梭罗的书真实、可爱之处。

也许，我们不能够像梭罗那样去体验山林中原始、纯净的生活。尽管那个时候的瓦尔登湖也许已经永远消失，但是这些都不能阻碍我们在自己的内心拥有一泓清澈的瓦尔登湖，让心灵时刻得到涤荡与洗礼，进入那澄明、清新之地。

（三）相关书评

《瓦尔登湖》的五种读法：（1）作为一部自然与人的心灵探索之书；（2）作为一部自力更生过简单生活的指南；（3）作为一部批评现代生活的讽刺之作；（4）作

为一部纯文学的巨著；(5)作为一本神圣的书。

——梭罗研究专家哈丁

《瓦尔登湖》的伟大之处就在于梭罗能够通过艺术来实现自己决意要做的事业。通过创造一个有机的形式，他使自己的决定获得了新生：通过有意识的努力，他重新获取了一种成熟的恬静，如果说那不是黄金年龄的清纯狂喜的话。《瓦尔登湖》记录着自我在微观宇宙历程中的经历。

——谢尔曼·保罗(美国著名评论家)

二、章节赏析

瓦尔登湖也许并不是瓦尔登湖，瓦尔登湖只不过是一个象征，象征的是一种精神的境界。人人心中都有一个瓦尔登湖，所以不必去外界寻找。一颗满足的心灵才是最富有的，他什么也不缺。我们的心灵背负着许多沉重的欲望，这欲望使我们成为自己的敌人，戴上了心灵的枷锁，得不到心灵的宁静，使我们无法过上简单幸福的生活，失去了生命的自由，失去了审美趣味，得不到生命对于世界美的感受，更使我们成为世界上因自我折磨而痛苦却又愚蠢的动物。梭罗的境界和瓦尔登湖所象征的生存方式，远在存在主义之上。

(一)人与物：精神富足

我们常常抱怨，人生的负担太过于沉重，可是，我们是否想过，这些烦恼来自于何处？梭罗告诉我们：这负担并非来自于外界，而恰恰来自于我们自己。

1. 生活之经济——过简单的生活，不要让物质与财富成为你心灵的枷锁

人应该怎样活着？你的生活是否如你所期许的样子？你过得幸福吗？梭罗亦反问我们："生于人世间，你们正过着什么样的生活呢？若你们的生活糟糕透顶，是否有必要呢？这种生活又能否得以改善呢？我在康科德曾到过许多地区；在店铺、在办公室、在田野，到处我都看到，居民仿佛都在赎罪一样，从事着成千种的惊人苦役……他们拼命地劳作，臣服于生活，尽可能地把日子过得好些，我曾遇到许多永生可怜、可悲的灵魂，在生命的重担之下，遭受着无情的碾压，近乎窒息。"(P2)

梭罗用"赎罪""苦役"这样悲惨的词形容康科德地区居民的生活状态，他为这样辛苦劳动的人们感到心酸。梭罗意识到人们在这样的大错底下劳动，这样的劳动并不能给人真正的财富，却使自己变成了愚蠢的生命。因为"大多数人，即使在这个相对比较自由的国度里，由于物质和错误，满载着虚构的忧虑，忙碌于不必要的粗活，却不能因此采摘到生命的硕果"(P4)，我们生活得如蝼蚁般卑微。在梭罗看来，我们是将生命浪费在不必要的物质追求中，对精神的关注微乎其微。几乎我们每个人都在不停地抱怨生活的忙碌不能够让自己坐下来好好地阅读一本书，或是静静地倾听自己的心声。我们都世俗地以生活的重担作为自己平庸和琐碎的最佳借口。可是梭罗却告诉我们，其实世俗生活可以过得非常简单。他说："一个尘世的人需要计算的数字，无须比十个指头更多，在极其罕见的情况下，它可以加上十个脚趾其余全可笼而统之。"虽然我们的日常生活中充满了算计，可是真正值得花费时间、花费生命去算计的事情少之又少。在梭罗看来，美好的生活源于清贫，人类幸福的障碍都来自于对无穷尽的物质的追求，太多的食物、太多的钱、过于华丽的房子，这一切都会使人类陷入物质算计的沼泽无法自拔。所以，他向我们发出这样的呼吁："简单，简单，再简单！"极简主义就是梭罗对沉迷于物质主义的忠告。华兹华斯曾赞美简朴的生活，同时又可怜被欲望所累的人们，说："他们虽然很幸运、很富有，心中却不快，脚步却沉重……整年里，脸上都没有笑意。"人们都正如梭罗笔下那些精神的流亡者，"大多数人都在隐隐的绝望中生活。所谓的听天由命，便是绝望。在人类所谓的游戏与娱乐之下，甚至隐藏着一种根深蒂固的、不易觉察的绝望。两者都没有乐趣可言，因为工作之后才能娱乐。但是，不做绝望的事才是智慧的一种特征"。(P6)他们都生活在物欲的枷锁之下，只是在按照别人的意愿活着而已。实际上，能够想到应当按照自己的愿望而生活的人也是凤毛麟角，人们全身心地投入生活，热衷于生活，他们不断地寻找生活的意义，在这种虚无的生活中也渐渐失去了自己。

一颗满足的心灵才是最富有的，因为她无所欲求，所以她什么也不欠缺。反之，一颗满载欲望的心灵，怎么能够轻松远行呢？我们不可能一无所欲，唯其过一种简单的生活，将生命中的繁杂与尘埃减少一些。然而，过一种简单的生活，何以可能？在梭罗看来，物质生活在拥有了生活必需品后大抵便足够了。

"所谓生活必需品，从字眼上讲，是指一切人类靠自我努力获得的物品，也许它一开始就显得很重要，或是因为长久的使用而对人生有了这样的重要性……人类，在现实生活中，其生活之必需品可分为：食物、住宅、衣服和燃料；缺少了这些，我们是无法自由地考虑真正的人生问题，更无法展望未来。大多数的奢侈品，大部分的所谓的生活的安逸，非但没有必要，而且对人类的进步大有阻碍。所以，有关奢侈与安逸，智者生活得甚至比穷人更加简单和朴素。"(P8)然而，现实情境下，我们无穷尽的物质欲望，却总是将我们束缚在不知足、功利、物质的窠臼中。鲍德里亚将现代社会看成是一个消费的社会，认为消费与物质已经控制着我们全部的生活。我们在不断膨胀的消费主义时代，"在以往所有文明中，能够在一代一代之后存在下来的是物，是经久不衰的工具或建筑物，而今天，看到物的产生、完善与消亡的却是我们自己"。当我们身陷物质主义的囹圄，心为物役，为物质而奔波、而痛苦便成为我们生活的主题，我们不但丧失了生活的真相，丧失了审美的眼光，甚至还失去了人生的自由。梭罗严格遵循他的生活理念，在瓦尔登湖畔过着物质简朴的生活，他只是在获取维持生活最起码的东西，而余下的时间去追求精神生活的富足与自由。当然，我们的生活必需品，只是奢侈品。那我们又该如何对待生活必需品？

关于衣服：

“记着穿衣服的目的吧：第一是保持维持生命力的体温，即保暖；第二为了目前在社会中遮盖身体，即遮羞。”（P17）而随着文明的发展，人们越来越关心别人对自己的看法，而不大考虑这些衣服的真实用处。在文明社会中，衣服不仅用来保暖和遮体，它还成为一种身份和地位的象征。随着文明的进步，衣服变成了一种奢侈品，成为人类的心理“门面”。

关于住所：

梭罗写到：“人类需要一个家庭，一个温暖或舒服的地方。”（P22）他认为，人类为自己的身躯寻找一个荫蔽的场所来自于我们最初的天性。然而，总有人为拥有一个“更精美更舒适的大箱子”将自己束缚起来。其实我们并不需要将住宅装修得过于豪华，没有必要让我们的躯体去服苦役，仅仅是为拥有一幢房子，而没有时间去“拂拭头脑中的灰尘”，“等到农夫得到了他的房屋，他并没有因此就更富，倒是更穷了”（P27），因为房屋占有了他，更让他负债累累，人又一次成了房子的奴隶，而那更高级的境界却被遗忘。“当文明改变了房屋的时候，他却没有能力去同时改变居住在其中的人。这就是：文明造就了宫殿，却不能轻易地造出贵族与国王。”（P28）所以，房屋的大小与华丽程度不但不能解决人的自由问题，反而会成为他更大的包袱，人们同时要为房子的经费供给而成为自己生活的奴隶，这是一种本末倒置的愚昧。

关于食物：

在《瓦尔登湖》中梭罗著有“种豆”一章，写自己如何自给自足地获取食物。在他看来，要获得一个人生存必要的食物，困难极少，甚至少得令人难以置信，我们完全没有必要成为土地的奴隶，因为“要得到一个人所必需的粮食并不是什么麻烦的事；一个人的饮食可以像动物一样即使吃得简简单单，却依旧能够保持健康和体力”。（P51）

“正如圆心可以画出无数条半径一样，生活方式也有无数种。一切变化都是值得思考的契机，任何刹那间发生的事情都可以成为奇迹。”（P9）“我根据信仰和经验确信：一个人倘若在世间谋生并生活得简简单单，那并不是苦事，而是一种消遣……我希望这世上的人，越不相同越好，希望每一个人都能谨慎地找出并追求他自己的生活方式。”（P60）

“让我们像大自然一样简单而安宁，除去心头的忧愁，在我们的精髓中注入一点小小的生命。请别傻傻地伫立在那儿去做个穷苦人的先知，而要努力地去做值得生活在世界上的一个人。”（P66）

作为一个独立的人，一旦获得了生存的基本之需，就应该摆脱卑微烦琐的劳动，大胆地向真正意义的生活挺近。灵与肉相济，则谓之“完人”。这大抵是梭罗给我们的生活哲学。

生活蕴含着多重的可能性，何必只是缱绻打造多数人中间，随波逐流。每个人都应有自己独特的生活方式，而不是生活在观念与偏见、传统、幻觉、表象的泥淖之中，过一种简单、独立、崇高、充满希望的生活是完全可能的。

（二）人与自我：守望初心

本真的自己逃离了沉沦的日常生活，真正成为他自己，澄澈、干净，浪漫而诗意地栖居，真正于生活之中沐浴并享受幸福。

1．我生在何处，为何而生——在澄明之境构筑自我的本真存在

“我幽居在森林中，是因为我希望谨慎地生活，在只面对生活的基本要素的情况下，看看我是否学会了生活传授于我的东西，免得到了临死之时，才发现我根本没有生活过。”（P77）“为什么我们要生活得这样匆忙，如此地浪费生命呢?（P79）……让我们像大自然一样顺其自然地过上一天吧，不要因为一个坚果壳或掉在轨道上的蚊虫的翅膀而脱离轨道。让我们在黎明时分起身，早餐是否随意些，但求平静而无忧；任他人来去，任钟声敲响，任孩子哭闹——下个决心，我们要自然地好好过一天。为什么我们要屈从，甚至随波逐流呢?（P83）“如果我们从容不迫且足够聪明，我们便会领悟，唯有伟大而优美的事物才拥有永远的绝对的存在权——琐碎的恐惧与琐碎的欢乐只不过是现实的阴影，而现实常常是活泼而崇高的……人们建立并强化了日常生活的制度与习惯，而且处处遵循它们。其实呢，它们只是构筑在纯粹幻想的基础之上的。天真嬉戏的儿童，反而更能清晰地认清生活的真正规律，而大人们却常常自作聪明，不懂得珍视生活。”（P82）

在梭罗看来，生活的最高准则是简单而安宁，如同大自然一样。“我们要按照智慧的指示，过得简单、独立、大度、信任”，然而，现实的情境是：我们总是迈着沉重的脚步，被世俗之上烦琐复杂的生活所禁锢、蒙蔽了双眼。为什么我们总是不能生活得舒心、惬意？为了生活而生活，自然是放弃了生活的审美意蕴。其实生活给我们的并不是劳心劳力，他并没有欺骗我们，我们缺少的只是一颗平静、恬淡的心灵、一双发现生活的审美意蕴的眼睛。因为，我们总是试图寻找并跟上别人的生活轨迹，而忘却了自己真正想要的是什么？我们从未真正地靠近自己的生活。“如果你愉快地迎接白昼和黑夜，生活就会像鲜花和芳草一样芬芳，甚至会更具活力、更加闪耀、更加不朽，这便是你的成功。”（P189）

2．阅读

在梭罗看来，“文字是圣物中最珍贵的，它和别的艺术作品相比，与我们更亲密又更具有世界性……”（P88）文字裹挟着的精神魅力，让我们更充实、更幸福。

阅读是梭罗隐居生活的一个重要组成部分，书是他的精神生活必需品。梭罗说："坐着便可以在精神的世界里驰骋，这种益处我得自书本。一杯酒就令我陶醉，当我畅饮着深奥学说的芳冽琼浆时，我同样体验着这样的愉快。"（P85）没时间、没精力并不能成为我们搁置书本的借口。

关于如何阅读，梭罗鼓励我们，一是去读经典，"经典作品记录下了最崇高的人类理想，它们是独一无二的、不朽神奇的神示意旨"（P86），思想家们天才的洞见、直觉、洞察，深邃的人生体悟与无穷的宇宙奥秘等触及心灵的大智慧，全都寓于经典之中。二是好好读书，也就是说，"以务实的精神去读真实的书，这是一种崇高的训练，像竞技家必须经受的那样，要坚持不懈，终身努力。书本是谨慎而含蓄的著说，也应该含蓄而谨慎地阅读"。（P86）三是在我们识字之后就应该去阅读最优秀的文学作品，并能够领悟其中之意，而非囫囵吞枣、更非一味地停留在"永远在重复 a_b_ab、单音字和一些轻松的作品之上"。读书，要领会其中的智慧。

"许多书或许有好多话就是针对我们的境遇而言，如果我们能够真正地倾听，并完全懂得这些话语，它们对我们生活的裨益将胜过黎明或阳春三月，也许能给我们的人生一个新的开始。"然而，梭罗也遗憾人们现在的读书状态：绝大多数人读书只是为了生计、娱乐、发展、前途等功利性的目的，只有极少数的人真正可以为了追求真理、有所启发、弥补精神生活而读书。梭罗说："我们在治疗疾病方面花了不少钱，但对于精神食粮方面却没有什么花费。现在是时候了，我们应该拥有一所非凡的学校，让男女儿童在成年后能够继续接受教育。现在是时候了，让一个个村子如同一座座大学，老年人都从事研究——如果他们日子过得宽裕，他们应该有闲情逸致，把他们的余年放在自由研究上……可悲啊！因为我们忙于养牛、做生意、我们好久没有上学堂了，我们的教育被可悲地荒芜了。"

梭罗努力在瓦尔登湖通过阅读来治愈自己：在适合严肃阅读和思考的木屋还没能盖起来的时候，梭罗虽然工作辛劳，但想到日后可以阅读更多的书便有了继续工作的动力。在工作较多的日子里，尽管读书的时间很少，梭罗仍是尽力从各种文字材料如破纸、单据、台布中寻找快乐；在拥有余暇的日子里，梭罗总是愿意去读书，他木屋的桌上总是摆着可供文学爱好者或是那些好奇的人来翻阅的一些书。

3．孤独

在孤独的环境中人们最能赤裸裸地看到自己灵魂深处的浅薄，最能以冷静客观的态度反思和思考自己身处的世界，更是一次在孤寂中寻找真我的旅程。《瓦尔登湖》就是梭罗孤独生活的写照，也是梭罗远离人群和社会后进行冷静反思的结晶。

"我所居住的地方，就像北美的大草原一样孤寂。这里离新英格兰就像离亚洲和非洲一样遥远。可以说，我拥有属于自己的太阳、月亮和星星，我有一个完全属于我自己的小世界。”（P112）虽然远离人群，但是却无孤寂之感。因为有万物与之交谈，这样的心灵在人多的地方才愈益孤独。只有封闭的、怀着敌意的心灵才会真正孤独。有时，人们常常对我说：“我想你在那住着，一定很寂寞，特别是在下雨下雪的日子和夜晚，总想跟人们亲近一下吧。”……什么样的空间距离才能把人和人隔开而使人感到寂寞呢？我已经发现，无论两条腿怎样努力也不能使两颗心更加贴近。（P114）其实，梭罗也曾有过一丝的失落，可是却经常在大自然中沉思以寻找内心世界的满足，大自然让他心旷神怡、自由自在。与大自然融为一体，“我似乎也预感到我会恢复正常的”。亲近自然，从大自然之处获得宽慰与鼓舞，无不在孤独，其根源在于人的智慧与思想。“有了思想状态下欢欣鼓舞，只要我们的心中有努力的意识，我们就可以远远地超出一切行为及后果之上，一切好事坏事，都如大河江流一样，从我们的身边一泻而过。”（P116）因此，孤独在梭罗看来：“寂寞是有益于健康的。当你有了伴儿，即使是最好的伴儿，过不了多久也要厌倦，使人感到焦躁不安。我喜爱孤独，而且也没有碰到比孤独更好的同伴。到异国他乡去置于人群中，大概比独处室内还要寂寞。一个人在思考和工作时总是孤独的，让他爱在哪就在哪儿吧。”（P116）

这让我想到周国平先生曾言道：“我天生不宜交际。在多数场合，我不是觉得对方乏味，就是害怕对方觉得我乏味。可是我既不愿意忍受对方的乏味，也不愿费劲使自己显得有趣，那都太累了。我独处时最轻松，因为我不觉得自己乏味，即使乏味也自己承受，不累及他人，无须感到不安。”也许，有时我们的处境会一时地孤寂无助，可是，毕竟富足的心灵可以将你从这种清冷中解救出来。梭罗独居于瓦尔登湖畔，孤独催生了他深刻的思想，与其说瓦尔登湖是他生活的场所，倒不如说是他的精神家园、心灵的港湾，它是梭罗在喧嚣浮躁的世界中所寻觅到的一个优雅僻静的灵魂栖息之地。孤独让人们远离社会和人群，远离了自我之外的一切影响，撕下了一个人所有的面具和伪装，如此，更能寻找到真正的自己。学会孤独，享受独自一个人的生活，通过阅读、思考来提升自己，发现一个更好的自己——拥有独立的思想、丰满的内心世界、审美的能力，生活与世界不会欺骗你，我们依旧生活得幸福，而非孤独地游离。

“我有一种追求更高尚的生活，或者说是在探索精神生活的本能，并且许多人也有过同感，但是我另外还有过一种追求返璞归真和野性生活的本能，这两者都令我尊敬。”（P183）在瓦尔登湖，梭罗享受着懒惰的时光，陷入沉思，享受着精神生活，按照自己的内心所想，以欣然之心做心爱之事，漫步、阅读、沉思，回归真我，我归本心，不仅获得了心灵的自由，更获得了心灵的愉悦和满足，何乐而不为呢？

（三）人与他人：精神慰藉

梭罗在隐居期间并非完全地与世隔绝，偶尔也会接待来访客人。只是所有的客人并不是因为无谓的琐事打扰，而是过滤掉一切的世俗礼仪，和主人进行灵魂的交流和思想的切磋。

1．访客

“人们来到这里，填充了小屋，
不希求那些多余的款待；
休息就是宴席，一切顺其自然，
最高贵的心灵，最能知足自满。”（P122）

个人只关注到生命中细小事情的满足并不足够，我们都是“社会人”，与他人、与自己周围的世界发生关系、交往互动，联结个人与世界，交流与共享才可充实、丰富自己的思想与灵魂。

梭罗让我们反思现代社会的人际交往。“我们聚会的时间很短促，没有时间去让彼此得到新的价值。一日三餐时见面，互相让对方重新尝一尝我们陈腐的乳酪，我们必须公认一些被称为礼节与礼貌的准则以便这种经常的聚会相安无事，避免公开冲突”。“一天，我的房间里来了25～30个访客，外加他们的血肉之躯，把我的屋子塞得满满的，但是直到我们分手的时候，我也不觉得我们彼此之间十分接近过。”（P120）在他看来，现代社会交往的价值通常不高，即使置身于人群中却也倍感孤独。也许我们在现实的人际交往中与许许多多形形色色的人物接触，但是感受到的却往往是孤立与迷失，这种接触只是肤浅的、表面化的、工具性的，现代人际关系似乎已经被烙上了淡薄与短暂的标签。我们与他人的交往流于形式或是在交往过程中只是以自我为中心，只关注自我实现而忽略对他人的关心。被局限、封闭在自身的领域里使得自我的生活圈子变得狭隘，我们的视域便会变得平庸而渺小，只会在汲汲营营中消磨掉自己的生命力。

这让我们反思：人与人之间的交往，只是简单地聚集在一起，有话题、有闲聊而已吗？在梭罗看来，人与人的交往若只是浅薄地浮于表面，只是物质与享受，我们与他人之间并未发生真正的交往关系，人与人之间的交往应该触及灵魂，是深刻的、有思想、有灵魂的交流，使我们各自的精神世界有所触动，真正地受益。

2．往昔居民，冬日访客

“一个人的生活固然无尽美妙，然而与人交往，有时也是必要的，因此我情不自禁地回忆起往昔林中居民来。”（P224）

“我怎么也忘不了那位最受我欢迎的访客……他是人类真正的朋友，也几乎算是人类进步的唯一朋友。他像一个古朴睿智的老人，或者一个神灵，总是怀揣着不倦的耐心和坚定的信念。在我看来，人类所崇拜的神灵，也不过是外表破旧、摇摇欲坠的纪念碑罢了。然而，他却用慈祥和智慧拥抱孩子、乞丐、疯子和学者等一切人。他包容并接受所有人的思想，同时又把这些思想加以扩大、升华。或许，他应该在世界的康庄大道上开设一个大旅馆，招待全世界的哲学家，而在招牌上应该写着："招待人，不招待人的兽性。欢迎有闲情逸致、心胸宽广、真诚的寻找正道的人。"他应该是头脑清醒、理智的人，算是我所认识的人中间最心无杂念的一个。他就是他，从不会改变。往昔，我们一起漫步闲谈，全然把世界抛在脑后，因为他生来自由，身处这世界的任何制度之外。(P236)梭罗承认他和大多数人一样喜欢社交，并在自己的林中小屋里准备了三把椅子以供社交之用。虽然梭罗喜欢独处，但并没有想要生活在绝对的孤独之中。他随时准备在自己的小屋中接待客人，并希望保持人与人之间高贵纯洁的关系，摆脱掉功利性、世俗性的关系，在平等的精神交流中达到亲近与和谐。

(四)人与自然：和谐相处

我们是否觉得应消解人性中的一些欲望甚至是一些野蛮的性格呢？也许亲近大自然，与自然做朋友才是最恰当的回答。对梭罗而言，走向自然，就是走向自我的内心世界，那是一个值得花更大的精力去探索的神秘世界，而与大自然的和谐相处无疑是最理想健康的生活方式，"阳光、风雨、夏天、冬季——大自然的难以言表的纯净和仁慈的恩惠，他永远恩赐我们无尽的健康、无穷的欢乐"。(P160)

1. 湖

梭罗徜徉在瓦尔登湖的青山绿水之间，与大自然融为一体。他用自己的眼睛观察瓦尔登湖一年四季的变化，惊叹其非凡的美丽和圣洁。他用深情的笔触写道："一个湖是自然风光最美妙、最生动之所在。它是大地的眸子，凝望着它的人可反省自我天性的深度。湖畔所生的树木是睫毛一般的镶边，而四周苍翠的群山和峰峦叠嶂是它浓密突出的眉毛。"(P161)这样优美的描写在书中随处可见。他感叹道："上溯到亚当和夏娃被赶出伊甸园之时，瓦尔登湖以及那个存在于天地之间，甚至可能就是在那个清晨，随着漂浮而来的蒙蒙细雨和习习南风，洒落下一阵金色的细雨，打破了宁静的湖面。成群结队的野鸭和天鹅在湖上遨游，它们并不知晓人被撵出乐园这件小事，它们只是沉醉于这纯净的湖水。谁知道呢？在多少部已遗失的部落英雄史诗中，瓦尔登湖是他们的卡斯塔利亚灵感之泉。人类最早的黄金时代，又有多少山林水泽的仙女在这里嬉戏？这是康科德桂冠上最璀璨的一颗钻石。"(P155)

对大自然的热爱并非为了吟诗作赋，而是一种真诚流露，这种与生俱来的挚爱常常使他的灵魂伴随着林中的四季优雅地变化着。湖水悄然间的涨落循环、鱼儿在水中的机警的凝视，飞鸟在晨曦薄雾中发出的清脆叫声，都让他单纯而敏感的心一次次地震颤。

2．与野兽为邻

回归自然不仅仅表现在对大自然美景的留恋与欣赏，还表现在尊重大自然中的动物上。“一只美洲鹟到我的屋檐下做窝；一只知更鸟在我屋旁的一颗松树上搭窝居住，享受我的保护；鹧鸪、山鹬带着幼子来了；松鼠、猫、野鸭、水獭、土拨鼠、蚂蚁、潜水鸟都来了”，(P198—206)梭罗经常与林中动物一起，参与到它们的活动中去，一起玩乐嬉戏。正如他说“因为我发现我自己突然跟鸟雀做起邻居来了，但不是我捕到了一只鸟把它关起来，而是我把我自己关进了它们的邻近一只笼子里”(P198)。与鸟雀、动物为邻并将自己的姿态大大降低的友好交往体现了梭罗自然观中的一个重要方面，即“生命共同体”。因为热爱而对动物们的观察细致入微，在他的眼中，森林中的动物们也像人类一样有着丰富的情感和思想，它们积极地表达着自己，有如，“鹧鸪的幼雏睁大眼睛，成熟却又很天真的样子，使人一见难忘。这种眼睛似乎蕴含了全部的智慧，不仅有童真，还有经验洗礼过的智慧”等。(P198)

在梭罗看来，人与自然界中的任何物种都没有所谓的高低优劣之分，更没有奴役与被奴役、管制与被管制的区别，人也是动物，和所有的动植物一样同属于自然界，一切动植物与人是平等的。对自然、对生命的敬畏才能使我们的精神世界获得更大程度的开放，这不仅是对自然的尊重，更是一个人自尊的表现。自然会因为这种尊重在人类面前呈现出无限的生机，我们才会感受到生命的高贵与神奇。梭罗内心的丰富与强大，使得他完全生活在一个欣欣向荣的国度里，这里少了人类社会的虚荣与贪婪，少了苦痛，多的是敬畏、智慧、自然而然、纯真有趣。

3．春天

“吸引我到森林中来居住的原因是，我要生活得闲适，并有机会目睹春天的来临。”(P263)在梭罗的世界中，春天的来临，就像混沌初开，宇宙创世，黄金时代的再现。“我们这般幸运……春天已经来到了，在一个愉快的春日清晨，人类的一切罪恶都得以宽恕。这样的一个日子，是罪恶消融的日子。阳光如此温暖，坏人也会忏悔回头……这个春天的早晨，阳光灿烂、温暖，它重新创造了世界，它正清理这个世界。你能看到它衰颓而放纵的血管中，凝滞的欢乐涨溢了。它在祝福这一个新日子，像银耳一样单纯地感受春天的影响，而你一下子都忘记了它的一切过错。它周身都充满善意，甚至还有一种圣洁的气息缭绕着。”(P274)

大自然的季节更替与交迭，似乎也是人们精神历程的一个循环周期，以大自然的高贵圣洁砥砺我们，它带给我们的精神升华与灵魂的启发，远远超越它本身。

“如果没有这些未曾涉足的原始森林和草原围绕着村庄，我们的乡村生活将是何等的凝滞呆板啊！我们需要旷野来滋补心灵……我们永远不会对大自然感到厌倦，我们必须摄取无穷的精力，从广大的巨神似的形象中得到启发……从这一切中得以苏醒和焕发。”（P276）

回归自然，在大自然和谐相处是梭罗在《瓦尔登湖》和自己的生活实践中始终贯穿的理念。

《瓦尔登湖》指引我们回归自然，在自然的宁静中净化自己的灵魂，实现自己单纯质朴的生活理想。因为，人在现实生活中，每天忙于衣食住行、名利权位之中，这容易导致眼界狭隘，斤斤计较，被日常琐碎遮蔽视野，很难发现和领略生活中的美好和诗意。我们大多数现代人都被困于各种欲望与物质追求之中，丧失了精神上的追求，过着枯燥乏味的单调生活。这种生活在梭罗眼中不能算作真正的生活。梭罗用自己在瓦尔登湖畔的实践告诉我们，人类有时必须从社会的喧哗和生活的琐碎中摆脱出来，在与大自然的亲近中直面自己，反思自己。回归自然，到大自然中去，我们才能意识到自己的局限，发现自己毕生所执着的东西是多么的微不足道，从而更好地认识生命和生活的本质。

三、总结思考

《瓦尔登湖》似是一个精神游历者的心灵独语。以一颗平静的心灵去读并感受它，书中的思想更能撼动你的心灵。徐迟先生曾说：“《瓦尔登湖》是本静静的书，极静极静的书，并不是热热闹闹的书。它是一本寂寞的书，一本孤独的书。它只是一本一个人的书。如果你还没有安静下来，恐怕很难进入到这本书里去。我要告诉你的是，在你心静下来以后，你就会思考一些什么。在你思考一些问题时，你才能有可能和梭罗先生一起，思考一下自己，更思考一下更高的原则。”初识《瓦尔登湖》只是听别人说此书有些晦涩，但确是触动心灵的好书。初次读罢，只是被其中带有散文形式的文体、被其中的景致迷乱了双眼。再次翻出来，其实它毫不晦涩，清澄见底，读着读着，不禁为之神往了。于是，重新梳理，却有不一样的感受。

正如尼采所说，伟大不属于它自己的时代，而是属于未来。《瓦尔登湖》初问世时遭受到了人们的冷嘲热讽。在大工业萌芽的时代，《瓦尔登湖》于世俗来说无异于太过平静，甚至是“庸碌”。但是，当我们置身于现代物质文明的时候，冷静地思考，静静品读，这大抵是对我们无处安放、游历的生命的最大安慰。

我以粗浅的阅读收获将梭罗给我们的哲思分为四个部分：第一，人与物：对物的过度崇拜导致人们将物视为生活的一切，人们在对物的追求中实现自己的理想生活，将物本身等同于幸福生活本身。梭罗认为我们应该割舍掉多余的物质，以换取更多的空闲时间。过简单的生活，争取更多的闲暇则是为了获得精神上的完满。第二，人与自我：现代社会每个人都想成为他人，人们相互模仿，在他人的评价中寻找自身的价值来源。梭罗的隐居就是为了寻找必要的孤独，在孤独中面对真正的自己，把自我从社会的影响中抽离出来。第三，人与他人：现代社会人际关系的特征即是淡薄与短暂。个人只关注自己生命中细小乐趣的满足，人们的精神变得卑琐，生活变得既狭隘又缺乏意义。梭罗希望保持人与人之间高尚纯洁的关系，在平等的精神交流中达到亲近与和谐。第四，人与大自然：梭罗在亲近大自然中成为大自然的朋友，和自然融为一体。

梭罗在瓦尔登湖停留，实际上是在宇宙中选择了一块属于自己心灵的圣地，通过它来透视外面的世界，同时，他也向世人展示了怎样在博大世界中选择一小片土地，去发现简朴生活的意义，去全身心地爱一片土地，去赋予它以魂魄。梭罗的那种崇尚直觉与感受、崇尚生命与自然、崇尚自由与独立的性格蕴涵着人生哲学。芒福德曾评价道："梭罗也许是唯一的停下来并写出他的丰富体验的人。在人们四处奔波的时代，他保持着平静；在人们拼命挣钱的时代，他坚守着简朴。"这值得我们反思。当下的我们，每一个人都在穷尽全力去追求更好的生活，我们的身体、精神被生活奴役，为心灵套上沉重的枷锁。如何感知生活的审美意蕴获得幸福？真正地融入生活、拥抱生活，放下、简单、平静、本真、和谐，也许正是我们痛苦的化解之道。《瓦尔登湖》这样的书，这样的自然而生，发出这样深邃的思想，为何不值得我去细细品味呢？

讨论部分

唐松林老师："瓦尔登湖"是一个隐喻，是一个心地澄明、万物齐一、清静无为与天人合一的隐喻。真正的自由，在于内心、在于自然。当你有天人合一的理念时，"回归内心"与"回归自然"就有了同一含义。人生的真正幸福就在于你的肉体与灵魂的自由与自然，存在于天人合一的澄明心境之中，而非存在于模仿、追赶、形役、他律与奴役之中。"瓦尔登湖"是一种人生态度和精神境界，我们自古便有这样的智慧："大隐隐于朝，中隐隐于市，小隐隐于野。"人最难的是要保持一份平凡的心态，远大的理想与追求对我们来说似乎有些沉重，最好的生活大抵便是：过好今天，沉淀自我，享受现在，以平凡之心做不平凡之事。

于晓卉：内心的纯净与澄澈需要我们有能力去驾驭，有实现和创造它的能力。我所说的能力有两种，一是应对游戏规则的能力，要让我们的生活有保障。这是我的精神追求和价值追求和思索人生的前提。二是有自己的人生态度，有爱的能力。爱自己、爱他们、爱我所生活的世界。它们应该是我心灵满足的基础，而心灵满足了才会有一泓清澈的"瓦尔登湖"。我们都在不断地追寻和寻找，寻找人的价值与幸福、寻找真正的自己。其实，一切的答案皆来源于我们自身，我们需要的是，忠实地面对自己，反问到底什么才是我真正所需要的，当我有了明确的目标，抚慰自己的内心，有所求的时候，我才是一个内心安定的人，我才能够从容不迫，不被外面的世界诱导，只忠于自己的内心，内心富足了，幸福感与自由也便油然而生。

刘轶臻：我想依据读书报告，进行四个方面的论述。第一，人与物。在物质世界中，我们不必求奢华、求超越、求最好，有时候我们所追求的最好的东西，也许并不是你内心的真实映照，它可能来源于你的虚荣心、你的欲望等，因此，我觉得，人与物最好的相处模式是抚摸内心，满足自己的内心期许，而不是外物，他人的东西，人难能可贵的一颗平常心。第二，人与自我。此问题的关键应该是，我如何回归自我，如何找到真正属于自己的所想、所求，最好的答案应该是有追求、精神富足，经常地反思和追问自己，寻找自己的心灵的认同感，坚守内心。第三，人与他人。人与他人的关系可以分为三类：目的性的交往；可获得心灵慰藉的交往；萍水相逢的交往。那么，在我们的现实生活中应该如何做呢？重要且最难的是，我们需要分得清我们的交往范畴，合理定位，针对不同的交往形式采取适度的交往态度。最后，关于人与自然的关系，自然是无可厚非的，和谐相处，爱我们生活的环境，怀感恩之心，善待自然。

同学 A（湖南大学以外的同学，姓名不详）：关于报告中的四部分内容，其实我觉得可以将它们划分为人生的不同阶段。在我们的成长过程中，我们的经历、我们的见识、价值观的转变正好就蕴含在我们在与他人、与物相处的过程中，在面对这些的时候，我就是在成长，同时，我们对人与自我、与自然的认识也会渐渐明晰。另外，影响这四对关系的因素，恰好是我们对自己的角色定位。一种角色定位为明晰你在人生各个阶段上的责任与义务，让你去做什么、不应该去做什么以及如何做，它们最终亦会影响你对生活的态度、追求以及以什么样的方式活着。

李京玉老师：幸福来源于我们的满足感。高贵的心灵，最能知足自满。一个青年人，除了在这个大好的时代努力奋斗，去适应社会，更应该学会满足，知足才常乐。永远不要去和别人比较，进行物质财富上的较量，我们更应该提升的是我们的智慧、我们拥有的能力。因此，心态很重要，在最好的年代你应该去做一些有价值、有品位的事情，保持一个高贵的心态，才能减少自己的愤愤不平。另外，关于自由，自由不是为所欲为，你想做什么就去做什么，而是你想去做什么、不能去做什么就不去做什么，心灵控制你的行动，这才是真正的自由，也即自由强调的是心灵的自由与满足。

唐松林老师：如何生活得幸福？我想起一个故事：有个富人，在沙滩悠然地享受着阳光。他发现，他的身边躺着个乞丐，便问："这么好的天气，你为什么不去工作"？乞丐说："干吗要工作"？富人回答说："不工作怎么赚钱，赚了钱，才能有资格像我一样在这美丽的沙滩上悠闲地晒太阳啊！”乞丐却哈哈大笑：“大老板，可是你瞧我现在不也是和你一样在晒太阳吗”？这个故事值得我们细细品味，我们是要享受当下简简单单的快乐，还是如富人一样，在努力过后才享受这份难得的惬意呢？

陈玥玙：本书引发了我如下的思考：首先，关于瓦尔登湖的理解。其实每个人都有一泓瓦尔登湖，因为每个人对幸福和自由都有不同的定义，到底是蠢蠢欲动的喧嚣还是内心的平静满足？其实，富裕是幸福的，平淡亦是幸福的，都只是因为心目中所向往、所追求的不同罢了。关于幸福与自由，我比较赞同以欣然之心，做心爱之事。就像威斯敏斯特教堂里的墓志铭一样：我最初改变世界，但是行将就木时，我才意识到自己的渺小与微不足道，很多宏大的事情我无法做到，因此，我只想做最好的自己，如此，我才有可能改变我、我的家庭甚至是世界。第二，对于富人和穷人的故事。我不愿意去做穷人，而是愿意去做富人，我努力过、奋斗过，再回来晒太阳，我的内心才会更富足。原因是我更注重、倡导的是体验和过程的重要性，而不是结果。正如富人一样，他享受的是过程和体验，然后他才会发现世界的宽广与丰富性。但是值得一提的是，在我认识这样的丰富性时，难能可贵的是我想要回归自己的本心，问我真正需要什么？我们所要的不是一味地追究结果，追究我们要达成怎么样的目的。凡事都有两面性，物极必反，知足常乐。最近，关于黄晓明与屠呦呦，大家纷纷议论：“一生的努力抵不过一场作秀。”客观地说，他们有不同的人生道路，但是无论是谁的成功，都不应该被用来比较。就正如我们的教育，我不期望把学生各个培养成才，最好的状态应该是把他们培养成他们所期待的样子，要他们各司其职、各有建树，就是他们的幸福生活，就是他们对生命自由的追求。

于晓卉：关于富人和穷人，我也会选富人，最后回头再去看阳光和沙滩。如果作为穷人，我只能自己去享受，但是富人的话，我会带自己的亲人，让更多的人享受得到阳光和沙滩，可能二者所体验的快乐是一样的，但是意义却不同。

侯兰花老师：读罢此书，我想与各位探讨一下孤独和寂寞。本书中，梭罗孤独着却不寂寞。孤独其实就是孤零零的一个人，寂寞是心中有他人，内心丰富，但是所处的环境与状态却比较萧条。梭罗是孤独的，但是他却不寂寞。因为其内心是充盈的。我想与大家分享一个关于自己的小生活。国庆期间，我经历了独处。我一个人在星沙独自住了七天，上午看书，下午写字，晚上喝茶，七天的时光我特别幸福、充实，即使我一个人，我孤独但却不寂寞，我的内心获得了极大的满足感，我是幸福的。也就是说，孤独强调的是一种状态，而寂寞则是一种感觉。

李吟霁：我觉得如果一个人孤独的话，完全是活在别人的影子里，他不知道自己需要什么。最终得到的东西可能只是别人眼里的“好东西”，而于自己并无大的助益，所以可能最终导致他的孤独和寂寞。所以，我觉得，人如果真的不寂寞的话，需要内心的满足。就像刚刚谈到的富人和穷人，当我成为一个富人的时候，我再去感受世界的美好，感受阳光沙滩。这也是有道理的，但是这个世界上有很多努力了但是没有成功的人，他们需要调整自己的心态，注重自己的内心建设，因为，内心的强大非常重要，它会帮助你抵御外力的侵扰，获得幸福与满足感。另外，读完报告，我觉得我们似乎更应该保持一份纯真，就像孩子一样，对世界充满了好奇，充满了渴望，当我们获得哪怕是小小的满足、进步都会开心不已，很容易获得满足感。其实，仅仅因为好奇、因为童真，他们便会满足、幸福，所以，对未知的憧憬与好奇，保持单纯的心性，坦然一点，不要去追求别人眼里的好东西，自己觉得美好就足够了，对已经拥有的，珍惜就足够了。

蒋丹：我想以读书为例谈谈人与人的关系。听各位老师同学分享了这么多，最让我产生想法的便是人与人之间的关系了。有时，我会非常感恩并感觉到非常荣幸，我还能够有这样的机会与大家在一起读书、交流。我毕业后曾经工作过一段时间，我热爱读书，但是上班后这样的氛围似乎越来越淡，有时我会因为无法满足自己对书本的眷恋而感到茫然。于是，我重新参加考试，再次成为一名学生，心理也便踏实多了。但是，当我重新遨游在书海的时候，却发现，我有与人交流思想与知识的愿望，就正如自己拥有了引发情感共鸣的东西后，想与他人分享。也许，在曾经的工作岗位上，当我产生这种想法时，同事会觉得我特立独行，博得别人的关注。但是，在学校里却是不同的天地，与同学之间的交流、分享变成了我们的共识，我们都有渴望交流、互相学习的愿望。因此，我从未想到，当我们所身处的环境不同的时候，我们的心境、行为方式、人际关系会产生如此大的变化，但是，困惑也随之而来，到底是什么改变了我的人际关系，还有其他的因素影响我们跟人家交往吗？

唐松林老师：对于以上几位的发言，我想做一个简单的归纳，同时也回答蒋丹的问题——幸福的状态以及如何追求这种状态。幸福不是存在于物欲的满足中，而是像梭罗说的，“如果你愉快地迎接白昼和黑夜，生活就会像鲜花和芳草一样芬芳，甚至会更具活力、更加闪耀、更加不朽，这便是你的成功”。我年轻的时候，也曾苦苦地奋斗和挣扎过，现在回忆起来，真让我不堪回首，但忆苦思甜，我感到苦中有乐。我想借用玥玙的话说，人与人是有差别的，人们的喜好不一，我觉得只要每个人觉得自己是快乐的、没有给任何人添麻烦就够了，这便是最简单的对幸福的界定。

如何追求与享受幸福？阅读是一种重要方式。我的一位亲人，曾经有辉煌的事业，但是因为病痛，最后却落败了。他虽然是一位农民，但是却喜欢阅读，阅读与反思人生改变了他的人生态度。现在他很享受当下的生活，用他自己的话说：“一个人，特别是一个病人，不给别人、社会添麻烦就足够了。”这大抵也是他作为一个病人的意义所在。

曾经他的孩子写了文章给他看，他感觉看起来有些晦涩难懂，他便说："真正的大家写东西，人们是能够看懂的，甚至农民都能够看懂。"这让我和他的其他亲人对他刮目相看。他虽然是一个农民，但你感觉到他是一个很有精神层次、很有思想深度的人。以他为例，我想要表达的是：我们要按自己的方式享受生活，做一个平凡的人。其实，我们都努力成为富人、有权的人、科学家……但是成为什么人有一定的局限性与偶然性，要根据自身的特点去选择，去经营。

在我们当前的生活中，应该做什么？我的理解是：第一，追求属于自己的东西，而不是别人的东西，只有当我们每个人都各就各位，发挥自己的能量，才是自己最好的人生姿态和状态。第二，追求过程比追求结果更重要。现实中许多人忙忙碌碌地赶路，而没有享受到路上的风景。我曾记得这样一个故事，有一位作家要领奖，但是他并没有自己去，而是委托朋友代替他，他在委托朋友的领奖感言中这样写道："亲爱的朋友们，我这次没有来领奖，原因在于，在大家都奔跑的时代，我习惯了慢慢地走路，所以今天的领奖我赶不到了，只能委托我的朋友来了。"在这个浮躁的时代，这种稳、慢的心态成就了他，我们很多人在追赶，却没有得到什么。真正有质量的成果，大多都是在不经意中得到的，是在每一天的欣赏自己、热爱自己的工作、努力的时候，不期而遇或自然天成的，刻意为之也许并不会出现令人满意的结果。所以，我们每天要做的是让自己开心，做让自己今后不会后悔的事情。第三，要拥有审美的生活。我经常对自己的学生说，"漂亮"即幸福，这也是我人生态度的一种表达。第四，追求简单朴实，无论是生活还是学习，还是行事的风格，都是越简单越好。第五，追求智慧的而非愚蠢的生活。周恩来有言："与有肝胆人共事，从无字句处读书。"你交往的人、你读的书，最终是要提升你的智慧的，是对你有助益的。

涂阳军老师：其实，读完此书，第一，我认为我心中的"瓦尔登湖"，并不是代表我内心活动、状态的一种象征，它只是告诉我在哪里生活，只是梭罗生活处境的一种描写，本身并没有特别的意义，也没有象征着什么。第二，关于关系。现在对于关系的研究层出不穷。在我看来，我和物的关系其实与人和自然的关系一样，并无二致。另外就是我与他人的关系，我与他人在相处过程中产生的关系亦会上升到我与群体的关系，因为人本身就处在一个关系场当中，关于这个问题并不难理解，毕竟人生都是处于社会大网络中的社会性动物，这就正如马克思所说的那样。另外，人们所处的关系其实是不断递增和改变的。它会从工具性的关系向情感性的关系过渡，在达到一定的状态抑或是时间时，它们是互相混合的。也即是说，人所处的关系其实是互动的，而非永久地、机械地保持一种状态。最后，你怎么看世界、看别人，更多的是你的心态。当内心简单和平静的时候，我们往往得到我们所追求的一些东西，但是，内心的起起伏伏，充满目的性地想要去做好一件事时，想要得到什么的时候，往往会事倍功半，即使最终得到了，却也耗费了很大的心力，有种得不偿失之感。在这个过程中，可能最终你的内心并没有增长、没有满足，因为你耗费的东西太多。因此，我们需要区分开自己需要的和自己想要的，因为一个人想要的东西永远都是无止境的。但一个人活着，只要需要满足了便足够了，幸福与自由本身可以很容易来到，关键在我们的内心。

欧阳鹏：梭罗在瓦尔登湖，并非没有朋友，只是以书为友。梭罗远离嘈杂、远离人群去思考，其实是在回归自我，他要找回属于自己的世界。人只有在比较安静的地方，反思、沉静，才能得到比较深刻的想法。我自己其实也曾有这样的人生观，一些无意义的事情我一般会推掉，在空闲时做一些有意义的事情可能会更好。再者，在谈到人与他人的交往的时候，梭罗其实有朋友，他们虽少却能够谈得来。这便正如刘禹锡的“谈笑有鸿儒，往来无白丁”，人更多的是与自己合得来，思维、想法有见地的人交往。再次，关于人与自然。梭罗所享受到的自然不同于我们的，他在享受着第一自然，哲学上强调认识和改造自然，与自然和谐相处。其实，我认为我们不一定要去世外桃源，关键是你的心境，这些是我对书本的理解。立足现实，我想谈一下自己本身的一些状况。高中时，我一般只交几个朋友，交心就好，因为没有那么多的精力和时间去维持我的人际交往，但是上了大学，我的价值观颠覆了。当你抛弃掉你的人际交往抑或还是保持我以前的心态,我的社会资本完全不够，因为我们身处在一个人情、面子社会，人脉圈不足似乎会寸步难行。当我们踏入社会，我们便处于一个关系中，我无法舍弃社会而独立存在，有时我们不得不改变自己去适应社会。因此，当我们身处于这个社会，我们该如何去处理自己与他人、与社会的关系而做好自己呢？我目前的做法是：做现在觉得开心，将来也不会后悔的事情。

唐松林老师：我们在思考这些关系的时候，晓卉提出了一个值得我们思考的问题：“我是你的什么？”第一，在回答我和物、自然的关系时，要亲近自然，与万物为友，天人合一。我很喜欢庄子《齐物论》里的思想，庄子将万物等同于自己，对待万物就像对待自己一样，你就会时刻与万物对话，共同生长。第二，在处理人和人的关系时，就是要认识你自己。人和人之间的比较、竞争、赛跑，其实于自身的发展毫无益处，难的是要和自己比，始终与别人竞争，最终只是造成彼此的伤害，不是一个和谐相处的方式。因此，要认识自我，认识自我的特点、缺点，尤其是缺点，进而不断地去修正自己，实现自我超越，也许真的就成了一个卓越的人。这时你的能量不断地向外绵延、传递，就是你在为社会与人类做贡献，其实《自私的德性》一书中也讲到了此观点。

《学术与政治》：学术中的理智与情感

王祖霖 *

时间：2014 年 9 月 17 日
地点：湖南大学教育科学研究院 310 教室
出版社：生活·读书·新知三联书店，2013
参与人：唐松林、刘丹丹、王晨、佘君君、于晓卉、魏婷婷、廖锐、邓洁隽

一、书籍概况

（一）作者简介

马克斯·韦伯（1864—1920），德国著名社会学家、政治经济学家，与卡尔·马克思、涂尔干齐名，并称三大古典社会学家。韦伯最初在柏林大学开始教学生涯，陆续在弗赖堡大学、海德堡大学、慕尼黑大学任教。韦伯一生著述颇丰，主要著作有《新教伦理与资本主义精神》《宗教社会学论文集》《经济与社会》等。

（二）内容简介

《以学术为业》（*Wissenschaft als Beruf*）是韦伯晚年（1919）应慕尼黑一自由学生组织的邀请发表的两篇演讲之一，另一篇演讲为《以政治为业》，两篇合称《学术与政治》。《以学术为业》的外文版本没有分出章节，译者希望给读者的阅读提

* 作者简介：王祖霖（1989 年出生），男，湖南衡阳人，湖南大学教育科学研究院 2013 级硕士研究生，从事教育哲学研究。

供方便，将演说分成8个小节并加上标题，分别为学术生涯的外部环境、学术工作中的机遇和灵感、理智化的过程、科学不涉及终极关怀、学术与政治、价值的多元化、教师不应是领袖、科学对信仰所能做的贡献。在译注中，译者对标题《以学术为业》(*Wissenschaft als Beruf*)进行了解说，“Wissenschaft”一词一般译为“科学”，在德国，凡是以追求“系统知识”为目的的认知活动，都可以被称为“某某科学”。德文的“科学”，含义要比英语中或我们所说的“科学”更为宽泛，几乎可以将所有“学术”活动都包括在内，更类似我们所说的“学问”。从这个词在韦伯演说中使用的情况看，他在大多数情况下是取其“自然科学”的含义。在译文中，译者做了如下处理：当韦伯是在谈近代自然科学意义上的科学时，就将它译为“科学”，如果是在说一般的学术活动或古代的知识，便译作“学术”。“Beruf”这个词的含义，除了我们所说的“职业”，还有一层不十分常用的更崇高的含义，即“天职”。这两层含义，交替出现在韦伯的演讲中。韦伯在谈论“学术职业的外部环境”时，基本上是取其第一层含义，而在涉及“科学的献身精神”和“终极价值关怀”时，两层含义往往同时出现。

（三）相关背景

《以学术为业》的发表有着深刻的历史背景。在经济方面，普法战争(1870)之后，德国统一，在“铁血宰相”俾斯麦的治理下，德国迅速完成了工业化。韦伯从自己的童年开始，亲身经历着德国的经济赶超英法，并终于在两个世纪之交成为第二号世界经济强国的过程。由于工商业的迅速发展，以“数字化的管理”为特征的工具理性成为社会生活的通则。在政治领域，俾斯麦奉行权威先于议会辩论的治国原则，使得德国的议会政治徒有其名，官僚组织迅速膨胀。在政府的干预下，德国大学在19世纪初奠定的学术自由、教授自治、教学与科研并重的传统受到严重破坏，大学逐渐官僚化，政府对大学教师人事权的干涉导致了学术自由的丧失。更为可悲的是，在精神文化领域，人们的价值判断标准丧失，启蒙运动以来的欧洲精神文明的主旋律至此已遭颠覆。彼时德国到处弥漫着对科学和“现代化”的价值怀疑(梁启超1919年旅欧期间，便称到处都可听到“洋洋盈耳”的文明悲观论)。用韦伯的话说：“今天还有谁会相信，天文学、生物学、物理学或化学，能教给我们一些有关世界意义的知识呢？即便有这样的意义，我们如何才能找到这种意义的线索？姑不论其他，自然科学家总是倾向于从根底上窒息这样的信念，即相信存在着世界的‘意义’这种东西。”(P33)随着不可避免的专业化和理智化过程的推进，主要作用于物质领域的进步，也将精神的世界分割得七零八落；生活领域的被分割，使普世性的价值系统分崩离析，信仰的忠诚被来自不同领域的原则所瓜分，统一的世界于是真正成了“文明的碎片”。在此背景下，作为当时“精神贵族”式的德国知识界领袖，韦伯在《以学术为业》中阐发了他有关大学的一系列观点，对“现代性”思潮做出了十分个性化的回应。尽管演说发表于20世纪初期，但其所揭示的问题仍具有现实意义；尽管其篇幅不长，但观点深刻，能启迪人们不断思考。

二、章节赏析

(一)学术生涯的外部环境

政治经济学家往往有一种学究式的习惯，总是从问题的外部环境讲起。谈“以学术为业”这个题目，韦伯从这样一个问题开始：以学术作为物质意义上的职业，是一种什么情况呢？今天这个问题的实际含义就是，一个决定献身于学术并以之作为职业的学生，他的处境如何？（P17）韦伯通过比较美国与德国学术生涯外部环境来说明这个问题。

在进入教学生涯之初，在德国，一个有志于献身科学研究的年轻人，要从“编外讲师”开始做起。在征求了相关专家的意见，又得到他们表示同意的保证后，他以一本著作和一次系内的考试(这通常只是走走形式而已)做基础，可获准在大学里担任一名编外讲师。然后他会在他被允许教课的领域里选择一门课程开课。不过除了学生的听课费之外，他并无薪水可拿。(P17)而在美国，学术生涯通常以完全不同的方式开始，他会先被任命为“助教”。只有一部分助理人员能得到编外讲师的正式职位，而且这种任命经常姗姗来迟。而在美国，却存在着一个官僚体制，年轻人从一开始便有薪水，尽管这薪水相当微薄。不过就像我们这里(科研机构)的助理人员一样，他有被解雇的危险，美国的助教必须让学生来塞满他的课堂，如果他有负期望，就得常常做这样的心理准备。(P18)

通过比较，韦伯指出，两国间的这种差别，在现实中表现为德国学术职业完全是建立在金钱支配的基础上，因为一个并无钱财以抵御任何风险的年轻学者，在这种学术职业环境下，处境是极其危险的。(P18)

德国和美国的另一个差别是，在我们这里，一般来说编外讲师的讲课比他希望的要少……按照常规，教授来开“重要”课程，编外讲师将自己限制在开次要课程上。美国讲师的年轻之时也必定是他超负荷工作之时。(P19)在韦伯看来，德国传统的编外讲师制度有利于学术自由与大学自治，年轻的编外讲师有做研究的自由，尽管这未必是出于自愿。

随着资本主义大工业的发展，德国的学术系统也逐渐官僚化。大型的医学和自然科学研究机构是“国家资本主义”形态的企业，如果没有大量的经费，这些机构是难以运转的。就像所有的资本主义企业一样，这里也出现了同样的发展趋势：“工人与生产资料的分离”。工人，即助理，完全依靠国家配备给他使用的工具。这样一来，他对机构负责人的依赖同工厂雇员对经理的依赖并无不同。

(P19)在韦伯看来，大学的运作已经演变成一种资本主义企业式的运营，官僚化的趋势已在一些学科出现，并在不断地蔓延。官僚化通过改变大学教师编制的方式，控制大学的人事权(贝恩哈德事件)，通过干涉不同种族、信仰(犹太人)的教师申请教师职位等途径破坏大学自治、学术自由的传统。

一个讲师，更不用说助教了，他是否能够升任正教授，甚或当上学术机构的首脑，纯粹是受着机遇的左右。在这里，运气当然不是唯一的决定因素，但它确实起着不同寻常的作用。我几乎无法想像还有哪个行业，运气在其中起着这样重要的作用。(P20)

每一位受着感情的驱策、想要从事学术的年轻人，必须认识到他面前的任务的两重性。他不但必须具备学者的资格，还得是一名合格的教师，而两者并不是完全相同的事情。一个人可能是一名杰出学者，同时却是个糟糕透顶的老师。(P21)

以恰当的方式将科学问题呈现出来，使一个未曾受学但具备领悟力的头脑能够理解这些问题，继而能对它们进行独立的思考，大概是教育事业中最艰难的任务。教学技巧乃是一种个人天赋，它并非一定会与学者的学术素质相吻合。按照德国的传统，大学应同时对研究和教学的要求做出裁判，但是将这两种才能集于一身，却纯粹是靠运气。(P22)

基于以上的分析，韦伯得出他的结论：可见，学术生涯是一场鲁莽的赌博。如果年轻学者请教一些做讲师的意见，对他给予鼓励几乎会引起难以承担的责任。如果他是名犹太人，我们自然会说："放弃一切希望。"你对每一个人都要凭着良心问一句：你能够承受年复一年看着那些平庸之辈爬到你头上去，既不怨恨也无挫折感吗？当然每一次他们都会回答说："自然，我只为我的天职而活着。"但至少就我所知，只有极少数人能够无动于衷地忍受这种事。(P23)

在德国，一个立志以学术为业的年轻人面临着诸多困难和挑战，其中包括：没有政府薪资，只能依靠听课费度日；大学面临官僚化的趋势；从编外讲师晋升到正教授，职位少、难度大；个人难以兼具教学技巧和学术素质。

(二)学术工作中的机遇和灵感

在描述了学术生涯的外部条件之后，韦伯接着谈论学术的内在志向，在此之前，他提出学术的内在志向受着专业化的制约。今天，这一内在志向同作为职业的科学组织相反，首先便受着一个事实的制约，即学术已达到了空前专业化的阶段，而且这种局面会一直继续下去。(P23)学术的专业化带来两个方面的影响，一方面，无论就表面还是本质而言，个人只有通过最彻底的专业化，才有可能具备信心在知识领域取得一些真正完美的成就……只有严格的专业化才能使学者在某一时刻，大概也是他一生中唯一的时刻，相信自己取得了一项真正能够传之久远的成就。今天，任何真正明确而有价值的成就，肯定也是一项专业成就。

（P23）简而言之，学术的专业化，让学者能够有信心和能力在特定的领域取得成就。另一方面，学术的专业化使得学者从一个自由的思想者变成一个“职业人”，生活领域的各个方面被限定在职业范围内，包括学术自由本身。[1]

韦伯认为，将学术视为一种精神上的志业，以学术为天职，需要满怀热情。因为无论什么事情，如果不能让人怀着热情去做，那么对于人来说，都是不值得做的事情。（P24）不过事实却是，这热情，无论它达到多么真诚和深邃的程度，在任何地方都逼不出一项成果来。我们得承认，热情是“灵感”这一关键因素的前提。（P24）学术成果的产生需要“灵感”。而一个人是否具有科学灵感，取决于我们无法了解的命运，也取决于“天赋”的有无。也正是因为这个无可怀疑的事实，一种颇为流行的观点造就了某些偶像，由于可以理解的原因，在年轻人中间尤其如此。今天我们在每一个街角和每一份杂志里，都可看到这种偶像崇拜。这些偶像就是“个性”和“个人体验”。（P26）对灵感来源的这番解释，带有一种神秘主义的色彩，韦伯用晦涩的言语描绘并批判了年轻人崇拜和充当神秘的“学术先知”的状况。以学术为天职，需要献身精神。在科学的领地，个性是只有那些全心服膺他的学科要求的人才具备的，不唯在科学中如此。我们不知道有哪位伟大的艺术家，他除了献身于自己的工作，完全献身于自己的工作，还会做别的事情。（P26）

在谈论了以学术为业所面临的外部环境和所需的内在志向之后，还没有触及一个根本问题：为什么要以学术为业？在这一小节的末尾，韦伯谈到了学术研究的意义，他通过对科学与艺术进行比较展开了论述。

科学工作要受进步过程的约束，而在艺术领域，这个意义上的进步是不存在的……真正“完美的”艺术品是绝对无法超越，也绝对不会过时的。个人或许会以各自不同的方式评判其重要性，但任何人不能说，一件从艺术角度看包含着真正“完美性”的艺术品，会因另一件同样“完美”的作品而“相形见绌”。另一方面，我们每一位科学家都知道，一个人所取得的成就，在10年、20年或50年内就会过时。这就是科学的命运，当然，也是科学工作的真正意义所在。每一次科学的“完成”都意味着新的问题的出现，科学请求被人超越，请求相形见绌。任何希望投身于科学的人，都必须面对这一事实。（P27）在这种不断的超越之中，学术才会走向进步，人类才会走向文明。这就是学术的命运，也是学术的意义。

（三）理智化的过程

韦伯通过学术（科学）与艺术的比较得出的学术研究的内在品质就是追求持续的进步，但并不能让人们对学术本身为什么追求持续的进步有更深刻的认识。为此，韦伯进一步指出：科学的进步是理智化过程的一部分，当然也是它最重要的一部分，这一过程我们已经历了数千年之久……（P28）可见，理智化和理性化的增进，并不意味着人对生存条件的一般知识也随之增加。但这里含有另一层意义，即以下的知识或信念：只要人们想知道，他任何时候都能够知道；从原则上说，再也没有什么神秘莫测、无法计算的力量在起作用，人们可以通过计算掌握一切。而这就意味着为世界除魅……技术和计算在发挥着这样的功效，而这比任何其他事情更明确地意味着理智化。(P29)

在人的生命整体中，科学的职业是什么，它的价值何在？(P30)对于这个问题，韦伯并没有直接回答，而是从学术研究意义的古今之变这一方面来展开论述。

于韦伯而言，柏拉图的“洞穴之喻”体现了古希腊哲人对学术的使命和价值的认识。依照柏拉图的哲学，洞穴代表虚假的“可见世界”，洞外的世界代表真实的“可知世界”，太阳代表永恒的真理，哲人的任务就是将受蒙蔽之人引向“真理之路”。

柏拉图在《理想国》中表现出来的热情，归根结底要由这样一个事实来解释，在当时，所有科学知识中最伟大的工具之一——观念，已被有意识地发现，苏格拉底发现了它的重要意义，但有这种认识的并不限于他一人……在希腊，人们手里第一次有了这样一件工具，利用它可将人置于一种逻辑绝境，使他没有其他退路，只能或是承认自己一无所知，或是同意这就是唯一的真理，而且是永恒的真理……据此似乎可以得出的结论是，只要能够发现美、善，甚至勇气、灵魂或无论什么东西的正确观念，就可把握它的真正本质……因为对于满脑子全是政治思想的希腊人来说，这个问题决定着一切。正是出于这个原因，人们才投身于科学。(P31)

到了文艺复兴时期，在这一希腊思想的发现之侧，又出现了科学工作的第二个伟大工具：理性实验这一控制经验的可靠手段……文艺复兴的功绩在于，它使实验成了研究本身的一项原则……对于艺术家性质的实验者如达·芬奇和音乐创新者来说，科学意味着真正的艺术，而真正的艺术，在他们眼里，就是通向真正的自然(“自然”有“本性”之意，译者注)之路。在科学危机和文化危机弥漫的情况下，韦伯自问道：今天的情况如何？“科学是通向自然之路”，这在年轻人听来像渎神的妄言一样。他们要求从科学的理智化中解脱出来，以便回到他个人的自然中去，而且这就等于回到了自然本身。(P32)

诸位可否记得斯瓦姆默丹(荷兰博物学家，用显微镜进行生物学观察的先驱)“我借解剖跳蚤，向你证明神的存在”的话吗？由此可了解那时的科学工作是以什么作为自己的使命——找出通向上帝之路。(P32)当时所有的虔敬派神学都知道，在中世纪的追求上帝之路上，是找不到上帝的。上帝隐而不彰，他的道路不是我们的道路，他的思想不是我们的思想……自然科学是非宗教的，现在谁也不会从内心深处对此表示怀疑，无论他是否乐意承认这一点。从科学的理性主义和理智化中解脱出来，是与神同在的生命之基本前提。(P33)

如果学术不是通往上述的道路，那么学术是通往幸福之路吗？如韦伯所言，现时代仍然有人——如尼采笔下的“末人”（《查拉图斯特拉如是说》）——相信科学通往幸福之路。末人们声称：“我们发现了幸福。”问题是，抛弃了艰难困苦、强调肉身保全、坚持平等精神的末人们真的通过科学理性发现了幸福吗？对尼采来说，这种庸俗的自我陶醉虽是一种幸福，但却是一种让他轻蔑的幸福。由此，韦伯说到：在尼采对那些“发明了幸福”的“末代人”做出毁灭性的批判之后，对于天真的乐观主义将科学——即在科学的基础上支配生活的技术——欢呼为通向幸福之路这种事情，我已完全无需再费口舌了。除了在教书匠中间和编辑部里的一些老稚童，谁会相信这样的幸福？（P33）

理智化的过程是一个为世界除魅的过程，巫术、宗教神学失去往昔的地位，工具理性占据主导地位，人们通过技术和计算等手段来认识世界。在此之前，人们生活在一个意义世界中，人们怀着极其崇高、神圣的终极追求来从事学术，比如“通向自然之路”“通向上帝之路”“通向幸福之路”。如今，在无限的进步中，一个文明人，置身于被知识、思想和问题不断丰富的文明之中，只会感到“活得累”，却不可能“有享尽天年之感”。（P30）这种从理智化中自我解放的方式所导致的结果，同那些以此作为追求目标的人所希望的正好相反。（P33）

（四）科学不涉及终极关怀

既然过去的所有幻觉——“通向真实存在之路”“通向艺术的真实道路”“通向真正的自然之路”“通向真正的上帝之路”“通向真正的幸福之路”——如今已被驱逐一空，以科学为业的意义又是什么呢？对于这个唯一重要的问题：“我们应当做什么？我们应当如何生活？”托尔斯泰提供了最简洁的回答。科学没有给我们答案，这是一个根本无法否认的事实。唯一的问题是，科学“没有”给我们提供答案的是，就什么意义而言，或对于以正确方式提出问题的人，科学是否有些用处？现在人们往往倾向于说科学“没有预设的前提”，果然如此吗？韦伯认为：在任何科学研究中，逻辑法则和方法的有效性，即我们在这个世界上确定方向的一般基础，都是有前提的。这些前提，至少对于我们的具体问题来说，是科学中最不成问题的方面。不过科学又进一步假设，科学研究所产生的成果，从“值得知道”这个角度说，应当是重要的。显然我们所有的问题都由此而生，因为这样的假设不能用科学方法来证实。它只能诉诸终极意义进行解释，而对于终极意义，每个人必须根据自己对生命所持的终极态度，或是接受，或是拒绝。（P34）

遵循着从一般到具体的逻辑，韦伯在谈论了价值预设与学术工作的一般关系之后，接着分析了价值预设与各类学科的关系。进一步说，学术工作同这些预设性前提的关系，因其结构而有很大差别。（P34）韦伯分别谈论了自然科学（例如物理学、化学和天文学）、医学、艺术科学、法理学以及历史和文化科学等学科预设的前提。关于自然科学，韦伯认为，有一个不证自明的预设：在科学所能构建的范围内，掌握宇宙终极规律的知识是有价值的。之所以如此，不但是因为这样的知识可以促进技术的进步，而且当获取这样的知识被视为一种“天职”时，它也是“为了自身的目的”。但是，即使是这样的预设，也无法得到绝对的证明。至于科学所描述的这个世界是否值得存在——它有某种“意义”，或生活在这个世界上是有意义的——就更难以证明了。(P35)关于现代医学，韦伯认为，医学事业的一般预设是这样一个声明：医学科学有责任维持生命本身，有责任尽可能减少痛苦。这种说法是很成问题的……医学的预设前提和刑法，阻止着医生中止自己的努力。这条生命是否还有价值，什么时候失去价值，这不是医生所要问的问题。所有的自然科学给我们提供的回答，只针对这样的问题：假定我们希望从技术上控制生命，我们该如何做？至于我们是否应当从技术上控制生活，或是否应当有这样的愿望，这样做是否有终极意义，都不是科学所要涉足的问题，或它只有些出于自身目的的偏见(P35)……关于历史和文化科学，韦伯认为：这些学科教给我们如何从源头上理解政治、艺术、文学和社会现象。它们既不告诉我们，这些文化现象过去和现在有无存在的价值，更不会回答一个更深入的问题：是否值得花费功夫去了解这些现象。它们所预设的前提是，存在着这样的关切，希望透过这些过程，参与文明人的共同体。但是它们不能向任何人“科学地”证明，事情就是如此，并且它们预设这一关切，也绝不能证明此关切是不证自明的。(P36)随着专业化和理智化的逐步深化，人们认识到科学是追求无限进步，寻求不断超越的，只是对客观实际的逼近，并不能提供给我们关于世界的意义的解释和答案。

(五)学术与政治

韦伯坦言，他同意在课堂里没有政治的位置。就学生而言，政治在这里没有立足之地。(P36)但是就教师而言，党派政治同样不属于课堂，如果教师是从科学研究的角度对待政治，那它就更不属于课堂。因为对实际政治问题所持的意见，同对政治结构和党派地位的科学分析完全是两码事。(P37)但是真正的教师会保持警惕，不在讲台上以或明或暗的方式，将任何态度强加于学生……他只能要求自己做到知识上的诚实，认识到，确定事实、确定逻辑和数学关系或文化价值的内在结构是一回事，而对于文化价值问题、对于在文化共同体和政治社团中应当如何行动这些关于文化价值的个别内容问题做出回答，则是另一回事。他必须明白，这是两个完全异质的问题。(P37)

教师可以关心政治，但他必须清楚学术层面的关心与实践层面的关心是两种不同的关心。前者要求教师作为学者在课堂上悬置个人的政治偏好(韦伯所说的“讲坛禁欲”)，冷静地运用客观的科学分析工具去分析政治结构、政党的立场等诸多政治问题；后者则要求教师作为公民在政治集会上表明并热情地宣讲自己的政治立场，以赢得他人的支持。对此，韦伯严肃地说道：讲台不是先知和煽动家应呆的地方。对先知和煽动家应当这样说："到街上去向公众演说吧"，也就是说，到能听到批评的地方去说话。而在课堂上，坐在学生的面前，学生必须沉默，教师必须说话。学生为了自己的前程，必须听某位教师的课，而在课堂上又没有人能批评教师，如果他不尽教师的职责，用自己的知识和科研经验去帮助学生，而是趁机渔利，向他们兜售自己的政治见解，我以为这是一种不负责的做法。(P38)韦伯引用史学家的著作来证明，一名科学工作者，在他表明自己的价值判断之时，也就是对事实进行充分理解的终结之时。(P38)

在韦伯看来，教师只能教给学生已经有定论的知识，教给学生方法，至于价值判断则留给学生自己，教师只需扮演好传授知识的角色，而不能成为行动领域的领袖。"价值中立"是学术自由的保障，当学术自由受到外部强权的过分干预时，学者就可以用价值中立来抵制强权；当学术自由变成教师对学生的一种思想强制时，价值中立就可以牵制教师，使"教自由"不致越界，以保护学生的"学自由"。

(六)价值的多元化

无论是谁，只要他是一名正直的教师，他的首要职责就是教会他的学生承认"令人不舒服的"事实，我是指那些相对于他们的党派观点而言不舒服的事实。……我相信，如果从事学术教育的人，迫使自己的听众习惯了这样的事情，他取得的成就便超出了单纯的知识成就。对于如此明白的事，或许没必要说些听上去虚张声势的话，但我甚至愿意不避鲁莽之嫌，用"道德成就"这样的词语去形容它。(P39)

世界上不同的价值体系有着相互冲突的立场。我不打算赞同詹姆斯·穆勒的哲学，但他在晚年就这个问题所说的话却是正确的：如果从纯粹经验出发，必入多神论的领地(P39)……有些事情，尽管不美但却神圣，而且正是因为它不美且只就它不美而言，才变得神圣……有些事情，不仅是它尽管不善而成为美的，并且只从它不善这方面看，它才是美的……(P39)有些事情虽不美、不神圣、不善，却可以为真，此乃一项常识。这些现象，不过是不同制度的神和价值之间相互争斗的最普通的例证……对于摩西在山上的道德训词，诸如"莫要抵抗恶行"，或再给他另一面脸之类，谁能站出来"科学地加以驳斥"呢？但是以现世的眼光看，有一点是很清楚的：这是在鼓吹一种无尊严的道德。这里，人们要在这种道德所赞扬的宗教尊严和说法十分不同的人之尊严——"抵抗罪恶，不然你要承担让它横行无阻的责任"——之间，做出抉择。对于每一个人来说，根据他的终极立场，一方是恶魔，另一方是上帝。个人必须决定，在他看来，哪一方是上帝，哪一方是恶魔。(P40)

在韦伯看来，日常生活也具有某种宗教性质，存在着诸神之争(价值多元)，并且是无休止的相互争斗。韦伯只是希望人们能够勇敢地去面对和选择。正视这样的日常生活所提出的要求，对于一个现代人来说是困难的，对于较年轻的一代就更为困难。对“体验”的全部追求，都来自这个弱点，因为，不能做到勇于正视时代的命运，就是一个弱点。(P41)

(七)教师不应是领袖

在当时的德国，社会上普遍流行这样的观点，大学不能只让学生获得知识和智力上的提升，还应该塑造人格、传授观念，给学生提供一种世界观、一种进行价值判断的立场。与此相适应的要求是，教师不仅要在知识和智力上给学生指导，还要为他们确立目标，指引人生方向。一部分年轻人也认为，我们来到课堂上，为了分析和事实陈述之外，还能体验到一些别的东西。(P41)对于学生有着对世界观的强烈渴求的事实，韦伯指出，这种想法(说法)的错误在于，他们对教授的企求超出了他的所有，他们所要的已不是教师，而是一位领袖。但是在讲台上，我们只能处在教师位置。这是两件不同的事情，我们不难让自己相信情况就是如此。(P41) 为了让听众对此产生深刻的认识，韦伯以一种夸张的方式讲述了美国学生的态度：美国人对站在自己面前的教师的态度是，他卖给我他的学问和方法，为的是赚我父亲的钱，就像菜市场的女商贩向我母亲兜售卷心菜一样……没有哪个美国青年，会同意让教师卖给他有关行为准则的“世界观”。(P42)

教师不应成为领袖，韦伯如此分析：无论如何，使人成为杰出学者或学院教师的那些素质，并不是在生活实践的领域，或更具体地说，在政治领域里，造就领袖人物的素质。如果一个人具备后面这些素质，那纯粹是出自运气，如果教师感到他被期待着利用这些素质，那会是一种极为堪忧的局面……最重要的是，不管他们是不是领袖，他们的位置根本没有为他们提供就此做出自我证明的机会。(P42)教师素质与领袖素质截然不同，两者的结合纯属运气，即使同一人同时具备两种素质，教师的身份也根本不允许他对自己的领袖身份做出证明，因为科学根本无法证明价值观正确与否。但是，韦伯并没有走向绝对化，教授感到他有做年轻人顾问的职责，并享有他们的信任，他可以由此证明自己同年轻人私交不错。(P42)换言之，韦伯并不拒斥教师成为领袖，但前提是他得到了年轻人的信任，并将关系局限于私交，而不是在课堂上。

(八)科学对信仰所能做的贡献

如果教育不关涉政治以及世界观，那教育究竟能做什么？这便回到了“科学对现实的和个人的‘生命’，能有什么积极的作用吗?”(P43)这个问题上来了。

韦伯认为：首先，科学能够给学生一些技术知识，从而使学生通过利用这些知识对生活进行控制，但是诸位会说，这仍不过是美国孩子的菜市场。其次，科学能够给学生思维方法，以及这种方法所必须的手段和训练。各位或许会说，不错，这不是蔬菜，但也不过是些加工蔬菜的工具。最后，幸运的是，科学的贡献还不限于此，还可以帮助各位达到第三个目标——头脑的清明。(P43)从韦伯以上的论述中可以发现，让学生头脑清明是科学最大的贡献。

为什么有这种必要呢？因为一个人包容价值的多元，才能承认"令人不舒服的"事实。

他讲到德国当时的师生关系的情况，不是教师让学生不自由，而是学生迫切需要一位领袖式的教师，他们甘愿受奴役。

同时，他说到美国的师生关系时，有一种商业交换的意蕴：我父母给了你钱，我就要得到你的学问与方法，至于"世界观"，无须你给我。至于对价值问题的考虑，可以采取这样或那样的立场……如果有人采取了这般的立场，那么根据科学的经验，他要想在实践中贯彻自己的信念，必须也采取这般的手段。而这些手段本身，或许正是你相信你必须予以拒绝的。面对这种情况，你必须在目的和无可避免的手段之间做出选择。目的能否"证明"手段合理？(P43)从生命本身的性质来理解，它所知道的只是诸神之间无穷尽的斗争。直截了当地说，这意味着对待生活的各种可能的终极态度是互不相容的，因为他们之间的争斗也是不会有结论的。所以必须在它们之间做出抉择。在这样的情况下，科学是否能成为人们的一项"职业"，科学本身是否是一项有其客观价值的职业，再次成为一种价值判断，对此问题，在课堂上也是无话好说的。(P45)面对生活中无处不在的选择，科学能有什么贡献？它可以给你以清明的头脑，帮助你在诸神之争(价值多元)的时代做出头脑清明的价值选择。

正如韦伯所言：只要我们对事情有正确的了解，我们就可以迫使，或至少协助一个人，对自己行为的终极意义做出说明。在我看来，这不是微不足道的事情，即便它只对纯粹的个人生活有益。如果教师能取得这方面的成功，我甚至愿意说，他就是在服务于"道德的"力量，因为他创造了义务的意识、清明的头脑和责任感。我还相信，他越是本着良知，避免向他的听众灌输或推荐自己的立场，他的这项成就就越大。(P44)一个以学术为志向的人，应当做的也是唯一能够做到的，是自身拥有这种清明，力求保持清明，并努力传播这种清明。

学者要献身于学术，但切记不要牺牲理智，而要坚持价值中立；教师要献身于课堂，但切记不要充当领袖，扮演虚假的先知，而要在终极价值的选择面前止步。概言之，在价值多元的时代，每个人都要勇于抉择并奉献自己。期待先知和救世主的降临，期待新世界观和新人生观的降临已不可能，与其等待，不如立足当下做些实在的事情。单靠祈求和等待，只能一无所获，我们应当采取不同的行动。我们应当去做我们的工作，正确地对待无论是为人处世还是天职方面的"当下要求"。如果每个人都找到了握着他的生命之弦的守护神，并对之服从，这其

实是平实而简单的。（P49）

三、总结思考

韦伯的演说《以学术为业》是其长期吟咏、斟酌、思考的产物，如今我们看到的是韦伯本人根据速记稿修改后发表的文字，尽管篇幅不长，但观点新颖，思想深刻。现在研读其文字，追忆其发表演讲的时代，不得不佩服其思想的深刻性和前瞻性，以及其作为学者的强烈的责任心和使命感。在这篇演说中，韦伯围绕以学术为业，谈论了学术生涯的外部环境、机遇和灵感，揭示了学术专业化、大学官僚化的趋势，明确了教师的职责与定位，回答了学术工作有何意义的问题。接下来，我想从知、情、意、行四个方面谈谈我对"以学术为业"的一些想法。

知，主要是指既要知晓自己，也要知晓学术工作的外部环境。学术生涯尽管需要灵感、运气的成分，但并非完全如韦伯所言，"学术生涯是一场鲁莽的赌博"。以学术为业，需要知晓自己，要进行自我评估，自己有无学术的志趣，是否具备基本的学术素养与能力，能否能静下心来从事学术工作；需要进行自我反思，为何走上学术之路，如何做好学术工作；同时需知晓学术工作的外部环境，做好应对外部环境消极方面的心理准备，能否接受学术组织日趋官僚化、学术评价绩效化、学术功利化的事实，能否扛得住学术生涯中做科研、报项目、评职称的压力，如此等等。

情，主要是指对待学术既要热情，更要崇敬。在韦伯看来，"无论什么事情，如果不能让人怀着热情去做，那么对于人来说，都是不值得做的事情"。以学术为业，对学术工作有热情，是基本前提。但是对学术工作的热情，不是盲目的、功利性的、虚假的、短暂的热情，而是理性的、崇敬的、真挚的、长久的热情。这种热情来自于有志于学术的人的内心，依靠对学术的价值、意义的认可及追求来激发和维持。

意，主要是指对待学术组织官僚化、学术功利化等消极现象，以及学术生涯中的不如意，学术人应该做到不顺应，而是坚守。学术的发展受到政治、经济、文化、科学技术等诸多因素的影响，但是，学术的发展有其自身的规律，学术本身有其终极的价值追求。作为学术人，在面对学术组织官僚化、学术功利化的现实时，在受到权力的诱惑及利益的驱使时，应该保持对学术的忠诚，坚守学术的本真，维护学术的尊严。

行，主要是指学术人应对学术献身及履行自身的职责。以学术为业，意味着不断追求、运用、传播、创新学术知识，将学术的传承、发展、创新作为价值追求。正如韦伯所言，"在科学的领地，个性是只有那些全心服膺他的学科要求的人才具备的，不唯在科学中如此。我们不知道有哪位伟大的艺术家，他除了献身于自己的工作，完全献身于自己的工作，还会做别的事情”。作为学术人，只有在工作上全身心地投入学术事业，才算名副其实的、称职的学术人，才算真正履行了学术人的职责。

以学术为业，从学术人的知、情、意、行方面来看，需要对学术工作有全面的认知、深沉的情感、坚定的意志和积极的行动。以上就是我对“以学术为业”的一些想法。

讨论部分

唐松林老师： 感谢祖霖同学的精彩报告。在社会学领域，韦伯与马克思、涂尔干被称为“社会学三圣”，他的《以学术为业》是《学术与政治》中的一部分，虽然篇幅不长，但短小精悍，所论述的问题是我们正在遭遇的，或者自现代大学产生以来，学者们遭遇的一些困境。

我们学习过马克思的劳动异化理论，意思是说人类劳动的目的是追求幸福与和谐，但最终得到相反的结果，我们不仅没有从劳动中得到幸福，反而被我们的劳动绑架，我们成了自己的劳动成果与劳动过程的奴隶。韦伯的这本著作，讲的是知识劳动中的异化问题，我把它叫学术的异化，这是什么意思呢？这就是，政治、工具理性、功利主义等对学术与科学的干预，导致了学术活动的异化。由于工商业的迅速发展，以逻辑的、精确的、程序化的科学管理为特征的工具理性，成为一个普遍性的社会生活原则。如在政治领域，俾斯麦奉行权威先于议会，规范先于辩论，使得德国的议会政治徒有虚名，个体的自由受到践踏，官僚组织迅速膨胀。这种原则的本质是集权、程序与专制，它渗透到大学，大家想像一下会是一种什么状况呢？行政权力左右学术权利，学术自由与大学自治成为泡影。所以，到20世纪20年代，一种专制的政治的气氛笼罩着德国大学，出现了一种忧伤的“文明退化”的议论。

政治对大学与学术人员的控制是很容易的，因为大学中的人要活下来，大学的运转需要基础设施与物质条件，需要大量的经费。正如韦伯说的，学术职业是建立在金钱支配的前提下的，对于一个并无钱财以抵御任何风险的年轻学者来说，在这种条件下，处境是极其危险的。对于大学来说，必须完成国家任务与目标，才能得到更多的经费。所以大学的运营模式已经演变成一种官僚的、工业化的运营模式。最终，政治、逻辑与功利等不仅控制着大学的硬件条件，而且控制了大学的学科设置、知识生产、人事编制、职称评定，甚至学术信仰、学术内容、研究范式与学术传统。并且政治上的种族歧视也渗透到了大学，在那个时候的德国大学，一个犹太人在大学里想有所成就是非常困难的。

王晨： 第一，大学教师的现状。行政化、官僚化、物质待遇，对大学教师的限制太多，特别是年轻教师的生存压力很大，这些都阻碍了学术自由与科学研究的热情。纯粹的学术热情不足以创造出成果，必须要有物质支持。第二，科研与教育。这两个词从定义上看明显是不同的概念，但大学教师要同时承担这两种责任——教书育人与科学研究。我赞同文中所说的这两个任务同时落在一个人身上，可能不能够完全调和，就比如一个非常擅长科学研究的教师，不一定擅长教会学生如何思考与顿悟。

唐松林老师：我刚才没有说完，除了政治以外，另外一个制约因素，就是学术活动本身导致了学术异化，那就是科学理性的制约。其表现是学术的空前专业化、机械化与程序化，这种局面随着人们对科学的迷信会继续下去。学者们的生存处境，在这种工具理性的力量下，越来越枯燥，没有情感与美感，失去了自由，也难以在"好玩"的状态中产生想象与创造。所以，许多人已经感觉到科学理性与人的理智化对自身的束缚，所以，在现代学术生活中，学者们感到"活得累"，感到"没有出头的日子"，很难"有享尽天年之感"。这就是工具化、理智化导致的结果，与我们追求幸福的目标正好相反，这就是学术劳动的异化。

刘丹丹：第一，我们常常听到两句话——"他从事科学研究"或者"他是做学术的"，这两句话是一个意思吗？"学术"与"科学"是相同的吗？就我个人而言，我认为二者有共同的表述含义，但是二者之间还是存在区别的。当表示系统、完整、专门的知识学问时，二者区别不大。但是科学强调一种客观性、准确性和科学性，常常是对自然、社会规律的探讨；而学术强调的是一种观点的交流与呈现，本质上是在交流基础上的知识增进与精神愉悦，它较科学而言，客观性与科学性的意味会弱些，而观点看法的包容性、广泛性会强些。第二，关于"教师不应是领袖，而只是一位讲师"这个观点，我不是很认同，也觉得很难做到。首先，我必须承认，我们想学到站在讲台上的教师的学问和方法。其次，我们不可避免地会接触到教师的世界观，受其影响，甚至模仿，这也不是很大的问题，因为学生能在价值观比较混乱时，找到一个正确的榜样，也是一件好事。问题主要是教师值不值得成为学生的领袖，这也就对教师的道德素质提出了高要求，只要是世界观正确、道德素质高的教师，他们就能成为领袖，但也许只是一时的领袖。我们每个人都经历着"模仿－超越的过程"，当学生知识水平、人生经历到达一定程度时，自然而然，他们会另寻人生领袖。教师只不过是他们成长阶段的领袖之一。

佘君君：我觉得这本书对我有三方面的启发。第一，关于学术的条件。学术并不是一件简单的事，也不是一件自由的事，正如韦伯所说，学术是受到外在的制约的，是一场"鲁莽的赌博"。所以，以学术为业既需要勇气也需要毅力。同样，对于今天的我们来说，如何处理学术与外部环境的关系也非常重要。首先，在满足学校生存的前提下，学校需要一定的独立地位。学校不能为了维持生存（如获得经费、获得生源）而去成为政府与社会的附庸。其次，学术要尽量是出于内心的好奇与热情，而非出于要求与逼迫。以学术为业，既需要热情，也需要灵感；既需要一颗真诚的心，也需要有厚度的知识积累。韦伯关于学术的观点，给了那些正在考虑是否要以学术为业或者已经以学术为业的人们一些思考。第二，关于好教师。韦伯在文中提出的一个观点令人印象深刻，即，好的教师不应是一名领袖。他认为一名教师应该做到自身头脑清明，做到价值中立，在课堂上应尽量避免向听众灌输或推荐自己的立场，并努力传播这种清明。在我的理解中，我觉得一名好教师要有清明的头脑加上热情的心。首先，清明的头脑指聪明与清醒，具有思考力与判断力，并且在课堂上告诉学生“是什么”，而不是“应该怎么做”，好的教师应该培养能思考与有判断力的学生。其次，热情的心就是真诚、有责任感地对待学生、对待自身、对待世界。第三，关于如何做。在一个价值多元的时代，我们应如何选择？韦伯的观点是“等待不如行动”。作为教师，既不能消极避世，也不能充当占据话语权的“专家”。正在徘徊的人们要从专心做好自身的工作做起，保持理智，保持自身思考与判断，这就是行动。

廖锐：看到韦伯所描述的年轻学者的学术生涯让我有些感悟，德国与美国的方式似乎都不尽如人意，但又似乎都在诉说当今我国年轻学者的学术生涯。对于新进年轻教师来说，迎面而来的不仅仅是授课压力，还有研究压力、升职压力、生活压力等诸多问题。我认为所有这些压力的根源来自于生活压力。一个人对学术、对科研的热爱应是由内而生的，只有具备一颗向往真知、热爱科研的心，才能真正做好科研。但事实并非如此，生活的压力使得科研成了人们眼中的一个“铁饭碗”，进高校、科研机构对人们而言似乎这一辈子都可以顺风顺水，不仅有较为丰厚的待遇，而且还享受着万众瞩目。这些所谓的“学者”真的发自内心地喜欢研究、热衷于研究吗？在我看来并非如此。举个例子，在准备考研期间，有一个同班同学当时特别不喜欢所学的专业，对所有人说他一定要转专业读研，而这时某一高校给了他保研名额，专业仍是原来的专业，于是他预计了考研成本及成功概率，选择了继续在自己不喜欢的领域度过研究生时光。或许他今后会继续在这条科研路上煎熬，但他获得的利益已经远远超过了这些煎熬。每个人在每个时间点都有一定的选择，选择自己所喜欢的才是对的。对于是否成为学者，我们不仅仅需要考虑自我的生活问题，更重要的是选择必须为科研所负责，这不仅仅关乎你个人的幸福问题，更是关乎整个人类事业的发展。

于晓卉：我主要想对“学术工作中的机遇与灵感”和“教师不应是领袖”这两部分发表一下自己的看法。首先，我们作为研究生，可以说是正在学术的道路上摸索着，所以谈谈这点再适合不过了。作者在书中谈到了学术成果产生的影响因素主要是灵感和热情，其实灵感是由天资决定的，对于我们这种刚进入专业领域的初学者来说，想要依靠灵感来做学术几乎是天方夜谭，所以，热情才是更能够激励自己坚持的因素吧。因为，虽然我们的现实不同于作者书中所谈论的那些新进的致力于献身于学术的人，但是毕竟确实如作者所说的那样，只有能够让人满怀热情去投入的事情，才能算是真正值得做的事，所以热爱对于我们做任何事而言，都是一种能够既让自己坚持又让自己甘于坚持的理由吧。其次，对于作者所说的“教师不应是领袖”这个话题。有很多学者都在谈论什么是教师应该的角色，教师到底应该是克拉克·克尔口中的“调节者”还是作者笔下的“非领袖型”人物呢？其实，这种角色的混乱是与教师的地位有关的。我们赋予教师的角色不同，自然就会影响对他们的认识以及评价。实际上，教师与学生的角色是对立存在的，但他们之间也是有相通之处的，所以教师的角色其实就是“暂时的管理者兼永恒的朋友”，其中“暂时”是指根据学校以及学生的需要才会出现的身份，而“永恒”则是指一种持久的身份。

魏婷婷：在文中，韦伯向我们再现的是德国学术的外部环境，在如今看来，依旧有切身体会。学术环境的艰难、官僚化与大学自由、一个优秀教师的标准，该如何协调？如何衡量？这是一个现实而又值得我们深思的话题。韦伯曾在书中总结道：“学术生涯是异常鲁莽的赌博……只有极少数人能够无动于衷地忍受这种事”，这让人对学术望而却步，如何才能开启完美的学术生涯之路？我想，第一，要认识它，爱它。正如韦伯所言，学术需要热情、灵感，但我们只是将它生硬地当作是一种职业，这使我们变得被动，很难在枯燥的学术生涯中享受幸福，有的只是无法忍受的痛苦。第二，坚守独立与朴素。独立与学术人格相关，朴素与学术精神相关，从事学术不应被名和利所累。然而这并不意味着要求学者忍受清贫，而是要让他们体面、有尊严地从事研究，这不仅需要国家与社会关注他们的待遇，还应在整个社会层面上提高学者的地位与声望。第三，自由。自由才是生命本来的样式，生命是一股本能的冲动，它蕴含着创造的潜能，创造潜能的发挥需要给生命以自由，进而产生灵感与创造性，如此，才是科学研究的生长点。学者不应被束缚在条条框框的规则之中，绩效、实用、官僚主义应该从他们的职业生涯中祛除，心灵不受约束，才能在学术研究中心无旁骛，忘我地投入。

唐松林老师：最后我结合大家说的，谈如下几点：第一，你专业化的努力，似乎不是你成为专家的唯一条件，而你的天赋与潜质对你成为专家的可能性，似乎起着决定性的作用。德才兼备，教学与科研双高型教师还可能真是一个理想，在现实中，在经验中，这样的人很少见。所以韦伯如是说，“大学应同时对研究和教学的要求做出裁判。但是将这两种才能集于一身，却纯粹是靠运气”，“一个人可以是一名杰出的学者，同时却是个糟糕透顶的老师”。

第二，真正的学者，不是一味地顺应环境，而是要坚守一些永恒的东西。坚守什么？我认为主要是对真理的执着，全心服膺自己的学科。这样的坚守，会使学生成为有知识、有思维方法与头脑清明的人。在价值多元的时代，我们应该如何做呢？学者或教师要献身于学术，保持好奇心、求知欲与学术热情，敬畏真理，做到价值中立，谦虚谨慎；同时要有社会良知、责任感与清明的头脑。

第三，学者外部条件。这牵涉到政治与学术的关系，我们经常强调大学的相对独立性，这几乎是白日做梦，因为大学不管是在东方还是西方，都是依赖政治而建立的，但是政治应该使每一个学者感觉到自己是自由的，这点是保证学者人生幸福与学术成果诞生的至关重要的条件。正如韦伯所言，学者们“要求从科学的理智化中解脱出来，以便回到他个人的自然中去，而且这就等于回到了自然本身”。

第四，学者或教师如何处理好自己与政治的关系。在这方面，韦伯的论述非常有启示意义，那就是学者必须做到知识上的诚实，不要把政治偏见带入课堂，你可以论政治，但必须是从科学的角度分析政治，而不是在课堂上兜售自己的政治立场或见解。教师可以关心政治，但你不要在教学中掺入你的政治意图。所以，韦伯说：“讲台不是先知和煽动家应呆的地方……到街上去向公共演讲吧……如果他不尽教师的职责，用自己的知识和科研经验去帮助学生，而是趁机渔利，向他们兜售自己的政治见解，我以为这是一种不负责的做法。”这就是说，教师不要以自己的价值判断限制学生的价值判断，不要以自己的政治立场限制学生的人身自由。这一点对于我们的教育是具有强烈的反思意义的。

第五，学术自由需要包容多元价值，需要你承认“令人不舒服的”事实。韦伯讲到了德国当时的教育中的师生关系，不是教师让学生不自由，而是学生迫切需要一位领袖式的教师，而甘愿受奴役。同时，他说美国教育中的师生关系之中有一种商业交换的意蕴：我父母给了你钱，我就要得到你的学问与方法，至于“世界观”无须你给我。我比较同意韦伯的观点，即教师是否成为年轻人的领袖并不重要，重要的是责任感与相互信任。

《乌合之众：大众心理研究》："我"与群体

王 晨*

时间：2014 年 5 月 7 日 晚上 7：00—10：00

地点：湖南大学教育科学研究院 310 教室

出版社：哈尔滨出版社，2011

参与人：唐松林、涂阳军、魏珊、张小燕、张燕玲、刘丹丹、佘君君、王祖霖、王晨、陈坤、朱春水、姚尧（湖南师范大学研究生）、苏慧（湖南师范大学研究生）、史强（湖南红太阳大剧院职员）、邓洁隽、张娟娟、杨晴岚（国防科大附属中学教师）、夏午

一、书籍概况

（一）作者简介

古斯塔夫·勒庞（Gustave Le Bon），法国社会心理学家、社会学家，群体心理学的创始人，以对群体心理特征的研究而闻名于世，被后人誉为"群体社会的马基雅维利"。勒庞早年在巴黎学医并获得了博士学位，毕业后周游列国，晚年开始研究心理学，并在 19 世纪与 20 世纪之交写下了一系列心理学著作，如《各民族进化的心理学规律》《法国大革命和革命心理学》《战争心理学》《乌合之众：大众心理研究》等。

* 作者简介：王晨（1993 年出生），女，河南信阳人，湖南大学教育科学研究院 2013 级硕士研究生，从事教育哲学研究。

(二)写作背景

本书以 18 世纪的欧洲战争为背景，通过分析在重大历史运动中参与的群众，描写了他们的行为、心理等特征。作者通过对战争的分析，对自己的国家和民族有了自己的一系列理论和看法。

随着工业革命的发展带来的巨大革新，以及民主思想的大肆传播，群众的力量越来越受到社会各方面的重视。在勒庞看来，这个时代变化最大的地方就表现在民主观念的传播与群众作用的发挥上。

二、内容赏析

(一)第一卷：群体心理

1．群体的一般特征

从心理学立场上来看，群体是一个心理状态上的群体，这一群体，受群体精神统一体规律的支配，以一种独特的方式存在。

群体的特征：(1)自觉人格的丧失，思想和情感转到一个全新的方向上去，获得一种集体心理。(2)附属特征：具体内容和精神结构会由于群体人员组成情况的差异而有所不同。例如同质群体和异质群体的差别。(P5)

书中得到的结论：群体在智力上总是低于孤立的个体，而在情绪以及由此引发的行动上，群体可能比个人表现得更好或更坏，主要看当时的环境，即群体接受的暗示的性质。群体，常常是犯罪群体，却也经常是英雄的群体。(P11－12)

某些英雄主义的行动也可能会蕴含一些无意识的因子，而不是完全清楚的自我意识。

2．群体的情绪与道德

群体在情绪与道德上的特征表现如下：

(1) 群体通常会被刺激所影响。群体极易冲动、多变和急躁。群体任由一切外在刺激因素的摆布，且呈现出不断变异的特征。(P15)

(2)群体特别容易受到暗示，以至于轻信任何的事情与人。群体容易受到暗示，把头脑中被唤起的幻觉当作现实来接受，并且，群体中的幻想对所有成员的作用是相同的，群体中有教养的人和无知的人在这方面是相同的。这一过程表现为：群体中某个人对真实情况的第一次扭曲—相互感染—进入群体中所有人的头脑之中—群体一致的倾向性情感得以形成—集体心理(幻觉)形成。

(3)群体的情绪通常十分夸张、天真。群体从不怀疑，也不接受不确定性，并且总是走向极端。

(4)群体常表现为偏狭、专横和保守。群体感情的机理是，群体面对强权奴颜婢膝……但同时又十分保守：像所有原始人一样，群体把保守的本能视为不可动摇的。(P28－29)他们绝对相信和尊重传统，对有可能改变自身现状的一切新事物恐惧不堪。

(5)群体的道德。群体表现出来的道德往往受群体利益的推动，这与单个人所表现出的道德相比可能更好，也可能更坏。虽然群体做事情会处于无意识状态，但是客观上也会偶尔树立一种较高的行为模范。

3．群体的观念、推理能力和想像力

(1)群体的观念。在群体中，一个观念要想被广泛接受，取得认同，就必须是强势的，而且往往要一个简单粗暴的形式。它们现身时要以具体形象的方式呈现，唯其如此，才能被群众接受。即群体里的观念必须通俗化、简单化，才能更好地被接受，被放置到群体所有成员大脑中的无意识领域，以至变成一种情感。这时，它的影响力是巨大的。

(2)群体的推理能力。群体一般缺乏理性思考的能力，也不具有强大的推理能力。群体推理的典型特征，就是只能把那些彼此之间只有表面关联的不同事物联系在一起，并马上对特例进行一般化。(P40)

(3)群体的想像力。群体用形象思维思考，且这些形象之间无逻辑关系；群体易受奇迹打动，认为传说和奇迹有时是文明的真正支柱；通过形象暗示而产生的情感在某些时刻非常剧烈，以至于能够被所有成员接受然后投入行动。

4．群体信仰所采取的宗教形式

在创立初期，宗教或者政治团体的创立者要想完全被群体的成员接受，就必须成功地撩动群体成员的狂热情绪。在这一过程中，群体成员能够通过对偶像的崇拜和服从找到自己的幸福感，甚至会为自己的崇拜对象放弃生命。因此，自古以来，不论是政治、宗教信条，还是社会信条，如果想要牢牢地被群众接受认同，都必须采取宗教的形式。

偏狭与狂热，是宗教情感必然的伴随物。(P47)

回忆历史上发生过的大事件，深思其发生的原因，最终会发现是由于民众渴望这些事件发生，单单靠领导者是不可能完全造成事件的发生的，其根基是大众的精神信念在起作用。

(二)第二卷：群体的意见和信念

1．群体的意见和信念的间接因素

(1)种族——决定性的影响。

(2)传统——种族精神的矛盾综合，通过传统来牢牢地支配群体成员的思想。

(3)时间——一切信仰力量的形成、壮大、消亡，靠的都是时间。时间能够改变混乱的秩序，摧毁固有的观念，让新的信念在群体中生根发芽。

(4)政治和社会制度。相同的制度标签遮掩着最不同的东西；通过暴力革命能够改变国家政治制度的名称，但是其实质的、核心的东西并没有任何改变。甚至可以说，民族的命运与社会政治制度没有任何关系，民族的性格决定着民族的命运。

(5)指导和教育。教育对于国家的进步和文明开化来说，是至关重要的。但是，教育既不能使一个人更道德，也不能使他更幸福；它既改变不了他的本能，也改变不了他遗传的激情。(P54)

2．群体意见的直接因素

(1)形象、词语和惯用语。群体的想像力特别容易被人们对形象产生的固有印象控制住。词语一旦和它们所在人的头脑中所匹配的形象结合，就会产生巨大的力量，而最模糊的、意义不明朗的词语往往最能产生最大的影响，如自由、平等、公正等。某些词语和套话所产生的影响永远高于说理与论证。

在历史的长河中，我们所使用的词语并没有发生较大的变化，但是在领袖的带领下，这些词语所引导的形象，词语所代表的具体内涵却不停地发生改变。

(2) 幻觉。自文明产生以来，群体一直经受着幻觉的影响。(P82)群体的成员往往更喜欢幻觉，或者说他们不能识别真实；只要能让他们产生幻觉，并坚信幻觉是真实的，他们就会绝对臣服于这个群体的领袖。

(3)经验。经验在群体中被不断地重复才会有效，而且通过不断重复的经验，才能使信条(真理)牢牢地根植于群众心中。

(4)理性。群体成员几乎没有较高的理性推理能力，也没有理性精神，一般只受无意识情感的影响，只相信那些形象拼接起来的观念。在一个群体里，理想永远比不上群体的狂热的情感。

尽管存在理性，但是推动一切文明进步的却不是理性。也可以说，是各种狂热的情感，例如尊严、民族认同感、宗教信仰、爱国主义以及对荣誉的向往等推动着文明的进步和社会的发展。

3．群体领袖及其说服手段

(1)群体的领袖。群体领袖的心理状态：狂热，对信仰坚定而强烈。只有他们能让群体有信仰，并能把群体组织起来。

(2)领袖说服人的方式：断言、重复和传染。

断言：不考虑任何理性的推理或证据的简短断言，最能让某种观念进入群体的大脑。对付断言的方式也是断言，而不是理性的论证。

重复：不断地用措辞不变的词语来重复。拿破仑曾说过，最有效的修辞法只有一个——那就是不断地重复。

传染：在群体中，传染是一个极有意思的过程。在一个观点不断重复之后，感染过程也就开始了。它可以影响群体的思想、观点，对于那些大脑不明晰的个体来说，传染过程更加迅速牢固。

(3)威望。威望是征服群体成员的重要因素之一，它的作用强大到能使群体中的个体失去判断力与思考力，并产生尊敬和敬畏的感觉。权力的获得主要靠的是威望，缺少威望就什么也没有了。威望的突出特点是：彻底麻痹人们的判断力，将事物的本来面目掩盖。

4. 群体信念和意见的可变性局限

(1)坚定的信念。群众的见解和信仰可以分为两类：一类是永恒的、牢固的信仰，不会轻易改变，它们构成了文明的基石。这种信仰能够激发全民族成员的自尊心与责任感，在民族危难时，能够产生巨大的能量与奇迹。另一类是一些暂时的而且易变的观念和见解，通常是一个时代之中短时间内的产物。

(2) 变化无常的群体意见。在历史的长河中，只会保留下与种族特性、民族基本信念和情感协调一致的东西。作者还观察到，在他那个时代，逐渐呈现出一个特点：政府在引导舆论上显得无能为力。政府受群体支配，群体的主张反而成为政治的指导。

报刊媒体在引导舆论方面能发挥较大作用。因为媒体在面对群体力量时，“他变得低眉顺眼有所迁就，蜕变为仅仅提供信息，而不再引导人们去接受某种思想或学说。由于担心失去广大受众，报业在大众思想的变化大潮中只是放任自流”。(P119)

(三)第三卷：不同群体的分门别类

这一部分涉及几种典型的、与众不同的异质群体，包括犯罪群体、刑事陪审团、选民群体、议会等的独特特征。

三、总结思考

(一)群体与民主

公元前399年，苏格拉底以“不敬神”和“蛊惑青年”的罪名被投票判处死刑。从这个事件来分析，大众的意志得到了充分体现，群体力量的巨大也凸显出来。但是之后的历史告诉我们，那些雅典人——生活在当时世界上最为自由的城邦之一的“大众”们，犯下了不可宽恕的暴行——正如苏格拉底在最后一刻所说：“分手的时候到了，我去死，你们活着，谁的去路好，唯有神知道。”随着时间流逝，在西方思想史上，苏格拉底作为西方言论自由和思想自由的第一个殉道者而英名远播，而公元前399年的雅典“大众”却背负着“群氓”的称号。再没有比苏格拉底之死更有力的历史事件证明，大众的判断与决定并不全都是正义，勒庞甚至认为"群体很容易干出最恶劣的极端勾当"。

2008 年 5 月 12 日，汶川发生地震，万科股份有限公司董事长王石捐款 220 万元。在大众看来的抠门的捐款数目使王石受到一片骂声。王石为自己辩护，反而越来越遭来公众的谩骂谴责。最后王石不得不向公众道歉，"捐款门"事件才告一段落。从这个事件看出：在公众情绪处于高度敏感时，当感性成为公众情感主流时，企业家，这些理性逻辑的信徒常常容易刺痛公众敏感脆弱的心。

民主，"是在一定的阶级范围内，按照平等和少数服从多数原则来共同管理国家事务的国家制度。民主的一般过程是由全体公民——直接或通过他们自由选出的代表——行使权力和公民责任的政府"。民主是自由、公正的体现。简言之，政治上的民主就是让大多数人能够参与政治，能够决定关乎自己的事务，以此来保障社会群体中的大部分人的利益。例如，在具体涉及某项事物时，公众的持续关注与公众情绪的强烈反应，能够对相关部门造成一定压力，使得相关机构从最初的遮遮掩掩到最后不得不正面回应，这对事件的调查有着正面影响。公众情绪正以自己的方式展现着力量。但是，我们也应该看到公众力量的另一面：任何力量的过度放大，都会模糊背后的真实。

民主这种制度本身无所谓好坏，但是参与其中的群体的，个人素养、生活习惯、道德品质等的差异，有可能会引起与预期相悖的结果。例如集会、游行，一定程度上也会带来危险。"民主往往需要反反复复的协商和讨论，常常会使一些本来应当及时做出的决定，变得悬而未决，从而降低行政效率；民主还会使一些夸夸其谈的政治骗子有可乘之机，成为其蒙蔽人民的工具"。一些不怀好意的政客，也能以"民主"的名义，哗众取宠，欺骗人民。在当今的时代，需要大众民主，但是十分重要的是，大众民主的落实需要理性的公共生活，需要通过多种途径来提高公民的政治素养，培养理性。

(二)群体与教育

在书中，勒庞同时提出了另一个观点：一个社会的高等教育普及度越高，对社会本身的发展可能越不是一件好事，甚至可能对社会发展有阻碍作用。当他谈到影响群体意见与信念中的间接因素——教育的影响时，他对当时法国教育的看法，放到现在的中国来看，竟然也是适用的。

在当前这个时代，为人们普遍接受的是这样一种观念，即认为教育能够使人大大改变，它会万无一失地改造他们，甚至能够把他们变成平等的人。这种主张被不断地重复，仅仅这个事实就足以让它最终成为最牢固的民主信条。如今要想击败这种观念，就像过去要击败教会一样困难……教育既不会使人变得更道德，也不会使他更幸福；它既不能改变他的本能，也不能改变他天生的热情，而且有时——只要进行不良的引导即可——害处远大于好处。(P64)国家用教科书制造出这么多有文凭的人，然而它只能利用其中的一小部分，于是只好让另一些人无事可做。因此，它只能把饭碗给先来的，剩下的没有得到职位的人便全都成了他的敌人……被选中的人是有限的，因此肯定有大量心怀不满的人。他们随时会参与任何革命，不管它的头领是谁，也不管它有什么目标，可以说，掌握一些派不上用场的知识，是让人造反的不二法门。(P66)

勒庞还准确地预言了我们现在的一个社会现象：学历主义。

如果我们的高等教育仅仅是精英教育，受精英教育的人数与社会所提供的职位数刚好相符，那么就业没有很大的矛盾。但是随着高等教育逐渐普及，越来越多的大众涌现在高校，而社会所提供的就业岗位并没有大量增加，因而造成一部分人没有工作，或者是只能找到并不需要高等教育知识的简单工作，这可能会导致严重的不安全的社会后果。同时，这也是一种教育资源的浪费，对社会各方面的发展产生消极影响。

当然，勒庞的观点有一些偏激，但是反思我们现在的教育，确实存在违背教育的初衷的现象。教育本该使人成为人，拥有独立的意识和清醒的大脑，成为幸福的自我。然而，在部分人看来教育却是改变命运、升官发财的跳板和手段，而且这种观念已经在群众的心理颇为流行，似乎被越来越多的人认可。于是，教育的目的随着群体观念的改写、流传，逐渐转向了一个不正确却又被很多人认可的方向。这样看来，群体的观念对教育的目的、内容及形式都有很大的影响。如何使教育回归到最本初的面貌而又被大众群体所接受，是一个难题。

(三)群体与自我

在群体里容易按照他人的想法生活，在孤独中容易按照自己的想法生活。但值得记住的只是那些在群体中保持独立的人。——爱默生

社会心理学有一个理论，人都有一种“被孤立的恐惧”。所罗门·阿希(美国格式塔心理学家，社会心理学的先驱)的群体压力试验表明，人作为一种群体动物，具有群体规范和群体压力，一旦你打破了大多数人共享并认同的规范，就必然会受到惩罚。因此，人们会在意主流观点，接受并认同它，担心自己出格。因此，群体中的个人特别容易受到大众的主流观念的影响，而发生从众的现象。

现代的网络、媒体等十分发达，我们的舆论似乎也越来越自由，在一些论坛、贴吧里，随处可见群体对某些时事、政策的讨论，但是仔细观察某些言论，一些流言和言论明显地具有煽动性、攻击性，混淆视听，各种网络水军和专业网络写手在其中发挥着作用。如何在混乱的网络舆论中保持自我，不被别人利用和驱使，是一个很值得探讨的问题。

具体怎样做？我想借助胡适的一段发言来解释。胡适在北京大学新学期开学

典礼的讲演中要求学生做一个能独立研究、独立思想的人，并没有强调自由。因为"独立"是保持在世上清醒、不随波逐流的根基。无论外面的思想环境如何纷纷扬扬，若思想、意识不能独立，在精神上永远是一个奴隶。胡适还说过这样一句话："一个真正的开明进步的国家，不是一群奴才造成的，是要有独立个性，有自由思考的人造成的。"

我认为，这就是救赎之道吧。要培养自己的独立的个性，保持清醒的独立思考的头脑。但是这样做的前提，除了要意识到群体意识在某种情形下有负面性之外，更是需要改变和坚持下去的勇气和信心。"纸上得来终觉浅，绝知此事要躬行。"孟子的"道之所在，虽千万人逆之，吾往矣！"绝不是说说那么简单，特立独行的路从来都不是好走的。

质疑、思考、辩论、自我，在群体中始终努力做到这些，才能清醒认识到自己的偏误，也能冷静理解他人的行为，尽可能地做出理智的决定。人有责任成就自己，而成就自己关键在于让自己成为一个有主见的、有坚定的信念的人，这样才不会被蛊惑和愚弄，也不会成为"乌合之众"的一分子。

讨论部分

唐松林老师：这是一部非常有趣的著作，作者古斯塔夫·勒庞对群体心理学，尤其对革命心理学有深入的研究，尽管他是100年前提出的观点，但是这些观点还是发人深思，非常有现实意义的。第一，为何在群体中，个体的心灵、自我会被遮蔽，自觉的人格会丧失？也就是说，个体的思想和情感会不知不觉被淹没到集体情绪的海洋中，如果这是一条真理的话，那么我们经常说自己没有自我，甚至没有自由，原来是有其心理机制的。例如，作者说，"群体在智力上总是低于孤立的个体，而在情感情绪以及由此引发的行动上，群体可能比个人表现得更好也可能更坏，主要看当时的环境氛围，即群体接受的暗示的性质。群体，常常是犯罪群体，却也经常是英雄的群体"。这可能是我们社会生活中，经常随波逐流，坠入"乌合之众"的群体心理的原因。它还可以解释我们历史上发生的许多荒诞事件，如"文化大革命"的群体心理原因。

第二，作者说明了，群体使个体成为"乌合之众"的内在机制。一是形象的词语如口号一旦和人的大脑中的形象匹配，就会产生巨大的控制力量。而那些词语往往是模糊的、意义不明朗的，如自由与民主等。这种力量由语言化为情感，甚至狂热，它超越了理性，使人失去独立思考与判断能力。二是幻觉。大众喜欢幻觉几乎是一个规律，只要让大众产生幻觉，并坚信幻觉是真的，大众就被控制了，就会臣服群体的意识。三是重复与强化。即词语与幻觉的不断强化与重复，词语就成了真理与信仰，正如有人说的，"谎言重复一千遍就会成为真理"。四是形象、情感与信仰淹没了理性。形象的憧憬，狂热的情感与坚定的信仰，使理性能力彻底丧失，“乌合之众”就诞生了。

第三，还有一个有趣甚至是可怕的观点，即作者认为“教育使人自由平等，使社会进步”的观点是非常危险的。因为，由于社会优质资源的有限，那些经过教育而升不了官、发不了财的人，他们很容易成为社会的反抗力量！既然教育不是“改变命运”的“跳板”，那它应该是什么呢？我们如何从社会学的角度来考虑、建构我们的制度，制定我们的政策，使之更加理性与合理呢？

佘君君：阅读这本书，首先想到的便是路西法效应。一个身份的给予，便可以让有文化有素质的大学生成为冷酷无情的“警察”，侮辱并暴力对待“囚犯”，处于食物链底端的“囚犯们”在受到反抗所带来的惩罚之后，渐渐接受了“囚犯”的身份，产生低人一等的自我意识。这既是个人的问题，更是群体的诱导性。

谈到乌合之众的例子，我会想到几年前的反日游行，借着反日的借口抢砸别人的东西来满足自己的私利，网络上的暴民，以及新闻的炒作等，都是乌合之众。这不禁让我思考：自由与民主是否不能轻易言说？是否是有条件的存在？其次，我觉得乌合之众的本质就是从众或者破窗效应。从众行为基于一种责任分担的状态，大家不需要对自己的行为负责任，所以胆子便大了起来。同样，破窗效应也是环境对人们心理造成的暗示及诱导性，由于环境的影响，乌合之众缺乏自己的思考和意识，自我意识逐渐消融，想法逐渐趋同，缺乏理性的判断与思考。马基雅维利说过：处在众多的不道德者中，想清白做人，必然步履维艰。但是，只要人们还拥有想要清白做人的意愿，那这个世界还不会糟糕，最糟糕的是最后连“想”这个选项也消失。

唐松林老师：思考为什么会有从众、“破窗效应”以及责任感的减少等现象，我建议大家看看电影《浪潮》，你会发现它是如何使一个个性自由的集体，在短短的七天内向集权集体演化的。相反，我们也可以理解从众、“破窗效应”以及责任感的减少的现象是如何发生的。

涂阳军老师：“破窗效应”通常发生在犯罪群体中，它是指一个人做什么事后，其他的人都会跟着干。涂老师不太赞同沙龙中提到的民主的坏处，认为民主通常带来的都是好处。西方国家通过反复磋商，以达到利益的均衡，并讲究程序公正。中国是讲究结果公正。

朱春水：在我国很多时候，集体中一有什么声音，很容易引起大片的跟随者，这种声音有好的也有坏的，但在某种时刻，人们对它追随的热情往往高于对它本身的了解。当人们不了解某一事件或情况时，他们只是单纯地跟随和模仿别人，个人在这一事件中也起不到决定性的作用，责任感也就会随之减少。

唐松林老师：也许从众心理的本质，源于人类拥有相同的本能和情感。

涂阳军老师：由于责任感的降低、情绪的感染、之前情绪的爆发，这些放到一个群体环境中，就特别容易引发群体行为。群体心理无所谓好坏，但是容易产生两极分化，个体容易在群体中发生变化。

唐松林老师：从众的原因，从个体角度看，个体心理都有一种无意识心理和情感，这种是心里内部的能量，随时随地都可能发生。从群体角度看，当一个社会事件爆发之前，发起者充分考量并激发大众的无意识情感后，情绪就会传染、宣泄和爆发。其诱因条件，往往是某件矛盾事件的激发。

张小燕：高校上课时学生经常迟到的现象、学生后排坐的现象、货车翻车后发生的哄抢现象、老人摔倒了扶不扶的现象、都是一种乌合之众的现象。大家会这样做的原因是：个人角度：个人觉得有人为我做挡箭牌，存在侥幸心理。个人都在回避，不敢出头来做好事，是因为怕被孤立。只有涉及个人利益的时候才会出头做，而涉及他人利益是往往不出声。社会角度：信仰的缺失。社会缺乏理性的思考，社会的道德力量没有了从前的威信。人们认为只要不犯法，道德与否无所谓。解决的办法是保持自己的良知，不走极端，这样每个人都会少做一些乌合之众的事。

夏午：以传销来举例乌合之众。认为大家都是"乌合之众"，这种乌合之众可能是好的，也可能是坏的，需要的是精英来领导。我们要先入众，再出众，即一味地去影响别人，有自我才能出众。此外，环境的重要性。乌合之众的本质：人的本质就是你若不能成为乌合之众的头，那你就必然会成为乌合之众的一员。有的人天生就会被影响或者天生就想要影响别人。乌合之众的影响是：如果是利我大于利他，那么就会成为希特勒这种类型的人；如果是利他大于自我，就会成为曼德拉类型的人。关于怎么做，提到三个重要的点，即我在做什么，我要做什么，我应该怎么做。中国社会是情大于法，国家安定，安居乐业，人们才会去做一些善良的事。相信善恶有报，做坏事肯定会得到惩罚。

魏珊：乌合之众对应的另外一种正义的善良的群体是什么呢？认为造成不好影响的才是乌合之众。那么那种自然形成的，如班集体、兴趣组，这些不应该称作乌合之众。人存在社会中，肯定会和他人产生联系和影响，社会上出现的不好现象是由于信任危机和利益博弈造成的。人要为自己的行为负责，要对得起自己的良心，不建立在伤害他人的基础上，但是也不能脱离群体的联系。

涂阳军老师：群体对群体的态度改变的原因是群体的交融，群体的文化底蕴和教育传统可能不是一样的，群体与群体的思维方式差异很大，交流是必不可少的。

杨晴岚老师：认为抗日剧中日本人杀人的情景会很容易教坏小孩子，因为孩子会认为剥夺生命很简单。或许，在一个正确的观念的引导下，人民能创造出更多的价值，也会更幸福。我国的"文革"事件中那些充当打手的群众也是乌合之众，反思"文革"最大的破坏在哪里？

王祖霖：我认为乌合之众是中性词。就如涂尔干《社会分工论》中所言的机械团体。内部缺乏有效的沟通交流，也没有健全的组织制度，更遑论明确的群体意识、目标及行动。乌合之众存在的原因，我认为可以从以下两个方面分析：一是从个体角度看，普通个体相对于群体而言，是弱者，个体可以通过群体行动而获取个体行动时无法达成的目标，但由于缺乏明确的组织及行动目标，其他抱有不同利益诉求的个体也可能加入群体，组织上的乌合之众由此形成。二是从群体角度看，群体行动时难以追查个体的责任，个体处于一种在场"隐身"状态，因此，可能产生一种群体无意识，并感染着个体，意识上的乌合之众由此产生。

唐松林老师：人们为什么都会不加理性判断成为"乌合之众"，原因可能有以下三种：一是人性里面有一种内在的共通的本能、情感、情绪，这是一种巨大的生命力量，一般社会事件的产生或发起，如果抓住了人性的力量，就容易形成内外共振，产生巨大的社会效力；二是人际关系的作用，这种关系有共通的共识、情感、文化与信仰，如老乡情、亲情、友情等，他们在经验、情感与信仰方面，具有很大的情绪感染作用；三是正规的契约关系的存在，由团体精神产生群体凝聚力，牵扯着大家共同去做一件事。

既然我们是社会中的人，是群体中的一员，如何在群体中保留一份独有的清醒，又不至于受到排斥而处于社会的边缘而产生焦虑？

有思考力的人常常孤独，"众人皆醉而我独醒"是一种清醒的理性与自觉的良心状态。这种人或许最后可能"不在沉默中暴发，就在沉默中灭亡！"历史上确有许多清醒而不做"乌合之众"者，如有毅然撞南墙粉身碎骨者，有超脱俗尘闲云野鹤者，有装疯卖傻大智若愚者。

对于我们每一个个体来说，应该坚守自己的理性与良知。一是要冷静、洞察与分析，不要让情感遮蔽自己的理智。二是自己的行动，怎么做的问题，要尊重良心的呼唤，服从理性的选择，既要考虑到集体利益，符合德行，又要不失心灵自由与自我的独特性。

《人类简史》：重新审视我们是谁

郑 洁*

时间：2015 年 12 月 21 日

地点：湖南大学教育科学研究院 310 教室

出版社：中信出版社，2014

参与人：唐松林、侯兰花（长沙市第六中学教师）、李京玉（长沙师范学院教师）、匡林林（长沙市第六中学教师）、陈卫军（长沙鹏翔电子科技有限公司董事长）、夏梦筠（湖南艺术职业学院教师）、胡天扬（中南大学学生）、刘轶臻（华融湘江银行内控合规部总经理）、魏婷婷、李倩、李吟霁、于思琪、离笑丽、覃日怡

一、作者简介

尤瓦尔·赫拉利（Yuval Harari），1976 年生，牛津大学历史学博士，现为耶路撒冷希伯来大学的历史系教授，青年怪才，全球瞩目的新锐历史学家。他擅长世界历史和宏观历史进程研究。在学术领域和大众出版领域都有很大的兴趣。《人类简史》让他一举成名，成为以色列超级畅销书，目前这本书已授 20 多个国家版权。在历史学之外，尤瓦尔·赫拉利在人类学、生态学、基因学等领域的知识也信手拈来，根据图书改编的课程上传 Youtube 后风靡全球，拥有大批青年粉丝。

* 作者简介：郑洁（1990 年出生），女，湖北武汉人，湖南大学教育科学研究院 2015 级硕士研究生，从事教育哲学研究。

二、本书推荐

这是一部从10万年前有生命迹象开始到21世纪资本、科技交织的人类发展史。10万年前，地球上至少有6个人种，今天却只剩下我们自己。我们曾经只是非洲角落一个毫不起眼的族群，对地球上生态的影响力和萤火虫、猩猩或水母相差无几，为何我们能登上生物链的顶端最终成为地球的主宰？

从认知革命、农业革命到科技革命，我们真的了解自己吗？我们过得更加快乐吗？我们知道金钱和宗教从何而来，为何产生吗？人类创建的帝国为何一个个衰亡又兴起？为什么地球上每一个社会都有男尊女卑的观念？为何神教成为最广为接受的宗教？科学和资本主义为何成为现代最重要的信条？理清影响人类发展的重大脉络，挖掘人类文化、宗教、法律、国家、信贷等产生的根源，这是一部宏大的人类简史，更见微知著、以小写大，让人类重新审视自己。

三、章节概述

第一部分　认知革命

1. 人类：一种也没什么特别的动物

在历史的路上，有三大重要革命：大约7万年前，“认知革命”(Cognitive Revolution)让历史正式启动。大约12000年前，“农业革命”(Agricultural Revolution)让历史加速发展。而到了大约不过是500年前，“科学革命”(Scientific Revolution)可以说是让历史画下句点而另创新局。(P3)在此之前，我只知道人类是由猿类演化而来，却并不知道早在数万年前，地球上并不只有一种人类。大约200万年前，一部分的远古人类离开家园而踏上旅程，足迹遍及北非、欧洲和亚洲等地，所以出现并演化成不同的人种，像智人、尼安德特人、弗洛里斯人、丹尼索瓦人等。

虽然人种之间有诸多不同，但还是有几项共同的人类特征。其中最重要的一点，就是人类的大脑明显大于其他动物的。(P8)它所带来的好处在今天看来就是能制造出汽车和枪炮，让我们在与其他动物相较量的时候能够战胜并征服它们。人类另一项独有的特点，在于我们用两条腿直立行走。(P9)那么双手就不需要用来移动身体，而是可以发挥其他的用途。于是，人类的手开始能够处理非常精细的任务，特别是能够生产、使用复杂的工具。(P9)但直立行走也给人类带来了许多烦恼。原本，人类的远古祖先历经数百万年，才发展出以四肢行走、头部相对较小的骨架，而要将这种骨架调整成直立，可说是一大挑战，而且还得撑住一个超大的头盖骨，更是难上加难。于是，为了能望远、能有灵活的双手，现在人类只得面对背痛、颈脖僵硬的苦恼的代价。（P10）

那么，智人（现在的人类）、尼安德特人和丹尼索瓦人在生物学上的相关性，究竟该如何解释？显然，他们并不是像马和驴一样属于完全不同的物种，但他们也不是像斗牛犬和西班牙猎犬一样归于相同物种的不同族群。毕竟，现实的生物界限并不是非黑即白，而有重要的灰色地带。（P17）既然尼安德特人、丹尼索瓦人和智人有着相关性，为什么到现在我们所能看到的人种就只有智人了呢？作者提出了两种可能，一种就是智人的技术进步、社交技巧高，在狩猎和采集上较尼安德特人都更为熟练，于是他们被智人赶尽杀绝，还有一种可能，是对于资源的激烈竞争所引发的暴力冲突。毕竟，宽容可不是智人的特色。即使到了现代，不过是因为肤色、方言、宗教等微小的差异，就足以让智人彼此大动干戈、非要把对方赶尽杀绝。而远古的智人面对的可是个完全不同的人类物种，又岂能期待他们更加宽容？（P18）

2. 亚当和夏娃的一天

想要了解人类的天性、历史和心理，就得想办法回到那些狩猎采集的祖先头脑里面，看看他们的想法。在智人的历史上，他们绝大多数的时间都是靠采集为生。在过去两百年间，有越来越多智人的谋生方式是在城市里面劳动，整天坐办公桌前；而在之前的1万年，多数的智人则是务农或畜牧。（P41）生活在采集社会的智人，由于活动范围的限制，他们只能以部落的形式聚集在一起，因此也形成了丰富多元的种族和多样性的文化。而作者认为即使是在类似的生态、同样的基因组成下出现的人类，也能够创造出非常不同的想像现实，表现出来就成了不同的规范和价值观。（P45）

说到“采集”，智人采集的可不只是食物和原物料，同时还有“知识”。（P49）为了提高采集食物的效率，智人需要了解自然界中植物的生长模式和动物的生活习性，在不断的探索发现中总结出经验，也就获得了知识。在采集社会，为了生存，采集者总是与周围的事物发生关系、建立联系，他们对外在的自然环境有着综合性的了解。而相对而言，在现代的工业社会中，每个人懂的都只限于自己的那一小方天地，远古的采集者则是有史以来最具备多样知识和技能的人类。（P50）这样的采集经济，能让大多数人都过着比在农业或工业社会中更有趣的生活。像是现在，如果在血汗工厂工作，每天早上大约7点就得出门，走过饱受污染的街道，进到工厂用同一种方式不停操作同一台机器，时间长达10小时，叫人心灵整个麻木。等到晚上7点回家，还得再洗碗、洗衣服。而在3万年前，如果是个采集者，可能是在大约早上8点离开部落，在附近的森林和草地上晃晃，采采蘑菇、挖挖根茎、抓抓青蛙，偶尔还得躲一下老虎。但等到中午过后，他们就可以回到部落煮午餐。接下来还有大把的时间，可以聊聊八卦、讲讲故事，跟孩子玩，或者就是放松放松。当然，有时候是会碰上老虎或蛇没错，但从另一方面来说，当时他们倒也不用担心车祸或工业污染。(P51)采集者的生活方式更接近人性的本质，更能释放人的天性，毕竟自然总能孕育出纯粹的东西，也许正好是那一颗现代社会所缺乏的纯净的心灵，不会为了物质上的满足而束缚住自己的手、脚甚至是内心。

第二部分　农业革命

人类曾有长达250万年的时间靠采集及狩猎为生，并不会特别干预动植物的生长情形。这一切在大约1万年前全然改观，人类开始投入几乎全部的心力，操纵着动植物的生命。从日升到日落，人类忙着播种、浇水、除草、牧羊，一心以为这样就能得到更多的水果、谷物和肉类。这是一场关于人类生活方式的革命：农业革命。(P77)

1. 史上最大的骗局

为了满足日益增长的人口的生存需要，人类采用很多方式来增加食物的总量，但量的增加并不代表吃得更好、过得更悠闲，反而只是造成人口爆炸，而且产生一群养尊处优、娇生惯养的精英分子。普遍来说，农民的工作要比采集者更辛苦，而且到头来的饮食还要更糟。农业革命可说是史上最大的一桩骗局。(P79)农业革命改变人类的生活习惯，包括饮食，采集社会的人类在大多数地方、大多数时候都能获得食物，而且种类较多，营养充分。相较之下，农民的饮食种类则极少而且不均衡，这样一来，人体就缺少必需的能量。谁该负责？这背后的主谋，既不是国王，不是牧师，也不是商人。真正的主要嫌疑人，就是那极少数的植物物种，其中包括小麦、稻米和马铃薯。人类以为自己驯化了植物，但其实是植物驯化了智人。(P80)作者以小麦为例，认为小麦的秘诀就在于操纵智人，为了保证小麦的丰收，人类得时刻关注它的生长情况，除草、浇水、收集肥料，小麦成功的秘诀就在于操纵智人为其所用，给自己大规模创造适宜的生存环境。而人类却为了适应小麦和小麦农业，付出了无数健康、劳动、营养、人身安全方面的代价。

浮士德跟魔鬼交易，人类则跟谷类交易。但人类做的交易不只这一项，另一项则是和绵羊、山羊、猪、鸡之类的动物命运有关。(P90)为了获得食物，人类开始驯化家畜，从演化的观点来看，农业革命对于羊、猪、鸡来说似乎是一大福音，然而，实际上它们却过着生物史上有史以来最悲惨的生活。为了把牛、马、驴、骆驼训练成听话的役用动物，就必须打破它们的天性和社会连接，抑制它们的侵略和性能力，并且限制它们的行动自由。农民还发明各种控制技术，比如把动物关在兽栏和兽笼里、套上枷锁链条，用皮鞭和刺棒来训练，甚至刻意造成动物伤残。(P92)这些动物不能按照天性来生活，已然成为了人类的囚徒。农业社会对农场里的动物是如此的残酷，而人类呢？坐在胜利的宝座上，却也没有想像中的那么幸福。

2. 盖起金字塔

农业时代人类的空间缩小，但时间却变长了。一般来说，采集者不会花太多心思考虑下周或下个月的事，但农民却会想像预测着未来几年甚至几十年的事。(P99)农业经济下的农民，生活总是日出而作、日落而息，即使有了足够的粮食，他们还是担心未来可能出现的问题。于是，从农业时代一开始，“未来”就一直是人类心中小剧场的主要角色。农业带来的压力影响深远，这正是后代大规模政治和社会制度的基础。正是这些征收来的多余食粮，养活了政治、战争、艺术和哲学，建起了宫殿、堡垒、纪念碑和庙宇。(P100)农民辛苦的劳作并没有得到应有的回报，并没有过上他们所为之努力的生活，反而是受到剥削，养活了国王、官员、战士、牧师、艺术家和思想家。

农业革命让人能够开创出拥挤的城市、强大的帝国，接着人类就开始幻想出关于伟大的神灵、祖国、有限公司的故事，好建立起必要的社会连接。虽然人类的基因演化仍然一如既往慢如蜗牛，但人类的想像力却是极速奔驰，建立起了地球上前所未有的大型合作网络。(P102)而这些大型合作网络，也都只是“由想像所构建的秩序”，这种秩序是不公平的，它的构建也只是为了少数统治阶级的利益，牺牲了大多数人的利益，并没有普世价值。《汉谟拉比法典》背后的一项重要假设，就是只要国王的臣民全部接受各自的阶级角色、各司其职，整个帝国上百万的人民就能有效合作。这么一来，这个社会不但能为所有成员生产足够的粮食、有效分配，还能保护国家抵抗敌人，甚至是扩张领土，以取得更多财富、更多安全保障。(P105)国王为了自己的私欲，将国民划分了不同的阶级，在这种想像出来的秩序里，就有一部分人不得不处于被统治的地位，甚至沦落到社会的最底层，他们原本也是靠自己的双手来创造生活，也许身体会疲惫，但却也自由而快乐，可这种虚构的故事却以冠冕堂皇的理由夺取了本该有的自由和权利。我们相信某种秩序，并非因为它是客观的现实，而是因为相信它可以让人提升合作效率、打造更美好的社会。这种由想像所建构的秩序绝非邪恶的阴谋或是无用的空谈，而是唯一能让大群人类合作的救命仙丹。(P108)

既然人类想要构建某种能让社会更加美好的秩序，就需要金字塔顶端的人相信它。如果不是大多数中国人都相信仁义礼智信，儒家思想绝不可能持续了两千多年。如果不是大多数的美国总统和国会议员都相信人权，美国的民主也不可能持续了250年。如果不是广大的投资人和银行家都相信资本主义，现代经济体系连一天也不可能继续存在。(P110)人类为了确立某种制度，并保证它的适用性和稳定性，总是试图借用外在强大的力量来支撑它，可能是某种宗教信仰，抑或是某条不可更改的自然规律。

3. 历史从无正义

农业革命后几千年的历史，可以总结为一个问题：如果人类的基因里并没有大规模合作的生物本能，所有的合作网络究竟如何维系？简单的讲法，是人类创造出了由想像建构的秩序、发明了文字，以这两者补足我们基因中的不足。但对许多人来说，这些合作网络究竟是好是坏实在难说。网络背后那些想像的秩序既不中立也不公平，总把人分成一些其实并不存在的分类，并且排出上下等级。上等人享有各种权力和特权，而下等人有的只有歧视和压迫。以《汉谟拉比法典》为例，这部法典就将社会分成上等人、平民和奴隶。上等人养尊处优，享尽一切好处，平民只能捡捡上等人剩下的东西；而奴隶如果还敢抱怨，就等着吃苦头了。(P131)

然而，以上的这些区别都只是虚构的想像所构建出来的，许多人却认为是自然现象。亚里士多德也认为，奴隶有“奴隶的本质”，而自由人有“自由的本质”，他们的社会地位不同，只是本质的展现。(P132)大多数人都会认为只有自己社会的阶级是自然的，而其他社会的阶级分法都实在是虚假又荒谬。(P133)这种种族主义思想成为了白人和黑人之间难以消弭的鸿沟，历史似乎也从没给过黑人正义，在白人眼里，黑人就是暴力、疾病的代名词，黑人不准投票、不准读白人学校、不准在白人餐厅吃饭，就算是求职，黑人也总是得不到令人尊敬的职位，因为白人根本没想过给他们机会。这样的恶性循环可能持续几百年甚至几千年。随着时间流逝，不公不义的歧视常常只是加剧而不是改善。富者越富，而贫者越贫。教育带来进一步的教育，而无知只会造成进一步的无知。(P141)歧视不仅限于黑人与白人，从更大的范围上看，性别也存在歧视。生物上的差异本属于自然现象，然而世界各地的人都会区分男女，而且至少在农业革命以前，几乎世界各地都是男人占尽好处。在许多社会中，妇女只是男人的财产，通常属于她的父亲、丈夫或兄弟。(P142)历史上的人类总是试图将所有的事物都贴上文化、法律或是政治的标签，就连性别也不例外。作者举例说了公元前5世纪的雅典，那时的雅典实行的是民主政治，但只有男性才可以从政、从商或是成为艺术家，似乎那已经是一条毋庸置疑的准则。再看看现在，女性要参与政治已经没有法律的阻碍，而且多数现代希腊人也认为女性担任公职合情合理。我们究竟要如何才能判断，什么是真正在生物学上有所不同，而什么又只是人类说得煞有介事、自找借口？一项黄金法则就是“天生带来允许，文化造成封闭”。天生自然的生物学，可能性几乎无穷无尽。然而，文化却要求必须实现某些可能性，而又封闭了其他可能性。(P144)在我看来，自然与文化是相得益彰的，只有以开放的思想对待自然，文化才可以有无限的可能，而丰富的文化环境又能使得社会接近更加自然的状态。

第三部分　人类的融合统一

1. 历史的方向

人类几乎从出生到死亡都被种种虚构的故事和概念围绕，让他们以特定的方式思考，以特定的标准行事，想要特定的东西，也遵守特定的规范。就是这样，让数百万计的陌生人能遵照着这种人造而非天生的直觉，合作无间。这种人造的直觉就是"文化"。(P159)文化的本质是观念形态，属于精神领域，但文化的作用并不限于观念形态、精神领域，人们的经济活动、制度设计、行为方式、日常生活都具有特定的文化内涵。因此，文化作为人与人之间沟通的纽带，使得人际关系更加紧密。文化与文化之间有其共同的元素来增加文化的分量，但也存在些许矛盾，而矛盾，本来就是每个人类文化无法避免的，甚至还可以说是文化的引擎，为人类带来创意、提供动力。就像两个不谐和音可以让音乐往前进，人类不同的想法、概念和价值观也能逼着我们思考、批评、重新评价。一切要求一致，反而让心灵呆滞。(P161)

人类文化一直流动不休。但这种流动究竟是完全随机的，还是有个整体模式的？换句话说，历史有个大方向吗？答案是肯定的。几千年来，我们看到规模小而简单的各种文化逐渐融入较大、较复杂的文明中，于是世界上的大型文化数量逐渐减少，但规模及复杂程度远胜昨日。(P162)在采集社会部落时期，由于居住地的零散，相互交流的限制，形成的文化是零散而稳定的，随着历史车轮的滚动，文化也逐渐走向融合。放眼全球，文化是单一的，但却并非同质，他们彼此间密切相关，而且以许多不同方式相互影响。

2. 金钱的味道

狩猎采集者完全没有金钱货币的概念。每个部落自给自足，不管是从肉类到药材、从鞋子到巫术，有需要就自己去猎，自己去采，自己去做。虽然不同的部落成员可能有不同的专长，但他们用人情和义务组成经济体系，分享着种种产品和服务。(P170)虽然他们没有衡量物体价值的统一形式或概念，但我觉得那时的"金钱"一定是一个美好的东西，人类获得生活必需品是通过自己的双手的劳动。当自己的劳动无法满足需求的时候，人情和义务所组成的经济体系便能帮助他们，这种分享的快乐也正是现在人类想要追求的。

出现了复杂的商业系统之后，金钱的概念更是不可或缺。理想的金钱类型不只能用来交换物品，还能用来累积财富。各种贵重的事物当中，有的根本无法储存(像是时间或美貌)，有的只能储存一段很短的时间(像是草莓)，也有的虽然能久放，但却得占用大量空间，或是需要昂贵的设备和照顾。(P174)金钱的概念就显得尤为重要，正因为有了金钱概念，财富的转换、储存和运送都变得更容易也更便宜，后来才能发展出复杂的商业网络以及蓬勃的市场经济。要是没有钱，市

场和商业网络的规模、活力和复杂程度都必然相当有限。(P175)

然而，金钱并不是实际就存在的现实，而是我们对于价值的一种心理上的想像。用虚拟代替了现实，“信任”正是所有金钱形式最基本的原料。如果有个富裕的农民卖掉房舍田产换来一袋贝壳，还带着这袋贝壳前往远地的省份，那是因为他相信抵达之后，其他人会愿意用稻米、房屋、田地和他交换这些贝壳。所以，可以说金钱就是一种相互信任的系统，而且还不是随随便便的某种系统：金钱正是有史以来最普遍也最有效的互信系统。(P176)作者认为，金钱作为一种互信系统，对人类来说是黄金福音。随着社会的发展，各种利益争端层出不穷，人类更加关注自身的利益，而金钱信仰的重点在于“别人相信”，它成为了人与人交往的润滑剂，就算不认识对方，不了解对方人品，也可以携手合作，而不用去在意对方的语言、文化、宗教和社会习俗。

人类对于金钱的观念总是矛盾的。人类的经济史就像跳着微妙的舞步。我们用金钱来促进与陌生人的合作，但又害怕这会破坏人类的价值和亲密的关系。一方面，我们也想打破那些限制金钱和商业流动的社会大坝；但另一方面，我们又不断筑起新的大坝，希望保护社会、宗教和环境免受市场力量的奴役。(P182)虽然金钱能够建立起陌生人之间共同的信任，但人们信任的不是人类、社群或某些神圣的价值观，而只是金钱本身以及背后那套没有人性的系统。金钱将人类统一到了一个巨大的而统一的市场中，但人类的统一绝不只是金钱可以做到，虽然黄金和白银影响深远，但也别低估了刀剑的力量。(P182)

3．宗教的法则

我们今天常认为宗教造成的是歧视、争端、分裂。但在金钱和帝国之外，宗教正是第三种让人类统一的力量。正因为所有的社会秩序和阶级都只是想像的产物，所以它们也十分脆弱，而且社会规模越大，反而就越脆弱。而在历史上，宗教的重要性就在于让这些脆弱的架构有了超人类的合法性。(P204)因此，我们可以说宗教是一种人类规范及价值观的系统，建立在超人类的秩序之上。作为一种意识形态，它可以将人们凝聚在一起，让各种社会和政治秩序合法化。要做到这一点，作者认为，宗教必须同时具备“普世特质”和“推广特质”。(P204)“普世特质”指的是它信奉的超人类秩序必须普世皆同，不论时空而永恒为真，“推广特质”指的是它还必须坚定地将这种信念传播给大众。(P204)这可以说是史上最重要的革命之一，对于人类的统一有重大贡献，绝不亚于帝国或金钱。

谈到宗教，当然避免不了谈谈“神”。一开始，农业革命对于泛神论系统的其他成员(如石神、水神、鬼魂和恶魔)几乎没什么影响。然而，随着人类喜新厌旧，这些神也逐渐失去地位。过去人类一辈子的生活范围大概就是几百平方公里，多数需求只要靠着当地的神灵就能解决。但随着王国和贸易网络开始扩展，光是地方的神灵已经力有未逮，人类需要的神力必须涵盖整个王国或整个贸易网络。(P206)因此，多神教应运而生。多神教掌管的范围更加广泛，从国家到个人，只要人类有所祈祷，神灵都会满足。神灵看似庇佑了世人，保佑他们幸福安康，但实质上却是世人创造了神灵。

多神论除了促成一神教，也促成了一些二元论的宗教。二元论宗教信奉着善与恶这两种对立力量的存在。(P214)在人们的眼中，神一定是善的，至于“恶的难题”，一神论者可以说是吃尽苦头，但对于二元论者来说，之所以好人也可能发生不幸，正是因为掌理世界的不是某个无所不知、无所不能、事事完美的神。世界上仍然有个不受控制的恶，而所有的坏事正是源自它。(P215)

4. 成功的秘密

历史上的每一个时间点，都像是一个十字路口。虽然从过去到现在已经只剩单行道，但到未来却有无数岔路可走。其中某些路比较宽、比较平坦，路标比较明确，所以也是比较可能的选择。然而，历史有时候就是选了一些完全出人意表的道路。(P230)作者认为，对某个时代的了解越透彻，反而就越难解释为什么发生了这个事件而不是那个事件。但如果对某个时期只是一知半解，就很容易受到结果影响，只看到那些最后成真的可能性。就像历史，在每一个时间点，都有无限的可能，甚至是与现在完全相反的方向，人们无法断定那条单行道指向何方，哪怕他的学问上至天文，下至地理，毕竟那些在当代看来最不可能发生的事，常常就是最后成真的事。(P231)作者于是提出了我们为什么要学习历史，历史不像是物理学或经济学，目的不在于做出准确预测。我们之所以研究历史，不是为了要知道未来，而是要拓展视野，要了解现在的种种绝非“自然”，也并非无可避免。未来的可能性远超过我们的想像。(P233)

人类无法对历史的选择作出解释，但有一点可以肯定：历史的选择绝不是为了人类的利益。(P233)因为利益不分善恶，不同的文化对于“善”能给出的定义也不一样。从某种层面来说，文化塑造了历史，文化的姿态对历史有着深远的影响。探究文化的产生与传播，作者提出了“迷因学”，迷因学假设，就像是生物演化是基于“基因”这种有机信息单位的复制，文化演化则是基于“迷因”(meme)这种文化信息单位的复制。与其说是复制，不如说是传播，文化从一个宿主传播到另一个宿主，直到宿主的生命结束，它还在试图传播。因此，文化并不是某些人为了剥削他人而设计出的阴谋，而是因为种种机缘巧合所出现的心理寄生虫，从出现之后就开始剥削所有受到感染的人。根据这一假设，作者认为，所谓成功的文化，就是特别善于复制其迷因，而丝毫不论这对于其人类宿主的成本或利益。(P234)文化之于人类是平等的，也无所谓好坏，最成功的文化不见得就是对人类最有益处的。就像演化一样，历史的演进并不在意生物个体是否幸福。至于对个别的人类来说，即使受到了历史演进的影响，但通常一方面太过无知，一方面又太过软弱，因此无力改变。(P235)

第四部分　科学革命

1. 发现自己的无知

科学革命并不是“知识的革命”，而是“无知的革命”。真正让科学革命起步的伟大发现，就是发现“人类对于最重要的问题其实毫无所知”。(P243)我想作者的观点应该颠覆了许多人对于科学革命的认识，科学革命在我看来，是一个探究发现新知识的过程。在这个过程中，我们的知识学问，从无到有，从粗糙到精致，从单一到综合，不断地丰富，又不停地更新。作者认为，不知为不知。现代文化已经比过去任何文化都更愿意承认自己的无知。而现代社会之所以还能够维系，原因之一就在于对科技和科学研究方法的信任，这几乎成了类似宗教的信仰，甚至在一定程度上也取代了对绝对真理的信念。(P246)

人类所有看来无法解决的问题里，有一项最为令人烦恼、有趣且重要：死亡。在现代晚期之前，大多数的宗教和意识形态都想当然地认为死亡是不可避免的命运。此外，多数的信仰也以死亡作为生命意义的主要来源。想像一下，如果没有死亡，伊斯兰教、基督教或是古埃及宗教会变得如何？这些宗教告诉信众，他们应该和死亡达成一种协议，将重点放在来世，而不是在今生试图克服死亡、寻求永生。宗教之所以有来世之说，是因为人类对于死亡的恐惧。而作者却认为，当时最聪明的人才，想的是如何给死亡赋予意义，而不是逃避死亡。(P257)即使是现在，人们对于死亡依然是恐惧的，但却不会因为恐惧死亡而从来世说中寻找慰藉。相反，人类能够更坦然地接受或者说面对死亡，我们同样也珍惜生命，所以才会有科学革命将人类生命的永恒作为一大重要目标。

2. 资本主义教条

我们很难掌握金钱在现代历史中究竟扮演了什么角色。虽然已经有许多著作告诉我们各个国家是如何成也金钱、败也金钱的，我们也看到金钱是如何为人类展开新视野，但也让数百万人遭受奴役，如何推动着产业的巨轮，但又让数百种的物种惨遭灭绝。然而，想要了解现代经济史，其实重点就只有一个词：成长。不论结果是好是坏，究竟是生病还是健康，现代经济就像是一个荷尔蒙过剩的青少年一样不断成长，吞噬着它看到的一切，而且成长的速度叫人完全赶不上。(P297)在作者看来，无论是帝国的建立，还是科学的发展，金钱都是不可或缺的。无论金钱让这个世界变得更好还是更坏，它总会在世界中占有重要的分量，渗透进人类生活的每一寸空间，就在你发现你的生活已经中了“金钱”病毒的同时，你也会明白你离不开它，这个社会离不开它。

经济的发展奠定了社会整体财富和繁荣的基础，亚当·斯密明确提出：人类全体财富的基础，就在于希望增加个人利润的自私心理。这一点可以说是人类历史上最革命性的概念，而且还不只是从经济的角度，也包括道德和政治的角度。

他其实告诉我们：贪婪是好的，而且我们让自己过得好的时候，不只是自己得利，还能让他人受益。“利己”就是“利他”。(P304)在我看来，亚当·斯密是站在资本主义者的角度来谈论经济，积累财富的首要目的是为了让自己获益，通过自己得利而让他人受益。然而，为了发展资本主义经济，资本主义者建立起了一套与之相适应的伦理规范，告诉人们如何思考问题，如何教育孩子，甚至是将正义、自由、快乐作为经济发展的附属品。如果你找来一个资本主义者，问他该如何为津巴布韦或阿富汗这些地方带来正义和政治自由，他很可能就会滔滔不绝地告诉你，想要有稳定的民主制度，就必须要有蓬勃的经济、健全的中产阶级，所以重点就是该让当地人有自由企业、勤俭节约、自立自强这些价值概念。(P307)作者认为资本主义的意识形态使得科学革命丧失了其本真的意义，不是向着未知的世界出发，而是带有浓厚的功利色彩。资本主义塑造了财富的天堂，却也衍生出了人间地狱，虽然人类和全球经济看来都在继续成长，但全球各地还有无数的大小罪恶和灾难正在上演。(P334)

3. 一场永远的革命

工业革命找出新方法来进行能量转换和商品生产，于是人类对于周遭生态系统的依赖大减，结果就是人类开始砍伐森林、抽干沼泽、筑坝挡河、水漫平原，再铺上总长数万公里的铁路，并兴建摩天大都会。世界越来越被塑造成适合智人需求的样子，但其他物种的栖地就遭到破坏，这让它们迅速灭绝。地球曾经是一片蓝天绿地，但现在已经成了混凝土和塑料构成的商场。(P343)人类在最大限度地追求经济效益的同时，也在一步步残酷地摧毁我们赖以生存的家园，全球变暖、海平面上升、污染猖獗这些生态危机使得地球越来越不适宜人类居住。很多人称呼这是“自然的毁灭”。然而，这其实并不能算是“毁灭”，而只是“改变”。自然是无法“毁灭”的。6500 万年前，一颗陨石让恐龙灭绝，但却为哺乳类动物开启了一条康庄大道。今天，人类正在让许多物种灭绝，甚至可能包括自己。(P344)作者用辛辣的言语讽刺了人类的唯利是图，也警示着人们，若不珍惜爱护我们现在的家园，总有一天，人类将会面临世界末日。

历史总是让人回顾过去，却看不到未来。为了让乐观主义者和悲观主义者都能满意，或许可以说我们正在天堂和地狱的岔路口，而我们还不知道自己会朝向哪一个方向。历史还没告诉我们该挑哪边，而只要发生某些巧合，往哪边走都不算意外。(P366)我们无须惶惶度日，更不可因为无知而肆无忌惮。

四、我之感悟

《人类简史》是一本试图写清人类历史的书。然而，它又决然不同于我过去所读过的历史叙述，那些书本，大多把目光集中在某一朝代，某一时期，或者某一历史事件，写作的重点在于理清事实。但是《人类简史》的作者，年轻的历史学教授尤瓦尔·赫拉利所做的则不同以往，他的关注点不是国家，也不是文明，而是人类，人类是怎样从一种普通的动物走向生物链的顶端，而人类又要走向何处，他试图回答这些问题，关于钱、关于宗教、关于历史、关于文化、关于科技、关于资本主义、关于和平，他笔下的《人类简史》，将人类的漫长庞杂的历史只归纳为了三大革命——认知革命、农业革命、科学革命。并在这样高度概括化和简约化的脉络中，对人类自以为是的优越感不停地进行打压，鄙薄、调侃、抨击不休。在他笔下，人类祖先被冠之以“智人”的名号，名为智人，但做的事都是不智之举。

当今社会属于科学革命阶段，人类产生了各种文明，各种主义(如资本主义、共产主义等)，发明了多种武器。而这些并没有改变人类的残暴，人类为了资源还是在继续地破坏生态环境，造成了生态危机，也与同类进行着战争，像伊拉克战争、乌克兰战争等，造成人类死伤无数。这让我联想到了世界末日，“2012”这个预言虽然三年前并没有实现，但这也给现在的人们敲响了警钟，保护自然、尊重生命，毕竟人类还有多少个“2012”，谁也不知道！

请让我们谨记该书结尾的这段话：“我们拥有的力量比以往任何时候都更强大，但几乎不知道该怎么使用这些力量。更糟糕的是，人类似乎也比以往任何时候更不负责。我们让自己变成了神，而唯一剩下的只有物理法则，我们也不用对任何人负责。正因如此，我们对周遭的动物和生态系统掀起一场灾难，只为了寻求自己的舒适和娱乐，但从来无法得到真正的满足。拥有神的能力，但是不负责任、贪得无厌，而且连想要什么都不知道。天下危险，恐怕莫此为甚。”

讨论部分

唐松林老师：感谢郑洁给我们带来如此精彩的报告。她的认真思考、深刻的分析与细致的记录使人深受感动与启发。此刻的我们坐在这里，欣赏一部关于我们人类发展的历史著作，也许我们的祖先，在若干年前就在我们现在坐的地方，务农、畜牧或打猎，甚至在与同类为争夺一块野兽肥肉而拼命地厮杀。下面请大家自由发言。

侯兰花老师：我看到宗教的那一部分，想问，有上帝存在吗？人之所以在众多物种甚至众多的人种中能够独领风骚，在于人有两个优点。一是人类的大脑明显大于其他动物，这使它不仅能制造先进的生产力如技术与工具形式，让我们把握、征服与改造自然，而且能够创造出社会的规范、道德、信仰与文化体系，把人群能很好地凝聚起来。二是直立行走。这增加了创造的条件，提高了劳动的效率。总之，他们的智慧、知识、技术与技能的全面发展紧密关联。

匡林林老师：作者的视角很独特，和以往的历史著作不同，他从人与动物的区别，最终回归到人。我怀疑3万年以前，人类是否真的幸福，因为现代社会仍然存在血汗工厂，我怀疑尧舜的禅让是否是真的。我从中体会到了农业革命的得与失。1万年前，人类的智慧操纵着几种动植物的生命，带来了一场关于人类生产与生活方式的革命——农业革命。后来的工业革命，有许多成果，但也经常被我们的成果裹挟，经常丧失了自我。

于思琪：第一，以大脑进化为条件的认知革命使人能够形成并传达关于虚构概念的信息，例如国家、人权等。个体的智人因而能在对虚构概念的共同信仰中进行合作，共同抵御自然灾害和人型动物。正是认知革命使智人的社会行为能够快速创新，在进化的路上彻底甩开其他物种，成为独一无二的"社会人"。第二，"虚构"不止让人类能够拥有想像，更重要的是可以一起想像，"种族差异""同性恋不好"带来的歧视，编织出种种共同的故事。就算是大批互不相识的人，只要相信这个故事，就能共同合作。从这个定义，我们可以推断出企业、宗教、国家也不过如此。第三，自然界的秩序是稳定不变的，信与不信都不会有任何的改变，但人类想像所构建出来的社会秩序的存续则必须由相信维持才不会崩塌。

李倩：第一，批判智慧人类、反思无知自我。农业革命以来，动植物从与人类的平等地位逐渐演变为人类的所有物，人一步一步爬向金字塔的顶端。当停下脚步反思自我时，一种"疼痛感"随之而来。然而"历史总让人回顾过去，却看不到未来"。第二，可现的历史，难测的未来。我是谁？从何处来？归向何处？自人类产生以来就没有停止对此问题的追问。我们逃不掉，也逃不开。历史的演进并不在意生物个体是否幸福，即使受到了历史演进的影响，但通常一方面太过无知，一方面又太过软弱，因此无力改变。

魏婷婷：第一，人类真是个复杂的动物，从社会发展、文化的繁荣上，你得承认人在创造力、想像力以及行动力上的伟大，肯定才干和意志，但是人在保有良善的同时却也拥有很大的劣根性。承上次沙龙，我们在讨论人性善，但是今天我们也应理性地看到人的局限与狭隘，自私和野心勃勃。我觉得这种劣根性是伴随我们周遭的环境（生存、生长环境）、还有权力而出现的。其一，物质、实用、消费主义的社会大环境。这种环境容易造成人们（个性、自由、本真）的异化，除此之外，还会压抑心灵，人们会因为欲望的膨胀而变得贪婪。其二，科学、宗教、意识形态对人的剥削和奴役加强。第二，本应该是良序、同一和谐的，但是征服与利用的出现源自人们的骄傲，对理性能力的过高估计和爱的缺乏。第三，坐在胜利的宝座上，人们却没有想像中的幸福，幸福来的很简单，但是我们很难寻回，找到幸福，我们的麻烦、不顺心很多都源自自己，是自己让自己成为囚徒。

我们何不简单点，过一种极简主义的生活，不要让生活束缚住你的手脚，不要太复杂。就像历史，在每一个时间点，都有无限的可能。何必只将自己束缚在一根柱子上，一条道路上，何不让自己拥有无限可能，放下枷锁，尝试新事物。

李吟霁：第一，不是世界选择了你，是你选择了世界，你愿意看到世界是美好的，那你的心情就会很愉悦。我们都是作为世界上很小的一个个体，会受到自然环境的影响、社会的影响、周围其他人的影响，但其实我们大都是处于相同的一个环境中，而有的人活得开心，有的人却天天怨天尤人，并不是世界对人有什么不公吧，是自己怎样去看待世界所提供给你的这个环境吧。第二，我想起最近微博上颇受网民争议的杭州女孩郭文景，她爱玩编程，15 岁去美国教编程，成为美国一个编程俱乐部的创始人之一。同学评论她说，高三了还不像别的同学休息时刷题，而是忙于各种她觉得有意义的事情。高一入学就立志上哈佛，所以现在，离高考还剩半年，提前被哈佛录取。心静了才能听见自己的心声。苏格拉底提出"认识你自己"，认为真正的知识来自内心，而不是靠别人传授，什么时候找到了自己真正想做的，听见了自己的内心，才能收获对自我的满足吧。

刘轶臻：我真的很震撼作者的魄力与学识。第一，他格局非常宏大，简直就是一个上帝，能够从宏观上俯视人类的行为；第二，他对人类行为的叙述，对人类的优势、缺陷了如指掌，分析鞭辟入里，严肃认真，没有讥笑，有批判，有反思，有警醒，有启示；第三，人类从婴儿到成熟，从选种、驯化动物、创造政治、宗教、科学技术与金钱等活动，揭示了其中存在的各种冲突，指出了其带来的结果喜忧参半；第四，他通过自己的反思性描述，希望人类过得更好，有高远的情怀。

唐松林老师：我想就大家的发言，再谈如下理解：第一，宽容并不是人的本性。早在数万年前，地球上并不只有一种人类，还存在如尼安德特人、弗洛里斯人、丹尼索瓦人等人种，为何演化到现在只存在我们智人一种？其他种类的人种是如何消失的？根据作者的想像，人类的历史上，必然存在大规模的战争与屠杀，这其中我们的祖先——智人是占有优势的。他们因为与其他人的原始的生理结构不同，如人类大脑明显高于其他动物，他们的创造能够制造武器，以智谋发动战争，处理精细的事务，征服他的敌人。

第二，农业革命也存在劳动的异化。人在改造世界的过程中，人与劳动对象相互奴役，劳动的异化可能不是工业社会的独有产物，从农业社会就存在。大约 1 万年前，人类开始特别干预动植物的生长情形，操纵着如谷物、小麦等几种动植物的生命，有了专门的选种、播种、浇水、除草、牧羊活动，过着日出而作、日落而息的种植与畜牧生活。人类忙碌着，一心想积累更多的谷物和肉类，这是一场关于人类生活方式的革命。有趣的是，作者说这是史上一场最大的骗局：一方面农业革命虽然带来了剩余劳动果实，但剥削者更多了。正如作者所说的，谷物数量的增加并不代表吃得更好，反而带来人口的急剧膨胀，出现了养尊处优的精英分子。另一方面，人类操纵很少的几种粮食，反而被这几种粮食控制了。所以，作者说，“人类以为自己驯化了植物，但其实是植物驯化了智人”。

第三，人类智力在创造财富的同时，总是伴随着对世界的伤害。最显著的问题是由于人类智力的作用，打破了自然界的生物链条，被豢养的动物变成家畜，其侵略能力与性能力严重退化。人发明各种控制技术，把动物套上枷锁，关在兽栏里、用皮鞭和刺棒来训练，造成了动物的伤残。同时，智人企图操纵它们为自己所用，给自己创造更幸福美满的生存环境，但是，结果恰恰相反，人类小心翼翼地服务着它们，成了它们的奴隶，所以，作者说了一句很俏皮的话，“浮士德跟魔鬼交易，人类则跟谷类交易”。驯化家畜是一件令人与家畜共同悲哀的事情，作者写道，“为了把牛、马、驴、骆驼训练成听话的役用动物，就必须打破它们的天性和社会连接，抑制它们的侵略和性能力，并且限制它们的行动自由”。

第四，揭示了人类想像成果的虚假与荒谬。人类的想像力创造了奇迹，但虚构的想像又奴役着人类。人通过信仰、政治体制、文字的发明等想像与创造，使之形成一个精神与物质结合的有机体系，又通过强大的经济与军事力量来支撑它，使人过得安稳、平静与幸福，但人也失去了许多东西，如自由与平等。更不可思议的是，作者揭示了人类把种种“不自由、不平等”的社会现实合法化，如伟大的哲学家柏拉图认为，人具有“金属性”“银属性”和“铜铁属性”等不同类型，这种不同的属性分别使他们成为统治者、军人、工匠与农民等不同层次的阶级群体。亚里士多德也认为，奴隶有“奴隶的本质”，而自由人有“自由的本质”，他居然说，社会地位之不同，原来是本质的展现。所以，长期以来，男人与女人、白人与黑人、贵族与平民之间地位的不平等就具有了合法性。所以，作者说，“网络背后那些想像的秩序既不中立也不公平，总把人分成一些其实并不存在的分类，并且排出上下等级。上等人享有各种权力和特权，而下等人有的只有歧视和压迫”。

第五，揭示了人类走向合作的内在力量与逻辑。是什么力量促进单个的人形成群体，促进了人类统一？关于这一问题有不同的回答：有人说是生产力，有人说是人，有人说是精神，有人说是信仰与教育。作者描述了一个比较概括的概念——文化，它使人类走向整合。在文化的创造过程中，人类有了人类独特的语言与超群的思维，使他们虚构概念、理论与故事，形成了特定的思维方式，特定的行为标准，特定的物质形式，特定的社会规范。就是这样的文化，让无数残酷的陌生人，能遵照着这种人造的文化形式，合作无间。

第六，作者强调金钱在使人类共融中的作用。金钱是个好东西，它“将人类统一到了一个巨大的而统一的市场中”，促进了劳动成果交换的标准化与便捷化；有效地衡量劳动价值的统一形式；它促进了经济体系的形成，使人分享文明的快乐。更重要的是，金钱不仅是物质上的功能，而且促进了法律、道德与精神的发展，如交换中的规则体系、控制贪婪的法律、诚信概念的建立、尊重他人劳动的道德系统等制度与精神层面的东西也在不断发展。

第七，宗教是第三种让人类统一的力量。宗教作为一种意识形态，建立在超人类的秩序之上，是一种人类的价值观与精神系统。宗教的重要性，弥补了脆弱的政治、制度与法律架构的缺陷，它可以将人们凝聚在一起，让各种社会和政治秩序合法化。作者认为，宗教必须同时具备“普世特质”和“推广特质”。“普世特质”指的是它的信念普世皆同，永恒为真；“推广特质”指的是它的信念必须传播给大众，形成共识，凝聚良心。“普世特质”使人心合一，聚焦为社会美德；“推广特质”使这种良知为人类认同与接纳。这可以说是史上最重要的革命之一。

《人的宗教》: 信仰与人

胡秀银*

时间: 2015 年 1 月 22 日
地点: 湖南大学教育科学研究院
出版社: 海南出版社, 2001
参与人: 唐松林、张小燕、陈坤、刘丹丹、王晨、佘君君、王祖霖、罗成、邓洁隽、于晓卉、廖锐、魏婷婷、孙燕、李腊梅、刘轶臻、胡秀银

一、书籍概况

(一)作者简介

休斯顿·史密斯(Huston Smith)1919 年出生于中国苏州, 在一个来华传教士家庭生活了 17 年后, 赴美国芝加哥大学求学, 1947 年到华盛顿大学哲学系任教。1958 年该书出版, 总销售量超过 200 万册, 根据此书改编的电视剧也备受观众欢迎。之后他又在麻省理工学院(MIT)任教, 晚年回母校加州大学伯克利分校担任访问教授。他被公认为宗教史权威, 也是比较宗教哲学的领衔人物。

史密斯的特点在于他尝试以个人亲身的体验, 同情理解世界各宗教传统, 并以说故事、讲历史与哲学思辨的方式阐述这些传统的智慧, 其作品语言流畅, 通情达理, 这也是《人的宗教》一书得以畅销、长销的最大秘密所在。

* 作者简介: 胡秀银(1992 年出生), 女, 湖南郴州人, 湖南大学教育科学研究院 2014 级硕士研究生, 从事教育哲学研究。

(二)内容简介

本书依序谈到了世界八大宗教传统，包括印度教、佛教、儒家、道家、伊斯兰教、犹太教、基督教以及原初宗教。这八派宗教可以用“源远流长”来形容，因为其中最年轻的也历时将近 14 个世纪了。在漫长的年代中，宗教所启发的善行固然使人景仰，但是假宗教之名而犯下的错误、不义与罪恶，其数量之多与情节之严重，也同样让人不敢恭维。史密斯教授的写作策略就是要展现宗教的最佳面貌。因此，本书内容的重点既不是宗教史，也不是对宗教作全盘或平衡的论述，更不是比较宗教之优劣，而是围绕着宗教所引发的“价值”。这种价值，简而言之，就是促使人性趋于完美的力量。

人性若要趋于完美，就须解除其限制、厘清其定位，并且安顿其过程。说得浅显些，人性原本是不完美的，因为人生苦多于乐，最后又难免于死亡；那么，人性的潜在能力究竟是神还是魔？要如何使个人定位得恰到好处？然后，落实在具体人生中，应该如何活出意义？本书所强调的“价值”，正是为了答复这一类重大问题所提供的智慧索引。作者透过个人的观察，以理性与感性、传统与现代的态度，以及深入浅出的语言，把世界宗教的智慧传达给大众。

(三)相关书评

哈佛大学世界宗教研究中心前主任威菲立·坎和·史密斯说：“这是世界宗教第一部可用的教科书，正因为它把宗教当作人的东西。”纽约时报评论道，这本书“以睿智、清晰的笔触 ……充分展现了每一种信仰的精神内涵！”怀特海说：“教育的本质即它是宗教性的。”威廉·詹姆士说：“宗教告诉我们，人类的机会在于，把偶尔瞥到的洞见转化为长存的光明……宗教生活的整体乃是人类最重要的功能。”

二、章节共赏

(一)出发点(Point of Departure)

第一章是对整本书先作了一个说明，作者开宗明义，说明本书的目的就是“全神贯注，细心轮流聆听每一种向神说话的声音”。(P4)这本书的意图在于，第一，拥抱全世界。原著以英文书写，书中多交叉引证中国格言、印度传说、日本诡论、莎士比亚和圣经诗篇以及艾略特和汤因比心理分析的提示等。第二，严肃对待宗教。这本书并非导游指南，“不会去迎合那些猎奇的人，不会从人们的信仰里去翻查出有震荡性价值的东西来曝光；也不谈禁欲主义者所躺的铁钉床，墨西哥忏悔教徒以钉十字架来考验的苦行；不谈把死者曝露给秃鹰去吃的印度教的空寂塔；也没有提供色情的雕刻或进入到秘戏的漫游。”（P11）而是要回溯世界伟大的智慧传统，彰显人性。第三，努力沟通。作者把这本书的创作“当作是一项翻译工作，不仅要深入印度教徒、佛教徒和穆斯林的世界，而且还要从那些世界搭起桥来通到读者的世界中”。（P12）

在开始这个宗教之旅时，我们首先要明白，“那些信奉各宗教的男男女女，面对的问题和我们的相似”（P14）；其次，我们必须从自己的心智中，“去除掉所有可能让我们感觉迟钝或警觉不到新洞识的先入主见。如果我们把这些有关宗教的先入主见都放置一旁，而把每一种宗教看成是人们在寻求生命的帮助与意义时，再尝试不带偏见地用他们的眼光来看，那么，分隔我们的面罩就会变成薄纱了”。（P14）

这一章最后，作者举了一位大解剖学家的例子，说他在给医学院新生上完第一堂课的时候说了一句话。这句话触及心灵，不由引发遐思，这句话同样也可以应用到我们自己的工作上来。这位大解剖家说：“在这门课程中”，他说，“我们处理肌肉、骨骼、细胞和肌腱，很多时候它看起来冷血得令人害怕。但是永远不要忘记，它是活的”！（P14）

（二）印度教（Hinduism）

从第二章开始，作者开始分章谈论各个宗教。印度教是史密斯开始讨论的第一个宗教。正文未行，先引马克斯·缪勒（Max Müller）说“如果有人问我在什么样的天空下，人的心灵……对生命中最重大的问题做过最深刻的思考，而且已经对其中的一些问题找到了解答，是值得被那些甚至研究过柏拉图和康德的人注目的——我就会指向印度。假如我再问自己，对我们这些几乎完全受希腊人、罗马人以及闪族之一的犹太人的思想所教养的人来说，什么文献最有匡正的效果，而最需要它使我们内心生命更完美、更全面、更普遍，事实上是更人性化的一种生命……我会再度指向印度”。（P17）由此可见，印度教在史密斯心中的分量几何。如果你问世上有什么最能使人的内心生命更完美、使生命更人性化，那么史密斯也许会推荐你去走近印度教。

1945 年 7 月 16 日，第一颗原子弹试爆成功。在原子弹发射的那一刻，洛斯·阿拉莫斯研究计划主任欧本海默脑海中出现的是《薄伽梵歌》中由神说出来的话：

“我成了死亡，世界的粉碎者；

等待世界毁灭的时刻来到。”（P18）

“在一个暴力与和平以前所未有的命定方式面对彼此的时代，圣雄甘地的名字在 20 世纪中期成了斯大林和希特勒的对比。”（P18）他不到一百磅（约 90 斤）的体重，“死的时候在世界上的财产还不值两块钱”，（P18）世人认为他的功劳是使得英国从印度和平撤退，但不太为人所知的是，他“在他的人民中间降低了那比美国种族问题更强固的障碍，他把印度的贱民重新命名为‘神的子民’，把他们提升到人的地位上来”。他在自传中写道：“我在政治领域中工作所拥有的那种权利，乃是从我在精神领域中的试验发展得来。”在那个精神领域中，他继续说道：“真理是至高的原则，而《薄伽梵歌》乃是指向对真理的知识的最精妙的书。”（P18）

人们要什么？印度教回答，人们要四样东西。第一，享乐。人们通常以为印度是苦行的、他世的、否定生命的，“我们会以为她对享乐主义者采取责备的态度，但并非如此。印度的确不以享乐作为她最高的善，但这与谴责享乐可是不同的。对于那些要享乐的人，印度教实际上是说：去追求吧——这样做并没有什么错；它乃是生命四项合法的目标之一”。（P19）但在追求的时候要注意一些原则。“不是说每一个冲动都去追逐而不会受到惩罚。目前的小目标一定要为长远的利益而牺牲，伤害到别人的冲动必须控制住以免受到敌视和后悔。”“只有愚蠢的人才会为了当前的利益或耽于恶习不能自拔，以至于去说谎、偷或骗。但是只要遵守了基本的道德规范，你可以自由地尽量追求享乐。”（P19）

第二，俗世的成功。即财富、名誉和权力。“这也是值得追求的目标，不应该被斥骂和谴责。”

印度承认追求权力、地位和财富的动力是根深蒂固的，就它们本身而言不应该受到轻视。尘世间小小的成功对于供养家庭以及承担市民责任是不可或缺的。除此之外，俗世成就也带给人一定的价值感与自尊心。不过最终，这些报酬也有它的极限，因为它们都含有我们可以细列的限制：（P20）

一是财富、名誉和权力是排他性的，因之是竞争性的，也是不稳定的。不同于智力上的和精神上的价值，当与人分享它们不会倍增；它们不能再不减少自己的部分下平分与人。如果我有一块钱，那块钱就不是你的；我坐在一张椅子上，你就不能坐。名誉和权力也是一样。说一个国家之内人人都出名，这个观念是本身矛盾的；如果权力平分的话，就没有人是我们习惯上说的“有权势”了。从这些东西的竞争性到它们的不稳定性就只是一小步之隔。因为别人也要它们，谁知道什么时候成功会转手呢？（P21）

二是追求成功的欲望，是永远也满足不了的。此处需要一些澄清，因为人们的确是得到了足够的金钱、名誉和权力，只是在他们把这些东西当作是主要的野心时，他们的贪念就不能满足了。因为这些东西并不真正是他们要的，而人们对并非自己真正想要的东西，是永远觉得不够的。用印度的格言来说：“想要用钱来熄灭追求财富的浴火，就像是往火上倒牛油一般。”（P21）

三是俗世成功的第三个问题跟享乐主义相同。它也集中在自我的意义上，而自我毕竟太渺小了，不可能对之保持永久的热情，不论是财富或地位都会让人觉得还缺少许多别的东西。到头来人人在这一生中除了得到别墅、跑车和奢华的旅行之外，还想去得到更多的东西。（P21）

四是为什么尘世上的成功不能完全满足我们，最后一个原因是成就转瞬即逝。财富、名誉和权力，是及身而止的，“死了又带不走”，我们总是这样说。正因为我们带不走它们，所以也不能完全满足我们，又因为我们是能够展望永恒的动物，所以必定会本能地悲叹，那相形之下赚来的世上的成功，其所支配的时间是多么短暂！（P21）

第三，责任宗教。这是在人们发现自己一直在忙着侍候那个小我后的一大进步。因为追逐和成就都没有带来真正的快乐。“有些东西他们没有得到，因而痛苦莫名。有些东西得到了也拥有了一阵子，却又在刹那间即被夺去，也还是痛苦。有些得到了也保住了，却发现它们不能带来期望的欢乐。许多第一次的经验很刺激，却在一百次的时候令人生厌。最终他们会怀疑自己被困在踏车上，要愈踏愈快去获得那愈来愈没意思的报酬。于是产生了转换，无数人从一心去取变成一心去予，一心要赢变成一心要服务，不是要求胜利而是要尽己之力。负责地去做手上任何工作，变成了他们首要的目标。（P24）

人们真正要什么？印度教说，“我们对这个问题回答得太肤浅了。享乐、成功和责任从来就不是人类的最终目的。它们顶多不过是假定能带领我们朝我们想要走的方向前进罢了。我们真正想要的东西是埋在更深的层次中”。（P26）首先，人们要“存在”。“任何人都想要存在，而不想要不存在。正常情况下，没有人要死亡。一位第二次世界大战中的一名通讯员，描述一间屋屋子中有 35 名飞行员，被派去执行一项只有四分之一的人能生还的轰炸任务时的那种气氛。那位通讯员所感到的是，那些人并不是那么害怕，而是‘他们很不愿意放弃未来’。印度教说我们是有这种情怀的。没有人会快乐地接受我们在未来会没有份的想法。”（P26）其次，人们要“知道”。“无论是科学家研究自然的秘密，一个普通的家庭看晚间新闻，或是邻居们探听当地的闲话，我们都是无餍足地好奇。”第三，人们要“妙乐”。“那种相对于挫折、徒劳无功和厌倦的感觉。如果我们要完成印度教的答案，还应该加上说他们无止境地要这些东西。人性一个很显著的特征就是有能力想像那没有限制的东西：‘无限’。人真正要的是无限的存在、无限的知识和无限的妙乐。如果用一个词来概括的话，人真正要的就是‘解脱’——要摆脱那拘束我们的有限性，达到我们的心灵真正欲求的无限的存在、知识和妙乐。但是，我们真的存在无限吗？为什么看起来并不那么明显呢？为什么我们的行为并不照着做呢？人们可能会立即说‘我今天并不特别觉得无限，还有我的邻居——我并没有觉察他的行为有什么像神一样’。印度教说，答案是埋藏在我们内心深处的永恒，可是这种永恒被几乎无法穿透的表面自我所遮蔽，那一大团眼花缭乱的事物、虚伪的臆测与自我关注的本能。生命向人之自我提出的问题，是要清理它存在的浮渣，使它那无垠的中心可以完全透显出来。”(P26)

内在的超越：霍姆斯法官曾说：“生命的目标，乃是要从非完美性中尽量能获取多少就获取多少。”印度教则说，“它的目标是要完全超越非完美性。假如为限制我们生命的特殊缺陷列一张清单的话，恐怕会没完没了。我们缺乏力量和想像来实现我们的梦想；我们会厌倦、生病，也难免愚蠢；我们会失败而气馁，我们会年老而死亡……所有这些特别的限制都可以简化成三种基本变数，即我们在妙乐、知识和存在上是有限的”。把我们和这些东西分隔的束缚有三类：“肉体上的痛苦，因欲望不能得逞而来的挫折感，以及对生命一般的厌倦。”(P28)那么，有没有办法提高生命的素质，使它由于不太受限制而成为真正的生命呢？“肉体上的痛苦是三者之中最不麻烦的了。由于痛苦的强度，部分是来自伴随它的恐惧，征服恐惧则痛苦也就随之得以减轻了。”(P28)相对而言，由于特别的欲望不能得逞所带来的心理上的痛苦是更为严重的。“我们想要赢比赛，但是却失败了；我们要赚钱，可是生意却没有做成；我们的竞争者升了级；我们希望被邀请，却接着又被冷落了。生命中充满了失望，我们多半会假定人生本来如此。但是如果加以省察，证明所有的失望都有一个共同的特色，即每一次都瓦解了个体自我的一项期望。如果自我没有期望，就没有所谓的失望了。与有限的自我分离，或者依附于事物的整体，生命被提升到超越了挫折的可能，也同样超越了厌倦，因为面对着这样生动的认同，宇宙的戏剧是太壮观了，哪里还会有厌倦呢！”(P29－30)

走向目标的四条道路：“印度教有关实现人的潜能的特别指导，列明在瑜伽这个标题之下。瑜伽这个字(yoga)是跟英文字牛轭(yoke)一样来自同一字根，而yoke有双重意思：结合在一起，接受训练。这两种意思在梵文中都有。于是，yoga的一般定义是一种训练方法，用来引导人走向整合，或是结合成为一体。但究竟要整合什么呢?”(P33)所有印度精神的修炼都是认真致力于结合人类精神和隐藏在其最幽深处的神。“如何达至梵天(梵文中的神)并继续与梵天保持接触，如何变成与梵天合而为一，并依之而生活；如何仍然留在尘世上却变成神圣，这便是在印度世世代代启发并神化人类精神的追求。”(P34)印度人朝这项目标迈进的精神途径有四条。其特别之处，是“设法设定基本精神人格的类型，以及对各种不同类型最可能行之有效的修炼。按照印度教的说法，基本精神人格类型有四类(荣格的类型学乃是按照印度模式建造的，在某些方面上有所修改)：有些人基本上是反省性的，另外一些人是情绪性的，另外还有一些人是行动性的，最后的一些人则是倾向于实验性的。印度教对以上每一人格类型开出不同的瑜伽，设计来应用在各个类型的特定力量上”。(P34)这四种途径都由道德准备开始。“由于瑜伽的目的乃是要令表层的自我对其内在的神性透明，因此必须先要清楚它粗俗的不洁。因此，每一种瑜伽的第一步，皆牵涉到培养诸如不杀生、诚实无欺、不

偷盗、自我控制、洁净、满足、自我修炼这一类的习惯。"(P35)

通过知走向神的途径："知的瑜伽"是特别提供给有强烈反省倾向的精神追求者而设的，它是通过知识而与真神合而为一的途径。这类知识与事实资讯毫无关系，它不是百科全书上的那种知识，它是一种直觉式的辨别力。(P35)培养这种力量要经过三个阶段。首先是要学，顺着圣托马斯(Thomas Aquinas)的《神学大全》中的秩序，通过听取圣人、经文及论说的含义，求道者被带领去体认"她根本的存有即是存有本身(Being itself)"。(P36)其次是思想，通过长期的、深切的反省，将大我(Atman，内在的神)从概念转变成实在。最后将反思后引发出隐藏在虚幻的有限我之下那无限我的认同，转成那持久不变的部分。要做到这样，"直接方法就是把自己想成精神"(P37)，把自我认同与表面自我区隔开来，从第三者的眼光来思考自身的处境。

通过爱走向神的途径：知的瑜伽据说是通向神性实现最短的途径，也是最陡峭的路。它需要理性和精神做罕见的结合，因此只适合极少数人。一般来说，生命的推动多出自情感而少发自理性；而充塞在人心中的许多情绪，其最强烈者是爱。甚至连恨也可以解释为从这一冲动的阻挠所反弹出来的。(P38)"爱的瑜伽"(bhakti yoga)的目的是引导那潜藏在每个人心中的爱朝向神。与知识之路相比，爱的瑜伽有无数信奉者，是四者之中最流行的。不过它却源于古代，其最著名的宣教者是16世纪名叫杜尔胥达斯(Tulsidas)的神秘诗人。在早期的婚姻生活中，他非常挚爱太太，到了一天见不到她都不行的地步。有一天她去探望父母，才半天时间，杜尔胥达斯又跟随在她身边，他太太叫道："你那么热情地依恋着我呀！假如你能把这依恋转移向神的话，你就会立刻到了它那里。""就这样做吧！"杜尔胥达斯想。他试了，也真的成功了。(P39)

通过工作走向神的途径：第三条走向神的路径是为具有活动趋势的人而设，是"业的瑜伽"(karma yoga)，通过工作走到神那里。(P44)正如我们已经看到，生命的重点是超越有限我的渺小。为了达成这个目标，可以把自己认同于那位居个人存在核心的超个人绝对者，也可以把个人的兴趣和热爱转向那在经验中与个人迥异的人格神。前者是知的路，后者是爱的路。工作可以是通过任一者来达到自我超越的一种工具，因为按照印度教的教义，每一次对外在世界之所为都会反映到所为者身上。假如我把挡住我视线的树砍了，斧头每砍一下都在把树砍倒；但它也同样在我身上留下印记，把我在这个世界上要我行我素的决心，更深地驱策进我的存在中。我为了个人的福祉而做的每一桩事情，都在我之自我上增加了一层隔膜，随着厚度增加我也从神那里被隔绝得更远。反过来，每一桩行为都不去考虑自己，就会减少我的自我中心，直到最后，就不会有任何障碍把我同神隔离。(P45)

通过心身训练走向神的途径："修的瑜伽"(raja yoga)在印度教被认为是"通

向重新整合的皇家之路”。因为它是带领人到令人目眩的高度。这是为那些具科学倾向的人而设的，乃是一条通过心身试验走向神的路。(P49)它为那些有这样的倾向而且又有意志力去追求的人列出一连串步骤，要求像物理实验般地严格遵行。(P50)瑜伽行者并非对他的身体进行实验，而是对他的心灵进行实验。实验的背景是印度教有关自我的教旨。印度教义假设人的自我是一个多层次的存在，第一层是我们有身体，第二层是我们心灵的意识层，第三层是个人下意识的领域，第四层是存在本身，它比隐蔽的下意识更少被有意识的心灵觉察到，并且是无限、不受阻挠而永恒的。“修的瑜伽”的目的是带领探究者去体证个人对“内在的超越者”的直接经验，来说明人类对自我四层评估的有效性。方法是有意识地进行内省。其意图是驱策自我灵魂的能量到最深的部分，以激活真我的已失去了的陆洲。(P51)这种心灵实验分为八个步骤：第一、二步是关涉到全部四种瑜伽的道德准备。当开始专注时，瑜伽行者会有想抽支烟或喝杯水的欲望，或者怨恨、嫉妒以及良心的苦责会闯出来。“修的瑜伽”头两步就是要清理这些干扰。(P52)首先练习五种戒绝：不伤身、不说谎、不偷、不淫以及不贪。其次练习五种教规：整洁、满足、自制、勤勉以及对神圣的冥想。第三步是身体训练，当心灵在专注时不让身体来干扰。这里要设法做到使身体处于一种中间状态，介于坐立不安、蠢蠢欲动和完全放松、昏昏欲睡之间。(P52)要达到这种平衡，需要正确的姿势。印度教经文中描述了 84 种姿势，其中 5 种被认为对冥想很重要。这 5 种姿势中，被证实为最重要的是世界知名瑜伽信徒所坐的莲花式。第四步是训练呼吸。未经训练过的呼吸会破坏心灵的平静。(P53)第五步是感知觉训练，专心于一件事而把其余的事摒除(P55)，把注意力从外在转移到内在去。第六步是使心灵独处。当所有感觉都静止，当心灵安定下来，当理智不再动摇，那就是最高的境界。最后这两步是专注过程持续不断深化的阶段。在第七步中，专注深化为冥想。用谢林(Schelling)的话说：“能知我与所知我合而为一。在这一时刻中我们消解了时间和时间的持续性；我们不再置身时间之中，而是时间或者说是永恒，内在于我们了。”(P57)最后一步是三昧(梵文 samadhi)，这是最高境界。三昧是指人的心灵完全贯注于神的境界。(P57)第七步的冥想是专注深化到自我完全消失不见的地步，所有的注意力都集中在所知的对象上。而三昧的不同特征在所有的对象形象都消失了(P57－58)，即无限制。心灵继续思想，只不过是思无物。《薄伽梵歌》中谈到，有的人“通过冥想实现了大我。有的人以哲学的方式实现了大我。又有人遵从瑜伽的正确行为而体现到它。还有人如他们的导师教导他们那样地崇拜神。如果这些人忠诚地修炼了所学，他们就会超越死亡的威力”。(P58)

生命的阶段：印度教将生命的第一阶段划为学徒期。这一阶段在 8 岁到 12 岁之间的入会仪式之后开始，共持续 12 年。生命在这一阶段的首要责任就是学习，以一个接纳的心灵来学习老师所传授的一切，而老师所代表的则向来是传统的伟大结晶。成功的学徒不是要成为一个会走路的百科全书或是一部能发声的参考图书馆(P59)，而是要去养成习惯和塑造性格。第二阶段是家居期，开始于个人婚姻之后。这是生命的全盛期，主要通过婚姻和家庭而来的欢乐、职业而来的成功以及公民参与而来的责任来得到满足。

生命在中年之后是否有未来，最终不是靠诗来决定，而是要靠事实，靠生命真正的价值是什么。如果它们只是肉体和感官，我们最好承认青年之后生命必须走下坡的事实了。如果尘世的成就和权力的运用是最好的，那么中年的家居期乃是生命的顶峰。但是如果洞察和了解自己，能带来与这些相等或更多的回报，老年就自有它的机会了，而我们就可以在生命之河缓慢流动时进入快乐之境了。(P60－61)

在学徒期和家居期完成之后，随之而来的是退休阶段。只要有了第一个孙子之后，个人就利用老年牌照，从他向来决意承担的社会责任中隐退下来。(P61)社会需要个人去分工合作，人们几乎没有时间阅读，没有时间思考，没有时间无间断地寻思生命的意义。但是人的精神就永远这样签约卖给社会吗？难道让生命在未被了解之前就这样结束了吗？答案是否定的。因此，去发现存在奥秘的意义就成了生命最后的挑战。

生命的位置：这是讲个人在社会秩序中所占位置的含意。这就把我们带到印度教的种姓观念上来了。(P63)印度人把第一类人称呼为婆罗门或是见者。他们内省，有强烈欲望要去了解以及凭一种敏锐的直觉要去掌握人生中最重要的价值，这些人是文明在知识上和精神上的领袖。在我们比较专业化的社会中，其功能就分配在哲学家、艺术家、宗教领袖以及教师这一领域；心灵和精神事物乃是其素材(P65)。第二类人是刹帝利，他们是天生的行政人才，有组织群众和计划的才能，并能尽力让人发挥其才能。(P65)另一类人是吠舍，他们的职责是制造者，善于制作生命之所赖的物质成品，这些人是工匠和农人。最后一类是首陀罗，其特征是跟随者或仆人，又称为非技术性的劳工。(P65)在种姓之间是没有平等的，但是在每一种姓之内是有平等、机会和社会保障的，每一种姓都是自我管理，出了麻烦的时候，肯定是由同阶级的人来审判。印度从来没有把民主与平等主义混同。他们对公平的定义是：权利与责任成比例。因此，在工资和社会权力上，第二类种姓的行政人员是应该站在最高等级上的；在荣誉和心灵力量上，则是婆罗门居上(P66)，因为他们的责任比一般人要大些。按照正统印度教的观念，他们几乎主张最下等种姓的首陀罗永远不会做错，这类人被当成小孩而不该对他们期望太多。古典的法律教条规定，同样的犯规“吠舍的刑罚应双倍于首陀罗，刹帝利的更双倍地重，而婆罗门的则再双倍甚至四倍于刹帝利的”。在印度，下等种姓是不受高等种姓的许多形式所约束的，如信守正直和克制，寡妇可以再

婚，不吃肉和不饮酒的规定也没有那么严格。(P66)

对于锡克教的补充：锡克教主要流行于印度旁遮普地区。“锡克”是梵文Sikha的音译，原意为门徒。因其信徒自称是祖师的门徒而得名。印度教徒趋向于把锡克教徒当作是他们自己大家庭中有点不听话的孩子，不过锡克教徒却不承认这种说法。他们把他们的信仰看成是出自一项原初的神之启示而开创的另一新宗教。(P85)启示传授于宗教导师南纳克，他约在1500年在河中沐浴时神秘地失踪了。三天之后再出现时，说这三天他被带到了神的殿堂，在那里神给了他一杯琼浆，并告诉他说：

这是敬神之名的杯，喝下他。我与你同在。我祝福你并把你举起。记得你之人都能享受我的宠爱。去吧，欢欣于我的名，去教别人也同样如此。把这个当作是你的天职。(P85)

锡克教徒借由爱来体现到那苦恼在自己存在深处的神之位格，通过与神结合而寻求得救。与神结合乃是最终目标。脱离神，生命就没有意义；正是因为与神的分离才造成人的苦难。锡克教信徒没有弃世、苦行、独身或行乞的传统。他们是家庭的成员，用他们的收入养家活口，而把收入的1/10捐助慈善事业。今天世界上约有1300万锡克教徒，大多数在印度。总部设在锡克教圣城Amritsar有名的金寺庙内。(P87)

(三)佛教(Buddhism)

醒悟了的人：佛教的建立，始于一个人。到了这个人的晚年，他的教义在印度如火如荼地传开了，王侯们拜倒在他面前，人们到他那里，就好像到耶稣面前一样，询问他是什么。“你是神吗？”他们问他。“不是。”“一个天使？”“一个圣人？”“不是。”“那你是什么呢？”佛回答说：“我醒悟了。”他的回答变成了他的头衔，因为这就是佛的意思。梵文字根budh含有醒来和知道双重意思。那么，佛，意思就是“启悟了的人”，或是“醒悟了的人”。佛教开始于一个摆脱了迷乱、瞌睡、日常知觉像梦般妄想的人，开始于一个醒悟来了的人。(P91)

他的一生充满了可爱的传说。(P91)传说他出生的时候世界满溢着光；瞎子渴望看到他的荣光，以至于他们恢复了视觉；聋子和哑巴以忘神的喜悦谈论着那即将来临的事情；驼背的身子直起来了；跛子能走路了；囚犯们从镣铐里解放出来，而地狱的火也被熄灭了。世界为和平所围绕，甚至野兽也不再吼叫。只有那邪恶的魔王不欢喜。(P91)

他一生的历史事实大致是这样的：他出生于公元前563年左右，在今天印度边境靠近尼泊尔的地方。他的全名是Sidhartha Gautama of the Sakyas。悉达多(Sidhartha)是他的名，乔达摩(Gautama)是他的姓，释迦(Sakyas)是他家庭所属的族名。他的父亲是国王，不过由于当时在印度地区有许多国家，比较正确地说应该是一位封建诸侯。他特别英俊，16岁时娶了一位邻国的公主耶输陀罗为妻，生了一个儿子取名叫罗睺罗（P92）。他虽然拥有一切，却在20来岁的年纪就产生了不满足之心，结果终于使他全然断绝了尘世上的资产。（P92）他的不满来源于“四个路见的景象”传说，这是世界文献呼吁人探索生命意义最有名的篇章之一。故事是这样的，当悉达多出生之后，父亲召来几位算命的人，想要算出他继承人的未来。大家都同意这不是一个平凡的孩子。不过，他的事业却遭遇到一项模棱两可的情况。假如他留在俗世中，他将会统一印度成为她最伟大的征服者。（P92）而另一方面，假如他舍弃这个世界的话，他就会变成世界的救赎者而不是征服者了。面对这样的选择，他的父亲下定决心指导儿子朝第一条路上走。三座宫殿和四万名宫女供他使用和差遣，严令不许让丑恶闯进宫廷的欢乐中。更特别不让王子接触到病、老和死；甚至当他骑马外出时，下人们先清除路上这些景象。可是有一天，一位老人被忽略了留在路边，或（按有些说法）这位老人奇迹般地由神化身而成，以便提供所需要的教训：一个老人，牙齿坏了，头发白了，身子弯了，倚身在一根棍杖上，一面颤抖着。那一天悉达多学到了老年的事实。第二次悉达多骑马出去，遇到一个病重的人躺在路边。第三次出门则是一具死尸。第四次他看到一个剃发的僧人，身穿粗麻布衣，手捧饭钵，就在那一天他学到了从世界脱身出来的生活。这个故事是一个传说，但正如所有的传说一样它包含了重要的真理。因为佛陀的教训很清楚地表明人的肉身与病痛、老化以及死亡之间有无可逃避的牵连，由此使他觉得在身体层面上要找到满足是无望的。他一旦看到身体的病痛和死亡是无可避免的时候，肉体上的欢乐就失去了迷人之处。他决定离开已经变成令他分心的陷阱宫廷，去追随那寻求真理的呼唤，（P93）在他29岁那年的某个午夜之后，他走到妻子和儿子熟睡的地方，默默向他们道别。他命令看门人备好他的白马，主仆二人朝森林驰骋而去。天亮时他们来到了树林边，乔达摩换穿了仆人的衣服，仆人则带着白马回去报信，乔达摩剃发之后，“穿着破旧的衣服”，投入树林中去寻求启示了。（P93）

这样过了6年，他找到当时印度教最主要的两位大师，学习到那庞大传统中的智慧，学习到“修的瑜伽”，学习到印度教哲学等；他加入一群苦行者，在苦行者提出的每一项苦行上都胜过了他们；他在后来被人叫作宝树的菩提树下思考和专注，经受住了魔鬼的引诱和死亡之神的诱惑，转变成了佛。接下来的几乎半个世纪里，佛陀走遍了印度灰尘覆盖的小路（P96），传播他那粉碎自我以拯救生命的福音。他创立了一个僧侣教团，向死气沉沉的婆罗门社会发起挑战，相对地也承受他的立场所带来的怨恨、疑问和迷惑。他的日课是惊人的，除了训练和尚以及处理教团的事务外，他还维持着从不间断的公开讲坛和个别咨询工作，劝导迷惑的人，鼓励信徒们，安慰哀伤的人。（P96）佛陀退隐了6年，而后回到世上45年。回世的每一年都有划分，9个月留在世间，随着雨季来临时跟他的和尚们作三个月的退隐，使注意力（通过沉思）回归于神圣的源头。经过45年艰苦的教务之后，大约在公元前483年他80岁的时候，佛陀在铁匠肯达家中吃了猪肉干泻肚而死。（P96）他临死时内心还在为人着想。在垂危的痛苦中，他想到肯达可能会觉得对他的死要负责，因此，他最后的要求是，请人告诉肯达，在他漫长的一生中吃过的饭食，只有两次特别给予他最大的幸福，一次是在宝树下吃的米粥的力量令他得以成道，还有一次为他开启了涅槃的最后一道门。（P96）他的告别词中有两句流传至今历久不衰的话："一切组合的事物都会腐化。勤劳地实践你自己的救赎。"

反抗的圣人： 印度教的形成较缓慢，大部分是觉察不到的精神累积。而佛教则不同，它在短时间内就完全成形地出现了。佛教大体而言是一种反对印度教的堕落而兴起的宗教——一种印度的新教（P101），强调对某种东西的抗议。佛教从印度教吸取了它生命的血液，但是在反对普遍的腐败上，佛教有如鞭子一般，先收回而后挥出，加以痛击。（P101）权威、仪式、玄想、传统、恩宠以及奥秘这六者都对宗教非常重要，但同时每一种都可能妨碍宗教的工作。佛陀在世时的印度教就是如此。（P102）权威在开始时有理，继之成为世袭的而造成剥削，婆罗门掌管其宗教秘密，执行宗教事务时大肆收费；仪式成为获得奇迹结果的机械化手段；玄想失去其经验基础，发展成为毫无生气的吹毛求疵；传统转变成了毫无生气的重担（P102），例如梵文已经不为大众所了解却仍是宗教讲论的语言；神的恩宠被误释的方式消减了人的责任，业报也同样地被误释而与命定论混淆；最后，奥秘与贩卖奥秘和奥秘举动混淆——堕落地执迷于奇迹、秘术和奇想之中。（P102）腐败、退化与不相干，充塞了迷信以及疲惫不堪的仪式重担，面对此种宗教景象，佛教应运而生，它决心清理场地，好让真理可以找到新生命。（P102）

四圣谛： 佛陀关于"人生最重要的信念"归结为四圣谛。第一圣谛是"Dukkha"，通常翻译成"苦"。Dukkha在巴利文是用来指轮子的轴脱离了中心，或是骨头脱了臼。（P110）因此，第一圣谛的确切意义是：生命脱离了它原来的位置。由于框轴位置不正，摩擦特别多，运动受到阻碍，于是它就痛了。（P110）佛陀继续指出所有人都会经历到的生命明显脱序的六个时刻：生之创伤、病患的病理学、衰老的症状、死亡的病态恐惧、跟不喜欢的东西捆绑在一起以及跟吾人之所爱隔绝。第二圣谛是"Tanha"，这是说明生命脱序的原因。Tanha通常翻译成"欲"。（P112）这是一种特别的欲望，为了个人的满足。它包括所有使欲望主体趋于继续或增加隔离性的倾向。事实上，一切自私的形式，其本质是为一己之私的欲望而在必要时牺牲其他一切形式的生命。然而生命是一个整体，任何企图把一个面向从另一个面向隔离开来的作为，就必然会对不自觉地反抗着那法则的单元造成痛苦。我们对我们同胞的责任，就是把他们当作我们自己的延伸和其他面向来理解——他们是同一"真实"的伴随面。（P112）第三圣谛逻辑地从第二项真理推演出来。假如生命的脱序是由自私的渴求造成，它的治疗也就在于克服这样的渴求。假如我们能够从自利的狭窄限制中释放，进入宇宙生命的广大天地，我们就可以解除我们的折磨。第四圣谛就描述了如何可以完成治疗。要克服 Tanha（P113）（欲），走出我们被囚禁的路，则是通过八正道。（P113）

八正道：佛陀在第四圣谛中对生命的问题所采取的主要是医生的角度，因此，八正道就是一种治疗过程。不过它并不是一种外在的治疗，而是一种通过训练的治疗。佛陀把这种练习分为八个步骤。第一，正见。生命需要某种蓝图、某种心智可以相信的地图来有目标地指导我们的精力（P115），即有信念。第二，正思。第一步是号召我们下定决心了解生命问题基本上是什么（P116），第二步则是弄清楚我们真正要什么。是不是真的要启悟，或者任我们的感情左右摇摆。能够大有成就的人几乎都是热情地致力于某一桩事情（P116），也许他们每天做一千件事情，但是在背后却只有某一件是最高的。当人们以这样的专心来追求解脱，他们就能预期其步伐会从滑溜的沙上挣扎爬行变成在地面上脚踏实地稳步向前了（P116）。第三，正言。这是控制我们生活的关键。首先我们要觉察到我们的言语以及它所表现出来的我们的性格，避免口出恶言。其次要朝真实性去改变。佛陀认为欺骗远比邪恶更愚蠢。我们为什么要欺骗？在理论解释的背后，其动机几乎总是怕向别人或者向我们自己暴露出我们的真面目。（P116）最后语言要慈爱。避免伪证、无聊的闲谈、饶舌、诽谤与谩骂，尤其是微妙的贬损、“偶然的”不圆滑、伤人的妙语，这些往往更为恶毒，因为它们的意图是掩藏起来的。第四，正业。这里的指导在五戒中有详细说明，五戒是：不可杀人、不可偷窃、不可说谎、不可淫荡、不可饮酒。第五，正命。这是佛陀有关职业选择的论述。佛陀有关工作的公开教导，目的在于帮助人们在对精神进展有助的或有妨碍的职业之间作出选择。（P118）第六，正精神。佛陀特别强调意志。达到目标需要无比的努力，品德需要去培养，激情需要去克制，破坏性的心灵需要去排除，如此，同情和超脱才得以有机会发展。（P118）第七，正念。没有任何一位老师比佛陀更强调心灵对生命的影响，最为人爱的佛教经典《法句经》开宗明义说：“我们就是我们思想的产物。”（P119）第八，正定。根绝执着（痴）、渴望（贪）和敌意（嗔）三毒，我们看到事情并非我们以前以为的样子。的确，设想的任何什么都消失了，而由直接的知觉所代替。心灵安住在其真实的状态之中。（P122）

涅槃：从字源学上来看，“涅槃”的意思是“吹熄”或“熄灭”，不是及物性的，而是像火停止燃烧了。没有了燃料，火就灭了。涅槃乃是人类精神的最高命运，它的字义是绝灭，绝灭的是有限自我的界限，这并不是说剩下来的就是无。（P123）爱德华·康兹写道：

涅槃是恒存的、稳定的、不灭的、不动的、无年岁的、不死的、不生的、不变的。它是力量、妙乐和幸福、安全的避难所、庇护所，以及攻不破的安全之地；它乃是真正的真理和至高的真实；它是善，是我们生命最高的以及独一无二的圆满，是永恒的、隐蔽的以及不可理解的和平。(P125)

佛陀明白，涅槃状态是远超出语言的力量的，他也拒绝用美好的预言来哄骗听众，因此，佛陀并未对这一状态作详细的描述。但是我们可以对佛陀的道路所指向的合理目标有一些清晰的概念。精神的自由带来生命的扩大。佛陀的门徒感觉到它体现了无可衡量的真实比任何他们认识的人都多；他们从自己的经验来见证，沿着它的正道前进，而扩大了他们的生命。只要为身体所局限，就会有那超出他们界限所不能去的地方；但若所有的结都松开了，难道他们不能完全自由吗？如果增加了的自由带来了增加了的存在，完全的自由应该就是存在本身(P129－130)。

(四)儒家(Confucianism)

第一教师：中国人尊称孔子为第一教师(至圣先师)，并非说在他之前没有教师，而是指他位列第一。孔子生于公元前551年的鲁国(P165)(今山东)，死于公元前479年，享年73岁。孔子3岁前就死了父亲，完全由他慈爱却贫穷的母亲抚养成人。因此他必须自食其力，最初是从事体力劳动工作。这种早年的艰苦和贫困使他与平民大众建立联系，并且反应在他整个哲学的民主趋向上。虽然儿时的回忆包括了有关打猎、捕鱼以及射箭的怀念，因而可以说他绝不是一个书虫，但是他很早就开始读书，而且成绩优异。(P165)到了15岁就一心向学(吾十有五而志于学)。在20岁初期，孔子做过几次政府的小官并结了乏善可陈的婚姻，最后就当起教师来了(P166)。作为一位政治家他是个失败者，但他无疑是世界上最伟大的教育家之一(P167)。

孔子所面对的问题：孔子生活的时代，社会的凝聚已经恶化到危急的关头。在这样一个时代，使其他问题皆显得黯然失色的问题是：我们怎样才能避免毁灭自己？答案会有不同，但问题却永远是一样的。杀伤力愈见加强的武器发明和数量的激增，也是一个在20世纪缠绕着整个世界的问题。(P172)在早期的中国，习俗和传统可能提供了足够的凝聚力来保持社区的完整性。(P173)但在孔子的那个时代，并非每一个人还去理会传统。中国已经在社会演化上达到了一个新的关键时期，出现了大量的有充分个体意识的人。理想取代了社会习俗，自我的利益超过了群体的期望。(P174)

儒家对手的答案：当传统不再足以把社会维系在一起时，人类生命就遭遇到前所未有的严重危机(P174)。当人们不守规矩时，你怎么办？打他们。人们最能了解的就是武力。在一个由自我追求的个人所组成的社会中，唯一避免普遍暴力的方法，就是要维持一个有效的国民兵团，一旦人们越轨就随时予以打击。除此之外，还必须要有法律，来清楚地说明什么是“许可”及“不许可”的事，犯规的处罚必须重到没有人敢触犯它们。（P175）韩非子，一位主张现实主义的首要发言人说，“理想主义者总是告诉我们处罚应该轻。这样做是会造成混乱和毁灭的”。从这套政治哲学所延伸出来的对人性的评价显然是低的。（P176）首先，它假定低劣的冲动压倒了高贵的。人天生是淫欲的、贪心的与妒忌的。善，如果要出现的话，必须将之植入他们的生命中。（P176）其次，它判断人是短视的。统治者必须预见长远的利益，但是老百姓是不能够的。结果呢，他们就不会自动为了未来利益而接受眼前的牺牲。（P176）在孔子时代的中国，还有与现实主义如冰与火一样存在的墨家学派。墨家提倡兼爱——一个人应该“爱普天之下所有人，就如同爱自己的人一样；关心别人的国家，要完全像关心自己的国家一样”。（P177）因为爱明显是善的，而安排世界的神也是善的，因此，说我们拥有一个爱在其中却收不到效果的世界是不可思议的。因为“任何爱别人的人都会被人爱；任何施恩于他人的人，别人都会施恩于他；任何伤害别人的人，都会被别人所伤害”。（P179）

孔子的答案：孔子对韩非子和墨子对于社会凝聚问题所回答的这两种对立的观点是不能认同的。孔子反对现实主义者使用武力的答案，认为它“笨拙而外在”。由法律来规范的武力虽然可以限制人民的行为，但却不能激励他们日常的、面对面的交流。比如，在家庭的问题上，它可以规定结婚和离婚的条件，却不能引发爱和伴侣的关系。至于墨家依赖爱这一点上，孔子同意现实主义者斥之为乌托邦。我们会听到孔子坚称，爱在生命中是有其重要位置的，但是它一定要由社会结构和一种集体的风气来支持。只讲爱，就是只讲目的而不讲手段。当被问道：“一个人应该爱他的敌人吗，那些伤害了我们的人?”孔子回答道：“绝不行。以正义来回应仇恨，以爱来回报仁慈。否则的话，你就会浪费你的仁慈。”（P180）在社会凝聚力的问题上，孔子认为要用“第二天性”来解决，通过“第二天性”来控制“第一而原始的天性”。

这第二天性是依照“人民”生活的目的与理想所应有的形象而造成……对社群的全部忠贞只能由一个人的第二天性来提供，以控制他第一而原始的天性，并且不把后者当作最后的自己。然后，文明生活的纪律和必要性以及约束，对他就不再是异质的或从外面强加在他身上的。它们已经变成了他自己内在的律令了。（P184）

伦理或是宗教? 儒家到底算是一种宗教还是伦理呢？这要看如何定义宗教。以它对个人行为以及道德秩序的密切关注上看，儒家和其他宗教比起来，是从一种不同的角度来探讨生命，但这并不必然表示它就没有宗教资格。如果从最广义来看，以宗教为环绕着一群人的终极关怀所编织成的一种生活方式，儒家显然够资格算是宗教。就算宗教史采取一个比较狭窄的意义，是指关怀人与其存在的超越基础的结盟，儒家仍然是一种宗教，纵使它是一种缄默的宗教。（P196）

对中国的冲击：在《下个一百万年》(*The Next Million Years*)一书中，达尔文评论说，任何人要想对人类历史造成相当大的冲击的话，有三个层面可以选择，(P200)即政治行动，制造出一种教义或者试图改造人种的遗传组合。政治行动是最弱的，因为政治行动的效果很少比行动者更长命。(P200)试图改造人种的遗传组合则是行不通的，因为就算我们有知识和技术，遗传学的政策连短时期都很难强制执行，而且在看得见的任何效果达成之前就几乎会被放弃。达尔文下结论说："这就是何以一种教义给予人真正控制他未来命运最实际的希望。"(P200)两千多年以来，孔子的学说深刻地影响了地球上1/4的人口。孔子那看起来平凡的事业，建立了一个成为中国统治精英的学者阶层，而孔子本人则上升成为中国历史上最重要的人物。公元前130年，儒家经典被定为训练政府官吏的基本教材，这种模式继续着，直到1905年清王朝帝国的崩溃为止。在汉代，儒家事实上变成了中国的国教；公元59年，在所有的城市学校中都被指令要祭孔子，在第7与第8世纪中，帝国的每个县都建立了孔庙，作为对他及其追随者的神龛。中国著名的文官考试制度，在世界其他地方做梦都还未曾想到的时候，就把公共机关民主化了，其中心就是儒家的典籍。宋朝把这个制度完善化，一直到20世纪初还仍然施行着。(P200)

中国调和其宗教的方式在世界文明中很独特，这也直接与本书主题有关。印度以及西方宗教是排他性的，如果说不是竞争性的话——把某人同时想成是一个基督徒、穆斯林和犹太教徒，或者甚至同时是一位佛教徒和印度教徒，是没有意义的。中国对这种事情的态度却不同。每一个中国人在伦理和公众生活上是儒家，在个人生活和健康上是道家，而在死亡的时候是佛家，一路上还加上一些健康的萨满教的民间宗教。正如有人曾经这样说："每一个中国人都戴上一顶儒家的帽子，穿上道家的袍子，以及佛家的草鞋。"(P202)要了解儒家持久而建设性的影响，我们可以去看过去40年来东亚经济的奇迹。日本、韩国、中国台湾和新加坡都被儒家的伦理所塑造，在20世纪末构成了经济成长的动力中心。(P205)一项从京都来的报道就显示东方人知名的礼貌："在京都混乱的交通中，两辆车的保险杆相互刮到了。两个司机都跳了出来。两个人都鞠着躬，拼命道歉说自己太不小心。"这些都是孔子精神的回音，不过人们必然会想到在西化的世界中，这种宗教的未来是什么？没有人知道答案。(P205)

(五)道家(Taoism)

没有一个文明是清一色的。在中国，儒家的古典音调，不单是被佛教的精神阴影遮住，同时也被道家的浪漫色彩所平衡了。(P209)

老子：按照传统说法，道家是由一位名叫老子的人所创的，据说他出生于公元前604年。他是一个影子般的人物。传说他是一颗流星投胎，母亲怀胎82年，一出生就已经是满头白发的智慧老者。他在中国西部家乡的邦国中做一名管理档案的小吏（周守藏室之吏），工作之余过着一种简单而谦逊的生活。（P209）有的人说他是一位沉醉在玄妙冥想中的孤独隐士，也有人说他是一个极富幽默感的好邻人。由于人们不理会他提倡要培养的自然之德，忧伤之余，在晚年为了寻求更彻底的孤独，他骑上一头水牛，朝西方往现今西藏的地方而去。在函谷关有一名守卫，意识到这名逃逸者非比寻常，企图说服他转回头。劝说没有成功，他请“老子”至少留下他信仰的记录给这个他即将离弃的文明。老子答应了这项请求。他告退三日，再出现时写下一部五千言的小书，名之曰《道德经》。这一份对人类在宇宙中自处的见证，可以在半小时就读完，也可以读上一辈子，到如今仍然是道家思想的基本典籍。（P210）

道的三种意义：打开道家经典《道德经》，我们立刻感受到一切都围绕着“道”这个中心概念。它字面的意思是道路。不过，这个“道”可以理解为三种意思。首先，道是终极真实之路。这个道无法被知觉，甚至无法被清楚地设想，因为对于人的理智来说，它广大无边而难以测度。（P211）《道德经》一开始就说，语言并不等于道：“道可道，非常道。”（能够说的道就不是真的道）然而，这不可言说的超越的道，乃是随后出现的一切的基础。一切之上，一切之后，一切之下，是生命所自来，以及生命回归的发源地。道虽然在终极上是超越的，它同时也是内在的。在这第二种意义下它乃宇宙的道，一切自然之中的准则、韵律、推动力，一切生命背后的秩序原则。道在一切生命背后，也在一切生命之中，因为当道进入这第二种模态中，它就“有了血肉”而令万物充满活力。它基本上是精神而不是物质，它不能被穷尽，愈是去吸取它，它就愈不断地流出，因为它是“那永不竭尽的源泉”。（P211）然而，最终它是仁慈的，优雅适度而不是粗暴的，流畅的而不是踌躇的，它是无尽的宽大。予万物生命，它可以称为“世界之母”。（P212）在其第三种意义中，当它与方才描述的宇宙之道紧密配合的时候，道是指人类生命的道。（P212）要理解这种生命之道是如何的，先要知道中国不只是有一种而是有三种道家，其中两种有标准的名称，分别是哲学的道家和宗教的道家（道教）；因为比较多的人与宗教的道家有关，这一派也常常称之为流行的道家。第三派成分太过于异质而很难给它一个名称。不过，这一派的人有一个可以认定的特色，就是拥有一项共同的目标：他们都从事于增强活力的课程，想要借此使道的力量（德）在流经人体时产生更大的作用。（P212）

有效的力量：哲学的道家。哲学的道家在中国被称为道家，跟老子、庄子和《道德经》等名字相关。由于哲学追求知识，我们就可以把它与力量联结起来，正如培根明确地告诉世人，“知识就是力量”，知道如何修车就有控制车的力量。显然地，道家的目光不是在机器上，他们想要修理的是生命。增强生命的知识，我们称之为智慧；所谓智慧的生命，道家的哲学主张，就是要以保存生命活力的方式来生活，不要将它浪费在无益的、耗损的方式上，因此首先要避免的就是摩擦和冲突。他们主张环绕着“无为”的概念，这个词语字面上的意思是指没有作为，而在道家则是指纯粹的有效性。在无为的模式下行动，就是指行动时，摩擦被降到最低限度。(P213)

扩大的力量：道家养生与瑜伽。我们称呼第二类道家的实践者为“熟手”，因为他们全都从事于某种训练课程。气是这第二派别的必然项目，其字面意思是气息，而其真正意思是活力。道家用这个字来指他们经验到那运行在体内的道的力量，主要目的是要促进流通。(P214)为了成就扩充气的目的，他们处理三样东西：物质、运动和心灵。关于“物质”，是用吃的方法——几乎是无所不吃——看气是否能够在营养上扩充。他们发展出一套美妙的草药药典，并非要医治，而是寻求确保身体不朽的长生不老药。(P215)除了从固体、液体和气体形式的物质中抽取气的努力之外，还要辅之以身体“动作”的活动(P216)，如太极拳，它是把柔拳体操、舞蹈、冥想、阴阳哲学与武术揉合在一起的一种综合，为了从宇宙中吸取气。(P215)最后，谈到“心灵”本身，很多沉思默想的人都是隐士，由此发展了道家的冥想。这项训练包括摈除干扰、使心灵虚空，让道的力量以通过身体的过滤器而直接进入自我。(P215)

替代性力量：宗教的道家。哲学的道家寻求有效的管理之道以便给生命的正常配额，活力道家则寻求增加其基本供应，不过这里还缺少一样东西，反省和健康修炼都需要时间，而一般中国人缺乏这种便利。可是他们也需要帮助，流行病需要控制住，掠夺的鬼魂需要加以对付，在情况需要的时候要去求雨或止雨。道家对这一类问题有所回应。他们有许多做法类似自由占卜者、同灵的人、萨满教巫师与信仰治疗者等天生具有某种力量的人，由此构成中国民间宗教的不变景观。道教把这类活动制度化。道教的天师继承一直延续到目前的中国台湾。流行的道教是一种含糊暧昧的东西。从外表来看，大部分像是粗糙原始的迷信；不过我们必须记住，我们对于力是什么，它如何动作，或能使用什么方法来将之加以扩充，近乎一无所知。我们的确知道的是，信仰治疗正如信仰本身，能吸收或发放能量，这也包括相信自己在内。(P218)无论如何，它的意图是很清楚的。“道士把宇宙的生命力提供给一般平常的村民来用。”(P219)

力量的混合：哲学的道家、活力的道家以及道教，这道家的三大支派，初看似乎毫无共通之处(P220)，实则三者都有同样的关注，即如何在最大限度之下扩充那活泼有力的德。他们所关注的细节恰好构成一个连续统一体。这个连续性始于如何把生命正常配额的气用于最佳效果的兴趣(哲学的道家)。从这里再继续问，那正常的配额是否得以增加(活力的道家)。最后，它问宇宙能量是否能够将之聚集，有如通过聚光镜那样，为了需要帮助的人之福祉而代为安排(流行的道家或道教)。(P220)一个生命有多少实体，要看它是否整合了神秘主义的深刻性

（道家瑜伽）、心智的直接智慧（哲学的道家）与魔术的创生力（宗教的道家）。这三样东西聚集在一起就有了一个“学派”，在中国，这个学派就是道家。（P221）

创造性的静：哲学的道家的目的，是要使个人的日常生活与道一致，骑乘其无穷的潮流并在其流势中欣然喜悦。要做到这一点，基本方法是要实行一种无为的生活。（P221）我们已经明白，无为不是什么都不做或不行动，因为这些字眼暗示了一种懒惰或弃绝的空洞态度，（P221）而是纯粹的有效性和创造性的静。创造性的静，是在一个人身上结合了两种似乎不相容的情况——无上的活动和无上的松弛。（P222）无为是无上的行动，道家是要使自我的基础与道配合而令行为自发地流出。行动追随存在，新的行动追随新的存在、更聪明的存在、更强的存在。（P223）《道德经》中，“无为而无不为”，亦即，存在的自然状态即是行动的完美结果。反之亦然。“上善若水，水善利万物而不争……处众人之所恶，故几与道。”在自然现象中，道家看到最似道的就是水。（P223）水不只具有适应性，它还拥有一种坚脆的东西所不了解的力量。它那柔和的水流溶解着岩石，冲走了我们称之为永恒的骄傲丘陵。（P224）水无限的柔软，却是无可比拟地坚强——水的这些品质同样也是无为的品质。（P224）水的最后一项特征使得它像无为的是，它能通过静止达到清澈。（P225）内在的眼睛才能看到清澈，不过这必须当生命达到一种像既深且静的池水那样静的时候。（P226）

图 15　太极图

道家的其他价值：让我们顺着水的类比来看，道家反对一切形式的自我肯定和竞争。世界上到处都是决心出人头地的或惹麻烦的人。他们要赶到前面，出类拔萃。道家一点都用不上这类的野心。（P226）道家思想中有一种很深刻的自然主义，认为人应该与自然为友。此外，道家主张一切价值的相对性，及作为其相关项的对立之统一。（P230）这在八卦图中有极好的体现。

这阴阳两极总结了所有生命的基本对立性：善/恶，主动/被动，正/负，光/暗，夏/冬，男/女。不过虽然两者在紧张状态之中，却并非截然相反；它们是彼此互补平衡的。每一方都侵入到对方的半球内，长住在其伙伴领域中最深的隐蔽处。而最终两者都发现自己被环绕着他们的圆圈所消融了，道就在共同永恒的整合之中，在这整合的脉络中，对立者只不过是在无尽的循环中的面向罢了，每一次的转动都不断地转入到对方之中，与之交换着位置。生命并非朝一固定的顶点或极点向前向上行进的，它倒回到自己，走了整个圆圈，从而体现出万物是一，而且一切都是顺适的。（P230）

结论：如同阴阳本身彼此绕着转一样，道家和儒家代表了中国性格的固有两极。孔子代表的是古典的，老子则是浪漫的。孔子强调社会责任，老子推崇自发性和自然性。孔子的焦点在人，老子则是在超越人的事物。正如中国人说，孔子徘徊在社会之中，老子则漫游于人间之外。生命之中有些东西在这两方面伸展出去，中国文明如果其中任何一方没有出现的话，都必定会贫乏多了。(P234)

(六)伊斯兰教(Islam)

在所有非西方宗教中，伊斯兰教在地理和意识形态上都与西方最接近。因为在宗教上，伊斯兰教属于亚伯拉罕系，而在哲学上，伊斯兰教则是构建于希腊哲学之上。然而，尽管两者有这般联系，但伊斯兰教对于西方而言，却是最难以了解的宗教。伊斯兰(Islam)从字面上来看是“和平”的，另外还有“屈从”或“顺从”之意，它的全部意义是“当一个人的生命顺从了神，和平就会降临”。遵循伊斯兰的人就称之为穆斯林(Muslims)。(P239)

背景：阿拉伯在兴起一个世纪之后，就成为一个比罗马鼎盛时期还要大的帝国，成为一个从大西洋岸伸展到中国边境的帝国的主人。在这史无前例的扩张时期，他们用信仰、语言与生活方式同化异族，在数量上空前绝后地超过任何其他族群，包括希腊人、罗马人、盎格鲁—撒克逊人和俄国人。这个使阿拉伯人如此兴盛的核心就是他们的宗教——伊斯兰。如果我们要问它是如何产生的，外人的回答会从穆罕默德时代在阿拉伯地区发生影响的社会宗教潮流来解释。但穆斯林的回答就不同。伊斯兰教并非源自6世纪阿拉伯的穆罕默德，而是始于神。神创造了世界，之后就创造了人。创造的第一个人是亚当。亚当的后代到了诺亚，他生了一个儿子名叫Shem(闪)。这就是Semite(闪族)这个字的由来；从字面上来看Semite是Shem的后裔。正如犹太人一样，阿拉伯人认为他们自己是Semite人。Shem的后裔传到亚伯拉罕(Abraham)，他娶了撒拉。起初撒拉没有生子，亚伯拉罕为了延续后代，又娶了夏甲做她的第二个妻子。夏甲为他生了一个儿子取名以实玛利(Ishmael)，而此时撒拉怀孕了，也生了一个儿子，名叫以撒。然后撒拉就要求亚伯拉罕把以实玛利和以撒赶出部族。按照《古兰经》，以实玛利就去了麦加，他的后代在阿拉伯地区繁衍起来，成了穆斯林；而以撒的后代留在巴勒斯坦，是希伯来人，变成了犹太教徒。(P240－241)

先知的封印：顺着阿拉伯以实玛利这条线索，我们直接谈到公元第6世纪后半叶的穆罕默德。在他之前一直有神的真先知，不过穆罕默德却是先知们的最高代表；因此他也被称为“先知们的封印”，在他之后就再也没有其他先知出现了。(P241)

穆罕默德出生的世界，被随后的穆斯林用一个词来描述：无知。生命在沙漠的条件下从未安定过。人们对于自己部落之外的任何人，都几乎不觉得有什么义务可言。物质上的缺乏使得强盗集团成为地区性的机构和男子气的证明。在6世纪，政治上的僵化以及首要城市麦加的行政长官的消沉，使混乱的情势更变本加厉了。醉酒狂欢是常有的事，玩乐的冲动漫无节制。当时盛行的宗教只在一旁观看，完全不加以阻止。时代呼唤着救助者。(P241－242)

穆罕默德出生于大约公元570年，他的祖先是麦加的一个名门望族柯瑞许(Koreish)。他早年的生活充满了悲剧，出生几天之前父亲就去世了，6岁时死了母亲，在母亲去世后一直抚养他的祖父在他8岁时又死了。自此之后他就由叔父领养。虽然叔父家道中落，年轻的孤儿得勤奋工作来照管叔父的羊群，但这个新家庭还是温馨地接受了他。神的天使们打开了穆罕默德的心，让它充满了光。成年之后他就从事商旅行业，25岁时为一位名叫卡迪雅(Khadija)的富有寡妇工作。虽然她比他大了15岁，但他们的婚姻在各方面都证明是快乐的。在往后漫长而寂寞的岁月中，在没有人相信他时，甚至包括他自己在内，卡迪雅一直守在他身边，安慰他，并维护着那希望微弱的火焰。(P242－243)经过婚后15年的预备，他才开始了他的宗教职务。麦加城外有一座名叫希拉(Hira)的山，山中有一个山洞。穆罕默德需要孤独，就常常去那里。凝视着善恶的奥秘，他不能够接受当时视粗鲁、迷信及兄弟相残是正当的行为，“这伟大燃烧的心，如一个伟大的思想的火炉般沸腾着，慢慢地烧滚着”，正在走向神。(P243)大约在610年左右，当穆罕默德走访山洞愈见迫切，他日后视为命定的指令就慢慢形成了。(P243)在一个“大能之夜”，当穆罕默德躺在山洞里，他的心陷入最深刻的沉思中，一位天使以人形来到他面前，对他说：“宣告！”他说：“我不是一个宣告者。”这时，穆罕默德自己说：“天使抱起我，把我淹没在他的拥抱中，一直到我能忍受的极限，然后他放下我又说：‘宣告！’我又说：‘我不是一个宣告者。’他又把我淹没在他的拥抱中。当他再度做到我能忍受的极限的时候，就说‘宣告！’我又抗议不听，他三度用拥抱淹没我，这一次说：‘以你创造主之名宣告！自血块中创造了人。宣告：你主是最慷慨的，用笔来教导；教人所不知的。’”(《古兰经》96：1－3)(P244)

从出神状况醒来，穆罕默德感觉他听到的那些话，有如烙印般印在他的灵魂上。他十分惊恐地赶回家去再度陷入出神状况。恢复过来之后，他告诉卡迪雅他要不就是变成了先知，要不就是“被鬼附身——发了疯”。起初她抗拒这样的选择，但是在听了整个故事之后，她就成为他的第一位信徒。我们可以想像，从那个经验苏醒之后，随之而来的就是精神的苦恼、心理上的怀疑和一波又一波的不安。那声音真的是神的吗？他还会不会再来呢？而且，他会有什么命令？他重复地一再回来，他的命令总是一样的——宣告。“啊汝，裹着你的披风，起身并宣告，荣耀你的主。”穆罕默德的生命不再是他自己的了。自此之后，他的生命被交给了神以及人类，面对毫不留情的迫害、侮辱和欺凌，23年来以毫不动摇的意志，宣扬着神要传播的话。(P244)

基本神学概念：伊斯兰教的基本神学概念，几乎与它的先驱犹太教与基督教是完全一样的。(P254)这一节集中讨论了其中最重要的四项：神、创造、人的自我以及审判日。正如其他历史性宗教一样，伊斯兰教的一切都以其宗教的根本——神为中心。神是非物质的，因此是看不到的。(254)一神论是伊斯兰教对于阿拉伯人不可磨灭的贡献。穆斯林不仅仅视一神论为伊斯兰教对阿拉伯人的贡献，还将其视为对整个宗教的贡献。由神我们可以转到“创世”这第二项神学概念上。《古兰经》中满是对自然世界抒情的描述。不过，其观点并不像印度教经文所提出的，是通过某种固有的发散过程从神圣者那里发生出来的。它是由真主意志有意的行为创造出来的。(P257)在神的创造中，最重要的乃是人的自我。(P257)人的自我有如下特征：对所接受的生命感恩、屈从、灵魂的个性与自由。至于说审判本身的论题，穆斯林认为现代人的幻想之一是：以为我们只须过着正当而无害的生活，不要吸引别人的注意，就可以静悄悄地溜过去不会被留意到。把这一类幻想的安全感撕去，是《古兰经》最后审判和其期盼的教义特征。(P260)“失败者”面对他们的最后审判时，就算只能活一天，他们也会比活着的时候想要的任何东西更珍惜它的。(P260)

五根支柱：伊斯兰教指导人如何生活的方法是教人要走笔直的道路(P262)。“笔直的道路”是一条不弯曲、不腐化的道路。

伊斯兰教条有五根支柱。第一根支柱是“信仰的告白”(Shahadah)。世界上每一种宗教都有告白，这决定了其信徒生活的方向。伊斯兰教的告白简明扼要，只有一句话：“万物非主，唯有真主。穆罕默德是真主使者。”一个穆斯林一生至少要有一次正确地、缓慢地、认真思考地、大声地、带着满是理解和衷心的信念来说信仰的告白。而事实上每次危机或死亡来临时，“万物非主，唯有真主”就会从他们口中说出来。(P263)

伊斯兰教的第二根支柱是正规的祈祷。伊斯兰教告诫穆斯林要常常祈祷以保持生活在正确的视域中。穆斯林认为祈祷的原因是：这是回应生命要为其存在发出感谢的自然冲动。(P264)更深层的原因是：要保持生命在正确的视域中，祈祷包含了承认在创造者面前人的受造性。(P264)穆斯林每天祈祷5次，规定在晨起时、日正当中午时、日落一半时、日落、入睡之前(P264－265)。与犹太教中的安息日和基督教的星期日不同，星期五是伊斯兰教的神圣日，所以，星期五正午那次的祈祷是伊斯兰教特别强调的，并且还要尽可能在清真寺里进行祈祷。祈祷的内容主要是：赞美、感恩和祈求。

伊斯兰教第三根支柱是遵守斋月。为了纪念穆罕默德接受了他最初的启示，并且在十年后历史性地完成了他从麦加到麦地那的迁徙这两个伟大时节，所有没有病的，或者并没有身处在如战争般危机中的，或者正在无可避免的行旅当中的健康穆斯林，在斋月中一律都要禁食。从日出至日落这段时间，他们不能吃东西、喝水或抽烟；日落后可适量进食。这样做的原因，一是禁食可使人思想，二是禁食教人自我约束。一个人能够忍受得住如此需求的人，在其他时候要控制食

欲就相对容易些。(P266)

伊斯兰教的第四根支柱是慈善。伊斯兰教认为，富人应该帮助穷人或不幸的人，这“不幸的人”是指那些有即刻需要的、那些要赎回自由的奴隶们、那些还不起债务的欠债人、陌生人和旅人，以及那些募捐和分配施舍的人们。

伊斯兰教的第五根支柱就是朝圣。在穆斯林的一生中，只要身体和经济条件许可，都至少要有一次去到麦加——神的启示第一次宣示出来的地方——去朝圣。朝圣的目的是要提高朝圣者对神及其昭示的意志与热诚。(P267)不过这样做也有好处，比如，它提示了人的平等性。抵达麦加后，朝圣者脱去了带有身份记号的常服，换上相同的衣饰，去除了身份和阶级的标志。王子和贫民都以未分化的人性出现在神的面前。朝圣还把不同国家的人聚集在一起，证明他们共有一种忠贞，是超越了他们对国家和族群的忠贞的。(P267)朝圣者们互相交流，对彼此更为了解之后把各地区和人民的资讯带回到自己家乡去。伊斯兰教的五根支柱包含了穆斯林所要做的事，维系了伊斯兰教的长盛不衰。(P267)除此之外，伊斯兰教还有一些禁忌，如赌博、盗窃、说谎、吃猪肉、饮酒以及放荡的性行为等。

社会的教义：在穆罕默德之前，族群部落之间的暴力几乎是完全没有制约的。在财富和产业上的极端不公平被接受为万物自然的秩序。妇女被视作是财产而不是人。与其说一个男人可以娶无数个妻子，不如说他和女人的关系之随便。杀婴是等闲事，特别是女婴，醉酒和大量的赌博同样如此。在半个世纪之内，所有这些方面的道德风气都有了惊人的改变。从集体生活的四个方面可以看到伊斯兰教关于社会的教义。第一，经济。《古兰经》并不反对利益的动机、经济上的竞争或者企业家的冒险，它只是坚持获取和竞争要由公平的竞赛来加以平衡，并且每年个人所有的一部分要拿来分配给穷人；规定遗产由全部后嗣共享，包括女儿和儿子。第二，妇女的地位。在婚姻制度上，伊斯兰教对妇女作出了最大的贡献。它神圣化了婚姻，首先使它成为性行为的唯一合法场所。其次，《古兰经》规定结婚是要得到女方的应承方可，没有新娘的许可连苏丹王也结不成婚。再次，伊斯兰教大大地牢固了婚姻的盟约。在婚姻期间丈夫需要提供一笔彼此同意的金钱数目给妻子，一旦有离婚的情况发生，她就可悉数保留。离婚手续要有三段明白而分隔的时期，每次都要从双方家族成员中选派调停人来和解双方当事人。这些做法的目的是要把离婚的可能性减低到最小，妻子也和丈夫一样有提出离婚的权利。除此之外，还有妇女戴面罩及她们被隔离这类情况和对通奸的惩罚。第三，种族关系。伊斯兰教强调平等，而在“民族共存上成就非凡”。这一领域上的最终考验乃是愿意通婚。第四，武力的使用。穆斯林承认《古兰经》不劝人把脸转过来让人打，也不主张和平主义。当情况许可时，它教人原谅以及以德报怨，不过这不同于不排拒邪恶。他们相信正义需要对任意作恶所造成的全部后果作出惩罚；把公平游戏所要求的互利原则废除了的话，道德就算不变成纯粹的伤感，也会降低成为不切实际的理想主义。把这种正义原则延伸到集体生活中，就有了如伊斯兰教圣战的概念。在圣战中死去的烈士被保证将进入天堂。

苏菲教派：人们一直以为伊斯兰教是铁板一块，其实不然。它像任何宗教一样是有分支的。主要派别有主流逊尼派（“传统主义者”占全部伊斯兰信徒的87%）和什叶派（穆罕默德的女婿的“拥护者”，什叶派信徒相信他应该直接继承穆罕默德，却三次被忽略，最后被指定为穆斯林的领袖，但却被谋杀了）。在这内部分化争论中，还有一项有普遍意义的区分，即在称为苏菲教派的伊斯兰神秘主义者和其余同样是穆斯林信仰的多数非神秘主义者之间纵的区分。穆罕穆德去世1个或2个世纪之后，那些伊斯兰社区内，承担伊斯兰教内在信息的人，就被称之为苏菲派教徒。他们看见伊斯兰教的世俗化而感到震惊，于是寻求从内心使之净化，他们要恢复伊斯兰教的自由和爱，回到它更深层的神秘音调。内在应先于外在，意义应先于物质，内在象征应先于外在实在。他们呼吁：“少爱一点盛水瓶，多爱一点瓶子里的水。”

伊斯兰教何处去？自从穆罕默德召唤他的人民到神的“一”那里之后，从整体来看，伊斯兰教在我们面前所展示的是人类全部历史中最可观的景象之一。自穆罕默德去世1个世纪之后，伊斯兰教帝国从波斯湾伸展到印度河和中国边境，从咸海伸展到尼罗河上游。我们从一个无与伦比的文学、科学、医学、艺术和建筑的兴起，从大马士革、巴格达与埃及的辉煌，以及在摩尔人统治下西班牙的灿烂中，都可窥见伊斯兰教观念的传播。在欧洲的黑暗时期，伊斯兰教的哲学家和科学家把知识之灯保持明亮，准备点燃那从长期的沉睡中醒来的西方心灵。历史继续向前走，伊斯兰正在多个世纪的停滞不前中突起，殖民地化令停滞更为恶化，它面临着巨大的问题：如何把工业的现代化与西化区分开来；当民族主义的力量强有力地反对统一之际，如何实现那潜在于伊斯兰的统一；如何在一个多元的、相对化的时代坚持真理。摆脱了殖民主义的奴役，伊斯兰正在以其先前的某种活力活跃起来。从摩洛哥横过直布罗陀到大西洋，朝东横过北非、穿过印度次大陆（包括巴基斯坦和孟加拉国），直到印度尼西亚，伊斯兰现在是现代世界的一股重要力量。在一个全球50亿人口中有为数约9亿的信仰者，在今天每5人或6人当中，就有一个人属于这一宗教，它以无比的细节指导着人的思想和行为。它的数目还在不断增加。

（七）犹太教（Judaism）

曾经有人估计过，西方文明中有1/3带有犹太祖先的印记。古代犹太人对西方文化的真正冲击在其影响的深度，使西方文明接受了他们对生命提出最深刻的问题所采取的远见角度。且来看造成这种冲击的历史，我们会不得不感到震惊。早在公元前3000年，埃及人已经有了金字塔，苏美尔和阿卡德乃是世界帝国。到了公元前1400年腓尼基正在殖民。在这些强大的漩涡中犹太人在哪里呢？他们被忽视了。一小撮游牧民族在阿拉伯沙漠的上流区域附近活动着，他们太不显眼了，强大的势力根本就不会去注意他们。当他们定居下来，所选择的土地也微不足道。迦南是一个邮票般大小的国家，面积狭小，地形也不怎么样。犹太的历史分量也不重，与亚述、巴比伦、埃及和叙利亚的历史相比，犹太历史完全是小儿科。但是，何以把犹太人从微贱抬高到永久性宗教上的伟大呢？乃是因为他们追求意义的热情，追求神的意义、创造的意义、人存在的意义、历史的意义、道德的意义、公正的意义、受难的意义、救世主信仰的意义等。

本部分提到，构成犹太精神组织的四个伟大部分是信仰、仪式、文化以及民族。犹太教乃是一个民族的信仰。作为其特征之一的，就是它本身包含了对一个民族的信念，相信犹太人在历史上已经扮演以及将要扮演的角色的意义。这种信念要求保存以作为一个独特民族的犹太人身份。一般都会同意，犹太教相比较而言，不是思想正统，而是行为正统；犹太人得以结合起来，是通过他们的所作所为，远胜于通过他们的所思。仪式在犹太教中的目标是要神圣化生命。犹太教对生命的神圣化，就是指它对生命的信念，认为所有的生命一直到它最小的元素，如果正确对待它，都可以视之为神的反映。这种正确对待生命和世界的进路的名称就是虔敬。在整个犹太教中都有这双层主题：我们应该享受生命的美好，同时我们与神共享以增加它的乐趣，正如我们感受到的任何欢乐，都会因为与朋友分享而增加一样。犹太文化包括语言、口头传说以及对一片土地的密切关系。口头传说有犹太教经典，犹太圣法经传，一大套作为后圣经犹太教基础的有关历史、法典、民间故事以及评注的概要，跟着辅之以犹太法学博士的圣经注释等。犹太人祈祷时全部或部分用希伯来语，而圣地的意识使他们在阅读经典以及研究犹太教士文献时显得生动有力。两千年来犹太教传到了每一个国家，浪迹天涯却心系故土，对他们的发源地保持一份热诚。

（八）基督教（Christianity）

基督教是所有伟大宗教当中流传最广、拥有最多信徒的宗教。根据记录，每三个人就有一个是基督徒，总为数大约有10亿到15亿之多。（P343）

历史的耶稣：基督教基本上是一种历史的宗教，这是说它不是建筑在抽象的原则上，而是建筑在具体的事件、真实的历史发生上。这些事件中最重要的是一个犹太木匠的生命，他出生在马厩中，33岁就被当作犯人处死了，从来没有离开他出生地90里之外，一无所有，没有上过学，没有带领过军队，没有出版什么书，只在沙土上写过一次。可是他的生日全世界都在庆祝（P343），他的忌日，几乎每一地平线上都竖起了那处死他的绞架（十字架）。他是谁呢？（P343－344）是耶稣。

信仰的基督：如何从历史的耶稣之生命和工作，转移到他的追随者所信的以人性现身的神那位“基督”身上？（P349）这里的陈述分为三个部分：他们看见耶稣做了什么，他们听到他说了什么，以及他们感觉到他是什么。（P349）早期教会成员书写的福音记载以惊叹的笔调描述他的作为——“他到处在行善事”。不过，使耶稣同时代的人以新的尺度来看他的理由，并不单是他的作为，还有他所说的话。（P350）卓越的犹太学者克劳斯纳（Joseph Klausner）写道，如果分开来看耶稣的教义，你会发现它们每一项都与旧约及其评注或犹太圣法类似。不过如果你把它整体地来看，它们有一种迫切感，一种炽热的、活泼的品质，一种弃绝的态度，最重要的是，完全没有二流的货色，使得它们令人耳目一新。（P350）我们必须回头去看看这些教义都说了什么。从他口中说出的一切形成了聚光玻璃面，把人的觉识聚集在生命中两个最重要的事实上：神对人势不可挡的爱，以及需要人接受那个爱并借着他们这爱向别人流去（P353）。要想明白耶稣对于人应该如何生活这个问题的非凡训诫，唯一的方法就是要视它们是出于这样一个信念：神绝对地爱人，而从不去考虑人值不值得。（P353）我们可能认为这样毫无保留地去爱是不切实际的，耶稣回答说，这是因为我们没有体验到从神那里流到我们这里来的永恒而无限的爱。（P353）光是做了什么、说了什么都还不足以使他的门徒下结论说他是神。基督门徒说：“我们见过他的荣光。”陀斯妥耶夫斯基写道，“在世界上只有一个绝对美丽的人物：基督。那个无限可爱的人是……一个无限的奇人”。（P354）耶稣的整个生命表现是谦卑、自我给予和不为自己的爱。

终结与开始：耶稣与他的人民相处在一起几个月并教导他们之后，就被钉上了十字架。那很可能就此结束了整个故事，可是，在耶稣这一事例上，却仅仅只是开始。信仰耶稣的复活就产生了教会以及基督教神学。在极短的时间之内，他的门徒就在宣扬他们那复活的主之福音了。要掌握此一信仰的力量，我们必须了解它不单只关注一个有价值的人的命运，其主张最终延伸到善在宇宙中的地位，坚持善是最强大的。如果十字架就是终结，耶稣所体现的善将会是美丽的，但是有多少意义呢？（P356）如果无法获得真实，没有力量可用，善会有多大的意义？复活让十字架安置了耶稣的善，而倒转了宇宙的位置。（P356）门徒在耶稣那里所经验到的慈爱是强大的，而不再柔弱；耶稣的善战胜了一切，甚至于战胜了那似乎是万物终结的死亡自身。（P356）

佳音：佳音是基督教教义，按字义的翻译，也叫“福音”。由于相信耶稣这位被人钉死而名誉扫地的领袖继续活着，12 个仓皇失措的门徒转变成为人类历史上最有活力的一个团体。他们在整个希腊及罗马世界中爆发开来，宣扬以后称之为福音的教义……（P357）最先听到耶稣门徒宣扬福音的人，表现出一种平静、单纯和欢乐，这似乎是成就了一项生命的事业。在他们的生命中，充满着两项可贵的品质，一是相互关切，一是心中掌握了一种内在宁静，在面对困难的时候，总有力量歌颂生命，洋溢喜乐。流传至今最早一份教外人对基督徒的观察是："看这些基督徒如何彼此相爱。"这一群男男女女，不仅说在神的面前人人平等，而且也如他们所认真相信的那样生活。(P358)耶稣有一次告诉他的跟随者说，他的教诲最终"是要叫我的喜乐存在你们的心里，并叫你们的喜乐可以满足"。(P359)这些散处在各地的基督徒人数并不多，他们既不富裕也没有权势，他们面对的困难甚至远较一般的男女还多，然而在他们的考验当中，他们已经掌握了一种内在的宁静，表现于那看来是洋溢的喜悦中。(359)基督徒从恐惧、内疚、自我局限中解脱出来，从而产生出这样的爱和喜乐。

基督的奥体：基督的奥体是教会，也就是"神秘之身"。这里的神秘是指"超自然"和"不可思议"，但并不是说不真实。基督的人形离开了尘世，但是他通过一个新的身体——他的教会，来继续他未完成的使命，他仍然是头。这个奥体通过圣灵的活泼力量在耶路撒冷五旬节(又译圣灵降临节，是耶稣复活后的第50日)的"顶楼"内产生的。因为"灵魂之对于人之身，如同圣灵之对于基督之身，而基督之身就是教会"。如果基督是这身体的头而圣灵是其灵魂，个别的基督徒就是其细胞，起初只有少数，在身体成长时会增加。一个有机体的细胞不是孤立的；它们从其主人周身的活力中吸取生命，而同时对那份活力有所贡献。(P364)

教会的心灵：基督教神学诞生后，教会是头也同时是心。基督教三个最有特色的教义是：道成肉身、赎罪和三位一体。"道成肉身"的教义是经过了好几个世纪才得以适当地加以定位的。他主张神在基督那里以人身出现，它确认基督是神/人；同时是全神和全人。(P367)这似乎是一个露骨的矛盾。如果教旨主张基督是半人半神，或者说他在某些方面是神而在其他方面是人，我们的心灵还不会受挫，但这却是教条所拒绝答应的。(P367－368)说基督是人而不是神，就会否定了他的生命是完美的模仿，同时也承认有另外的模式可能一样好。说他是神而不是人，就会否定他的榜样是有充分相干性，对神可能是一个合理的标准而对人就不是了。基督徒本可放松其中一项主张使之合乎逻辑，而代价却是背叛了他们的核心经验。(P370－371)"赎罪"字根的意思是"和解，恢复完整或一如"。由于亚当自愿地不遵守神的命令，偷吃了伊甸园的禁果而犯了罪，罪必须得到补偿，否则神的公正就受到了损害。一件无限大的罪要求无限大的补偿，而这只能通过神来代替承认我们的罪，并付出它所要求的最终处罚——死亡。神通过基督的人身做出补偿，债务就被消解了。(P371)"三位一体"主张神是"充足圆满的"，同时神也是三(P372)，即第三位的圣灵。后一半的主张令犹太人和穆斯林怀疑基督教是不是真的一神论者，不过基督徒自信他们是的。正如水、冰和蒸汽只是 H_2O 处于液体、固体和气体状态，却保留着其化学的同一性。(P372)

从早期基督教到今天的基督王国，我们会发现教会分成了三大支派：罗马天主教会、东正教会以及新教。罗马天主教集中在罗马梵蒂冈并由之传播出去，一般而言，它支配了中欧和南欧、爱尔兰以及南美洲。(P374)东正教会，今天大约有二亿五千万名信徒，于公元1054年正式脱离罗马天主教会……包括了阿尔巴尼亚、保加利亚、格鲁吉亚、希腊、罗马尼亚、俄罗斯、塞尔比亚和西奈的教会。(P380)新教则支配着北欧、英格兰、苏格兰和北美洲。(P374)

(九)原初宗教(The Primal Religions)

根据考古发掘，人类宗教大约产生于中石器时代后期，约为公元前三至前一万年，或者是更晚的一些时候。现在历史的宗教几乎遍布整个大地，不过从编年的角度来看，这些宗教都还仅仅是宗教的冰山一角；因为与约有三百万年的原初宗教相比，这些宗教只有四千年历史。原初宗教一般说来是原始氏族的宗教。原始居民在和自然界的严峻斗争中，每走一步往往都遇到许多诸如雷电、风雨、做梦、疾病、死亡等突如其来、不可理解的现象。在那个时代，原始人民还无法正确认识这些自然现象，也没办法正确认识“人”自身，从而会有恐惧、惊惶等心理。他们错误地认为在他们周围存在着一种超自然的力量，这种力量主宰着人们的一切，只有用膜拜、祈祷或用巫术、祭咒、舞蹈等仪式去影响他们，才能消灾降福，保证生产和生活的顺利进行，因而产生了原始的宗教观念。这种模式的宗教信仰目前仍在非洲、澳洲、东南亚、太平洋岛屿、西伯利亚和北美以及南美的原住民之间持续着。

原初世界：原初人们在他们的世界中有深植性。他们一旦离开了部落，就不太能够感受到独立的身份。部族关系之网在心理上支撑着他们，并且赋予他们生命每一方面的活力。与部族的隔离可以令他们死亡，这不仅是身体上的同时也是心理上的。(P403)原初世界的图腾崇拜把一个人类的部落与一种动物类结合在起，构成一种社会的、仪式的整体，给予他们一个共同的生命。图腾动物是氏族的标志，而同时也象征着成员们纪念的先人或英雄。这一切都是出自人类和自然属于同一秩序的信念。(P403)

结论：原初宗教在世界上各个地区和各个不同发展阶段有着不同形式，但总括起来不外两种：一种是对人们生活最有密切联系的自然力或自然物，如山川河流、水火日月、动植物等的直接崇拜或者将其人格化作为神灵而崇拜；另一种是对臆想出来的、离开肉体的精灵或灵魂的崇拜。这两种崇拜表现为众多的形式：鬼魂、祖灵(一般是氏族领袖或有特殊贡献的人)、图腾、偶像(崇拜某种具有特异功能的事物)等。另外，与上述崇拜相适应还出现了种种巫术、魔术、宗教禁忌(toboo)和仪式等。后来，伴随着有组织的宗教产生，还出现了主持宗教仪式或巫术等的祭司或巫觋(xí，男巫师)，这些祭司或巫觋被认为是“神的代表”或“神与人的中介”，他们对建立和巩固宗教起过重要的组织作用。

原初宗教主要是虚幻地反应了人们生活与自然界的矛盾，它的内容大都被认为无力控制或者还没有把握控制的自然力，这种宗教没有欺骗的成分在内，它和以后阶级社会中出现的人为宗教有着本质的区别。在原初的和历史的宗教之间，时间似乎是站在后者这一边，因为虽然成百万的人现在会喜欢看到原初的生命方式能够继续下去，事实上却似乎不像是有这样的可能。“文明”在不专横时是诱人的。我们不能把少数现存的原初人隔离，保留他们供人类学者研究，让我们其余的人将之浪漫化，来作为我们失去的乐园的象征。工业时代的人需如何调整自己，来面对在这星球上似乎已经时日不多的原初人，乃是本章最后的论题。(P409)

(十)最后的考察(A Final Examination)

通过此书，我们也许能知道什么是瑜伽、佛教对生命混乱原因的分析、孔子对君子的理想、阴阳符号的意思、“伊斯兰”的字面意思、出埃及对犹太人的意义、“福音”如何令早期的基督教徒振奋(P415)，等等。但除此之外，还有新的问题需要我们思考：第一，我们要如何以模型来安排我们所研究的各宗教？经过个别的聆听之后，我们现在如何来看待它们彼此之间的关系？第二，它们对广大世界是否集体地有什么话要说？即使他们彼此有差异存在，在任何重要事务上，它们是否能以一致的声音发言呢？第三，处于一个宗教上多元化，乃至到底还是不是宗教的这样一个世界中，我们应该如何自处呢？(P415)

宗教之间的关系：关于如何定位这些宗教的问题，有三种答案。第一种是主张在世界各宗教中，其中一个宗教优于其他宗教。第二种，就像该书第一章所提到的那样，没有谁有信心说一个宗教是否优于其他宗教，没有定论。第三种，把宗教间相关联的方式比喻成染色玻璃，其各部分把太阳光分成不同的颜色。这种类比，容许宗教之间颇大的差异，而并不宣判它们有各自相对的价值。(P417)

智慧传统：智慧的细节是什么？在伦理学领域，这几乎是跨文化的。我们应该防止凶杀、盗窃、说谎和通奸。这些乃是最低限度的指导方针却并非是无足轻重的。(P418)在此基础上，进一步到我们应该努力去做一种什么样的人，我们应该具有什么样的品德。这智慧的传统基本上可明确为三种：谦虚、仁爱和诚实。谦虚并不是自贬。它是一种与他人在一起的时候，把自我视为一个人却并不高于一个人的能力。仁爱则是换一个角度，把邻人同样视为一个人，与自己一样的完全的人。至于说诚实，则不只是最低限度地说真话，而是要达到崇高的客观性，完全如实地看事物之道的能力。把一己的生命顺应事物之道就是真诚地做人。(P418)

聆听：对于大多数的我们而言，宗教究竟是个好字眼还是坏字眼呢？如果是好字眼，那么我们究竟是要站在某一个宗教那一边呢，还是在某种程度上对一切宗教张开我们的手臂？我们要如何在一个被某些神圣的和某些世俗的意识形态所撕裂的多元世界中自处呢？（P421）回答这个问题，便是聆听。今天的社群不能只是单一的传统，它乃星球。世界日渐缩小，了解是和平唯一能够找到的家。那些聆听的人是在为和平而努力，一种建筑在了解和相互关怀上的和平，而不是宗教的或政治的霸权上的和平。因为至少在人类如此伟大信仰的固有高贵领域中，了解带来尊重，而尊重为“爱”这个更高的力量做出了准备。“爱”，这唯一能熄灭恐惧、疑心和偏见的力量，它也能提供给这渺小而珍贵的地球上的人们，可以彼此成为“一”的方法。（P421）

三、读后感

从小被灌输思想被打造成为坚定的无神论者，以为宗教就是迷信，以为各种宗教都是混沌可笑的，如果没有看这本书，我可能依然不会去研究宗教，可能会一直对关于宗教的东西是一片空白。

抱着增长知识、扩大视野的目的翻开这本书，慢慢了解到世界上各种不同的宗教：印度教、佛教、伊斯兰教、犹太教、基督教、原初宗教等，看完伊斯兰教那一章，也会想起一本很棒的穆斯林小说——《追风筝的人》，也会体会着书中阿米尔作为一个行骗者当时内心的挣扎；看完犹太教那一章，想起一些曾经看过的讲犹太人的电影，特别是作为犹太人被歧视与打压的那一幕；看到“世界是一座桥，走过去，不要在上面盖房子”这句富有哲理的话，想起胡老师上课时留给我们的思考，体会到这句话里蕴含着信仰的超越态度；看到佛教和道教，感觉甚是熟悉，道教作为我国的宗教，自是毫无疑问，但把儒家也归于宗教我还是顿感新鲜。史密斯教授谈到儒家时，为“宗教”一词提出最宽泛的定义：“环绕着一群人的终极关怀所编织成的一种生活方式。”这种生活方式不能脱离传统的祖先崇拜与人与人之间的礼仪。重要的不是信什么，而是如何信，以及如何以行动去实践信仰，由此转化自己的生命，成为博爱众人的君子，成为一个真正的“人”。西方惯常以宗教的视角来理解儒家与道家，自己如此来温习一遍，也能有新的领悟。看完这本书，竟觉着很有些味道，于是又从图书馆借来一些有关宗教的书，津津有味地读了起来。

我一直在想，宗教到底是什么？在看一本学者写的关于宗教的书时，看到詹·乔·弗雷泽对于宗教的观点是“向人们所认为高过于人的权力做出讨好和求和，这种权利被信奉为主宰大自然和人类生活者”；看到赫·斯宾塞认为宗教是对超越人类认识的某种力量的信仰；看到布雷德雷强调宗教是人生对善的追求；还看到迈克塔格特宣称宗教是人追求与宇宙和谐的一种感情；看到考茨基说：“一方面，宗教意味着人类的个人精神状态，个性超越了他的瞬间利益，以及某种唯心主义道德的残余；另一方面，人民群众懂得宗教是一种普遍的历史现象，一种不是由自身经验所获得的世界观，而且信仰着站在他们头上的权威者，并使之成为思想和行动中的指导原则”。关于“宗教”的说法是五花八门，不过我喜欢斯宾塞和布雷德雷的观点。

在我的印象里，有宗教信仰的人大都比较善良，而且性格温和，当你注视他们的眼睛时，你看到的满是祥和。因为曾几何时，我的身边就有过几位基督徒，其中一位是个水灵的小姑娘，现在读大四，她在教会学会了许多种乐器，还学会了唱歌，说话温温和和的，一脸笑容，很是阳光；另一位是我的一位本科同学，她在上学时，是本地一所教会的青年团契负责人，班上有同学感兴趣想要去体验教会生活，她欣然答应，热情地带同学去，毫不排外，她平时待人随和，喜欢帮助别人，也擅长电子琴、书法、绘画等，多才多艺，这其中的功劳也跟教会有很大关系；还有一位是我本科时的外教，50来岁，来自美国，她每次上课都会化点精致的淡妆，衣着搭配也令人赏心悦目，某次我陪她去教堂做礼拜，竟发现她唱诗唱得特别好，旁人无人能及，后来她索性起身带领大家唱。我们问她为什么这么大年纪还离开家到这么远的地方来，她说她想体验不同的生活，她喜欢到处看看。我想，在中国，年过半百估计就会在家摇着摇椅享清福了，哪还会跑去国外折腾？外教的年轻心态以及她对生命的热爱、对生活的追求，让我肃然起敬。我身边的个例也许不能说明什么，但是我相信，他们的信仰一定给他们带来了些什么。

在网上看豆瓣上的朋友谈论这本书，发现有位朋友的观点很有意思。他说，一般而言，谈论宗教的书有三种：一种是宗教徒所写，这类书极尽溢美之辞和不靠谱的事例来鼓吹自己的教派；一种是站在某种宗教对立面的人所写，这类人抓住敌对宗教一些堕落的人事和文字上的表象，刻意曲解教义，进行彻底地否定；还有一种是学者所写，他们无感情地堆砌学术文字，对宗教进行理论上的探讨。休斯顿不属于上述三种人的任何一种，他是一位既有宗教体验，又站在宗教之外的人。他不依赖于任何宗教，也不敌视任何宗教，因此，他能很客观地谈论每一个自己了解的宗教。

相比其他许多谈论宗教的书，这本要容易得多，比较适合希望对世界各种宗教有所了解的初学者来读。当我们回头去看我们熟悉的佛教和道教的叙述文字时，会发现作者用词虽然有些西方化，但却是相当客观与确切的。最后，作者得出的结论是，所有的宗教都是殊途同归。既然如此，为什么各教派之间高层冲突，或底层信众的冲突不绝于世呢？一般来说有两个原因：一是，某些宗教利益团体为了私利，刻意挑起的争端；二是，底层信众的宗教体验不足以领会到本教教义的真谛，试图通过否定其他教义，来增强对自己信仰的信心。人们对于一个宗教的印象常常取决于它信徒的素质水平，而当你回归到每个宗教本初的教义时，你就会发现，其实每一种宗教都是很好的，并且它们之间并没有那么多分歧。无论我们信仰的是哪一个教派，也无论我们有无宗教信仰，我们都能从这本书中学到关于生命的体悟，即生命取向要高，生命体验要深，生命能量要强。当我们在行事的时候，先想一想："我这样做符合生命取向要高的准则吗?"或者问一问自己的信仰："佛陀(上帝、真主、神)啊，我该怎样去做呢?"总有一个声音会告诉你正确的答案。

史密斯教授以一种开放而睿智的叙述向读者打开了一扇精神世界的大门，在这里没有排挤和倾轧，每个民族只是以适合自己的方式寻找最终的答案，接近最纯洁的终极答案，并分享彼此的智慧。宗教所沉淀的，是千百年来人们对于自己是谁、来自哪里、要去哪里的深刻思考。能够在短短的十几个小时里遍历从人类历史开始直到今天所积累下来的精神智慧，难道不是一件再棒不过的事情么?

讨论部分

唐松林老师：宗教，我和大家一样，缺乏深入的了解，但阅读过《圣经》《圣经故事》，还有如《神曲》《十日谈》《达·芬奇密码》等与宗教有关的文学作品，《基督教思想史》没有看完，似乎没有感觉到神的温暖，但似乎感觉到宗教斗争的残酷，人性的复杂，甚至充满血腥与杀戮。可以肯定的是，在心情比较平静的状态下阅读这些著作，能够唤醒我们的一些猜测与想像，能够让人反思生命、人性与人生等一些永恒的、有深度的哲学命题。在这里，我想谈一谈我刚才听了读书报告的看法：

第一，关于起源。为什么会有宗教？人为何需要一种有信仰的生活方式？人类发展与进化一直面临着一些普遍性的问题。第一个问题就是人的生存危机，我们遇到很多关于人自身的现象解释不了，如人对生老病死的恐惧；第二个问题是人类的本性问题，我们的贪婪、好色、懒惰、占有、自私等恶性克服不了，因此也引发了许多社会问题，心灵上受到压抑、压迫，有强烈的危机感、紧张感。人类应该采取什么样的行动才能克服生命与生存的危机，使我们快乐健康地生活与发展呢？所以说，宗教是人类克服自己的无知与理智的缺陷而采取的一种防范手段，很多宗教都是这样诞生的。

第二，追求的目标。宗教究竟要追求什么样的目标？在我看来，宗教的目标包括两个方面：一是人的目标。刚刚讲起源的时候，它实际上要克服我们面临的生活与现实困境，建立一种美好的生活方式，使我们进入美好的生命状态，也就是我们经常说的终极关怀。各个宗教里面均隐含人类精神中某种神秘之爱，其中有一些很美但模糊的关键词，如"彼岸""皈依""妙乐世界""极乐世界""善""力量"，这都是人们所要追求的美好境界，这也是宗教要追求的目标。所以，拯救处于苦难中的人类，使他们进入美好的"极乐世界"是最高的目标。二是社会的目标。任何一个宗教，它在一定的时空条件下总是被社会统治者利用，如在某时期、某团体凝聚力遭到破坏。一般是世风日下，坏人比较多，他们想以此拯救社会，让每一个人都做善良的人，同时去教化一些坏人，影响一些坏人，基督教就是这样。目的在于凝聚精神，维护稳定，促进和谐。第一个目标是第二个目标的基础，它的意义高于第二个目标，第二个目标的实现以第一个目标的追求为条件。

第三，宗教的内容。主要是个人的修身养性与社会教化。从个人修身养性而言，如伊斯兰教提出的“五根支柱”，这基本是对个人提出来的，比如要有信仰，要有正规的祈祷，还要遵守斋月，慈善，朝圣，等等，这些内容是对个人修身养性提出的要求。社会教化方面，它有一些重要的社会生活内容，比如经济方面，《古兰经》并不反对利益的动机、经济上的竞争或者企业家的冒险，但坚持获取和竞争的方式合乎教义精神，如公平竞争，贫富平衡，并且告诫每个人，你所有的所得，要拿一部分来分配给穷人；规定遗产由全部后嗣共享，包括女儿和儿子；再比如妇女的地位、婚姻的盟约、种族关系、武力的使用，这些规定其实也是为了维持社会的道德、团体的和谐，增加组织凝聚力。

第四，宗教的实践。对于每一个个体来说，应该怎么做呢？这里面其实有很多很好很积极的行为方式。其实每个个体都追求个体的完善，如文中的四种方法，教我们每个人应该怎么做。除了教我们如何做以外，还有一些很好的理念，如文中第一自然段最后一句“耶稣的整个生命表现是谦卑、自我给予和不为自己的爱”，去爱他人，把他人当作自己的兄弟和朋友。这都是很好的理念，整个报告里都有这样的理念，如文中“我们应该具有什么样的品德，此智慧的传统基本上可辨明为三种：谦虚、仁爱和诚实”。这都是很好的修身养性，达到个人的完善，使人归于神的境界。但宗教实践是艰难的，需要意志努力，需要持之以恒。比如基督教，我经常翻一翻《圣经》，你看基督和他的12个门徒，他们出去传播教义的时候，他就对他们说，如果别人要杀你们或抓你们，不要跟他理论，但是万一抓到你们，你们应该怎么说，到时候上帝会告诉你们。你们出门不要带什么东西，就是空手出去，走到哪里就住在哪里。最后，宗教是一种比较高的追求，如史密斯教授为“宗教”一词提出最宽泛的定义：“环绕着一群人的终极关怀所编织成的一种生活方式”，这样一种生活方式是一种美好的生活方式，这样一种生活方式也是解决目前的两个问题：一是我们个体心灵危机、生存受到挑战；二是我们团体凝聚力遭到破坏、社会世风日下，我们希望一种精神力量来拯救我们个人和群体，从而建构一种比较好的生活方式。

我们都是学唯物主义的，知道神其实是不存在的，很多唯物主义者也研究宗教，甚至也参与宗教活动，这是为什么？存在即合理，无论你信不信，你到了这种场合，都会受到一定的净化，它使人变得真、变得简单、变得和善，它实际上就是人格的一种净化、灵魂的一种净化。所以秀银写的读后感里面就写道“在我的印象里，有宗教信仰的人大都比较善良，而且性格温和，当你注视他们的眼睛时，你看到的满是祥和”，以及讲到她的外教时，说“外教的年轻心态以及她对生命的热爱、对生活的追求，让我肃然起敬”。所以，让我们围绕着某一宗教，谈一谈自己的体会，可以谈它的起源，可以谈它的基本思想、基本理念，可以谈它解决的主要问题是什么，谈它最后对于人的修养的方法等，对我们的人生修养与教育理念的建构均是有益的。

于晓卉：我们村大概有十户人家信基督教，这十户人家都是女主人信基督教，后来她们的孩子也信仰了基督教，我就说一下自己接触到这些基督教徒的经历。第一，他们饭前会祷告，刚开始自己作为一个外人看他们祷告会感觉很不自在，但是又感觉他们似乎是在进行很正式的仪式的样子。虽然一开始不理解，但是我认为他们之所以能够日复一日、年复一年坚持进行饭前祷告这件事情，是因为他们真的信仰了基督教，并且这种信仰已经渗透到他们的精神、意识以及行为当中。第二，他们会去做礼拜。记得我上初中的时候跟着一个姐姐去做过一次礼拜，当时他们要背《圣经》，当我不会背的时候，他们还给我发了一份，让我可以跟着他们一起念、一起唱，这让我觉得他们不是一个排外的集体。此外，他们还会集体用餐，人们围坐在一个大桌子旁，所有食物平等分，这种用餐的感觉又和饭前祷告不一样，是一种温馨的集体、家庭的感觉。第三，他们跟我们有一个明显不一样的地方，就是过年的时候贴对联，我们的对联是去集市上买的那种，他们的对联是跟主有关的、自己写的。虽然他们一直坚持这样信主，但在外人看来，他们的口碑并不好。在农村人的眼里，这是一种迷信，是一种不老实、不本分的东西。另外，为什么我们作为“外人”，很难进入宗教的圈子？我认为，如果我们一开始就与这些东西绝缘，没有接触这些东西，就很难从灵魂上、从内心里去接受它。信仰有一扇门，如果一开始没有打开这扇门，就很难进入它。

廖锐：我对宗教不是特别了解，但真正的信教者给我一种感觉，就是把教堂、主这些信仰当作自己洗涤心灵、进行赎罪、来安放心灵的场所。我们国家的人信佛、拜佛好像是为了避免某一种灾害，或者是祈求得到某些东西，亦或达到某个目的。现在的佛教寺院里满是金钱气味，不像以前那样能给人平静的感觉了。以前在东北读书时，身边有很多教徒，印象最深刻的是，每次在图书馆都能看到穆斯林拿着像丝巾的东西，朝着特定的方向去拜。看到他们无论在哪里，都会坚持去做这些事，我觉得他们的坚持与我们这种临时抱佛脚相比，显得更加虔诚与伟大。还有一个最大的感受就是，他们或许以前不认识，但是就因为宗教，使他们即使到了一个新地方，也会非常团结。我在想，是不是我们都需要一个信仰，让我们内心越来越平静，对人和事也越来越和谐，不像现在为了自己的功名而不惜一切代价，这也是我们应该去想的一些东西吧。

唐松林老师：正如晓卉和廖锐所讲的，现在社会上信神、求佛功利性很强，一般是带有目的的。刚刚晓卉讲到，为什么我们进入不了宗教这道门槛，我总觉得是欠缺一种文化氛围。西方国家整个社会有这种文化氛围，许多家庭所有成员都信教，并且愿意把工资的10%交给教会，这真是不容易。去年我给大家推荐了一本书——《文明》，书中说现在的宗教发展最发达的就是在美洲，欧洲的宗教越来越走下坡路，美洲的宗教文化非常繁荣，我在加拿大已经看到了这种繁荣，凭我的直觉，加拿大教堂的数量要远远超过小学，并且活动非常多，它的包容性也比较强。就比如刚刚晓卉也讲到，你一去它就给你《圣经》，也不要钱，只是宣讲它的教义。我们进入不了这种教义宣讲话语体系，觉得很假，很虚伪，因为我们的信仰体系中，上帝是不存在的，但是我们也参加教会的活动，主要是感受这种文化氛围。文化氛围是进入宗教的一个重要条件，还有一个重要条件是衣食无忧，比较平静。大家能坐下来听听圣歌和故事，是需要一定的时间的。然后，现在信仰的人除了功利上的目的之外，还有一种人，就是受苦受难的群体，比如治病治不好、死了孩子、亲人最后离开了自己，他遇到这些无法理解、无法接受的事件，会到教堂或寺庙等地方去。

罗成：我觉得我们平时在生活中对宗教接触得比较少，那些接触多的也丧失了宗教的初衷，偏离了教义，更多的是满足自己不断膨胀与扩张的欲望。刚刚听老师讲的时候，我也想到几点。每次去名胜古迹也会去看看那里的寺庙，但是很多都被经济化、功利化、利益化了，里面的和尚、道士很少有相应的宗教行为。但是有一次，我去到一个古寺，是湘潭的大觉寺，这个寺比较偏远，我去的时候正好是他们做功课的时间，我和我朋友就跟着一起在里面走，边走边念，我感觉在寺庙这种清净的地方专一地做某一件事情，如诵经，让人脱离了外面世界的喧嚣，找到了自己内心世界的平静。另外我还想到之前看的一本书，是一个中国台湾作家写的，叫《公东的教堂》，讲中国台湾的公东教堂是如何建立起来的。大概20世纪50年代，瑞士天主教建了一个白罗会，白罗会来到中国进行传教，传教士叫锡志平。那时锡神父去台东的时候，台东还比较荒凉，夏天燥热，冬天极寒，经济萧条，当地土著居民比较贫穷，上不起学。锡神甫看到这般光景，便决定留下来为这里做些贡献。他回自己的家乡瑞士筹募经费，为公东建立了公东高中，让孩子们免费入学。也许你无法明白其中的宗教教义，但像他这样跨越国度，无私地为与自己完全不相干的人做贡献的行为确实给人以震撼，所以我觉得宗教最大的作用是给人的灵魂带来震撼。

孙燕：其实我算是一个教徒吧，因为我小时候是在另外一个城市长大，那里的人全部信基督教，之后我妈也信了，并带着我们也信。我还记得当时的洗礼特别真实，那时我还很小，他们就用圣水往我头上淋，从头到脚，之后还要跟着念经祷告，念完之后就参加他们的礼拜。那边做礼拜的时候，他们会做一个很大很薄的饼，还会倒红酒，就是说“吃主的肉，喝主的血”，意思就是说你就融入到这个家庭里面了。过年的时候会有祭祀，我爷爷会在门口叽里咕噜念些东西，然后就把祖先什么的请回家，请到桌子上面，然后就在桌子下面磕头，但是这种仪式我们还是从来不参加的。就是那时候，我对基督教有了一些浅薄的了解。我觉得现在的信仰有三方面：第一是对过去行为的一种心灵解脱，比如很多教徒会到教堂里面忏悔自己以前的罪过，或者是想在这个浮躁的社会中找一个放松的地方，追求心灵的解脱。第二是对未来期望的一个寄托，寄托自己对未来美好生活的个人愿望。第三是对行为的约束，各宗教的教义和一些规定会对人产生约束，比如儒家对个人道德的约束等。

邓洁隽：我没有特别强烈也没有特别坚定的信仰，但是我也有一些宗教的经历。因为在我的身边我的家人信仰佛教。不知道大家知不知道，岳麓山上面有一个麓山寺，寺里有一个方丈叫作圣辉大师。我也不知道我家里人是怎么跟他结缘的，每年都会去他那里拜访。有一次我爸爸妈妈带着我去他的住所拜访，他的住所有两层，因为临近年关，拜访他的人很多，我们被安排坐在一旁等待，不一会儿一个小和尚来带我们上去，我感觉他的住所非常安静，有一种佛家特有的香味，那个小和尚非常有礼貌，也非常谦和，上去就给我们倒水喝。看到圣辉大师的时候，我觉得他就像读书报告里写的那样，有祥和的眼神。然后他会很慈祥地和我们交流，并做一些仪式，用舍利水在我们头上弄一下，给我们消灾去病，走的时候还会给我们佛珠、玉器什么的，保我们平安。他跟我们交谈的内容都是积极向上的，所以我觉得信仰这些东西是给自己一种正面的心理暗示，是一种精神力量。另外，我还想谈一下我去九华山的经历。九华山是四大名山之一，传说它是唯一一个有肉身菩萨埋葬的地方，这个肉身菩萨就是地藏王。九华山从山脚到山顶有许多大大小小的寺庙，比如你想心想事成的话，必须每一个寺庙都去拜，跪拜的时候也有规矩，比如脚不能踩到门槛上，必须跨过去，男人先跨左脚，女人先跨右脚，进到寺庙里面以顺时针跪拜，跪拜的时候也要有正确的姿势，就这样跪拜，一直到山顶。爬山的时候我还遇到从各个不同国家过来的人，也有从拉萨过来的。我甚至还听说，有走三步磕一个头去跪拜的，所以我觉得这些人内心的信念特别特别的坚定。爬到山顶向下俯瞰，我觉得自己内心非常开阔。虽然我没有很强烈的信仰，但是这些经历多多少少会对我有一些影响，因为我觉得，它是一个过程，你只有去把握好这个过程，你才会有一个意想不到的结果。

王祖霖：之前看过罗素的《宗教与科学》这本书，最近又看到罗素的《宗教能否解除我们的困惑》。罗素是从人生出发来分析宗教的本质的，他说到两种天性，说人的灵魂是一种神和兽的混合物，是两种天性的战场，一种是恶人的、有限的、以自我为中心的，另一种是普遍的、无限的、大公无私的，人是有限生命维持于肉体，以此时此地的现身立场来体察世界，所有基于此地的爱和恨，均归属于这种有限的生命。如此来看生命，大千世界存在唯一的一点，即自我的竞争。在思想上，它超越感官，永远追寻无限普遍和大公无私的生活，在欲望和意识方面，它总是体现好的，从不过问那美好的是你的还是我的，永远只是单纯的美好，在情感上，他把爱赋予大家，而并非把爱只给有利于自己的人们，这种无限从不偏失。这种精神，在思想上，就导向了真理，在行为上引向公正，在情感上导向博爱，因此他得出，无限性是团结的原则，有限性是分裂的原因。在这两种属性中，兽性的生命活在本能里面，目的就是为了寻求自身福利，而普遍或神性的生命，追求的是宇宙的融合，避免一切阻挠它追求的东西。在这追求的过程中，灵魂能够获得自由。这种结合分三类：思想上、感情上、意志上。思想的结合是知识的，感情的结合是爱，意志的结合是服务。分裂也有三类：错误、正认和斗争。促进分裂的是本能，即人的兽性部分，而促进结合的是知识、爱与随即而来的服务相结合。这结合就达到了智慧，即人的自信之美。前面讲的是两种天性，三种结合，之后得出两种生活。一种是本能的生活，把世界认为是达到本能目的的手段，认为世界并不比自己重要，知识局限于有用的，爱局限于敌友，服务局限于在本能上有联系的人。智慧生活追求无私的目的。没有竞争，没有仇恨，在知识方面，不分有用无用，在爱的方面，不分敌友，服务方面也不分应得或不应得。之后他得出宗教的本质就是无限部分，就是生存中的有限部分对无限部分的一种降服。

唐松林老师：祖霖讲得非常有深度，我简单地把他讲的东西归纳一下，就是我们要过一种有智慧的生活。从思想上讲，这种智慧的生活应该是开放的，他讲了一个无限和有限，实际上是一种开放的生活。这样的话，它的划分就不是很多，能够包容一些异质性的东西。从情感上，把爱作为一个价值取向，这和前面的思想上是相通的，它实际上也在追求一种无限。在行为方面，它是公正无私的。如果假设从思想上、情感上、行动上，把开放、无限、爱以及服务意识做得很好的话，就是一种智慧的生活。所以智慧的生活是一种通达的生活，是一种爱的生活，是一种给予的生活、一种服务的生活。

刘轶臻：到底什么是宗教？其实宗教离我们不远，它一直在支撑着我们的生活，在我们的行为背后指导我们。宗教是一种生活方式，一种普世哲学，或是一种价值观。我一直在思考，作为活在社会中的个体的我们，如何才能活得更好？我认为，首先要解决生存问题，然后要解决心灵的问题，使心里得到满足、心灵得到安慰。要解决这两个问题，就要处理好如何能积极入世又能超脱出世的问题。这也是我一直在不断思考、不断探索的问题。如何在当下活得更好，并且活得非常有满足感、幸福感？可能最终还要归结到一点，即自我的修养问题。这么一来又有一个问题，就是如何对待利益？每个人的人性都是趋利的，每个人在生存的时候都会去追求利益。但在面对利益的时候，我们如何解决利益冲突？这里面都有一套哲学体系在指导我们，慢慢地形成一个更完善的人格、一个更系统的行为体系。我经常对自己说，对待利益的时候不能不择手段，要取之有道、取之有德。一个人的行为会有一套价值体系或者多种价值观在指导自己，其实就是某种宗教在影响，因为宗教也是多元文化系统。

唐松林老师：实际上，上帝、菩萨是不存在的，为什么讲"信则有，不信则无"？当你信的时候，你关于神的美好的意识与想像融合为一体，你感觉神或菩萨在你心中，与你的生命力量融合为一体，这时你很有力量，这种力量的外显就使你散发你的善良、智慧、仁爱与美丽的气质，你的人格就会变得很完善，你做事做人就按照你的信念去做，容易获得成功！因此，有信仰的人，与其说是菩萨或上帝保佑你成功，不如说是你自己向善的生命力量使自己成功。所以，人还是要有信仰。其实我每年都到南岳去，一般是两次以上。我没有什么目的，说实话，我的大脑中空无一物，既没有探寻生而为人的意义，也没有刻意去寻找灵魂的居所，就是每次找一个去处，闭目养神，抛开所有的世俗的欲望与烦恼。在那里，你很平静，你很自由，假使有上帝或菩萨的话，这种境界离上帝或菩萨是最近的，甚至是合一的，这大概就是"佛即我"的境界。我们的精神需要这样一种超越世俗的东西，但我们在现实世界中恰恰缺乏这种东西。信仰本身就是一种力量，它不仅使我们每一个人心灵上得到平静和慰藉，而且使我们集体凝聚力非常强，使我们的人生有勇气、有意义，就如我之前讲的，宗教起源于解决人的问题，解决个体心灵问题，也解决群体凝聚力问题。

追求信仰的方法在于我们自己，信仰本身也存在我们对人与世界的深刻理解当中，所以我们要从自己的人格、思想、行动之中来达到这样的境界。这样的境界实际是一个神人合一的境界，归根结底是人的"真、爱、美"的境界。日本小元国方在 20 世纪 70 年代的教育目的之一是宗教的目的，它的精神内核就有一个"圣"字，它和我们的德、智、体、美是并列的，实际上这个"圣"就是这样的境界，就是"我就是上帝"的境界，上帝是很完美的，所以"我"也是很完美的，所以每个人要活得有信仰、有思想、有精神，这样我们才能成为很完美的人。

《没有宽恕就没有未来》: 人类幸福的法则

于晓卉*

时间: 2014 年 11 月 20 日

地点: 湖南大学教育科学研究院会议室

出版社: 广西师范大学出版社, 2014

参与人: 唐松林、李梅芳(麓山国际实验学校教师)、侯兰花(长沙市第六中学教师)、匡林林(长沙市第六中学教师)、刘轶臻(华融湘江银行内控合规部总经理)、魏珊、佘君君、王晨、刘丹丹、陈坤、王祖霖、邓洁隽、廖锐、魏婷婷、杜小丽、吴建云、胡秀银、于晓卉

一、书籍概况

(一)作者简介

德斯蒙德 · 图图(Desmond Tutu, 1931—), 1984 年图图被授予诺贝尔和平奖; 1986 年当选圣公会开普敦大主教(南非圣公会最负盛名的职位, 是南非首位黑人大主教), 1995 年领导"真相与和解委员会"促成南非的转型正义与种族间的和解。图图被广泛认为是"南非的道德良心", 现为"国际长者会"成员, 与一群世界领袖人物以他们的智慧、善良、正直和领导力在全球倡导人权。2013 年, 获邓普顿奖(该奖项旨在奖励为灵性的发展而作出贡献的人)。

* 作者简介: 于晓卉(1990 年出生), 女, 山东威海人, 湖南大学教育科学研究院 2014 级硕士研究生, 从事教育哲学研究。

(二)内容简介

南非曾是一片种族隔离和种族压迫最为深重的土地，是一个“黑白分明”的世界，黑人与白人之间堆叠了数百年的压迫、仇恨和冤冤相报的杀戮。幸运的是，南非不仅有曼德拉这样的伟人，还有改变了南非甚至改变了世界的“南非真相与和解委员会”。作为真相与和解委员会的主席，德斯蒙德·图图大主教以他的深邃智慧和无畏精神，向世界解答了南非何以在“纽伦堡审判”和“全民遗忘”之外，选择了第三条道路，即以赦免换取罪恶真相的完全披露实现加害者与受害者的和解，走出以血还血的漩涡，走出撕裂的历史。书中有许多怵目惊心的悲惨故事，以及因种族隔离制度造成的无处不在的不平等，但在揭露加害者的邪恶、凶残、麻木的同时，也展现了震撼人心的人性的闪光点。

(三)相关背景及评价

种族隔离制度(对白人与非白人进行分隔，并在政治经济等各方面给予区别待遇)1948 年被以法律方式确定，直到 1994 年南非共和国因为长期的被国际舆论批判与贸易制裁而废止。种族隔离制度下，人分为白人、有色人种、印度人与黑人四种。其内容主要包括：隔离设施法(公共场合的座位与使用以白人与非白人作为差别)；集团地区法(以人种作为居住地区的限制)；混种婚姻禁止法；背德法(对于恋爱行为的限制与惩罚)；其他在医疗、宗教、就职、投票权或影响力、教育等方面都作出相当的限制。

纳尔逊·曼德拉评价：真相与和解委员会把我们所有人都放到了聚光灯下。在那些听证会上，德斯蒙德·图图表达了我们共同的痛苦和悲伤，也传递出我们对未来的希望和信心……图图大主教是一个用语言和胆识鼓舞整个国家的人，他使人民在最黑暗的时刻重新燃烧起了希望的火焰。

二、章节赏析

(一)转折点

1994 年 4 月 27 日——这是我们苦苦等待了多年的日子。这一天终于降临了，我们终于可以投票，可以在生我养我的土地上参加第一次民主选举。等到有权投票的日子，我已经 62 岁，纳尔逊·曼德拉则已近 76 岁高龄。

1．片段一：投票前夕的情绪

充满兴奋、期待、焦虑乃至恐惧的气氛令人心惊魄动。是的，人们害怕那些发誓要破坏这最重要一天的右翼分子的邪恶阴谋可能得逞。东南西北到处都有炸弹爆炸事件。什么都可能发生。局势之严重，无以复加。我们几乎要透不过气来了，不知道这次又会有多少人死于非命。我们既兴奋又紧张。我的内心深处怀着死结一般的忧虑。(P1)

这种情绪描写至真至切地突显出这一天的到来是多么弥足珍贵，却又害怕失去。

2. 片段二：投票进行

早餐后，离开了周围绿树成荫的富人郊外居住区，我已决定要到贫民城镇去投票。这样做有着很强的象征意义：我要表明，我是和那些长期被剥夺了选举权、日复一日生活在贫困和肮脏的种族隔离贫民窟中的人民站在一起的。(P3)

3. 片段三：细节叙述

期盼已久的时刻终于到来了，我折好手中的选票，投进了票箱。啊！我忍不住叫了出来："好啊!"我感到晕眩，如同坠入情网的一刹那，天空变得更蓝更美了。我看到人人都焕然一新，如同脱胎换骨一般。我自己也脱胎换骨了。简直像梦境一样。我们真担心会被从梦境中唤醒，睁开眼时又回到了种族隔离的严酷现实中。

这是一幅令人惊异的场景。各种族的人们可能是平生第一次站在同一个队伍里。专业人士、佣工、清洁工及其女主人——所有的人都排在长长的队伍中，慢慢走向投票箱。这些队伍在南非创造了一个崭新而独特的身份象征。等级在他们的眼中消失了，南非人找到了我们曾费尽心力想要告诉他们的东西，即他们有着共同的人性，民族、种族、肤色本来是无足轻重的。白人认识到黑人、有色人(常常是混血)、印度后裔原来也是人，也和他们一样，同样有感情，有忧虑，有期待，这是多么重大的科学发现啊!(P4)

4. 片段四：投票带来的变化

我们的选举是一次名副其实的思想历程，一种登临顶峰的精神感受。走进投票站时黑人是一个人，走出来时已经脱胎换骨成为一个新人。走进去时，她满怀仇恨、背负着压迫的重担，她无法忘记自己曾被视为粪土，这种记忆像强酸一样侵蚀着她的心。她重新出现时，知道自己已经自由了，头昂得那么高，背挺得那么直，脚步是那么轻快。白人走进投票站时，则为自己享受过压迫和非正义的果实而满怀负罪感。他走出来时也脱胎换骨，变成了一个新人，他放下了负担，获得了自由。白人体会到自由实际上是不可分割的。在某种意义上，我们是在实践马丁·路德·金说过的话："我们必须学会像兄弟一样共同生活，否则我们就会作为傻瓜一样灭亡。"(P5)

这是一种令人欢笑又禁不住流泪的感觉，它让人们欢欣雀跃，又让他们不敢相信这一切的发生，害怕这一切会烟消云散。

5．片段五：投票之后

当5月10日纳尔逊·曼德拉就任南非第一任民主选举的总统时，他邀请他的白人看守作为嘉宾参加了就职典礼。这是他以自己惊人方式做出的许多姿态的第一个，展示了他的高风亮节和博大胸襟。这个曾经被污蔑诋毁、被当作危险逃犯遭受追捕的人，转而成了宽容与和解的化身，让那些曾经仇恨他的人心悦诚服，成了国际上最受尊敬的国家元首。（P8）

我相信我们每个人都能感受到作者在字里行间流露出的，对废除宗族隔离投票的欣喜以及对全局性破坏的忧虑，同时最触动我的是纳尔逊·曼德拉，他由囚犯变成了总统，在全民面前他是一个英雄式的人物，如此光鲜亮丽，但他的内心却曾经承受着民族的重负，在牢中服刑27年（这是他一生1/3的时光），却能够面对以往“主子”似的白人表现出高风亮节，表现出民族大义，我想只有他可以做到！我们从此也能找到南非可以修复未来的缘由。

（二）纽伦堡还是全民遗忘？——第三条道路

这一章分为两部分：第一部分中作者向我们介绍了种族隔离制度下黑人的生活状态，就如种族隔离涉及的立法一样，并非令人发指，但可谓无孔不入；第二部分作者对南非应采用纽伦堡审判模式（将所有严重违反人权的罪犯都捉拿归案，让他们经受司法程序的煎熬）还是选择全民遗忘（实行一揽子大赦）两种呼声作出了抉择，南非找到了符合非洲传统乌班图精神的第三条道路——即赦免具体个人的罪责，以换取对与赦免相关的罪行的完全披露。

1．种族隔离制度下黑人的生活状态

在种族隔离制度下，少数白人独霸政治权利，并因此而得到了其他各种权力和特权。他们用邪恶与卑劣的手段维持着高压统治。这些白人利用所谓“单肤色统治”的制度，声称人的价值在于其特定的肤色、种族特性和人种。（P11）

事例一：

我父亲是小学校长。我常常从贫民窟到白人镇上为父亲买报纸，我总是能看到流浪儿在白人学校的垃圾桶里翻腾，并常常能找到白人孩子丢掉的完全可以食用的苹果和三明治。白人儿童更喜欢妈妈为他们准备的食品，而不是政府为他们（不包括黑人儿童）提供的免费午餐。种族主义的畸形特性之一，就是那些没有需要、自己可以负担得起食品的学生可以得到免费食品，而那些急需高质量食品但买不起的孩子反而得不到免费午餐。这或许仅仅因为他们的父母无权无势，在自己出生的土地上是隐形人。维尔沃德博士站在种族主义的角度这样回答：他说，如果不能人人有饭吃，那么就谁也别吃。这回答真是登峰造极了！之所以有这样肆无忌惮的一派胡言，就是因为受害者没有政治权利。他们无法把你选下台。（P13）

事例二：

在罪恶的通行证制度下，黑人的行动自由受到极大限制，每天都有许多人因此被捕。16 岁以上的所有黑人都必须携带通行证。整个制度就是要剥夺你的自我价值。黑人没有权利进入城区，能进城完全出于其主子的慈悲和恩惠。每天都必须出示通行证，否则就得加入蔚为壮观的戴上了手铐的违法者的长队，而警察则等着凑满足够的人数后把它们塞进一辆辆军车。

我还清楚地记得我曾陪伴做老师的父亲进城，当他也被毫不例外地拦住时，我的心里是多么为他难受。不过他有资格享受所谓的“豁免”，他享受其他黑人没有的特权，即可以购买专供白人的酒而不必担心被捕。他必须携带并出示他的高级文件——豁免证。因此，他也无法免遭被拦住去路、被喝令出示豁免证的当众侮辱。这让我感到恶心。(P14)

作者讲述了许多尊严被踩在脚下的情景，这些事都不是什么大事，也不是令人发指的行为，但是那些日常的骚扰、琐屑的无礼行为和细碎的侮辱，使人们总感觉尊严无处存放。令我印象最深的是这样一个场景，当作者陪他父亲去商店时，柜台后面的小丫头竟然时常张口叫他父亲：“嗨，小子！”这种行为仅仅是因为她是一个白人，作者只能在一旁默默地看着他有尊严的父亲，“我的心为我的父亲死了许多次”，但却对此无能为力。

事例三：

1948 年当政伊始，种族隔离政府就开始了疯狂的种族主义立法过程。他们废弃了许多黑人城镇，搬迁了许多安居的社区，把上帝的子孙都扔到了与垃圾场毫无二致的班图斯坦黑人定居区。350 万人被迫背井离乡，这些仅仅是统计数字，但强制迁移计划的受害者却是有血有肉的人啊！开普敦的桌山脚下是市里最为热闹和时髦的部分地区，叫作第六区。后来，国民党掌权，以种族和睦的名义，宣布第六区必须关闭。于是，有色人和非洲人都被迁移到离他们工作的市中心数英里之外的地方。老人 1960 年从第六区迁到这里，而当时已经是 1986 年了。那些没有打开的塞满家什的盒子箱子，在简陋的房子里摊得到处都是。当我问他为什么没有打开时，他回答说他等着回到第六区的家。那 350 万人就是这样的人。老人怀着破碎的心离开了人世，箱子依旧没有开启。(P17)

“垃圾可以扔，但人是不能扔的。”但是这恰恰就是南非种族隔离下的非白人遭受的待遇，我们平时都会说“我们是人，不是东西”，但他们被当作物件一样被赶出自己的家，被迫迁移，他们所经历的这些不是因为别的，就是因为，他们是黑人。作者去英国留学回来更体会到了这种肤色的间隔，他们可以在“巴黎的上流餐馆里享受法式美食”，但是在他自己的祖国却办不到，没有餐馆让黑人就餐。

书中还有不胜枚举的杀人事例，这些使得南非人对种族隔离有着可怕的记忆，例如：1960 年 3 月 21 日的沙佩维尔大屠杀，警察向对通行证法和平抗议的群众开火；1976年6月16日的索韦托起义，起义学生被射杀，黑人觉醒运动的年轻学生领导人史蒂夫·比科被赤身裸体用警方的卡车驱车1500公里送到比勒陀利亚，据说是要接受治疗，可是到达不久就死了；1985年的阿曼泽姆多蒂爆炸事件；等等。在此作者只是讲述了一些在政党看来无足轻重的拿人命开玩笑的"小事"。

2．道路的选择

道路的选择：有些人希望借鉴纽伦堡审判模式。第二次世界大战后，盟军彻底打败纳粹及其轴心国，得以实施所谓的"胜利者的正义"，被告一方毫无发言权。

还有些人反对审判方案，轻描淡写地说我们应该让过去的事就过去吧。他们吵吵着要一个一揽子方案或是全面大赦，就像在智利，任命了一个真相委员会，关起门来审案，政府和军官宽恕了自己，他们集被告、原告、法官于一身。(P31)

其实质只是一副空皮囊，民众心中也知晓其中的运作，普遍大赦等于被遗忘，自然无法真正处理好国家内部的问题。

南非的情形则是不实行全面大赦。有人指出，我们任何人都无权说"让过去的事就过去吧"，然后挥手间一切就真的过去了。我们的共同经验其实恰好相反——过去的一切不是消失了、沉寂了，而是令人尴尬地顽固存在着，它将不断地回过头来纠缠我们，除非我们彻底地解决一切。(P31)

我们国家的谈判者选择了"第三条道路"，这第三条道路就是赦免具体个人的罪责，以换取对与赦免相关的罪行的完全披露。以可能获得自由之胡萝卜换取真相。有条件大赦的第三条道路符合非洲式世界观的中心特点。这在恩古尼足语族中叫Ubuntu(乌班图)，Ubuntu意味着即使种族隔离的支持者，也是其实施和狂热支持的制度的受害者。无论种族隔离暴行实施者愿意与否，其人性和遭迫害的人的人性纠缠在一起。在以非人的方式对待他人、给他人施加无以名状的痛苦时，施行者也必然失去了人性。当然(在非洲)情况并非都是如此，只是要说Ubuntu不是一个机械、自动和必然的过程，我们南非人幸运地拥有一批不只是黑人而是各种族的卓越人物。(P34－37)

(三)时机已到

正如作者所言，"南非人幸运地拥有一批不只是黑人而是各种族的卓越人物"。本章节主要内容是向我们介绍了促使南非在破除种族隔离时机到来中起到至关重要作用的人物。我想这里有如下几人是作者希望大家知晓的：

1．德克勒克

德克勒克替代了顽固不化的博塔担任了南非的总统。这使得作为反种族压迫的代表——非国大可以作为合法团体开展活动，这使得南非开启了走出种族隔离的不公正和压迫的牢笼。不仅如此，德克勒克在处理南非问题上，主张用选举。尽管其初衷可能是希望以三驾马车的方式轮流当政，但其1990年的作为是值得敬佩的。

我相信，如果他没有做出他已做的一切，我们就会经历许多人预测的、使南非在劫难逃的血腥屠杀。要说服白人社会，让他们接受通过谈判交出其独揽的政权，是需要极大勇气的。很少有选民会拥戴要把政权交给世仇，并以此为政纲的候选人。他是在拿自己的政治生涯冒险，我们如果不因此赞扬他，就太过失礼了。(P40)

2. 纳尔逊·曼德拉

如果德克勒克先生遭遇到的是一个身陷囹圄、满腔仇恨、誓死复仇的人，他很可能不会宣布其改革计划。幸而他遇到的是被造就成有良知和卓越品质的人。纳尔逊·曼德拉出狱时不是满口声言仇恨和复仇的人。他成了和解与宽容的英雄化身，让我们所有人惊异不已。(P41)

这里我们要再一次强调曼德拉，他在监狱度过27年之久，他们让他在庭院里机械地敲石头，来消磨他的意志，让他在强光的采石厂做苦役，摧毁他的视力，但是这一切都没有让他变成仇恨的化身，制度在他身上灰溜溜地败下阵来，他成了正义的化身。也许这就是我们说的痛苦并不一定会造就痛苦，他的一生为反种族隔离牺牲太多，正是这些痛苦与牺牲让他获得了任何其他方式都无法赋予的权力和威信。

3. 克里斯·哈尼

作为一个搞军事的人，如果选择对抗谈判进程、与希望继续武装斗争的人站在一边，他本可以把很多人吸引到自己周围。相反，他以自身的威望，走遍全国，敦促年轻人今后成为“和平战士”，并得到了积极的响应。(P44)

在南非历史的紧要关头，我们幸运地看到，种族界限的两边都有出色的领导人，他们为促进和平、宽容与和解，将自己的政治生涯和生命都置之度外。图图大主教在提及他访问非洲和世界其他同样在经历冲突与压迫的遗留问题的国家时，他们几乎无不叹息，他们既没有像曼德拉一样具有勇气、眼光和境界的领导人，也没有像德克勒克一样有勇气和理智退出历史舞台的人。

就在如上所述的卓越人物以及教会、非国大的作用的时机之下，真相与和解委员会成立了。真相与和解委员会的宪法指南《民族团结与和解》中有这样一句话：我们需要理解，不是复仇；是补偿，不是报复；是乌班图精神，不是牺牲。

(四)何谓正义?

本章主要围绕“一个人犯下滔天大罪，仅仅坦白自己的所作所为，就可以万事大吉，这究竟对不对?”这个问题来排解一些人对真相与和解委员会的怀疑，让我们不要局限于如何把过去承受的附加于他人身上，而是要换位思考，学会同情他人，学会懂得他人的痛苦。

1.《促进民族团结与和解法案》中指定的获得大赦的条件

(1)请求予以大赦的行为，必须发生在1960年沙佩维尔大屠杀(这是一个分水岭，自此以后黑人政治团体被禁，转化成解放运动，不得不放弃非暴力，进行武装斗争)和1994年曼德拉当选为南非第一任民主选举的国家首脑(这是新制度开始的标志，是与过去彻底决裂的开始)之间；

(2)行为必须具有政治动机(指执行或代表一个政治组织的命令)；

(3)申请人必须如实披露所有与寻求大赦行为相关的事实；

(4)必须遵守适配性原则，即手段应与目的相适应。(P49)

这样的大赦法案自然会引起很多不满，例如有人会质疑，假如申请大赦的人没有忏悔，只要披露事实就可以赦免，那么何来公正？正如作者所说：

不应认为给予大赦是鼓励有罪不罚，让罪犯完全逃脱其行为后果，因为大赦只给那些承认有罪并为其行为承担责任的人。整个进程鼓励的是承担责任，即一种作为非洲传统法学特点的恢复性司法，他关注的重点不在报复或惩罚，而是本着乌班图精神，疗治创伤、恢复平衡、复原破裂的关系。我们可以说司法，恢复性司法，是在寻求抚慰、宽容与和解中伸张正义的。(P53)

在备受争议的大赦法案公布后，在曼德拉的探索与领导下，南非找出了不尽完美但却是当时形势下的最佳选择，即以真相换取罪犯的自由，并且要求受害者放弃对罪犯的刑事诉讼权利以及民事赔偿的要求，但由国家给予补偿，这里作者也提到，必须要说明的是：

这笔钱更多的是象征性的，而不是实质性的补偿。国家实际在向受害者说：“我们承认你们的权利受到了严重践踏。我们非常抱歉，我们把你们的伤口揭开，希望能够清理干净；这些赔偿如同药膏，敷在伤口帮助愈合。”(P59)

2．作者在本章讲述的与受害者及犯罪者有关的两则事例

(1)与受害者有关的事例

我们委员会的人往往对来到我们面前的人备感惭愧，因为他们的期望和要求常常是那么谦卑。“我能不能给我的孩子立块墓碑?”“委员会能不能帮忙找到我儿子的尸骨，哪怕是一块骨头，让我们为他安葬?”“能不能帮我让我的孩子上学?”如果我们让他们失望，连这些可怜的要求都不能满足，那该是多么悲哀的事。(P61)

(2)与犯罪者有关的事例

南非广播公司负责报道真相与和解委员会的小组收到一个自称海伦娜的妇女的来信，公司广播了大部分来信内容：她在18岁的时候认识了她的初恋情人，他是那么的生机勃勃、聪明睿智，后来有一天，他说他要“出趟门”，直到一年多以前，他们再次相见，她才第一次知道他到国外参加了行动，并打算申请大赦。但“我”看到曾经高大英俊的人变成了现在这副形骸，心中充满无法言喻的痛苦。他只有一个愿望——必须说出真相。大赦无关紧要，它不过是通向真相的途径。她婚姻失败后，又遇到一个警察，他幽默、凡事有板有眼。后来他说自己和三个朋友得到了提升，要调到一个“特殊部门”去。进入特别部队三年后，地狱般的生活终于降临到“我们”头上，他开始变得沉默寡言，内向偏执有时干脆用双手捂着脸抖个不停，“我”从未搞清楚这每次“出门”他都咽下了什么。直至今天我找到了所有令我心痛的答案。我知道了那些“在上边的人”的作用，那些“小集团”和“我们的人”不过是执行他们命令的“秃鹫”。这种给我们带来不正常的生活，不是违反人权是什么？一天夜里，他对“我”说：“他们可以一千次地赦免我。即使上帝和所有的人都一千次地赦免了我，我也得生活在这个地狱中。问题出在我的脑子里，我的良心里。”（P63）

这两个故事让我们看到了制度之外的人的可悲，我们认为他们存在受害者和犯罪者的天壤之别，但实际上，他们真的有区别吗？他们都一样被白人统治者弃如蝼蚁，对他们而言，要求一个真相比处罚罪犯获得赔偿更重要，对他们而言良心的谴责比惩罚更像地狱，说出真相比获得大赦更重要。因此，我们便能明白为什么大赦不是鼓励犯罪，为什么作者需要通过这两个故事告诉我们何谓正义。

（五）开始行动

真相与和解委员会在主教廷召开的会议，聚集了可以想象得出的形形色色的南非人。共到会 16 人，其中一人因故缺席，10 名黑人，6 名白人。政治上，我们代表了从左翼到白人保守右翼的各种派别。（P67）

本章，作者主要介绍了三部分内容：

其一，参会人员的身份、历史等情况，他们涵盖各个身份，有支持种族隔离的议会反对党代表，有为南非黑人争取权利的妇女运动的中坚人物，有介入劳工权利斗争以及人权律师，有循道宗教会前会长、南非教会理事主席，也有担任政府精神卫生专家的心理学家。

其二，真相与和解委员会成立之初出现的预料之外的问题并达成最终一致的听证形式，例如：

我们来自不同的背景，后来我们发现种族隔离以不同的方式影响了我们所有人。我们懊恼地发现我们是南非社会的缩影，受伤的程度远远超出我们当初的想像。我们发现彼此之间常常猜忌，难以建立相互信任。因为我们相信政坛上的惯例是要争取心满意足，要以牙还牙、以血还血。

在违反人权案件专门委员会，我们议定当受害者或幸存者到委员会的受害者听证会上陈述他们的辛酸经历时，我们应当营造庄严的气氛，应该有祷告、赞美

诗和燃烛仪式，纪念在斗争中死去的人们。（P73）

其三，神学在运作中的巨大作用。

在这门神学中，我们不能放弃任何人，因为我们的上帝为罪人保留了特别柔软的心肠。耶稣说，一个悔过的罪人比99个无须忏悔的人，可以给天堂带来更大的欣喜。总之，根据这一神学，任何人、任何事都不是毫无希望、无可救药的。（P72－75）

（六）受害者，抑或幸存者的国度？

本章主要讲述了：

作者领导真相与和解委员会的一个观点：委员会的一大特点就是不将白人和黑人作为种族的分类，不是因为他是白人就应该是犯罪者，同样，也不是所有的黑人都是受害者，不论是种族隔离的支持者还是推翻者，在法律和道义面前一律平等。这也从侧面揭示了委员会得以在处理种族隔离问题的惊涛骇浪中立足、树立威信的原因。

我们明确声明，种族隔离是对人类的犯罪。我们也同样坚决地声明，解放运动开展的是正义的战争，《日内瓦公约》和正义战争的原则都清楚地指出，战争中必须有正义。正义的事业必须通过正义的手段进行斗争，否则它就可能严重变质。（P81）

南非在处理种族隔离历史遗留问题中表现出的民族大义空前团结。这个拯救民族的委员会得到了宗教团体、非政府组织、志愿者等各团体的大力帮助，把"真相令你痛苦，但沉默让你死亡"之类的口号传遍了南非的各个角落。

第一次听证会于1996年4月在东伦敦（南非开普省港市，东开普敦省是反对白人扩张主义的黑人抵抗运动和政治觉醒的发源地）举行，第一次的成败与否，会对今后听证会造成或正面或负面的影响。

我们给那些将要作证的人提供心理咨询，帮他们度过无论如何都非常难熬的时刻。我们还给证人提供了"陪同员"，负责陪伴证人。作证时，他们坐在证人的身边照顾，在他们痛哭流涕时递上一杯水、一片纸巾。我们对座次的安排慎之又慎，必须避免任何他们在受审的印象，因此证人和听证的委员会成员坐在一条水平线上。我们坚持他们用自己选择的语言作证，还允许亲属陪伴，为所有这些可能前来参加听证会的人安排交通和食宿。（P83）

（七）"我们确想宽恕，但不知宽恕谁"

本章讲述了20个故事，其中15个揭露了令人发指的罪行，其余5个故事中作者表达了对受害者及其家属的宽容之心的敬佩之情。这些令人发指行径的施加者不仅包括白人代表的安全部队，也包括为正义而战的黑人解放战争的中枢机构

（非国大），进一步体现了真相与和解委员会的工作是站在法律和道义平等之上的。委员会的工作包括两部分：一是受害者听证会，正如我们上一章节所讲，人们可以通过受害者听证会说出自己的痛处，要求得到一个真相；二是申请大赦的听证会，这是对自己罪行的坦白，委员会的存在使人们得以知道真相，真相的披露是宽恕的前提，真相的坦白使他们有了宽恕的对象，这是何其重要的一点。这里我列举了几个申请大赦的罪行：

1. 警察死刑队三人为谋杀德班著名律师格里菲斯·姆先格申请大赦

（1）克埃兹对大赦委员会说：我们谋杀伪装成一次抢劫，小组的人用刀和车轮扳手袭击了姆先格……接着阿尔蒙德和乔开始疯狂地用刀捅他。

（2）大赦专门委员会的副主席安德鲁·威尔逊法官在大赦听证会上询问了诺夫梅拉。

威尔逊：你能说出……他被捅了那么多刀的原因吗？

诺夫梅拉：我想原因就是……他总是不倒下。他一直在反抗。

威尔逊：他反抗是为了保住自己的性命，是不是？

诺夫梅拉：是的，先生，没错。

（3）姆先格太太讲述了是如何在政府的停尸间找到丈夫的尸体：在他身上、肺部、肝部和心脏，共45处被割被捅的伤口。他的喉咙被割断，两个耳朵几乎被割了下来。肚子也被开了膛。（P107）

作者：杀手处在疯狂之中，但话说回来这又只是他们的工作，冷酷无情地执行工作。（P107）

2. 德克·克埃兹在大赦申请中就杀害被警察绑架的一个东开普年轻人供词

趁……孔迪勒先生仰面躺在地上的时候，冲他头顶开了枪。人抽搐了一会儿，就完了……4个尚未进入现役的下级军官……每人提起一只手或脚，把尸体扔到轮胎和木柴堆上，浇上汽油，点着了火……这一切进行时，我们在喝酒，甚至还在火堆边吃烧烤。

我说这些不是为了显示我们的"胆量"，而是要告诉委员会这一切是多么残忍，而在那些日子里，我们又走到了什么样的地步……需要7个小时才能把尸体完全烧成灰。大块的肉，特别是屁股和大腿，必须在夜间不断地翻动，才能保证一切都烧成灰……第二天早晨，我们把灰烬仔细检查了一遍，确定没有剩下一块肉、一根骨头，然后各自散去了。（P107）

作者：人能够枪杀另一个人，并竟然在尸体火化时在一旁吃烧烤，这令人毛骨悚然。他们这么做，人性何在？他们怎么能咽得下去？对大部分正常人来说，焚烧尸体的臭气令人翻肠倒肚地恶心。难道他们带着双重人格——把自己分裂为两个人——生活下去吗？在这样的外出之后，他们如何还能回到家里，拥抱妻子，享受一切呢？（P108）

3．1986 年非国大汽车爆炸事件

扎哈拉·纳克迪恩和罗伯特·麦克布莱德一起被捕。纳克迪恩女士讲述了未经庭审便被监禁的人和囚犯在狱中受到的待遇。

她首先讲述了她遭受的酷刑和单独监禁：他们常常在 7 点半或 8 点早饭后，把我提出来审讯一整天，接着持续到夜里，一直折腾到凌晨两三点钟。我始终都得站着，他们一群人对我谩骂尖叫，但我可以忍受，因为我可以默默祈祷，对他们的谩骂充耳不闻。他们开始意识到我可以忍受这种谩骂，于是找来了一只塑料袋，他们把口扎紧，使我不能呼吸，并持续了至少两分钟，我的整个身体开始抽搐，因为我真的无法呼吸……这些日子我一直穿着同样的衣服，一条裙子，而且还有月经……

接着，她被关了 100 多天的单独监禁：真正让我难受的是那些老鼠……老鼠很大，像猫似的。我坐在那儿吃东西，三只老鼠就会蹲在旁边看着我。一天晚上，一只老鼠爬到了我的身上，我没有在意，直到它一直爬到了我的脖子上。我像疯了一样，尖叫声响彻整个监狱。

在彼得马里茨堡庭审时，她被女狱监当作危险的恐怖分子，每天被迫两次脱得精光，我不得不赤身裸体地站着。被判监禁后，她被划分成“有色人”，因为与其他囚犯发生冲突被黑人指责，她被送进单人囚室关了 7 个月，我简直不愿再提我必须具备怎样的心理状态才能活下来。

现在我已经出狱……7 年，但还没有恢复，也永远不会恢复了。出来后的前两年，我尽量使自己正常，但我越努力就越感到不安。我必须承认自己受到了伤害，我的一部分灵魂被蛆吃掉了，但我永远找不回来了。（P115）

同样遭受痛苦的女性有很多，有一位叫作唐迪的索韦托妇女，在监禁期间也遭到折磨。她屡遭奸污。她说她能活下来，是因为她把自己的灵魂从身体中取出来，放在奸污发生的囚室的角落里。她一边想像着不是自己而是一个陌生人在遭受侮辱，一边嘴里念叨着充满同情的话。她眼中噙满泪水，说自己还没有回到那房间去取回她的灵魂。（P119）

4．致力于为其生活的乡村建立新的社会秩序的科拉多克四人帮的遗孀们的证词

我阅读了验尸文件……在上腹部有 25 处伤。这些伤表明他们要么用不同的凶器捅了他，要么许多人同时在打他。下腹部也有伤，但伤口数量达到43 处。我们还知道，他们往他脸上泼了酸。然后，他们齐腕剁下他的右手，怎么处置的那只手我就不知道了。

事实上，那只手被泡在酒精里，保存在伊丽莎白港的警察总部，警察就用这被叫做“狒狒之爪”的手，恐吓拘留的人。（P125）

其中西塞罗的女儿巴巴尔瓦讲述了自己作为活跃分子女儿的故事，她讲述完自己被警察无休止折磨的故事后，说她想见到杀害她父亲的人。她说得很平静，带着她同龄人少有的成熟和尊严。整个大厅静得能听见一根针掉在地上，只听她说："我们确想宽恕，但不知宽恕谁。"直到罪犯们利用委员会的大赦进程申请大赦时，方才真相大白，揭露出凶手实际上是警察部门。(P124)

5．艾米·比埃勒死于她所献身的正义但其父母却选择宽恕罪犯

她曾长期参加斯坦福大学的反种族隔离学生运动。1993 年她开车送几个学生朋友到古古乐图去，一群年轻人用石头砸他们的车，她们下车后，人群开始追赶他们，用石头砸她，用刀砍她。具有讽刺意味的是，如此献身正义的她，竟死在她支持的人——黑人活跃分子手里。

她的家人显然悲痛欲绝。然而，他们没有满怀仇恨、寻求报复，没有反对那些残忍地杀害了亲人的凶手申请大赦。比埃勒夫妇参加了大赦申请听证，并表示完全支持和解与大赦进程。他们与杀害女儿的凶手的家人拥抱在了一起。他们作证说，女儿的死使他们有了更为深刻的认识，他们热诚地致力于拯救古古乐图的青年，拉他们走出命中注定的死胡同，把他们从暴力犯罪中解救出来，走上具有责任心的成长之路。(P130)

同样做出如此选择的还有 7 岁的苏西的父母。她的母亲见到了杀害女儿的凶手，并说她宽恕他。她说："我觉得我对她最好的纪念，不应是做出我所痛恨的事，而是告诉大家每一个生命都是宝贵的，都值得保留。无论我们多么有理，我们的不宽容只能伤及自己。气愤、仇恨、恼怒、痛苦、报复——这一切是死神的精灵，会像夺去苏西的生命那样，也夺去我们的"一部分生命"。我相信，我们要成为全面、健康和快乐的人，就要学会宽容。"(P132)

在阅读这样的故事时，我没有办法作出自己的评价和总结，受害者及其家人遭受的灵与肉的摧残是一个局外人无论如何也难以体会的，他们是历经暗夜依然闪亮的人，他们的灵魂是高贵的。我想其中部分原因确是对上帝的信仰造就的，他们时刻告诫自己：噩梦有望过去，乱麻终将解开。

（八）"我感觉如重见光明一般"

前一章列举的和解与宽容的事例，并非仅有的成就。

我们发现，许多来到委员会的人事后都认为，陈述自身经历本身，就让他们得到了解脱，感到了宽慰。接受和承认他们的确曾深受痛苦，对他们来说是一剂畅快的良药。只要有一个人有这样的感觉，我们委员会就不枉存在。很多人向我们表示了同样的感受，这使我们不由地希望能给更多的人发泄愤怒、解脱负担的机会。(P139)

这一章讲述了另外 9 个听证会中被大家知晓的事例，例如：

(1)卢卡斯·斯克维培里这个年轻人讲述自己的遭遇时说，臭名昭著的开普敦警官朝他脸部开枪，致使他双目失明。然后他说：

我觉得……到这里来讲述我的经历，就好像让我恢复了视力，重见了光明。我觉得一直让我闷闷不乐的原因，是我不能讲述我的故事。但现在……来到这里，讲述我的故事，我感到如重见光明一般。

(2)对温妮·曼德拉的“足球俱乐部”的活动进行为期9天的马拉松式的调查与听证。

正如作者所言，温妮·曼德拉非同一般。她具有超群的个人魅力，在受管制前曾是极有号召力的演说家。当我们的大部分领袖要么流放要么坐牢时，她在集合群众方面起到了关键作用。(P141)

作者是温妮·曼德拉听证会的主导，他向出席听证会的所有人讲述了他和曼德拉一家的特殊关系，温妮甚至是为他一个孙子洗礼的教母，但是他不偏不倚地分析了她对南非人民的功与过，并请求她说出“我很抱歉，我为自己在这些问题中起到的作用抱歉”。温妮，第一次在公众面前致歉，她尖锐地指出“反对种族隔离的人，也可能成为自己最痛恨的那种人”。

(3)我无法忘记一个到委员会作证的母亲的凄惨哭声。她告诉我们她儿子失踪了。她认为他可能已经死了。她从心底里发出请求：“你们难道不能找到他的一块骨头，让我好好地为他的遗骸下葬吗?”这样类似的失踪数不胜数，没有委员会，这哭声只能随风飘去，消失在无奈的叹息中——没有真相与光明。(P159)

我们的小组打开了多处坟墓。委员理查德·莱斯特讲到其中一个墓地时说：至今萦绕在我心头，并且我终生也不会忘记的……这是一个年轻的女子(费拉·恩德旺德维)的墓，她是“斯威士兰非国大民族之矛”的高级成员。她被一个安全警察绑架，赤身裸体关在一间小屋里，说服她做内线。后来他们觉得她已经没用了，就让她跪下，从脑后给了她一枪。他们挖的墓穴很深，但不够长，因此必须将她仰面放进去后，再把她的双腿蜷起来。我们发现她的尸体时，但看到腰上放着一个蓝色塑料袋。我们问……这是什么。他们说，审讯和受刑时她用塑料袋遮盖着身体，想要维护一点女性的尊严。对我来说，这不仅说明了杀她的人是怎样的人，也说明了像她这样的人、那些死去的人，又是怎样的人。他们说：“她非常勇敢。”(P161)

真相与和解委员会，也许会使犯罪者有机会大赦，但是对受害者而言，这不仅是宽恕罪犯，也是宽恕了自己，这是让自己重见光明的机会，让背负着亲人离去的幸存者重见光明的机会。我们说，最折磨人的是什么，其实是不敢相信的事实与无限的遐想带来的空洞，他们通过真相与和解委员会知道了亲人的遭遇，可以在心中有一个了断。

（九）我为什么做这份吃力不讨好的工作？

作者在委员会创立之初也历经波折，反对与责骂也是时有之事，重要的委员会中大部分是白人，这样的组合难免会在观点上意见相左，面对委员会漏的像个筛子的情况，在这一章中作者也转变了自己的观点，明确地回答了他人的质疑，因为委员会的任务就是要帮助受到创伤的人民愈合伤痛，也是因为曼德拉总统的支持，所以这就是作者致力于付出的事业。

但看看委员会的组成，想想种族隔离给我们造成的恶劣影响，这样想未免天真。即使不是这个问题，也会有别的问题出现。这几乎是我们正视各自的过去、正视整个国家的过去的一个必经阶段。我们航行在惊涛骇浪间，指望我们一帆风顺，未免太过乌托邦和超理想主义了。（P169）

正如圣保罗所说，我们是名副其实的、脆弱而有缺陷的土陶。每次我想低头认输的时候，真和善最终占了上风，而最应当感谢的还是那些来到委员会向我们、向世界敞开自己的人们。他们置自身于不顾，在恢复自己尊严的同时，也帮助我们重新获得了人性。（P177）

（十）“我们原来不知道”

为什么这样一个不可接受的制度存在了这么久？许多人总是说“我们原来不知道”，但是作者认为不能利用这一政治辩解，因为其实在很多方面只是那些人不想知道，而恰恰是他们的视而不见给南非的种族隔离政策创造了无限延伸的空间。使黑人的自由受到限制，如果妻子到丈夫做合同工的白人城镇找他，并同宿在男性宿舍，就是违法；使医疗变态发展，第二次世界大战以前，南非没有培养一个黑人医生，在种族隔离的迫害下，有些医生甚至教警察如何不留痕迹地进行拷打，告诉他们犯人还能撑多久；使法律界不再代表正义，成为邪恶制度的同伙，现任大法官伊斯梅尔·马霍麦德曾不得不钻到白人同事事务所的厕所里吃午饭；使许多人认为非法等于不道德。

如果那些大大受益于种族隔离的人不是在纵容或听之任之的话，那么这些人为什么会遭到其他白人的排挤和敌视呢？

应该指出，许多白人生长在这一制度中，他们不知道还有什么其他制度，对此抱着默认的态度，因为这种现状给他们带来莫大的舒适。这个制度并不幼稚，而是极为精密复杂的。黑人城镇往往设在白人的视野之外，眼不见自然容易心安理得。如果是白人，就必须愿意费上些周折，才能见到黑人城镇。我们——南非的黑人和白人——罹患了精神分裂症，我们在身心两方面都生活在两个分割的、相异的世界里。（P178）

我们常常容易欺骗自己，甚至用自己设想的东西来说服身边的人，我们对电视剧中一个人津津乐道向他人讲述一些自己并不确切知道的事情并极力表现得所知甚广的场景熟知。有时候，在他们扮演这样的角色时，慢慢自己也就感觉到自己确实像那么回事，真真假假，假亦成真。南非的一些白人也是如此，他们不知从哪里学来“我们原来不知道”这个借口，但是他们屡试不爽，一句“原来我们不知道”能够帮助他脱离窘境，改变被身负民族大义的那部分白人指责的局面，同时慢慢地他们也会真正觉得自己心安理得，舒心地生活在别人的痛苦中，面对南非的过去，我想说，这是一个慵懒的民族，他们不是懒于思考，不是懒于行动，而是懒于打开心灵的眼睛。

即便人性崭露出如此不堪的一面，但是正如作者所言：

经历了委员会的艰苦工作后，我深深地感到——真的是一个异常振奋的认识：尽管邪恶遍地，我们人类还是有向善的非凡能力。我们可以非常善良。正是这一点让我即使在最艰难的情况下，也满怀希望。（P209）

三、总结思考：没有宽恕，真的没有未来

最后一章是作者对本书中心的升华——没有宽恕，就没有未来——我准备用这一部分来谈一下我自己对这个观点的看法，也许只是对读完这本书的一点感悟吧！

我读过了书中太多凄惨的故事，也许不仅是读过，我甚至在脑海中浮现出那样的画面，我试着去体会受害者的心情和痛苦，这种痛苦充满凄楚和令人同情。我看到了人类可以对自己的同胞凶残到何种程度，看到了一个 8 岁男孩和一个八旬老人所遭受的迫害，看到他们对男人和女人处以极刑的残忍方式。南非的种族隔离造就了太多的魔鬼，他们在体制下变得面目全非。他们忍受内心的折磨，但同时他们又陶醉于对人捅刀子、烧尸体的兴奋中；他们是让人痛恨的魔鬼的化身，但又让人心生怜悯，因为他们在施暴的时候不仅摧残了受害者的人性，而且也失去了自己的灵魂。

也许从以下两方面我们会在一定程度上认同宽恕的必要性：其一，龙应台曾写“毕竟文明和野蛮的中隔线，薄弱，混沌，而且，一扯就会断”，也就是说，许多这样的“普通人”是罪行的执行者，现代社会的国民可以在一个邪恶的政权领导下做出可怕的事。那么，书中那些从事犯罪而又申请大赦的人又何尝不是“上面的文明”的“野蛮”表现？其二，我记得书中一个妇女说过：“我们必须悼念死者，为他们哭泣。但生活还得继续，我们不能永远哭泣。”这是一种不可摧折的精神，他们懂得没有宽恕就没有未来。如果他们在经历痛苦之后要求的是一报还一报的正义，那么南非便和现在的许多国家一样，仍然与战争共同生活，他们就会视报复为生命。基督说过，魔鬼不可宽恕，但是我很为南非这个国家感到庆幸，没有那

么多虔诚的基督教徒钻牛角尖，他们意识到了善良、和平与宽容是那么美好的。周国平在《思想的星空》里提及，“所谓的恶是人性中可理解的弱点”，虽然真相与和解委员会没有要求申请大赦的人为自己的行为感到歉疚，但实际上犯罪者几乎无一例外地不为他们的行径而忏悔。“人生在世的方式有千百种，而每个人只能选择一种，说到底谁的生活方式都是狭窄的”，他们双方在一个人性被揭露的环境中，以人类的睿智发现了“以真相换自由”的方式，这是一种脱离狭隘思想的生活方式，他们懂得只有当人们真正放下过去，与过去彻底决裂才能真的面向未来。我知道，我们都会感觉过去不是那么容易放下的，也许我们也会对图图大主教主持的真相与和解委员会如何能让人们如此之快地放下过去而好奇不已。我们不能忽视一点，南非的宽恕不是纵容。实际上，人们并没有那么容易放下过去，原谅罪犯。但是，对他们而言，这种请求宽恕的方式已经开启了他们被深锁心灵的钥匙。因为，宽恕了他人的罪行，其实质也是宽恕了对自己的禁锢，在以后的生活中，他们必定能够更加心向太阳。

最后，我想借一个比喻来表达我的观点，请大家把我们在此书中看到的南非历史以及我们生活中面临的不愉快比喻成电视频道，假如这里有两台这样的电视机，一台只有一个频道，一台只有两个频道，那么你会觉得哪一台更好呢？我想大部分人都会选择有两个频道的那一台，因为，我们还有二次选择的余地。如果我们执意选择只有一个频道的那一台，那么无论其节目性质是快乐抑或是悲伤，我们只能一路走到底，如果我们有幸遇到一台可以选择频道的电视机，我们还可以在适当的时机选择另一个频道，这就是二次选择。南非是幸运的，因为他们的第一次选择——宽恕是正确的，所以才给了人们第二次选择——未来的机会！

讨论部分

唐松林老师：感谢晓卉同学的分享。我想提出几个问题供大家思考。第一，我们时常讲社会的最高价值是人的自由、尊严、生命，那么，我们所期盼的自由是一种什么样的自由，尊严与生命的理想状态又该是什么样的？第二，书中多次提及“真相”，那么“真相”的本质是什么？第三，卢梭崇尚“天赋人权”“人生来自由平等”，但往往无法实现，甚至人类经常活在现实残酷的枷锁与相互残杀之中，原因是什么？第四，面对以上所说的如此多的冲突，我们又该如何应对？反思自己日常生活中的各种行为，面对生活的不公，别人对自己的无礼与伤害，我们如何对待，作为社会人，我们需要什么样的人格？

李梅芳老师：我记得曼德拉曾说过，“如果我不把仇恨丢在身后，那么我依旧生活在牢笼中”，我想这正是对宽恕与未来的最好说明。从《没有宽恕就没有未来》这次读书报告中可以看到南非在种族隔离下所经受的苦难与折磨，我想莫言的《檀香刑》里对苦难与人性的塑造并不亚于这本书，严歌苓的《小姨多鹤》（三本代表性的著作之一，除此之外还有《金陵十三钗》《陆犯焉识》）也是有过之而无不及（这本书里讲述了一个日本歌伎被卖给一个中国人做小妾时所经历的故事）。我认为，人性的丑陋在哪个国家和社会都有，但是为什么人又能够宽恕他人给自己带来的痛苦呢？我认为，人是因为懂得才会宽恕。

侯兰花老师：这本书我并没有阅读过，但是翔实的读书报告已然让我对这本书的内容有了不少的了解，我也有颇多感受想和大家分享。书中讲述了很多施行恶行的犯罪者申请大赦，他们在家里可能是好丈夫、好爸爸，但是在执行命令时却变成了冷血杀手，我认为导致这种现象的原因是用一句话可以概括的——可恨之人，必有可怜之处。人是复杂的，是天使和魔鬼的矛盾体，我们生活中听闻过的很多犯罪者大概都是这样，正是这种性质让我们有机会对这些犯罪者施以同情心，他们的真心忏悔才会得到受害者的宽恕。我想，这也正是李老师所说的“懂得”的意思，正是因为我们能够真正地理解人的复杂性，我们才会有意愿去接受他们善良的一面，原谅他们邪恶的一面。

匡林林老师：我很赞同以上几位的观点，听后也是受益匪浅。这里我想补充两点：其一，为什么书中很多人会对黑暗势力“妥协”，这是因为人性的弱点促使的，我们经常说“两害相权取其轻，两利相权取其重”，在利害关系的促使下，人自然会作出抉择；其二，其实我们国家也和南非一样，在战争中饱受伤害，我指的是南京大屠杀，经历了南京大屠杀的痛苦，我们为什么活着？儒家有句话“己所不欲勿施于人”，因为我们经历过痛苦，所以我们不想用一报还一报的行为把痛苦还回去，同时还有另一句话“己欲立而立人，己欲达而达人”，也是同一个道理。

王祖霖：我想谈两点感受与大家分享：第一，宽恕是一种生活态度，我希望我们都能够做一个乐观的人。这里我提到“生活态度”，这也就是说，哪怕所遇事情不是政治大事，与国家无关，只是我们生活中的琐事，我们也可以学着用“宽恕”的心态去看待，不要徒增烦恼。第二，做一个务实的边缘人。这句话的意思是说，在现实生活中，也许会遇到不如意的事情，遇到阻碍，但是做一个边缘人，不“涉事”，就不会受其所困，同时也要自律，做一个真正务实之人。

魏婷婷：本尼迪曾提过罪感文化和耻感文化，这本书中也是深刻地揭示了这一点。我想谈一下对题目《没有宽恕就没有未来》的理解，我认为，书中举行听证会以及大赦申请，宽恕的不是罪行，而是人性。宽恕的本意并不是针对犯罪者的罪行而言的，其实质是针对人们对这些人“人性”的宽恕，这就教会我们要认识人类自己，从更高的人性的高度。同时，书中介绍了很多大度的受害者，他们能够坦然从痛苦中走出来，宽恕犯罪者。所以，我认为，能够做出宽恕他人行为的必定是强者，必定要有一定的阅历，实际上弱者本来拥有的东西相对于强者来说就会少一些，所以他们会更加珍惜自己所拥有的。

佘君君：这本书实际上给了我很多启示，它的故事告诉我们要敬畏生命，懂得一切，学会爱的能力，这是在生活中我们还需继续实现的。其实，书中所提到的宽恕与否，我认为这个问题归根结底就是一个由“懂不懂”到“做不做”的问题，庄子讲“齐物论”，主要就是强调要把“一切”作为自己生活现实中最高的信念的问题。

刘轶臻：我认为，题中的“宽恕”是指“自我修身”，就是讲“择其善者而从之，其不善者而改之”的意思。我不记得有没有给大家讲过基督教的故事，基督教的教义就是“人生而有罪，生来就是为了赎身的”，所以说，面对恶行时，我们也不应难以理解。最近我看了梁漱溟先生的《文明的冲突与制度的建构》这本书，我有一点领悟，其实在一定程度上，宽恕有时候就是一个借口，我倒是认为，制度就是应该“让好人更好，让恶人无法作恶”，制度的容忍是难以解决问题的。

唐松林老师：刚才大家的讨论，有几点是我们要思考的：第一，宽恕罪恶，本身是一种恶还是善？面对南非种族歧视的历史，我认为南非人民的这一历史选择，无法用恶与善来进行价值判断。书中所描述的南非，是特定历史条件下的南非，当时的选择，我认为是最好的选择，否则它可能导致无休止的复仇、杀戮与暴力的恶性循环。并且，以宽恕的方式处理民族问题，体现了人类的智慧、共同的期望。虽然，对于种族歧视与迫害的宽恕难以理解与接受，其中存在“深仇大恨无以报”的压抑、痛苦与煎熬，痛虽剧烈，但用爱来抚慰仍然是代价最少、最便捷、最安全、当然是最合理的方式，从长期的社会效果来看，是最佳的选择。对于当时的南非来说，没有宽恕，就只有战争、杀戮与复仇，因而就没有未来。

第二，我们必须警惕人性的弱点。这意味着，我们要认识自己的原罪，认识到自己的可憎与可恶。人是复杂的，“善”与“恶”是一对孪生兄弟，是“每个人灵魂深处的真相”，大家是作为一个善人坐在这里的，但在一定环境下，我们也可能暴露出不同的人性特征，我们也可能有面目狰狞的时候，我们也可能成为人类的敌人。我给大家推荐过一部德国电影《浪潮》，里面描述了“专制独裁”在几天时间内是如何形成的，你就不难理解希特勒对犹太人的迫害，你就不难理解《耳语者》里面讲的那些胆战心惊的真实故事，你就不难理解“文化大革命”中的种种灭绝人性的荒诞现象。

第三，学会反思与忏悔。这本书教会我们，一个敢于忏悔的人是能够战胜其自身的恶的。排除无理的欲望，对自己恶的思与行要做无情的挞伐，理性节制，过理性而有节制的生活，选择恰当的生活方式；“灵魂的纯真”是我们应追求的，我们虽然深处世俗之中，但做人做事要三思而后行，能够保持自己灵魂的纯真。

第四，对于个体来说，宽恕，是一种人生哲学。宽恕是一种生活态度，一种生存的力量，一种解决冲突的力量，做人的本质就是宽恕。人生最美丽的境界是要简单一些，包容一些，有定力一些。宽恕别人是自己幸福的一种方式。罪，不是我管的事情，是上帝管的事情。这并不是说我们放任罪恶，包容罪恶，我们要相信，法网恢恢，疏而不漏。我们要做的，是从自己做起，把自己做好。

谢谢大家的到来。

不是后记：心灵的故事

时间：2015 年 1 月 12 日 19:00—22:30

地点：唐松林家

参加人：唐松林、杨明刚、王祖霖、王晨、陈坤、佘君君、刘丹丹、廖锐、魏婷婷、邓洁隽、于晓卉

唐松林老师：要放寒假了，我们好久没有在一起聊天了，一直想交流一下，说是一个民主生活会，想了一下，这个名称有点正式，有点政治味，不好。干脆改为心灵的故事，大家敞开心扉，自由地发泄一下，反思一下，吐槽一下，自我批评一下，谈谈这一学期的生活、爱情与学习感受，谈谈你最喜欢的人和事，也可以谈你遭遇到的困惑、问题与不满。这样，使蒙受委屈者释放压力，使内生隔阂者解开误会，使爱情不顺者减轻痛苦，这是一种轻松、享受与爱的方式。

王晨：来到湖南大学觉得自己更自信了些，以后的舞台越大，越需要一份自信的心态。而且觉得自己在交友方面需要改变一下，就是努力扩大交友圈，转变交友观，每个人都有值得学习的优点，真正了解一个人后再去评价他并学习他的长处。研究生这些日子，也告诉我不是所有人都可以成为朋友的，选择朋友是一件比较复杂的事，被蒙蔽了会看不清真相；被伤害得多了，也不是每一次都可以原谅。做人都是有底线的，我不说不代表我不在意，凡是触及底线的，绝不容忍，绝对不行。

刘丹丹：我感觉时间过得非常快，转眼间我们就将进入研二下半年了，回想研究生生活，或者这一学期的生活，我最深刻的感受就是——辛苦却充实。可能在座的同学中间，我是属于不太“乖”的，没有将全部心思投入学校学习上，而是

会参与学院的学生工作以及进行一些实习活动，因此，可能我是比较折腾的一种人吧！总结学期生活，我主要从学习、生活、工作三个方面来谈。

首先，在学习方面。由于处于研二，没有了课程的压力，相比研一来说，是比较轻松的，自由时间更多一些。在这个学期，一方面我阅读了一些书籍，尤其是一些文学类的，我喜欢翻看本科阶段的自定阅读书目，也很享受那个阅读过程，比如老舍的《四世同堂》等，沉浸在这些书籍里，我感觉自己平静了。当然，也看了一些哲学类的，如《苏菲的世界》。另一方面，这个学期，我进行了一场校外学习，即田家炳中学实习。尽管唐老师不太赞成过早实习，但是我全面考虑后还是选择了去实习。的确，我们这个年纪的学生，在校安心学习的时间不多了，以后一辈子都在工作，但是我还是认为实习本身也就是一种学习，一种更贴近我们生活的学习，而且人要懂得及时抓住身边的机会，看书学习，难道只能在学校吗？作为新时代的大学生，我们不仅仅要在学校多阅读，整个一生中都要与书籍为伴。而在田家炳实习，尽管我遇到非常多的挑战，比如每天6点半起床赶车、繁重的上课、与单位老师的交际、老师的不理解等，但是我知道，路是自己选的，就算再苦再累，我也必须勇往直前，做一个负责任的实习生，坚持下去。因此，当同门约我K歌、聚餐时，我都只是笑笑说："下次好吗？今晚我还要备课。"最终，我坚持下来了，我善始善终地完成了实习，也在实习中真正认识了教师（尤其是高中语文教师）这个职业，学到了教学的方法，尽管在一个多月中，我曾忙到掉眼泪，但是最后的我还是笑着与实习指导老师拥抱告别，我知道，我又成长了。人生在世，不奢望每个人都能理解支持你，只要你自己清楚自己要什么，知道自己每个阶段在做什么，即使有苦有泪，那又有什么关系呢！毕竟，生活是自己的，任何人都代替不了你去生活，如人饮水，冷暖自知吧！

其次，在生活方面，有喜有忧吧！喜的是我有一群好朋友、好室友，尽管我是与别院同学混合住宿，而且年级不一，但是我们相处得非常愉快，大家互帮互助，愉快地生活。宿舍就是我在湖南大学最温暖的家，我们没有争执，只有友爱，很幸福。而忧的事情也有，作为家中的长女，家中知识水平比较高的成员，我不仅要肩负自己的人生，更要为家庭减负，我会为爸爸的身体担心，会为父母的争吵落泪，还会要为19岁弟弟的生活烦恼操心。我一直认为"责任才是维持生命的动力"，对我而言，我要为家庭尽责，就要为父母排忧解难，为弟弟解决烦恼，努力在经济上自食其力，做一个家里的顶梁柱。

最后，再谈谈工作吧，这个主要分两部分来说，一是学院的学生工作。由于研二我还担任文体部长，因此还须担负一些学院活动的组织和策划，比如这学期就有校运动会、登山比赛、迎新晚会，幸好有了两个副部——洁隽和袁野的分担，我们还算比较圆满地完成了学院的工作，为同学们尽了自己的一份力。二就是职业工作。由于宿舍有两位研三的同学，因此能切身感受找工作的压力。11月份，我也会和他们跑跑宣讲会，看看招聘要求，努力提高自己，其实这也是我选择实习的重要原因。在他人的经验中，我看到了差距，激励着我努力。当然，最后她们都找到了不错的工作，这也让我看到了希望，我相信只要我不断努力，就算没有任何背景，我也能找到自己的舞台。

以上就是这学期我在学习、生活和工作上感受和总结。最后还想提出自己一点不足之处，与大家共勉。

作为一名大学生，人际关系能力不够强，不太懂人情世故。就如昨晚学院举行的迎新晚会，我作为晚会的负责人之一，在与晚会场地的管理老师沟通时，没有很好考虑，以致出现一些问题。比如在晚会开始前，管理老师硬性要求交付200元押金与300元以上的场地费（学校规定每个学院每年可免费使用一次场地），由于我的考虑不到位，差点导致晚会不能准时开始；在晚会进行中，有些设备使用问题得请管理老师帮忙，而我没有表示心意（买烟等），致使管理老师不愿帮忙；晚会结束后，由于我与同学们的沟通不及时，布置会场时使用了违禁的双面胶，差点被扣了200元押金，等等。通过这一系列的问题，我总结以下几点：

1. 任何活动都是人际交往，它是一门艺术，是一门学问。

2. 个人的力量是单薄的，团队才是强大的。我们不仅要做孤鹰，更要做群狼。

3. 作为领导者，规章制度的发布是必要的。

4. 遇到问题与其抱怨，不如寻找解决办法。

佘君君：总的来说，进入研二以来，没有论文的任务后，我比较希望能够自由地享受研究生生活，所以这个学期并没有做太多的正事，生活状态一直在“休闲”与“工作的压力”之间徘徊。

学习上来说，还是一直完成研一剩余下来的任务。第一，希望能把写的文章都争取发表出来，但是在论文的事情上很是被动，不愿意主动思考问题，也缺乏思考问题的能力，可能还是不适合读博士吧。好在，还有一个能够提及的优点，愿意读书。第二，希望能够很好地完成老师布置的任务和学院规定的事情，我的个人观点是：在玩之前还是要把该做的事情做好，所以自由的生活并不是不顾一切，只顾玩乐。（想想还是不能误导大家，特此阐明一下。）第三，为了不让自己太空闲，就在环境学院担任助管，这也是让我收获很大的一件事情。虽然在别人看来，这是没有意义的事情，但是我从其中能感受到“工作”并没有轻松和累的分别，自己的生活还是只能自己感受，每一份工作都会有它的酸甜苦辣。同时，也让我接触到湖南大学的各个角落与学院、部门与机构，这让一直没有归属感的我有了一点湖南大学的学生的感觉。

人际交往方面，我有一些不足的地方。第一，与学院的同学交往比较浅，自己也不愿意主动花时间、花精力去和别人沟通。第二，由于一些原因，导致与以前一些很好的伙伴之间产生隔阂，其中原因有自己的自私与不负责任。这件事情也给了我很多教训，以后做事情不能仅仅考虑自己，因为这样可能会无心伤害到他人；不要随意评价一个人，对对方产生不好的印象，因为很可能是因为自己的浅薄无知；还是要保持好自己的理性判断。第三，自我评价还是一个比较诚实的人，有错误就承认，有缺点就改善，有优点就奖励一下自己，向他人的优点学习，向别人的努力致敬。但是不太懂得付出，只能对有限的人花费精力与感情，所以也很容易失去朋友。

工作方面，一直是自己内心的一个梗，就如阿澜卢的《我是个年轻人，我心情不太好》中写的一般，进入到一种卡壳阶段，对未来担忧与恐惧。自己内心还是没有自信，可能是因为从小到大没有掌握一门专门的技能，总会觉得自己能做的事情大家都能做，这样的想法会让自己失去信心，对工作也更加担忧。同时，不太清楚自己到底想要什么。一直以来按部就班地上学，没有梦想，没有理想（可能一直没有变过的梦想就是脸要更小一点，要更漂亮一点吧）。但是总体来说，还是比较懂得调整自己，可能两三年后再回看这篇记录，会发现此时的烦恼与困苦都是徒劳的，所以其中的滋味还是自己慢慢体验吧，未来总是好的。

生活方面，我很感恩、知足。第一，亲情。我有一个完整而且幸福的家庭，虽然爸爸不常在身边，但是我能感受到他的爱，妈妈也会特别注意我和爸爸之间的沟通，所以我并不会因为缺乏爸爸的陪伴而产生不良的情绪，我很感激他们为这个家庭、为了我付出很多，不管是物质上还是精神上，都是充分地满足我，为我考虑。第二，友情。我有一群我很珍惜的朋友，不管什么时候，跟他们在一起总是很开心，很安心，感恩。第三，爱情。有一个很关心我，互相了解、理解的男朋友，我很知足。总之，很希望能尽快过上这样的生活，上班的时候热情、积极地工作（不把工作带回家），下班之后买菜、做饭、打扫、看电视、看看书，周末约上三五好友畅聊、健身、亲近自然、唱唱歌跳跳舞（连想想都觉得美）。

本期中也有过状态很差的时候，不自觉地就会莫名其妙地流泪，然后对自己最亲近的人发脾气。每次心情不好就把所有事情都想得很糟糕：觉得自己这也不会，那也不会，简直是没有一丝长处；觉得在学校也不开心，没有人交流与倾诉，有什么问题只能自己解决；觉得在家里也不开心，很多时候也是一个人，爸妈不能帮助我做出决定；觉得学习上、工作上都很迷茫，找不到生活的方向与意义……觉得全世界都抛弃了我。实际上冷静的时候想想又觉得可笑。

不知不觉又说了这么多，早知道，就应该这么说一说，聊着聊着就发现，生活好像没那么糟糕，总是喜欢放大烦恼而已；自己没那么糟糕，总是喜欢放大缺点而已；别人没那么糟糕，总是喜欢封闭自己而已。透一口气，透一口气，这是生活的喘息。

陈坤：我喜欢聊天，不喜欢独处，好合群，最美好的是大学同学。湖南大学给我的感觉是没有归属感，同学乃至室友之间的关系比较淡，最近一次让我感到没有归属感的是在学校领导给奖学金获得者颁奖仪式上，最后是一起唱校歌，我竟然不会唱学校校歌，当时很是尴尬，却又无可奈何。湖南大学对研究生不太重视，研究生的住宿条件比较差，我想当你刚入学，如此差的住宿条件呈现在你眼前的时候，大部分人估计不会对这个学校有好感，并且学校处于闹市之中，喧闹的环境很难给学生一个良好的学习环境。这学期我去长沙田家炳实验中学实习了一段时间，觉得自己不适合当老师，当老师每天很忙，没有什么休息时间。我觉得还是适合做一名公务员，这一学期其实一直在思考自己将来适合做什么，自己能做什么。自从前段时间准备公务员考试以来，每天感觉特别充实，特别快乐！近段时间呆在图书馆增添了我对学校的好感，因为我第一次感觉自己是湖南大学的一分子。虽然现在晚自习回去之后，还是很少有人与你说话，但我似乎习惯不发声。

廖锐：研究生的生活始终不能像本科一样，有一个完整的班集体，一块去做很多事情，而现在除了上课以外，基本上很少跟同学联系，尤其是我没有申请到宿舍跟同学们一块住，所以来湖南大学半年了没有任何归属感。有时候感觉自己做什么都是一个人，甚至是很久没有跟其他人说过话，更不要说是什么深入地聊天，久而久之就不愿意去表达自己内心的感受了，感觉自己压抑久了就会很难受，无处去发泄，然后就开始有种无所谓的感觉。来这的半年感觉是我活到现在压力最大的半年，尤其是妹妹突然生病，带她到各种医院去看病，记得看了差不多四个月的时候，脸上几乎毁容了，但丝毫没有好转的迹象，当时我就蒙了，完全不知道怎么办，每次看到妹妹我就好难受，心里那些苦都不知道跟谁去说，不敢跟妈妈说，担心妈妈害怕妹妹治不好。对于这种事情，可能跟我自己个性要强也有关，不愿望跟别人说这些事情，就自己留在肚子里，也不说、也不发泄，所以就感觉压力好大，都不知道怎么去面对，怎么去解决。在湖南大学学习也有半年了，感觉自己很混乱，每天自己很忙，但是又忙不出什么成效，也不知道怎么去提高自己的效率。每次要改文章的时候，各种作业、PPT 就开始分配到我了，自己很难协调好这两者间的关系，然后内心又开始自责，觉得有种对不起唐老师的感觉，所以有时候就很害怕去面对老师。而对于从小基本不跟父亲接触的我来说，不知道如何去跟父亲一样的老师去接触、去沟通，有时候可以用短信表达的事情，我就不会去给老师打电话，给老师打电话的时候就有种不知道说什么的感觉，所以有时候看跟老师的短信时，会觉得自己好奇怪，为什么能用文字表达的，却不能面对面去说呢？有时候很羡慕君君、婷婷她们，感觉她们跟老师有说不完的话，而且总是那么的和谐，让我很羡慕、很羡慕。而当我自己跟老师接近的时候，有种害怕、手忙脚乱的感觉，可能也是因为我不善于交际的原因吧，这也是我在接下来的学习生活中需要改进的地方。我是一个喜欢热闹、喜欢群居的人，但是由于宿舍分配的问题，我跟一个素不相识、没有任何接触的人住让我很难受，没有人说话，很孤独，所以以后我觉得我会多找些机会跟大家一块去玩玩、去聊聊。尽管生活有许多不如意，但我觉得我自己仍是一个坚强的孩子，一个努力的孩子，我努力过，我就快乐。在接下来的研究生生活中，我会继续努力，坚持多读书，相信未来会越来越好！

王祖霖：我的学习、生活与感情都可以用一个词来概括：慢热。优点与缺点也都可以通过这个词体现出来。学习，我觉得主要可以分为看书、写论文、实习三个方面。由于出生农村，在初高中没有条件看书，也没有时间看书，本科阶段也没有很好地把握，所以想通过研究生阶段弥补回来，每天能够看 80 ~ 100 页，觉得过得很充实。但是，在看书方面还是存在一些问题，比如，看书之后没有形成及时总结、思考的习惯，印象不深刻，效果不太明显。另外，内容不集中，自己喜欢看什么就看什么，明知道要想进步，就得静下心来，在专业方面多花工夫，但是读书的注意力、兴趣点经常转移。如果说优点，就是拿到一本书，如果觉得还可以，不管怎样，会看完，之后再看另一本。比较喜欢没有功利性地看书，在思考、总结上，还要多加注意。写论文，既想写，但又不会写，逻辑思维、文字表达上不自信。在毕业论文选题上，本来也想从胡老师的课题中选，暑假里面做了一些准备，但是发现有难度，选了另外的一个题目。跟胡老师做研究，自我感觉老师对我厚爱有加，但自己的慢热，显得有些拖沓，到目前为止，就只有一篇文献综述，自己有些愧疚，前段时间老师又给了一个题目，但目前只是做了一些准备工作，还没有动笔，希望自己能早点进入状态，不辜负老师的期望，自己在论文写作方面也能够取得进步。实习，用指导老师的话，就是打酱油的老师带了一个打酱油的学生，因为老师快到退休年龄了，之前得过一场大病，身体不太好，只带了一个班，老师实际上还是蛮认真负责的，要求比较严格，在上课之前，要求我写好详案，一个多月，听了十节课左右，只讲了三次课，批改了几次作文，所以，只能算是体验了一回，对今后自己是否从事教师职业有了一些新的看法。生活方面，作为一个留守儿童，生活自理能力还是具备的，在上小学五六年级的时候，爸妈都外出工作了。暑假里面，我和弟弟两个人生活，为改善伙食，家里养的鸡，池塘的鱼，都是不错的选择，只是方式有些怪异，现在想起来，还是情不自禁地想笑。也许是这种家庭背景，培养了我独立自主能力。现在，对于学校的整体环境，不是没有要求，但我改变不了，就去接受它，寻找一些自己喜欢的小环境。与社会接触，现在想想，也有那么三次，2008 年第二次高考结束之后，在超市呆了两个月，算是第一次体验生活；在大学期间，因为需要实习证明，学的文化产业管理专业，与院线这一块有点相关，自己联系电影院的经理，在寒假实习了一个多月，遗憾的是，过年都没有回家；2013 年考上湖南大学的研究生之后，花了 3 个月的时间，通过了证券从业的 5 门考试，取得了证券从业资格证书，在证券公司呆了一个多月，考虑到学业以及老师的告诫，自己在入学之后没有对证券投入过多的时间精力。感情方面，我非常感谢我的女朋友。我第一次考研，进了复试，就差那么一点点，有些不甘心，决定再考一次，在那一年，压力是比较大的，自己在学校旁边租了一个小房间，生活就那么两点一线，女朋友工作了，她还是比较尊重、支持我的选择，不时地鼓励我。毕业之后，同学回学校，因为快考试了，她都嘱托那些同学不要打扰我。如今，我在读研，她工作两年了，随着身边的朋友陆续地订婚、结婚，她在父母的催促下，也会时不时地向我提出这些话题。家里经济条件不好，压力比较大，我的想法是自己毕业之后，有了一定的收入之后，不完全依靠父母来办这些事情。但是，她的压力越来越大，作为男生，不可能不考虑她的感受，本来是一件很愉快的事，没必要闹得不愉快，通过与父母协商，可能在 2015 年 8 月份会定亲。这样，就完全把这些压力转移到父母身上，觉得自己有些不孝。好吧，就说这些。

另外，对于教职工活动中心管理人员的不合理要求，有以下思考：

1. 顾全大局，先答应他的不合理要求，保障晚会顺利进行。

2. 在交涉过程中，既然有协议，就要求把租金、押金及劳务费(拒绝以其他物品代替劳务费)等详细写明，如果协议上没有这些条款，就要求添加这些内容或者另开收据，并要求对方签字。如果对方拒绝添加条款或签字，就采取秘密录音的方式，把谈话内容、交涉过程记录下来。

3. 活动结束之后，如对方故意刁难，意欲侵占押金，就拍照为证。先讲理，感谢对方，说明难处，如对方还是意欲侵占押金，就摊牌，向学校后勤等相关部门反映。也可以说是为学校相关制度完善出力了。只是想法，操作性如何还需实践检验。

陈坤：我只想有一个小家，我回家住在我姨妈家里，终究不是自己的家，没有归属感。自从读研之后，想尽快毕业，然后找到一份稳定的工作，成家，有属于自己独立的一份空间。大学四年在外求学，回去之后基本是住在姨妈家里，姨妈家里人比较多，事情也比较多，自己不太喜欢这种氛围。现在感觉想找一个懂你，能够静下心来听你倾诉的人都很难，自己也觉得即使说出来别人不一定懂，懂了不一定会帮助你，所以索性不说，但是成家之后就大不一样，两个人同属于一个家庭，彼此相互照应，也许是从小关爱相对缺失，所以成家渴望关怀的心情更迫切。

佘君君：工作压力还是困扰着我。特别是我男友工作以后。

魏婷婷：今天晚上能够与老师、同学坐在一起，说说心里话，我觉得自己好幸福，似乎从来没有过这样的体验。来到这里，其实，我心里一直是很孤单的。除了正常的与同学寒暄外，我不愿意与他们深入地交流，每天到学院匆匆上完课，又匆匆走掉。我与化工院的两位学姐住在一起，虽然她们人也很好、很关心、爱护我，但是她们一直不在宿舍，往往是我自己一个人在宿舍整整呆一天，我有时都害怕，时间长了，自己都不会说话了。所以，今天晚上我想从参加这次迎新晚会说起。原本，我是一个比较高冷的人，自己的这种状态我也可以接受，甚至有时很享受这种状态。我觉得可能是与我本科期间的学习和生活状态有关。我自认为在老师与同学的心中自己是很耀眼的存在，比同学优秀，与老师的关系很融洽，也备受偏爱。所以，觉得高冷些没关系，仍旧有很多人关注我。但是，来到湖南大学情境就不同了，这里有比我更加优秀的人存在，每一个人都很棒。加之我又一直保持一种高冷的姿态，不太愿意与人去亲近，也不愿意去表现自己，逐渐地存在感越来越差。有时，好迷茫，甚至在这里都找不着自己的存在感。总觉得自己是个可有可无的人。我不想再继续这样过下去了，我想要我的生活丰富多彩，于是想要改变一下自己的状态。正好，机会就来了。当院里找我当晚会主持人的时候，我没有丝毫地犹豫便答应了。我想这是一个展现自己、接触同学的很好机会，事实证明，这是对的。

进入湖南大学转眼间已经小半年了，总体觉得好忙、好累，但是又很充实。也许是本科的时候自由散漫习惯了、也许是我做事情拖拖拉拉、也许是我不会分配时间。这几个月里，我觉得自己有写不完的论文、做不完的课件，没有一天是轻轻松松的。晚上睡觉之前总想着明天还要做哪些事情，有一段时间，自己失眠很严重，晚上睡不着，好不容易睡一会儿，但是凌晨五点多便又醒了，整个人感觉都很烦躁，甚至怀疑、否定自己，这种负面情绪很严重，后来，随着逐渐调整适应，最近状态比以前好。

在这期间，我也发现了自己身上好多的不足。第一，与别人相比，自己好差。进入学校之前，别人告诉我，现在我的学习状态去了根本没法应付这个阶段的学习，因为南方的孩子学习能力都好强、很用功，我对这些说法一直持怀疑态度，心想，我自己只要努力，不用担心赶不上别人的节奏。可是，来了之后发现，大家每一个人都很出众，都有自己出彩的地方，能力都好强。瞬间觉得自己好差，这也不行，那也不行，但是，虽然这样，我却很欣慰，欣慰自己能够看到自己的不足，而不是依旧懵懵懂懂。我相信，只要我能看到自己存在的问题，我就会有进步的空间，对自己保持信心。第二，读书太少。其实这也是唐门让我看到的。每次沙龙与大家在一起交流想法的时候，我会觉得自己好浅薄，好惭愧。由于书看得太少，不会深入地想问题，真正沉淀给自己的东西太少了，一切都只是浅浅的浮在表面上，好像没有太多的想法。这不得不让我反思自己，其实想想，真的不好意思说，我在大学四年，作为一名学生，我仅仅买过一本书，买书的目的是为了自己保研面试用，完全不知道怎么看书，可能也是不爱看吧。有时自己很幼稚地将这种责任推到妈妈身上，我的父母做生意，他们要求我成绩好，或者是认为成绩好就是书读得多。但是，事实并不是这样，学习好与会读书是两码事，我将学习好简单地定位为成绩好，可是成绩好只是死记硬背的课本，无关乎你深刻的思想、无关乎你的思辨能力。内心没有哪怕是一点点的内化沉淀给自己的东西，这让我好苦恼。第三，我似乎处理不好论文与看书两者间的关系，做论文也很被动，不愿意去做，做起来很痛苦。但是很感谢我的妈妈，她是一位很了不起的女人，我觉得自己读了这么多年书，我的思想见地与一个高中生妈妈相差甚远。她告诉我："既然你选择了读研究生，做论文是必须去经历的，即使你现在很痛苦、很煎熬，你要去轻松地对待它，找到研究的乐趣，要学会去爱它，爱上它才会感到很轻松，否则这种负担会越来越沉重，心会好累，你也永远不会做好它。"我很受益。所以，现在对待论文的心态一直在调整，在转变自己的心态。还有一个问题就是，我想静下心来看看书，但是又得面对论文的压力。在论文写作过程中，可能会看书，但是，往往为了论文而去看书，抱有很强的目的性，这并不是我想要的学习状态。

其实，总体来说，我看到了自己的一些不足，也在试图去尽自己的努力改善。让我欣喜的是，与之前对书的排斥不同，我现在很享受这种读书的过程，我喜欢上读书了。时间长了没翻书，可能会有些焦虑。似乎是心境的一种改变，我觉得自己在本科期间的学习与生活充满了功利性与目的性，是为了学习而学习这样一种心态，但是现在，我想更多地是这个师门带给我的感触，我想静下心来，做一些真正有助于自己成长的事情，想将自己沉潜下来，多看看书、多思考，学会享受现在的学习、生活，真正将一些东西沉淀给自己，内化给自己，享受读书的真正乐趣，才会觉得自己内心真的很放松。

最近，还有一些事情让我很难过，我爸爸身体不太好。晚上我没说，我害怕自己会控制不住自己的情绪。我从来没有想过这样的事情会发生在我的身上。我的家庭很和睦，爸妈感情很好，孩子们也都很懂事乖巧，我们很幸福，尽管我和爸爸平时的交流不多，可能也是爸爸忙的原因，但是我想父女之间一个慈爱、温情、宠溺的眼神就可以看到一切。但是爸爸身体突然出了问题，就好像晴天霹雳似的，我好心疼爸爸，他还那么年轻，他有自己的理想、有自己的人生规划，一生中最好的年龄，疾病却找上了他。这对于他来说是很痛苦的一个阶段，我好爱爸爸，心疼他，但是我又什么都为他做不了。这种焦虑、担心与无能为力的情绪，我压抑了好久。让我欣慰的是，暂时不用考虑做手术了，但是我们依旧还是需要小心翼翼，甚至有一种过得提心吊胆的感觉。生怕出什么差错，唯愿一切安好，雨过天晴。

说说自己的心里话，感觉好舒服。

邓洁隽：我说话太少了，私下交流还行，一到公共场合，对说话有恐惧，这可能是因为独生子女，父母忙于工作跟父母交流不多有关。当我去学习时，父母去上班，当我回来时，家人一天团聚的时间就是晚饭时间，吃过晚饭又各自做各自的事情，跟父母有限的交流也只是学习上的，生活上的、心灵上的交流极少，特别是跟爸爸交流很少。和父亲交流少的原因：一是重男轻女的思想包袱，我感觉我爸爸不喜欢我，但又觉得我爸爸非常辛苦，从小培养我，送我上学送我去学习特长，即便是在最冷或最热的天里他都坚持送我，虽然话不多但对我的爱都化在行动里。二是我爸爸的教育方式的原因，在外面我受到委屈向家里抱怨时，我爸爸永远不会只像我妈妈一样站在我一边，认为我是对的。他一定会是一颗菩萨心肠，认为是我在外面不懂得为人处世，总是教导我为人不可太跋扈，做人要低调，不能太强势。所以导致我是一个较为柔弱不懂表达的人。以前我会哭鼻子地认为我爸爸不能理解我更不了解我，但是他的善良温厚确实是感化到我影响到我。

初中第一次没有考上重点中学，第二次考上了，但有自卑心理，在一群人中找不到自己的位置；初三感情上不会处理，导致很压抑；后来努力上了好的高中，发现在优秀群体里，不是变得越来越好，而是越来越差。一千多名学生，我就排到一千多名，情绪压抑了，得了抑郁症。心理测试时老师就找我一个人谈话。我高中时一个人租了房子。其实，人是群居的动物，一个人独处会导致胡思乱想之后又没人倾诉，长此以往，精神越来越糟糕。这些原因就导致我这个样子，说话方式不太得体，不太懂得控制自己的情绪。

大家都感觉研究生生活，读书变成一件越来越有孤独感的事。这种孤独感不是一个人吃饭一个人学习，无人陪伴，而是在群体里彰显，人和人似乎永远走不进对方的心里，或者说很难。研究生把这种从陌生到相遇的缘分看得太冷漠。

但是，人总是要做一个乐观派，不要总是看到生活灰暗阴冷的一面。这也是我妈妈常常和我说的。她说："不要有太多负面情绪，如果你满腹诗书，才华横溢，但你又不善言辞，不与人交流，别人可能会误认为你是一个高冷自清的人，但其实你并不是这样，所以要做一个温暖的人，时常用话语用行动去温暖别人。"

我特别喜欢唐门这一个集体，虽然大家都说在研究生的学习阶段找不到归属感，其实我认为这样的生活会，这样的心灵交流，就是一种回归的感觉。唐门是一个开放、包容的凝聚体，我们在这里面努力学习、深度交流、愉悦生活、找回自我这是很快乐很舒服的，这是我发自肺腑的感受。

于晓卉：听了大家的心声，我觉得我们是一群心心相惜的人，我们每个人都有自己的故事，每个人一路走来都踩过泥泞，每个人都不那么容易。下面谈谈我自己。我觉得来湖南大学，这个选择是对的，我很喜欢这里，至少她给了我一个美丽的希望。还记得我的大学四年，那是充满欢笑和泪水的四年。本以为"宁做鸡头，不做凤尾"这句俗语能给我带来美好的校园生活，我便以一本的分数进入一个二本的学校，入学成绩还是文学院的第一名。然而事与愿违，别人不在乎你过去怎么样，别人不在乎你成绩曾经多么骄人，他们并没有因此高看我一眼，这让我心理落差很大，我只能去适应这种猝不及防的心理落差，但我也需承认，最终我适应得很好。

再说说人际关系，大家都提到归属感、孤独感，但是我觉得没有什么事情会按照我们设想的完美状况进行。男生与女生不一样。如若是一群女生都是自己同班同学，那么可能就有麻烦，因为女生是善于“结群”的个体，小集体会带来极大的欢乐，她们会排斥其他的小集体；然而，男生却不然，男人本来就心宽，他们不会斤斤计较，步步为营。拿我自己的本科做例子，我们寝室考上研究生的就我一个，这个结果看似荣耀，但是过程却是孤独的，整个过程都是一首歌杨宗纬的《其实什么都没有》陪我度过的，这是我喜欢的一首歌。虽然，那个过程是那么不堪，但是我仍旧怀念以前的同学，那时候生病有人陪、欢笑有人陪、流泪有人陪……

唐松林老师：好的，今天时间已经不早了，我从来没有听到你们说这样多，这使老师更了解了你们。我感觉非常开心，但也非常惊讶或内疚。

开心的是，大家说了好多心里话，我更了解大家了，更重要的是，我深深地感觉到大家对老师的信任，对于老师来说，得到学生的信任，是一件非常幸福的事情。其实，你们说的许多话，让人有心有灵犀之感。在一定程度上说，我知道大家，了解大家，一年级的几位同学在本科与研究生教育生活转换时，你们出现了一些学习生活的不适应。学习、闲暇与交往不能熔铸一体，与我们诗情画意的期待相差太远。在怀念过去本科生活的单纯与美好的同时，不理解目前的相对的学术忙碌与复杂。其中，充满了成长与幸福的烦恼，如王晨交往中的委屈，祖霖的爱情婚姻与孝道的困惑，君君的旅游、阅读与“好玩”背后隐藏的学习的压力，洁隽群聚场合中的压抑，丹丹诘问自己的处世能力等。

我非常惊讶或内疚的是，你们的委屈、吐槽与发泄，说明你们在自由、权力与尊严上受到了一定的伤害。陈坤、廖锐谈的归属感的问题，我瞬间感觉，大家精神居然有找不到归属感的现象，说明你的灵魂被禁锢，说明了我教育工作的疏忽，也揭示了我们学校与学院学生管理方面还有不周全的地方，如“少干班”的住宿问题，学习紧张忙碌的问题，学习场馆不舒适的问题，这均是教育教学中的大事，它不仅使你们没有好的学习环境，更重要的是，带来了你们与学校的关系问题、以及人与人的关系问题，使你们产生了悲观情绪，甚至出现了情绪压抑。这无形中揭示的对本科教育与研究生教育的问题，这是我们大学中存在的许多现象与问题，需要大家一同去面对与解决。许多问题，对于我们来说，无可回避，无法违抗，甚至无能为力。但是我们有权利一起向院里反应，我想一切都会变得更好的。

可喜的是，“来湖南大学，我是来对了”，“已经爱上读书了，得到了读书的乐趣与美的享受”，这是大家给我的慰藉与期望，不早了，大家回去休息吧。

岳麓山读书

清风巡世

唐松林　杨明刚　编著

中南大学出版社
www.csupress.com.cn

总序 沙龙话沙龙

唐松林 杨明刚 于晓卉 魏婷婷*

时间：2016 年 9 月 19 日 19:00—22:30

地点：唐松林家

参加人：唐松林 杨明刚 于晓卉 魏婷婷

唐松林：我常说，2005 年我选择来湖南大学生活，真是一份难得的幸福！

从那时起，我和研究生们一起读书，一起说话，一起辩论……名曰学术沙龙。

我们在一起进岳麓书院，上爱晚亭，游清风峡……真正体会到了杜威说的“教育就是生活”！但我似乎更想说，教育就是享受生活！我当时要孩子们读书的目的很简单：加强通识！要他们补“通识”之课，补基础教育阶段和大学教育阶段的通识教育的缺失！所以，我有意给学生们推荐文史哲方面的经典，使他们从古人游，学会思考。果不其然，他们在接触各种哲学家及其理论流派之时，其阅读兴趣勃然，其思想日渐深邃，更重要的是大多孩子养成了淘书、藏书与品书的习惯！我们的教育从小学到大学，不鼓励孩子说话，他们口头表达的机会较少，缺乏反思、猜测与批判的习惯与精神。我常常想，一个连话都不会说的人，哪里谈

---

* ［作者简介］唐松林（1962 年出生），男，湖南常德人，湖南大学教授，博士生导师，从事教师教育、教育哲学研究；

杨明刚（1975 年出生），男，湖南城步人，湖南大学博士生，从事教育管理、马克思主义哲学研究；

于晓卉（1990 年出生），女，山东威海人，湖南大学教育科学研究院 2014 级研究生，从事教育哲学研究；

魏婷婷（1993 年出生），女，甘肃平凉人，湖南大学教育科学研究院 2014 级研究生，从事教育管理研究。

得了创造精神，更遑论全面发展。而学术沙龙，恰恰给了孩子们一个说话、辩论与表现的机会与平台。

于晓卉：我记得在沙龙上，我们连续三次读《道德经》，您流露出对老子的敬仰，后来看了您与您的学生写的那些有关生命论的文章，我就能体验到您主办学术沙龙的良苦用心。按照您的话说，在大学里，沙龙提供了相对自由的文化土壤，生命孕育其中，自由生长，自然造化，繁衍茂盛。大学品质是我们生命品质的彰显。大学是一种特殊的文化土壤，青年学子的好奇心、求知欲、创造力等天赋能量在大学文化里涵咏绵延，神奇缥缈，浑然天成，蕴藏巨大能量，生成无限可能，这也决定了大学的无限可能。沙龙是一个自由与诗意栖居的场所，师生在沙龙之中自由交流、对话，享受创造的乐趣与尊严，编织着一种美好的关系。

魏婷婷：沙龙，让我学会享受生活，这真是难得的幸福！沙龙巨大的魅力在于它不像课堂那样机械。它是自由开放、平等与共享的。沙龙的参与者亦来自不同的学校和单位，不仅有湖南大学的师生，而且有中南大学、湖南师范大学的师生，还有中学老师、企事业单位人员参与。特别值得一提的是，长沙师范学院的李京玉老师与长沙市六中的侯兰花、匡林林两位老师，他们是我们沙龙的常客。他们的参与为沙龙注入了新鲜血液，给一个话题的思考与讨论提供了更多的视角。他们都是热爱学习、愿意交流、善于享受贵族式生活的人。在消费主义、效率至上的时代，慢下来，学会享受、思考与分享的精神真是难能可贵。

孔子说："素其位而行，不愿乎其外。"一个真正的求学者，迫切需要在世界中找到自己爱的对象。他们做自己喜欢的事，互不羡妒，让感知、顿悟、智慧、良知与性情在这里生长，心灵找到了归属。这是"止于至善"的生存法则，生命亦如其所是。

杨明刚：我觉得学术沙龙不仅蕴含着自由、开放、平等与共享的特质，其形而上学的哲学思辨也无时不彰显出探寻真理、激扬生命与关注人性的理论情怀，这只反思历史、直面现实与眺望未来的形而上之手亦无时不抚慰着创造与想像，催生、繁衍着追寻科学、坚守真理的生命冲力与动能，诚如叔本华所言，人应是需要形而上学的，大学也需要形而上学，它是一所大学存在的精神支柱。《皮尔士》在谈到科学时也说到，如果"科学没有形而上学，它就是一门软弱无力、东倒西歪、腐化堕落的科学"①。作为科学圣地的大学，若没有独具内涵的形而上学与人文底蕴，它将是苍白与不可持续的，也是无力量的。

唐松林：早在800多年以前，就是在这里，据说朱熹和张栻在理学问题上意见不合，鏖战三天三夜，开展了激烈的辩论，留下了朱张"中和之辩"的千古传说。与之不同的是，如今我们的学术沙龙不是名家之间的辩论，而是师生之间，

---

① [美]科尼利斯·瓦尔. 皮尔士[M]. 郝长墀，译. 北京：中华书局，2003：60

特别是学生之间的自由对话，是一种日常生活形式。柏格森说，历史就是生命。我要说，我们的学术沙龙是一场绵延千年的文化生命之流。但它秉承"日新又日新"之精神，有新的超越，它从思想泰斗之间的唇枪舌剑，演变为平民之间的自由讨论与心灵分享。不参加这样的沙龙，不看这些演讲报告，你可能永远无法知晓"指点江山，激扬文字"的大学生活，你可能不会相信他们会如此语出惊人，说出如此深邃玄妙的哲理！所以，作为大学老师，这个沙龙经常让我有一种"其实我一无所知"的内疚与惭愧！同时也有"长江后浪推前浪"的喜悦！我经常疑问，当初"朱张会讲"时，他们的学生在做什么？所以，几年前，我在《教师与哲学家》中说了一句话："'我'就是哲学家。"周国平曾说，孩子天生就是哲学家！就教学的自由与文明而言，我有一种"俱往矣，数风流人物，还看今朝！"的自豪与欣慰，因为，我在沙龙上看到了孩子们思辨碰撞的深邃与魅力，看到了师生在自由平等中猜测反驳的现代学术文明。

杨明刚：从这个角度说，沙龙之意义在于它尊重了生命，释放了生命，它将人类与生俱来的原始能量和本能冲动释放出来，生发创造情欲与意志的力量，在你独特的成长经验、经历、记忆思想的流动中，促进你智慧、良知、道德与人格的整体发展。一种生命得以栖身的文化精神，是一种和而不同、浩瀚宽广、复杂的生命关系。在这样的关系里，释放创造，生成智慧，激扬良知，涵养人格。正如冯友兰先生对清华学子希冀的那样，"我们希望清华成一个'万物并育而不相害，道并行而不相悖'的大大学"①。这样的"大"大学，不会是一个物性扩张而精神匮乏的大学，相反，却是一片关系错综复杂，但又相和万生的、生命诗意栖身的大美无言之土壤。

唐松林：沙龙不只是一种简单的教学组织形式，而是一种课程，是一种教学文化。它为你提供了良好的自由文化与学术生存的土壤。它是生命的一种自由形式，唤醒你的生命能量，促进你的良知、理性与勇敢茁壮成长，涵养着大学教育的质量。它启动于生命内部之自然力量，不受任何外力的驱动，充满了哲与思，流动着力与美。在这里，闲逸的好奇，学术的争鸣，都是源于生命的冲动与神奇，都是世界独一无二的生命样式。我们所释放的思想、语言与行为，都是生命冲动的释放，即使你的语言刁钻古怪，即使你的思想恣意妄为，但对于生命的生长，都是最有利和最有意义的。

魏婷婷：学术沙龙的价值，正是它尊重和承认大学是一个千奇百怪的生命世界。大学质量的驱动，不能依靠外在的功利性规划与利益驱动，而须依赖大学之中师生所拥有的充沛的生命活力。沙龙的开放与自由性，使你对他者的理论与经验发出怀疑、反驳、批评与争论，这才是真正的学术生活，是人类知识进步的重

---

① [美]科尼利斯·瓦尔著. 皮尔士[M]. 郝长墀，译. 北京：中华书局，2003：60

要方法，是知识分子“敬业乐群”的重要形式，是大学“兼容并包”的文化生态。“大学的真义就是无限的广大、无限的包容”①，使你开放心态，包容异质，谦卑行动使你的智慧、良知与境遇趋向圆满，使你的心灵充满温暖，让你享受知识的分量与人生的尊严。

于晓卉：沙龙，在一定程度上，正如我和唐老师在一篇文章中强调的那样，它可以消解大学中绩效主义因素的荒诞性。绩效主义使大学质量出现种种荒诞，目标技术的片面、物质利益的驱动、数量指标的蛮横，过分强调效率而忽视生命，这是现代大学遭遇的最大问题。“绩效”与“分数”意识，似乎成为一种“集体无意识”，遮蔽了我们个体生命中最珍贵的情感与艺术，兼具个性与才华魅力的学生凤毛麟角，导致了一种“结果导向”的质量文化氛围，看不见大学质量的生命属性。大学质量被抽象为可操控的数量形式，教育目标变成指标与数字体系；教师劳动成果则是根据课题、论文、评奖、经费等进行评价，大学质量演化为各种工程、项目、基金等指标，致使大学沦为一个机器系统，就如克拉克·克尔描绘的那样，“它更是一架机器……一架由管理条例维系和由金钱赋予动力的机器”②。这座巨型机器具有功利价值导向、利益驱动与任务分割等特征，把大学引上一条远离生命及其生存关系的不归之路。

魏婷婷：沙龙，使学者真正成为“学术村庄”中“拥有房子的自由人”，使你回归生命，让你诗意地栖居。在那里，你无忧无虑自由自在无畏无惧，享受真理与创造世界的乐趣。沙龙，使你在与他人的辩论与对话中，发现并弥补自己的“无知”。学者只有明确“自己无知之处”，才能使你听从内心良知的呼唤，不再懒散，做出符合自身学识的决定，说自己的话，做自己的事情，“成为你自己！”③沙龙，使你享受审美的人生，因为它寓于人性的单纯、真理的简单和生命的自然之中，它以美的“好玩”而“不可利用”为特征，它体现生命万物并育、天道并行的审美意蕴。

于晓卉：沙龙，是在为现存大学备受诟病的诸问题寻求新的解脱。高度结构化、层次化与集中化的管理体制，使学术话语权、人的创造力、情感、尊严与爱被整体漠视；师生自主学习、自我反思、同行评价与学术争鸣的自由氛围消弭，抹杀了生命的多样性。形而上学之营养的枯竭，使大学灵魂与精神旁落，大学质量背离了“使他们有哲学般深邃，又有艺术般高雅”④的学术信仰，如同蒋勋先生对世人的警训，“一个唯利是图的社会，每个人都会在物化自己与他人的过程中成

---

① 杨东平. 大学精神［M］. 上海：文汇出版社，2003，100

② 杨东平. 大学精神［M］. 上海：文汇出版社，2003，100

③ 肖川. 大学要带给学生什么［J］. 湖南师范大学教育科学学报，2014(1)：19

④ 肖川. 大学要带给学生什么［J］. 湖南师范大学教育科学学报，2014(1)：19

为受害者”①。

杨明刚：沙龙，是一种以反思和争鸣作为手段的质量评价方式。参与者既有理智、谨慎与崇尚真理的共性，也有“意出尘外，怪生笔端”的生命差异之神奇。沙龙中的猜测、反驳与辩论，是决定你“接受”或“摈弃”、“继续研究”或“停止研究”的方法。② 一个真正的学者，对宇宙、对人类有一种亲密的崇敬与畏惧感，他能把自己选择的事情看作“我”的生命，无论什么“利好”，终不肯牺牲“我”之生命与之交换。苏霍姆林斯基曾出于回归原初动力的心态，给教师们提出这样的建议，我们都有一种心灵深处根深蒂固的需要，“这就是希望自己是发现者、研究者……”③

唐松林：《去麓山读书》，书名源于与胡弼成、陈应征、杨明刚的一次小型沙龙，这套丛书是2013年3月至2015年1月的部分沙龙记录的整理稿。沙龙是自由的，不仅没有固定的时间与地点，而且校内外有爱好之人均可参与其中。沙龙的每一个主题，是主讲者阅读的一部著作或对某一选题的学习或研究心得，其中饱含了孩子们对知识的热爱、尊重、敬畏与期待，对彼此之间互动最美好的希冀、记载与回忆。我们徜徉书海，领略万种人物豪情，充斥着思想飞驰的天马行空，享受心灵的碰撞、辩论的乐趣，享受着一次次思想的震撼。就如摆在你面前的一篇篇文章，你无法相信是一群研究生的读书笔记或专题研究。当你看到每位主讲者15000字左右的读书报告，你会惊讶于他们的认真、典雅、深思与创造，你会情不自禁地想起陈寅恪在王国维的纪念碑铭上的那句名言：“独立之精神，自由之思想。”此刻，我要重复我经常对学生们说的那句话：如果你能写出如此美丽的读书报告，你的人生何愁不美！

于晓卉：我在整理《去麓山读书：爱晚品美》时，悉谙它所传递的审美、知识与反思的价值意蕴。席勒在《审美教育书简》中提到，要把审美活动作为恢复或实现人的完整存在的基本途径。阅读与教育能够培育、发展审美的能力，而审美的过程亦是一个使人受教育的过程。审美是对人的精神维度的建构，通过智慧与情感的陶冶，促进心灵的成长与完善，引导个体探寻生命的意义，寻求生活的价值、领悟生命的真谛。审美教育并非机械主义的强迫灌输，它更是一种生命自主、自为的过程，发端于个体生命中最真切的情感体验，由感悟而引发内心的震动。岳麓沙龙在为师生们提供了一个自由、无拘的释放环境之外，亦有生命关怀、促进成长的审美教育书籍，如《美的历程》《没有宽恕就没有未来》《瓦尔登湖》《人的宗教》等，师生们跟随李泽厚、跟随梭罗、跟随图图大主教等思想者，在精神世界中

① [美]Clark Kerr. 大学的功用[M]. 陈学飞等，译. 南昌：江西教育出版社，1993：10

② [美]Clark Kerr. 大学的功用[M]. 陈学飞等，译. 南昌：江西教育出版社，1993：10

③ [德]尼采. 作为教育家的叔本华[M]. 周国平，译. 南京：译林出版社，2014：4

驰骋遨游，以他们为镜像，关怀个体生命。

魏婷婷：通过整理《去麓山读书：清风巡世》，其间的智慧与思考让我受益颇深。雅斯贝尔斯曾说：教育决定一个时代、一个人和一个民族的精神面貌，这风靡一时的观点，是毋庸置疑的。大学是研究高深知识与学问的场所，但是"平庸的大学"的论调却从未停歇。它的淡泊与宁静正在被工具主义、功利主义、机械主义侵蚀。大学何谓？大学何为？大学固有的卓越精神，时刻给予我们这样的警醒与反思：不管在哪个时代，哪种精神状况下，大学都不应该沦为时代平庸的牺牲品。现代大学应努力超越平庸，复归卓越，从而引领时代潮流，为人类社会提供一种终极关怀，这才是高等教育何以谓之"高"。在本系列丛书的第二部分，结合专业主旨，汇聚专业精神探讨了高等教育发展中的重重困境。以《巨流河》《失去灵魂的卓越：哈佛是如何忘记教育宗旨的》《找回大学精神》《伤魂》《中国在梁庄》《乌合之众：大众心理研究》《乡关何处》《文化苦旅》《人生的枷锁》《耳语者》《教父》等书籍为例，思考其呈现给我们的社会伤痕与教育现实，并以此建构起自身的批判精神与反思意识，敢于质疑、敢于发问，寻回大学的本真样式。

杨明刚：《去麓山读书：书院论学》相对较难，是一组政治经济学与社会学著作，是唐松林老师讲授《教育社会学》的部分课外读物。社会学、经济学、政治学和教育学均作为社会科学，它们的联系甚密。首先，社会学本身蕴含着丰富的研究方法与理念，许多的教育现象、问题均可以用社会学的方法、理论等加以分析和阐释。第二，如果将教育回归到社会去认识，其本身是一种社会制度与社会组织。正如有学者讲到，"学校就是一个社会制度，它是个人社会化的一个重要的场所，所以，学校作为一个组织含有一般社会组织的原理"，并明确提出，一方面，用以改良教育，另一方面就是改良未来的社会。这种理念在杜威的教育思想中亦有体现。它在《学校与社会》《民主主义与教育》中，论述了教育与社会进步的关系，更把学校看成一种社会制度，肯定学校的社会功能等。相应的社会学家，如迪尔凯姆、韦伯等亦尤其关注教育与社会的关系。因此，教育研究与社会研究一脉相承，对社会学的关注更有利于我们去解决和反思教育问题。因此，岳麓沙龙举办了以社会学名著为主题的学术盛宴，其间学习、分享、讨论《心灵、自我与社会》《历史的终结及最后之人》《实用主义与社会学》《德川宗教：现代日本的文化渊源》《孤独的人群》《日常生活中的自我呈现》《权利和特权：社会分层的理论》等书籍，为我们更好地认识和研究教育问题开启了视野。

唐松林：《去麓山读书：古刹谈智》是我们的教学改革内容之一。我在《教育哲学》的教学中，以"自主选择（专题）—搜集文献—反思探究—学术报告—合作讨论"的教学形式，将艺术、身体、美德、知识、正义、幸福、生活、自由、民主、理性等哲学命题与教育相融合，让学生通过广泛阅读，自我探究，拷问内心，联结现实，回溯本源涉及教育学中一些最本质的问题，促进人不断地探索和反思，深入地认识自己及自己与世界的关系，给人提供一种恰当的逻辑思维方式。我们想要的是灵魂纯正，勤于思考，富于智慧，思想深刻，不畏雄辩的人，而不是要那种按部就班、墨守成规与鹦鹉学舌的人。

教育的真谛不在知识的灌输，而在以文化人。这场"学术的飨宴"仿佛使你置身于天、地、人的浩瀚而又绵绵的空间，内心久久无法平静，总有探求与挖掘的冲动，真是浸润心灵，昭雪精神。可惜的是，本沙龙虽然始于2005年，但由于缺乏系统的录音、总结与整理，只剩下讲稿及残缺的讨论笔记。这里的《去麓山读书》丛书，只是2013年来部分有完整记录的沙龙的再现。其中的整理、修改与校对，得到了部分研究生们的辛劳付出，他们是：于晓卉、魏婷婷、于思琪、郑洁、李倩、李吟霁、涂南、吴丽霞、王志娟、肖利伟、沈豪英、张素华、吕亚妮、冯誉萱、芦方园、周咪等，他们辛劳的汗水化为这份温馨的回忆，弥足珍贵。

"嘤其鸣矣，求其友声"，我们的沙龙还在继续，但我现在的感觉，似乎不是为了孩子的"通识"，甚至不是为了孩子的成长，而是完全发自自我心灵的需要，如果两个星期不经受沙龙的洗礼，就像两个星期没有沐浴那样让你难受！我们期待越来越多的志同道合者、热爱读书者加入其中，各言尔志，分享经验，碰撞思想，砥砺灵魂，滋润生命，这是教育的常态，也应该是生活的常态。

沙龙：思想自由驰骋的场所

胡弼成

在《去麓山读书》书系的第二辑《清风巡世》中，唐松林教授和其弟子们结合专业主旨，汇聚专业精神探讨了高等教育发展中的重重现实困境，以《失去灵魂的卓越：哈佛是如何忘记教育宗旨的》《找回大学精神》以及《伤魂》……为例，认真思考呈现在我们面前的教育现实，敢于对现实进行合理的质疑与挑战，并以此建构起自身的批判精神与意识，寻回大学与社会的本真样式。这些都是唐教授在大学课堂之外的沙龙组织活动中完成的。

沙龙作为教学组织的辅助形式，它顺应了现代大学教学的组织形式由班级授课制向个性化教学转变的发展趋势，充分发挥沙龙的精神交往、精神生产、文化学习和文化娱乐的功能，对活跃大学学术气氛、创设自由研讨的环境以及有效地实施个性化教学产生了积极的作用。

当前，个性化教学成为世界各国新的教育理念和教育改革的主要方向。虽然各国具体情况各异，但都在努力创造一种个性化的教学环境，不断增加学制和教学管理的灵活性，在教学组织形式上，先后出现了分组教学、多元学校、开放教育、小队教学等组织形式。如：新加坡的学校在坚持课堂教学这一基本的教学组织形式的前提下，为了发展学生个性，实施个别化学习的策略，制定了允许差异化的课程设置政策；学生学习的年限弹性化，不强求一致；采用多样化的考试和评估方式；对差生实施个别化的辅导与教导计划；为学习能力强的学生开设特别课程；组织各种课外活动，发挥学生个性特长；等等。

学生个性化发展的前提是，教学需要根据学习者的要求、兴趣和能力的不同而展开，学习目标、教学内容、学习方法、学习环境等都要个别地组织和安排。但从目前来看，我国大学教学大多建立在班级授课制的基础上，普遍的做法是实行弹性学制、学分制；缩减必修课，增加选修课；减少课内学时，加强课外指导等，使教学内容、教学组织和时间安排更灵活。由于班级教学都是由教师组织且有一定的规模，在同一时间里，一位教师要同时照顾到班上所有学生的不同特点和需要十分困难，甚至是不可能的，在技术上也难以做到。因此，在因材施教，发展个人兴趣、爱好和专长方面，其成效始终是有限的。浙江大学已故教授费巩曾指出旧中国大学教育的三个弊端："一曰教法偏于呆板。讲堂传授、讲解叙述而外，甚少质疑问难，是灌输知识，而非启发思想。是盖由于一班学生人数常嫌过多，而程度智慧，又多不相等，师生之间遂少辩难机会。二曰师生关系太疏。……三曰过重技术之传授，忽略人格之陶冶。"此三弊端虽是对旧中国教育的一种概括，时至今日中国教育仍无实质性改变。这警示我们现代大学教育改革之艰难。

而沙龙作为现代大学教学组织辅助形式，可以提供这样一种制度化的文化环境：在这里，追求知识的人聚在一起，相互交流、切磋，并在不断的质疑、问难、反思中磨砺自己的思想，从而保持独立思考和主动探究的精神和氛围。因此，沙龙的意义是：其一，它革除和打破了班级授课制教育教法的诸种弊端及变革的局限性，为现代大学在实施班级授课制的同时，创设了氛围自由和富有弹性的组织。沙龙、咖啡馆，或许还有俱乐部和中国的茶座，以及闭路电视、互联网上的大学BBS板与聊天室等，都可以成为大学教学组织的辅助形式。这种辅助形式，可根据学科分类，如文学沙龙、哲学沙龙、教育沙龙等；根据社会问题分类，如环境问题咖啡馆、人口问题咖啡馆、心理问题咖啡馆、家庭问题咖啡馆等；还可根据所从事的课题、研究的具体内容来分类；亦有"与名人对话茶座""企业界名流沙龙"等。形式不拘，多种多样，对外开放。有的还可预告某日或一段时间内讨论的主题，让大家对自己感兴趣的话题心中有数，指日积极参与。这种组织既可以设置在大学校园内，以增强大学的研讨和学术氛围；也可以设立在大学附近的大学城里，从整体上形成大学周边的"文化街市"；还可以直接通过网络联通学生宿舍，构筑现代大学自由、轻松、愉快的隐性课程文化。作为班级授课制向个性化教学组织发展的过渡阶段或补充形式，这种组织可以作为高年级大学生，尤其是研究生的学习场所。教师或导师是组织者、引导者、主持人，须充分发挥他们的主人翁意识；学习者是主体、参与者，须完全调动他们的主动性、积极性和创造性。教师和学生有时也可以互换角色，以增强其自由、平等、多彩的风格。

其二，沙龙可以成为精神交往的家园。生活世界是人与人交往共存的世界，文化人都有一种爱交往的习惯，文化人的生活更需要精神交往。按照马斯洛的需要层次理论，人的需要由生理需要、安全需要、社交需要、尊重的需要和自我实现的需要等组成。这五个层次的需要是逐级提升的，当低一级的需要获得满足后，追求高一层级的需要就成为继续奋进的动力。社交需要作为五层次之一，在文化人中表现为精神交往的需要，是不可缺少的。18世纪的意大利的洛可可沙龙和英国的伦敦咖啡馆就是一种典型的社交场合，能够满足这种精神交往的需要。

其三，沙龙可以成为精神生产的摇篮。据统计，出自剑桥大学的诺贝尔奖获得者多达70余位，有人说这来源于剑桥大学所特有的“下午茶制度”。剑桥大学每日下午有两个小时的时间，有组织、有计划地常年安排不同学科的权威级教授相聚于学校的小型、随意的研讨会或在校区内的咖啡屋和茶园共进下午茶。学校出资为他们创造了良好的、亲切的、自由沟通的交流环境。在这里每一位教授都在吸纳其他领域的研究方法，通过互相学习以及知识的组合产生出大量的、边缘的学术思想和学术理论。刘永在《剑桥人的智慧》一书中指出：喝下午茶获得的创意并非在后来都可能获得诺贝尔奖，但他们在喝下午茶时提出的创意的潜在重要性却是不可低估的。这种组织之所以有精神生产的功能，是因为大家通过让自己的思想在同行和仰慕者心中过滤，能够使它们更加清晰；同时，他们有机会在活跃的谈话和与学人的不断交流中，检验它们的价值。如果人们没有机会相互讨论，没有从独自思考的孤立状态走进公共世界，在与他人的讨论中磨砺和检验自己的观点，那么，“独学无友则孤陋寡闻”，共同的观点和创新的思想是得不到发展的。

其四，沙龙可以成为文化学习的课堂。理想的课堂是品学兼优的人们的一个学社和协调的学习型组织。大家集合起来，对所有为了学问到那里去的人给予同样的关照和祝福。沙龙就是一个很好的课堂。每一个人都可以当“先知者”，每一个人都可以成为倾听者、学习者。这种形式比教师单纯地站在讲台上苦口婆心地讲授更有意义。因为它创造了一种相互理解、相互诘难、相互促进、共同探讨问题的氛围，学习者可以主动地学习，可以向他认为值得学习的人学习，打破了权威一统天下的局面。当人们在享受超越了出身、等级和地位的交往时，他们也必须尊重彼此的看法，培养倾听的艺术，养成平等的人格。因此，咖啡馆社交培育出一种尊重和宽容别人思想的新态度，同时也可以训练口才，培养思辨能力。哈贝马斯在《交往与社会进化》中所说：“言说者必须提供一个真实陈述（或陈述性内容，该内容的存在性先决条件已经得到满足）的意向，以便听者能分享说者的知识；言说者必须真诚地表达他的意向以便听者能相信说者的话语（能信任他）；最后，言说者必须选择一种本身是适当的话语，以便听者能够接受之，从而使言说者和听者能在以公认的规范为背景的话语中达到认同。”在这一过程中，通过思维的激活、言语的选择与表达、观点的相互论辩与分享，达到了相互沟通和理解的目的。

其五，沙龙可以成为文化娱乐的场所。在文化学习与交往之余，这种组织又可以成为一种娱乐场所。在乐中学，才能产生更好的教学效果。总之，未来大学的教学组织形式会越来越个性化、多样化。它们的基本功能是确保多样化人才得以培育、不同个性得以张扬，同时新观念、新思想得以孕育和完成。设计现代大学教学组织辅助形式，就是为了更有效地从组织上营造良好的学术氛围，确保人才培养的质量。

可见，沙龙的作用与意义是不言而喻的，想必松林教授也是秉持着要实现沙龙的作用与意义这样的初衷才对其孜孜以求的。

此外，本丛书的出版凝聚了松林教授十几年的心血，其探讨的话题既忧思深远、理性涵蕴，又反思人生、修身养性。正如他曾写道的："学术沙龙没有空间、时间、身份的限制。参与者任凭思维驰骋，思想与思想碰撞，常常获得意想不到的发现。最可贵的是，这种特质能使休闲、思考与创新一体化。通过参与者的相互沟通与互动，任凭潜意识无限释放，达到忘情的地步。参与者既可在他人思想同一方向上开拓创新，又可在不同方向上相互质疑，可能成为论敌，在反驳与争斗中促进知识的创新。"学术沙龙也践行了他的初衷与理想："常与学生们相聚一堂，或坐斗室相对论学，或集诸子茶点小饮于茶室，剖析疑难、探讨生命、解答学生的个人问题，以增进其品德与学问。"与学生、友人一道，各言尔志，分享、交流、碰撞、质疑、反驳，无不惬意。

松林教授对学术探讨的精神令人钦佩，他对沙龙的坚守与执着是有目共睹的，也是值得效仿的。本丛书不仅可以为我们提供汲取人生发展的营养，让我们共同分享书籍的魅力与文字的精华，还让我们体验和感悟到丰富多彩的生活与人生经历。如此自由的学术氛围，不仅带给我们视野上的拓展、思考的升华，更洋溢着热烈乃至深邃的争鸣。

最后，愿本丛书的出版对繁荣我国大学的沙龙文化能起到抛砖引玉的作用，也希望广大作者能够以包容的心态和欣赏的眼光来捧阅本丛书。在此，对松林教授及其学生的辛勤劳动表示感谢！

目录

《乡关何处：故乡·故人·故事》

——尘世中的挽歌

于晓卉*

时间：2015年10月12日

地点：湖南大学教育科学研究院310教室

出版社：中信出版社，2012

参与人：唐松林（湖南大学教师）、佘君君、魏婷婷、邓洁隽、于思琪、李吟霁、郑洁、李倩、于晓卉（均为湖南大学在读研究生）

一、书籍概况

（一）作者简介

野夫（1962—），本名郑世平，土家族，1962年出生于湖北省恩施地区利川县，中国自由作家，在诗歌、散文、小说创作等方面均有贡献。他是一个传奇式的人物，“文革”中当过少年樵夫，“文革”后，1978年考进湖北民族学院中文系开始诗歌创作。1982年组织成立鄂西第一个民间诗歌社团“剥枣诗社”，1985年担任湖北省青年诗歌学会常务理事。1986年插班考进武汉大学中文系，组建湖北省“后现代诗人沙龙”，出版诗集《狼之夜哭》。在武汉大学学习期间，曾受业于易中天，成为易中天的亦师亦友入室弟子。大学毕业后，到海南省海口市公安局政治处担任过像模像样的警察。但1990年他脱下警服穿上了囚衣，以泄露国家机密

* 作者简介：于晓卉（1990年出生），女，山东威海人，湖南大学教育科学研究院2014级研究生，从事教育哲学研究。

罪被叛六年徒刑。服刑期间，父亲患癌症去世。1995 年减刑出狱，出狱 10 日后，母亲投江自杀。1996 年独自到北京谋生，成为著名民营书商。除本书外，野夫还著有《父亲的战争》《江上的母亲》《看不见的江湖》以及《1980 年代的爱情》等。

（二）著述缘起：为哭泣的大地 挥狼毫斗笔

野夫是土家族，土家族盛行传承由来已久的巫风，这种巫官文化的耳濡目染，使野夫似乎在少年就被这种古老的咒语锁定了，即使他“把天下道路走成了拖鞋”，但是依旧未能走出这一咒语的情结。他深深记得一位巫师对他说过“如果你长大后不能让家乡扬名的话，那你就没有资格埋葬在家乡”。所以，他作为“一个打小便奢望文章立命的男人，被青春革命的洪流所裹挟，几番载沉载浮之后，却可能要以一个“不法书商的身份终结余年——这从任何一个角度看，都显得荒诞而悲剧”。（P198）面对出山 20 余年，“上半截心脑埋在故土，下半截身子飘荡在异乡”的自己，他垂老投荒，为乡村史实，更为那些时代厄运中的个体的悲剧泼墨大书。野夫在书的注脚中透露了他写此书的初衷，“如果我不写出那片土地上的故人故事，有几人曾知那一穷荒僻野，更有何人知道故土上那些真切的荣辱悲欣。如果没人知道那些默默无闻而又可歌可泣的地名和人事，那我若干年的寄生和成长岂不是一种虚无和负罪。到真正树老叶落之时，我确恐无根可归了”。（P197）

章诒和①在《乡关何处：故乡 · 故人 · 故事》的序文中说，野夫笔下的文字是由哭泣的大地孕育出来的。野夫是一个把心灵放在文字后面的人，他文字朴素，又带着优雅，情感浓烈，但有控制，作品是简单里有复杂，文字是平实中有华彩。

野夫的书、文字、故事，不是生硬的雕刻，而是情至深处，自然呵成。

二、“江上的”母亲

作为江汉平原的大家闺秀的外祖母与当时的天门望族的刘家三少爷（我外祖父）结为了夫妻，而当时正成为黄埔八期的士官生的外祖父，开始了他的戎马生

---

① 章诒和（1942—），安徽桐城（今枞阳）人，生于重庆，中国戏曲学院戏文系毕业。为中国民主同盟创办人、中国农工民主党第六届主席、中国“头号大右派”章伯钧二女（母为李健生）。1960 年考进中国戏曲研究院戏曲文学系，大学时期（1963）被下放到四川川剧团艺术室工作。因为在日记中写道“一人得道鸡犬升天”，而得罪了江青。遂于 1970 年被四川省革命委员会、四川省公检法军事管制委员会宣布为现行反革命罪犯并判有期徒刑 20 年（当时被划为右派），1979 年秋天被判无罪释放并回北京，后在四川省文化厅剧目室工作。1979 年起在中国艺术研究院戏曲研究所，任助理研究员、副研究员、研究员，硕士生和博士生导师。2001 年退休并开始写作，现为退休作家、戏曲研究学者、中国民主同盟成员。获得 2015 年诺贝尔文学奖提名。

涯。作为战火频仍年代的军人之妻，外祖母与母亲步入了她的孤独一生。

（一）“母亲”决绝个性的形成

抗战爆发，外祖父撤退西南。刘家太爷故世，大宅日见凋敝。外祖母带着我少年的母亲东躲西藏，饱受乱离之苦。最后因怕女儿受辱，外婆只好托乡里客商将我母亲带到湘西伯父家避祸。母亲在那里识尽炎凉，像一个女仆般做工求学。（P2）

母亲的个性是在外祖父奔赴战场后，没有了其父的庇护，被迫在夹缝中求生的经历塑造出来的。在早年的艰苦求生的环境中塑造的个性，也使得她与父亲的关系永远破碎。

（二）精神上与其父亲之间从未解开的仇恨

日本投降当年，母亲独自踏上还乡寻母的艰难路程。当她找到靠捡棉花纺线度日的外婆时，劫后重逢的泪水湿透了她们的褴褛衣裳。次年，乡人传言外祖父衣锦还乡，授衔少将驻节武汉。母亲来到省城寻父，等待她的却是晴天霹雳——外祖父不信他的妻女还能侥幸存活，已经重新娶妻生子了。而且他隐瞒了婚史，因此不敢相认。（P2）

悲愤的母亲闯进了他父亲的一场盛大酒会，一时舆论大哗，外祖父回乡逼迫外婆离婚，从此父女反目，我母亲坚决改名换姓，以示恩断义绝。（P3）

在战乱的年代，战场上那个视死如归的将士，原本是外祖母与母亲识尽炎凉、受尽艰苦后的最大精神依靠，但却在命运的安排下给这两个女人凄苦的一生添上了“浓墨重彩”的一笔。在亲眼看见自己的父亲逼迫母亲离婚后，母亲便在精神上与外祖父反目成仇，这种决绝表现在她坚决要改名换姓上。不仅如此，命运往往会使凄苦的人更加凄苦，她与外祖母最初的坚守并没有得到战后应有的幸福，相反还要看着自己半老垂荒的母亲为那个“抛弃妻女”的父亲料理后事，因此她的一生都在虚构着自己对她父亲的报复，从不承认有此父亲，甚至不允许外婆去原谅这个已逝之人。

（三）一生孤苦

20 世纪流行一个充满杀机的词叫“历史不清”，母亲被这个语词压迫得痛不欲生。当任何一个批判她的人诘问——你是不是军阀女儿，她就仿佛陷入一个悖论。她比别人还恨她的父亲，却又偏被他们视为同一个敌人。她觉得这个父亲不仅在生前遗弃了她，还在死后长久地陷害着她，她完全无力跳出这一血缘的魔沼。（P4）

武汉次年易帜，革命大学招生，母亲投考，在她报考革命大学那天起，她就要面对无数张表格。她总是试图说明她是她父亲那个阶级的弃婴，她和她母亲属于苦难平民。然而表格却限制了她的声辩，同时还作为一张早有预谋的标签贴上了她的面庞。（P4）

1957 年的母亲正当而立之年，这个来自遥远省城的女人，试图把她的教养植入那个土家山寨。其直率和刚烈却往往好心换来敌意，她对党的意见和她的出身被联系在一起时，只能戴上“右派”的高帽接受工人的监督改造。（P4）

“文化大革命”开始时，父亲作为矿长很快被打倒，母亲微薄的工资要维持全家的生活，那时她是小镇供销社可以双手打算盘的会计。攻击母亲的大字报依旧贴满门窗，频繁的抄家连缝纫机头也被拎走，母亲带着我忍辱负重地在小镇访医求药，她不能垮，她要拉扯着这个破碎的家一个不少地走进那渺茫的明天。母亲终于带着全家迎来了 1978 年。父亲升迁，她获平反，大姐招工，我考上大学，外婆又回到我们身边。这时的母亲总算有了笑颜，她相信善良总有好报。即使那些迫害过他们的人也来我家走动，她依旧不假辞色。（P6）

1983 年外婆辞世，1985 年父母离休，1987 年父亲患癌，1989 年我辞去警职，随后入狱，母亲又开始了她的忧患余生。（P6）

1995 年我回到山中的家时，只有母亲还在空空的房里收拾着断线碎布。为了求生，我不得不匆匆又出山。临行之际，母亲异样地拉着我的手说，你在武汉安顿好后，就接我过去吧，家里太空了，一个人竟觉得害怕。（P7）

她拿出一大本装订好的信纸给我，说这是她这些年来写的她的家族的回忆，我看见密密麻麻的几十万字，几乎页页漫漶着泪痕。她的手颤颤巍巍，哽咽着说这就算是留给你们三姊弟的纪念了。（P8）

（大姐找到母亲的遗书）母亲平静地写道——我知道我病了，我梦见我的母亲在叫我，我把你们的父亲送走了，又把平儿等回来了，我的使命终于完成了，我要找你们父亲去了……请你们原谅我，我到长江上去了，不要找我，你们也找不到的。你们三姊妹要互相帮助，父母没能力给你们留下什么，我再不走还要拖累你们……（P9）

“母亲”虽然精神上极力想摆托与外祖父的关系，但外祖父在赴任途中遇袭致死，却使她一生的命运再也无从摆脱阴影。在“阶级属性”的迫使下，她扮演着一个自己最痛恨却又无能为力的角色。一个女人，一生扮演着三个角色，但没有任何一个能够给她一丝慰藉。作为女儿，她痛恨自己的父亲薄情寡义，但又承受着“军阀女儿”所应面对的痛苦，直至 1978 年得以平反，过了几年笑靥初现的时光，便迎来了其母亲故去的悲痛。作为妻子，与丈夫在一条充满险恶的山路上相遇，扎根深山，但却未能过上平静安闲的生活，备受攻击已经成为家常便饭，忍辱负重的活着是她拥有的唯一选择，离休之后，本可以过着安闲舒适的日子，但丈夫患癌，60 多岁的她却在病床下铺一张席子陪护着艰难的日日夜夜，孤独终老。作为母亲，少年的儿子本该为她带来诸多欢乐和安慰，但清高的她却一度不得不为命若悬丝的“我”忍辱负重的寻药求医，年迈之后本该独享子女未尽的孝道，但“我”的入狱却使她的晚年如遇风霜，她的坚强与隐忍陪伴她迎来“我”1995 年枷锁得释的那一天。然而，美好二字从来都不会到她的人生中光顾。一心为了谋生的“我”只想着尽快打拼，早日给她一个更好的晚年，但最终“我”才发现，她在毅然决然地投身冰海之时，早已给了我许多的暗示，只是那时“我”未能真正地读懂母亲。也许坚强的只是“我”“心中的”那个母亲，而真正的她已经衰老了，她一生的坚强无畏似乎荡然无存，甚至虚弱得像一个害怕孤独的孩子，在那个艰难勉强的时刻，从容地赴死了。

三、外婆

（一）与刘家联姻：一生悲剧的伏笔

外婆 1905 年出生于汉川县田二河镇的一个中等人家，她是长女，取名叫成凤林，家里人都唤她凤林哥。外婆的童年和少女时代受过私塾启蒙，放足较早，但脚弓仍然是折断而弯曲的。（P14）

外婆在 23 岁左右时由其父许配给了天门县干驿镇刘家的三少爷。（P15）

外婆住进了刘家大院，一年多后生育了我的母亲，外祖父赐名为刘凌云——其中不乏一个新式军官对孩子的豪情期许。外婆一生再未生育，则大抵可以想见她的全部生活多是在倚门守候，在含辛茹苦中抚大我的母亲。（P16）

从 1927 年到 1945 年太爷去世，外婆收不到外祖父的任何汇款，只好靠捡棉花纺纱和为人缝补度日。她坚信她会等回她的丈夫，她 18 年的坚贞相守，只为换来河清海晏后的团圆幸福。

（母亲大闹后，外祖父受到党纪处分，与外婆强行离婚之时）外婆放弃了外祖父的补偿，成全了外祖的功名家庭，在按完离契指印后哭昏过去。（P17）

天道往还，1948 年，节节败退的外祖父奉命移师恩施，赴任途中被伏击，流弹洞穿了他壮年的胸脯——而最后为他扶柩理丧的竟是我终身寡居的外婆。（P3）

外婆一生的悲剧始于刘家，虽然享受过短暂的幸福，但却背负了太多的伤害。她始终恪守着刘家媳妇的身份，所有族人皆知“三嫂”的贤德令名，被弃的外婆依然被合族挽留住在了已近废墟的刘家，开始了她长达一生的寡居。

（二）风雨飘摇的家庭的依靠

她几乎没有享受到女儿的幸福，却无端地分担了太多的灾难和屈辱。那时我家搭建在一个岩洞里，她接生了我大姐未久，母亲就被打成“右派”，恶意攻击的人们指斥她们是军阀太太和军阀小姐——而这，正是她们一生的剧痛。母亲痛不欲生之中，早产了我的二姐，那已是“三年自然灾害”之时。面对这个不足四斤的婴儿，父母都认为难以养活，只有外婆固执地不肯放弃，她用米汤一口一口地喂大了这个奄奄一息的孩子。那时粮食危机已经威胁到成年人的生命，外婆以她一生的灾年生存经验来对抗着人世间的无穷劫难。她拖着浮肿的身体在山野开荒，在贫瘠的土地上播撒求生的种子，这些荒年中的杂粮啊，竟被外婆熬成了一家五口丰盛的晚餐，成为穴居时代最温馨的回忆。(P18)

(“文革”爆发后)父亲和他的几个同僚戴着纸糊高帽走在队首，后面则是扛着冷兵器和新式火器的武装工人。(P21)某日一造反派来家训斥父亲，我不懂事地在一边嬉闹，太过压抑的父亲借我发泄他的愤怒，第一次用木棍暴雨般毒打我，没有人敢于阻拦狂怒的父亲，外婆哭着用身体包围着我，结果左手无名指被误伤一棍，竟被打得骨折。她一直隐忍着也未医治，至死那个手指依旧还弯曲着。(P22)

(在“我”和父亲相继查出肺结核穿孔之时)母亲只好去信给外婆，想要她回来照料我的生活。(P23) 最后我给外婆写了信，现在我已经无法记得12岁的自己究竟写了些什么，若干年后大姐说，外婆边读边哭，每天从枕头下拿出再读再哭，一个月后决定再次进山，她要来挽救她一生至爱的我。(P23)

我的病在外婆和母亲的救治下，竟然神奇地钙化，而父亲也获得了同样的结果。外婆再次挽救了这个濒危的家，我们开始满怀希望地走向1976年。(P24)

外婆从城市回到母亲栖身的荒山沟里，接生了大姐、二姐，享受了短暂的欢乐。但不久后，父亲面对几个月的哥哥被乡村庸医一针毙命夭折的打击，几近与母亲决裂。外婆以她的慈爱和智慧劝慰母亲，挽救了这个濒危的家庭。随后为了给被迫失学的大姐找条出路，受伤的外婆返回平原老家务农，让大姐随她还乡插队。她在她的故乡好不容易才找到一份安宁而不被欺侮的日子，最终却不得不因为心疼她一生挚爱的患肺结核穿孔的“我”，而再回山里那片伤心地。外祖父生前，外婆的人生是以一个空虚无实的“刘家三嫂”的名义活着，虽然母亲仇视那个遗弃且影响她一生政治生命的父亲，但是外婆却用沉默甚至隐隐的怀念来对抗着母亲的攻讦。外祖父死后，外婆的一生都是以其叛逆与倔强的子孙们为中心的，为这个风雨飘摇的家庭辗转一生，却从未真正为自己活过。

(三)隐忍的年代中塑造的品质

1. 读书人的秉性

外婆骨子里面是个读书人，可惜生在一个旧式家庭，不看重对女儿的培养；加上生母早逝，父亲东渡，没有机会接受正规系统的教育，否则，她完全有可能成为一个才女。许多年来，她一直在繁忙的家务之余，坚持阅读的习惯；我上大学后的许多文科专业书籍，她都能读，还特别喜欢和我讨论。空闲时，她还爱练习毛笔书法，簪花小楷写得端端正正，你很难相信那出自一个小脚老太之手。（P24）

2．深入骨髓的品质：善良和慈悲

外婆首先让我学会的就是善良，她第一次让我给街上的小乞丐送饭后，我竟然后来见乞丐就往家里拉。幼稚的我并不清楚自家的窘迫，外婆总是尽量满足我童年的乐善好施。（P20）

外婆的善良和慈悲是一种深入骨髓的品质，天生具有佛性。她是一个没有仇恨的人，既不恨抛弃她的丈夫，也不恨迫害过我家的那些人，永远对人恭谨热情。她不求人，但任何人求她都会力所能及地给予帮助。她所到之处，皆会赢得所有人的尊敬，包含那些对我父母有意见的人，都会在背后夸耀她的美德。迄今为止，我还没有见过有谁真正具备她那种完全发自身体本能的博爱。她常对我说，要做一个明理的人，她永远相信在天地之间，有个叫作“理”的东西在维系着世间的共和。（P25）

3．保守的“陋习”：极尽俭朴

她始终过着极端俭朴的生活，操持着所有的家务，却坚持不上桌吃饭的古老习惯，且永远要吃剩饭残羹，不肯浪费丝毫。家境在“文革”后已经日见优裕，但她仍然不改艰难岁月所形成的近乎残酷的节约生活，有时常常让我父母感到尴尬，怕人误会是对老人的虐待。比如，她会偷偷地上街捡破烂卖，或者到菜市去拾取农民都要扔掉的烂菜叶，拿回来处理干净后做来自已吃。（P26）

在盛行读书无用的时代，一个小脚老太身上却透出一种读书人特有的秉性，她不仅支持一个好奇心极盛的少年读各种“烂书”“毒草”，甚至在从事繁忙的家务之余与“我”畅谈所想，支持“我”考大学。在她的心里，早已把一个思想尚未开化的少年当作一个男人，她希望他能够戒除玩心，学习法律。虽然，她也许并不深知我父亲所学的法律究竟为何物，但她相信这个世界原是需要真正的法律来主持正义的。正是这个“具有进步思想的小脚老太”，成了“我”人生观的启蒙者，她的一生在被伤害与坚忍中度过，却在这份承载着剧痛的隐忍中，在她对待他人以及与邻里相处中所透露出来的善良和慈悲中，开启了“我”光明的童年和少年生活。她是“我”人生的启蒙者，但也是一个陈旧时代的伤痛的承载者，思想的开化也仅仅使她成了一个爱读书的人，向往知识与智慧的人，但却没有将她从世俗的礼数和本分中解救出来，她“坚持不上桌的古老习惯”，也从侧面解释了面对外祖父的薄情，她何以坚守寡居一生的信念，何以在外祖父故去后她仍然将所有的积蓄寄给那个比她要小的名义上的婆婆，也许她追求的正是这样一种“明理的人”，也正是这种矛盾与对立衬托出了她悲剧的人生。

四、大伯

我唤作大伯的这个人名叫张志超，实际是姑婆家的长子。（P34）

大伯出生于1919年9月。身为当时罕有的西医之家的长子，他自然从童年开始，就接受的是当年最新式的教育。（P35）

代表宿命的词语：革命与爱情

我似乎看见大伯躺在四块黑铁般的词语之间——一头是命运和革命这两个古典词汇，一头是组织和爱情这两个现代词汇，它们的冰冷凝重更加显出大伯蜷曲一生的微弱。（P33）

（一）张志超：革命中的悲剧命运

大约是在1935年，16岁的大伯考进了湖北省立高中。然而那个年代的中国，民国政府还只是半壁苟安，东三省早已沦陷，军阀割据、席卷着大地，而更大的灾难即将到来。对于他这样一个先天中就蕴涵着左翼血液的青年，则此后的命运也必将卷入这个灾难频仍的国运之中。（P35）

大革命失败未久，1936年2月，地下党学长陈约珥、王曦和黄成美等人，邀约大伯等进步学生，秘密成立了一个读书会，开始在学生中传播共产主义。（P36）

抗日战争正式爆发，由中共正式领导成立了青年救国团，史称“青救”。大伯参与了湖北“青救”的组建工作。（P37）

1938年，按影视剧的老话说——19岁的大伯终于找到了组织。（P38）

1938年，武汉会战后，大伯奉组织之命随省高一起迁往鄂西去建立组织，发展党员。毕业之后，由宜昌到达重庆。八路军重庆办事处的钱瑛大姐，亲自接收他的组织关系，并派人与他单线联系。随后得到指示，要参加高考进入大学，继续从事学运和发展党员的工作。考取武大后，钱大姐告诉他，武大地下党支部和乐山中心县委，会派人和他联系。然而，在他入学之前武大地下党组织被破获，没有人来和他联系，他只好隐蔽身份埋首等待着。

那个时代，像他这样突然失去组织的人多如牛毛，谁都认为自己还是党员，仍要继续单兵作战。谁也没想到，建国后这一类同志，会被视为自动脱党甚至叛徒，而在历次运动中受到各种非人的折磨和终身的歧视。（P51）

在他失去与组织的联系之后，他以各种方式团结左翼同学，宣传进步思想等，但仍未能与组织取得联系。直至1949年年初在武汉的渡江战役之后，整个社会在等待易帜。

大伯很容易就找到了地下党员王达勋和余开先，并在他们的指示下开展工作，加入了他们实际掌控的党的外围组织“新民主主义建设协会”，为大军进城作好接收工作的准备。至于他的组织关系，武汉的地下党支部说，要由四川方面来认定，反正解放在即，一切很快就会得到重建的。于是，他开始满怀信心地等待他父子两代人所舍命为之奋斗的新中国的到来。（P59）

30 岁的大伯终于迎来了他梦想已久的新中国，他对未来充满了希望——更何况那些接收大员，不少是他青春革命时期的同志。（P60）他幼稚地认为，这些人都是清楚他历史的，那他找这些老朋友，应该很快就能恢复组织关系，并得到重要的工作岗位。于是他自信地去找了，却很快发现时移世易，世界的炎凉冷暖远非他的想像。（P60）

得不到组织的认可，对于洁身自好的他来说，如果再去继续地寻求认同，那也确实是一件有伤自尊的事。所以他幸而谋得一份教师的职业，暂时安身。1955 年，因为几篇谈哲学的文章，差点被打成胡风分子，并与官方结下仇隙。到 1957 年，大伯 38 岁，“这时党中央号召各界给党提意见，知识分子觉得激情澎湃，也想学百花齐放了”。他申诉的还是反胡风时对他的批判，他觉得理论之争，应该允许他发表辩论文章，不应该取消他的辩护权。结果，他把“右派”帽子给领了回来，而且工资还被下降两级。但是他并没有意识到“右派”帽子的严重后果。

等到接踵而至的下放农场劳动，他才真正开始感到自己成了“五类分子”。三年劳改，正好又处在大饥荒的年代，他先瘦后肿，差点就死在他所放牧的羊群之中。（P65）

几经辗转，一个从 19 岁便志愿加入为之战斗的组织的热血青年，在经历了由左翼青年，到中共党员，到中学教师，再到“右派”的黑五类分子，到“摘帽右派”，再到教师，最后直到 65 岁临近退休，才得以赶上平反冤假错案的浪潮。本以为在其晚年终于得见一点曙光，但因为脱党问题的解决需要罗某（下文会介绍）首肯的问题，他选择主动放弃了搭上解决武大地下党问题的便车。虽然其爱慕一生之人王冰松的出现给了他莫大的安慰，但是他的党籍依旧因为罗某的存在而难以恢复。

1990 年，一个被组织彻底编织了命运的理想主义者，饮恨长眠。（P74）

（二）与王冰松的爱情：稀世风采所映射的悲剧

个人在乱世的存在和选择，结识的每一个人或者身经的每一个事件，都可能埋下他一生宿命的伏笔。几十年后的回眸似乎恍同隔世，但仔细想来，一切又好像在劫难逃。（P40）

1. 相识与离别

王冰松是武昌一个资本家的小姐，省立女子中学的高中生，一个惊才绝艳而又教养高贵的孩子，同时也是“青救”的成员。（P41）

1938 年，张志超与王冰松在一次冼星海教他们演唱抗战歌曲的武昌昙华林的省高排练室相遇，此后的漫长余生，他似乎都还在那最初的惊艳中发呆，而那扇命运之门，也再未被合上。

一个多才多艺的书生，一个风华绝代的小姐，在一个烽火狼烟年代的邂逅相逢，几乎注定要像星球相撞一样，开始他们乱世佳人的孽缘。那一年，他们也都才十八九岁啊。（P42）

当时王冰松并不在组织，武汉会战后，她的父母决定举家迁往四川，她在临行之前找到大伯，委婉希望他能和他们同舟共济。但是此时正值张志超得到指令去鄂西建立组织之时，他不能违背自己的使命，相拥吻别。

2．王冰松与罗某

王冰松当时并未跟随家人一起撤退，她和“青救”的几个朋友结伴一起，先到宜昌，再乘船穿三峡到万县，去做宣传救亡工作。

就在这时，原来在武汉就一直追求她的“青救”领导罗某，也流亡到了这个山城。按晚年胡克实对王冰松的话说——“那个成天像苍蝇一样在你身边飞的罗某”，对她也可谓一见钟情。早在他从华北流亡到武汉认识她开始，就一直暧昧地表示着喜欢。（P49）

罗某这时正好是川东特委的宣传部长，乱离之中重逢偶像，自然窃喜。他积极靠拢王冰松，以组织身份动员她入党。她那时也是热血理想青年，正式入党，属于罗某党组织这一条线。随后，便经组织同意从万县到了重庆。在重庆，王冰松收到了罗某给她的第一封求爱信以及照片和情诗，但并没有答应。之后，王冰松赴成都蜀华中学继续学业，党组织关系几经中转，转到了罗某手上。

不管怎么说，罗某看来都像是一个对爱情很执着的人，他喜欢上谁，就有种不上手誓不罢休的精神。他多次向她单独表示，但是王冰松不是一般出身的女孩，以还在学业和家父反对为由，不失分寸地婉拒着她的顶头上司。（P53）

3．寻觅与决绝

这时，王冰松偶然读到了一首报刊上文风相似，署名为他的诗歌，便打听了作者的通讯地址，然后急不可待地寄去了问讯。拿到恋人的鸿书的张志超急忙回函，彼此交换着流浪的足迹方向，频频倾诉着一千八百个时日的牵挂和渴慕。最后他们相约暑假于内江相见。

一个 24 岁的贫寒学生，带着他对爱情的全部幻想，在一个陌生小城的薄暮，局促不安地敲响了他的命运之门。他终于看见了他朝思暮想的青春恋人。他原先以为他们会抱头痛哭，会有种种情不自禁的激动。然而站在面前的她，虽然光彩依旧，成熟得更加风韵诱人，但是脸上的微笑却礼貌得十分冰凉，甚至还带着几缕嘲讽和不屑。他敏感的内心岂能不感到那种拒人千里的冰霜况味，但是他无法明确这到底是怎么回事，他无法想像文字和本人之间，怎么会情感相去霄壤。（P55）

整个晚餐所有家人的淡淡礼仪，像一扇巨大的石磨，把他多年的相思和深爱，终于一点一点地碾磨成碎片。（P55）

1943 年，一个因为误会，一个为了守护男人的尊严，他们终究少年般负气地错过了。人生就是这样，如果你错过了某个机缘，也许你就错过了你的一生。(P63)

4．一生未娶与重聚回首

30 多岁的他英俊成熟，潇洒迷人，是很多少女的追逐对象。(P62) 他大约换过几个女友，按他晚年对我所说——他每到真正要决定婚否之时，王冰松的影子又神奇地冒了出来。整个心灵的空间，都被这个魔幻般完美的女人占据，他没有办法能再去爱别人。(P62)

直到分别 43 年后的 1986 年，在解决原乐山时期武大地下党的失散脱党问题时，王冰松才又一次真实地出现在大伯的生命中。

两个生死茫茫四十几年的老人，都激动万分地拿笔要赶紧给对方去信——他们错过得太久，他们的余生已经不多了。(P70)

他们王顾左右地嘘寒问暖，但终于还是忍不住揭开了困惑彼此 40 多年的真相。

当 1943 年他们彼此找到，开始频繁通信互诉衷肠时，罗某正疯狂地追求着她。她一直没有告诉罗某，但当他们决定要在内江见面时，作为党员，按照当时的纪律，她还是向罗某汇报了——因为她知道，罗某也认识他，都是“青救”的主力。罗某立即给她来信说——“张已自动脱离大姑母，现接受其岳父(可能是资本家)的资助读书。如张来访，请不必理睬。”按当时他们的约定，大姑母即是地下党的代名词。(P70)

这个消息对 20 出头情窦初开的王冰松来说，无疑是晴天霹雳。脱党已经是背离了他们相识的初衷，更何况他还有了岳父。有了家室这犹作罢，还在继续欺骗她一个苦苦等待的少女的感情，那岂不是无耻之尤。(P71)

当一个影响了他们命运 40 多年的阴谋揭开，“一切都已经晚了，万千悔恨又何能重挽岁月的脚步”。(P56) 他们已经到了半老垂荒的年纪，青春远逝，生命半残，他只能默默垂泪。他以衰朽之躯还想在生命的黄昏，再给她一点温暖，但是王冰松给了他如下的回复：

我今生没有把我的青春美丽给你，未能陪你熬过那么多苦难孤独，现在我又怎么能将自己的衰朽残年去面对你呢？(P72)

在这彼此背负了一生情愫的 44 年之后，他们跨越了武汉和上海，见了第一面，也是最后一面。

他们几乎对峙了一分钟，才轻轻地彼此唤一声名字，然后把苍老的手紧握在一起。我看见他们依旧是无言哽咽，泪光在历尽沧桑的眼眸中闪烁。没有拥抱，没有热吻，他们非常自持地颤抖对视，最后把漫长一生的悲凉，化作了几声如泣般的苦笑。(P74)

一个多才多艺的书生，一个风华绝代的小姐，他们之间这段乱世佳人的爱情从开始上演的那一刻就流露出太多宿命的色彩，无力还击，就像昆德拉所说：生

命不是话剧，可以彩排一次再正式登台。他们的悲剧一次性上演，就挥霍完了他们的一生。（P56）

五、幺叔

一个个给过我少年养分的老人，似乎都在夕阳中列队，向一个叫做彼岸的地方出发。此岸的悲苦伴随了他们一世，我没有任何信心和能力，足以把他们留在尘世今生。（P76）

（一）幺叔及其家族的历史

幺叔姓牟，名鸿光，是汪营牟家的少爷，行六。他是牟家彝字辈的，按他们至今不乱的谱书，他就要算是最高辈分的一代了。牟家不仅在汪营，乃至整个利川都算是大姓。其中又以幺叔他们这一支派——号称高升堂牟家——可谓鄂西百年前真正的豪门世家。高升堂是他们祖上世代传承的客栈货栈的连锁堂号，延伸在从小镇到省城的官道上。可以想像，在清末民初的驿马风尘中，有多少商旅行贾和英雄豪杰出入于他家的屋檐。（P77）

虽在偏远乡村，他少年时代在父兄的光芒下，接受的却是中国式最古典的贵族教育。（P78）

我已无法勾勒他最初的人生，约略知道的是他似乎在武昌完成了中学，之后考进了胜利班师后的南京国立师院；毕业之后留在武汉一家中学教书。（P79）

那时，浓浓的战火已经迫近他宁静的书斋。（P79）

在战火中，幺叔的父亲去世，三哥随国军转战杳无消息，侄子（牟秉钊）遭逢兵变，被免职，之后随败军撤往台湾。随后武汉易帜，1950 年鄂西开始土改，他的母亲在汪营写信给他以病危相催。他请假回家，却没想到“一脚踏进了世道变迁的陷阱”，再也无法走出严酷的深山。

可以想像，作为工商地主的牟氏祖宗，曾经在那一方拥有过怎样的田产。他作为唯一归来的男丁，再也无法继承列祖的产业，却不得不继承先人的“罪名”。一个民国的高才生，一个少小离家的青年，在暴风骤雨的时代中，开始了“五类分子”生涯。（P80）

1965 年左右，幺叔已经成为了一个小镇里的皮匠。在他的歪斜楼下，摆一个门板，依靠为乡人修鞋补胎甚至维修手电钢笔之类，勉强维持着一家四口的生计。之后不久，为了备战备荒，所有还拥有城镇户口的“五类分子”家庭，要被驱赶下乡务农。幺叔迎来了新的厄运，被下放在一个叫万家凉桥的小村。直到 80 年代才回到汪营小镇，在政策的落实下，得到了汪营的那栋祖宅。

幺叔并未重操旧业，而是零售着乡村社会必需的针头线脑肥皂火纸，生意清

淡得恍如隔壁的花圈铺。（P88）

他最终还是离开了祖居地，死在了异乡。而汪营的牟家，再也没有高升堂的这一支人了。一个家族的荣耀与艰辛，必将风化在历史隐蔽的书缝中。（P89）

（二）真正的幺叔

幺叔被驱赶下乡务农之时，正值“我”的两个姐姐相继失学，而“我”小学毕业后被以有传染病为由不录取上初中，在这段短暂的少年樵夫的岁月里，“我”真正地认识了幺叔。

1．“贵族”的尊严

我记忆中的幺叔，仍旧和其他的匠人有别。他常常穿着一件小镇少有的四个兜的中山装，虽然布料已经洗薄泛白，缀满了补丁，但永远是干干净净，且在左上兜里，插着一支派克钢笔——这件衣服和这支笔，也许是他作为民国文化人的唯一标记了。包括他花白的头发，也仍旧保持了一种向后梳倒的发型。就是这样一些零星的残留习惯，还能暗示着他曾经的王孙贵胄的身份。（P81）

2．文质儒雅

在食不果腹的饥寒日子里，他竟然还能在可怜的一点自留地边上，种上一些兰菊芍药，房后还手植了一片竹林，使他的寒舍远远看去，要比那些周边的农家，多出许多秀色和清气。（P83）

在正午的阳光下，幺叔把我引到修竹边乘凉，两张木椅，一杯清茶，即使面对的是我这样一个少年，他也仍旧保持着一种应有的礼数。他似乎还没遗忘他曾经教书的身份，在闲谈中也尽量吐露珠玑，暗含着一些处世为人的训诫。他指着竹林说——宁可食无肉，不可居无竹；竹子能使人高尚其志。（P84）

3．知足常乐

一天，我幼稚地问幺叔——乡下的生活比你过去要苦多了吧？幺叔缓缓咽下一口苦茶，仿佛自言自语地说道——人一辈子，原无所谓富贵贫贱，怎么样过，都是活法不同而已，但苦乐却是基本一样的。生老病死，人皆同苦。——他沉吟片刻，又指着面前的田畦溪流和远处的青山白云，继续说道——我在这些自然的世界里，快乐并没有减少。尽管我在你这样的年龄时，曾经享受过一些荣华富贵，但是现在这样的日子，却也别有滋味。人生在世，许多变故是不由自主的，但若时时随遇而安，都能做到知足常乐啊。（P85）

半个世纪之后，他的侄儿——原重庆号的舰长牟秉钊——那时正好当上了台湾海军的总司令。

牟司令给他的信，仍然恭敬地称呼幺爸。幺叔平淡地说，他现在衣食无忧，也无须他们的资助，只是喜欢看看那些侄孙的照片，看看牟家熬过一个世纪之后，依旧没有衰落，内心就非常幸福了。（P89）

六、读书有感

初次接触到野夫的书，是那本记录着他"隐忍年代的隐忍的爱情"的《1980年代的爱情》，那是一段在时代的厄运中极尽保留的爱情，它比虚构的爱情故事更为感人，也更加让人惋惜。掺杂着历史的故事总是能够让人心生好奇，也是对执笔作者人生的好奇。所以索性就查看了很多有关野夫的文字，其中这本《乡关何处：故乡·故人·故事》和《江上的母亲》自然是不容错过的。《江上的母亲》中令我印象深刻的是这样两篇短文，《是非恩仇二十年——熊召政和我必须面对的末日审判》和《卿本佳人，奈何做贼——我对熊召政的继续质疑》，这两篇短文是野夫对自己5年牢狱之灾的交代，他写出了自己何以遭受这无妄之灾，掌握其命运的幕后黑手竟是自己敬重多年的朋友，无论野夫所述其与熊召政①之间的是非恩怨是否如实，他为自己发出的声音，无愧于他人对他的赞许——"今天，当我们的文人艺术家都争做'圣洁天使'的时候，野夫的文字却来扮演魔鬼，发出凌厉的声和另类的光。"

再说本书，时代、爱情、亲情、友情，编排了他的一生，这些故事笔下有情，个体的悲剧也无一不是折射着时代的厄运。这些故乡中的故人的故事，是一个世纪中国的悲欢缩影。但是这些故人本身，却隐约打开了他人生的另一门径，虽然在经历的时候可能未解其深意，但许多潜移默化的熏陶，对他而言确实是一生都在受用的。江上的母亲，一生清高，虽然历经20年终究得以平反，但相对于被打成"右派"的划痕，平反对她而言只是轻于鸿毛，最终还是走失在了她的祖国。"厚土之下的外婆，一个好人，但是好人却无好命，她像一粒糖抛进大海，永远无法改变那深重的苦涩，也许只有经过的鱼才会知道那一丝稀有的甜蜜。"被革命的使命冲散的张志超和王冰松，生于末世运偏消的幺叔，一世穷苦的瞎子哥，因同情"右派"被劳教的莫逆之交刘镇西，散淡功名利禄、无人识其面容的苏家桥，以及"守个收费公厕，都会梦想连锁"的王琪博，他们的故事，一直撩拨着野夫内心深处的隐痛。野夫，一个有故事的人，一个笔下有情的人。如同章诒和所说，我读到的是他的心，看到的是他的泪。

最后，来说一下"故乡"于我的感触。前几天听到一个朋友说自己身体过敏，

---

① 熊召政(1953—)，湖北英山人。著名作家、诗人。《张居正》和政治抒情诗《请举起森林一般的手，制止!》分别获第六届茅盾文学奖和1979—1980年全国首届中青年优秀新诗奖。1985—1989年担任湖北省作家协会副主席，期间曾入武汉大学首届作家班学习两年，期间与野夫相识、相交。《商业时代》："熊召政有多方面的才能，在文学方面，他既懂新诗，旧体诗同样写得好，散文，报告文学，小说也都出手不凡。"无论是文人界的人脉，还是商界的人脉，熊召政都经营得非常好，这无疑是他走向成功的关键。熊召政与作家野夫有一段恩仇。

原因无非就是秋收引起的。一个平时自诩吃坏东西都免疫力超强的人，每年的这个时间却都逃不过浑身过敏的折磨。她的母亲对她说：看来是你不适合农村的生活，好好学习吧，以后就可以不干农活，也不用因为这个过敏了。还是那句话，知识就是力量！其实，好像每次听着别人的故事，就会勾起自己的思绪。就说“故乡”吧，野夫说，有故乡的人是何其幸运。因为，在这个脚步越来越快的时代，很多人是没有故乡的。人没有故乡，就像树木无根，一生漂泊，终究是没有归宿的，他说的就是那没有故乡的一代。再说说我自己，1990 年生于沿海的一个小农村，一个不大不小的年纪，恰巧，我是有故乡的这批人之一。但是，就像之前我所概述的朋友的故事那样，在 20 岁离开家乡外出求学之前，更多的是在“知识就是力量”的驱策下努力“逃离”那些艰苦的环境，那时候“故乡”代表的就是“农村”，只有对糟糕的环境的厌弃。所以真正来说，20 岁之前，我对故乡没有情感上的依赖，也并没有意识到自己有一天会对家乡有太多感慨。外出求学，慢慢地就离“故乡”这两个字越来越远，距离的加大反而会让人有更多的不舍，对它们的寓意却能够领悟得更彻底、更深刻。对我而言，我很清楚，自己舍不得的不是三座小山深处的青山绿水，不是原来清净而现在已经被机械化的聒噪所改变的环境，也不是淳朴的民风民俗，而是那里住着的人，我的家人。“故乡”变得面目全非，并不能让我感觉自己没有了归根。我想，只有故人（或者说父母）不在那个故乡，我才真的能够体会到自己没有了故乡。之前拜读过师姐的佳作《多少个故乡在消逝》，也许让人心生感慨的是岁月如梭，环境的改变让我们难以再觅得故乡中最纯净的美好。但我眼中看到、内心体会到的更多的却是：对于没有故乡的这一代人而言，故乡在他们心里只是“老家”这么简单，是一个与自己甚至是与父母亲人都关乎甚微的地方，所以自然不能说故乡的消逝是美好环境的消逝，是曾经记忆痕迹的消逝，而是内心情感的消逝。所以说，于我而言“乡关何处？”这个问题最真实的答案就是：故人（父母）所在之处。

讨论部分

唐松林老师：我们通常会说“知识就是力量”，“知识改变命运”。书中也讲述了主人公以及其母亲的人生遭遇与经历，他们是受过教育的人，但他们的历经坎坷，看起来知识也并不一定改变命运，也并不一定给自己带来幸福，有知识的人有时也非常无力。这里我想提这样两个问题，一是如何理解命运？我们自己能掌握自己的命运吗？二是假如我们像书中所提到的那些人物那样，我们经历与面对人生的无常，面对这些自己并不能够决定的部分，我们应该如何应对？

魏婷婷：初读野夫的书是《1980 年代的爱情》，之后便迫不及待地想要读《乡关何处》这本书，读后发现：野夫的书直击人的心灵，很震撼。虽然我并未亲身经历，但却感到他的书就像一个个人的人生一样，有故事、有挣扎、有痛苦，也有记忆悲悯。其中“故乡”，给我们讲述的故人、故事应该是温暖的，但在野夫的笔下，在怀念与追忆中却是苦难、伤痛的。故事中的人，在时代的洪流中被记录，每一个人的生命都有故事、有纯真、有善良，更有坚贞，这种悲苦的命运是与时代紧密相连的。正如文中所说，“命运从来都不是他自己的”。

邓洁隽：尼采在《查拉斯特图拉如是说》中将精神、成长划分为骆驼、狮子、孩子。骆驼，它隐忍、压抑、沉闷，在痛苦中挣扎；狮子，勇敢、强大；孩子，纯真，创造。这种精神，在故事中的一个个人物身上映射。其实，也许痛苦才是生命的开始。我们根本无法阻止它的到来，我们需要认识它，更要学会蔑视生命中出现的痛苦，也许只有我们内心与人格足够强大，才能够与生命中那些无常之事相抗争。

佘君君：我认为教育可以让人自救，同时也能够让我们从生活的点滴中获得更多的主观幸福感。我们通过教育学会了包容、节制、善良。教育的作用体现在，我们在生活中能够更加深刻地认识自己，也更加明了地分析现状，让我们遇事有所依靠，不至于无从所依。就像书中的各个人物，虽然他们受过的教育没有帮助他们远离凄苦的命运，但是我们又焉知他们所感受的亲人陪伴的爱与温暖没有抵抗住所承受的苦难呢？

郑洁：周国平说过，世界上有一样东西，比任何东西更忠诚于你，那就是你的经历。在你的生命中，你所经历的、遭遇的人和事，你从遭遇中获得的思考、感受与悲欢，这些经历不可能转让给任何人，这正是你最珍贵的财富。有些经历带给我们的痛苦，是无法回避的。既然无法回避，就去接受它，以另外一种心境，一种豁达的心境泰然处之。有时也需要去感恩这种苦难，因为它可能教会了我们铭记与坚守。

李吟霁：有时候读野夫的书，我会有这样一种感悟，就是，故事既属于亲历者，又属于我们读者与后代。记忆并不是要去回顾是什么，而珍贵在于它教给了我们什么。这种教诲中，最重要的一点是坚守。书中的外婆、母亲以及大伯，对于他们来说，经历了太多的苦难，但是他们依旧能够秉持自己坚韧、善良、包容、正直、淳朴的品性。如此，他们的内心是有希望的，是幸福的，是丰富的。

李倩：首先，我认为所有的事因你而生，所有的人为你而来。一个个人，一件件事构成一个个故事，伴随我们的一生。而正因为这些人与事，充盈了我们的生活，丰富了我们的成长。其次，苦也是人生快乐的解药。人生其实很艰难，我们也经常被现实打败。我们要做的是依然去爱这个社会，按照自己的内心，努力地与现实之中不尽如人意之事对抗，过好自己的一生。

于思琪：(1)不要评价别人是否幸福。野夫的外婆，在很多人看来，这一生过得极为凄惨潦倒，寡居、分担女儿的屈辱，并没有享受到太多的安宁与平静，在很多读者看来可以用痛苦来形容她的一生，但我个人并不这样认为。在我看来，外婆虽长达一生寡居，但她在我与父亲查出肺结核、母亲向她求助之时，她决定进山，来挽救一生至爱的我，而我最终痊愈，这样的外婆，不能不说她的内心是幸福的；在她用米汤养活奄奄一息的二姐时，我想在外婆的内心中她并不像我们刚刚说的那样痛苦，她是幸福的。我们每个人对于幸福或者痛苦的定义都不相同，幸福是一种主观的感受，是否幸福取决于个人所建立的价值体系，所以，我们不能轻易说外婆是不幸福的，是痛苦的。或许挽救了女儿的家庭，为儿女子孙付出这么多的外婆，在她的内心，可以被我们需要，是幸福的。(2)对待人生无常，我们应该怎么做？首先，我们要明白，对于人生，我们固然有很多我们不能决定的部分，但我们可以决定自己以怎样的心态去面对。对于无常甚至是痛苦的人生，我们要明白，痛苦也是快乐的一种源泉，快乐来自于对痛苦的领悟，没有痛苦的人生，我们是无法真真正正感受到快乐的。我们要正确地理解剖析对待它，只有这样，我们才能更好地珍惜快乐。对于我们来说，需谨记：人生无常，心安便是归处。

唐松林老师：今天时间不早了，结合我们今天的讨论，关于人生的无常，关于命运的无情与苦难，我想说如下几点：一是心善。只秉持自己的良知、包容、正直、淳朴的品性，不管自己的命运如何，不管命运自己能否把握，就可以对待命运起伏，就可以以不变应万变，战胜各种各样的人生挫折，享受人生幸福。二是坚韧。大家还记得《老人与海》中的名句吧，海明威这样写道：一个人并不是生来要被打败的，你尽可以把他消灭掉，可就是打不败他！三是用爱去战胜命运。外婆一生寡居，她进山挽救了“我”和“父亲”，她的精心照料，使我们的肺结核得以痊愈；她用米汤挽救了奄奄一息的生下来只有四斤重的二姐，她的一生“几乎没有享受到女儿的幸福，却无端地分担了太多的灾难和屈辱”，“都是以其叛逆与倔强的子孙们为中心的，为这个风雨飘摇的家庭辗转一生，却从未真正为自己活过”。可以说，对亲人的爱，是外婆精神上的皈依。她对亲人默默地奉献，在操劳之余，利用闲暇读书，练书法，过得如此从容、平静、豁达，谁说这不是一种人生的幸福呢！谁说她的一生不是有意义的人生呢！四是内修。也就是内省、内练，使心灵回归澄明之境，豁达无私。一个人真正强大的其实是自己的内心，需要依靠自己内心的修养去直面人生的喜怒哀乐。所以说，纵使现实生活中有万般无奈，但是我们还是要学会去接受这个世界，用自己的真诚、纯真、包容的内心去温暖我们周边的人，将我们的周边变得更加有爱、温暖与和谐。

《人生的枷锁》：为何苦海无边

于思琪*

时间：2015 年 12 月 8 日

地点：湖南大学教育科学研究院

出版社：上海译文出版社，1997

参与人：唐松林（湖南大学教师）、侯兰花（长沙市第六中学教师）、曹静（长沙师范学院教师）、匡林林（长沙市第六中学教师）、姚尧（湖南师范大学研究生）、李京玉（长沙师范学院教师）、应洁、魏婷婷、于晓卉、李倩、郑洁、李吟霁、于思琪、郭笑丽、于思琪（没有特殊注明者为湖南大学在读研究生）

一、作者简介

威廉·萨默赛特·毛姆（William Somerset Maugham）（1874—1965），英国现代著名作家，1897 年以描绘伦敦贫民区生活的小说《兰贝斯的丽莎》（*Liza of Lambeth*）开始其漫长的创作生涯。他一生著作甚多，除诗歌以外的各个文学领域，都有所涉及，有所建树。他共写了长篇小说 20 部，短篇小说 100 多篇，剧本 30 个，此外尚著有游记、回忆录、文艺评论多种。他的作品，特别是他的长、短篇小说，文笔质朴，脉络清晰，人物性格鲜明，情节跌宕有致，在各个阶层中都拥有相当数量的读者群。他的作品被译成各国文字，不少小说还被搬上银幕。他是 20 世纪上半叶最受人欢迎的小说家之一。

---

* 作者简介：于思琪（1991 年出生），女，河南洛阳人，湖南大学教育科学研究院 2015 级硕士研究生，从事教育经济与管理研究。

二、作品简介

巨著《人生的枷锁》是毛姆的代表作，带有明显的自传色彩，发表于1915年。实际上，毛姆在1897年完成了第一部小说《兰贝斯的丽莎》之后，就立即着手写自传体小说《斯蒂芬·凯里的艺术气质》。该书完稿后未获出版，而作家本人再也没有勇气去读它，任其撇在一边。“但是，我忘不了书中的那些人物，还有那些事件和感情……某些梦魂萦绕的往事，成了一种难以忍受的折磨，搞得我食不甘味，眠不安生，最后，我决定暂时停下戏剧创作，先让自己摆脱掉回忆的纠缠。我写这本书（即《人生的枷锁》），整整花了两年时间……我取得了预期的效果，因为等我看完校样之后，我发现那些缠人的幽灵全都安息了。人物也罢，事件也罢，以后再没在我脑海中浮现过……现在我很难说清楚，究竟有哪些内容是我虚构的，有哪些是活生生的事实——究竟哪些事是实际发生的，哪些事是我希望发生的。”

书中主人公菲利普·凯里童年和青年时期的辛酸遭遇，大多取材于作家本人早年的生活经历；作家在这个人物身上，更是倾注了自己的思想感情和切身感受。但是，“《人生的枷锁》并非自传，而是一部带有自传色彩的小说，里面事实和虚构不可分割地交织在一起”；作家是依仗事实的启示，“使用小说家的权限，炮制了若干故事来写我创造的人物”。换句话说，在这本小说里，毛姆打破了事实的拘束，虚构了某些重大情节，塑造了菲利普·凯里这一人物形象。通过描写主人公的曲折遭遇，揭露社会从精神到物质上对人的折磨与奴役。《人生的枷锁》是一部取材于作者亲身经历、揭露维多利亚时代末期英国资本主义社会的现实主义作品，它真正确立了毛姆在英国文坛的地位。

三、作品梗概

主人公菲利普天生跛脚，很小父母双亡，被寄养在冷酷无情的牧师大伯威廉家中。作为浸透在宗教气息环境中长大的菲利普，大一点的时候便被送到附属于教会的皇家公学念书，威廉大伯希望他可以在将来领个圣职，当个牧师，宣扬平等互爱的思想。然而跛足的菲利普却时常遭到同学甚至老师的嘲笑和讥讽，这种种遭遇明显与基督教义不相符，这让菲利普感到越来越迷茫，与此同时，也养成了菲利普孤僻、内向、敏感、善于思考的性格。长大后的菲利普没有按照伯父希望的那样从事神职，他不愿为了“侍奉上帝”而虚度自己宝贵的一生，不等毕业就断然离开了死气沉沉的皇家公学。菲利普辗转于欧陆与英伦之间，先后到德国和巴黎学习，寻求安身立命之所。在德国，他抛弃了宗教信仰；在巴黎，他抛弃了做画家的艺术梦想，最终决定通过学习，成为了一名像父亲一样的医生。

菲利普孜孜不倦地追求生活的真谛。他遇见形形色色的人，经历各种各样的事，已经决定安定下来的菲利普进入伦敦圣路加医学院学医，却戏剧般地爱上了爱皮西点心店的女招待米尔德丽德，为她荒废了学业，将父亲留下的一小笔遗产，耗费了许多，再加上买卖股票赔了本，一时生计无着，幸亏由朋友介绍，在一家服装店当了个顾客招待员，才免于流落街头。他饱尝人间艰辛，历尽世态炎凉，最后得出结论：生活就像一条波斯地毯，虽说色彩斑斓，令人眼花缭乱，实质上却毫无意义。

菲利普的一生先是经历了信仰的破灭，继而又在非道德主义者克朗肖（在巴黎学画时遇到的一个落魄文人，最终穷苦潦倒，疾病而死）的引导下抛弃了道德，确立了“为所欲为”的行事准则。然而在这之后，他并没有获得他所料想的自由，反而陷入了更深的虚无危机。最终，菲利普悟到生活的真谛，这就是：生活毫无意义。然而，正是这让克朗肖无论如何都无法忍受的致命真理，却令菲利普获得了重生。

四、寻求人生真谛之路

（一）信仰

1．“唯有英国国教派的教友，才真正可望得到永恒的幸福”

先天跛脚的菲利普自幼由当教区牧师的伯父威廉抚养，后来又在附属于教会的皇家公学念书，所以他是在浸透着宗教气息的环境里长大的，菲利普自幼便将信仰上帝看作理所当然之事。跛脚的菲利普在学校里遭到其他孩子嘲笑、受尽凌辱时，一度希望“眼前的生活，连同它的苦难，都不过是一场幻梦，说不定早晨一觉醒来，自己又躺在伦敦老家的那张小床上了”。（P51）在菲利普 12 岁的那年，学校掀起了一股笃信宗教的热潮，幼小的菲利普将救赎的希望寄托于上帝。他相信凭借虔诚的祈祷，上帝将会眷顾他。菲利普之所以会坚信这一点，是因为他看到《圣经》上清清楚楚地写着：“你们若有信心，不疑惑，不但能行无花果树上所行的事，就是对这座山说，你挪开此地，投在海里，也必成就。”“你们祷告，无论求什么，只要信，就必得着。”（《马太福音》第二十一章二十二节）（P45）按照菲利普的愿望，他希望在新学期开始的那天早晨还他一双与其他孩子没什么不同的正常的脚。“菲利普尽管对书上讲的一词一语向来深信不疑，但现在发现《圣经》里有时明明说的是一码事，到头来指的却是另一码事，确实够玄乎的。”（P46）为此菲利普专门问了自己的大伯。大伯给他的回答是：“要靠心诚感化上帝。”菲利普尽了一个孩子所能尽的最大努力向上帝显示他的心诚。他日日夜夜祷告，“内心一片至诚”。他甚至采用了一些苦行主义的手段来讨上帝的欢心，“菲利普忽然心生一念：他得以某种异乎寻常的举动来吸引上帝的注意。于是，他把床前的小地毯挪开，好让自己跪在光秃秃的地板上；他又突然想到，自己身上的睡衣太柔软了，可能会惹造物主不快，所以索性把睡衣也脱了，就这么赤裸着身子作祷告”。(P47)在上帝应该为他实现愿望的那个清晨到来之前，他激动得无法入睡。结果当然令他又一次失望了，“全知全能”的上帝显然没有接受菲利普的祷告，依然保持着庄严的沉默，这令他备受打击。他向大伯提出疑问：如果向上帝祈求，心又够诚，但结果所愿望的事情却没有实现，这说明什么？大伯说，“那正说明你心不诚哪”。(P48)

菲利普暂时接受了这种解释。在后面的日子里，他又几番尝试向上帝许愿，并增加了许多其他办法来显示自己的心诚。但他又隐隐约约觉出自己的信念不够深，他无法抵御向他阵阵袭来的疑虑。他把自己的切身体验归纳成这样一条规律：“依我看，谁也没法心诚到那种地步。”(P49)菲利普认为这就像他的保姆常对他说起的盐的妙用一样。她说：“不管是什么鸟，只要你往它尾巴上撒点盐，就能轻而易举地将它逮住”。(P59)这听上去简单有效，但是问题在于，靠近小鸟把盐撒到它尾巴上本身就是一件难事。

在年幼的菲利普心里，对上帝祈祷的失败是个重大打击。但此时他毕竟还没有开始怀疑信仰本身。他的家庭背景和教育经历都向他清楚明白地显示：宗教就是英国国教，不相信该教的教义乃是人性任性妄为的表现，不是今生就是来世，迟早要受到惩罚；不从国教者，尽是些邪恶、凶险之徒；(P137)唯有英国国教派的教友，才真正可望得到永恒的幸福。(P137)

2.“我不明白一个人干吗非得信奉上帝”

但在菲利普独自一人在德国求学时，他日益增长的见识让他觉察到，异教徒信奉自己宗教的虔诚程度，并不下于英国国教徒。他在耶稣会教堂看到的那些德国南部人士，他们笃信罗马天主教，就像他笃信英国国教一样至诚。(P138)与研究神学的大学生维克斯之间的辩论更是颠覆了菲利普长期以来的信念。“一代人有着一代人的信仰，您的那些圣人生活在信仰的年代里，在他们的那种时代，那些在我们看来绝对无法置信的事物，他们却几乎不能不奉为玉律金科”(P140)，“人们总是按照自身的形象来塑造神祇的”。(P140)这些观点让菲利普无力反驳的同时更是重重地敲击着菲利普的心，让他不禁自问：“我不明白一个人干吗非得信奉上帝。”(P140)话一出口菲利普顿时惊恐地发现自己竟“已不再信奉上帝了”。失去信仰的理由，可能并不是维克斯的几句话，因为真正的信徒不会被任何理性思考说服。“事实是，他已不再相信上帝了，这并非出于这层或那层理由，而在于他天生没有笃信宗教的气质。信仰是外界强加给他的。这完全是环境和榜样在起作用。新的环境和新的榜样，给了他认识自我的机会。抛弃童年时代形成的信仰毫不费事，就像脱掉一件他不再需要的斗篷一样。(P140)菲利普原先的信仰是生活强加在他身上的，“他不时想到那些过去要他死记硬背的祈祷文和使徒书，想到大教堂里所举行的那些冗长的礼拜仪式——从开始到结束就那么坐着，四肢发痒，巴不得能松动一下。他回忆起当年夜间如何沿着泥泞的道路走向布莱克斯泰勃的教区礼拜堂，那幢暗淡的建筑物里多么阴冷，他坐着坐着，双脚冻得像冰一般，手指又僵又重，无法动弹，而周围还弥漫着一股令人恶心的润发油的腻味，真是无聊透了”。(P141)菲利普虽惊讶于自己竟如此轻易地抛弃了上帝，但明白到自己已永远摆脱了所有这一切时，他仍然心房荡漾。“……对他来说，似乎整个世界都展示在他面前，他急不可待地要飞步下山，去尽情领略尘世的欢乐。他摆脱了对沉沦堕落的恐惧，摆脱了世俗偏见的羁绊。他尽可以走自己的路，不必再害怕地狱之火的无情折磨。他猛地意识到自己同时也摆脱了责任的重负，以往由于这一重负压肩，他对自己生活中的一举一动，都得考虑其后果，不敢掉以轻心……自由！他终于摆脱了一切羁绊，成了自己的主宰。”(P142)

关于一个人如何突然由信转为不信，又如何由不信转为信，向来有太多神秘莫测的说法。而对于菲利普来说，幼时的种种遭遇之后终于发现了宗教的虚幻，上帝呼吁人们互相友爱，但他却一直与孤独和失望相伴，从来没有人给他温暖和关怀。菲利普自幼形成的自卑、敏感、善于思考的个人气质不失为一种解释，“他进入了心明神清的不惑之境，将此归因于自己的小聪明，殊不知他之所以会有这样的感受，乃是由于内在性格的微妙作用。他飘飘然有点忘乎所以”。(P141)总之菲利普不再相信上帝了。他迫不及待地奔向自由。年轻的菲利普一面陶醉于自己的智慧和勇气之中，一面从容不迫地开始了新的生活。

(二)道德——“人以德待吾，吾亦以德待人”

那么，没有信仰的菲利普果真成了一个自由人吗？事实上，失去信仰并没有在实际上对菲利普的生活造成影响。“信仰的丧失，并没有像他预期的那样明显地影响到自己的言谈举止。尽管他把基督教的信条扔到了一边，但他从未想到要去批评基督教的伦理观；他接受了基督教倡导的各种美德，并且进而认为，要是能因其本身的价值而身体力行，并不顾及报偿或惩罚，那倒也不失为好事。”(P142)菲利普虽然不再相信上帝，却仍然奉行“抽象的道德准则”。当被问及生活的真谛是什么时，菲利普毫不犹豫地说：“(生活的真谛)是为了聊尽自己的责任，尽量发挥自己的才能，同时还要避免去伤害他人。”(P261)事实上，“简而言之，就是人以德待吾，吾亦以德待人”。(P261)菲利普这种准则被抨击为“基督徒的品性”。(P261)已经抛弃上帝的菲利普却否认这种道德观和基督教伦理有什么关系，“这同基督徒的品性风马牛不相及，纯粹是抽象的道德准则”。(P261)他认为自己只是按照它行事而已。此时，这种“抽象的道德准则”构成了菲利普无神的世界里的核心价值。菲利普愿意善待他人，回报社会，并将这种善良视作自己生活的真谛。事实上，对于出生于中产阶层，受过良好教育的菲利普来说，这套道德准则是自然而然的。他可以不信上帝，但是这套道德准则却早已渗透于他的日常生活之中，“他是在宗教的熏陶之下成长起来的，尽管他抛弃了宗教，但是作为宗教重要组成部分的道德观念却完整无损地保留了下来”（P324），几乎不可能摆脱。而他更几乎从来没有怀疑过这些道德准则的可靠性。对他而言，它们无疑具有康德“绝对命令”的分量，但实践它们并不需要上帝来作保证，也不需要地狱的烈火来约束。

奉行“抽象道德准则”的菲利普，在巴黎学画期间遇到了非道德主义者克朗肖。克朗肖不相信菲利普所奉行的“抽象的道德准则”。在他看来，上帝的隐退，意味着道德基础的瓦解。而要一个不信神的人，还以信仰的形式去遵循一套道德准则，绝对是荒谬的。所以克朗肖嘲笑菲利普，认为他骨子里仍旧是个基督教徒。在克朗肖看来，菲利普若真的不信上帝，那么必定会觉出道德的无足轻重。相比年轻的菲利普，克朗肖显然更为成熟。他更加彻底地贯彻了时代精神，并形成了一套完整的人生哲学。这套哲学的基本原则是：“为所欲为，只是要小心警察。”“要是在力所能及的范围内，我尽可以为所欲为。我们爱群居交际，所以才生活在社会之中，而社会是靠力，也就是靠武力（即警察）和舆论力量（即格朗迪太太）来维系的。于是你面前就出现了以社会为一方，而以个人为另一方的阵势，双方都是致力于自我保存的有机体，彼此进行着力的较量。我孑然一身，只得接受社会现实。不过也谈不上过分勉强，因为我作为一个弱者，纳了税，就可换得社会的保护，免受强者的欺凌。不过我是迫于无奈才屈服于它的法律的。我不承认法律的正义性，我不懂得何谓正义，只知什么是权力。譬如说，我生活在一个实施征兵制的国家里，我为取得警察的保护而纳了税，还在军队里服过兵役（这个军队使我的房屋田产免受侵犯），这样我就不再欠社会什么了。接下来，我就凭借自己的老谋深算来同社会的力量巧妙周旋。社会为了保全自身而制定了法律，如果我犯了法，社会就会把我投入监狱，甚至将我处死。它有力量这么做，所以也就拥有了这份权力。假如我犯了法，我甘愿接受国家的制裁，但是我决不会把这看作是对我的惩罚，不会觉得自己真的犯了什么罪。社会用名誉、财富以及同胞们的褒奖作钓饵，想诱使我为它效劳，可同胞们的褒奖，我不稀罕，名誉，我也不放在眼里。我虽无万贯家财，日子还不照样混得挺好。”（P263）克朗肖不相信善恶之分，“对我来说，‘恶’与‘善’这两个字毫无意义。对任何行为，我既不称许道好，也不非难指责，而是一股脑儿兜受下来”，（P263）克朗肖不迷信于名誉、良知与体面，认为那不过是些虚伪的面具。“要使世界成为一个尚可容忍的生活场所，首先得承认人类的自私是不可避免的。”（P264）在他看来，世人做事无不出于利己动机，而社会亦不过是个人自我保存的工具。在此意义上，个人对于社会和他人并不负有神圣责任，而只是单纯的利益交换关系。人无不最大限度地追求着自己的利益，这便是近代对人性所做出的全新判断。

菲利普无法反驳克朗肖。他本来预期在抛弃信仰之后实现的自由，似乎只有按照克朗肖的说法并不能实现。既然不信上帝，还怎么去相信以上帝为前提和保证的道德？菲利普放弃学画返回伦敦，在威廉大伯家短暂停留期间，他明白到自己抛弃上帝后的自由自在只是一种幻觉，所以“他下了决心，今后事事须经自己的独立思考，绝不为各种偏见所左右。他把有关德行与罪恶的陈腐观念以及有关善与恶的现存法则，统统从脑子里清除了出去，并抱定宗旨，要给自己另外找出一套生活的准则”。（P324）于是菲利普按照克朗肖的哲学给自己规定了一条“临时性的准则”：“尽可随心所欲，只是得适当留神街角处的警察”（P324）。菲利普把这条准则看作“他在旅居巴黎期间最宝贵的收获，就是精神上得到了彻底的解脱。他终于感到自己绝对自由了”（P324）。此刻他不光不再有信仰，也不再受道德的约束。“是啊，强权即公理嘛。在这种斗争中，社会自成一方——社会是个有机体，有其自身的生长及自我保存的规律——而个人则为另一方。凡是对社会有利的行为，皆被誉为善举；凡是与社会有害的行为，则被唤作恶行。所谓善与恶，无非就是这个意思。而所谓‘罪孽’，实在是自由人应加以摆脱的一种偏见……”（P327）

此时菲利普心中有了新的善恶概念，正如斯宾诺莎曾说过的，“所谓善是指我们确知对我们有用的东西而言”，而恶则“是指我们确知那阻碍我们占有任何善的东西而言”。新的善恶观意味着，道德不再是高高在上的标准，而只是有利于我们生存的东西。从此刻起，菲利普摆脱一切束缚，成了“自由人”。但令他始料未及的是，自由人的身份反倒使他面临着更大的危机。

（四）虚无——“生活毫无意义”

在伦敦学医期间，菲利普见证了克朗肖的死亡。克朗肖死时孤家寡人，一无所有，潦倒至极——他死得毫无价值。这一切让菲利普感到恐慌：克朗肖生前奉行的也是这套人生准则，但他到头来还是令人可悲可叹地失败了。菲利普的人生准则——即如同附近的警察那样凭本能行事——却未能奏效。（P537）克朗肖的哲学的确具有力量，但是问题在于，这种哲学只具有解构意义，却没有任何建构。在他那里，旧的世界观劈里啪啦全部崩解，成为一堆瓦砾，而他却不想给出或许也无力给出一套新的世界观，为所欲为的准则反倒令他失去了行动的目标和意义。他就这样在碎砖烂瓦中活着，活得混乱又窝囊。他蔑视俗世的奋斗和努力，所以放荡不羁，终日酗酒，在醉乡里成为国王；他藐视俗人平庸的幸福和安宁的快乐，所以拒绝婚姻，和一个同样“为所欲为”的女人胡乱生活在一起。他远离常人的生活，远离家庭和秩序，终日在自由中放纵自己。他的哲学充满力量，令人肃然起敬；但他却在现实中遭到可耻的失败，在死后未对世界产生任何影响。在别人眼里，他只是无力改变自己潦倒境遇的可怜虫，在泥潭中自暴自弃越陷越深。然而这还不是问题的全部。对于自由人来说，“为所欲为”的真理和命定论相伴相生，它们使他拥有最大勇气去行动，又不需要自己去承担行动的后果。然而这种无所承担却恰恰暴露出近代以来一种前所未有的危机，即虚无。“人生像是一片无法摆脱的混沌。人们在这种无形的力量的驱使下四处奔波，但是对这样做的目的何在，他们却一个也回答不出，似乎只是为了奔波而奔波。”(P537)面对这样的虚无，克朗肖的沉沦似乎是有理由的，因为他知道，即使认真对待生活，努力追求，不懈付出，但终究也无法获得生活的意义。

于是菲利普内心不由得呐喊起来：“人活着究竟有什么意义？世间万物，一切皆空。这又有什么意思呢？”(P675)拿克朗肖来说，情况何尝不是如此。他活着，不过是个碌碌之辈，无声无息；他一死，就被人忘得一干二净。他余下的那几本诗集只是摆在旧书摊上出售。他的一生似乎只是提供个机会给人写篇评论文章，除此之外，就别无意义。

克朗肖曾给菲利普出了一个迷。谜面是一卷波斯地毯，他要菲利普从中猜出人生的真谛。波斯地毯美丽而繁复，有着神秘莫测的图案和错综复杂的编织格局。它巧夺天工，但就是让人猜不出它的真正含义；它美得毫无意义，毫无目的。在菲利普穷困潦倒尝尽世间百般滋味时终于悟出了这个谜底：生活毫无意义。他想起了东罗马帝国国王在临终前听到的一句真理：“人降生世上，便受苦受难，最后双目一闭，离世而去。生活没有意义，人活着也没有目的。出世还是不出世，活着还是死去，均无关紧要。生命微不足道，而死亡也无足轻重。”(P616)

(五)重生——“既然生活毫无意义，尘世也就无残忍可言”

生活毫无意义。菲利普在最为潦倒，过着平生最无聊的生活时悟到了这一点，此时他的心头竟“掠过一阵狂喜，正如他童年时摆脱了笃信上帝的重压后所怀有的那种心情一样。在他看来，生活最后一副重担从肩上卸了下来，他平生第一次感到彻底自由了”。(P676)菲利普在历经爱人离开、投资失败后，不得不在一个小公司里当顾客接待员潦倒度日，他原以为自己人微言轻，无足轻重，而眼下却觉得自己顶天立地，强大无比。他突然间觉得自己同一直在迫害着他的残酷的命运势均力敌，不相上下了。“既然生活毫无意义，尘世也就无残忍可言。不论是做过的还是没来得及做的事，一概都无关宏旨。失败毫不足奇，成功也等于零。”(P677)

生活毫无意义——这句话中并不仅仅包含深沉的悲怆意味，它还暗示他并不需要太过在意他的潦倒。克朗肖在虚无面前走向了死，而菲利普则在虚无面前获得了重生。这其间关键在于，克朗肖不能接受毫无意义的生活，所以面对虚无他感到致命的绝望，而菲利普则并不认为毫无意义的生活不值得过。菲利普意识到，“地毯织工把地毯的格局编得错综复杂，并非出自某种目的，不过是满足其美感的乐趣罢了。正如地毯织工那样，一个人也是这样度过其一生的。倘若一个人不得不相信其行动是不由自主的，那么，他也可以以同样的观点来看待其人生，人生也不过是一种格局而已，生活既无意义，也无必要，生活只不过是满足一个人的乐趣而已”。(P677)菲利普认为需要抛弃了追求幸福的欲念，“用幸福这根尺来衡量，那他的生活就显得很可怕。然而当他意识到还有别的尺来衡量他的生活时，顿然觉得浑身充满了力量。幸福跟痛苦一样的微不足道，它们的降临，跟生活中出现的其他细节一样，不过是使得人生格局更趋纷繁复杂罢了”。(P678)波斯地毯本身没有任何明确的意味，但它那神秘的美，那繁复的花纹必定曾经给予编织人以及观赏者乐趣。重要的不再是地毯本身的意义，而在于编织地毯时的乐趣，在于最终完成这块地毯，在于这块地毯最终必将显现出与众不同的格局。然而，最最重要的是，要爱这块地毯，要尊重自己的努力，不去随随便便编织它。至于人力之外的事情，则顺其自然。

此时菲利普还悟到，虽然每个人的地毯都必然在细节上有着千差万别，但大部分人的地毯有着一种相似的格局：“有一种格局，最明显，最完美无缺，同时也最漂亮动人。这种格局是：一个人呱呱坠地来到人间，渐渐长大成人，恋爱结婚，生儿育女，为挣片面包而含辛茹苦，最终蹬腿弃世而去。”(P678)然而菲利普也并没有全盘否定克朗肖的地毯格局。“生活还有别的样式的格局，这些格局虽杂乱无章，却是妙不可言，幸福从未涉足其间，人们也不追逐功名，但从中可以感觉到一种更加乱人心思的雅趣。”(P678) 年轻的菲利普也曾向往着别样的生活格局，他很早就计划着去西班牙做一次旅行，并希望去神秘的东方游历一番。然而在故事的最后，菲利普得知女友莎莉怀孕的消息后却突然意识到“什么西班牙及其科尔多瓦、托莱多和莱昂等城市，他还在乎它们什么呢？对他来说，缅甸的宝塔和南海群岛的环礁湖，又算得了什么呢？”(P785)他向贤淑善良的莎莉求婚，预备着结婚，干活，生儿育女，最后悄然去世。“他想起了他那个要从纷繁复杂、毫无意义的生活琐事中编织一种精巧、美丽的图案的愿望。一个男人来到世上，干活，结婚，生儿育女，最后悄然去世。这是一种最简单的然而却是最完美的人生格局。”(P785)

菲利普最终选择了安定生活，我们可以料想，经历了对信仰和道德的接连否定，菲利普肯定不会成为虔诚的信徒或是古板的卫道士了。毫无疑问的是，凭着天生的好心肠和后天的良好教育，菲利普可以轻而易举地按照传统道德规矩太平地过日子，像大多数人那样。诸神不再，上帝已死，这在大众而言往往并不意味着深刻的道德危机。对他们来说，或许生活还像从前一样，人们照旧编织他们的地毯，生活还是要继续过。在那个海边小镇行医，陪着心爱的姑娘，守家守业过一辈子，这是菲利普最终为自己找到的生活的意义。

五、我之感悟

看毛姆的小说《人生的枷锁》，一直想到那句话，人生而自由，却无所不在枷锁之中。人的社会性决定了生活在现实世界的每一个人，必然要受到这样那样的限制而不能尽抒其意，而我们的人生图画也就是在这种种的不如意之上开始绘制的。因此，遭遇人生枷锁束缚是人生常态，也可以说人生枷锁是我们人生图画的背景，正是这些枷锁给我们的人生涂抹了五彩斑斓的色彩，赋予了各式各样的意义。

父母早逝的跛足少年一路上磕磕碰碰，残疾、宗教、爱情、贫穷……这些枷锁无不在缠绕他，他为此痛哭过、埋怨过，但却从未失去对生活的热爱，从未放弃过。我想我似乎能理解作者为何在主人公已经跌入人生低谷后却给了主人公一个"否极泰来"结局。主人公菲利普在走向成熟的痛苦进程面对人生枷锁时虽然纠结却敢于选择，勇于担当；虽然参透了人生无意义却认为人生自有格局，"不负我心"就是好人生。这样积极的价值取向是今天的我们应该思考和学习的。我想正因如此，菲利普必须被套上枷锁，不管主动还是被动，他都必须首先经历人生枷锁所带来的一切痛苦与甜蜜、温暖与张狂，才谈得上卸下枷锁获得自由。我觉得我突然懂得了《大话西游》，至尊宝只有带上金箍，才能拥有力量去救自己爱的人，有些枷锁我们必须带上。

人生的进程中枷锁不断，我想，真正值得钦佩的是那些经历过人生苦难，心中却还保有理想的火种的人们，那些套着人生的枷锁翩翩起舞的人们，才是我们的希望所在。

人生而自由，却无所不在枷锁之中。

——卢梭

讨论部分

唐松林老师：感谢思琪，今天我们分享的这本书，是毛姆的一部小说，读完之后，摆在我们面前的问题是，人生有没有意义？如果有意义，那么它的意义是什么？如果没有意义，那么我们应该怎样去对待这种没有意义的人生？主人公菲利普经历了信仰的破灭，道德的抛弃，为所欲为的享乐，最后得到的是物质与精神的整体虚无，更加迷茫与孤独。他的人生历程告诉了我们什么？

侯兰花老师：生活是丰富多彩的，充满了乐趣。有人曾说生是那么简单，死也是那么简单，但生与死之间是那么的复杂，充满了快乐、幸福、挫折、挣扎，正是这些构成了我们完整的人生，让我们的人生充满意义。就我个人来说，人生是很美好的。

应洁：对于人生有没有意义，我个人的感受是可能在深夜时是没有意义的，但是在白天是特别有意义的。深夜令人遐想联翩，觉得人生有千万种可能，但每一种可能都有自己的利弊，选择哪一种都差不多的时候就觉得没有意义。我什么都想得到，我什么都不想得到，就会趋于一种不做决定，虚无缥缈的状态。白天会令人觉得你的那些遐想行不通，你必须做好你目前需要做应该做的事情，这样你的生活就会充满意义。对于人生为什么有意义的问题，我个人觉得当一个人有责任心，有问题意识，有悲悯心的时候，很容易发现人生是充满意义的。现在的我们身体健康，拥有很好的教育资源，拥有正常的智力，拥有很多别人所不能拥有的东西，我们应该珍惜现在，着手眼前的事去做，这样就很有意义。

唐松林老师：侯老师和应洁说的话是很有逻辑联系的。侯老师提出，我们每个人没有理由不去珍视生命，珍惜人生，充满了正能量，这是我们当下年轻人应该注意的。应洁所说的，白天有意义，晚上没意义，是因为白天的我们有事情做，我们需要忙碌，我们可以解决问题，可以帮助别人，这些就是有意义的。当然每个人的理解可能不一样，但总的来说，做善事、让自己美好的东西释放出来，这就是有意义的。

李京玉老师：人生是非常有意义的！对于书中的主人公来说，在他穷困潦倒时，他发出了人生毫无意义的呐喊，但是对于我们来说，如果没有期盼、没有等待、没有付出，就不可能有幸福、激情、快乐。任何事情都是这样，人作为有七情六欲的一种生物，形形色色的感受、体验会让人生更有意义，所以，我们需要经历一些事情。而我们在这个过程中，需要有自己的准则。这些准则，可以来自于经历、宗教，作为人生的信条来指导我们的言行。在人生路上，我们面临着不同的选择，我们在选择时要坚守自己的信条，要做到不负我心。

于晓卉：对于人生有没有意义，就这个意义本身来说，有意义是蕴藏在无意义之中的。例如父母婚姻的失败给你带来的其实是无意义的，但正是这些无意义也让你更成熟。虚度时光是无意义的，但是在虚度时光之后我们进行的反思，这个反思是由虚度所带来的，这对我们人生是有意义的。所以，在我个人看来，人生的有意义都是由无意义映衬出来的，正如米兰昆德拉的《庆祝无意义》中所说，无意义是生活的本质，那么，由无意义反应出来的有意义也是人生的本质。

基于我自己的人生观而言，关系是我人生当中的主轴，我们自身存在，你与他人的关系构成了他人生命当中的意义。你人生的意义，不仅体现在自己，也体现在你在别人生命当中充当的角色，这对于他人来说就是有意义的。所以，从自己，从他人的角度而言，每个人的人生的都是有意义的，我们需要以一个均衡的观点去看待人生有没有意义。

郭笑丽：人生是否有意义，答案是肯定的。但是对于个人来说，人生是否有意义，这取决于自己怎么去对待。书中的克朗肖认为，人生可以为所欲为，不迷信于自己所称谓的“虚伪”的面具，但他最后去潦倒死去，他这样的人生在我们看来毫无意义；而菲利普在经过众多苦难后选择结婚生子、安然死去，他承担了自己的责任，找到了人生的意义。那么，对于人生是否有意义，关键取决于自己是否去承担自己应该承担的那份责任，有些责任对于我们来说，可能是沉重的，但正是因为这些负担，让我们的人生更加完整，更加有意义。

李倩：人生的有无意义，更多地体现在对于人生追求的过程中。在这个过程中，不同的人会有不同的感受。《自由在高处》中说，一个人生命最大的幸运在于在他年富力强时发现了自己的使命，但一个人最大的不幸恐怕还不是曾经遭受了不少的困苦、挫折，而在于他虽然终日忙碌，却不知道自己适合做什么、喜欢做什么、必须要做什么，只在过往迎来之间匆匆地度过了自己的一生。当人生过程中的思考、感悟变成自己追求的动力，才会让自己的人生更有意义。

郑洁：我很赞同侯老师的观点。人生会经历很多事情，会有很多变化，伴随着很多感悟，可能有积极的，可能是消极的，那么人生是否有意义，在于对你自身需要的满足。大家刚刚都在讨论人生有没有意义，但是我觉得无论是否有意义，我们的人生都应该充满希望，就像书中的主人公一样，刚开始虽觉得人生无意义，但他并没有放弃，他一直在追求他当时所认为对的东西，比如信仰、道德，最终，他找到了人生的意义。虽然我们在生活中遇到各种枷锁，但是我们怀着对人生的希望，那么，我们会带着枷锁，找到人生的意义。

匡林林老师：人生是有意义的，关键在于你怎么去看待这种意义。我很认同关系的那个说法，人生的意义就在于存在。我存在于这个世界上，扮演着不同的角色，对于我的学生来讲，我是老师，是知识的传授者，是这一阶段的领路者；对于我的孩子来说，我是一位母亲，是他现在的依靠；对于我的丈夫来说，是他人生的陪伴者，和他一起面对幸福苦难的人；对于我的父母来说，我是他们血脉的延续者，那么，不管对于他们任何一方来说，我的存在就是有意义的。这就是我存在的价值，我把我的每一个角色都扮演好，那么，我的人生就是有意义的。但是有的时候，这些角色也会成为我追求内心想法、渴望的枷锁和阻碍，所以，人只要有内心的需求，当渴望、需求与现实生活冲突矛盾的时候，枷锁就出现了。所以，卢梭的一句话：人生而自由，枷锁无处不在。那么，既然枷锁是必然存在的，我们应该怎么去看待枷锁呢？从主人公的个人经历，我得到了几点启示：第一，要用积极的心态去对待枷锁，文中的波斯地毯，花纹繁复，貌似毫无意义，但对于编织的工人来说，会给他们带来乐趣与满足；第二，要用恰当的方法去掉枷锁，就像主人公，生活虽趋于平淡，但充满意义。

李吟霁：对于每个人如何挣脱枷锁的问题，我个人的看法是我们生活在各种现实或者内心的枷锁中，我们生活中的法律制度在某种程度上也算得上是枷锁，但对于很多人来说并没有感到痛苦挣扎，真正的枷锁是来自于我们的内心。自己内心对于枷锁的定义、态度是至关重要的。我的爷爷年轻时生活很顺利，人民教师、校长……但在后来却因为家庭问题被评为富农，爷爷最终辞去了教师的职务，在农场中辛苦度日。但爷爷并没有放弃，他依然坚持自己的本心，并没有因为自己的成分问题而放弃。辛勤工作，真诚待人，一直坚持学习，这一切让他后来的人生晚年过得安宁休闲。爷爷跟我说，那时，他最重要的便是从来没有放弃。那么，在人生路上，面对无数枷锁，我们要不放弃，要时刻铭记：不负我心。

魏婷婷：人生像一片无法摆脱的混沌，而人生的意义恰好蕴含在这片混沌复杂之中。这些意义并不是不去自来的，而是我们赋予它，是由我们自己决定的。你对生活，你对人生的态度决定了你的人生是否有意义。曼德拉曾说过：你若光明，世界就是光明的；你若是心怀希望，你的世界就不会绝望。

对于人生，经历更为重要，就像文中的地毯织工，他的目的并不是织完这件地毯，而是在享受这个过程。对于我们的人生也应如此，在经历过程中，体验酸甜苦辣，感悟痛苦快乐，这些就是人生意义的来源，我们要学会从这些提取、赋予人生的意义。我们要把生活中的挫折、苦痛当作人生的礼物，往低处看；把生活中的快乐、幸运当作人生的礼物，往高处看。同时，在这个过程中我们要承认自己的平凡，但与此同时要努力勇敢地去做自己想做的事情，去追求自己想要的，自己去赋予自己的人生意义，而不要去等待他人。

姚尧：文中主人公的经历正如哲学中所提到的人生的三个阶段：第一阶段，看山是山，看水是水；第二阶段，看山不是山，看水不是水；第三阶段，看山还是山，看水还是水。我最深刻的感悟是：我们要做回自己，回归本真。每个人都有欲望，有追求，得不到它就是一种枷锁，但是，得到的未必不是另一种枷锁。亚里士多德说过：真正高宏之人毕竟造福人类，人生在世，不如意之事十之八九，我们终将活在这个并不如意或者永远不如意的世界中。但有一种人，目光如烛，紧盯着世界幽深之所在，坚持着理想，默默地努力，怀着伟大而坚韧的心坚毅地活着。所以，我个人认为：当下就是最好的。任何事情都是祸福相依的，所以，每个人都要用正常的心态去对待人生的得与失，得意与失意。

曹静老师：我想谈两点，第一，人活着就有意义。从我自身的人生经历来说，简单的生活有简单的快乐。俗话说，人有八苦，生苦、死苦……只有感受到苦，才更能体会到甘甜的味道。对于人生的苦，人生的不如意，虽有挫折，但总有柳暗花明的时候。这些是人生的一个经历，我们可以从中感悟到更多，这个感悟是礼物，我们要以良好的心态对看待它们。第二，人要有求知欲。不管对任何事情都要有兴趣，有求知欲，去追求，这样的人生才更有意义。

邓洁隽：对于人生有没有意义这一命题，每个人有不同的见解，仁者见仁，智者见智。第一，对于人生来说，向前看即是过往，向后看即是未来。我觉得人生的意义应该有一个时间范畴，应该是“当下”来讨论。应当考虑当下之事，完成当下之事，才会有不惧未来，不念过往的勇气和信心。第二，人生的意义在于选择，选择即是一种自我建构，在选择中最终形成人生百态。所以，我选择什么，我就成为什么，我的人生意义即是什么。第三，人生是否有意义，不能单一地以幸福为衡量尺度。我们要放宽眼界，以更多的标尺去让自己的人生更有意义。

唐松林老师：听了大家的精彩发言，也结合小说蕴含的思想，谈如下几点体会。第一，人是要有点信仰的。主人公信仰的破灭并未得到真正的幸福。菲利普少年时代因为身体的缺陷，经常受到社会的冷遇，他按照伯父的意思，真诚地热爱上帝，但自己的愿望常常得不到上帝的奖赏，于是渐渐对上帝感到怀疑甚至失望，渐渐怀疑“全知全能”上帝的存在，他常常在迷惘中反问自己：真诚的祷告还有意义吗？正如他自忖的，“如果向上帝祈求，心又够诚，但结果所愿望的事情却没有实现，这说明什么？”总之，上帝不仅没有给他带来与其他健康人同等的自由、平等与博爱，而且还经常使他感觉到世界对他嘲笑与冷漠。于是，他开始抛弃儿童时代建立起来的信仰，认为神圣的金科玉律是人造出来的，成人们总是按照自己的需要来塑造神祇的，按照社会的价值来捏造神意的。

第二，小说隐含了道德的来源问题。菲利普曾一度认为，道德来自于自然的良知，不是来自后天的说教。菲利普相信道德是人的理性或良知使然，并不需要上帝的召唤，也不需要地狱烈火的警示。他遵循大脑中的那个抽象的道德，犹如康德“绝对命令”的分量，所以，菲利普一度这样认为，没有宗教，人是可以道德的。但是，他遭遇克朗肖的嘲笑，因为克朗肖认为，虽然菲利普自称抛弃了宗教，但实际上是一个地地道道的宗教信徒。这是为什么呢？这从一定程度上说，菲利普之所以道德，之所以有“自然的良知即道德”的观念，是孩提时代的宗教环境造就了他，也就是说菲利普在早期伯父的影响下，已经形成了他的宗教情怀与人格，不管他承认与否，他已经是一个具有宗教人格的人，他的所谓自然理性与良知无非是早期宗教教育的结果。

第三，没有信仰与道德的生活是不值得过的。“凭本能行事”，“尽可随心所欲，只是得适当留神街角处的警察”。最后，克朗肖的死亡震撼着他，因为自己的穷困潦倒与克朗肖的生命归宿，使他明白人并不能在信仰与道德之外找到幸福。最后，他得到的结论是：人活着没有任何意义！他痛苦地思考着这样的问题：“人活着究竟有什么意义？世间万物，一切皆空。这又有什么意思呢？”

第四，人生的意义究竟在哪里呢？对于任何一个儿童来说，他的生活是自我、成人、环境之间的互动，经常遇到外力强加在自己身上的符咒，这对于孩子的社会化来说，是必要的也是必然的过程。但有一天，我们突然明白，真正的上帝是自己，命运靠自己主宰。人生的意义其实并不复杂，它在于我们在每一天简单的生活中过得有趣而生动，就像小说里讲到的编织地毯的隐喻："他想起了他那个要从纷繁复杂、毫无意义的生活琐事中编织一种精巧、美丽的图案的愿望。一个男人来到世上，干活，结婚，生儿育女，最后悄然去世。这是一种最简单的然而却是最完美的人生格局。"人生的意义在于我们每天自主地选择，自主地承担，自主地辛劳，自主地谦让，自主地包容，自主地完善，做自己喜欢的事情，说自己想说的话，在这一过程中影响身边的环境，并与世界一同变得美好。所以，人，如果过一种简单、勤奋与谦逊的生活，意义就会在那里生长、绵延。

《教父》：完美的罪恶

覃日怡*

时间：2016 年 1 月 12 日 19:00

地点：湖南大学教育科学研究院 310 教室

出版社：译林出版社，1999

参与人：唐松林（湖南大学教师）、侯兰花（长沙市第六中学教师）、申雷霆（中南大学博士生）、匡林林（长沙市第六中学教师）、刘畅（湖南师范大学研究生）、谢泽强（中南大学研究生）、刘丹丹、于思琪、郑洁、李吟霁、魏婷婷、李倩、覃日怡（没有特殊注明者为湖南大学在读研究生）

一、书籍概况

（一）作者简介

马里奥·普佐（1920—1999），出生于纽约，第一代意大利裔美国人。第二次世界大战时加入美军赴欧洲作战，战后进入哥伦比亚大学学习社会学。1963 年成为自由撰稿人，着手创作有关西西里黑手党的小说。1969 年《教父》的出版，奠定了他在文坛的地位。他的其他作品，如《西西里人》和《拒绝作证》等也都登上了《纽约时报》畅销书排行榜。《家族》为其临终遗作。

译者周汉林，男，原青岛大学英语系主任、教授。先生人品高尚，知识渊博，

* 作者简介：覃日怡（1993 年出生），女，广西柳州人，湖南大学教育科学研究院 2015 级硕士研究生，从事教育学研究。

学贯中西。早年毕业于复旦大学，昔日与著名的翻译家王科一（主要译作为《傲慢与偏见》《十日谈》）同窗。周先生擅长写十四行诗，并有诗作发表于国外。其代表译作为译林出版社出版的《教父》，另有《西方思想宝库》《堕落》《英语介词用法词典》等。

（二）内容简介

这是一部内容充实的家史，记录的是一个家庭不惜用枪、用斧、用绞刑具、用攻心战来实现自己对整个美国地下势力集团体系的独霸控制的详细过程。

这部作品的故事情节波澜起伏。普佐的表现技巧颇见功力：在他的笔下，一个本来令人感到义愤的情节都十分入情入理。一切感情冲动，一切杀戮，一切粗鄙的两性关系，都同他所刻画的人物所处的情境协调一致。但同时他又能把他所塑造的令人不寒而栗的人物，烘托得具有人情味，真实可信。《教父》是一部令人拍案叫绝的成功之作，是揭露阴险的犯罪集团的具有权威性的小说。《教父》是美国出版史上的头号畅销书，曾连续70周排名畅销榜，37年销量达2000万册。早在20世纪70年代初已拍成电影，发行世界各国，受到普遍欢迎，据小说改编的三部电影有两部获奥斯卡奖。《教父》的故事提供了某种根植于美国人心中的可怕的愉悦因素，使读者近距离观察到一个令人震颤的黑暗而暴力的非法阶层，献给读者一场凶险生活方式的飨宴。

（三）相关书评

汤姆·汉克斯说："它就是我们男人的圣经，那里面包含了所有智慧。"

二、章节赏析

第一章　考利昂家族概况

美国黑手党考利昂家族首领维托·考利昂被人们尊称为"教父"。维托·考利昂老头子这人，对谁都有求必应。他不作空洞许诺，也不提出示弱的借口，说什么世界上还有比他更强大的力量在束缚他的手脚。他是不是你的朋友，这也不是必要条件；你就是没有办法报答他，这甚至也无关紧要。但有一件事是必不可少的。那就是你，你本人，宣布对他的友谊。只要做到了这一点，那就不管求助者是多么贫穷或多么软弱，考利昂老头子也会把那个人的苦难放在心上。为了解除这个人的忧愁，他是不会有任何顾忌的。他得到的报答呢？友谊，"老头子"这个尊敬的头衔，还有"教父"这个更加富有感情色彩的称呼，或者，单纯为了表示敬意，而绝对不是小利，还可以来些普普通通的礼物——自家酿的一加仑酒。或者，为了给他的圣诞节餐桌增添风雅而专门烤的一篮子意大利式加胡椒烤饼。双方心照不宣，这仅仅是一种礼貌的表示，表示你欠着他的债，而他也有权随时找你做点什么小事来抵偿这笔债。(P6)“为朋友着想，建立于法律之外的公平与正义，保护弱者”，这就是考利昂经营黑帮的理念。教父的名言是：“开给对方一个无法拒绝的条件。”而那些愚蠢的拒绝教父友谊的人都得到了自己的惩罚。

考利昂有三个儿子，老大，受洗礼时取名叫桑迪诺，但除了他父亲之外，大家都叫他桑尼。他对自己永远也不会成为像他父亲那样的伟人这一点根本不在乎。桑尼·考利昂有的是力量，有的是勇气。然而，他却没有他父亲那种谦虚谨慎的作风；他的脾气急躁、鲁莽，导致他做出了一个又一个错误的判断。对他父亲的事业来说，他是一位得力助手，但仍然有很多人不大相信他会成为继承人。(P7)二儿子弗烈德里克，通常人们都叫他弗烈特，或弗烈杜，是个乖孩子，每个意大利人都求神拜佛，希望自己也能生一个这样的乖孩子，本分、忠诚，在他父亲跟前呼之即来、挥之即去。他性格倔强，现在仍然是他父亲的左右手，从来没有跟女人搞些见不得人的事，不让外人说闲话，不给他父亲难堪。尽管有这些优点，他却缺少那种作为领袖的人必不可少的魅力和感人的活力，因此他也没有继承父业的希望。(P8)三儿子叫迈克尔·考利昂，老头子对这个老三并不怎么放在心上。迈克尔在战前一度是他的宠儿，是明显地内定了的继承人，等到适当的时机就让他来主持家事。他具有他那个伟大的父亲所特有的于沉静中显示出来的力量和智慧，生来就有一种办起事来使人不得不折服的本领。但是，第二次世界大战爆发之后，他志愿加入了海军陆战队。他是违抗了他父亲的命令去参军的。(P8)小说中另一个重要人物是汤马斯·黑根，他是个孤儿，从小与考利昂一起生活，黑根是老头子的律师和代理参谋，也就是法律顾问，他以这个身份在这个家庭中处于仅次于老头子的关键地位。(P13)小说开头以考利昂的小女儿康妮·考利昂的婚礼开始。按照传统，西西里人在他女儿结婚的日子是不会拒绝别人提出的任何要求的，任何一个西西里人也不肯白白地放过这样的机会，所以在这盛大的婚礼上，前来向教父求助的人络绎不绝。

考利昂的教子约翰尼·方檀就是其中之一。约翰尼是个大明星，他生性好色，但是对教父十分忠诚，教父也十分喜爱这个教子。约翰尼得罪了导演，但他仍然想当男一号，教父答应帮助约翰尼获得出演男一号的身份，但是要求约翰尼从此好好生活。教父派人与导演商谈，但导演杰克·乌尔茨拒不买账。然而教父有的是办法让他屈服。

一天清晨在乌尔茨醒来时，发现他的床上血迹斑斑，打开灯后才看到一个血淋淋的马头在他床上。

什么人能忍心把价值六十万美元的牲口一下子毁掉？事前一句警告也没有。采取这种行动之前不进行任何谈判，用行动废除谈判。这种冷酷的行为，这种无视任何价值标准的蛮干，说明幕后策划者把他本人当作自己的法律，甚至当作自己的上帝。这个人根本不把他乌尔茨的马厩保安队放在眼里。这时，乌尔茨想到：很明显，必须有人先用蛮力把马拉开，然后才会有人用斧头从容不迫地把巨大的三角形的马头砍下来。而值夜班的保安人员却硬说他们没有听到任何动静，乌尔茨觉得这不可能。可以想办法让他们说出来。他们被收买了，可以想办法让他们说出是谁收买的。乌尔茨并不是一个蠢人，他只不过自私透顶罢了。他错误地认为：他在他的世界里所操纵的权力，比考利昂老头子的权力还要大得多。其实他只要认真一想就会明白，实际并非如此。这个信息他现在才领会出来，尽管他的钱很多，尽管他同美国总统有密切联系，尽管他一再声称，他同联邦调查局局长有交情，但一个默默无闻的意大利橄榄油进口商会想出办法要他的命，真是会要他的命！原因就是他不肯把他想要的角色分配给他。这种因果关系实在让人难以相信。人们没有任何权力那样蛮干嘛，如果人们都那样蛮干，世界也就不成其为世界了。这是疯狂，这就是说，你有钱，有公司，有发号施令的权力，照样不能为所欲为，必须加以粉碎。这绝不能允许。真正使他震惊的，就是考利昂这个人如此随随便便地就下令毁掉价值六十万美元的举世闻名的好马。六十万美元啊！而且，这只不过是刚刚开头而已。乌尔茨一阵发抖。他想到他已经建立起来的这套生活。他很有钱，只需把指头一弯，并答应签订一个扮演合同，就可以把世界上最漂亮的女人弄到手。他受过国王和王后的接见。他所过的生活是钱和权所可能提供的最美好的生活。因一时任性而把这一切都豁出去，这真是发疯。也许他能够顺藤摸瓜，最后查出考利昂。可是杀一匹赛马，法律能判什么刑？他放声狂笑起来；他的医生和佣人注视着他，心情紧张而忧虑。另一种想法涌上了他的心头：他会因为有人如此傲慢地蔑视他的权威而变成加利福尼亚的大笑柄，他也就完蛋了。另外还有一种想法就是，也许人家不打算杀他本人，可能还有更厉害的阴谋诡计呢。六小时之后，约翰昵·方檀接到负责那部影片的执行制片主任打来的电话，要他于下星期一报到，准备参加演出。(P62)是的，不论你表面上有多大的权力，只要违背了教父的指令，教父有的是办法惩罚你。

然而教父苦心经营的地下秩序，很快就被打破了。由于经营毒品生意将会使得家族失去政客朋友的支持，也不符合自己一贯的秩序理念，教父拒绝了与毒枭索洛佐的合作，此举侵害了其他大家族的利益，他们打破了不得伤害家族成员的缄默原则，考利昂家族遭到了残酷的报复。考利昂家族中出现内奸，教父在街道上遭到塔塔格里亚家族的暗杀，老头子遭枪击倒地时，他的二儿子弗烈特就在他的身边。弗烈特没有反应过来，甚至连枪都没有抽出来。那两个刺客本来可以轻而易举地把他撂倒，但是刺客也着慌了。他们一来认为他是带着枪的，二来觉得耽搁的时间也太久了，就转过拐弯溜走了，留下弗烈特一个人在大街上守着还在流血的父亲。大马路上的人群都闪开了，躲进两边门廊或庭园里，还有的三五成群地挤作一团。弗烈特还是没有拔出自己的枪。他呆若木鸡，低头凝视着父亲的身体：脸朝下躺在柏油马路上，此刻在他看来，是躺在发黑的血湖里。弗烈特由精神休克发展为肉体休克了。人们探头探脑地又出来了；有个人看到要倒地弗烈特，就扶着他走过来，让他坐在人行道镶边石上……"他在众目睽睽之下竟然哭了起来；他那倔强的丘比特型的脸上，高大的鼻子上，厚厚的嘴唇上，到处都沾满了鼻涕、眼泪，那副尊容真是个令人发笑的喜剧人物。"（P75）从这件事之后，老头子对这个老二就有点放弃，认为他不配在家族中承担重任。的确，弗烈特心眼不够多，心肠也不够狠，他是个过分与世无争的人物，没有足够的魄力继承家业。

虽然教父命是保住了，但是伤势很重，躺在医院不省人事，一时间整个家族群龙无首。无论是暴躁的大儿子桑尼，还是懦弱的二儿子弗烈特，都无法挽救家族败亡的命运。小儿子迈克尔曾经是陆军军官，退役后与女友凯过着惬意的贵族生活，一直置身于家族事业之外。然而当迈克尔到医院探望父亲时，发现教父身边无人保护，保镖已经被人收买，而警方也和毒枭串通一气。护士告诉迈克尔，"探望你爸爸的人真是太多了，妨碍了医院的正常工作"，她说，"约摸十分钟之前，警察来了，把他们统统都赶走了。五分钟之前，我把侦探喊去接电话，是他们总部来的紧急电话，这样他们也离开了。但是甭担心，我会照顾你爸爸，他病房里随便有什么动静我都听得见。我故意让门开着就是这个道理"。迈克尔回到父亲病房，把电话听筒从叉簧上拿起来，叫医院总机的接话员给他接到长滩镇的家里楼角办公室的电话。那边接电话的是桑尼。迈克尔压低声音说："桑尼，我就在医院，来得很晚。桑尼，这儿没有人，没有泰西欧手下的人，门口也没有侦探，咱老子完全处于无人保护状态。"他说话的声音有点颤抖。过了好久才传来桑尼的声音，他的声音很低，给人的印象却很深刻："你刚才谈的情况是索洛佐走的一步棋。"

迈克尔说："我也是这样推断的，但是他怎么叫警察把人都赶走的？警察又到哪儿去了？泰西欧手下的人怎样了？耶稣基督啊，莫非索洛佐这个老杂种把纽约警察局也捏在手里了吗？"

"别激动，小鬼"，桑尼的声音带有安慰的语气。"你到医院去得那么晚，也算是咱们走运。你就待在病房里，从里面把门锁上。十五分钟内，我派人到那里去，坐着别动，别惊慌。行吗，小鬼？""我不会惊慌。"迈克尔说。自从这一切开始以来，他第一次感到一阵愤怒的冲动在心头翻滚，对他父亲的敌人产生了一种冷酷的深仇大恨。（P117）迈克尔很快冷静下来，他把教父移到一个最远的病房，迈克尔站在医院外面的人行道上，点着一支香烟抽起来。他解开上衣钮扣，站在路灯的亮光下面。这样，他的脸就能让人看清楚，认得出来。（P119）迈克尔演了一场空城计，造成一种医院还是有人保护的假象，使老教父避免遭到再次刺杀。

果然不到10分钟，警察就来了，企图把他带走，幸好黑根及时赶到，这次危机总算安然度过了。

考利昂家族内部争吵不休，大儿子坚持要为父亲报仇，而军师黑根则认为若引起黑帮火拼，家族就会遭到整个上流社会的群体抵制。此时毒枭索洛佐向考利昂家族提出要同迈克尔会谈的要求。小儿子迈克尔意识到自己必须挺身而出，守卫这个家族。最后他们决定在这次会谈中干掉索洛佐，“好吧，他们要我去同索洛佐会谈，出席的是我、索洛佐和麦克罗斯基，这是咱们自愿的。把会谈时间安排在两天之后，然后，咱们就动员情报员探听会谈地点。咱们要坚持会谈地点必须在公共场所；不让他们选择任何公寓或私人住房，最好是饭馆或酒吧间；时间最好是吃饭时人最多的那段时间。大致这样，我才会感到安全；他们也会感到安全。甚至索洛佐也不会想到咱们竟敢枪杀警官。我同他们会面时他们肯定要搜我的身，因此我绝不能携带武器。但是咱们得想出一个办法，在我同他们会谈的时候，你们能给我送来一支枪。这样的话，我就可以一箭双雕”。(P127)

他用计使得毒枭索洛佐和警察麦克罗斯基与自己在一家小餐馆谈判，用事先藏在厕所水箱后的手枪毙了警察队长和索洛佐。20分钟后，迈克尔按照家人的安排登上了开往西西里的意大利货轮，逃离了美国。自此，暂时缓和了家族的危机。在这过程中迈克尔表现出的沉着冷静、果断明辨，与大哥的冲动形成对比，也为他今后继承家族事业，成为新一代的“教父”埋下伏笔。

第二章　教子约翰尼·方檀

约翰尼·方檀是教父十分喜欢的教子，他本是一名歌星，外表英俊，但沉迷于酒色之中，为了情妇与自己的妻子离婚。长时间糜烂的生活使他嗓子再也无法唱歌，事业也遭遇滑铁卢。是教父救了他，让他得到了当男一号的机会，并建立自己的制片厂，他的事业开始风生水起。

黑根对约翰尼说：“老头子说他能够消除乌尔茨为危害你而干的每一桩事的后果，还说差不多可以肯定你会得奖。但是他觉得这还不能彻底解决你的问题。他想了解一下你有没有头脑和胆略来当个自主经营的制片厂厂长，用清一色的自己人建立起来的制片厂。”……黑根直截了当地说：“等你得奖之后，你就着手制订计划，准备生产三部你自己的影片，录用电影界最优秀的人员，最优秀的技师，最优秀的明星，你需要谁就录用谁。制订生产三部到五部影片的计划。”“你在说疯话”，约翰尼说，“那么多影片可能需要两千万美元。”“当你需要钱的时候”，黑根说，“就同我联系一下，到时候我就把加利福尼亚的银行的名字告诉你，向你提供资金。甭担心，这家银行一直都在为影片提供资金。按正常手续向他们要求贷款，只要有正当理由，就像正规生意来往一样，他们会同意的。但你首先得见见我，并把钱的数目和计划告诉我。这样行吗？”(P164)

马里奥·普佐花了一整章的篇幅描写教子约翰尼的事业，经历了由成功到失败到再次成功，体现了当时美国社会的黑暗，更加突出地体现了老头子能力之大，同时又揭示了好莱坞的真实情况。电影在当时是个好生意，一个纸醉金迷集体堕落的好莱坞，看上去很美，其实很颓废。约翰尼从歌星到奥斯卡奖得主到呼风唤雨的影坛王牌制片人，是一个男人的成长，同时也离不开教父的支持。约翰尼的成功也很有立意，首先必须你足够优秀，但同时更重要的是你要有强大权势的支持。

第三章　老教父维托·考利昂的发家史

维托·考利昂在12岁以前一直住在西西里的考利昂村，但是当时他的父亲被人杀死，母亲就把他送到了美国，住在朋友家里。成年后，维托在朋友家的杂货店里打工，当地的黑手党法怒其在小杂货店强制性地安排了自己的侄子，导致老板不得不辞退了维托。维托开始与邻居克莱门扎、忒希奥混社会，他们通过抢劫装满丝绸衣服的汽车赚得了一大笔钱。但黑手党法怒其找上了维托，要求维托和朋友把钱分一部分给他。而维托·考利昂并没有慌张，冷静地拖延时间。

维托·考利昂开口了，他说话的语气入情入理，一点儿也没有气愤的样子。他表现得很谦恭，很适合一个年轻人在向法怒其这样显赫的人说话时应有的礼貌。他轻声细气地说："我的那一份钱在我的两个朋友那里放着，我得给他们说一说。"法怒其感到放心了。(P191)

但是维托·考利昂经过自己的分析，他认定法怒其没有大后门，也不可能有大后门。一个向警察告密的人，不可能是个了不起的人。一个甘心接受收买而有仇不报的人，也不可能是个了不起的人。一个真正的黑帮骨干分子，就会把另外两个人也干掉。法怒其没有什么了不起，他只是碰上运气罢了。这样看来，法怒其是孤立的。或者说得明白一点，他只是在严格的现金交易的基础上，为了执行具体任务而临时雇了几个带枪的刺客而已。这种推理分析，对维托·考利昂起了另一种决定作用，它决定了他自己今后的生活道路。

从这个经验里产生了他的口头禅：一个人只有一个命运。那天晚上他也可能决定给法怒其纳贡，这样他也就可能重新当一个食品杂货店的职员，过上几年之后，自己开办自己的食品杂货店。但是，命运决定他要当一个老头子，命运把法怒其送到他身边来推动他踏上自己的命运之路。(P193)

维托·考利昂决定把法怒其杀了，而事实上他也这样做了。在维托把钱给法怒其的那天晚上，他一路尾随到法怒其家，开枪把法怒其杀死。由于过人的胆识和乐于助人的品行，维托在当地慢慢地建立起了威望，经营起了自己的生意。维托早先卖橄榄油，后来碰上了禁酒法，导致他的迅速发家，同时他也开始有意培养和结交政客，大肆贿赂权力人员(比如警察)，最后禁酒法被取消，维托通过和当时最有势力的萨尔瓦多·马冉查诺的战争奠定了自己的势力。归其种种，我们可以看出，维托的帝国也经历了血腥的火拼，并非那么简单就让一个西西里小孩当上了教父，虽然维托个人的确有超越常人之处，但是他的发家史同时也伴随着危险和奋斗。

从此，维托走上了他的教父之路。大萧条增加了维托·考利昂的实力。实际上也大致在这个时期，他获得了“考利昂老头子”这个称号。老实人在全市到处求爹爹告奶奶地想找个实在工作，结果到处碰壁，讲究体面的人也降低了自己及其家属的身份，去从一个可鄙的官僚机构那里接受官方的施舍。但是，考利昂老头子的人，昂首阔步，在大街上耀武扬威：他们的衣袋里塞满了钞票，也不怕失业。甚至考利昂老头子本人，虽然一向是最谦虚的，也不由自主地产生了自豪情绪。他关心的是他自己的世界，他自己的子民。他对于那些依靠他的人，为了给他效劳而汗流浃背的人和冒着坐牢、冒着生命危险的人，向来是有求必应的。当他的一个雇员由于某种不幸而被捕下狱时，这个不幸的人的家属就会得到生活补贴：不是勉强施舍一点点小恩小惠，而是这个人被捕前的原工资。当然啰，这不是纯粹的基督教慈善救济。若不是最了解他的知己朋友，人们真会把考利昂老头子叫做下凡的圣人。这种大方行动的背后是有私心的。被关进监牢的雇员心里明白：只要他守口如瓶，他的老婆孩子就会得到照顾。他还明白：如果他不向警方吐露真情，那么等到他出狱时，就会受到热烈欢迎。家里也会有宴会在等着他，有山珍海味，还有家里做的小包子、葡萄酒、各种糕点；他所有的亲戚朋友也会聚集在那儿，欢庆他恢复了自由。在夜间的什么时候，劲科·阿班旦杜参谋，或者老头子本人，也会登门拜访，向这样的忠诚战士表示敬意，为他的健康干一杯，临走时还会留一大笔钱作为礼物，这样他就可以同他的全家安安逸逸地过上一两个星期，然后再上班干活。这就是考利昂老头子对人的无限同情和入微的体贴的表现。就是在这个时候，老头子有了一种看法，认为他管理他自己的世界，比他的敌人管理这个更大的世界要管理得好得多，而这个更大的世界却连续不断地挡着他的路。这种认识是附近一带经常找他帮助的穷人培育起来的。(P207)

第四章　桑尼之死

教父的女婿卡罗·瑞泽以为通过与康妮结婚可以顺利进入考利昂家族，但教父不允许他经营家族生意，一直备受冷落。于是他通过毒打自己的妻子来宣泄自己的不满。教父对于自己女儿遭到家暴这件事一直知情，但是并没有为女儿出气。其实，老头子并不像他表面上所装出来的那样冷漠。他问了一下，也发现了卡罗·瑞泽把钱抢去干了些什么。他早就安插了一些人监视卡罗·瑞泽的赌注登记工作，这些人把卡罗·瑞泽所干的一切，都一五一十地向黑根汇报。但老头子也无法插手，一个男人如果怕老婆的娘家，怎么能指望他去履行他做丈夫的职责

呢？这是个无法解决的僵局，他不敢插手。（P230）

正是因为老头子的放纵，卡罗更加肆无忌惮地殴打自己的妻子。但是桑尼十分爱护自己家人，加上他冲动的个性，在得知自己妹妹被毒打后就狠狠教训了卡罗·瑞泽。而卡罗在被大哥桑尼教训后，怀恨在心，向敌对家族泄露了大哥的行踪，设计再次殴打康妮引出桑尼。于是，桑尼在必经之路上中了埋伏，惨死敌人枪下。

也许因为战局僵持，桑尼·考利昂才踏上以他自己的死亡为终结的消耗战的血路，也许因为他那狂暴的性格失去了约束，他才落到了这个地步。总之，那年春夏，他向敌方附属人员发动了毫无意义的袭击。哈莱姆地区为塔塔格里亚家族摇旗呐喊的人一个个被打死了。破坏码头工人罢工的暴徒给成批地屠杀了。五大家族的工会官员受到了警告：要他们保持中立。当考利昂派的赌注登记庄家和放债者仍然被禁止进入码头区的时候，桑尼派遣克莱门扎率领他的部队在狭长的沿岸地区杀得鸡飞狗跳。这种乱砍乱杀是毫无意义的，因为这种做法不能影响战争的结局。桑尼是个出色的战术家，也赢得了一个个出色的胜利，但是他却缺少考利昂老头子所具有的那种战略天才，整个局势陷于一场你死我活的游击战，双方都感到得不偿失，也觉得这样下去毫无意义。老头子在恢复健康，很快就会重新掌权，到那时候，战局肯定会发生有利于考利昂家族的变化。对这一点，桑尼是有把握的。另外，在他捍卫他的家族帝国的同时，他还要赢得他父亲对他的赏识，因为家族帝国的地位并不一定是长子继承，他还得巩固自己对考利昂帝国的继承权。

但是，敌人也在分析局势，并得出了结论：避免彻底失败的唯一办法就是干掉桑尼·考利昂。他们这时对形势的理解更进了一步，认为同老头子谈判解决问题还是可能的，因为老头子一贯通情达理的作风是人所共知的。他们开始痛恨桑尼那种嗜血成性的作风，认为这种作风实在野蛮，而且还缺乏生意人的敏锐的嗅觉，谁也不愿意再出现那种兵荒马乱的局面了。（P247）老头子一生保持谦虚严谨的作风并以此教育孩子，然而最终桑尼还是死在了他“狂暴的性格”上。

第五章　和谈

教父在大儿子桑尼死后，提出和各大家族和解。考利昂家族表面上与各大家族达成协议，同意为毒品提供庇护，目的就是为了保证在逃亡中的迈克尔可以安全回国。考利昂在谈判回来后，军师黑根对教父的做法提出质疑：“但是，我觉得你今天所作的事情，前后不一致，也不合乎你的天性。你说，你一不想调查了解桑尼是怎么被打死的，二不想为他报仇。这，我有点不相信。你发誓赞成和平，因而你就要保持和平，但是你的敌人表面上赢得的胜利，实际上是你拱手送给他的。说你甘愿如此，我实在信不了。你编织了一个我无法解释的大谜，这叫我怎么表示赞成或反对呢？”

满意的神态显露在老头子的脸上。“对啦，你比任何别人都更了解我。即使你生下来不是西西里人，我早把你熏陶成西西里人了。你所说的每一点都是对的，但是解决办法还是有的。用不着等到这个锦囊妙计彻底抽出来，你就会明白的。你同意的是：每个人都得接受我的意见，我也遵守自己的诺言，而且我要我的命令得到严格执行。但是，汤姆，当务之急，咱们必须尽量早点把迈克尔搞回家。在你的思想上和实际工作中都要把这个问题摆在头等地位。把所有的司法渠道都疏通一下，你随便花多少钱，我都在所不惜。他回家的时候，一定要绝对保险。有关刑法问题，你还是同最优秀的内行商量商量。我可以给你开几个法官的名字，这些法官是会单独会见你的。在事成之前，咱们一定要提高警惕，严防有人出卖咱们。西西里出现了麻烦，那儿的年轻人对长者不再像以前那样听命了，美国把许许多多的人驱逐回去了，这些人使那些守旧的老头子实在太难办了。迈克尔夹在老、少矛盾中间，日子很不好过。针对这一点，我早就采取了一些预防措施。他目前仍然隐蔽得很好，但是，这种隐蔽不可能永远保持下去而不出破绽，这就是我之所以要讲和的原因之一。巴茨尼有些朋友在西西里，他们正在探听迈克尔的踪迹。这就给你所感觉到的谜提供了一个答案。为了保护我儿子的安全，我不得不委屈求和，别的办法是没有的。”（P284）

老教父表面上提出和谈，暗中却开始紧锣密鼓地进行着复仇计划，等到小儿子安全回国后就行动。

第六章　迈克尔的转变

在刺杀行动后，迈克尔为了躲避追查逃到了西西里。而迈克尔自己所体会到的问题是：在西西里，黑帮已经成了富豪阶层的非法别动队，甚至成了司法和行政部门的辅助警察。黑帮已经蜕化变质，演变成了资本主义的机构，反共、反人民，对任何买卖都要加收自己私设的苛捐杂税。迈克尔·考利昂破天荒第一次悟出了一个道理，为什么像他父亲那样的人，甘愿当盗窃犯和谋杀犯而不愿当合法社会的成员？贫穷、恐惧、越来越苦的日子，这些东西实在太可怕了，对任何一个有骨气的人来说，都是难以忍受的。（P307）

就在这时，迈克尔与美丽的阿波罗尼亚一见钟情，并很快与她结婚。但在迈克尔转移的过程中，遭到保镖的出卖，中了汽车炸弹的埋伏，虽然自己侥幸生还，但他的新婚妻子却被炸死了。阿波罗尼亚的被害，既是整个故事的转折，也预示迈克尔另一个人生的开始。不难想像，妻子和大哥的被害使得迈克尔的内心变化加剧，他从某个程度上看清了社会的黑暗，长期在黑暗的洪流中盘旋，被染色也是不可避免的事。迈克尔迅速变得冷酷成熟起来，他决定要回到家族中，为自己的亲人和爱妻报仇。“转告我爸爸，把我弄回家去 ”，迈克尔说，“转告我爸爸，

我很想当他的好儿子。”(P334)

第七章　迈克尔归来

迈克尔在逃亡六年之后终于回到了纽约，并和当初单纯的初恋情人凯结婚。迈克尔对凯说，“你对我父亲和整个考利昂家族形成了错误的成见。我想做最后一次解释，这是真正的最后的解释：我父亲是一个很讲究实际的人，他竭力设法养活自己的老婆孩子，想为自己有朝一日可能用得着的三朋四友提供方便；他不接受这个社会的清规戒律，因为这些清规戒律捆住他的手脚，迫使他那样一个魄力超群、性格非凡的人去过那种同他不相适应的生活。你必须理解的一点是他认为他自己是同总统、首相、最高法院的法官以及州长等这样的伟人是一样的，他拒绝按照别人所写下来的清规戒律去生活。但是，因为社会本身不能真正保护那些没有能力的社会成员，所以他首先使自己具有一定的力量，然后进入这个社会，同时，他是按照一套伦理原则办事的，而他认为那套伦理原则大大优越于社会的法律结构”。

“我告诉你的只是我父亲的原则。我要你理解的是，不管他是什么人，他并不是不负责任的。或者说，至少在他自己创造的社会里，他并不是不负责任的。他并不像你所想像的那样坏，他并不是一个手持机枪胡乱扫射的暴徒。他是一个责任感很强的人，不过方式有点独特罢了。我并不相信社会能够保护咱们。我无意把自己的命运交到那些达官贵人的手里，那些达官贵人唯一的本事就是设法哄骗一群人来给他们投票。但是，这只是我目前的态度。我父亲已经来不及了，他过去所做的事情，今天不冒很大的风险就再也不可能办到了。咱们欢喜也罢，不欢喜也罢，考利昂家族将来不得不加入那个乌烟瘴气的社会。但是，当考利昂家族加入社会时，我希望自己先具备充分力量之后再加入。我希望，我的孩子在开始分享人类社会的总命运之前，我能够尽量把他们培养成为可以在社会上站稳脚跟的人。”(P344)

两年的时间很快过去了，迈克尔慢慢地接手家族的权力，日渐衰老的教父已经完全退休下来。

第八章　老教父之死

在一个阳光明媚的星期天下午，老头子照例来到自己的菜园里浇水，突然间，他感到好像太阳降下来了，离他的头很近很近，天空中充满了跳动的金色火花。迈克尔最大的男孩子穿过菜园子跑来了，向着老头子跪着的地方跑过来，男孩子给一团耀眼的黄光包围起来了。但是，老头子并没有受到迷惑；他太老练了。死神就躲在那团像火焰一样的黄光背后，准备冲出来，向他扑过去。老头子挥手让男孩离开。刚好，不迟也不早，他蓦地一下感到胸腔里似乎有个大锤嘭嘭啪啪地打了起来，打得他喘不过气。老头子朝前一晃，一头栽倒在地。

男孩子跑回去喊他爸爸。迈克尔·考利昂和大门口的几个人跑到花园里来，发现老头子脸朝下躺在地上，双手抓着一大把泥土。他们把老头子抬到铺着石板的阴凉处。迈克尔跪在父亲身边，握着他的手，别人分头去找救护车和医生。老头子用了九牛二虎之力挣扎着睁开了眼睛，想再看看他的儿子。这个来势汹汹的心脏病大发作使他那绯红的脸变成了铁青色。他处于弥留之际了。他嗅嗅花园的气味，那团黄光又向他的眼睛袭击过来。他小声说："生活是这样的美丽。"他来不及看到家中女人们的眼泪。在她们从教堂回来之前，他就断气了。在救护车或医生到来之前，他就一命呜呼了。他死了，围着他的全是男人，他用手攥着他最喜欢的小儿子的手。(P387)无疑，老头子在他最后的这段时间是十分安然的。

在"教父"病故之后，迈克尔继任家族首领。他遵循父亲的指示，韬光养晦令敌人放松警惕。但暗中开始了酝酿已久的复仇，他派人刺杀了另两个敌对家族的首领，并杀死了谋害他前妻的法布里奇奥，同时他也命人杀死了妹夫卡罗，为桑尼报了仇。铲除了所有的敌人和威胁，迈克尔当之无愧地成了新一代的"教父"。

三、总结思考

无论在美国国内或在美国以外的其他国家，都有不少人在考虑这样的问题：美国社会究竟怎么样？它是不是理想社会？这部小说继承了批判现实主义的优良传统，对这类人们普遍关心的问题提供了一个极其生动、形象、具有说服力的回答。作者忠于艺术规律，既不抽象地肯定，也不概括地否定，而只是客观地把美国社会最隐蔽的本质赤裸裸地揭示了出来。作品是通过引人入胜的场面和扣人心弦的情节自然而然地流露出来的。剥开富丽堂皇、令人眼花缭乱的遮羞布，人们不难看出：这里绝不是无忧无虑的人间天堂，而是地地道道的尔虞我诈的冒险家的乐园；这里处处布满了陷阱、明枪、暗箭；这里人人自危；这里，除了表面文章以外，骨子里根本没有什么"自由、平等与博爱"。

作者以艺术家的手法让我们看到的，不是美国社会生活中漂浮于表面的璀璨夺目的现象，而是隐匿于深层的阴森恐怖的本质或本质的某些方面：以维持社会治安为己任的警官；以维护法律尊严为己任的法官、律师，以及身为合法民意代表的议员；以"公正、客观"自诩的报刊编辑、记者，尽管有时在同自己或自己的集团无关的问题上也能信誓旦旦地履行自己的职责，但因为他们大都暗中隶属于各个地下势力集团，所以背地里却干着同自己的公开职责大相径庭的见不得人的勾当。

人们在公开社会受到了委屈，往往得不到正义的保护。原因是：人们在公开社会受到了委屈，根据不合理的法律条文，总是显得"活该"；而徇私舞弊者总是可以利用法律的灵活性来歪曲本来就不合理的法律，而形式上仍然是在维护法律的严肃性，是在秉公办事，结果也总是显得"应该"。因此，人们为了在竞争中生存下去，为了预防有冤无处申、有苦无处诉的悲楚，也都纷纷投靠地下势力集团，要求必要时为他们伸张正义，为此他们甘愿定期预交"保护费"。地下势力集团买通有关当局，有恃无恐地进行各种非法活动——走私、贩毒、摆赌场、开妓院等。通过这些活动，积聚了大量财富之后又可暗中串通公开的政治上的权贵势力，或者把他们自己的亲信安插到国家要害部门。这样，上面有了强大的保护伞，再加上他们所掌握的舆论工具的附和，他们不但可以为所欲为，而且能够无往而不胜。他们都有严密的组织：有核心领导班子、有单线联系的内部系统，也有层层外围组织；有自己的法律顾问，也有自己的"军队"，还有自己的情报网。一旦自己人受到了侵害、欺压、委屈，能谈判的就谈判解决，无法谈判的就采取破坏以至暗杀手段解决。甚至议员选举，最佳演员的选举，尽管表面上冠冕堂皇，无懈可击，但大都操纵在地下势力集团的手中。他们一插手，就可以出冷门，出乎意料地使某些人堂堂正正地当选。

这部小说通过对美国地下势力集团之间真刀真枪的"战争"的叙写，淋漓尽致地揭示了美国社会的表层下面的最隐蔽的本质。"教父"他们之所以不愿意进入公开的大社会，就是因为他们不甘心任人宰割。他们决心在地下世界利用一切手段发展自己，壮大自己，使自己成为强者，然后再"改邪归正"。这样，他们一进入弱肉强食的公开的大社会，就可以以强者的姿态出现，这也是一切资本主义社会，尤其是美国社会的上层实权人物带规律性的相同发展道路。哪一个大财团或亿万富翁不是从营私舞弊、投机倒把起家的？《教父》这部小说的不同凡响的艺术魅力就在于：尽管描写的全是坏蛋，但作者曲尽妙笔，竟然能让读者不痛恨个别坏蛋，而痛恨整个龌龊的社会结构。教父及其继承人——他的小儿子迈克尔本来都是坏透了的坏蛋，但是却并不显得令人痛恨，因为他们杀人是整个不合理的社会逼出来的，因为他们杀的也都是更坏的人。他们同那些在幕后"坐地分赃"的政客比较起来，在"坏"的程度上，可真是小巫见大巫了。

我们也可以说，《教父》通过生动的故事所揭示的政治和社会的真理，比起所有的政治家、政论家和一切新闻报道合起来所揭示的还要多，我们从这里所能学到的东西，也要比从所有的历史学家、经济学家和统计学家以及报纸杂志那里所能学到的全部东西还要多。这本书，对读者来说，之所以值得一读，其根本原因就在这里。

讨论部分

唐松林老师：我想与大家一道思考如下几个问题：

关于《教父》这个题目。“教父”在西方宗教里是最接近于上帝的人，是神圣的、智慧的，温文尔雅，是知识分子的楷模。在中世纪时的知识分子主要是教父。而书中用“教父”来形容黑帮头子，看上去带有讽刺意味，但实际上似乎又很贴切。这是一部现实主义著作，人没有绝对的好和绝对的坏，每个人都会在一定的时候做一些坏事。“教父”的产生是有其社会根源的。我建议大家理解如下问题：作者为何将书名曰《教父》？二是书中教父的人格及其价值？三是人为何要进入黑帮？四是黑帮的理念及其运行机制是什么？大家如有其他问题还可提出来讨论。

侯兰花老师：我认为教父这样的人是很有魅力的男人。因为他顾家，有责任感。小说中有提到“女人和小孩可以无忧无虑地生活，但是男人不行”。黑社会的确普遍存在，存在即合理。由于中下层没有话语权，他们需要一种不同于政府的机构去守护他们，所以黑社会的存在有他的合理性。像我们中国就存在很多老百姓的问题得不到解决，而社会更多的是上层人士的世界，老百姓以及社会中下层人士需要这么一个非政府的机构存在。

最近看了一个电影叫《老炮儿》，我觉得有点教父的味道，但是又不同于教父。因为教父这个组织更强大，对社会的影响更深，他有他自己的一整套制度与规矩。但是老炮儿是一个局部的地区存在的一个现象。老炮儿表现出一个生活在社会最底层的人，比如无业游民、小混混、擦皮鞋的人，他们的生活最多就是打群架之类的，与教父的杀人之类的就不在一个层次。

申雷霆：这个教父在现在来说，会比现在的教授传授的东西更多。他们传授的不仅仅是一种知识，更多的是一种人格魅力。只有一定的地位才能够当上教父。他们与政府是相辅相成的，政府对于他是睁一只眼闭一只眼的。那个时候的教父有种中国侠客的意思。我对这本书最深刻的感受就是，他描述了一个社会最底层的人成为上层人物的过程。教父对家庭有责任心，对敌人冷酷果断。从社会上来说，法制仍然无法解决很多问题，我们现在还是需要一些像教父这样的角色，完成法律不能解决的问题。

刘畅：我想简单讲一下教父的背景，来方便大家更好的理解《教父》这本书。首先“教父”这个词的来源是来自于天主教，而不是基督教。因为书里多次出现了“圣母玛利亚”，天主教里的人是不能直接与上帝沟通的，包括我们平时见到的在教堂里隔着帘子对话都是天主教的，天主教与基督教的不同简单来说就在于天主教的祈祷的对象和形式更加多样。意大利分为南北两块，在地图上意大利像个靴子，下面是一个岛，那就是西西里岛。西西里人更强调自己这个地区，自我意识更强，他们大多数人内心里并不把自己当成意大利人，所以书中多次强调西西里人。再说一说这个老教父的姓——考利昂，他其实原本并不是这个姓，考利昂是他以前居住的村子的名字。

刘丹丹：首先，我认为教父他们的家庭观念很强：不论是教父还是桑尼，都很爱护自己的家人，并且有很强的继承家族事业的观念。中国也是很强调这方面的国家，很多富二代从小也被灌输继承家业的观念，并且最近出现了“家庭职业规划师”这个职业。其次，对于读书报告中的“首先必须你足够优秀，但同时更重要的你要有强大权势的支持”这句很有感触。在自己求职中遇到类似的问题，进入社会中很多时候都要讲求关系，但是这个时候要多问问自己“足够优秀了吗”？最后，老教父在生命弥留之际说的“生活如此美丽”。一个人在经历了那么多的挫折、困难后还能这么说，十分令人动容。我们每个人都要保持乐观，要把握住自己一生一次的生命。

唐松林老师：我们学习过许多现代主义观念，如强调多样性、主体性与生命性，所以我们也应该考察与反省“家庭职业规划师”这个职业，但是不可否认，现在很多家境好的孩子素质普遍比较高。

于思琪：“教父”这个词在意大利语中有“避难所”的意思。老教父对于当时的美国人来说，是真正的当之无愧的教父。维托·考利昂可以受到崇拜是因为他真的可以帮助人们解决问题，所以用教父来形容他是十分合理的。就像一句话说的那样：“伟大的人不是生来而伟大，而是越来越伟大。”书中还提到，考利昂很看重“友谊”，他把友谊看成通行的货币，这在今天也是十分值得借鉴的。老教父有自己的规则，靠友谊来维持自己世界的运转。同时还提到了缄默原则：不举报自己的同道中人，以保证自己集团的团结。最后迈克尔杀死自己的妹夫，就是因为家族中不允许背叛。

郑洁：首先我想谈谈关于教父：书中维托·考利昂做了很多违背常理道德的事情，只为维护自己的秩序。但从考利昂“为朋友着想，建立于法律之外的公平与正义，保护弱者”这一经营黑帮的理念中，又可以看出他有爱人之心。教父这种矛盾是由于社会的不健全，民众的委屈无处伸张而形成的。考利昂家族能够长时间存在，是由于教父遵守诺言。每个机制都需要有自己的规则。同时我还觉得每个人的生活体验不同，但对于幸福的感觉是一样的。老教父在死时身边有自己最爱的儿子陪着，孙子健康，他就已经感到很幸福了。

李吟霁：我认为教父的所作所为都是有私心的。帮助别人他要有回报，其实教父从一定程度上说是在满足自己的需求。不论是他最后不得不和谈同意为毒品提供庇护还是迈克尔最后回来继承家业，他们都是没得选择的，是一件件事情把他们推上了这个位置，他们不得不那么做。

唐松林老师：缄默、忠诚、友谊、守信，这些都是生活通行的准则。其中缄默，就是指没有想好的事情不要乱说，不要信口开河。

匡林林老师：教父的三个儿子各有特点，大儿子有勇无谋，二儿子是个乖乖仔，他们都想继承家业，三儿子虽然聪明但是他并不想当教父的继承者，然而最后却是他当上了教父。这让我想到了我们日常生活中经常会听到很多长辈给我们建议，然而我们自己会有自己的想法，如果我们按照自己的想法过，也许会走一些弯路，但最后也不一定就是失败。所以经历十分重要，走些弯路也无妨，人要尝试一些新的东西，不要让自己的生命太单薄。

魏婷婷：首先，在教父的形象特征中，他们当中有仇杀、走私、毒品，但中间我们可以看到他们的良知、侠义、责任与使命感。其次，现实生活中可能老实人生活过得不好，反而以牙还牙还过得更好。社会不能保证人们生活的安全，这种社会就会把人的“恶”给激发出来。从迈克尔身上可以看到，他从一开始的排斥家族事业到最后的继承，从开始的温情到最后的冷酷残暴，这是由于理想与社会的差距造成他的信仰破产。社会应该建立能激发人们“善”的制度，社会对人的发展应该是起助力作用的。所以我们应该这样做：不论是制度还是规范都应该具有普世性，要考虑大多数人的需求；要欣然接受生活中的不如意；但同时我又有一个疑问：生存与善良之间我们应该选择哪一个？

李倩：书中我最深的感触就是性格决定命运，书中人物个性鲜明，也为他们最后的结局埋下伏笔。大儿子性格刚烈，但是做事太冲动，所以最后落得个被人暗杀的下场；二儿子懦弱怕事，所以也成就不了大事；三儿子有勇有谋，是教父的最佳人选。一个人是不是有能力有前途，其实从一个人的性格就可以看得出来。另外，关于社会体系的建构：一个社会体系的建立，是需要一些规则去规范它的，如果破坏规则将会受到惩罚。

谢泽强：为什么汤姆·汉克斯说“它就是我们男人的圣经，那里面包含了所有智慧”？我认为这是因为男人对强权的渴望，男人普遍喜欢那种全世界在我手中的征服感。但同时我们应该思考：权力过于集中在一个人身上是否有好处？我认为要把权力关进制度的笼子里，把权力进行规范才更有利于社会的发展。最后书中教父在人生的最后一刻说了一句话——世界如此美好。一个男人在经历了那么多的变故与挫折之后在临终前还能说出这样的话，可以看出这个男人是十分成功且热爱生活的。而且我也深刻体会到了“平平淡淡才是真”的道理。

唐松林老师：经过大家的讨论，我想继续说几点：

关于书名。“教父”这个词是个隐喻，它主要隐喻了三个方面的内容：一是隐喻了民众对某种权力的崇拜与期盼；二是隐喻了底层人民的保护神与避难所；三是隐喻了理想的社会只存在于黑帮中。小说的寓意在于：不管我们处于什么样的社会中，社会要关注到每个人的生命、自由、财产和尊严。当局者要秉持正义的价值观，社会要保护平凡的人，要有惩恶扬善的制度，既要尊重每个人的原始的欲望，又要为人的社会性需要提供条件。

教父的人格。书中的教父几乎是一位德智体全面发展的人，有头脑，有胆略，果断，谦虚，对下属体贴入徽，乐于助人，敢于冒险和奋斗，通情达理，有韬略和战术，会生意，有敏锐的嗅觉，讲究实际，责任感很强，甚至有强烈的正义感，但同时对自己的敌人心狠手辣，冷酷无情，甚至不留余地。书里面说，后来成为教父的迈克尔·考利昂，“具有他那个伟大的父亲所特有的于沉静中显示出来的力量和智慧，生来就有一种办起事来使人不得不折服的本领”。

人为什么会加入黑帮？为何人格如此完善与优秀的人，会当教父？是因为他们对社会失望，感觉社会没有正义。在一个不健全的社会，“甘愿当盗窃犯和谋杀犯而不愿当合法社会的成员”。书中说：“社会本身不能真正保护那些没有能力的社会成员，所以他首先使自己具有一定的力量，然后进入这个社会，同时，他是按照一套伦理原则办事的，而他认为那套伦理原则大大优越于社会的法律结构。”所以，社会正义的丧失是黑帮滋生的土壤，要消灭黑帮，在于社会政治的、文化的、社会的制度体系的文明。

人最后会变成什么样子是与环境有关的。小儿子迈克尔十分优秀，他为什么没有成为科学家或者其他职业而成为教父，这是与他生存的环境有关的，他的生存环境又决定了他的选择，他是被残酷的现实“逼上梁山”的。社会亚文化在一定程度上是一代一代地复制与遗传的。父亲是教父，下一代很有可能还是教父，因为父辈的圈子、人际关系与恩怨情仇决定了下一代的发展。从教育的角度，我们要考虑要把孩子放在什么样的环境中更有利于他的成长，要怎么设计社会制度使它变得更加自由，更加平等，更加有尊严，更加幸福，更加正义。这是我们要思考的。

黑帮的理念。黑帮存在的合理性，在于它在一定程度上体现了社会的正义：一是追求人的自由与尊严。二是为朋友着想。三是保护弱者，在法律之外一定程度上建立了公平与正义；正如书中说道，“考利昂老头子的人，昂首阔步，在大街上耀武扬威：他们的衣袋里塞满了钞票，也不怕失业”。黑帮世界与正式世界相比，他们似乎过得更自由与更有尊严！但是黑帮的理念及行为在黑暗的社会中也在变质，“黑帮已经成了富豪阶层的非法别动队，甚至成了司法和行政部门的辅助警察。黑帮已经蜕化变质，演变成了资本主义的机构，反共、反人民，对任何买卖都要加收自己私设的苛捐杂税”。

隐含着的弱肉强食的“生物链”。毒枭索洛佐——纽约警察（被收买的警察麦克罗斯基）——教父……教父的三儿子迈克尔……上流社会的群体，他们之间存在一个相互依赖与制约的关系，“明”的法律之力量与“暗”的非法的力量，在较量、风起云涌，鹿死谁手还说不定，它似乎遵循“物竞天择，适者生存”的自然规律。

人生成功有没有逻辑。教子约翰尼的成功，说明这个社会已经不遵循传统的“勤劳、守纪、道德”等社会经济与伦理逻辑。你必须足够优秀，同时更重要的是，你要有强大权势支持。也就是说，你的成功与你的能力、知识与道德无关，但与你的出身和环境有关。乌尔茨代表知识分子，也代表着社会有影响力的权威，总统甚至联邦调查局与其是好朋友，但他对于一个黑帮头子却无能为力，虽然自己是导演，但就连电影主演角色的安排都无法安排自己认为最好的人。如此有社会地位的人，就是在一位演员的安排上拒绝了教父，居然蒙受了如此巨大的损失。

《伤魂》：冷眼看社会

刘丹丹*

时间：2014 年 4 月 9 日晚上 7:00—10:00

地点：湖南大学教育科学研究院 310 教室

出版社：江苏文艺出版社，2013

参与人：唐松林（湖南大学教师）、史强（湖南红太阳大剧院职员）、姚尧（湖南师范大学研究生）、苏慧（湖南师范大学研究生）、魏珊、张小燕、张燕玲、刘丹丹、佘君君、王祖霖、王晨、陈坤、朱春水、邓洁隽（没有特殊注明者为湖南大学在读研究生）

一、书籍概况

（一）作者简介

卢新华（1954—），江苏如皋人，中共党员。1978 年考入复旦大学中文系，同年 8 月，发表短篇小说《伤痕》，轰动文坛，从此引领了“伤痕文学”思潮。大学毕业后，他放弃了很好从政机会（人民日报社团委书记），而选择从文（《文汇报》记者），后又“下海”“留美”（美国加州大学洛杉矶分校）。在美国，为了生计，他当过三轮车夫、赌场发牌员，在繁忙工作之余，卢新华不忘学习，在赌场做发牌员时，还利用休息时间研读《佛经》《道德经》等。因为自身经历，卢新华不断反思社

* 作者简介：刘丹丹（1989 年出生），女，湖南衡阳人，湖南大学教育科学研究院 2013 级硕士研究生，从事教育学研究。

会，相继出版了几部现实主义著作，如小说《森林之梦》（1986）《细节》（1998）《紫禁女》（2004）《财富如水》（2010）《伤魂》（2013）等，这些小说都是对社会、对民族、对国家反思的成果，更是中国的一部思想史。

（二）内容简介

《伤魂》是卢新华2013年的新作小说，主要讲述故人龚合国从部队转业到地方政府机关的工作历程。主人公龚合国是“我”在新兵连认识的铁哥们。有一次，“我”为新兵们请命，得罪了班长，起初，龚合国还跟“我”一条心，不久却“变节”了，两人的情义也至此决裂，很多年后，“我”从战友那里得知了龚合国的经历：他凭借自己的“龚氏频道论”由“失落”走向“中兴”（县建工局办公室副主任5年→教育局办公室主任→分管办公室和人事局的副局长→教育局局长），又由“中兴”走向“末路”的历史（教育局局长→“疯子”），其中更涉及一段该县官员“集体自首”的惊心动魄的故事。

（三）相关背景

伤痕文学：开始于20世纪70年代末80年代初，流行于80年代，大都是以真实、质朴，甚至粗糙的文学形式，小心翼翼地揭开“文化大革命”给人们造成的历史创伤。它掀起了新时期小说创作的第一个热潮，“伤痕文学”的名称也源于卢新华的短篇小说《伤痕》。

二、章节赏析

（一）“龚氏频道”或“龚合国频道”

真正一流的变脸大师从来不在舞台上，而是在生活中……我们许多人，出门一张脸，回家一张脸；台上一张脸，台下一张脸；人前一张脸，人后一张脸；白天一张脸，晚上一张脸。（P27）

社会其实也是一台大电视机，不同阶层、不同行业、不同意趣、不同背景的人们，也都生活在不同的频道里，要想如鱼得水般混迹于各个阶层和场所，并予取予求，就得让自己具备“全频道”的接收器，并学会及时地“调频”，懂得“见人说人话，见鬼说鬼话”——或者“见什么样的人说什么样的话，见什么样的鬼说什么样的鬼话”……比如，同事家里死了人，你就不能“窃喜”，而必须表现得“如丧考妣”；遇到胖子，嘴里就要少说或不说“肥”字；见到领导家的阿姨或保姆，也要一样仔细地赔笑脸。（P30）

“龚氏频道”或者说“龚合国频道”是小说主人公龚合国给人印象最深的一个

特点。在《伤魂》这本小说当中，主人公龚合国有一套“频道论”，而在卢新华1998年的小说《细节》中，主人公郗杰也有一个“糊涂教”，虽然“频道论”与“糊涂教”表述不同，但却都是作者借小说主人公之口而创出的一套理论。卢新华在接受采访时，也表示“频道论”和“糊涂教”本质都是小人物在强大现实当中不断地碰壁、不断地受到打击，然后感到无奈之后创造出的一套处世哲学，从整个历史发展长河整体观察的时候，它没有对错没有善恶，也不能说是正义或者非正义的，它就是人类经历的那么一种过程。

在阅读过程中，当读到主人公龚合国“脑袋像机器人一样或左或右地摆一摆，挺一挺，最后定格在一个他认为是最合适的位置上……两眼定定地望着对方外，脑袋也会不由自主地歪过来，正过去”（P32），我们可能会哈哈大笑，而大笑之后呢？我们也会深入地思索，龚合国一幕一幕地换频，实际就是一场当代的《官场现形记》，它真实地再现了时代的、政治上的、官场上的黑暗、可笑。很多人看过小说后，纷纷效仿“频道论”，但是作为一个知识分子，我们深深地感受到“频道论”缺少一种节操，缺少气节，我们应该强烈批判这种处世哲学，坚守我们的本真人性，防止我们人性的沉沦。

（二）一个面子，一个里子

终于，他发话了：“我这两套房子，要做两种完全不同风格的装修。”

“哪两种风格？”赵军问。

“一种是能怎么简单就怎么简单；另一种却是要尽可能地‘与时俱进’。我们都这么多年的朋友了，你大概也明白我这样做的用意了吧？”

“啊啊。我还有点摸不着头脑。”赵军说，有些为难地挠挠头，但忽然如梦初醒似的叫起来，“呀，我懂了！就是做成两个不同的‘频道’——一个面子，一个里子！是不是？”

龚合国嘉许地点点头，“也可以说是‘内频道’和‘外频道’吧。”（P55）

“一个面子，一个里子”其实也是“频道论”的产物，但是它似乎又是先于“频道论”的存在，它本身就是中国传统文化的组成部分。近年来，“面子”和“里子”是两个比较火热的词，电影《一代宗师》中一代宗师丁连山（赵本山饰）就说到了“里子”和“面子”，南京大学的学生话剧《蒋公的面子》，也讨论了面子和里子的问题。在这些作品中，“面子”与“里子”都是以诙谐、调侃的口气说出，但是，仔细想想，这两个词背后的含义却是非常严肃的。

龚合国的“频道说”与我国传统的法家文化、兵家文化、阴谋家文化、纵横家文化紧密相连。正如龚合国所言，每个人既要有一个面子，又要有里子，面子是给别人看的，是应付别人检查与评价的，要体现高尚，而里子却是自己实实在在生活的，需要的是舒适与享受。“里子”和“面子”其实是中国人、中华民族文化的一个组成部分。我们在很多地方都能看到面子和里子，政府有政府的一个面子和里子，企业有企业的面子和里子，个人有个人的面子和里子，这已经成为了中华民族文化和个性的重要组成部分。所以，如果说中国人比较聪明的话，表现之一就是我们常常会在"面子"和"里子"这两个频道里边游刃有余。

(三)"龚合国"和"共和国"

一看这本小说，第一眼就会被我们主人公的名字"龚合国"所吸引，龚合国，共和国，二者是否有一定内在联系呢，不可否认，此"龚合国"就是隐射"共和国"，在小说的具体内容上，关于这个名字我印象最深的有两处，在此也想引用出来与大家分享一下：

第一处就是主人公的父亲在"文革"时期，因为"龚合国"这个名字而惨遭批斗、打压，甚至付出了生命的代价。

"老实交代！你为什么要给你儿子起名'龚合国'？是不是想复辟变天，把'共和国'占为己有?！哼，就你那干瘦干瘦的样儿，还想做'共和国'的老子，也不尿泡尿照照镜子！是可忍，孰不可忍……"不谙世事的学生们就这样义愤填膺地声讨着，个别深谙世事的老师也这样异口同声地附和着。

他的父亲急忙分辨："此'龚合国'，非彼'共和国'……"可话还没说完，疾风暴雨般的拳头和巴掌就早已落下来，打得他麻秆一样的身体东倒西歪，之后则是一阵高过一阵的声浪："打倒……打倒……"(P3)

"儿子，记住，你爹是为——你这个'龚合国'——献身——不，捐躯的……我死得其所……你这个名字很吉利，很金贵，是上——上签，将来还会名扬四海。这你还不懂，长大了就会明白。记住……你就是太黑了点，以后还会越来越黑，并且黑里透红，只是千万——心别黑！你这名字，也没人能——打倒的，更没人敢——打倒，除非——你自己——打倒自己……"(P4)

一谈起卢新华，世人就会想起他的成名作《伤痕》以及由此形成的"伤痕文学"思潮。龚父由于一个名字，惨遭批斗，最后竟然还付出了生命的代价。尽管，学界都将《伤魂》定为"新时代的新伤痕"，但是何尝没有旧伤痕呢？"文革"，除了给一些革命志士以及青年一代造成了心灵的创伤，像龚父这样一位普通的知识分子，何尝不是一种心灵的创伤呢？

第二处就是龚合国为求升迁，找茅婆婆算命的情景。

"龚施主，你可是帝王命啊……你名字里不仅有龙有国，听说'龚'字还可以念成'君'，也就是'君'和'国'了……恕老朽年老体衰，不能给你施礼。"(P65)

"你的名气会越来越大，还会名扬四海呢。"(P66)

"为什么一定要将'帝王命'理解成'真命天子皇帝梦'呢？其实，共和国上上下下，哪里没有'帝王'……每个单位和部门，说得不客气点，其实都是有个'帝王'的——当然，也可以叫书记、老板或一把手什么的；便是农村，说是村村乡乡都有'土皇帝'，大约也并不为过……”（P68－69）

由于一个特殊的名字，主人公的欲望不断膨胀，最后总结了一段精辟的实在话。的确，现在凡是有权就是有钱，每个单位或部门都是一个小诸侯国，有其自己的诸侯王，在这样的政治背景下，要谈为人民服务，要为老百姓办实事，何其荒唐，何其可笑啊！

谈到《伤魂》的写作目的时，卢新华说，龚合国的人生故事发生在共和国，从某种意义上讲，龚合国也就是共和国，或者说，前者就是后者的缩影。“先乱其神，再夺其魂”的是龚合国，但同时也是共和国的真实写照。这种伤不仅伤在个体上，更伤在国体上，伤在民族之魂魄上。所以，揭示这种“时代之伤”，为的也是要引起“疗救的注意”。这是每一个身体中流着中华民族的血液的人们的责任，更是一个有良心的知识分子，尤其是以“悲天悯人”作为自己情怀的作家们的责任。为了揭示“时代之伤”，就必须用一种心理学家或精神病学家的眼光来对现实做持久的解剖和批判，而不是一味地歌功颂德，粉饰太平（卢新华《用阿Q精神揭示“时代之伤”》）。

（四）“妈妈抱抱”（权）；“美女抱抱”和“妹妹抱抱”（色）；“财富抱抱”（财）

为了请求毛主席保佑其升官，保佑其有求必应，龚合国自创一句既有内涵，又有时代气息的“妈妈抱抱”。

“我把党比作母亲……你说，要做官，得先入党吧。做了官，要再升官，当然也要党喜欢，可是母亲喜欢什么样的孩子呢？总不是那些忤逆、不听话的家伙吧。所以，我以后就用'妈妈抱抱'这四个字的'频率'和党沟通，对毛主席撒娇、发嗲……'妈'和'猫'的音很近，'妈妈抱抱'也就是'毛毛抱抱'的意思。”（P76）

随着走火入魔似地念“妈妈抱抱”，但是现实中他却没有升官，渐渐地他开始念“美女抱抱”和“财富抱抱”，对于“美女抱抱”，家有正室，单位有权莉，外面有白瓷，甚至最后还与妻子达成《龚合国家庭“内政”协议》，算是正式纳妾。

而财呢，手握家里经济大权时，主要是利用官职从传统的发包工程来捞取好处，而当因外室白瓷而被妻子夺取经济大权后，为了捞取钱财，甚至开始通过频繁的人事任命和调动来大肆索贿（同时也向上面行贿），并且还建立了神龙见首不见尾的“利益共同体”，相互掩护，相互支持。其家产数额约有800万元，小说中细描道：

保险箱里上上下下几个抽屉……第一个抽屉，里面放着的全是房产证……共六本。第二个抽屉——里面全是些珠宝首饰：鸡血石、翡翠挂件以及和田玉等。最下面一个抽屉比较大，差不多可以抵上面两三个，里面一多半地方放着美金、英镑和日元之类的外币，估计有60万人民币。角落里还端放着一尊几公斤的

金佛，以及一颗和真白菜差不多大小的“玉白菜”……（P115—116）

不能说这些全部都是贪污所得，但是其反映出来的本质就是权、色、财的盲目追求，今天这个社会物欲横流啊！卢新华在采访中总结出，时代的诟病为“大道流逝而术数文化猖獗昌盛”，多么的精辟啊！

人性沉沦，人性扭曲。经济快速发展，很多人经历过去的穷苦岁月，都穷怕了、饿怕了，一旦有机会赚钱，就会不择手段不知满足。打个比方，就像一个非常饥渴的人，拿到一瓶水，他一定会咕嘟咕嘟一口气喝下；食物也一样，饿极了，也是饿狼扑食，一副暴发户的嘴脸。你看我们现在环境的破坏、各种有毒食物的泛滥，也可以说是一年一变样，三年大变样。我们这个时代，是大道流失的时代，就传统文化来说，儒释道三家所说的天道，都已经失去了。只留下了什么？孔子学院，教教汉语而已。道家，甚至在“文化大革命”的时候被批判为没落的奴隶主阶级的思想，现在也没有进入主流社会，只是比较小众的知识分子对道家思想感兴趣。佛教呢，在庙堂里，大家求官求财，对于真正的佛教精神，并不关心。现在最盛行的，是权谋文化。（卢新华《伤痕之后又伤魂》）

而物欲横流，权谋文化盛行，仅仅是因为经济的快速发展而造成的吗？显然不是，除了经济因素，制度性因素也是一个很重要的因素。而制度性的问题其实也是个文化问题，一种地域文化催生一种地域性的制度，制度根源于文化。

（五）大地震“集体自首”

小说情节的重要转折点，也是小说情节的高潮部分就是“集体自首”大闹剧。所有官员收到一封署名省政委的信，要求自认为有问题的到指定地点如实说清问题，并将财产总额的30%当作党费，即可不再追究。这一封信，就像一颗颗鞭炮一样在官员心中炸开了锅，他们惶恐，他们害怕，他们胆战心惊，最后当他们全都聚集在指定场合时，却发现原来这是一场闹剧。尽管并非真事，但是，作为读者的我来说，我既痛心又泄愤。痛心的是如此多的问题官员，当看到那人头攒动的场面时，我好像看到了那个画面，每个人既惶恐害怕，而又稍显轻松的表情就如一幅幅画刻入了我的脑海中，我痛心，痛心为何有如此多的人。但是我又泄愤，我很开心能让这些腐败分子担惊受怕，生不如死，我在心里默默地念着“不是不报，只是时候未到”，“欠下的，终归是要还的”，“早知现在，何必当初”。

腐败，不仅仅是本小说所描写的存在，谁能说，它不是当今中国存在的重大问题之一呢？习近平总书记上台后，打下了多少个贪官污吏，但是天下贪官何其多，打下一个复一个。其实，财富，特别是经济财富，它是我们必须正视的一个问题。人类文明发展史的根源就在于对财富的认识。当人们的物质财富积累到一定程度时，若要继续发展，就必须清醒地认清财富的本质，从财富的束缚中解放出来。

三、总结思考

记得刚进湖南大学时，唐老师知道我本科专业是汉语言文学后，问我的问题之一就是："你知道伤痕文学吗？"当时，我只是迷茫地摇了摇头。之后通过唐老师的推荐，我拿到了卢新华的《伤魂》，第一次看，震惊，心痛，深思。第二次看，既痛心又开心。都说作者卢新华是一个反思现实的现实主义作家，他不仅看病而且还开药方。身为一名学生，虽然涉世未深，但是我还是深深地感受到了社会所存在的问题。在阅读《伤魂》时，我既有感悟，也有感动。

（一）中国社会的大道流逝而权谋文化盛行

作为一个学习者，作为一个教育者，我关注的主要是文化的走向，人心的历程。我们需要对现实分析、批判、思索，大道流失、术数文化猖獗、人心浮躁，对财富的贪恋和执着是我们这个时代的另外一道伤痕。为什么我们中国人内心会崇尚一种这样的文化呢？卢新华在接受采访时，这么说道：

人有五欲，财色名食睡。如果我们将龚合国的个人历史划为两段来看的话，前半段的特征可以用仇恨来概括，那个时代里，阶级斗争主导了人们的精神生活，这种理论的持续发酵，最大限度地激发了全社会的嫉妒心和仇恨心，以至于破坏了人和人之间和谐相处的关系，并使"战友"成为"冤家"。而后一个阶段，全社会的物欲横流也极大地激发了龚合国心中贪欲的种子，使其一步步走向不归路，且失魂落魄。从这一点而言，他既是一个真实地存在着的人，同时也是我们社会和时代的一个缩影。(《"伤痕文学"第一人卢新华带〈伤魂〉归来》)

（二）物欲横流的社会现状，权、钱、色字当先的恶习

读完龚合国的故事，我们似乎觉得这个故事离我们挺远，远在"文革"时期的伤痕时代，但是我也似乎感觉，它好像就发生在我身边，因为我们身边这样的例子不少啊，我们切身感受到了这个社会的浮躁，这个社会的诱惑，我们人性在沉沦，思想在僵化。对于我们来说，我们要牢记作者给我们社会开的一剂药方——"契合天道，平衡人欲"。

（三）世人皆醉我独醒

不知道大家是否看过这本小说，小说里面有一个很独特的人物——"疯子"。他本是县一中的老教师，由于对学校教学楼建造过程中的"猫腻"知之甚详，一直揪着不放，不断向上反映和举报，被设计抓入精神病医院，最后由于上报无门真的变成精神病人，成为了一个流浪的"疯子"。每当看到这个"疯子"，我都不由自

主地流泪，我不愿叫他为疯子，我觉得他是一个真正的清醒者，世人皆醉而他独醒！他有坚守，有节操，有毅力，有理想，我们在鄙视、谴责那些贪官污吏时，对独醒者更要怀有一种崇敬之情。

（四）大爱无疆

对于龚合国，我们憎之恨之，但是说句实在话，我还是在他身上看到了感动——为保家人，瞒天过海，装疯渡难，大爱无疆！也许，让我感动的不是一个小说主人公吧，而是那份对家人的爱吧！

现在有太多的人在活学活用“走为上”了。先把老婆孩子送国外，自己再随身带着两本护照，一本中国的，一本外国的。一有风吹草动，拔腿就开溜。但这样做，一是对国家不忠，二是对父母不孝，三是对孩子不爱，四是对朋友不义。你可以一个人走，也可以一家子走，但你不可能将所有你爱的人，还有亲朋好友都带走。当然，真要这样做，操作起来也很困难。（P182）

为子的，须对父母尽孝；为夫的，须对妻尽责；为父的，须精心守护自己的孩子……这都是天地间之“大义”。（P182）

从政治、社会上看，他的确危害国家与社会，但是看到日记中的以上部分内容时，我还是感动了，身为一个儿子、丈夫、父亲来说，他还算是一个比较不错的人，他爱其家人。但是，为何只是这种小爱呢？而不能爱全民、爱社会呢？我想，还是思想太狭隘了吧。贪婪，是一道伤痕，也是一种罪啊，我们必须懂得平衡人欲，懂得大爱，也要做到大爱。而我们作为一个教育者，首先自己要有大爱，其次也要教会学生心有大爱。大爱无疆！

（五）知识分子要有敢言、能言的勇气与能力，要具备知识分子的良知

记得曾经问过一个看过《伤魂》的朋友，他看完《伤魂》的最大感受是“我真佩服这个作者敢写这样的文章！”是啊！看到小说内容，我们不得不佩服卢新华作为知识分子的勇气。他不惜得罪整整一个县的官员来出版这本书，勇气、魄力值得赞赏！卢新华在记者采访中说：

1978年，我写了《伤痕》之后，其实从来没有放弃过对那个时代所产生的巨大伤痕的原因进行探索和追究。因为我知道，一个民族要避免再经受这样巨大的创伤，唯一要做的便是寻找出造成这种伤痕的内在病因或病根，才能有针对性地开出医治和预防的药方……

仇恨和贪欲永远是一切时代，一切社会藏在人们身上，掖在人们心头的两把锋利无比的屠刀，只有放下这两把既屠杀自身也屠杀别人的刀，并从执着地追求“财色名食睡”以及GDP增长上回过头来，我们才能真正得救，才能有一个健康的生活轨道，才能善始善终，才能全身而退。（《“伤痕文学”第一人卢新华带〈伤

魂〉归来》）

最后，我想借用著名学者、北京电影学院崔卫平教授的一段话来与大家共勉：

你所站立的地方
正是你的中国
你怎么样
中国便怎么样
你是什么
中国便是什么
你有光明
中国便不黑暗

讨论部分

唐松林老师： 卢新华是20世纪50年代出生的知识分子，那个时代的知识分子，与新中国的成长几乎是同样的历史过程，一生坎坷，充满磨难，在青少年时代经历过各种政治运动，许多人心灵上受过政治运动的冲击，甚至经历过贫穷、身体与心智的磨砺，他们有着年轻人的远大的梦想，有着强烈的家国情怀、忧患意识与社会责任感。卢新华写的《伤痕》《伤魂》都体现了他对祖国历史的反思、社会现实的批判，体现了他对民族前途的强烈忧虑，对人性丑恶的揭示，以及对社会问题辛辣的批判，他们那种深邃的社会洞察与反思力量，强烈的爱国情怀、社会良知与使命意识，是值得我们学习的。

丹丹的读书报告，比较深刻地描述了《伤魂》的主要内容，听了之后，我们可能感觉心情沉重，我想大家把积郁在胸中的情绪释放出来，酣畅淋漓地发泄一下，这对我们身心健康都有好处。大家可以围绕某个问题来讨论，谈一些自己的感想，如你可以思考“大道流逝而术数文化猖獗”中“大道”是指什么？“大道”何以流逝？而“术数文化”何以猖獗”？谈谈其中的原因有哪些？小说中，“世人皆醉我独醒”部分中的“知识分子”为何会成为一个疯子？为何一个知识分子会有如此生存境遇？作为一个研究生，作为一个知识分子，我们该如何面对当下的许多社会问题？又选择怎样的人生？

魏珊： 我主要是想谈谈“知识分子为何会变成一个疯子”这个问题。我觉得那个教师是被整成疯子的。其实现在我们生活中存在很多“官怕下访”的实例，有时候，官员身在别处，一听到有上级要来视察，他们马上就得回去“备战”，好吃好喝地招待他们，同时还要安抚地方百姓，就怕有人举报。腐败，其实不仅仅是行政方面的问题，各行各业都存在腐败这个问题。现在我们国家也正在抓作风建设，但是，这只是表面上的整风，抓一儆百而已，有时太激进了。官员真正需要的就是输送知识分子，如果不随波逐流，那只会活得更惨。

而要深究腐败的原因吧，我觉得一个重要的原因就是，缺乏民主、自由，如果中国再这样发展下去，情况会越来越严重，贫富差距也会越来越大。官僚作风存在问题，需要改革，但要进一步加强民主政治的建设，进一步促进人民政治生活的自由，只有这样，才能从根本上解决问题。

苏慧：我也想对知识分子会变成疯子这个问题来说说我的看法。我觉得知识分子会疯，有一个原因是知识分子活得过于正直。现在很多官员他们不仅仅是官员，他们很多都是一些老狐狸，他们形容知识分子为傻子，如果要论圆滑，知识分子可能真的是傻子吧，因为他们很多人学不会那一套套圆滑的东西。但是，社会上真正也是需要这类人的，而且他们不是傻子。最后我想引用一句诗："世人笑我太疯癫，我笑世人看不穿。"

佘君君：对于术数文化为何猖獗的原因，我认为有历史的因素，也更是人性的问题。总结下来有五个关键词：历史、阶层、控制、服从、遗忘。

所谓历史：我国经历了漫长的封建社会，封建君主制度根深蒂固，官本位的思想根深蒂固。从古至今，人们从来没有停止过对权力的追求，对"人上人"的追求，只要面子不要里子，这本小说不仅是现代知识分子的写照，透露出来的也是历史的喘息。

所谓阶层：随着物质文明的不断发展，社会分工的不断细化，人也就被划分了阶层，逐渐地不同阶级的人所掌握的信息、资本、资源都出现了不对等。

所谓控制：人本身都是具有一种批判意识，但是人会被阶层所控制，一旦人在潜意识当中认可自己的阶层，产生阶层意识之后，就会产生一种隐性的暴力。对于底层的人而言，它给人一种理由往上爬，至于用何种手段，人们都会以目的的合理性为自己辩护。对于上层的人而言，自我会膨胀，希望自身的霸权地位能得以巩固，阻挡阶层间流动。

所谓服从：人们在往上爬的过程中，如若反抗，则会受到惩罚，成为悲剧。其中的大部分只能选择逐渐顺应与服从，被社会潮流所传染，如果社会潮流是追求金钱与权力，那么人们便被这种集体意识所主宰。不幸的是，社会潮流长期以来被术数文化所主导。

所谓遗忘：如果一个人成功地从一个阶层迈入上面的阶层以后，可能会更加享受阶层所带来的好处，遗忘初衷。

所以，我觉得是阶层的出现打破了人性的平静。相反，由于这种集体意识的催眠与阶层流动所带来的目标性，一个国家能够更好地被管理。而这恰恰与知识分子的自由、平等、批判意识相悖，知识分子一直以来是需要依附这种集体才能生存的，是在夹缝中求生存。关于我们现在政府的不自由，我觉得政府无所谓好坏，任何一件事情的转变都需要过程。只是需要不断地反思，意识到问题，再经历一个过程慢慢实现理想。人在不自由后就很容易走极端，一个极端是成为暴民，另一个极端就是成为顺民，不断服从。

王晨：我想谈谈术数泛滥的原因。可从内部和外部两个方面来谈：内部来说，我觉得我们这个民族缺乏一种信仰，个人缺乏一种价值追求，缺乏一种精神上的支柱。外部来看，首先是权力和金钱的诱惑，他们受利益的熏染，追求物质享受；其次，国家缺乏一种有效的监督机制，底层人民不能碰触上级官员；最后，我觉得是一种社会的潮流与趋势的影响。

另外，关于知识分子会变成疯子，我觉得主要原因是现在的体制内部官员，他们已经结成一张密不透风的利益网了，普通老百姓也被困于此中。但是知识分子，由于有情怀，但是又缺乏发表平台，哀莫大于心死，最后他可能就会伪装，而疯子就是一种伪装，疯言疯语下表达自己的真实想法，这也是一种无奈吧！

唐松林老师：中国知识分子，在封建时代，具有一种悲剧色彩。西方的知识分子也一样，但是文艺复兴之后，西方的知识分子渐渐更像一个知识分子，他们似乎更独立、更自由、敢批判社会现实，对人类的贡献相对也更大一些。而中国的知识分子在封建社会，其地位和身份具有两个很明显的特征：一是知识分子依附于统治阶级，他们被统治阶级利用，为统治阶级服务。二是知识分子这个身份不是自己争取来的，而是别人给的。所以大部分时代他们中没什么尊严，他们的人生具有先天的悲剧性质，这导致他们人生的抑郁、坎坷甚至悲惨。他们往往呈现出如下知识分子的生活状态：一是出世。如陶渊明、竹林七贤等，这种人只关心自己，不关心社会，不关心世人。西方国家也是如此，卢梭曾经批判苏格拉底，说苏格拉底不是一个合格的公民，他只关心自己。其实，我不太认同这种说法。知识分子，只要他的修为好，具有一种内在的平静、良善与美的气质，他的这些气质就会自然流露出来，影响别人。二是以使命意识入世。这也要从修身开始，古人已经告诉了我们如何做，如《大学》中“格物、致知、诚心、正义、修身、齐家、治国、平天下”就是说的这点。三就是以随波逐流混世。小说主人公以“变频道”的方法，也就是“龚合国”的频道理论于官场中游刃有余，这种人说的好听点就是灵活，不好听的就是“变色龙”。

姚尧：卢新华的文笔还是有进步的，相比《伤痕》来说，《伤魂》进步了。但是要谈卢新华这个人，我觉得他并不是一个很成功的人，在五六十年代，复旦大学的大学毕业生，应该会很有成就的，但是他却没有。他在美国拉三轮车，做发牌员，那都是底层人民所做的，也许他就是因为现实不如意，是对自己35年的人生经历的回顾，借此小说来表达自己的不得志。而《伤痕》给他带来的荣誉是很具有偶然性质的，因为他刚好是在十一届三中全会之前来批判“文革”的。“伤痕”被外国人翻译成“受伤的一代”，这其实更贴切。

关于知识分子应该如何做？我觉得很多人都认为读书只是做官的途径，而我自己其实也是这种想法。有篇文章叫《学术自由的自我丢失》，就说了知识分子的处境差，经济待遇低，需要长时间的改善。西方崇尚的是个人主义，而中国却崇尚集体主义，集体主义就是不用承担责任，法不责众嘛。中国现在有种很奇怪的现象：文人想做官，做官的想做文人。政府官员在高校中挂个博导、硕导头衔的现象不少见！

唐松林老师：漫长的封建社会，权力高度集中，是金字塔的权力形式，权力阶层的出现必然出现奴役和被奴役的情况，并且这种不平等的社会结构已经得到不断强化与合法化。中国的知识分子在这样的制度体系里，都具有一种被豢养性质，甚至许多知识分子也丧失其知识分子的性质，失去良知与责任，自愿被奴役，对社会的进步作用其实很微小的。面对这种困境，我们知识分子该如何选择呢？我觉得很重要的还是要从个人修养着手，做好自己，强大自己，如果每一个人做好了自己，社会就有希望，这也是人身自由与幸福的条件。首先，我们要有包容、怜悯、博爱、内省之心。其次，我们要学会安静，不被世俗干扰，这样你才有独立之精神，自由之思想，自己才能变得强大有力，在力所能及的条件下影响身边的人，不走极端，不屈服，也不顺从，回归内心与自我。再次，要尽量创造自己感兴趣、自己能思考的、对自己和他人有益的东西。就像卢梭所说，我们总要给后世留下一些东西的。

陈坤：“大道”，我觉得是指中国主流的儒释道文化。而术数文化猖獗的原因，除了经济因素外，我认为更重要的是政治因素，或者说文化因素。由于主流传统文化缺失，相对应，术数文化就大肆其道。此外，还有一个时代的推波助澜的原因，社会存在很多问题，但是我们都没有来得及清理，所以现在功利主义盛行，人们滋生物质和利益的贪婪，在这种时代背景下，我们的社会是一个病态的社会，个人缺乏责任感，知识分子容易变成疯子。

唐松林老师：卢新华讲的“大道”，我认为主要是指以儒家文化为主轴的传统文化，它所蕴含的传统价值。他讲的“大道失”即“传统价值失，道德修养失”，大家耳熟能详的《大学》中的“三纲”“八目”，还有张载的“为天地立心，为生民立命，为往圣继绝学，为万世开太平”，它包含深厚的家国情怀、社会责任与使命意识，也就是儒家文化的主流价值。哈佛大学学者杜维明就曾总结说中国存在多种文化：儒家文化；鸦片战争后的悲伤、失落情怀的文化；五四之后的图自由、民主的文化；后来的包括二万五千里长征、“大跃进”、“文革”等文化。但历史的发展与时代的变迁，儒家文化的核心价值许多时候被遮蔽了，甚至有消弭的危险，而新的文化与价值体系还有待进一步完善与发展，社会主义核心价值观等新的价值体系还需要进一步融入我们的生命。卢新华也说中国孙子兵法、厚黑学盛行，现在流行的拜金主义，拜权主义成了许多人的价值观。现在，我们不能一味地引进、迷信西方文化，而应该根植于传统文化，而中国传统文化中，恰恰缺乏自由与平等的价值，这也是需要我们深刻反思的。

王祖霖：社会有问题，但我却不能条清缕析地表述出来，更遑论提出有效的对策了。在这种情况下，我宁愿背上缺乏社会责任感的罪名或骂名，保持沉默，坚守自己的原则，韬光养晦。

张小燕：对于刚刚祖霖的做法，我是这样看的：首先，这是一种随大流的做法。其实只要我们内心对得起自己即可获得幸福，这样的话，沉默有何不可。只是，身为一个知识分子，我们还是要“老吾老以及人之老，幼吾幼以及人之幼”。其次，我非常赞同唐老师说的修养问题。我们站在别人的位置来看问题也是一种修养！

陈坤：刚刚祖霖的话给了我很大的启发，我觉得权谋文化盛行还是根源于文化，而文化又归于人的问题，中国人总有一种看客心理，许多人都是一群乌合之众。我们可能还是要从传统文化中吸取营养，必须顺乎天道，建构我们的社会。

朱春水：关于“大道”，我们都觉得它是儒家文化，但是儒家文化就等于传统文化吗？儒家文化追求“学而优则仕”，孔子也是不被统治者重用才周游列国的，他的这种做法，是不是也是一种术数文化？像李白隐于终南山，也只是为了引起统治者的关注，得到他们的重用，这不就是一种手段，一种术数吗？那么传统文化等于权谋文化吗？我们共和国成立历史并不是很久，影响真的有那么大吗？问题有那么多吗？我觉得现在还是传统文化占主流，只是现在的人太急功近利了，在信息社会太浮躁了，缺乏平静，我个人更崇尚道家文化。前几年电视剧《蜗居》很火，里面的宋思明的“圈子论”（别人都这么做，我不做就会被别人孤立，会存在问题）。其实现在很多人都是在上位之后在那个圈子里迷失了自己。传统文化中的积极文化正在消弭，比如仁爱之心，孟子的五常。

史强：看了这部小说的前面几章，我最大的感受就是现在文艺作品的政策开明了很多。由于我是搞文学创造的，我们创造一般都会有一些忌讳，作品中不可碰触一些东西。关于1989—1992年的知识分子大致有四种结局：一是极少数知识分子从政痛苦，不受重用，于是下海，但是由于怀有知识分子那种悲天悯人的情怀，经商也不成功；二是里子面子都做得很好的人，这种人有的称为奸商；三是儒商；四是一种孤独者，就像小说中疯掉的知识分子一样。而“大道”，我觉得它是不能言说的，“道，可道，非常道”，像常说的规律一样，我们可以言说，但又不能靠近的那种东西可能就是“道”。

邓洁隽：我觉得“龚氏频道论”并不是一种坏的东西，它没有对错，无关正义或非正义，它是一种高情商、高智商的表现，懂得迎合他人。传统文化中，道讲究无为，佛讲究出世，而儒家文化却是与官文化有一定关联，儒家有中庸之道，这正是置身于政治环境中最为聪明的做法。将个人利益凌驾于集体利益之上，是内心对权利追求的膨胀，这是对自己缺乏克制的一种表现。主人翁为自己保官去选择读一些现世利益与价值的书，例如《厚黑学》与《孙子兵法》等，但不会去选择一些能够提高自身修养的书，倘若人人都是修读“兵书”，社会岂不是浮躁不堪。

唐松林老师：现在时间不多了，我想就大家说的谈几点感想：一是关于“大道”的内涵。“道”本身是指大自然中可捉摸又不可捉摸的东西，也有人说是规律。但卢新华讲的“大道”包含一种永恒、普世的价值体系，它是一种人类追求的美好的东西，也是作者希望人类应该保持的。二是关于术数文化猖獗的原因，比较复杂，有文化传统的惯性，有人性的自然本性，有社会结构与制度的原因。三是我们如何做？季羡林曾经说过，做人有三条底线：一是说真话，不说假话；二是在不能说真话时，就不说话；三是你不能说真话，而又必须说话，那就可以说假话，但是不能伤害别人。你可以“不撞南墙不回头”，也可以随波逐流，也可以闲云野鹤，逍遥世外。但我希望的是，大家要真实地生活，回归内心，要尽量真实地、扎实地做人做事，做力所能及的事，影响周边的人！“我”不“术数”，社会将没有“术数”！

《中国在梁庄》：一个知识分子对故乡的抚摸

廖 锐*

时间：2014 年 12 月 18 日晚上 7:00—10:00

地点：湖南大学教育科学研究院 310 教室

出版社：江苏人民出版社，2010

参与人：唐松林（湖南大学教师）、刘轶臻（华融湘江银行内控合规部门经理）、李全（湖南大学机械院学生）、佘君君、刘丹丹、王祖霖、王晨、陈坤、邓洁隽、孙燕、魏婷婷、于晓卉、廖锐（没有特殊注明者为湖南大学在读研究生）

一、书籍概况

（一）作者简介

梁鸿，女，河南省郑州市人，2003 年毕业于北京师范大学中文系，文学博士。致力于中国现当代文学文化研究、文艺思潮研究。其作品《中国在梁庄》曾获“2010 年度文学类好书”“《亚洲周刊》2010 年度非虚构类十大好书”“第七届文津图书奖”“第二届朱自清散文奖”等。

（二）内容介绍

《中国在梁庄》讲述了河南省穰县梁庄近 30 年来的变迁，作者梁鸿采用类似

* 作者简介：廖锐（1990 年出生），女，广西柳州人，湖南大学教育科学研究院 2013 级硕士研究生，从事教育学研究。

纪实的手法呈现了梁庄在中国城市化进程中所出现的问题：农村留守儿童的无望，农民养老、教育、医疗的缺失，农村自然环境的破坏，农村家庭的裂变，农民"性福"的危机，新农村建设的流于"形式"。本书中，作者借以口述实录、现场调查等方式讲述了一个个具有典型性的人和人生故事，他们的情感和所面临的问题传达出了乡村内在的生存状态。

(三)相关书评

因产业过剩而异化，并且必然走向过剩的历史进程。在列强主导的资本主义文明阶段，各色人等都不得不半推半就地"被"纳入到历史进程中，对于被西方列强秉持弱肉强食之大型猫科动物理性暴打了差不多一百年的中国人而言，我们失去了太多东西！这本书，写梁庄，只是最近三十年"被"消灭的四十万个村庄的缩影。但愿读者不仅仅感受到其中的无奈。

——经济学家、中国研究"三农"问题专家 温铁军

在优美的散文抒写中读到了令人惊诧、震惊的中国现实；在残酷、崩裂的乡村中感受来自都市和欲望的社会挤压。这是一部具有别样之美的田野调查，又是一部与众不同的纪实文本，更是一扇认识当下中国独具慧眼锐思的理论之窗。从这里，正可以触摸今日中国与文学的心脏。

——著名作家　阎连科

梁庄质疑、修正了关于农村的种种通行定见。不曾认识梁庄，我们或许就不曾认识农村，不曾认识农村，何以认识中国？

——文学评论家、《人民文学》主编　李敬泽

梁鸿的《梁庄》以乡村人和离乡者的双重视角观察着乡村现实、回顾着乡村历史、瞻望着乡村未来，娓娓的讲述中流淌出不尽的忧伤，而落叶归根的决意更加重着忧伤的分量。梁鸿既入乎其内又出乎其外的讲述，让我们反思改造乡村的理念与方式，让我们思考那些古老的乡村秩序和乡村景观是否还有恢复的可能。梁鸿文章的可贵之处，在于故事和情感的真实。梁鸿以真实的力量引起我们的共鸣，让我们也同样地顾后和瞻前，忧虑和迷茫。在心系母土的真实表述中，有着值得珍视的精神担当。在这部非虚构的文学作品里，梁鸿以女性的视角，记录了一个乡村的变迁史。在平静的讲述下，乡村中国正在惊心动魄地沦陷。

——2012 年第二届"朱自清散文奖"授奖词

二、章节赏析

梁庄的故事并不独特。在当代中国的乡村，有无数个梁庄和梁庄的故事，有无数条被污染的大江大河，有无数所被关闭的"梁庄小学"，有无数个老人和孩子

失去了健康、温暖的家园。村庄变为“废墟”，小学沦为“猪场”，亲情越来越淡漠，曾经凝聚过一个村庄的礼俗、道德也都逐渐失去，大家互不相干，只为自己而活。古老的中国文明，它的道德结构、情感方式和文化礼俗从根本上断裂，因为村庄是中国文化形态的最基本单位，它的丧失，意味着最彻底的失去。

（一）我的故乡是梁庄

回到穰县： 火车缓缓地驶向县城，让我想起了第一次去县城的场景，在纵横交错的马路上寻找大姐的单位，我开始惊慌、害怕，我不敢问路，那些悠闲的行人身上有一种陌生的东西使我不敢走上前去。尽管只是一个小县城，但它所展现给一个乡村孩子的形象却有着明确的阶层与距离，这就是我对县城的第一印象。再回穰县，亲人相聚，这些与我一样移居城里的姐姐们，老家对于她们而言也已经是“故乡”了。

迷失： 改革开放这三十年，整个乡村最显著的变化是路的改变。道路不断地拓宽，不断地增多，四通八达的公路，缩短了村庄之间、城镇之间的距离。（P6）回想起当年在县里师范上学的日子，坐车对我而言是一种奢侈，两块钱的车费几乎相当于一家六口人一个月的生活费。自行车成了回家的交通工具，尽管需要六个小时，但路上的蓝天白云、小草小花与我相伴，村庄掩映在路边的树木里，安静朴素，仿佛永恒。如今，这只能是一种回忆而已。“永恒的村庄一旦被还原到现实中，就变得千疮百孔。就像这宽阔的高速公路，它横贯于原野之中，仿佛在向世人昭示着：现代化已经到达乡村的门口。但是，对于村庄来说，它却依然遥远，甚至更加遥远。（P7）故乡的人们曾经泰然自若地行走在高速公路上，而如今高速公路上已经没有行人了，他们已经接受了足够的教育和教训。他们必须回到他们的轨道和指定的位置。飞速驶过的汽车与村庄人没有任何关系，反而更加强化了他们在现代化社会中“他者”的身份。高速公路犹如一道巨大的伤疤，在原野的阳光下散发出强烈的柏油味和金属味。吴镇早已不是从前那个没有工厂、没有企业，自给自足、以物换物的吴镇了。如今的吴镇沿着新公路形成了新的贸易中心，欧式建筑矗立在道路两旁，很现代，与原来的房屋混杂在一起，却显得有些不伦不类，这也给人以奇异的陌生感和错位感。村庄的变化让我难以适应，我无法相信这是自已曾经生活了二十几年的村庄。如今走在路上，我总是有迷失的感觉，没有归属感，没有记忆感。回到老屋，倒塌的房屋、满院子的荒草，破败的景象与道宽家的新房形成了触目惊心的对比。母亲的墓地在村庄后河坡上的公墓里，在这里一切是那么安静，有一种永恒之生命与永恒之自然的感觉。在这里让我感受到的不是悲伤，却是平静与温馨，是一种回家的感觉。回到生命的源头，因为有母亲，这里将是我自己最后的归宿。

往事： 父亲是村里的活字典，对村庄里的事了如指掌，他没当过一天官，却一直和当官的斗争，家庭所遭的罪也都因此而起。父亲每每说起历史都是从爷爷的死开始，爷爷是在养老院里饿死的，“1960 年都是贼，谁不偷饿死谁”，那一年梁庄两百多人，饿死了六七十人。而村里保管员梁光明宁可放坏了粮仓里的粮食也不让村民吃。午饭时父亲执意要在面里放一勺勺的辣椒，只因为在那个年代全靠辣椒下饭成了一种习惯，这些都是与贫穷相关的。在父亲眼里，村庄的整体面貌就是一个个生动的、相互纠结的家庭故事，是一个个鲜活的生命。而这也是将血液融入这一地方，经过漫长岁月沉淀的人才有的感觉。一个村庄就是一个生命体，一个有机的网络，每个家庭的运动看似不相关联，但却充满着张力和布局。韩姓和梁姓是梁庄的两大姓，两百多年来一直处于明争暗斗的状态，在政治、文化、经济上各占优势，而村庄的历史也被两大家所改写。父亲几乎说了七八个小时，大家都静静地听着，有一种明显的神圣感，日常生活只是一种无意识的生活，一旦有某种契机的时候，他们愿意去思考，也能够理解其中的意义，只是，生活很少给他们这样的机会。

生存镜像：20 世纪 80 年代后期至 90 年代初，梁庄人大规模地出去打工，早年主要集中在北京和西安，多在工厂里做工人、保安。村庄里的家庭有些搬到打工的城市了，完全离开了村庄；有些一家不知所踪；有些一直在外打工，家里的房子封着；有些在外地做生意，家里的房子盖好了为将来做准备；有的家庭留在村庄里，但年轻人都出去打工了，留在家的只有老年人、家庭妇女和小孩；仅有八九户一直在梁庄，从未离开，而他们在村里是最老实、最被看不起的，因而常常被大家所忽略掉。“人去楼空”是乡村日常生活的景象。村庄里的人们为挣到盖房的钱或为子女挣得学费而奔向城市去，他们知道自己不可能在城市扎根、养老，只希望在城里打工，挣一笔钱，再回到家乡盖房子、做些生意。“夫妻分离、父母与孩子分离，是一个家庭最正常的生存状态。”（P21）“村庄里的新房越来越多，一把把锁无一例外地生着锈。而村庄里的人越来越少，晃动在小路、田头、屋檐下的只是一些衰弱的老人。整个村庄被房前屋后的荒草、废墟所统治，显示着它内在的荒凉、颓败与疲惫。就内部结构而言，村庄不再是一个有机的生命体，或者，它的生命，如果它曾经有过的话，已经到了老年，正在逐渐失去生命力与活力。”（P23）

（二）蓬勃的“废墟”村庄

废墟：与父亲再次回老屋“寻宝”，回去的路上我很茫然，虚飘飘的，脚仿佛悬在半空中，怎么也不踏实。通向老屋的路几乎被杂草封住，打开老屋的门，灰尘扑簌簌地往下掉。我仔细翻捡却找不到任何东西，难道老屋已没有任何回忆的凭证？没有伴我童年的连环画册，只有夹杂着老鼠屎的灰尘。屋外的老枣树早已不像当年的果实累累，不知从何时起枣树慢慢衰老，最后连枣子也不结了。的确，我们都离开了，它那白色的小花、青色的小枣给谁看，又给谁吃？往前看，竟是一大片连绵的废墟。记忆中这里是村庄的中心，是人们茶余饭后聚会的地方。如今荒草和灌木覆盖了这一切，到处都是巨大的断墙和残破的瓦砾，地上还零落着锅盖、铁铲等。在村庄里走了一圈，至少有四处这样的大片废墟，估计有60户人家。这些废墟和公路两旁的现代建筑，是一个村庄吗？在知了不间断的噪鸣声中，我似乎有些迷惑了。记忆中的村庄与现实中的村庄，地理位置没变，但其精神的存在依据却变了。蓬勃的中国新时代，正是在这样的废墟中，建构了它的新躯体和新形象。毫无疑问，村庄的内部结构已经坍塌。一个梁姓，既是一个宗族、血缘场域，也是一个生活、文化场域。这一个大家族团结一心，不分你我。如今这早已成了历史。村庄的文化变了，以姓氏为中心的村庄，变为以经济为中心的聚集地，这也打乱了原来的依家族而居的模式。“村落结构的变化，背后是中国传统文化结构的变化。农耕文化的结构方式在逐渐消亡，取而代之的是一种混杂的状态。农业文明与工业文明在中国的乡村进行着博弈，它们力量的悬殊是显而易见的。村庄不再具有文化上的凝聚力，它只是一盘散沙，偶尔流落在一起，也会很快分开，不具有实际的文化功能。”（P32）新生的聚集地是新一代孩子成长的地方，这也将成为他们的故乡。寂寞、荒凉、矛盾、没有生命力、没有感情，这就是“故乡”的基本形态。进城打工成了当前农村青年的唯一命运，而他们却不知道他们无法扎根于城市，没有户口、没有保障，对于城市他们只是“他者”。而村庄对他们而言，也是一个遥远的、没有情感的事物，更别提归属感。新一代农民工这种双重的精神失落所产生的社会问题已经显现出来，如何弥补、改变将是一个巨大的社会课题。

平地掘三丈：改革开放、中国经济复苏的标志之一就是砖厂。梁庄砖厂旁的那根电线杆从底座到它裸露出的根部约有三丈深，而四周的土早已被全部挖走，可想而知梁庄砖厂当年挖了多少土。父亲说，这里的地原来是黑老土，而现在已经没法种了。环绕着砖厂有无数的大坑，这已成为了农村经济发展的见证。当年的砖厂在村庄人看来，是典型的老百姓遭殃，当官的牟利。所承诺的租金没有兑现，欺压老百姓，告到乡里，却每次都是吃吃喝喝、看看问问，说一堆废话，拍拍屁股走人，没有任何结果。村庄早已坑坑洼洼，疮痍满目。直到2004年，砖厂才彻底停下来。不是查得严，也不是善心大发，而是这片土地已经没啥可挖了。于是，开始挖河淘沙。砖厂、沙厂的祸害已经开始，那一年发大水，村里一片汪洋，几乎将整个村庄给淹透了，没有退的地方。所谓的调查都是走过场，没有人真正处理老百姓的事，所以村庄里的人不待见他们，走到谁前面都给他戳个脊梁。

黑色淤流：坑塘就是散落于村庄内外的水塘。儿时的坑塘给我留下了美好的回忆。一到夏天，坑塘被荷叶铺满，还有随风摇曳的荷花。还等不及莲子成熟，我和小伙伴们早已抢先享受那莲子的清香。坑塘里游泳、洗衣，鸭子在水面游来游去，鱼儿在水中游动，还有鳝鱼在泥里钻来钻去，但水并不脏，似乎这坑塘有自净功能。而如今，坑塘是一片黑色的淤流，静止的、死亡的、腐败的，没有任何的生机。坑塘上漂浮着各种垃圾，臭味刺鼻。“黑色的淤流，黑色的死亡，黑色的气味，让人莫名地害怕。而在它的周边是一座座新房。我的族人在这里打水、呼吸、吃饭，经历着人生的悲欢离合。”（P42）这就是我的村庄，我故乡的人就在这样的环境中生活。他们挣了钱、盖了房，过起了幸福的生活，然而，又是在怎样的黑色淤流之上建立起所谓的幸福生活呢？我不能指责谁，故乡的人为了这幸福不得不夫妻、父子、父母常年分离，他们所想的只是不再需要忍饥挨饿地过日子，住上好房子。

河岸：清澈见底的河水，成双的野鸭，细白平缓的沙滩，一切都充满着无以言说的微妙的美。我对美的感受、对自然的向往、对那蓝天白云的向往与渴望，是在这个河边形成的。然而，这一切突然就消失了。似乎一夜之间，绿色的河坡成了空旷的荒野，我少年混沌的眼睛却没有觉察到它们被不间断地砍伐。河水黑亮亮的，像汽油，像常年擦拭却从未洗过的抹布的颜色。整个河道散发着一种可怕的臭味，那是化工厂流出的废水在高温蒸发后所散发出的，河面上漂浮着各种白色、黑色、杂色的泡沫，这种臭味足以把人熏倒。从20世纪80年代到现在，在中国的大地上，你能找到几条没有被污染过的河流？或许在无人区里才能找到一片能够倒映蓝天的、清澈的河流。而一旦被人发现，那一片清澈的水，离它的“死亡”之日也不远了。

河的终结：路过县城北边的橡胶坝，目睹了一场生离死别。孩子因为贪玩被河流吞没了生命。在村庄里这已经是常有之事，每年都有数十起淹死人的事情发生。沿着河道行走，新栽的杨树改善了生态，而这里也被近20个沙厂所占据。也正是因为挖沙，一个个沙窝形成了无数的大漩涡，孩子几乎都是被漩涡所卷走的。平静的河流暗藏凶险，随时都可以吞噬人的生命，在河里洗澡、游泳成为了不可能的事情。采沙关乎的是经济的发展，尽管有法律规定，但仍无法确定因为采沙而淹死人。不仅是沙厂，纸厂、化肥厂都不能因为环保而停，经济还需要这些工厂的支持。县里所能做的是让孩子站在岸边。“河流，一个国家的生态命脉，一个民族未来的保障，但是，在过去十几年中，我们却把它提前终结了。我们生活在干涸、散发着臭味、充满诡异气息的河岸两旁，怀着一种绝望、暗淡和说不出的恐惧。如果这一切再不改变，大灾难要来了。或者，其实已经来了。”（P52）

(三)救救孩子

梁庄小学：这里记载着我童年的欢声笑语，当时梁庄学风很旺，很重视教育，梁庄哪家的娃不上学，老师们都到家里叫几次，那会儿高考在全国排第一，真是厉害，而如今早已不成样了。梁庄小学将近十来年没有学生了，孩子都到镇里上学了，最后乡教办公室不再派老师了，学校自然而然地散了。后来，村民把校舍承包给养猪的，不知怎么的校门口墙上的标语竟变成了“梁庄养猪，教书育人”。再后来，教育局说不雅观，猪也不让养了，学校就这么空着。梁庄小学就这么消失了。从一个民族的精神凝聚力和文化传承的角度来看，这不仅是一所小学去留的问题。随着小学的破败，一种颓废、失落与涣散也慢慢弥漫在人们的心中。很多时候它是无形的，但最终却以有形的东西向我们展示它强大的破坏力。村庄里的孩子多数在镇里寄宿读书，父母不在身边，这种教育的效果往往是不好的。上网、打游戏、逃学成了许多孩子的家常便饭，父母不在，老师不管，老人管不动，只能任由着。“读书无用论”越来越被村庄的人们所认同，孩子到了一定的年纪就外出打工似乎成了他们的唯一出路。整个社会中弥漫着一种失望与厌学的情绪，无形地影响着每一个人。

王家少年：白净、面善、话少、不上网、不打游戏是村庄里的人对王家少年的第一印象，而这个少年却强奸并杀害了82岁的刘老太。这让人吃惊、让人诧异，更是在梁庄掀起了一场轩然大波。王家少年几乎是一个人生活。他内向、沉稳，不与同龄人玩，但学习不错，是学校里的尖子生。在建昆婶所提供的判决书里我看到了王家少年的供词。“今年春上的一天晚上，我在学校上完晚自习回家睡觉，睡觉前看了黄色录像。不知道睡到啥时间，我起来跑到刘老婆儿睡的那个屋里，从东边把门弄开进到屋里，摸到一把锄头。听到刘老婆儿的呼吸声，我就用锄头砸了好几下。怕老婆儿不死，就跑到外边鸡笼边拿了一块石头，进屋照老婆儿头那个位置砸了四五下，然后把老婆儿穿的衣服全都脱掉，用手把老婆儿的脖子掐住……之后，把门按上时，我摸到门后挂的锁，又把门锁上了。”(P69)我无法想像，这么一个温文有礼、有上进心的孩子怎么会以如此残忍的手段杀害了一位古稀老人。每每提到王家少年，村庄里的老人们都异常愤怒。道德感在乡村深深地埋藏着，他们对王家少年的态度显示了乡村对原始古朴道德的尊重，因为这与他们善良的本性不相符合，与乡村的基本运行方式也不符合。而没有人提到父母的缺失、爱的缺失、寂寞的生活对王家少年的潜在影响，这些在乡村里是极其幼稚且站不住脚的。在村庄里有多少少年处于这种状态！谁能保证他们的心灵健康呢？

芝婶：堂叔家已经可以看到都市设施的影子，吊灯、立墙、电视柜颇有点欧洲风格。在这颇具现代感的房子里，所装载的仍然是小凳子、破竹椅、十九寸的旧电视，还有这一群地地道道的老农民，一切都显得有些不伦不类，与房里精致的设计一起，制造出了滑稽和错位的风格。芝婶是堂叔的妻子，堂叔的儿子、媳妇都在外打工，留下老两口在家带孩子。从芝婶的口中得知，村里几乎家家都是这样，全是留守儿童和留守老人。老人在村里不仅要带孩子，还要自己下地干活，补贴家用。“村里老两口照顾四个孙娃，热天到河里洗澡，四个娃儿全淹死了。老两口最后服毒死了。你说这社会，啥风气，到啥地步了？”（P75）现在的娃儿也学坏了，精得不得了，看动画、上网、打游戏，老人说不听，告诉父母，父母也无奈管不了，到了学校老师也拿这些孩子没办法，孩子能不学坏吗？“现在虽然出门打工致富，但是小孩教育成问题。农村的教育素质更低，年轻娃儿们都出门跑，不管自己娃们。爷奶只能管吃饱穿暖，不会教育。再好的社会都有一定的弊病。这就是一个弊病。”（P76）

五奶奶：五奶奶也是留守老人，在家带着大叔从别人家要来的女儿，光是接上下学每天六趟。说到孙儿的死五奶奶的神情变得有点儿飘忽，语气也开始低沉下去。那年大叔家的娃儿11岁，到河里游泳，被挖沙引起的漩涡淹死了。五奶奶听到孙儿游泳被淹了，疯一样地往河边跑，她的腿发软，浑身冒汗。尸体捞上来了，五奶奶抱着娃娃没命地哭，祈求上天以命换命。谁能知道她有多恐惧、多害怕？养孙子比养儿子精心多了，伶牙俐齿的儿媳妇会怎样数落她？这么多年过去了，那个伤疤仍然没有愈合。

（四）离乡青年

毅志：毅志是我的哥哥，在高中时代也曾是浪漫、纯情的文学爱好者。后来外出打工了，一直坚持写日记与信，很是诗情画意，在嫂子看来哥哥的文笔还是不错的。哥哥给我讲了读书时代追求娟子而写的情书，但最终这份初恋也不了了之了。后来哥哥弃学打工了，学过木工、卖过菜、去过北京倒过票，也因此而被收容。在收容所里被卖到了砖瓦厂里白干活，幸好逃脱砖瓦厂才得以存活到现在。在北京又混了一段时间就决定回家结婚了，于是也开始在卫校学医，从这以后日记也不再写了。一个农村文学青年的命运也就罢了。附毅志日记一则。

1994－4－17，星期日，晴

却上心头，无计。

如置身于一个真空的袋子内，与世隔绝。路上来来往往的人，都和自己素不相识。在这个城市里，我简直像一个蚂蚁，没有人关注，被随意践踏、蔑视。没有人知道你的存在，没有人知道你还有亲人，还是一个有着爱情、思念，有着悲欢离合的人！

这就是我的感受，一个离家别乡的打工者的感受。

明明有亲人，有朋友，有爱人，明明只有一天一夜的路程，却感觉是千里之遥，不仅仅是距离的遥远。今年再在北京干一年，以后无论如何再也不来这个鬼地方，过这种“非人”的生活。(P89)

菊秀：菊秀是我的同学兼好朋友，那一年我考上了师范，而菊秀复读了两年都没考上，后来家里就放弃了。菊秀梦想着当设计师，因此也学了裁缝。后来自己开了裁缝店，却没有实现自己成为真正“设计师”的梦。再后来，遇上了老三，在一起倒卖橘子，却也没赚多少钱。最后，还是选择了跟哥哥一起干，如今有橘园、麻将馆，日子倒也过得去。“开裁缝店的时候还有理想，再苦再难，都觉得能坚持下去，活得也充实，总觉得快乐。现在生活再富足，也不快乐。也有点自卑，毕竟你们还是实现了自己。我自己呢？啥也没有，日子过得也不好。”(P98)的确，生活没有给她实现理想的机会，她的理想、她的浪漫都变成了缺点，成了阻碍她更好生活的绊脚石。这或许就是菊秀必然的命运。

春梅：春梅的丈夫常年在外打工，这次一走差不多两年了。春梅想尽办法联系丈夫，丈夫却杳无音讯，再听说了王营的一个小媳妇染病自杀了，春梅更想不通了，最后服毒自杀了。对于村庄里的人而言，情感的交流、表达是难以说出的事情，在这种夫妻长时间分离的状态下，他们已经训练出一套“压抑”自我的本领。性、身体对他们而言是“小问题”，常常被忽略，这也显示出社会对农民的深层歧视。无论是政府、媒体，还是知识分子，更关注的是农民工的待遇，对“性”很少涉足，仿佛一切的问题有了钱就可以解决了。

生命之后：光河的一儿一女是在车祸中丧生的，女儿还怀着孕。因为赔偿少将肇事者告了，最后肇事者宁愿被判刑也不答应更高的赔偿，光河一家无奈接受了原来的赔偿。用赔偿的钱建了村里的房子，却落下了“拿儿女的命换来的”罪名。农村人的想法很现实，人死了，最重要的就是钱的问题。而在为钱而争执的过程中，疼痛、伤心、亲情都变为可以讨价还价的东西，一切似乎都很冰冷、无情与残酷，似乎他们把钱看得比人更重。在乡村，突然得到一大笔钱无疑遭人觊觎，而当这笔钱化成了新房，也等于全村人失去了一笔财富。在村庄人眼里，这是一种不顾人情的做法，会招致村里人的不满。对于光河，无儿无女，生活的希望何在？新房带给他巨大的压力，或是有一种说不清的负罪感。

(五)成年闰土

清立：清立在梁庄属于被欺负的对象，常年的欺压似乎让清立在一夜之间爆发，把梁兴隆一家砍了，从此村里人开始远离他。哥后来给他找了个律师，证明他是精神病人，被无罪释放了。从那以后清立刀不离身。古老的乡村故事仍在延续，即使现代之风已经吹了几十年，仍没有改变乡村内部的生存结构。法律帮助了清立逃离了刑罚的苦难，但是他的精神内部早已崩溃。

姜疙瘩：姜疙瘩当年回乡是村里的特大新闻，他身着西装，还带回了一个年轻貌美的女子，两年后添了一儿子。有了儿子似乎家更穷了，他不得不四处找工做，后来总算在借来的房子里安了家。几年前回乡，见到姜疙瘩与他老婆，当他看到我家的桌子满是灰尘，锄头生锈了，就倚老卖老地感慨这些都可惜了。临走前，我将桌子、锄头、还有其他一些零碎的东西送给了他。看着一家人远去的背影，我禁不住想笑，却有些说不出的辛酸，总想起鲁迅《故乡》中的场景。一个世纪过去了，为什么还会有同样的场景？后来姜疙瘩死了，他年轻的老婆和别人好上了，似乎那年的夏天已有了预兆，在农村老夫少妻，女性一般都是别人调戏和觊觎的对象。对于小姜疙瘩，也就不了了之了。

清道哥：清道哥当年在村庄里算是有头有脸的人物，在煤矿工厂临公路的地方建了房。而如今煤矿倒了，这里前不着村后不着店，显得有点儿荒凉。清道哥的三个养鸡场分给了三个儿子，而三个儿媳妇却因鸡场的位置而闹个不停。没有了鸡场，清道哥也没有了话语权，常常遭儿媳妇的白眼，也说不出话来。清道哥当年是村里的干部，当他谈起自己所理解的乡村政治时，几乎是以艺术的方式呈现出来，嬉笑怒骂，随意成篇。他以一种最民间的方式表达对政治、政府的看法，幽默、诙谐，又暗含着抗争，并且更有力量。

（六）被围困的乡村政治

政治：父亲一生没当过官，政治却处处找他。从"文化大革命"的批斗，"七一兵团"被斗而逃跑，逃回来了却有家不能归，四处躲藏。后来，被抓住了又是一顿毒打，差点儿连命都没有了。在父亲谈起他的政治斗争史时，所用"统购统销""二月黑风"等词语，我都不甚清楚，而父亲却自然地提起，可见当时政治对普通老百姓生活的巨大渗透。父亲为躲避被抓捕，坐在一眼望不到头的烟地里，一坐就是十几个小时，炎热的太阳直照着他，那是一种怎样的心情？像父亲这种村里的"管闲事"的人，对"政治"充满热情的人，维护着乡村道德与正义的均衡。他们扮演的通常是乡村知识分子的角色，有一些见识，对权力、对欺上压下有一种天然的不满，自觉地打抱不平，拔刀相助。

老支书：贷款、交提留款和超生罚款，是老支书最烦心的事。村里的人在外打工常年不回乡，只有村里垫着。长此以往，几乎村村都有外债。别地方为争一个村长花上几百万，而梁庄穷，没人愿意当，所谓的民主选举也是走个过场。老支书干了一辈子却没弄出个啥东西，因此常常被乡里人取笑，而自己连吃饭都艰难。党的新政策来了要抓紧落实，鼓励耕种，还有补贴，这才激起了村里人的干劲。村里的留守儿童管不住，没有几个想上学的。村里人精神涣散，死气沉沉的。几十年来，国家对乡村的政策一直在调整，加大了投入的力度和广度。从表面上看，国家与农民、干部与群众的矛盾缓和了，但是，却也遮蔽了许多本质性的问题，譬如村民自治。对于中国一个内陆小村庄而言，它们依然是陌生的、概念化的名词。因为生计是头等大事，政治、权利、民主一直离他们很遥远。在这30年里，农民非但没有成为国家的主人，反而成为民众认知中负担、黑暗、落后的代名词，是现代化的负面和现代化改革的主要阻力。

现任村支书：一派文弱书生的样子，却精明、老练和圆熟，说话非常干脆。谈及村里的工作头头是道，集体化生产道路、修路卖路，处处显示出他生意人的精明。村里的琐碎事多，宅基地纠纷、村民不服政策是家常便饭。拉项目、找补贴成了现任支书的首要工作。现在的村支书不好干，上头要他完成政治任务、经济任务，农民有怨气、有问题都找他，若非有一定的权势，这个任务是难以完成的。在村民眼里，现任村支书敢干、霸气，敢拍板，敢花钱，会走关系，但村里人对他常常是不服的，因为他花百姓的钱不心疼。对于村干部，即使花了大功夫，村民也并不领情，因为在村庄里，他们依然享有特权，并且在这特权中谋了私利，就像政府官员一样。这也是长期以来农民与村干部、政府之间的矛盾难以解决的原因所在。

县委书记：他是一个具有人文气质和知识分子情怀的学者型官员，对中国县域经济有独特的认识与思考，有励精图治的抱负。他不讲空话，从他的讲话中能感受到他想改革乡村现状的愿望与决心。他的城区改造、生态经济、村庄整治以及“四加二”工作法，不但改善了整个穰县的外在生态环境，提高了农民的参政意识，也使得农民的生活观念慢慢走向现代化。但是，现实的积弊太深，每一种想法落实到实践上，都有种种的变形，这些使得他的许多想法被架空。许多项目、设想和规划在各种力量的牵制下，都变得面目全非。谈及新农村建设所需要关注的问题时，县委书记认为在这种大转折下，农村的文化理念也发生了变化。他认为当前新农村建设要关注六个问题：第一，农村的孩子上大学无望，以及“读书无用论”思想的传播。第二，家长长期外出打工，家庭教育缺失。第三，越来越多的新的信仰危机，宗教信仰很迷茫。第四，打工者越来越不适应外边的世界，所干的仍然是最低级的活儿。第五，农村基础设施越来越差。第六，基层干部的素质问题。（P166）

（七）“新道德”之忧

明太爷：他早年当兵，回乡时整洁、气派，曾经跑过一段时间的运输，后来因为老婆信主，不管家，他只好留在家里看孩子了。如今，他在镇上开了个修车铺。谈及他的妻子灵兰，他又爱又恨，正是因为妻子信主不管家，活生生将一个完整的家弄散了。无论家里多忙，灵兰总是因为教主而放弃家庭生活，久而久之，埋下了祸根，之后婚姻也结束了。为了灵兰信主的事，明太爷吃了不少苦头，跑到灵兰娘家求助，她爹却说，信主是好事，共产党支持，气得明太爷说不出话。家里的娃劝母亲，但最终以失败告终，家庭自此破裂了。如今明太爷一个人生活，以吃馍、喝水填饱肚子。而对于党员捐款，明太爷很是积极。“汶川地震时，我正去电话局交话费，我拿50块钱，只交了30块，直接把20块捐了出去。后来党员让捐款，我又捐了50块。还打电话给闺女，让她也捐，不要让单位追着要。这是道德问题。听说灾区也有抢，假装救灾车，进去抢东西。这是社会造成的，不是人坏。都是受社会影响，你看现在的娃们，多坏，不打杀一片，社会还不知往哪儿坏呢。”（P181）

灵兰：在农村，信主的弟兄少，姊妹多，老年人多。在堂长看来，信教是辅助国家的。多一个信徒，就多一个好公民。堂长一直试图将信教与爱国、与政治联系在一起，以表明与政府的一致性。在灵兰这位大嫂的眼里，明太爷家的儿子、女儿今天的幸福生活全是因为她信主的好结果。在村庄里，人们对信主的人有一种普遍的轻视，她们的行为、语言及方式常常被作为一种笑料谈起。从文化层次上看，乡村，尤其是北方乡村，高雅的、超出世俗的文化生活是被排斥的，或者说，不属于这一文化共同体的异质文化被另眼相待，多少有点儿“神经病”“不正常”“怪异”的味道。要强的明太爷绝不允许自己的老婆成为村里被取笑的对象，而阻止灵兰去信主，这里面带着明太爷一种强烈的羞耻感。“一个村庄，也是一个有生命的整体和有机的网络，身在其中的每个村民都会为自己定位，考虑是什么样的角色、有什么样的形象等。在这其中，每个人都自觉地扮演着某一角色，这一角色是他自我价值和自我形象的确立，一旦这个形象被破坏，他就会失去基本的心理平衡。”（P187）对于信教，它只是村里人为生活的压抑和精神的贫乏所寻找的避难所。中国的乡村文化仍然是一种务实文化，踏实的生活是第一要义。个人精神需求、夫妻情爱往往以一种扭曲的方式，嘲笑、戏谑、回避是通常的相处方式，很少从容、正面、严肃地去述说或交流。这种压抑、扭曲精神空间的现象不但存在于家庭内部、夫妻父子之间，也是邻里交往的基本模式，造成了许多问题。

赵嫂：赵嫂在家帮儿子带孩子，儿子儿媳在外打工，但不会给赵嫂一点钱。在年轻人的眼里，老人帮他们带孩子，他们的地老人种着，这等于是交换。他们不管你累不累，想着你种他的地也算给你报酬了，也不管种地到底能不能赚到钱。在赵嫂看来，他们这辈人不容易，才刚把他们拉扯出来，又得照顾他们的娃儿，到死都不得安生。李村老两口，四个儿子，两个女儿，没有一个养活爹妈。还为此翻出各种理由，但最终还是不愿意照顾爹妈。农村留守老人的状况和城市的老人问题完全不一样。城市是孤独问题，而乡村的老人却是金钱问题。“随着家族制度的衰落、公共道德监督力的衰退、国家的法律与赡养习俗之间的矛盾，都使得儿子，尤其是儿媳妇不把父母放在眼里。社会学家阎云翔把这一现象称之为‘父母身份与孝道的世俗化’，传统的文化机制遭到破坏，孝道观念失去了文化与社会基础。儿子、儿媳根据市场经济的新道德观来对待父母，两代人之间的关系更多的是一种理性的交换关系，双方必须相互对等地给予。这在这一代的农村父母是绝对没有办法做到的。”(P211)而这些老人口中虽然是抱怨，在其背后仍掩藏着爱与包容，对儿女在外的艰难生活，对身边这一个个让他们老年还不得安生的孙子，仍然有一种非常细腻的感情。

(八)何处是故乡

国家一直在为改变农村而努力，越来越多的政策关注农村、关心农村，譬如义务教育、免税、补贴等。而其中的危机与黑洞也更清晰地显露出来。农民拼命打工挣钱，希望孩子能接受好的教育，但孩子往往不想上学，更早地走进了打工的队伍，这似乎成了农村的一种常态。闪婚、闪离成了农村青年的婚姻状态，常年的分离，对他们而言没有感情，更多的是为了传宗接代。中国的农民永远是最容易满足的，给一点儿好处他们就念念不忘。乡土中国不仅是地理意义上的农村，而且是整个中国社会文化的基本特性。就中国目前的现实而言，政治的、文化的农民仍然被看作是社会的累赘，是一个不得不正视的巨大包袱，而没有把他们作为主体。这样乡土问题是解决不了的。

“我少年的伙伴，那一个个少女，清丽、冬香、多子，都到哪儿去了？她们的生活如何？她们是不是也和春梅一样，在家里苦苦撑着，等着那一年中仅有的幸福的几天，然后又夫妻分离？王家的一个女孩儿，自十几岁出去之后，将近二十年了，就没与家里联系过。她是活着，还是早已葬身于城市的哪一个黑暗角落？”(P222)乡村的痛、乡村的悲，总是同时包含着温暖与坚韧，因此，也还隐约闪现着那永恒存在的希望。就像赵嫂和她的儿女们，无论怎样的痛苦、抱怨、争吵，背后还有亲情和谅解。

身在城市的打工者，却永远是异乡人。在所谓现代社会中，农民在乡土社会里所形成的思维习惯、语言方式和生活模式完全失效，由“陌生人所组成的现代社会是无法用乡土社会的习俗来应付的”。散落在城市各个角落的农民工，他们衣衫破旧、神情怪异、动作拘谨，显得非常愚笨，就好像鱼儿离开了水，半死不活。谁能想到，在乡村，在他们的家，会是怎样的如鱼得水，生动自然呢？

就梁庄而言，整体上以宗族、血缘为中心的村庄正在逐渐淡化、消亡，取而代之的是以经济为中心的聚集地。虽然，作为村庄中的大姓氏，仍然会有安全感和主人翁感，但这种感觉已经被削弱到可以忽略不计的地步。“村庄，在某种意义上，是一个民族的子宫。它的温暖，它的营养的多少，它的整体技能的健康，决定着一个孩子将来身体的健康度、情感的丰富度与智慧的高度。”（P225）改革一直在继续，村庄一直在变化，未来如何我们不得而知。其实，乡村并不纯然是被改造的。或者，有许多东西可以保持，因为从中我们看到一个民族的深层情感，爱、善、纯厚、朴素、亲情等，失去它们，将会失去很多很多。也许正是这顽固的乡村与农民根性的存在，民族的自信、民族独特的生命方式和情感方式能够多少得以保留。“现代化是一个古典意义的悲剧，它带来的每一个利益都要求人类付出对他们仍有价值的其他东西作为代价。”（P239）

不管怎么说，乡村之所以总是能让人产生某种古老、深远的乡愁似的情感，是因为它的原野、山川、河流的天然联系。它把人类的目光拉向广阔、丰富的自然界，拉向无限延伸的天空，让人情不自禁地思考自己灵魂的来源与归宿。“过去，故乡是回忆；如今，故乡是籍贯。过去，故乡是出生的老屋；如今，故乡是埋骨之所。过去，故乡是生存的土地；如今，故乡是精神寄托。”（封面3）

三、随感：我们能否理解“故乡”？

我生于农村、长于农村，那一年的稻花香、那一年的落英缤纷早已成了儿时最美的记忆。如今，故乡也只剩回忆了。不知何时，站在屋顶再也不能看到风吹麦浪，视线中只有冷冷的高楼。住楼房是农村人一辈子最幸福的事，而空空的楼房中只留下老弱病残，仅在春节的那几天恢复原有的温馨。经济飞速地发展，农村人早已被远远地甩在身后。孤身一人到城里打工，最累、最脏、最苦的事似乎成了农村人的“专享”。公交车上的嫌弃、商场里的鄙视，让人心酸，而又不得不忍受。历史似乎规定了他们的生存之路，他们以为这就是全部。他们忍受，并努力从中寻找幸福的感觉。

《中国在梁庄》一书，从梁庄的家族与人口构成，历史与环境，政治改革，孩子、青年、成年的生活状态，信仰、“新道德”“新生活”等，向我们展示了梁庄的全貌及人们的生活状态，尤其是一些人物的命运与遭际，让我们形象地看到了当前中国农村的凋敝、破败，以及精神上的涣散与结构上的解体。的确，经济得到了发展，但同时我们也付出了一些惨痛的代价，不仅是“砖厂平地掘三丈”“坑塘变成黑色的巨大淤流”等环境问题，也不只是教育、医疗、养老等社会问题，而是整个村庄失去了魂魄与凝聚力，人们为追逐金钱而四处奔忙，人去楼空，村庄成为了“蓬勃的废墟”。从梁庄似乎让我们看到了中国在大时代发生的巨大变化，古老的乡村模式、村落文化、生存方式的确在发生着巨大的变化，在这个意义上，乡土中国在逐渐终结。

不论是老人赡养问题，还是子女教育问题，村庄只是一个典型的代表，而这种现象已经逐步向城市袭来，或许某一天城市会比乡村更为严重。譬如赡养老人是我们的责任，也是我们的义务。而在新经济时代，似乎这一切都变了。父母给予金钱、房屋以换来儿女对他们老年时候的照顾，这种交换似乎成了社会的一种主流。不仅在农村是这样，城市也是如此。在中国文化的深层，有一种本质性的匮乏，即个人人性的丧失。由于秩序、经济和道德的压力，每个人都处于一种高度压抑之中，不能理直气壮地表达自己的情感、需求和个人愿望。每个人都试图在这种扭曲中牺牲自己，成全家人，并且依靠这种牺牲生成一种深刻的情感。一旦这种牺牲不彻底，或中途改变，冲突与裂痕就会产生。在日常生活状态中，家庭成员彼此之间沉默、孤独，好似处于一种愚昧的原始状态。但是，这并不意味着他们对这种痛苦没有体会，只是，每个人都被看不见的绳索捆绑着，无法诉说。一旦矛盾爆发，往往极具伤害性。

现代化的中国，既不是黄河边的，也不是悬崖上的，它是历经五千年古老文明的熏陶、两千多年封建制度的沿革，以及一百多年步履维艰走向共和国逐步形成的，真正意义上和真实的中国，从来不应以北京、上海、广州、深圳，以及那些拔地而起的现代化大中小城市为唯一的衡量坐标，而应以最广大、最广袤的农村，占中国总人口70%以上的农民、逐渐城镇化的乡村，以及超过2.5亿农民工或新工人阶层的现实状态和命运归宿为观察切入不可取代的视角，他们才是具有雄辩说服力的样本。

梁庄为我们揭示了一个朴素的真理：从村庄的变迁我们可以看到一个民族的深层情感，爱、善、纯厚、朴素、亲情等，失去它们，我们将失去很多很多。在我们所生活的今天，有些东西也正在慢慢离我们远去，而我们却从未察觉，不知是我们从未拥有过，抑或是被世俗之物蒙住了双眼。梁庄只是中国的一个缩影，它在呼唤着我们思考一些东西，而这些东西现在挽回或许为时不晚。有些故事不仅是在梁庄发生，在中国的其他地方，譬如城市，也正在侵蚀着人们的道德与良知，侵蚀着社会的核心骨。正如作者所言，“梁庄是我的家乡，也是你的家乡，是我的乡愁，也是你的乡愁，是每个中国人化不开的心结”。

或许有些人生活在城市，远离农村，无法理解农村的过去与现在，更无法预知农村的未来。《中国在梁庄》正是以一种故事的形式将过去的农村、现实的农村展示在大家眼前。它不在于批判，而是在提醒人们，农村过去存在，现在也是存在的。或许过去从未认识到它的存在，但是现在需要我们正视农村问题，因为它始终是我们国家的一个组成部分，有些问题是不能忽视的，是需要人们在温饱之后仍旧要关注的。当大批农民工进城时，生于城市、长于城市的人们应该怎样去对待农民工、对待他们的孩子，都是值得大家去思考的。在未来的教育中，仍会有孩子来自农村，说着农村话、穿着破烂，但是他们的内心渴望读书、渴望平等，这也是我们即将成为未来教师需要面对的。农村其实离我们并不遥远。

这是一部接着地气、唤醒良知的书。感谢梁鸿，感谢《中国在梁庄》！

附：

图 1 梁庄　梁庄也许不被所知，因为它是中国无数相似的村庄之一，并无特殊之处。但是，从梁庄出发，你却可以清晰地看到中国的形象。

图 2 梁庄的老支书　坐在他的房间里。当年这个房间是梁庄的权力中心，每天人来人往，热闹异常。在我们这些孩子眼里，那里面闪闪发光，充满着神秘的权威。如今，房间的整个陈设和物品还完全停滞在 20 世纪 70 年代，陈旧、破碎、颓败，和高速发展的外部世界形成巨大

的错位。

图 3 梁庄小学　当初梁庄小学最兴旺时，全村村民都有一股子精神头儿，在地里干活心里也有劲，上学钟声一响，村民的一种敬仰、尊重之心油然而生。最让人担心的不是小学本身的消亡，而是这个村庄文化氛围的消失，一种向上的精神的消失。也许村庄的真正破败并不在那些内部的废墟，学校的破败、荒凉才让人感觉到了村庄的真正腐朽与行将消散。

图 4 梁庄教堂　农村的大部分教民，对自己所信的宗教并不完全理解，但他们在其中找到了一种尊严和平等，找到一种拯救别人的动力和自我的精神支撑，这是他们在生活中从来没有得到过的。在中国，尤其是北方乡村的信教，并非对信仰有多少了解。许多时候，它只是她们为生活的压抑和精神的贫乏所寻找的避难所。这也是乡村里女教民的比例高于男教民的原因。在村庄里生活，他们并不敢公开表达，更不敢舒展自己的感受，因为他们往往被看作一群闲得没事儿干的人，脑子出了问题，或者，干脆就是一群傻瓜。

讨论部分

唐松林老师：村庄对我而言是一种回忆，每次回忆中都带有一种伤感，儿时的村庄或许回不去了。根据这本书，我有如下感受：第一，农村的生态环境问题。如今，村庄的环境变了，环境不再像我生活的那个年代那样好，到处都是绿水青山，现在村庄的生态环境随着农药与化肥的普遍使用，已经被破坏了，污染越来越严重了。正像《中国在梁庄》里所说的，过去村庄的水塘，有妇女在洗衣，孩子在玩耍，鸭子在上面游来游去，现在的水质越来越差了，根本已经不可能饮用，甚至不能洗衣服、游泳了。第二，是家庭关系的问题。夫妻两地分居的问题，过去在城市比较普遍，现在可能成了农村的普遍问题。现在农村夫妻双方一起出去打工，但是夫妻双方工作的地方不一样，见面沟通的时间少，家庭关系存在隐忧。不然就是夫妻一方外出打工，一方留在家里种田种地，一年就是过年的那几天见面。这样环境下的夫妻关系往往会存在一些问题，情感得不到交流、情绪得不到发泄，久而久之就会发生冲突甚至离婚。所以在农村，年轻人许多是闪婚、闪离的状态。第三，留守儿童问题。在村庄里，孩子的父母都外出打工挣钱了，孩子的教育主要是由爷爷奶奶负责，如今隔代教育问题越来越明显。这对于一个家庭来说，有许多生存的无奈，父母在外打工不易，只能把小孩留在老家跟爷爷奶奶，爷爷奶奶的观念跟不上时代，对孩子都是以宠爱为主，隔代教育的问题越来越多显现出来了。第四，现在农村的凝聚力问题。在农业社会的传统村落之中，教育是无形的，家族中的各种形式的教育无处不在，让人在潜移默化中接受到家族与宗族的教育，村庄在社会中也处于一种较高的地位。现在的农村，这些文化的东西都消散了，凝聚力越来越差。第五，最后一个就是人的问题。目前农村年轻人、接受过义务教育、有点知识的青壮年都出去了，留下的是老弱病残者，这是农村政治、文化与社会不振的重要原因。例如我们那儿（湖南澧县）农村人去世后还是盛行土葬，一些村子里是用八个人抬棺材，有些是用十六个人。现在老人家过世了，找八个抬棺材的人都难了，需要找两个村才能凑齐。留在村里的全是老弱病残，年轻人都外出打工了，哪里还找得到人去抬棺材啊。在此，我提出这些问题供大家思考。我说得太多了，你们也谈一下，理想中的农村应该是什么样子的？现代社会中，农村面对现代性的危机，具有哪些冲突？主要表现在哪些方面？作为研究生，你有什么好的建议去改变或改善农村的文化与社会现状？

李全：印象中的农村是绿的。我家也是农村的，小时候房前屋后都是树，水是清澈的，环境很好。现在，回家都看不到这些了，树被砍了，水也变脏了。我认为要改变村庄的现状，需要将人留住。村里的人外出打工是因为在农村得不到好生活，因而要出去讨生活。在农村收入低，而出去打工，怎么也能挣个五六千，所以农村人都往外跑。国家建设新农村，首先应该帮助农民找出路，需要“科学治农”，凝聚于农村，其最关键是在于留住人。有了人一切都可以解决了，农村的问题也会得到解决，农村的状态也会慢慢好起来。

唐松林老师：过去的农民在农村里是因为在土地上可以找到生活。1996 年的时候，农民的收入低，但各种税费却很多。后来，国家对农民减免了各种税费，当时每个农民算起来也就是减免了一百多块钱，这看起来不多，但对经济比较贫困的农民来说，就是一个大数字啊。现在，国家不仅免去了各种税费，对农民还进行补贴，但是农民的收入还是上不去。其主要原因，在于中国的农村是人多地少，不同于国外的农村，国外的农村是地多人少，由一家人经营一个农场，即使农产品价格再低，农场主的收入也是比较高的。中国现在进行城镇化建设，不断将农民迁移到城市，而他们的出路在哪里，完全由市场调节是难以解决他们的经济问题的。近年来，政府正在想办法，如加大社会保障体系改革，医保、养老保险与义务教育阶段免学杂费等，我相信农民的生活会变得越来越好。

于晓卉：首先，我想谈一下农村教育的问题，对于村小并校，我认为是一件好事。村小合并之后，孩子们都到镇里上小学了，在今后被问及是哪个学校毕业时就不再被歧视了，这对于孩子来说减轻了心理负担，能平等地与同学交流，也是促使孩子心理健康成长的一种方式。从师资力量上看，过去村小的教师普遍水平不高，许多村小的教师都是浑水摸鱼的，不能教给孩子什么东西。村小并校之后有效地解决了师资问题，同时教师的素质、知识、技能都有所提高了，也使得孩子能够接受更好的教育。而且传统的教学方式过于陈旧，具有明显的不合理。现在，教师水平提高了，能有效改变教学方法，使农村的孩子也能够接受好的教育。对于村庄文化空洞的问题，我认为这是社会发展的必然结果。要想改变村庄的现状，我认为有两条路：一是农村的彻底消失；二是农村变为世外桃源。但这两条出路似乎又互相矛盾。最后，我谈谈理想中的村庄。就我所在的农村而言，我感受到的是集体劳动多了。在过去，农村是各扫门前雪，如今村里人修起了路，还会组织大家一起扫雪清路。农村的基础设施越来越好了。村里修了公用的娱乐场所以及健身设备，每到晚上，老人家都会聚集在一起，跳广场舞等，丰富了农村人的业余生活。其实，不论是社会发展，还是农村改变都需要发展的时间，到了一定的时间，一切都会变好的。

孙燕：小时候，我是跟父母在外打工的，只有过年的时候才回到村里。在我印象中，村里的人是善良的、淳朴的、真诚的。记得每次过完年回城里，村里人都是很留念、舍不得，会把各种好吃的给我们带回城里。儿时的小伙伴很团结，大家一块玩，一块学习，而现在都已经成了陌生人，人情味已经越来越淡了。乡亲邻居都相互嫉妒越来越好的村民，对于我们家姐妹的读书，村里人总是笑话母亲让我们读书。村庄精神的沦陷，是社会地位、贫富差距、经济问题等多种因素造成的，当这些差距越来越大的时候，村庄的精神、凝聚力就会因此而被破坏。对于留守儿童，尽管父母在外打工，孩子由祖辈们照顾，但仍然非常重视孩子的教育问题。但他们的重视不是在于孩子能力的培养、素质的提高，而是在于孩子考高分然后上个好大学，走出农村。家长们的教育观念依然陈旧，但他们的初衷是好的，希望孩子能抓住读书的机会，使自己今后不那么累，那么苦，能过上比他们更好的生活。对于农村现在所出现的种种问题，我认为原因在于贫富差距太大，需要把经济拉上来。国家、政府应该对农村进行扶持，结合农村的特色，帮助农村发展具有特色的经济，保证经济发展的可持续性。同时，需要关注农村的精神生活，采用一些文化传播手段，改变农村人对待生活的态度，改变农村人的精神面貌。

王晨：和谐、美好的农村应该是这样的：首先，经济应当健康发展，不能过度依赖城市经济，但也不能完全自给自足；其次，民俗文化是鲜活的，生机勃勃的；最后，人际关系是团结、热情、悠闲的。但是现在农村却面临这样一些冲突：一是经济发展与环境破坏的矛盾；二是现代文化与传统民俗的矛盾；三是人情冷暖等人际关系的矛盾。

刘轶臻：在我看来，小孩代表的是农村的希望，青年则代表农村的主体，而老年人代表的是一种农村文化的传承。村庄失去了灵魂，中国的灵魂去哪了？记忆中儿时的农村是青山绿水的，如今，村里的学校关闭了，老师流失，农民大量外出打工，但是农民的收入依旧很低。原来的农村是祥和的，虽然贫穷但是有幸福感、有快乐，如今农村让我有种紧张的感觉，尤其是农村道德根基变得越来越脆弱。“少有所教，老有所养”，农村应坚守、坚持住原本的道德。现在的社会阶层缺乏流动，我认为每个人应该有流水的精神、有奔向大海的精神，作为农村人，立足于城市十分不易。我之所以用心、努力去读书，有一个原因就是要证明“读书无用论”是错误的，用我的实际行动来改变周围人的看法。农村是文化的载体，中国内在文化已经逐渐失去，我们需要寻找灵魂，找中国文化的本原和根，城市让人没有归属感，人要学会找到回家的路，农村也是如此。如今，城市发展将我们的历史割裂，“小国民”的心态，国人的文化程度、素质都是亟须提高的，这样不论是农村还是国家的发展都会越来越好。

王祖霖：正如书中所述，我国的农村建设及发展过程中出现了不少的问题，我认为建设新农村可以从 20 世纪二三十年代梁漱溟、晏阳初他们所开展的乡村建设运动中寻求经验。第一，生态建设。在那个时候，生态没有遭到破坏或破坏不大，我想他们在生态建设上是不需要花很大的精力的。在解放后，特别是改革开放后的经济发展过程中，乡村地区的生态遭到了严重破坏，现在需要做的是在保护的基础上不断恢复，直到山清水秀的面貌重现。第二，经济建设。改革开放之后，不少农村地区的青壮年都外出务工，“386199”（妇女、儿童及老人）部队留守农村，正如之前的那位同学所讲，乡村地区的发展，文化的繁荣需要靠乡民自身，要留住乡民。因此要想办法让他们就近就业，虽然现在不少地区有乡镇企业，但远远不能解决乡村剩余劳动力的就业问题，可以鼓励一些劳动密集型的第二产业发展向乡镇转移，并发展适宜的第三产业，譬如说可以发展农村生态旅游等，为他们提供致富的路子，鼓励他们留在家乡，建设家乡，服务家乡。第三，文化教育。所谓的文化教育，不仅仅是指学校教育，还包括乡村地区儿童、青年、中年、老年的教育，是一种乡土文化教育，恢复并发扬农村地区优良的传统的风俗，让他们在农村找到归属感，幸福感。第四，卫生教育。进行卫生教育，一方面是在乡村地区推广一种健康的、科学的生活方式、改变不合理、不健康的生活习惯。二是为乡村提供一些医疗及体育娱乐项目，为农村民众的身心健康发展提供必要的指导。

侯兰花老师：现在我们国家开始在寻找中国文化的根，学校里边开始开设一些传统文化的课程，试图通过这种途径寻回文化之根。这种措施不仅是在城市，也逐步拓展到农村当中，但是重建农村的文化还是存在一定的困难的。那天在新闻联播看到关于印度的一些消息，现在的印度发展很快，用他们自己的话说就是“印度生产”，印度的经济不断在发展，我认为主要原因有以下几点。印度被殖民之后，受到的是一种西方文化教育，在思想上更为接近发达国家，无论是从语言，还是从文化上看，更加有利于其交流、沟通。再者，尽管被统治多年，但是印度仍有自己的文化，宗教文化在印度的影响很深刻，几乎每个人都有宗教信仰，这在一定程度上说就是一种传统民族文化的保存。在外来文化入侵的同时，印度仍能以自己的方式保护好传统文化，这是值得我们去学习的地方。

刘丹丹：我不是特别认同本书作者的一些观点，我觉得作者稍微有点偏激，或许是因为生活的地方不同，看到的农村变化不同，在我生活的农村并没有像作者所说的那么严重的问题，但有些地方还是很相似的。我总结了五个字形容一下我理想中的农村。

第一个是“净”。干净的生存环境是必需的，每个人都需要在干净的自然环境中生活，这也是确保农村人身体健康的关键。

第二个是“近”。人们需要是亲近的，人与人之间的关系、距离应该是很亲近的，没有陌生感的。

第三个是“敬”。我们需要尊重传统文化，对农村而言，乡村文化、传统道德是必需的。而现在村落的历史、文化都逐渐被忘却，这是我们需要弥补的。

第四个是“经”。一个农村要发展，首先就是要经济发展，需要多元化地发展经济，传统的农耕经济已经无法适应现代社会的发展了，因此需要帮助农村找到适合自身的、具有自身特色的发展路子，让农村经济得到发展，这样农村才会越来越好。

第五个是“镜”。这是要求农村的政务、政治公开、透明、公正。尽管现在农村得到了一定的发展，但是在政治上仍是处于一种混沌的状态，村民都不懂国家的政策、村里的政务，有些地方做得不透明，容易引发老百姓的猜忌，这是需要改进的。

魏婷婷：说起农村，我也曾在那里留下些许的成长足迹，但是从心底说来，我却无法爱上那里，也许只是在那里短暂的停留，那里并不是我的天地，可能最深刻便是对中国农村积贫积弱的同情与感伤。其实，农村与农村之间也是存在很大的差别的。我想说两种农村的场景：一是童年留下些许足迹的小镇，那里也曾有着厚重的乡土文化、人与人之间很温暖，没多少积蓄但生活得很幸福，小镇就是人们生活的乐土。但是时代的变迁中，不知为何，也许是人们太过忙碌、也许是城市文明的冲击，早已将农村的乡土气息、传统文化打破，表面看起来，生活好似富裕了，生活水平提高了，人们的吃、用可以与城市相媲美，小别墅拔地而起、基础设施越来越完善，中老年健身设备、广场舞大妈们随处可见，但是心灵其实是空虚了，我似乎已看不到乡民的朴素传统，在物质条件极大地改善的情况下，他们抛弃了属于自己的文化精髓，失去了本真去迎合城市。但是当真正走进城市的时候，城市人依旧在排斥他们，他们依旧融入不了，终其还是农村人。他们的精神到底应皈依于何处？二是虽然我对农村没有深厚的感情，但是我爱那里的人，爱听那里的故事。记得有一次，我想去体验生活，于是参加了一个贫困村的调研。本来是满怀期待，但是当我真正走近时，听完他们的故事时，心里非常难过。那种贫穷让我畏惧，但是他们似乎已经适应了这种生活。他们觉得，作为一个农村人，这样的生活就属于他们，“我们不过谁来过”？在同情之时，我似乎看到了农民本身的一种自卑、一种“农民式的愚昧”。也许是贫穷，让他们对于自己的生活模式变得麻木，对外界没有太多的想法，似乎人生中已无梦想，就这样过吧。他们总是觉得自己无法改变什么，于是将一切的希望都寄托在孩子的身上，于是又不得不谈及农村教育的问题。其实，在农村，人们很重视孩子的教育问题，虽然那里的教育质量非常差，但人们还是没有放弃。当孩子到了高中、大学阶段，他们就是砸锅卖铁也要让孩子上学，这就像是他们人生的一场赌注，只要孩子的命运改变了，整个家也会随之改变。但是，往往教育无法给予他们对等的回报。由于基础教育质量差的原因，大多数农村孩子的竞争力十分有限，大多数只能上二类或三类本科，学费高，最终工作也没保障，家庭为孩子耗尽了一切，“因教致贫”并不少见，而孩子的人生与命运依旧无法达到他们所期待的那样，这是一种情况。如下的情况也不少见，大西北的孩子似乎人生总是这样一个轮回：放羊、娶媳妇、生娃、再放羊、再娶媳妇……祖祖辈辈如此反复，如此，积贫积弱如何改变？

邓洁隽：《中国在梁庄》给我的启示是，理想的村庄没办法去言及，因为在我看来，乡村最原始最本真的面貌就是她最美的存在。具体措施更是一个在城市久久逗留的我无法提及的，只能呼吁我们现代人不能忘记情感，忘记历史，做到返本、开新、修己、达人即可。

唐松林老师：在早年，晏阳初、梁漱溟等教育家有一种强烈的使命意识与社会责任感，都从教育的角度对乡村进行了社会改革。如晏阳初认为，农村的问题症结在于“愚、贫、弱、私”四大病。一直到现在，愚昧、贫穷、弱小、自私或许在农村中仍然存在。甚至出现了一些新的问题，如我前面提到的人际关系问题、乡村的生态问题、农村的文化凝聚力等问题，这都是值得我们去关注的。

农村的治理需要整体筹划，概括起来主要有以下四个方面是需要关注的：农民的多样性致富方式与特色经济的开发与激励，生态环境的保护与恢复，民俗文化的恢复与传承，学习型社区的建构与形成。这些问题解决好了，农村的经济、政治与文化必然走向繁荣。

从社会发展来看，农村发展会以一种新的城镇模式取代村落模式，这是必然的，将村落取而代之的是小城镇。那么农村消失之后会是怎样的农村呢？现在的国家战略与发展趋势是以镇为单位的一种组织形态，它使文化得以保存、保留与传承。同时它有利于农村的自治，把农村发展与学习型社会相联系，我们要对国家、对农村充满希望，国家正在建立和完善社会保障体系。但最关键的是，农民个体内在素质需要提高，每个人需要做好自我，需要每一个人回归自己的内心，决不能以剥夺别人的权利来换取自己的利益，在做好自己的基础上，去影响身边的人，所以，从个体出发到组织发展，才能把工作做实，最终形成政治昌明、透明、民主与繁荣的农村社会。

《教师成为课程研究者——经验叙事》：故事的魅力

朱春水*

时间：2014 年 1 月 7 日

地点：湖南大学教育科学研究院

出版社：浙江教育出版社，2004

参与人：唐松林（湖南大学教师）、张小燕、张燕玲、向芳彬、张婷、邓杰、刘丹丹、王祖霖、王晨、陈坤、朱春水（以上没有特别注明者为湖南大学研究生）

主讲部分：

（加）F. 迈克尔·康纳利，D. 琼·克兰迪宁　著

刘良华，邝红军等译

浙江教育出版社，2004

* 作者简介：朱春水，女，籍贯河南省，湖南大学 2012 级教育科学研究研究生，主要从事教育学研究。

在《教师成为课程研究者》(*Teacher as Curriculum Planners*)这本书里，迈克尔·康纳利(F. Michael Connely)和琼·克兰迪宁(D. Jean Clandinin)提出了一种叙事的方法。这种叙事建立在以下假设之上：经验是教育的首要因素。这个假设在技术性教学方法占支配地位的年代是毫无优势可言的，主要有以下原因：

首先，经验飘忽不定，难以操作，逃避对具体行为的真实描述；

其次，在教育改革过程中，我们总是把焦点放在寻找实用的方法上；

最后，“最优教学法”也已经和教学效果的测量联系在一起，两者都要求标准化，都关注人们做什么，都忽视人们经历过什么。

然而这本书提醒我们：理解人们经历(experience)是什么比单纯关注人们做(do)什么更重要。这本书的最大贡献在于，它举例说明了一种研究模式和知识观，它可以使我们获得一个更丰富、更丰满的学校课程与教学观，可以继续推进教育研究中个人化的、独特的和经验丰富的方法的合法化。

1. 理解课程——经验即课程

课程的拉丁文词根的意思是比赛过程(race course)。课程常被理解为一种学习的过程。狭隘的观点认为，课程就是一系列课本或者被讨论的特定话题和某些要到达的目标。当我们走出这种狭隘的课程观时，更开阔、更有价值的观点就会出现。课程可能成为一个人的生命行动过程，它是我们已经走过的和即将踏上的道路。这个将课程视为个人生命经历的广义的课程观隐含在“经验叙事”中。

来自课程领域文献中的比较有影响的课程定义：

学校设立了一系列潜在的经验来训练儿童和青少年在团体中的思想和行动方式。这一系列经验被称为课程。(Smith etal, 1957)

课程是指学习者的所有经验，这些经验是在学校的指导下进行的。(Foshay, 1969)

课程是有计划、有指导的学习经验和有目的的学习结果。在学校里，它通过知识和经验的系统化重构而得到实施，旨在让学习者在竞争的社会里能持续、自由地成长。(Tanner & Tanner, 1975)

课程的日常定义大都是指学习的进程。然而这个定义主要局限于在学校范围之内或者围绕学校，在课程研究的文献中并不流行。在这本书中作者的理念是所有教和学的问题即所有课程问题都应该站在参与者的角度来理解。因此，经验即课程，课程有很多不同的定义的原因之一是它们关注了课堂教学及其过程的不同方面。本书强调的则是一般意义上的“经验”和“情境”。总的理念是，课程是诸情境中的经验。

情境是由人和周围的环境组成的，具有以下特点：情境由人和事物的相关环境组成，二者通过一定的过程相互作用；任何时刻都有人、事物和过程之间的积极互动；每个课堂教学情境都是由先前的课堂教学情境生发出来的；情境具有后继性；情境具有指向性。通过对这些特点的描述，我们可以看出情境的重要性，叙事是对情境的再现，使我们反思和理解教育教学的重要手段。杜威说得很妙：思考即生活，研究即生活，生活即教育。一些显而易见的东西或许是影响发展的关键。

2.理解你自己

对于我们每个人来说，越是理解自己，越是明白是我们所是、做我们所做和选我们所选的原因，我们的课程就越有意义。赋予我们的课程以意义的过程，就是我们的经验叙事的过程。叙事的方式、反思的方式其实都是对个人化实践知识的理解、是对自己的理解。

教师究竟在想什么？从课程设计与开发的角度看，在课程情境中，教师是除学生之外的最重要的参与者，所有差异都是由教师的个人知识引起的。教师在想什么，他们头脑中的观念对于他们在课堂教学中如何走向未来，将产生多大的不同的影响，这些都关系到教学的发展。虽然这些是难以观察的，但常常认为教师的想法会在他们所做的事情当中体现出来。其理由是“如果当我们是这样想的，那么我们就会这样做。”在头脑中（现在）、在课堂中（将来）和在传记中（过去），这三者是紧密联系在一起的，共同构成了课堂情境的发展过程。一些研究把它们割裂开来，但一个众所周知的事情是：没有任何一个研究者会说个人化只存在于过去、现在或未来。

进入头脑、进入未来、进入过去。所有教师都知道，具有持久重要性的东西总是以某种方式存在于过去、现在和未来的整体之中。我们需要知道各部分，但只有在整体中才能发现真正的意义。叙事就是这样一种思想，它允许我们从整体上来思考课程情境中的人，它让人们不断地讲述和复述他们的生活故事，既描绘过去，又创设未来的目的，通过这种方式来研究如何使经验有意义。叙事也就是讲故事，近年来，叙事研究开始渐渐为教师所熟悉，教师们对叙事研究产生了浓厚的兴趣，跃跃欲试。但对于为什么叙事可以作为一种研究方式，教师们并不太清楚。叙事研究的兴趣在于情境中的“人”，意味着我们将课程与教学看作是教师在情境中的“经验”。而诸如观察、调查、实验研究等研究方法往往只局限于问题的一个维度、一个方面，比如只关心教师的“现在”而无法展现教师生活完整的时间线。将问题割裂开来单向度地看，必定会丢失问题内在性、整体性的线索。如同在看电影时，只切给你一个画面或一个片段，你的感觉定是云里雾里、不知所云。叙事恢复了教师经验的整体性，讲故事必定要拉一个时间线，像故事常常以“很久很久以前……”开头，讲故事的人是无法完全理性的，不然就成了新闻发布，故事里必然糅合进了他的体验、见闻、思维、情感、道德、审美等。所以，叙事是一种富有整体张力的研究方法，通过叙事我们能更好地理解自己的教学和生活。

叙事、反思和个人化实践知识。道德哲学家麦金太尔说：“人在本质上是一种讲故事的动物。”叙事是一种生活故事，允许我们从整体上来思考课程情境中的人。叙事是教师个人讲述自己的故事，是对个人化实践知识的描述，是个人化实践知识的外化，也是作为课程与教学隐喻的个人课程。它让人们不断地讲述和重述他们的生活故事，既描绘过去，又创设未来，通过这种方式来研究如何使经验有意义。

反思是教师自我理解、自我认识的有效方式。它主要包括以下几种方式：记日记、传记、图例、档案分析和与他人合作等方式。每种方式都有其独特的作用，教师根据自己的不同条件采用不同的反思方式。进行教学反思对教师来说具有重要意义，例如，在与他人合作的对话反思中，教师被给予下面的机会：反思教学，并且把它作为艺术来欣赏；在教学的孤立与压力之中获得一些放松；在支持性理论以及教学理念与实践之间达到更高程度的一致。

个人化实践知识也是存在于人的过去经验之中，存在于当前的大脑和身体之中，存在于未来的计划和行动之中。它是一种重构过去的特殊方式，是一种处理当前情境中的突发事件的为了未来的意向。它还是比喻、个人哲学、规则、实践原则、节奏、隐喻和叙事主题。根据不同的环境显示出与情境有关的经验的不同方面的观点来看，一个人在情境中的反应，是衡量他的个人化实践知识的最重要的标准。

个人哲学。个人哲学就是教师在教学情境中思考自身的方式。个人哲学包含着信仰和价值观。其透过价值观和信念的外在表现，深入到经验叙事的源头。个人哲学意味着通过经验叙事，教师对自己的行动及其对行动的探索，进行一种意义的重建。

在 1982 年 4 月份的生物课上，我第一次明白了你处理教材语言的方式。例如，在一次生物课上，你把植物种子说成是“它们的孩子”，把叶子说成是“他们的午餐包”。有一次，学生的提问和你的答复如下：

克罗马：马铃薯的根属于哪种类型？

布鲁斯：一般把它叫作块茎。这是一个精致的词，但是现在我们不用理会它。

布鲁斯希望学生适应期待的事物。希望那些喜欢科学的学生阅读科学的课本。那些不喜欢的学生会在以后再讲一次，会有更多体会。

3. 理解课程的影响因素

每个人都存在于情境中，情境可以部分定义为个体与环境的相互作用。我们不能孤立地理解我们自己，正如我们不能离开个体来理解社会一样。因此，个人的经验叙事的研究不可能是一个专一的自我中心的个体研究，它是对存在于情境中的个体的研究。

课程意义的“再现”与“重构”。意义的再现和意义的重构是两个极端，前者是要找出文本说的是什么，后者的目的在于说出我们作为读者想说出什么。在观念层面上它们是两个极端。但是在实践中，任何一个极端都不可能存在。虽然我们可能改变阅读的注意力的平衡，使之往这边或者那边倾斜。如果我努力控制自己的喜好或者厌恶去按照文本的原意阅读，我很快发现自己在回应文本，在与术语的理解作斗争，在想知道作者的意思是什么的同时从自己的经验中回忆一些例子。简而言之，不把自己放进文本中是不可能的；同时，读者不受文本的影响也是不可能的，即使当我们从一个十分具体的观点来阅读时也是如此。

之所以这么说有两个原因：首先，当把再现和重构在理论上放在两个极端时，我们能够更清楚地看到阅读中可能出现的不同事物。但是，强调意义的再现是为意义的重构服务的。其次，我们安排再现和重构对比的阅读结构，使我们确实明白，在理论中支离的东西可以通过实践整合起来。所有的文本阅读，无论是对个人经验的阅读还是对课本的阅读，都是再现与重构的某种整合的平衡。

课程的基本要素。杜威说“所有社会运动中都包含着冲突并在理论争议中反映出来，这些冲突和争议为理论设定了问题”。这一点正反映了课程领域的思考状况，即充满冲突、争议、问题、理论，充满完全或不完全成熟的观念。

但是在实践中面临的问题像苏斯博士(Dr. Seuss)的龟故事，龟不断地爬到在最上面的龟的背上，以便获得更高的眼光来看世界。在整个过程中，当龟梯堆得越来越高时，底层的龟在泥中越陷越深，越来越看不见东西。教育理论有点像这个故事。我们拥有的理论越多——我们有大量的理论——已经很复杂的实践变得越复杂，而不是越简单。亚里士多德在他写的《论题篇》中论述了“主题”，其思想是，当对于我们都认为是重要的事情出现模糊不清的声音时，如果要理出头绪，我们需要做的是找出一系列主题。这将有助于我们定义体验到的事物，同时规范我们的观念，使之不再杂乱无章。我们把这些主题称作“课程的基本要素”。

这些基本要素是：教材、环境、学习者、教师。

课程的基本要素是出现在课程目标、课程内容和课程方法中的一系列因素或决定性因素。它主要有以下几个特征：(1)一个完整的课程陈述必须谈到每一个基本要素。(2)众多论述集中在其中的一个基本要素上。(3)对单一的一个基本要素，可能存在许多不同的观点。(4)这些基本要素是有用的分析工具。(5)这些基本的要素对于考查课程的历史发展趋势和理解使课程的焦点发生变化的力量是有用的。(6)这些基本要素对于考查公共“冲突”和“争议”是有用的。基本要素本身在很大程度上是没有意义的，在阅读文本时，它的意义充实起来。这意味着对课程的综合论述，就是谈论学习者、教师、教材和环境。作者在谈论这些要素时，这些基本要素总是有意义的。那我们怎么利用它们呢？非常简单，就是不停地追问：“作者究竟怎样使用这些基本要素，如学习者，教师、教材或者环境？”

使用研究成果。“坦率地说，课程领域好比一个迷宫……我们能够做的只是绝望地垂头丧气吗？绝不是这样的。那么，作为教师我们能够做些什么？首先，我们需要探明‘课程的迷宫世界’。这个迷宫不仅是事物实然的存在方式，而且也是事物应然的存在方式。课程，包括备课、考试和上课，都是极其复杂的。但是，是谁把它挑选出来的？最后的分析告诉我们，是我们教师自己。我们步入一间教室，而这时刚好铃声响起。尽管其他许多人感到他们有责任让我们照着他们的方式去做事，但是我们有我们自己的做事方式。是我们，而不是别的什么人，应该着手去做这件事。”走进资料室、打开因特网，大量的课程研究成果向我们涌来，对同一个问题，人们有许多不同的观点。到底该听谁的？我们犹如走入一个迷宫。如果没有明确自己的问题，随波逐流定会迷失方向。

比如，“好的教学是什么样”这个问题，A 教授说，教师说得越少越好，学生说得越多越好，因为学生间的互动更能促进思考。B 教授却说，有高质量的提问才有好的教学，因为提问能促进学生综合能力发展。C 教授接着说，要组织课堂讨论，对问题的探究有助于学生梳理自己的逻辑思维。D 教授又说，优秀教学的关键在于能挖掘和拓展教材的深度和广度。对于同一个问题，出现了四个答案，我们能简单地说谁对谁错吗？实际上，他们每个人看问题的角度都不一样，回答自然不一样。A 教授从课堂互动的角度提问，B 教授从学生认知过程的角度提问，C 教授从有效思维的角度提问，D 教授从教材的角度提问。接下来就该问问你自己，我面临的问题是什么？上面哪种回答对我要做的最有用？

当然，即使发现了对你来说最有价值的观点，这也并不等于你就可以一劳永逸地坐享其成了。教学研究如同几个人走进一个黑屋子，大家都将手电筒投向屋子中间的一尊雕像，每个人都从他的角度记下自己所看到的雕像的一面，不同的研究人员从不同的假设和角度只能涉及问题的一个方面。而作为教师所面对的实际教育教学情境却是整体的，所以你需要在运用理论时问问自己，这个理论适合于全体学生吗？这一观点代表问题的哪一部分？还有哪些问题没有考虑到？如何将这一思想融入我的实践中去？另外，研究人员可能在调查 1000 个课堂的基础上得出了结论，然而你的课堂可能就是那个不同的第 1001 个，而且实验环境的“控制”必定要忽略细节，而你自己的课堂不是“没有微生物的真空地带”，研究成果在具体运用时不可避免地会碰到“水土不服”。所以，你需要审视一下你自己的情境在多大程度上和研究中的情境相似，看看研究成果是否能应用于你的课堂或思考如何才能更好地运用于你的课堂。

课程的利益主体。作为教育者，我们知道许多人都有权利对我们的学校和课堂中发生的一切提出要求、做出评论。他们拥有一种所谓的课程中的“利益”，我们称他们为“课程利益主体”。用“课程利益主体”这个词，我们意指一个人或者团体，拥有参与和评论学校中提出的课程设计的权利。他们对我们的课堂中正在发生的事情有知情权。但很显然，他们所拥有的权利彼此极不相同。学生们在课程中拥有某种利益或权利，教育部长所拥有的权力却是另外一种类型。理事们和公司团体对课堂中进行的一切有不同的权力。我们明白并理解各种各样的利益主体及其权利是极其关键的。这是因为，我们的学校和社会保持着动态的关系：塑造与被塑造、批评社会与适应社会。作为教师，我们的任务是知道谁是利益主体以及他们在我们的计划中有什么样的利益，以便我们做出适当的应答。

课程资源。在学习过程中，课程资源处于中心地位。课程是一个体验和思考的概念，我们真正看到的是，体验只能在和“事物”的作用中才能发生。这种事物即是我们所谓的“课程资源”。在新课程资源背景里，学校管理者对新课程资源的选择，在本质上就是选择怎样对待教师。在新的教育形式下，教师成为课程开发者成为新的趋势。教师通过课程研究和行动研究等方式来开发课程资源。课程研究是一个教师解读和研究课程资源的过程。教师研究课程所用的方式，和他们解读和研究有潜在兴趣的文本所采用的方式是相同的。作为教师，我们必须相信自己的个人化实践知识，积极理解我们的叙事，决定在具体的课程中什么才是需要的。

4.理解你的叙事：学校中的课程设计

课程管理叙事：一个校长的个人哲学。曾有一段时间，学校校长被看作“主任教师”。而且现在，世界上仍然有一些地方存在着这样的看法。这一名称的内涵是指，校长是一名专家型教师，他或她因其较高的教学能力而被挑选出来，作为一种教学模型或教学象征。校长的主要职能之一，是进行示范课教学并与教师们一起工作。这种理想在一定程度上仍然存在于一些规模较小的小学中，当然也会或多或少地存在于其他地方。然而多数情况下，学校管理的理念似乎已经发展到这样一点，即校长的作用应远离课堂，远离课程。行政人员通常被训练成管理者，而且组织原则似乎支配着他们的教育行为。当学校教育被这种管理观点侵蚀时，它就会逐渐倡导“校长即课程管理者”，或以一种商业导向性较弱的方式倡导“校长即课程领导者”这样的观念。

我们对这些现代管理思想极不适应。我们不相信校长主要是一名资源和人员管理者的思想。我们对“客观科学主义”的精神极不适应，而这一精神似乎与校长是领导者、管理者和组织行政人员这样一种思想相一致。教育是人的一种追求。为了谈论学校教育、课程、教学和课堂，我们需要人们倾向的语言和观点。我们希望从我们的管理者那里得到这样一种感觉，即他们关心个人体验并拥有个人体验；我们能够与这些个人体验相联系，而且他们也能从这些个人体验出发与我们交流。我们想要有学校教育信念、价值和个人见地的管理者。我们可以同意或反对他们的信念、价值和个人见地，也可以就此与他们商榷。然而，我们往往获得一种价值中立的管理，即只有技术、手段和策略才能适用的管理和领导。

与学生一起设计课程：叙事是设计的隐喻。叙事的目的就是尽最大努力去再现那些故事叙述者所表达的意义。当然，对你自身的意义才是最重要的意义，因此需要重构自我，不断学习。从做学生的回忆中学习。教师经常像一个学习者一样叙述一些关于他们自身体验的故事。通过这些故事，他们从反思中学到不少东西。在他们的体验中，他们是家中的小孩，家庭中的成员和社会情境中的成员。他们也从他们作为学校学生的体验与反思中学习如何教学。通常，他们学到的东西不像我们所想的那样，是他们自己的教师所拥有的那些东西。他们从自己作为大学中的学习者的经验中，从自己在专业发展和服务性课程中作为学习者的经验中，也学会了解自己的教学的方式。

5.感言

在《教师成为课程研究者》中，康纳利和克兰迪宁给我们展现了一个新的、从哲学方面解决课程问题的视角。课程不是一成不变的，教师主导的课堂也会随着自身见解的不同而有所不同，如何创造适合学生喜爱的、高效的课堂，这是一个困难的问题。但是，课堂离不开教师，教师成为解决问题的关键，教师成为课程研究者是本书的主要观点。关注教师的生活故事，了解教师的教学历程，探究教师的个人哲学，是本书采用经验叙事的主要目的。摒弃那些外在的课程规则，理解个人化实践知识，充满人性化的课堂教学也会随之出现。

讨论部分

唐松林老师：本书的课程观是以建构主义、后现代理论主义与多元智力理论等为理论基础，体现了知识观与课程观的变化。我们所理解的课程是学校教学内容的总和，有一系列内容结构，构成课程的科目体系。本书中的课程指学校里获得的经验总体，包括学生在学校获得的生活经验，包括课外故事、成长故事，故事里拥有你对人生、世界、关系等的看法，如对人性、道德、认知、情感、政治等范畴的看法。

现在我们可以对如下问题进行讨论：第一，你理解的课程是什么？第二，你是怎样理解教师叙事的？第三，你如何理解课程的影响因素？第四，叙事在课堂教学中起到什么作用？如果我们理解了这样一些问题，就会使我们的课堂呈现出与过去不同的许多样式。

王晨：对课程的理解，主要是讲授需要被传授的知识和内容，课程以教材存在，以课程进程体现。教师对课程的理解，应从学生自身出发理解课程，教师对课程的教学主要从学生的经验出发进行讲授。学生能够学到的不是死的文字资料，而是在自身经验基础上进行选择与建构。

张婷：我谈谈对“理解你自己”的看法。教师应怎样做？要关注教师的思想、行动。教师怎样进入课堂，指导课堂？“以学习者为中心”的课堂是否与之存在冲突？探讨这个问题，我的观点是：最基本的是了解学生，老师在此基础上建构自己的指导思想。教师要相信个人化实践知识在人的发展中的意义，教师对于课程的教学应从教师自身和学生受益两方面进行。教师要以学生为本，具有包容、理解、信任的人格，与学生建立一种对话的合作关系。只有对学生信任、包容，学生才会对老师敞开心扉。

陈坤：首先要理解主体，教师是教学主体，学生是学习主体。张楚廷在《教育哲学》中指出，课程传授的知识如果是陌生的，就不易被学生转为自己的。老师授课先要了解自己，然后再把理论知识和自身经验传授给学生。教育主体是人，而不是被动接受知识的对象。

王晨：放进更好地促进学生发展的东西，更好地享受当下的思想，而不是实用主义的知识。课程是以知识为起点，除此之外，课程应包括什么（放入什么）？学生对故事感兴趣，对与生活有关的东西感兴趣，这是教师要关注的。

唐松林老师：你感觉作为老师应具备什么样的知识观或课程哲学思想？我们可以根据自己的理解呈现自己的知识观、课程观与教育哲学思想。

张小燕：康德认为教学的起点是人，而不是知识。张楚廷先生也认为教育的逻辑起点是人。

唐松林老师：知识主要存在两种不同的价值取向：一种是课程应该使个体成为社会所需要的人；另一种是课程应该使个体成为他们自己。前者的知识是已被老师选择，整理后传授给学生的，它符合社会的需要。后者的知识应符合学生现有的需要，符合学生现有的经验水平，它在老师备课时就被理解。同时，学生的学习也是活的，他们的知识是在自我的选择、理解与建构中形成的，是老师、学生共同选择、理解的知识体系。

张婷：这种知识也可以有基本技能，道德情感，也可能是一种社会知识，是一种个人知识与社会知识的整合。

张小燕：这些都是理论性的，从题目理解，关键字主要有“教师、课程、经验”这三个词。按照作者的目的来理解，课程以经验为基础。从教师的角度出发理解课程，教师过去经历的东西会成为现在的经验，教师现在经历的东西会成为未来的经验。有三个步骤：第一，教师讲的不是死板的知识，教师融入自己的经验；第二，通过反思，下一次讲课将自己的经验提高一个层次；第三，从影响因素方面看，要因地制宜，从不同层面的制度开展，主要包括国家课程、省级课程、校级课程。无论如何，最主要是学习者和教师的经验要融入。特别是教师的教学理念，传递方式、模式都会对课程及其教学有影响。

唐松林老师：在课程论中主要有学科课程论、活动课程论（也称经验课程论）、发现课程论（也称探究课程论）这几种。发现课程论是形成性的，以发现新的事物为目的。活动课程论和发现课程论不承认知识的客观性、永恒性,强调知识的价值性、情境性、实践性。知识不同,教学方法也随之不同。获取知识的目的是把获取知识转为使用知识。评价方式也会发生变化。在经验叙事里会受原来观念、思想的影响。经验叙事的主要方式为观察、记日记、传记、图例、档案分析、对话和与他人合作等方式。

向芳彬:课程是不是就被认为是知识,并且付诸实践后就叫做课程?静态的课程就是教材,动态的课程就是活动。课程与社会生活密切联系,在实践中要发挥学生的主观能动性。目前的教师课程教材化,忽略活动的重要性。教师用自己的经验,以人格魅力影响学生。这部著作告诉我们的是,教师与学生的经验是更好的教材。

唐松林老师:课程与知识这两个概念怎么理解?传统的课程是课程表里的科目。现在,人在学校里所有的经验都叫作课程,经验、知识、实践、体验、故事、师生互动等都是课程。知识已经变为每个个体的,在当前环境中去建构关于知识的意义,就是经验本身,甚至是你的理解本身。人的理性发展、知识的发展与人格的发展等,都是在不断的建构之中。知识具有个体性、价值性,教材是外在的,是知识的载体,起工具的作用,真正有价值的东西是自己的、心灵的与互动的。经验的叙事本身就产生了意义,它内化为自己的经验结构、认知结构,有意义的经验。知识不是永恒的,死记硬背没有价值,唯一的价值是帮助你更好地认识与建构经验。

张小燕:不管是什么知识,既然有“铺路”作用,那还是有意义的。教师处在第一线,狭义的课程就是教材,教师在教学过程中,知道这一部分是否适合学生。作者以教师教学的经验出发,来共同确定什么知识被选为教材中的知识。但并不是所有教师的思想都被选入,最后合起来确定,最好的办法是让教师写日记、写体会、写著作。

唐松林老师:教师有效的教学必须研究教材,每个教师都应该是教材编写者,当然不只是这种作用。既然学生在学校获得的经验总和都叫课程,那么,教师不仅要研究教材,而且要研究广义的课程,当然也不排除狭义的课程。编写教材也要从经验出发,教师要明确它对学生起到的作用。哪些经验与知识会产生效果,选择怎样的知识才对学生是有价值的,如何把这样的经验、知识呈现出来,与学生学习发生作用。这需要双向的选择、师生互动、对话、包容、讨论来完成。

王祖霖:我想讲几个观点:第一,教材的编制者要考虑学生学到哪些知识。通过选择教材(国家、省级、校本),教师对教材把握、领悟,将知识传授给学生。第二,从课程体系方面看,课程目标、设置、实施、评价涉及教育质量问题。课堂是要被量化的,但要注意如何在量化的时代评价有质量的课程。第三,课程设置要考虑学时、通识、专业、必修、选修等多方面。课程实施中,教学、学时、讲授都被量化、评价老师和学生。知识是否全面，有创新，量化的东西是否可以培养有质量的人才？

张燕玲：教师处于什么样的位置？在实际中，教师作为知识和经验的拥有者，教学很少考虑这些知识是不是学生需要的和有用的。教师，“你所关注的世界就是有价值的世界”，你要站在学生的角度，开设对学生能起到实际帮助的课程。在目前的考试制度中，没有教辅资料时，有多少老师是合格的？本著作告诉我们，教师应站在学习者、学生的角度思考问题。

唐松林老师：现在大家提出两个问题：第一，教师怎样成为课程的研究者？如果从经验叙事的角度，有研究能力的老师应该有什么样的素养？大家可以围绕这个问题进一步思考；第二、叙事研究怎样量化？叙事研究一般采用交谈、观察、行为表现的方式，听老师说的话，看老师写的文章，说自己的故事，这些反思性或实践性成果很难发表，如果在当前的评价体系中，要评等级的话，是个难题。

邓杰：以叙事的角度讲课有利有弊。利是生动具体，教师可以如鱼得水，学生易理解吸收。弊是教师带入自己的情绪、思想，不能局限于自我的理解，不深入、不全面、不一定正确，教师应多实践论证，自我超越，最重要的是教给学生一种学习的思维和方式。

唐松林老师：教师首先要让学生易理解，从教学的角度讲授和描述。研究者带着价值观、情绪与价值中立、客观不同。叙事教学的第一步是描述，可以带入思想、情绪，融入“真我”，描述会生动，叙事也不可能不带情绪。第二步是要多实践，多反思。叙事时要有在回忆中的反思和理解，回忆本身就包含反思，有些新的知识内涵，会在实践与反思中出现。

刘丹丹：对于课程是什么的问题，我联想到“大课程小教学”观和“小课程大教学”观。目前对课程的理解大多集中在狭义范围，也就是学科教材。我认为课程不仅是学科教材中的知识经验，还有行为经验，而教学过程也可以成为经验。

对于理解课程的影响因素，我认为有四个：第一个是对课程与教学关系的认识。因为在这个关系中，有课程、国家课程、教师课程、学生课程等概念。第二个是课程主体，它主要包括教师、学生，按不同的层级划分有不同的主体。第三个是课程的表达载体，一般是教材和活动。第四个是课程理解的外在环境。比如每个人理解事物的时间、地点等。

唐松林老师：对于“大课程小教学”观和“小课程大教学”观，存在不同的观点，存在于课程目标、价值取向、具体内容等方面，课程的实施就是教学。我比较赞成大课程观。经验不仅是知识的还是行为的，行为有些是可操作的，教师是活的教材。知识分为客观知识、模糊知识；行为分为可操作的，不可操作的，不可操作的包括人格魅力、做事的方式等，这些均是活的课程或教材。

朱春水：一般认为的观点是在课堂中，教师是主导，学生是主体。在本书中，不同的利益团体都会对课程进行干涉，以满足自身的需要，在课程中的利益主体是多样的。

陈坤：谁是主体，以什么为载体？利益相关者都会成为课程利益的主体。一般来说，课程的主体是师生，内容是经验。客观主义认为知识是客观的，建构主义认为知识是建构的。在知识爆炸的时代，教师拥有生活经验的优势，可以采用多元的方式，使授课接近生活、神话、电影、小说，这样更易教学。

张婷：教辅问题的存在是文化根基，权威的力量，评价方式，考试为主等共同作用的。教师素养包括资深的专业知识，教育知识，对自身、学生、目标的理解，自我效能感，自身的人格魅力，师生共鸣。不同年级的基础不同，教师教学要有侧重点，低年级的学生没有分辨力，高年级的学生要了解他们所关注的。只有小班化教学，这些才能实现。

王晨：教师怎样教学？选择合适的课程内容，采取生动活泼的上课形式。评价上注重对自我的评价，对学生的评价，应抛弃分数、激励学生；对课程的评价，应看是否被学生接受。教师的素养是其表达、呈现能力和思考、反思能力。

唐松林老师：叙事没有理性与步骤。叙事可以反思、总结、激励、评价，可以讲故事、沙龙、聊天。它意味着教师教学要回归自然、回归人性、回归生活。怎样教学最有效，教师不要迷信权威，要有自身的人格魅力，要理解学生、理解自己。叙事过程中要多总结、反思、唤醒、发现与激励。

邓杰：我对主体的理解是师生是一体两面。主体要有能动性，课程是非客观的，所有知识都有主观性，教学既要兼顾老师又要照顾学生。

王祖霖：就教师如何教学而言，我觉得教师要创设情境，鼓励学生的积极性。举个例子：我记得小学时期，老师让我们写一篇题为“校园的花坛”的作文，老师让学生在课堂时间去观察花坛，并让学生注意花坛的形状、地点、植物、动物等，在你心目中，学校的花坛是否漂亮。这只是一个“是什么”的问题，但是可以很自然地让学生去思考“为什么”以及“怎么办”的问题，就以校园的花坛有没有杂草、垃圾，在你心目中是否漂亮为话题，如果校园的花坛有不少杂草、垃圾，很明显花坛没有得到很好的保护，作为学生，应该爱护校园，保护校园环境。通过创设情境，教会学生学会观察，将“情与境”，“知与行”结合起来。

唐松林老师：我想根据大家的讨论，归纳如下几点：第一，关于课程怎么理解？课程是学生在学校中获得的所有经验的总和，包括科目、教材、知识体系、可描述和不可描述的经验系统。第二，知识经验是课程的具体内容。传统上认为知识就是科学知识，前人在认识、改造客观世界中所形成的经验系统。它在一定时间、空间范围是准确的，具有真理性的。它对我们理解客观世界、创造新的实践成果具有意义。本著作中的知识是建构主义知识或经验主义知识。它是个体在与客观世界发生关系时，在主观中形成的经验系统，有经验性、情境性与个体性。

以上知识观使我们相信自己，不迷信权威，怀疑别人的知识，创造有价值的知识。第三，课程的主体是什么？利益相关者都应成为课程主体，不局限于教师本身，每一个人在与社会发生关系时，都可能成为课程的建构者。所以在教学中，师生共同承担课程的建构者、创设者的使命。第四，怎样进行教学？老师要合适地组织与学生相适应的知识系统；要使叙事具有艺术性与逻辑性；要在评价中强调反思与激励；在教学过程中，尽量采用情境；要不断地观察、叙事与总结。第五，教师的素养。老师在有扎实专业知识的基础上，形成自己的思想；了解自己、了解学生；增强自我效能感，能给学生新的思想、材料与方法；老师要自信，不要迷信权威，不要丧失人格，保持自由精神与独立人格；形成独特的个人魅力。

《失去灵魂的卓越》：哈佛是如何忘记教育宗旨的

魏婷婷 *

时间：2014 年 12 月 4 日

地点：长沙市麓山国际实验学校

出版社：华东师范大学出版社，2012

参与人：向雄海（麓山国际实验学校副校长）、李梅芳（麓山国际实验学校教师）、麓山国际实验学校部分师生、唐松林（湖南大学教师）、刘轶臻（华融湘江银行内控合规部总经理）、王祖霖、姚尧、苏慧、陈坤、佘君君、王晨、刘丹丹、邓洁隽、廖锐、于晓卉、魏婷婷（没有特殊注明者为湖南大学在读研究生）

一、书籍概况

（一）作者简介

哈瑞·刘易斯（Harry Lewis）曾于哈佛大学执教 30 余年，从事高等教育、计算机科学研究，1995—2003 年担任哈佛学院院长，主管哈佛本科生的宿舍生活、学术生涯指导、学术咨询等事务，主持过哈佛纪律和体育政策委员会工作，并长期担任哈佛学院招生委员会成员。2006 年撰写的《失去灵魂的卓越——哈佛是如何忘记教育宗旨的》以犀利、深刻的言辞直指哈佛的教育漏洞，本书曾入选《波士顿环球报》畅销书行列。

---

* 作者简介：魏婷婷（1993 年出生），女，甘肃平凉人，湖南大学教育科学研究院 2014 级硕士研究生，从事教育经济与管理研究。

图5　哈瑞·刘易斯

(二)内容简介

何为卓越？何为一所大学的灵魂？哈佛大学作为美国乃至世界顶尖的研究型大学，何以被诟病？何以忘记教育的宗旨？亲历哈佛成长的刘易斯教授在本书中从课程改革、分数贬值、教育咨询、道德教育、学习评价、领导风格等问题着手，为读者揭开了哈佛在追求卓越之路上的迷失与失败，这是对哈佛的当头棒喝。通过该书，需要我们反思的是，一些知名大学正在以消费者的需求和公共关系作为办学的宗旨，崇尚金钱与声望，华而不实地追求卓越，物质主义、实用主义、绩效主义充斥于科学研究的神圣殿堂，此为教育之殇，教育的灵魂早已被抛弃，而我们期待的是：教育回归本位，重新寻回失去的灵魂。

(三)书评

教育是“育人”而非“制器”，是以“文”化人而非以“识”造物。《失去灵魂的卓越》一书批评了哈佛大学追求学术领域中的卓越而忘却了培养对社会负责任的公民这一灵魂。固然高校育人应立足于治学(术)，但治学(术)须首先服务于育人，所培养的人必须具有高度的社会责任感。

——杨叔子(中国科学院院士、华中科技大学前校长)

大学教育不仅要传授知识，更要培养学生的品性、能力和责任。大学首先培养的是一个人，然后才是一个人才。“卓越”不专属于某个人或某一群人，每个学生都有权利得到充分而卓越的发展。大学应追求“守住灵魂的卓越”——这就是《失去灵魂的卓越》一书给我们的重要启示。

——俞立中(华东师范大学前校长、上海纽约大学校长)

哈瑞·刘易斯向我们描绘了美国常春藤联盟大学，如何迅速从教育机构演变成商业性机构，而哈佛又如何成为这一进程的引领者。哈瑞·刘易斯是一个勇敢的人，他写了一部大胆的书。

——霍华德·加德纳(哈佛大学教育学院教授)

二、章节赏析

一所好的大学必然是有灵魂的大学，但一所卓越的大学并不一定灵魂高尚。追求卓越与守望灵魂并不矛盾，二者均极富美感。《追求灵魂的卓越》一书就是对大学的一种"声讨"，在消费主义与功利主义的蚕食下，大学失去了什么？侯定凯教授说："大学原本应该为社会培养原则性强、受人敬重的领导人；应该培养学生重要的价值观、性格、道德，让他们愿意为世界人民的福祉而学习。"我们期待大学理性的回归，使之真正实现富有灵魂的卓越。

(一)导言：不实的卓越

"有形而无实，有影而无色，有臂而无力，有势而无为"——托马斯·埃略奥特(P1)

我们怎样教育学生？教给学生什么？如何给学生打分？打分的依据是什么？在培养学生责任心方面的成败得失是什么？金钱对学生有什么一般性的影响？金钱对发展大学体育运动有何特别的影响？等等。这些问题很有意思，因为它们历久弥新，仅就这一点就可以说明大学时刻都处于各种价值观的冲突之中。面对这些问题，大学有时认识清醒，有时则不然。如今，我们痛心地看到自己正在失去主张。(P2)

作为象牙塔的大学，高贵神圣、纯洁典雅，弥漫着理想与自由，大学应"研究高深之学问也，非谓养成资格之所、贩卖知识之所"。大学本应是一片净土，拥有着富有理想主义的教授、学生，但回归现实却也是个复杂之地。伴随着大学的发展，各种现实的矛盾充斥其中，大学亦不断地与现实斗争，在仰望星空与脚踏实地之间，大学到底该何去何从？

一个半世纪以来，大学的理念已经发生了彻底变化。美国拥有世界上最优秀的大学，各种有利于美国社会发展的设想、发明及创新都诞生于这些大学。国家未来的领导人都或好或坏地在大学里获取知识。学生的发现和发明是国家未来繁荣昌盛的源泉。学生的个人品德将成为美国政府和企业的行为典范。然而，大学很少向美国未来的领导者们正面传达崇高的理想。美国大学的重点正偏离国家的利益，它们不再那么关心美国的未来。大学不想卷入政治和道德争论中，也不鼓励学生追求学习目的和生活意义。但美国的将来还是要依靠重点大学高质量的教育，学生们不仅要学习课程内容，而且要学会承担个人和社会责任。现在该问一

下：这些重点大学是否在忠实地履行国家赋予他们的职责？（P16）

哈佛人常说："先有哈佛，后有美国。"执美国大学之牛耳，全世界最负盛名的大学，在美国逐步走向繁荣的历史长河中，哈佛曾认为自己对美国的价值与意义重大。然而，随着时代的巨变，哈佛的理念同美国其他大学一样也被逐渐地颠覆，开始置身事外。但是一所大学不光只是一所学术机构，它更承载着一个民族、一个国家、一个人的命运与未来，大学需要忠实地承担并履行自己的责任，大学的理性与责任精神需要回归。

（二）选择与方向——课程改革是如何失去目标的

提高教育质量的唯一途径是向学生传授他们应该掌握的知识，而不是由着教授的兴趣进行教学。——李巴伦·布里格斯（P21）

在本章节中，作者从与比尔·盖茨的课程互动过程中引出了教学改革的问题。像盖茨这样的学生不可能出现在哈佛的每一个班级里，但是每个哈佛班级里都有一些比他们的教授更具聪慧和灵性的学生，我开始怀疑大学究竟如何才能给学生带来所谓的"附加值"。"最起码，哈佛教授有责任提供匹配哈佛学生的教育。"（P18）而这种教育正是通过课程设置来体现的。课程传达的是一所大学对教育本质的诠释，所以，课程改革的决策会引发关于大学教育目标的战争。（P19）

在谈及课程改革时，作者认为2002年哈佛大学的"综合性课程改革"是完全失败的，它充满了虚情假意。课程改革复杂化，没有方向感，学校不能很好地说明课程设置究竟是要达成怎样的目标或是对学生来说具有怎样的意义，同时每次改革，一个更大的困难是如何确定不同的知识领域之间的轻重缓急，最终致使学生受害。改革的失败使得学生纠结于复杂的学术与课程网络中，到头来却是学无所成。

在课程改革的讨论过程中，作者从哈佛大学发展的历史脉络角度告诉我们，课程设置的优劣关乎着一所大学的教育目标，关乎着学生的发展，更关乎着大学的命运。

1. 黑暗、曲折的哈佛发展史

哈佛在建校的头200年里，并没有创造多少知识。它当时的重要任务是培养有知识的神职人员，课程设置也是为神学而服务。教师的数量与质量低下，知识只是简单地从上一代传递给下一代，课程内容也在这种简单的传递中被扭曲。到18世纪20年代，课程的专业化由此开始，课程逐渐拥有了人性化与科学化的萌芽。但大学还是停留在一个培养绅士的发展阶段。到了19世纪初，哈佛的发展还落后于时代，教学方法与科目基本上还是为新英格兰的清教徒服务。美国人并不信任自己国家的大学，他们将孩子送去欧洲学习。有位伟大的马萨诸塞州参议员曾说："我觉得在哈佛学院的本科教育中，没有一门课程具有教育意义。"（P24）

学校对学生学习课程的严格控制使得学生动乱不断，至此，哈佛针对学生创立了选修课制，针对老师设置了专业化的学系，从此大学知识的精深和专业性取代了原先知识的广博性与互通性。（P26）然而，随之而来的却是选修课肆无忌惮的发展，课程变得不再引人入胜。师生关系也很淡漠。

虽然我们自诩为大学，但我们不是。我们甚至不如一所像样的中学。而我们原本应该是一所真正的大学。即使哈佛最优秀的教师，都不知道自己工作的意义所在。这是一个青黄不接的时代；旧的埋头重复的教学让人无法容忍，而与新学习方式相适应的教育制度还有没建立起来。（P25）

哈佛课程改革的惨淡无光，随着后来出现的反对力量的修补而有所收敛，但是哈佛的课程设置依旧缺乏效力，课程的价值依旧被隐藏而未开掘。哈佛的一切显得松散，学生如蜉蝣，它更多彰显的是温和、自由、随性，似一个理想的社交场所，而非传统意义上人们关于学校的认知。亨利·亚当斯19世纪50年代在哈佛就读。他感觉哈佛只是一个提供住宿、没有压力和漫无目的的地方。（P27）然而，这种随性、自由的惬意却恰恰成为哈佛后来熠熠生辉的非学术因素，也许他们只是积累不足，但是哈佛教育给他们包容、开放等一笔心灵的财富，如此，知识的吸收并未显得汲汲可待，如若心灵是开放的，他们便会时刻准备吸收新知识”。如果哈佛毕业生具有某种偏见，甚至某种理想，那也不是他们在课堂上学到的。他们可以胜任任何工作，但这并不是因为哈佛课程教会了他们专业知识和技能，主要原因是这些学生天资聪颖、好学上进、自信满满，而哈佛只给他们留下了一道“水印”——就像亚当斯比喻的那样，在一张尚好的白纸上留下一道水痕。（P27）

2．哈佛的“新时代”——埃里奥特校长的改革

埃里奥特于1869年任哈佛校长开始，对哈佛进行了一系列的改革，他开启了哈佛新时代。这不仅对于哈佛受益颇深，他更是影响了整个高等教育的发展。埃里奥特曾宣布，哈佛的教育内容将颠覆全人类的知识，并兼收并蓄，各取所长，呼吁学术卓越，将所有的课程向所有的学生开放，创造性地提出了“科目”的概念，通识教育与专业教育开始萌芽，教师开始通过提问进行谈话式教学，教学方式、讲座制度纷纷产生了变革，分组教学出现，研究生教育兴起，埃里奥特为期40年的改革使得哈佛大学走上空前的发展道路。

图6　埃里奥特

纵观哈佛的兴衰史，作者给予我们这样

的思考：

课程改革应该满足学生的需要、教师的偏好还是社会对教育的要求？学生应该成为教师心目中的好学生，还是学生通过教育为社会谋福利？大学应该服务于学生、教师还是社会的利益？当教师和学生被赋予选择自由的时候，我们的研究型大学并没有想清楚这些问题。(P36)

(三)知识精英与公民意识——大学生应该接受什么样的教育

青年是性格养成的阶段。年轻人很容易接受环境的影响。难道我们应该听任下一代听取别人随意杜撰的故事，从而给他们的心灵留下有悖于我们初衷的思想吗？——柏拉图《理想国》(P45)

考入顶尖学院的大学生头脑中已经形成了这样的观念：获得入学机会比什么都重要。这样的观念根深蒂固，以至一旦跨入大学校门，他们就不知何去何从了。(P38)如此的教育病理之于我们并不陌生，不仅对于美国的教育来说是如此，我国当下的教育制度培养的学生更是如此，大学与整个的教育环境没有教会我们进入大学之后我们所应肩负的责任。越来越多的学生在大学时代迷失自我。

本章节中作者论及了通识教育在哈佛的逐渐发展并得以巩固的艰辛道路，以及通识教育的核心理念。但是随着社会的动荡及各种矛盾的存在。通识教育随之四分五裂。哈佛在通识教育的基础上发展了“核心课程”(包括十个科目大类，每个学生都必须选择其中特定的八个类别，其他两个大类则属于学生的专业课程)。“核心课程”因为其管理方式让学生和老师吃尽了苦头，对其批评不断，因此很快夭折。

1945 年《自由社会的通识教育》指出：“通识教育不是一般意义上的知识教育，通识教育肩负了特殊的使命。它需要将学生塑造成有责任感的成人和公民，同时培养学生完善的人格和认识自我及世界的方法。通识教育具有独特的视角，需要最大多数的人们共享高尚的人格和正确的世界观。”(P43)

提及当下的课程改革，作者指出哈佛 2005 年的课程改革不但放弃了公民教育的基本权利，而且忘却了大学还肩负教育知识层次各异的学生的特殊任务。课程改革只是个空瓶子，没有实质性的进展，对于课程问题哈佛也只是回避，没有给出明确的答案。

现在的哈佛课程中，鲜有体现人性自由、启蒙思想和美国社会民主思想的。大学课程的社会责任也未予以充分重视。哈佛核心课程甚至没有给学生提供认识自己国家的机会。(P51)

章节的最后，作者以三个例子讽刺哈佛大学的课程与价值观现状。第一，哈佛的历史课程中很少涉及本国历史，却将其他地区与国家的历史科目开设有 17 门之多，作者指出或许哈佛不再认为自己是一所美国的大学，而是希望成为一所世界大学。(P52)哈佛的课程设置与人才培养抛弃了国家。第二，种族与宗教差异下的言论不自由。诸如对于穆斯林学生演讲的干预与学校的沉默。第三，哈佛为实现教育的国家化而鼓励学生出国学习，如此的大动干戈，而其培养学生的国际视野，实为没有必要，漂洋过海，改变的是气候环境，不变的是我们的心灵。(P57)

(四)沟通、竞争与合作——追求卓越带来的问题

本科分系的目的不是要培养隐士，不是将学生锁在各自知识探索的监牢里，而是要培养学生在大学找到适合自己的位置，学会与同学沟通。——劳伦斯·洛厄尔(P73)

作者因为一次小小的教学尝试，指出了学生与他人合作、沟通意识与能力的匮乏。这就限制了他们追求卓越的方式——学生不愿意让他人分享自己的卓越。在哈佛的发展史上，作者认为寄宿制、讲座制与课外生活对于学生心智的成长发展扮演着重要的角色。

1．寄宿制扮演的教育角色

在洛厄尔任哈佛校长期间，随着学校规模的空前扩大，学生互相疏远、互不相识。其结果是，在学习和生活方面，大学教育出现了分裂的现象。(P64)为了解决该问题，洛厄尔创建了“学生宿舍”的制度。

大学教育需要解决的问题就是一个道德问题——培养学生发展自身的思想、身体和人格意识。而学生宿舍计划正好有助于解决这一问题……学生宿舍计划是实施道德教育的社会工具。(P65)

然而，长期以来，哈佛坚持的一项政策是：不会将居住空间分配给某个特定种族或性别的学生群体。但在2005年，哈佛却破例宣布希望修建一个女生活动中心。这与哈佛校长一贯贬低女性的言论相悖，明显他只是在迎合学生的消费需求，对学生有求必应。同时哈佛也失去了一次教育学生的机会，寄宿制的存在理念——融合，改善也并未彰显。也许“女生活动中心”的建立与大学包容的气质是一致的，也许这一举措也在彰显对于学生的关爱与服务理念，但是哈佛并未意识到，“女生活动中心”背后的实质是哈佛最弱的政策天平向一边倾倒，可见，它早已将一所大学的独立精神弃之如敝屣。

2．讲座制大学中的师生交流

师生关系被视为一种相互敌视的关系，学生毫无疑问地将教师当成他们天然的敌人。师生之间很少有心平气和的交流，即使有也通常是秘密进行的。如果有学生在响铃之前就进入背诵教室，或者课后还留下来向教师提问，这将被其他同学视为严重的罪行。(P72)

这是一种很现实的师生关系困境，同时进入20世纪后，一方面因为哈佛的规模在迅速扩大，另一方面教师开始转型为学术研究者，这进一步加剧了师生关系的淡漠。师生的沟通阻塞，交流与沟通更是无从谈起。

3．富有教育意义的课余生活

当学生的成绩跌落至某个预期目标之下时，人们通常会批评学生的不学无术，而很少有人去关注教学质量是否低下。（P74）

在一次课程评估中，科比院长提出，或许课外活动确实能够丰富哈佛文理学院和其他学院的日常生活，但大学毕竟是个严肃的教育场所。（P74）言下之意，是对学生课余生活的消极态度。可见，哈佛并没有意识到丰富的课余生活对于学生的意义。刘易斯反驳道："课外活动要求学生集体努力，以实现他们共同的目标，它不但没有背离教育使命，而且还支持着教育使命……如果学生不喜欢学习，学校就有责任改善他们的学习状况，而不是压制他们的课余生活。压制学生喜欢做的事，并不能让他们喜欢做其他事情。"课余生活能够教会学生如何有效地与他人合作，如何扮演好领导下属与服从领导的角色，顺应人类特有的本能与冲动，但哈佛却试图将其遏制，难道教育只能囿于学术吗？如此，学术生活是否会孤寂得让人逃离？

（五）咨询：永恒的主题——学习什么？如何生活？

教师们没有特殊的能力来帮助学生树立正确的价值观，树立坚定的信念，培养个人的责任心。并非所有的教授都已出色地完成以上任务，而能行之有效地将自己的所思所想传达给学生的教授更是凤毛麟角。——德里克·博克（P77）

学生在学习、生活上无可避免地遇到相当多的困境，在心智尚未发展成熟、价值观的养成阶段，学校为学生提供及时、有效的咨询能够很好地改善学生的成长困境，并且不可或缺。咨询的本意是希望建立师生之间彼此信任和友好的关系，（P79）然而，在哈佛、在更多的大学却将咨询置若罔闻，甚至是将其异化为"每个新生在学年开始所选择的导师"，咨询仅限于学生与自己的导师之间，更糟糕的是，导师与学生均缺乏主动性，如果没有强制性的要求，这种本该亲密、友好的关系便会被搁浅，咨询并未真正的落实。

一百年来，哈佛的咨询工作未有改进，问题根源仍未解决。2005 年秋，哈佛准备讨论课程改革时，每一项提议都认为需要加强学生咨询工作。人们总认为这是某个委员会的事情……学生咨询工作委员会最终出台的报告建议，学校需要招聘更多的导师，并延聘一些专门负责学生咨询工作的院长。但对学生究竟应当接受怎样的咨询一事只字未提。（P80）

本章节针对学校对于学生的学术咨询与道德教育两个方面阐述了哈佛在为学生提供咨询方面的无能为力。

1．学术咨询

如果得知著名大学不是由教授为学生提供学术咨询，人们或许会表示惊讶。(P81)也许对于哈佛来说，这更是一个意外与令人惊讶的事儿。无论是院长、教授还是学生，一致承认哈佛缺乏有效的学生咨询制度，缺乏在学生的学业与成长生涯中提供指导与建议的路径与机制。在作者看来，也许不完善的学术咨询制度正是由学生所面临的两种困境所致：第一，家长的安排；第二，课程的要求。教授在面对学生的这两种困境时常常显得无能为力。

2．道德教育

现在的哈佛总是小心翼翼地避开道德教育不谈，对实施道德教育不感兴趣，而且很尴尬地承认：它的确无意开展道德教育。(P82)

大学的道德教育似乎流于形式，被边缘化，主流的道德教育越来越游离于主流的教育体系，培养学生良好的道德品质交给了家庭、交给了学生自己。也许学生会向老师找借口更改分数，为斗殴事件辩解等屡见不鲜，然而这却是学生道德品格的失格。这与大学对其养成的角色缺失、对学生责任感的教育流于形式脱不开关系。如果一所大学无法培养学生优秀的道德品质，它将真正失去了"育人"与"教化"的本能与灵魂。作者认为，对于道德教育而言，强迫学生在课堂上思考什么是善行、什么是美德，或许并不是唯一的或最佳的方式。因为学生在课堂上总是习惯于趋向于取悦教师、取得好成绩，这样的道德培育方式并不能实现真正的道德教育。他发现，唯一行之有效的道德教育方式是"出其不意"呈现出道德问题，把道德教育与生活联系起来。(P84)同时，良好的道德教育需要教师以身作则。教授的品行与人格魅力，应该成为哈佛在选聘教师时的重要考量因素。一个道德失范的教师，如何能够去指导学生的人格养成？"在追求学术卓越的同时，我们也不应放弃'身正为范'的理想，否则，哈佛将成为高等教育漠视道德教育趋势的又一个追随者。"

(六)为什么分数在上升——出没有反角的"大戏"

当教师在给学生评分时，A和B给得太轻率了——质量并非很高的课业也能获得A，略高出中等水平就能获得B。——《哈佛大学1894年报告》(P91)

《纽约时报》写道，"长期以来，哈佛在各学术领域独领风骚，现在又引领分数贬值潮流了"。《今日美国》称："50%的学生都能获得A等，哈佛遇到大麻烦了。"有人说："大学终于向'消费主义'投降了——学校给学生想要的分数，而不是他们应得的分数。"(P93)

当整个社会以高分作为衡量大学及其培养的学生是否卓越的时候，大学就会一味地满足人们的心理期望，迎合学生、家长与社会的需要。因此，许多知名的大学都一样，分数贬值并不是哈佛的个例。但哈佛却因其在美国高等教育中的特殊地位与分数贬值过程中的不作为被诟病。

关于分数为何总是在上升，作者认为原因主要归结于以下几个方面：①学校来自于学生的压力；②教师的评价和终身任职资格由学生决定；③学生变得更加优秀；④课程设置的小规模化；⑤更优质的教学条件；⑥评分标准划分太细腻；⑦人文学科具有特殊性；⑧一个矛盾的信号(哈佛的领导有时候责怪教授们评分过松，但有时候又说严厉的评分会让学生感到害怕，哈佛的评分变得太过仁慈。(P105)

(七)评价只是教育手段——为什么分数贬值问题并不重要?

文理学院取消百分制，代之以五个等级划分每门课程的成绩……这种等级制……消除了分数竞争，对学生来讲相对于更远大的学业目标，自己在全校的排名就不那么重要了。——查尔斯·威廉·埃里奥特(P106)

评分是教育工具，它不应该成为外界用于鉴定学生学术水平的手段而计算平均成绩和进行全校排名，主要是为了迎合校外的需求。许多教授讨厌评分，不是因为他们不愿给学生反馈，而是因为他们知道自己给出的分数，将成为详尽但毫无意义的统计数据的一部分。要求教师进行“有意义”和“严厉”评分的做法，有悖教育原则——这是当今文化中道德主义复活的表现。(P107)

关于评分重要性的说法，作者认为无论是哈佛还是其他的大学，通常有四种理论来解释评分的重要性。

1．“鞭策学习”的理论

这是一种很糟糕的说法，它违背了教育的原则。如果学生对于课程的学习兴趣只能由评分来维持的话，这对于学生的发展没有任何的意义，它打击了学生为学习本身而努力的动机，这种评分是毫无价值的。

2．“鉴别卓越”的理论

“鉴别卓越”的理论在现代也遭到了不少的批评。教师肯定想给极少数优秀的学生高分，以使他们区别于同样排名在前四分之一的其他学生。哈佛确保只有5%的学生可以获得“最高级优等生毕业荣誉”的做法，足以证明教师们已经沦为繁琐评分制度的奴隶。(P112)作者认为该理论具有如下的弊端：首先，它使得课程选择成为一场“运筹帷幄”的游戏；其次，它无法激励那些明知无望达到“卓越”水平的学生；随着哈佛“毕业荣誉”数量的减少，排名在后50%的学生，其努力程度和学习质量也在下降。再次，衡量卓越的方式不准确，甚至具有欺骗性质，它只能鉴别一种形式上的卓越。

3．“鉴定学生成就水平”的理论

我们之所以为学生评分，是因为我们在制造“产品”，而作为我们产品输送地的外部世界，期望我们区分出哪些“产品”更优秀。(P119)其实哈佛比用人单位更加关注学生的成绩单，因为学生的成绩单在某种程度上承载着哈佛对形式卓越的追求。从实质的卓越到形式卓越，哈佛似乎走上了一条虚荣、不实、哗众取宠的卓越之路。

4．“评价即教育手段”的理论

哈佛认为：“测量是个好东西，即便测得的数据是毫无意义的。”教师的聘任与考核不再是其教学与学术所展现的魅力，而发表的文章的数量、文章的“被引用的次数”等越来越受到哈佛的重视与青睐，考核的标准单一、缺乏人性化，学术被圈禁在了绩效、量化的枷锁之下。

作者认为，对评分问题，应该有正确的态度。我们没有理由认为，改善评分工作将切实提高我们的教育质量，应该将重点放在其他方面的改革上：改善导师制、缩小课程规模、提高教学的有效性、开发更能启迪学生心智的课程。大学只有将精力放在这些目标上，才能获得丰厚的教育回报。(P126)

(八)独立、责任感、性侵犯问题——大学生道德发展的终结

最强有力的大学德育形式，就是将教育与学生日常行为联系起来，与行为给他人造成的后果联系起来，与个人生活的长远意义联系起来。——小约翰·福克斯(P126)

本章节作者主要通过对卓越与消费者文化、纪律与教育的分离和哈佛校园性侵犯问题的论述，向我们展现出一个正在上演的惨淡景象，如今的大学正在远离传统的教育方式和教育观念，学生的性格与道德不能健康发展，学校与消费主义教育环境下的家长的行为密切相关。我们已经遗忘了教育的本质，一直在试图取悦学生，大学的这种不负责任的做法其实是对学生的一种抛弃，学生来接受教育，理应是完善人格与品性、探究学问，但对学生的错误我们始终持纵容的态度，大学被外来因素所左右，失去了独立性与自主性，大学已没有了个性，偏离了教育的轨道，为了卓越而卓越的大学教育让我们不得不反思，大学教育的目的与意义到底何在？

如今，大学成了追求卓越和消费主义这一矛盾突出的牺牲品。家长不再希望孩子的缺点得以纠正，他们希望文过饰非。来到哈佛的学生还是处处依赖于父母，他们也不想获得独立。哈佛学院热衷于取悦学生，而不是帮助他们成长。(P129)

消费主义盛行加之学生的依赖性快速增长，家长越来越干预到大学教育。学生和家长逐渐以一种消费者的立场来看待学校教育，即使大学在不断地迎合学生与家长的需求，但站在消费者特性的角度上，他们对大学的要求也在随之增强。教育失去了灵魂，变成一种低俗的迎合文化，大学教育受制于人。今天制订哈佛学院教学计划的人，口口声声说“自由”“灵活性”“机会”，但他们忘记了自由的

根本所在，这些人的目标仅仅是为了提升哈佛在学生调查中的满意度。（P130）

从学生的酗酒问题上，我们可以更清晰地发现大学教育目标与满足消费者需求之间的矛盾。为了拼命讨好学生，哈佛几乎在向学生宣布，只要不被逮到，饮酒是可以的——这有点像对乱穿马路的规定。学校对待饮酒问题的态度如此含糊不清，学生不知道应该是遵守学校的禁令呢，还是顺从学校的安排。（P134）

哈佛学生早已习惯以卓越自居。然而，最让人感到悲哀的是：家长总是在干预学校教育，他们极尽努力地期望自己能够为孩子争得好处，“父母为孩子代劳”破坏了孩子通过自己行为获得发展的机会。错误不全在于哈佛学生家长的消费文化，哈佛大学本身也在心甘情愿地放弃在学生心灵塑造过程中的责任。哈佛想保证学生的安全和健康，但这种想法妨碍了大学追求更远大的教育目标。哈佛没有提出一个与“培养健全人”相对应的“培养好人”的理想。（P138）在如今的消费者文化中，大学的任务就是让学生开心，而不是给他们以良好的教育。（P139）

作者以联邦政府指控哈佛大学安德烈·施莱费尔（著名经济学教授）和法学院的两位教授论文剽窃为例，批判以萨默斯校长为主的哈佛行政委员会对以上教授道德缺失行为的姑息养奸，批判了纪律制度在哈佛非学术性官僚制度下的无能为力，哈佛的做法实在让人不以为然。哈佛在学生面前丧失道德权威性，“虽然它以高明的手段应对学生中出现的问题，却不能用同样的方式解决教师中出现的渎职的问题。（P139）

在谈及哈佛校园的性侵犯问题时，作者尖锐地指出：在处理这类案件时，哈佛明显暴露出其教育上的败笔。学校没有利用这些机会教育学生承担其责任，相反，学院在怂恿学生更加依赖成人权威，造成一种谁都不用负责的风气。（P143）

哈佛对于校园性侵犯问题的解决并不理想，其结果也未得到巩固。诚如刘易斯的批判：“哈佛似乎在教育女士们：她们无须为自己的利益负责。”哈佛试图完善现有的法院和法律制度，但他并没有成功。哈佛忘记了自己的使命在于教育而非司法公正，这是一种严重的教育失职。也许其自作聪明的根源便是妄自尊大，哈佛人在极力地褒奖和鼓吹自己的智慧，却有失谦逊的风度。“他们不愿意承认自己无法做到公平、有智慧、合乎逻辑。”

（九）学生与金钱——追求教育卓越不分贫富

在多科技术学校，学生一直奉行实用主义的教育宗旨……这些学校的教师和学生不应该遗忘实用性的目标；而在大学里，我们就不能唯“实用主义”马首是瞻了。——查尔斯·威廉·埃里奥特（P167）

金钱时代的高等教育将何去何从？学生将何去何从？当下，金钱左右着大学教育，在很大程度上干预着教育决策。但不可置否，我们不能完全地将其否定，金钱有时虽歪曲了大学课程和学术追求的方向，但它也改善了教育设施，从而使得学生受益。然而，学校对金钱的使用合理与否，都缺乏始终如一的原则，因此学校也无法向学生传递一贯的、具有教育意义的信息。（P168）对于哈佛来说，萨默斯校长在2004 年提出，实现教育卓越有赖于教育的多样性，哈佛实现了贫困生不用交学费政策。上哈佛可以不分贫富，他消除了社会阶层的差异。但是在2005年时，哈佛却首次允许有经济能力的学生雇用清洁工为其服务。这一事件引起了媒体和学生的广泛关注，但哈佛的失败却在于从未解释为何要这样改革。作者认为这实际上是哈佛领导“拍脑袋”的结果，哈佛的动机不仅伤害了学生，同时也在抹黑自己。

针对哈佛的免交学费与“宿管”政策，作者认为：我倾向于建立一种更加平等的哈佛。无论这样的哈佛多么不完美，至少学生不用每天为作出何种经济选择而犯愁。当然，学生毕业后会回到现实世界中，或许现实世界与他们过去了解的世界截然不同。但是，大学时光不是用来思考我们过去是谁或者现在是谁，而是用来思考我们将可能成为谁。大学生活中略带乌托邦式的氛围，可以解放学生的思想与精神。大学应该点燃学生的希望之火，鼓励他们实现远大理想，而不是提醒他们现实有多么残酷。（P173）

金钱与实用主义在大学校园的盛行，一方面，哈佛更期望教授能够更多地参与那些能让大学获得更多经济利益的活动中，另一方面，学生更多地关注于职业与能力，职业主义充斥校园，而这与象牙塔式的大学教育理念相悖。对于哈佛学生来说，这种功利化的学习动机不仅有失自己的身份，也使得哈佛本身困惑不已。学生到底需要怎样的教育？这种教育以怎样的知识体系来呈现？

作者指出：哈佛已经不知道什么才是好的教育，在这个缺乏教育原则的时代里，学生的学习动机当然是为掌握独门绝技、为就业做准备，而哈佛也只能通过抨击学生的学习动机，才能转移人们的视线，否则人们将发现，哈佛的教育其实是“一丝不挂”的。如果哈佛意识到：教授传授的知识并非都值得学生学习，学生也应该有机会学习一些实用知识，那么，哈佛仍然可以提供优质的教育。只有遵循这些简单的原则，教育的理想才得以延续，我们培养的学生才能肩负社会责任，并为社会作出巨大贡献。（P182）

（十）大学体育与金钱——业余名义下的精英主义

比赛正在进行，欢呼声响彻一片……人们激情万丈，但在我看来这毫不过分。谁的身上没有一股压抑已久的力量呢？这股力量将我们带向了更遥远的地方，犹如置身于希腊的竞技场，在那里，荣誉不仅属于力量、速度和美的拥有者，更属于每一个有天分和灵感的人。——乔治·圣塔亚那(P183)

最后的章节，作者从大学体育的困境与体育的标准化理论着手，为我们呈现出了当下哈佛大学及其他常春藤大学体育发展的举步维艰。与普通学生一样，运动员也是天资聪颖、追求卓越。然而院长、系主任和教授们的体育观念却是陈旧、墨守成规甚至是偏激的，他们对运动员心存偏见。在哈佛，体育生被认为是哈佛校园内最受人藐视和得到不公正评价最多的群体。(P185)一位教授曾毫无理由地将一名体育生“请”出了课堂，只是单纯地因为他是体育生，这听起来是多么滑稽，可它就是实实在在地曾发生在哈佛的课堂中。这种偏见由两个方面的原因造成：第一，教授自认为追求不同(学术追求与运动追求)；第二，体育与金钱挂钩。即使是已经进入21世纪，美国的大学体育还是在人们对体育矛盾的观念中夹缝求生。

但作者认为，我们其实一直在忽视运动员身上所具有的独特的品质——他们具有坚持不懈、勇往直前、不屈不挠的品格；他们执着地追求着长远的目标，他们热情地追逐着完美的境界。如果想在学术、艺术或其他领域达到卓越的水平，同样需要具备这些品质。(P217)

正如奖励不会降低学习或艺术的价值和目标，竞争和金钱的奖励也不会玷污体育的性质。在任何领域，追求卓越不只为了娱乐——追求卓越是一种美，它给人类的灵魂带来了深深的满足感！(P217)

三、总结思考：重拾灵魂的卓越

纽曼说：“大学教育是通过一种伟大而又平凡的手段去实现一个伟大而又平凡的目的。”一个理想的大学是要探究学问、追求真理，教育和训练人的心智和理性，关注人类的命运，培养“社会的合格公民”。一所优秀的大学应该有自己美好的精神家园，以对人的完美性的塑造作为其教育的终极目的。

作为世界顶尖的名校，哈佛追求卓越的地位与声望无可厚非，但是这种对卓越的追求却是以扭曲教育使命与大学价值为代价的。在浮躁与喧嚣的社会下，大学失去作为象牙塔的神圣，与世俗同流，将消费者需求与公共关系作为其办学指南，这是一种可怕、桎梏的大学精神，大学与教育家的理性不在，大学对于学术、学生和国家的责任感不在，恪守教书育人的本分不在，独立的判断力不在，更无关乎于对学生的爱(一个没有爱的教育是不道德的)。它被社会捆绑，失去了自由与独立，迷失了自我，丢弃了灵魂。大学已经忘记了何谓大学，何谓教育。它的浪漫、傲骨、气质日益衰微，它的理想泯灭且流于浅薄。“当一个切实可行的理想即将消逝的时候，实用主义抬头，庸人欢声雷动的时候，虚假的科学已经畅行无阻，所谓学术未从拘泥、庸俗的范畴中解脱出来，这是一种悲剧，须知大学全靠理想。”

寻回灵魂的卓越，就是回归大学的理性与教育的使命。卓越与灵魂并不矛盾，矛盾的是我们如何在追求卓越的道路上守住灵魂，实现二者的高度统一，真正做到各美其美、美人之美、美美与共、天下共和的大学教育使命。我们呼吁一种安静、富有良知与学术高度自由的大学气质，教师与学生能够诗意地生活，守望大学的传统。大学作为一个有机的生命共同体，它强调自由与独立，冲动、历史、文化才是它生存与发展的土壤，然而当我们抛弃这种自由与独立精神的时候，“它就可能走向精神的异化、生命的衰微与道德的伪善”。因此，寻回灵魂的卓越，我们需要以一种致虚极、守静笃的教育心境，坚守大学的价值，守望我们的心灵，做到洁身自好。

讨论部分

唐松林老师：读罢此书，不仅感谢哈瑞·刘易斯院长给予我们的关于大学的卓越与灵魂的警示，也要感谢魏婷婷同学与我们的分享与思考。大学与教育的灵魂到底是什么？大学究竟要实现什么样的目标？学生究竟要成为什么样的人？为何说哈佛大学在追求卓越的过程中失去了灵魂？大学生到底应该怎样学习和生活？大学中的道德滑坡与学术示范缘于何故？学生应该受到怎样的评价？学生如何坚守自己的本分？这些问题，唤醒了我们很多的思考，我们的大学在这个喧嚣、躁动的时代何以实现有灵魂的卓越，如何使知识、创造与良知在大学中绵延，在人类中绵延？

向雄海：从哈佛的大学教育思及当下的中学教育，我们无不担心，麓山国际实验学校也许有一天也会失去灵魂吗？教育的灵魂在于培养人的道德、责任感。在追求卓越的道路上失去灵魂，也许是教育人忘记了教育的本质。借用菲利普·杰克森的话：“教育是促进文化传播的社会活动，教育能使受教育者的性格与人格产生持续向好的变化，教育不仅能影响人还能影响社会环境，进而影响整个世界。”对于教师，无论社会环境怎样变化，教师都要有自己的主见和立场，在关注学生分数的同时，始终不偏离人才培养的目标。对于学生，一个学校培养的学生应该有他特定的气质，学校的文化会植根于他的生命中，他的精神生活应该是充沛的。以我自己的经历告诉学生，应该清楚学习的目的是什么，在学习的过程中，随着年龄的增长，我们可能忘记了知识本身，但是通过学习而沉淀于自己的能力与思维方式是我们永生的宝贵财富，它们真正促进了我们的成长。

李梅芳：看完此书，脑海中浮现出《大学》的训诫：“大学之道，在明明德，在亲民，在止于至善。知止而后有定；定而后能静；静而后能安；安而后能虑；虑而后能得……”以中国传统思想中有关大学功用的训诫来启迪我们的思考，大学存在的意义到底如何。

杨杰琼老师：谈及如何坚守大学的本分，我认为：首先，大学要服务于社会；第二，大学要脱离政治、抛弃功利，保持高傲的姿态，才能永葆这片净土与思想的圣地；第三，社会、政府、个人都应该“厚大学”，给它一个舒适、闲逸的环境，让它在沉静中静静地坚守育人的本分。

邹玲静老师：实现教育的宗旨需要教师恪守自己的本分，不仅是兢兢业业，还要不断地反思，我是否给了我的学生匹配的教育。以麓山国际小学部关于湖湘文化的课题为例，教育要教会学生“格物致知”，要以学生为中心，真正为学生而教育，而非为教育而教育，扭曲教育的本真。

刘轶臻：哈佛已如此卓越，却还在反思大学的灵魂，思及当下我国的现实教育情境：“远没有实现卓越，但灵魂却已失去很久了。”让我们不得不反思大学的价值体系、所培养的学生的人格、学生与老师做人与做事的原则。

张博伟老师：教育的目的在于“去媚”，通过教育驱逐媚俗的文化，驱逐媚俗的人格，塑造完美的、具有道德的人。同时通过教育，培养学生的一种思维能力，学会思辨、学会思考。在教育方法方面，我们一直在说适合我们、适合学生的方法才是最重要的，那不禁又为我们抛出了这样一个难题：怎样的教育才适合学生，让老师寓于所教？

佘君君：我觉得我的主题就可以用麓山国际学校的校训——“学会生存，学会关心”概括。第一，对于教育而言，我觉得教育的目标在于使学生学会关心、学会生存。第二，对于教师而言，也要学会生存，学会关心。目前很多的教师处于一种“分裂”的状态，正如梁卫星的《成人之美兮》所描述的一样，在生存现状与教育理想的矛盾中挣扎，行政与教学，任务与理想，所以教师如何很好地生存是前提；学会关心则是需要像关心自己孩子一样关心学生。第三，对于学生而言，学会生存是必要的实践能力，是成为一个完整的人的必需；学会关心则是在这个基础上，了解自己与周围环境的关系、与社会的关系、与世界的关系，做好自己。在成长的过程中，我们需要一颗聪明的头脑和一份热忱的心。

于晓卉：大学的责任是要使培养的人具备基本的文化素养、健全人的心智、完善其人格。学生的责任在于通过努力使自己成为一个拥有“狮子般的体力、鸵鸟一般责任”的人。在教育的过程中，需要学校提供良好的环境，同时学生对知识的汲取予以回应，相互促进，才会实现真正完美的教育。

麓山国际学生：教育就是要给人提供一个成长的平台，教育的意义在于引导学生，使其找到悟的感觉和悟的过程。同时要让人找到真实的自己，这也正如沙龙的意义所在，通过读书，剖析自己的内心，在舒适与闲散中找回自我、找回属于自己的本真。

……

唐松林老师：本期沙龙很是精彩，我们的思考与顿悟还在延续……

大学的灵魂是什么？我想就是自由，自由使我们的创造绵延，自由使我们的信仰坚定，大学的目标就是要培养心灵自由的人、培养全面发展的人，这样的人集创造、智慧、道德与责任于一身。生命的自由生长才是真正的目标，它会呈现独特的、创造性的生命奇迹。

在培养这种“自由人”的过程中，更准确地说，是在促进人自由生长的过程中，作为教育者、学校与政府，必须为其提供良好的培育土壤。自由、学习兴趣、社会责任与社会良知等的释放，不是靠鞭策，而是靠内驱。对于大学质量的标准与评价，无需政府与官员指手画脚，他们只需提供服务而不是行政干预，最好的评价便是大学与大学师生的自我反思，互相对话，学术争鸣，在这一过程中激发生命的潜在性、主动性与灵活性，这才是教育的本质。

在大学内部，处理好知识传承与创造的关系，处理好通识教育与专业教育的关系，处理好个性发展与全面发展的关系，处理好教学与科研的关系，建构师生之间彼此的信任和交往关系。我们应该清醒地意识到，教会学生知识并不是教育的目标，它仅是一种教育手段或工具。更应该认识到，大学的目标在于育人而不是经济效率。哈佛忘记了自己的教育使命，“似乎走上了一条虚荣、不实、哗众取宠的卓越之路”，这是一种严重的教育失职。这对于我国的大学教育，是有现实警示意义的。

大学是个严肃的场所，需要通过自身的教学与学术展现自己的魅力，它需要简化评分制度，使自己的教育过程“有意义”“严厉”和“道德”。它需要建立师生的双向选择制度、改善导师制、缩小课程规模、提高教学的有效性、开发更能启迪学生心智的课程。

《找回大学精神》：大学，你就是自由

陈　坤*

时间：2014年5月21日
地点：湖南大学教育科学研究院310教室
出版社：云南大学出版社，2011
参与人：唐松林（湖南大学教师）、刘轶臻（华融湘江银行内控合规部总经理）、姚尧（湖南师范大学研究生）、张小燕、张燕玲、刘丹丹、余君君、王祖霖、王晨、张娟娟、孙燕、邓洁隽、于晓卉、魏婷婷、廖锐（没有特别注明者为湖南大学在读研究生）

一、书籍概况

（一）作者简介

董云川，云南人，1963年生，云南大学教授，博士生导师，华中科技大学教育学博士。20岁大学毕业，24岁初登大学教坛，25岁即担当高校教务处副处长重责，28岁步入社会大讲坛，30岁起全面执掌教务处工作，36岁时固执转向，静心于人生智慧、管理哲学与高等教育研究，39岁调入云南大学。现任云南大学高等教育研究院院长。

作为学者，董云川教授致力于大学精神以及高等教育改革现实问题的探究，

* 作者简介：陈坤（1986年出生），男，湖南益阳人，湖南大学教育科学研究院2013级硕士研究生，从事教育学研究。

其学术著作《找回大学精神》(2011 第四版)《寻找迷失的象牙塔》(2012)《大学的文化使命：文化育人的彷徨与生机》(2012)《论中国大学与政府和社会的关系》(2004)《高等教育机会与社会分层》(2005)以及许多论文的观点广为流传，在学术界影响深远。作为学科带头人，他创建并执掌着中国西南一个复合型的高等教育研究组织，在研究生培养、教育评估、教育中介服务和高层次学术活动交流等领域独树一帜。作为演讲人，他受聘为许多教研机构的客座教授。近年来，应各界邀请讲授的学术报告数百场，听众累计达数十万人次，内容涉及领导韬略、禅的管理与人生智慧、教育理想与教育现实、高等教育改革与发展、成功者修养、沟通艺术、人生的困顿与抉择等。

(二)内容简介

基于中国高等教育改革与发展现实中存在的种种矛盾,《找回大学精神》一书以其独特犀利的视角和充满激情的解析话语，赢得了学术界和高校师生甚至是社会其他行业人士的广泛认同。本书初版于1998年，修订再版于2001年，发行后在社会各界及学科学术领域引起了强烈反响，作者增补了一系列面向未来的思考，在时间段上两个世纪得以衔接，大幅度删节了第二版中一般化的内容，使得全书风格更具个性，内容更为精粹。2011年，由出版社全面改版、隆重推出的《找回大学精神》第四版，不失为一部充满人文思想气息的精品之作。他认为，大学精神就是在冥冥之中导引我们前进的那个东西。那个东西是什么不一定说得清道得明，但是它的确存在，而且是不折不扣的真实的存在，我们只可以通过特征来把握它。大学精神本源于文化，弥漫于校园，存在于学生、学者及学术之间。精神附着于躯体，一个组织一旦失却了“精、气、神”，则难免沦为“有体无魂”的平庸的存在。至少，大学精神在方向上还是可以把握的，而这个“方向”正是笔者奔走呼号的目的。

二、章节赏析

(一)找回大学精神

第一部分首先指出今天大学存在的困惑，大学深受市场经济以及功利主义、官僚主义的影响，大学现在更像是臃肿的行政机构，以营利为目的的企业，大学在适应社会的同时迷失了自己，大学教师以及学者竭力争取行政权力、评职称以及申请科研经费，很少有人潜心于学术，他们在教育别人的同时忘掉了自己。然后论述何为大学的本性，大学本性为何会迷失。

“大学更像是政府，拥有太多的机构、太多的官员、太多的会议和太多的文件，其管理运行机制几乎完全行政化；大学还像是职业培训中心，只要有钱，什么课都能开，其办学行为几乎完全功利化。许多学校常穷于‘适应’而忘掉了学术使命；商品化、世俗化之风充斥校园，吞噬着自由清新的学术空气；大学教师和学者们也掉进了学术理想与生活状态的两难陷阱中，学术与权术两全之策并不存在。”（P2）

“当有人认为大学除了能发文凭外可有可无时，大学就该反省自己存在的价值了；大学的本性就是为承担社会责任而执着于高层次学术研究与人才培育活动，充当社会发展的文化先导。在大学里追求真理是人们精神的基本要求，是大学进步的条件。”遗憾的是，今天的大学什么都关心——谈经费、谈人事、谈机构，就是不谈教育本身”。（P4）

我比较赞同雅斯贝尔斯所说的，“大学是研究和传授科学的殿堂，是教育新人成长的世界，是个体间富有生命的交往，是学术勃发的领地”，大学教师是大学本性的有力体现者或维护者，哈佛大学前校长科南特曾说“大学的荣誉不在于它的校舍和人数，而在于教师质量”，大学教师无心于学术研究，就不会有科学追求精神，无法培养出有创造性的学生，无法拿出卓越的学术成果，也就会失去大学本性的基础。首先，为了找回大学的本性，重塑和坚守大学精神，需要我们确立独特而鲜明的办学理念，因为大学理念是学校的灵魂，它将影响到办学模式和方向，影响到学校的发展战略以及学校的生存和发展，大学需确定适合自己的教育理念，避免大学的同质化；其次，大学的行政权力和学术权力实行分离，官本位思想已经严重阻碍学术的发展，所以需要精简行政机构，行政权力的根本任务是为学术服务；最后，大学要建立全新的生存方式，大学要全面调适对社会变革的适应能力，使大学成为一个具有凝聚力、竞争力和创造新精神的集体，使大学培养更多高质量的人才、产出含金量更高的科研成果。

（二）在博弈中蹒跚的中国大学管理

“中国成功加入世贸组织以后，国际化的呼声更是一浪高过一浪。从形式上看，中国大学早已栖身国际高等教育大家庭，与世界大学共享着各种各样的教育概念与学术称谓，然而与发达国家相比，中国大学基本上仅只是一种形式上仿真的文化存在，其并非主要为了学术的发生发展而存续。”（P12）

“今天的大学已经染上了世俗市侩的一切坏毛病，官僚化以及寻租行为在大学早已司空见惯，更可悲的是象牙塔之中的生灵们对此都津津乐道，而且乐此不疲。功利主义太重就会急功近利，急功近利就会学术浮躁，这就导致揠苗助长、造假抄袭现象屡有发生，大学文化积淀薄化。”（P18）

第二部分首先论述概念的国际化，与世界大学的交往越来越频繁，但大学实质上的运行依旧与国外大学无法对接，远远落后于欧美大学，其中的一个主要原因是大学的官本位思想以及行政权力的泛化，妨碍大学的生态、有机发展。官本位是中国教育不能承受之重，是中国高校跻身世界一流高校的绊脚石。阻碍中国大学国际化有三个重要因素：其一，就是无根，本土化、区域化、个性化不足，缺乏平等的对话资本；其二是无性，即作为文化组织的独立性不具备，缺乏大学跨国界沟通对话最根本的接口——自由之学术和独立之精神；其三，功利化思想是阻碍中国大学跻身世界一流大学的一个重要因素。寻租行为在大学中大行其道，高等教育的功利性原本没有错，错就错在当前的逐利行为远离了教育活动本真的意义，包括人性的生长、文化的发展、科学的进步、自由的学术以及独立的品格，而将错就错的行动取向根源于人们对潜规则的普遍认同和纵容。因此，当前盛行的趋利、短视以及庸俗化的关系往来等，违背教育及学术规律的流行运动也是集体纵容的结果。笔者认为，作为文化人的学者和文化组织的大学，应该多一些文化自觉，少一些对名利的追求，视自由之学术和独立之精神为大学的核心价值，当越来越多个体之文化自觉连成片的时候，大学精神就会悄然回归。

（三）职称评审异化论

职称评审异化根源在于“不记名投票”。这一原则为所有的偏差提供了庇护所，同时实现了圆满的暗箱操作。情感可以浓烈，义理可以慷慨，出手画圈又当别论，故“义利”在形式上得以两全。“一方面，可以为友人之评审两肋插刀以求义气；一方面，可以挥笔自如想宰谁就宰谁以遂己愿”。(P22)

“笔者并不否认有评审制度以来其产生的积极的、上进的、整体的推动作用；同时也不否认其作为奖励主体杠杆之决定性功能。在评审杠杆的引导下，教师们开始专注于指标而离学术越来越远，专注于“科研”而离教学越来越远。在这样一种评审体制中，接近任职条件但未达条件者最容易通过‘活动’获得晋升，而已达到条件但默默无闻者最容易成为牺牲品。”(P25)

第三部分主要是探讨职称评审异化有人性、文化和制度三个方面的原因，具体表现为两类：一是出于善意，即因部门利益和同情心驱使投票而出现的评价偏差；二是出于恶意，即因个人利益冲突或压制他人而导致的评价偏差，但其中最主要的原因是不记名投票，专家投票的选择不能以自己的学术尊严作担保，专家不对自己的学术评价负责，那么评审就谈不上公正，做不到公正也就无法评选上称职的学者。并且由于投票采取不记名的方式，评委投票的主观性大大地加强，评审前评审委员家里穿梭不断的说客、电话和送礼，不断挤压着公正的天平。职称评审异化的另一个重要原因是以功利主义为指导思想的评价机制。无可非议，功利的奖励制度在一定程度上促进学术的发展，但是过度的功利化使教师们忙于评职称、申报课题和猎取科研经费，忽视教学和学术，使教师更功利化，偏离大学的精神。笔者认为职称评审要回归公正，其核心是建立约束机制，废除不记名投票，进一步增强评审的透明度，为评审对象提供公平竞争的机会和证明自己的舞台；其次，学术评定委员会要排除行政权力的干扰，学术评定委员会的成员理应都是专家和学者，而非行政领导，因为专家评审的价值在于专业化的审议和审定，如果评审仅依靠指标来裁定，那么无须专家参与，由行政人员来完成更客观。

（四）论大学行政权力的泛化

第四部分主要论述在大学系统中行政权力泛化的危害，中国大学定位于行政事业单位，造成了身份和地位的危机，导致大学机构臃肿，缺乏民主，行政人员过多，官本位主义对学术领域的浸染，从而使更多的人去关心权术而不是学术，学术带头人官僚化以及官僚学术化使得大学迷失本性。

“学术权力的政治化、行政化，各种非学术力量对学术性活动的干预，如学位授予、职称评聘等。行政泛化现象直接影响并遏制了教育的品味和学术风气。”

“中国当代大学自20世纪50年代奠基以来，就其组织结构而言已经不完全是真正意义上的大学，而是国家行政体系在高等教育系统的延伸。其主要特征是，庞大的行政队伍是支配和支撑高校的真正主体；权力意志成为大学运作的根本的价值信号；大学学术管理在许多层面上已被行政管理所替代。”（P49）

紧接着阐明行政权力应重新定位的道理，权术要服务于学术，正如姚启和教授曾说的那样“学术管理的重心在基层，实行自下而上的管理；行政管理的中心则是在上层，实行自上而下的管理”。科恩和马奇认为，同欧美大学一样，中国大学应该贯彻以下原则：权力分散、学校自治、学术自由、学术中立以及责任制。大学需要强化学术，淡化权术，大学权力只应该分配于教授、学者手中。拉塞克和维迪努在《教育内容发展的全球展望》一书中指出：“行政的扩展超过某一界限后便会变得特别昂贵，因此必须对其压缩，至少要使其分化。”为了回归大学的精神以及本性，必须全面废除大学行政级别，而代之以职业化、专业化的教育管理队伍；精简机构；实行民主管理，依法办学和专家治校。

（五）复归于朴：关于教育改革与质量提升的三点觉悟

大家都在忙“质量”，人人都在论“改革”，在这样的情形下，教育质量下滑之势有增无减，何也？就其根本，近年来大多数教育改革或所谓创新之举，难免南辕北辙，舍本逐末，背道而驰。在浮躁的教育改革形势当中，提高教育质量的关键到底何在？笔者认为，中国大学教育最紧迫的问题还是“复归于朴”（老子语）！认定教育改革不能离开教育的本源和大学的逻辑，而是取决于教育行为。（P101）

这一部分主要论述近年来高等教育改革备受重视，教育质量也一直是高等教育改革的焦点，然而却收效甚微，甚至经过教育改革，教育质量反而下降。面对日益显著的教育质量危机，作者认为最重要的是“复归于朴”，具体表现为以下三方面：第一，教师不是管理的对象，而是管理的主角。在现代大学的生长逻辑之中，大学自治、教授治校、学术自由是在世界范围之内通行且事实上行之有效的生存法则。然而在中国大学的实际运行之中，主次关系早已颠倒，教师成为被管理的对象，教师缺乏自主权。德国教育家洪堡认为，在遵守国家规章制度的前提下，从事其学术的大学教师不受其他的约束，不受社会种种利益的牵制，理应享受完全的自由。第二，学生不是教育的对象，而是服务的对象。学生的存在决定了学校的存在，学生是学校服务的对象，学校服务的目的是让学生健康成长。为了满足主体服务对象的要求，大学务必以学生成长为逻辑组织教学活动，以学生成长为逻辑配置教育资源，以学生成长为逻辑建构组织体系，以学生成长为逻辑建设校园环境和大学文化。第三，创新不是教育质量的关键，“复归于朴”才是当务之急。近年来，“创新”成为大学的流行语，许多大学在创新的大箩筐工程中盛入了许多闲杂事务，结果教育质量却没有得到提高。笔者认为，中国大学的教育质量问题根本上是因为基础不实，不守学问之规矩，既不能够又不能安心提供足够到位的教育服务所致。回望历史，大师云集，成果丰硕的时代，似乎并没有那么多的创新口号，教育质量的关键无非是敬业、忘我、执着、激情、责任心、耐心而已。

（六）大学点悟——纽曼的启示

这一部分首先论述大学是教育场所而不仅仅只是教学场所，纽曼认为不能把教育和教学等同，“教育是一个较高级的词，它是指对我们的精神本性以及性格的形成起作用的行为，它是一种独特的和持久的东西”。

“大学是教育场所而不仅仅是教学场所，纽曼反对大学将知识孤立地传授给学生，他认为‘知识的各个部分是联在一起的’，纽曼认为大学的知识是某种理智的东西，它是通过领会、感觉所得到的启发，是一种习惯，是一种精神能力，这就是为什么把大学说成是教育的场所而不是教学的场所的原因。”

“智力培养本身就是目的，智力的培养是一种独特的目的，这种智力拥有知识，然而良好的智力训练必须以自由教育为前提。”

“大学到底培养什么人，如果必须给大学课程指定一个实用的目的，那么我说它是训练社会的良好成员，它的艺术是社会生活的艺术，它的目的是适应世界。”（P193）

大学的目的，纽曼认为是智力训练，理由是：一方面，大学的目的是理智的，而非道德的；另一方面，它以传播和推广知识而非增扩知识为目的。两方面相综合，纽曼认为大学教育的目的是理智训练、发展人的理性，以达到完善个性的目的。在此基础上，纽曼强调大学的教育更要注重培养学生的理智能力，大学要做的事情就是要把理智的培养作为其直接范畴，或者是投身于理智的培养，去积极探索真理、掌握真理。智力培养的前提是自由教育，纽曼认为，自由教育不是为了某一特定目的或偶然的目的，而是为了智力而训练智力，是使智力能够感知其合适的对象，是为了更高级的文化。关于大学培养什么样的人，纽曼认为，大学的培养目标是绅士，这种绅士智力发达、情趣高雅、直率、公正、客观、举止高贵、注重礼节。可见，纽曼要求大学培养的社会良好成员是充满智慧和思想，勇敢、正直、宽容的绅士。

三、总结思考

(一)何谓大学精神

董云川先生认为，大学精神就是在冥冥之中导引人们前进的那个东西。那个东西是什么不一定说得清道得明，但是它的确存在，而且是不折不扣的真实的存在，我们只可以通过特征来把握它。大学精神本源于文化，弥漫于校园，存在于学生、学者及学术之间。我认为大学精神就是大学立足于本性，在自由地实现内在超越的过程中所凝聚、体现出来的特质和风貌，是大学的质的规定性。我理想中的大学精神有三个最基本的思想意蕴：

其一，大学精神就是大学的“自由”。正如别尔嘉耶夫所说，“精神是主体，精神就是自由”,可以说，自由既是精神的前提，又是精神的题中之意，是包裹在精神最深处的意义；不在自由这一前提下谈精神，是空谈；自由丧失了，精神便荡然无存。精神的主要标志是自由，大学作为一种存在，自由是大学精神的前提条件，大学没有了自由，“大学精神”就失去了根基，而无从谈起。同时，大学自由意味着大学要独立于一切决定论之外，即大学若是受外界事物决定，成为为了他者的存在，那么大学精神的主要标志——大学自由就丧失了，大学精神也就消失殆尽。

其二，大学精神就是大学的内在超越。大学自由实质上是大学对外在决定论的一种突破，与此紧密相关，大学精神就意味着大学要实现内在的超越。大学精神在此就是一种真正的乌托邦精神，指向一种基于现实而又超越现实的内在超越，以内在的超越抗拒外在的决定意志。在现实与理想之间，既要保持一种必要的张力，又要不断打破这种微妙的平衡。大学的生命力在于大学始终致力于在传统与变革之间建立和维持平衡，这是大学的内在超越使然。“内在的超越”之于大学，就好比一匹硕大的骏马身上的一只“牛虻”，它总是以一种反思批判的姿态与目光，使大学不在“常态”之中沉沦，并能不断超越更新，创造更高远的意识境界、生存境界。

其三，大学精神就是大学的质的规定性。大学的“质的规定性”，向外表达着大学之为大学的“所以然”，是大学存在的根本价值和意义。大学精神使大学名副其实，有大学精神，大学才是真正的大学，它不受功利性趋向的牵引，而追求内在的意义；它置于外在的功名之外，而不依从于社会舆论，不限制于社会日常性之中，是激起大学突破社会重围的力量。

（二）大学精神的失落

1．市场化、功利化对大学精神的消解

受市场化的影响，大学犹如企业中的一个加工厂，产品的型号、质量、样式均由这个企业按照市场需求来决定。大学的受教育者由活生生的“人”变成了可以批量生产的“商品”；大学的教育者作为精神劳动者，也变成了经营者谋利的手段。蔡元培认为，“大学机构之所以生新民之效者，盖又不出二途。一曰为社会之倡导与表率，其在平时，表率之力为多；二曰新文化因素之孕育涵养与简练揣摩。而此二途者又各有其凭藉”。大学通过对社会发挥表率与倡导的作用、孕育并涵养新文化因素，以实现“新民之效”，而在市场的价值准则面前，大学更多的是像商业组织而不是教育机构来思考问题，要指望这样的“大学”起到薪火相传、达致“新民之效”，纯属一厢情愿！

2．大学科层化（官僚主义）对大学精神的解构

现代大学在科层制的示范与驱动下，转变为官僚化机构。科层制本身的弊病，以及大学组织对科层制的不适应性，对大学的发展意义而言，并不能带来真正的管理效能，造成了制度的失灵，是对大学精神实体的摧残。在大学里，各种评审制度层出不穷，颇有市场。评审制度通过设计数字、指标，以量化的形式，呆板而简洁地把大学知识分子的工作状况分成三六九等。评审制把品质控制和如何量化工作表现等逻辑，延伸到高等学府。评审要量化工作表现，等于将教师变成一堆可以描述、计算、并能互相比较的数据。每个个体在评审的眼皮底下，受制于无形的规训权力。在这层意义里，大学知识分子被管理者设置成为对象化的客体，其主体性只有在知识分子的自觉自律所营造的精神世界得以实现，而这种制度又恰恰以资源分配为筹码挤压了知识分子的精神空间。

（三）如何重塑和坚守大学精神

1．坚守大学的自由

大学是一种精神存在，自由是这一存在的前提，没有自由的大学谈不上有“精神”。大学是一个组织实体，依其本性，自由是这一实体的根基。大学的本性是学术性与教育性，无论大学职能如何演变，其本性难以改变，也不能改变。大学自由就不仅仅是老生常谈的理想，不仅仅是对未来的展望，而是要表达在大学的举止投足之间。彰显大学的本性，使大学走向自由的归途。立足于本性，大学

神圣的天命就是追求真理、思想、学术、成人，而行使其天命，大学首先需要自由。

2．大学要有批判精神

批判是大学精神的要义。质问大学为什么具有批判精神就像质问牛虻为什么会在牛身上一样，根本的答案是大学的自然本性使然。“牛虻”是一种精神象征，来自于苏格拉底的一个著名比喻，它主要有两层含义：一是像苏格拉底那样，做一个坚定的理性主义者，对充满庸俗气的麻木现实痛加针砭，并通过与人民大众灵魂深处的对话，使人们对其生活现实产生一种真正的人性意识；二是小说《牛虻》中展示的那种理想主义精神，它作为一种纯洁的精神财富，能够帮助知识分子挣脱物欲的污染与功利性的泥潭，使失去灵魂的浮士德重新变成一种英勇的当代骑士。牛虻精神的两层含义是对大学批判性的刻画，正是以理性主义与理想主义为基石，大学不断地实现自我超越，成为审视人类社会和芸芸众生的眼睛。无论是赋予大学“社会灯塔”之名，还是视大学为“社会的良知”，应该说这些形象的称谓都是对大学批判精神的肯定，而不仅仅是表达人们对大学的一种期望。个人以为，批判精神作为大学精神的要义之一，表达的就是大学的牛虻精神，大学不仅要充当社会的理性主义者，对现实进行理性审视，而且要充当人类的理想主义者，基于人性真善美境界的理想追求，从而为人类社会开掘、积聚精神资源，为人类建设丰饶的精神家园。

3．厚生，加大对大学的投入，为大学精神的重塑提供物质保障

我国大学过分强调商业行为，导致大学精神丧失，主要原因有两个：一是对大学性质及其职能认识上存在偏差，过分要求大学面向经济建设主战场，而没有认识到大学与企业的区别以及为社会服务的特殊性；二是投入不足，致使大学为了谋求生存而“不务正业”，去从事生产经营活动。哈佛、斯坦福、牛津、剑桥等大学每年的经费收入都在10亿美元以上，而我们的大学的年经费收入只有人家的几分之一，甚至十几分之一。在这种情况下，迫于生存危机的压力，大学逐渐偏离主航道，迷失了大学的精神。重塑大学精神，要求政府真正重视教育在社会发展中的地位和作用，增加对大学的投入，健全教育投资体制，实现经费渠道的多元化，使大学远离商业经营，与经济建设第一线保持适当的距离；使大学做它真正应该做的事情，而不是相反。

讨论部分

唐老师老师：董云川先生大家并不陌生，我们听过他的讲座。刚才陈坤同学对他的《找回大学精神》进行了介绍，并谈了许多自己的体会，使我们对大学有了进一步的理性认识。我想大家生活于大学中，对我们的大学都有自己的判断，我想听听大家对大学的看法，建议围绕以下问题进行讨论：我理想中的大学是什么？我生活的大学如何？我们应该如何做？当然，你有其他的问题也可以谈。

刘丹丹：我想对第一个问题——“我想像中的理想大学的样子”谈谈我自己的看法。我理想中的大学要有六个标准：

独立。陈寅恪先生曾说：“独立之精神，自由之思想。”我认为这句话不仅是知识分子的心声，更是高校的办学要求。理想中的大学必须有独立的特性，能摆脱一些外在评价模式，使大学办出活力、办出个性，让中国大学避免同质化的困境。

自由。对中国现实而言，我们的大学应该去行政化，去教师权威化，使教师有研究学术的自由与空间，学生有自我表达的机会，如此，大学才能繁荣。

包容。蔡元培曾说：“大学是研究高深学问之地。”那么高深学问到底是指什么呢？是否仅指一些科目呢？很显然，在我们国家，大部分大学都有自己的重点科目，我们湖南大学就以工科为主，但是一所真正的有前景的好大学，必须允许多种学科共同发展，对一个学术问题允许争论存在，而且学生也必须来源广泛，包容学生出身，包容学术争论。

批判。这一点和第三点类似，对于学术问题，要鼓励争论、鼓励质疑。学生在质疑教师、质疑权威之下，才可能超越。

平等。师生关系是大学的重要元素，我理想中的大学，师生应该是一种平等的关系，不存在尊卑，当然，这并非指丢弃尊师重教的传统，只是在人格上、学习上师生是平等的。师生相互尊重也是平等的表现之一。

国际化。现在的世界逐渐形成一种国际村，对大学而言，国际化是理想大学的必要特征。实事求是地说，国外很多大学的很多东西值得我们学习，我们要充分抓住时代机会，扩大大学的国际化程度，不仅学习外国先进的一面，同时也可以扩大中国大学的影响力。

孙燕：大学中存在的主要问题是行政化，行政化可能导致学术的自由风气受到影响，这使大学无法做到以人为本，以教师和学生为本，因而人的主体性难以发挥出来，人的个性、天赋与精神等受到了贬低。大学如果不能发挥人的主体精神，就不能培养真正的有个性与创造力的人，大学就不能真正为社会做贡献。大学要培养不一样的、有创造力的人，需要营造良好的环境。

廖锐：我认为对策首先是关于学校管理方面要下放权限，政府给予学校足够的自由，自由包括学习自由和学生管理自由。至于学校应该如何去做，其实学校应该是自己心知肚明的，就如一个人想要什么也是自己最了解的。因此，我觉得学校应该自由、学生应该自由。其次，大学要尊重学术，尊重大学文化。大学可以说是文化的载体，也是传承文化的主要场所。而现在大学的许多行为都是不尊重学术和文化的，将学术、文化视为一种手段、一种工具。因此，改变传统的学术观念是非常关键的。

姚尧：中国大学存在以下问题：首先大学太过于功利。功利主义使大学忘却自己的使命，功利主义使大学的学术成为斗兽场，一股股爆发式的欲望激情在那里宣泄。竞争、贪欲、野心、对立、冷酷、贪婪、嗔怒、虚妄、仇视、钩心斗角、指鹿为马、不择手段等，深深地扎根于我们的日常生活中，腐蚀我们的心灵。大学在功利主义中浮躁，在浮躁中被蒙蔽。其次是官僚化。我国官僚体系下的形形色色的学术工程、目标管理、科研课题、成果评奖与等级排名等资源垄断形式，将学者们牵引到行政主导的学术中心，使学者无法潜心于研究学术，行政权力因受到法律和制度的保障而成为显性权力，学术权力则成为隐性权力，彰显不够。行政权力对学术事务过多的干涉使学术权力难以发挥作用。最后是对策：无解，但可缓和。

佘君君：第一，工具主义。大学教师逐渐对工具主义妥协，他们的教学与科研活动，都是为了完成指标与任务，重科研轻教学，外务繁忙。第二，世俗权力。教师自身无法掌握教学科研的评价标准，学术权力明显的是依附于行政权力，大学的专业设置、学科建设、课题申报、晋职晋级、经费、重要的人事任免等，都与权利挂钩。第三，缺乏批判，有的只是温顺的服从。当下的教授已不是学问、学衔的标志，只是获得工资、待遇的一个资格而已。

邓洁隽：在这本书里，我对序言部分的一句话颇为印象深刻，其实大学精神即是一种"找"的过程，这个过程就是真谛所在。大学存在的问题是浮躁，失真。浮躁使官本位、论资排辈、话语权力等成为一种大学时尚，甚至是大学的一种信仰。教学、研究与学习也会自然地演变为一种权力关系和功利价值。甚至，许多人从来就没有怀疑过，自己的科研、教学以及自身的专业化等目标，是可以依附权力寻租与权力关系就可以完成的。于是，我们的科学研究与学术追求演变为拼命地打通关系，甚至趋炎附势，攀附权贵。对策是建立学术共同体。

于晓卉：我认为，大学的氛围是有生命的和历史的，是在历史的基础上长出来的。自然氛围，历史文化加上地缘优势就是氛围，是大学的精神，是大学的灵魂。

魏婷婷：是的，我同意晓卉的观点，大学的精神颇有一种"腹有诗书气自华"的意境。在大学里，这种精神不需要去刻意地营造，当一个校园里蕴含着深厚的文化底蕴，有着悠久的历史，有着参天大树，到处是嗜书之人，到处是善于思考、不断探求知识与真理的人，辩论随处可见，学术不被套在笼子里，老师与学生不被套在笼子里，学校、学术、教师、学生能够独立地享有这种学习与生存意境，充分的自由、自治，这种大学精神就已经足够了。这不禁会让人联想到古希腊的阿加德米学园，一个富于智慧与真理的地方，才是适合人生长的天地。不需要太多的干预，讲究清静、自然。然而，当下这个喧嚣的社会里，躁动的社会恶习已逐渐将大学侵蚀，将黑暗面一点点地渗透。庸人主义下的消费主义、官僚主义、分割主义等，正在将大学的精神驱逐，以媚俗的文化来代替雅文化。当这种精神消弭的时候，人的身心割裂，早已失去了主张，总是在追逐一些晦暗的东西，背弃了心灵，大学人已将大学的精、气、神抛弃，代之以迷茫、遗忘、顺从、他律，这是一种可怕的精神桎梏。所以，找回大学的精神重要的还是要找回大学人的精神。大学的精神不仅源于其自身的内聚，当一个大学人的精神开始沦落的时候还何谈大学精神。无论这个社会、这个时代怎样变迁，我们都要坚守自己的本心，坚守自己的立场，否则，我们总会洋洋洒洒地随着这股暗流不知奔向哪里。不忘初心，方得始终。守住我们爱智慧、爱真理、爱知识的心灵，如此，大学精神不请自来。

唐松林老师：今天不早了，刚才大家讨论热烈，因为今天的主题是大家所熟悉的。《找回大学的精神》是我们对自己的生存境遇和大学命运的深刻反省，是一种对于教育的平庸之“恶”的理性解释、反省与建构。我同意婷婷说的，“大学的精神有一种‘腹有诗书气自华’的意境”，它不需要去刻意地营造。

《找回大学的精神》揭示，现实的功利、行政权力从根本上决定了大学的内涵，决定了大学师生的生存方式与行政权力与学术权力的关系，把大学完全导入完全异己的过程。在这一过程中，人被客观化，因而人的主体性丧失，人缺乏想像与创造，因为人已经成为权力机器中的一个部件，成了庞大权力机器的附庸，失去了内在生命力量，人被决定着，被规定着，被塑造着。在这里，人际关系逐渐疏远，没有争鸣与互动，一种异己的力量使人变得淡漠、隔绝、失落。

克服平庸之“恶”，建构理想的大学，不需要太多的理性设计与科学程序，否则就是一种干预，就会逃离大学的本质，步入平庸之“恶”。回归大学本身，须怀素抱朴，讲究清静、自然，大学是一个追求真理、传播文化与创新思想的地方，它的社会职能是通过它的思想、发现与创造的力量再现出来的。大学应该在绵延自身的历史传统与特色文化中，使自己的精神淳朴浑厚，散发出高贵的知识与精神气质。也如晓卉说的，“大学的氛围是有生命的和历史的，是在历史的基础上长出来的”，而不是被建构出来的，所以，珍惜大学自身的历史与文化，这是大学的精神，是大学的灵魂。

《文化苦旅》：苦涩的回味

李 倩*

时间：2015 年 11 月 23 日

地点：湖南大学教育科学研究院 301 教室

出版社：东方出版中心，2006

参与人：唐松林（湖南大学教师）、刘轶臻（华融湘江银行内控合规部总经理）、李京玉（长沙师范学院教师）、侯兰花（长沙市第六中学教师）、匡林林（长沙市第六中学教师）、涂阳军（湖南大学教师）、于晓卉、魏婷婷、邓洁隽、郑洁、覃日怡、孙皓川、李吟霁、于思琪、郭笑丽、李莎、李倩（没有特殊注明者为湖南大学在读研究生）

一、书籍概况

（一）作者简介

余秋雨（1946—），中国浙江余姚人，当代著名散文家、文化学者、艺术理论家、文化史学家。早在 20 世纪 80 年代中期，被推举为当时中国内地最年轻的高校校长，并享有“中国最值得尊敬的文化人物”等荣誉称号。20 多年前毅然辞去一切行政职务和高位任命，孤身一人考察并阐释中国文明诸多被埋没的重要遗址。20 世纪末，又冒着生命危险贴地穿越数公里考察了埃及文明、巴比伦文明、

* 作者简介：李倩（1992 年出生），女，湖南湘乡人，湖南大学教育科学研究院 2015 级硕士研究生，从事教育学研究。

希伯来文明等一系列人类重要的文明故地，对当代世界文明作出一系列全新思考和紧迫提醒，在海内外引起了极大关注。

同时，余秋雨先生也是一位饱受争议的学者，赢得过无数的掌声与鲜花，也引来了无数的质疑和批判。一个历经艰难寻找民族尊严的人，一个走遍世间阐述中华文化的人，每次回来总是被扑面而来的谣言所包围。抛开那些无谓的偏见，作为一个知识分子，他的作品已渗透了文人的忧患意识和良知，这点也许是最重要的。正如他在自序中所说，我不敢对我们过于庞大的文化有什么祝祈，却希望自己笔下的文字能有一种苦涩后的回味，焦灼后的会心，冥思后的放松，苍老后的年轻。(P5)

(二)关于《文化苦旅》

余秋雨先生于20世纪80年代在海内外讲学和考察途中写下《文化苦旅》，这是他的第一部文化散文集，也是他的代表作。主要通过山水风物探求文化灵魂、人生真谛、中国文化的历史命运和中国文人的人格构成。全书共37篇，分别为《道士塔》《莫高窟》《阳关雪》《沙原隐泉》《柳侯祠》《白莲洞》《都江堰》《三峡》《洞庭一角》《庐山》《贵池傩》《青云谱随想》《白发苏州》《江南小镇》《寂寞天柱山》《风雨天一阁》《西湖梦》《狼山脚下》《上海人》《五城记》《牌坊》《庙宇》《夜航船》《吴江船》《信客》《酒公墓》《老屋窗口》《废墟》《夜雨诗意》《笔墨祭》《藏书忧》《腊梅》《家住龙华》《三十年的重量》《漂泊者们》《华语情结》《这里真安静》。

走在中华民族的土地上，余秋雨先生用其独特的观察力和洞悉力去深思这古老民族的深层文化，用心思细腻的笔触，为这趟巡视华夏文化的“苦旅”写下本书。然而旅途中亲身体验到太多不忍与辛酸味道，也为这本纪录中国千年文化的书，多写了一道苦涩的滋味。未看过《文化苦旅》之前，大概也不会想到，一处处令人流连忘返的风景名胜与历史古迹在它们的背后会有如此深层的含义；走进书中的情境与思考，我们不禁严肃起来，像一群被流放的士子，流放到一块不甚熟悉的土地，逼使我们不得不因那历史和文化的推引，走向前去。

莫高窟如一部罹难的“荷马史诗”，在别的地方，你可以蹲下身来细细玩索一块碎石、一条土埂，在这儿完全不行，你也被裹卷着，身不由己，踉踉跄跄，直到被历史的洪流消融。在这儿，一个人的感官很不够用，那干脆就丢弃自己，让无数双艺术巨手把你碎成轻尘。(P11)沙原隐泉洗净无数过客的尘世铅华，茫茫沙漠，滔滔流水，于世无奇。唯有大漠中如此一湾，风沙中如此一静，荒凉中如此一景，高坡后如此一跌，才深得天地之韵律，造化之机巧、让人神醉情驰。以此推衍人生、世界、历史，莫不如此。给浮嚣以宁静，给躁急以清冽，给高蹈以平实，给粗犷以明丽。(P26) 柳侯祠洒尽了楚臣泪，什么也不怕，就怕文化人格的失落。中国，太寂寞。(P30) 都江堰、三峡、洞庭、庐山、贵池傩、青云谱、白发苏州、江南小镇、天柱山、天一阁、西湖……

一页一页，一切一切。合上书卷，我们不由自主地走向窗前，流动的车潮及人潮正自我宣示另一种文化，不论是在哪里，但是深埋千年文化的疆土呢？也许我们应该背起满满对中国文化的疑虑，亲自去辽阔的土地，让我们读过书后，沉重而苦苦的步伐，也走在上面。

二、章节赏析

《文化苦旅》是余秋雨先生第一部文化散文合集，所收作品主要包括两个方面：一部分是历史、文化散文，散点论述，探寻文化；另一部分是回忆散文。本书以“文化”为框架，用“苦”为基底，“旅”为“文化之苦”的引子，展开一段真实步履却孤身漂泊的“文化旅程”。然而何谓“文化苦旅”？文化又为何会“苦”呢？带着这些的疑惑我们走进余秋雨先生的《文化苦旅》，走入中国的“文化苦旅”。

（一）自然风物中寻觅文化之“苦”

中国名山胜水数不胜数，不仅自然景观雄奇秀丽，而且沉积着深厚的文化底蕴。从道士塔到莫高窟，从阳关雪到沙原隐泉，从柳侯祠到白莲洞，从都江堰到三峡，从洞庭到庐山，从贵池傩到江南小镇，从天柱山到天一阁……跨越了大半个中国，欣赏祖国的锦绣山河，也领悟其悠久历史和灿烂文化，可脚步也慢慢变得沉重了。

记得一位高僧曾说人生的三重境界：一是看山是山，看水是水；二是看山不是山，看水不是水；三是看山还是山，看水还是水。山水使人理智清明，那我们在这中国文化史长河中徜徉时，嗅到史河水中渗透出来的何种气息？又体会到何种人生境界呢？

1. 莫高窟寻觅文化遗失之“苦”

莫高窟作为敦煌石窟的象征，背倚苍凉的鸣沙山，在高大的白杨树掩映下向世人绽露着神秘的微笑。作为一种宗教文化，吸收了印度宗教建筑的艺术精华，又融会了中国绘画和雕塑的传统技法和审美情趣，是研究我国社会史、佛教史、艺术史及中外交流的珍贵资料。余秋雨先生说：莫高窟可以傲视异邦古迹的地方，就在于它是一千多年的层层累聚。看莫高窟，不是看死了一千年的标本，而是看活了一千年的生命。一千年而始终活着，血脉畅通、呼吸匀停，这是一种何等壮阔的生命！（P11）

然而莫高窟历经的风雨却可以比作一道万世经传的长诗。清朝末年，中国封建制度已经到行将就木的时候，没有人愿意再把心思放在这么一块荒僻的地方，莫高窟就此喧哗了。一个叫王圆箓的道士逃荒至此，在这里安下了“家”，成为守窟的人。他身上保有着中国人的良好修养：勤劳、好客。每天早上，都要用挂在腰间的钥匙打开洞窟的铁锁，仔细地审看是否有什么地方不符合他一个道士的身份。至少那些彩绣辉煌的飞天就不合适，于是，找来匠人，粗略地改造了一下，五颜六色的墙壁经白灰一粉刷还真亮堂。唐代的笑容，宋代的衣冠，洞中成了一片净白。(P3)

1900 年的一个早上，这个王圆箓打开了一个藏有从公元四世纪到十四世纪历代经书文物的洞穴。满满实实的一洞文物，每一件都价值连城。可是王道士好客啊，为了招待远方的来客，他只收取了几个小小的铜板，就让这些原本愿意为之送命的强盗轻而易举地用牛车载走了一批又一批的经卷。(P2)从此一个巨大民族的悲剧拉开帷幕。有人掀走了壁画，有人搬走了雕像，有人运走了经书，有人拿走了织绢和绘画。俄国的、日本的、匈牙利的、法国的……他们拉走了一箱又一箱，拉走了一车又一车。然莫高窟在哭泣，在西北苍凉的风中耸动柔弱的肩无助地流泪。

莫高窟的劫难，不仅是对中国历史文化的破坏，应当说，它是整个人类的劫难。我好恨，(P8) 然而这种恨意，是无法用言语来表达的。不止是我在恨。敦煌研究院的专家们，比我恨得还狠。他们不愿意抒发感情，只是铁板着脸，一钻几十年，研究敦煌文献。文献的胶卷可以从外国买来，越是屈辱越是加紧钻研。(P8)这不禁让我们思索：我们该如何保护这遗存的灿烂的文化？而那些已经失去的文化又该如何拾回呢？

2．上海寻觅文化留存之“苦”

上海是一座国家历史文化名城，拥有深厚的近代城市文化底蕴和众多历史古迹。江南的吴越传统文化与各地移民带入的多样文化相融合，形成了特有的“海派文化”。然而，这座在短短百年内充满太多文化色彩的城市，还太年轻了，以至于它登上历史舞台承载太多的厚重。走进上海，情不自禁会被满眼的霓虹刺伤眼睛。

近代以来，上海人一直是中国一个非常特殊的群落。上海的古迹没有多少好看的，到上海旅行，领受最深的便是熙熙攘攘的上海人。他们有许多心照不宣的生活秩序和内心规范，形成了一整套心理文化方式，说得响亮一点，可以称之为“上海文明”。一个外地人到上海，不管在公共汽车上，在商店里，还是在街道间，很快就会被辨认出来，主要不是由于外貌和语言，而是这种上海文明。(P163)

许多人认为上海是一座商业味道特别浓、市场经济极为发达的城市，似乎并没有什么独特文化底蕴的积淀。其实，上海是有文化的。上海不仅受中国传统文化的影响，而且受到西方思维模式的普及。作为欧美文化在中国的落脚点，当全国各地还在之乎者也时，上海已经开始使用“洋火”“洋货”。于是，东西方文化的双重影响下而海纳百川地自成一种独特的上海文明。可是，上海人也由此陷入了一种无法自拔的尴尬。此外，上海文明日益陷入地域文化、信息文化的迷雾，以及一种“求稳、怕惹是生非”的心理迷雾，非但距离文化中心尚远，连自身的文化形象也变得日益模糊。

面对这样一个地方，哪个历史学家都会头脑发胀，索解不出一个究竟。你可以说它是近代中华民族耻辱的渊薮，但是，一个已经走到了近代的民族如果始终抵拒现代冲撞，就不耻辱了吗？你也可以说它是中国人走向现代的起点，但是，哪一个民族走向现代时的步履会像在上海那样匆促、慌张、自怯、杂乱无章？你又可以说它是对抗农业文明而崛起的城市文明，但是，又有哪一种城市文明会像上海始终深受着弘广无比的农村力量的觊觎、分解、包围和笼罩？（P170）

上海的文化底蕴并不如一些人想像中的那般浅薄，在它身后，只是没有容纳那么厚内涵的时间而已。而中西方的相互交汇下，上海如何守住现有文化格局？又如何去创造更有影响力的文化呢？

3. 废墟寻觅文化淹没之“苦”

余秋雨先生说：我诅咒废墟，我又寄情废墟。（P222）这种矛盾的心情，我们也深得体会。圆明园有着“万园之园”的美誉，1860 年的那场大火让昔日震惊世界的园林建筑奇珍顷刻间变为断臂残垣的废墟。八国联军的蹂躏燃烧是对一个民族自尊的践踏。所谓废墟吞没了我的企盼，我的记忆。片片瓦砾散落在荒草之间，断残的石柱在夕阳下站立，书中的记载，童年的幻想，全在废墟中陨灭。昔日的光荣成了嘲弄，创业的祖辈在寒风中声声咆哮。夜临了，什么没有见过的明月苦笑一下，躲进云层，投给废墟一片阴影。（P252）

其实，中国历来是缺少废墟文化的。远年的古铜器需要抛光，出土的断戟需要镀镍，宋版图书需要上塑，马王堆的汉代老太需要植皮丰胸、重施浓妆。但是代代层累并不是历史。废墟是毁灭，是葬送，是诀别，是选择。时间的力量，理应在大地上留下痕迹；岁月的巨轮，理应在车道间碾碎凹凸。没有废墟就无所谓昨天，没有昨天就无所谓今天和明天。（P252）然而只要历史不阻断，时间不倒退，一切都会衰老。老就老了吧，安详地交给世界一副慈祥美。假饰天真是最残酷的自我糟践。没有皱纹的祖母是可怕的，没有白发的老者是让人遗憾的。没有废墟的人生太累了，没有废墟的大地太挤了，掩盖废墟的举动太伪诈了。还历史以真实，还生命以过程。——这就是人类的大明智。（P254）

诚然没有一处建筑可以做到永垂不朽，但是它们承载的文化信息足以安慰千千万万的子孙后代。曾经的废墟安静了，但新的废墟又在产生，无限循环。不管是修缮还是重建，对废墟来说，要义在于保存。圆明园废墟是北京城最有历史感的文化遗迹之一，如果把它完全铲平，造一座崭新的圆明园，多么得不偿失。大清王朝不见了，熊熊火光不见了，民族的郁忿不见了，历史的感悟不见了，抹去

了昨夜的故事，去收拾前夜的残梦。但是，收拾来的又不是前夜残梦，只是今日的游戏。（P255）

时间向前推移，不曾回头，现在的孩子变成将来的老人。中国文化遭遇了那么多次巨大打击，仍然屹立不倒，本身是值得我们骄傲的。但我们以怎样的心态去认识废墟？以怎样的角度去发掘废墟呢？

（二）文人解读中探索文化之“苦”

五千年的文明，卷帙浩繁，中国文人占据太多重要的地位。他们是中国历史的轴心，也是中国文化的载体。但中国古代，一为文人，便无足观。文官之显赫，在官场而不在文，他们作为文人的一面，在官场也是无足观的。（P17）因此，学者称中国的文人大抵可分为以下五种：入仕途发迹者、入仕途而困惑者、入仕途而遭贬者、入仕途而遁入空门者、不入仕者。

1. 阳关唐人探索文化之“苦”

冲着王维的那首《渭城曲》，去寻阳关。走出小小的县城，便是沙漠。除了雪茫茫一片，什么也没有。有这样的地，天才叫天。有这样的天，地才叫地。在这样的天地中独个儿行走，侏儒也变成了巨人。在这样的天地中独个儿行走，巨人也变成了侏儒。（P18）这儿是历代王国的边远地带，长久担负着保卫华夏疆域的使命。但是，长安的宫殿，只为艺术开了一个狭小的门。尽管西出阳关的人依旧，只是大多成了贬官逐臣，也渐渐被历史所遗忘。

踏遍千山万水，文人墨客更愿意置身禅意的风景中，一颗颗被生活的尘埃所沾染的心变得愈加淡泊。王维实在是温厚到了极点。对于这么一个阳关，他的笔底仍然不露凌厉惊骇之色，而只是缠绵淡雅地写道：“劝君更尽一杯酒，西出阳关无故人。”这便是唐人风范。他们多半不会洒泪悲叹，执袂劝阻。他们的目光放得很远，他们的人生道路铺展得很广。告别是经常的，步履是放达的。这种风范，在李白、高適、岑参那里，焕发得越加豪迈。（P20）

在唐代诗坛上，杜甫信儒，李白信道；杜甫近人，李白似仙。而王维是一位虔诚的佛教信徒，以“空”理来消除内心的痛苦。虽然受到了儒、道、佛思想的影响，甚至在他们失意之时为之追求，这恰恰丰富了文人的精神领域。人的性情是复杂、多面的。他们的反省，是在自我人格完善上的体验，是在现实和理想中的生活方式的展示，更能体现他们真诚的一面，似乎更有文人的魅力。而唐代，却没有把它的属于艺术家的自信延续久远。阳关的风雪，竟越见凄迷。（P20）

文人就像一条纽带，把世间的万物与我们的心连起来。山水养育了诗歌，山水造就了文人的风采，但文人更是烙上深深时代印记。但我们古今文明的起始状态和归结状态又该何去何从呢？

2．柳宗元贬谪探索文化之“苦”

古制中国，宦海沉浮，稍不留意，就要受到贬谪。在数不清的遭贬人员中，常有饱读诗书的文人。贬了官，失了宠，摔了跤，悲剧意识就来了。这样一来，文章有了，诗词也有了。过些时候，或过个朝廷，时过境迁，天子觉得此人不错，拨乱转正，恢复名誉。于是受贬官员人品文品双全，传之史册，通之后人。又因他们受贬期间亲热过山水亭阁，足迹所到之处，便成了遗迹，这便形成了“贬官文化”。

命运之神失落了他们，毕竟让他们忍受了太多的痛苦和磨难。柳宗元同样没有逃过贬谪的命运，而是一贬再贬。公元805年夏天，柳宗元被贬至永州任司马，当时这里是远未开化的南荒之地，整个被原始野林笼罩着，潮湿蒸郁，暗无天日。他在永州呆了10年，日子过得孤寂而荒凉。亲族朋友不来理睬，地方官员时时监视。灾难使他十分狼狈，一度蓬头垢面，丧魂落魄。但是，灾难也给了他一份宁静，使他有足够的时间与自然相晤，与自我对话。于是，他进入了最佳写作状态，中国文化史拥有了《永州八记》和其他篇什。

照理，他可以心满意足，不再顾虑仕途枯荣。但是，他是中国人，他是中国文人，他是封建时代的中国文人。他已实现了自己的价值，却又迷惘着自己的价值。永州归还给他一颗比较完整的灵魂，但灵魂的薄壳外还隐伏着无数诱惑。（P28）这年年初，一纸诏书命他返回长安，他还是按捺不住，欣喜万状，急急赶去。兜头一下的确是一盆冷水，面南而坐的皇帝，御笔一画，他又被贬到更为边远的柳州。

朝廷像在给他做游戏，在大一统的版图上挪来移去。不能让你在一处滞留太久，以免对应着稳定的山水构建起独立的人格。多让你在长途上颠颠簸簸吧，让你记住：你不是你。（P29）而这年他43岁，正当盛年。他四处打量，终于发现了这个罗池，池边还有一座破损不堪的罗池庙。他无法预料的是，这个罗池庙，将成为他的祭祀，被供奉千年。什么也不怕，就怕文化人格的失落。中国，太寂寞。（P3）在柳州的柳宗元，宛若一个鲁滨孙。以一个小小的贬谪官职挖了井，办了学，种了树，修了寺庙，放了奴婢。毕竟劳累，在47岁便客死柳州。

一代又一代文人带着崇敬和疑问仰望着这位客死南荒的文豪，重蹈他的覆辙而贬官。其中深藏太多中国文人的辛酸苦辣。到现在，游人看到的仅是一个祠堂（柳宗祠），却不大愿意进去。几个少年抬起头看了一会儿石碑，因为读不懂那些碑文便匆匆离去。

今天的文化发展早已走出了贬官文化的模式，这应该说是好事。但贬官文化也启迪我们，文人大师们都是在大寂寞中修炼而成的。时下的文字颇为喧嚣，也在喧嚣中显示了无法遮蔽的浮浅。面对新的时代发展，更应该勇敢肩负起时代的重任，不断开拓、进取，展现其丰富的人生。

（三）文化继承中思考文化之“苦”

《中庸》说，“至诚无息，不息则久，久则征，征则久远”，中华民族创造的中国文化，博大精深，源远流长，充分显示了炎黄子孙的无穷智慧和宽广胸怀，让世人认识一个具有悠久历史而光辉灿烂的国家。每个历史时期都有不同的历史发展，在极为复杂的不断转换或衍迁的过渡性变局中，在以流行文化为主导的时代下，该如何继承我们的传统文化？而继承中又会有怎样的无奈和难堪呢？

1．天一阁遗存的藏书思考的文化之“苦”

天一阁，是我国现存最古老的私人藏书楼。之所以叫天一阁，是创办人取《易经》中“天一生水”之义，想借水防火，来免去历来藏书者担心的火灾忧患。范钦是天一阁的创建者，为了保护藏书而订立了严格的族规，世代的子孙严格遵循“代不分书，书不出阁”的遗教。因此只要是智者，就会为这个民族产生一种对书的企盼。他们懂得，只有书籍，才能让这么悠远的历史连成缆索，才能让这么庞大的人种产生凝聚，才能让这么广阔的土地长存文明的火种。（P130）

走到近代，先是太平军进攻宁波时当地小偷趁乱拆墙偷书，然后当废纸论斤卖给造纸作坊。也曾有一人出高价从作坊买去一批，却又不幸遭大火焚毁。再是一个叫薛继渭的小偷潜入书楼，晚上动手偷书。一架架书橱空了，只留下他吐出的一大堆枣核在阁楼上。而什么事情一到中国近代总会变得怪异起来，这座古老的藏书楼开始了自己新的历险。（P140）虽然当时主持商务印书馆的张元济先生听说天一阁遭此浩劫，并得知有些书商正准备把天一阁藏本卖给外国人，便立即拨巨资抢救，保存于东方图书馆的“涵芬楼”里。但是，众所周知，它最终竟又全部焚毁于日本侵略军的炸弹之下。

20世纪30年代、50年代、60年代直至80年代，天一阁一次次被大规模地修缮和充实着，现在已成为重点文物保护单位，也是人们游览宁波时大多要去访谒的一个处所。天一阁的藏书还有待于整理，但在文化信息密集、文化沟通便捷的现代，它的主要意义已不是以书籍的实际内容给社会以知识，而是作为一种古典文化事业的象征存在着，让人联想到中国文化保存和流传的艰辛历程，联想到一个古老民族对于文化的渴求是何等悲怆和神圣。（P142）

文化的继承是一个艰难困苦甚至忍辱负重的过程，经历历史风雨的天一阁如何在昌盛的今天有个稳固的家？

2．华语音符传承思考的文化之“苦”

中华上下五千年，既有平淡如水的寻常人生活，也有惊心动魄的历史镜像，虽然与时空有阻隔，但我们与历史之间是没有距离的。那是因为我们生华夏地，同张黄皮肤，同饮长江水，同飘黑头发，更重要的是我们有一种共同的语言——汉语。它承载着悠久的中华历史，并将这种悠久的中华历史传播到世界各地。

一度与它一起称雄于世的其他古代语言大多已经风化、干缩，唯有它，竟历久不衰，陪伴着这颗星球上最拥挤的人种，跌跌撞撞地存活到今天。就是这种声音，就是这种语汇，就是这种腔调，从原始巫觋口中唱出来，从孔子庄子那里说下来，从李白杜甫苏东坡嘴里哼出来，响起在塞北沙场，响起在江湖草泽，几千年改朝换代未曾改掉它，《二十五史》中的全部吆喝、呻吟、密谋、死誓、乞求都拥着它，这么一座语言山，还不大么？（P330）

纵观中国语言历史，唐朝是中国历史的鼎盛时期，语言优势与心理优势互为表里，使得唐代的中国人变得非常大度。那时的长安繁荣盛世，也吸引了无数外国人前来，唐朝皇帝不得不下令私塾先生教这些外国人汉语。到明清时期，华语文化与西方文化的交往就再也不会出现唐朝那般。不管是欧洲传教士的纷至沓来，还是中国文人的置身洋务已经出现不太平等的态势，而且越到近代越明显。而回到当今社会，我们仿佛又听见唐朝的回响。如果说已经持续20多年的“英语热”表明中国走向世间的愿望，那近年来世界的“汉语热”也在说明中国渐渐地崛起。

可是几乎所有大城市里的父母亲，都在关注着子女们的外语成绩。至于华语好不好，反而已不是关心的重点。前不久听一位中年学者演讲，他讲到自己曾默默与一个外国同行作过对比，觉得除了英语，其他都可超过。“我英语不如他，但他华语不如我呀，扯平了！”学者说到这里引得全场哄笑。大伙不能不笑，他们似乎已经不习惯把华语放在与英语平等的地位上。据说产生笑的机制之一是把两个完全没有可比性的东西比到了一起。酿发出一种出人意料的不协调感。难道，华语在世界语言丛林中真已变成了这样的角色？笑容只能在脸上凝冻，心底卷来绵长的感叹。（P333－P334）

语言是民族的命脉，真实记录一个民族的文化踪迹，成为历史与未来延续的血脉。面对当今社会存在的汉语危机，我们必须激励国人学习、发展、发扬汉语文化。

3．傩文化的继承思考的文化之“苦”

“傩”，是人类的一种原始文化。傩在训诂学上的假借、转义过程，说来太烦。它的普通意义，是指人们在特定季节驱逐疫鬼的祭仪。（P74）它是一种具有迷信色彩的文化，但也是一种宗教色彩的折射。远古人类为了消除灾难、危险而“发明”的一种巫术活动，也积淀着中华民族最为原始的活动，与人类自身的繁衍和农业的发展有着密不可分的联系。汉代，一次傩祭是牵动朝野上下的全民性活动，皇帝、大臣、一品至六品的官员都要观看，市井百姓也允许参与。宋代，一次这样的活动已有千人以上参加，观看时的气氛则是山呼海动。而明代，傩戏演出时竟出现过万余人齐声呐喊的场面。（P75）

如今传承的贵池傩戏，在请诸方神灵时，请来的神是由人扮的，戴着面具，踏着锣鼓声舞蹈一回，有的注重舞、有的注重唱。舞姿笨拙而简陋，演者全非专业，平日皆是农民、工匠，荒疏长久，匆促登台，腿脚生硬。演者中也有不少年轻人，本来血气方刚、手脚灵便的他们，但来学这般稚拙动作，看来也很牵强。平心而论，演出极不好看。（P79）因此对于所见的这种傩文化传承，我越来越疑惑：刚才经历的，太像一个梦。（P80）

山村，一个个山村，重新延续起傩祭傩戏，这该算是一件什么样的事端？真诚倒也罢了，谁也改变不了民众真诚的作为；但那些戴着面具的青年农民，显然已不会真诚。文化，文化！难道为了文化学者们的考察兴趣，就让他们长久地如此跳腾？或许，也真是我们民族的自我复归和自我确认？那么，几百年的踉跄路程，竟都消失得无影无踪？我们，相对于我们的祖先，总要摆脱一些什么吧？或许，我们过去摆脱得过于鲁莽，在这里才找到了摆脱的起点？要是这样，我们还要走一段多么可怕的长程。傩祭傩戏中，确有许多东西，可以让我们追索属于我们的古老灵魂。但是，这种追索的代价，是否过于沉重？（P81）

作为古老文化和先民智慧的产物，傩文化是人们道德精神的最初建构。经过现代文明的洗礼之后，除了一种功利性的目的之外，更应该是一种对于现代文明失落自我的思考。傩文化要继承，更要创新，不要让现代商业化趋势使它变得索然无味甚至消失殆尽。

三、我之感悟

“读万卷书，不如行万里路。”每一次的漂泊旅程，都是开拓眼界、增长智慧的机遇，每一次在字里行间的穿梭，都是荡涤心灵的寄托。无论是行走在路上还是纸上，都是对生命的一次审视。而读余秋雨的散文，就如同读一本厚厚的中国历史。每次都会在跋涉中得到些许感悟、某种寄托，更有万象的人生世态和丰富的个人情感蕴含其中。相信所有读过“余氏散文”的人都会深深地感受到余秋雨先生洞达人情世故的睿智，以及那份中庸和谐的处世态度，特别是他对中国文化精神的见解与阐释，更令人为之感叹和折服。需要我们用心去鉴赏、去品味、去感悟，去摸索知识以外的文化内涵，细细体悟这份绵延不尽的文化“余味”。

然而现实文化却在历史变故中变样、变质，人们再想保存下来的东西到了一定的极限还是会被时间冲走，但归根结底，还是源于历史年轮转动时总会改变些什么。正如唯一不变的变化是不停的改变。因此，“正视过往与当下”才是人生的一大学问。

《文化苦旅》于我而言，首先是源自于自我对于中国文化的一种认知愿望。如孙隆基先生所言“以一个‘个人’身份，毋须借着‘替中国找出路’的名义，而斗胆反映一己与文化之间的异化”，以个人名义去了解中国的传统文化。余秋雨先生讲述的《文化苦旅》只是中国文化的冰山一角，而这“一角”也折射出一个世界，一个文化人所体会的这人类的天空下遗留下来的魅力、辉煌、丑陋……的世界。不奢求对于自身知识水平有多大的提升，而是想更近一步地摩挲中国文化，感受这份美好与缺陷。

再则，通读全文后，一股莫名的沉重感悄然袭来，也许正是我们青年对于中国文化的逐渐淡忘的现状。快速发展的当今社会让我们每个人也愈发变得浮躁，“7 天快速熟练英语口语”“21 天练字速成”……的广告比比皆是。所谓的效率，是我们希望花最少的时间成本去获得最大的收益。然而世间很多东西是慢慢而来，慢慢了解我们的文化，慢慢地感悟我们的生活，最重要是我们青年能够拾起我们曾遗落的文化，在感受这份厚重的文化后能更好地继承和发扬它。

正如余秋雨先生自序中说：为什么稍稍做点学问就变得如此单调窘迫了呢？如果每宗学问的弘扬要以生命的枯萎为代价，那么世间学问的最终目的是什么？如果辉煌的知识文明总是给人们带来如此沉重的心理负担，那么再过千百年，人类不就要被自己创造的精神成果压得喘不过气来？如果精神和体魄总是矛盾，深邃和青春总是无缘，学识和游戏总是对立，那么何时才能问津人类自古至今一直苦苦企盼的自身健全……

于是在这困惑中迟迟疑疑地站起来，换上一身远行的装束，悄悄出发……

讨论部分

唐松林老师：这本书我很久以前看过，但是断断续续。文章篇幅比较多，每旅游一个地方写下一篇文章，很有意思，可读性很强。我读了之后有这样几个感触：

第一，思想上。

(1)“历史就是生命”。这句话引用自柏克森，他有一个命题就是“历史就是生命”。你看，余秋雨描述的这些历史故事就像一个历史巨人、一个文化巨人，它是有生命力的，但是这个文化巨人它又千疮百孔。

(2)历史本身就是现在。在你理解历史故事、历史人物的过程中，实际讲到知识分子在官场中的命运。平时大家阅读的一些政史《资治通鉴》《史记》等，阅读到最后发现是一部杀人历史，看到最后的感觉真是一种泪本，一个集团与另一个集团的厮杀，你从中看到人性的冷漠与残酷。所以说历史就是现在，不仅说历史中的人事在当代也在发生，而且说人性是永恒的、不变的，历史的绵延也是人性的绵延。

第二，知识上。

就如我们研究生平时与老师一起进行学术研究，研究方法是多种多样的。这本书本身是历史散文或历史文学，它不是一个科研的东西。但是看了之后你了解很多的历史事件，也知道很多的历史故事，还知道很多的人文景观，还知道很多文人事件以及他们的精神，这何尝不是历史的研究呢？其实假使我们把它当作一种历史研究，是不是也可以呢？我觉得是可以的，所以研究方法多种多样，研究结论的表达形式也是多种多样的。

第三，表达方式上。

我们做科研也好，写这些游记也好，我崇尚艺术的表达方式，就是你的结论表达可以用文学的方式、用艺术的方式表达出来。所以读余秋雨的这本书，要用文学艺术的视角，而不是用历史的视角去解读它。为什么？因为它的故事隐含在他的文学艺术中，你不知不觉中就感觉到并且掌握了历史，这个过程是用你的感情而不是你纯粹的理性。我们这样学历史可能要比我们某些历史书上所学的历史更有意思，更生动，更有生命力。

李老师：首先，余秋雨笔下的文字特别生动、美丽，有一种“化腐朽为神奇”的力量，能够把死的东西写活。乡村小镇的旅游很让人向往，所以很喜欢“江浙文化”。

再则，读完《文化苦旅》后心情沉重，痛的刻骨铭心。一方面，从民族角度来说，文物的流失和文化的缺失是一种痛；另一方面，从人类文明的角度，又庆幸这些文物在近代逃过一劫。

孙皓川：余秋雨《文化苦旅》的“苦”写得太过于“苦”了。叶凯蒂《上海·爱》探寻了上海文人及城市现代性之间的相互影响，细描了中国近代娱乐业的兴起以及它在巨大的时代变迁中所发挥的作用，也是人与环境的无心组合创造出了中国第一个多文化的现代都市——上海。我不太赞同书中对于上海文化“苦”的描述。上海的排外一方面是由于商业气息过于浓。另一方面是上海是中国最早接触西方文明的城市，所以它带着一股“洋气”。

刘轶臻：第一，历史就是生命。我们的历史老人走到我们面前千疮百孔，它的灾难来自两个方面：一是外来文化的冲击；二是我们内部本身的破坏。

第二，文化为血液。每个人都身处其中，唯有自己本身造血，才能从历史走出来。

第三，景点作为文化传承的载体。文人留下的足迹，一般托物言志，有厚重的历史。通过这些人、事和物凸显了我们中华文明的灵魂和精神。

第四，个体在传承文化的历史中拾一朵小的浪花。每个个体都寓于历史中，要有一种历史使命感。

唐松林：刘总讲得很有深度。我觉得读了这部著作后，为何觉得痛，它为何如此有冲击力。第一，他写的景点、人物、故事，不仅仅是景点、人物、故事本身，而是通过这些人、事和物凸显了我们中华文明的灵魂和精神。第二，讲的是我们的灾难，我们的历史老人走到我们面前的千疮百孔，它的灾难来自两个方面：一是外来文化的冲击；二是我们内部本身的破坏。这是需要我们反思的。

另外一个深层次的问题，我们需不需要对我们的文化传播再造血？回答是肯定的，我们要让我们的文化在原来的基础上再生。如何让我们中华民族的文化传承下来，并强健地绵延下去，方法是什么呢？西方有些东西值得我们学习，如美国每个村庄有一个小博物馆，介绍自己村庄的发展、个人贡献等，我们这种太少。我们城市空前发展，但文化建设跟不上物质建设的步伐。所以我们从个体到家庭到各机构组织，甚至一直到我们的城市，到我们国家需要有这样一些符号，有这样一些记忆。

于晓卉：可能和主题不是很符，但感触很深。我要谈的主题有三方面是需要这种苦的。

第一，文化需要这种苦。大家都懂一个道理“月盈则亏，水满则溢”，也就是“盛极则衰”。也让我想到了文化的元价值，“元价值”是一个管理学的词汇，大概是说超过一切的价值，也就是事物最基本的价值。对于生命的元价值就是活着，对于社会发展的元价值就是效益。文化的元价值是什么？我从自身认识程度判断是“以文化人感悟”。延伸到科学研究的元价值，可能是“求知”。但周国平先生说“做学问或阅读的前提是不要刻意求之”，所以科学研究的元价值可能是唐老师所说的“审美”吧。

第二，历史需要苦。中国人最大的特点是能够“忆苦思甜”，这种本能是从历史的故事中得来，所以历史需要有苦的、有缺陷的。

第三，人生需要苦。因为我们都知晓一个道理“祸福相依”、“宝剑锋从磨砺出，梅花香自苦寒来”，因为这个安逸的社会给我们太多物质上的享受，让我们不能那么深刻感受前人之苦、生活中的窘困。一个人最优先的品质除了善良以外，还应懂得苦是什么，即坚韧。

覃日怡：第一，我一直认为旅行和旅游是两个完全不同的概念。旅游更多是证明我去过某个地方，主要是身体力行所到之处。旅行更注重心灵的旅行，感受地方的气质，这种气质在特定的历史环境和人文所形成的。

第二，废墟。“没有废墟的人生太累了，没有废墟的大地太挤了……还历史以真实，还生命以过程。”我更看重真实，真实就是坦然接受。只有还原创伤，才可以跨过创伤，拥抱新生活。

第三，傩文化。傩文化是中国传统文化的一个缩影。历史的有些文化迟早会被淘汰，现在的傩文化是为了保存、证明中国曾经有过这种文化。但这种证明方式失去本来文化的本真。其实，保存文化的方式有很多种，比如通过书籍、电影等其他方式展现出来。

唐松林老师：日怡有两个观点很有启发意义。第一是我们需要接受一些不好的东西，使我们的人生更美好。在我们人生中确实会遭遇很多困惑，遭遇这些困惑反而使我们对于人生的理解更深刻，使我们变得更智慧，这样我们才有资格谈人生。第二是不要强迫村民去做自己和别人都不感兴趣的事情。现代对于一些人文的恢复迫切需要，但一些恢复出来的东西一看就是假的，所以不管做什么都需要用心，需要诚实，需要对事业的忠诚，如果不真、不诚、不忠，就需要慢慢修炼与沉淀，不要浮躁，不要纯粹地追求一些形式来丰富它的发展，而是要在还原历史的基础上发展。

郑洁：“文人解读中探索文化之‘苦’”想到一个问题：文人创造了文明？还是文明诞生了文人？没有一个准确的答案，但我想从两个方面思考这个疑惑。

第一，人本身就是一种文明。因为人在成长过程中形成对事物的认识，无论是处理工作还是人际关系的能力，一个人身上所具备的这种能力就是一种文明。

第二，人与身边事物是相互交流、相互作用，它本身就会诞生一种文明。比如说傩文化，傩文化祭祀本来是一种迷信文化，但也是具体事物、动物的依托，而古时候本身没有联系，而是随着发展创建出来的。

刘轶臻：每个人的处事风格、待人接物的能力更多看作是一种行为，这种行为得到固化的话，它就是一种习惯。某一个个人的习惯如果能够在隔代继承、反复固化的话，就可以看作一种文化。马克思说过文化分好与坏，如果好习惯得到不断继承的话，那就产生文明。当然坏的习惯继承时，那就不能叫文明。

唐松林老师：长期的习惯就是我们所说的性格，长期的习惯也是对世界的一种态度。所以我们说性格，这些是针对个人来说的，而文化就是一种习惯。习惯之于人格即文化之于民族。实际上，我们习惯的绵延，个体绵延到群体，绵延到整个种族，它就是一种文化，一种绵延。

“文人创造了文明？还是文明诞生了文人？”这一问题，人本身是社会人，人与社会本身是相互影响的，所以文人肯定会打上当时社会的文化烙印，文人也肯定是当时社会文明造就了他，无法超越。

郭笑丽：这本书我很多年以前也读过。

第一：“莫高窟的浩劫”“天一阁的劫难”等让我思考为什么当时会发生这样的事呢？正如大家之前所说它出现在特定的历史时期，其实我还想说一点，可能是因为我们国人的无知。

第二，报告中所说的“汉语热”和“英语热”。汉语是中华文化符号，是中国文明的代表，需要一代一代传承下去。对于这种文字的放松，如果你们现在没有很好地保存，我们的后代也可能会感叹我们现在所感叹的。

第三，晓卉说的“文化需要这种苦”“历史需要苦”“人生需要苦”。其中“需要”这个词需要斟酌，也可能会引起大家的争议。因为对于美好生活的向往中，我们内心是祈求少一点挫折、困难的。

邓洁隽：初读余秋雨的书是在高中的时候，那时读只是倾向于它文字的优美。随着年纪的增长和阅历的丰富，更能体会到文字背后所蕴含的情感和一些历史文化积淀，也能体会到很多人所赞同的“一次旅行或一次观赏，人不同则景不同，心不同则境不同”。从心理学的角度把一个人对事物的思考归类的话，我会归为三类：一是“理性逻辑的观察”；二是“感性的体验”；三是“悟性的反应”。

有些人觉得旅游是一种游玩之乐，但是余秋雨先生则是以“苦”为基点，这就体现了知识人、知识分子的一种情怀和境界。所以我觉得要把任何一件事物或一次旅途当作一种成长和升华过程的话，我总结了三点：第一是要有一种责任感和使命感；第二是时刻有一种危机意识，这种危机意识来自于历史的痛感；第三是任何一种事物或行为在执行时都要带一种审美意识，审美是一种不经意的、非功利性的、愉悦的、游戏的状态。

李吟霁：我感触最深的是人生的三重境界：“一是看山是山，看水是水；二是看山不是山，看水不是水；三是看山还是山，看水还是水。”这就讲到了我们每个人从外在的形象看都是一个独特个体的存在，人与人之间的独特性不在于精神共鸣上，而在于内在的自由。每个人作为主体的存在让精神上有所区别、有所不一样。一个捷径是可以从历史经验中来改善自己主体性的力量。

历史上的文学大师以不一样的视角带给他们灵感，或许从历史文化中，带给我们人生更多的感悟，提高我们生命的精神和意境。所以我认为我们需要重视历史内涵给我们的修炼。

魏婷婷：透过文章看到两种意识：一是文化的忧患意识；二是知识分子或文人的历史责任感。首先，对于文化的忧患意识，我们人类自身总是在陷入一种怪诞、怪圈中，我们本身是在创造历史和文化，但好像有时我们又会毁灭、践踏这种历史文化。从历史的发展来看，这有一种惯性的存在。然后在一个比较繁荣、比较兴盛的时代，会催生人类的一种自负和傲慢。然而这种自负和傲慢会使人失去一种对文化的敬畏之感。

在当下，我们好像变得很浮躁，对于什么都蠢蠢欲动，因为处在一种快餐消费文化包围之中，我们看到的很多都是可见的、物质的、对自身生活和发展有利的功利性追求，只能看到眼前的或更前面的，而无法停下来或向后看一下。当你停下来保持一份对自身有益的东西时，别人会说你跟不上时代的节奏、太守旧、与时代脱节。有时你跟上这种快节奏，又会去颠覆或破坏你的审美，然后离真实的自我越走越远，而这时我们遗失或抛弃的东西可能对于我们人生来说往往是最珍贵的。而且我们有时随大流，失去自身的独特性，个人失去独立性也会波及周围，可能会对整个社会失去一种独立性。在整个社会、文化、自身发展之中，我觉得需要遵循以下几点：一是对历史与文化的一种敬仰和自卫态度；二是把我们一直向往外物的目光收起来，开始关注内心，丰富自己内心；三是在快速发展的社会文化中慢下来，细细品味自己的人生，反思当下的生活状况。四是对一切本原中最核心的本原则是提升自身修养和素质。

于思琪：之前有看过这本书，其中“风雨天一阁”印象特别深，当时专门去查了天一阁的历史，由明代名臣范钦创建。我主要从余秋雨书中四个主要人物来谈一下，我们怎样继承我们的文化？

第一是叫丰坊的大书法家。书法大师丰坊也是一个藏书家，起先他也曾狠下一条心变卖掉家里的千亩良田来换取书法名帖和其他书籍，在范钦的天一阁还未建立的时候他已有了相当的藏书规模，但他实在不懂人情世故，更不懂得藏书楼防火的技术，结果他的全部藏书到他晚年已有十分之六被人拿走，又有一大部分毁于火灾，最后只得把剩余的书籍转售给范钦。我就觉得所谓的文化的继承并不是一个人的事，可能需要大家共力完成。

第二是范钦侄子范大澈。据说范钦是一个很固执的人，家族对书楼进出有很严格规定。有一次他向范钦借书而范钦不太愿意，便立志自建藏书楼来悄悄与叔父争胜，历数年努力而楼成，他就经常邀请叔父前去做客，还故意把一些珍贵秘本放在案上任叔父随意取阅。我觉得文化的传承是你需要把它看作是一个使命，对于范钦来说，他的家族后代一直是把它看成是一种使命的。

第三是 80 岁高龄的范钦，走到了生命尽头时，在他快把遗产分成两份，一份是万两白银，一份是一楼藏书，让大儿子和二媳妇(二儿子已亡故)挑选。这是一种非常奇怪的遗产分割法。实际上这是他自己给自己出的难题：要么后代中有人义无反顾、别无他求地承担艰苦的藏书事业，要么只能让这一切都随自己的生命烟消云散！

第四是嘉庆年间，宁波知府丘铁卿的内侄女钱绣芸是一个酷爱诗书的姑娘，一心想要登天一阁读点书，竟要知府做媒嫁给了范家。现代社会学家也许会责问钱姑娘你究竟是嫁给书还是嫁给人，但在我看来，她在婚姻很不自由的时代既不看重钱也不看重势，只想借着婚配来多看一点书。但她万万没有想到，当自己成了范家媳妇之后还是不能登楼，一种说法是族规禁止妇女登楼，另一种说法是她所嫁的那一房范家后裔在当时已属于旁支。她对书籍的渴望可能是我们所说的对文化的执着。因此，文化的传承可能更多是内心对于文化的渴望，才能使文化走得更远。

李莎：讲两点感悟。第一点是：历史传承的方式问题。古城的重建和还原是一种历史传承，但另一种模仿是最可耻的，在古城周围没有沉淀的区域去建一个类似的东西，这种模仿只是一种噱头。不管学得像与不像，首先这种动机就是不对的，这种动机就是对历史古迹的侮辱。因此，我们应该给予历史古迹以保护，但更应该是一种严谨、严肃的看待。

第二点是唐老师说的表达方式的问题。在这个浮躁的社会中，我们常常试图用最简洁、最经济的方式阐述一个时期的产生、发展、结果，但余秋雨书中历史隐藏在他的文学艺术之中，而真正感受这种历史，是需要时间、一种平静的心灵，所以我认为我们现在最应该改变的是社会的这种心态、我们的审美观。

唐松林老师：第一，我们如何对待我们的文化？我为什么讲这个命题，是因为现在旅游，我也把它分为三个层次：一是为了旅游而旅游。带着一颗虚荣心去旅游，这样的旅游对我们的理性和情感无实质的发展意义。二是知识性目的的旅游。它促使我们努力弥补我们知识的缺乏，这样的旅游对于我们理性的发展与经验的积累是有意义的。三是我们有这样的知识和情感，确实可能是带着一颗追寻、好奇与欣赏的心去寻找故人、故事与故迹。所以，我们对人、事、物的欣赏，还要加几个"心"：一是敬畏之心；二是责任之心；三是创造之心；四是审美之心。

第二，我们必须要重视一些我们自身的心理与行为倾向。一是浮躁。在消费文化的环境之下，我们往往带着一种浮躁之心去欣赏文化、去旅游，去走马观花。二是我们主体精神丧失。我们在整个旅游的过程中，以及整个文化的传承过程中，很多时候很被动，包括文化建设，甚至是一些旅游活动，主体自由精神没有充分发挥出来。三是模仿。模仿的东西本来是假的，我们该如何看待？如果不复制、模仿一些文化，又如何去继承一些史书中所述的文化呢？四是我们要克服一种功利心理。有时我们确实带有很强的目的性。

第三，我们该如何做？一是要有一种责任感和使命感；二是时刻有一种危机意识；三是任何一种事物或行为在执行时都要带一种审美意识。总之，我们要多多思考，不能人云亦云，要有一颗平静、拾爱、谨慎、负责与创造的心来审视、继承与创造我们的文化。

刘轶臻：一个历史老人走到今天，我在想历史在哪呢？其实在我们内心，因为我们都在传承历史的精神，也继承了历史血脉，走到了今天。所以我们要反复思考一个问题，我们能给未来留下一些什么东西？不能仅仅局限于一个简单的物质，或更复杂地去追求一些其他东西。有时更应该思考历史走到今天，把这一棒交给我们的时候，我们在让历史走向未来的时候，给未来留下些什么？

就如您刚刚说的继承，同时也要对历史文化中的不足进行创造，让历史老人越走到后面更健康、更强壮、更优秀，这个民族也会留下更美好的东西。我们确实是历史的一个个体，历史给了我们太多使命，需要我们去传承，不能仅仅局限于眼前，我们需要更大的抱负和责任。

《娱乐至死》：我们将毁于我们热爱的东西

郭笑丽*

时间：2016 年 1 月 5 日

地点：湖南大学教育科学研究院 310 教室

出版社：中信出版社，2015

参与人：唐松林（湖南大学教师）、李京玉（长沙师范学院教师）、涂阳军（湖南大学教师）、侯兰花（长沙市第六中学教师）、匡林林（长沙市第六中学教师）、夏梦筠（湖南艺术职业技术学院教师）、于思琪、李倩、魏婷婷、郑洁、李吟霁、王利爽、蒋玲玲、郭笑丽（没有特殊注明者均为湖南大学在读研究生）

一、作者简介

尼尔·波兹曼（Neil Postman，1931—2003），世界著名的媒体文化研究者和批评家，生前一直在纽约大学任教。他在纽约大学首创了媒体生态学专业。直到 2003 年，他一直是文化传播系的系主任。2003 年 10 月波兹曼去世后，美国各大媒体发表多篇评论，高度评价波兹曼对后现代工业社会的深刻预见和尖锐批评以及他对媒介文化的深刻洞察。他的主要著作包括：《娱乐至死》《童年的消逝》《技术垄断》《教学：一种颠覆性的活动》《教学：一种保存性的活动》《诚心诚意的反对》《疯狂的谈话，愚蠢的谈话》《如何看电视》《建造通向 18 世纪的桥梁：过去怎样改变未来》。其中《娱乐至死》和《童年的消逝》已译成多种文字在许多国家出

* 作者简介：郭笑丽（1990 年出生），女，河南驻马店人，湖南大学教育科学研究院 2015 级硕士研究生，从事教育经济与管理研究。

版。《娱乐至死》和《童年的消逝》都是其对西方媒介体制转型深深的忧虑和反思的产物，这在当时西方文化界产生了深远的影响。

二、作品简介

《娱乐至死》是对20世纪后半叶美国文化中的最重大变化的探究和哀悼：印刷术时代步入没落，而电视时代蒸蒸日上；电视改变了公众话语的内容和意义；政治、宗教、教育和任何其他公共事务领域的内容，都不可避免地被电视的表达方式重新定义。电视的一般表达方式是娱乐。一切公众话语都日渐以娱乐的方式出现，并成为一种文化精神。一切文化内容都心甘情愿地成为娱乐的附庸，而且毫无怨言，甚至无声无息，“其结果是我们成了一个娱乐至死的物种”。

三、前言

《娱乐至死》的前言，作者提到了两种重要的预言：一个是乔治·奥威尔关于1984年的预言，乔治·奥威尔1949年所著的长篇小说《一九八四》描绘了未来独裁统治下的恐怖情景，警告人们将受到外来压迫的奴役；(PI)另一个是来自《美丽新世界》作者赫胥黎，他表达了另一种忧虑，人们会渐渐爱上压迫，崇拜那些使他们丧失思考能力的工业技术，(PⅡ)我们将毁于我们热爱的东西。(PⅡ)

这本书想告诉大家的是，可能成为现实的，是赫胥黎的预言，而不是奥威尔的预言。(PⅡ)

四、章节概述

第一章　媒介即隐喻

我们的政治、宗教、新闻、体育、教育和商业都心甘情愿地成为娱乐的附庸，毫无怨言，甚至无声无息，其结果是我们成了一个娱乐至死的物种。(P4)

作者认为公共话语方式规范并决定着话语的内容，影响着思想的表达。作者指出，印刷术时代步入没落，而电视时代蒸蒸日上。这种转换从根本上不可逆转地改变了公众话语的内容和意义，因为这样两种截然不同的媒介不可能传达同样的思想。随着印刷术影响的减退，政治、宗教、教育和任何其他构成公共事务的领域都要改变其内容，并且用最适用于电视的表达方式去重新定义。(P10)

接下来作者提出了媒介即隐喻的观点，并指明这并不同于麦克·卢汉的媒介即信息。他认为信息是关于这个世界的明确具体的说明，但是我们的媒介，包括那些使会话得以实现的符号，却没有这个功能。它们更像是一种隐喻，用一种隐蔽但有力的暗示来定义现实世界。(P12)而且媒介的独特之处在于，虽然它指导着我们看待和了解事物的方式，但它的这种介入却往往不为人所注意。(P12)作者为了解释隐喻举了一些例子，例如有人指出，12 世纪眼镜的发明不仅使矫正视力成为可能，而且还暗示了人类可以不必把天赋或缺陷视为最终的命运，身体和大脑都是可以完善的。因此可以说，我们认识到的自然、智力、人类动机或思想，并不是它们的本来面目，而是它们在语言中的表现形式。我们的语言即媒介，我们的媒介即隐喻，我们的隐喻创造了我们文化的内容。(P17)

第二章　媒介即认识论

作者写作该章节为了表明自己在后面的论述中不是单纯地对电视进行“攻击”，而是把焦点放在认识论上，而非文学或美学批评上。当然更重要的是揭示媒介在我们的认识中充当了什么角色。

为此，作者引用了诺思洛普·弗莱的“共鸣”概念，并认为任何一种媒介都有共鸣，因为共鸣就是扩大的隐喻。不管一种媒介原来的语境是怎样的，它都有能力越过这个语境并延伸到新的未知的语境中。由于它能够引导我们组织思想和总结生活经历，所以总是影响着我们的意识和不同的社会结构。它有时影响着我们对于真善美的看法，并且一直左右着我们理解真理和定义真理的方法。(P22)作者进一步指出对于真理的认识是同表达方式密切相联的。真理不能、也从来没有毫无修饰地存在，它必须穿着某种合适的外衣出现，否则就可能得不到承认，这也正说明了“真理”是一种文化偏见。(P26)因此，任何认识论都是媒介发展阶段的认识论，真理，和时间一样，是人通过他自己发明的交流技术同自己对话的产物。(P28)

作者并没有否认电视给我们带来的好处，在章节末尾提出，400 年来占据绝对统治地位的印刷术利大于弊。我们现代人对于智力的理解大多来自印刷文字，我们对于教育、知识、真理和信息的看法也一样。随着印刷术退至我们文化的边缘以及电视占据了文化的中心，公众话语的严肃性、明确性和价值都出现了危险的退步，这就是我希望说明清楚的。但是，对于同种景况下可能出现的好处，我们也应该保持坦诚的态度。(P36)

第三章　印刷机统治下的美国

作者从历史的角度回顾了印刷机统治下的美国和现今有很大的不同，话语清晰易懂，严肃理性。

早在 16 世纪，人们的认识论就发生了巨大变化，任何一种知识都要通过铅字来表达和传播。(P41)最初移民美洲的英格兰殖民者就十分痴迷铅字，这使得殖民地美洲没出现文化贵族。阅读从来没有被视为上等人的活动，印刷品广泛传播在各类人群之中，从而形成了一种没有阶级之分的、生机勃勃的阅读文化。(P43)

17 世纪末，一种本土文学——报纸开始兴起。当然这和美洲人对印刷机的偏爱分不开。伴随报纸而生的还有内容审查，与之而来的就是美洲人争取信息和自由的斗争。

18 世纪末，美国已经拥有了相当于英国三分之二的报纸，而人口却只占英国的一半。人们醉心于报纸和小册子，甚至没有时间来看书。通过报纸，邮差把知识一视同仁地送到茅屋和宫殿前。

19 世纪美国所有地区都开始形成一种以铅字为基础的文化。无论是图书馆数量还是藏书规模都显著提高，演讲大厅十分普及。

铅字在公众话语的各种舞台中产生的影响是持久而强大的，这不仅是因为印刷品的数量，更重要的是因为它的垄断地位。(P49)当时的人们没有其他的娱乐和消遣，印刷品几乎是唯一获得信息和消遣的方式。(P54)很显然，印刷术影响了公共话语的形式，而形式又决定了内容，使人们日常演讲和说话充满了现今没有的书卷气息。印刷机不仅是一种机器，更是话语的一种结构，它排除或选择某些类型的内容，然后不可避免地选择某一类型的受众。(P51)而作者正是要探索印刷机作为一种象征和认识论是怎样使公众对话变得严肃而理性的，而今日的美国又是怎样远远背离这一切的。(P52)

第四章　印刷机统治下的思想

作者以林肯时代的演讲和听众开始本章的论述，来证明印刷术控制下的话语性质的力量。

印刷文字，或建立在印刷文字之上的口头语言，具有某种内容：一种有语义的、可释义的、有逻辑命题的内容。(P65)18 和 19 世纪的美国公众话语，由于深深扎根于铅字的传统，因而是严肃的，其论点和表现形式是倾向理性的，具有意味深长的实质内容。(P69)

作者为了说明自己的观点，分别从宗教、法律和商业社会的角度阐述了人们如何通过印刷文字和印刷文化进行活动。

总之，两个世纪以来，美国人用白纸黑字来表明态度、表达思想、制定法律、销售商品、创造文学和宣扬宗教。这一切都是通过印刷术实现的，也正是通过这样的方式，美国才得以跻身于世界优秀文明之林。(P83)

对于印刷机统治美国人思想的那个时期，我给了它一个名称，叫“阐释年代”。阐释是一种思想的模式，一种学习的方法，一种表达的途径。所有成熟话语所拥有的特征，都被偏爱阐释的印刷术发扬光大：富有逻辑的复杂思维，高度的理性和秩序，对于自相矛盾的憎恶，超常的冷静和客观以及等待受众反应的耐心。到了19世纪末期，由于某些我急于解释的原因，“阐释年代”开始逐渐逝去，另一个时代出现的早期迹象已经显现。这个新的时代就是“娱乐业时代”。(P84)

第五章　躲猫猫的世界

到19世纪中期，两种观念的融合为20世纪的美国提供了一种全新的公众话语理念。它们的结合大大冲击了“阐释时代”，为“娱乐业时代”奠定了基础。(P85)

而那个新的观念是指交通和通讯可以彼此脱离，空间不再是限制信息传播的、不可避免的障碍。(P85)

打破这个障碍的是电报的出现。但电报摧毁了关于信息的原有定义，并赋予公共话语一种崭新的含义，使得话语内容无聊，表现无力，形式散乱。信息的价值不再取决于其在社会和政治对策和行动中所起的作用，而是取决于它是否新奇有趣。电报把信息变成了一种商品，一种可以置用处或意义于不顾而进行买卖的东西。(P87)

如果没有和报纸的合作，电报将信息转化成商品的潜力也许永远无法发挥出来。(P87)不久之后，报纸的财富不再取决于新闻的质量或用途，而是取决于这些新闻来源地的遥远程度和获取的速度。(P87)梭罗说过，电报使相关的东西变得无关。这些源源不断的信息与它们的受众之间很少或几乎没有任何关系，也就是说，这些信息并没有可以赖以存在的社会环境和精神环境。(P90)我们也许可以说，电报对公众话语的贡献就是使它变得无聊而且无能。还不止这些，电报还使公众话语变得散乱无序。(P92)

摄影术的出现使照片以一种奇特的方式成为电报式新闻的绝好补充，这些电报式新闻把读者淹没在一大堆不知来自何处、事关何人的事实中，而照片正好为这些奇怪的干巴巴条目提供了具体的图像，在那些陌生的名字旁附上一张张面孔。(P92)但这种照片和新闻共同形成的语境其实纯属错觉。(P92)这是一种伪语境，伪语境的作用是为了让脱离生活、毫无关联的信息获得一种表面的用处。但伪语境所能提供的不是行动，或解决问题的方法，或变化。这种信息剩下的唯一用处和我们的生活也没有真正的联系。当然，这种唯一的用处就是它的娱乐功能。伪语境是丧失活力之后的文化的最后的避难所。(P94)

19世纪末20世纪初加入电子对话的每一种媒介，都步步紧随电报和摄影术，并且在表现形式上有过之而无不及。(P95)所有这些电子技术的合力迎来了一个崭新的世界——躲猫猫的世界，在这个世界里，一会儿这个、一会儿那个突然进入你的视线，然后又很快消失。这是一个没有连续性、没有意义的世界，一个不要求我们、也不允许我们做任何事的世界，一个像孩子们玩的躲猫猫游戏那样完

全独立闭塞的世界。但和躲猫猫一样，也是其乐无穷的。（P103）

电子和图像革命所产生的最令人不安的后果是：电视呈现出来的世界在我们眼里已经不再是奇怪的，而是自然的。这种陌生感的丧失是我们适应能力的一种标志，而且我们的适应程度在一定程度上反映了我们的变化程度。我们的文化对于电视认识论的适应非常彻底，我们已经完全接受了电视对于真理、知识和现实的定义，无聊的东西在我们眼里充满了意义，语无伦次变得合情合理。如果我们中的某些人不能适应这个时代的模式，那么在我们看来，是这些人不合时宜、行为乖张，而绝不是这个时代有什么问题。（P106）

第六章　娱乐业时代

电视是技术创造的社会和文化环境，并且有自己的倾向。

电视把娱乐本身变成了表现一切经历的形式。（P114）所有的内容都以娱乐的方式表现出来，娱乐是电视上所有话语的超意识形态。（P106）现在，电视控制着政治、宗教、商业、法律、教育和其他一切重要社会事务。

所有这一切都证明了一点，那就是我们的文化已经开始采用一种新的方式处理事务，尤其是重要事务。随着娱乐业和非娱乐业的分界线变得越来越难划分，文化话语的性质也改变了。我们的神父和总统，我们的医生和律师，我们的教育家和新闻播音员，大家都不再关心如何担起各自领域内的职责，而是把更多的注意力转向了如何让自己变得更上镜。欧文·伯林有一首著名的歌，只要他改掉歌名中的一个词，他就会成为像奥尔德斯·赫胥黎那样的先知。他应该这样写：除了娱乐业没有其他行业。（P128）

第七章　“好……现在”

“好……现在”常常被用于广播和电视的新闻节目，目的在于指出我们刚刚看到或听到的东西同我们将要看到或听到的东西毫无关系。这个表达方式让我们承认一个事实，那就是在这个由电子媒介勾画出来的世界里不存在秩序和意义，我们不必把它当回事。再残忍的谋杀，再具破坏力的地震，再严重的政治错误，只要新闻播音员说一声“好……现在”，一切就可以马上从我们的脑海中消失。（P119）新闻和电视节目成了纯粹的娱乐，是为了娱乐观众而上演的表演。观众也不会把看到的东西当真，不管看上去多严重，后面的广告可以消解它的重要性。电视为新闻真实性提供了新的定义，讲述者的可信程度（表现出来的）决定了事件的真实程度。

电视新闻节目提供给观众的是娱乐而不是信息，这种情况的严重性不仅仅在于我们被剥夺了真实的信息，而且在于我们正在逐渐失去判断什么是信息的能力。无知是可以补救的，但如果我们把无知当成是知识，我们该怎么做呢？

（P139）

电视成为我们了解公共信息的样板，并引导其他一切媒介（如报纸、广播）都向娱乐化看齐。

第八章　走向伯利恒

在电视时代，不仅新闻向娱乐化发展，宗教也不能幸免。

在电视上，宗教和其他任何东西一样，被明白无误地表现为一种娱乐形式。（P152）宗教之所以成为娱乐是由电视本身的倾向决定的，而不是因为这些所谓的电视传教士存在缺陷。（P139）电视把某种事物转换成了另一种东西，原来的本质可能丢失。电视本身的几个特点以及它的周围环境，使得真正的宗教体验无法实现。因为人们既无法神化电视播出的空间，电视屏幕本身也有着很明显的现实主义倾向。电视最大的长处是它让具体的形象进入我们心里，而不是让抽象的概念留在我们脑中。真正的危险不在于宗教已经成为电视节目的内容，而在于电视节目可能成为宗教的内容。（P162）

第九章　伸出你的手投上一票

政治就像娱乐业一样。（P150）

它的目的不是追求一目了然、公正诚实和超越平凡，而是要做到看上去像这样。而在美国，电视广告已经成为政治话语最本质的象征。（P151）电视广告是塑造现代政治观点表达方式的重要工具。（P154）首先，政治竞选逐渐采用了电视广告的形式。（P154）其次，因为电视广告是我们这个社会中最多产的一种公众交流手段，所以美国人不可避免地要接受电视广告的哲学。所谓“接受”，是指我们已经把电视广告当作一种普通而合理的话语方式；所谓“哲学”，是指电视广告关于交流的性质已经形成了与其他媒介（尤其是印刷文字）相左的独特观点。（P156）而我们会把电视广告中传递或者强化的一些涉及政治的观点视为常理。就像电视广告为了起到心理疗法的作用而必须舍弃真实可信的产品信息一样，形象政治为了同样的目的也必须舍弃真实可信的政治内容。（P170）

因此，在娱乐业和形象政治的时代里，政治话语不仅舍弃了思想，而且还舍弃了历史。（P163）就像赫胥黎预测的一样：历史的消失根本不需要如此残酷的手段，表面温和的现代技术通过为民众提供一种政治形象、瞬间快乐和安慰疗法，能够同样有效地让历史销声匿迹，也许还更恒久，并且不会遭到任何反对。（P179）

第十章　教学是一种娱乐活动

娱乐时代，教育也不能幸免。

像字母和印刷机一样，电视通过控制人们的时间、注意力和认知习惯获得了控制人们教育的权力。（P174）

教育哲学家们认为获得知识是一件困难的事情，因为其中必然有各种约束的介入。他们认为学习是要付出代价的，耐力和汗水必不可少；个人的兴趣要让位于集体的利益，在他们看来，要想获得出色的思辨能力对于年轻人来说绝非易事，而是一场艰苦卓绝的斗争。西塞罗说过，教育的目的是让学生们摆脱现实的奴役，而现在的年轻人正竭力作着相反的努力——为了适应现实而改变自己。（P175）

电视提供了一个诱人而富有创意的不同选择，提出了电视教育节目的三条戒律：你不能有前提条件，不能令人困惑，而且应该像躲避瘟神一样避开阐述。如果要给这样一种没有前提条件、没有难题、没有阐述的教育取一个合适的名字，那么这个名字只能是"娱乐"。（P192）

有人认为，"当信息通过戏剧化的形式表现出来时，学习的效果明显，电视在这方面可以比任何其他媒介都做得更好。"而作者则认为这样的观点是误导人心，他认为从电视上获得的意义往往是一些具体的片断，不具备推论性，而从阅读中获得的意义往往和我们原来储存的知识相关，所以具有较强的推论性。（P198）

但显然，教育已经被娱乐俘虏了。

第十一章　赫胥黎的警告

有两种方法可以让文化精神枯萎，一种是奥威尔式的——文化成为一个监狱，另一个是赫胥黎式的——文化成为一场滑稽戏。（P185）显然，赫胥黎的预言正在实现。（P186）作者为此试图寻找解决的方法，他认为如果媒介的使用者已经了解了它的危险性，那么这种媒介就不会过于危险，只有深刻而持久地意识到信息的结构和效应，消除对媒介的神秘感，我们才有可能对电视，或电脑或任何其他媒介获得某种程度的控制。（P209）因此，他提出两个方法来实现，一个是创作一种新型电视节目，告诉人们应该怎样看电视，当然作者否定了这种做法的可行性，于是第二种方法出现了，即学校教育。

最后，作者以赫胥黎在《美丽新世界》中试图告诉我们的一句话做结尾：人们感到痛苦的不是他们用笑声代替了思考，而是他们不知道自己为什么笑以及为什么不再思考。（P211）

五、我之感悟

"集体娱乐""全民狂欢"的现象在波兹曼写作《娱乐至死》的30年后，越来越频繁地出现在我们的生活中，我们正在一步一步地欢呼雀跃地把我们变成"娱乐至死的物种”。我们享受着欢乐的快感，在这种感觉中流放自我、迷失自我、堕落自我。在媒体、网络高度发展的今天，我们遇到问题的第一反应是找“度娘”、查“谷歌”，在这些高科技侵蚀着我们的灵魂，剥夺着我们独立思考能力的同时，我们却依然在为它们唱着爱的赞歌。就如赫胥黎在《美丽新世界》中告诉我们的那样，人们感到痛苦的不是他们用笑声代替了思考，而是他们不知道自己为什么笑以及为什么不再思考。

但是我们也应该看到，“娱乐至死”更多地表达的是在这个消费时代大众的心理趋势，至于能不能到“死”的地步，还值得商榷。毕竟，人是矛盾体，崇高卑微、冷漠同情、自私牺牲，类似的太多矛盾情感都能附身在同一人身上，这就仿佛人体内的调节反馈机制。所以我相信人不会一味满足娱乐，乃至“死”。迟早，人天生对崇高的追求会激发，引领正确的道路。

因此，保持独立思考的能力，辩证地看待我们周围出现的新事物，在这个纷繁复杂的社会中保持本我，为人类社会的年轮不断前进提供持久的推动力。

六、讨论总结

唐松林老师： 尼尔·波兹曼的《娱乐至死》和让·鲍德里亚的《拟像与仿真》类似，都是对人类文化工具与文化体制转型的深刻检讨与反思，虽然听起来有些偏激甚至触目惊心，但对于我们深刻认识我们生存时代的性质，使我们在这个时代生活得更从容更美好一些，提供新的视角与方法论。(1)看一个时代的文化首先要看它的生产力。例如，农业时代铁器的出现、18 世纪蒸汽机的出现、19 世纪电子产品的出现、20 世纪计算机与互联网的出现，都引起了生产力的变革。《娱乐至死》中的娱乐时代与计算机与互联网的出现紧密联系。(2)不同时代的生产组织形式是不一样的。例如，农业时代以家族为特征的组织形式凝聚力很强。(3)教育在不同时代也不一样。例如：农业时代私塾的出现，以四书五经知识为主；工业时代开始相信科学的力量，自然学科开始融入教育领域，开始追求科学的民主和自由。(4)现代网络就是我们这个时代的主要生产力工具。现在我们面对的更多的是文字、图像、声音，时间和空间的界限模糊了，传统的知识结构和价值观在不断地受到冲击。这个时代，信息量很大，使人不断地建构、创造。娱乐时代不断地吞噬掉传统的知识体系、价值观，出现了新的体系和价值观，然而我们生活的主题也被淹没、吞噬掉了。因此，面对这个时代的不确定性，我们要做到以不变应万变，我们不需要去迎合这个时代，迎合就会失去自我。在这个狂欢的时代，我们感到很舒服，但是也同样被俘虏了，创造力在不断丧失。因此，我们要静下心来，稳住阵脚，像古人一样去思考、阅读、讨论。

侯兰花老师： 娱乐的发展淹没了很多具体的东西，娱乐为了吸引眼球出现了很多“伪语境”，阻断、禁锢了人的思考。因此，我们面对新鲜的事物要保持清醒，辩证地看待它。平时要多读书，对新出现的事物进行理性的分析。

李京玉老师：信息时代给我们提供了很多的方便，但也对我们的传统生活产生了很大的冲击，例如，家人之间少了很多交流的时间和机会。因此，我们要理性地看待新出现的事物。

于思琪：首先，媒介的形成倾向于某种内容，从而控制了我们的文化。现在的信息几乎都被包裹成了娱乐。现在这个时代的游戏规则就是：首先娱乐大众，然后才能获得所需要的东西。因此，我们要静下心来聆听和思考。其次，电视媒体使信息传播很快，但是我们慢的乐趣就丧失了，面对大量信息的来袭，我们变得越来越容易被煽动，我们的社会也变得危险。因此，我们要反思、思考我们的媒体，意识到它的危险，那么我们就不再危险。

唐松林老师：讲哲学就是讲世界观。哲学、人文学科都是修养方面的东西，它能提高我们的修养，在学习哲学、人文学科的过程中，我们的信仰、人格和人文情怀在不断地提升，我们在不断进步。

涂阳军老师：哲学呈现出修养，世间万物的本源来自于哲学，技术的应用从本质上来说，也是来自于哲学。因此，对我们影响最深的是哲学、文科性的知识。

邝老师：我们要更清楚地看待这个世界，在电影《楚门的世界》中，楚门最终突破了自己眼前的世界，才看到了真正广阔的世界。

李倩：首先娱乐真的会至死吗？古希腊哲学家的层次是：宇宙观—人生观—知识观。我们的人生观、宇宙观影响我们的学习观，而学习观又可以直接或间接通过知识观反馈出来。我们在当下所作出的选择也是自己理性与感性下的抉择。因此，娱乐并不一定让人“死”，我们会选择自己认为对的东西。

夏梦筠老师：娱乐并不至死。媒体让我们很享受，但是娱乐是大众媒体的必然属性。在娱乐的过程中，受众会进行选择，他们会根据自己的知识架构去辨识、区别。

魏婷婷：(1)对娱乐的认识。娱乐是一种融教养、审美、消费等于一体的一种形式。例如，娱乐在电视中可以体现出人文情怀。然而，我们把娱乐片面化了，只看到了它的消费等片面化的功能，因此我们就进行批判，我们的这种做法，矮化了娱乐“教”的功能，而把“乐”放大了。(2)娱乐取代了文化。人们越来越热衷于娱乐，甚至娱乐了文化。在这个过程中，我们失去了选择、鉴赏的能力。(3)娱乐并不至死。快乐也是我们生活的必需。总之，我们需要明白，在娱乐时代需要保持理性，娱乐并不是生活的全部内容，我们要学会选择。

郑洁：首先，时代造就人才，评判一个人要放在那个时代背景中，在娱乐时代，人们更加关注的是明星而不是文豪。其次，电视新闻节目提供给人们的是信息而不是娱乐。我们要储备大量的知识，对我们所面对的大量信息进行辨识。

李吟霁：面对这种娱乐的泛化，我们可以从以下三个方面来做：(1)断。媒介可以提供给我们很多东西，我们要根据自己的需要进行选择。(2)舍。科技产品对我们来说已经不可缺少，我们要把他们作为自己的工具，对他们所提供的信息进行取舍。(3)离。当我们无法控制的时候就远离这些东西，保持自我的清醒和理智。

王利爽：首先，物质决定意识。媒体的发展给我们带来了很多便利，也让我们缺乏思考。其次，娱乐的形式有很多种，对有些人来说看书也是一种娱乐。

蒋玲玲：首先，电视、手机等电子产品是我们的工具，可以给我们带来很多便利。其次，我们是真实地活着，但我们追求美好，娱乐并没有错。

唐松林老师：我想继续说几点对《娱乐至死》的理解：

第一，我们必须辩证地看待，网络、微信、电视等把大众带入娱乐时代，它促进了文化转型，使公众话语的内容、形式与意义焕然一新。同时我们必须清楚，它的便利性、娱乐性与危险性同时存在。印刷媒介与拟像媒介是两种不同的生产力。前者是农业时代与工业时代的文化形式，知识掌握在少数人手里，知识的生产极慢，获得知识的成本极高，知识的形式体现在白纸黑字上，它稳定、逻辑、结构，也形成了知识的垄断性质。后者娱乐时代，拟像媒介使知识泛滥，知识的生产快，成本低，获得知识几乎成为零成本，但是同时出现了鱼目混珠的情况，真理的性质被消解了，传统价值也不断被新的东西所遮蔽。知识的无限，人被信息绑架，你感觉到好累，好忙，好慌，无限的忙碌使你被信息吞噬，也难以选择，难以感觉到幸福，出现了所谓现代性危机。所以，作者引用赫胥黎的话说，“我们将毁于我们热爱的东西”。

第二，娱乐正在成为我们这个时代文化的基本内容与形式，也渗透于大众的日常生活。它对政治、宗教、新闻、体育、教育和商业正在发生全面的影响。媒介不仅在公共领域处理政治与社会事务，而且在私人领域，成为处理我们的家庭危机与情感纠纷的方式。如《一转成双》《金牌调解》《寻情记》等栏目，以一种超意识形态的方式，处理情感与家庭事务。

第三，娱乐不仅使传统的真理、价值受到冲击，也加剧了我们主体精神的丧失。正如作者所说，“我们的思考被笑声取代！并且我们不知道自己为什么要笑！以及为什么不再思考！”媒介的目的在于抓住受众的心理，为了观众心理的舒服，而不是产品信息的真实；政治、宗教与教学也逐渐为了同样的目的，但它们抓住受众心理的同时，不可避免地以舍弃真实为代价。娱乐随意自由，没有条件限制，它总是想方设法排除你的困惑，它正在遮蔽我们的深入思考，遮蔽推理、判断、分析与综合等逻辑思维。为了迎合受众，娱乐的最后结果是，政治话语不仅舍弃了思想，也舍弃了历史；教育不仅舍弃了客观，也舍弃了真理；宗教不仅舍弃了教义，也舍弃了信仰。传统的勤奋、耐力和汗水逐渐让位于娱乐，让位于受众的喜好、兴趣、欲望！

第四，我们怎么办？我们必须警惕娱乐正在控制我们的教育与成长。

我们学习是希望寻求真正的自由、创造与幸福，而不是被现实和娱乐奴役，我们不要为了适应现实而改变自己，而是独立思考，自主选择，真正地体验人生。我们的时间有限，选择对人生有意义的事件。要不慌不忙，沉淀自我，等待机遇，以不变应万变，当机遇一旦到来，我们就会出手有力。

图书在版编目（CIP）数据

去麓山读书：全4册／唐松林，杨明刚编著．--长沙：中南大学出版社，2016.12

ISBN 978－7－5487－2652－4

Ⅰ.①去… Ⅱ.①唐…②杨… Ⅲ.①审美教育 Ⅳ.①G40－014

中国版本图书馆CIP数据核字(2016)第314703号

去麓山读书

QU LUSHAN DUSHU

唐松林　杨明刚　编著

□**责任编辑**　陈应征
□**责任印制**　易建国
□**出版发行**　中南大学出版社
社址：长沙市麓山南路　　邮编：410083
发行科电话：0731－88876770　　传真：0731－88710482
□**印　　装**　长沙鸿和印务有限公司

□**开　　本**　710×1000　1/16　□**印张** 46.75　□**字数** 921千字
□**版　　次**　2016年12月第1版　□2016年12月第1次印刷
□**书　　号**　ISBN 978－7－5487－2652－4
□**全套定价**　188.00元

岳麓山读书

书院论学

唐松林　杨明刚　编著

中南大學出版社
www.csupress.com.cn

图书在版编目(CIP)数据

去麓山读书：全4册/唐松林，杨明刚编著. --长沙：
中南大学出版社，2016.12

ISBN 978-7-5487-2652-4

Ⅰ.①去… Ⅱ.①唐…②杨… Ⅲ.①审美教育 Ⅳ.①G40-014

中国版本图书馆CIP数据核字(2016)第314703号

去麓山读书

QU LUSHAN DUSHU

唐松林　杨明刚　编著

□**责任编辑**　陈应征
□**责任印制**　易建国
□**出版发行**　中南大学出版社
　　社址：长沙市麓山南路　　邮编：410083
　　发行科电话：0731-88876770　　传真：0731-88710482
□**印　　装**　长沙鸿和印务有限公司

□**开　　本**　710×1000　1/16　□**印张** 46.75　□**字数** 921千字
□**版　　次**　2016年12月第1版　□2016年12月第1次印刷
□**书　　号**　ISBN 978-7-5487-2652-4
□**全套定价**　188.00元

总序　沙龙话沙龙

唐松林　杨明刚　于晓卉　魏婷婷*

时间：2016 年 9 月 19 日　19:00—22:30

地点：唐松林家

参加人：唐松林 杨明刚 于晓卉 魏婷婷

唐松林：我常说，2005 年我选择来湖南大学生活，真是一份难得的幸福！

从那时起，我和研究生们一起读书，一起说话，一起辩论……名曰学术沙龙。

我们在一起进岳麓书院，上爱晚亭，游清风峡……真正体会到了杜威说的“教育就是生活”！但我似乎更想说，教育就是享受生活！我当时要孩子们读书的目的很简单：加强通识！要他们补“通识”之课，补基础教育阶段和大学教育阶段的通识教育的缺失！所以，我有意给学生们推荐文史哲方面的经典，使他们从古人游，学会思考。果不其然，他们在接触各种哲学家及其理论流派之时，其阅读兴趣勃然，其思想日渐深邃，更重要的是大多数孩子养成了淘书、藏书与品书的习惯！我们的教育从小学到大学，不鼓励孩子说话，他们口头表达的机会较少，缺乏反思、猜测与批判的习惯与精神。我常常想，一个连话都不会说的人，哪里

* ［作者简介］唐松林（1962 年出生），男，湖南常德人，湖南大学教授，博士生导师，从事教师教育、教育哲学研究；
杨明刚（1975 年出生），男，湖南城步人，湖南大学博士生，从事教育管理、马克思主义哲学研究；
于晓卉（1990 年出生），女，山东威海人，湖南大学教育科学研究院 2014 级研究生，从事教育哲学研究；
魏婷婷（1993 年出生），女，甘肃平凉人，湖南大学教育科学研究院 2014 级研究生，从事教育管理研究。

谈得了创造精神，更遑论全面发展。而学术沙龙，恰恰给了孩子们一个说话、辩论与表现的机会与平台。

于晓卉：我记得在沙龙上，我们连续三次读《道德经》，您流露出对老子的敬仰，后来看了您与您的学生写的那些有关生命论的文章，我就能体验到您主办学术沙龙的良苦用心。按照您的话说，在大学里，沙龙提供了相对自由的文化土壤，生命孕育其中，自由生长，自然造化，繁衍茂盛。大学品质是我们生命品质的彰显。大学是一种特殊的文化土壤，青年学子的好奇心、求知欲、创造力等天赋能量在大学文化里涵咏绵延，神奇缥缈，浑然天成，蕴藏巨大能量，生成无限可能，这也决定了大学的无限可能。沙龙是一个自由与诗意栖居的场所，师生在沙龙之中自由交流、对话，享受创造的乐趣与尊严，编织着一种美好的关系。

魏婷婷：沙龙，让我学会享受生活，这真是难得的幸福！沙龙巨大的魅力在于它不像课堂那样机械。它是自由开放、平等与共享的。沙龙的参与者亦来自不同的学校和单位，不仅有湖南大学的师生，而且有中南大学、湖南师范大学的师生，还有中学老师、企事业单位人员参与。特别值得一提的是，长沙师范学院的李京玉老师与长沙市六中的侯兰花、匡林林两位老师，他们是我们沙龙的常客。他们的参与为沙龙注入了新鲜血液，给一个话题的思考与讨论提供了更多的视角。他们都是热爱学习、愿意交流、善于享受贵族式生活的人。在消费主义、效率至上的时代，慢下来，学会享受、思考与分享的精神真是难能可贵。

孔子说："素其位而行，不愿乎其外。"一个真正的求学者，迫切需要在世界中找到自己爱的对象。他们做自己喜欢的事，互不羡妒，让感知、顿悟、智慧、良知与性情在这里生长，心灵找到了归属。这是"止于至善"的生存法则，生命亦如其所是。

杨明刚：我觉得学术沙龙不仅蕴含着自由、开放、平等与共享的特质，其形而上学的哲学思辨也无时不彰显出探寻真理、激扬生命与关注人性的理论情怀，这只反思历史、直面现实与眺望未来的形而上之手亦无时不抚慰着创造与想象，催生、繁衍着追寻科学、坚守真理的生命冲力与动能，诚如叔本华所言，人应是需要形而上学的，大学也需要形而上学，它是一所大学存在的精神支柱。皮尔士在谈到科学时也说道，如果"科学没有形而上学，它就是一门软弱无力、东倒西歪、腐化堕落的科学"①。作为科学圣地的大学，若没有独具内涵的形而上学与人文底蕴，它将是苍白与不可持续的，也是无力量的。

唐松林：早在800多年以前，就是在这里，据说朱熹和张栻在理学问题上意见不合，鏖战三天三夜，开展了激烈的辩论，留下了朱张"中和之辩"的千古传说。与之不同的是，如今我们的学术沙龙不是名家之间的辩论，而是师生之间，特别

---

① [美]科尼利斯·瓦尔著.皮尔士[M].郝长墀，译.北京：中华书局，2003：60

是学生之间的自由对话，是一种日常生活形式。柏格森说，历史就是生命。我要说，我们的学术沙龙是一场绵延千年的文化生命之流。但它秉承“日新又日新”之精神，有新的超越，它从思想泰斗之间的唇枪舌剑，演变为平民之间的自由讨论与心灵分享。不参加这样的沙龙，不看这些演讲报告，你可能永远无法知晓“指点江山，激扬文字”的大学生活，你可能不会相信他们会如此语出惊人，说出如此深邃玄妙的哲理！所以，作为大学老师，这个沙龙经常让我有一种“其实我一无所知”的内疚与惭愧！同时也有“长江后浪推前浪”的喜悦！我经常疑问，当初“朱张会讲”时，他们的学生在做什么？所以，几年前，我在《教师与哲学家》中说了一句话：“‘我’就是哲学家。”周国平曾说，孩子天生就是哲学家！就教学的自由与文明而言，我有一种“俱往矣，数风流人物，还看今朝！”的自豪与欣慰，因为，我在沙龙上看到了孩子们思辨碰撞的深邃与魅力，看到了师生在自由平等中猜测反驳的现代学术文明。

杨明刚：从这个角度说，沙龙之意义在于它尊重了生命，释放了生命，它将人类与生俱来的原始能量和本能冲动释放出来，生发创造、情欲与意志的力量，你独特的成长经验、经历、记忆思想的流动，促进你智慧、良知、道德与人格的整体发展。一种生命得以栖身的文化精神，是一种和而不同、浩瀚宽广、复杂的生命关系。在这样的关系里，释放创造，生成智慧，激扬良知，涵养人格。正如冯友兰先生对清华学子希冀的那样，“我们希望清华成一个‘万物并育而不相害，道并行而不相悖’的大大学”①。这样的“大”大学，不会是一个物性扩张而精神匮乏的大学，相反，却是一片关系错综复杂，但又相和万生的、生命诗意栖身的大美无言之土壤。

唐松林：沙龙不只是一种简单的教学组织形式，而是一种课程，是一种教学文化。它为你提供了良好的自由文化与学术生存的土壤。它是生命的一种自由形式，唤醒你的生命能量，促进你的良知、理性与勇敢茁壮成长，涵养着大学教育的质量。它启动于生命内部之自然力量，不受任何外力的驱动，充满了哲与思，流动着力与美。在这里，闲逸的好奇，学术的争鸣，都是源于生命的冲动与神奇，都是世界独一无二的生命样式。我们所释放的思想、语言与行为，都是生命冲动的释放，即使你的语言刁钻古怪，即使你的思想恣意妄为，但对于生命的生长，是最有利和最有意义的。

魏婷婷：学术沙龙的价值，正是它尊重和承认大学是一个千奇百怪的生命世界。大学质量的驱动，不能依靠外在的功利性规划与利益驱动，而须依赖大学之中师生所拥有的充沛的生命活力。沙龙的开放与自由性，使你对他者的理论与经验发出怀疑、反驳、批评与争论，这才是真正的学术生活，是人类知识进步的重

① [美]科尼利斯·瓦尔著.皮尔士[M].郝长墀,译.北京：中华书局,2003：60

要方法，是知识分子“敬业乐群”的重要形式，是大学“兼容并包”的文化生态。“大学的真义就是无限的广大、无限的包容”①，使你开放心态，包容异质，谦卑行动使你的智慧、良知与境遇趋向圆满，使你的心灵充满温暖，让你享受知识的分量与人生的尊严。

于晓卉：沙龙，在一定程度上，正如我和唐老师在一篇文章中强调的那样，它可以消解大学中绩效主义因素的荒诞性。绩效主义使大学质量出现种种荒诞，目标技术的片面、物质利益的驱动、数量指标的蛮横，过分强调效率而忽视生命，这是现代大学遭遇的最大问题。“绩效”与“分数”意识，似乎成为一种“集体无意识”，遮蔽了我们个体生命中最珍贵的情感与艺术，兼具个性与才华魅力的学生凤毛麟角，导致了一种“结果导向”的质量文化氛围，看不见大学质量的生命属性。大学质量被抽象为可操控的数量形式，教育目标变成指标与数字体系；教师劳动成果则是根据课题、论文、评奖、经费等进行评价，大学质量演化为各种工程、项目、基金等指标。致使大学沦为一个机器系统，就如克拉克·克尔描绘的那样，“它更是一架机器……一架由管理条例维系和由金钱赋予动力的机器”②。这座巨型机器具有功利价值导向、利益驱动与任务分割等特征，把大学引入一条远离生命及其生存关系的不归之路。

魏婷婷：沙龙，使学者真正成为“学术村庄”中“拥有房子的自由人”，使你回归生命，让你诗意地栖居。在那里，你无忧无虑自由自在无畏无惧，享受真理与创造世界的乐趣。沙龙，使你在与他人的辩论与对话中，发现并弥补自己的“无知”。学者只有明确“自己无知之处”，才能使你听从内心良知的呼唤，不再懒散，做出符合自身学识的决定，说自己的话，做自己的事情，“成为你自己！”③沙龙，使你享受审美的人生，因为它寓于人性的单纯、真理的简单和生命的自然之中，它以美得“好玩”而“不可利用”为特征，它体现生命万物并育、天道并行的审美意蕴。

于晓卉：沙龙，是在为现存大学备受诟病的诸问题寻求新的解脱。高度结构化、层次化与集中化的管理体制，使学术话语权、人的创造力、情感、尊严与爱被整体漠视；师生自主学习、自我反思、同行评价与学术争鸣的自由氛围消弭，抹了生命的多样性。形而上学之营养的枯竭，使大学灵魂与精神旁落，大学质量背离了“使他们有哲学般深邃，又有艺术般高雅”④的学术信仰。如同蒋勋先生对世人的警训，“一个唯利是图的社会，每个人都会在物化自己与他人的过程中成为

---

① 杨东平. 大学精神[M]. 上海：文汇出版社，2003，100
② 杨东平. 大学精神[M]. 上海：文汇出版社，2003，100
③ 肖川. 大学要带给学生什么[J]. 湖南师范大学教育科学学报，2014(1)：19
④ 肖川. 大学要带给学生什么[J]. 湖南师范大学教育科学学报，2014(1)：19

受害者”①。

杨明刚：沙龙，是一种以反思和争鸣作为手段的质量评价方式。参与者既有理智、谨慎与崇尚真理的共性，也有“意出尘外，怪生笔端”的生命差异之神奇。沙龙中的猜测、反驳与辩论，是决定你“接受”或“摈弃”、“继续研究”或“停止研究”的方法。② 一个真正的学者，对宇宙、对人类有一种亲密的崇敬与畏惧感，他能把自己选择的事情看作“我”的生命，无论什么“利好”，终不肯牺牲“我”之生命与之交换。苏霍姆林斯基曾出于回归原初动力的心态，给教师们提出这样的建议，我们都有一种心灵深处根深蒂固的需要，“这就是希望自己是发现者、研究者……”③

唐松林：《去麓山读书》，书名源于与胡弼成、陈应征、杨明刚的一次小型沙龙，这套丛书是2013年3月至2015年1月的部分沙龙记录的整理稿。沙龙是自由的，不仅没有固定的时间与地点，而且校内外有爱好之人均可参与其中。沙龙的每一个主题，是主讲者阅读的一部著作或对某一选题的学习或研究心得，其中饱含了孩子们对知识的热爱、尊重、敬畏与期待，对彼此之间互动最美好的希冀、记载与回忆。我们徜徉书海，领略万种人物豪情，充斥着思想飞驰的天马行空，享受心灵的碰撞，辩论的乐趣，享受着一次次思想的震撼。就如摆在你面前的一篇篇文章，你无法相信是一群研究生的读书笔记或专题研究。当你看到每位主讲者15000字左右的读书报告，你会惊讶于他们的认真、典雅、深思与创造，你会情不自禁地想起陈寅恪在王国维的纪念碑铭上的那句名言：“独立之精神，自由之思想。”此刻，我要重复我经常对学生们说的那句话：如果你能写出如此美丽的读书报告，你的人生何愁不美！

于晓卉：我在整理《去麓山读书：爱晚品美》时，悉谙它所传递的审美、知识与反思的价值意蕴。席勒在《审美教育书简》中提到，要把审美活动作为恢复或实现人的完整存在的基本途径。阅读与教育能够培育、发展审美的能力，而审美的过程亦是一个使人受教育的过程。审美是对人的精神维度的建构，通过智慧与情感的陶冶，促进心灵的成长与完善，引导个体探寻生命的意义，寻求生活的价值、领悟生命的真谛。审美教育并非机械主义的强迫灌输，它更是一种生命自主、自为的过程，发端于个体生命中最真切的情感体验，由感悟而引发内心的震动。岳麓沙龙在为师生们提供了一个自由、无拘的释放环境之外，亦有生命关怀、促进成长的审美教育书籍，如《美的历程》《没有宽恕就没有未来》《瓦尔登湖》《人的宗教》等，师生们跟随李泽厚，跟随梭罗，跟随图图大主教等思想者，在精神世界中

---

① [美]Clark Kerr. 大学的功用[M]. 陈学飞等，译. 南昌：江西教育出版社，1993：10

② [美]Clark Kerr. 大学的功用[M]. 陈学飞等，译. 南昌：江西教育出版社，1993：10

③ [德]尼采. 作为教育家的叔本华[M]. 周国平，译. 南京：译林出版社，2014：4

驰骋遨游，以他们为镜像，关怀个体生命。

魏婷婷：通过整理《去麓山读书：清风巡世》，其间的智慧与思考，让我受益颇深。雅斯贝尔斯曾说：教育决定一个时代、一个人和一个民族的精神面貌，这风靡一时的观点，是毋庸置疑的。大学是研究高深知识与学问的场所，但是“平庸的大学”的论调却从未停歇。它的淡泊与宁静正在被工具主义、功利主义、机械主义侵蚀。大学何谓？大学何为？大学固有的卓越精神，时刻给予我们这样的警醒与反思：不管在哪个时代，哪种精神状况下，大学都不应该沦为时代平庸的牺牲品。现代大学应努力超越平庸，复归卓越，从而引领时代潮流，为人类社会提供一种终极关怀，这才是高等教育何以谓之“高”。在本系列丛书的第二部分，结合专业主旨，汇聚专业精神探讨了高等教育发展中的重重困境。以《巨流河》《失去灵魂的卓越：哈佛是如何忘记教育宗旨的》《找回大学有精神》《伤魂》《中国在梁庄》《乌合之众：大众心理研究》《乡关何处》《文化苦旅》《人生的枷锁》《耳语者》《教父》等书籍为例，思考其呈现给我们的社会伤痕与教育现实，并以此建构起自身的批判精神与反思意识，敢于质疑、敢于发问，寻回大学的本真样式。

杨明刚：《去麓山读书：书院论学》相对较难，是一组政治经济学与社会学著作，是唐松林老师讲授《教育社会学》的部分课外读物。社会学、经济学、政治学和教育学均作为一门社会科学，它们的联系甚密。首先，社会学本身蕴含着丰富的研究方法与理念，许多的教育现象、问题均可以用社会学的方法、理论等加以分析和阐释。第二，如果将教育回归到社会去认识，其本身是一种社会制度与社会组织。正如有学者讲道，“学校就是一个社会制度，它是个人社会化的一个重要的场所，所以，学校作为一个组织含有一般社会组织的原理”，并明确提出，一方面，用以改良教育，另一方面就是改良未来的社会。这种理念在杜威的教育思想中亦有体现。它在《学校与社会》《民主主义与教育》中，论述了教育与社会进步的关系，更把学校看成一种社会制度，肯定学校的社会功能等。相应的社会学家，如迪尔凯姆、韦伯等亦尤其关注教育与社会的关系。因此，教育研究与社会研究一脉相承，对社会学的关注更有利于我们去解决和反思教育问题。因此，岳麓沙龙举办了以社会学名著为主题的学术盛宴，其间学习、分享、讨论《心灵、自我与社会》《历史的终结及最后之人》《实用主义与社会学》《德川宗教：现代日本的文化渊源》《孤独的人群》《日常生活中的自我呈现》《权力和特权——社会分层的理论》等书籍，为我们更好认识和研究教育问题开启视野。

唐松林：《去麓山读书：古刹谈智》是我们的教学改革内容之一。我在《教育哲学》的教学中，以“自主选择（专题）—搜集文献—反思探究—学术报告—合作讨论”的教学形式，将艺术、身体、美德、知识、正义、幸福、生活、自由、民主、理性等哲学命题与教育相融合，让学生通过广泛阅读，自我探究，拷问内心，联结现实，回溯本源涉及教育学中一些最本质的问题，促进人不断地探索和反思，深入地认识自己及自己与世界的关系，给人提供一种恰当的逻辑思维方式，我们想要的是灵魂纯正，勤于思考，富于智慧，思想深刻，不畏雄辩的人，而不是要那种按部就班、墨守成规与鹦鹉学舌的人。

教育的真谛不在知识的灌输，而在以文化人。这场“学术的飨宴”仿佛使你置身于天、地、人的浩瀚而又绵绵的空间，内心久久无法平静，总有探求与挖掘的冲动，真是浸润心灵，昭雪精神。可惜的是，本沙龙虽然始于2005年，但由于缺乏系统的录音、总结与整理，只剩下讲稿及残缺的讨论笔记。这里的《去麓山读书》丛书，只是2013年来部分有完整记录的沙龙的再现。其中的整理、修改与校对，得到了部分研究生们的辛劳付出，他们是：于晓卉、魏婷婷、于思琪、郑洁、李倩、李吟霁、涂南、吴丽霞、王志娟、肖利伟、沈豪英、张素华、吕亚妮、冯誉萱、芦方园、周咪等等，他们辛劳的汗水化为这份温馨的回忆，弥足珍贵。

“嘤其鸣矣，求其友声”，我们的沙龙还在继续，但我现在的感觉，似乎不是为了孩子的“通识”，甚至不是为了孩子的成长，而是完全发自自我心灵的需要，如果两个星期不经受沙龙的洗礼，就像两个星期没有沐浴那样让你难受！我们期待越来越多的志同道合者、热爱读书者加入其中，各言尔志，分享经验，碰撞思想，砥砺灵魂，滋润生命，这是教育的常态，也应该是生活的常态。

社会中的教育与教育中的社会

余小波

本辑《书院论学》作为《去麓山读书》书系的第三部分，湖南大学教育科学研究院唐松林教授和他的弟子完美呈现了其对社会学、政治学、经济学、教育学、心理学等学科的驾驭能力，以多学科的视角来俯瞰教育学的一些基本问题，对丰富与充实教育学的一些基本理论甚至是前沿理论是大有裨益的，表达了他们对教育学与其他学科糅合与交叉的愿景与期盼。

人的社会化是一种复杂的社会现象。促进人社会化也是教育的重要作用之一。社会化对个人的生存与发展至关重要，同时对社会的生存和有效运作也意义非凡。社会化的过程是使人养成、接受该社会共同标准的过程，由此，同一社会中的人与人之间才有许多相似性。社会化的目的是使个人能够理解社会的规范、价值标准、语言、技能与信仰等，社会化并不泯灭人的个别性，表明人与人之间差异的个别性也是社会化的产物，教育的目的是使人全面自由地发展，因此，教育在人的社会化过程中有着不可替代的作用，然而，随着中国社会转型速度的加快，社会化呈现出由正向社会化到反向社会化，由线形社会化到网状社会化，以及由真实社会化到虚拟社会化的新的变化趋势。教育在人的社会化的过程中的作用，并不等同于可以视教育与人的社会化具有同一性，因为其他因素在人的社会化中也起着重要的作用。

教育也是一个复杂的社会系统，在教育发展与改革过程中，许多问题都是社会矛盾的综合与集中反映。教育系统结构复杂，纵横交叉，构成了一个有机的整体。它有明确的目标，有决策系统和执行机构，有独特的协调和运行机制，也有独立的评价标准和方法。它独立于政治、经济、文化之外，又同这些社会系统相互沟通、协调发展。

教育社会学的研究涉及多学科。在新的社会发展形势下，我们只有从社会的全局去研究教育才能确定教育改革的方向。社会问题和教育问题在不同的国家与不同的历史阶段既有共性又有个性，社会问题和教育问题都是动态的，社会化、社会角色、社会互动、社会群体等社会学范畴在社会实践中不断被赋予新的内涵与要素，而教育的主体、目的、过程、原则、内容、方法、环境、评价等教育学的概念，也因社会的进步与变迁不断呈现出新的特点与形式，教育必须在克服社会矛盾中前进，教育社会学伴随着教育实践和人的社会化的发展而发展，教育社会学的研究作为新的研究门类亦必将不断取得令人瞩目的学术成果。

因此，本辑沙龙的主题探讨了以社会学为主的多学科名著，为我们更好地认识和研究教育问题，开启了新的视野，通过学习、讨论与研究了《历史的终结及最后之人》《菊与刀》《心灵、自我与社会》《实用主义与社会学》《日常生活中的自我呈现》《德川宗教：现代日本的文化渊源》《孤独的人群》《权力和特权——社会分层的理论》等名著，为我们呈现了一场跨学科研究的精致盛宴。我作为湖南大学教育科学研究院的院长，愿唐松林教授主持的学术沙龙蒸蒸日上，桃李满天下，也希望广大读者能够从本辑《书院论学》中得到启思。

于湖南大学7舍304

2016.10.15

目　录

《心灵、自我与社会》

——“我”是如何融入世界的

郑　洁*

时间：2016 年 3 月 8 日

地点：湖南大学教育科学研究院

出版社：上海译文出版社，2008

参与人：唐松林（湖南大学教师）、涂阳军（老师）、刘畅、陈琼、邓洁隽、于晓卉、于思琪、李倩、李吟霁、何香、刘艺、孙皓川、周珍、肖航、符灿等（本书中的参与人没有特殊注明者均为湖南大学教育科学研究院研究生）

一、作者简介

乔治·赫伯特·米德（George Herbert Mead，1863—1931），美国哲学家、社会学家、社会心理学家，符号互动论的奠基人。他把实用主义的基本哲学思想同生物进化和实验心理学的某些观点结合起来，提出一种“科学的”和经验的社会心理学理论，用分析人的有机体的行为（特别是语言）来解释人的一切心理意识活动。他关于自我和社会互动的理论是整个美国在 20 世纪三四十年代最辉煌的社会学研究成果。他所开创的社会心理学研究传统及研究成果同时在传播学研究中产生极大影响。他是一位哲学系教授，如今却被戴上思想家、社会学家、社会心理学家、实用主义带头人、“传播学鼻祖”等桂冠。著作多为讲课记录的整理稿，有《心灵、自我与社会》《行动哲学》《19 世纪的思想运动》《现在的哲学》等。

---

* 作者简介：郑洁（1990 年出生），女，湖北武汉人，湖南大学教育科学研究院 2015 级硕士研究生，从事教育哲学研究。

二、本书推荐

该书为作者去世后由学生根据听课笔记整理出版的。它引起学术界的广泛关注，特别是20世纪60年代后，学者们犹如发现一个蕴含丰富的矿藏，纷纷从哲学、心理学、社会学、社会心理学、伦理学、语言学、传播学等角度和层面对该书进行研究和挖掘，掀起了一股热潮。该书首次为社会心理学的研究作了定性说明，为符号互动主义奠定了理论基石。因此米德被社会学界称为现代社会心理学之父、符号互动主义之父。米德的理论综合不仅把心理学研究中的主观性东西转变为客观的，而且以此作为客观地、科学地研究主观内在的经验的起点，最终使研究模式既不是从外到外，也不是从内到外，而是从外到内，重视动与静、个体与集体、历史与现实的相互影响性的互动关系；它是在心理学研究领域里的一场革命。

三、章节概述

第一篇　心灵

1. 冯特与姿态这个概念

我们所关注的这一社会科学领域是由达尔文的工作和冯特的更加详尽的阐述开发出来的。如果我们采取冯特的平行论陈述，我们便获得了可用以研究社会经验问题的着眼点，冯特着手证明以中枢神经系统过程为代表的体内状况与个体认为属于他自己的那些经验之间的平行。冯特分解出一个非常有用的概念：姿态。姿态后来成了一种符号，但是在其早期，它是社会性动作的一个部分。(P37)我以狗打架为例对姿态作了描述。每只狗的动作成为使对方做出反应的刺激。于是在这两者之间便有了一种关系；而因为该动作已由另一只狗做出反应，它反过来又经历了变化。一只狗准备进攻另一只狗，这个事实就成了对另一只狗的刺激，使它改变自己的位置或态度。第二只狗刚刚改变的态度反过来又引起第一只狗改变它的态度，这里我们看到一种姿态的会话。不过，这些姿态还不是表意的姿态。我们并不认为狗对它自己说："如果这家伙从这个方向来，准是要扑向我的喉咙，我得这样转个身才行。"实际上发生的是，它根据另一条狗来的方向改变了自己的位置。(P38)天才的米德吸收行为主义心理学特别是冯特的"平行论"心理学的思想，把语言的产生归结于互动，而且把语言的形成逻辑地分解成三个层次：姿态、有声姿态、表意的符号，后者就是语言了。

"姿态"这个词可以等同于社会动作的开端，这些动作是使其他人做出反应的刺激。达尔文对这些姿态感兴趣，是因为它们表达了情绪，在他的大量论述中，这似乎是它们的唯一功能。他认为姿态所起的作用关系到其他动物，这一点是根据他自己的观察得出的。在达尔文看来，姿态表达了动物的情绪，他从狗的态度中看出它陪伴主人散步时的快乐。(P38－39)这种观点预设了这样的前提：动物是有意识的。这是米德所不能容忍的，意识必须是被解释项，而不是解释项。用行为主义心理学的学说，他完全能够抛开意识概念，来解释姿态，意识绝非社会动作的前提，社会动作倒是意识的前提。描述社会动作的机制可以不引进意识的概念，意识乃是该动作中的一个可分离的部分。(P16)米德之所以这样自信，是因为那时候人们对神经系统特别是中枢神经系统的解剖研究使他相信，意识中所发生的与中枢神经系统中所发生的状况是平行的(P17)，这句话的意思就是意识的状况和中枢神经系统的状况之间是一一对应的关系，理论上，知道了其中一个所处的状态，就知道了另一个的状态。

2. 有声的姿态与表意的符号

模仿这个概念在有声的姿态方面使用得极为广泛。这里确可看到某些有机体复制所听到声音的倾向。人类和学舌鸟提供了例证。但即使在这里，“模仿”也很难说是一种直接的倾向，因为要使一只鸟重复一支歌，或使孩子模仿人的发言的姿态，需要很长一段时间。有声的姿态是对某种反应的刺激，它不只是发出该动物所听到声音的刺激。当然，鸟可以被置于一种情境，使它能在那里单纯地重复它听到的声音。一只鸽子的咕咕声引起另一只鸽子发出咕咕声。这是一种姿态的会话，表达在某一叫声中的某种态度引起了另一种态度及其相应的叫声。如果麻雀做出的有声姿态等同于它所听到的金丝雀的声音，那么不难看出，它自己的反应等同于它对金丝雀叫声的反应。正是这一点使得有声姿态具有特殊的重要性：它是一种社会性刺激，它对做出该姿态的那一有机体产生影响的方式同另一有机体做出该姿态时产生影响的方式是一样的。(P54－55)

有一种姿态在所有的姿态中显得特殊，这就是有声姿态。它的物理特点就使得它具有社会性的性质：它对做出该刺激的那一有机体产生影响的方式同另一有机体做出该姿态时产生影响的方式是一样的。(P55)我们自己脸上的表情是我们自己看不到的，可是我们所说的话，却像别人所说的一样能被自己听到，这就是有声姿态和非有声姿态的根本区别。

只有有声的姿态才适用于这种交流，因为只有对有声的姿态，某人才会做出或有可能做出另一个人可能做出的反应。诚然，手语也具有同样的性质。某人看到自己使用着那些聋哑人所用的手势。它们像影响其他人一样影响着他。当然，这也适用于任何形式的文稿。但是这些符号全都是从特定的有声姿态中发展出来的，因为这是一种确实像影响他人一样影响该个体的基本姿态。(P60)如果有声姿态不仅被互动双方同样听到，而且激起的反应也相同的话，它就成为显著符号。只有在人类身上，才发展出了完全意义上的显著符号。人类中枢神经系统的无比复杂性，使得人的反应具有与动物不同的时间性，一个反应可以由一系列互相衔接的步骤组成。(P63)这样，显著符号就可能具备指示功能，成为真正的符号，与我们所称的某物的观念或概念相应的，正是这样一系列有组织的反应定势的开端。(P63)换句话说，显著符号与一般的姿态不同的地方在于，一个人对显著符号的最初反应，同时也是对他自己的一个刺激，因为它是与那个显著符号相对应的一系列反应的开端。

3．心灵与符号

我已试着指出，事物的意义，我们对事物的观念，与有机体相对于种种事物而表现的行动的结构性相应。使这一点成为可能的结构性主要是在中枢神经系统发现的。这个系统的一个特点是，在某种意义上，它具有一个时间向度：我们准备去做的事可按时间顺序排列，因此后面的过程在其开始之时可以决定前面的过程；我们准备去做的事可以决定我们即刻对对象的态度。(P104)

如果我们准备按照行为主义来思考的话，心灵本身又是什么？当然，心灵是个非常模糊的词，而我希望避免歧义。我视之为心灵特征的是人类动物的反思的智能，这种智能有别于低等动物的智能。如果我们试图把理性看作一种对付普遍东西的特殊本领，我们会发现低等动物身上的普遍的反应。我们还可以指出它们的行动是有目的的，而那些不会导致一定结果的行动类型则被排除。这似乎符合我们在谈论动物心理时所说的“心灵”，但我们所谓的反思的智能，通常认为仅属于人类有机体。(P106)

作者首先谈心灵的存在问题，人和动物都有心灵，但人的心灵却有独到之处。人类心灵存在的前提是有声姿态和表意符号。有声姿态是一种社会性刺激，它对做出该姿态的有机体产生影响的方式同另一有机体做出该姿态时产生影响的方式是一样的，我们无意识地置身于他人的地位并像他人那样行动，对自我意识的发展和自我的出现具有根本意义。而且米德认为心灵的特征是人类动物的反思的智能，它以成套的符号为中介，即语言。心灵的内容便是意义，仅当有机体能够向他人和自己指出各种意义时，心灵才会出现。

第二篇　自我

1．自我与有机体

自我是逐步发展的；它并非与生俱来，而是在社会经验与活动的过程中产生的，即是作为个体与那整个过程的关系及与该过程中其他个体的关系的结果发展起来的。低等动物的智能，像大部分人类智能一样，并不包含自我。我们周围的这些特征可以存在于经验之中，而无须与自我发生关系。当然，在那些条件下，人们必须区别直接发生的经验和我们为使它进入自我的经验而对它进行的组织。

人们凭借分析说，某一特定项目在他的经验中、在他的自我的经验中占有其位置，我们事实上不可避免地要在相当复杂的程度上把所有经验都组织进自我的经验，我们习以为常地这样做，把我们的经验，尤其是我们的情感性经验等同于自我。只需要瞬间的抽象便可认识到，痛苦与快乐可以不成为自我的经验而存在。(P120)

米德认为人类有机体在有了心灵之后，有能够在互动中将自身想象为评价客体的能力，即能在个体自身引起在其他个体身上所引起的反应。自我的特征是其自身的对象。自我本质上也是一种社会结构，产生于社会经验，在这一过程中，表意符号上的交流发挥了重要作用。

2．玩耍、游戏和泛化的他人

我们现在说到自我作为一个对象而产生出来的社会条件。除了语言之外，我们发现两种例证，其中一个与玩耍有关，另一个与游戏有关。从原始人的神话和各种游戏尤其是宗教庆典中，可以清楚地看到游戏区别于竞赛。这里可能看不到我们在幼儿那里看到的纯粹游戏态度，因为参与者是成人。毫无疑问，即使在最原始的人那里，他们也多少会想到这些游戏过程与他们的表演之间的关系。在举行这样的仪式过程中，他们对游戏做了组织，也许类似于在幼儿园里教幼儿做游戏的情况。在那里，这些游戏安排有序，有确定的结构和关系。(P135－136)

竞赛和游戏之间的根本区别在于，在游戏中，儿童必须采取所有其他参赛人的态度。一个参赛人所采取的其他参赛人的态度组织成为一个整体，而且正是这一组织控制着个体的反应。以玩棒球的人为例。他本人的每一个动作取决于他所设想的另一些参赛人的动作。他的动作受到制约，因为他兼有该队每一个其他人的态度，至少那些态度影响了他自己的特定反应。于是我们得出一个“他人”，他是参与同一过程的那些人的态度的组织。这个有组织的共同体或社会群体，使该个体的自我获得统一，可以称它为“泛化的他人”。这个泛化的他人的态度是整个共同体的态度。因此，就一个球队这样的社会群体而言，只要该球队作为一个有组织的过程或社会活动进入其任何一个个体成员的经验，它便是一个泛化的他人。(P137)

随着逐渐参与实际社会互动，儿童的社会关系得到进一步发展，他必须承担一定的社会角色，角色承担是从他人的立场与观点去想象现实世界的心智活动，以及进而采取的行动，这种从社会关系中抽象出来的有组织的态度就被称为泛化的他人。这时候儿童将社会的规则与观点内化，也就是将社会所界定的自我变成了他自己的自我。当一个人能够理解社会中“一般他人”的角色或采取“共有态度”以及对他自己采取泛化的他人的态度时，表明他已经进入了自我发展的最后一个阶段。

3．“主我”与“客我”

“主我”作为与“客我”相对的一方在何处进入行动？如果某人确定他在社会中的地位并认为他自己有某种作用和特权，这些全都是根据“主我”规定的，但是“主我”不是一个“客我”，并且不可能成为一个“客我”。我们可能有一个较好的自我和一个较差的自我，但那也不是指与“客我”相对的“主我”，因为他们都是自我。我们赞成一个自我而不赞成另一个，但是当我们提出一个或另一个自我时，它们身为“客我”而成为赞成的对象。“主我”并未成为注意中心；我们对自己说话，但没有看自己。“主我”对因采取他人态度而出现的自我做出反应。由于采取那些态度，我们引入了“客我”并作为“主我”对它做出反应。(P154)

米德在研究人的意识活动时首先强调的是“自我”概念，他认为“自我”的重要特征是它能够把自己作为对象，反观自身，自己与自己交流，这种反思功能是人类所独有的。

当我们动作时，我们意识到我们自己。在记忆中，“主我”不断地出现在经验中，我们能够直接回忆起片刻前的经验，然后我们便依靠记忆意象回想起其余经验。因此在记忆中“主我”便作为一秒钟、一分钟或一天之前的自我的代言人而存在。由于是给定的，它是一个“客我”，但它这个“客我”是早些时候的“主我”。它是一秒钟之前的你，即是“客我”的“主我”。(P155)

米德吸取了詹姆士从多重自我出发并把自我分为主体我与客体我的做法，但他的着眼点并不是主体与客体的二元分立，而是个体自我在现实社会互动中所展示的结构与功能。“主我”与“客我”都必须与社会经验相联系。自我的特征是其自身的对象。自我本质上也是一种社会结构，产生于社会经验。

“主我”是有机体对他人态度的反应；“客我”是有机体自己采取的有组织的一组他人的态度。他人的态度构成了有组织的“客我”，然后有机体作为一个“主我”对之做出反应。现在我想更详细地考察这些概念。在姿态的会话中既无“主我”亦无“客我”；整个动作尚未实现，不过在姿态这个范围内做了准备。现在，只要个体在自身唤起他人的态度，便出现一组有组织的反应。由于该个体有能力采取他人的态度(在它们可以被组织起来的范围内)，他便获得了自我意识。采取所有那些有组织态度使他获得了他的“客我”，那便是他所意识到的自我。(P155)

在他看来，一方面，“主我”是正在进行社会互动的主体，是无法预见的、不确定的东西，是社会个体的自发性、创造性活动以及自由感的源泉，是社会个体对照他自己的行为举止处于其中的社会情境所做出的行动。另一方面，“客我”则是从他人的态度和视角出发观察和评价自己的自我，是作为自己审视和评价对象的自我；它是社会主体进行社会关注的基础，它以一般化的他人的形式，根据各种社会价值限制、塑造社会个体的思想和行为，使其能够实现内在的自我调节和社会控制。

4. 自我在社会情境中的实现

在人类社会经验与行为过程中，每一个体自我有组织的结构反映了那一整个过程的有组织的关系形式，并且是由该形式构成的。不过各个个体的自我结构反映了这一关系形式的不同侧面或角度，并且是由不同侧面或角度构成的，因为它们各自是从其自身特有的立场来反映这一关系形式的。因此个体自我及其结构的共同的社会根源和构造并不排除它们中间的广泛的个体差别和变异，也不否认它们各自事实上拥有的独特性和显著程度不等的个体性。(P179)

我们天性中的各种可能性，威廉·詹姆士如此津津乐道的那些能力，是超出我们自己的直接表象之外的自我的可能性。我们不知道它们究竟是什么。就我们所能理解的而言，在某种意义上它们是我们所能期待的最迷人的内容。我们从传奇文学、电影、艺术中获得极大享受，因为它们释放了，至少在想象中释放了属于我们自己的或我们希望属于自己的各种能力。

自卑情结产生于自我的各种需要，想要满足而又无法满足的需要——所谓的自卑情结使我们顺应这些需要。“主我”的可能性属于实际上正在发生、正在进行的事情，并且它在某种意义上是我们经验中最迷人的部分。新奇事物产生在哪里，我们最重要的价值定位就在哪里。我们不断寻求的便是这一自我在某种意义上的实现。有各种各样途径可使我们实现自我。因为它是一个社会的自我，它是在它与他人的关系中实现的自我。它必须得到他人的承认，才具有我们想要归之于它的那些价值。(P181－182)

米德不仅强调社会对“自我”的控制以及“自我”的社会化特征，同时也没有忽略“自我”的独立性和它对于社会的重要作用。他明确地说过，个体绝不是社会的奴隶，个体构成社会恰如社会构成个体一样实在，甚至可以说，个体的行为在某种程度上改变了社会的结构。当然，对大多数人来说，可能只是在细枝末节上对社会结构的微小改变，但对天才和领袖来说，则可能会造成社会结构的巨大改变。

第三篇　社会

1. 人类社会的基础：人与脊椎动物

人的社会性是十分显著的。从生理上看，他的社会性反应比较少。当然，人类存在基本的生殖过程和照料下一代的过程，它们被视作人的智能的社会发展的一部分。不仅有一个生理的婴幼期，而且它延续很长时间，相当于个体期望寿命的1/3。(P213)人在社会上生存、活动，与社会构成相互的关系，他赋予行动的主观意义一定的社会性，即个体的行为要考虑到他人的行为，要以他人的行为为目标，因此社会性也在逐渐增强。

在人类动物及相应的人类社会中可能出现哪种程度的精致发展，要从交流在自我的行动中获得的发展来看。唤起那种会导致与在其他个体身上引起的行动相同的行动的态度，使分析的方法、对动作本身的分解成为可能。(P214)人类动物具有在其自身进行这些结合的机制。一个人类个体能够向自己指明其他人准备做什么，然后在此基础上采取他的态度。他能够借助这一过程分解他的动作和重建他的动作。他所具有的那种智能不是以生理的分化为基础，也不是以畜群的本能为基础，而是以通过社会过程取得的发展为基础。在这一过程中，他向自己指明可能的不同反应，分解它们，并重新组合它们，从而使他能实现他在社会反应中的作用，正是这样一种个体使得人类社会成为可能。(P216)

米德认为自我是在与他人、环境、社会基于自身的这外在与内在的两类互动中产生的。人通过自己的活动，不断生产和创造属于自己的新的世界，从而也不断塑造自己的新的形象，不断创造自己的新的存在状况和新的规定性。这是一个没有止境的自我的进化发展过程，这种进化也是个体社会化的过程。

2. 共同体与制度

社会制度是群体活动或社会活动的有组织的形式，这些形式经过组织，使得社会的个体成员能够通过采取他人对待这些活动的态度而恰当地合群地动作。(P230)在我们所生活的共同体中存在许多这样的共同反映系列，而这些反应也就是我们所谓的“制度”。制度表现了共同体的所有成员对一种特定情境所做出的共同反应。当然，这种共同反应会由于个体特征的不同而有所不同。

我们越来越认识到自己所属的整个社会，因为社会组织的状况如此，它不仅在其他人身上，而且在我们自己身上，引起他人对我们自己动作的反应。基普林说，“东方是东方，西方是西方，两者永不相遇”，但是它们相遇了。他的设想是，东方对西方的反应与西方对东方的反应是互相不能理解的。但是，在事实上，我们发现自己正在觉醒，我们正开始交换角色。一种组织过程在我们的自觉经验之下进行，而这种组织越是实行得多，我们就越紧密地联系到一起。(P239)我们在自己身上引起由我们的姿态在他人身上引起的那种反应越多，我们对他的理解就越多。

3. “主我”与“客我”在社会活动中的融合

我说过，“客我”代表行动发生的情境，而“主我”是对该情境的实际反应。这种情境与反应的两分离是任何智能动作的特征，哪怕该动作并不包括这一社会机制。有一种确定的情境，它提出一个问题，然后有机体通过组织所涉及的各种不同反应对该情境做出反应。我们日常在房间里不同物件之间走动，穿行于森林中、汽车之间，都必须对各种活动作这样的组织。(P244)

“主我”“客我”作为这个整体自我的不同侧面，在参与社会互动过程的个体的那里是相互转化、相辅相成的。“主我”使社会个体在互动过程中打破各种习惯模式和常规惯例，发挥个体的独创性，进而推动社会的不断进化和变迁。“客我”则使社会个体在互动过程中相互协调与合作，使社会在个体多样化的基础上保持稳定。

“客我”与“主我”的关系是情境与有机体的关系。提出问题的情境是对之做出反应的有机体能够了解的，而融合发生在动作中，如果某人确切知道他正打算做的事，他可以从“主我”出发看待它。于是他把整个过程干脆看作达到已知目标的一系列手段。也可以从手段的观点看待它，于是问题似乎是在一系列不同目标中做出选择。某一个体的态度唤起这种反应，另一个体的态度唤起另一反应。存在各种各样的倾向，而“主我”的反应将是把所有这些倾向联系在一起的反应。不管是从某个必须加以解决的问题的观点看，还是从在某种意义上根据其行动决定其范围的“主我”的观点看，融合都发生在动作自身中，在动作中手段表现了目的。(P247)“客我”循规蹈矩，维稳求同，“主我”个性不定，寻求独立。在自我的产生，个体主动融入共同体的过程中，个体要依据他人的反应调整自己的行动。这种行动上的反射活动要求个体具备识别和认知的能力，有自我意识，有依据他人的态度来调适自身的意愿和能力。在自我构建的活动中，“主我”和“自我”既是一种承接关系，也蕴含着矛盾冲突的影子。“客我”要求一致，要求同化，而“主我”会因为个体的要求，而在希望满足“客我”要求的同时，努力寻找新的方式，有自己烙印的方式，保持一定的独特性，既在社会群体中得到接纳，又保持自己本色。

4. 民主与社会中的普遍性

人类社会中有一种普遍性很早就从两个方面表现出来，一是在宗教方面，二是在经济方面。这些过程作为社会过程是普遍的。它们提供的目标，是使用同一交流媒介的任何人都能为之投身的。如果一只大猩猩能把椰子带到市场上来，用它交换它可能会需要的东西，它便能在其最广泛的一面参与经济社会组织。大猩猩所需要的一切只是它要能利用那一交流方法，我们已经看到，那个方法涉及自我的存在。同时，任何能够认为他自己是社会一员的个体(用一个熟悉的词语说，在这个社会里他是他人的邻人)也属于这样一个普遍的群体。我们发现，普遍性的这些宗教的经济的表现，在罗马帝国、印度和中国以这样那样形式发展起来。从罗马帝国发展基督教的成果中，我们发现一种宣传形式，它产生于组织这样一种普遍社会的审慎尝试。(P247)

普遍的宗教态度和广泛的政治发展这两个方面的结合，最充分地表现在民主政体中。民主概念本身像宗教一样普遍，而且这一政治运动的出现本质上是宗教的。一个普遍社会的发展所涉及的正是我们在经济发展中所发现的一种职能的组织。经济的发展是在交换的基础上开始发展的。在实现这些活动时，个体已经建立了一个一体化过程，使个体更紧密地联系在一起，创造了一种机制，凭借这一机制，便有可能进行一种更深的带有参与的交流。

四、我之感悟

米德的社会心理学体系思想内容丰富，笔者对于本书作者关于心灵、自我与社会方面的研究概括如下：首先，他的丰富思想内涵体现在以互动论的观点来分析心灵、自我与社会的关系，论述人类自身如何出现在社会相互作用的过程中，并强调在社会结构存在的先决条件下，心灵、自我是如何作用于一个有机体的。在方法论上，米德主张定性的研究方法，注重对社会行为的意义的研究，而且注重个体的内在经验，主要以描述和解释的方式研究人的心理。

对自我的探讨应该是本书的重点。自我是联结社会与心灵的中介，也是其理论的核心。通过对“主我与客我”“泛化的他人”等概念的引入，米德深入研究了自我的形成。无论主我客我，都不可能脱离社会情境而单独存在。主我的不确定性反应将会导致群体，甚至社会的分化或整合。社会寻求发展的时候，应该为自我的表现提供空间和方式，减少或控制约束力。当今，信息化时代，压抑和束缚已经逐步减少，个体得到了更多的自由和空间，社会对多样性的包容程度也越来越高，这是社会发展的趋势，也是自我完善和健康塑造的良好环境所在，当然，无论是多么独特的个体，总是建立在与共同体关系的基础上的，没有个体能游离于社会过程之外而独立塑造自我。自我产生于社会情境，塑造于社会过程，主我和客我的关系在与社会以及与共同体的互动过程中逐渐培养和发展起来。

这本《心灵、自我与社会》，体现了米德的主要心理学思想精华，虽然，米德认识到了自我意识的作用，但是他只是强调了主我和客我的互动对自我意识的形成的作用，却忽略了人的动机、潜意识和情感在互动过程中的作用。

讨论部分

唐松林老师：本书非常难理解，我们可以从自己的角度，慢慢体悟其中的内容。本书主要是告诉我们人的社会化过程的心理运动与群体行动机制，其本质是论证心灵活动如何使个体与社会互动形成自我，自我如何在共同体与制度建构中发挥作用，产生宗教与经济等群体行为。我的生活经验告诉我，首先是心灵内要处理好自己与内心的关系，其次才是处理好人与人的关系。本书的意义就在于我们建构社会的时候要考虑到个体的人，个体的人的心灵不同、自我不同、主我不同，但是这些不同通过互动，通过机体的心灵活动最后能达成共识然后采取合理的行动。本书告诉我们，从心灵内部出发去构建和谐社会是有积极意义的。

涂阳军老师：我认为主我与客我之间并不是和谐的，主我与客我互动的过程其实就是社会化的过程。

刘畅：大量的理论构建我没接触过，但是我看过实证方面的文章，我也没看懂这本书。从题目来讲，"mind"我们翻译为"心智"，所以我觉得翻译有些问题。我们国家历史文化中缺少对自我的探讨，并没有主我、客我、自我的分类方式，一直都是讨论人的关系较多。关于自我与客我，我觉得是一个太极的思想，没有谁先谁后之分。

何香：客我是不是主我的镜子？主我是不是根据客我的要求而不断发展的？客我是社会对我们的要求。客我与主我相互作用，与自我在社会活动中进行社会化的过程，那么在这个社会活动中，客我和主我谁占主导地位会比较重要。对于我自己来说，客我占的地位比较大一点，因为客我占的地位重，你就是一个循规蹈矩的人，但是主我占的地位重的话，你就是一个个性化的人。个性化的人又不是社会想要你成为的那种人。在互动过程中会有一个占主导地位。到底应该遵从主我还是客我？

陈琼：作者说客我是个体在社会互动过程中要进行相互协调和合作，但是不是也需要自己的挑战与反抗呢？

唐松林老师：这里面冲突的东西并不像马克思讲的这么对立，它里面有一个重要的概念——"符号互动"，这种符号也是难理解的，比如，手势、语言都是符号，当冲突有矛盾的时候，不同的自我会有社会互动，但这些互动中总会有一些普遍性的东西，共识的东西。每个人"姿势"是不同的，但姿势会有交集，姿势是行为方式，是社会动作。詹姆斯认为每个机体都是很脆弱的，每个机体的力量都不够强大，不足以使每个人自己都过得很好，需要通过集体力量来满足自己的欲望，使自己的生活更加美好，所以，互动是必需的，也是有意义的，互动的基本要素就是姿势、表意等互相的刺激与反应。

刘艺：讲到主我与客我的时候，我就想到了弗洛伊德的自我理论，本我、自我、超我，遵循真实的原则、现实的原则和道德的原则。主我是不是与本我相对应？每个人心里都住了一个我，所以人与人之间才会有差别，这个社会才会组成不同的个体而延续下去，我就在想：这种主我的概念是生物的本能，还是进化中产生的？人是符号动物，人的本质是创造活动，集体的意识是怎样用文化来建构的？

唐松林老师：自我意识从经验中产生，它与弗洛伊德讲的自我概念具有相似的含义，我们回忆一下弗洛伊德的自我概念，对于我们理解这里的自我概述有好处。弗洛伊德讲人格时有三个概念，本我、自我与超我，自我的概念是意识层面的，本我是在无意识层面的，是先天所具有的一种生命能量，一种原始意向，而这种能量在我们的行为中可能起着很大的作用，但这种能量像冰山浮在水面上一样，冰山上端是自我的层面，它遵循自然的原则。超我才是社会规范方面的，是社会的道德、法制，它遵循社会原则。自我具有意识性，具有理性，是在本我与超我之间的平衡，它是相对稳定的状态，强调协调原则。这与本书中讲的自我并不矛盾，具有一致性。

于晓卉：老子讲有和无的关系，有和无的关系都不是完全对立的，天下万物生于有，有生于无，所以我觉得唐老师说的平衡或者说是融合我觉得都是合理的。有同学问泛化的他人是不是指社会化，我觉得不是这个意思，泛化的他人就是从每一个个体中提炼出来的一个共同的标准。然后你在做某一个决定时，你就会考虑到头脑中这个一般化的他人，然后就会去衡量，去抉择，所以我觉得这个放到现在来说就是一种准则，一种标准。

李倩：我觉得现在理解自我与主我的时候不能以我们现在的意识去理解它这种观念。我看到符号互动理论的时候，认为符号是一定程度上具有象征意义的事物。这种象征意义是个体与他人的互动，比如说言语，文化制度的影响，所以他主要是要强调个体的行为与经验要置身整个社会当中。作者是第一个用实用主义哲学和行为主义来研究社会学的，所以是从个体可以被观察的行动来研究个体经验对整个社会互动的关系。主我是社会互动的主体，客我是通过角色获得在他人心目中的我及社会的我，而行为是由主我引起受到客我的控制。mind 不应理解为心灵，应该更倾向于心智，心智是从意识层面来说的。自我应该代替的是主我，相对于个体而言，mind 是客我。

符灿：我谈谈对本书的自我部分的理解，我觉得自我是社会的产物，个体在社会中的行为要受到社会的影响和制约。每个人身上承担着不同的责任和义务，我们需要处理好与别人的关系，有时候要克制我们的语言和行为。有人说要处理好人与物、人与人、人与自己内心世界三种关系，这个顺序是不能变的，我想问一下唐老师，为什么这个顺序是不能变的？

唐松林老师：自我、客我与主我的关系。客我是已经形成的我，是主我正在活动的环境，也是主我经常思考的对象，具有了物的属性；主我是正在创造的、主体的、运动的我；主我和客我都是自我的内容，但是自我与客我、主我不同，自我是人对自己整体属性的判断，来自我们的经验，来自我们与环境互动的结果，是一个社会性人格，相对来说稳定一些，但是自我也是发展的。主我是在具体的思考与行动中表现出的自我状态。

心灵是机体的一个心理活动状态，每个个体可以理解为一个心理活动或者说心理过程。这里的心理过程主要是认识过程。米德的书之所以这么有影响，我认为是因为我们通常所说的社会学是关于人与外部世界的，或者是利用人外在的力量来构建和谐社会。

李吟霁：我觉得人的意识是我们在各个社会活动之间，各种过程中形成的。每个人在社会中都会有不同的角色，每一个角色的扮演都会获得不同的经验。但是谁也说不清社会是一个什么样的存在，它不是一个实体，是我们每一个有意识的人在相互作用中形成的。社会化的自我也即是客我。

邓洁隽：在主我、客我的概念上，我认为主我是当前当下的我，这个我在思考和行动，然而客我是社会意识形态所要求的，这个我需要被不断地约束。另外，主我、客我是应相互和谐还是相互挑战，我的思考是，客我既然是社会所要求的，那么主我的发展轨迹应是按照社会的发展而发展。客我是模范版本，而主我则要不断地改善符合客我，淘汰与社会格格不入的东西。

唐松林老师：我根据大家的发言及我的理解，想继续就本书的内容做一个梳理，见图1：

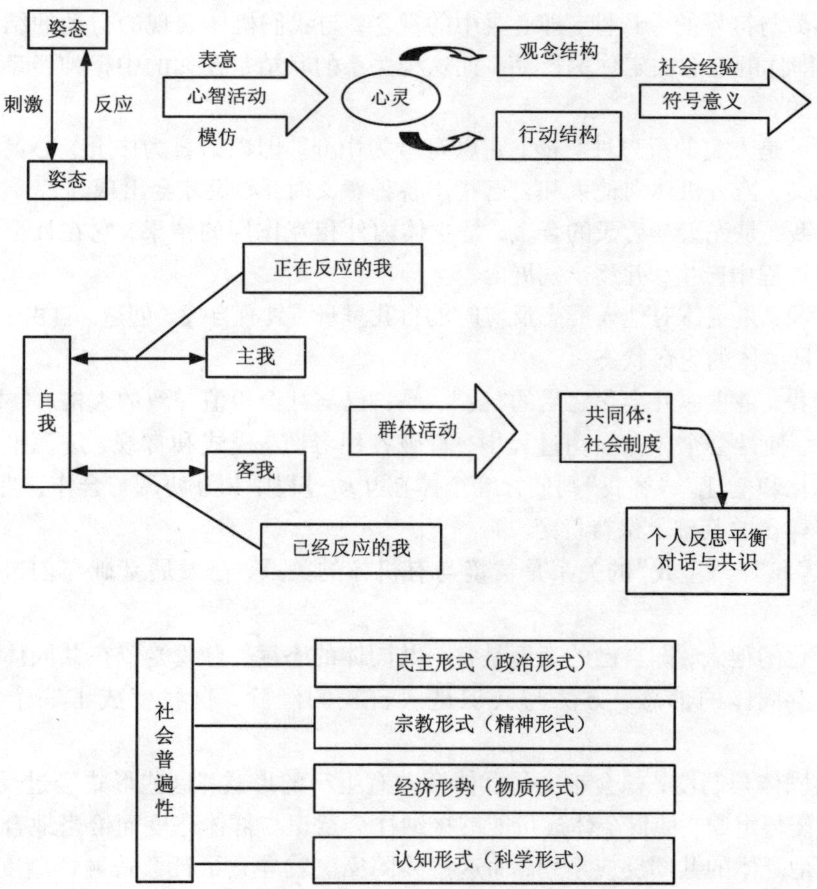

图1 “心灵—自我—社会”关系图解

姿态。它是有机体发出的社会动作，它使其有机体做出反应的刺激，能表达或传递意图、情绪与主体意识。姿态影响其他的有机体。例如上课时，教师的姿态总是传达某种信息，这种信息对学生的情绪与精神无不产生作用。

有声姿态，它是伴随着声音的姿态，是一种社会性动作，作为一种刺激，在其他动物和人的生命里，唤起了相应的社会性动作的产生，这就是有声姿态的意义。所以，教师的有声姿态能够唤起学生的有声姿态。由于有声姿态具有这样的功能，因此有声姿态在社会群体中会不断地绵延。

表意的符号。即语言的表达，包括书面的与口头的，有声姿态不仅被互动双方同样听到，而且激起双方的反应，它就成为显著符号，具有指示功能。同时，具有绵延的功能，即符号作为发出者是姿态，但同时又作为一种刺激物，对自己与他人同时产生作用，唤起新的社会性动作的发出与反应。

心灵与符号的一致性，即心灵中的观念，与我们机体表现的行动的结构是相应的，即你的观念决定你的行动。而这种关系的联结是在你的中枢神经系统中自然发生的。

心灵是人类的反思性智能，它以符号为中介，即以语言为中介，心灵的内容便是意义，当有机体向他人和自己指出各种意义时，心灵才会出现。

自我，是先天与后天的合金，是主体内外相互作用的结果，它在社会经验与活动的过程中产生，并逐步发展的。

主我，是主体对他人姿态反应时的自我呈现，具有自发、创造、自由、自然等特征，是主体的生命状态。

客我，是主体社会化之后的“我”，是自己与社会价值一致的人格。“主我”的独创性，使社会个体在互动过程中，打破各种习惯、模式和常规，进而推动社会不断进化和变迁。“客我”则使社会个体在互动过程中相互协调与合作，使社会在个体多样化的基础上保持稳定。

“客我”与“主我”的关系是情境与有机体的关系，是发展基础与创造活动的关系。

泛化的他人，即自己的态度是整个共同体的态度，自我笼罩在共同体的态度之中。共同体的信念、方法与共识进入自我的经验，自我就成了一个泛化的他人。

共同体与制度，社会制度是群体活动有组织的形式，这些形式经过反思、对话、平衡与组织，使得个体成员能够接纳社会意识与群体态度而恰当地合群与行动，它是群体的共同反应系列，而这些共同反应就导致了社会普遍性制度，如民主政治、市场经济、宗教形式、科学体制等。

《历史的终结及最后之人》

——历史终将证明自己的合理性

李 倩*

时间：2016 年 3 月 15 日

地点：湖南大学教育科学研究院

出版社：中国社会科学出版社，2003

参与人：唐松林（湖南大学教师）、侯兰花（长沙市第六中学教师）、匡林林（长沙市第六中学教师）、刘轶臻（华融湘江银行内控合规部总经理）、刘畅、魏婷婷、于晓卉、邓洁隽、李吟霁、于思琪、郑洁、刘艺、何香、周珍、肖航、符灿、孙皓川、郭笑丽、洪志祥（湖南师范大学研究生）等（本书中的参与人没有特殊注明者均为湖南大学研究生）

一、作者简介

法兰西斯·福山（Francis Fukuyama）生于1952 年10 月27 日，日裔美籍学者。哈佛大学政治学博士，现任约翰霍普金斯大学、保罗·尼采高级国际问题研究院、舒华兹讲座、国际政治经济学教授，曾师从塞缪尔·亨廷顿。著有《历史的终结及最后之人》《后人类未来——基因工程的人性浩劫》《跨越断层——人性与社会秩序重建》《信任》《政治秩序的起源：从前人类时代到法国大革命》。他的第一本著作《历史的终结及最后之人》让他一举成名。

福山本是施特劳斯派（保守派）弟子（布鲁姆的学生），但他在施特劳斯与科

* 作者简介：李倩（1992 年出生），女，湖南湘潭人，湖南大学教育科学研究院 2015 级硕士研究生，从事教育哲学研究。

耶夫的辩论（“古今之争”）中更多采取科耶夫的“现代”立场，因此他不但明言继承黑格尔—科耶夫的问题（“现代性”—“承认的政治”—“全球性普世一体化国家”——“历史的终结”）逻辑，并且用通俗的当代流行语言重新包装了科耶夫。他的《历史的终结及最后之人》（1992）的历史终结观点来自于科耶夫对黑格尔的解释，在黑格尔所说的人类需要被人的欲望的推动下，历史不断进化。福山认为最后的历史是自由民主的历史，在自由民主阶段，人类获得了平等的认可，历史也就终结了。

二、关于《历史的终结与最后之人》

20 世纪后半期，科学技术迅猛发展对自由市场经济和自由民主的政治观念在全球的传播和普及产生了巨大影响，尤其是冷战结束以后，全球一体化的趋势愈演愈烈，现代性作为不同于传统历史概念和历史演化的总体性特征，引发了人们对历史规律问题进行新的思考，形成了一股新的社会历史反思思潮。福山就是在这种背景下，从黑格尔的世界哲学思想出发，重提并进一步阐述了“历史终结”的概念。

1989 年夏，福山在《国家利益》杂志上发表了《历史的终结》，认为西方国家实行的自由民主制度也许是“人类意识形态发展的终点”和“人类最后一种统治形式”，并因此构成了“历史的终结”。此论一出，在东西方学界掀起轩然大波，批评、拥护之声此起彼伏，很快形成了一股弥漫全球的“终结热”。

几年后，在吸收并研究各种反馈意见和学术观点后，福山在前文基础上，撰写了《历史的终结及最后之人》一书。在本书中，福山进一步阐释“历史终结论”的同时，还分析和阐释了“自由”“民主”发展到顶峰后的“最后之人”问题，以此来说明“历史终结”后的人类状况。

三、章节赏析

（一）一个重新提出的老问题

1. 我们的悲观

就连伊曼努尔·康德那样庄重的思想家也会深信战争可以用来实现天意。广岛之后所有的战争被人们认为充其量不过是一场不可避免的灾难。就连托马斯·阿奎那那样神圣的神学家也会郑重地声明：暴君也是神的使者。因为倘若暴君不是神的使者，殉道者就没有献身的机会。而自奥斯威辛以来，持这种观点的人则会犯有亵渎罪……在现代的、文明的、技术的世界中心，发生这些可怕的事件以后，还会有人相信上帝是代表进步而不是用超越未来的天意来代表权力？

——爱弥尔·法肯海因《上帝在历史中的存在》

我们完全可以说，20世纪使我们所有人都深深地陷入历史的悲观之中。当然，每个人作为单独的个人，对自己的健康和幸福都充满着乐观。（P3）20世纪最清醒、最有思想的人也不敢断言，世界正在朝着我们西方认为是正确并人道的政治制度，即自由民主制度方向发展。我们的亲身经历似乎已经说明：未来似乎不大可能不会出现新的无法想象的邪恶，例如狂热的独裁政治和血腥的种族灭绝，还有使生活百无聊赖的现代消费至上主义；未来也不可能不出现史无前例的灾难，例如核冬天或全球变暖。（P4）

许多人一开始就对其使用的“历史”这个词产生误解。按照常规理念把历史理解为所发生的一个个事件所组成。然而，福山得出的终结观点渊源在于黑格尔、马克思，所有人在所有时期的经历基础上，被理解为一个唯一的、连续的、不断变化的过程。然而源于20世纪上半叶发生的两次毁灭性的世界大战、极权主义的兴起以及以核武器和环境破坏为形式的科学反人类趋势，让悲观主义者感慨万千。

20世纪的悲观主义与上一个世纪的乐观主义形成了强烈的反差。尽管19世纪是从欧洲的战争和革命的动荡开始的，但从整体上看，那是一个和平的世纪，是一个物质财富得到巨大增长的世纪。19世纪的乐观主义建立在两个广泛的基础上：一个是人们相信现代科学会战胜灾难和贫困，从而改善人类的生活；自然，这个人类长期的对手，将会被现代技术所征服并造福于人类。另一个则是自由的民主统治将在世界上越来越多的国家得到推行。（P4）

第一次世界大战从根本上动摇了欧洲人的自信，几千万人死于战火之中，几亿人流离失所，战争的阴影随岁月的流逝也无法抹去。在19世纪时，绝大部分欧洲人都还认为，进步就是向民主的方向迈进；而在20世纪的绝大部分时间里，对这个问题根本没有形成共识。自由民主制度受到两大互相对立的意识形态的挑战，一是法西斯主义，一是共产主义，两种意识形态对一个好社会的看法截然不同。（P8）

总之，西方之悲观主义，实发源于两件事实：一个是20世纪政治的危机；一个是西方理性主义的思想危机。政治危机导致几千万人被屠杀，几亿人被迫生活在新的更野蛮的奴隶制度下；思想危机则使自由民主制度丧失了捍卫自己的理论基础。这两个危机相互关联而且必须相互结合才能理解。一方面，由于缺乏统一认识，20世纪的战争和革命更意识形态化，因此比过去更为极端。另一方面，这种意识形态所驱动的冲突，其残暴程度及其可怕的后果彻底摧毁了自由民主制度的自信，使它在一个充满专制和独裁制度的世界中备受孤立，也使人们极大地怀疑自由的权利理念能否被全人类普遍接受。（P13－14）

2．世界范围的自由革命

我们正站在一个重要的时代，一个骚动的时代，思想在飞跃地向前发展，超越了它过去的境界，形成新的面貌。所有过去的形象概念和把世界连在一起的纽带犹如一幅梦画般正在分崩离析。一个新的思想阶段正在孕育而生。哲学特别要欢迎它的问世。而且要了解它，而其他的人无力反对它，只能顽固地坚守过去。

——黑格尔，引自1806年9月18日的一次演讲

20世纪最后25年最令人瞩目的变化是，不论是军事管制的右翼，还是极权主义的左翼，人们都发现，在世界貌似最专制的核心地带存在着巨大的致命弱点。福山以为此波浪潮，不始于左，而始于右。从拉丁美洲到东欧，从苏联到中东和亚洲，强权政府在20年间大面积塌方。尽管他们都没有千篇一律地实行稳定的自由民主制度，但自由民主制度却始终作为唯一一个被不懈追求的政治理想，在全球各个地区和各种文化中得到广泛传播。

无论在共产主义左翼还是专制主义右翼中，强权政府不管是建立在一党制、军人集团基础上，还是基于个人独裁，那些能维系其内部政治凝聚力的思想都已经涣散。（P44）右翼专制国家的致命弱点表现在它对公民社会控制的软弱无力上。许多人在上台时承诺恢复秩序或建立“经济纪律”，但后来却发现自己在促进经济稳定增长或创造一种社会秩序方面还不如它的民主前任。（P44－P45）而左翼专制政府寻求通过控制整个公民社会来避免这些问题的发生，包括控制其公民的思想。但是，要保持这一制度的纯正，必须实行一种连统治者自己也会受到威胁的恐怖。这种恐怖一旦有所松懈，就会立即出现退化进程，此其间国家会对公民社会的某些关键部分失去控制。（P45）

随着人类走进20世纪的岁末，专制主义和社会主义计划经济这两大危机只留下唯一的一个竞争者作为具有潜在的全球价值的意识形态，那就是自由民主制度。它是个人自由和民权的学说。法国和美国革命两百年之后，自由和平等的原则已经证明它不仅是持久的，而且也是可以复活的。（P47）然而专制主义现在面临的危机并不一定都已导致自由民主制度的出现。新出现的民主国家也不是全都很稳定。但是，民主进程中出现的倒退和失望，或者不是每个市场经济都带来繁荣，这些事实不会转移我们的注意力。越来越多的国家在决定它们如何在政治上和经济上进行管理时，可供它们选择的数量随着时间的推移会越来越少。人类历史长河中出现过各种制度，从君主和贵族制到宗教、神权政治，再到20世纪的法西斯和极权主义专政，但只有自由民主这种制度才维系到20世纪的终点。（P50）

换句话说，在此之前的种种政体具有严重的缺陷及不合理的特征从而导致其衰落，而自由民主制度却正如人们所证明的那样不存在这种根本性的内在矛盾。但这并不是说当今美国、法国或瑞士等国家的稳定的民主体制已不存在不公正或严重的社会问题，但这些问题则是因构建现代民主制度的两大基石——自由和平

等的原理——尚未得到完全实现所造成的，并非原理本身的缺陷。或许当代有些国家能够实现稳定的自由民主制度，而且有些国家可能会倒退回其他更原始的统治方式，如神权政治或军人独裁，却找不出比自由民主理念更好的意识形态。

(二)人类的古老时代

1. 世界普遍史的思想

历史的想象力即使在梦中也从来没有如此深远，现在人类历史仅仅是动物和植物历史的继续。世界普遍史学家在大海的最深处、在存在生命的泥沙中发现了他自己的足迹。他吃惊地面对着人类走过的广阔大道，当他注视到这些现代人一路都能看到的更大的奇迹时，他颤抖了！现代人骄傲地站在世界进程的金字塔尖上，矗起知识的最后里程碑，似乎正在对聆听的大自然叫喊道："我们到达了顶峰，我们到达了顶峰，我们是大自然的最后杰作。"

——尼采《历史的运用及滥用》

西方思想体系中第一部真正的世界普遍史是基督教。虽然希腊和罗马曾试图编写已知世界的历史，但第一个引进"上帝面前人人平等"这一理念的还是基督教，而且因此为世界上所有人构建了一个相同的命运。所有民族都是广大人类的一个分支，而人类的命运可以理解为上帝的安排。基督教还带来了一种有时间限制的历史概念：历史从上帝创造人开始，直到他最后超度时结束。对基督徒来说，天国之门打开的判决之日就是世俗历史的结束之时，届时地球和世俗世界严格地讲会停止存在。人的最后的终结使一切个别的重大事件具有潜在意义。(P62)

然而，编写世界普遍史所进行的最严肃的工作是在德国唯心主义体系中实现的。这一观点是伟大的哲学家康德在1784年的一篇论文中提出的。该篇论文的标题为《来自一个世界主义者的世界普遍史观念》，它虽然只有16页，但为所有后来编写一部世界普遍史的努力奠定了基础框架。(P64)

黑格尔和马克思都曾相信，人类社会的发展是有终点的，会在人类实现一种能够满足它最深切、最根本的愿望的社会形态后不再继续发展。这两位思想家因此断言，会有"历史的终结"阶段。黑格尔将"终结"定位于一种自由的国家形态，而马克思则把它确定为共产主义社会。以此，福山列举了三个持普遍史看法的重要思想家——黑格尔、康德、马克思加以论证，表达自己所认为的"普遍史的可能性"。

康德提出，历史应该存在一个尽头。也就是说，历史有一个蕴藏在人目前的潜意识中并且使整个历史具有意义的终极目标，这个终点就是实现人类自由。因为"一个根据外部法所获得的自由的社会是与不可抗力的权利(即一部充满正义的公民宪法)高度相关联"。(P65)

黑格尔和康德一样，把他的设想说成是编写一部能“展示在发掘知识过程的精神（这里指人的集体意识）”的世界普遍史……黑格尔也认为历史的进步并不是理性的稳定发展所推动的，而是通过人类冲突、革命甚至战争的各种情感（他著名的“理性的狡智”）的相互作用而发生的，历史沿着一个不断冲突的过程向前发展，其间思想体系和政治制度由于内部矛盾的作用发生碰撞而崩溃，继而被矛盾较少并因此形态更高的制度所取代，并再产生新的和不同的矛盾。这就是所谓的辩证法。（P67）

对于黑格尔的辩证法，过去曾有过许多曲解，最早从马克思的挚友恩格斯开始。恩格斯认为辩证法是一种可以从黑格尔思想体系中分离出来的一种方法。也有人认为对黑格尔来说辩证法是一种形而上学的工具，可以根据经验或逻辑的全部法则来解释整个人类历史，而不需要任何实证数据和对历史事实的了解。对辩证法的这种认识是站不住脚的。只要认真阅读黑格尔的历史著作，我们就会发现历史的偶然事件和意外在整个历史中具有重大意义。（P68）

2. 没有民主人士的民主

迄今为止，我们所构建“社会发展机制”显然主要着眼于从经济上来解释历史。“现代自然科学的逻辑性”离开愿意不惜牺牲自己的需要或者为保护自己而利用科学来征服自然的人类，本身没有任何作用。科学本身（不论以机器生产形式还是以合理的劳动组织的形式）只是自然基本法则决定技术能力水平的境界。推动人去开发这种可能性的是人的欲望：不是满足有限的“自然”需要的欲望，而是一种弹性极大的欲望，这种欲望的可能性境界受到不断的推动。（P148）

如果人主要是一个由其欲望和理性支配的经济动物，那么历史发展的辩证过程应当是不同人类社会和文化之间的非常相似。这就是“现代化理论”的结论，它借用了马克思主义关于经济是历史发展主要动力的观点。现代化理论在 1990 年似乎比 15 ~20 年前遭受学术界猛烈攻击时更具有说服力。几乎所有成功的实现快速经济发展的国家看起来确实相似。虽然有许多条道路可供各国选择来走向历史的终结，但除了资本主义自由民主制度外，他们似乎很少关注现代社会的其他形态。现代化国家或地区，从西班牙到葡萄牙到苏联和中国，到中国台湾地区和韩国，都在朝着这个方向前进。（P150）

福山所强调也许所有人类，不论其历史渊源或文化传统，都必然走上一条不可逆转的同质化道路。所有正在进行经济现代化建设的国家肯定会越来越相似：它们都会在中央集权的国家的基础上实现民族统一，推动城市化，用从功能和效率上讲具有经济合理性的社会组织形式来取代部落、教派或家族式等传统社会组织形式，并对本国公民实行全民教育。由于世界市场和消费至上文化的广泛传播，社会之间的相互联系越来越紧密。不仅如此，现代自然科学的逻辑性似乎也在左右着资本主义朝着一个普世的方向发展。

诚然，不论是对当今世界范围内出现的自由主义革命还是对任何一部世界普遍史，我们为理解它们的基础所作的努力并没有走得太远。现代经济世界是一个庞大的并且有很强约束力的体系，宛如一把铁钳牢牢地钳住我们的许多生活，但形成这一状况的过程却没有与历史本身连接起来，而且并不足以说明我们是否到达了历史的尽头。因此，我们最好不要相信马克思和受其经济学历史观影响的社会科学体系，而应相信黑格尔，他是马克思的“唯心主义”前辈，他作为第一位哲学家回应了康德提出的写一部世界普遍史的挑战。(P151)

因此，如果我们必须触及历史的终结这个问题，我们似乎就必须把对历史的讨论放下来，转而讨论人性的问题。我们无法仅仅局限于用当代世界向我们展示的实证来讨论自由民主制度的远景——它对生活在其社会制度中的人所具有的吸引力，以及它对长期生活在自由民主制度中的人的持久影响力，而是必须直接地、明确地提出一个跨历史标准的人性，用以判定每个社会制度或社会体系的好与坏。科耶夫声称，我们已经到达了历史的终点，一个人人相同、人人平等的国家可以完全满足它的公民。换句话说，现代的自由民主世界其内部没有矛盾。(P157)

(三)为获得认可而斗争

1. 最初之人

每个人都希望他的同伴对他的评价和他的自我评价是相同的；而且对所有的藐视和低估都会尽可能大胆地……通过伤害藐视者并警示其他人，让他们给予自己更高的评价。

——托马斯·霍布斯《利维坦》

当代自由民主制度没有走出传统的阴影。他们和共产主义社会一样是人类在某个时间点上，根据某种理论上的理解和相应的统治人类社会的政治制度有意创造的……写在《美国独立宣言》和《美国宪法》之中的美国民主制度所遵循的原则，就是根据杰斐逊、麦迪逊、汉密尔顿和其他美国建国之父的著作而确立的，而他们的思想则许多是借鉴了霍布斯和洛克等英国式自由主义体系。(P173)他们都认为，权利在很大程度上是一种保护人们可以丰富自己并满足其灵魂中欲望部分的私人领域的手段；而黑格尔则把权利视为一种目的，因为真正能使人感到满足的并不是丰富的物质，而是对其地位和尊严的认可。

霍布斯认为，人会为需要而战斗，但更多的时候并不如此，他们会为一些“区区小事”而打仗，换句话说，为获得认可而打仗。伟大的唯物主义者霍布斯用一个与唯心主义者黑格尔没有多少差别的词汇对“最初之人”的本性进行了最权威的描述，即最先驱使人们去投入所有人以所有人为敌的战争情感，不是一种对物质占有的贪婪，而是满足少数野心家的骄傲和虚荣。(P175)

对“最初之人”的刻画，洛克与霍布斯相接近，但与黑格尔截然不同。洛克所描绘的“最初之人”虽然在自然状态下为获得认可而斗争，但有人教育他，保存自己生命和享受舒适的物质生活的欲望要高于他获得认可的欲望。而黑格尔的“最初之人”却没有物质占有的欲望，只想获得其他人对他的自由和人性的认可，并在追求获得认可的过程中，自我表现为对私有财产甚至自己的生命这一类“世俗之物”不屑一顾。洛克的“最初之人”之所以进入公民社会，不仅是为了保护他们在自然状态下拥有的那些物质财富，而且还为了能有机会创造无限的财富。(P180－181)

杰斐逊关于人对生命、自由和追求幸福的权利的“自我理解”理论与洛克的生存和财产的自然权利大同小异。美国的缔造者们认为，美国人在任何政治权利存在前就早已作为人拥有了这些权利，而且建立政府的初衷就是保护这些权利。美国人与生俱来的权利，不仅有生命、自由和追求幸福的权利，还包括《权利法案》中所列举的各种权利，甚至包括随着现代社会而出现的“隐私权”等。(P181)

对于一个受霍布斯、洛克、杰斐逊及其他美国缔造者思想影响的美国人来说，黑格尔对在为名誉进行的战斗中敢冒生命危险的贵族主义的称颂肯定是日耳曼人的口气，充满了邪恶。这不是这些盎格鲁—撒克逊思想家们中有哪位不承认黑格尔的“最初之人”是一个真正的人类原型，而是他们看到，在一个只有奴隶的无产阶级社会中，说服一个可能会成为主人的人去接受奴隶的生活，在某种意义上讲是个政治问题。其原因在于与黑格尔相比，他们并不看重从获得认可中得到满足，尤其不认为值得用“做人的贵族和主人”的痛苦(死亡)为代价来换取这种满足。其实他们相信，对暴力死亡的惧怕和对舒适的自我保存的欲望都是非常强烈的，以至于这两种情感会在任何有理性的人的头脑中超越人的获得认可的欲望。这就是为什么黑格尔的“名誉之战”会在直觉上被认为不合情理。(P181－182)

2．精神的起落

人并不会争取快乐，唯有英国人例外。

——尼采《偶像的黄昏》

精神最初是作为自我价值的一种肯定而出现的……精神的这种朴素形式可以被视为是一种自尊感，或者用现在时髦的话讲，是一种“自我评价”。所有人都可能拥有这种感觉，但程度或深或浅。适度的自尊感，对于每个人来说都是非常重要的，关系到他们在世间发挥作用的能力和对生活的满意程度。(P206)

因而，人具有经常评价自己和别人的性格，但这种性格中所包含的精神与道德的实质性内容并不完全相同。在精神上的道德世界中，它们常常为各种大大小小的事情发生冲突、争论并且互相愤愤不平。因此，精神的任何一丝表露都是人类冲突的起点。（P207）此外，我们无法确定，人对自我的肯定是否会受到这种“道德”本身的限制……准确地说，一个人都会觉得自己比别人优越，这种优越感有时来自真正的内心价值，但更多的是过高或自负地估计自己。于是，获得自己比别人优越这种认可的欲望，被贴上一个新的标签——“优越意识”。（P207）

“优越意识”的反面是“平等意识”，即获得与其他人平等的认可的欲望。“优越意识”和“平等意识”两者共同构成获得认可的欲望的两种表露，历史发展过程可以从这方面来理解。（P207）显然，对于政治生活来说，“优越意识”具有很高的不确定性，原因在于如果一个人在他优越性得到另外一个人的认可时感到非常满意；如果能得到所有人的认可，他肯定会更满意。而精神最初表现为一种谦恭的自尊，因此也能表露成一种统治的欲望。后者作为精神的阴暗面，在黑格尔描绘的血腥战斗中，从一开始就必须提到。因为原始的战斗是获得认可的欲望所煽动起来的，结果导致主人奴役奴隶。这种弱肉强食的逻辑后来演变成一种被全世界认可的欲望，那就是帝国主义。（P208 – P209）

尼采认为，人创造什么价值并不重要，原因在于人有“一千零一个目标”要追求。地球上每个人都有自己的但别人都不理解的“善良和邪恶”标准。在此方面人是由创造价值的行为本身、自我赋予价值和要求别人对此予以认可三部分组成。所以，尼采只关心能让人说他比别人更好的那种精神，即“优越意识”。（P215 –216）

然而“优越意识”也可以理解为被别人认可为优越的欲望，在当今现实生活中依然存在，但已披上各种各样的伪装。没有这种意识，我们的生活中很难感受到满足。优越意识也可以称之为精神的信仰，这种精神信仰是我们每个人所必需的，但在追寻的过程中难免也会陷入困境，如爱默生所述：“有两件事我最憎恶：没有信仰的博才多学和充满信仰的愚昧无知。”

（四）最后之人

1. 自由王国

人（“阶级”）为获得认可互相战斗，通过劳动与自然战争，这种历史被马克思称为“必然王国”，在其之上是“自由王国”，人在其间不再战争（互相无保留地认可），只需要少得可怜的劳动。

——科耶夫《黑格尔导读》

福山花更大力气真正严肃对待的是“后历史世界”内部的矛盾，即，自由民主制是否真的能带来平等的、相互的和有意义的“承认”？如果不能，那么自由民主制衰败于“内爆”的可能性将远远大于被“历史世界”摧垮的可能性。左翼会说资本主义所必然产生的是不平等且仍难以满足人的自尊需要，但显然，作者对此不以为然。福山更在意的是右翼的质疑，即对大革命所产生的那种平等的质疑。尼采认为，它不是人的“自治”(self - mastery)，而是“奴隶的胜利与奴隶道德的建立”。它产生的“最后之人”(last man)，是欲望与理性的混合体，却独缺“精神”(thymos)。

如果历史无论怎样都会引导我们走向自由民主，那么这个问题便成为一个自由主义是否属于善良以及一个它所基于的自由和平等的原则的问题。常识告诉我们，自由民主与其20世纪主要竞争对手——法西斯主义和共产主义相比，具有很多优势，而只要我们坚持本来的价值和传统，就是对民主的承诺。然而，自由民主这项事业不需要盲目的拥护者来为其献身，也不需要失败者正面攻击民主的过失。(P326)

于是，历史终结的问题实际上是一个精神的前途问题：自由民主国家是否恰当地满足了获得认可的欲望，或者按科耶夫的说法是否从根本上讲仍未得到充分满足且因此能够以一种完全不同的形式来表现自己？我们过去曾试图编写一部世界普遍史，创造出两条相互平行的历史进程，一条受现代自然科学和欲望的逻辑支配，另一条由获得认可的欲望引导。两个进程殊途同归，都走到资本主义的自由民主国家这一终点上来。但是，欲望和精神也会如此被同一种社会和政治制度满足吗？满足欲望的东西难道也能满足精神吗？(P327)

自由社会不代表欲望和精神的同时满足，而是加大了两者之间的分离。左翼和右翼在对自由主义的批评中都提出了这种可能性。来自左翼的批评坚持认为，在自由社会中，普遍的、相互的认可状态仍然不能基本满足，因为资本主义造成的经济上的不平等本身就是一种不平等的认可。来自右翼的抨击则提出，自由社会的问题不在于认可的非普遍性，而在于平等认可的目标本身。后者之所以成为问题，是因为人类生来就是不平等的，平等地对待他们并不是认可而是否认他们的人性。(P327)

如今，每个人都在谈论人的尊严，但对为什么人会有尊严则众口不一。无疑，很少有人相信人是因为能做出道德选择才具有尊严。现代自然科学以及黑格尔和康德以后的哲学，在整体上已经迫使人们否认自主的道德选择的可能性，并迫使人用“次人类”和“次理性”的冲动来理解人的行为。康德曾认为的自由且理性的选择，在马克思看来，却是经济力量的产物，弗洛伊德则认为它是灵魂深处的性冲动。按照达尔文的说法，确定人是从次人类进化而来，从生物学和生物化学的角度看，人越来越容易理解。20世纪的社会科学告诉我们，人是他生活的社会和环境的产物，而且人的行为和动物行为一样，是按照某种生物决定论法则进行的……现代人如今已经明白，正如尼采所说的那样，自己是从“有生命的细胞”连续进化而来的。人的生活来自动物的生活，但在数量上而不是在质量上与其有所不同。可以自主的人，可以从理性上遵守自己，为自己制定的法律，成为一种自我陶醉的神话。

2. 大规模的精神之战

人们从共同体生活的衰落中得到启迪，未来我们很有可能面临成为无忧无虑的、专心于自身利益的最后之人的危险，他们除了个人安乐外缺乏任何精神追求。但也存在着一种相反的危险，如可能回归到为毫无意义的名誉而进行血腥战斗的最初之人，尽管只能使用现代武器。实际上，这两种危险相辅相成，都是因为"优越意识"没有得到固定而且积极的宣泄渠道造成的，优越意识失去宣泄渠道就只会以一种极端的、变态的形式重新出现。（P370）

我们无法肯定是否所有人都相信，在自我满足并且繁荣昌盛的自由民主国家中，各种可能的斗争和牺牲都会唤起人最高级的那部分东西。从许多方面讲，尽管成为伟大的人物并且对于他们获得的所有认可来说，都极不容易，但他们的生活都不是最困难的，他们所追求的事业也不是最严肃的或是最正义的。只要不是这样，他们所确定的人性的境界终究不会满足最有精神的人。（P370）

假如世界充满了自由民主的国家，那么就不存在值得去斗争的专制和压迫了吗？历史告诉我们，如果人不能为一项正义的事业而斗争，即使因为这项正义的事业在上一代已经取得了胜利，那么他们也会与这项正义的事业做斗争。他们为了斗争而斗争。换言之，他们为摆脱某种无聊而斗争：因为他们无法想象生活在一个没有斗争的世界中。如果他们所在的世界大部分已经成为和平及繁荣的自由民主国家，则他们肯定与这种和平及繁荣进行斗争，与民主进行斗争。（P372－373）

回眸已往，我们这些生活在人类旧时代的人也许会得出以下结论：没有一种社会制度——没有一种"社会经济制度"——能够满足所有地方的所有人，包括自由民主制度。其原因并不在于民主革命还没有完成，或者说不在于自由和民主的思想还未普及所有人，而是说恰恰是因为民主几乎取得了完全的胜利后才出现不满，这是一种对自由民主本身的不满，所以那些尚未得到满足的人始终有可能重写历史。（P377）

科耶夫相信，历史本身最终将证明自己的合理性，也就是说有相当多的马车驶入城镇这一情景会使任何有理性的人看到后都不得不承认只有一条路，且只有一个终点。毋庸置疑，我们现在就处在这个目的地上，因为无论近年来自由主义革命在世界范围内如何蓬勃兴起，我们现在所能得到的关于马车迷失方向的证据仍然不具有结论性。在我们的分析中，即使大多数马车都到达同一个城镇，我们也无法知道车上的人是否会环顾一下新的环境，当发现这个环境并不适合他们时，他们会再把目光投向一个新的、更遥远的征途。（P382）

在经过了漫长的思想史梳理之后，福山最后和罗尔斯到达了同样一点，没有一种社会制度能够满足所有人，其原因不在于民主革命没有完成。同时也遗憾于人类灵魂的伟大之处已在消逝之中——也许历史本身最终将证明自己的合理性，所以我们应当把目光投向更遥远的征途之中。

四、我之感悟

福山的论证逻辑：他首先继承了黑格尔和康德论证普遍史的思路，说明普遍史的可能性，然后从两个角度来解释人类走向自由民主的定向史的原因。①是近代自然科学的机制，这是“唯一具有积累性与方向性的社会活动”，对所有经历这一发展的社会产生了“划一性的影响”。②是人性本身固有的“为承认而斗争”的欲望。因为历史的经济解释只是对于历史发展途径的解释，是人类灵魂中“理性”的论证，无法阐明经济发展与自由的政府和民主的政治参与之间的必然关联，当经验型论据无法佐证福山对历史中“软因素”的解释时，他就投向了规范性论证，他从先哲的理论预设中引申出“为承认而斗争”这个规范性概念，而后用民族主义、国家认同、宗教和国际外交领域的经验型事实来印证自己的观点。最后的结局是，在自由民主的社会中，气魄和欲望同时得到满足，因为等级社会中奴隶的承认无法满足主人的欲望，而自由民主社会中主人之间的“相互承认”则使每个人的欲望得到极大的满足。至此，人类历史发展的原动力获得最后的满足，历史就徘徊不前了，既没有倒退的可能也没有达成进一步质变的可能，历史就这样终结了。

诚然，了解不一样的学术观点对每一位研究者来说是必要的。我们有时习惯接受一些主流正面的观念，却对非主流负面的言论一笑而过。重温此书，以这20多年的时代变迁去反思此书的是非对错，也以此书为一个坐标去分析着时代的走向，也许各自感慨万千。如福山或者科耶夫笔下的黑格尔所言，“历史的终结”并不意味着冲突的消亡，那么在何种意义上，这种“终结”本身是有意义的？历史到底是终结了，还是换了一个起点开始了“第二季”征程？这样的问题，也许唯有时间能慢慢给出回答。然而人类对于未来的好奇和对于美好生活的向往是人类向上的动力，如果在现实中找到了人类历史的终结点，无论这个整全性学说本身的理论逻辑对错，都将窒息人类长远的发展。所以，我们更愿意相信未来熠熠光辉。

讨论部分

唐松林老师：可能大家读完之后有种似懂非懂的感觉。之前有了解过马克思的社会发展理论、历史唯物史观。与此书齐名的有波普尔的《开放社会及其敌人》、卢梭的《社会契约论》、约翰·穆勒的《论自由》、洛克的《政府论》，还有塞缪尔·亨廷顿的《文明的冲突与世界秩序的重建》。不同的哲学范畴，都有自己各自的目标。如果道德追求“善”，艺术追求“美”，科学则是追求“真”的话，那么我们的政治则追求“正”，“正”包括我们人类的自由、社会的公平、整个个体的幸福、人与人之间的和谐，等等。

(1)历史的终结是指什么？为什么历史到了终结？

(2)整个人类历史进程中，它内在的力量是什么？有哪些不同的观点？

(3)最初之人是什么？最初之人在历史进程中的重要性在哪里？

(4)如何理解“精神的起落”？为什么会有精神的起落？

(5)如何理解自然王国与必然王国？

(6)到达自由民主社会会不会有偶然性？

侯兰花老师：历史真的会终结吗？我持怀疑的态度。好像小时候我们受的教育是未来比现在好，人类历史不断进步，原始社会—奴隶社会—封建社会—社会主义社会/资本主义社会。

再则有两个怀疑。第一个怀疑：人类历史最终真的全部能够到达自由民主社会？世界有很多地方实现了民主自由，但也有很多地方并没有民主自由的迹象。第二个怀疑：是不是所有的国家都适合建立民主国家？比如伊拉克、中东、利比亚等地区。

肖航：文中所说的历史的终结为自由民主制，如果按照马克思所说的历史终结为共产主义社会，那么，按我之前所说的共产主义社会的特征：①物质财富极大丰富；②社会关系极度和谐、阶级消失、国家不复存在；③人类从必然王国走向自由王国的飞跃。而我所理解文中的“自由民主”不是一个最后的结局，可能是一个过程，需要经过一个漫长的过程。

匡林林老师：侯老师说“历史的发展是没有止境的”。她所说的历史和福山所说的历史是两个概念。历史通常理解为由所发生的一个个事件所组成。然而，福山的历史被理解为一个唯一的、连续的、不断变化的过程。

我们经常说历史是一条连绵不断的长河，但这长河有没有终点呢？河流是有终点的，最终汇入大海。大海可能是福山所说的或人类所期许的大同社会。只不过人类发展的最终阶段有不一样称呼：共产主义、大同社会、自由民主的社会。共同的特征是物质资料极度丰富，人类自由、平等全面的发展。

而我的一个疑惑是：民主与自由是否是人最好的归宿？我们需要对民主与自由的概念进行理解。民主是相对专制，少数服从多数，兼顾少数人的意愿可能并不能带来真正的民主，可能带来多数人的暴政。自由则是相对的自由。而真正达到民主自由更多依靠人自身的自我完善。

李吟霁：历史终结的人是不是真正的人？我们的历史会终结于自由民主制，自由民主制会衍生最后之人。作为最后之人不会再有任何成就感和优越感。可能大家的需求得到满足则缺乏真正的乐趣。

于思琪：福山站在黑格尔的传统之上，从根本而言是人们寻求承认的需要，而不仅仅是生存或利益去推动历史的发展，而对承认的需要是人和动物的区别。福山所说的终结不是传统的社会学的指标，而是心理学的角度，我认为他更强调"承认"。

周珍：我理解的历史终结是：社会因为有冲突和战争之后，会衍生出新的制度。而如果人类进入自由民主的社会，则缺少为之奋斗的理由，生活进入永恒的状态，那人类不会进步，历史就会终结。社会会进步人类便对未来充满期待，因为各种理念的相互斗争才会推动历史的前进。最终我们达到自由民主就不会有这样的争夺，历史就会终结。

郭笑丽：人类发展的过程也是一个不断发现人的过程。洛克说最初之人也是我所认同的，人类历史的发展进程是不断上升，如原始社会—奴隶社会—封建社会—社会主义社会。如辛亥革命等运动最后之所以失败是因为没有立足于现实。而最初之人的作用我觉得是推动并引领历史前进的人。

刘轶臻总经理：最核心的问题应该是先讨论人性，了解人到底追求什么。再则是强调一种普世的价值是自由民主。它是否更能满足人性，围绕这种普世价值，每个国家构建自由民主的制度，最终满足人的要求。如果人性没有统一的标准，所有人类只有唯一的一个普世的价值，而这个唯一的普世价值能否满足最初人的那种追求？民主自由是政治信仰，有些可能是宗教信仰。各个不同的宗教信仰可能满足不同人性的要求。如亨廷顿所说："现在的冲突是文明的冲突，而不是国家的冲突。"

唐松林老师：历史的进程中间分两根线：历史发展的内部动力第一个基础是人性。第二个基础则是社会性，如生产力和科学的力量。科学在于求真，宗教在于信仰，而信仰则是指爱和情感。因此，人性是最根本的，除了人的欲望以外，还在于爱与审美。

刘畅：大家始终对福山不了解，福山在《历史的终结及最后之人》之后的著作《政治秩序与政治衰败》中对之前的"历史终结论"有所修正，认为历史的终结最终走上集权。《历史的终结及最后之人》，其中"历史的终结"福山运用西方学者惯用的隐喻方法，都不是实际表面的意思，其实是通常所指的民主意识，然后"最后之人"可能是回应洛克的"最初之人"，last man，其中 man 也可以翻译成为人类，人性也包含其中。广义的概念，内涵并没有阐述清楚。从动力学角度，马克思最后也指向人性。其中是一脉相承，汲取了马克思主义的养分。

郑洁：从历史终结是人类的自由谈两点感受。第一是"所谓自由就是为权利设置做一个限定"，自由分两种，一种是理念性的自由，一种是内心的自由。而内心的自由在这里我理解为追求权力的欲望，正因为追寻这种权力的欲望而导致内心的不自由，然而外在的自由是外部环境所施加。第二是康德在《实践理性批判》

中所说“自由固然是道德域的存在理由，道德域却是认识自由存在。道德域是规范人类行为的一种命令”。我的理解是道德的存在是为了自由，认识自由是为了道德更高的境界。历史的终结也许是追求道德的最高境界，也许终点则是人类的自由、人性的自由，追求人性更美的部分。

刘艺：为什么福山强调获得认可的理论呢？根据弗洛伊德关于生的本能和死的本能理论，以及马斯洛的需要层次理论(生理需求、安全需求、归属与爱的需求、尊重需求和自我实现需求)，我认为获得认可可归于获得尊重的需要。但福山为什么认为获得认可的欲望如此重要？

我比较倾向于用冲突平衡理论解释，人是有内在的冲突和外在的冲突。内在冲突是关于自己的认识与欲望之间的平衡，外在冲突则为人与人之间的交流之间的冲突。做决定时产生权利，权利按什么的方式来分配呢？如果有明确规则或法律则为民主的社会。权利分配到个人，则按个人的偏好做决定。民主、专制这种状态是不能完全脱离，需要集权来维护。康德也曾说过：“自由不是你想做什么就做什么，而是你不想做什么就不做什么。”民主社会给我们很大程度的自由，因此，民主是最后终结，但民主的终结也需要集权起作用。

洪志祥：我比较认同爱默生的“有两件事我最憎恶：没有信仰的博才多学和充满信仰的愚昧无知”。那么，福山的信仰是什么？标题是《历史的终结及最后之人》，我思考：那他自己的信仰是怎样的？是否他的历史的终结应该是他信仰中所达到的目标？我想应该是的。我从这个想法出发，我认为他的历史的终结是自由民主制度下引领个人感觉到自由民主的一个社会。而每个人的思想有阶段性，从该书关键词“乐观主义和悲观主义”“民主和自由专制”“左翼和右翼”“优越感和认同欲望”等，则强调什么是他所认同的。

魏婷婷：历史的终结隐喻为亨廷顿的“文明的冲突”，是有一脉相承的。历史的终结是未来发展自由民主制，是一种优沃的状态。而亨廷顿说世界存在八种文明，即：中华文明、日本文明、印度文明、伊斯兰文明、西方的基督教文明、东正教文明、拉美文明，还有可能存在的非洲文明。它们都是一种新秩序的提出和发展趋势的假设。

(1)自由民主制与其他文明的因地制宜，并非千篇一律，而是与其他制度的共存。不同形式的渐进竞争，不断发展。

(2)如果历史真的会终结(意识形态终结)，洛克所说，如果强调自由民主，而无其他制度的提及，那它还是自由民主制吗？

(3)历史发展不是我们所预设的，人的社会实践活动才是人类历史渐进的动力。

于晓卉：“最初之人”是否是获得认可和名誉的人？而“最后之人”是否是那些获得物质欲望，个人安乐的人？如果是这样，那他的观点是自相矛盾的。我比较认同洛克的“最初之人”。而精神的起落原因是什么？我认为是因为优越意识的变动，导致最初之人和最后之人之间出现某种变化形式。每个人都有自己评定他人的标准。

自由民主制的实现是否有偶然性？我觉得偶然性的表象下都有一些必然性的起因。当我们下不了定义时，也许现在的向往是我们以后自由民主的萌芽。

邓洁隽：自由民主的愿景。他认为这种普世价值对社会有一种不可估量的促进作用，引领人们向上。我觉得历史不会永久终结的，是无限循环。历史是如何终结？以何种形式终结？我认为结果并不重要，重要的是我们不断的假设证明、反思的过程。

唐老师总结：大家的讨论对我有些启发，也对我前面提出的问题有不同程度的回答，这些能够帮助大家慢慢去了解此著作的思想。

第一，作者概括了人类历史上出现过各种政治制度，如君主—贵族制、宗教神权制、法西斯—极权主义制、自由民主制。作者认为，只有自由民主制度才维系到20世纪的终点，自由民主制是一个尊重个人、生命、自由、民权等价值的制度。

第二，社会的核心价值和原则是自由和平等，社会历史已经证明，它是被期盼的，持久的，但它经常受到压制，同时它有强大的生命力，经常死而复活。专制主义虽然危机深重，但并不意味着它一定就会被自由民主制取代，也并不意味着它就不会带来国家的繁荣与强大。同时，自由民主国家也不一定就稳定、繁荣与强大，甚至在其进程中经常出现倒退和失望，但这些事实不会转移大家对民主制度的信念，其理由在于其制度原理的正当性——自由和平等的价值。

第三，书中提到，第一部真正的世界普遍史是基督教，它第一个提出“上帝面前人人平等”这一理念，这是人类历史的进步，也给人类一次人文意义的政治启蒙。

基督教有一个关于人类普遍史的论述：所有人都是上帝的子民，所有的民族都是人类家庭中的一个分支；人类历史从上帝创造人开始，而在判决之日结束。即对基督徒来说，天国之门打开的判决之日就是人类结束之时。由于人最后的终结，均要面临上帝的审判，那么人类个体的一切个别事件均有潜在意义，它在审判日被重新定义。

我们回想一下马克思关于人类史的论述，就是社会发展的终点是共产主义，它蕴藏在人的潜意识中，并且使人类历史具有终极意义，这个终点就是人类自由与平等。它明显是辩证唯物主义的历史观，但是基督教的终极意义是一种唯心主义的，它使人类担忧最终审判日被上帝审判。两者均具有一定的普遍意义，但其普遍意义是不同的，也是值得我们思考和辩论的。

第四，它与马克思主义唯物史观不同的是，历史的进步并不是平衡的循序渐进的过程，它并不是理性的、决定性的由低级走向高级的过渡；但两者相同的是，社会进步是通过各种冲突相互作用而发生的，如思潮、革命甚至战争的各种情感的不断冲突，促进社会向前发展。其间，旧的思想、经济、生产力与制度由于内部矛盾的作用而崩溃，继而被矛盾较少的文明程度更高的社会所取代。

第五，作者提出的“没有民主人士的民主”，其本质是讲社会发展机制主要是一种科学理性的力量引导社会的发展，而不是民主的力量引导社会发展；是一种逻辑的力量引导社会发展，如科学主义对经济形式的解释，以及在这种解释之下的社会组织形式等引导社会发展，民主的力量实际上是被遮蔽的。人在这里主要是一个由其理性支配的经济动物，历史发展的辩证过程，由此而变得非常雷同与相似，这就是科学理性的必然结果，几乎所有经济发达的成功国家，确实非常相似。它们的民主是由科学理性来推动的，不是由人来推动的，虽然许多国家意识形态不同，但殊途同归，最终走向历史的终结。在这里，人人相同，人人平等，内部没有矛盾。

第六，现代经济世界是一个庞大的并且有很强约束力的体系，宛如一把铁钳牢牢地钳住我们的许多生活。如果我们必须触及历史的终结这个问题，我们就必须把对历史的讨论放下来，转而讨论人性的、人权的、自由的、平等的问题。我们无法仅仅局限于用当代世界向我们展示的实证来讨论自由民主制度的远景，而是必须直接地、明确地提出一个跨历史标准的人性，用以判定每个社会制度或社会体系的好与坏。

第七，“最初之人”是什么？作者提出了两种“人”，这两种“人”均是对前人关于人性思想的总结：第一种“人”是保存自己生命、享受舒适生活的欲望，对暴力死亡的惧怕，他们会为自己而战斗。霍布斯和洛克等持这种人性观。第二种“人”没有物利占有的欲望，只想获得他人的认可，就如刘总说的，人要追求一种社会价值。人可以为获得认可而打仗。黑格尔持这样的人性观。“最初之人”是人类原始的占有欲望与获得认可的欲望所发展起来的，结果导致弱肉强食，人奴役人，就是想获得物利的满足，获得世界的认可，资本主义和帝国主义的精神就是在这种“人”的基础上发展起来的。

第八，历史终结问题是一个人类精神的前途问题：自由民主国家满足欲望的制度与文化难道也能同时满足精神的欲望吗？自由社会不代表欲望和精神的同时满足，而是加大了两者之间的分离。资本主义造成的经济的不平等本身说明物利的欲望也没有得到满足；人类生来就是不平等的，平等地对待他们并不是认可而是否认他们的人性。没有一种社会制度包括自由民主制度能够满足所有地方的所有人，其原因并不在于民主革命还没有完成，而是说恰恰是因为民主几乎取得了完全的胜利后才出现不满，这是一种对自由民主本身的不满。作者以为，如果人不能为一项正义的事业而斗争，那么他们也会与这项正义的事业做斗争。他们为了斗争而斗争。换言之，他们为摆脱某种无聊而斗争。如果他们所在的世界大部分已经成为和平及繁荣的自由民主国家，则他们肯定与这种和平及繁荣进行斗争，与民主进行斗争。

我以为，无论对个体还是整个人类来说，自由民主是最终追求的目标。劳动、创造、理性、精神力量的建构，不断对话、研究、创造与建构我们的社会，合理地利用科学的力量，但要防止科学给人类带来手铐和脚镣，不断克服我们的冲突，实现一些我们共同的目标，这是我们需要做的。

《实用主义与社会学》

——真理蕴藏于社会建构

何　香*

时间：2016 年 3 月 22 日

地点：湖南大学教育科学研究院

出版社：上海人民出版社，2005

参与人：唐松林（湖南大学老师）、李京玉（长沙师范学院教师）、侯兰花（长沙市第六中学教师）、刘艺、李倩、符灿、周珍、肖航、孙皓川、郑洁、于晓卉、李吟霁、欧阳鹏、于思琪、郭笑丽、陈琼、洪志祥（湖南师范大学教师）等

一、书籍概况

（一）作者简介

爱弥儿·涂尔干（法语：émile Durkheim，1858 年 4 月 15 日至 1917 年 11 月 15 日），又译迪尔凯姆、杜尔凯姆等，是法国犹太裔社会学家、人类学家，与卡尔·马克思及马克斯·韦伯并列为社会学的三大奠基人，《社会学年鉴》创刊人，法国首位社会学教授。涂尔干是法国学院社会学的创始人，也是原始社会研究方面最有影响的早期理论家。他生于法国的犹太人家庭，遵循一代实证主义的伟大共和派学者的教育和意识形态道路。作为现代社会学的开拓者，涂尔干一生出版了大量关于教育、宗教、自杀、法律和犯罪的论文和专著，为社会学的学门化和

* 作者简介：何香（1993 年出生），女，湖南邵阳人，湖南大学教育科学研究院 2015 级硕士研究生，从事教育哲学研究。

科学化奠定了坚实基础，对确立社会学为一门独立学科作出了巨大的贡献。

（二）本书介绍

本书的法文原著是根据涂尔干于1913年至1914年在法国索邦大学的系列演讲笔记而整理出版的。该书选择“实用主义”的问题来讨论，最重要的原因是因为“当时实用主义思潮几乎已经成了唯一通行的真理理论，已经对西方哲学传统构成摧枯拉朽之势，而且也表现出了与社会学思潮非常亲近的成分”。所以，作者在对实用主义做出恰当公允的评价或批判的同时，致力于界清实用主义与社会学之间的关系。一直以来，后人对这本书的争论不一，赫斯特的评价倒是中肯，他说尽管涂尔干的这部著作“是一个统一体，却不是一个科学的统一体，而是一个认识论矛盾的统一体”。这段话虽说有些诡异，却活生生地指出了涂尔干思想的内在张力。这或许是本书最令人感兴趣的地方吧。

二、章节概述

（一）实用主义的起源及运动

“实用主义”一词源于希腊语，意思是“行为”或者“行动”，按照一般理解，实用主义指美国19世纪末至20世纪初的哲学运动，主要以皮尔斯、詹姆斯、杜威等人为代表，实用主义主张“观念唯独与它们所产生的实践效果相联系才有意义”。

确实，在哲学传统中一般可以划分出两条流脉：理性主义和经验主义。……两者均以自己的方式固守着实用主义企图破坏的东西，即对真理的膜拜。两者均认识到了某些真理必然的和固有的本性，然而实用主义认为心灵是自由的，与真理无关。实用主义的价值在于暴露旧有的理性主义的弱点，引发理性主义换一副模样，理解现代科学的新观念。（P2）

最先使用“实用主义”一词的思想家是美国学者皮尔斯。正是他于1878年1月在一本美国杂志发表的文章中，首次提出了后来被实用主义者据为己有的观点。1879年1月，该篇文章在《哲学评论》（*Revue Phiosophique*）上以译文的形式发表，题目叫做“如何使我们的思想变得更加清晰”（*Comment vendre nos idees claires*）。对此，我们可以作如下总结。皮尔斯问：我们为什么要思考呢？因为我们有怀疑。倘若我们永远处于一种确定性的状态，那么我们就没有必要去思考、去尝试解决我们的怀疑。“思维活动是被怀疑的刺激激发出来的，当我们获得了信仰以后，思维也就寿终正寝了。”信仰要靠行动来表达，行动也必须表现出构成行动的信仰的特征。信仰状态是一种平静的状态，一种安逸的状态。这也是我们追求它的原因。（P8）

怀疑带来了观念，观念引发了行动，并拥有信仰，进而通过有组织的活动，也就是习惯把观念表达出来。在这一点上，我们可以看出实用主义和皮尔斯所提出的观点存在某种密切联系，两者都确定了观念与行动之间的关系，与此同时，两者也不尽相同。

皮尔斯的文章并不含有真理理论。他根本就没有提到真理的问题。他只是提出了我们如何澄清我们的观念的问题，而没有提出何种条件能够使事物的观念将其感觉效果真实表现出来的问题。不仅如此，皮尔斯根据古典理论指出，真理赋予自身一种“不可或缺性”，心灵只能屈膝拜倒在它的面前。这样真理便成了一种意见，它不仅享有天赋权利，所有考察者也必须接受它。这与实用主义原则是截然对立的。(P10)

1896年，詹姆斯出版了《信仰意志》，在这部著作中，他区分了单纯与科学有关的纯粹理论问题与同我们的生活紧密结合的实践问题。当我们处理实践问题的时候，绝对不能坐以待毙，必须选择自己，把自己交付给自己，即使一切都还很不明朗：只有这样做，我们才能够遵循诸如气质、环境等这些个人的要素和超逻辑的动力。我们听凭于我们的冲动；对我们来说，假设比其他任何事物都更富有生命力；我们要把它具体化，并转化为我们的行动。这里，詹姆斯特别考虑了宗教信仰，他认为道德信仰不过是宗教信仰的一个方面。(P11)

詹姆斯是在阐述科学与宗教的冲突中来思考自己的实用主义哲学思想的。这也意味着对詹姆斯而言，真理是具有个人特点的，真理与生活密切相关。在这里，我们发现了实用主义的主要立场，实用主义也是以这样的形式最先出现在詹姆斯的著作中。

书中提到涂尔干主要从三个角度来描述实用主义：首先是实用主义作为一种真理的理论；其次是实用主义作为一种宇宙的理论；再次是实用主义作为一种方法。

首先，实用主义作为一种真理理论，是一种具有特殊兴趣的真理理论。詹姆斯批判了理性主义关于真理不过是外在实在的摹写，认为重要的是实在带给我们的用途，倘若心灵仅仅看到了实在，那又有什么用呢？作为方法，实用主义只是我们的内心面对问题所采取的态度和一般的倾向。在态度中，我们的注意力直接指向“后果、结果和事实”：“实用主义方法……就是通过追溯相应的实践结果去解释每一种观念。”(P19)

(二)教条主义的批判

如果有人像理性主义者那样，把真理看作是静态的、没有时空变化的或者是实在的表现，那么这种实在必然被设想成永远处于静止状态中的东西，相反，如果实在是活生生的，能够不断变化、不断带来新的事物，那么真理必然会随着它

的转变而转变，必然会产生变化，成为有生命的真理。（P38）

然而当时对于实在的静止概念还是很流行的，我们可以从很多思想家的著作中发现其中潜藏的概念，像斯宾塞就是如此。

尽管他认为宇宙的“扩张”是一种分化的过程，但他同时也指出宇宙的“收缩”依然可以使所有事物重新变成同质的，所以，在他最后的分析中，宇宙自身重新回到了以前的状态：“既不丰富，也不贫瘠，既不好，也不坏。”（P39）

对理性主义来说，实在是现成的，永远完成了的，而对实用主义来说实在仍然处于形成之中，只有等到未来才能最终完成。根据理性主义的观点，在永恒不变的名义下，我们总想使所有事物都变成可见的，所以一旦面对变化的事物，它们往往会变得手足无措，这时任何风险或者是探索性的尝试都会令它们局促不安。

所以，它们很自然地相信不变的真理和不变的实在了。根据实用主义的说法，这种态度恰恰是理性主义心灵的特征所在：它们代表着一种稳定性和确定性的需要，当然，这最终也是一种永远安息的需要。（P40）这种稳定性能够使我们的生活变得平静和简单，但也让生活变得毫无生气，没有新的尝试与变化。实用主义不把实在看作是固定不变的静止，而是看作随着人类经验的发展的无尽的演变。（P41）

理性主义静态的真理与实用主义易变的真理之间，有关宇宙的一元主义和多元主义概念之间，也存在着同样的对立。一个社会表面上看是“一”，实际上却是大量的小群体或小社会世界构成的，尽管它们有时会结合起来，有时候则过自己的日子，基本上彼此不相往来。由此，我们看到对实用主义来说统一体和复合体究竟是由什么构成的。尽管这是一个统一体，却不是一元主义的统一体。世界由不计其数的网络组成，这些网络把事物与存在彼此统一了起来。同时，它们是由复杂的、相对独立的联系构成的。它们所联系的要素并不是固定的，网络形式本身也处于变化之中。它们均由多元的小系统组成，每个小系统都有自主的生活，都永无休止地处于形成、瓦解和转换过程之中。（P48）

实用主义的多元主义与理性主义的一元主义是互相对立的。前者的统一性与多重性一样存在，也就是一致与失调共存。对实用主义来说，实在不是永恒不变的，对所有人来说也不都是一样的。

（三）实用主义的次要方面

实用主义也是其自身看待世界方式的一种隐喻，如同世界的图像，变化多端，千奇百怪，我们很难准确地把握住它。所以，我们把实用主义看作是一种连续主义的形式，也可以把它看作是一种彻底的经验主义和多元主义的形式。（P61）

用詹姆斯的话说，“彻底经验主义”是一种不承认任何外在于经验的事物的学说。“经验作为一个整体，是自足的，不相信任何事物。”这也就是说，世界是连续的，宇宙的任何事物都是有联系的。构成实在的要素它们彼此联系，是一个永恒的统一体。我们不能谈论这个世界任何一个特定的部分“能够扩展成某种事物，扩展到某个点，并止步不前”，因为各个部分都是相互渗透的，“相辅相成”的。(P59)

詹姆斯最常反对的就是斯宾诺莎有关自然作为创造者和自然作为创造物的区分。他认为这种区分是不可接受的。在他看来，事物根本不具有这样的双重特征。所有的事物都处于同样的水平，同样的层次，思维活动也处于其中。(P61)

从这里，我们可以看出实用主义作为彻底经验主义和简单经验主义的差别，简单经验主义坚持认为心灵与事物彼此分离，而实用主义强调实在的统一性，拒绝承认存在经验和实在两个世界的观念。

当每一种事物脱离自身的环境，进入其他关系中的时候，这种统一体并不是不变的；每一个对象在改变自己处境的时候，也改变了自己的性质。对一种或同样的事物来说，这种形式的多样化很容易形成，因为整个实在是多重的，构成实在的每个要素也都包含某种复杂性，包含诸多不同的特征。(P62)

这里，实用主义的另一个特征(多元主义)是一个灵活多变的、很有弹性的统一体。这里的多元的意思并不是说世界是由多元要素构成，实用主义确立了世界的统一体，这种统一是每时每刻都有不同，各构成要素可能随着事物的发展而产生变化，但是作为整体的部分却是始终如一的。

实用主义的肯定议题有三：其一真理是人的真理；其二真理是不同的、可变的真理；其三真理不是既存实在的摹本。这里实用主义对思维和存在的关系是这样看待的：一个有机体倘若能够在其生活的环境中找到它所需要的所有东西，它会机械地产生作用。意识不会出现，因为没有这样的需要。如果动物没有发现自己需要的东西，其感觉就不再那么丰富了，它必须去寻求它所需要的新东西，必须去“反思”，究竟在哪里能够找到这样的东西。(P64)

只有当紧张和冲突存在时，个体面临选择的时候，才会有反思，那么其实思维不存在本能和惯例中，也不存在习惯中，这种思维是特定条件下才会出现的。实用主义指出思维的形成并不是为了模仿实在，而是为了改变实在：思维的功能在于去构成那些尚未形成的东西，去获得那些失之交臂的东西，去填补空白。思维是行为的原初意识，是完成行为的原初动力，行动首先是在心灵和整个存在中形成的。理性主义提出了反对意见，认为思维绝对不可以改变实在，在思维和存在之间有一条鸿沟。(P68)

(四)建构实在与建构真理

对实用主义来说，实在是我们构造出来的。席勒认为，我们都是“实在的真正构造者”，而不是绝对意义上的“造物主”，我们没有从“无”中创造实在，而是从“共同”中创造了实在。而且，我们用自己的行动“重构”了世界，特别是我们的制度改变了世界的未来样式。我们根据自己的意图建构或“构造”了世界，真理也是人类的产物，也有其实践上的目的。建构真理和建构实在是同一个过程。“只要我们断定为‘真’，我们就把它看作是‘实在的’，并当作‘公正’接受下来……在这种经验的认知阐释中，实在与真理共同形成了。”(P92)

不过，把(思维的)逻辑过程与(“构造”实在的)行动过程等同起来，却给实用主义带来一个棘手的问题。也就是说，世界，实在是由人类的思维构建出来的。倘若如此，为了能够说明这两个过程是一致的，我们就必须承认这种实在的建构是真实的，只因为它存在。说它是真实的，也会产生一个截然不同的问题。感知或建构实在并不必然意味着这种感知或建构就不是虚幻的。实用主义只告诉我们，建构实在和建构真理都有一个实践的目的。然而，它似乎未能成功地把这两个问题区分开。(P93)

我们知道，自发选择的结果就是摈弃那些最没有价值的经验，而其他经验出现后，会彼此紧密结合起来，组成人性的共同宝库。不过，对有的人来说则是坏的、不真实的。就不同的人而言，“满足”取决于不同的事物。其中，哪些事物组成了“人性的宝库”呢？实用主义告诉我们，它们就是那些对大多数人最有价值的事物，与人们之间的相似性一致。所以，“真理”就是特别信仰的剩余物。通常来说，我们认为一旦我们认识了真理，真理就通过神圣法则的必然性把自身强加给我们的心灵，我们获得真理的步骤也具有同样的性质。然而，实用主义也认为，真理是善的、有用的和“令人满足的”，它并不具有逻辑必然性。为了我们的需求，我们创造了真理。所以，在建构真理的过程中，我们完全是自由的。(P96)

实用主义真理观的实质在于：思维和真理的功能是为了实践，是行动的工具，也即生命发挥作用的方式之一。对实用主义来说，真理和实在都是个体生命为了实践的目的而建构出来的，真理是有用的和“令人满足的”，它并不具有逻辑必然性。

(五)实用主义与宗教

在詹姆斯看来，宗教生活必须从宗教的各种严格形式中脱身出来，在确定这些形式之前，回到他的起源。这意味着，这种生活最终必然返回到个体意识，因为“实在之轴只有穿过利己主义的领域才能运转”。那么个体意识研究通过什么样的事实才能向我们揭示宗教生活的根基呢？詹姆斯区分了五种类型：不可见的实体；宗教乐观主义(对幸福的信任和信仰)；宗教悲观主义(“病态的灵魂”，救赎的需要)；灵魂分割为怀疑和信仰的精神状态；皈依。对我来说，这种选择是相当随意的，我只是简单地指出，在有的宗教中，这种个体的感觉并不会产生。而且根据詹姆斯的说法，它既不取决于机体状态，也不取决于心理状态。宗教科学对宗教真理的判断，不能通过任何教条主义的方法，而要以它的后果为基础：“[我相信]实用主义了解宗教的方式是更深刻的方式。”如果我们想要了解一棵树的价值，就不能去看它的根，而要看它结出的果实。所以，我们应该问一问宗教生活的产物是什么，即使我们希望了解宗教生活在一般情况下会产生什么东西，但还是应该考虑那些最具有宗教特点的宗教生活的产物。(P101)

为了满足人类的“实践需求”和宗教经验，我们有充分理由认为，对每个个体来说，皆存在他需要获得的更大权力。这种权力不一定是单一的和无限的权力。我们甚至可以仅仅把它看作是“更大的、更类似于神的自我。当下自我只是上述自我残缺不全的表达，而宇宙则可以被想象成具有不同程度内涵的自我的集合，根本形成不了绝对的统一性”。由此，我们再次回到了多元主义的观念，并最终达到了一种多神论，詹姆斯补充说，多神论往往是“真正的普通人的宗教”。(P105)

(六)对实用主义的总体批判

涂尔干指出实用主义的思想表现出了其他极其明显的矛盾性，一方面他们认为根本不存在原初的意识，意识既不是自成一类的因素，也不是真正的实在。意识不过是一种回声，是消失于哲学天堂的“灵魂”留下来的“毫无意义的噪声”。另一方面，实用主义者却坚持认为，实在是思维的建构，是统觉本身。这样做，就会同唯心主义一样，为思维赋予相同的力量和属性。(P116)

事实上，实用主义并没有想为我们勾画一种特殊的理想。它最主要的特点就是“软化真理”的需要，或者用詹姆斯的话来说，使真理“不再那么严格”。简言之，就是把真理从逻辑思维的限制中解脱出来。“软化”真理，就是使真理摆脱它的绝对性和不可侵犯性，摆脱这种固定不变的状态。这种状态使真理完全游离于所有生成、所有变化以及所有解释之外。于是，真理不再囚禁于封闭的世界，其本身成为了实在和生活的部分，这并不是因为出现了贬损和败坏它的衰落或堕落，而是因为它本来就是实在和生活的部分。“软化真理”就是把真理变成可以分析、可以解释的东西。(P112)

人是历史的产物，因而也是变化的产物；在人的身上，从来就没有预先给定或确定的东西。历史既没有来由，也没有终点。人身上的所有事物，都是人类在漫长时间中创造出来的。所以，如果真理是人类的真理，那么它也是人类的产物。同样，社会学也是这样看待理性的。构成理性及其原则和范畴的一切，都是历史过程的产物。实用主义从心理和主观的角度来解释真理，不过由于个体太有限了，不足以单独解释人类的所有事物。所以，如果我们单纯诉诸个体的要素，就会不恰当地撇除我们必须解释的许多效果。特别是理性怎么可能从单纯个体的经验过程中产生呢？社会学给我们提供了更宽泛的解释。对社会学来说，真理、理性和道德都是变化的结果，都包含完全敞开的人类历史。(P114)

涂尔干认为，社会学与实用主义的根本差别首先体现在视角不同上。实用主义是从个体心理和主观的角度来解释真理的，这种个体主义视角在批判传统真理的非人格性方面是非常有价值的。涂尔干反对实用主义从个体出发的视角，他看到了超越于个体之上的社会整体的存在，倡导社会实在论，认为社会学视角为我们提供了比实用主义更宽泛的解释。

在真理中，人们通常会看到某种强加给我们的事物，某种独立于感性和个体冲动事实的事物。这种人们普遍持有的真理概念，必定相对应于某些真实的事物。将一切抹平的实用主义，并没有认识到分别由个体经验和集体经验形成的心性之间的两重性，从而使自己很难提出这样的诠释。社会学则不同，它告诉我们社会的东西往往比个体的东西更具有威望。它认为，真理同理性和道德一样，通常具有更高的价值。当然，这并不妨碍我们去解释真理。社会学视角的优势，就在于能够促使我们去分析那些令人敬畏的事物，即真理。(P114)

在这里，涂尔干承认并赞同实用主义对传统理性主义的许多批判，同时也表明了自己立场，明确地提出了自己的观点与实用主义的区别，提出了集体表现的形式，谈及了从社会学视角论证的优势。

(七)真理的不同类型

在人类思想史中，存在着两种互相对立的真理，即神话真理和科学真理。在第一种类型中，所有真理都是未经证真便被接受的命题的载体，而科学真理则不同，它们通常要得到检验或证明。假如未经证明，它们从哪里才能得到真理的性质呢？只有表现才能创造神话所具有的客观性，而且，它们的集体性质为神话赋予了创造力，从而使神话能够强加在心灵上。集体表现给神话提供了对象，使其得以生存。所以，对相信神话的社会来说，神话真理就是这些社会存在的必要条件。实际上，共同生活预设了共同观念，以及智识上的一致性。由于集体接受了这些观念，神话观念便不再是诉诸个体的偶然了。继而，便没有了客观性和必然性的特点。(P142)

今天，我们把科学真理当成真理的极端类型。表面看来，科学表现似乎与神话表现不同。后者所表达的是社会关于自身的概念，前者按照世界本来的样子表达了世界。特别是，社会科学表达了社会本身，而不是主观上个人对社会的思考。然而，科学表现也同样是集体表现。科学观念的所有特征都必然会使它成为集体表现。科学真理同神话真理一样，都可以强化社会意识，尽管后者采取的方式不同。也许有人会问：个体心灵是怎样沟通的呢？有两种可能的途径：要么结成单一的集体心灵，要么通过共同的客体进行沟通，当然，每个人还会保留其自身的人格，就像莱布尼茨的单子一样，每个单子都能在保持个性的同时表达整个宇宙。第一个途径是神话思维，第二个途径是科学思维。（P145）

科学有其自身的存在理由，它不可能偶然地或无意识地完成这项任务。当实用主义提出科学为何存在、有何功能等问题的时候，他们应该回到历史中寻找答案。历史告诉我们，科学早在希腊就已经形成了，就能满足某些需要了。对苏格拉底和柏拉图来说，科学的作用就是统一个体的判断。证据乃是：用来建构科学的方法是“辩证法”，或者说是一门将互相矛盾的人类判断与能够发现其中一致之处的观点进行比较的艺术。如果辩证法是最早的科学方法，那么它的目的就是要消除矛盾。这是因为，科学的作用就是将各种心灵转变为非人格的真理，消除矛盾和特殊主义的倾向。（P145）

（八）科学与集体意识

孔德的看法是，科学能够武装心灵，去重构共同意识。不过，单个科学却完成不了这项任务，它们太专业化了。所以，我们迫切需要能够涵盖所有专门学科，综合单个科学的学科，即哲学。这里，我们很容易看到孔德的错误，他并没有看到哲学仅仅是个人的。即使不必非得从哲学角度出发，集体意识也能够把科学的真理和形式结合成一个相互协调的整体。大众哲学就是这样被所有人，为所有人创立起来的。这种哲学不再仅仅关注有形的事物，它事实上所关注的主要是人与社会。其中，历史扮演了重要的角色。孔德说，哲学所考察的与其说是未来（像实用主义那样），还不如说是过去；唯有借助哲学，社会才能认识自己。在这个领域里，还有一门科学在历史的帮助下，也起到了最重要的作用。这门科学就是社会学。（P148）

孔德认为我们今天可以通过哲学来构建共同意识，但是涂尔干则认为，并不可能，哲学本身就是一个很个人化的东西，我们的社会中存在一种大众哲学，关注的是人与社会。

如果没有客观知识，社会就只能内在地了解自身，努力去表达自身的感受，并把它当作指南来使用。换言之，它必须参照与构成神话真理的表现相同的表现去行动。神话表现之所以有这样的特点，是因为它们表达了一致的概念，并由此获得了力量和权威，这些力量和权威可以使它们不经过证真和怀疑就产生作用。因此，在我们的社会里，尽管我们所设想的程式并不是宗教的，却具有教义的特点，是不容置疑的。诸如“民主”“进步”和“阶级斗争”等观念也是如此。这样，我们便会看到科学思维绝非是唯一的规范。社会生活往往将会为也许用世俗方式表达的真理形式留有余地，而这些真理的基础却是神话和宗教。长期以来，任何社会都表现出了两种倾向：一是客观科学真理的倾向，二是主观感知真理，即神话真理的倾向。这同样是阻碍社会学发展的绊脚石。（P150）

知识上的个体主义不再像神话真理统治时期那样是混乱无序的，而是确立科学真理的必然要素，这样，知识分子气质的多样性便成了非人格真理的根源。而且，知识上的个人主义也不像詹姆斯所说的那样，意味着每个人都可以随意去信仰他们想要相信的东西。它只是说，共同的事业有不同的工作，每个人可以根据自己的气质去选择自己的工作。

一方面，科学真理不能等同于心灵的多样性；另一方面，当社会群体变得越来越复杂的时候，社会本身也不可能只有一种意义了。这种转变会带来进一步的结果：宽容必定建立在这种实在之复杂性和丰富性的观念上，建立在必然的、有效的和多样的意见上。每个人都必然会接受其他人对实在某个方面的感受。尽管他本人把握不了这个方面，但对更感兴趣的人来说，它却是实在的、真实的。（P151）

实用主义把真理当作行动的工具，从个体行为实践角度把真理定义为有用，其重视实践、行动和生活的特质是对传统哲学的一大改造。涂尔干指出，真理的存在并非单纯为了指导实践的事物，实用主义在突出强调真理的实践作用时却忽视甚至否认了真理的纯粹思辨功能，而正是真理的这种功能创造了人类的文明。

我们同时也可以看到，思辨真理的任务，就是使集体意识更加繁荣。这样，我们就可以回答实用主义者的反驳意见了，他们认为，如果真理的功能只是表达实在，那么真理就是纯粹多余的；必须得给真理添加点什么，但如果这么做了，真理就不再是令人信服的摹本了。事实上，真理作为实在的“摹本”，并不是多余累赘的。它完全可以把新的世界“添加”在实在之上，这个世界比任何世界都要复杂，它是人类和社会的世界。真理是使事物的新秩序成为可能的手段，而这种新秩序就是文明。（P152）

三、我之感悟

本书总结了作为方法、真理观和宇宙观的实用主义，尤其说明了实用主义者对传统理性主义的批判及其实用主义的主要内容。涂尔干认为社会学这个学科与实用主义都是同一个时代的产物，它们有着极大的相似性（都研究生活和行动的意义），但是二者也有不同之处：实用主义重视个人经验和实践，社会学强调社会理性和真理。他对实用主义思潮有着深刻的了解，实用主义对传统理性主义的批判，大部分也得到了涂尔干的赞同，但是涂尔干说过，“不过，从总体上说，我的看法与实用主义的结论是有区别的，因此，指明两种学说的各自立场很有用处”。

在这本书里，涂尔干对实用主义的立场有着一个一般性结论："实用主义与其说是一项促发行动的事业，不如说是对纯粹思辨和理论思维的反驳。实用主义的真正特征是对所有严格的知识学科所抱有的厌烦情绪。它想要解放的远远不是行动，而是思想。用詹姆斯的话说，实用主义的雄心就是'确立更灵活的真理'。"要确立更灵活的真理，这意味着真理将变得不稳定，那么对将稳定性的真理观视为思维的规范的涂尔干来说，当然会予以批判。同时，涂尔干自身也意识到传统理性主义的观念确实存在缺陷，所以他指出传统真理观应该换一副样子，即丰富真理，而不是改变。涂尔干区分了神话思维与科学思维两种知识类型或集体表现形式，从而对真理的多样性、强制性和非人格性做出了社会学视角的解释，提出了"社会实在""集体表现"等概念，希望展示出社会学高于实用主义的地方。

实用主义作为一种处理具体问题的方法，给了我们很多启示。实用主义把行动带来的实际效果作为处理问题、判断概念的准则，强调行动，注重效果。实用主义是一种符合当前普遍价值观的实用哲学，它强调所有的哲学都应有其实用价值，脱离了真实世界的纯理性主义只是自我陶醉的空中楼阁，一切真理都是相对的，应该以其是否有实用意义为判断准则，每个个体都被鼓励去正当地追逐自己的利益。同时，我们又无法否认，实用主义作为一种哲学世界观也具有缺陷之处，实用主义强调效率和行动，而对事情本身是否值得去做不够关注。但是人不同于动物，人的思维的一个突出特点就是能对世界的本质和人的自身进行反思，实用主义的观念可能会导致纯粹利己主义的流行，这对于道德规范的冲击是极大的，可能会危及社会稳定。

讨论部分

唐松林老师： 在社会学里面，很多人把涂尔干与马克思、韦伯并列为"三圣"，可见他的影响是非常的大。我们读了这部著作之后，感觉最关键的词语就是真理、自我与社会。这是一部社会学著作，但是这里面有涂尔干的世界观，要想了解一个思想家的思想，首先要了解他的世界观，在这里，可以看出他强调世界是变化多端、千奇百怪、多元主义的，人们难以准确地把握它。他强调人类的整体性，即人是作为关系的整体存在，这点与马克思的人本质的观点是一致的。但在这本书里面，主要是他的知识观或真理观，即主要是对真理的理解。第三个方面就是理解他的方法论，当然他是一个社会学家，他的目的就是建立一个理想的世界，我们怎么从他的世界观、真理观里推出他的方法论？社会应该怎么建构？

第一，真理的相对性与变异性。不同的思想有不同的建构方式，理性主义看到的是固定不变的世界，崇尚永恒不变的真理。客体内部要素可以分解，也可以还原。但实用主义认为世界是可变的，我们与之发生作用，人与世界同时发生改变。实用主义相信经验的可靠，不承认任何外在于经验的东西。这使得我们的真理是历史的、连续的、联系的、相互渗透的变体，也可以看作是“多元主义的”形式。所以，无论是真理还是世界，我们如果要把握，也是经验主义的，或是多元主义的。对同一个实在，我们不同的人给它下的定义，都是不同的。所以，实用主义不讨论追求真理的问题，但它讨论追求明晰的思想，通过怀疑使我们的思想变得更加清晰。

第二，真理与信仰。“真理就是特别信仰的剩余物。”就是在生活中，一旦我们发现了真理，真理就会通过一个神圣的法则，对我们进行控制，那么我们就对真理从热爱发展到信仰，真理一旦进入信仰的领域，真理就沦为不变的、稳定的和确定的实在，当真理沦落为教条时，我们的生活变得平静和简单，但也毫无生气，没有新的尝试与变化，人就失去了创造性。那么我们怎么做呢？我们要反思真理，怀疑原来的东西，反对稳定的知识，走出真理的“不可或缺性”，否则，心灵只能屈膝拜倒在它的面前。这样真理不仅享有天赋权力，所有学习者也必然成为它的奴隶。所以，我们在未来的世界建构中，不要迷信原来的真理，尊重怀疑在认知发展中的作用。

第三，思维和存在的关系。思维能决定存在，实在是我们构造出来的。实用主义指出思维的形成并不是为了模仿实在，而是为了改变实在：思维是行为的原初意识，是完成行为的原初动力，思维的具体化，并转化为我们的行动与实在。实用主义告诉我们，建构实在与建构真理都有一个实践的目的，似乎不能把两者分开。这是涂尔干对实用主义的反思。我们个人的哲学能够自我认识，进而建构社会。我们社会的建构需要大众哲学，也需要每个人的思考，当然还需要社会科学。理性主义认为真理只能被发现，而实用主义则是建构真理，并通过这样的真理建构实在，所以，真理是我们的思维带给我们的用途。

欧阳鹏：老师刚说的统觉，是不是个人的观点和看法形成的一种个人真理呢？

唐松林老师：统觉也是一种知觉，它融入了知识、观念在里面。感知觉似乎是理性主义，而统觉则是上升到经验主义。

其实涂尔干的知识观，肯定了实用主义的三个议题：一是真理是每个人的真理，我们都有自己的真理；二是真理是可变的，就是说真理是相对的，可变化的；三是他对经验主义与理性主义进行校正，既不同意理性主义的真理观——真理是实在的摹本，即真理是我们认识客观实在而得到的与客观实在相符的知识体系；也不同意个体的经验能够上升到真理。所以理性主义谈到的真理，实际是对客观世界的一个准确反应。涂尔干的世界观是什么世界观，他的世界观和理性主义的世界观不同，理性主义的世界观是一个客观实在体，我们可以认识它，并且我们认识到的结果，只要是准确认识到的结果，那么这就是真理。它是客观事物的摹本，是实实在在存在的。但是实用主义在涂尔干这里，它对世界的理解已经突破了传统的理性主义，我们对世界的把握，总是融入了我们的经验态度在里面，前面很多心理学家也提到了统觉，统觉就是统一的知觉，为什么能够统一起来呢？就是因为我们人有经验，有想法，所以我们的知觉是对客观事物的整体属性的反应，统觉却不尽如此，还包括了原来的经验、价值观在里面。所以，涂尔干不仅强调世界的整体性，而且强调世界的变化性。

欧阳鹏：个人的经验和社会的经验怎么去平衡呢？怎么去折中达到一种平衡呢？如果个体凭借自我的观念来建构社会，那么我们无法抗衡个体的利己主义。

唐松林老师：大家都有自己的真理，而且必然会牵扯到利益，最后建构的必然是一个大家都能接受的一个利益状态，这需要多元对话。

刘艺：我谈两点自己的看法。一是客观真理和主观真理的关系，就像盲人摸象的关系。客观真理是存在的，就像大象一样，我们不能认识它。二是科学和信仰的关系，史铁生说：科学就是真实，信仰就是真诚。我们在唯物主义的教育下，可能不信上帝，但是基督徒则十分信服。科学就是心诚则灵。理论建构是有误导的，各种理论都是有偏重点的。对于人性也有不同假设，每种观点都不是全貌，给了我们误导。

唐松林老师：每一种理论的建构都是不全面的，但是每一种理论都是有价值的，尽管它们可能存在着问题。那些流传许久的思想家可能就像盲人摸象中不那么盲的人，他的真理比较接近我们的客观真理。真理之所以是相对的，是因为我们个体的认识能力有限。科学和信仰的问题，其实科学的理想就是真，信仰的理想就是爱，因为有爱，那么世界上的一切物质都和自身联系在一起。

肖航：看到这个实用主义的标题，我的第一反应是功利主义，读了报告之后，我发现它并不仅仅关注眼前利益，而它的关注点达到了人类社会的高度，还讲究宽容。所以我觉得实用主义和人本主义很像，讲经验、实践还有结果，是三位一体的。

欧阳鹏：古罗马、古希腊的时候，文明本身就是脆弱的，个体的真理可能被世俗所打败，甚至还没来得及出现就被扼杀了。举个例子，理工科和文科。像理工科的成果可能效果立竿见影，但是文科可能要一段时间的延续。而且教育学的理论的检验是以人为代价的，那么真理与实践的关系，在不同的科目中，怎么去思考呢？

洪志祥：这不就是一个量变和质变的关系吗？理工科的专利和文科的论文是相似的，例如，像校本课程的开发，只要它研究得好，也是可以投入实施的，那么你的问题其实不是一个真正的问题。

于思琪：任何事物都是有理论基础的，教育实践也是一样的。没有理论，我们怎么可能去随便实践。

李倩：我觉得欧阳鹏的意思是说如果我们的真理没有得到及时的实施，那么是不是就会变成谬误呢？因为实用主义强调有用即是真理，无用就是谬误。

李京玉老师：对的，我觉得他的意思就像何香说的，实用主义可能会导致利己主义的流行，她也有这个疑惑。我简单谈谈自己的感受。思维是被刺激激发出来的，我们常常被正面的观念所牵引，没有自己的思考，一旦遇到挫折，我们才能怀疑，思维才被激发。还有一点就是思维是被建构的，而不是被发现的，这是我今天才知道的。实用主义让我们打开了思维，认识到自己被禁锢了。

陈琼：我接着这个老师的话，谈谈自己的观点。作者写这本书是法国实用主义盛行的时候，对社会的思想是很有冲击的。所以涂尔干作为一个社会学家，他批判的是实用主义的不足，那么是否把实用主义和理性主义结合起来，形成一个新的思潮，就能达到社会的和谐呢？第二点讲到神话真理会阻碍社会的发展，那么它就不能促进社会的发展吗？可能在某个时候也有促进作用。

唐松林老师：人类社会的发展经历了三个形态。从某种程度上，每种形态都符合当时的社会发展要求，就像神话真理在中世纪也维护了社会的稳定。我们相信神学家和相信科学家是同样的道理。

陈琼：那实用主义是不是属于唯心主义的某个阶段呢？

于晓卉：我觉得实用主义不能等同于唯心主义，唯心主义是强调理念和绝对精神，而实用主义是让我们用灵活的变化的观念去理解真理的存在。这是建立在实践之上的思辨，这是实用主义中我们思维存在的方式，有着现实的基础。

郭笑丽：哲学是一个形而上的，是一个无用之用的东西，那么实用主义是哲学吗？

唐松林老师：实用主义也是一种理念，它不会产生直接的效果，“无用之用”的前一个“用”是指生产、经济的用处，而后一个“用”是指除了生产、经济之外其他的大用处。经验主义和理性主义都是探索客观真理，理性主义是通过理性思辨获得，经验主义通过实验获得。实用主义不主张客观真理，强调我的真理，是相对的、变化的真理。实用主义来源于经验主义，超越了经验主义。

何香：大家都在讨论实用主义的好，当时实用主义的流行，对社会规范造成了很大的冲击，那么本书的作者涂尔干，他作为一个社会学家，是想批判实用主义，突出用社会学的角度来建构真理的优势。实用主义是从个体出发，社会学从集体意识角度出发，强调集体大于个体。

李倩：我们说实用主义强调“有用即真理，无用即谬误”。那么我们需要行动、需要思考、需要怀疑，这是要在社会学里面去讨论的。

何香：实用主义对理性主义的很多批判，涂尔干也是赞同的，那么，两者的差别其实就在于集体意识和个人意识的差别。

唐松林老师：那么集体意识是怎么形成的呢？

何香：集体意识往往是个人真理不断的冲突，互相包容，然后达到一种相对的均衡状态。就是像主我和客我的关系一样，个人真理也要不停地自我调整，和集体意识的真理更加地接近，达到一种冲突的平衡状态。

欧阳鹏：在一个经济高度发展、政治高度民主的地方，那么还会有阻碍个人观念发展的世俗吗？

唐松林老师：马克思说过，人的发展和社会环境是一个同步的过程。这里谈到的真理，是经过反复认定、思考的真理，具有个体性，其标准就是一个：有用。为何会有“有用”即真理的真理观？这与当时美国的实用主义思潮，与当时美国的实用主义经济形式与政治形式是一致的。

侯兰花老师：实用主义对我有一个特大的帮助，这其中说到“如果我们要了解一棵树的价值，那么我们不要去看它的根部，要看它结的果实”。实用主义就是有用就是真理。

周珍：涂尔干强调社会意识高于个人真理，那么不符合社会意识的某些个人真理，有可能被淹没，也可能在未来某个时候成为主流思想。

符灿：实用主义的肯定议题有三个，其中一个是每个人都有自己的真理，这句话是不是意味着真理其实不被掌握在任何人手里，真理只是人们根据自己的经验去修正真相？

唐松林老师：书中有一些有意思的观点，我继续谈谈自己对书中几个命题的看法：

建构实在与建构真理是同一过程。一方面，人是实在的真正构造者，但不是绝对意义上的“造物主”，我们用自己的行动“重构”了世界，我们根据自己的意图建构或“构造”了世界。另一方面，为了我们的需求，我们创造了真理。所以，在建构真理的过程中，我们完全是自由的。建构真理和建构实在是同一个过程。“只要我们断定为‘真’，我们就把它看作是‘实在的’……实在与真理共同形成了。”

实用主义与宗教。宗教是不是真理？其检验的标准是宗教的后果如何，而不能用教条主义条文来判断。我们应该问一问，宗教生活对社会政治、道德与精神等产生了什么样的影响？其中最重要的是它对人的自由、平等与幸福是否真正产生了正面的作用。从人的价值来看，应该关注每个个体自由选择信仰的权利，有关于神的自我认同，并愿意为自己的信仰付诸行动。由此，多元主义的信仰必然出现，并最终达到多神论的信仰，正如作者引用詹姆斯的话说的，“真正的普通人的宗教”必然是多神论的。

辩证法是获取真理的方法。真理与实在均是思维的建构，是统觉本身，这提升了思维的价值，赋予了创造的无限性。用来建构真理的方法是什么呢？辩证法是真理的方法，将互相矛盾的问题解释清楚，进行比较分析，使大家对此有一致的观点，这就是真理的方法。辩证法的目的就是要消除矛盾，在心灵活动中转变、提取、建构真理。

集体意识对科学形成的作用。集体意识也能够把科学的真理和形式，结合成一个相互协调的整体。书中提到大众哲学，大众哲学可谓是一种集体意识，它就是这样被所有人，为所有人在互动过程中形成的一种默契与共识。这种哲学不再仅仅关注有形的事物，它事实上所关注的主要是人与社会。它需要历史的沉淀，需要社会互动、讨论、协商，需要大家一起反思过去，改造现状，摒弃那些最没有价值的经验，而紧密地结合有用的经验，组成人性的共同结合点。这是集体意识整合科学的方式。作者有一种纠结的矛盾心态：一方面，科学真理不能等同于心灵的多样性；另一方面，当社会群体变得越来越复杂的时候，社会本身也不可能只有一种意义了。实用主义似乎更强调个体心理和主观态度，但社会学似乎强调超越个体之上的社会整体，倡导社会实在论，这提供了比实用主义更宽泛的解释，与马克思主义的观点更接近一些。

《德川宗教：现代日本的文化渊源》

——理解日本精神

肖 航*

时间：2016年3月29日

地点：湖南大学教育科学研究院

出版社：生活·读书·新知三联书店，2003

参与人：唐松林(湖南大学老师)、黄学军、陈小伟、刘畅、邓洁隽、于晓卉、于思琪、李倩、李吟霁、何香、刘艺、孙皓川、周珍、肖航、符灿等

一、作者简介

罗伯特·N.贝拉(Robert N. Bellah)，美国当代著名社会学家，生于1927年。1955年至1957年，任麦吉尔大学伊斯兰教研究所副研究员；1957年至1958年，任哈佛大学中东研究中心副研究员；1960年至1961年，获得富布赖特奖金到日本进修；1967年起，任伯克利加利福尼亚大学社会学与比较研究福村讲座教授。贝拉是一位少有的精通社会学、人类学、宗教学、哲学和神学的学者和当代美国著名的公共知识分子。贝拉在硕士阶段主攻东亚文明，从理论上更深层次探讨现代性的实质，攻读博士学位期间他追随帕森斯等探究日本德川时期的宗教与现代化的关系，并在博士后出站后完成了《德川宗教》的写作。主要著作有《德川宗教》(1957)，《超越信仰》(1970)和《破碎的契约》(1976)等，他主持编写的《心灵的习性》(1985，中译本由三联书店1991年刊行)曾引起广泛反响。

* 作者简介：肖航(1993年出生)，女，湖北荆州人，湖南大学教育科学研究院2015级硕士研究生，从事教育学研究。

二、本书推荐

该书根据作者贝拉1955年向哈佛大学远东语言系和社会学系提交的一篇博士学位论文编写而成的，揭示日本宗教中的理性化倾向是怎样对日本的经济与政治的理性化做出贡献的。本书的一大创新之处就是将对远东文明的历史研究方法与社会学理论研究方法相结合。

第二次世界大战后，在非西方国家中，唯有日本能够非常迅速地吸收它所需要的西方文化，把自己变革为一个现代化的工业国。对于日本为何会取得如此辉煌且惊人的成就，贝拉以其导师帕森斯的“行动理论”（强调社会行为是理性的）为指导，提出了自己独到的见解。在帕森斯“行动理论”的基础上，贝拉提出了“社会功能亚系统”的图示，并将此作为贯穿全书的理论框架。本书的章节布局便以此为依据，从宏观到微观，进行演绎推理。贝拉在第一章介绍了本书的理论框架后，紧接着第二章按照四个功能系统来分别介绍德川时期的日本社会状况，第三章进一步介绍四个系统中的动机系统，即宗教，第四、五章分别介绍宗教对政治和经济的影响，最后举了石田梅岩的例子，使论证更具体化。

三、章节概述

第一章　日本宗教与工业社会

在非西方国家中，唯有日本能够非常迅速地吸收它所需要的西方文化，把自己变革为一个现代化的工业国。研究日本的学者已开始日渐认识到，日本的成功并不能归因于人们所想象的日本人所具有的某种神秘的模仿能力，而要归因于为日后发展奠定了基础的前现代时期中的某些因素……关于宗教与现代西方发展的关系，尤其是与现代经济发展的关系，那些受过马克斯·韦伯的伟大著作影响的社会学家，自然会疑问：日本的实例中是否也可能蕴含着宗教的因素呢？坦率地说，问题在于日本的宗教中是否存在与新教伦理相类似的功能。（P3）

韦伯认为，“理性化”在社会的发展中具有十分重要的作用，人类历史演进的过程正是由非理性走向理性的过程。而西方进入现代资本主义社会的动因，正是经过改革的宗教意识，即新教所提倡的“世俗禁欲主义精神”。贝拉认为这一理论同样也适用于日本，他提出，德川时期的宗教是日本现代社会形成的文化渊源。

从非工业社会到工业社会的发展过程，要考察的最明显的一个事实，就是基本价值类型的转变……日本是以政治价值优先为特征，政治优先于经济。从形式上讲，政治价值以表现特殊主义的类型变量为特征。它关注的中心是集体主义目标(非生产力)，忠诚是第一美德。支配与被支配比“工作”更为重要，权力比财富更加重要。在日本，经济价值已有高度的重要性，但它依然从属于政治价值。(P8)

德川时期的宗教是日本现代社会形成的文化渊源。

日本的实例中是否也可能蕴含着宗教的因素呢？坦率地说，问题在于日本的宗教中是否存在与新教伦理相类似的功能。

贝拉在韦伯的“新教伦理观”的影响下，认为日本演变成工业社会的途径是由宗教理性化推动政治理性化，进而实现经济理性化。不同于美国现代工业社会的特征以经济价值为首位，日本是以政治价值优先。

宗教的社会功能之一，就是提供一系列有意义的终极价值，社会的道德即可建立在这一价值的基础之上。宗教的第二个重要的社会功能就是，为这些终极挫折提供一个恰当的解释，使遭受这些挫折的个人或群体能够接受它们，而无须使“核心价值”变得毫无意义，并能够面对这些挫折继续在社会中生活下去。(P10)

“神圣”的新概念和宗教行为的新概念，标志着伟大的世界宗教从原始传统主义中脱胎出来，它们均以一种相对高度的理性化为特征。(P11)

挫折被看作是人类生活的一般属性，而并非一开始就是分离情境的一个方面。人在某种根本的意义上被认为是“异化”的，因而需要某种根本的拯救。这些宗教的本质就是为获得这种宗教提供手段。(P14)

既然我们首要的是用经济价值给工业社会下的定义，那么就必须阐明宗教对这些价值的关系，以及对经济理性化的关系。简而言之，我们关注的是“神圣”的定义和人对“神圣”的义务如何有利于经济理性化的价值和动机，以及政治理性化作为一个媒介过程所可能具有的重要作用。

贝拉通过对日本宗教的考察，发现宗教对日本现代工业社会发展的重要意义显而易见，经济理性化和政治理性化的过程要求从传统主义中解放出来，那么宗教就是唯一途径，通过对“神圣”再定义，有利于理性化进程的价值和动机得以合法化，传统主义的桎梏被打破。

第二章　德川时代的日本社会结构概观

在这一章中，贝拉首先描述了德川时代日本社会的价值系统，然后论述了社会系统中的四个功能亚系统，分别是政治、经济、整合和动机功能，最后，专门论述了作为既定情境的具体结构单位，如土地、血缘关系和文化传统等，以及功能的必要条件。

1．价值系统

日本的价值系统是以“政治”价值优先为特征的。这些政治价值是由特殊主义和表现这两个类型变量的结合所规定的，或者说这些价值适合于社会系统中的

达到目标的维度。(P18)

集体的重要性以及人们对集体的特殊主义之关系的重要性，都是由集体的首领所具有的巨大象征意义的重要性来体现的，不论是首领还是家长、封建领主或天皇。因而，人们的特殊主义牢固地与人们的集体相联系，是由对其首领的忠诚为象征的。(P19)

当我们说优先关心的是系统的目标时，就意指表现价值。这种关心，与其说是系统的“维持”，不如说首先是系统的“目标”，并且必须达到目标。因而，表现或业绩遂成为首要价值。(P20)

整合价值虽然很有优势，但倾向从属于达到目标价值。对集体首领的忠诚和对卓越的系统目标的忠诚之要求，可以压倒对和谐的关注，推动旧的社会形势的分化瓦解，推动旧的集体的分化瓦解以及抛弃旧式的陈规陋习。(P23)

政体优先于家族。在与忠诚发生矛盾的情况下，首要义务是服从主君而非家族。家族倾向于作为社会的单位而不是个人的单位。(P26)

第一个价值群可表示为重视学问、研究或学识的价值。仅有学问的人是不值得尊敬的。一个真正有学问的人将会是一位真正忠诚而孝顺的人。日本人研究的第一门西方科学是医学。

第二个价值群可以称为审美——情感的价值。(P26)

讲到价值体系，有必要弄清楚贝拉所用的图示(如图2)。四个角LIGA分别为潜力(latency)、整合(integration)、达到目标(goal attainment)和适应能力(adaptation)的缩略语，表示四个系统首先在什么维度上面发挥作用。类型变量以普遍主义和特殊主义为一对，表现(业绩)与资质(归属)则构成另一对。表现和资质的理解，简而言之，是依据他实际所做成的事情来起作用的，还是依据他人作为凭其一般的地位就已被决定了的人的基准来起作用的。基于此，作者认为

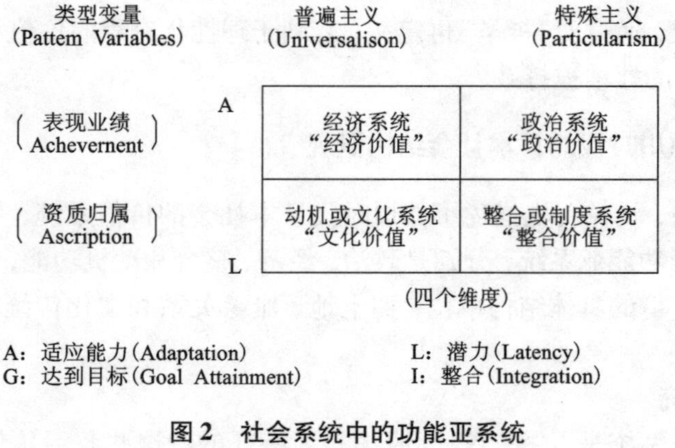

图2　社会系统中的功能亚系统

日本的传统是把重点置于“特殊主义”和“表现”上，且关注目标达成的社会，美国则置于“普遍主义”和“表现”上，中国则置于“特殊主义”和“资质”上。

2．政治系统

正如已经阐明的忠诚在价值系统中占据中心位置那样，在德川时代的日本忠诚观念高度地输进了政治系统中。（一般认为，四个功能亚系统通过一系列的输入—输出均衡地联系在一起。这就是说，每一个亚系统都有助于其他三个中的每一个亚系统，反过来，又受其他三个亚系统的有力作用。忠诚被认为是从整合系统或制度系统输入政治形态中的。对应的输出则是整合力。）（P27）

首先，对政治权威的强迫的、压倒一切的忠诚，毫无疑问我们可以在“恩”这一观念中见到。政治权威有着向服从于它的民众施恩的义务。一般来说，人们认为有利的经济与政治条件的出现，都是由政治权威给予的恩惠。从理论上讲，忠诚并不依赖于实际施于这些恩惠，而是一种绝对的义务。与恩的概念同等的是“报恩”或“还恩”的概念，它包含着尊重与服从政治权威之命令的一般义务。（P30）

德川时代是以法定的、世袭的阶级体系为特征，其主要轮廓可以从价值系统中预见一斑，即威信直接与权力相关。决定身份地位的是权力，而不是导致某些紧张摩擦条件的财富。

尤其随着商人的富裕化，武士阶级越来越贫穷，这种情况引起了有关商人集团与武士集团双方关系的高度紧张，即有财富的却没有威信，而有威信的却无财富。1868 年的明治维新决不能看作是一场“资产阶级革命”。商人对幕府将军的攻击，表现在指责幕府不照价值系统行事，他们对天皇的献身显示出他们对中心价值依恋的加强而不是削弱。（P35）

为了达到合一化，政治的权威在某种程度上对国民来说，必须为达到有意义的系统目标而努力。否则，在政治没有目标、仅仅一心一意维持自己的情况下，就无法期待国民投入大量的忠诚。

经济

农业仍然是整个德川时代财富的主要来源。农业的生产单位属于小规模的农业耕种精神，极少有“资本主义的”农业发展……通过有助于更为灵活的资金筹措手段，信贷获得了高度发展，这确实是德川时代经济发展中的一个要素……大部分的生产都是小规模的，是按家庭生产线组织的，非家庭的雇佣者同样有着家庭成员的作用。由于日本的价值体系中强调完成，因此这些特殊主义的协会组织或许有助于建立有效生产的标准和培养买卖经营中的诚实精神，而不是必然会妨碍这些发展。（P41）

经济系统从其他的系统中在功能上分化独立出来的条件是货币经济与商品生产的普遍化，而德川时代是在全国范围内朝货币经济与商品生产的普遍化这一方向发展的时代。很大程度上，传统价值成了经济理性化和现代化的发条，在政治权力下引发的鼓励生产，节俭朴素，来调动国民协同一致的“奉公”和“纪律”来达成经济目标。

3．整合系统

在德川时代，社会生活很大程度上被形式化了，并在一定程度上受到传统的限制，因此对革故鼎新便采取保守态度，甚至对变化几乎没有松动的余地。对于整合系统来说确是一个重要的事实，因为这种形式化消除了许多情况下产生矛盾冲突的可能性。支持这种固守既定形式的态度是集团责任之根本。(P42)

家或者国家这样的群体其本身被神圣化而带有宗教的意义时，宗教即会发挥强烈的整合功能，强化成员的凝聚力。

4．动机系统

动机系统与社会系统相关，关心的是人格中动机的调节。这包括两个方面：一方面是对社会系统中的价值和功能需求的献身；另一方面是在不危及社会系统的功能作用的情况下，处理人格中产生的精神紧张，使其得到充分的解除。社会化是动机系统中一个十分重要的功能，这是社会化的过程，通过这一过程，个人达到将道德范围内在化和承担对制度类型的义务。动机调节的第二个领域就是保持生产与消费行为的平衡。生产力或工作似乎都被评价为对集团目标的一种贡献或是一种义务的履行，而不是为生产力或工作本身。关于消费方面，在许多领域中都渗透着近乎禁欲主义的态度。动机调节的第三个领域就是，保持公共利益与私人利益的平衡。我们认为，宗教与人格和人格的迫切需要相关，因为这些迫切需要与社会相关，尤其在对终极价值的实现行为的场合和重要终极挫折的处理中。(P49)

日本人注重“一丝不苟”(nicety)，注重将一切事情都适合于一个规定严整的形式中，这或许可以解释为处理无限焦虑的一种方法。(P50)

日本人的飘忽不定的焦虑的又一证据是，明显地表现在全然不同的另一领域，即健康领域。他们对健康的普遍关心近乎忧郁症，这导致了大规模制药业的产生。在此，焦虑采取了某种生理的形式，试图靠使用药物的手段来得到秩序和控制。(P51)

动机系统包含两个方面：一是意识规定社会行动的动机方面，其结果是维持了价值和制度的类型；二是在解决人格内部的紧张方向上加以规定的类型。

贝拉通过对德川社会的简略描述，旨在为以下要论述的有关宗教问题的材料提供一般性背景，提供一个活生生的社会模式，有利于搞清楚宗教和社会其他方面之间的关系。日本的制度系统的特殊主义特点就是十分强调垂直的纵向关系，较少地依存于横向关系，日本的制度结构主要通过上下级之间的忠诚关系来保持一致。

第三章　日本的宗教

在处于紧张的状态中尚未孕育出新宗教制度的情况下，发生变化的便是作为强化的旧的宗教系统。宗教对维持类型和处理紧张的努力，可能变得更加强烈、更为系统。

宗教理性化的直接含义是，“宗教行为变得简单化，更少情境性，它关心以奉行神灵的戒律或寻求直接领悟神明的方法来获得与神灵更为直接的关系”。(P12)我们知道，原始的宗教往往带有巫术性质，伴随着烦琐的仪式，这被认为是表面上的信仰，是不理性的。理性的宗教应该是深层次的信仰，所以简化宗教仪式就被当作是宗教理性化的一个象征，一个极端的例子就是心里想着神明即可，比如“因信称义”。在日本，宗教理性化的代表是净土宗，只有信仰“阿弥陀佛”，才能获得拯救，其他任何仪式、符咒和崇拜都是徒劳的。

1. 宗教行动的主要类型

涉及大慈大悲的高级存在之神的行动，使我们立刻联想到“恩”的理论。神以某种形式赐予恩惠，回报这些恩惠便是受恩之义务。因此，宗教行动即是这种报恩所采取的各种各样的形式而已。因此对深慈厚爱的高级存在者所赐恩惠予以报答的宗教行动，乃基于人本身是软弱而无依无靠的认识。人唯有依靠深慈厚爱者的帮助，才能生存下去；人所蒙受的恩惠远远超过他所回报的能力，以致实际上他只能回报极少一部分。宗教行动的第二种主要类型是，寻求获得与被视为“伟大终极存在”的神或道教或术语可表达的神的合一。无私奉献可以与大慈大悲的高级存在者建立起“完满”的关系，同时可以使个人与神合一，献身于神。(P97)

2. 宗教与世俗

忠是家族宗教的基本信条之一。孝与忠并不矛盾，孝强化了忠。当有人问及中江滕树，保护父母所赠血肉之躯的义务是否会阻碍参加战斗时，他回答说，保护道德的义务比保护肉体的义务更重要，若是需要，人应该心甘情愿地为自己的主君而死。这即是真正的孝。对日本人来说，孝归根结底意味着忠。(P103)

宗教行动的两种类型，一种来源于佛教，另一种来源于儒教。它们确立了与权贵的特殊主义关系，强调对权贵们的高度义务是完成宗教正当化或者宗教拯救所必需的。这两种类型的宗教行动便可以保证某种终极拯救以及战胜终极挫折的意义上的胜利，若不履行宗教行动，就会陷入利己主义深渊的悲惨境地。在德川时代，宗教行动强化了中心价值，它强化了表现和特殊主义的价值。

第四章　宗教与政治

1. 历史背景

日本的三大宗教流派(神道、佛教、儒教)在日本历史的初叶都跟政治领域有密切关系。

2．武士道

武士体现了或应该体现了日本的中心价值。事实上武士道德伦理在德川时代及近代已成了国家伦理，至少占有了国家伦理的大部分。（P111）

每日清晨要决意如何去死，每日夕暮要虑死以清心。而且要无休无止不断地反复下去。我确实亲眼所见，武士道即意味死。（摘自《叶隐》）（P113）

强调军事是其决定性的一面。从象征意义上讲，军役对于体现首要取向于达到目标的价值是最合适不过的职业。它典型地表现了对集体和其首长的无私奉献，甚至濒死时的无私献身。再者，达到目标价值中的业绩方面，也是由勇敢地克服困难以及履行作为武士生命之本质的“建功勋、立伟业”来充分体现的。（P120）

日本武士道伦理强调忠、孝、仁，在生活上厉行节俭和勤勉，对学问高度重视，儒教是必学经典，日本武士是强烈的“伦理的行动主义者”和“世俗内的禁欲主义者”。武士精神不仅仅是武士的理想价值，而且是日本的理想价值。宗教正是通过宣扬诸如此类的“非利己主义”观点来使政治理性化得以强化。

3．尊王与国体

“尊王”（崇敬天皇）的口号象征重新强调天皇的作用；“国体”一词则表达了有关国家的新概念。神、天皇、君主及父亲就会倾向于被当成同等的东西。整个国家就是一个单一的家族。天皇就是“神”，就是“君主”，就是民族家庭之“父”。人民即是崇拜者，是臣民，是儿女。忠诚便是“大孝”，献身父母则是“小孝”，小孝只是为了能履行大孝而存在。国家的概念就是把宗教的、政治的及家族的思想不可分割地熔铸在一起。天皇的意志就是神的意志，而人民的意志就是天皇的意志。天皇与神在意志上的结合也即意味着“真诚”，意味着有纯真之心等。因此“国体”就是宗教实体和政治实体的同一化。它具有日本宗教思想的非常独特的双重侧面，而宗教行动的两种主要形式均以它们跟政治行动同一的这种方式牵连在一起。（P128）

毫无疑问，“尊王—国体”思想的影响曾经推进了日本的政治理性化的进程。在德川末期，国学派和水户学派都推崇对天皇的压倒一切的忠诚，在很大程度上推动了宗教和政治的融合，进一步推动政治理性化。

政治理性化，用贝拉的话说，就是“民众作为国家（国体）的成员……感到政治权威的利益与自己的利益是一致的，便自愿服从政治权威的要求”。（P30）“当有着政治权威所努力奋斗并对所有人都明了和有意义的明确系统目标时，这种同一化的过程有变得最为强烈的倾向。”（P31）也就是说，民众自愿服从统治者的意愿，并与政治权威的目标保持一致，由此实现国家利益的最大化。德川时期，政府对民众忠诚意志的培养显而易见，然而随着时光的流逝，和平而稳定的德川政府逐渐失去了前进的目标，取而代之的是一种“停滞不前的保守主义”，我们可以理解为政治理性化的推进只完成了一半。直到明治维新，推翻幕府的运动提出了尊王和攘夷的口号，这才使得政治理性化得以实现。

第五章　宗教与经济

在宗教和政治的双重推动下，德川时期的经济理性化也有了很大的发展。经济理性化可以理解为“最大限度地获得经济利益”，韦伯的解释是：“获得多多益善的金钱，但同时又严格摒弃一切对金钱的自发享受”（马克斯·韦伯：《新教伦理和资本主义精神》，社会科学文献出版社，2010）。之所以这样说，我们可以这样理解，追逐利益是人的本性，若人只按照自己的本性生活，那就是非理性的，譬如人人都想要钱，那大家都去抢钱；又譬如休息是件愉快的事，那大家天天啥事都不干，就在那休息，这些都是非理性的。韦伯认为，资本主义的作用就是“对这种非理性动机的控制”，或者至少是“对这种欲求的理性缓解”（马克斯·韦伯：《新教伦理和资本主义精神》，社会科学文献出版社，2010）。

1. 经济与政治

勤勉与节俭是武士道德的重要组成部分，不过这种勤勉和节俭最初并非出自于对均衡和稳定的关心。毋宁说这一观点的初始动机来自对君主的无私奉献。与其说是主要为系统的整合，不如说是将它视为达到目标的手段。德川时代的武士并不直接参与经济活动，也就是说，他们没有从职业上参与商业活动。但是武士的经济伦理的重要性有两个原因：一是它对德川时代直接参与经济活动的那些人的伦理产生过影响；二是它对理解众多武士在明治时代的工商业中起过主导作用的行为十分重要。（P135）

政治经济学的那种更为“日本式”的观点与中国式的观点之区别在于，日本式的观点更强调达到目标中的单向动力和群体所有成员为达到目标努力的忘我服从，而不是强调获得相对稳定和谐的理想。（P135）

道德劝勉始终是政府政策的一个重要部分，它也如同适应其他方面一样适用于鼓励生产。幕府政府鼓励节俭的政策，同样也强调劝勉。（P137）

不管是新教改革运动中的西方人还是德川时期的日本人，对此都具有相同的理念，即鼓励生产、抑制消费。在德川时期的宗教中，几乎各个派别都有宣传这一观念的教义。其中，儒教是最具典型性的。在儒教教义中，不论统治者还是民众，都被力劝厉行节约。节俭的目的是为了维护政治系统的稳定，因而这一思想受到幕藩政府的鼓励。在厉行节俭的同时，劝勉生产也受到同等的重视。

“职分”意指职业并不仅仅是目的本身，而是社会的一部分。任何职业应都是履行他对社会所负的义务，都应是他所发挥的作用，这一作用使他所受的社会恩惠得以合法化。职业观与为报效无限之“恩”的义务感相融合。所有阶级都期望做到忠诚并报效国恩，职业作为履行自己对上司的无尽义务的一种手段，变得愈来愈明显，这一思想不是把社会视为一种必须得到维系的和谐均衡，而是倾向于将社会看作是在单一方面上履行上司义务的方向上运动。随着时代的前行，这种忠诚的焦点愈来愈聚拢于天皇个人身上。（P142）

这里可以更清楚地看到，在日本达到目标价值观优先于系统维持价值观，在政治价值渗透经济的过程中，奖励生产、鼓励节约以及活跃的职业概念得到发展，这种渗透必须被认为是对经济理性化具有极为有利影响的。

2．商人阶级的经济伦理

对莲如上人来说，职业生活如同衣食一般，对宗教生活是必不可少的，他认为："如果我们从事商业活动，就必须认识到这是在为佛教服务。"现世的伦理行为既是对阿弥陀佛所恩赐的回报，又是自己内心信念的反映。勤奋努力于自己的职业在所要求的伦理义务中占据中心位置。（P145）

江户时代的真宗教义非常强调职业中的劳动，这就自然导致人们对有关利润所持有的看法产生怀疑。对佛教徒来说，贪欲是基本的罪孽之一，而贪欲与商人对利润的追求紧密地联系在一起。佛教虽对利润持否定态度，但其思想超越了这种否定，并用自利和利他的教旨，用宗教的术语使商业利润正当化。

商业是以生产的物品供给消费者来获取报酬，世俗称此报酬为利润。而之所以获得其利润，即因利他所为。故谓之商业，谓之工业，皆旨在于乐意利他。乐意利他而得自利之功德。这谓之自利利他圆满的功德。利他心即菩萨心。有菩萨心，便可超度一切众生，此谓之菩萨行。故菩萨行即工商业。（《幻幻要集》）（P147）

商人阶级的经济动机既非自利，也不是"自我利润主义"，而是"家族利润主义"。这种家族利润主义跟各个商人的最勤恳、节俭和无私的行为并不矛盾，而且这种家族利润主义确实需要他们这样做。日本的家族构造被"政治"价值充分渗透，因而它能够在整个社会尤其是在经济中对这种价值发挥强有力的动机强化作用。家族的动机意义必须理解为与整个社会状况相关。（P154）

商人的伦理强调勤奋、节俭，强调世俗内的禁欲主义，这种禁欲主义被理性化，而劳动的概念被认为是对社会或家族的一种服务。因此，商人的伦理似乎是作为对经济理性化特别有利的一种伦理而引人注目。

3．农民与报德运动

节俭的美德是靠对社会和家族的义务感的强力支撑，这种方式与前述所讨论的商人阶级的情况完全一样。农民也受到了许多伦理运动的影响，这类伦理运动有强化其世俗内禁欲主义的倾向。（P155）

报德运动之所以有意义，一部分是因为它是农民伦理的反映，另一部分是因为它表现了农民伦理的尖锐化和强化。（P156）

二宫尊德所指的报德的最高意义是："人们要依据自身的天赋之才，量入为出地生活，要勤勉节约，积蓄下剩余的资金，作为恢复开发荒芜之地、偿还债务、救贫济穷以及扶助国家乡村之基金；这样，整个日本才会繁荣。"（P158）

"繁荣"一词道出了经济理性化的终极目标。而这"繁荣"需要的是和政治领域中同样的忠诚和无私奉献。在宗教的宣传和推动之下，为了达到这一目标，社会上出现了两个趋势。一方面，减少政府的开支，包括将军的奢侈品消费和武士的俸禄等；另一方面，鼓励发展工业和贸易。

除去经济的繁荣，德川时期的经济措施还带来了其他的结果。可以很明显地看到，武士阶级越来越贫穷，商人却越来越富裕，逐渐形成了有权者无钱、有钱者无权的状况。而宗教的职业观却告诉人们，节俭和生产都是忠诚于君主的表现。武士阶级将其贫穷归咎于将军，因而对将军的忠诚大打折扣；商人将其富裕归因于天皇，因而对天皇的忠诚更加牢固，整个社会忠诚的焦点一步一步地集中于天皇，明治维新便适时爆发了。明治政府进一步巩固了这些宗教的、政治的、经济的理性化因素，一个现代的日本亦由此诞生。如贝拉所说，这一切的文化根源，便是德川时期的宗教。

第六章　心学与它的创始人石田梅岩

石田梅岩，1685 年 9 月 15 日生于丹波的桑田郡东县村（今亀冈市东别院町东挂），1692 年他到京都商家当"奉公"（学徒、小伙计），1699 年辞归乡里。1707 年再度上京，在吴服商黑柳家当学徒，后升小掌柜，1727 年辞去职位，1729 年在京都车屋町御池上町初开讲席，此即心学发端之时。以儒家学说为基本伦理学说，但也吸收道教、佛教和神道学说的成分，周游全国，教育民众，1739 年 7 月刊行《都鄙问答》。1742 年正月，他在大阪开讲席，并与神道家问答。

1. 石田梅岩的思想

梅岩的思想倾向于一元论，在这种一元论中，一切事物——天、地、人、心、物、性及原理——都是同等的。梅岩思想体系的中心点，即"学问"，其一是学问导致悟性，即"知性"或"知心"；其二是由悟性或认识所产生的伦理实践。梅岩认为，"知心乃学问之初"，"知性乃学问之纲"，"得此心乃学问之始终"。梅岩认为，"学问至极，即知心知性，知性则知天"。对于梅岩来说，知天意味着自我之心与天地之心合二为一。他认为，天地创造万物，而万物之心与天地合一。在某种意义上讲，梅岩的使命就是让他人获得悟性的幸福，获得天地合一的幸福。而且，在某种意义上，实践、伦理行为始终处于首要位置。（P184）

如同在神秘主义中一样，这种合一所指的是自我与非自我之间的某种界限的消失，即与宇宙合二为一。这种合一伴随着一种巨大的幸福感与平静感，而且有一种巨大的权力感。梅岩提出清楚遮蔽达到合一的方法有三种：第一个方法就是冥想实践，“心空”而“知性”；第二个方法是通过禁欲主义实践，即消除利己心及利己欲望；第三个方法就是通过献身于自己的义务和职业来消除利己之心。(P186)

知心的结果就是直观地了解到所被接受的道德的纯粹自然性。人要直观地了解到，其所接受的道德是内在的自然的，并能毫不犹豫地按照那样的道德行为。(P188)

梅岩将武士伦理作为商人伦理而得楷模。“获买卖之力，乃商人之道。未闻以成本贩卖谓之道……商人买卖之利，与士之禄同。无买卖之利，如士无禄而事。”财富并不是商人的，他们只不过是经营管理者。梅岩通过把商人比作臣，把利益等同为士之禄的方法，予商人的职业以及由此产生的利益以道德上的合法性。梅岩的理论以一种尤为密切的方法，有利于将经济与中心的政治价值结合在一起，这一步骤的意义对经济理性化是巨大的。(P197)

作为宗教，心学教导悟性和无私地献身，这既是接近心学的手段，也是其结果。在政治上，心学强调理性化，并通过强调家臣的忠诚与无私的巨大重要性来强化权力的扩大。尽管心学与幕府有着密切联系，但它强调天皇的这一点在民众对明治维新的心理准备方面是很重要的。虽然心学是一场商人阶级的运动，但并没有为商人寻求到任何直接的政治权力，它接受了武士作为政治领导者，并力图使商人在经济领域里担当与武士类似的角色。在经济上，心学强调勤勉和节俭，注重生产率，最大限度减少消费。进一步说，心学提供正直的普遍标准，主张尊重契约，并从宗教上加以强化。心学适应城市阶级的需求，给那些饱受折磨和烦扰的商人生活带来了意义，使他们能力的发挥有助于对社会产生深刻的结果。

第七章　结论

贝拉前文的分析研究跟定于德川时代，忽略了宗教与日本工业社会勃兴的关系。在这一章中，贝拉首先澄清了两个问题：其一就是对我们所说的中心价值系统至少在德川时代初期就已存在了；其二是对近代特别是明治时代的分析，即关于我们所讨论过的价值与动机实际对工业社会的勃兴发挥了作用。(P215)

概括一下我们对日本的价值系统发展的分析，可以说其根源可上溯至部族社会的过去，但在中世纪时代才取得其明确的形式。一般来讲，武士阶级的伦理在儒教和佛教的影响下得到充分的普及，因而能够成为全民的伦理。皇统和国家宗教的延续有利于几近“原始的”特殊主义象征化。对军事成果和履行其君主命令的高度评价已变得普遍化，已超越武士阶级的范围，从而使所有领域的实践活动都得到高度评价。(P222)这里基本就回答了贝拉的第一个问题。

在德川时代的日本唯有武士阶级能够领导基本的社会变革运动。而且，这一活动的动机首先是政治上的——期望恢复皇权、增强国力，并利用他们新创建的

现代化国家机构，以达到增强国力的第一目标来鼓励经济的发展。（P226）

“武士精神”依然是使明治产业家具有活力的强大动力，他认为武士道德伦理是“资本主义”发展的一个有利因素。譬如，他引用三菱的创始人——武士岩崎家的家训：

第一条——勿专注于小事，以管大事为目的。

第二条——一旦开始，必须成功。

第三条——勿从事投机的事业。

第四条——办一切事情要牢记国家利益。

第五条——勿忘公共服务及真诚的纯洁精神。

第六条——努力工作，注意节俭，同情他人。

第七条——适才所用。

第八条——善待雇员。

第九条——大胆开始，细心实行。（P227）

这段家训使武士伦理能适用于现代企业家。武士阶级在政治上完成明治维新，在经济上也将武士伦理用于发展日本现代企业，这里便可以回答贝拉的第二个问题，存在于德川时期的中心价值系统在现代依然起着决定作用，也许是以更加强化、理性化的形式而存在。尽管现代经济在发展，但政治系统依然在国民生活中占据支配地位，经济中渗透了政治价值。

贝拉也做出了两点总结：第一个总结是，日本强固的政治系统和占主导地位的政治价值显然有利于工业社会的勃兴；第二个总结是，在日本的政治和经济理性化的过程中，宗教发挥了重要的作用。

如果我们要给日本的宗教以促进现代日本奇迹般崛起的“荣誉”，那么，我们也必须给日本宗教以助长于1945年达到极点的不幸灾难的“责难”。每一种宗教都试图表明超越世俗的真理，然而却陷入了试图超越的世俗之中。每一种宗教都试图以自己的形象再造世俗，但往往在某种程度上反被重造成世俗的形象。这是宗教的悲剧。宗教试图超越人类，但它却属于人类，而且过于人类化。然而，悲剧并不是宗教的定论，1945年也不是日本宗教的完结。只要宗教保持对其终极价值本源的联系，换句话说，只要宗教依然是宗教，那么宗教与社会的对峙就会继续下去。只要坚持那样的实践，宗教就会将人类的一切败北转化为胜利。（P239）

四、感悟与反思

在贝拉的眼中，德川时期虽然是一个“闭关锁国”的时期，但这个时期的日本却绝不是故步自封的，在德川时代日本仍然进行着巨大的社会变革和文化变革，其中众多变革直接导致了1868年的维新运动及后来新日本的勃兴。在这些潜伏的巨大变革中，政治、宗教、经济的变革是极为重要的，根据贝拉的分析(其运用的正是帕森斯的“行动理论”)，在德川时代的中心价值系统中，政治价值具有首要意义，经济价值、文化价值、整合价值这三个维度的发展是从政治价值维度的发展中派生出来的或者说受到它的强烈影响。而政治理性化的重要意义足以与经济理性化相媲美，但是这一点尚未被人们重视。德川时代的日本，恰好给我们树立了政治理性化过程的一个活生生的独特样板。贝拉在阐释日本传统社会与近代社会的关系上确实着力不少，其书完成时，日本尚未进入经济腾飞的阶段。而之后日本的发展似乎在一定程度上验证了本书的理论，日本确实在德川时代已经打下了现代化的基础。

贝拉成功地从韦伯的社会学研究基础上分析了日本现代化，这也是本书的亮点之一。如丸山真男在书评中所说：“作者依照基本的图式将零碎的素材和资料加以重新组合，同时又分析价值系统和行动系统的结构关系，这一手法确实很新鲜，具有启发性。”

对于《德川宗教》的评价一直都是毁誉参半，其一目了然的结构框架，既是亮点也是遭受诟病的地方。贝拉整体的研究方向与韦伯《新教伦理与资本主义精神》如出一辙，而作为其研究手段的基本框架则来自其导师塔尔科特·帕森斯及其学派的社会系统的理论。且不说如此生硬地套用西方社会学理论来解释日本的传统社会是否合适，在使用这些理论来证明日本理性化的发展的过程中，作者明显地对材料进行了一些有利于结论的处理。

第二点批评是贝拉对于德川时代做了过于理想化的评价，过于肯定其积极性的侧面。面对这种批评，贝拉回应道，如果说我犯了只过分地强调传统日本社会的肯定性侧面的错误，那么反过来可以说，日本战后的学者则犯了过分强调其否定性侧面的错误。

第三点批评是，认为《德川宗教》是在为日本的反动势力辨白，赞美德川社会，主张将德川社会作为日本的典范。贝拉自己表示他的立场与右翼的超国家主义有着本质上的不同。

在此，提出几点反思，其一是德川时期的宗教，在促进理性化的同时，非理性的因素是否也得到了发展，并产生了灾难性的后果。贝拉对于日本1945年的战败一笔带过，但是这是值得正视的问题。其二是贝拉的确顺利证明了自己所提出的宗教对于德川时期日本政治、经济理性化的论点，但是，这几者的关系，若是反过来，难道就不成立吗？在宗教与政治的关系中，大概始终是宗教服从于政治。所以说，更合理的解释应该是宗教适应了政治，而非政治适应了宗教。其三是关于信仰的问题。日本人的宗教信仰是相当虔诚、渗透进骨髓的，他们的认真、严谨、包容以及工匠精神，都是宗教信仰的产物。相较之下的中国，信仰缺失，底线缺失，很难再找到由信仰而产生的敬畏之心，割裂了人的外在行为和内心善念的联系。中国古人敬畏自然，追求天人合一，那么现在呢，中国人的信仰在哪里？

讨论部分

唐松林老师：我们先看第一章，其中有这样一段：研究日本的学者已开始日渐认识到，日本的成功并不能归因于人们所想象的日本人所具有的某种神秘的模仿能力，而要归因于为日后发展奠定了基础的前现代时期中的某些因素，实际就是说日本的发展受到某种文化因素的影响。我们经常谈到日本的发展是明治维新以后吸收了西方的思想，但在作者看来，这里面确实有前现代就存在的传统文化因素，这种因素就是日本的一种宗教精神。宗教精神是一种人文精神，宗教精神在很多时候是反科学的，或者反理性的，宗教的核心价值在我看来是爱，有一种人文关怀，更多强调人的终极关怀，即人的价值，人的幸福，人的生存状态的和谐，很多时候与科学是没有关系的，甚至很多时候是不理性不科学的。那么，进入到近代社会以后，宗教精神是如何理性化？所以我要提的第一个问题就是：宗教的理性化是什么意思？作者写日本宗教理性化与韦伯的新教伦理理论，实际上有比较相近的内涵，都是谈到宗教与理性的融合，而成为一体化的力量，这需要我们进行分析。

第二个问题就是：日本的社会结构，也就是到第二章，日本的社会结构在家族系统里面提出了很多概念，政治、经济、整合、动机功能，以及一些具体符号，这些结构怎么在社会中发挥作用？我们看一下这段话：政体优先于家族，在齐家与忠诚发生矛盾的情况下，首要义务是服从主君而非家族。家族倾向于作为社会的单位而不是个人的单位。第一个价值群可表示为重视学问、研究或学识的价值。仅有学问的人是不值得尊敬。一个真正有学问的人将会是一位真正忠诚而孝顺的人。这里有一种普遍性的价值在里面，书中又谈到第二个价值群可以称为审美—情感的价值。而审美的价值又恰好是宗教的价值。这些宗教衍生出的价值渗透到政治里面有强大的力量，那么我们需要思考如何理解日本的德川时代的价值体系、价值体系与政治系统的关系。再看动机系统，动机系统与社会系统相关，关心的是人格中动机的调节。这包括两个方面：一方面是对社会系统中的价值和功能需求的献身；另一方面是在不危及社会系统的功能作用的情况下，处理人格中产生的精神紧张，使其得到充分的解除。在人格中的动机调节第二方面实际是一种内部的个体调节。我们需要思考我们个体欲望与社会秩序是一个什么样的关系，怎么处理人与社会之间的矛盾。

第三个问题是讲日本的宗教，宗教理性化使宗教行为变得简单化，更少情境性，它关心以奉行神灵的戒律或寻求直接领悟神明的方法来获得与神灵更为直接的关系。宗教理性化在个体行动中有什么样的作用？接下来一个问题是，权力、政治与国家，是怎样联结在一起的，为什么有一种内在的凝聚力量？

宗教与经济这一章，我们需要思考我们怎样用钱，怎样赚钱，这个是很有现实意义的。商人阶级的经济伦理，我们需要厘清一下。最后一章的“心学”，我们怎样理解？我们怎样达到万物之心与天地合一？我就讲这么多，提这些问题，接下来由同学们讨论。

欧阳鹏：我有几点想法想和大家讨论一下。尊王与国家，日本将国家的形象具体化，这让我想起法国君主路易十六说过：朕即国家。但是他说过不久，王朝就结束了。但是日本的王朝一直到现在还存在，所以，是不是一个宗教的差别，导致结局的差别？第二个问题，这本书绝大多数都是谈及宗教的好处，但这本书写成于1957年，那么宗教对日本的影响还是那么深远吗？第三个问题，就是心学与宗教是什么关系？第四个问题，日本的宗教很多都是源于中国，中国本土的宗教思想对中国的影响有哪些？第五个问题，利他和利我如何达到一个自然和统一？

唐松林老师：这些问题还是很难回答的，我们一起来讨论。首先法国王朝的消亡，它是由许多因素和力量造成的，宗教肯定也是重要的因素。宗教对日本的影响是深远的，因为宗教的精神已经成为了一个民族的基因，力量是相当强大的。宗教与心学的关系，心学是一种宗教之学，至少，心学的宗教色彩是非常强烈的。利他与利我如何统一，根据心学中的观点，主要是利他，个体服从集体的利益，“利他”在日本已经成为一种社会价值，社会道德。人性中有一种自然道德，一种社会道德。

肖航：关于心学和宗教的关系，我想说一下。作者写心学这一章，是将心学作为一个例证，来说明宗教对于经济理性化、政治理性化的一个作用。我们可以看到心学强调职业伦理、商人盈利的合理性，心学赋予经济伦理一个宗教意义，和韦伯的新教伦理是很相似的，所以这里的心学就是一个宗教。

陈小伟：肖航，你是否能概括一下这本书核心的观点是什么？

肖航：我对这本书的感觉也是处于比较朦胧的状态，这本书大致就是宗教对日本的文化、价值体系的影响，再从而对日本的政治理性化，经济理性化，这样一种过程，我的理解比较浅薄。

刘畅：这本书中提到的心学，与我最近看的一本书《知行合一：王阳明》有点相同之处，很有感触。日本学者石田梅岩创立的心学与中国的王守仁（即王阳明）的心学，实际上是一致的，王阳明提出的“存天理，灭人欲，致良知”，他与朱子的理学用的是同一句话，但是《知行合一：王阳明》中有新的诠释。从理学角度看，天理与人欲是割裂开来的，但从心学的角度，“我心即宇宙”，“四心”就是最初的天理，从四心出发来考虑人与人、人与集体的关系，将其发散开来，那么自己的四心发散，当我以善心来处理一切事物，就可以做到利我与利他，能处理好集体与个人之间的关系。再讲到致良知，强调实践，我们内心的良知必须通过实践才能发散出来，这是我看到第六章的一个感受。

陈小伟：这本书是很不好理解的。韦伯在宗教的主要类型里面分析了五种宗教，比如天主教、新教、伊斯兰教、佛教以及中国儒家思想，分析的结果就是，只有新教是对经济发展有促进作用的，其他的宗教对人类的理性行为都是存在抑制作用的。韦伯的观点也受到很多人的批判。我们可以看到整个儒家文化，也在很大程度上使日本、韩国、新加坡等国家走上了资本主义发展道路，形成了不同于欧美的企业文化。从宗教的角度来说，改革开放以来，中国的发展是儒家文化的一个衰退还是什么原因，还是儒家文化本身是对经济发展没有阻碍作用的，甚至有促进作用。宗教中的哪些因素对人类的理性化有促进作用，哪些是有抑制作用的。还有一点，我们从日常生活角度，宗教对人的日常生活到底有多大的影响力，比如，有的人很信仰佛教，但是他能把信仰和生活分割开来。如果我们对韦伯和帕森斯的理论，以及日本的历史没有很深的理解，这本书是很难读懂的。

欧阳鹏：关于贝拉为什么将心学作为例证进行分析，作者在写这本书之前接触过心学，进行了心学的研究，从而想到了整个宗教对日本现代化的影响。

黄学军：宗教理性化的直接含义中，宗教行为变得简单化，更少情境性，你们是怎样理解这个宗教理性化的定义的？

肖航：我所认为的宗教理性化，如果以佛教为例，虽然日常的仪式感很少，但是真正的理性化，应该就是达到一种“心中有佛”的境界。

关于仪式，其实很多宗教是没有太多仪式的，比如儒教，佛教也没有太多烦琐的仪式，其实贝拉的宗教理性化的解释是一种西方人的解释，在西方中世纪，宗教是相当烦琐的，那种烦琐程度已经开始阻碍经济和社会的发展，而我们信奉宗教，并没有太多受到仪式和情境的束缚。这也是为什么儒学在某种程度上不能称为“教”的原因。

黄学军：书中谈到动机调节，个人利益要服从集体利益，那么个人利益与宗教利益怎样实现一种平衡，个人，国家与社会，公共利益既不是个人利益也不是国家利益，为什么日本家庭能衍生出社会，而在中国，家庭却不能衍生出社会。日本的价值取向要求，只有跳出了个人和集体利益的框架，走向公共利益的实现，才可能实现日本的现代化繁荣。

唐松林老师：关于个人利益与公共利益，谈到了一个禁欲主义，通过禁欲主义来达到一个平衡，从个人角度而言达到禁欲，一个是通过冥想，一个是通过实践，通过禁欲来解决自己与外界的矛盾关系，达到和谐。第三个方法就是，对社会要有益。

于晓卉：我一直在思考为什么中国和日本有这样的区别。我发现一个问题，日本存在一个宗教辐射的形式，宗教存在日本的角角落落里面，书中讲到的勤勉、节俭，甚至职业目标，最终目的都是实现忘我的服从，而不是为了和谐，也不是为了个体价值的实现，所以我觉得这就是一个宗教的辐射，使“服从”成为一种很日常的习惯，这就是中国和日本的先天性的差别。

唐松林老师：书中谈到心性合一的三种方法，我归纳了一下：一是致良知，二是灭私欲，三是讲奉献。这三种方法是有层次性的，这也是一种宗教精神弥漫到国民的生活之中，逐渐形成一种日常，这样个体与社会就联结起来，社会价值就更深入集体之中，社会之中。

《菊与刀》

——日本国民的双重性格

阳婷婷*

时间：2012 年 9 月 24 日晚上 7：00—10：00

地点：湖南大学教育科学研究院 310 教室

出版社：武汉出版社，2009

参与人：（本次沙龙没有讨论录音）唐松林（湖南大学教师）、王春平（湖南省电力设计院高级工程师）、刘轶臻（华融湘江银行内控合规部经理）、张小燕、张娟娟、张燕玲、魏珊、佘君君、王晨、刘丹丹、陈坤、王祖霖、刘凤、邹芳、刘安澜、魏婷婷、李科、聂英栋、丁璐

一、书籍概况

（一）作者简介

鲁思·本尼迪克特（Ruth Benedict，1887—1948），生于纽约，原姓富尔顿（Fulton），美国女人类学家。第二次世界大战后期，德日败局已定，美国需要根据日本的情况制定具体的政策，于是本尼迪克特在 1944 年，受命于美国政府，收集各项资料，完成了这份报告，并在报告中阐述自己的推断。战争结束后，美国的决策与她的推断意见一致，她准确的预测是本书的亮点之一。

她在大学期间学习的是英国文学，1919 年前往哥伦比亚大学从事人类学研究，师从二战前最伟大的人类学家之一——弗兰茨·博厄斯，1923 年获得博士学

* 作者简介：阳婷婷（1989—），女，湖南常德人，湖南大学教育科学研究院 2011 级研究生。

位。她于1927年研究印第安部落文化，编著《文化的类型》(*Pattern of Culture*, 1934)一书，1940年完成《种族：科学与政治》(*Race*：*Science and Politics*)一书，批判种族歧视。第二次世界大战期间从事对罗马尼亚、荷兰、德国、泰国、日本等国民族性的研究，而其中对日本的研究——《菊与刀》一书的贡献最大。二战结束后，她继续在哥伦比亚大学参加“当代文化研究”，于1948年9月病逝。

(二)背景介绍

“菊”是日本皇室家徽，“刀”是武家文化的象征。《菊与刀》最初是美国人类学家鲁思·本尼迪克特奉美国政府之命，为分析、研究日本社会和日本民族特性所做的调查分析报告，旨在指导美国如何管制战败后的日本。1946年正式出版，1949年出版日文版，在美国、日本等国家引起强烈反响。

鲁思·本尼迪克特用“菊”与“刀”来揭示日本人的矛盾性格，亦即日本文化的双重性(如爱美而黩武、尚礼而好斗、喜新而顽固、服从而不驯等)，由此入手，进而分析日本社会的等级制及有关习俗，并指出日本幼儿教养和成人教养的不连续性是形成双重性格的重要因素。在美国全力以赴与之作战的所有敌人当中，日本人是最让人感到费解的对手。因为与这个强大的对手在思维和行为方式上的差异巨大，所以必须认真考虑如何对付它。西方国家认为，即使是在战争中，也应该遵循一些符合基本人性的战争惯例，但在日本人眼里却没有这些概念。在这种情况下，了解对手的本性就成了一个核心问题。

金克木先生特别推荐此书，肯定了这位女学者的研究成果。事实上，美国政府战后对日本的政策和日本当时国内的反应与本书的分析基本一致，可谓是美国改造日本、分析日本的指导书。这本书也被认为是研究日本民族性的必读书，它在经历了半个多世纪的岁月后至今仍畅销不止，其价值和意义便可显而知了。

(三)内容简介

在第一章，作者主要是从三个基本问题来阐述日本的民族性的，即日本是一个什么样的民族或者说日本的民族特性是什么？它形成的原因(主要是文化原因)有哪些？它又是通过何种途径来表现的？在第二章，作者通过介绍日本人对战争的看法和态度，剖析了其背后深层次的价值观和文化体系；第三章，作者分析了日本社会的等级制，指出维系他们等级制的核心价值体系便是各守本分，各安其位；第四章，作者以历史的维度指出明治维新时期，明治政府在维持等级制度合理性的历史作用，明确了日本政府和民众之间“各守本分”的义务之所在；第五章到第九章则可以归结为三个方面的内容，即义务、情义和人情；第十章与十一章中，作者剖析了日本人的道德困境和自我修养问题；在第十二章，作者以儿童教育问题为对象，分析了日本民族菊花与刀并存的性格形成的教育根源；最后，作者剖析了二战投降后日本人的心理状况。

二、章节赏析

(一)研究课题——日本

第二次世界大战后期，德日败局已定，美国急需制定对日德的政策。对德国美国比较了解，政策也比较明确，即武装占领，直接管制。对日本，美国不太了解。当时有两大问题需要研究：第一，日本政府会不会投降？盟军是否要进攻日本本土还是采用对付德国的办法来对付日本？第二，假若日本投降，美国是否应当利用日本政府以至于保留天皇？为了回答这两个问题，美国政府动员各方面专家学者研究日本，本尼迪克特这本书就是受美国政府委托研究的结果。

在这一章，作者主要是阐述她的基本思路，可以归纳为三个基本问题：日本是一个什么样的民族或者说日本的民族特性是什么？它形成的原因(主要是文化原因)有哪些？它又是通过何种途径来表现的？而作者在开篇用一段话就简短回答了第一个问题。“正如日本最具象征意义的两种事物菊花与刀一样，日本人就是这样，左手菊花，右手刀。日本人既好斗又和善，既崇尚武力又爱好美好，既蛮横又文明，既刻板又富有适应性，既顺从又不甘任人支配，既忠诚不贰又会背信弃义，既勇敢又胆怯，既保守又善于接受新事物，而这种种的矛盾都是以极端的对立来体现的，而在这极端的对立中，却又难以置信地保持了令人莫名其妙的统一……”后两个问题是作者需要在后面的内容中详尽阐述的，或例证史料，或比较分析，让我们感受鲜明的日本民族文化和独特的民族特性。

(二)战争中的日本人

这一章主要通过介绍日本对战争的看法和态度来剖析其背后深层次的价值观和文化体系。作者认为，我们的目的在于对日本文化及行为进行系统的研究，他们的每个行为可能都很重要，因为他们提出了与日本人有关的许多问题需要我们解答。

日本对其战争的正义性进行辩护的前提与美国恰恰相反。美国把战争的起因归咎于轴心国的侵略，他们践踏了“自己生存、也让别人生存”，或者至少侵犯了对自由“开放门户”的国际准则。而日本对战争另有看法。他们认为，只要各国拥有绝对主权，世界的无政府状态就不会结束。日本必须为建立等级秩序而战斗。当然这一秩序的领导也只能是日本，因为只有日本是唯一的真心建立起自上而下的等级制度的国家，也最了解“各得其所”的必要性。

对胜利的希望，日本所寄托的基础也不同于美国。它叫嚷着日本必胜，精神必将战胜物质。日本的政治家和军人都反复强调说：“在这场较量中，物质力量必将失败。”他们并不是不重视军备，但是军舰大炮只不过是永世长存的日本精神的表面象征，如武士佩刀是他们道德品质的象征。当面对的是失败时，政府会说这些早在预料中，没什么值得担心的。一切都筹备好了并且万无一失。只有从这一信念出发，日本人才能继续坚持自己的主张——外事都是我们主动期求的，绝不是被动的，或被别人强加的。美国人把自己的生活调节到经常应付挑战上，而日本人的信念则建立在万事俱备的生活方式上，在他们那儿最大的威胁莫过于未曾料到。

在作战中的另一主题也显示了日本的生活方式。他们经常说“全世界都在注视着你们”，所以要发扬日本精神，不能给天皇丢脸，这关系到他们在全世界的观感。对这一点的重视在日本文化中也是根深蒂固的。而对天皇的态度，在研究日本人时是不得不关注的。对他们来讲天皇和日本是分不开的，没有天皇就没有日本，天皇是日本国民的象征，是国民宗教生活的中心，是超宗教的信仰对象。而且由于天皇是超世俗的，所以日本国民对天皇是绝对的忠诚，而对其他所有人和集团横加指责是常见的，两者形成鲜明对比。

关于救援与投降。美国人对一切救援行动都甚为感动。勇敢的行为，如果使受难者获救就更加是英雄行为。日本人的勇敢则排斥这类救援，只有视死如归的冒险才是最高尚的，这也反映在对待伤员及病患的态度上，这些伤员在他们看来是废物，他们被教导死亡本身就是精神胜利。所以战争中伤员的待遇是最差的，紧急情况下甚至会被杀掉或是自杀。这种关于兵员消耗理论的最极端表现就是他们的不投降主义。日本人认为荣誉就是战斗到死，决不投降，投降是可耻的，这已深深地烙在日本人的思想深处。西方士兵与日本士兵之间的最具戏剧性的差别在于他们被俘后竟与盟军合作，而且表现出同样的忠诚，好像他们生命翻开了全新的一章。日本人的行为准则还像是：择定道路就全力以赴，如果是失败就很自然选择另一条道路。

（三）各守本分（日本社会的等级制）

长久以来，等级制已经渗透到日本人的一切生活习惯与信仰中，具体体现在其家庭内部的相互关系，以及社会阶层关系上。其中，维系他们等级制的核心价值体系便是各守本分，各安其位。

平等对于美国人来说，是祈求一个更美好的世界的基础，是最崇高最道德的基础，他意味着拥有不受专职压迫不受干涉不受强制的自由，这就是当今世界正在有组织地实现的、基本的人权基石。而日本信奉的“各得其所”的信念也是根据其社会经验所培育的生活准则。多少年来不平等成为日本民族有组织的生活准则，既是最容易预计也是最广泛接受的。尽管近年来日本已经西方化，但它依然是个贵族社会。人们在每一次寒暄，每一次相互接触，都必须表现出双方的社会距离的性质和程度。如“你”这个词有好几个，因为在不同的场合你得根据对方与你的亲密程度和辈分来选择，鞠躬也是如此，面对不同的人鞠躬程度不同，方式也有所不同，有跪在地上、双手伏地、额触手背的最高跪拜礼，最简单的有动动肩，点点头。一个日本人必须学会在什么场合使用不同的礼仪，而且是从小学起。不仅等级差别要以适当的礼仪来确认，性别、年龄、家庭关系、过去的交往都必须考虑在内，所以可以说遵守等级是一种艺术，要平衡多种因素。

孝道是中日两国共同拥有的道德准则，但又有差异。中国的宗族是以姓氏为基础发展起来的，只要有相同的姓就属于同一家族，有祠堂的宗族成员必须回来祭祖，每个成员在宗祠中和家谱上都会有一定的位置。但在日本只有贵族才有姓氏的，更多时候尽忠的对象不是宗族大集团，而是封建领主。在神社祭拜远主或氏族神是使名族制度化的另一种方法。因此，日本的孝道只局限在直接接触的家庭内部，充其量只包括父亲祖父伯父及其后裔。在这个狭小直接接触的集体内，要求各按其份的规定十分明细，直到长者退隐都必须对他严格服从，一个人在他父亲尚未退隐前，无论干什么都必须得到父亲的允许。父亲作为一家之长，用餐时他首先举筷，沐浴时也是他先入浴。

各按其份不仅意味着辈分差别，而且意味着年龄差别。在日本人看来长兄是继承者，长子有父权相差无几的特权；在政治上传统的兄长特权在大东亚政策的讨论中也表现得淋漓尽致。涉及性别：虽然日本女性相比于亚洲其他地区还是拥有很大的自由，她们不缠足，外出不必遮遮掩掩，可以自由进出教堂，甚至掌管着家中的采购和金钱，但她们还是毫无疑问地依附男性。即使她们能穿西服和丈夫并肩行走，但一旦换上和服仍然得跟在丈夫后面。所以等级制是日本一直以来的生活准则。

（四）明治维新

日本的明治维新结束了德川幕府的统治，使日本进入新政时期。明治政府上台后采取了很多措施，对原有的体制进行一番修整以适应新的时代要求。起初，由于这个“政府”的改革不仅触怒了以往的利益既得者，也由于过于激烈而没有得到农民的理解，新政困难重重。但是由于日本特有的下级武士与商人阶级的“联盟”的力量的支持，这个武士和商人联盟迅速地把能干和自信的人才推到前台，为明治政府规划政策并组织实施服务。但是，问题的关键不在于他们出身的阶层，而在于这些领导人为什么会变得如此精明、强干和务实，其实归根到底，这都还是源于传统的日本国民性。

对明治政府的那些政治家来说，他们的一系列活动措施只是一项事业而不是意识形态的革命。他们所设想的目标是使日本成为一个举足轻重的国家，因此，他们不是彻底的革命者。由于日本的等级制早已根深蒂固，成为日本民族性的一部分，所以明治维新不是一次真正意义上的革命就可以理解了。那些明治政府的政治家们所做的一切只是在意图维护等级制度的所有优缺点，而不打算根除等级制度，所以不论在政治还是宗教和经济领域，明治政府都明确了国家和人民之间的“各守本分”的义务。只要“各守本分”得以维持，日本人就安分守己地生活下去。在这样的情况之下，他们就感到安全。尽管，在他们的最大幸福是否受到了保护这一意义上来说，他们经常并不“安全”，但是，因为他们将等级制作为合法的东西加以接受，所以他们又是“安全”的。

（五）义务、情义与人情

从第五章到第九章共有五章内容，但实际上可以归结为三个方面的内容，即义务、情义和人情。

在日本，所谓的“义”就是确认自己在各人相互有恩的巨大网络中所处的位置，既包括对祖先也包括对同时代的人。“恩”这个词有许多用法，其中一个是共同的就是承受的负担、债务、重责。一个人可以接受前辈、上级的恩，如果不是从上辈或至少是同辈受恩那就是接受者有一种不快的自卑感。“恩”也意味着对所欠恩情的回报，从而有爱的意思，但其本意仍然是负债。日本人把对恩的报答按其规则给予不同分类，一种是永世难报的，另一种是与所受之恩相等并有实践限制的。永世难报之恩被称为“义务”，对此他们日本人说“人们永远都无法报答那种恩情的万分之一”。“义务”分为两种不同类型：对父母之“恩”的报答称为“孝”，对天皇之“恩”的报答称为“忠”。

第一大的恩情当然是“皇恩”，是在无限忠诚的意义上使用的。这时天皇的恩情每个人必须以无比感激的心情来接受。他们认为自己有幸生在这个国家，过着安居乐业的生活全是受到天皇所赐的恩典。

当然人们也从父母之恩。这正是父母有权支配子女的东方的孝道的基础。日本人的祖先崇拜只限于父辈及尚在记忆中的祖辈。这就更使日本人重视那些年幼时实际照顾过自己的人。

同样，他们对老师主人等帮助他们成长起来的人也怀有同样的情感，他们对自己有恩将来也可能在他们有困难时答应他们的请求，或对他们身后的家属给予照顾。人们必须不遗余力地履行这种责任，通常人们称之为“偿还情义”。而且这种恩情不随时间增加而减轻甚至时间越久恩情越重形成一种利息。

尽管文化的特殊性使日本人易于接受报恩思想，但在日本乐于接受报恩的人不多。他们不喜欢随便受恩而背上人情债，对他们来说突然受到生疏者的恩是最讨厌的事。既然知道帮助别人会使当事人感恩领情，人们反而都不积极插手别人的事务。所以对于卷入“恩情”日本人是十分小心的。有一个词很好地反映了日本人对待恩情的态度就是诚惶诚恐，日语词典对这个词的解释是你受到特别的恩惠因而感到羞愧和耻辱，因为你不配接受如此之恩。人们受恩时常常怀着矛盾的情绪。在公认的社会人际关系中，巨大的欠恩推动日本人竭尽全力以求报恩。受人恩者应把自己的感谢看作是具有百万元的价值，只有这样想并这样行动才能摆脱负债的处境。美国人重视爱关怀慷慨仁慈的价值，越是无条件越是可贵。而在日本则必然附有条件接受了这种行为就成为了欠恩者。

前面主要是关于“义务”的理解，对于“情义”的理解，日本人常说的一句话是“情义最难接受”。一个人必须讲情义，如同他必须尽义务一样。但情义所要求的义务与恩情所要求的义务是不同的，英文中没有与之对应的词，它是日本所独有的，它是日本的土产。有一部日本辞典是这样解释“情义”的：“正当的道理；人应该遵循的道路；为向社会谢罪而不愿意地做某件事情。”“不愿意”这个词显示了与“义务”的差异。情义的内容包括两种，一种是“对社会的情义”，字面意思是“报答情义”，也就是说报答自己同胞的恩情，另一类是“对名誉的情义”，也就是说每个人都有维护自己名誉不受外界玷污的责任。现在，人们所说的报答情义是说要履行对各种各样的人的义务，对各种类型的人履行各种责任。今天人们谈到的“情义”常常流露不满之情，会说舆论压力迫使一个人违背自己的意愿去履行“情义”。总之，“情义”的规则严格地说就是必须报答的规则。日本人的“对社会的情义”观念和美国人的欠债还钱的观念有一点相似之处，偿还“对社会的情义”被认为是一种精确的等量偿还。在这方面“情义”完全不像“义务”，“义务”是毫无止境的，但“情义”不是无限度的。另外，情义若长时间没有报答，就会如同利息那样增长。

如果说对社会的“情义”是一种报答善意的义务，对名誉的“情义”主要是报复和复仇。在日本人眼中，报复是人的美德，绝对不是人性中的罪恶。对名誉的“情义”，即像日本那种在语义上同感激和忠诚联系在一起的“情义”。只有把包含这种对名誉的“情义”之中的种种非侵略性品德考虑在内的时候，才能理解日本对名誉的“情义”的全部含义。复仇仅仅是特定情况下的手段之一。“情义”还包括许多稳重与克制的行动。总之，日本的“情义”如同月亮一样有光明面和阴暗面，关键是其在具体环境之中的作用。

最后要说的是“人情”，它是对于沉重的“义务”和“情义”的个性化补偿，社会之“自由地带”。正因为日本有恩必报和自我约束的道德准则似乎就是要把个人欲望等同于罪恶，而必须从心底连根拔除。这似乎与古典佛教的教义不谋而合，但是令人奇怪的是日本的道德准则对肉体享受给予极大的宽容。日本一方面鼓励人们肉体享受，一方面又制定规则防止沉湎于肉体享受，这使得人们的生活很难处理。他们像创造艺术品那样培养享受，品味之后，又要牺牲享受，履行义务。总之，在人情领域里，日本人可以暂时不顾“义务”和“情义”缠身的折磨，而去尽情享受放松和自由，这样的形式有很多，比如泡热水澡，睡觉，吃饭，浪漫的恋爱，甚至包养情妇，同性恋都是属于“人情”的领域范围。而正是日本的这种“人情”观，它从根本上推翻了西方的肉体和精神上斗争对立的哲学观，认为精神和肉体不是宇宙间相互对立的两大势力，同时他们也相信：世界是善恶共存的。所以日本人总是明确反对道德应该包含与恶的斗争，这与他们矛盾的民族性有着不谋而合的相似。

（六）道德困境与自我修养

正如前面所提到的，日本人的人生观包含在他们有关“忠”“孝”“情义”“仁”与“人情”的准则之中。在他们眼里，人的全部义务就像地图上划分势力范围一样被划分为若干领域。用他们的话来说，人生是由“忠的领域”“孝的领域”“情义的领域”“仁的领域”“人情的领域”以及其他许多领域所组成。每个领域都有其特有的详细规划，人们评价他人不是从他的整体人格来判断的，而只是说他们“不懂孝”或“不懂情义”等。在日本划分的各个生活领域中，并不包含恶的领域。这并不是说日本人不承认有坏的行为，这只是意味着他们不把人生看成善恶两股力量相争斗的舞台。人生在他们看来就是一场戏，在这场戏中“领域”之间以及“行动方针”之间都必须保持协调平衡。每个“领域”和每个“行动方针”对其自身而言都是善的。然而无论是在虚拟的文学作品中，还是在现实生活中，我们可以发现，人要在各领域之间保持协调平衡并非易事，他们时常陷入各种领域的矛盾与道德困境之中。那么，在遇到道德困境时，到底应该如何恰当应对，如何取舍呢？日本的伦理体系不是通过引进一个高级法则的概念就能轻而易举地简化的。正如他们常常自夸的一样，日本人手中没有现成的可以普遍适用的道德作为一切善行的试金石。近代以来，日本人在试图建立某种能够统治一切领域的道德标准时，他们通常选择“诚实”为最高道德。日本人使用诚实一词时，这个词的基本含义是指沿着日本道德戒律和日本精神所标出的“道路”热情前进。而且它的使用范围比较广，因为它基本上完全等同于日本人强调的各种好的德行，“诚”这个词经常用来赞扬不谋私利的人，这反映了日本人的伦理观中对获取利益的厌恶。“诚”也经常被用来颂扬那些不感情用事的人，这正反映了日本人的自律观。最后，只有诚者才能领导众人，有效地运用各种手段，远离内心的争斗。这三点含义，以及其他更多的含义十分简明地表达了日本人伦理观的一致性。它们都反映出，在日本，只有按照戒律行事才能收到实效，才能不与他人产生矛盾和冲突。不管日本人如何改进，他们的道德观仍然是分门别类的。道德的原则仍然在两个都是善的行为之间保持平衡。至于怎样达到平衡，则又涉及另一个问题，即自我修养。

自我修养概念大致可以分为两种，一种培养能力，另一种不仅培养能力，还有更高的要求，我们称之为练达。在日本，培养能力的自我修养的基本理由在于它能改善一个人驾驭生活的能力。日本人如此强调自我修养对自己有利，这并不意味着他们的道德戒律经常要求的极端行为不是真正严重的压抑，也并不意味着这些压抑不会导致反抗的冲动。许多在美国人看来无法忍受的行动却被日本人看作易如反掌，这正得益于他们的相互义务观念的强制力和他们坚信“自我修养”于己有利。

练达是在“能力”之上的更高层次的“自我修养”。不管是世俗的还是宗教的经验，它所表达的“练达”境界的体验是指在意志与行动之间“间不容发”。犹如电流从正极直接导入负极。自我修养虽然看似是一种非同一般的严苛训练和精神境界，但对于日本人来说却是一种普遍的追求，甚至是某种道德践行准则已经渗透到他们的人生观与价值观之中。

（七）儿童教育

在作者眼中，形成日本人难以捉摸的，矛盾的，尚武又尚雅的，菊花与刀并存的性格，很大程度上是由于日本人对儿童的独特教育方式。虽然在作者尽力保持着求证的公平的态度来描述她所得知的日本教育，但仍然能从其字里行间感觉出，她对日本人对婴幼儿的宠爱程度的难以接受，书中屡次提到孩子甚至可以对其母亲用暴力的方式发泄其不满，尤其是男孩子。而对于六七岁以后的孩子所接受的教育，她可能认为这又过于残忍。作者认为哄逗儿童的这种经验形成了肥沃的土壤，用它来培植对嘲笑和嫌弃的恐怖心，这种恐怖心在日本人身上表现得十分突出。也就是说，在这样的哄逗式的教育下，日本人在成年后十分害怕自己的行为引来别人的嘲笑和嫌弃，十分在意别人的看法，这一点与中国人也是很相似的。而作者所谓的“哄逗式”的教育，在中国更是司空见惯的，甚至有可能大部分中国人也同样接受过这样的教育。如书中所提到的“断奶”的方法，男孩哭泣时，母亲会对他说“你不是女孩，你是男子汉”，哄骗小孩说要喜欢别的小孩，相信这些事例能让许多中国人感觉仿佛回到了自己的童年。如果这样的婴幼儿教育是导致日本人特殊性格的原因之一，那么同样接受相似教育的中国人为什么会和日本人性格相差这么多呢？这是一个值得思考的问题！

当然书中还阐释了形成日本人性格的另一个重要的原因就是其儿童以后时期的教育。“把少年纳入到日本成年人谨慎的生活中取得重要工作是他上学之后的两三年才开始的”，在这之前的婴幼儿教育在作者眼中是过于溺爱的，而此后的教育又使青少年背负了过多的“耻”和“义理”。在提到著名的狼来了的故事后，作者讲道“家长会对孩子说，如果你做出那种事的话，就会被世人笑话。这些规则是因时因地而定的，其中很大部分涉及我们称之为礼节的事情，这些规则要求使自己的意志服从日益增加的对邻人、家庭和国家的责任。也就是说对青少年严苛的教育使日本人更富责任感，至少是倾向于把他们教育成一个有责任感的人。

日本人效忠姓氏，效忠天皇，效忠国家，他们的武士道精神举世闻名。甚至在日剧中经常会听到这样的台词“对于发给我们工资的公司难道可以不效忠吗?”可见他们对自己工作的公司都有一份上升到“效忠”的责任心。这也难怪日本人的产品总是精致耐用，细微之处有让人感动的方便。而这份沉重的责任感教育也许是一个很大的不同于中国教育的地方吧!

日本重视对下一代的教育，这不仅是“耻”“义理”和“责任”，在当代还更多地表现在紧迫感和恐慌感上。大和民族，人口少，国土面积小，他们对民族未来的紧迫感也是由来已久的。加之和中国的微妙关系，本书中还提到的美国甚至考虑过要消灭掉日本人，这种紧迫和恐慌感会更强烈。电影《大逃杀》是这种情绪的一种印证。影片一开始就做了一种假设：日本的青少年无力担当下一代国家的建设者和守卫者，整个国家都陷入了一片恐怖中。而为了让青少年具备这种能力，就对其进行一种特殊的训练，以“优化”人才。影片始终处在一种紧张的节奏和气氛中，那些无法不让人相信这个游戏的真实性，不够机警和聪明的人在一开始就被杀害了，而有一定生活和技术能力的人则能坚持得久一些。日本人对下一代教育的紧迫感就是以这样极端的方式展现的。

(八)投降后的日本人

对日本人来说，美国的最终胜利使事情再次发生了变化。在遭遇到最后失败时，日本人按其生活习惯放弃了至今实行的方针。独特的日本伦理观念让他们自动消除宿怨。美国的新政策和麦克阿瑟将军的管理避免增添需要清洗的新的羞辱，而只坚持实行在日本人看来是失败的“必然后果”的事情。这种做法很成功。

保存天皇制的意义十分重要。这事得到了巧妙的处理。天皇先拜访麦克阿瑟将军，而不是麦克阿瑟将军先拜访天皇，这一实例对日本人产生的巨大的教育意义是西方人难以理解的。据说天皇曾对劝其放弃天皇神性的提议表示反对，说抛弃原来没有的东西会使他感到为难。天皇说，日本人并不把天皇看成西方意义上的神，事情也正是如此。可是，麦克阿瑟的司令部仍劝导天皇说，西方人认为天皇主张神性，而这不利于日本的国际声誉，于是天皇忍辱负重，同意发表否认神性的声明，并要求把世界各国对此事的评论翻译给他看。天皇阅读了这些评论以后，致信麦克阿瑟司令部说他感到满意。很明显外国人在以前对此并不理解，天皇对自己发表这个声明感到很高兴。

美国的政策还让日本人得到某些满足。国务院及陆海军部的联合指令上明确写道：“对在民主基础上组织起来的工业和农业的诸劳工团体，应鼓励其发展并为其提供便利。”日本工人自己在许多产业中组织了起来，20 世纪二三十年代一度活跃的农民组合重新兴起。许多日本人认为，他们现在可以通过自己的努力来改善自己的生活状况，这就是日本在这场战争的后果中有所收获的证据。据一名美国通讯记者报道，东京的一位罢工者仰头望着美国兵兴高采烈地说：“日本胜利了，你不这样认为吗？”今天日本的罢工与过去的农民暴动有许多相似之处，农民暴动的理由常常是因为年贡、赋税太重，干扰了正常生产。农民暴动并不是西方意义上的阶级斗争，也不是企图改变制度。今天日本各地的罢工并不减缓生产速度。罢工者最喜欢用的方法是“占领工厂，继续工作，并以增加产量使管理者丢脸。在一个三井所属的煤矿中，罢工工人把管理人员全部赶出矿井，并把日产量从250吨提高到620吨。在‘罢工’中进行操作的足尾铜矿的工人们也增加产量，并把自己的工资升为原来的两倍。”

不得不承认，除美国外任何国家都没有做到的是，用命令创造一个自由、民主的日本。在任何一个被统治的国家中，这种方法都没有成功的先例。只有日本人是个例外，而其中的原因也主要在于日本特殊文化中所形成的特殊性格。

三、所思所感

记得第一次听到这本书名的时候是在我大二的近代史课上，我至今对那位年轻的女老师的印象还是深刻的，是属于很干练、很知性的那种，课上得很生动有趣。她推荐我们看很多书，像《少有人走的路》《丑陋的中国人》和《菊与刀》等等。虽然后来也没有去细读，但对于书名及其大概也还有些记忆。时隔两三年，真正拿起这本书，并坚持一字一句读完，似乎总体的感觉是压抑的、沉重的，但我个人还是认为这是一部不错的书，具有跨越时代的价值和意义。

（一）国民性

在本书的开篇，作者已经作了陈述：它不是一本专业论述日本宗教政治经济或家庭的著作。她考察的是日本人关于生活方式的臆想。这些臆想在现实生活中的种种表现是它描述的目标。是什么东西使日本成为这样一个日本人的国家是它所要讲清楚的。纵观全书，作者对日本的国民性的或隐或现描述是主要线索。顺着这条线索，我们进一步了解到日本国民性的核心内容——义务、情义和人情。“义务”主要具体体现在忠和孝两方面，“为天皇尽忠，孝养父母，尊重家长的权威”；“情义”即对待平等的人际关系，它“约束日本社会生活的各个方面”；而“人情”则是对于沉重“义务”和“情义”的个性化补偿，是社会的“自由地带”。

而日本国民性的又一体现是其学习体系，包含三大要素——守、破、离。“守”指原原本本的模仿，“破”指打破传统的模仿，“离”更进一步，指创新。这种国民性在日本的明治维新以及投降后日本人的表现展现得淋漓尽致。不可置否，大和民族是个敢于学习而且善于学习的民族，他们既保留了各守本分的顽固等级思想，也自觉形成了圆滑练达的特殊性格，矛盾是日本国民性的最大特点。而在种种矛盾的极端对立中，他们却又令人难以置信地保持着统一。

（二）耻感文化与罪感文化（东西文化差异）

日本人重视耻辱远胜于重视罪恶。在不同文化的人类学研究中，这些文化间的重要区别就在于是以耻辱为主还是以罪恶为主。罪感文化主要靠内心服罪来行善，它提倡建立道德的绝对标准并且依靠其发展人的良心，与之不同的是，耻感文化借助外部的强制力来行善。罪感可以通过忏悔或赎罪而减轻内心的沉重负担，耻辱感则不同。耻辱感是对别人批评的反应，日本人是以耻辱感为原动力的。不遵守明确规定的各种善行标准，不能平衡各种义务或者不能预见偶然性的出现都是耻辱。他们说，耻辱是道德的根本，对耻辱敏感的人，就是按所有善行标准办事的人。

耻感文化与罪感文化的差异其实就是东西方文化差异的表现形式之一。显然，耻感文化重视社会和他人对自己的评价，看重自己的社会地位和个人名誉，所以常常背负着沉重的“情义”和“人情”债务，容易压抑个性。罪感文化更加重视自我的身心健康发展，注重平等对话与沟通，追求民主自由，所以即使有人犯了错或犯了罪，这种文化也相比而言能给他们更多的包容，既更容易宽恕自己，也容易包容他人。

（三）教育观

日本人的儿童教育方式和中国的有些相似，和美国的却截然相反。日本的生活曲线是一个巨大的U字形曲线，即让幼儿与老人享受最大的自由和随心所欲，在中国我们也有尊老爱幼的传统。过了幼儿期以后，约束逐渐加强，直至结婚前后自由达到最底线。这条最底线贯穿整个壮年期并持续许多年，其后曲线重新逐渐上升，过了60岁以后，又可以像小孩一样不再为耻辱而烦恼。在美国把这条曲线颠倒过来。幼儿期的教养极为严格，随着孩子的成长，教养会逐渐放松，当一个人能自食其力，开始工作的时候，就可以不受任何人的约束了。其实，我个人觉得是很难去评判这两种教育方式孰优孰劣的，因为一方面他们处于两种不同的文化环境中，另一方面儿童之间的差异性也是不能忽视的，所以也很难有统一的标准去具体考核评估。而且考核评估原本就不是教育的最终目的，让每一个儿童都自由而健康的发展才是我们教育所追求的本质。所以当我们沉湎于和发达国家教育方式的比较和借鉴时，不妨多思考一下，我们的教育到底需要的是什么？

《权力与特权——社会分层的理论》

——权力是如何分配的

周　珍*

时间：2016 年 4 月 12 日

地点：湖南大学教育科学研究院

出版社：浙江人民出版社，1988

参与人：唐松林（湖南大学教师）、匡林林（长沙市第六中学教师）、李吟霁、于思琪、郑洁、刘艺、何香、周珍、肖航、符灿、孙皓川、郭笑丽等（没有特殊注明者均为湖南大学研究生）

一、书籍概况

（一）作者简介及内容简介

格尔哈斯·伦斯基（Gerhard E. Lenski）是美国著名的社会学家，出生于 1924 年。

本书是他的一本代表作，本书初版于 1966 年，此中译本为该书的 1988 年新版。

本书围绕着一个核心问题：谁得到了什么？为什么会得到？其本质上是对分配制度的研究。伦斯基从分层理论的形成和发展脉络进行阐述。对社会分配的规律、分配系统的结构、狩猎采集社会、园耕社会、农业社会、工业社会的特征进行

---

* 作者简介：周珍（1987 年出生），女，湖北麻城人，湖南大学教育科学研究院 2015 级硕士研究生，从事教育哲学研究。

了分析和阐述。

它是社会分层研究的经典。无论是原著的理论水平，还是译者的翻译水平，都是无可挑剔的。因此，《权力与特权：社会分层的理论》作为人类的思想的智慧，能够在历史长河中保留下来。

(二) 相关背景

在传统的社会分层理论中，马克思的阶级分层和韦伯的阶层分层被视为社会分层研究的两大基本理论范式，后来的大多数社会分层理论家都是在延续这两大理论传统，再后来发展出达伦多夫、赖特等为代表的新马克思主义和以吉登斯、戈德索普等为代表的新韦伯主义。第二次世界大战之后，特别是以帕森斯、戴维斯为代表的功能主义流派占据了社会学研究的中心地位，从而形成了功能主义的社会分层研究观。但是到了 1960 年代中期之后，功能主义理论的保守主义倾向日益遭到各种攻击，并随之形成了与之相对立的一种新的理论流派即冲突论。以冲突论为基点，达伦多夫、米尔斯等理论家进而发展出一种冲突论的分层观。因此，就形成了第二次世界大战之后的两种基本的社会分层理论模式即功能论的分层观和冲突论的分层观。在这种背景下，格尔哈斯·伦斯基完成了这本著作。

二、章节赏析

(一) 谁得到了什么？为什么会得到

1960 年秋天，肯尼迪当选总统后不久，美国人又看到了他们国家生活中的一种奇特现象。当总统选择罗伯特·S. 麦克纳马拉为国防部长时，出版界报道了受命者为此而被迫做出的巨大经济牺牲。尽管当时麦克纳马拉还只是福特机器公司的副总裁，但他所挣的工资和其他补贴每年超过了 40 万美元。而随着他被提升到公司总裁的位置(刚好在他被任命为国防部长之前)，他肯定还会挣得更多。比较起来，他当国防部长却只能每年领到 25000 美元的工资，而这大约只及他当福特机器公司总裁所能获收入的 5% 。(P6)

这种情景就像“奇境国”一样，我们越考察它，它就变得越奇特。这种情景的原因何在呢？在我们的国家中或其他国家中，是什么原则掌管着报酬的分配呢？是什么东西决定着每个人所获报酬的多少呢？(P7)

几乎所有的在这一领域中的大理论家们，不论他们有什么样的理论或意识形态偏向，都试图回答一个基本的问题：谁得到了什么？为什么会得到？本书的主要目的是要回答这一基本问题，以及它所引起的一连串次级问题。(P8)

1. 公元前的早期观点

不平等的事实几乎同人类一样古老。(P8)从生活在公元前的希伯来预言家们的作品中，可以看到一些关于这一主题思想的最早记录。在诸如阿莫斯、弥迦和艾赛亚等人的作品中，我们发现对社会中富人和有权势的人的反复谴责。(P9)我们发现了从古代到现在，在人们思想中占支配地位的有关社会不平等的两种观点的基本要素。一种基本上是维持现状的，认为现存的报酬分配制度是合理的、公平的，并且常常是不可避免的。而另外一种则是高度批判性的，认为分配制度为根本上的不公正和不必要的。(P10)我将第一种立场称为“保守的论点”，把第二种称为“激烈的反论点”。(P10)

谈到保守论点就联想到亚里士多德，他强烈地支持那些支撑着社会不平等的各种基本的社会制度。它不仅捍卫私有财产的制度，还支持奴隶制度。谈到后者时，亚里士多德声称：很明显，一些人生性自由，而另一些人则是奴隶，并且对后者，奴隶制是既得体又正当的。(P11)

相反，法利士和柏拉图毫不犹豫地攻击社会的基本建制结构。法利士提倡在平等的基础上对土地进行再分配。柏拉图的建议更激进，尤其是在《理想国》一书当中。在这里，他提倡①所有形式的财产都共有，并组成一个甚至其妻子儿女都共有的统治阶级。(P12)

然而，法利士与柏拉图的观点也存在不同之处。法利士是平等主义者。柏拉图却并不反对社会不平等本身，而是反对造成现存的不平等制度的建制基础。

2. 从圣·保罗到温斯坦莱的基督教观点

基督教在其早期阶段中表现出既有激进成分又有保守成分的引人注目的混合。具有保守成分代表人物——圣·保罗，他对后来的基督教思想产生了十分深远的影响，他在给早期教会的信件中，至少有四处特地告诫奴隶们要服从主人。其依据是，这是主人的合法期望，而且大体上是经过上帝核准的。(P12)

在12世纪的一位英国主教——索尔兹伯里的约翰的著作中，保守论点得到了一种最完美的表达。(P14)他认为，王室是头，法官和各省长是眼睛、耳朵和舌头。元老院是心脏，那些为王室服务的人是两边的躯体。士兵和军官是手，而税收官和其他财政官员是胃和肠。普通大众是脚，教士是灵魂。(P14)

简言之，社会不平等远不是一种对社会康乐的妨碍，而是一种必要的先决条件，这一直是自古到今的保守派论点拥护者们的中心论断。(P15)

然而，天才的领导者以其平等主义的形式清楚而又鲜明地表达了激进的反论点。激进主义的杰出代表是英格兰人杰拉德·温斯坦莱，他说：在时间的开端，理性这位伟大的造物主就让地球成为公共的财富，以保存走兽、飞禽、鱼类和人。

① 陈鹏. 经典三大传统社会分层观比较[J]. 社会科学管理与评论，2011(03)

而人则作为主宰君临这一切创造物，因为人类给予了支配兽类、飞禽和鱼类的统治权，但从一开始，造物主就一点儿也没说过人类中的一部分应该统治另一部分。(P16)

3．从洛克到莫斯卡的近代早期观点

1648 年以后的时期中，激进派的反论点在精细程度、成熟程度和地位上都堪与早期保守派论点所达到的程度相媲美。在这个方向上的一大步是在 17 世纪和 18 世纪由洛克和卢梭提出的，他们普及了那种认为主权最终存在于民众总体之中而不在君主之中的理论。他们的著作为近代对自然权利的理解奠定了基础，并大大地动摇了君权神授的旧理论。(P17)

如果说 18 世纪大规模平等运动的目的在于摧毁法律上的不平等，那么 19 世纪和 20 世纪的平等运动则旨在将经济上的不平等连根拔掉。(P18)随着 1848 年卡尔·马克思和弗里德里希·恩格斯的《共产党宣言》的发表，激进的反论点在理论上进入了成熟期。这本书以简洁的形式透彻地分析了社会不平等的原因，并提出了一个政治行动纲领，用来促进一个新的、更加平等的社会秩序的诞生。(P18)

虽然关于社会平等的激进派观点在近代取得了很大的进展，但保守派观点也找到了能干的支持者。在这些人中，最重要的大概是《国富论》的作者和现代经济学的创立者亚当·斯密。(P19)他对市场进行分析并提出了支配市场运行的规律，他对保守派思想的最大贡献是他提出的“看不见的手”的概念，靠这只“看不见的手”，“人们的私人利益和热情”被引导到了“与整个社会的利益相为一致”的方向。(P20)

意大利学者伽塔诺·莫斯卡 (Gaetano Mosca)在他的重要著作《政治学原理》(又称《统治阶级》)一书中，强烈地反对了正在变得越来越流行的社会主义理论。他的论点概括在两个基本假设中：①人类社会如果没有政治组织就无法发挥作用。②政治组织必然要包含权力上的不平等。确定了这两个基本假设后，莫斯卡得出结论，人们总是分为两个阶级的——一个统治阶级和一个被统治阶级。进而，既然大多数人都是自私的，所以从经济的角度看，统治阶级也就会是一个特权阶级。(P21)简言之，尽管统治阶级只是一个少数派，只有很少的一部分人，但它在社会中发挥着巨大的作用。

4．功能主义者和冲突派理论家

连续性的成分在现代关于社会不平等的理论中尤为明显，这些理论中的大多数直接产生于保守派或是激进派的传统。(P22)大多数现代不平等理论都落入了两大范畴之一。那些源自保守传统的理论通常被称作“功能主义”理论，而那些根植于激进传统的理论则通常被标志为“冲突”理论。(P22)

功能主义理论家的杰出代表人物就是塔尔科特·帕森斯(Talcatt Parsons)和

他以前的学生金斯莱·戴维斯(Kingsley Davis)。他们两人都详尽地从社会的角度探索了不平等的问题，并将其看成是一种对人类社会恰到好处地起作用的必然特性。(P23)戴维斯写道：社会不平等是无意之中发展起来的手段，靠着它，社会可以确保最重要的职位有意识地由最合格的人来承担。(P23)这是功能主义立场的实质：分层基本上是由社会的需要产生出来的，而不是从个人的愿望中产生出来的。(P23)

与功能主义者不同，冲突派理论家是从社会中各种不同的个人和子群体的立场去探索社会不平等问题的。在评论C.赖特·米尔斯(C. Wright Mills)的《权力精英》一书时，帕森斯指责道：对米尔斯来说，本质在于，权力并不是一种用于在作为一个系统的社会中和代表该社会而执行功能的设施。而是完全被理解为这样一种设施，它是一个群体(即权力的持有者们)通过阻止另一群体(即权力持有者群体以外的人们)去获取想要得到的东西，而以此来获取他们自己想要得到的东西。(P24)

5. 正在出现的综合

然而，事情只能到此为止吗？难道不能对保守派和激进派传统、现代功能主义和冲突理论的真知灼见进行一个综合，而发展出一个关于社会不平等的单一的整合理论吗？(P25)在现实中，对社会不平等这一主题的第三种探索正在变得清晰可见。(P26)

这一运动的开创者之一是德国的大学者马克斯·韦伯(Max Weber)，他在著作中对两大历史传统中的真知灼见都加以吸收。(P26)还有一些学者有史以来第一次清楚地和有意识地以辩证的眼光来看待这一问题。第一个做到这一点的是才华出众的波兰社会学家奥索夫斯基。(P27)

奥索夫斯基指出，我们所运用的传统概念经常使我们的思维方式带上偏见。随着人们认识到传统的概念和问题的局限性，以及随着新的和更好的概念和问题的形成，就自然而然地产生了一个综合的过程。(P29)

6. 基本的争论点

保守主义者和激进主义者存在八个基本的争论点：

第一个最基本的争论点是关于人自身的本性的争论。从历史上看，保守主义者不信任人的本性，而强调具有制约作用的各种社会制度的必要性，相反，激进主义者不信任这些制约性的社会制度，而对人性抱有一种乐观的看法。(P32)

第二个基本争论点是关于社会的性质。保守主义传统地将社会看成是具有各种各样自身需要的社会系统，如果要满足其组织成员的需要和愿望的话，就必须满足社会自身的需要。相反，激进主义者往往更多地将社会看成一个各种斗争在其中发生的场所，它之所以重要，主要是因为它的特殊性质影响着斗争的结局。(P32)

第三，激进主义者和保守主义者在不平等制度在多大程度上是靠强制来维持的这一问题上也是有分歧的。一方面激进主义者一般将强制强调为支撑和维持私有财产、奴隶制和其他导致产生不平等的权力和特权的制度的主要因素。另一方面，保守主义者则认为强制仅起到很小的作用，不平等仅仅是作为共同意向（亦即，因为各种价值由整个社会广泛共享，甚至没有特权的部分也享有）以及（或者）人们当中的先天差异的一种必然结果。（P32）

第四，两种传统的提倡者们在关于社会中的不平等造成冲突的程度这一点上，观点也不同。激进主义者将冲突看成是不平等的主要后果，而保守主义者则一般都小看其作用。（P32）

第五，在关于获得权力和特权的手段的问题上也存在真正的分歧。激进主义大多强调强力、欺骗和继承是主要的途径。相反，保守主义者则偏重于诸如辛勤工作、他人托付等更有正当理由的方法。（P33）

第六，保守主义者总是把不平等看作是不可避免的，而激进主义者，至少是平等传统中的激进主义者，却抱有相反的看法。（P33）

第七，在关于国家和法律的性质的问题上，也总是存在很大的分歧。激进主义者通常将二者看作是统治阶级为其自身利益而采用的压迫工具；而保守主义者则把它们看成为整体社会的器官，基本上起着增进公共利益的作用。（P33）

第八，保守主义者往往将阶级的概念看作本质上是一个具有启发作用的概念，它唤起对那些具有相同特征的人们的集合体的注意。然而，激进主义者更多地倾向于将阶级看成是具有特殊利益的社会集团。（P33）

要对保守主义者和激进主义者的历史性争论做出小结，难免会有某种程度的过分简单化，保守主义者在他们自身中并非总是一致的，激进主义者也是如此，所有保守主义者所共有的唯一信念是他们认为现存的分配制度基本上是合理的这样一种信念；而激进主义者所共有的唯一信念则是认为它基本上是不合理的这样一种信念。（P31）

（二）人与社会

1. 人性

这一部分主要涉及关于人性的五种假设。

关于人性，第一个基本假设——人是一个由其本性而作为社会的一员而与他人生活在一起的社会性动物。就如彼得·伯杰（Peter Berger）写道：

社会不仅控制着我们的运动，而且还塑造着我们的身份，我们的思想和感情。社会的结构成为了我们自我意识的结构。社会并不停留在我们的皮肤表层。社会渗透入我们内部的程度，恰如它包围着我们一样。（P36）

第二个基本假设，是激进主义者和保守主义者争论最激烈的一个领域，这就是关于恶的根源的争论。如果谁研究一下人类状况，他就会被迫得出这样的结论：当人们面临着做出重大决定，被迫在他自身的或所属群体的利益与他人的利益之间做出抉择时，他们几乎总是选择前者——虽然说经常试图向他们自己和别人掩盖这一事实。这是我们理论中的第二个基本假设。很明显，它由于对人性天生为善持怀疑的眼光而偏向保守立场。（P41）

第三个基本假设涉及人们争夺的客体。有些东西，如我们呼吸的空气，随时随地可为所有人所利用。但大多数东西却不是这样。大多数东西是处在短缺供应之中的——这就是说，对它们的需求超过了可能的供应。（P42）

如果我们前面三个基本假设是正确的，就是说，如果人是一种社会性动物，如果他的大多数行动都是受自我利益或党派集团利益驱动的，并且如果他所争夺的客体中有许多（或大多数）都是短缺供应的，那么就可以合乎逻辑地推论出这样的结论，即：为争夺报酬的斗争在每个人类社会中都将是存在的。这一斗争并不一定总是采取暴力的形式。相反可以在一定的规则体系的框架内进行。然而，不存在暴力并不意味着这种斗争就不那么现实，或对参加的各方来说就不那么严重了。（P43）

第四个假设——人们在为进行斗争所必需的属性上有着不平等的天赋。有些人生来就有生理上的不利条件，这极大地限制了他们的机会。以至于给认为先天性是社会不平等的源泉的古代保守观点提供了某些基础。（P43）

第五个假设——我们基本假定人倾向为一种有习惯的生物，并且强烈地受到习惯的社会对应物，即习俗的影响。从分配过程的角度看，习惯和习俗都是极为重要的，因为它往往使人们接受那些甚至对他们不利并且不必需的分配格局，并将之看成是理所当然的，从而使现存分配制度固定化。（P44）

2. 社会的性质

在保守派传统中，认为人类社会：①它们是由专门化的和相互依赖的部分所组成的系统；②总体通常比各种不断更换的部分活得更长；③总体有着一些需要，如果它要生存和茁壮成长的话，就必须满足这些需要，各部分的功能就正是要通过其专门化的活动去满足这些需要。（P44）

现代功能主义理论继承这一传统，因此功能主义理论通常是系统的理论。将人类社会的系统特征作为出发点，然后试图按照总体的需要和要求去解释各个部分的行动。（P45）

相反，冲突理论通常具有反系统的特征，它强调那些一直威胁要破坏社会结构的冲突和斗争，它对整体社会及其需要的关注远少于对社会中的阶级、党派、小团体、利益集团这些永远为争夺优势而竞争的子单位的关注。（P45）

3. 社会利益和个人利益：它们的关系

保守派理论家经常地否认在群体利益和个人利益之间有任何根本的冲突。他

们宣称，凡是对社会有好处的对个人也有好处。（P47）

虽然一个人的命运肯定是与社会的命运联系在一起的，但在它们之间并没有一一对应的关系。（P47）并且社会的利益是不可能与其所有成员的利益完全一致的，正如我们所见，社会的利益是与其成员的某一些人的利益一致，我们后面将要看到，从古到今的许多社会中，其成员中都只有很少的少数者群体的利益与整体社会的利益有着重大的一致。（P48）

还比如，从作为整体的社会的立场看，希望关键的位置由最合格的人来占据。从由个人利益驱动的个人立场看，则通常希望他自己去占据一个这样的位置。在大多数场合，个人利益都将对社会利益起破坏作用，反之亦然。（P48）

4. 个人利益：它们的性质

要了解到个人利益，就要清楚人们为之奋斗的目标有哪些？

首先，很明显，绝大多数人是将生存放在至高无上的地位。在下面这个简单的顺口溜中表述了这种占主导地位的哲学：

在战斗中逃跑的人，

可以活命来日再战。

死亡使集中在这个世界上的所有希望、梦想和野心都完了。即使那些将目标集中在来世上的人通常也顽强地将生命附着在今世上。（P50）

其次是健康和地位，或声望。对健康无须多言，因为它对人们的价值在每一个社会中都是清楚的，在每个地方人们都准备为了健康而付出高价，并且公开承认之。（P50）地位和声望则不同，人们常常否认自己对之有极大的关注。人类学家罗伯特·路威（Robert Lowie）写道，原始人并不是一个吝啬鬼、道貌岸然的人或猛兽，而是一个虚荣者，这一点也能说明这个问题。对文明人可能也能这么说。（P51）

再次就是生活舒适，然而它不能与生存、健康和地位相提并论，常常很难在人们对地位的关注和对舒适的关注之间做出区分，结果就是我们对后者的重要性看得过重。（P51）

最后的两个目标，在来世灵魂拯救的愿望和在此世爱的愿望。（P50）

迄今所提到的所有目标都是按其自身而受到评价的。然而，还有另外一些目标在很大程度上（或完全）是为了其工具性的价值而受到人们的追求，就是说，因为它们有助于达到上述那些目标的获得。经典的例子是金钱。（P52）在每一个有金钱的社会中，金钱是一种交换的中介，它同其他目标一样重要。人们也广泛追求具有既定权力和特权的组织职位和其他制度化角色，这也是因其具有工具性价值。（P53）教育或训练，是另一个人们通常更多地为其工具性价值而不是为其本身的价值而去追求的目标。（P53）

为了达到这些目标，每个人都被迫要尽其可能去利用他们各种各样的由自然和社会所赋予的资源。在这一过程中，他的最初资源是被用来获得工具性的报

酬，例如金钱、教育和职位，而这些又反过来被用作为资源去获得或保存最终的满足，诸如地位、舒适、健康和生命自身。（P54）

5．社会利益：它们的性质

一特定社会的目标定义为整体的多少经过协调的努力所指向的目的，不论这些目的会伤害多少单个的成员，甚至是大多数成员。（P55）虽然，这一结论对那些深信民主的人也许是一种纷扰，但它似乎是唯一能经得起批驳的结论。（P55）

社会的性质主要指向下面两个基本目标。第一个基本目标是，它们旨在维护集团内部现存的政治秩序。由于完全的稳定或平衡是不可能的，所以将这一目标说成是使内部政治变动率最小这种说法也许更好一些。（P56）

每个社会的第二个基本目标是尽可能扩大生产和生产所依赖的资源，有时候，这是通过增进技术进步的努力去寻求的，更多的时候则是通过战争和征服。（P56）

（三）分配制度的动力学

1．分配的两个规律

如果对人性的基本假设是正确的，那么就可以得出分配的第一个规律——人们分享劳动产品所要达到的程度，要能保证那些其行为对他们自身是必不可少的或者是有益的那部分人的生存和生产力的延续。（P58）

这第二个规律指出了理解另外一个非常重要的关系的途径，即在我们的两个主要变量——权力和特权之间的关系。（P59）如果我们能在一个特定社会中确定权力的分配模式，我们就在很大程度上确定出该社会的特权分配模式。并且，如果我们能发现一种特定的权力分配的原因，我们也就发现了与之相连的特权分配的原因。（P59）

第三个基本要素，声望是如何与权力相联系的。最好的说法是，经验证据强调指出，声望虽然不是全部地，但在很大程度上是权力和特权的一个函数，至少在那些有着充足的剩余产品的社会中是这样。（P59）

用图解表示的话，前面的命题所提出的这三个变量之间的关系（图3）：

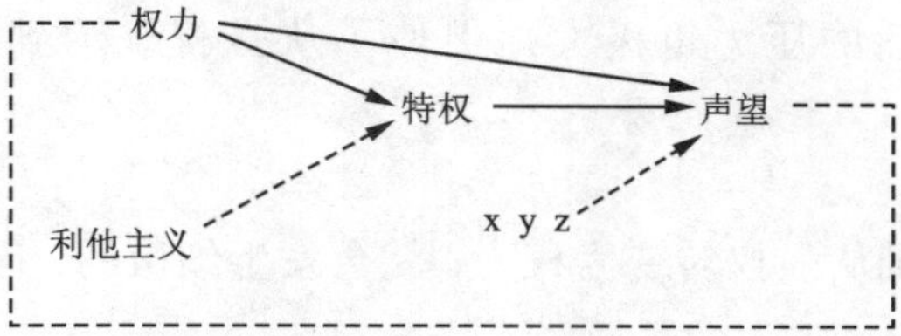

图3　权力、特权、声望变量图

实线表示影响的主要来源，虚线表示次要来源。（P60）

2．分配制度中的差异情况

造成社会分配制度的差异的三个因素：技术差异，物理环境差异，军事参与率差异。

如果那两个首要的分配规律和建立其上的两个假说是正确的，那么，分配制度的特性将会依其社会中技术进步的程度而有极大的差异。（P61）技术程度不同，导致生产量的不同，剩余产品也不同，社区规模等都会不同，所以分配制度也自然不同。

物理环境上的差异将导致在分配制度上的次级差异。说得更具体些就是环境越富饶，剩余产品就越多，权力在分配过程中的重要性也就越大。（P60）

在具有一定的技术发展水平的社会中，不平等的程度往往与被称为“军事参与率”即成年男子人口被用作军事活动的比率的变量成反比。因此，这一因素也可被用来解释在同一技术类型的社会中所发现的一些次级差异。（P63）

3．强力及其转化

保守主义者坚持，强权只是作为正义的侍女，用来限制和制止那些想把自我利益凌驾于公共利益之上的人，而激进主义者则坚持认为国家用强权去压制正义，以捍卫自我利益。（P65）

然而，如果统治者一直使用强力去管理国家，常常会产生背道而驰的结果。正如著名的英国保守主义者埃德蒙·伯克（Edmud Burke）所认识到的那样单独运用强力只是临时性的。它可征服一时，但它无法放弃再次征服的必要性：一个永远被征服的国家，不是一个受到统治的国家。（P66）

那如何将强力转化为权威，强权转化为正义？

首先，靠着其强制性权力，一个新的精英阶层可以处在有利的地位上，以它认为合适的方式去重新制定国家的法律，这就给他们提供了独有的机会，因为法律在本质上是与公正和正义的法则同一的。（P68）

其次，引导公众观念的机构对新的精英的地位的合法化起到了第二种工具性作用。通过引诱和威胁的联合使用，通常可以把教育和宗教机构，以及大众传播媒介和其他引导公众观念的机构转化为新政权的宣传工具。（P68）

最后，日常生活的压力也极大地促使了从强权统治到权力统治的转化。（P70）

4．权力的统治

随着权力的基础从强权转变为权力，就会发生细微的，但却是重要的变化。（P70）

首先，如果政权的权力要被人们接受为公正的和合法的，那它们就必须至少在某种程度上与多数人所具有的公正和道德的观念相一致——这些观念来源于他们的自我利益和党派集团利益。（P70）

其次，在转为了法律统治以后，精英阶层当中的任何成员的利益都不能再牢固地等同于作为整体的精英阶层的利益。（P71）

帕累托描写了政府权力从“狮子”到“狐狸”的过程，狮子在运用强力上是得心应手的，而狐狸在运用狡诈上是得心应手的。（P71）

正如帕累托对“狐狸”这一术语的选择和他对“狡诈”的强调所表明，朝向权力统治的转变并不是羊羔能安全地与狮子或者与狐狸躺在一起的太平盛世的开始，也不是自我利益或党派团体利益统治人类行动的时代的结束。（P72）

最后，从强权统治到权力统治的转化通常还意味着更大的权力分化。（P72）

5．制度化权力的种类

制度化的权力在一些值得注意的方面不同于强力。

第一，它是一种为社会所接受的权力形式，这意味着那些行使它的人比那些运用强力的人更不容易受到挑战，更容易得到公众的支持。

第二，制度化的权力往往更加非个人化。（P73）人们常常假定，那些在制度化权力中的获益者是由于其较高的成就或个人素质才有资格获得之，但这并不是关键性的东西，获益者并不是必须要证明他们有这些东西。他们只要是角色或官位的占据者或财产的拥有者就足够了，制度化的权力保证了利益自动地流向这些人，而不管他们的个人素质或成就如何。这也是为什么那些靠强力获得权力的人努力将强力转化为制度化权力的主要原因。（P73）

在制度化的权力的种类之间也存在差异。

行动方式是存在差别的。最基本的区分之一是权威和影响之间的区分。权威是能强行命令他人的权利。相反，影响却要微妙得多。（P74）

所依赖的基础也有差别。第一个基础是职位的权力和财产的权力之间的区分。制度化权力一般所依赖的第二个基础是财产的私人所有。财产所有者控制了一种能被用来影响他人行动的资源。他拥有的财产越多，他的影响力就越大，因而他的权力就越大。（P74）

6．政治周期

在由强权统治占主导地位的时期与在或大或小的程度上由权力统治占主导地位的时期之间，多多少少有一些周期性的交替，我把它们称为政治“周期”。（P75）

各个周期在一些重要的方面是有差别的。主要是精英阶层理念不同。

有时候精英阶层，他们只关注于掠夺和自我扩张，这些应被称为“实利主义的”精英阶层，多米尼加共和国的特鲁吉诺政权和阿拉伯索弟王朝就是最近历史中的典型例子。（P77）

然而，在某些场合，精英们是受一种较为平等的社会秩序的理想和幻想所激励的。这些人可被称为“意识形态的精英阶层”。最近几十年中，在俄国，南斯拉

夫和中国赢得统治的共产党政权就是这类精英的例子。(P77)

如果一个实利主义的精英继承了另一个这样的精英，那么在分配制度上可能只会有很小的变化，这只是由一帮恶棍替换了另一帮。这种情况通常被称作宫廷革命。(P77)

在一个成功的精英阶层身上，如果意识形态的成分占主导的话，那么在政治制度和分配制度上就有指望发生大得多的变化，伴随着人员的彻底变化，在政府结构上通常也有普遍的和富有意义的变化(并且常常在其他结构上也有变化)，称为"社会革命"。而这两个革命的差别在于：宫廷革命只影响很少的人，而社会革命则影响每一个人。

7. 反作用

精英们在行使权力和特权时，不可避免地要在社会其他成员中产生反作用。这些反作用的重要性并不亚于引起它们的作用的重要性。

第一种反作用是非精英者们之间为争夺精英们雇用的职位所展开的竞争。为了将最合格的人吸引到那些重要的中层职位上，精英们使这些职位比其他的非精英职位更加吸引人。在一些关键性的职位上，其诱惑是巨大的。为了争夺这些职位，自然要引发激烈的竞争。(P82)

第二种反作用就是在平民的后代中调动一场求生存的殊死斗争。这些人生命通常很短，因此在这一层次生存竞争很激烈。(P82)与此同时，这些斗争将人们的注意力从精英们的剥削作用上转移开去。

第三种对权力和特权的反作用则通常惹恼了精英们，但也不会对他们的安全和地位造成威胁，这就是那些居于从属地位的人的小偷小摸的行为。(P82)

第四类反作用就是在中间阶级的成员为了控制权力、特权以及传统上属于精英阶层的其他资源而进行的努力。(P83)

第五类反作用是针对精英成员及其代理人的暴力犯罪中，更经常地是针对后者，因为他们作为精英的臂膀，更经常地处于与下层阶级的接触之中，而这些下层阶级则是主要的冒犯者。这些犯罪总是受到严肃的对待，形成相当不平等的争斗局面。(P84)有时候，一个社会中权力和特权的行使会导致大量普通人民的集体反作用。(P84)

最后一个反作用涉及教士们。教士们享有一种部分独立于统治精英的权力基础。教士们提供了群众认为有价值的服务。还有，他们还代理着一个比精英阶层更高的权力。为此，即使是精英阶层，通常也对他们尊重和畏惧三分。因此，在要求经济剩余产品上，他们处于一个独特地位。(P85)

8. 政权的垮台

尽管政界精英们尽到了最大的努力，还是没有哪一个政权能永久存在下去。(P86)

只有通过两条途径，它们才会真正地被推翻，这就是战争和革命。(P86)

战争只是一种旨在争夺控制经济剩余产品的广泛而持续的斗争的一种特殊形式。使其具有特殊性的因素是，它包括了两个既定的精英集团之间的斗争，而不是在同一社会中的精英阶层和非精英阶层之间的斗争。(P86)

帕累托认为，可能会打破权力平衡，因而陷入战争和革命的因素之一，是立宪政体过分依赖于狡诈。换言之，一方面它们致力于以外交技能和类似的技术去取代军事强权，最终而导致它们自己的毁灭。(P87)另一方面，立宪政权较不容易发动侵略行动。(P87)最后，由于战争的成果通常只落入精英集团的手中，所以人们可以预测，全民中参与决定是否发动战争的人数所占的百分比越大，侵略行动的可能性就越小。(P87)

就革命而言，情况更复杂些。一个成功的革命至少需要三个要素：①人；②资源；③组织。但是，除了在精英们自身以外，从哪里还能找到这些东西呢？(P88)

(四)分配系统的结构

1. 阶级

我们最好将阶级定义为：一个社会中一些人们的一种聚合体，这些人按他们同权力、特权或声望的某些形式的关系而处在相似的地位上。(P94)

虽然阶级的定义似乎相对地简单和直截了当，但有一些暗含其中的意思并不完全明显，在我们转向其他问题前，还需要做些考察。(P95)

首先，虽然我们将要关注的那些阶级是按照权力定义的，但这并不意味着它们所有都拥有权力。如农业社会中的被遗弃者的情况就是这样的。(P95)

第二，假定这个定义后，一些个人很可能属于好几个阶级的成员。只要各种各样的权力形式相互之间并不完全相关，这种情况就不可避免。(P95)为了解释清楚这一点，试以现代美国社会为例。在其中，一些个人就财产的拥有而言，他可以是中间阶级的成员；按其在一个工厂中的工作来分，他又是工人阶级的一个成员；并且他还可以是黑人“种姓”的一个成员。(P95)

第三，虽然定义中没有说得那么清楚，但每一个权力阶级中的成员相互之间都分享一些共同的利益。这些共享的利益就构成了敌视其他阶级的一个潜在的基础。作为这一事实的逻辑推论，接下去就是，把一个阶级的成员团结在一起的，是他们对影响着他们实现其期望和意愿的机会的某些东西的共同占有、控制或利用。(P95)

为了避免这种情况，我们被迫采用不那么严格的标准，但这就迫使我们所用的标准不那么精确。一般来说，分层的研究者们发现，采用少数一些较大的和更具有包容性的阶级更好一些。(P96)

2．种姓、等级、地位群体和精英

实际上没有必要把种姓和阶级看成是分离的现象。我们可以说，在达到其进出的向上流动由习俗所禁止的程度时，一个阶级就是一个种姓。（P97）

第二类集合体就是等级，是指一个社会的人口中合法界定的一部分人，他们拥有由法律所确定的独特的权利和义务。（P97）

第三类集合体是“地位群体”。在马克斯·韦伯的观念中，支撑这些地位群体的一般共同要素是群体的荣誉和声望，这是一个自动应用于所有成员的集体属性。（P98）

第四类集合体就是精英，人们可以将一个阶级中最有权力的（或最有特权，或最有声望的）那部分人称作该阶级的精英。精英仅仅意味着任何特定的社会单位中的最高层次部分，而不论这种社会单位是一个阶级还是整个社会，也不论是按人们所选择的什么样的标准所排列的。（P99）

3．阶级系统

一个阶级系统可说是一个按某一标准排列的各阶级的等级系列。

图 4 通过图示阶级系统与其他三个组织层次，即个人、阶级和作为总体的分配系统的关系，可能会有助于澄清阶级系统的性质，此图描绘了在一个虚构的拉丁美洲社会中的权力分配。在这一社会中，有四种重要的权力来源：①政治活动；②财富；③工作或职业活动；④种族出身。（P100）

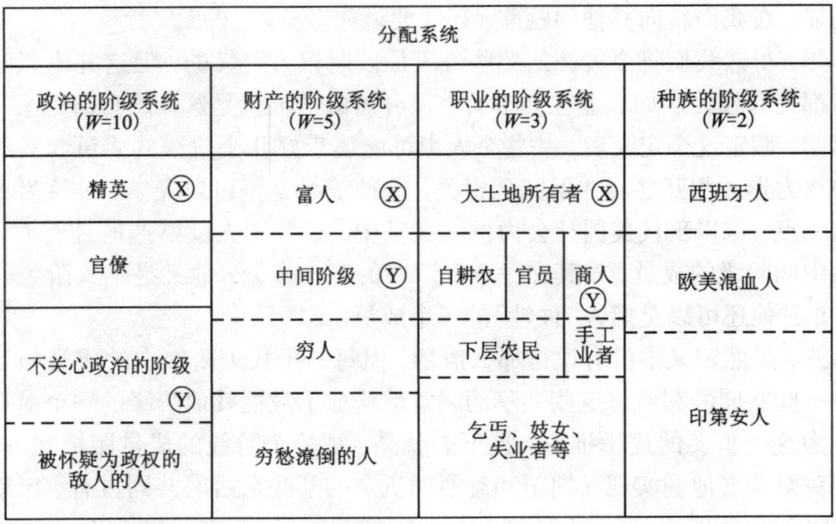

图 4　一个虚构社会的分配系统中权力诸层面的结构图示

正如图 4 所示，在纵栏题目下所显示的多种权力表明，这些资源并不具有同等的重要性。在每一个阶级系统中，都包括着从种族阶级系统到职业阶级系统的一系列的不同数量的阶级，这些阶级之间的界限在清晰性上各有不同，有些是严格确定的(那些以实线标出的)，而有些则几乎只是在一个本质上是连续统一体上的任意分点(那些以虚线标出的)。圈起来的字母 X 和 Y 代表两个人。前者是一个西班牙人后代的富裕的土地所有者，他也是政治精英的成员。后者是一中间阶级的欧美混血儿，做着一点儿小生意，他在政治上是不活跃的，但往往支持现存统治。在强权统治盛行的地方（如在这一虚构的社会中)，个人在一些阶级系统中的地位往往是相当一致的。但随着立宪化的发展，由于上一章分配制度的动力学所指出的原因，不一致的地位变得普遍了。(P101)

4．分配系统

分配系统是一个具有错综复杂结构的系统，每个系统的复杂性大不相同，并且似乎很大程度上是由社会的技术水平决定的。(P106)

每个社会的分配系统又存在着不同之处，是由于分配系统的三个重要特质。

分配系统的第一个重要特质是不平等程度。分配系统中的不平等程度将直接随着社会的剩余产品的多寡而变化。然而，当条件允许时，那些从个人来讲缺少权力的人联合和组织起来，因而产生出对那些拥有较大个人权力的人的集体抗衡时，可能要对这种一般模式做出某些修正。在那些具有严格平等或社会主义意识形态的国家中，这种情况是最有可能的。(P107)

分配系统的第二个重要特质是其垂直流动率。不幸的是，我们的理论没有为我们预测在垂直流动率上的系统性差异提供任何基础。然而，在一个特定的基础上(稳定的时期)，人们可以预测，它们将倾向于直接地随着技术和社会的变迁率而变化。(P107)

分配系统的第三个重要特质就是敌对的程度。人们就可以预测，阶级敌对性的程度将倾向于随向上流动率而呈反比变化。(P107)

(五)狩猎和采集社会

1．狩猎和采集社会的共同特征

虽然各个狩猎和采集社会在某些方面存在着差异，然而它们由于其共同的生存手段而的确共有很多主要特征。

第一个特征是，凡是粮食生产技术原始和效率低(指的是每个单位能量消耗的生产价值)的地方，技术的其他要素也是原始的，这些要素包括：提供住所、制作衣服(如果穿衣服的话)、制造工具和武器以及运输等技术。例如，这些社会中的工具和武器常常用木头、石块、骨头和其他直接取自自然界的材料制造，因为人们尚未发明金属制造技术。(P118)

第二个特征是，它们往往是小型的。有两项研究业已分别发现，狩猎、采集以及捕鱼公社的平均人口为50余人。最大的狩猎和采集社会的人数似乎不超过数百人，就连这种谨慎的估计数字也只是由于在非常有利的环境条件下才有可能得以实现。(P119)

第三个特征是，它们通常是游牧的或半游牧的。这些民族在他们所积聚的物品方面受到严格的限制，这些社会成员们的财产多半是生存活动所需的东西。

第四个特征是，由于技术水平的限制，社区和社会通常是同一个社会组织，每个公社往往是一个自给自足的实体。(P120)

第五个特征是，在狩猎和采集社会中，特别是关于经济活动和政治活动中，在个人水平上的专业化也受到严格限制。(P121)也许对这一情况的更深入的描述会说明，成年男子的极其重要的角色多半还未专业化，或在经济活动和政治活动上未被分化出来。(P121)

第六个特征是，在狩猎和采集社会中，每个地域社区在政治上都是自主的。(P122)虽然一个地域群体的酋长偶尔获得影响其他地域群体的手段，但这是非常难得的。而且他的影响往往是微弱的，他所建立起来的关系很少会比他的寿命更长。(P122)

2. 狩猎和采集社会的差异特征

狩猎和采集社会在具有许多共同特征的同时，还有某些差异特征。这些差异中的许多差异都是自然环境差异的直接结果。因为任何一个狩猎和采集社会都不得不从自己有限的领地中获得其大多数的必需品，所以必须适应这个地区的特点。(P123)

各个狩猎和采集社会在其他方面也存在种种差异，而这些差异似乎与居住地的差异没有什么关系。例如：对超自然的信仰程度；家庭组织的模式的差异；在某些狩猎和采集社会中，一夫一妻制是惯例，在另一些狩猎和采集社会中，则实行一夫多妻制。(P123)

最后(但并非不重要)的一点是，这些社会在其技术发展的程度方面多少也存在着某些差异。其中，有些社会是如此原始，以至于它们还没有掌握生火的技术，而有些社会则处于另一极端，它们已经掌握了初步的园耕技术并且垦殖小型园田，以便补充其基本的食物供应。(P124)

3. 分配制度的共同特征

如果狩猎和采集社会的生活的任何单独特征会给观察者留下印象的话，这就是：其全体成员的相对平等。(P124)

在这些社会中，人们发现财产的分配上是极其近似的平等。例如，按照安达曼群岛人交换礼物的习惯，保证可以得到平均主义的分配。这种习惯，当它与对那些对其财产很慷慨的人表示相应的尊敬的传统联系在一起时，就保证了对财产的分配几乎是平等的。在这样的社会中，人们通过分配总是比通过储藏获得更多

的财产。(P125)而这一点的实现，是由于土地的公社所有制和某些类型的制度化的再分配过程的缘故。(P125)

声望的分配是不平等的。例如在安达曼群岛人的社会，荣誉和尊重给予三种人：①老人；②有超自然能力的人；③某些有价值的人才，特别是“在狩猎和战争中具有技能的、慷慨的和仁慈的以及脾气温和的人”。这样的不平等完全可以称作“功能性不平等”。换句话说，少数人享有的利益和荣誉体现了在不受任何形式的社会强制或人为制造的短缺的情况下为多数人服务所得的报答。(P127)

在狩猎和采集社会中，声望通常与政治势力联系在一起。在狩猎和采集社会，统治必须依靠说服。这就意味着，在没有一个显然正确的行动方针的情况下，只有大多数人倾向于听从某些个人的指挥，并拒绝服从其他人的指挥，才有可能进行有效的领导。(P128)

在由一个首领统治的那些群体中，首领的权力通常也是非常有限的。首领“只有使人满意，才能保持自己的地位”。假如人民不满意，他就迅速被替换。(P131)

可以概括如下：在原始的狩猎和采集社会中，权力、特权和声望多半是个人的技艺和能力的一个函数。(P133)

4．分配制度的差异特征及其产生原因

狩猎和采集社会的分配制度中的最重大的差异有如下几点：

(1)领导或政体模式的差异，其范围从不具备除了家长以外的任何公职(罕见)，跨级存在有对好几个当地部落具有有限势力的酋长或首领(非常罕见)；常见的模式是，对他自己的部落具有有限势力的酋长。(P137)

(2)术士或巫医的势力的差异，其范围从没有这种人(罕见或不普遍)，跨级这样的个人是群体中最有势力的成员的情况（常见)；最普遍的模式显然是，这些个人处于拥有等于或近乎等于部落酋长的势力和威望的地位。(P137)

(3)土地所有制的模式的差异，其范围从土地的家庭私有制（非常罕见)，跨级不存在任何土地所有制的概念(不常见)；通常的模式为：地方部落的社区所有制。(P137)

(4)再分配技术的重要性的差异，其范围从它们处于不很重要的情况(罕见或稀有)，跨级它们是经济的主要特征(极常见)。(P137)

在理论方面，对产生这样的差异可能有许多解释。其中包括：自然环境的差异；社会情况或社会环境的差异；技术水平的差异；文化传播；伟大人物的不同的势力；传统方面的差异；机遇。(P138)

(六)园耕社会

1. 简单园耕社会

(1)简单园耕社会的共同特征。

简单园耕社会与狩猎和采集社会非常相似，尤其当后者处于非常有利的环境时更是如此。然而，在可比条件下，简单园耕社会通常具有更大的社区规模、更高的生产力水平以及更大程度的不平等。我们发现，平均说来，简单园耕社会在所有这些方面的发展水平更高，而这种社会等级的上限的发展水平还要高得多。(P144)

对于社区规模，简单园耕社会中社区的平均规模似乎为100～200人，或者为狩猎和采集社会平均数的2～4倍。其上限大约为3000人，或者至少为狩猎和采集社会的人数的5倍。当然，这并不是一些精确的数字，尽管如此，简单园耕社会的平均规模大于狩猎和采集社会的平均规模，这一点是毫无疑问的。(P145)

对于生产力水平，简单园耕社会的较大规模显然反映了它们具有较高的生产力。由于生产力的提高，剩余产品产生，从而产生了新的"闲暇时间"。(P145)

园耕制度的主要成果有迁移的数量减少与专业化水平提高。

采用园耕制度的最主要的成果之一就是，社区被迫到处迁移的次数减少了。(P147)只要人们被迫不断地迁移，特别是当任何东西都必须背在他们的背上时，人们就难以积蓄大量的有形财产，当这种迁移的次数大大地减少时，积蓄各种各样的财产就容易得多。(P148)简言之，简单园耕社会的成员所拥有的财产在数量上和种类上都比狩猎和采集社会的成员更多。(P148)

与狩猎和采集社会相比，简单园耕社会一般说来，在个人层次和社会层次上的专业化水平都要高得多。

在个人层次上，这一情况表现在大多数这种社会中经济的、政治的和宗教的角色专业化的显著增强。(P148)例如，在祖尼人中，主要的祭司职务是专职的，具有这种地位的人被免去为他们自己提供生活必需品的任务。还在简单园耕社会设置了一种由部下组成的幕僚机构，其主要职责是，协助首领或酋长，并且遵照其命令行事。(P149)

在社会层次上，简单园耕社会与狩猎和采集社会相比，也存在着更高的专业化倾向。这一点通常表现在村庄之间，甚至社会之间贸易的增长上。兰特曼报道，基瓦伊族岛民交换独木舟、西米、蔬菜、弓、箭、席 子、妇女用的草制裙和羽毛；而他们的邻居马瓦塔人，则交换椰子、某些贝壳、鱼、海牛和海龟肉，以及食火鸡和海龟的制成品。(P150)

(2)分配制度的共同特征。

简单园耕社会中，较之狩猎和采集社会，社会不平等的现象更加明显。

第一，简单园耕社会中政治上的不平等。马纳西人的酋长们有一个由部下组成的幕僚机构来执行他们的命令，并且住在由他们的臣民建造的宏大的住宅中。他们还拥有两大片田地，由臣民耕作，供他们享用。他们还得到村民收获的、最上等的产品，并且分享每次渔猎的所得。(P152)

第二，简单园耕社会中，还常常遇到另外一种不平等，是以财产为基础的。澳大利亚人类学家雷伊(Rmy)说，“在库马人中间发现了‘大人物’，他们就是通常在新几内亚遇见的那种‘大人物’。他们是富有的，并且是一夫多妻的人”。地位和名誉是人们追求的主要目标，它们主要取决于一个人以妻子、猪、羽毛和贝壳装饰品的数量加以计算的财产。(P153)

第三，在大多数简单园耕社会中发现的不平等的第三种形式，是以宗教和巫术为基础的。(154)在许多简单园耕社会中，巫术技能或宗教势力是所有资源当中最宝贵的资源。例如，在巴拉圭的瓜拉尼人中，据报道，虽然每个公社都有一个酋长，“但是，实际权力往往握在一个术士的手中”。(P154)

第四，在许多简单园耕社会中发现的不平等的第四种主要形式是以军事上的勇敢为基础的。在比较原始的狩猎和采集社会中，打猎是成年男子的主要任务，而且比战斗重要得多。随着园耕的发展，打猎的重要性大大地降低；而且在许多情况下，军事工作由于能给男人提供新的、显示勇敢的机会，从而填补了这个空白。(P155)因此，军事成分在简单园耕社会中比在狩猎和采集社会中显著得多。(P155)

第五，发挥军事上的勇敢有时候产生奴隶制——不平等的第五种形式。男性俘虏通常被杀死或被收养，但是妇女常常作为战争的赏品被接受并被送去作为捕获她们的人的家族的成员而干活，实际上她们变成了捕获她们的人的财产。(P155)

第六，简单园耕社会中的第六种不平等，也是最后一种不平等的形式是以在雄辩方面的技巧为基础。例如，据报道：“雄辩和武力是在易洛魁人部落中获得名声和荣誉的两条捷径。”(P156)

(3)分配制度的差异特征。

简单园耕社会的分配制度的差异特征，主要表现在四个方面：①不平等程度的差别；②不平等种类的差别；③不平等来源的差别；④垂直流动的程度的差别。(P163)

在不平等的程度上，简单园耕社会之间的差异范围并不大。虽然它似乎比在狩猎和采集社会中的差异范围大些，但这主要是因为简单园耕社会之间差异范围的上限向不平等的方向延伸得更多些。(163)如果我们根据两种社会的不平等的频率分布曲线加以考虑，民族志文献表明，两条曲线均是斜的，但是其方向相反，狩猎和采集社会的曲线似乎大大地斜向最小的不平等的方向，而简单园耕社会的

曲线似乎轻微地斜向相反的方向。(P164)

在不平等的种类上，例如，普埃布洛部落印第安人对宗教荣誉的尊敬大大超过对军事荣誉的尊敬，希瓦罗部落印第安人对两者均给予奖赏。这样的差别是普遍的。(P164)

在不平等的来源上，在一些社会中，不平等几乎完全是由于来源于生物学方面的差别的缘故。在其他社会中，社会因素所起的作用则要大得多。(P164)

在垂直流动的程度上，在诸如财产和职务等主要资源的继承处于最小程度的那些社会中，垂直流动的程度是最大的。而有些社会有权力、特权和声望的人更容易保留住这些东西，并将其传给他们的孩子。(P165)

2．先进园耕社会

(1)先进园耕社会的共同特点。

先进园耕社会与简单园耕社会的差别开始于技术领域并几乎扩大到生活的其他各个方面。比如生产、革命性变化、人口、社区和职业专门化方面有较大的差别。

在新世界，尤其是在印加人的社会中，先进园耕社会在技术方面的优越性明显地得到证实。印加人在粮食生产方面的最大成就也许就在于灌溉和修筑梯田方面。(P171)先进园耕社会在技术方面的优势也可以从他们使用的工具上看出来。(P172)正是由于生产技术的提高，粮食的生产量有显著的提高。

狩猎和采集变成园耕，以及园耕技术方面的进步，使人类社会中的革命性变化成为可能。由于技术方面的进步，生产力提高，人们就有了更多的“空闲时间”。正如一位玛雅学研究者已经指出的那样，正是这样的剩余时间使得他们能够建造著名的玛雅金字塔、庙宇、宫殿、柱廊、球场、舞蹈舞台、庭院、街心广场和人行道。(P172)还可以补充指出，这样的剩余时间还使在全世界的先进园耕社会中可以看到的国家的扩张和战争的频繁发生成为可能。(P173)

园耕技术方面的进步，对人口方面也产生了影响，使人口密度的显著增长成为可能。(P173)随着先进园耕社会的出现，园耕技术的提高，人口密度的增长，野心勃勃的和好战的民族建立对其他群体比较持久的统治的做法，变得既有可能又有利，经济上的剩余产品的数量已足够大，以至于可以支持必要的军事机构和政治机构，支持实现这种努力所需要的费用。作为帝国建立这一过程的结果，具有不同的文化传统的民族，往往被带入单一政治制度的系统中。(P174)

国家的发展似乎对先进园耕社会的社区产生若干重要的影响。

首先，它有助于作为国王的首府的社区规模的增长。这些社区中的许多居民依靠整个土地的经济上的剩余产品过活。因此，这些社区的发展不受它所拥有的地区资源的限制。(P176)

其次，在新世界的先进园耕社会中，都市化趋势的发展也不逊色。(P177)

最后，先进园耕社会中的社区往往比简单园耕杜会中的社区更持久。这多少

是由于农业技术的进步使人们有可能在较长时期里使用同一块土地。(P178)

在职业专门化方面，简单园耕社会和先进园耕社会之间的差别甚至更加明显。在后者中，可以见到数量和种类多得多的专门人才。在最大的和最高度中央集权的国家中，通常可以发现由3～4个层次的官吏构成的等级体系，从最高层的国王直到最低层的地方村庄首领。(P180)

(2)分配制度简介。

对简单园耕社会和先进园耕社会做任何比较，都会看到一个显著的特点，即在那么多的先进园耕社会中，社会不平等都得到了显著的发展。(P181)

例如，非洲的先进园耕社会的一个显著特点就是，无论在什么地方，只要政府机构的发展超过地方村庄自治的发展水平，它们就往往倾向于共同的模式。迈耶·福特斯认为，南撒哈拉地区的政治制度可以分为两种基本类型。第一种，A组，包括“拥有中央集权的权威、行政机关和司法机构(简而言之，拥有一个政府)的那些社会。在这些社会中，财产、特权和地位的划分与权力和权威的分配相对应”。第二种，B组，包括仍然残存着地方村庄自治的所有部落。福特斯指出，这包括“那些缺乏中央集权的权威、行政机构和被任命的司法机构。简而言之，缺乏政府的部落。在这些部落中没有等级、地位或财产的明显的划分”。(P183)

人们不可能确切地说出在非洲园耕社会的民族中百分之多少属于A组社会，百分之多少属于B组社会。然而，在默多克的调查的基础上，似乎65%的人口属于前者。(P186)

(3)造成在政治发展和不平等方面的差异的原因。

为什么一些先进园耕社会出现了福特斯和默多克所描述的那种中央集权的政府，而其他先进园耕社会却没有呢?(P188)其中原因是什么呢?

首先，环境大概是一个更富有成果的变量，而可以采用的证据支持我们的看法。(P188)(如表1所示)

非洲雨林中复杂的政治制度的实际上的不存在，反映出这些社会在运输上所遇到的困难，一个复杂的国家要预先设定有容易而廉价地运送人和货物的能力。战士必须能够迅速地行动，以便控制可能造反的臣民并保卫国家的边界。必须把货物从许多分散的生产货物的村庄运到政治权威所在的国家首都。在非洲雨林中，园耕社会通常是不可能获得这些条件的。(P189)

其次，在非洲园耕社会的政治发展的差异中重要得多的一个因素似乎是技术水平。在从非洲撒哈拉大沙漠以南地区的9个主要地区中选出的23个社区所进行的一个探索性调查中，发现技术发展水平与政治发展水平之间的相关系数为0.63(凯氏T系数)。(P190)

最后，第三个因素是它们的社会环境的性质。受到邻近社会极大威胁的那些

社会，往往具有比其他社会较高的政治发展水平。（P190）

表 1　非洲园耕社会中由环境条件决定的政治发展的水平

（单位：%）

环境条件	政治发展的水平					总计	社会数
	大国和次大国	中等的或不确定的国家	有最高酋长的国家	介乎左右两类或不确定的国家	只有地方首领的国家		
雨林地区	3	0	34	22	41	100	96
其他地区	35	6	22	2	36	101	416

（4）统治者的权力。

因为在统治者手中集中了巨大权力，所以，毫不奇怪，影响个人和家庭地位的最主要的单个因素是他们与国王及其部下的关系，国王凭借他的大量财产和广泛的任命权，可以把一些人从最低微的地位提升到具有巨大的权力和特权的地位；相反，他也可以消灭拥有巨大财富的权力者。（P195）

显而易见，国王们不可能对全体人民实行直接的监督。然而，由于将王国进一步分成若干等级的政权的等级制度组织，大体上可以实现这种监督。（P196）普通人的地位，是由他与他的地方村庄首领的关系所决定的。地方的村庄首领从属于某个地区或省的首领，而地区或省的首领，又是国王的大臣之一。每个人都以这样的方式保持着同国王的直接的或间接的联系。（P197）

每个非洲专制政治中另一个享有很大特权的部分，就是国王的亲属和先王们的亲戚。这样的人构成贵族阶层，并且往往形成一个闲暇阶级。等级往往直接随着一个人同王室血缘的亲近程度而变化，而现任君主的直系亲戚享有最高的地位。（P197）

每一种非洲专制政治中产生了三个主要的阶级：在这种政治制度的顶端，有极少数享有权力和特权的人，他们凭着王室的恩惠，完全靠别人生产的剩余产品过日子；在他们下面，有一个由稍多的、虽然数量仍旧很小的官吏和各种专家组成的阶级，他们或者迎合统治阶级的兴趣和爱好，或者完成较少的然而往往重要的执政任务；最后，处于底层的，是绝大多数的平民百姓，他们负责生产那两个有特权的阶级所赖以生存的剩余产品。（P199）

（5）强力、意识形态与效用。

非洲和新世界的政治上先进的园耕社会的经济剩余产品是按两套非常特殊的原则加以分配的。一方面，国王和他的大臣们，同教士阶级一起，以强力、意识形态和效用的紧密结合作为他们分享剩余产品的基础。换句话说，他们向群体贡献了基本的服务，他们的价值通过意识形态而被大加夸张，并通过强力强加于人。另一方面，那些不属于精英或其同盟者的人，不得不主要地以效用作为他们对报酬的要求的基础。(P208)

精英们为什么不完全垄断剩余产品呢?

首先，没有任何一种制度是无所不能的，或无所不知的。同样，平民百姓也不会对官方的意识形态的更加极端的系统的说教完全信以为真。(P208)

其次，其他因素也必定在起作用，限制了他们的贪得无厌的倾向。如果有些统治者侵吞所有的剩余产品，他们就会破坏刺激原则，所剩下的就只有恐怖。恐怖的作用已经证明不如当它与刺激结合在一起时那样有效。至少，仅仅通过恐怖进行统治的那些人无法获得荣誉和尊敬，几乎没有人仅仅为了稍微增加已经很多的物质利益而完全牺牲荣誉和尊敬。(P209)

最后，在这些社会中，如同在其他社会中一样，意识形态起着双刃剑的作用，一方面，它使平民百姓容易听从王室。另一方面，它使统治者容易受他们的臣民的愿望和要求的影响。(P209)意识形态绝不仅仅是剥削的工具，它们同时还是防止平民百姓反抗的工具。统治者以自己被称为人民的恩人、国家的心脏、部落的父母而深感自豪。为了努力保住这个名声，于是就往往高高兴兴地让出一部分剩余产品给他们的臣民。(P210)

(6)权力和特权的世袭传递。

与先进园耕社会的兴起联系在一起的主要发展之一，就是权力和特权从一代向下一代的传递。

是哪些因素促使权力和特权的传递呢?

首先奴隶制度的发展，提供了一个有效得多的解决办法。奴隶制度作为世代相传的制度化基础，要比一夫多妻制优越得多。主人与奴隶之间的联系并没有由于亲属规范的要求而被弄得错综复杂。一个儿子同他所继承的奴隶们的关系，可以像他的父亲同他们的关系那样简单。当涉及父亲的妻子们时，情况就很难是这样了。(P211)

其次，促进权力和特权由一代传给下一代的另一种发展是正式官职的扩大和精细化。这种情况出现在政治上先进的园耕社会中，凡是官职牢固设立的地方，个人资格的重要性就大大降低了，而且，由一个具有普通能力的儿子来继承一位杰出父亲所赢得的利益的事情变得容易多了。(P212)

最后，权力和特权的传递通过便于转让的、新型的有形财产的发展而得到促进。有两种财产特别应当注意，即货币和牲畜。(P213)

如果我们假定，人们将他们的孩子，特别是他们的儿子，视为自身的延续，如果先进园耕社会为权力和特权的转让提供了更有效的手段，那么无论是代际流动率的降低，还是代内流动率的降低都是可以期待的，民族志的记录与我们所发现的是一样的。事实上，在这些社会中人们第一次发现，某些相当符合定义的世袭阶级产生。（P213）

（七）农业社会

1. 农业社会的共同特征

建立在农业经济上的社会在许多重要方面都是相似的。

第一，我们发现，从技术上讲，农业社会的生产潜力在总体上比其他社会更大。（P222）这包括新工具的发明和旧工具的改进，新技能和工艺的发明，耕种新的作物品种，驯化新的动物，利用新的能源，以及无数的技术和知识的进步。（P222）

第二，军事技术进步与生产技术的进步相匹敌。发动战争的手段在农业社会比在园耕社会更有效。比如，驯化的马和车轮的发明，使战车战和骑兵战成为可能，这是显著的进步。其他进步包括城堡和其他防御工事、防御盔甲的发明和武器的改进。（P222）

第三，农业国常常是由不同的民族团体组成的，那些在政治上保持了几代联合关系的民族最终趋于文化上的同化，就像不同民族最终组成了英国民族和中华民族一样。（P224）

第四，战争在几乎所有的农业国家中都是一种长期状态。（P224）若不存在与外敌的斗争，内部斗争就常常有所增加。这在那些没有制度化的王位继承模式的民族中尤为常见。（P224）

第五，显著地倾向于君主制政府。许多学者指出，战争的紧迫性常常使得有必要把最高权力交给一个人，（P225）使君主制政权成为不可避免。

第六，有规律地出现了城市社区。这种社区无论在数量、规模、持久性还是在城市特征上都有所增加，不具有真正城市中心的例外情况是很少见的。（P226）农业社会的城市人口不仅比发达的园耕社会多，而且这些城市是真正的城市。（P227）

第七，城市和较大的城镇早就以居民从事多种职业而著称。（P228）这些主要职业中，大部分都包括许多亚种，所以在大城市中，专门职业的排列可能是成百上千的。（P228）职业的细化带来了更高的劳动分工和专业化的发展。

第八，专业化的发展必然带来贸易和商业的发展，因为专业化生产者必须将他们的劳动生产品和别的专业化生产者的劳动生产品相交换。（P230）

在农业社会有两种意义深远的发明——货币和文字书写。

货币的发明无疑是由于商业和贸易的刺激而出现的，以小型、便于携带、高价值和需求广泛为条件。现在生产者不用再去寻找需要他生产特殊商品的人了。货币制度的发展，使商人和中介人的专业化角色也随之出现了。（P232）货币除了方便商品流通和使商业及贸易繁荣之外，在分配和社会控制方面起着很大的作用。(P232)一个研究者指出的："当财富用不会磨损的银来衡量时，这些限制就被取消了。富人这时愿意将银子贮藏多久就贮藏多久。"(P232)

像货币一样，文字书写制既是商业企业的一种手段又是社会控制的一种工具，尤其重要的是这一制度提供了提高政治管理系统效率的手段，实际上，它已成为每一个真正的官僚制度的基础。(P233)

2. 八大阶级

(1)执政阶级

国王和皇帝从来不是孤立地进行统治的，总有一小撮人和他们共享统治的权力。(P244)这一小撮人就是执政阶级。

执政阶级有许多相似之处。首先，执政阶级成员的身份使每一个人都得到了自我膨胀的极大机会。作为执政阶级的一员就拥有权力享受农民和城市小手工业者创造的经济积累，这是对他们维护现存社会制度和当权者权威的一种报酬。(P244)报酬的形式也是多种多样的。例如，在政治集权化的国家，统治者常赐封执政阶级以大片的土地或者大量收入。在那些技术发达、货币充足的社会，政治任命一直是有利的报酬。

土地所有权和公共官职是执政阶级收入的两个主要来源。有人可能会认为这只是为了同一目的的两种不同手段。不过，实际上不是这么回事。一般说来，当土地所有权和公共官职分离后，土地所有权的主要价值在于获得声誉和经济保障，而公共官职是用来达到政治和经济(地位)的升迁。(P251)

就如，一个17世纪的英国人这样写道：

一个纯粹的乡村绅士要想变成富人和使家族兴旺起来是不可能的。他必须继承一些职业，如朝臣、法官、商人或其他职业。如果他没有其他的职业，他应该有一条船，他应该费心地管理这条船。只靠耕地他也许可以遵守他的诺言做一个正直的人，但他永远别想增加自己的财富。(P252)

(2)侍从阶级。

在每一个农业社会，统治者和执政阶级都豢养着一小批军队官员、职业士兵、家庭奴仆和私人随从，所有这些人为统治者和执政阶级提供各种各样的服务，这些人和他们的家庭构成"侍从阶级"。(P264)

首先，侍从阶级的职业相差很大，职能也各不相同。但是，尽管有这些不同，他们的基本作用是相同的——为政治精英阶级服务。由此将他们和普通老百姓分开，他们高于一般的人，在一定意义上享受着经济积累。(P264)

其次，不仅侍从阶级不同部分的界线不好划分，并且侍从阶级和执政阶级的界线也不好划分。有权势的执政阶级和统治者的奴仆常常比执政阶级的低层拥有更大的权力。所以很难讲清阶级之间截然分离的界线是什么。(P265)

再次，在另一个极端，侍从阶级和农民阶级接近，在这里同样不易划清界限。一方面，他们为庄园主服务，有时从中获得可观收入，另一方面，他们来自农民阶级，在一个相对短的任期后又回到农民阶级。(P265)

最后，把侍从阶级总起来看，那么它就是很重要的，因为它在执政阶级和普通人民之间起中介联系的关键作用。实际上是侍从阶级将生产者的剩余产品掠夺到政治统治者手中的。怎样做到这一点取决于侍从阶级的技巧和智慧。(P266)

(3)商人阶级。

尽管农业社会的统治者和执政阶级试图完全控制经济积累，但他们很少成功。常常是别的阶级起来和他们竞争，而且常常取得一定胜利，没有哪个阶级在这方面所获得的胜利可与商人阶级相比较，政治精英阶级发现这是全部人口中最难引导和控制的一个部分。(P269)

商人阶级起源于低微的阶级。例如，在中国和日本，在传统的社会地位系统中，商人不是靠近最底层就是在最底层，明显低于农民和手工业者。(P269)商人阶级自己也这么看，这从他们效仿执政阶级的生活方式和寻求与贵族家庭攀亲的热切劲头中就可以看出。(P270)

商人阶级常常能够获取成功，过上较好的生活。原因是什么呢？这是与他们扮演角色的特征密切相关。

首先，每个商人在其早期都力图摆脱统治者和执政阶级的直接权威，这就意味着在经济生活方面，商人阶级同执政阶级保持一种市场关系，而不是权威关系。这使商人阶级可以和执政阶级斗智，至少在部分场合他们获得了对自己更有利的结果。(P270)

其次，这种局面，对于商人阶级和执政阶级双方都是有好处的。如果商人是从他们独特的创业者的身份中获利的话，政治精英阶级也是一样，他们不仅享受现存的商品(在其他情况下是不可能的)，而一旦依靠对商人的商品征税而分享商人的利益，税收除了形成收入的重要来源之外，还有另一个好处，即把榨取普通老百姓血汗的罪名推给商人。(P272)

再次，在政治精英阶级分享商人阶级利益时，商人的态度是一致的。他们使用不同的方法加以抵制。在统治者和执政阶级十分强大而又十分贪婪时，商人被迫依靠智谋和算计，也就是他们赖以得到好处的一种计谋。(P273)

最后，就像统治者和执政阶级经常相互斗争以扩大各自的权力和特权一样，商人阶级和政治精英阶级的这两个部分也以斗争来扩大自己的权力。(P273)

(4)僧侣阶级。

农业社会的最后的但并非最不重要的一个特权阶层是僧侣阶级，它由有组织的宗教的领袖组成。(P275)包括修道士、牧师、法师、祭师以及所有那些在社会生活中的生活和身份主要依赖于在宗教系统中的领导地位的人。(P275)

如果僧侣阶级得到政治精英的支持(其一部分常常就得到了这种支持)，他们积累财富的机会就十分大。拉美西斯三世（Ramses III，古埃及的第二十王朝的第二位法老）是僧侣阶级最慷慨的赞助人，他献给上帝和上帝的奴仆僧侣的礼品包括169座城池、113433个奴隶、493386头牛、1071780块土地、2756尊金像（含1400磅金和2200磅银）和其他一大批物品。（P276）

尽管僧侣阶级作为一个整体，其财富巨大，但这些财富并不是被所有成员平均分享的。比如，在中世纪欧洲高级牧师和低级牧师之间存在很大差距，就像执政者和农民间的差距一样。（P277）

上层的僧侣阶级的财富尽管是巨大的，但却没有多大保障。农业社会的历史上，到处可以看到政治精英的没收行为。（P278）

僧侣阶级对政治精英是有好处的，有时对整个社会也有好处。在只有少数有文化的人作为统治者的社会，牧师常常被指派去执行管理工作，这种管理工作常常要以智慧为工具。牧师还被指派行使外交官、文官、教育家甚至军事领袖的职责。（P279）因此对于他们的同盟者政治精英扩大政治影响有所贡献。（P279）

与此同时，政治精英的支持对僧侣阶级也是十分重要的。僧侣阶级的成员都要求用大量的庙宇、艺术品以及所有价值极高的东西来奉献给上帝，这时，政治精英又一次满足了这一要求。最重要的是，他们可以运用其暴力手腕来传播或禁止宗教信仰。（P279）总之，这两个阶级之间有一种天然的共生关系。（P279）

僧侣阶级同时也表达了神对正义和公正的关心。一个历史学家讲："教会是一个起特殊保护作用的阶级，它保证了无助的农民不管怎样软弱，在贵族面前也有自己的权利；贵族不管怎样暴戾，他们都被强迫要尊重农民的权利。"（P284）

（5）农民阶级。

支撑国家和供养特权阶级的重负就落到了普通百姓的肩上，尤其是落在占人口绝大多数的农民的肩上。（P284）

农民阶级的税收和义务数量相当沉重。例如，在中国，农民一般将他们土地收获的40%～50%作为地租交给土地所有者。在印度，印度教的执政者在英国殖民时期以前通常索要1/3至1/2的收成。在巴比伦的汉谟拉比时期，税收占作物的1/3到1/2不等。（P285）

农民阶级的徭役或强迫劳动也是另外一种重负。例如，在中世纪的欧洲，农民被迫在地主土地上耕作（P285），除了对自己的地主负有义务外，还对国王和别的高级权威负有义务。比如，18世纪法国的农民除了对当地地主每周有几天义务之外，对国王每年还有12天的义务。（P286）

最后，在有的国家的特定时期，一个地主有从农民财产中拿走任何东西而不付费的权利。这是以"农民除了消化器官之外什么也没有"的理论作基础的。（P287）总之，大多数的政治统治层都力图充分利用农民的精力，将其生活基本必需之外的所有东西都掠夺走。（P287）

在农民和他们的主人之间不可避免地要发动斗争。

这些斗争常常不具备暴力特征，起码在农民这一边是这样。在大多数情况下，他们的努力无非是要避免税收、地租和劳役，以及其他义务，通常是隐瞒收成的一部分，消极怠工，以及与之相似的一些斗争方式。(P290)

农民方面的一种更极端的反应形式就是公开反抗。一个中国专家讲“在中国几乎每一年都有农民的起义，”而一个俄罗斯专家讲在1801年至1861年这个短时期内，在俄罗斯帝国各地方的农民暴动不下1467次。(P290)大多数起义从一开始就是无望的事情，(P291)大部分以失败而告终。但是这少数成功地推翻了现存统治的农民暴动并未能建立新的更平等的社会秩序，相反，他们不过是改换了上层的全体人员，而传统的制度结构分毫未动。(P291)

(6)手工业者。

在中国和日本的传统社会等级体系中，农民阶级之下通常就是手工业者阶级。(P294)

在大多数农业社会，手工业者阶级一般起源于被剥夺土地的农民或没有继承权的农民子弟，并不断地从这种来源得到补充。比如，一个研究19世纪中国的学者对手工业者的生活作了这样的描述：“他们的贫穷状况比农民更深重，他们长久地生活在贫困的边缘。”(P294)

手工业者阶级从来就不大，在只占总人口5%～10%的城市人口中，手工业者所占比例不会超过3%～7%。(P294)

手工业者的一多半是商人阶级的雇员，尽管有的手工业者是到处巡回和流浪的。这个阶级成员的工资主要是由他们的技能和劳动力的供应状况决定的。在那些技能简单的行业，劳动力供给充分，工资就低；而需要高技能的行业，工资就高。(P295)

手工业者和农民一样，有时也反抗压榨他们的人。有时这种反抗以罢工的形式，有时以暴动的形式。(P295)手工业者的斗争和农民的斗争还不尽相同，至少在中世纪欧洲是如此。他们的斗争为低层阶级争得了一定利益。(P295)

(7)贱民和堕落者阶级。

在有的农业社会，尤其是在东方，存在贱民阶级，其最著名的例子是印度社会的贱民，在其他社会也有类似的群体。在日本有“非人”。在许多社会，比如中东和欧洲，一些不可缺少但又令人厌恶的职业群体，比如制革工，被迫在生活和劳动上与农民和手工业者隔离。(P296)上面所涉及的这些职业是被正式法定为必须世袭的，就像贱民是世袭的一样。(P296)

另一个必须提及的群体是由那些靠出卖自己的身体和体力而接受对身体有摧毁性作用的职业的人。他们在权力、特权和荣誉的等级体系中很难比较。典型的例子是东方的人力车车夫，其工作生命期很短。其他的还有和牲口竞争的码头工，在危险的条件下工作的矿工，以及身为下层阶级穷得没法结婚的男人，卖身妓女，有时这些工作要由走投无路的奴隶来干。但大多数时候是那些找不到职业的“自由”劳动者。对这些人来说，干这种工作是通向被遗弃阶级的过渡步骤。（P297）

（8）被遗弃者阶级。

除了大灾难之后的短暂时期之外，在每一个农业社会的最底层，总有一个很大的被遗弃阶级。这包括各种类型的人，从罪犯和强盗到乞丐和因失业而到处游荡的工人，再加上那些完全靠救济和自己的智慧过日子的人。（P297）

霍布斯关于生活在自然状态下的人的生活条件的著名论断很好地形容了那些不幸被沦为被遗弃者阶级的人。对他们来说，生活常常是“贫穷、肮脏、粗鲁和短暂的”，有时还是“孤独的”。例外的情况是在执政阶级的权力薄弱的地方，这些人组织起来做强盗，在一段时期享受到富足，但常常十分短暂，因为当局很快就会收拾他们，不过，似乎可以说对落入这个阶级的人来说最好的希望就是进行非法活动，对最穷的农民来说也一样。（P298）

3．图解总结

由于农业社会中不同阶级相互关系的复杂性，对一个“典型”的农业社会作一个图解也许是有益的，图5尽管有很多局限性，但也有助于几个有用的目的。（P299）

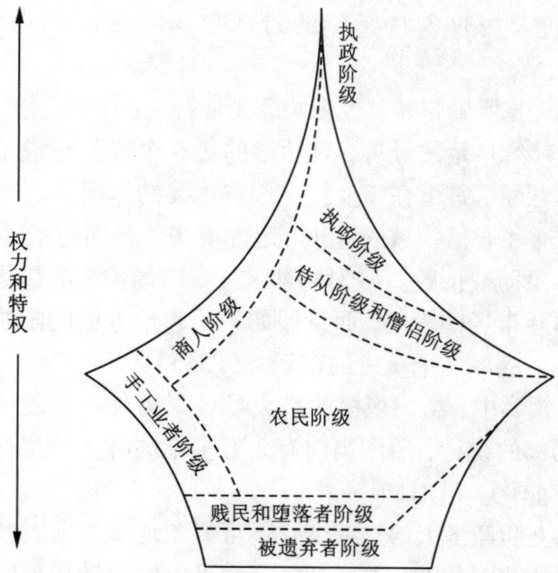

图5　“典型”的农业社会

首先，它有助于澄清这一点，即不能把农业社会的阶级想象成一层高于一层的那种层次系列。相反，每一个阶级都涉及一个分配领域，并且每一个阶级又都和别的阶级有一定程度的重叠。其次，这个图可以提醒我们注意到人们所熟悉的将社会结构看成一个金字塔的观点是不精确的，这种观点忽略了在社会秩序最底层的阶级，最大限度地缩小了不平等的程度（这个图仍然缩小了这种不平等，要准确地表达上层阶级和普通民众的关系，就需要一张更长更窄的纸，本书的纸满足不了这个要求）。最后，这个图有助于我们澄清权力和特权是一个连续系统，而不是像地质学中的“分层”意义上的那种相互分离、截然断开的层次。（P300）

（八）工业社会

1. 工业社会的共同特征

现代较发达的工业社会与农业社会是具有很大差别的。

从社会学的角度来讲，最重要的区别之一是在“做功”活动中所使用的能源不一样。（P312）在农业社会，人和动物是这种能量的两个主要的来源；而到了一个世纪以后，更多地使用化石燃料和水利发电。（P312）

不仅是能源的形势改变了，而且能源的消耗量也是成倍增加。（P312）

不仅能源的消耗量增加了，其他资源的消费也不亚于能源。（P313）例如，从1800 年到 1950 年，在世界范围内，铁的单位消费量增长了 100 倍。（P313）

伴随着这些原材料消费的增长，生产的增长也相当大。例如，从 1849 年到 1961 年，美国人的人均收入从每年的近 320 美元提高到每年的 1950 美元。（P313）

生产力的提高，技术的进步，也影响着工业社会的经济制度。

首先，摧毁了自给自足的经济，对社会的每一个成员来说，交换关系正在成为必需。同时还意味着，货币在工业社会起着重要的作用。

其次，随着交通和通信领域的进步，地方市场体系通过被并入更大的和更加包罗万象的市场体系而被摧毁。（P314）事实上，市场扩大的趋势现在已达到了形成最主要商品的国际市场的程度，而且假如不是政治方面的限制的话，整个世界将会很快成为许多商品的一个统一的市场。（P315）

再次，在经济领域中，组织规模的扩大导致了另外一个发展，即精细的专业化。按照美国劳动部的统计，美国当前有 2 万多不同种类的工作，其中大多数在其性质上是极端专业化。（P315）

最后，在技术上和经济上的这些变化不可避免地带来了人口方面的变化。这些进步像更早的技术经济进步一样，使社会水平上的数量和密度的大量增加成为可能。

表2　人口增长情况(1800—1966)

国家	人口/百万	
	1800 年(或有记录的第一年)	1966 年
比利时	4.3(1350)	9.2
法国	27.3	45.5
德国	21.6	70.7
意大利	18.1	49.4
日本	37.0(1880)	93.2
荷兰	3.1(1850)	11.5
西班牙	10.5	30.1
瑞典	2.3	7.5
苏联	37.0	214.5
英国	16.1	52.5

工业化还以另一种方式影响人类人口。它引起出生率和死亡率的急剧下降，并相应地提高预期寿命，在大多数较发达的工业社会中，自然死亡率每年只是总人口的10%或更少。(P317)

工业化在政治领域中也引起了一些重大发展。

首先，专制的政府形式基本上被消除了，特别是消除了统治者的所有权和世袭权的古典观念。其次，虽然在不同的工业社会中，社会成员参与政治过程的程度具有很大的差别，但平均说来，工业社会中的政治权力的分散程度比农业社会大得多。(P318)最后，是政府军事力量的增长。这一倾向在第一次和第二次世界大战中就初露端倪，并且随着原子武器的发展而进一步明显化。(P318)

2. 阶级系统

(1)政治的阶级系统。

虽然工业社会朝着民主化理想的方向运动。但是，政治上的不平等仍然存在。政治资源是较重要的。一个人在政治资源所处的地位对他获得他最向往的许多东西的机会来说，将会产生决定性的影响。

如果一个人以比较的和历史的眼光去考察政治的阶级系统，将会发现两个重要的趋势。首先，政治阶级系统相对于其他阶级系统，特别是相对于职业阶级系统来说，其重要性在下降，这似乎是一种广泛的趋势。在发达的工业国家当中，以个人在政治系统中的地位为基础而分配的报酬份额在下降。这一趋势在美国最明显的。在那里，政治的阶级在近一个世纪以来，受到了大部分有产阶级、企业家阶级和管理者阶级的攻击。为了想要在提高政府效率的同时，减少其费用开支，这些群体提出了许多主要用以减少职业政治家权力的改革。早期改革之一是试图取消传统的官职权力授予体制（这种体制把大量的任免权放在了党的领导人身上），而代之以人才提拔的文职制度或行政文官制度。虽然党的领导人总是想方设法在某种程度上保留这些法律，但他们的任命权还是被大大地削减了。（P349）

第二种趋势更有争议，因为支持它的论据只限于美国和前苏联。它可能不适用于全部，甚至大多数先进的工业社会。然而，在这两个国家中，在政治的阶级系统中的地位与其他一些重要的阶级系统中的地位的相关表现出一定的曲线倾向。在工业化的早期阶段，政治系统中的地位与职业的、教育的和财产的系统中的地位高度相关，反映了农业社会类型的特点，随着大众政党的出现和工人阶级权力的不断增加，在所有工业社会中，这种关系都弱化了，特别是在那些由社会党和共产党控制的国家中更是如此。然而，近年来，这一趋势出现了一些有限的逆转情况。在美国和前苏联，政治地位与职业和教育地位之间的相关度都越来越高。（P350）

（2）财产的阶级系统。

在大多数先进的工业社会中，第二个重要的资源是私有财产。在这些国家，财产可以成为获取政治和经济权力的手段。（P351）

私人财产作为一种资源发挥作用的地方，就必然地有着财产阶级系统，然而，与马克思的期望相反，在这一条线上并无两极分化。相反，描述在先进工业社会中财富分配情况的表格总是展示出一个从只拥有极少财产到占有极大比例的众多财产这样一个缓慢增加的、不间断地向上倾斜序列，在任何一层都没有明显的分界线。从下面两个表（表 3、表 4）中可以看出这一证据，它展示了最近对美国和英国的财富分配的估计。（P352）

表 3　美国财富分配情况

财产/美元	在成年人口中的百分比/%	在整个财富中的百分比/%
低于 350	50.0	8.3
3500 ~ 10000	18.4	10.2
10000 ~ 20000	21.2	20.3
20000 ~ 30C00	5.8	13.4
30000 ~ 50000	2.7	9.5
50000 ~ 100000	1.0	6.2
100000 ~ 1000000	0.9	16.6
1000000 ~ 10000000	0.04	5.2
10000000 美元以上	0.0006	1.3
总计	100	100

表 4　英国财富分配情况

财产/英镑	在成年人口中所占百分比/%	在整个财富中所占百分比/%
低于 100	60.6	4.2
100 ~ 999	27.5	11.6
1000 ~ 4999	5.9	21.0
5000 ~ 9999	1.4	11.4
10000 ~ 24999	0.9	16.4
25000 ~ 59999	0.4	19.2
100000 和以上	0.06	16.3
总计	100	100

人口中的这样一部分，他们光从财产获得的收入就至少是所有种类的国民收入的中间值的两倍。(P354)这样一部分人称为财产精英。然而，相对来说只有很小的一部分人从私有财产制度中得到了很大份额的直接利益。产生这种分配模式的很大一部分原因是市场经济的自然结果。一个自由的市场体系自身倾向于产生出极少数人对财富的独占。这主要是由于“固定成本”的影响。它在某种程度上是表现在一个行业里，它对较大的生产者提供一个稳定的竞争优势，这个较大的生产者就可以将其产品价格定得比其较小的竞争对手更低些。靠着较低的价格，他们就往往在市场上赢得更大的份额。这又使他们可以进一步降低其价格，同时迫使其竞争对手抬高其价格，使其造成恶性循环，最终通常以消除较小的竞争者而告终。换言之，在一个完全自由和政治上不受控制的市场经济中，存在着一种自然的倾向，使富的越来越富，穷的越来越穷。(P355)

这一情况可能使人认为在非共产党国家中，财富会越来越集中，但这种情况却没有发生，主要是由于政治力量在起作用。工业社会中的这些力量并不比农业社会中少。它看起来是财富分配中最重要的决定性因素。事实上，可以毫不夸张地说，现代工业社会中的经济力量的运行日趋发生在由法律界定的框架之中。政府实体日趋频繁地决定着经济资源所要投入的市场，从而最终决定着它们的价值。(P355)这些正如我们所谈及的市场调控和国家宏观调控之间的相互作用来调控我们的经济市场。

3. 阶级

(1)业主阶级。

在工业化的早期阶段，业主阶级似乎注定要成为新社会中的主导阶级。今天，情况不再是这样了，这一阶级在一些工业社会中已经消失了，而在大多数其

余的工业社会中，它在规模和权力两方面也是缓慢而肯定地走着下坡路。(P360)

业主阶级是包括积极地从事管理他们自己所拥有的企业的那些人。这一定义表明，业主阶级是职业分层系统中的群体，而不是财产系统中的群体。(P361)

业主阶级逐渐走下坡路的原因是，财产的所有权和对财产的控制权逐渐地分离开来。分离的原因是，管理精英(经理)对公司的代理人及其和其他资源的很好控制，他们可以将这种控制转过来为他们自己带来好处。正如戈登指出，管理精英权力的上升不仅是由于其控制选举的能力，而且还由于大公司的日益增长的复杂性和由此而产生的一切。一个大公司的管理已变得要求很高，需要全天工作。那些不愿意或不能把全部注意力投入其中的人——大多数所有者和董事们实际上正是这样的——很快发现控制权转到了那些能够做到这一点的人手中。(P363)

展望未来，这一阶级的前景似乎并不一定是光辉的，导致它跌落到这种地步的力量并没有任何减弱的迹象，总有一天，在较先进的国家中，业主阶级在经济领域中将在很大程度上下降到边缘和空隙的领域。其结果是，他们的很多成员将既没有特别大的权力，也没有特权，实际上，他们可以变得很难同职员阶级或工人阶级的上层区分开来。这一阶级的成员现有的权力和影响大概会转到取代他们的管理者阶级的手中。(P364)

(2)党的官员阶级。

党的官员阶级有着独特的性质，它不仅与社会中占统治地位的政治组织或组织群有着特殊关系，并且还充当了一个独特的职业角色。(P365)

在狭义上的共产主义国家和广义上的集权国家中，这一阶级行使了在历史上与业主阶级联系在一起的许多基本功能。换言之，它在管理和指导社会政治制度的同时，也管理和指导着社会的经济制度。然而，近年来，这一阶级已倾向于将这些权力下放给管理阶级，并且其原因也同业主阶级一样。尤其是，经济组织的规模和复杂性的增大促进了这种转换。因为这种规模和复杂性的增大使得外行来担当管理者的控制工作更加困难。(P365)

(3)管理者阶级。

管理者阶级在以牺牲有产阶级、业主阶级和政界阶级的基础上，获得极大的提升。因为管理者阶级处在现代大规模组织的中心战略地位，并且最接近那些关键信息。管理者总是介于政策制定者和组织自身之间的，并且由此能够对来来回回的信息进行有选择性的筛取，一个组织变得越大和越复杂，这种情况发生的机会也就越大，一个最高的管理职位作为在权力和特权的斗争中的资源所具有的价值也就更大。(P366)

这也很好地解释了为什么管理阶级的工资和优惠这么高，是因为在组织内部没有其他群体来阻止这种情况。(P369)

在民主国家，管理阶级享有的另外的优惠是职业保障。罗伯特·达尔写道：

"一个校长一旦被任命后，就很难再变动，这不仅是因为他在公共学校界中培植起了自己的追随者，而且还因为他的职位变动好像不是经过专业上的充分考虑的话，他就能得到国内专家群体的支持。"因此，虽然各类管理者的职位是不同的，但对他们来说，职业保障的事实在本质上是一样的。(P370)

共和国家与民主国家的职业保障是有区别的。前者其职位上的安全要少得多，并更多地面临着降级和开除的危险，或更严重的是监禁和处死。(P371)虽然这种职业保障的相对不足，并不能阻止管理阶级变成半世袭的。如苏联。(P371)

管理阶级及其精英似乎在社会中构成了一个比较独特的阶级。然而，有很多纽带将它同政治上的统治阶级联结在一起，它甚至在某种程度上同后者有着交叉的成员资格。因此，它似乎注定要在社会内部许多为争夺权力和特权的斗争中扮演一种矛盾的角色。(P376)

(4)军人阶级。

在《权力精英》一书中，米尔斯把当代美国社会勾画为受三个紧密联系的群体的统治，这就是公司富翁、政治领袖和军阀。(P376)这种观点认为，由于现代的军事危机，军人掌握了巨大的权力。

然而，现代军人的权力被夸大了。真实的情况是，军人的权力是明显地受到约束的，并受着文职的控制，不仅在所有强国中是如此，而且，更明显的是，它在扩张主义的纳粹时代的德国也是如此。(P377)例如，最近一个研究报道说，从1929年到1949年，军官所挣的钱相对所有文职劳动力中全天就业的人的比率，从2.98降到了2.53。(P377)

军人们做出不断努力以改善其经济地位，但是很难取得成功。其原因是，它缺乏相应类型的权力，以便在现今分配制度的构架中获得这些东西。很明显，用原子导弹去抹掉所有的民族的力量是一码事，而增大某部分人在国民收入中的份额的权力又是另外一码事，而前者并不容易转化成后者。军人的矛盾境地可以提醒人们，权力的大小和权力的范围是两个不同的东西，在一个领域中巨大的权力并不能必然地转化为另一个领域中大小相应的权力，至少不能用合法的手段来必然达到这一点。(P378)

(5)智力型职业者阶级。

首先，智力型职业是指那些要求掌握一门复杂的专业化知识和基本上具有智力特点的相关技能的这样一种职业。其次，这些知识和技能即使是有能力的人也无法迅速获得的：从较高的教育机构中毕业以迅速地成为进入所有智力型工作的先决条件。最后，虽然智力型工作的成员们经常对其他人产生很大的影响，但他们却极少有很多正式的权威。我们将依照其达到这些标准的程度来将一种职业看作是智力型职业，而智力型职业者阶级将被看作为人口中从事这些智力型工作的那一部分人。(P380)

由于技术知识的可靠性的提高，对掌握它的人的需求也随之而提高了。随着这种知识纯价值的提高，也就要求智力型专家们的数量和种类不断地增加。最后，作为经济平等性增大和生活标准上升这一趋势的结果，能够支付智力型服务费用的人的数量也极大地增加了。在所有这三种因素的同时作用下，对经过训练的智力型职业者的需求大幅度地增加了。(P380)

伴随着智力型职业者阶级在规模上的增大而来的是它在影响收入上的相应增加。例如，一些名教授和学术权威的基本工资可以与大工业企业的最高行政官和经理们相比较，并且也至少可以同国家政府中的一个副部长相比较。(P381)

智力型职业者阶级同有产阶级、管理者阶级和政治阶级存在着千丝万缕的关系。例如，最近一个对美国参议院的研究披露，其成员中有64%的人是智力型职业人员(主要是律师)。在英国议会中，这一数字自第二次世界大战以来一直是52%到54%，比在内战年代的平均45%的水平上升了。在前苏联的情况中，智力型职业者阶级中几乎有30%的成员也是党员。简言之，虽然智力型职业者阶级是一个独特的个体，具有其自身的特殊利益，但在工业社会中它与占统治地位的阶级紧密相联系。(P383)

(6)职员阶级。

从历史上看，职员阶级在工业社会的次等阶级中，是境况最好的阶级了。它的数量上的极大增加是由近代工业理想化和科层化，以及组织规模的增大而产生的。

在更早一些的时期中，职员工作人员的地位明显介于特权阶级和体力劳动者大众的二者之间。(P384)

在后来一些年里，这种情况变化了，职员阶级和工人阶级之间的鸿沟急剧缩小。

造成职员阶级地位衰落的原因是什么呢？首先，中间阶级妇女们的解放使她们能走出家门寻求就业，这就释放出了一大批潜在的职员工作者。(P386)尽管对职员的需求极大地增长了，但还是没有跟上其供给增长的步伐，结果，这一领域的工资增长也就没有跟上大多数其他领域的工资增长步伐。(P386)其次是工作组织在规模上的扩大。在这种情况下，现代的管理者几乎可以毫不在乎地解雇那些不再需要其服务的人。这对职员阶级的成员来说是一个严重的损失。(P386)最后，办公室机器的引入能做许多职员的工作，这也极大地减慢了对职员劳动力需求的增长。

(7)销售者阶级。

销售者阶级是随着经济组织规模的扩大，原来混合在某一单个的职业角色中的许多功能分离之后形成了。

在现代工业社会中，销售者阶级人员的工资和佣金虽然在绝对数量上较高，但在其总开支中所占的百分比却低得多。进一步看，既然在资本主义经济中，销售价值对每个公司都是至关重要的，那么聪明的总经理们就将竭尽全力去提高销售，如果给销售人员提供更大的刺激会达到此目的的话，他们将会这么做的。(P389)

在共和党国家中，销售人员的重要性是很小的，虽然我们没有关于他们收入的资料，但是有把握说，这是低于全国平均水平的。(P391)

(8)工人阶级。

工人阶级具有同一个属性，就是他们每一个人所依赖的资源是这样一种工作，这种工作只包括一个有限范围的体力技能，对社会中大多数其他成员来说，只需经过相对较短时期的训练就可以胜任这种技能。(P392)

工人阶级的成员与我们所考察过的其他阶级相比，其竞争地位总是很可怜的，尤其是当他们在一种近似自由的市场条件下。但有时也并不至于如此可怕。在工业化的早期阶段，高技能的工匠常常花许多年去掌握他们的行业手艺，这就给了这些手艺人成员们一种讨价还价的力量，使他们能够要求并且获得高于维生水平的工资。这种情况可能发生的程度是依照其替换人员被训练的容易程度和速度而不同的。(P393)

影响工人境况的因素有哪些呢?

第一个因素，自从工业革命开始以来，大量的机器被创造了出来，其中许多能完成人手曾经要经过数月或数年才能掌握的任务。仅由于技术水平而导致的劳动市场的僵化明显地下降了。在越来越多的体力行业中，一般工人对技术的掌握只需要一个较短的时间，因此，虽然技能的因素在过去起到保护大量工人的作用，但其影响在下降，并且最终可能消失。(P393)

影响工人境况的第二个因素是工会组织。在较早的时期，这是靠工会自身直接的(通常是暴力的)行动来完成的；而在后来，这是靠政治行动来完成的。(P394)

第三个因素，长期以来都被证明是比技能水平或工会组织更重要的，这就是政治组织。在大多数较为先进的工业国家中，工人们现在组织成了社会党、劳动党或其他党，这些党或者参与政府过程或者潜在地施加影响。在美国，没有这类以阶级为基础的政党，但民主党的作用是受劳动工会和工人阶级影响的。(P396)

(9)农业者阶级。

随着工人阶级的增长，人口中从事农业的部分急剧地减少了。

乡村生活特点的转化同农民数量的减少有着同样的重要性，与都市经济相联系的模式不断地渗透入，并改变着乡村领域。(P398)自给自足的农业在所有较为先进的工业国家中都正迅速地成为着过去。农民们基本上不再是光为自己的直接需要而生产，而是为市场而生产。(P398)

所有这些的重要后果是，原先曾经是美国生活中的一个重要成分的小自耕农现在像众所周知的印第安人那样迅速地和不可避免地消失了，绝大多数已经被迫加入了都市工人阶级的行列。（P399）

有些农场主试图通过近似于工会那样的有组织的行动来抵抗这一趋势，但这被证明并不是很有效的。（P399）

那些在当前斗争中生存下来的农民同以前的小自耕农是完全不同的种类。他们实质上是属于有产阶级的成员，并掌握了日趋错综复杂的农场管理技能。（P400）

历史上将农场主和农民同都市工人区分来的差别似乎正在消失。其结果是，农业者阶级或者农民阶级处在了被其他阶级吸收的过程中了。（P402）

（10）失业者阶级和奴隶劳动者阶级。

在先进的工业社会职业等级的最底层，人们通常发现或者是失业者组成的阶级，或者是由奴隶劳动者所组成的阶级。前者更容易在民主国家中找到，而后者则发现在集权国家中。这两个阶级的出现都是由于社会的领导者无力或不愿在劳动力市场的供求力之间达成一种平衡的结果。（P402）

是什么因素影响着我们的失业率呢？诸如战争、商业周期、技术革新、工业化程度和劳动力市场的需求等。而工人阶级利用自己的政治工具和经验来控制失业率的提高。与此同时，政治领袖也会对失业率及时做出反应。因此，失业率大概不会出现具有实质意义的持续增长。

对于奴隶劳动者阶级，前苏联小说家亚里山大索·尔仁尼琴在其凭空虚构的小说《伊凡·杰尼索维奇的一天》中清楚地表明，对这一阶级的大多数成员来说，就如农业社会中的被遗弃者一样，生命是“贫穷的，险恶的，动物般的和短暂的”。（P404）

三、我之感悟

社会分层是社会学研究中的一个重要领域。一直以来，学者们都在苦苦探索着社会不平等的本质、原因和造成的后果，形成了各种各样的学说。到了现代，工业化大生产使社会结构变得越来越复杂，社会分层的问题更加尖锐、更加迫切。由于社会学的创立，加之马克思在19世纪把对这一问题的研究带入了科学的层次。由于社会结构和社会分层更加复杂，给社会生活的各个方面都产生了巨大的影响，由此而引发了许多困扰着人们的社会问题。这迫使社会学家针对这些问题进行研究，因此，在现在的西方(特别是美国)，社会分层都是最主要的研究领域之一。

随着市场经济竞争的日益激烈，整个社会结构发生了明显变化，一个合理的分配结构，将社会各阶层的利益关系调整到最佳状态。这将是决定社会改革正常进行的一个关键问题，也是使改革获取成功的一个关键所在。

本书作者是美国人，其中书的观点立场可能不完全适合我国的情况，但是对分析和研究我国现行的社会结构和分配制度等问题具有很好的借鉴意义。

讨论部分

唐松林老师： 这本著作的学术性很强，文章的开头有一种文献综述的意味。他前面提到了一些流派。其中，保守主义和功能主义相近。激进主义和冲突主义相近。保守主义和我们社会学中的和谐论具有相似之处。保守主义相对稳定，他反对激进的变革，主张渐进的变革。在我们人类的社会发展中，它论述了主要的社会范畴，财富的分配，权力与财富的内在机制的运作方式。保守主义是建立在人性本恶的基础之上，通过社会手段来控制人的恶性，认为社会不平等是合理的。激进主义不这么认为，他认为人生来平等，洛克、卢梭等人是属于激进主义者。而在现实生活中，人们又常常无法平等，无法自由。从这个范畴来看，马克思也属于激进主义者。作者在文献综述之后，把激进主义和保守主义从八个方面进行比较。但是总体的趋势是融合的。他论述了分配制度，在论述分配制度的时候，涉及权力、强权是如何转化的、社会是如何进化的，论述了政权的垮台，阶级的划分、阶级系统和分配系统等问题。然后接下来论述了每一个社会阶段，例如在工业社会，他划分了十个阶级。他论述销售阶级，在工业社会，需要销售的人才。管理者阶级会取代业主阶级的利益，现在的社会也可以看到类似的现象。

我今天要思考的是，在社会中，是什么原则掌管着报酬的分配呢？是什么东西决定着每个人所获报酬的多少呢？也就是作者提出的这样一个基本问题："谁得到了什么？为什么会得到?"

陈琼： 让我最大的感触是不平则鸣，第二次世界大战之后，美国成为国际的中心。功能主义流派在美国是占有主要的地位。冲突主义是反对功能主义。权力是功能主义的缩影，特权来自于权力。

唐松林老师： 保守主义与功能主义相接近，激进主义和冲突主义相接近。为了使大家更明晰这些基本概念，我进行了如下梳理：

表5　保守主义者和激进主义者的基本争论

项目	保守主义和功能主义	激进主义和冲突主义
1. 人自身的本性	不信任人的本性，而强调具有制约作用的各种社会制度的必要性	不信任这些制约性的社会制度，而对人性抱有一种乐观的看法
2. 社会的性质	将社会看成是具有各种各样自身需要的社会系统，如果要满足其组织成员的需要和愿望的话，就必须满足社会自身的需要	将社会看成一个各种斗争在其中发生的场所，它之所以重要，主要是因为它的特殊性质影响着斗争的结局
3. 不平等制度在多大程度上是靠强制而维持的	强制是支撑和维持私有财产、奴隶制和其他导致产生不平等的权力和特权的制度的主要因素	强制仅起到很小的作用，不平等仅仅是作为共同意向，以及人们当中的先天差异的一种必然结果
4. 社会中的不平等造成冲突的程度	一般都小看其作用	将冲突看成是不平等的主要后果
5. 获得权力和特权的手段	偏重于诸如辛勤工作、他人托付等更有正当理由的方法	强调强力、欺骗和继承是主要的途径
6. 不平等是否可以避免	不平等是不可避免的	不平等是可避免的
7. 国家和法律的性质	把它们看成为整体社会的器官，基本上起着增进公共利益的作用	通常将二者看作是统治阶级为其自身利益而采用的压迫工具
阶级的概念	往往将阶级的概念看作本质上是一个具有启发作用的概念。它唤起对那些具有相同特征的人们的集合体的注意	激进主义者更多地倾向于将阶级看成是具有特殊利益的社会集团

刘艺：我想提出两个问题，第一个问题，这种阶级的分层只针对西方的吗？第二个问题，关于人性与阶级的关系是怎么样的？

唐松林老师：不是只针对西方的，是一种相对科学的论述。

匡林林老师：感觉作者是用社会学方式来写通史的感觉，他与东方也是非常契合的。文中的两个图（图4、图5），能帮助我们理解这篇文章。

唐松林老师：马克思谈到说人是社会关系的总和。社会学研究的是社会，社会是由人构成的。在处理人与社会利益时，人必须要服从这个社会。社会结构怎么设置，他是要促进人类整体利益最大化，在这个基础上来实现个人利益。卢梭谈到人的本质就是自由，他强调我们每一个人的个体需要。个体的价值高于社会的价值。在处理人和社会关系时，他希望每一个人都能自由，每一个人都能创造财富，如果集体中的每个人都是如此，那么这个集体就充满力量了。因此对人性的看法不同，那么社会建构的方式也会不同。所以十七八世纪的启蒙思想家强调人生来自由、平等，强调社会以满足个人的利益为出发点。所以我们社会的建构，财富的分配必须要考虑每一个人的需要。

李倩：谁得到了什么？为什么会得到？

周珍：是针对每一个阶级而言的。

唐松林老师：他这里主要研究了财富分配问题，为什么会有这样一些人得到这样的财富，是因为他们拥有这样的权力。农民阶级和有闲阶级？或统治阶级为什么会得到不同的财富，其实在这里的理论，就可以解释这样的问题。

李剑瑾老师：很遗憾，结论一部分没有写上去。在文章最后一部分，书中强调了在人性方面是偏向于保守主义。保守主义和激进主义在权力获取方面也是存在分歧的。激进主义者强调强力和继承权，保守主义者强调努力工作。文中谈到，两类因素都在起作用，保守主义者决定生活必需品的分配，激进主义者决定剩余产品的分配，生产品分成两个部分，一部分是维持人们生活必需的，另外一部分是剩余产品，在这一部分涉及权力的分配。这里的阶级和我们平时接触到的阶级是不同的两个概念，有共同利益的一部分人构成了一个阶级。在早期，政治权力是非常重要的，基本上垄断了剩余产品的分配，在工业社会之后，政治权力逐渐衰落，经济权力上升。这就解释了文章中提到的为什么部长的薪水比副总裁的薪水低的原因。无论是在方法论和思想上，这本书都是很好的。我感觉这个阶级的分层是针对美国的。

唐松林老师：李老师所讲的，给我们很大的启发，可以总结出，人类是朝着先进的方向发展的，经济力量上升的同时，民主力量也相对在上升。一般而言，我们人类还是朝着自由的方向在发展。

李剑瑾老师：任何一个时代，保守主义和激进主义两个都是存在的，只是有时偏向保守主义，有时偏向激进主义。

陈琼：阶级和我们平时所理解的阶级是不同的。

郑洁：个人利益是离开了社会，个人要主动地去适应社会。

唐松林老师：个人为了达到目标，充分利用社会资源。人与社会是良性互动。所以马克思谈到人是社会关系的总和还是很有力量的。

郭笑丽：图6中出现了交叠的情况，为什么说缩小了不平等的结构？

匡林林老师：他是对比以前的金字塔的结构，它类似于橄榄球的结构，相对而言，是缩小了不平等的结构。

唐松林老师：为了帮助大家进一步理解本著作的观点，这里就我的理解谈谈作者的主要观点。

第一，对个人利益的肯定。人们有普遍性的为之奋斗的目标，如生存、健康、地位、名誉、金钱、生活舒适、教育、来世灵魂拯救的愿望、此世爱的愿望。为实现这些目标，每个人都尽其可能地挖掘自己可以利用的资源，包括自然资源和社会资源。这些资源帮助我们得到了一些报酬，如金钱与职位等，而这些又丰富了自己的资源，促进自己去获得更多的物质与精神财富。

第二，社会的意义及性质。社会的意义主要在其政治意义与生产意义。就政治意义而言，维护现存的政治秩序，对各阶级整体的协调，使内部政治稳定。这种意义不可避免地会伤害社会个体成员，甚至在某些历史阶段会伤害大多数成员。就生产意义而言，扩大生产和生产所依赖的资源，基本方式包括促进科学技术发展、战争和征服其他民族等。

第三，分配的两个规律。第一个规律，人们分享劳动产品，要能保证劳动产品对人们的生存和生产力的延续是必不可少的。第二个规律，权力和特权之间的关系。如果我们能发现一个特定社会中权力的分配形式，那么，我们能确定该社会特权的分配形式。其中，声望是权力和特权的一个函数。

第四，阶级与阶级系统。阶级是一个社会中一些人的聚合体，这些人处在大致相同的权力、特权或声望等的地位上。一个阶级系统可说是一个按某一标准，如政治、财产、种姓等地位等级的排列。如按政治有贵族与平民；如按财产有地主和雇农；如按种姓有白人与黑人等。

第五，分配系统及其特质。分配系统有着错综复杂的结构，并且这种结构在很大程度上是由社会的技术水平决定的。其特质有三个：其一，社会剩余产品的多寡，决定了社会的不平等程度。其二，垂直流动率。在一个稳定的时期，技术变化和社会变迁使人们可以预测分配的垂直流动率的倾向。其三，敌对的程度。阶级敌对性的程度将倾向于随向上流动率而呈反比变化。但这一特质，我不太理解，我觉得应该是成正比变化，为何成反比变化呢？还有待研究。

第六，每一社会阶段及其特征。作者把人类社会划分为四个阶段：狩猎和采集社会、园耕社会、农业社会和工业社会等阶段，每一阶段按照社会的共同特征与差异特征、分配制度的共同特征和差异特征等内容进行了深刻分析，使你感觉到各个社会阶段的权力与特权的分配状况。

《孤独的人群》

——隐匿的自我

孙皓川 *

时间：2016 年 4 月 19 日

地点：湖南大学教育科学研究院

出版社：南京大学出版社，2002

参与人：唐松林（湖南大学教师）、李倩、孙皓川、郑洁、于思琪、于晓卉、何香、刘艺、肖航、欧阳鹏、陈琼、郭笑丽、李吟霁、符灿、周珍等（没有特殊注明者均为湖南大学教育科学研究院研究生）

一、作者简介

大卫·理斯曼（David Riesman，1909 年 9 月 22 日—2002 年 5 月 10 日），美国社会学家、律师、教育家。他父亲是宾夕法尼亚医学院教授，早年入哈佛大学攻读生物化学，1931 年毕业。之后进入法学院，1934 年取得学位。其间，他常用业余时间去纽约精神病学院听课，结识弗洛姆。

之后，理斯曼成为《哈佛法律评论》的成员，自 1935 年至 1936 年在美国最高法院法官 Louis Brandeis 手下办事。他也在布法罗大学法学院任教。理斯曼也是美国高等教育问题的评论员。在对 20 世纪美国高等教育中发生的那些重大改变的、惨淡经营的、从历史角度表达的评论中，理斯曼一再强调“研究型大学的逻辑”的作用，主要聚焦于对严肃学术的研究。这种内部逻辑不但设置了研究型大

* 作者简介：孙皓川（1990 年出生），男，湖南长沙人，湖南大学教育科学研究院 2015 级硕士研究生，从事教育哲学研究。

学的目标，也生产出它未来的专家教授。理斯曼注意到这种逻辑孤立了任何试图挑战大学的首要目标——学术研究的所有阻碍的方式，赋予它们成功的机会。

二、本书介绍

本书曾被誉为“当代最有影响的著作之一”，是美国社会学家大卫·理斯曼在同事的协助下完成的一部经典学术著作。

本书主旨是讨论美国人社会性格的形成及演变。作者根据传统导向、内在导向和他人导向的社会性格类型对具体的社会阶层——美国中产阶级的性格形成和演变进行了全面阐述。理斯曼认为父母、家庭、学校是性格形成的主要原因，而社会性格最终体现为一定的生活方式，在工作、娱乐、政治生活和子女教育等活动中表现出来。

作者着重探讨了19世纪美国占主导地位的内在导向性格如何被20世纪中叶的他人导向性格所取代的过程，研究了这一取代的原因、过程以及对美国当代主要社会生活领域的影响。

本书有助于我们了解、掌握美国人的心理动态和人际关系的特点，对研究美国人的性格变动具有一定的借鉴作用。

三、章节概述

（一）性格

1. 性格与社会的几种类型

◆性格与社会

这本书将探讨社会性格以及不同地域、时代和群体的人们在社会性格上的差异。不同的社会性格类型，一旦形成于社会深层，便会在工作、娱乐、政治和子女教育等各项社会活动中表现出来。本书所要研究的就是社会性格的表现方式。

当我们提及“社会性格”时，所指的具体含义究竟是什么？社会性格既不是指现代社会心理学中用来表示整个自我的人格，也不是指天生的气质、才能、生理和心理的成分，以及暂时性或永久性的特质。本文所谓的“性格”，与当代的一般用法也有出入，后者仅仅指的是人格的一部分，由经验而非遗传作用形成的（划分经验和遗传的界限绝非易事）。而我所谓的性格，是指在社会和历史因素或多或少的作用下，形成的个人驱动力和满足需要的结构，即个人用来接触世界和他人的一种“套路”。（P4）

学者们对社会性格的研究大多致力于缩小两者的差距，并描述社会最大“需要”的满足如何半神秘地通过最直接的方法得以实现。弗洛姆简明地指出了一条联系社会与性格塑造之间关系的途径：“为了社会能良好运转，社会成员必须具有某种性格，使其愿意按照社会成员或社会中特定阶层所必须顺承的行为方式去行动，他们必须渴望做客观上应该做的事情。外在压力被内心的强制所取代，被人的导向性格的特殊力量所取代。”因此本书中特别予以强调的，最有意义的一点，应当从社会促使个体顺承的过程中寻找两者的联系。

作者所采用的方法之一取自人口学。人口学是一门研究出生率、死亡率、社会人口的绝对和相对数目，以及按年龄、性别和其他变量所构成的社会人口分配情形的学科。

尽管缺乏中世纪人口的可靠数据，我们仍有充分理由相信，这一时期西方国家的人口增长曲线成特殊的S形。(越接近西方文明的国家，其人口发展趋势越趋近于S形。)S形曲线底部的水平线表示因出生人口数等于死亡人口数(两者的数值都非常高)而呈现的整个人口增长的缓慢或几乎不增长。这种社会被称之为高增长潜力阶段，即一旦某种因素的出现降低了非常高的死亡率，必将导致人口快速增长，从而产生“人口爆炸”。人口剧增现象以19世纪的欧洲以及欧洲人居住的国家最具典型。这一人口剧增现象可以用S形曲线的垂直线来表示。人口统计学家称这一阶段为“过渡增长”时期。因为出生率随着死亡率的降低而波动，人口增长率也随之降低。人口统计学家开始从人口总数中的中年人和老年人的人口增长率中发现人口增长的第三阶段，即初期人口减少时期。该阶段与第一阶段一样有总人口增长的减少，但这是由于该阶段的出生率和死亡率都很低的缘故。(P7)

“人口高增长潜力”社会中，其典型成员的社会性格表现为：他们的顺承性来源于遵循传统的内在倾向。我将他们界定为“传统导向”性格的人，因为他们生活在一个依赖传统导向的社会中。虽然饥饿和性冲动的矛盾常常引起人类的动荡和痛苦，高增长潜力阶段的社会却至少能在其成员的社会活动中保持稳定，包括成员导致人口数量减少的“犯罪行为”，从而形成某种制度化和模式化。带有特例含义的顺承行为在“自我明示”的社会情境中大量涌现。当然，在人类生活中并没有什么真正意义的“自我明示”，“自我明示”之所以出现是因为文化条件限制了人类的知觉。由于食物供应的不稳定性存在于现行文明中，它有助于创造某种常规的顺承模式。这种模式在许多高增长潜力社会有所反映，即使不是全部。这就是我所说的传统导向。(P11)

人口过度增长时期的社会，其典型成员的社会性格表现为：他们顺承性来源于早年生活的内心目标。我将他们界定为“内在导向”性格的人，因为他们生活在一个依赖内在导向的社会中。诺斯坦的“过度增长”概念是一种较为温和的说法。“过度”很可能意味着骤变，破坏以传统导向为主导的顺承行为的稳定存在。出生率和死亡率的不平衡给社会习俗增加了压力。因此，需要一种新的性格结构模式来适应社会组织结构的骤变，以及由骤变所产生的新需要。这种类型的社会以人口流动的增加、资本的迅速积累（伴随着技术的创新）以及几乎连续不断的商品生产和人口的增长、探险、殖民地以及帝国主义的扩张为特征。这类社会给予人们更大的选择性、创造性，凭借性格类型去面对、处理新问题，不再受"自我明示"的传统导向的制约。这就是内在导向型。其共同点为：个体导向的直接来源是内在的，即引导在早期的生活中由长者灌输，长者引导孩子走向一条普遍的却无从逃避的既定人生之路。初级群体促使年轻人社会化，并在年轻人的早年生活中控制了他们，当初级群体的控制力减弱时，一种适合更开放社会的新的心理机制产生了，这种机制就是我所描绘的"心理陀螺仪"，"心理蛇螺仪"一旦被父母或其他权威人士掌握，内在导向型的人就会像我们所预见的一样，沿着既定路线发展，即便他性格中所反映的传统不再制约其行为时依然如此。（P14）

"初期人口减少"社会中，其典型成员的社会性格表现为：他们的顺承性来源于对他人期望和喜爱的敏感。我将他们界定为"他人导向"性格的人，因为他们生活在一个依赖他人导向的社会中。当出生率随死亡率降低时，社会开始步入初期人口减少阶段，从事农业生产或原料工业以及制造业的人越来越少，工作时间也缩短了。人们除了物质享乐之外，还有了闲暇。但是人们为这些转变付出了代价，像往常一样，旧的问题解决了，新的问题又接踵而至。人们发现自己置身于一个中央集权的官僚社会，世界因种族、国家和文化的冲突而收缩、动荡，且工业化加剧了这种冲突。在这一新条件下，内在导向型人的吃苦耐劳精神和进取心已经不太必要了。他人而非物质环境，已渐渐成为问题之所在。人们接触越广泛，彼此之间就越敏感。因此，人口高增长潜力时期遗留下来的传统，在工业化的疾风骤雨中支离破碎。心理陀螺仪的控制不再弹性伸缩，社会又需求另一种新的心理机制。所有他人导向性格的人的共同点是，他们均把同龄人视为个人导向的来源，这些同龄人无论是自己直接认识的或通过朋友和大众传媒间接认识的。当然这种来源也是"内化"了的，它依赖于早年生活烙下的痕迹。他人导向性格的人所追求的目标随着导向的不同而改变，只有追求过程本身和密切关注他人举止的过程终其一生不变。（P20）

这里所指出的各种制度因素既与复杂的技术、体制相关，又与人口增长或统计工作本身有关。以我的设想而言，根据社会所达到的经济发展阶段来划分社会是较为可行的。当然，没有一个国家会是同一模式的，无论人口特征还是经济特征，不同的群体和不同的地区反映了不同的发展阶段，而社会性格则正是反映着这些差异。

◆性格的冲突

"性格的冲突"不单发生在某一个国家，或发生在处于性格和人口曲线上不同点的某一国家的社会群体中。初期人口减少的那些国家，都会感受到人口过度增长期国家的人口压力和扩张的威胁，甚至还会感到受人口高增长潜力的东方大国的威胁。这种以恶性循环表现出来的国际紧张，有助于初期人口减少国家的人们保留适合人口过度增长期的内在导向性格和匮乏心理。因此，人们向往适合富裕社会的性格类型，并为此梦想了几个世纪，暂时被历史搁置起来，人们的性格与经济结构之间有所差距则是必然的。人们采取不同态度来对待这一差距。一种态度是，由于世界存在两大对立的集团，另一场世界大战迫在眉睫，此时此刻谈论富裕时代的性格类型与其可能引起的问题是毫无意义的。从另一个角度来说，当世界上大多数农业人口及许多城市居民们仍处于饥饿和痛苦之中时，谈论美国的富裕即使政治上可行，实际上也是不道德的。(P33)

2．性格形成原因的演变之一：从品德到纪律

人口发展曲线和经济结构只是性格形成的一部分生态学原因，在两者和社会性格之间，还有其他促成性格形成的人为因素存在，如父母、老师、同侪群体和大众传媒等。这些人是社会遗产的传播者，他们对儿童的生活，甚至整个社会都有莫大的影响。孩子们生活在人口持续发展的前期，有很大的可塑性，是未来社会性格的接受者。

◆父母角色的变化

现代社会科学研究，因为深受精神分析学的影响，容易过分强调和推崇早年生活在性格形成方面的重要性。然而，人们逐渐意识到，儿童的性格在早年生活之后，仍可能产生重大的改变。社会化过程特指个体尚未完全具备成人的社会和经济角色的那段过程。同时家庭、家族和村落以外的性格形成因素也更为重要。

• 传统导向阶段父母的角色

在传统导向的社会，孩子们在儿童时代就开始准备扮演成人的角色。成人的角色几乎世世代代稳定不变，除了需要经常强化的技术和手工技巧的训练外，成年以后的生活就不太需要复杂性的和文字化的指导。孩子们只需注意周围的成年人的言语行为即可从小学会像成人那样去做事。在这一时期，外在的生活条件是一个很重要的因素。在传统导向社会里，家庭里一般只有一个房间，没有墙壁将老人、大人和小孩隔开，也没有墙壁把人们的各种不同活动分开。一个大家庭也就是一个经济单元，人们不必去办公室或工厂上班，也不必离家很远。人们也不担心节省时间的问题，所以不感到孩子是累赘。事实上，大人们也许并未感到自己与孩子之间究竟有什么不同。总而言之，在传统导向的社会，孩子们性格形成的主要动因是延续家庭、维护家族或群体的存在。儿童所模仿的榜样通常取自整个成人群体，而不仅限于自己的父母；孩子们模仿的内容是成人的行为和诸如勇敢、机智等心理特性。(P38)

• 内在导向阶段父母的角色

(1) 性格与社会流动

人口曲线上人口过度增长时期的来临，为社会和地理上的流动创造了广泛的机会。人们开始在新的疆域创业，从事生产、殖民活动和发现新知识等。尽管这种社会流动的直接影响仅限于少数人，但以原始群落为媒介的社会则不再断然声称个体必须顺承社会了。反之，正在成长的孩子很快就会意识到社会中存在一些对立的习俗和对立的生活之路，可以任其自由选择。同时随着社会分工的不断进步，人类角色日益复杂，上述种种倾向就越加强烈。社会分工的加速意味着越来越多的孩子不再把父母当作学习的榜样。社会流动性的不断增加创造了新的情境，这意味着尽管社会化过程所适用的社会角色尚未完全定型，但孩子们必须以不同于父母角色的方式实现自己的社会化。(P41)

(2)性格训练：父母有意识的任务。

内在导向的父母不仅对自身要求十分严格，还常常更严厉地要求他们的孩子。父母之所以这么做，是因为宽泛的家庭血缘关系已趋消亡，他们更需要把子女置于自己的严密控制和关照之下。他们并不因为孩子们行为上的顺承而感到满意，他们要求的是孩子们更细致的顺承，即孩子性格上的顺承与自律。与传统导向时期的社会化过程相比，内在导向时期在培养孩子方面耗时更久，儿童的社会化过程压力更大。弗洛伊德在他的"超我"概念中贴切地描述了这种情况，"超我"是儿童社会化的媒介，一旦灌输到孩子身上，即使再更新指令，都会伴随一生。也许这一概念不太适用于其他类型的社会，但用在西方内在导向全盛期的中产阶级身上却非常恰当。甚至有人说，内在导向性格结构包含着超我、自我和本我之间的紧张对立。现在流行着这样一种说法，孩子们是被"培养大"的，而不是被"溺爱大"的。纵使他们远离家庭，他们还是能把自己养大，他们在未来一生中都会尝试去发掘个人的性格。(P43)

- 他人导向阶段父母的角色

(1)性格与社会流动。

在人口过度增长时期，内在导向的人能够预见工业和商业的发展机会，怀着极大的热情和理智去拓展边疆城市。而到了初期人口减少阶段，社会既不需要这种热情，也不需要什么独立性。商场、政界乃至专业技术领域都相当的官僚化。最典型的例子就是法国。此时，社会的注意力逐渐转向工业过程中难以驾驭的因素——操纵机器的那些人。在这种情况下，社会流动性依然存在。但社会流动的原因与其说是在于个人的身份和他的作为，不如说在于他人的看法以及个人如何操纵他人或为他人所操纵……。然而，现在所需要的既不是产品，也不是机器，而是人格。(P45)

(2)从培养孩子到反哺父母。

对典型的他人导向型的孩子而言，家已不再是温暖的"世外桃源"了。随着家庭人口和生活空间的减少，以及与老一辈在一起生活的机会减少，孩子们自然会直接面对父母紧张情绪的压力。因此，随着父母自我意识的提高，子女与他人交往的自我意识也有了相应的提高。……这一阶段的父母不但缺少成功的内在导向者的那种自信，而且也缺乏不成功的内在导向者的撤退战术。无论在工作或社会关系上，往日确定性的逐渐丧失常使父母对于如何培养下一代感到困惑。（P48）

（3）“理性”的束缚。

尽管父母的权威性已经被削弱，他们仍竭力设法控制某些事物，然而，由于他们缺乏自信，其策略也有所改变。尤其在上中产阶级，父母仰仗人事管理的方法，以合理的方式——确切地说，是以讲道理的方式操纵孩子。孩子则以相同的方式回报父母。我们可以就这一历史事实归纳出：传统导向的孩子讨好父母，内在导向的孩子反抗或者屈服于父母，他人导向的孩子控制父母或受控于父母。综上所述，他人导向型的父母在孩子身上装置了一套所谓“心理雷达”，这项装置并非用来引导和稳定个体的内在，使之沿着特定的方向前进，而是用来探测他人的行为，特别是一些象征性的行为。因此，父母对子女性格上的影响，也仅限于如下三个方面：①父母的信号和他人的信号在雷达上混合出现；②父母将子女置身于某一特定的社会环境中，有限地改变子女接收到的信号；③冒险检查孩子们收到的信号（对孩子而言，似乎不太公平）。（P53）

3．性格形成演变原因之二：同侪陪审团

◆内在导向阶段的同侪群体

随着传统的大家庭的衰落，内在导向型家庭的孩子常常受理想化了的父母的更严厉的压制。为了博得父母的宠爱，免受责难，孩子们之间彼此竞争。这就是内在导向型的孩子所付出的代价。在这种环境中，他不必等到加入以年龄来划分的同侪群体时，就已经成熟了。他的父母不会再压制他们，因为根据权威观念，孩子尚不能做什么事。

内在导向的孩子一旦到了“明白事理”的年龄，就从与自己阶层接近的那些人当中选择朋友。其实阶级本身就是一道障碍。在5至15岁期间，性别差异也是内在导向的孩子的交往障碍之一，男女生不混班上课，是因为人们在观念上不愿意让男女混在一起，正如不愿让不同阶级的人混在一起一样。内在导向的孩子对自己的社会地位和渴望获得的身份地位有着清楚的认识，并以此选择朋友，限制自己。

我们可以看出，重视内在导向的社会并不认为寂寞和受欺侮是最可怕的命运。父母，有时甚至包括老师可能已经打破了道德权威，同侪群体也会有吸引力或威慑力，但其道德约束力却很小。然而，尽管大人拥有至高无上的权力，但他们很少指导或帮助孩子，既不教育孩子成为群体的一员，也不教给孩子如何从群体生活中发现乐趣。（P69）

◆他人导向阶段的同侪群体

到了他人导向时期，父母扮演的角色逐渐失去了曾经的支配地位，长者也不再是掌权人或掌权人的任命者了。而另一些成年人，如教师等则充任新的角色，成为同侪群体的媒介或催化剂。他人导向的孩子在城市里长大，而城市的规模越来越大，市民等级越来越明显，并且为孩子们创造了一个以年龄和阶级来划分等级的群体。

内在导向的父母强迫孩子们为家里尽点儿责任，如简单的家务劳动等，而他人导向的父母在这类事情上表现得较为宽大，而是急于迫使(虽然父母未意识到他们在强迫)孩子进入社群生活圈。

同侪群体对个人的教育和启发功能：大多数孩子在同侪群体相处中学习的进度很快，同时当代孩子不论是和大人在一起还是异性面前不再害羞了。这种顺承性为孩子们的长大准备了新的社会流动性，他们能够随着身份地位的微妙标志自动调整适应自己。

同侪群体对个人的压抑：杀杀那些太锋芒毕露人的傲气；所有的特殊个性和怪癖都要多少收敛或克制一些。同侪群体中其他成员的判断，常带有明显的个人喜好偏见，这些判断是有意义的评估，因为判断是根据孩子们的个人喜好做出的，孩子们正是根据这些喜好因素将同伴划分为各个不同的类型。

◆同侪群体的敌对合作者

消费群体除了进行消费时尚和消费购买意见的交换外，还利用消费者的名义进行消费活动。换言之，友谊被视为最大的消费品，而同侪群体本身也是消费的主要目标，群体自身的时尚时刻处于竞争中，同侪群体按喜好的标准不断地进行交流。事实上，他人导向的孩子与内在导向的前辈相比，对众人的评价格外敏感和了解。内在导向者在生产和消费领域所具备的巨大竞争力，似乎已转化为获得同侪群体赞同及赞同的无形保证的竞争了。个体为了博取赞同而竞争，就会压抑自己外在明显的竞争性。在此，我们从别处借来“敌对的合作”一词说明这种情形，十分贴切。(P81)

4．性格形成原因的演变之三：传播者即有技术的指导者

语言是同侪群体最精练而有力的工具。对群体成员而言，无论何时语言都是了解群体流行好尚和情绪的关键。语言本身已成为一种消费品，它既不用来指导经济生活，也不用来建立自我与他人的任何亲密关系。反之，在当代同侪群体中，语言被用来表达群体的心声，其作用就如同一节柜台，区分里外。个体通过语言参与同侪群体艰难的自身社会化过程，当代的同侪群体比以往任何时候更能运用语言而获得力量，因而也成为语言的牺牲品。

同侪群体正好介于个体与大众传媒发出的信息之间。大众传媒就好比批发商，而同侪群体就像传播过程的零售商。然而，传播的方式并非千篇一律的。当喜好、技能、语言首次出现在同侪群体时，同侪们不仅能在很大程度上决定赞同与否，而且还能挑选出部分喜好，在与之交往的群体中传播开来，并最终反馈回大众传媒，以便流传更广。在初期人口减少阶段的社会中，技术上已经有足够的能力提供时间和物质条件来满足来自城市中心人们的丰富想象力。工业化和大众教育并驾齐驱。这一社会比以往任何时候更依赖家庭以外的性格形成条件。

传统导向阶段的歌谣和故事：人们普遍认为，传统导向的社会利用口述家史、神话传说与歌谣等形式来传播其相对稳定的价值观。这些表达方式难免会有些含糊。但是由于故事通常是由家庭成员或与家庭有密切关系的人说给孩子听，因而故事多少已被加工过了。在这种情形下，亲朋好友面对面所表演的故事和歌谣，带有明显的告诫和规劝的内容并不足为奇；有关反叛性主题的故事，充分说明在传统导向社会仍存在一些尚未完全社会化的内容。当人们接受某一种文化的约束，就不能再去设想另一种文化模式，也就是说他们意识不到自己文化的约束力。他们的故事就是他们梦想的缩影，是逃避约束的避难所。救援者，甚至还可帮助他们梦想成真。羞耻感和罪恶感等压力凭借最普通的忏悔得到解脱，神话传说为这种解脱提供了可能。（P86）

内在导向阶段印刷媒介的社会化功能：传统导向的人不仅具有传统的生活标准，连工作时间、努力的程度也都有传统标准。印刷读物融合了其他社会化媒介，摧毁了这些标准。内在导向的人通过印刷读物得到理性思维的启迪，塑造了一种新的性格结构。这一新的性格结构驱使他比传统导向的人工作时间更长，减少休闲娱乐方面的开销。他之所以会被驱使是因为他自愿如此（文字的鞭策）；内在导向阶段，印刷媒介的主要目的在于教育孩子认识成人扮演的各种角色，并使孩子在幻想中尝试担当这些角色。人口过度增长阶段与人口高增长潜力阶段生活的区别在于，过度时期的成人经常从事一些孩子们不再注意或理解的活动。这些成人一旦置身于陌生的环境，就需要各式各样的印刷读物填补内心的空虚，需要内在导向模式而非传统导向模式来引导其生活。印刷媒介和其他流行文化的形式，通过促使其回想父母对他们的热切期望，以及父母在他们通往成功的道路上给予的特殊指导，而满足他们的需求。（P91）

他人导向阶段的大众传媒：在初期人口减少阶段，孩子从小就开始接受消费训练。他们在家里既是意见领导者，又在家庭预算中占有一席之地。因此职业传播者认为孩子的大众传媒市场值得一顾。大众传媒不单能为专家们的研究和市场调研提供特定年龄、阶层的文化模式，也能使孩子们在成长过程中比以往任何时候更相信自己的判断。今天的大众传媒要求孩子们用孩子的，或曰其他孩子的眼光看待成人世界（儿童的市场）；神话故事和费兰克丛书同样强调在故事结尾谁获胜，然而从主角设定的重要区分来看，我认为雄心壮志是内在导向时期人们追求既定目标所付出的努力，内在导向时期的竞争常常是冷酷无情的，但人们却毫不担心自己是否有资格竞争，因为竞争总是存在的。人们只有在失败时（而非成功时）才有罪恶感。相比之下，有敌意的合作可以说是他人导向群体的典型特征。在他人导向时期，人际关系比既定目标更重要。在新的竞争状况下，人们常常怀疑是否有竞争的必要？如果有，其目的是什么？社会要求人们必须合作，而不是敌对，人们就有可能对自己的成功产生罪恶感，甚至于对他人的失败，也觉得负有一定责任。（P101）

5．内在导向的生活

我们必须明白，内在导向不等于良知导向。一个恶棍不择手段追求自己的目标，也可以像敬畏上帝的清教徒那样受内在导向的引导。因此，若要把握内在导向性格的特征，最好先了解这一时期人们心目中唯一的导师是上帝。

◆工作中的人

内在导向者倾向于把工作视为非人性化的目标，如客观的社会组织。对内在导向者而言，生产是根据技术和智力过程而不是根据人的合作来衡量的。企业中的人际关系、企业与企业以及企业与社会的关系，全靠一只“无形之手”促成的无形合作态度来控制的。内在导向阶段，人们自然晓得，工业组织的合作成就并非自动获得的。尽管人们一贯重视纪律、自制和诚实的必要性，但并不认为工作压力所引起的情绪问题是个大问题。这一阶段，大量农民离乡背井进入工厂工作致使劳动力过剩，又因没有护照制度而使他们可以轻而易举去外国谋生。此外，劳动者的工作压力容易受到新的或传统导向阶段遗留下来的价值观以及发达国家宗教信仰的牵制。与此同时，管理者的工作压力倒不成什么问题。因为管理者为数不多，不论他是否被他人喜欢或与他人观点是否一致，都能与他人积极配合，共同完成体力和智力上的工作。这与其说是他们的合作情绪，不如说是内在导向的法则使他们努力工作不怠工。（P112）

内在导向者的工作态度，可用“吃得苦中苦，方为人上人”这句谚语来表示。尽管成为流芳百世的人不容易，可内在导向的人还是愿意付出毕生的努力去追求。他之所以甘愿付出如此长久的努力，是因为他所追求的目标十分广泛。他不仅追求金钱、权力和名望，而且还追求艺术和专业上的不朽成就。

◆娱乐的次要性

内在导向阶段，娱乐和消费居于从属地位，工作才是首要的。一些人把消费当成一项工作，还有一些人，也许是大多数人，则把娱乐当作逃避工作压力的方式。内在导向的人已经脱离了传统的导向和束缚，充分意识到工作和娱乐的不同。有一点很明确，即那时还谈不上什么休闲，工作冗长无味，疲惫的商人应运而生。然而，我们今天对工作和娱乐的广泛选择足以划分如下两类人：把消费视为获取的人和把消费视为偶尔或正当逃避工作的手段。

（1）渴望获得的消费者：人们在工作中付出的代价要在休闲娱乐中得到补偿。

生产商为了利用资源和运送成品和半成品，大力修建新的铁路网，同时，消费者也开始在市场上活跃起来。生产商推，消费者拉，两者配合激活市场。消费第一阶段的明显特征是消费者极端渴望将商品据为已有。

(2)渴望逃避的消费者：所谓逃避是指人们的态度和活动偏离了无所不包的工作领域。内在导向者既能向上逃避也能向下逃避。一方面，美国的内在导向者时代都面临着假借沉迷于艺术而向上逃避的要求，另一方面，由于向下逃避无助于或有损于个人在工作和家庭中的社会地位，所以娱乐的可选择性不多。娱乐的能力无法直接创造经济效益，所以，内在导向者比今天他人导向者更不愿意参与娱乐活动。

6．他人导向的生活

他人导向兴起后，我们看到，内在导向时期那些有获取能力的消费者和逃避工作的人都消失不见了。当财产不再具有稳定性和客观效用后，人们的物质欲望也大为削弱。人们逃避工作的倾向也有所减少，因为工作与娱乐已经相互交错在一起。中产阶级对饮食和性生活的态度已经出现了新的倾向。他人导向者好卖弄格调品味，不直接用饮食来炫耀自己的财富、体面及营养学知识。他们更喜欢在请客时露一手，而且还能在吃饭时的闲聊中展现自己的交际才能，从而借助这一机会表现自己。同时，性也不再被当作是简化了的性生活，而被看作是比生产或维系生活更重要的单独的活动。

在清教主义的影响下，内在导向者舍不得浪费时间。出身下层阶级的有志青年为了显示自己的内在导向性格，又与酗酒、赌马的纨绔子弟为伍，每天进行行为反省，驱除浪费、懒惰等不良习惯。他们几乎从不享乐，除非他们认为娱乐有助于自我改造，因此，他们的生活必然十分紧张，没有片刻闲暇。他人导向者决不像这样有浓厚的清教思想，他不在乎浪费时间，他的穿着、言行举止、伦理道德都比较随便。……他人导向者没有明确的自我核心可资逃避，生产与消费之间也没有明确的界限，顺承群体和为个人兴趣服务，以及工作和娱乐之间也没有明确的界限。(P158)

(二)政治

1．传统导向、内在导向和他人导向的政治风格：冷漠者、道德说教者和内幕消息预测者

内在导向的人格特征在政治态度上的倾向，表现为“道德说教者”风格；他人导向者的人格倾向则表现为“内幕消息预测专家”风格。这两种风格的划分，一方面与政治情绪由激奋到宽容的变化密切相关；另一方面也与政治主张由统治阶级的集权支配到权力分散到众多的处于竞争压力的边缘群体的演变相关，这些变化也许还包括了引起他人导向兴起的原因。

• 冷漠者

(旧式风格)正如社会中的所有成年人都必须投入政治决策的观念是近代社会的现象，政治冷漠和政治消极被视为一种异常现象，也只是近代社会的观点。在古代的东方社会只有皇亲国戚、贵族大臣等少数统治集团才有权涉足政治领域，其他的人与其说是政治冷漠者不如说是政治的沉睡者。在美国，少数内在导向者属于上述类型的政治冷漠者。他们的冷漠属于古代或中世纪被剥夺政治权力的大众所呈现的古典式冷漠。在历史上，人们常常以嘲讽或者偶尔的反叛的形式接受贵族专制。他们无法表达自己的政治主张，也不懂得如何进行政治参与。因为他们缺少表达能力、政治训练、组织经验等基本的参与政治的工具；(新式风格)如上所述，少数政治冷漠者的政治风格与其传统导向性格、低社会地位、贫穷和统治训练不足密切相关。但更重要的是还有另一类政治冷漠者，他们不是传统导向者，他们具有良好的语言文字表达能力和组织能力，能明确意识和把握政治活动的规律，总之他们对政治工具驾轻就熟。然而，虽然这些人的冷漠不同于传统导向者的古典式冷漠，但总体来说都属于政治冷漠。这些政治冷漠者在很大程度上了解政治生活却拒绝参与政治，洞悉政治内幕但从不发表议论，明白作为一个公民的政治责任却逃避责任。我们可以将这类新型的冷漠者划入内在导向或他人导向型，他们已不能顺承与其性格特征相吻合的政治风格。(P170)

• 道德说教者

在19世纪美国的政治生活中，内在导向者的政治态度表现为道德说教者的风格。由于内在导向者工作至上，将所有的情感和才能都倾注于工作之中，所以当他们处理政治领域问题时也习惯于依照工作领域的思维和方法。每每听到政治消息，他关注的是其中包含了什么工作任务，而从不运用自己的知识去判断字里行间的真正含义。……道德说教者的一个不同的政治风格是，将自我完善的性格倾向投射到政治生活中；他想改进所有的人和所有的制度。……道德说教者的另一个政治风格表现为，他试图发挥道德力量去阻止时常发生的邪恶，而很少身体力行地做善事。这种“抑恶”但不“扬善”的倾向反映了道德说教者的内心冲突。对他而言，罪恶的定义简单明了，比如，工作不严肃就是懒惰，讲究享乐便是放荡，怀疑私有财产便是社会主义。(P175)

• 内幕消息预测者

他人导向型的兴起将“内幕消息预测”态度带入了政治生活，这种内幕消息预测态度最初源于消费领域而非工作领域。他人导向者拥有丰富的社交技巧，他需要这些技巧来生存并在自己所处的社会环境里游刃有余。他可以把某些社交技巧运用于政治生活，如克制自己的情绪。由于他追求生活的合作气氛，所以，他努力克制个人的不快情绪。这种技巧与他不断自省的意识有关，他能时刻意识到人人都具有同等重要性，而内在导向者恰恰缺少这种意识。

内幕消息预测者也许有充足的理由认为，既然自己无法改变政治，那么只好去了解它。或者，他可以通过与某些知情者通电话来观察所有的政治问题。也就是说，某些内幕消息预测者非常渴望成为政治圈子的人，加入政治组织或创立政治组织；而另外一些内幕消息预测者的最高目的就是探听到政治内幕新闻。只要任何同侪群体满足他们这一愿望，他们就会加入该群体。（P183）

2．政治的游说：义愤与宽容

内在导向的“道德说教者”把来自生产领域的态度带入了政治领域，而他人导向的内幕消息预测者则把消费的态度带到政治生活。他人导向者认为可以根据消费好尚来评价政治。政治家也是人，所以越具个人魅力，就越有好处。此外，政治与市场也有一个相同之处，政治行为的方式与行为过程中表现出来的情绪和行为的结果一样重要。这一点正好与他人导向者的倾向一致，他人导向者比内在导向者更强调手段，而不太注重目的。

在政治舞台上，大众传媒可能是他人导向的演员与观众之间最重要的共同途径。大众传媒不仅可以批评演员的演技和演出的情况，还能够直接或间接地训练观众的政治消费技巧。尽管传媒的影响模式十分复杂，但大致可以概括为三点：①流行文化实质上是消费导师。它训练他人导向者如何消费政治，怎样把政治消息和政治态度当作消费品。②大众传媒对于外界压力十分敏感，因此宽容精神至关重要。即使在传播道德说教者的思想时，他人导向的听众也会心平气和地接受道德义愤者的信息。③由于美国政治新闻界与编辑界仍然保留着内在导向的道德说教风气，因此，流行文化虽然赞成他人导向的宽容与忍让，但其说服力已被削弱。

◆作为消费品的政治

在这种被动消费的情况下，可以预见如果允许自由选择，人们很可能退出内幕消息预测者同盟，加入到众多新式冷漠者的行列，但是他们并没有选择的自由。因为大众传媒在政治表演中发挥着蛊惑人心的作用。大众传媒发明了一种“灵丹妙药”——魅力，来医治危险的冷漠情绪，就如同性的魅力取代了传统导向者的爱情和非个性的家庭纽带；产品包装和广告的魅力取代了价格上的竞争。如今，政治上的魅力无论是领袖人物迷人的神秘形象包装，还是大众传媒的大肆渲染，都取代了内在导向者的自私自利的政治风格。总的来说，凡是充满魅力的事物，我们都会怀疑旁观者是否持有冷漠态度。（P194）

◆传播媒介：宽容态度的培养者

目前宽容的态度已成为人们对待包括政治在内的一切事务的方法。而传媒之所以要宣扬宽容精神的原因主要有以下几个：首先，促进宽容倾向的最大动力来自传播媒介的受众。报刊杂志等出版物，虽然不具备电影那样的感染力，但也遭到来自各种利益集团的重重压力。这些压力在传播媒介的经营与分配结构中已经被内化了。其次，大众传媒的传播范围越广就越需要以大都市作为发行中心，进行采编和出版。而在大都市里，来自倡导他人导向的宽容态度的压力最大。另外，因为许多小城镇往往只有一家报社，所以肆意攻击任何一个有权势的群体都得不偿失。报社的老板宁肯遵守"美国报业发行协会"或"广播协会"的条约规范，采取公平交易的方式，而不愿冒你死我活的自由竞争的风险。其他行业也是如此。（P196）

◆大众传播媒介逃避政治吗

大众传媒的批评家通常认为，传媒滋生了人们的政治冷漠，鼓励人们逃避政治和现实生活。用经济学中"葛式定律"来说，传媒用大众娱乐的"纸币"驱逐了政治的"硬币"。有人不禁要问："华盛顿怎么能与好莱坞和百老汇相媲美呢？"

实际上，受到众多批评的大众传媒尤其是报刊杂志，一直保持内在导向的政治态度。这些报刊比观众所要求的还重视政治，连小报也印着醒目的新闻标题，常常采用新闻图片做封面，而不是采用更有趣味的漫画。对他人导向者而言，传媒重视政治报道十分重要，因为他是在这些媒介的指导下，制定生活计划，形成价值判断。他深信人们的政治观点与传媒所宣传的完全吻合。他认为除自己以外，其他人在政治上都属于对政治问题警觉性很高的道德说教者。（P202）

因此，在美国尽管传媒的效果既很含糊又很复杂，但明显突出政治主题保持着旧式道德说教的政治风格。这种现象在报界比电影广播界更为显著。然而，总体来说，大众传媒对美国人政治态度的影响，与其说保存了内在导向的政治义愤态度，不如说鼓励并迎合他人导向者，由此强化了他人导向的影响。这种影响主要表现为：除政治生活以外，内在导向的影响及其作用已被逐出大众传媒之外。

（三）自主性

1. 顺承还是自主

◆顺承者、离异者与自主者

我们一直在描述所谓的"顺承"者，他们属于典型的传统导向者、内在导向者或者他人导向者——他们在不同的人口阶段都能顺承社会或社会阶级对他们性格结构的要求。事实上，这些人似乎天生就是为了适应这些文化而存在的。尽管我们认为对常人而言，接受顺承模式的过程需要承受很大的压力，而一个顺承者的顺承过程却毫不费劲。总之，顺承者就是那些能不加歪曲、直接反映出他们所处的社会文化与社会阶级的人。

在每个社会中不能符合顺承者性格特征的人，不是变成离异者，就是成为自主者。"离异"一词来自法国社会学家迪尔凯姆，意为无礼的、不受控制的。我在此引用了"离异"这个词，但我的含义超出了迪尔凯姆的原义。实际上它与不良顺承的含义相同。我避免用这一术语是因为它的负面暗示。其实，在某些文化背景里，对不良顺承者或者离异者的评价要远远高于顺承者。至于顺承者的含义，是指那些具有顺承社会行为规范的能力，而且能够自由地去选择是否顺承该规范的人。这种能力是离异者所不具备的。（P246）

离异者是在试图塑造内在导向和他人导向性格时所产生的副产品。甚至在传统导向的社会里也会有一定数量的离异者，他们在意识和心理上都不能顺承或胜任社会分配给他们的角色。这些人当中，有的是依靠家族的力量才得以生存。离异者不仅包括那些没有收到社会信号的人，也包括收到信号却没有任何意识以及成功迹象的人。前文所提及过的那种“过度顺承”的人，由于过分专注内部和外部的信号，也可能成为离异者。

关于自主者我们就知道得更少了。许多人甚至不相信世界上有这种人存在，即在任何时间、任何方面，都有能力超越文化规范的人。事实上，自主型、顺承型和离异型三种不同类型的人，可以是同一个家庭中的兄弟姐妹、从事同种工作的同事或者同一社区的居民。当某人不能自主时，我们可以找出其症结之所在；而当有人在其他人不能自主时，却能特立独行、成功自主。对此我本人也不能解释清楚其中的原因。或许，可以归结为与生俱来的遗传因素，也就是古时人们称为神力的东西。（P249）

◆内在导向时期的自主性

自主者像其他生活在同一文化背景下的人一样，能运用性格与环境的条件，背离这一文化的顺承方式。因此，我们不能说“自主的他人导向者”或“离异的他人导向者”，只能说“他人导向时期或群体中出现自主者”，或者说“与他人导向、内在导向模式发生冲突所形成的离异分子”。自主与离异一样都是偏离常态顺承模式的现象，尽管这种偏离现象的范围与意义依然被顺承模式所控制。

在内在导向的社会里，自主者与顺承者一样，具有内化了的明确目标而且在应付环境的变化方面训练有素。与之相反，顺承者受“陀螺仪”的驱使追求某一目标，但他无法控制“陀螺仪”的速度和方向，甚至常常没有意识到“陀螺仪”的存在。而同时代的自主者则能选择自己的目标，调整自己的步伐。对自主者而言，目标与实现目标的动力都是理性的、非权威的、非强迫的；而对顺承者来说，这一切都是既定的、外界强迫的。（P253）

◆他人导向时期的自主性

在内在导向时期，许多心理因素被大多数人认为是合情合理的，自主性正是在这样的社会环境中得以形成的。而在他人导向时期的社会环境中，自主者能够系统地关心他人的问题。更重要的是，在今天西方民主国家里具有较高经济地位的人，除了少数最富有的人之外，几乎都是他人导向型，对他们而言，过去追求自主性所承受的来自家庭和权威的巨大压力已经不存在了。

这就是为什么在一个有着极大自由的社会阶级里，难以依据经验确定谁是自主者的原因。在这些阶级中，除了那些还在追求自主性的人外，实在没有什么“问题”存在。这些人无法像“内在导向”环境的自主者那样容易对“敌人”下定义。

高度的自我意识是他人导向时期自主者最显著的标志。正因为内在导向者比他们的前辈传统导向者更具自我意识，而他人导向者又比内在导向者更具自我意识，所以，在鼓励自我意识的环境中成长的自主者能顺利摆脱其他顺承模式，获得更多的自我意识。他的自主性不在于掩饰和否定情感的能力，而是在于认识并尊重自己的感情，了解自己的潜力及局限。这不是量的问题，而是能否意识到自我意识，能否获得高度抽象水平的问题。（P262）

2．错误人格化：工作中的自主性障碍

◆工作的文化界定

他人导向者的情感世界里隐藏着许多自主性的潜力。但是，显然他人导向者的工作、娱乐及政治活动，虽然可能比内在导向者更为灵活，但他们的自主性却经常被其他社会组织消耗殆尽。尤其是目前流行的所谓关于工作、游戏以及两者之间的关系的文化界定耗尽了个人的自主性。正如我们所知道的那样，这些界定将许多费劲的娱乐带入让人高兴的工作，同时也将许多群体适应的工作引进了他们的娱乐。所有的人在一定程度上都被迫去接受这些关于工作和娱乐的界定，正如我们被迫去接受那些与阶级、性别、种族的界定一样。不管这些界定在不同的时间和场合对我们的基本人性和经历的恢复是否有利，文化模式和社会化过程都强迫我们接受这些界定。

今天，我们对人的工作本质有了更深入的了解，但我们依然倾向接受这样一个心理假设：工作和生产是在纪律的约束下进行的，这与人类的本性相违背。我们还不十分明白，也许惰性是人们不愿意工作的消极反抗，也是对工作界定的反抗表现。

◆有魅力的人、多余的雇员和必要的雇员

在前面的章节我们提到的所谓虚伪、造作地向他人献媚就是错误人格化的表现之一。我认为，在工作方面，错误人格化是自主性的主要障碍。比生产技术上出现的问题更消磨他人导向者的情感与精力。“强制性剥夺”同样也是获得自主性的主要障碍，而且这一障碍不仅仅表现在娱乐方面。剥夺泛指经济、伦理道德、社会等级、家庭等诸多方面的限制，即限制了人们休闲娱乐和建立友情的机会。从某种程度上来讲，在工作中遭受错误人格化困扰最严重的人，在闲暇中也往往受到最大的强制剥夺。

• 白领阶级的人格化：“追求魅力”

内在导向的经理们对自己的秘书从来就不屑一顾，而秘书作为不同阶层不同信仰群体中的一员，也很少把“老板”看成是有血有肉的“个人”。受到“无形之手”的支配，老板与秘书都只关注工作，彼此则毫不关心。他们之间的社会鸿沟只能通过主仆之情得以沟通。相反，他人导向型的经理们却把他与下属的关系加以人格化，因为他自己也是在人格化高度水平上出卖劳动的白领，同样是这一社会体系中的一分子。这种人格化的现象尽管并不旨在剥削，但由于是强制性的，因而是错误的，就像有敌意的合作模式。这种人格化就是白领阶层操纵他人和自我操纵的指令。

在对政治冷漠的地方，我们可以发现魅力的重要意义。同样，对工作的冷漠态度，往往激发人们追求魅力的热情。魅力的多少，与工作本身关系不大，而主要是看为谁工作。（P269）

• 阶级对话：工厂里的模式

一方面，白领阶层的人士模仿他人导向型的上层中产阶级风格；另一方面，工厂里的蓝领工人则从来不轻易相信他人，他们只有在得到别人的热情欢迎之后，才肯卖力工作。当然今天他们不再这样坚持了。总体来讲，经理为了使加入工厂工会组织的工人接受上司的“热情欢迎”，必须要煞费苦心，否则工人会把精力耗在人际关系上而妨碍工作。……只有经理们才会注意到工人、工作过程和经理三者之间的和谐情绪，对工人和工作过程而言，和谐的情绪并不重要，原因在于“他人导向型”的经理不能容忍敌意和冲突，因此，在努力消除敌意与冲突时会令他们非常繁忙。更重要的原因是，当今的美国人似乎还没有意识到，敌意与冷漠会对生产效率产生严重的影响。其实，和谐情绪的获得是和谐工作的前提，而不是那些愉快的、有意义的工作的副产品。（P271）

3．强制性剥夺：娱乐中的自主性障碍

◆社交的否定

在他人导向者的整个顺承体系和自我调整体系中，赞同他人和指导他人是重要的组成元素，剥夺一个人渴望社交的性格本能。他不仅不能获得自主性，而且会成为离异分子。这就如同采用突然的监禁方式迫使一个人戒酒戒毒一样残忍。另外，如果一个他人导向者正在寻求自主性，他也不能单独完成，他需要朋友的帮助。

他人导向者在儿童的同侪群体中完成其社交社会化的过程。群体中的儿童在年龄、肤色和社会阶层方面大致相同，但在个人气质、兴趣爱好与想象力方面却不尽相同。如果他是一个顺承良好的人，他则会学习模仿周围的同伴，学会合作、容忍和控制脾气。在这一过程中，他要学会忘记性格中的“非社会性”和“非他人导向”的方面。只要他一直生活在这种同质性很强的同侪群体中，如邻居、职业群体、社会阶层之中，他就不会意识到自己与别人有什么差异，一旦发现两者存在差异，必然引起他的烦恼和不安。如果有一天他发现他身处一个鼓励和支持表达被压抑的群体，而不是惩罚自主性的群体之中，他就向自主性迈进了一大

步。(P281)

◆社会交往与妇女受到的剥夺

妇女解放运动引起男人的不安，男人们试图让女人重新扮演传统规定的家庭角色，恢复对妇女的剥夺。许多男人和女人都面临家庭破裂的苦恼，渴望回到人口曲线早期社会中的家庭结构模式，他们不明白当今离婚率的上升，显示了敏感的中产阶级对婚姻有了新的要求，即要求婚姻增加社交功能与娱乐功能。正如米德在《男与女》一书中所发现的那样，在选择配偶时，人们对社交与闲暇的能力要求越来越高，希望伴侣在这方面与自己共同进步。

然而，妇女在工作与娱乐中要真正实现与男人地位平等还需要一段时间。今天男女相处已十分自然，人们也更喜欢男女混合的工作和娱乐，这些是人们与剥夺女性的旧传统残余势力斗争的结果。同时，我们不难发现，在他人导向盛行的社会阶层中，即便是那些经济地位很高的妇女依然忍受一定程度的剥夺。这些妇女被动地进行消费和娱乐，她们没有能力解决娱乐的权力问题。(P284)

◆娱乐的地位

“剥夺”之所以成为娱乐的障碍，主要是因为在过去的时代中，身份地位制约着人们的闲暇生活方式。妇女、儿童和中下阶层封闭单调的生活是工业革命早期司空见惯的现象。娱乐体现着社会等级的观念影响至今。财富、交通及教育的发展虽然能为闲暇生活开辟更开放、更广泛的前景，但内在导向时期清教徒式的禁欲主义继续成为娱乐的障碍。无论是富有传统意义的万圣节还是美国国庆这样新设立的纪念日，均会受到禁欲主义者的谴责。只有孩子们才免遭此难，能够开开心心地过节。对绝大多数成年人来讲，节日不过是请客送礼、应酬客人的麻烦事。要想完全弥补娱乐在内在导向时期所受到的创伤，需要经过相当长的时间。与此同时，他人导向又为娱乐增添了新的不幸。他人导向者在追求娱乐方面与追求其他领域一样也无所顾忌，但是缺少内在导向者那样的保护措施。由于他厌恶必须为娱乐群体的情绪负责，他宁愿参加固定而客观的纪念日和游戏仪式。要想使每个参加玩乐的人都很开心尽兴，则是勉为其难。同时要求每个参加娱乐的人相同程度地投入情绪，也妨碍了娱乐中的自然社交。更重要的是，这种娱乐群体使他人导向者缺少个性，工作已束缚了他的人格化。而人们常常没有意识到，人格化是娱乐所不可缺少的。

因此，恢复娱乐能力与恢复工作能力一样困难。收入与工业组织的变化，或许使闲暇时间的分配日趋公平，人们娱乐的罪恶感也随之减少，但这种变化并没有教会人们如何去娱乐，甚至反而使娱乐专业化了。与此同时，人们早已忘记了该如何去从事真正的娱乐活动。我们不得不问，假设娱乐比工作更容易激发人的自主性，这两者难道不都是同样使我们与社会疏远吗？(P291)

4. 自主性与乌托邦

今天我们有必要有意识地用马克思所摒弃的乌托邦的思想来理解环境。我不赞同马克思经典著作中关于人类被动和机械面对的社会环境的假设，然而由于我们处于一个觉醒的时代，所以，我们是想把乌托邦变成合理的目的和方法，而不是简单地作为逃避现实的手段。

我认为，当代美国人对待闲暇生活的态度比表面上看起来要复杂多变得多。同样，那些乌托邦政治思想的根源也不是显露于外，而是隐藏的、诡秘的甚至是虚伪的。(P307)

今天，人们已经开始重视自然界巨大的资源和人类区分各自经验的能力。所以人们不会因为受到诱惑或者被强迫去顺承，也不会因为不顺承而成为离异分子。"人天生是自由与平等的"这一命题既真又假，因为人与人生下来就不可能完全相同，如果彼此效仿，他们就因此失去了自由与自律。

四、我之感悟

《孤独的人群》是理斯曼最具有代表性的作品。由于理斯曼曾经担任文化与人格开发这一交叉学科研究的负责人，而这一学科包含了人类学、心理学等多门学科内容，因此作者在完成这部作品时也采用了多种角度对美国社会性格的演变进行了描述。由于这部作品诞生的时期正值美国知识界的巨大变化时期，因此这部作品自出版以来便遭到了许多无情的批评，然而从这60年的变化发展来看，这本书关于美国社会性格的描述与定义是值得称道和肯定的。这本书并不是一个定论性的作品，作者在书中用到了很多诸如"可能"或许"无意于"这样的词汇来表达自己的谨慎和不愿意出现过多内容交叉的态度，它更像是一部绘制的蓝图，描绘出未来可能有但却不确定的大趋势。用今天的眼光来看待这部作品或许很多读者会认为作者不过是在陈述一个活生生的事实，然而，放在成书的那个年代，作者的描述和预测无疑是大胆而又新颖的。

作为弗洛姆的学生，作者深受其思想的影响，书中的思想不少直接来自他的老师，例如弗洛姆曾说过："为了使社会正常运作，其成员必须获得一种性格，这种性格使他们自愿按照自己作为社会的成员或者社会中的某一忽而记得成员虽不得不采取的方式去行动。他们必须渴望去做客观上有必要的事情。外在力量被内在冲动所取代，被某种将人的精力导入其中的特殊性格所取代。"《逃避自由》一书中弗洛姆曾描述过人从中世纪的统治中获得自由，又在现代社会中设法逃离自由的过程，本书关于三种类型的描述正好与之相符，即传统导向型相当于弗洛姆的中世纪的缺乏自由的人，内在导向型相当于他的争得了自由的人，二者思想脉络的联系十分明显。从马克思的思想到弗洛姆的新马克思主义有一脉相承的优良传统，那就是对现存社会的无情批判。事实上任何人、智力超群的人物总是会在他生活的时代对压抑人性的社会规范作不断的挑战，他们因此成为特立独行的人物，成为一支独立的批判力量。从这一点来看，作者的勇气和坚持值得肯定。

本书虽然研究的是美国人的社会性格，但是我觉得对了解中国人的社会性格和社会行为也有着很重要的意义。中美文化有巨大的差异，但在人类发展的过程中，我认为，即使属于不同的社会性质的两个国家也有着很多共同点，这些共同之处体现在社会生活的方方面面。比如，南北战争之前的美国和封建社会时期的中国，特殊阶级对人们的压迫同样存在。社会财产分布不均、教育资源分布不均等引起的社会问题同样困扰着现今的中国和美国。许多相同的社会历程、社会结构和社会问题当然会让两国人们的社会性格出现相似之处。

了解各种社会性格的特征、形成的原因以及表现行为对我们研究一个民族、群体和研究各种社会现象尤其是社会行为都是有很大益处的。尤其是在教育方面，什么样的教育内容、教育手法、教育行为才能培养出有益于民族和社会进步的社会性格？《孤独的人群》为我们提供了一部分答案，还有一部分答案需要中国人自己思考。

讨论部分

唐松林老师：马克思主义认为，人的发展是一个社会历史过程，人的性格受社会存在的制约，有什么样的社会就有什么样的大众性格，相反，大众性格也决定了相应的社会形态，这是一个人类社会的规律。或者说，不是人倾向于在社会中成为什么样，而是什么样的社会变化决定着人的性格变化。

表6　性格与社会的类型

社会类型	社会特征	来源	性格类型与特征
传统导向型：人口高增长潜力阶段	1. 人口快速增长； 2. 出生率随着死亡率的降低而波动，人口增长率也随后降低； 3. 制度化和模式化	1. 某种因素降低了非常高的死亡率； 2. 遵循传统文化； 3. 依赖传统导向的社会中	传统导向型：顺承习俗

续上表

社会类型	社会特征	来源	性格类型与特征
内在导向型：人口过度增长阶段	1. 人口流动的增加； 2. 资本的迅速积累； 3. 技术的创新； 4. 连续不断的商品生产和人口的增长、探险、殖民地以及帝国主义的扩张	1. 源于早年生活的内心目标； 2. 依赖内在导向； 3. 出生率和死亡率的不平衡给社会习俗增加了压力	内在导向型：顺承组织规则
他人导向型：初期人口减少阶段	从事农业、工业、制造业的人越来越少；工作时间缩短；物质享乐；闲暇	对他人期望和喜爱的敏感； 依赖他人导向； 同龄人导向	他人导向型：顺承他人期望

大家在此可以思考三个问题：一是作者讲的社会发展的三个阶段的人的性格特征是什么？二是我们现所处的阶段是否是作者讲的“他人导向阶段”，我们人格所面临的问题是什么？三是针对我们面对的人格问题如何应对？

刘艺：(1)为什么命名《孤独的人群》？孤独代表社会化的过程，幼儿缺少孤独感，与社会接触后逐渐产生孤独感。孤独主要在于如何处理自我与社会的矛盾。

(2)将三个阶段带入自己成长的过程，幼儿阶段相当于传统导向阶段，青少年时期为内在导向阶段，大学之后则相当于他人导向阶段。

肖航：内在导向型是孤独的，但是自身是适应这种孤独感的。他人导向型恐惧孤独，通过群体寻求存在感。现在社会上纷繁复杂，人的内心变得不再纯粹，从而产生孤独感。

于晓卉：内在导向时期存在感来源于竞争的成功，他人导向更强调在群体得到的认可和肯定，所以内在导向追求成功而只有失败会带来挫折感，而他人导向则会因为自己成功导致别人失败而产生内疚感。

于思琪：传统导向是在每个人独立之前，其所受影响主要来自家庭组织和社会观念。内在导向时期则为进入社会的阶段，生活重心在于追求财富和物质。他人导向时期则在于追求自身，因此更为在意他人的看法。早期社会变化缓慢，更多地依赖于家庭组织；第二阶段随着生产发展，选择性增多，依赖于组织纪律会多一些；第三个阶段价值取向偏重于他人的好尚，在意他人对自己的评价。

唐松林老师：社会存在决定人性格特征，社会变化速度的加快使得人经常感觉迷失了自我，经常发生奋斗目标的变化，竞争的对象与内容也在不断调整。不管哪一个社会，均存在着社会文明对人的自由的制约作用。人类智慧的觉醒，不断地挑战社会制度，渴望自由，但又深感无处不在枷锁之中。我们现在所处的他人发展导向阶段中，自我是迷失的，“他人”不一定代表人群，它代表自我以外的一切存在，如机器、制度与科技等，人们在社会化过程中逐渐成为了“他人”的奴隶。

匡林林老师：现代社会人越自由反而越孤独，闲暇时光的增加带来的不是内心的充实，而是内心空虚感的增强。他人导向型往往会丧失娱乐的能力，并且由于顾忌他人，于是减少娱乐活动从而未必会因为闲暇时光而增加内心的愉悦感。

李倩：人生就是一场修行，性格也是如此。传统导向时期家庭单位下的个人个性是很明显的，是家族性格的延续。内在导向型是社会化性格的扩充。他人导向型则是社会化后人格魅力散发的阶段。

孤独的人群是指物化下的人格平庸化。人性的孤独是因为属于自己的东西正逐渐被社会所剥离，从而造成孤独感的形成。

唐松林老师：理解这部著作有一定的难度，我想就如下方面陈述一下我的理解：

第一，不同阶段的父母的角色。①传统导向阶段父母的角色，几乎世世代代稳定不变，成年以后的生活与父辈的生活没有多大改变，不太需要复杂的知识与技术含量的教育指导。孩子们只需记忆与模仿，其性格主要是延续家庭与家族的文化传统。②内在导向阶段父母的角色。人口流动、社会分工、广泛的机会使人类社会日益复杂。生产、殖民和发现正在与传统习俗对立，孩子的生活选择增加，孩子不再把父母当作学习的榜样，必须以不同于父母角色的方式实现自己的社会化。当然，这其中的紧张对立是巨大的，但在对立与紧张中，个人的性格急剧变化，努力适应环境。③他人导向阶段父母的角色。生产、政界与专业技术领域都体制化，父母缺少自信，在教育孩子方面显得困惑与无能为力。子女的交往能力与自我意识有了相应的提高，他们的知识与信息超越了父母，不是父母在教育他们，而是他们开始反哺父母。

第二，传媒对性格形成的影响。①传统导向阶段主要靠歌谣和故事、口述家史、神话传说与歌谣等形式，来传播其相对稳定的价值观，具有警示、告诫和规劝的作用，使孩子具有一种服从传统文化的性格。②内在导向阶段，印刷读物与学校教育等流行文化媒介，摧毁了家庭与家族文化价值，以现代科学理性思维塑造一种新的性格。③他人导向阶段主要靠大众传媒，使孩子们相信自己的判断，相信人际关系与合作意识的重要性，而不是敌对。

第三，不同社会的生活形式。①内在导向的生活，实质上是工业社会的生活，生产重视技术、智力与理性的社会组织，强调纪律、自制和控制的必要性，还没有关注到人的合作，全靠一只“无形之手”来实现人的合作的。人面临工作压力大、工作冗长无味，疲惫、情绪与心理问题，但不被集体关注。它关注努力工作，相互竞争，非人性化的目标，且娱乐等无法创造经济效益的工作处于次要地位。②他人导向的生活，有强烈的个性与自由倾向，穿着、言行举止、伦理道德、时间观念都比较自由随便。生产与消费、工作与休闲的界限模糊。

第四，不同社会的政治风格。传统导向型社会的政治风格属于自私自利的冷漠者；内在导向型社会政治风格属于道德说教者；他人导向的政治风格属于内幕消息预测者与传播者。随着社会的发展，越来越注重政治上的魅力，领袖人物自我形象包装，政治家们越来越不愿冒你死我活的政治风险，宽容成为一条普适性的政治原则。

第五，大众传媒与政治的关系。大众传媒滋生了政治冷漠，人们越来越逃避政治和现实生活。书中提到经济学中的“葛式定律”，即“纸币”驱逐“硬币”，或“劣币”驱逐“良币”，我们深切地感受到，我们越来越不看《人民日报》《光明日报》等官方报纸了，而是喜欢那些五花八门的非政治性的消息了。

第六，不同社会阶段的自主性。所谓自主性，按照作者的定义，即在任何时间、任何方面，都有能力超越文化规范的人。①内在导向时期的自主性。自主者具有内化了的明确目标，在应付环境方面训练有素。对自主者而言，目标与实现目标的动力都是约定俗成的、既定的、外界的。②他人导向时期的自主性。自主者有高度的自我意识，尊重自己的感情，比较了解自己的潜力及局限，过去所承受的来自家庭和组织权威的压力相对较少。所以，作者说，传统导向型的孩子讨好父母，内在导向型的孩子反抗或者屈服于父母，他人导向型的孩子控制父母。

第七，自主性的主要障碍。①错误人格化是自主性的主要障碍，主要表现在虚伪、造作地向他人献媚等，它比生产技术问题更可怕，因为它消磨人的情感、精力与生命。②强制性剥夺。即许多限制了人们休闲娱乐、友情与审美的机会。其主要因素包括经济的、伦理的、组织的、等级的等诸多方面的限制。

第八，娱乐在不同社会中的地位。传统导向社会中，身份地位制约着人们的闲暇生活方式。内在导向社会中，要求每个人在娱乐活动中，相同程度地投入情绪与精力，对绝大多数成年人来讲，娱乐不过是请客送礼、应酬客人的麻烦事。这妨碍了娱乐中的自然社交。他人导向社会中，收入与工业组织的变化，追求娱乐与追求其他活动一样无所顾忌，人们娱乐的罪恶感也随之减少，但是缺少内在导向者那样的规则。

时间不早了，谢谢大家的参与！

《日常生活中的自我呈现》

——人生如戏

符　灿*

时间：2016 年 4 月 26 日

地点：湖南大学教育科学研究院

出版社：北京大学出版社，2008

参与人：唐松林（湖南大学教师）、匡林林老师、李吟霁、于思琪、郑洁、刘艺、何香、周珍、肖航、符灿、孙皓川、郭笑丽、杨晴岚（国防科技大学附中教师）国防科技附中老师和学生代表等（没有特殊注明者均为湖南大学教育科学研究院研究生）

一、作者简介

欧文·戈夫曼（Erving Goffman，1922—1982），美国社会学家，符号互动论代表人物。于 1922 年出生于加拿大曼维尔。戈夫曼对社会学理论的最大贡献是在他 1959 年的书中《日常生活中的自我呈现》开始的戏剧透视法的符号互动论研究。2007 年，戈夫曼被时代高等教育指南在人文学科和社会科学中知识引用率最高的榜单上列第 6 位，仅次于安东尼·吉登斯并排在尤尔根·哈贝马斯前一位。戈夫曼的作品同时为学术界和普通大众读者所着迷。虽按照英国社会学家吉登斯的判断，戈夫曼通常不被列入主流社会学家的行列中，但他的作品对社会学界产生巨大影响。戈夫曼的理论在形象互动论中占有重要的地位。与其他形象互动论

* 作者简介：符灿（1993 年出生），女，湖南益阳人，湖南大学教育科学研究院 2015 级硕士研究生，从事教育哲学研究。

者相比较，他的研究重点则尤其独特。他把形象互动论推向了更为微观的研究领域。戈夫曼还被称为社会学界的卡夫卡，其对人性的看法充满了尖锐的、震撼和觉醒人心的洞见。

代表作品有《避难所》(1961)、《邂逅》(1961)、《公共场所行为》(1963)、《污记》(1963)、《互动仪式》(1967)、《框架分析》(1974)、《交谈方式》(1981)等。

二、本书推荐

该书作者想把这个研究报告当作一种手册，详尽叙述一种社会学观点。本报告所使用的观点是戏剧表演的观点，其原理从舞台演出艺术原理引申而来。讨论个体在普通工作情境中向他人呈现他自己和他的活动的方式，引导和控制他人对他形成的印象的方式，以及他在他人面前维持表演时可能会做或不会做的各种事情。这个研究所使用的例证材料是混合型的：有些取自优秀的研究，这些研究对确实显示规律性的现象做出了合理的概括；有些取自富有特色的人们所写的回忆录；更多的是处于二者之间。

在《日常生活中的自我呈现》中，戈夫曼主要探讨的问题是：人们在互动过程中是如何在他人心目中创造出一个印象的？或者说，运用哪些技巧使自己做出某种行为来让别人产生一种自己希望别人产生的印象？从戏剧角度说，这就是一门表演艺术。

三、章节概述

第一章　表演

1. 相信自己所扮演的角色

当一个人在扮演一种角色时，他必定会期待他的观众认真对待自己在他们面前所建立的表演印象。他想要他们相信，他们眼前的这个角色确实具有他所扮演的那个角色本身具有的品性，总之，要使他们相信，事情就是所呈现的那样。(P15)

对某个事实，个体角色的扮演是反反复复的，在两个极端之间往返，而有时会呈现中立者形象。“虔信者”相信自己表演所呈现的印象，相信观众认同角色的真实性。“玩世不恭者”未完全投入自己的表演角色，也不关心观众对此的看法。处于二者之间的，在这之间往返，是虔诚的欺骗(混合体)。在很多情境下，个体角色一般是从“玩世不恭者”发展到“虔信者”。这两个极端有点儿像一个连续体的两端。每一个极端各自为个体提供一个有着自身安全和防卫措施的阵地。如果一个个体在一开始就对自己扮演的角色缺乏信心，那么他可能会遵循帕克所描绘的自然运动轨迹：

“人”这个词，最初的含义是一种面具，这也许并不是历史的偶然，而是对下述事实的认可：无论在何处，每个人总是或多或少地意识到自己在扮演一种角色……正是在这些角色中，我们互相了解；也正是在这些角色中，我们认识了我们自己。

从某种意义上说，如果这种面具代表了我们自己已经形成的自我概念——我们不断努力去表现的角色——那么这种面具就是我们更加真实的自我，也就是我们想要成为的自我。最终，我们关于我们角色的概念就成为了第二天性，成为我们人格中不可分割的一部分。我们作为个体来到这个世界上，经过努力而获得了性格，并成为了人。（P17）

例如：在军队的新兵中可以发现，新兵最初只是为了避免受体罚而遵守军规的，但后来却变成了为了不给他的部队丢脸，并得到长官与战友的尊重而遵守军队纪律。

2．前台

个体表演中以一般的和固定的方式有规律地为观察者定义情境的那一部分，是个体在表演期间有意无意使用的、标准的表达性装备。首先，舞台设置（表达性装备的场景部分），即舞台设施、装饰品、布局，以及其他一些为人们在舞台空间各处进行表演活动提供舞台布景和道具的背景项目。其次，个人前台（表达性装备中能使我们与表演者产生内在的认同的那些部分）是由各种刺激构成的。“外表”随时告诉我们有关表演者的社会身份。如官职或官阶的标记，性别、年龄、种族特征等。“举止”随时让我们预知表演者在接下来的情境中扮演的互动角色。如言谈方式、面部表情等。

我们往往期待在外表与举止之间具有一种确定的一致性；我们期望互动者之间社会身份的差异能以某种方式，通过由预期的互动角色所构成的暗示性的适当差异表达出来。前台的这种前后连贯性可以在下述例子中得到证明，它描述了一位中国的达官贵人的随行队列通过城市街头时的场面：

紧随其后的……是这位官员那奢华的轿子，由八个轿夫抬着，占满了街道的空间，他是府台大人，实际上也是当地最有权力的人。外表上看去他是一位理想的官员：身材魁梧，神态威严而坚定。在人们看来，这种神色对于任何希望其臣民安守本分的地方行政官员来说是必不可少的，他的表情严肃令人生畏，仿佛是在开赴刑场处决犯人的途中。这就是官员们在公众面前出现时所摆出来的那种架势。我在中国多年的生活经历中，从未见过有任何大小官员因公出行，坐轿车经过街道时，是面带笑容或露出一丝对民众的怜悯神色的。（P21）

3．戏剧实现

一般来说，当个体处于他人面前时，常常会在他的行为中注入各种各样的符号。这些符号戏剧性地突出并生动勾画了若干原本含混不清的事实。这是因为个体的活动若要引起他人的注意，他就必须使他的活动在互动过程中表达出他所希望传递的内容。事实上，表演者不仅要在整个互动过程中表现出自己声称的各种能力，而且还需要在互动的某一瞬间表现出这种能力。因此，如果棒球裁判想要给人以他对自己所做裁决坚信不疑的印象，他就必须放弃能使他确信自己裁决无误的片刻思考，他必须在瞬间做出裁决，这样他才能使观众深信，他对自己做出的裁决确信不疑。（P25）

若要使我们的工作戏剧化，所涉及的问题并不仅仅只是把不可见的成本变成可见的，一些必须由具有某种身份的人来做的工作，往往很难表达出他渴望传递的意义，所以，如果表演者想要把他所扮演的角色特征戏剧化，就必须将其足够的精力转向那些看得见的方面，并且，这种转向表达性方面来的活动，经常要求具有一些与正在被戏剧化的行为不尽相同的品性。因而，要想把房间布置得简洁高雅，主人也许就不得不跑拍卖市场，与古玩商讨价还价；为找到合适的墙纸和窗帘，就得跑遍当地所有商店。为了能够使电台播音真正让人听起来感到亲切、自然和轻松，播音员就必须精心构思播音稿、斟酌措辞，使之与日常谈话的内容、语言、节奏和速度相一致。

正如萨特所说："一个试图显得很专注听讲的学生，两眼紧盯着老师，竖起耳朵，投入全部精力用来扮演一个专心听讲的角色，结果却什么也没听见。"（P27）

所以人们往往陷入表达与行动对峙的困境中，这种对峙可能会导致一事无成，而成功者需要克服这种表达与行动的对峙。

4．理想化

前面已指出，一种常规程序的表演能够通过它的前台向观众提出某些相当抽象的要求，而这样的要求在表演其他常规程序期间也会向观众提出。这种构成使得一种表演能够被"社会化"，并通过塑膜和修改使表演与它所面对的社会的理解和期望相符合。在此，考察一下这种社会化过程中另一个重要方面，即表演者想以不同方式给观众造成某种理想化印象倾向。当然，表演会呈现一种理想化的景观，可以用库利的观点引以为证：

如果我们从未试过更好地表现自己，我们怎么能改善自己或是"由表及里地培养自己呢?"向世界展示我们自己更好的或理想的一面的那种普遍冲动，在各种职业和阶层中都有着井然有序的表现形式，各种职业和阶层各自都存在着某种程度的虚饰或伪装，虽然大多数情况下其成员对此并无意识，但是它们具有某种阴谋策划的效果，使世人对此信以为真。不仅有神学和慈善业的伪饰，而且还有法律、医学、教育甚至是科学的伪饰——也许科学的伪饰更甚，既然眼下越有特殊

价值的东西越能够得到承认和赏识，那么也就会有越来越多的无价值东西来假冒它。（P29）

因此，当个体在他人面前呈现自己时，他的表演总是倾向于迎合并体现那些在社会中得到正式承认的价值，而实际上它的全部行为却不具备这种价值。对于这种方式，表演显著地表现了他所在社会的普遍、正式的价值标准。

呈现理想化表演最丰富的资料来源之一，就是有关社会流动的文献。大多数社会看来都存在一种主要而普遍的分层系统，同样，在大多数的等级社会中，都存在着对高阶层的理想化，以及那些低阶层人向高阶层流动的某种抱负（我们必须清楚地意识到这不仅仅只是渴望得到一个有声望的地位，而且还包括渴望得到一个接近社会普遍价值之神圣中心的地位）。通常我们会发现，向上流动需要人们呈现出恰如其分的表演，而且，无论是为向上流动所做的努力，还是为了避免向下流动所做的努力，实际上都是人们为维持前台而做出的牺牲。一旦人们获得了恰当的符号装备并能驾轻就熟，那么人们就能以一种有利的社会方式来运用这种装备，使自己的日常表演得以美化和彰显。

也许，与社会阶层相连最重要的那部分符号装备，是通过物质财富表现出来的身份象征构成的。在这方面，美国社会与其他社会没有什么不同。但是，美国社会似乎标志着一个以财富为标准的阶级结构的极端例子——这可能是因为，在美国，允许使用财富和经济力作为身份象征的范围分布更为广阔。而作为另一个极端，有时也拿印度社会为例，即不仅社会流动是以种姓集团而不是以个体方式出现的，而且表演也倾向于确立注重于非物质性价值的要求。例如，最近一位印度学者指出：种姓制度远非是一种其各个组成部分永远固定不变的僵硬系统。流动总是可能发生的，尤其是等级体系的中间层。低种姓通过素食、戒酒以及在庆典活动和祭神仪式中使用梵语，就有可能在一两代人的时间内上升到更高的等级。简单地说，低种姓似乎尽可能地采纳婆罗门的风俗、礼仪和信仰，并接受婆罗门的生活方式，虽然这在理论上是被禁止的……

低种姓效仿高种姓的倾向，在传播梵语典礼、习俗和达到某种程度的文化同一性方面，都有着非常重要的作用，它不仅遍及整个种姓等级范围，而且渗透到了印度的整个社会生活领域。（P31）

然而，事实上，有许多阶层出于各种不同的原因，刻意地表现得非常朴素，并竭力掩饰其在财富、能力、精神力量或自尊方面的任何表露。

据说，这些表演者会让他们的男朋友滔滔不绝地向他们解释那些她们早已知道的事情；她们会对才智不如自己的男朋友隐瞒自己精通数学的才能；她们也会在打乒乓球比赛时，最后放弃已经到手的冠军。美国一些女大学生曾经——现在无疑也是这样——故意在与其约会的男孩子面前降低自己的智力、技能和自决性，由此来显现一种颇为深沉的精神自律，尽管美国女孩的轻浮早已闻名世界。

一个最有趣的技巧就是，我偶尔会拼错一个较长的单词。于是我的男朋友就会像是发现了新大陆一样，一边为我订正一边说："亲爱的，你真笨啊，连这都不会拼。"(P32)这样一来，既让男性天生的优越感得以表现，也使女性的软弱角色得到了确认。

表演者总是竭尽所能将自己理想化的形象展现给他人，他们往往会隐瞒那些与他的理想自我及理想化表演不一致的活动、事实和动机。而观众也会经常认为，呈现在他们面前的角色就是该表演者所有的一切。正如詹姆斯一段经常被人引用的名言所示：

……实际上我们可以这样说，一个人有多少个社会自我，这取决于他关心多少个不同的群体的看法。通常，面对每个不同的群体，他都会表现出自我中某个特殊的方面。许多年轻人在父母和老师面前显得谦恭拘谨，而在他们"粗鲁"的年轻朋友中，却会像海盗一样咒骂和吹牛。我们在子女面前的形象当然不同于在俱乐部伙伴面前的形象，我们在顾客面前的形象不同于我们在雇工面前的形象，我们在亲朋好友面前的形象也不同于我们在上司面前和老板面前的形象。(P40)

5. 表达控制的维持

在交流中会出现一些意外情况，表演者通常会试图行使一种"提喻"职责，以确保表演中可能含有的众多次要事件不显现出任何印象，或者表达为与正在建立的整个情境相一致、相符合的印象。为了使某种理想化表达一直维持，很多仪式是需要经过严格训练的，如礼仪。表演要求的表达一致和表达控制的维持需要人性化自我与社会化自我的完美配合。

我们时常会看到某种表演要求具有很高程度的表达一致性，例如，格兰奈特指出了中国人对长辈的孝敬表演中的这种情况：

他们的精心打扮本身就是一种孝敬。端庄得体的行为举止也被视为一种尊敬。在父母面前，持重是必不可缺的。因而子女必须小心翼翼，不能打嗝、打喷嚏、打哈欠、擤鼻涕，也不能吐唾沫。当着父母的面吐痰尤其恶劣，会被视为辱没父母的尊严。衣冠不整或露出衣服的衬里也是一种罪过。要向一家之主的父亲表现出敬意，就应当一直站立在面前，目光端正，身体笔直，不能依靠任何物体，也不能弯腰或是息脚。每天一早一晚，子女都要像一个侍从似的用卑下恭顺的语调向父母请安，然后等候训示。(P43)

表演所要求的表达一致，指出了在我们的人性化自我(all-too-human selves)与我们的社会化自我之间一个至关重要的差异。作为人，我们也许只是被反复无常的情绪和变幻莫测的精力所驱使的动物。但是，作为一个社会角色，在观众面前表演，我们必须保持相对稳定的状态。正如涂尔干所指出的那样，我们不允许我们的高级社会活动"像我们的知觉和机体意识那样紧随我们的机体状态而变化"。人们期望某种精神的科层化，以使我们在任何给定的时机都做出完全一致的表演。正如桑塔耶纳所说，社会化过程不仅使人的精神变得崇高，而且也是使精神变得确定。

然而，不管我们是满面春风，还是一脸悲哀，在选择和突出这种神态的时候，我们就已经明确了我们至高无上的性情。今后，只要我们仍然还被这种自我认知的魅力所吸引，我们就不仅仅是在生活，而且也是在表演。我们排练并扮演我们选择的角色，穿着审慎的厚底靴，捍卫着自己的激情并将之理想化；我们竭力地给自己制造各种理由，说服自己去表现自我，无论这种自我是乐于奉献还是玩世不恭，也不管它是粗枝大叶或是谨小慎微；我们（在想象的观众面前）独白，我们用与我们不可分割的角色外衣优雅地把自己包裹起来。我们身着这种道具服饰，期待着人们对我们的喝彩，并期望在一片静寂中悄然匿迹于归途。我们宣称我们将身体力行自己所说的一切美好情操，就像我们坚定信仰我们声明信奉的宗教一样。我们遇到的困难越大，我们的热情就越高。凭借我们公开声明的信条和誓言，我们必须竭尽全力地隐匿我们的情绪与品行之间所有的不一致，这并不是伪善，因为我们审慎蓄意扮演的角色是比我们不由自主的飘然梦幻更为真实的自我。我们以这种方式描绘和显示的我们真实画像是如此壮丽：圆柱、帷幕、远方的风景，还有一只指向地球或哲学智慧的约里克·斯古尔之手。但是，如果这种风格就是我们的自然，并且，我们的艺术生机勃勃，那么这幅图景对它的原型改变越大，其艺术就越深刻和真实。古代严肃的半身像雕塑虽不能赋予石头以人性，但它却能表达出一种人的灵性，这种灵性远比人们早起时带有的那种呆滞的神态或偶尔扮的鬼脸更像人。每一个确定了意向的人都会戴上一副悲剧的面具，或以其职位为荣或忧虑其肩负的责任。他把自己托付给这副面具，并将自己几乎全部的虚荣心都移置于其上。只要一息尚存，并像所有其他存在着的事物一样经受着其本身不断变动的侵扰，他就把他自己的灵魂化为思想，自豪地而不是悲伤地将自己的生命供奉在缪斯的祭坛上。像任何艺术或科学一样，自我认识以一种新的媒介，即思想的媒介来表达自己的主题，在这种媒介中，它失去了原先的范畴和地位。我们的道德良知把我们的动物习性变为忠诚和责任，而我们则变成了“人”或“面具”。（P45－46）于是，通过社会训导，一种态度面具便会从我们的内部确定下来。

6．误传

许多表演者都有足够的能力和动机来误传事实。假扮、谎言是误传信息的两种形式。假扮是表演者经常使用的伎俩，例如，假扮那些有神圣身份的人，如医生或牧师，会被视为对社会交往的一种不可饶恕的犯罪；但假扮那些无足轻重、身份不圣洁的人，流浪汉或无须什么技能的工人，他人往往就不大在意。当发现一个与我们交往了一段时间的人，他的真实身份比他让我们相信的要高很多，按基督教先例，我们的反应只会是惊讶和懊悔，而不会产生任何敌意。事实上，在神话和我们流行杂志中充满了类似的浪漫故事。这些故事中的恶棍和英雄往往都是具有欺骗性的，只是在故事的最后一章才真相大白，英雄的身份其实并不像面前显示的那么高，而恶棍的身份其实也没有那么低。(P49)相信无论是“公然”“坦率”或露骨的谎言，还是“善意的谎言”，传递的内容都与真实信息相违背。只有羞愧、内疚和害怕才可能让他们放弃这种企图，如影视剧中一个总是撒谎的人由于良心发现而改邪归正。对观众而言，他们更关心的是表演者是否有权来进行表演，而不是关心表演本身是否真实。

7. 神秘化

个体在表演中突出某些事情，同时又隐瞒一些事情。有一种普遍的看法认为，保持社会距离(限制接触)，使观众产生并维持一种敬畏，感觉可望而不可即，使观众处于一种对表演者深感神秘的状态之中。且表演者与观众之间相互配合，会使得表演更加神秘化。在日常生活中，保持神秘化是一项重要的交际能力。如上级与下级保持的距离，为上级树立权威，更好地进行工作和管理人员；下级也避免了越权，在某个范围内完成工作，减少自身伤害。

潘森比向挪威国王提出忠告，有同样的看法：

一天晚上，哈康王子跟我说，由于反对派日益强烈的共和倾向，他的处境非常苦难，以至于他的一举一动都不得不小心翼翼。他说，他打算尽可能深入民众中去，甚至认为，如果他和莫德王后不坐小轿车而改坐电动车，也许会更受到公众的爱戴。

我坦率地告诉他，这无疑是个极大的错误，因为过分的亲昵会被人轻视。作为一名海军军官，他总该知道，舰长从不与其他军官一起吃饭，而是远离他们独自用膳。这当然是为了防止与他们走得太近。我对他说，必须坚守在令人敬仰的显赫地位上。他也偶尔走下神坛，这也无伤大雅。但是，人民并不期待一个能与之摩肩接踵的国王，而是希望有一个如同阿波罗一样深奥难解的国王。君主制实际上是每个人想象的创造物。每个人都喜欢想象如果自己是国王的话，他会怎么样。人民会以为君主具有一切可能想象的德行与才干。因此，如果他们看到君主像贩夫走卒那样在街上闲逛，他们一定会感到失望。(P55)

在保持社会距离这一方面，观众本身也总是给予配合，对附着在表演者身上的神圣完美表示敬畏。涂尔干提出：人格是神圣不可侵犯的东西；既不可亵渎它，也不可侵入其领域，然而，与此同时，最大的善却是与他人的交流。(P56)

8. 真实与人为

这部分主要探究表演者的真诚与表演之间的结构关系。如果要使表演成功，表演者就必须让大多数观众相信他是真诚的，这就是真诚在戏剧效果中的结构地位。

我们的行为分为真实的、真诚的或诚实的表演和虚假的表演；弄虚作假者们向我们提供他们捏造的东西，就属于这后者。虚假的表演可以分为两种：一种是不希望别人将其认真对待的，就像舞台演员所做的那样；另一种是想要别人当真对待，就像骗子所做的那样。前者指个体对情境事实所做的没有自我意识的反应，是无意识的产物；后者指表演的内容没有与直接现实相对应，是人为地再塑造和虚构。（P57）

这两种行为有时是相互交错的。无论是人为还是真实的表演，他们都需要真诚，而更多时候这种真诚表演的素材是来源于他们的生活经历。一个舞台演员对某个角色的扮演，或许他是没有经验的，但只要他找出自己与角色的共同点，产生共鸣，然后再掌握足够多的表达技巧，他就可以把角色演绎得栩栩如生。这是人为的表演，但又是夹着真诚。舞台表演更多是映射现实生活。

众所周知，不同的社会群体都以不同的方式来表达诸如年龄、性别、地区、阶级地位等特征，并且，所有这些外显特征都是通过复杂的文化构型精心制作而成的，这种文化构型体现了一种适当的自我引导方式。（P60）因此，角色扮演的成功离不开社会群体所附属的行为和外表标准的维持，像身份、地位、社会声誉。这种恰当的行为模式，具有内在的一致性和很强的连贯性，不断被人加以修饰润色，使得更好地展现表演。

第二章　剧班

剧班指在表演同一常规程序时相互协同配合的任何一组人。（P70）剧班是一群个体的集合，他们通过相互间的密切合作来维持一种特定的情景定义。剧班就是这样一种集合体：它与社会结构和社会组织无关，而是与维持相关的情境定义的互动或互动系列有关。（P89）

剧班主要是由一个或一个以上的表演者所作的表演，但它也适合一个人的"表演"。在同一表演中，表演者既是演员又是观众，也许，它体现着他试图在他人面前维持的标准，所以他的良知要求他以一种正确的社会方式行动。处于表演地位的个体，必须对处于观众地位的他自己隐瞒他所知道的会使表演有失去信誉的事，用日常用语来说，总会有一些他明知或已知却又不能向自己吐露的事情。这种复杂的自我欺骗的运用是经常发生的。心理分析学家向我们提供了极好的实证材料，即所谓压抑和分裂。在这里，我们也许知道了那种曾被称为"自我疏离"的来源，即一个人何以感觉到他在与自己逐渐疏远的过程。（P71）表演者按照内化的道德标准引导个人活动时，把这些标准与某种参照体系联系起来，从而为他的活动造成了一种不在场的观众，形成自我约束，自我反省。

在大型社会机构中，属于某种特定地位阶层的个体，为避免不受其他阶层人群的侵害而形成的群体。剧班不同于非正式的群体或小集团，后者是为了免遭同一阶层人群侵害而聚集在一起。（P72）剧班成员是在特定的情境定义下进行戏剧合作，无论剧班成员的行为有损剧班形象，或是对剧班情境定义的威胁者，他都还是剧班里的一员。

剧班立场一旦确定，剧班成员都有义务遵循恪守。我们可以从行政部门中引证一个实例：

在这种委员会会议上，行政官员在共同商议、自由地发表他们的看法时，只会受到这样一种限制：他们不愿直接与他们自己的部长对抗。很少出现那种公开的分歧，并应该永远不会出现。十次当中有九次，部长和与会官员事先已经就采取什么路线的问题达成了一致意见，在剩下的那一次中，与部长的某一主要观点持不同意见的行政官员，也不会出现在讨论该问题的会议上。(P75)这使得成员在观众面前公开一致，保持一致的剧班印象。但全体一致时常并不是剧班情境定义的唯一要求，即剧班要向成员告知它所采取的立场，而成员在表明立场之前要等候正式指示，以免出现口径不一的尴尬局面。

若剧班成员在观众面前出了错，其他成员应控制住情绪，绝不能在观众面前当即惩罚或教训冒犯者，直至观众完全退场。我们需要在观众面前保持一致的职业前台，表演者更会挑选那些有能力达到表演效果的可靠之人作为剧班成员。

剧班互动，也称戏剧互动。通常把总是控制舞台设置的称为表演剧班，而另一个剧班称为观众。在互动期间，控制舞台设置是一个有利条件，其允许剧班运用策略的手段来决定观众所能获得的信息。(P80)那些被赋予了指导和控制戏剧行为进程的人，称为“导演”。

导演常负有履行某些职责的特殊义务，也形成了导演支配优势。首先，其有责任纠正那些表演不当的剧班成员，使他们的表演与剧班方针协调起来。一般使用安抚和制裁两种方法。(P84)其次，还有责任来分派表演中角色以及每一角色所使用的个人前台。导演的责任是对表演提出戏剧要求，夹在观众与表演之间，慢慢地他们会成为一种边际角色，成为斡旋二者之间的“边际人”。

而在戏剧表演中，也存在戏剧支配优势。若干演员组成一个剧班来进行表演，常规程序是剧班的一个成员被推为主角、领衔和人们关注的中心。例如我们可以在传统宫廷生活中看到一个极端的例子：一间挤满了宫廷朝臣的大厅，按照生动的活人画的舞台造型样式进行布置，从大厅任何一点发来的目光都导向国王这一关注中心。表演中的国王穿戴要比任何一位在场的人都华丽多彩，座位也比别人的高出一截。更为壮观的关注中心可以在大型戏剧的舞蹈安排中发现：四五十个舞蹈演员匍匐在女主角的周围。(P85)

第三章　区域与区域行为

这一章讲的是前台和后台这两个区域的特点、在不同区域表演者的行为特征及相互关系。“前台”用来指称特定表演的场所，场所中固定的符号设备作为前台的一部分，叫作“装置”。我们可以看到，有时表演的某些方面并不是为了观众，而是为了前台。一个人在前台的表演可以看作是其个人形象的尽力展示，他在该区域中的活动维系并体现着某些标准。这种表演可以分为两大类：“礼貌”（表演者用语言或姿势与观众交流的方式）“体面”（没有与观众交流时的自我表现举止）。（P94）在“体面”标准中又有道德性要求和工具性要求。道德性要求指不干涉、不妨害他人的规则，比如性规范、对神圣场所的敬畏等；工具性要求指不以自身为目的的职责，譬如雇主对雇员的要求，要爱护财产，维持工作水准等。（P94）必须指出，体面要求比礼貌要求具有更广泛深入的社会生态学意义。这些约束对塑造前台形象不可缺少。

体面形式中的“假装作为”被看成是那些地位低者的特别负担，就其工作场所而言，不仅要在规定时间内完成定量生产，且当上司造访时，更要卖力工作，给上司留下不怠工的印象。“假装不作为”是指当一个人的活动呈现在他人面前时，他会努力表现性地强调活动的某些方面，而活动的另外一些方面，即可能有损于他所要造成的印象的行动，则会被竭力抑制。显然，被强调的事实出现在前台区域，被掩盖的事实出现在后台区域。（P97）

后台区域是与给定的表演相关联，在这里表演所促成的印象，故意要制造出与前台表演相反的效果。波伏娃生动地描述了男性观众不在场时，女性的后台活动。

女人间这种关系的价值，就在于这种关系包含了的真实。女人在男人面前总是在演戏：她会假装乐意接受那种无足轻重的地位，并以模仿、服饰和刻意的言辞在男人面前展示一种虚假的形象。如此装腔作势会需要一种持续的紧张：当她和丈夫或情人在一起的时候，每个女人或多或少都会感到：“这真的不是我自己。”男人的世界粗犷豪放，轮廓清晰，棱角分明，男人的声音荡气回肠，男人的目光不加掩饰、相互接触也毛毛糙糙。然而，女人与其他女人一起时，她就像在幕后；她擦拭装备，但并不是要投入战斗；她归拢自己的服饰，准备梳妆打扮，谋划着自己的策略；在登台之前，她会穿着晨衣和拖鞋在舞台两侧悠闲踱步。她就喜欢这种温暖、闲适、轻松的氛围……

对有些女人来说，她们之间这种温暖亲密的关系要比和男人在一起时那种严肃的虚饰可爱多了。（P98）

后台通常位于舞台的一侧，用隔墙和有人把守的过道与前台隔离。在表演中最具关键性的秘密都可以在后台看到，且演员后台行为与扮演角色完全不符，那么后台的控制可想而知是多么的重要。如果一位工人想要成功地制造成天卖力干活的样子，他就必须有一个安全的地方来藏匿他实际不到一天时间就能完成全天任务的秘密。（P99）

工作区域和娱乐区域代表了后台控制的两个区域，有一种相当普遍的倾向，即对表演者用以满足生物需要的场所加以控制。一个人在睡觉时，往往是静止的，从表演的角度讲，需苏醒一段时间后才能使自己进入交往状态，或摆出一副社交面孔，这就解释了把卧室与客厅隔开的原因。(P104)

后台语言的使用对后台控制加大了难度。后台语言包括相互直呼其名、使用亵渎言语、玩笑似的放肆和“嘲弄”等，因此，它具有非正式性。个体通过营造一种后台氛围，他可以把任何区域变成后台，这就增大了个体对既是前台又是后台的区域控制难度。如果不能有效地控制后台，就会出现“后台困境”。

前台区域是某一特定的表演正在或可能进行的地方；后台区域是指那些与表演相关但与表演促成的印象不一致的地方；我们有理由增加第三个区域，即已确定的两种区域外的所有地方，也称之为“局外”区域。(P113)那些处在设施外的人称为“局外人”。

当局外人出人意料地进入一个正在表演的前台或后台区域时，他们不合时宜造成的后果，要看表演者和观众在某一时间、地点在局外人面前所呈现的表演。

为了控制进入前台区域，表演者必须把观众隔离开来，使能看到他这一角色的观众，看不到他的另一角色，还需把那些看到他另一种不一致表演的人和以前看过他表演的人排斥在观众之外。如果这些措施失败，印象管理就会出现问题。因此，一对正在发生口角的夫妇突然面对一位初识客人，就会立刻把恩怨放在一边，表现他们之间相敬如宾、恩爱如初的一面，他们的亲密关系就像给这位突然闯入者表演的一样。这时，谁都不会提及任何不能在三人之间共享的话题和关系。(P117)那么，应对突然闯入的好办法，是让在场的人转换到一种能够包容闯入者的情境定义中去，或是给闯入者以明确的欢迎，好像他本来就应该是一直在场似的。但有时也会发生不愉快，直接让闯入者出去。

第四章　不协调角色

本章侧重于对获知剧班秘密的各种人、其特权地位的基础及所构成的威胁进行讨论。

对许多表演而言，一个基本问题就是对信息的控制，决不能让观众获得任何有关正在被定义的情境的破坏性信息，即剧班必须保守秘密。每一个剧班都会有他们自己的秘密，可以分为“隐秘”秘密、“战略”秘密、“内部”秘密。一个剧班可能会拥有另一个剧班的秘密，因此可以提出另外两类秘密：“受托”秘密和“自理”秘密。

在一个剧班中，泄露秘密的人是不受欢迎的，他们是一种不协调的角色。

最不协调角色是指那些使人们带着虚假面具进入社会机构的那些角色。如“告密者、托儿、监督人、探子、中间人、无足轻重的人”。在每一种不协调角色中，我们都能发现在虚构的角色、所拥有的信息以及所进入的区域之间存在着意料之外的、不甚明显的关系。他们并不是简单意义上的表演者、观众或局外人，他们拥有我们也许无法预期获得信息以及进入各种区域的途径。（P129）

而另外四种不协调角色，他们是表演过程中不在场、却出人意料地会获得有关表演信息的人。如“服务专家”“训练专家”“同行”。

这些不协调角色种类不一样。能形成不协调角色的基础也是不一样的，他们对剧班形成不同程度的威胁。每个剧班都避免出现这种不协调角色。现实生活中例子比比皆是，如很多行业都坚持对顾客信息进行保密。即使有不协调角色，表演者也会谨慎对待。

第五章　印象管理艺术

在本章中，作者把前面讨论过或者间接提到过的，表演者成功塑造一个角色所需要的品质集中起来进行考虑。主要对表现这些品质的一些印象管理技巧进行简要论述。序言中也提到了个体使用某些策略和方法来保护他的情境定义时的“防卫措施”，以及使用某些方法来保全另一个人所做的情境定义时的“保护措施”。当表演崩溃时，也即一种“无意姿态”出现时，如无意的动作、不合时宜的闯入、失礼，以及闹剧，表演者所支持的现实就会受到威胁。为了防止事件的发生和随之而来的尴尬，我们需要具备某些品质和措施。

1. 防卫性的品质和措施

戏剧表演的忠诚。在表演之前，他们绝对不能泄露剧班的秘密——不管这种泄露是处于自身利益考虑，或给予某种原则，或是由于个人缺乏谨慎。因而家庭中年长的成员常常需要提防孩子会听到他们的闲谈和自己的供述，因为一个人永远不能确定一个孩子会把他的秘密告诉谁。因此，也许只有当孩子到了懂事的年龄，他进入父母房间时父母才不会降低谈话的声音。（P183）

戏剧表演的纪律。对于维持戏剧表演来说，非常关键的一点，是剧班的每个成员都遵守戏剧表演纪律并在呈现自己的角色时对其加以运用。当表演者表面上沉浸在他所从事的活动中，且显然是自发地、未经筹划地全神贯注于他的行为时，他依然能够在情感上与他的表演相分离，以便能够应付戏剧意外。用戏剧表演的话说，遵守戏剧表演纪律的表演者，是那些牢记他的角色，但又不会在表演角色时犯无意姿态和失礼等错误的人。（P185）

戏剧表演的谨慎。如果不是小心谨慎、诚实正直，就有可能发生崩溃；如果表演过于小心和诚实，表演者就不可能“令人满意”地被理解，反而可能会被误解或得不到充分理解，或者被极大地限制在戏剧机会之外。所以为了剧班利益，必将要求表演者在表演时审慎缜密，对可能发生的意外预先做好准备，并利用一切可以利用的机会。（P187）

2．保护性措施

首先要了解，接近表演的前台或后台区域，不仅会受到表演者控制，而且也会受到其他人的控制。为了保证表演的顺利进行，让表演者希望的情境定义得以维持，作为局外人和观众会对表演者实施一些保护措施。

我们常会发现，当互动必须在局外人面前进行时，局外人会知趣地以一种不感兴趣、事不关已、不予注意的方式进行行动，这样，即使没有墙壁或距离来获得身体的隔离，至少还可以通过习俗来获得有效的隔离。因而，如果有两拨人都坐在餐馆中临近的火车座上，可以预料，双方都不会利用实际存在的机会来偷听对方的谈话。(P195)

当观众被纳入表演，行事乖巧的必要性就不会停止，我们发现这种细致入微的礼节，作为观众的个体通过这种礼节来指导自己的行为。这种行为包括：给予适当的注意和关心；克制自己的表演，以免引起太多的矛盾、中断或者予以注意的要求；禁止所有可能会导致失礼的言行；最重要的是避免争吵的意念。(P196)

当表演者一时疏忽，明显暴露出促成的印象与泄露的现实之间的差异时，观众也许会对这种疏忽乖巧地“视而不见”，或者欣然接受人们为此所做的辩解。对表演者说非常紧要的时刻，全体观众可能会心照不宣地与他们共谋，来帮助他们摆脱困境。例如：在精神病院中，当病人的死亡引起对院方试图维持的治疗效果的印象有所怀疑时，其他平常会给护理人员惹麻烦的病人，这时可能会知趣地缓和对峙状态，转而乖巧地帮助维持护理人员对发生的事毫不理解这一相当虚假的印象。(P197)

3．有关乖巧的乖巧

观众为表演者的利益运用乖巧手段或者保护性措施，对于维护表演具有重要意义。为了帮助这种乖巧的隐退，我们需要实施乖巧的乖巧。比如一个秘书乖巧地告诉来访者他想要见的人外出了，那对这个来访者来说，他离开内线电话的做法就是明智的，这样他就不会听到那个吩咐秘书他不在的人与秘书的通话了。(P199)

关于乖巧的乖巧，可以有两种相关策略。首先，表演者必须对暗示敏感，并善于接受暗示，因为观众正是通过暗示来警告表演者他的表演不受欢迎，如果他想顾全情境，最好迅速修整错误。其次，如果表演者无论如何都会误传事实，那么他就必须依照误传事实的礼节来行事，他绝不能是自己处于最蹩脚的借口和最为配合的观众都无法解救他的境地。

第六章　结束语

本章是对前面内容的一个总结和解释。总结了社会机构互动的框架，提出了研究视角和研究方法，解释了人格与社会互动的关系，及舞台表演与自我(人格)

形成的关系。

1. 框架

任何社会机构都会有框架模式，而这里给我们展现的是交际互动中的框架。

在社会机构的界墙内，存在着由表演者组成的剧班，他们共同协作，向观众呈现特定的情境定义。在前台区域，他们心照不宣地将表演维持一致，而在后台区域，常常存在角色外的沟通，剧班成员没有了观众在场后露出本性。在背后，经常有不协调角色出现，还会有很多种意外使得表演崩溃，这时，表演者、观众和局外人就要使用各种技术来维持表演。为了避免表演不成功，剧班倾向于挑选忠实的、遵守纪律的、谨慎的成员，并且还会选择乖巧的观众。（P204）

这种互动框架把我们的日常生活描述得惟妙惟肖，且也的确如此。在此框架下，我们每个表演者都会建立自己的印象管理库，并且随着人脉的扩展与交际能力提高，这个库的质量也会不断升级，成为个体的宝贵无形资产。

2. 分析的背景

本报告所讨论的主要是作为相互封闭系统的社会结构。一般从技术的、政治的、结构的、文化的视角入手，本报告提出用第五种视角（戏剧）来研究日常生活，这成为本报告成立的一个分析背景。

3. 人格—互动—社会

人们一直在进行各种尝试，试图把这三个领域中的概念和成果整合在一个框架中，这三个不同的领域是：个体人格、社会互动和社会。（P206）通过采用表演崩溃这个事实，来看三个社会层面之间的因果关系。

首先，社会互动（两剧班之间）——我们在这里暂时把它看作是两剧班之间的一种对话——可能会在窘迫和混乱中暂停，情境定义也停止。剧班成员先前的地位也岌岌可危，且也发现自己丧失了行动的指向。（P207）也就是说，由有序的社会互动创造和维持的小社会系统变得紊乱无序了。从社会互动的角度来看，这些都是表演崩溃所可能产生的结果。

其次，除了造成混乱场面外，可能造成更深远的后果。剧班成员表演的失败，对他个人声誉及整个剧班声誉都可能造成削弱，即连锁效应。

最后，个体也许会使他的自我深深陷入某一特定角色、机构、群体的认同之中，深陷于这样一种自我概念中，那作为人格形成之核心的自我概念可能会发生动摇。

4. 扮演角色传达着自我印象

在日常生活中，我们通过扮演不同的角色来传达自我。个体作为表演者，总是维持这样一种印象：他们遵守着众多据以判断他们的为人以及他们的产品的各种标准。但个体所关心的并不是如何实现这些标准的道德问题，而是如何造成一个令人信服的“正在实现这些标准”的印象的非道德问题。（P214）

用一个比喻来说，以一贯的道德模样，完成社会化角色的这种义务，以及由此而获得的利益，迫使人们都成了精通各种舞台表演手法的行家。

5．舞台表演与自我

在报告中，把个体分为两个部分，他被看成表演者，一个易受干扰的印象制造者，潜心于非常富于人性的表演工作中。他被看成角色，即一种形象，一般而言，是一种美好的形象。表演就是图谋显示出他的精神、力量以及其他的各种优良特性。(P214)一个人所表演的角色与他的自我总是有点相符的，并且这种角色的自我，通常被看成是存在于它的占有者的躯体之内，从人格心理学来说，存在于躯体高级部分内的东西。

在自我分析中，必须把自我和他的占有者分离开来，让自我从因他而受益，或因他而受损的人身上退离下来，因为他和他的躯体仅仅只是一个挂衣架，某种合作生产的产品只是暂时悬挂在它的挂衣架上。(P215)

在表演中形成自我，虽然有时会出现意外。但表演会产生某种效果，附加在各个演出角色之上的坚实的自我，就会显得像是发自表演者的体内。

四、我之感悟

戈夫曼作为符号互动论的代表人物，《日常生活中的自我呈现》这本书为他的学术地位奠定了基础。戈夫曼以一种独特的研究视角，生动形象地分析了日常生活中的行为在符号互动中占有重要的地位。其中，戏剧分析要素和印象管理最能代表戈夫曼的社会学思想。

戈夫曼的理论可以分成两个主要部分：一是表演框架；二是印象管理框架。

表演包含许多因素。其中，剧本、舞台、演员、观众是不可缺少的。戈夫曼将分析戏剧的语言引入社会学中，将整个世界看作是一个舞台，每个生活于世界中的人都是演员，人与人之间的互动、交往都被认为是一种表演，这一切就构成了具有一定意义的生活剧情节。像莎士比亚说的，世界是个舞台，所有的男女都是演员。他们有各自的进口和出口，一个人在一生中扮演许多角色。也正如中国古语言：人生如戏，戏如人生。

印象管理在戈夫曼的戏剧分析理论中占有重要的地位。他认为，在演员与观众的互动中，如果一个演员想演好其角色，给观众留下好的印象，他就必然要对自己在表演时的种种行为进行管理，以便在他人心目中塑造一个自己所希望的印象。戈夫曼把这种管理称为“印象管理”。

社会机构中的表演框架把日常生活常态描述得生动形象，我们也相应地拥有了自己的印象管理库，也即无形资产，如说某个明星身价过亿，或是明星微博排名。表演框架与印象管理框架是相互衔接的，是相互统一的，表演出色，那么你塑造了美好的形象，给观众留下了深刻的印象。反之，则一损俱损。

戈夫曼提出的拟剧论不仅是在描绘，更多地是在提醒表演者，或是教导表演者应该如何去表演，如何成为一名生活中出色的演员，但那必须是真诚的。

我们不仅仅是在生活，而且也是在表演。

我们排练并扮演我们选择的角色，穿着审慎的厚底靴，捍卫着自己的激情并将之理想化。

我们竭力地给自己制造各种理由，说服自己去表现自我，无论这种自我是乐于奉献还是玩世不恭，也不管它是粗枝大叶或是谨小慎微。

我们(在想象的观众面前)独白，我们身着这种道具服饰，期待着人们对我们的喝彩，并期望在一片静寂中悄然匿迹于归途。

我们必须竭尽全力地隐匿我们的情操与品行之间所有的不一致，这并不是伪善，因为我们审慎蓄意扮演的角色是比我们不由自主的飘然梦幻更为真实的自我。

戈夫曼用戏剧理论来探讨日常生活规律，为他的理论添加人文主义色彩。日常生活本是一个家喻户晓的事，只是戏中人或许不知晓这么多的道理，道不明这普通之中的韵味。而戈夫曼对这些仔细观察及研究，为人们提供了表演行事的规范。

《日常生活中的自我呈现》这本书，让我对印象管理理论有了一定的认识，也领略到了人文主义社会学的魅力，同时，联想到生活中的一些例子，对日常生活中的人际交往和互动会有更加深刻的理解。虽然社会可能会变得很假，但演戏同样需要真诚的态度，只有进行良好的印象管理，才能继而进行利益之间的交换。

讨论部分

唐松林老师：雅斯贝尔斯说过，成为你自己！每个人都有内在的心灵世界与真实的自我，做人做事都要表达自己内心的真实。丈夫、妻子、父亲与子女等其他社会角色，实际上都被社会赋予了一些约定俗成的与那种角色相称的内涵与价值。我们在社会中的每一个角色，在我们的传统文化基因中，赋予了相应的社会价值、责任、义务和权利。不同的社会阶段赋予某些角色的社会意义也是有差别的，如不同社会阶段的师生角色的内涵也是在变化的。这种内涵与人类对教育的理解，对人的本质的理解，以及人与人的关系的现实等均有关系。雅斯贝尔斯强调真实的自我，涂尔干强调社会的自我。真实的自我强调个性本真，社会的自我强调一种外在的社会要求。真实内在的自我是在自己生命的发展中原有的样子。存在主义主张你就是你这个样子，是不同于其他人的。但是个体的真我和社会的我又会存在一些冲突，在社会中真正去表现一个自我，它可能违背社会的价值、道德，甚至违背社会法则。然而萨特在处理这个问题时，交代每个人可以在社会中表现自我，但是如果发生冲突，你是需要为自己的行为负责的，所以每个人要对自己负责。但是戈夫曼和涂尔干在处理这个问题时认为，当你融入一个社会岗位，被赋予社会角色，是没有理由拒绝且必须服从社会的。也就是说，作为一个学生，你进入一个班级中来，你就必须要服从这个班级。当我们个人与集体发生冲突时，必须服从集体利益。

本书的作者戈夫曼的理论隐含一个命题，即自我与社会总是存在冲突，那么我们在社会中如何呈现自我呢？就是伪装、说谎、表演……以表达自己所承担的社会角色的语言。所以，我们每个人在社会中都是演员，当你处在这个社会中时，你就需要表演。但是，我对戈夫曼的理论不是很认同，因为，一个真正成熟有境界的人是知行合一的，一个完善的人的内心想法和行为是统一的，很多圣哲都强调知行合一，如马克思就强调一个真正全面发展的人，其精神与肉体是充分自由与高度和谐的。但戈夫曼所说的表演，虽然自我在社会中的呈现言行不一，但其表演是一个中性词，是不违反道德的，也不违反内心的。当自我与社会不统一时，为了社会的利益，你就要表演，演出来就要表现出一种符合社会价值的“真实”和正能量，就像老师要表演，对一个讨厌的学生，你要表演你对他的喜爱，表演对他的公平。你要在学生中间有一种印象，即对待所有学生，不能有偏爱。所以，当人性化的自我和社会化的自我发生冲突时，如何表演就显得很重要。戈夫曼就此提出了一些我们如何表演的理论，包括神秘化、误传、表达控制的维持和理想化等等。这给我们的角色戏剧化提出了一些方法。这里给大家提一些需要思考讨论的问题。

（1）我们的表演有什么样的意义？我们为什么要表演？

（2）假使表演是有价值和意义的，那么我们应该如何表演？

（3）在表演的过程中，我们如何创造一种神秘感？例如：一个为官者或领导需要在他的下属面前表现出一定的心理距离，使下属和老百姓对他有一种神秘感，甚至有一种畏惧感，同时又使老百姓保持对自己的敬重和爱戴，怎么做比较好？

（4）在表演的时候，如何处理诚实的表演和虚假的表演这两者之间的关系？同时你怎样理解这种虚假的表演？

（5）如何理解日常生活中时常出现的前台和后台？比如一个教师在讲台上就属于前台行为，在办公室或家里备课就是属于一种后台行为。

（6）作为一个表演者，你如果要使大家对你建立一个良好的印象，你需要一些什么样的品质？

李倩：对于表演的定义有如下看法，表演之于我是各自朝圣之路的选择，之所以这么说，是因为表演首先是显示于特定的场景、特定的道具和特定的观众。

而相对于主演来说，这种情境是我们社会生活的环境，而道具就是我们生活中的一些权力，或者自己身上带有的某种特定的属性。这种表演是对他人而言的。书中说到“虔信者”和“玩世不恭者”在社会中是存在的。不同的生活经历和背景会造就这两种不同属性的人。在各自不同的角色中，你展现的是不同的自我。就像你作为学生，在面对老师和父母时，是会表现出不同的形象的。有时候在不同的关系中会展现出不一致的自我。所以，表演的另外一层意思是：表演在一定程度上是外显的，它不一定是你内心真诚想表达的。在内显和外显之间，这种冲突是非常痛的，是生命不能承受之轻。有时候在特定的情境表现不一样的自我的时候，会分不清这种“轻”和“重”导致迷惘。在这种社会关系中，你会慢慢意识并进一步认识自己。当你趋炎附势时，你的内心是要比任何人都清楚自己所表现出这种行为的。但是你可能会为了不显现出来就做一些与自己内心想法不相吻合的事情。老师讲到一个真实和人为的关系，涉及如何选择时，其实还是要看你自己所追寻的是什么。每个人都有选择权，不要求每个人都向同一个方向发展。只要不妨碍他人都是自由的。

陈琼：根据《日常生活中的自我呈现》这本书，首先我认为表演是日常生活中的一个人际交往，这就是一种表演，比如我现在跟大家讨论说话其实是一种表演。其次，自我呈现涵盖两个点，一个是人性化的自我，另一个是社会化的自我。书中谈道，表演有可能是一个人的表演，也可能是一对多、多对一、多对多的表演。那么，自我涵盖一个人性化的自我以及通过跟大家的一个互动所遵循的观众所希望的表现出来的一个社会化的自我，或者说两者的融合都在里面。无论如何，当个性化的自我与社会化的自我不一致时，你就必须要表演，使与社会的价值一致。

欧阳鹏：日常生活中如何演？我认为要谦虚一点，也就是唐老师所说的要低调一点。孔子说过：“君子，谦谦如玉，铮铮若铁。”前面同学有说到自己的行为表演不能妨碍他人的利益，而这个他人的利益是要有一定标准的。我们应该是去维护一个人的正当利益。对社会有害的人的利益，我们不能去维护他的利益。而是要“铮铮若铁”，对社会的黑暗与不公要去仗义执言。对本身个人来说，怎么演？我觉得需要正直一点，如果这个社会宣扬的是一种好的、高尚品德的普世价值观，那么这个社会整体发展会好一些。

于思琪：首先作者所提到的表演是个人借助一些道具和手段向他人表达、演绎的一个过程。以此在他人心目中造成一定印象，而这种印象又分为两种，一种是给予的表达，一种是流露出来的表达。给予的表达是一种很直观的，容易控制的表达。流露的表达是一种非言语的、无意识的表达。其实在日常生活中，后者的这种表达更容易影响你在他人心目中建立的印象。在演讲中，除了你的演讲内容外，其实你的服饰、肢体语言更容易影响观众对你印象的建立。所以，我觉得在日常生活中，我们要对流露出的表达进行更多的关注和锻炼。还有我想回答一下：如何在日常生活中进行表演？只有社会的自我，你在这个社会环境中才是适合的，因为社会对你有一定的要求，所以你会在情绪的表达方面有一定的控制。只有你的呈现和表达被认可或接受的时候，你才可以很好地在这个社会里边生存。不管是在社会中，还是在自我中，我们都需要表演，因为人在一个这样的延伸当中，实际上是在不停地追寻你的人生意义和各种价值。在这之间，我们会做无数的决定，徘徊迷惘时，我们要坚信自己所做的决定，坚信自己的这一种价值观，而这种自我暗示也是一种表演。在生活中，我们是需要这种表演的。

郑洁：人生如戏，戏如人生，不同阶段承担多种角色。生活中少一些表演，超过临界点就会变成真实，完善需要一生的修行。

国防科技大学附中学生：人在社会中扮演着多重身份，都是由社会赋予的。现在人们在意的更多的是一种修饰形象，是一种不由自主。我认为这部著作是一些自我理性和冷漠的自我剖白。举个例子，当你担任某种职务时，需要一种威严、严肃，令人生畏的威信。如果你的威信与本质不符，那么是需要适当扮演的。否则，无法足够生存。当你面对父母时，你不可能用面对朋友的姿态来面对，所以需要适当扮演。这是一种必要的形象管理。所以我认为，角色扮演在生活中不可少。当然，人也不可能一直生活在伪装下，表演中也会有所体现。因为神秘，所以向往。向往就会效仿，效仿也是一种模仿式表演。想将自己理想化的形象展示给他人，因此会从周围人的身边吸取自认为更好的习惯与行为。这也是一种另类的社会拟态。我们从身边人中学习到了好的行为，进行自我修饰然后扮演。塑造前台形象并加以约束。前台形象在我看来就是人前形象，所以我认为我们需要适当的修饰形象，同样也需要慎独。

李吟霁：有时候我们并不是在演，而是通过演的过程来认识自己。表演是一个认识自己和他人的过程。把赤裸的事实跟当事人表述的时候，会造成一种伤害和无法接受的结果。这时可以表演得更加委婉和易于接受。表演到一种境界就是真实的自我。

于晓卉：假设表演有价值，那么应该如何表演？我自己的一个假设并且同大家一致的是：要做一个自然的人，让我感触良多的一个事情是，男女朋友谈恋爱之间的扮演。在这样一个浮夸的社会，人都需要一个面具去表现呈现出更好的自己。在公共场合，需要表现出落落大方。但在私下的相处中，需要表现自然的我。所以我觉得在人与人之间的相处中，自然是很重要的一点。在现在的社会中，你需要带一张面具去接触不同的人，步入社会后，需要不同的面具扮演不同的角色。但是这种角色的扮演并不能给我们带来真正的满足感。有的时候，扮演太多角色，你会迷失自己，不知道哪个才是真正的自己。在你的生活中那个真实的自我表现得越来越不明显，感觉会没有立足之处。做好自己，才能更好地去适应这个社会。不带着面具去进入这个社会，或许带着本真的自我进入社会会更好。

唐松林老师：按照作者的观点，人是一种面具，每一个都是一个演员，人生是一场巨大的艺术表演。人在表演的过程中，努力去表现自己承担的角色，塑造了自己，改造了自己，成为一个与社会统一的人。我这里想谈我认为本书所论述的两个有意义的问题：

第一，我们如何表演好自己的社会角色？①自信。即你要相信自己，能扮演好你承担的角色，使你的观众对你有一个好的印象。例如，你总是希望老师和同学对自己有一个好的印象。②符合。即在前台或你的出场，你的外表、形象符合你代表的社会身份、阶级标记、性别、年龄、种族特征等；你的言谈举止、行动方式、面部表情等要与你扮演的社会角色一致，得到观众的认同。③表现。你的行动在表演过程中，通过虚饰或伪装，呈现出恰如其分的表演，使角色要求与表达一致，你表演的父亲像父亲，子女像子女。使表演符合理想化社会角色印象。④维持。即你通过精心打扮，端庄得体的具有魅力行为举止，吸引观众，以让观众相信你，表达合理的印象。⑤伪装。即作者讲的误传。即你的思想与你的行动不一致时，你可以采用误传的方式，即假扮、说谎的方式。因为，社会要求某些角色是英雄或是恶棍，但你的人格不是他们的人格，你就不得不误传，从而遮蔽你的与社会价值不符合的内容。但是一定要有正能量，要有善意。⑥神秘化。在表演中和观众保持一定的社会距离，突出你的某些神秘化特征，使观众对你可望而不可即，有一种敬畏或神秘感，以一种神圣的人格与观众互动，树立权威，更好地进行工作和管理人员。⑦真实与人为。这是两种表达技巧。其中，真实，你必须让大多数观众相信自己是真实的与诚实的。人为，即是虚假、塑造、虚构与创作，但要使观众对你的表演当真，认为你是真诚的，使双方产生情感共鸣，他就可以把角色演绎得惟妙惟肖。这是人为的表演，但又是夹着真诚。

第二，我们如何对自己进行印象管理？自己是一个演员，对自己要有一定的印象管理艺术。①你作为一个演员的品性非常重要。这种品性包括四个：一是忠诚。信守剧班的秘密，既是出于利益考虑，也是剧班组织原则。二是纪律。每个成员必须遵守戏剧表演纪律。你要牢记自己的角色，不要犯随意、失礼等违背常规的错误。三是谨慎。你要小心谨慎、诚实正直，但不要过分，以免你的表演被误解。四是变通。你在表演时可能发生意外，你要有及时解决问题的机智，有这样的智慧。②尊重与维护自己与他人的表演。即是作者讲的“保护性措施”。在我看来，这里的尊重与维护的是演员与观众之间关系的维护。一方面，为了保证表演的顺利进行，必须在礼节上表示对观众的欢迎、尊重与热爱，最重要的是尽职尽责、想方设法地创造表演，努力激起观众的高峰体验；另一方面，作为观众要对表演者的行为进行一定的尊重并有相应的行动反映，这就是作者讲的“乖巧的行为”，包括礼节、尊重、关心，如鼓掌、呐喊与情绪上积极肯定等。这里需要指出的是，双方产生了矛盾该如何办？对于观众的不礼貌行为要给予极大的克制与包容，禁止失礼的言行，克制自己的表演，避免争吵，以免引起太多的矛盾，导致演出中断等情境的出现。③对于对方的行为予以情感上的积极回应。这就是作者说的“乖巧的乖巧”，即观众给了你“乖巧”，你要及时回报以“乖巧”。其策略首先是接受观众的暗示，如“口哨”“倒彩”等负面情绪的反映；其次是迅速修整错误，满足观众需要，顾全情境。再次是将错就错。如果表演者无论如何都会误传事实，那么他就必须依照误传事实的礼节来行事，配合观众，仍然礼貌地互动。

第三，在日常生活中，难道我们一定要表演吗？我们一定要做一个“变色龙”吗？我们不能做到知行合一吗？如果你的内心是正的，善的，强的，又何必要装伪呢？让你的良知与善能感染这个世界不是更好吗？如果你的行为是自然的流露不是一件至美的事情吗？如果你天天都在伪装中你会轻松吗？幸福吗？这就是这部著作的问题！由于时间关系，这里我建议大家去读一下《老子》和王阳明的《传习录》，他们的哲学思想深邃高远，精妙宏富，这是其他思想家无法比拟的。它还原自然与天理的永恒，让我们的内心回到“怀素抱朴，少私寡欲”的境界，使我们走进自我的世界，享受感性的美妙。王阳明说“知是行的主意，行是知的功夫；知是行之始，行是知之成”。这里的“知”是内在的“良知”，它需要你长期的修行，需要你“克己省察”，才能“致良知”，才能达到“怀素抱朴”的境界，让你精神澄明，精神富足，你就能“随心所欲，不逾矩”，这不就是很美的“知行合一”吗？

岳麓山读书

古刹谈智

唐松林 杨明刚 编著

中南大学出版社
www.csupress.com.cn

图书在版编目（CIP）数据

去麓山读书：全4册／唐松林，杨明刚编著. --长沙：中南大学出版社，2016.12
ISBN 978-7-5487-2652-4

Ⅰ.①去… Ⅱ.①唐…②杨… Ⅲ.①审美教育 Ⅳ.①G40-014

中国版本图书馆CIP数据核字(2016)第314703号

去麓山读书
QU LUSHAN DUSHU

唐松林　杨明刚　编著

□**责任编辑**　陈应征
□**责任印制**　易建国
□**出版发行**　中南大学出版社
社址：长沙市麓山南路　　邮编：410083
发行科电话：0731-88876770　　传真：0731-88710482
□**印　　装**　长沙鸿和印务有限公司

□**开　　本**　710×1000　1/16　□**印张** 46.75　□**字数** 921千字
□**版　　次**　2016年12月第1版　□2016年12月第1次印刷
□**书　　号**　ISBN 978-7-5487-2652-4
□**全套定价**　188.00元

总序　沙龙话沙龙

唐松林　杨明刚　于晓卉　魏婷婷*

时间：2016 年 9 月 19 日　19:00—22:30

地点：唐松林家

参加人：唐松林 杨明刚 于晓卉 魏婷婷

唐松林：我常说，2005 年我选择来湖南大学生活，真是一份难得的幸福！

从那时起，我和研究生们一起读书，一起说话，一起辩论……名曰学术沙龙。

我们在一起进岳麓书院，上爱晚亭，游清风峡……真正体会到了杜威说的"教育就是生活！"但我似乎更想说，教育就是享受生活！我当时要孩子们读书的目的很简单：加强通识！要他们补"通识"之课，补基础教育阶段和大学教育阶段的通识教育的缺失！所以，我有意给学生们推荐文史哲方面的经典，使他们从古人游，学会思考。果不其然，他们在接触各种哲学家及其理论流派之时，其阅读兴趣勃然，其思想日渐深邃，更重要的是大多数孩子养成了淘书、藏书与品书的习惯！我们的教育从小学到大学，不鼓励孩子说话，他们口头表达的机会较少，缺乏反思、猜测与批判的习惯与精神。我常常想，一个连话都不会说的人，哪里

* ［作者简介］唐松林(1962 年出生)，男，湖南常德人，湖南大学教授，博士生导师，从事教师教育、教育哲学研究；

杨明刚(1975 年出生)，男，湖南城步人，湖南大学博士生，从事教育管理、马克思主义哲学研究；

于晓卉(1990 年出生)，女，山东威海人，湖南大学教育科学研究院 2014 级研究生，从事教育哲学研究；

魏婷婷(1993 年出生)，女，甘肃平凉人，湖南大学教育科学研究院 2014 级研究生，从事教育管理研究。

谈得了创造精神，更遑论全面发展。而学术沙龙，恰恰给了孩子们一个说话、辩论与表现的机会与平台。

于晓卉：我记得在沙龙上，我们连续三次读《道德经》，您流露出对老子的敬仰，后来看了您与您的学生写的那些有关生命论的文章，我就能体验到您主办学术沙龙的良苦用心。按照您的话说，在大学里，沙龙提供了相对自由的文化土壤，生命孕育其中，自由生长，自然造化，繁衍茂盛。大学品质是我们生命品质的彰显。大学是一种特殊的文化土壤，青年学子的好奇心、求知欲、创造力等天赋能量在大学文化里涵咏绵延，神奇缥缈，浑然天成，蕴藏巨大能量，生成无限可能，这也决定了大学的无限可能。沙龙是一个自由与诗意栖居的场所，师生在沙龙之中自由交流、对话，享受创造的乐趣与尊严，编织着一种美好的关系。

魏婷婷：沙龙，让我学会享受生活，这真是难得的幸福！沙龙巨大的魅力在于它不像课堂那样机械。它是自由开放、平等与共享的。沙龙的参与者亦来自不同的学校和单位，不仅有湖南大学的师生，而且有中南大学、湖南师范大学的师生，还有中学老师、企事业单位人员参与。特别值得一提的是，长沙师范学院的李京玉老师与长沙市六中的侯兰花、匡林林两位老师，他们是我们沙龙的常客。他们的参与为沙龙注入了新鲜血液，给一个话题的思考与讨论提供了更多的视角。他们都是热爱学习、愿意交流、善于享受贵族式生活的人。在消费主义、效率至上的时代，慢下来，学会享受、思考与分享的精神真是难能可贵。

孔子说："素其位而行，不愿乎其外。"一个真正的求学者，迫切需要在世界中找到自己爱的对象。他们做自己喜欢的事，互不羡妒，让感知、顿悟、智慧、良知与性情在这里生长，心灵找到了归属。这是"止于至善"的生存法则，生命亦如其所是。

杨明刚：我觉得学术沙龙不仅蕴含着自由、开放、平等与共享的特质，其形而上学的哲学思辨也无时不彰显出探寻真理、激扬生命与关注人性的理论情怀，这只反思历史、直面现实与眺望未来的形而上之手亦无时不抚慰着创造与想象，催生、繁衍着追寻科学、坚守真理的生命冲力与动能，诚如叔本华所言，人应是需要形而上学的，大学也需要形而上学，它是一所大学存在的精神支柱。皮尔士在谈到科学时也说道，如果"科学没有形而上学，它就是一门软弱无力、东倒西歪、腐化堕落的科学"①。作为科学圣地的大学，若没有独具内涵的形而上学与人文底蕴，它将是苍白与不可持续的，也是无力量的。

唐松林：早在800多年以前，就是在这里，据说朱熹和张栻在理学问题上意见不合，鏖战三天三夜，开展了激烈的辩论，留下了朱张"中和之辩"的千古传说。与之不同的是，如今我们的学术沙龙不是名家之间的辩论，而是师生之间，特别

① ［美］科尼利斯·瓦尔著. 皮尔士［M］. 郝长墀，译. 北京：中华书局，2003：60

是学生之间的自由对话，是一种日常生活形式。柏格森说，历史就是生命。我要说，我们的学术沙龙是一场绵延千年的文化生命之流。但它秉承“日新又日新”之精神，有新的超越，它从思想泰斗之间的唇枪舌剑，演变为平民之间的自由讨论与心灵分享。不参加这样的沙龙，不看这些演讲报告，你可能永远无法知晓“指点江山，激扬文字”的大学生活，你可能不会相信他们会如此语出惊人，说出如此深邃玄妙的哲理！所以，作为大学老师，这个沙龙经常让我有一种“其实我一无所知”的内疚与惭愧！同时也有“长江后浪推前浪”的喜悦！我经常疑问，当初“朱张会讲”时，他们的学生在做什么？所以，几年前，我在《教师与哲学家》中说了一句话：“‘我’就是哲学家。”周国平曾说，孩子天生就是哲学家！就教学的自由与文明而言，我有一种“俱往矣，数风流人物，还看今朝！”的自豪与欣慰，因为，我在沙龙上看到了孩子们思辨碰撞的深邃与魅力，看到了师生在自由平等中猜测反驳的现代学术文明。

杨明刚：从这个角度说，沙龙之意义在于它尊重了生命，释放了生命，它将人类与生俱来的原始能量和本能冲动释放出来，生发创造、情欲与意志的力量，你独特的成长经验、经历、记忆思想的流动，促进你智慧、良知、道德与人格的整体发展。一种生命得以栖身的文化精神，是一种和而不同、浩瀚宽广、复杂的生命关系。在这样的关系里，释放创造，生成智慧，激扬良知，涵养人格。正如冯友兰先生对清华学子希冀的那样，“我们希望清华成一个‘万物并育而不相害，道并行而不相悖’的大大学”①。这样的“大”大学，不会是一个物性扩张而精神匮乏的大学，相反，却是一片关系错综复杂，但又相和万生的、生命诗意栖身的大美无言之土壤。

唐松林：沙龙不只是一种简单的教学组织形式，而是一种课程，是一种教学文化。它为你提供了良好的自由文化与学术生存的土壤。它是生命的一种自由形式，唤醒你的生命能量，促进你的良知、理性与勇敢茁壮成长，涵养着大学教育的质量。它启动于生命内部之自然力量，不受任何外力的驱动，充满了哲与思，流动着力与美。在这里，闲逸的好奇，学术的争鸣，都是源于生命的冲动与神奇，都是世界独一无二的生命样式。我们所释放的思想、语言与行为，都是生命冲动的释放，即使你的语言刁钻古怪，即使你的思想恣意妄为，但对于生命的生长，是最有利和最有意义的。

魏婷婷：学术沙龙的价值，正是它尊重和承认大学是一个千奇百怪的生命世界。大学质量的驱动，不能依靠外在的功利性规划与利益驱动，而须依赖大学之中师生所拥有的充沛的生命活力。沙龙的开放与自由性，使你对他者的理论与经验发出怀疑、反驳、批评与争论，这才是真正的学术生活，是人类知识进步的重

---

① [美]科尼利斯·瓦尔著．皮尔士[M]．郝长墀，译．北京：中华书局，2003：60

要方法，是知识分子“敬业乐群”的重要形式，是大学“兼容并包”的文化生态。“大学的真义就是无限的广大、无限的包容”①，使你开放心态，包容异质，谦卑行动使你的智慧、良知与境遇趋向圆满，使你的心灵充满温暖，让你享受知识的分量与人生的尊严。

于晓卉：沙龙，在一定程度上，正如我和唐老师在一篇文章中强调的那样，它可以消解大学中绩效主义因素的荒诞性。绩效主义使大学质量出现种种荒诞，目标技术的片面、物质利益的驱动、数量指标的蛮横，过分强调效率而忽视生命，这是现代大学遭遇的最大问题。“绩效”与“分数”意识，似乎成为一种“集体无意识”，遮蔽了我们个体生命中最珍贵的情感与艺术，兼具个性与才华魅力的学生凤毛麟角，导致了一种“结果导向”的质量文化氛围，看不见大学质量的生命属性。大学质量被抽象为可操控的数量形式，教育目标变成指标与数字体系；教师劳动成果则是根据课题、论文、评奖、经费等进行评价，大学质量演化为各种工程、项目、基金等指标。致使大学沦为一个机器系统，就如克拉克·克尔描绘的那样，“它更是一架机器……一架由管理条例维系和由金钱赋予动力的机器”②。这座巨型机器具有功利价值导向、利益驱动与任务分割等特征，把大学引入一条远离生命及其生存关系的不归之路。

魏婷婷：沙龙，使学者真正成为“学术村庄”中“拥有房子的自由人”，使你回归生命，让你诗意地栖居。在那里，你无忧无虑自由自在无畏无惧，享受真理与创造世界的乐趣。沙龙，使你在与他人的辩论与对话中，发现并弥补自己的“无知”。学者只有明确“自己无知之处”，才能使你听从内心良知的呼唤，不再懒散，做出符合自身学识的决定，说自己的话，做自己的事情，“成为你自己！”③沙龙，使你享受审美的人生，因为它寓于人性的单纯、真理的简单和生命的自然之中，它以美得“好玩”而“不可利用”为特征，它体现生命万物并育、天道并行的审美意蕴。

于晓卉：沙龙，是在为现存大学备受诟病的诸问题寻求新的解脱。高度结构化、层次化与集中化的管理体制，使学术话语权、人的创造力、情感、尊严与爱被整体漠视；师生自主学习、自我反思、同行评价与学术争鸣的自由氛围消弭，抹了生命的多样性。形而上学之营养的枯竭，使大学灵魂与精神旁落，大学质量背离了“使他们有哲学般深邃，又有艺术般高雅”④的学术信仰。如同蒋勋先生对世人的警训，“一个唯利是图的社会，每个人都会在物化自己与他人的过程中成为

---

① 杨东平. 大学精神[M]. 上海：文汇出版社，2003，100
② 杨东平. 大学精神[M]. 上海：文汇出版社，2003，100
③ 肖川. 大学要带给学生什么[J]. 湖南师范大学教育科学学报，2014（1）：19
④ 肖川. 大学要带给学生什么[J]. 湖南师范大学教育科学学报，2014（1）：19

受害者”①。

杨明刚：沙龙，是一种以反思和争鸣作为手段的质量评价方式。参与者既有理智、谨慎与崇尚真理的共性，也有“意出尘外，怪生笔端”的生命差异之神奇。沙龙中的猜测、反驳与辩论，是决定你“接受”或“摈弃”、“继续研究”或“停止研究”的方法。② 一个真正的学者，对宇宙、对人类有一种亲密的崇敬与畏惧感，他能把自己选择的事情看作“我”的生命，无论什么“利好”，终不肯牺牲“我”之生命与之交换。苏霍姆林斯基曾出于回归原初动力的心态，给教师们提出这样的建议，我们都有一种心灵深处根深蒂固的需要，“这就是希望自己是发现者、研究者……”③

唐松林：《去麓山读书》，书名源于与胡弼成、陈应征、杨明刚的一次小型沙龙，这套丛书是2013年3月至2015年1月的部分沙龙记录的整理稿。沙龙是自由的，不仅没有固定的时间与地点，而且校内外有爱好之人均可参与其中。沙龙的每一个主题，是主讲者阅读的一部著作或对某一选题的学习或研究心得，其中饱含了孩子们对知识的热爱、尊重、敬畏与期待，对彼此之间互动最美好的希冀、记载与回忆。我们徜徉书海，领略万种人物豪情，充斥着思想飞驰的天马行空，享受心灵的碰撞，辩论的乐趣，享受着一次次思想的震撼。就如摆在你面前的一篇篇文章，你无法相信是一群研究生的读书笔记或专题研究。当你看到每位主讲者15000字左右的读书报告，你会惊讶于他们的认真、典雅、深思与创造，你会情不自禁地想起陈寅恪在王国维的纪念碑铭上的那句名言：“独立之精神，自由之思想。”此刻，我要重复我经常对学生们说的那句话：如果你能写出如此美丽的读书报告，你的人生何愁不美！

于晓卉：我在整理《去麓山读书：爱晚品美》时，悉谙它所传递的审美、知识与反思的价值意蕴。席勒在《审美教育书简》中提到，要把审美活动作为恢复或实现人的完整存在的基本途径。阅读与教育能够培育、发展审美的能力，而审美的过程亦是一个使人受教育的过程。审美是对人的精神维度的建构，通过智慧与情感的陶冶，促进心灵的成长与完善，引导个体探寻生命的意义，寻求生活的价值、领悟生命的真谛。审美教育并非机械主义的强迫灌输，它更是一种生命自主、自为的过程，发端于个体生命中最真切的情感体验，由感悟而引发内心的震动。岳麓沙龙在为师生们提供了一个自由、无拘的释放环境之外，亦有生命关怀、促进成长的审美教育书籍，如《美的历程》《没有宽恕就没有未来》《瓦尔登湖》《人的宗教》等，师生们跟随李泽厚，跟随梭罗，跟随图图大主教等思想者，在精神世界中

---

① [美]Clark Kerr. 大学的功用[M]. 陈学飞等，译. 南昌：江西教育出版社，1993：10
② [美]Clark Kerr. 大学的功用[M]. 陈学飞等，译. 南昌：江西教育出版社，1993：10
③ [德]尼采. 作为教育家的叔本华[M]. 周国平，译. 南京：译林出版社，2014：4

驰骋遨游，以他们为镜像，关怀个体生命。

魏婷婷：通过整理《去麓山读书：清风巡世》，其间的智慧与思考，让我受益颇深。雅斯贝尔斯曾说：教育决定一个时代、一个人和一个民族的精神面貌，这风靡一时的观点，是毋庸置疑的。大学是研究高深知识与学问的场所，但是“平庸的大学”的论调却从未停歇。它的淡泊与宁静正在被工具主义、功利主义、机械主义侵蚀。大学何谓？大学何为？大学固有的卓越精神，时刻给予我们这样的警醒与反思：不管在哪个时代，哪种精神状况下，大学都不应该沦为时代平庸的牺牲品。现代大学应努力超越平庸，复归卓越，从而引领时代潮流，为人类社会提供一种终极关怀，这才是高等教育何以谓之“高”。在本系列丛书的第二部分，结合专业主旨，汇聚专业精神探讨了高等教育发展中的重重困境。以《巨流河》《失去灵魂的卓越：哈佛是如何忘记教育宗旨的》《找回大学有精神》《伤魂》《中国在梁庄》《乌合之众：大众心理研究》《乡关何处》《文化苦旅》《人生的枷锁》《耳语者》《教父》等书籍为例，思考其呈现给我们的社会伤痕与教育现实，并以此建构起自身的批判精神与反思意识，敢于质疑、敢于发问，寻回大学的本真样式。

杨明刚：《去麓山读书：书院论学》相对较难，是一组政治经济学与社会学著作，是唐松林老师讲授《教育社会学》的部分课外读物。社会学、经济学、政治学和教育学均作为一门社会科学，它们的联系甚密。首先，社会学本身蕴含着丰富的研究方法与理念，许多的教育现象、问题均可以用社会学的方法、理论等加以分析和阐释。第二，如果将教育回归到社会去认识，其本身是一种社会制度与社会组织。正如有学者讲道，“学校就是一个社会制度，它是个人社会化的一个重要的场所，所以，学校作为一个组织含有一般社会组织的原理”，并明确提出，一方面，用以改良教育，另一方面就是改良未来的社会。这种理念在杜威的教育思想中亦有体现。它在《学校与社会》《民主主义与教育》中，论述了教育与社会进步的关系，更把学校看成一种社会制度，肯定学校的社会功能等。相应的社会学家，如迪尔凯姆、韦伯等亦尤其关注教育与社会的关系。因此，教育研究与社会研究一脉相承，对社会学的关注更有利于我们去解决和反思教育问题。因此，岳麓沙龙举办了以社会学名著为主题的学术盛宴，其间学习、分享、讨论《心灵、自我与社会》《历史的终结及最后之人》《实用主义与社会学》《德川宗教：现代日本的文化渊源》《孤独的人群》《日常生活中的自我呈现》《权力和特权——社会分层的理论》等书籍，为我们更好认识和研究教育问题开启视野。

唐松林：《去麓山读书：古刹谈智》是我们的教学改革内容之一。我在《教育哲学》的教学中，以“自主选择（专题）—搜集文献—反思探究—学术报告—合作讨论”的教学形式，将艺术、身体、美德、知识、正义、幸福、生活、自由、民主、理性等哲学命题与教育相融合，让学生通过广泛阅读，自我探究，拷问内心，联结现实，回溯本源涉及教育学中一些最本质的问题，促进人不断地探索和反思，深入地认识自己及自己与世界的关系，给人提供一种恰当的逻辑思维方式，我们想要的是灵魂纯正，勤于思考，富于智慧，思想深刻，不畏雄辩的人，而不是要那种按部就班、墨守成规与鹦鹉学舌的人。

教育的真谛不在知识的灌输，而在以文化人。这场“学术的飨宴”仿佛使你置身于天、地、人的浩瀚而又绵绵的空间，内心久久无法平静，总有探求与挖掘的冲动，真是浸润心灵，昭雪精神。可惜的是，本沙龙虽然始于2005年，但由于缺乏系统的录音、总结与整理，只剩下讲稿及残缺的讨论笔记。这里的《去麓山读书》丛书，只是2013年来部分有完整记录的沙龙的再现。其中的整理、修改与校对，得到了部分研究生们的辛劳付出，他们是：于晓卉、魏婷婷、于思琪、郑洁、李倩、李吟霁、涂南、吴丽霞、王志娟、肖利伟、沈豪英、张素华、吕亚妮、冯誉萱、芦方园、周咪等等，他们辛劳的汗水化为这份温馨的回忆，弥足珍贵。

“嘤其鸣矣，求其友声”，我们的沙龙还在继续，但我现在的感觉，似乎不是为了孩子的“通识”，甚至不是为了孩子的成长，而是完全发自自我心灵的需要，如果两个星期不经受沙龙的洗礼，就像两个星期没有沐浴那样让你难受！我们期待越来越多的志同道合者、热爱读书者加入其中，各言尔志，分享经验，碰撞思想，砥砺灵魂，滋润生命，这是教育的常态，也应该是生活的常态。

教育的哲学冥想与对话

罗仲尤　杨明刚　等

品完《古刹谈智》，顿时被书中充满混沌与逻辑的哲学之思所吸引，也深深地感受到哲学即智慧，是爱智，是对智慧的追求和追问。

教育哲学是对教育命题的冥想与反思。这里的教育命题包括人、知识、理性、情欲、道德、自由、民主、审美等与我们的教育生活息息相关的内容。哲学的方法是反思的方法，如果教育要运用哲学方法就应该运用反思去探究教育思想的根源，揭示教育思维和存在之间的矛盾与联系，正如黑格尔所说的："哲学的事实已经是一种现成的知识，而哲学的认识方式只是一种反思——意指跟随在事实后面的反复思考。"马克思也认为"历史从哪里开始，思想进程也应当从哪里开始"。哲学的反思与批判对教育学的教育本体论、主体论、价值论、本质论、规律论、目的论及人文教育论的理论建构具有指导性意义与启发。

毫无疑问，教育精神的精华是教育哲学，教育的哲学反思也应该是时代的教育精神的精华。马克思指出："任何真正的哲学都是自己时代的精神上的精华。"经验主义、实用主义、理性主义、永恒主义、要素主义、人文主义、科学主义、行为主义、结构主义、存在主义以及后现代哲学等认识论对教育实践的发展和教育认识论的形成都具有重大影响，哲学反思最本质的特性是批判性，而实践性则是哲学的另一明显特点，批判性和实践性的哲学特征对教育的本真价值理论的形成具有重要的理论指导意义。

本辑《古刹谈智》涉及教育哲学基本命题的对话与讨论。它不仅对研究生的教育认知与理性能力有巨大的促进作用，而且对开拓教育工作者的知识视野具有重大意义，此外，唐老师及其学生以沙龙的形式来谈论哲学问题是富有创新精神的，因为学术沙龙本身就是一种具有创新功能的教学组织形式，作为一个知识分子网络，其成员具有一定的亲缘与学缘关系，作为信息交流空间，学术沙龙还是实现创新的平台，它所倡导的是一种交互主体性的教化与平等的交流，规训与灌输在此被疏远，理性与人性得以张扬，智慧与生命的激情与灵感得以迸发，师生或席地而坐或随意散坐或围坐圆桌旁，相互聆听，畅所欲言，彰显的是一种轻松自如的自由与享受，思考人生，思考社会，展望未来，构筑梦想，好不快哉！

据我所知，自2005年以来，唐松林老师始终不渝地坚持每周或两周一次的沙龙活动，参与者以本院的博士、硕士研究生为主，也有本校其他院系或者兄弟院校学生、企事业单位的白领、工商界人士以及部分中小学生等，大家不分地缘、不分职业、不分身份，一律平等，以沙龙为载体，共同探讨人生智慧，心与心的交流，观点自然流淌而不矫揉造作，语言发自肺腑而无须雕琢，道法自然，寻觅混沌“无为”的学术冥想与若水的“上善”人生境界。

最后，愿本书的出版可以“一石激起千层浪”，可以激起更多的高校精英们来关注开展这一“以知识分子为主体、以学术问题为对象、以民主平等为灵魂的聚会交流活动(阳婷婷语)”，唐老师的开拓精神值得学习，愿沙龙学术之光永放光芒，亦祝愿唐老师的学术沙龙越办越好。

于加拿大阿尔伯特大学

2016.10.15

目　录

人性：教育的出发点

卢　猛*

时间：2015 年 3 月 17 日

地点：湖南大学教育科学研究院 320 教室

参加人员：唐松林（湖南大学教师）、邓洁隽、廖锐、吴建云、周舟、袁野、胡一舟、熊艳青、龙漫、于晓卉、刘茂梅、张欢欢、胡秀银、邱海青（泰国留学生）、卢猛（没有特殊注明者均为湖南大学研究生）

教育的问题归根结底是人的问题，人性是教育的出发点，研究人性的内涵及人性论，对我们教育中培养健全圆满的人有着至关重要的意义。

一、人性的内涵探析

人类自进入文明时代以来，在思考着自然万物的同时也在思考着人本身，思考着人的本质是什么，这就产生了人的本性的问题。

“人性”一词按字面去理解即是“人之性”。“性”字，荀子解为：“生之所以然者谓之性”，“凡性者，天之就也，不可学，不可事……不可学、不可事而在人者，谓之性”。无引用子思解为：“天命之谓性。”[1] 董仲舒解为：“如其生之自然之资谓之性。”[2] 王充解为：“性生而然者也。”[3]

* 作者简介：卢猛（1990 年出生），女，河南永城人，湖南大学教育科学研究院 2014 级研究生，从事教育哲学研究。

可见，“性”字最初的含义，简单来说就是指事物的状态、情况，或者说是质性、特点等，而“人之性”也就是人所具有的状态和资质。[4]《现代汉语词典》中对人性的界定有两层含义：第一，人性是在一定社会制度和一定的历史条件下形成的人的本性；第二，人性是人所具有的正常的感情和理性。[5]而《辞海》中对人性的解释是“人类的共性”，把人性同神性、兽性、非人性和反人性等概念相对。[6]

我所理解的人性，是指人的本质，不仅包括人的自然属性，还包括生物属性、社会精神和道德属性。

从人性的含义我们就能看出，人性论实际上是关于人的本性、本质是什么的理论，它是社会伦理、政治、宗教、哲学等各种理论的出发点和基础。为什么说人性论这么重要呢？我们都知道，社会是由人组成的，正因为有了人类的不断探究才有了整个社会的发展和进步，没有“人”就无从谈起社会伦理、政治、宗教、哲学等问题。所以说，人性论是社会伦理、政治、宗教、哲学等各种理论的出发点和基础。

二、中外人性论的历史脉络

我们知道，我国是一个以家族社会为根系的国家，所以在这样一个环境下，人的伦理关系问题一直是哲学家们很关注的一个问题。对于人性善恶的问题，自古以来人们争论不休，我国古代哲学史上对人性的研究可归结为四种观点：性善论、性恶论、性无善无恶论、性亦善亦恶论。

性善论的代表人物是孟子。他指出人性即“人所以异于禽兽”的本质属性，具体指“恻隐”“羞恶”“辞让”“是非”等四种道德心理，它们是仁、义、礼、智四德的根始。他认为人生来就是善的，之后发展为好人或者坏人是由外在环境所影响的。“恻隐之心，仁之端也；羞恶之心，义之端也；辞让之心，礼之端也；是非之心，智之端也。”[7]

性恶论的代表人物是荀子。他认为论性必先明“性伪之分”：“不可学，不可事而在人者，谓之性；可学而能，可事而成之在人者，谓之伪。”他认为人在本质上就是恶的，荀子还说“目好色，耳好声，口好味，心好利，骨体肤理好愉佚”等不待事而后生的感性欲望就是“人之所生而有”的自然本性。[7]

性无善无恶论的代表人物是告子。他从“生之谓性”立论，认为人的自然属性本不具道德意义，善恶的产生乃后天习俗所致。[7]

性亦善亦恶论始于世硕，发展于董仲舒，而后杨雄提出“人之性也，善恶混。修其善则为善人，修其恶为恶人。气也者，所以适善恶之马也与！”[7]

这是古代哲学史上关于人性论发展史的四种主要观点。我认为这四种观点都有其片面的地方，只看到了人性善恶的一方面，没有看到后天环境等因素对人性的影响。

而在西方，外国哲学史上对人性的研究主要有五种理论：

第一种是人性平等论与人性利益论。古希腊的自然说主张人生来平等。[8]

第二种是人性神性论与人性禁欲论。中世纪宗教神学占绝对统治，认为人性来自神性，人的情感欲望是万恶之源，主张通过禁欲主义恢复人的神性。苏格拉底则认为人的灵魂中的理性（奴斯）是神给予的，是神有目的安排的，这是人与其他动物的根本区别。基督教的“原罪说”认为人生来是有罪的，只有靠上帝的恩典才能得救。[8]

第三种是人性利益论与人性需要论。17 世纪英国的 F. 培根、霍布斯、洛克等和 18 世纪法国的爱尔维修、霍尔巴赫、卢梭等都认为人性是由感性的利益和需要规定的，“趋乐避苦”“自爱、自保、自私”是人生而具有的自然本性。德国古典哲学最后的一个伟大代表费尔巴哈则认为人所特有的意志是同人的生存愿望以及追求幸福的愿望紧密相连的，离开幸福的追求就没有什么愿望、意志和自由可言。[8]

第四种是人性理性存在论与人性自然属性论。19 世纪德国古典哲学强调人是理性的存在物。人的本性是理性存在物，它能按先天的理性原则，即善良意志去行动，不受感性的物质利害关系支配。理性为自己立法，自己遵守，自己是自己的主人，自由理性是人的最高本质所在。人有能力根据自己设定的目的使自己完善，成为理性的动物。黑格尔则认为，人是自然的产物，人有自然性，这一点人与其他动物是没有区别的，但人的本质在于人有精神、有理性、有自我意识。[8]

第五种是马克思主义人性论。马克思主义反对撇开人的社会性、阶级性和人的历史发展抽象地考察人的共同本性，认为人性是自然属性和社会属性的统一，在社会实践中形成并不断发展变化。[9]

以上是我对中国古代哲学史和外国哲学史上对人性的研究的一个梳理，以下是我对这一部分的一个小结：

中国哲学史上对人性的理论深受中国传统文化的影响，一开始便关注人，以人本主义为基础，注重伦理精神，具有强烈的现实感，可以说本质上就是一种道德教育的理论。而西方哲学史上的人性理论是从研究外部自然界开始的，然后再转向对人自身和人性问题的研究。西方受宗教思想影响深远，其人性理论也因而带有强烈的宗教神学色彩。此外，西方历来有“身心二分”的观念，认为肉体和灵魂是分开的，它是一种分裂的人性论而我国则并非如此。

三、教育人性化与人性化教育

在教育心理学中我们都学过内展说、外铄说、个人本位论和社会本位论。这些看似没有真正地接触到人性，但是它们都与人性具有一定的关系，这些理论都参考了人性。[10]

现在说得最多的就是教育人性化，认为教育要以充分理解人性为基础，尊重人性，教育也应该促成人性的升华，促进人走向真善美，实现人完满的生命体验。而现实教育中也有很多违背人性的做法，例如填鸭式教育、一切以考试为重、教师仅凭成绩划分学生等等。

在这里我没有提出具体的改革方法，但是至少我们应明了充满人性的教育活动，应当是一种饱含情感性、审美性与创造性的，是一种“能给学生以智慧的启迪、美的享受和情感陶冶”的艺术，还是一种能引导、激发和唤醒人的智慧成长的心灵体操和精神交流艺术；是能够引导学生成为自己的艺术。我觉得只要遵循这种观点去从事教育活动，就能让学生的人性得到升华，同时也能让自己的人性得到升华。

讨论部分

唐松林老师：哲学的基本命题都要从概念出发。首先，大家可以区分“人”“人性”“人格”“个性”这些基本概念，只有区分了这些概念，才能对人性有更深刻的理解。人性具有人最原始的自然性，“天生万物，万物有德”就是讲的自然性；马克思讲“人是社会关系的总和”；我国古人说的“天人合一”，就是讲人的社会属性和人与宇宙的整体性。其次，大家可以讨论人性与外部环境的关系，人性为何会遇到这么多问题，是因为有很多环境限制人的问题，也有许多环境决定的人性的问题。我们需要思考如何从教育入手，既尊重人性，又提升人性中的良知与良能；既尊重人自主选择的权利，又能从认识人性入手，抑制人的恶性，才能达到自我选择的境地。大家可以讨论以上提出的两个问题，当然也可以不局限于这些问题，自由讨论。

袁野：人性即人之所以为人的那种属性，区别于动物。它包含自然属性(欲望)、社会属性(诸多关系的总和)。关于人的本质与特性，我认为可以从人的出生到成熟这个阶段谈。人从呱呱坠地那一刻，自然性便贯穿于人的一生。提到的“本我”的满足说明人都是在欲望中生长的，但是欲望是有分别、有层次、有程度的。性善论与性恶论都只是片面地考虑人性最初的面貌，而没有看到欲望的程度与差异。逐渐成长的过程中，人与社会的各个层面交织在一起构成个体生活、工作、学习等。而这个时候我们应该需要接受的是人性已经有了“杂质”。我们需要做的是学会自我认识，而自我认识一方面是通过广泛的阅读、思考与反思，与人交流沟通等实现，另一个重要的方面就是通过教育来实现。教育即一项培养人的事业，最重要的任务是塑造美好的人性，培养美好人格的人。要做到引领人们不断认识自我，并接纳自己的优缺点，从而不断超越自己最终达到精神自由；唤醒人的自觉，自我反思；理解并把握自己与自然、社会、他人的关系，逐步完善自己。因此教师在教育中承担的是最艰巨的责任。如若有一天我们成为教师，作为执教者的我们应该做到从人性出发，以学生为本，改变教学方法，让教育成为爱的教育。

熊艳青：谈到教育中违背人性的现象，这让我想起了最近一个引起热议的新闻：三明市某幼儿园女教师因为某男生中午不午睡，竟用订书机将他的耳朵订了起来，事后被小男孩的妈妈发现，马上带他去医院进行了诊断，随后该妈妈将医院的诊断报告以及小男孩耳朵上的伤痕进行拍照上传在新浪微博上。短短的几分钟，该事件就受到了各家媒体的关注，对该教师的声讨言论也越来越多，这些言论中，被提到最多的是：该教师没人性，这么小的孩子也忍心下手，赶紧滚出教师队伍。该教师的行为无疑为教师这一职业抹了黑，应该引起我们的反思。至于如何实现教育人性化？我认为离不开一个字——"爱"，要从心底里做到爱职业，爱学生，才能将教育人性化并切切实实地实践到教学过程中去。

吴建云：对人性的探讨，在中国传统文化中一直是各抒己见。我认为，人之所以为人，就是因为人具有独特的本性，它无所谓善，也无所谓恶，善与恶本就是可以相互转化的。先天条件只是为人创造了一个环境，真正影响人性本能的是后天的成长，这也取决于每一个独立个体的选择，在非善非恶中的选择。人性也是有缺点的，就如卡耐基在《人性的弱点》中所说，"人最悲哀的是没有足以炫耀的优点，却又将极其可怜的自卑感，以令人生厌的自卑感、自夸来掩饰"。所以，如何让人性自然展现真正的闪光点是每个人都在努力的方向。每个人都有人性的弱点，而且也是无法逃避的，就如《中庸》所说，"天命之谓性，率性之谓道，修道之谓教"，人的天性将通过教育而得到越来越好的发展，而且人们可以使教育具有一种合乎人性的形式。

于晓卉：我想基于第一个问题略谈浅见。面对环境中过多的道德滑坡，我想我们最好的方法就是教育。傅佩荣先生在《哲学与人生》一书中曾说："一个人受过教育之后，最大的特色是：对于许多事情不是不能做，也不是不敢做，而是不屑于做。"实际上，我认为，他所说的"不屑于做"的意思就是指，一个受过教育的人能够"明辨是非、知善恶"，受过教育的人能够以此为自我要求，恪守自己的本分和底线，对于涉及人性的道德问题，自然能够"知所为，知所不能为"。其实，这也是老师第二个问题的答案，即从己出发，恪守人性的底线，以己之力，感染身边，所谓"近朱者赤近墨者黑"，假如人人都可以成为傅佩荣先生口中那个能够自我要求的人，想必环境已经变得和谐了。

胡一舟：这个话题让我想到了我之前看过的一本小说，名字叫《追风筝的人》。书中的主人公在小的时候做了错事，长大以后无限悔恨并踏上赎罪之路。

种种原因导致了主人公犯下了错误，究其根源都是因为他人性中的缺点：嫉妒、自私、撒谎和背叛。但是我觉得人无完人，每个人都有其人性中的不足，有些可以消除，而有些可能一直潜伏在每个人的内心深处。有的人会被这些人性缺陷所驱使，而有的人能让自己控制这些缺陷，不被这些缺陷导入歧途。我们最应该做的是直面这些人性中的缺点，去认识它、了解它，进而约束它，也是约束自己。就算犯下了错也不要害怕，勇敢地去弥补、去改正，这才是我们应该秉承的态度。

周舟：对于人性，我理解的是人的本性。古时候，孟子说“人性本善”，实际上他的意思并不是说人天生就是善良的，而是指人在教育的指导与帮助下，是能够成为一个品德高尚的人。所以，在我看来，教育的作用之一就是唤醒人性之美。那么对于第一个问题，我认为世界万物都是作为人的对立面而存在，既相生又相克；所以环境对于人有限制，那么人既可以去适应环境也可以去改变环境。适应环境的意思是在你无法去改变当前的环境时，你更应该学会以一种平常心对待，尝试着去改变自己，让自己的道德变得更加高尚，从而来影响他人，影响环境。而改变环境就是以一种好的环境去感染道德下滑的人们，帮助他们找回自己人性中的美的存在。因此我觉得，问题的出现并不可怕，就像道德某一时段会出现下滑，可怕的是人们不去改变。

胡秀银：人性如钱币，分善恶两面。中国人自古以来在为人处事上提倡“中庸”之道。何谓“中庸”？简而言之就是“中立”“不偏不倚”。其实，人性也如此。人类发展至今，也许是人类发展遵循于“中庸”吧，即本性中的善和恶处于僵持阶段，不分胜负，不过很多时候善暂时胜利，这样社会上就有了很多的舍己为人的人；当然，也有很少的时候恶胜出，那样也就有了害人害己之人。

如果能撕去虚伪、虚荣、伪装、作秀等具有欺骗性的东西，把人性赤裸裸地暴露出来，那就只有善、恶和中庸了。这样，我们就能很清楚地去认识一个人，或歌颂某人的善，抑或批判某人的恶，也可以适当的鼓励某人的中庸。但是，很遗憾，在现实生活中，这样的“如果”是没有的。人们往往刻意隐藏善或恶，更多地表现出一些不合时宜的中庸。

人们生活在一个实实在在的世界上，过着实实在在的生活，为什么就不能向世界展示自己真实的一面？每个人在面对事情的时候都会有“善我”与“恶我”的斗争，难道就不能控制战争的胜负吗？也许人们应该放弃所谓的“中庸”，让善在体内滋长，如果它强大了，恶将永无翻身之日，那么我们的生活将会无限美好。

龙漫：关于人性，我最熟悉的便是“性善论”和“性恶论”这两种关于人性的理论，虽然二者的观点截然相反，但都体现了教育的可教性，人性是进行教育的基础，教育对人性的发展具有重要的促进作用。因此，在我们的教育教学中，必须充分尊重和了解每个学生，因材施教，并通过良好的教育使每个学生在充满矛盾与冲突的复杂环境中正确处理问题。

人性具有两个特性，即自然性和社会性。自然性包括满足自己的欲望、排他性、不满足性、短暂性等；社会性包括个体与群体的冲突以及私人性与公共性的冲突等。环境往往会限制人性的发展，既可以制约人性中不好的方面以转向好的方面，也可以使好的方面转向不好的方面。在现实生活中，道德滑坡现象愈演愈烈。在马路上遇到一个老人摔倒了，你该不该扶？抑或是你敢不敢扶？别人遇到危险，你还敢不敢见义勇为？我们的社会正在遭遇一场道德滑坡的洗礼，原先塑造的道德观在经历一系列道德和人性的挑战之后正在悄然发生改变。然而，我宁愿相信这个世界仍然是充满爱和希望的，虽然时常有一些不道德的事情出现，但这只是少数，不排除媒体为了吸引眼球对事件进行夸大性的报道。因此，我觉得最有效的办法就是从自身做起，严格要求自己，坚决杜绝不道德现象的产生。

邓洁隽：在我看来人性并无真正的善恶之分，善恶只是人为构建的一个标准。在当下，具体事物应当具体看待，善恶界限并非分明，如果能够分明人就不能称其为人，那是机器，只有机器才能做到精确无误。那么人性即是人的自然属性。有人曾说："恶，是个体存活的需要；善，是群体存活的需要。"我自认为这句话值得斟酌。每个人以善行事、以善生存、以善交往，那么，我们这个社会便成了一个善的环境，好的环境。所以每个人做好自己，就能成就一个好的大环境。当环境的制约导致道德滑坡时，每个人还是得守住自己的善的格局以便成就社会的大格局。为什么这么说？在历史长流中，史怀哲就曾说过，"人不能只为他自己而活。我们必须认知所有的生命都是珍贵的，而我们和所有生命是结合在一起的。这种认知指引了我们心灵和宇宙的关系"。所以我们还是要成为社会中的"至善之人"，即使是黑暗中的一道微光，也会有一种"桥都坚固，隧道也光明"之信念留存。

张欢欢：教育的对象是人，教育是成"人"的活动，人是教育的原点与终点。现代教育活动中出现"工具性教育"的异化现象，归根结底就是忽视人性所致。

我拜读过冯建军老师的《生命与教育》和《教育的人学视野》，其主要观点是倡导教育与生命同行，实施生命化教育，遵循人性的特点，从而提升教育与生命的质量。冯老师还提出了"生命在场性"的观点，认为只有立足于生命视角的教育才是真正的教育。虽然是生命的视角，但我觉得也包括了人性。人性就是人生命中本来就具有的基本属性，包括人的本能、人的习性等，教育也要遵循"人性在场性"。生命、人性与教育的关系是教育实践活动中经久不衰的热点话题。

中学时学过柳宗元的《种树郭橐驼传》，他的种树之道就是"顺木之天以致其性"，"凡植木之性，其本欲舒，其培欲平，其土欲故，其筑欲密。既然已，勿动勿虑，去不复顾。其莳也若子，其置也若弃，则其天者全而其性得矣"。以此审视教育，教育也应是一个释放人性的过程，只有顺其自然、遵循教育发展规律和教育时序，遵循学生身心发展规律，才能实现教育育"人"的目标。而违背人性的教育快餐，只能培养出不完整的人才。

邱海青：我觉得人性属于社会性，因为人是离不开社会的，两者互相影响，人性是从培养的方式和环境创造来的。人的本质并不是单个人所固有的抽象物。在其现实性上，它是一切社会关系的总和。人的自然性有的指的是兴趣爱好之类，但是不代表同一个社会每个人的个性会一样。因为要看个人的背景比如说家庭、教育方式等。这些因素也会创造人性，比如说一个小孩从小到大被家长管得很严，那有可能会影响到小孩的情绪，会让他觉得压力太大，变得沉默不太开朗。因为不管怎么看，家庭也算是每个人的第一个社会，虽然家庭社会很小可是对每个人的个性影响会比较大。

刘茂梅：我们来到这世上，好奇心驱使我们去认识这个世界，认识世界在某种程度上说是更好地认识自己。德国哲学家卡西尔曾说过，“认识自我是哲学的最高目标”。我们成长的过程就是在不断地认识世界、认识自己的过程。小时候，我们会问爸爸妈妈，我们从哪里来？（相当于“人从哪里来？”这样的问题）我们渐渐长大，从生物学中获得我们从哪里来的答案。渐渐地，我们开始思考，人是什么？不同的时代的哲学先贤们也在思考这个问题，并且给出了不同的答案，从刚刚卢猛同学对人性发展的历史脉络的梳理就可以看到这些哲学家们的答案。这些答案让我们从不同的角度去理解和认识人性，使我们对人性的理解更为丰富和全面。从中，我们也可以发现人性内涵是随时代不断丰富和发展的。

任何研究都起源于神秘感，对人的研究的持续，除了这种神秘感以外，还有对我们“人”的那种热烈情感。人性到底是什么，对于人性的探讨在每个时代都有，探讨人性，让我们更好地认识自己、认识人类，也更好地从事社会实践。比如，在教育中探讨人性。教育中提倡“人的全面发展”就是源于人的发展性，教育就是要帮助学生实现发展的可能性，帮助学生自己发展自己的可发展性。

人性本善还是人性本恶，不同的人对此有不同的回答。个人相信人性是善的，这种善是基于一种移情心理，也就是换位思考或者将心比心，能感受和推理到某种行为会给他人带来哪些后果，从而有所为有所不为。

我想，正是因为人性本善和我们对人的探究这种热烈的情感才让我们感受到和看到这个世界总有爱的存在，比如抗震救灾中那感人的一幕幕，前不久“长江之星”沉船的搜救中的感人瞬间和国人对此的默默的关注和祈祷祝福；也正因为人性本善和我们对人的探究这种热烈的情感，我们才温暖待人而不至于冷漠待人！

廖锐：人性定理是指主体人自我肯定原理，简单说，就是“任何一个健康的人的任何一个行为，都是服务于他自己的目的的”。古代有“性善论”“性恶论”“不善不恶论”，我认为人性没有善恶之分，它应该是有一个度，人性本是自私的，这是一个事实。没有超过这个度的时候，所反映出来的人性是一种善的，人类的所作所为没有伤及他人，且从表象看来，对他人是有一定程度的利，那么我们通常称之为“善”。反之，当人们的所作所为超出了这个度，更服务于自我的时候，在他人眼中所表现出的就是一种“恶”。为此，我更认为人性没有善恶，只是在满足自我的需求之后，才会去考虑为社会、为他人服务。

唐松林老师：关于人性，非常复杂，我持复杂人性观或混沌人性观：第一，从人的自然性上看，人性的确有神性而良善的成分，同时也有原罪和恶性的成分，当你理性而智慧地思考与行动，你会表现出人的神性而良善的一面，但当你滥用你的情欲与意志时，你会表现为恶性与原罪的一面，可能每一个人在自己的成长过程中都不可避免，你总是有非常优秀的时候，也有不道德、犯错甚至犯罪的时候。第二，从人的社会性上看，人性的表现受环境的制约。中国有许多这样的观点，如“橘生淮南则为橘，生于淮北则为枳”“蓬生蔴中，不扶自直；白沙在涅，与之俱黑”等观点，均讲人性随环境而变。第三，人性可以教育与自修而得以驯化。教育是一种特殊的环境，它可以扬善抑恶，使人从肉体的束缚中解放出来，去原罪、去不合理的情欲，净化你的灵魂，升华你的品德。老子讲的“孔德”之人，孔子讲的“君子”，洛克讲的“绅士”等，正是教育追求的目标，虽然很难，但人类必须这样做。

对于复杂人性观或混沌人性观，我们该如何教育人性呢？我想谈点人性的教育。人性是可教的，否则，我们讨论这个主题就没有什么意义：第一，人性的发展主要靠自己，西方宗教强调依靠上帝拯救自己的灵魂，其实上帝之所以要拯救你，还是看你的表现，你是否知罪，并在贡献，在付出，在做一些你自己救赎自己的事情，否则上帝也不会救赎你的。当然，我们不信宗教，但我们信教育的真谛在于自我教育，我们如何自我教育？最重要的是我这里要讲的第二点。第二，认识自己的无知是救赎自己的最好方式。认识别人比认识自己容易得多，最重要的最难的是对自己的认识。金庸的《天龙八部》中，少林寺的方丈玄慈大师说过一句话：“明白别人容易，明白自己甚难，克敌不易，克服自己的贪、嗔、痴三毒大敌，更是艰难无比!”所以，“认识你自己”在西方哲学史上，一直是一个千古命题，许多哲人对此有深入的论述。认识自己的无知，你不断地改变它，你就在进步，你就在超越！尼采讲的“超人”，我的理解，就是你不断地超越你自己，并非要你努力超越别人。所以，我们的超越不是外在的斗争与抢夺权力、名誉与资源，而是我们各自根据自己的优势更好地发展自己，完善自己！第三，“先验的人性”如“食色性”你要尊重，但对于不合理的或者说不道德、违法的性，如“七宗罪”等，你必须清除，所以我国古人提出的“仁义礼智”等目标在于抑制恶性弘扬善性，是有一定道理的。第四，后天的人性，即人的社会性，具有决定性的意义，这也是马克思所强调的“人的本质是一切社会关系的总和”的基本含义。在这里，人性是随着人类历史、阶级、文化的不同而不同的，你要一个资本家或地主不剥削、不唯利是图几乎是不可能的！最后我要说的是，良好的环境靠自己，不期冀他人。总之，从自身做起，修身、齐家，自己就是环境，用爱心拥抱世界，哪怕环境与你不相同。

参考文献

[1] 王先谦．荀子集解[M]．北京：商务印书馆，1988：412
[2] 朱熹．四书集注[M]．长沙：岳麓书社，1985：29
[3] 董仲舒．春秋繁露·天人三策 [M]．长沙：岳麓书社，1997：171
[4] 陈瑛，林桂榛．人性新探[J]．南昌大学学报(人社版)，2002，33(1)：25－26
[5] 中国社会科学院语言研究所．现代汉语词典[K]．北京：商务印书馆，2005：1148
[6]《辞海》编辑委员会．辞海(上)[K]．上海：上海辞书出版社，1989：796
[7] 王志义．人性研究学术观点综述[J]．内蒙古师范大学学报，2004，33(2)
[8] 莫法有．试论中西哲学史上人性论之差异[J]．复旦学报(社会科学版)，1996(1)
[9] 沈亚生，杨琦．我国当代人性论研究的回顾与思考[J]．清华大学学报，2014(1)
[10] 王坤庆．关于人性与教育关系的探讨[J]．教育研究与实验，2007(3)

知识的中西之辩及其教育启示

袁 野*

时间：2015 年 3 月 16 日

地点：湖南大学教育科学研究院 320 教室

参加人员：唐松林（湖南大学教师）、邓洁隽、廖锐、吴建云、周舟、于晓卉、胡一舟、熊艳青、龙漫、卢猛、刘茂梅、张欢欢、胡秀银、邱海青（泰国留学生）、袁野（没有特殊注明者为湖南大学研究生）

教育涉及的三个方面乃教师、学生和教学内容。在教学过程中教师应该传授什么样的教学内容给学生，是值得每个教育工作者认真思考的。本文力图从哲学的角度，通过阐述中西方哲学家对知识的看法，为我们对知识的注解另辟蹊径，从而更好地指导我们理解教育。

一、生活中的知识观

古往今来，无论是东方亦是西方，总能发现许多有关知识的注解：培根说，知识就是力量；爱默生和李嘉诚认为，知识能够改变命运；亚里士多德认为，知识是为老年人准备的最好的食粮；朱熹说，当务之急，不求难知，力行所知，不惮所难为；邓小平说，靠空讲不能实现现代化，必须有知识，有人才，没有知识，没

* 作者简介：袁野（1987 年出生），女，湖南益阳人，湖南大学教育科学研究院 2014 级研究生，从事教育哲学研究。

有人才，怎么上得去？希腊人对知识的理解是，知识的价值不在于占有，而在于使用；等等。这样有关知识的名言不胜枚举，可是我们是否从哲学的角度去思考过这样几个问题：什么是知识？如何界定知识？

二、知识的概念及内涵

知识这个概念的含义一直是人类学术探索的核心主题之一。然而，直至今日，人们对其尚未形成一致且满意的认识。知识的含义也许是世界上最具有多面性和不确定性的东西，是人类复杂性和不可预知性的一部分。下面，我们从知识概念的四个部分谈论知识。

（一）知识的特质和内涵

在古希腊语中，表示“知识”含义的词根是 gnosis，其原始意义是指对精神事实的直觉理解。在意义上与 gnosis 一直有关联的一个词是 recognize。recognize 的意思是利用我们的心智去认知，即利用大脑来处理体验并使其具有能够识别的意念形式。在梵语中，表达“知识”含义的词是 veda，意思是：我已经理解，我明白，意味着一种真正的见解或观点。在西方哲学史传统上，认识论即知识论，在英文中该术语叫 epistemology，该词在词源学上来自两个希腊词，一个是“episteme”，意味着“认识”或者“知识”；另一个是“logcs”，意味着“逻辑”或者“理性基础”。所以，从字面上说，“认识论”或“知识论”是指对知识的哲学研究。西方经典认识论（知识论）的核心和传统就是：第一个问题是“什么是知识？”；第二个问题是“我们能够知道什么？”综合而言，在知识论传统中，“知识”的含义是指“知识”这一概念的含义。所以，关于“知识”这个概念的含义与“知识”本身的定义并不是同一回事。[1]

（二）知识定义的逻辑

从语意坐标来看，古往今来一切知识的含义和定义都围绕两个基本坐标（系）展开：一个是人本主义坐标；另一个是外在主义坐标。人本主义知识定义坐标的含义是，研究者从人本角度将知识和知识过程看作是围绕着人展开的，一种附着在人身上的现象。外在主义知识定义坐标的含义是，知识被看成是人的体外器官（或体外工具），是“外体地”（或“人身外地”）创造出的人造物。以这个视角为坐标，知识被看成是客观的、自主的、独立于人的存在。

（三）知识作为概念的含义

智能过程、心智状态和“传统”——第一个视角和范畴。主要是从知识的来源和知识创造角度（即从认知角度），将知识理解为一个智能过程和心智状态，主要是指发生在个体层面上的认知现象；从知识创造角度看，新知识的创造是个复杂过程，必须通过与现有知识（即“前知识”）建立联系使领悟力实现内在化才能完成。

连续统一体的环节和“部件”——第二个视角和范畴。从与信息的上下位环境（生态）关系出发，将知识理解为数据、信息和知识连续统一体的一个环节和部件，或者将知识等同于“数据”和“信息”。

有形资产和无形价值物——第三个视角和范畴。从管理角度，将知识理解为具有双重特性的有形资产和具有潜在价值的无形物，或将其诠释为一个能通过信息通信技术储存、操控、传播的客体。持有这个视角的主要是经济学家和管理学家。[2]

（四）两种知识观与知识的定义

在哲学认识论领域，“知识构成的三个条件分别是信念、真和证实”，这时知识的传统定义是“有合理证明的真信念”。知识概念的“三要素”即信念、真、合理证明。我们可以知道知识是一种“复合状态”，而非单一要素的纯洁状态。用公式表达，即：知识 = 信念 + 真 + 合理证明。[3]知识的指向可以分为：一个是人本主义的；另一个是外在主义的，这两个指向构成了互补的两个知识论研究传统。关于人类知识的理论基本上是主观主义的：“知识一直被认为是一种特殊可靠的人类信仰”。这种主观主义的知识观可以概括为：“我知道”，“我思”，等于知识。外在主义客观知识论认为：知识不是任何信念，也不是不变的观念。知识是客观的，具有间接性。由于所有的知识都是充满理论的，甚至我们的感官也是充满理论，并且是易误的，所以它们都建立在沙滩之上，而且本质上是猜测性的。客观意义上的知识（或思想）定义中往往就包含本体性的语词，所强调陈述的是“客观性结果”。

因此，在众多的知识属性和特质中，我们的关注重点何在——不同的关注重点会引致不同的定义倾向。

三、西方哲学中的知识观

（一）古希腊哲学视野中的知识观

苏格拉底是一个以身殉“知”的哲学家，他不仅要求自己“认识自己”，而且希望所有的人都“认识自己”，他采取的方式就是通过对话揭示对方的无知，促使人们去追求知识。他把德性与知识等同起来，认为“知识即德性，无知即罪恶”。他认为，认识的目的在于认识事物“是什么”，也就是事物的本质。因而，他所理解的知识乃是对事物一般、普遍的类本质的认识，唯有它才是具有确定性、普遍性和必然性的知识。

柏拉图认为，知识是经过证实了的真的信念，知识是一切的基础。“理念”是柏拉图哲学的核心概念，目的就是为了解决知识的问题。理念的基本规定之一是“由一种特殊性质所表明的类”，即苏格拉底所说的“是什么”，不同的事物组成了事物的世界，事物的世界可感而不可知；一类事物有一个理念，由它们的理念所组成的总体就是柏拉图所谓的理念世界，理念的世界可知而不可感。因此柏拉图的回忆说表明：人类的理念知识不可能从感觉经验中获得，而只能是先天的。

亚里士多德认为求知是人的本性，他以知识的目的为依据，将科学或知识分为“理论知识”“实践知识”和“创智知识”。

总的说来，柏拉图提出的知识是经过证实了的真的信念，是哲学史上第一个关于知识的完整定义。[4]

（二）近代哲学中的知识观

对知识的追求成为近代哲学的主要目标，对知识本性的探讨成为近代哲学的中心内容。近代哲学从一开始就围绕着知识的来源和基础、真理的标准、知识的方法论等问题展开了激烈的争论，形成了两大独立的流派，这就是经验论和唯理论。

经验论者培根的知识观论及人类知识的价值、起源、过程和求知的方法。知识的价值，即“知识就是力量”的伟大口号。知识的来源和过程，他首先确定了知识的对象是现实的客观世界。知识的全部路程应当从感官的原始知觉开始，丰富性和全面性的感觉经验是知识的基础。他还进一步认识到虽然知识离不开感性经验，但科学实验更为优越，因为“一切较真实的对于自然的解释，乃是由适当的例证和实验得到的”。培根重视感性经验，也意识到理性认识的作用。对于求知的方法，他认为，要获得真正的知识，必须采用归纳法，并且认为归纳的方法可分三步进行：广泛搜集材料、按照事物的性质等整理材料、进行真正的归纳。

真正使经验论理论化、体系化的是洛克。洛克哲学的目的是探讨人类以及知识的起源、等级、确定性。他把知识归结为观念，把观念归结为感觉经验，洛克认为人们完全可以凭借直觉得到知识，“知识源于经验”。对外的感觉（“外感觉”）和对内的反省（“内反省”）这两种经验在心灵这张白纸上写下了观念的文字（“白板说”）。知识就是对观念之间关系的认识，观念之间的关系不同，知识的清晰程度也有所不同，形成了知识的等级。知识的等级由高到低依次是直观的知识、证明的知识和感觉的知识。

真正的经验论者是休谟。他认为直觉是知识的基本要素，包括感觉、情感、情绪、思维等所有的意识活动。他认为，一切观念或思想最终来源于印象即感觉经验。关于知识的分类问题，休谟的看法是知识可以分为“观念知识”与“事实知识”两类。

唯理论者笛卡儿是唯理论思想的奠基人，“我思故我在”标志着人类自我意识的觉醒。在笛卡儿看来，具有个别差异、变幻不定的感觉不可能是知识的来源，真的知识只能是具有确实性特征的知识，而这种知识只能直接或间接来自“纯粹理智”。简言之，只有天赋的知识才是真知识。他指出，一切知识的原生点就是“我”“我思”。这里的“我”是一个心灵实体，其本质就是“思想”。

康德主张调和经验论和唯理论。他认为，经验为知识提供材料，而主体则为知识提供对这些材料进行加工整理的形式，知识就其内容而言是经验的，但就其形式而言则是先天的，亦即是有普遍必然性的。相信人类知识的典范是数学和物理学，它们是普遍必然的科学知识。他把“判断”看成是知识的单位，只有综合判断才是真正意义上的知识，唯有先天的综合判断才能构成科学知识。

（三）现代西方哲学中的知识观

胡塞尔认为知识的客观性也是由主体建构的。所谓知识的客观性是指对一切人都有效，不仅仅是对单个的自我有效。生活世界是科学世界的最终根据，胡塞尔寻求普遍必然性的“科学”知识不是自然科学而是人文科学。

在维特根斯坦看来，“真”和“假”是相对于人类所说出的东西而言的。因此，“真”和“假”就取决于人们是否达成一致。人们之所以能达成一致，就是因为他们有互相一致的语言。人们之所以有互相一致的语言，就是因为他们有互相一致的生活形式和使用语言的规则。由此可见，后期维特根斯坦把生活形式看成了知识的普遍有效性的根据。他从人类学的立场来说明知识的普遍有效性。

（四）知识观的后现代转向

关于知识的本质：(1)知识不是对外在世界的真实摹写，而是人们对客观世界的一种解释或假设；(2)知识是由认知主体主动地建构；(3)所有的知识都是在这种个体与经验世界的对话中建构起来的。

关于知识的存在状态：后现代学者认为知识不仅是客观的、公共的，更是个人的，因此它存在于每个个体的“心”中。对同一种现象，每个人都有基于自身经验的不同理解，并因此建构了对事实的不同认识。

关于知识的属性：后现代学者则认为，不仅人文学科、社会学科的知识是价值关涉的，而且自然科学的知识同样也有着价值属性。

关于知识的种类：后现代学者主张各类知识对于个体发展都具有同样重要的价值，因此不能按等级分层，而应将知识分类。

关于知识的范围。知识的适用范围是有境域性的，不存在任何普遍有效的知识，所有的知识只具有局部的、境域的特性。[5]

四、中国哲学中的知识观

中国古代社会所积累的知识的丰富和广博并不亚于西方社会，而且可以说远远超过了后者。但是，认识不只是对对象的认识，而且主要也是对认识自身的认识。[6]

(一)《周易》本体知识论的基本模式

在《周易》中我们开始看到中国知识论的雏形，其基础是对包括大宇宙和小世界的实在的综合经验和反映。这种知识论的目的在于呈现并确定我们对实在的理解，以便我们正确处事。但是要达到这个目的，人们必须用联系的、整体的方式来认识实在的宏观和微观的各个方面，认识自然，认识人，这样人们才能根据认识来决定行为决定这一认识过程是“综合观察”。那么认知就是通过综合观察而达到对事物的明晰的总看法。这些观察形式要求我们专注的观察力和明晰的思维，要求我们在确定我们的心智处于“大清明”状态之前清除这些弊，这种因虚无、统一、静止的作用而得到完善，理解事物的种种形态和自然的种种法则。[7]

正确的或是真正的知识的一个重要标志就是一个人了解事物时的明晰以及他的心智的明晰。这种本体知识论的获取知识的模式使获取知识只成为对事物和本质的内在和直接的经验，知识就是现实世界的一部分，并与世界的实在紧密相连、不可分割。更进一步说，它就是我们生活的一部分，就是我们道德行为和日常行为的活生生的综合体。

(二)孔子的心性知识论及其发展

孔子认为实在世界是由天地、人类、万事万物、所有这一切的变化以及它们之间的相互作用构成的。事物会潜在地变化，而变化有它正常的规律和模式。作为人类能够启动事物的变化，并主动地使自己进入一种相适应的状态以做出对世界的感应，有助于社会的祥和，成为德才兼备的人。他说的获取知识不仅涉及了解生命和实在的深刻的本质与缘由，而且还涉及了解对诸如人、社会习俗和规范、行为的目标和规则等具体的事物。

“学”的观念是他的本体知识论的核心。“学”包括辨明事件、事物和观察、调查事物两个方面。这最终是实现自我和完善自我的一个过程，在学的过程中，观察和行为都很重要，因此获取知识始终具有道德意义和历史意义。

(三)孟子的实在论

孟子发展了他的人性的理论，他把他的人性的理论看作美德的展示，人性不会因人的行为而有所抑扬，因为人性是上天赋予的，要激活人性就需要人有意识地去努力。一个人必须透彻地对自己的心灵做详尽的阐述和思考。

孟子声称的“知言”，就是从一个人的言谈中发现其一知半解及言不由衷的能力，意味着“知言”是了解言谈本身揭示出的思想。怎样做到？显然，获取知识在语境关联中去理解语言，知识是一种洞察力，它以经验和分析作为它可能的基础。

(四)荀子的知识论

首先，“天”被看作是独立的自然客体，它有着自身的规律，这些规律包括生命进化和事物繁衍的方法。这个理论同样适用于人和人类社会。荀子并没有提出对“天”采取一种中间的态度，而是提出一种认识自然的积极的、批判的、理性的途径，这个途径就是发现事物的客观特征，为人的政治和社会目的去设计控制事物的方法——“知道”。何为“道”？是一种实在的状态，它使人们得到对事物的正确理解和对价值的正确阐述，并且把偏见和谬误排除掉。真实和实在的知识仍然需要对这种真实和实在的肯定，获得这种真实的知识就要有“道”。

五、知识与教育的融合

知识是教育活动的一种核心要素，学校教育中现成的书本知识是我们获得间接经验的来源，而直接经验则是学生在实践活动中的感知。但是这两种知识经验的获得是处在一种互不联系、彼此分离的状态下进行。老师提出的需要学生掌握的现成知识，也只是人类文化遗产中极微小的一部分，学生不可能掌握全部或者大部分的文化遗产；学生除了掌握人类的文化遗产外，也需要获得并积累作为个体的实践经验，这是每个人宝贵的财富，这份财富的获得从初步学习之时开始，并贯穿人的一生。在西方后现代知识观当中，我们看到每个个体的知识不仅是来源于客观世界；同时更重要的是主体与外界对话的自我建构。因此作为一个教育工作者，如何更好地传授知识？我觉得可以从以下几个方面来谈：

第一，改变过于注重传授现成知识的现象，注重加强学生对其他知识的掌握。

第二，改变过于注重知识的传授方式，注重利用更多的教学形式，特别是引导学生进行知识建构的方式进行知识教育。

第三，知识教育能够贴近实际，走进生活，引发学生的学习兴趣和愿望，激发学生从现实出发思考和探索未知世界的动机，进而使知识真正成为学生的知识，而非学科的知识。

第四，把知识与技能、过程方法、情感、态度和价值观这些紧密联系在一起，而不单单是与技能的一个融合。

讨论部分

唐松林老师： 作为教育学科的研究生，知识是我们必须思考的基础命题之一，我们中许多同学今后要去当老师，老师的重要任务之一就是传递知识。我们应该明确什么是知识？知识是如何产生的？如何传递知识？不同的知识观对我们的教学理念有什么影响？等等诸如此类的问题。请同学们从自己的理解谈谈自己的感想。

胡秀银： 知识究竟有没有确定性？用罗素的话说，世界是否存在这样一种知识：它确凿无误，令任何一个有理性的人都不能怀疑？他认为这是“我们所能提到的最难问题之一”。如果说得简单一点，知识的确定性问题，其实就是关于世界(一个是内心世界，一个是外部世界)的关系问题。两个世界是许多哲学家都承认的前提，分歧在于：我们的内心世界是如何通向外部世界的？在常识看来，这不成问题。这两个世界是直接相通的，是一一对应的关系。我看到一棵树，就证明确实有一棵树在那儿。但这是真的吗？其实，我们直接了解的只是自己内心的这个世界，外部的那个世界我们只能间接地了解。要想了解它，必须借助某个桥梁。理性主义、经验主义都各自做出了贡献：理性主义搭建了理性之桥，经验主义搭建了经验之桥。这些桥能够帮助我们从内心世界抵达外部世界吗？答案并不乐观。是的，我们有感觉，可以看到，听到，摸到……但问题是感觉的信息并不可靠，它经常出错，经常说谎。它告诉我们棍子在水中是弯的，太阳落山时要大一些。经验之桥是一座危桥，理性之桥又怎样呢？也一样晃荡。理性不能感知所有的事情，总有一些知识在理性之外，谁也不能单凭理性告诉别人什么是红色，什么是疼，“要想知道梨子的味道只有亲自尝一尝”。

卢猛： 爱默生说，人们常说，常识是两点之间最短的直线。这里的常识指的就是知识，这里强调的是一种经验的知识，应该属于客观主义的知识。我觉得在学生的知识建构中，既要重视客观知识的学习，也要注重引导主动建构知识体系。我们在考研的时候学习过知识的记忆是有一定规律的，会经过识记到内化的过程。所以我觉得教学中知识的传授，一定要尊重规律，尊重有价值的客观知识，另外帮助学生主动建构起自己的知识体系，当然也要培养学生的批判意识，敢于对假信念提出挑战。

吴建云： 正如柏拉图所说：“一条陈述能称得上是知识必须满足三个条件，它一定是被验证过的，正确的，而且是被人们相信的。”我们现在看柏拉图的这句话可能我们会觉得他说的是有问题的，知识并不一定都是正确的，在一定时期也是有错误的知识的。但这句话也在一定程度上对知识做了个界定，甚至对我们如何获取知识、传承知识也是有一定启示的。无论是外在的客观主义还是内在的建构主义对知识的认识，我认为运用到教学实践中可以从以下几个方面来获取和传播知识：第一，通过传授式、启发式、诱导式等多元教学方法，学习获取已有的知识；第二，运用波普尔的证伪主义理论去批判论证已有知识，建构新的知识；第三，保持对知识的敬畏和尊重态度，不断追求，传承尽可能正确的知识。

于晓卉：对于客观主义和建构主义这两种知识观，我认为：应该首先明确的是教学和课程的设置是根据对象区分的，也就是说，对中小学和大学而言，在这一点上是有着微妙的区别的。首先，我认为中小学方面，在文科类课程教学中最好以讨论为主，将课堂最大限度地交给学生，给予学生积极性和兴趣培养的起点，并且教师要相信学生能够自己探索，他们有一定的理解问题和解决问题的能力；在理科类科目的教学中，应该注重学生之间解题过程的分享，分享理解的过程。其次，对于大学教学设置，我认为大学的教学完全挖掘了客观主义的高效率的优势，配之大班教学的课堂组织形式，几乎无一例外地以教授客观知识为主，即便是自然科学领域的知识，亦是如此。这种现状似乎是将小学和大学颠倒，大学的做法反倒不如中小学了。我的建议是，尽量在客观与建构之间寻取折中之法，明确中小学与大学、不同课程之间的定位与区别，将二者适当结合，正如俗语所说，“适合的才是最好的”，没有真正的“普世”适用的道理。

胡一舟：韦伯斯特说过，知识是产生对人类自由的热爱和原则的唯一源泉。我觉得这也是教育的一个主要目的。我们教给学生知识的目的不应该为了让他考出高分数或者考上名牌大学之类，而是为了让他更加自由，更加自由地选择，选择自己的生活方式，选择自己的生活态度等。从人的角度来教授和传递知识，注重学生个体生命的多样性发展，我觉得这才是我们教授知识的最重要的目的。在现如今信息爆炸的拟像时代，教师在教授学生知识的同时也应该具备辨别和筛选知识的能力，只有真知识才是应该教授给学生的。

龙漫：我所理解的知识是能帮助人们更好地认识世界、认识自己、认识他人及其他们之间相互关系的一种辅助性工具。知识是需要人主动去学习和建构的，也只有人们具有积极主动学习知识的意识，知识才能真正地发挥其应有的作用。

但在当今我国的教育领域中，在知识的学习方面存在以下问题：(1)学校教学中知识的传授以被动接受为主，学生缺乏学习知识的积极主动性。相比知识的传授，我更倾向于知识的建构，二者都有自己的优缺点，但二者的关键之处都在于要培养学生主动学习和探求知识的意识，变被动为主动，在知识的学习过程中感受到快乐和满足。(2)受功利主义熏染的知识观。我们都知道，当今社会的竞争是非常激烈的，大部分家长和学生都以“知识改变命运”作为学习知识的终极目标，希望通过这一方式在社会中求得一席之地，改变自己甚至整个家族的命运。很显然，这种知识观带有强烈的功利性，往往抹杀了最初对知识原始的渴求。(3)缺乏对知识的引导性。我们可以发现，不管是在学校教育还是家庭教育中，大部分老师和家长都只会用一种简单粗暴的方式让学生学习知识，往往忽略了学生最初对知识的理解和看法。因此，在我们的教育教学中，要注意引导学生对知识的浓厚的兴趣，而不是一味告诉他们知识的重要性。

熊艳青：唐老师，各位同学，我来谈点我的感想。首先从课程方面来谈，我觉得外在主义或者说客观主义强调的是“以知识为本位”的课程观，所以它注重的是书本知识或间接知识的获取，注重系统的、公共的知识的学习。而内在主义或者说建构主义它是以“学生”为本位的，注重的是活生生的直接经验或体验的获取，注重个人知识、实践知识的学习。其次，在教学方面，我想来说说它们之间的共性。教学是教师的教与学生的学的统一，这种统一的实质是交往与互动，这在外在主义和内在主义课堂中都是具备的。我想表达的一点是：由于学生还处在知识储备不足、各方面能力有待发展的阶段，在与教师交流互动的过程中可能会犯一些错误，如果教师的处理方式不当，可能会给学生带去心理上的创伤，所以，为了保护学生的好奇心、求知欲、敢于表达自我的那种自信，教师在交往与互动的过程中应该注重学生情感的维护，多对他们进行鼓励。

周舟：知识，我更愿意从广义的方面来理解它：有用即知识。但是这个有用并不是强调它的实用性，而是强调它的价值。譬如说：生活的知识能帮助人们更好地去生活，能够更多地解决生活中所遇见的困难，这样的知识就是有价值的。就像现在教育上流行的通识教育课程，在我看来，这本身是非常好的，可以更全面地去发展每个人，但是我们要做的是去甄别什么样的课程的知识是有价值的，并不是所有的称得上为一门课程的东西都有其存在的价值。所以，知识是好的，坏的、没有价值的则不是知识。

张欢欢：知识就是财富。有了知识，我们就有了安身立命的本领，有了知识，人生才会充实有内涵。无论什么时代，知识对人类社会的进步，对人们思想的启迪，都起着不可替代的作用。现代社会中充斥着读书无用论、知识无用论，从根本上说就是知识贫乏、对知识亵渎的表现。知识就是生活，之所以这样说，是因为这里所指的知识，是宽泛意义上的知识。在这个维度上，生活中任何点点滴滴的收获，都可以称为知识，知识也无法摆脱生活而存在。生活本身就是值得我们学习的知识，学习知识的过程也就是我们生活的状态。知识就是情怀。古代文人都喜欢写诗作赋，我觉得那是在用所掌握的知识描绘生活，就像我们现在喜欢把生活的喜怒哀乐发在QQ空间或微信朋友圈一样。我们用信手拈来的知识，随心所欲地表达我们的情感和状态。我们会用知识来教育或安慰自己，会用知识来纪念或抹去某些东西，因此说知识就是情怀，它可以很宽阔，可以很伟大。

邱海清：一个经典的定义来自于柏拉图：一条陈述能称得上是知识必须满足三个条件，它一定是被验证过的，正确的，而且被人们相信的。我也认同这个观点。所谓的知识必须被验证过然后发现是正确的，才会被人们相信这样就是科学，不像神话传说只有些人相信，因为不能否定是不是真的或者正确的。

刘茂梅：谈到知识，我们可能都会想起培根曾说过的一句话：知识就是力量。知识的力量在哪里，相信今天的我们再熟悉不过了，信息时代的到来，知识经济的兴起，科技是社会进步的力量，知识的创新成为社会经济发展重要推动力。对知识的讨论，不同的时代不同的学者都有讨论。知识是怎么获得的？知识的正确与否——涉及真理与谬误；什么知识最有用？这是我们常见的对知识的探讨。对知识的渴求是人类的自然意向，像诺思科特所说“不吸取知识之光，心灵就会被黑暗笼罩”。人类从诞生之日起就对知识有着孜孜不倦的追求，为认识这个世界而进行了无数的探索与解释，比如人类的起源的相关学说，神创说、进化论、劳动起源说，甚至太空起源说等，这可以看作人类对知识探讨的种种努力。什么知识正确，是我们该努力探寻的，有没有一种衡量知识的标准？在克隆人和生化武器秘密研制的今天，我觉得这是值得我们思考的。站在更高的视角说，个人认为，我们要有一颗对人类热爱和有良知的心，有这样的一颗心的科学工作者或人文研究者都不至于走向歧路。什么知识最有用？人文社科知识和科学技术知识哪一个对人类更有价值？不同的人对此有不同的看法，正如斯诺曾提出的两种文化之争(科学与人文)一样。对此，我觉得不能片面地说谁更有价值。在科学主义盛行的今天，人文学科被边缘化，话语权降低，但是这并不能说明人文学科知识就没有价值，真正伟大的科学家，让人敬慕的科学家，是科学成就和人格成就都高的人。有了人文知识的武装，科学知识才有“温度”而不至于冰冷，学者的高人文修养，往往引导其取得更高的学术成就。

邓洁隽：知识是一个古老的哲学话题。在苏格拉底那里，德性即知识；在培根那里，知识就是力量。今天，我想在当下的社会时代背景下，论及知识与良知的话题。在我看来，知识不是简单的概念、公式、常识的摆设与罗列，它应内化为我们自己的智慧与良知。我们现在即为一个独立的知识分子，当我们踏入社会，我们也即将成为一个公共分子。我们不仅需要用我们脑海里的知识，还需要我们头脑里的智慧，更需要内心的良知，拒斥成为犬儒主义的代表，也不做那“不拒绝的理解、不反抗的清醒、不认同的接受”的沉默者，我们要做那一小撮，即良知是我们的方向，思想是我们的武器。

廖锐：所谓的知识，在我的认识中它并不仅仅是书本中的“知识”，它应该是一种广泛的知识，包括了前人的经验与自我的经验，当然这些经验中得到认可且是正确的才可以称为知识。知识这一关键词，在哲学的视野中，不同的流派有不同的看法。例如，在逻辑实证主义中，知识是对人类客观世界的一种准确反映，不以人的意志为转移，是客观存在的。且所有的知识必须经过试验、观察、归纳、验证而得出的准确性极强的绝对性知识，因而知识即权威，知识即真理。也就是说知识应该具有权威性、客观性及整体性。在教与学的过程中，尊重知识的客观性、整体性、准确性是极为重要的。这也是不论是在正式传递或者非正式传递知识的过程中所应该遵守的。

唐松林老师：关于知识的内涵、种类与来源，我觉得可以归纳如下几个方面：一是先验的知识。知识的生成原就是“我”，“我”是一个心灵实体，其本质就是“思想”，这就是笛卡儿的“我思故我在”的真正内涵。二是经验的知识。我们在实验中通过实验进行经验的归纳，我们通过广泛收集资料，阅读研究，归纳总结，这是知识的重要来源。三是对话与觉悟。前面讲的阅读是你在不断地与古人对话，除了阅读以外，你还可以和智者散步，和同伴品茶、喝咖啡、聊天，互相质疑、辩论等，这些都是知识的来源。四是理性的整理。你的思考、推理、分析、综合，这需要综合判断与系统思维，形成自己的知识结构。任何真理、思想和传统，如果不经过自己的思想过滤，它就可能是教条的，是形而上学的，没有融入你的生命血液，你就不会有“知识就是力量”的感觉。知识的“真”需要主体的建构。五是经过社会建构或实践检验。真理与谬误不是绝对的，它需要实践检验、社会互动与心灵对话，从而达成共识。你的生活形式是否健康，是你的知识有效性的见证；大家团结和睦，是知识普遍有效性的见证。如果你生活在你的境遇里，你的同伴均感觉不幸福，整个社会也不和谐，那么，你的知识就是有问题的，人类普遍的知识、思想与哲学就不是真理。

如果说，我们明晰了知识的内涵与来源，那么，我们如何获取知识，或者说，我们对于知识的获取与建构，可以做点什么？一是自己是知识的决定性来源。相信自己，相信自己的思想，相信你认为是合适的或是真理的东西，必须明察自己的心灵，及其与世界的关系，你才能获得适合的知识。虽然你的思想不是你知识的全部，但它是你内心深处最有力量的东西。二是要有变化的观念。知识或真理不是永恒的，你不要迷信，不要固执，要切己省察，知世应变，要相信真理是相对的。前面讲知识来源于两种思想：一个是建构主义；一个是客观主义。建构主义是一种唯心主义世界观，它强调的是主观世界、自我信念对事物理解的个体建构；客观主义是唯物主义的世界观，它强调的是客观世界，我们的认识观要符合客观世界，即做出对客观世界的准确反应。真理也就是通过实验、归纳等方式，不断阅读反思得到。那我们的知识可以来源于这两种思想，演化成建构知识和客观知识。其实知识的来源是多元的，不管它如何产生，学习者可以猜测、争辩，但你要有自知之明，能力是有局限的。三是寻求知识的过程是一个“认识你自己”的过程。或者说是一个使你知晓自己无知的过程，如果你常常“认识自己的无知”，那么你不仅为“有知”而努力，更重要的是使你形成一种不断纠正错误、完善自己的习惯与人格，使自己博大精深，具有整体思维，且成为谦谦君子，这或许是教育的真正目的！所以，苏格拉底总是提醒自己“其实我一无所知”。

最后我想谈一谈教育中的知识范畴——课程。因为知识的来源与学习者或主体有关，所以，课程应该最终是要唤醒生命力量这一目的；课程内容应该从具体课程建设转变为整个文化建设(包括学校、地域、国家、历史传统相联系)；教学方法应该从讲授为主转变为以学生为主体的多样性学习为主；教学评价相应地也应从客观知识的掌握以及考试评价单一的主体形式，转变为多元评价的体制，更多地关注学生的个体发展与身心发展。但是也应看到，中国目前所处的阶段以及传统的考试制度的影响，使改革转变并非那么容易。虽道路是曲折的，但是前进的方向是光明的！我们每一颗心灵，应该进入“清明”之境界：认识你自己，也认识自己与世界的关系。

参考文献

[1] 张新华，张飞.“知识”概念及其含义研究[J]. 图书情报工作，2013，(3)
[2] 张新华，张飞.“知识”概念及其含义研究[J]. 图书情报工作，2013，(3)
[3] 陈嘉明. 当代知识论中“知识的确证”问题[J]. 复旦学报(社会科学版)，2003，(2)
[4] 陈黎明，王明建. 西方哲学视野中的知识观[J]. 聊城大学学报(社会科学版)，2007，(4)
[5] 陈黎明，王明建. 西方哲学视野中的知识观[J]. 聊城大学学报(社会科学版)，2007，(4)
[6] 胡军. 中国现代哲学中的知识论研究[J]. 哲学研究，2004，(2)
[7] 成中英. 中国哲学中的知识论[J]. 安徽师范大学学报，2001，(2)

理性的当代境遇及重建策略

张欢欢 *

时间：2015 年 3 月 24 日

地点：湖南大学教育科学研究院 320 教室

参加人员：唐松林（湖南大学教师）、邓洁隽、廖锐、吴建云、周舟、袁野、胡一舟、熊艳青、龙漫、卢猛、刘茂梅、胡秀银、邱海青（泰国留学生）、于晓卉、张欢欢（没有特殊注明者均为湖南大学研究生）

理性是哲学发展中的重要部分，了解并掌握理性的概念、理性发展的理论基础等知识，有助于我们认清理性在当代的现实处境及面临的发展危机，进而利于我们提出相应的重建理性策略，发挥理性应有的及潜在的价值，为我们的教育与生活服务。

图 1　罗丹《思想者》

首先，我们来看一张图片，大家都很熟悉，是罗丹的《思想者》（图 1）。

---

* 作者简介：张欢欢（1990 年出生），女，河南南阳人，湖南大学教育科学研究院 2014 级研究生，从事教育哲学研究。

它描述的是一位青壮年男子在低头沉思，原意要表达对人类苦难的同情以及对人类的爱。放在这里，我想表达的是在哲学课堂上，我们都要做思想者。因为哲学是思想的事业，而思想是我们这个时代的当务之急。黑格尔也说过，哲学不过是把握在思想中的那个时代。

教育哲学就是一门与学者对话、与知识沟通的思想学科，我们要不断地思考并体会哲学家的思想，结合时代背景去理解他，最后产生我们自己的观点和看法，这才是真正的哲学学习。下面就让我们一起思考以下问题：

1. 理性是什么？

2. 几组概念的辨析。

理性与感性、理性主义与非理性主义、理性主义与经验主义概念的区分。

3. 西方不同哲学家关于理性的理论有哪些？

4. 当今理性发展面临的困境有哪些？我们应如何解决？

一、理性及理性的价值

理性这一概念起源于古希腊时期，经历几千年的演变，有关理性的概念、构成、特征、表现形式、功能等的思考，都在不断地发展变化着。但关于理性的核心内容，至今仍可用赫拉克利特的“逻各斯”和阿那克萨哥拉的“努斯”加以概括。赫拉克利特认为，“逻各斯”是统一性、普遍的东西，大家共同享有；阿那克萨哥拉认为，“努斯”是独立的、自主的，不与任何事物相联系。苏格拉底和柏拉图又进一步发展了“逻各斯”和“努斯”的实质内容。

最后，亚里士多德将“努斯”与“逻各斯”两大原则统一于“目的性”之中，构成了对理性概念的初步理解，即理性不仅是有生命的，还具有内在的尺度和规定性，由此奠定了西方理性主义的基石。[1]

在西方哲学史中，不同哲学派别对理性的解释不同。例如，唯理论者认为理性高于一切，所有可靠的认识都来源于理性。斯多葛派认为理性是神和人的本性。18 世纪法国唯物主义和空想社会主义者认为凡是合乎自然、合乎人性的就是理性，并把理性作为衡量一切事物的唯一标准。康德认为理性是认识的第三种能力或阶段，黑格尔则批判康德对理性价值的贬低，认为理性是认识的最高阶段。

在中国古代伦理思想范畴中，理性却蕴含在人性中。北宋的程颢、程颐将人性分为天命之性和气质之性，其中的天命之性就是理性。

总之，理性就是人类精神生活的一种形式，是人类最根本的思维方式。随着社会历史的发展，不同哲学派别对理性有着不同的意义阐释。

法兰克福学派的马尔库塞总结了理性在哲学史上出现过的五种概念，认为理性是对主、客体的联系；是人们用以获得满足、探索规律、超越现实的能力等。

尽管不同的哲学家、思想家对理性的概念作了不同的阐释，但我们还是能发现，大多数人都把理性看作是一种逻辑地认知世界、把握事物和进行深入探究的辩证思维能力。关于理性及与理性相近或相对的概念，都是需要我们一步步深入了解的。

理性是哲学发展中的重要部分。德国哲学家雅斯贝斯曾说：完成从而认识理性是什么，从来是并且永远是真正的哲学任务，几千年来的哲学就好比是对理性的一首唯一的赞美诗……我们学习教育哲学，也应把理性的学习与掌握作为重中之重。

此外，还有学者对理性的价值做了研究，认为理性在精神和社会生活中具有重要的作用。除了常见的工具价值、目的价值、认识论价值之外，亚里士多德还提出了理性的美学价值，认为理性的沉思能带给人愉悦的享受，他曾说："理性的沉思的活动好像既有较高的严肃价值，又不以本身以外的任何目的为目标，还具有它本身特有的愉快……这就是人最完满的幸福。"[3]我国学者石中英也提出了理性的医疗价值，认为理性能够帮助人们对生活问题进行自我诊断和治疗，甚至帮助人们进行自我康复。

既然理性在哲学中有如此重要的地位和价值，我们了解并掌握理性的概念、理性发展等方面的重要性就不言而喻了。

二、概念辨析

（一）感性、理性与非理性

1. 感性与理性

从古至今，由于各哲学派别的观点不同，对理性与感性这一对哲学范畴的定义也是多种多样的。但大致来说，我们可以从两方面去了解。一个是认识论方面，另一个是人性方面。

认识论范畴中感性与理性，主要表现为感性认识与理性认识。感性认识与理性认识是辩证唯物主义认识论的基本范畴，是认识论的起点。感性认识是对事物现象的认识，是认识的低级阶段，是基础；理性认识是对事物本质和规律的认识，是认识的高级阶段，是归宿。

感性认识是主体通过感觉器官与认识对象实际接触后产生的，具有直接性的特点。理性认识是主体通过抽象思维对感性材料进行加工而产生的，具有间接性的特点。[4]感性认识是理性认识的基础，感性认识有待于上升到理性认识，感性认识和理性认识相互联系、相互渗透。没有绝对的感性认识，也没有绝对的理性认识。

从人性角度来看，感性是指人作为自然之物所具有的本能、欲望和冲动等，它是现实的，来源于人的本性，但又与动物性相区分；理性就是人们有目的、有意识地改造世界的实践活动。

现实生活中，我们经常会听到人们说某人太感性或太过理性，则是把感性理解为感情用事，把理性理解为理智了。

2. 感性、理性与非理性

在人类发展史上，感性与理性时常会产生矛盾，甚至是尖锐的对抗，这给人们的生活带来极大影响。为解决这一矛盾，思想家们提出了以下办法。第一种是肯定理性，否定感性，主张禁欲主义，高扬理性；第二种是肯定感性，否定理性，主张纵欲主义，把人降低为动物性的存在；第三种办法同样是否定理性，但并不明显主张纵欲主义，而是主张从一种非理性的神秘体验中去求得对个体感性存在的肯定。[5]现代西方以尼采、海德格尔、萨特等人为代表的非理性主义者主要就持第三种观点，认为非理性是通向人的存在的唯一出路。

与理性主义不同，非理性主义认为，人的本质是非理性的意志、内心体验或无意识的本能，而不是理性；认为人们通过直觉和非理性的情绪体验领悟世界和生活。非理性主义可以说是理性主义世界观、人生观和文化传统的对立面。

西方哲学中的非理性是由理性中的努斯发展而来的，正如胡塞尔所说，从现象学角度看，一切非理性其实都还是理性的。理性思维是非理性主义的基础，非理性主义靠理性思维来支撑。理性主义是西方哲学两千多年发展的主导方面，非理性主义是其附属方面，双方构成西方哲学史中的一对矛盾，后者是对前者的超越和提升。[6]

（二）经验主义与理性主义

经验主义和理性主义是欧洲哲学史上认识论的两个基本流派，早在古希腊时期，哲学家们已经表现出了经验主义和理性主义的倾向，随着哲学的发展，这两种倾向的对立便逐渐展开，赫拉克利特倾向于经验主义，毕达哥拉斯派倾向于理性主义，从普罗泰戈拉和苏格拉底开始则出现了经验主义与理性主义的直接对立。[7]

经验主义的代表人物主要集中在英国，理性主义的代表人物大部分出现在法、荷、德等欧洲大陆各国。培根是近代欧洲经验主义的创始人，笛卡儿是近代理性主义派别的首创者。但严格说来，近代理性主义和经验主义认识论的真正开创者分别是笛卡儿和洛克。

近代关于理性主义和经验主义的经典对立是笛卡儿、斯宾诺莎、莱布尼茨等大陆理性主义者与洛克、贝克莱、休谟等英国经验主义者之间的对立和区分。[8]

理性主义和经验主义的经典对立是围绕知识及怎样获得知识的问题展开的，主要是关于知识来源问题的争论：

经验派哲学家培根、霍布斯、洛克等人认为，人的知识既不来源于神或权威，也不是天赋观念，而是来源于感官经验，只有从经验归纳起来的知识才合乎真理，经验在所有人那里都一样，所以经验就是普遍性的知识。洛克的“白板说”更是把经验主义推到了顶点。

而17、18世纪理性派哲学家笛卡儿、斯宾诺莎、莱布尼茨等人认为感觉经验的知识是个别的、有限的，理性能超越感觉经验的局限使人们获得普遍的、无限的知识。而主体所具有的这种理性能力是天赋的。

当然，两类派别的观点并不绝对对立，也存在一些交叉的部分。比如，理性主义者并不否认经验是知识的一个来源，经验主义者也承认理性知识的可靠性。

三、西方不同哲学家关于理性的理论

在西方理性思想发展史上，笛卡儿、康德、黑格尔等是里程碑式的人物。下面我们一起了解一下这些哲学家们关于理性的理论。

(一)笛卡儿

笛卡儿以“我思故我在”宣布了理性主义的诞生，是近代理性主义学派的第一个代表和创立者。在《方法谈》和《形而上学的沉思》两书中，笛卡儿比较深入地讨论了他的理性概念。他的论述可以概括为四点：理性是人生来就有的，是人之所以是人的根本；理性是一种思维，也是一种情感意志。

笛卡儿的理性概念比较宽广，还没有断然割断理解、思想与感觉的关系，也没有完全排斥想象的作用，是朴素、原始的，但也不可避免地存在一定的缺陷。

笛卡儿认为，理性是人们正确地判断和辨别真假的能力。在认识论方面，笛卡儿认为真理性的认识只能来自直觉和演绎，而不能来自感觉，因为感觉经验往往是靠不住的。笛卡儿正是根据时代的需要，吸收了以往哲学家的理性主义思想，创立了欧洲大陆的第一个唯理论学派。[9]

随后，斯宾诺莎写了《笛卡儿哲学原理》《理智改进论》等著作继承并发展了笛卡儿的理性思想。自笛卡儿以来，理性在西方哲学中就被看作是人的最高本质，具有至高无上的权威地位。

(二)康德

在现代西方哲学中，对理性概念做过详细考察与规定的，莫过于康德哲学。

康德的理性概念，在《纯粹理性批判》中运用得比较混乱，但纵观他的哲学体系，可以看出：在最广泛的意义上，它泛指人心“依据先天原理进行判断的能力”，因而是指包括全部能力（认识能力、情感能力和欲求能力）的先天原理在内的一切先天要素的源泉。[10]

《纯粹理性批判》是康德研究理性的实践运用的专著。康德认为，一切事物都需要批判，包括理性自身，人为自然立法（知识）是人类理性的基本目的，而为自由立法（道德）是理性的最高目的，这就是随着“我能认识什么”而来的“我能做什么”的问题。只有对理性进行这样的批判，理性才能得到尊敬，也正是在对理性的审视和批判中，人类的思维达到了自觉。

在《纯粹理性批判》与《实践理性批判》中，康德分别从科学认知与道德行为两个领域，对理性进行了区分与批判。他把理性划分为理论理性与实践理性。通过对后者的批判，康德试图证明理性在道德上是自律的，这意味着它不仅服从道德的法则，而且服从的是自己所颁定的道德法则。概括起来，康德的理性概念及其导出的道德自律概念的核心思想是：每个个别性的理性意志产生并服从普遍性的道德法则。[11]

康德认为，人的认识能力有感性、知性和理性三个环节。知性组织感性材料，使之成为有条理的知识，但它只能认识到“现象”，理性则要求对“本体”有所认识。[12]然而，在探讨世界的有限性与无限性、简单性与复杂性等问题时，理性却常常陷入自相矛盾之中，即康德所谓的二律背反状态。因此康德断言，理性无法认识“本体”界。

康德通过批判人的理性，对理性进行划界，区分了现象界和物自体、自然和自由、知识和道德，开创了真正意义上的先验哲学，在哲学史上具有承前启后的作用，是西方哲学史上里程碑式的人物。20世纪西方哲学中的两大思潮：科学主义和人本主义，都源于康德的思想。[10]因此，要想研究或成为懂哲学的人，康德是永远不会被绕过去的。

（三）黑格尔

继康德之后，黑格尔是西方哲学史上最后一位伟大的理性主义者，他的绝对理性哲学影响深远，是理性主义的集大成者。

对理性的看法，黑格尔与康德的立场是不同的，概括为以下几方面：

（1）康德是从人的认识能力的经验事实出发，上升到对理性概念的哲学反思；黑格尔则是从思辨理性自身演绎出发，凭借辩证法的逻辑推演，建立他的“绝对理性”概念。

（2）康德的唯物主义倾向；黑格尔的绝对唯心主义。

（3）康德的理性是人的理性；黑格尔的理性是神的理性。

在康德之后，德国理性主义更加走向极端，黑格尔哲学把理性提升为“绝对精神”“大全”，使理性成为“自在自为地存在的普遍物”；它构成宇宙万物的本质与规律，从而不论自然、伦理世界还是国家，都是理性自我实现的产物。这也意味着黑格尔使理性从康德意义上的个体理性，转变为非个体的、整体性的理性。[11]

黑格尔以这种意义上的理性作为事物的现实性的标准，也即我们所熟悉的命题：凡是合乎理性的东西都是现实的；凡是现实的东西都是合乎理性的。

（四）马克斯·韦伯

马克斯·韦伯将人类理性分为价值理性和工具理性。

韦伯认为，社会学研究的对象是社会人的行动。人某种行为的发生，是因为它值得去做或者有意义，因此，“行为”是带有主观意义的行为，它服从于一定的目的，或体现一定的意义。据此，他提出了社会行为的四种类型：即以目的为趋向的工具理性和以价值为趋向的价值理性，另外还有自觉或不自觉遵从风俗、习惯的传统行为，以及受感情和情绪影响的“情绪化”行为。[13]

按照韦伯的观点，人类的行为是自觉的、有意识的意向行为。他的观点含有“理性人”的预设，即人是能思考和选择的动物，人类的行为是合乎理性的。因此，合理的工具理性和价值理性行为最重要，而非理性的传统行为和“情绪化”行为居于边缘和次要地位。

价值理性和工具理性的内涵是什么？工具理性是指人的行为合乎自己本性与愿望的选择，而不是受到他人或外在因素的影响。它与个人看得见的“利益”联系在一起。也就是说，人们为达到精心选择的目的，会考虑各种可能的手段及其附带的后果，以选择最有效的行动方法。因此，持工具理性的人，不是看重行为本身的价值，而是重视哪种行为能有效达到目的。

价值理性是有意识地对特定的行为——伦理的、美学的、宗教的或其他阐释的——无条件的纯粹信仰，不管是否取得成就。也就是说，价值理性主要以支持或确定终极目标为主，不计较现实的利益得失。价值理性和工具理性共同推动着西方文明乃至世界文明的前行。

四、理性发展面临的困境

进入20世纪，理性发展陷入了危机，当代西方学者对“工具理性”“科学理性”“技术理性”“目的理性”等提出了种种批评和质疑。势头强劲的后现代主义更是走向极端，从根本上否定或拒斥理性。

另外，由于工具理性的日益膨胀，科学技术成为“科学主义”的工具，经由欲望与贪婪的人性弱点，索取无限制的功利与财富。例如，目前很多发展中国家正面临着增长与发展、均衡与失衡、浓缩与循序、解构与重建等一系列两难性的发展问题，在工具理性的主导下，无止境的欲望接踵而至，人们开始向自然索取，向别人、别国索取，最终造成生态环境恶化、地方或国际冲突等不和谐现象，致使现代化进程严重受挫，甚至付出惨重代价。

这种发展困境不仅表现在经济、政治领域，还出现在教育领域。如教育中重智力开发、轻素质培养，重视成绩、忽视能力等，滥用工具理性、忽视人的心理与情感世界的现象比比皆是，理性的发展开始面临一系列困境。

五、理性的构建策略

如何看待理性？如何看待理性与社会发展的关系？这是发展研究中必须明确的问题，也是发展过程中必须加以解决的问题。我觉得主要应从以下几方面做起：

（一）重塑理性精神

以工具理性为指导的现代化使人类面临着危机，要解决现代化的危机就必须重塑理性。我们应认识到工具理性和价值理性是辩证的统一体。工具理性是价值理性存在的条件和基础，价值理性是工具理性发展的主导方向和精神动力，只有二律合一，才能呈现理性的完整状态，才能使现代化向符合人性与物性的方向发展。

（二）找回道德、合理定位

价值理性的“失语”与工具理性的独裁，必然会导致人性的工具化及主体性的丧失。要使社会能够得到健康的发展，建构价值理性与工具理性二元均衡的体系，我们应立足人性，找回道德精神，把它作为现代化发展的支撑点与指导力量，并在此基础上对工具理性与价值理性进行合理定位。

一方面，工具理性在现代社会中发挥着巨大效用，具有无可替代性，无论从功能、效率还是手段和程序上来说都是合理的，技术的发展和进步的确提高了人的认识和生存能力，物质生活和精神生活都离不开工具理性，但这种理念应把握一个度，过犹不及；另一方面，价值理性是与人生命与生活的意义紧密联系的。人类在现代化过程中之所以产生生存危机，就是忽视对人自身生命与生活意义审视的结果。因此，我们首先应确定生命的价值和意义，以此作为目标，规范和指导人类实践的方向，从而明晰价值理性与工具理性的边界，做到合理定位。

（三）教育

霍尔巴赫认为："人们的全部不幸只在于他们的无知；而他们之所以无知，只是因为他们周围的环境阻碍着教育的发展；人们之所以愚蠢，是因为他们的理性还没有受到足够的教育。[14]"

教育对人理性思想和观念的发展起着重要的作用。因此应注重教育的力量，通过教育来丰富和完善人的理性理念，教会人们树立长远目标，确定生活的终极意义与价值，认识到科学技术的两面性，从而避免理性的滥用。

总之，理性的内容无限丰富，理性的功能也复杂多变。借用蒂里希的话说：理性既是认知的，又是审美的，既是理论的，又是实践的，既是超然的，又是动情的，既是主观的，又是客观的。这节课对理性相关概念及主要代表人物的观点进行了简要梳理，我们会感受到，对于理性到底是什么，我们仍然并不十分清晰，还有更多值得关注和研究的问题。查阅资料期间，我发现，与理性相关的文献或书籍太多，我所了解到的只是一些皮毛而已，希望在老师和同学们帮助下能收获更多。

讨论部分

唐松林老师：感谢欢欢给我们的精彩报告，我们下面谈谈什么是理性？理性之于人的发展的意义是什么？当前我们面临的理性发展问题有哪些？我们如何发展自己的理性？

胡一舟：《论语》中说：七十而从心所欲不逾矩。在我看来，这就是孔子的理性。到了七十岁的时候就可以跟从内心的欲望去做事，也不会越出法度，因为自己已经具备了理性。在现在的教育中，确实存在滥用理性或者理性缺失的情况，从这方面来说，我认为我们应该兼顾工具理性和价值理性，但更应注重于价值理性。因为价值理性是从人的角度出发，更多地考虑终极价值，也就是每个生命个体的发展，而工具理性更容易走偏，从而造成人们一种精神上的虚无，甚至是缺失。我觉得工具理性只能作为实现我们教育目标的一种工具，而不能让它代替我们人文中和价值中的一些东西。

龙漫：以前关于对理性的理解比较片面，觉得理性就是相对于感性而言的一种认知，是人们对待事物所采取的态度。可是刚刚同学及老师的讲解，拓宽了我对理性的理解范围，我觉得理性应该包括以下两点内容：（1）对社会而言，理性是自我认知，能够在纷繁复杂的社会中识别、判断、评估实际理由以及使人的行为符合特定的目的；（2）对自身而言，理性是自我反思，在不断自我反思的基础之上服从道德法则，考虑问题、处理事情不冲动，不凭感觉做事。

不可否认，理性作为一种重要的认知能力，对教育教学产生重要的作用。在实际教学中，到底是应该理性地教，还是情感地教？评价理性与非理性的标准又是什么？这些都是亟待解决的问题。理性地培养学生按照事物发展的规律和自然原则来考虑和处理问题，但往往容易忽视教学过程中的情感因素，把学生变成太过理性的人，缺乏人与人交往和沟通所必需的情感态度，从而渐渐失去感受美德能力。理性地教学存在一些问题：比如在学校教育中滥用理性，排斥课程体系之外的文化和历史传统，滥用立法和评价机制等；理性的缺失，片面追求高考知识，对考证狂热的追求等。这些问题都要求我们正确看待理性及其理性在教育中发挥的作用。

熊艳青： 谈到教育中的非理性行为，我们很容易想到一种教育现象"应试教育"，这种重分数轻能力培养，重知识灌输轻情感疏导的教育模式让无数中小学生在教育过程中饱受折磨。出现这种局面的原因是：教育者未能真正把握教育的本质，只注重了某一个方面或者说某一环节，而忽视了其他方面。我觉得教育应该包括教书育人两个环节，而且后者可能比前者更重要，也就是说理性的教育应该是先教好学生如何做人，如何做一个身心健康的人，其次才是教学生知识。

卢猛： 关于教育领域中理性的教的问题。我觉得首先是教学内容的选择上，我们的教育中应该选择具有理性的知识，这类知识是人类经过筛选和证伪留下的精华。其次是教学方式上，我觉得我们应该以一种公平公正的态度去教我们的学生。现在的课堂上存在太多的不公平，比如老师在面对不同家庭层次的学生采取不同的态度，有的家长给老师送礼，老师就格外对待，不送礼的家庭就另外对待；对成绩好的学生经常赞扬，而对待成绩差的学生带有一种轻蔑的态度；等等。我觉得这不是为人师表该有的态度，这会给孩子的身心留下不好的影响，对孩子的世界观、人生观的形成产生不良的影响。最后是教学结果的评估上，教师应该秉承全面发展的理念，多方面考核，理性考核，不仅注重智力，还要注重其他方面的发展，这样的评估才是理性的、有意义的。

周舟： 理性，在我看来，是人类的一种特性。它同时也是促使社会健康发展的不可或缺的因素。面对自己的学习、生活、事业等方面，我们都需要用理性的一面来审视，但是并不是理性越多越好，它与感性是相辅相成的。拥有太多感性的人，别人会认为你"心太软""不讲理"，而拥有太多理性的人会被认为"无情"。所以我觉得，不要太高估理性，毕竟人是一种有感情的动物，也别太低估理性，要知道无规矩不成方圆。理性给了我们更多思考的时间，更大进步的空间。

袁野： 以什么样的方式成为拥有一个美德的人，其中理性就是当中的一个途径，我认为，理性最基本的追求是知识，最高的追求是美德（精神的最高境界），因此理性与人性和美德是息息相关的。反言之，理性来自人性的本质，引导人追求最美的生活。对个人而言，其最初的理性是一种欲望的简单模式，满足自我的工具理性；在不断的成长过程中，通过教育与自我反思，理性被逐渐纯洁化，其终极的理性就是一种实现自我价值的理性。我们应该可以看到理性是有层次，有阶段性的，它反映的另外一个侧面就是理性在个体的认知和心理范畴的轨迹是从低级到高级的一个进化过程，因此才会有人的感性认识上升到理性认识之说。拥有真正理性的人，他的思维是高度的自由，是无限的。

简言之，理性是个人天生的能力，同时理性又是个人认知从低级到高级发展过程。教育在承担着教书育人这一责任时，我们也看到了教育偏离了育人这一轨道，更多的只是灌输书本上客观的知识，以分数为唯一的方式作为评判教育质量好坏的标准。这种教育是可悲的。我们可以看到一个拥有理性的人才有可能成为一个拥有最高美德的人，才有可能成为真正幸福的人，才有可能成为一个真正自由的人。因此我们的教育应该要将育人放在与知识同等重要的地位，培养学生成为一个有理性之人。

于晓卉：理性有时总与自由伴随出现。这让我想到最近看过的一本书《盗火者》，里面描写了有关一些毕业于二三流大学生的一段话，意思是说，在这些“大学”里他们打游戏、睡觉，陪伴他们度过了宝贵的四年。当他们不得不走向社会的时候，社会却拒绝了他们，他们的人生没有目标，没有动力。其实，反观教育中的学生，有时候人生的路并没有那么多曲折，相反却是他们自己选择了一种不理性的生活造成了最终必须直面又不能回避的曲折。大学校园随处可见目光无神，处于游离状态的大学生，他们沉浸在自己的世界中，他们没有理性的考虑过自己的人生掌握在自己手中，他们用四年的时间挥霍、虚度，他们有时候充分享受自由的感觉，但却没有思索过台湾学者傅佩荣所说的这样一点：自由不是为所欲为，也不是谁都不在乎，自由必然来自理性，理性地思考后再作选择，这才是真正的自由。

吴建云：理性，听起来很深奥，但我们却又常常触及。人总在理性与非理性之间徘徊往复。当处在理性之中时，头脑清晰，条理分明，对于事情的原因、结果、好处、坏处全都了然于胸。当陷入非理性之中，上述的一切全部失效，我们会冲动，会失去理智。所以我们总在要求自己或对方做一个理性的人。问题在于，人并不是总能保持理性的，而是会不时陷入非理性状态。理性固然好，它会教我们成熟稳重，教我们学会思考，能使人的生活井井有条。但我并不主张只需要理性而排斥非理性。因为人生是多彩绚丽的，如果人一生没有过非理性的经历，就会失去感知，失去我们发现美好的眼睛。

刘茂梅：纪伯伦曾说，“你的心灵常常是战场，在这个战场上，你的理性与判断和你的热情与嗜欲开战”。谈到理性，我们常常会想到感性，或许它们并行同在，也许我们心灵也曾经历过理性与感性之战争的时刻，理性与欲望的拉扯。一个理性的人，往往会最后让理性战胜欲望，理智地做自己该做的事，从而避免不该做的事。

理性与感性。什么事该做与什么事不该做，或许感性和理性的思维模式会给我们不同的答案。我们常常会遇到一些事，理智与情感在其中纠结难断，取舍不易。比如海因茨偷药两难故事，理性与情感，如何判断医生和海因茨谁对谁错。还有偷面包给饥饿的孙子被告上法庭的故事，理性的法与感性的同情交织着，理性与感性都有其存在的道理。

理性与良心。什么事该做，什么事不该做，还和我们的良心有关。海涅曾在自己的书中说过这样一句话：照耀人的唯一的灯是理性，引导生命于迷途的唯一手杖是良心。理性与良心伴随我们人生路途一路前行，让我们少走弯路和不走歧路，理性让我们看清前面的路，不让心灵被奢欲蒙尘，走弯路。良心，让我们在欲望的迷茫中，坚守理性，不走歧路。如卢梭所说，良心尽管它不依存于理性，但没有理性就不能得到发展。除了感性，良心与理性是我们成长之路不可或缺的一部分。

邱海青(留学生)：理性指能够识别、判断、评估实际理由以及使人的行为符合特定目的等方面的智能。理性通过论点与具有说服力的论据发现真理，通过符合逻辑的推理而非依靠表象而获得结论、意见和行动的理由。我们要想减少错误，在做一些决定的时候就应该理性一点。丁玲在《母亲》中写道："她一想起这些就忍不住要大哭，要失去了理性，失去了知觉地大哭一场。"人越长大越有了理性，但是一旦有了情绪或者脾气，我们的理性就会降低。

胡秀银：人性在理性与非理性之间徘徊往复，灵魂在理性与非理性之间挣扎不已。

当心在理性之中，头脑清明，条分缕析，对于事情的原因、结果、好处、坏处全都了然于胸。不做傻事，不做疯事，不做做不到的事，不做没好处的事。即使做了开头也能戛然而止，悬崖勒马；即使像阮籍那样走到没路处，也还能知道大哭而返。理性的好处是按照最合理的途径做好一件事，在出现差错时能够及时纠正，保护自身，使得伤害最小化，利益最大化。

而当心陷入非理性之中，上述的一切全部失效。把事情的原因、结果、好处、坏处在头脑中搅成一团，专做傻事、疯事，专做做不到的事，专做没好处的事。即使明知不可行还是一意孤行，八匹马也拉不回来。常常伤及自身，使得伤害最大化，利益最小化。

问题在于，人并不是总能保持理性的，而是会不时陷入非理性状态。这件事引起了福柯的兴趣，他专门研究了人的非理性状况，称之为"谵妄"。非理性状态的发生机制神秘莫测，很可能是科学无法解释的一种心理现象。福柯小时候居住的街区有一位阁楼上的疯女人，引起了少年福柯的好奇，这段经历据传记作者推测跟他后来研究精神病现象不无关系，他甚至在精神病院工作过一段时间，写了一部关于癫狂的专著。

一般人的非理性到不了疯癫的程度，比如恋爱就是典型的非理性表现。如果理智清明，人就不会陷入恋爱。在恋爱发生时，理性失控，非理性大行其道，整个人处于微醺状态，如醉如痴。这种状态对自身有很大的杀伤力，如果一切顺利还好，一旦受挫，会对当事人造成重大伤害。因此可以这样说，当非理性得到期望的结果时还不失为一件美好的事情，一旦碰壁就应当决然放弃，避免灾难性后果。这样做当然很难，因为所谓非理性本身就已属失控状态，如果还是可控的，就还有理性残存。但是，即使如此，能够早放弃就早解脱，晚放弃就晚解脱。如果不想继续受折磨，只能毅然放弃。但凡还有能力这样做的，就一定要这样做。这是摆脱非理性的唯一办法。

对人性中理性和非理性的成分，并不仅仅肯定前者，完全否定后者。理性固然好，能使人的生活井井有条，但是如果人一生没有过非理性的经历，未免也太乏味了，因为当人处于非理性状态时才能真正体验到什么叫快乐。狂喜就是一个很贴切的词汇，所谓狂不就是非理性么？人的一生如果没有体验过狂喜难道不遗憾么？

邓洁隽：感性是来自心灵与灵魂的声音，感性能够引导人类走向自己的独特道路，但同时，我们必须找到理性与感性的平衡点，用理性来规划感性。当感性泛滥时，我们可能会思绪混乱、性情冲动、言行肤浅。而当理性泛滥时，我们又会变得机械可怕、生活呆板、情感冷漠。但不管是感性的人还是理性的人，都应该适时调整，不偏颇于任何一方，处于动态平衡是最好的状态。当你能够感受生活与人情的清逸温暖、欢愉幸福时，也能同时让周围他人感受你的温情、敦厚与智慧才是最为平衡、和谐与融合的状态。

廖锐：我认为理性是建立在理智的基础之上的。无论是在生活、学习，还是工作中，我们都需要一种理性的方式去处理事情。正如哈利法克斯所说的："当理智不站在我们这一边时，它在我们眼中就成为世界上最丑陋的东西。"因此，如何使我们更为理智，也就是更为理性，我觉得需要时间的沉淀，有一定的阅历之后，我们的视野就会不一样，在看待事情、处理事情的时候也会不一样。但是一个人也不能完全被理性所控制，"全是理智的人，恰如一把全是锋刃的刀，叫使用它的人手上流血"。一个追求幸福生活的人，应该是理性与感性同时拥有的人。我个人更向往做一个理性与感性相结合的人。糊涂的人会更幸福、快乐。生活中我们不必时刻保持理性，偶尔的感性会使心灵更放松、更愉悦。

唐松林老师：根据大家的思考与发言，我们觉得可以从如下方面来认识理性，并以此为基础，理解我前面提出的几个问题。第一，理性属于认识论范畴，一般指人的判断、推理等思维活动，它是对事物本质和规律的认识，是人的基本的精神生活形式，它使你超越自己与现实，改变自己也改变现实。从认识过程上看，理性认识是比感性认识更高级的认识阶段。

第二，从理性的性质来看，理性具有主客统一性与联系性。欢欢刚才提到赫拉克利特的“逻各斯”和阿那克萨哥拉的“努斯”，前者是指客观世界的规律与内在的秩序，后者是思维世界的绝对逻辑与认识特性。亚里士多德将两者统一起来，将理性视为客观世界进入主体思维时的主体认识过程与认识能力的总称。

第三，理性与感性相对，理性主义与经验主义相对。理性服从逻辑、法理与道德等范围，感性服从欲望、情绪与感觉等范畴。我们经常说“理性要战胜感性”，就是讲人不能被情欲所驱使。理性主义强调知识是理念、是真理，具有逻辑严密的性质，如笛卡儿、斯宾诺莎、莱布尼茨均属于理性主义；经验主义强调知识来源于感觉、受个体的欲望与情感的制约，如亚里士多德、培根、休谟和洛克均属于经验主义。

第四，在教育领域中，我们要做一个理性的人，即我上次给大家说的，作为一名研究生，你要有独立思考的能力与精神，成为一个思想者。但这并不是说，我们的教育就排除情感、审美与伦理等非理性目标；而是说在注重理性的目标时，还应该注重非理性的目标，如情感的、道德的、审美的、宗教的等，甚至非理性的目标比理性的目标更重要！

第五，目前的问题是在教育上还没有处理好理性与非理性的关系，存在着诸如重知识轻情感；重智力轻情欲；重分数轻素质培养等问题。人的自由、人的情欲等个人的目标，还有伦理的、宗教的等社会性目标我们关注不够。所以，在一定程度上说，我们有智力，但没有情怀；我们有成果，但是没有文明；我们有人才，但是没有爱与美。

第六，在注重理性教育的同时，必须注重感性教育，关照人的非理性素养的养成。人的精神与灵感的力量是无穷的，也是神奇的，如你的直觉、想象与创造冲动等，它们是你生命的重要内容，你的理性的发展离不开你的本能、直觉、灵感、信仰等因素。所以说，理性与感性两者是一个混沌体，从这个意义上说，教育离不开点燃、发现与启发，《中庸》里说，“天命之谓性，率性之谓道，修道之谓教”。教育的关键在于率性，在于回归自然、尊重个性、启发自觉，既要学生具有谋生的本领，理性地生活，也要学生具有互动的品性，懂得爱与尊重。

参考文献

[1] 章忠民. 古希腊哲学中理性观念的提出及其演绎[J]. 福建师范大学学报(哲学社会科学版), 2000(4): 32
[2] 李国庆, 申卫革. 对理性教育的思考[J]. 高等教育研究, 2005, 26(10): 24
[3] 张家如. 感性认识与理性认识的辩证关系[J]. 高考文科题, 2007, 12: 56－57

[4] 刘纲纪. 感性、理性与非理性[J]. 汉江论坛, 1987, 5(21) : 46
[5] 邓晓芒. 西方哲学史中的理性主义和非理性主义[J]. 现代哲学, 2011, (3) : 46
[6] 马云泽. 欧洲哲学史上的经验主义和理性主义[J]. 南通师范学院学报(哲学社会科学版), 1999, 15(4) : 7
[7] 周晓亮. 西方近代认识论论纲：理性主义与经验主义[J]. 哲学研究, 2003, (10) : 48 - 49
[8] 王秋梅. 笛卡儿理性主义哲学透视[J]. 哈尔滨工业大学学报(社会科学版), 2005, 7(4) : 37
[9] 石永泽. 浅析康德哲学的理性概念——兼谈康德哲学的思想渊源[J]. 哲学研究, 2003(5) : 28 - 29
[10] 陈嘉明. 个体理性与公共理性[J]. 哲学研究, 2008(6) : 72 - 73
[11] 周德义. 康德《实践理性批判》浅解[J]. 湖南大学学报(社会科学版), 2007, 21(1) : 117
[12] 王锟. 工具理性和价值理性——理解韦伯的社会学思想[J]. 甘肃社会科学, 2005(1) : 120 - 122
[13] 霍尔巴赫. 健全的思想[M]. 王荫庭译. 北京：商务印书馆, 1966 : 19

情欲：教育不能回避的生命主题

胡一舟*

时间：2015 年 3 月 31 日

地点：湖南大学教育科学研究院 320 教室

参加人员：唐松林（湖南大学教师）、邓洁隽、廖锐、吴建云、周舟、袁野、于晓卉、熊艳青、龙漫、卢猛、刘茂梅、张欢欢、胡秀银、邱海青（泰国留学生）、胡一舟

情欲是人类生活中不可或缺且无法回避的一个重要部分，但这一主题不仅在哲学中探讨得较少，更是在教育过程中长期缺位、不受重视。用哲学的角度来认识情欲、了解情欲、面对情欲，并结合教育来思考情欲，使情欲教育在教育过程中得到应有的重视。

一、情欲的分类及定义

情欲可以分为两个部分：广义的情欲和狭义的情欲。广义的情欲主要是指从内心深处中迸出的各种欲求、欲望、情绪、情感的总和，而狭义的情欲单纯指的是两性之间的性爱。[1]

* 作者简介：胡一舟（1991 年出生），女，湖南长沙人，湖南大学教育科学研究院 2014 级研究生，从事教育哲学研究。

二、情欲的结构

情欲是人类心灵世界的重要组成部分，用外围的多边形来代表心灵世界的整体，用中间的椎体形来代表情欲(图2)。

与理智相反，情欲的活动空间随着意识层的升高而越变越小：(1)情欲的最低层次就是我们通常所说的“欲”，即感性欲望。这是人的生物生理本性的表现，它包括食欲性欲等。鲁迅在《病后杂谈》中说，有许多病中人物，怀着一个大愿，其中有两个最特别的：一个愿天下人都死掉，只剩他自己和一个好看的姑娘，还有一个卖大饼的；另一种是愿秋天薄暮，吐半口血，两个侍从扶着，恹恹地到阶前去看秋海棠。鲁迅说：“这种志向，一看好象离奇，其实却照顾得很周到。”所谓周到就是顾及了食欲性欲包括了两种最基本的生物生理需要。[1] (2)情欲的中间层次则主要不是欲望，而是情绪。除了追求生理需要的满足，还要追求精神需要的满足，也就是情。这个层次是准确意义上的情欲，是情与欲的二重组合。冯友兰在讲民初时期中国留学生的情况时说：当时的中国学生，男的多，女的少，女的不到男的十分之一，在恋爱问题上竞争是很激烈的。当时就有一个笑话，说是搞一次恋爱要有一年睡不着觉。先是看中一个满意的对象，闹单相思，这要三个月想得睡不着觉。然后是进行追求，这要三个月忙得睡不着觉。追求有点成功，看起来有点希望，又要喜欢得睡不着觉。最后吹了，前功尽弃，这又气得三个月睡不着觉。[2]这虽然是夸大其词，但可以看出这种追求主要是“情”的追求，追求中的欢乐与痛苦、希望与失望都已经超越了单纯的生物生理需要。(3)情欲的最高层次就是社会性情感。它是个体在特定的社会关系中由于理智的作用而产生的，可以说是在“情”中渗入了“理”。社会性情感表现为“推己及人”，就是能把情感移向社会，推广到社会。[1]

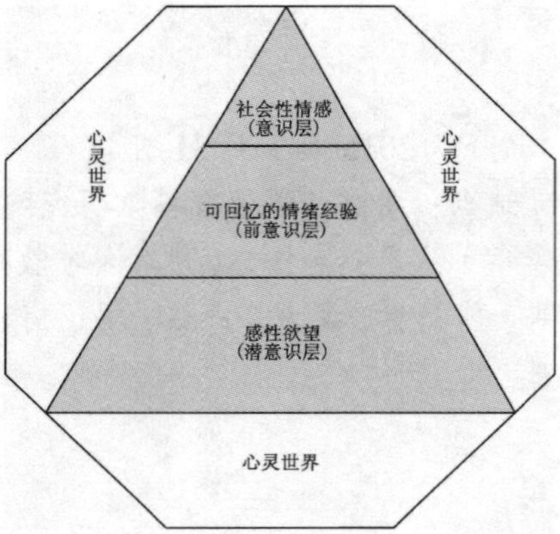

图2　情欲结构图[1]

三、情欲的分类

(一)广义的情欲

在中国古代哲学思想家那里，情欲实际上是两个范畴，欲是饮食男女声色货利之欲，情则是指喜怒哀乐爱恶惧之情。[3]《礼记》说，“何谓人情？喜怒哀惧爱恶欲，七者弗学而能。”(《礼运》)将欲作为一种情，欲是七情之一。欲，《说文解字》说，“欲，贪欲也”，欲是“想要”的意思。[4]但《荀子》说：“好恶喜怒哀乐谓之情”(《正名》)，情又不包括欲。在中国心理学史研究中，研究者们也是将情欲作为两个范畴，情指情绪情感，欲则接近于现代心理学中的需要和动机。[5]

先秦思想家们对于“欲”的认识主要有：

(1)在《论语》中，孔子谈论过人的几种基本欲望：即食、色、富、贵。《乡党》篇说：“食不厌精，脍不厌细……色恶，不食。臭恶，不食。失饪，不食。不时，不食。割不正，不食。不得其酱，不食……”《里仁》篇说：“富与贵，是人之所欲也”；“贫与贱，是人之所恶也”。除以上四种欲望，孔子还论及人的争斗欲和占有欲。《季氏》篇说：“君子有三戒。少年时，血气未定，戒之在色。及其壮也，血气方刚，戒之在斗。及其老也，血气既衰，戒之在得。”人生的不同时期有不同的主导欲望，好色、好斗、囤积守财在人生的不同阶段所表现出的强度不同，因而具有不同的意义。

(2)孟子将孔子关于欲的论述加以继承和阐发，他明确地说：好色，富贵，均为人之所欲。(《孟子·万章上》)又说：“鱼，我所欲也；熊掌，亦我所欲也。二者不可得兼，舍鱼而取熊掌也。”(《告子上》)意味着人通常选好的吃。还说：“口之于味也，有同嗜焉；耳之于声也，有同听焉；目之于色也，有同美焉。”(《告子上》)这里的“口之于味”说的是春秋时期一个叫易牙的人，他是齐国最擅长烹调的人；“耳之于声”说的是师旷，他是春秋时期著名的乐师，大家都知道的《阳春白雪》就是他所著；“目之于色”指的是子都，他是春秋时期有名的美男子。意味着人都有相同的嗜好、听觉和美感。将欲望与特定的感官联系起来分析，并将这些欲望归结为人性或人的共同性。

(3)《老子》说各种颜色使人眼花缭乱，各种音乐令人听觉不灵，各种味道使人口伤舌木，骑马打猎使人放荡不羁，难得之货令人行为不轨。圣人只求吃饱不求声色之欲。老子虽多以否定的口气谈论欲望，但他提及的欲望，除声色口体之欲，还有玩乐猎奇之类，食欲与声色之欲相比更为基本。(《十二章》)

(4)《庄子》将欲望与情绪联系起来看待。欲望不得满足，则忧愁恐惧，忧愁恐惧则会伤害身体。

(5)墨子认为人对于生的欲望，对于富贵的欲望，以及对死的回避，对贫贱的回避，是自然的、合理的欲求。(《尚贤下》)墨子关注的是满足大众的基本需求。墨子深知要使天下人都满足基本的需要是极为不易的，他怀着以天下为己任的精神，以苦行为生活信条。他认为衣、食、息为人之基本需要，耳目口体之乐为奢侈性的欲望。

(6)《管子》将人欲分为两类，一类是生理性的，一类是社会性的，后者是在前者的基础上形成的。“仓廪实则知礼节，衣食足则知荣辱。”(《牧民》)韩非子还论及人的欲望会随时代的发展而变化。上古之世，人们只要用树枝筑一个巢便满足了，有一点熟食可吃，不生疾病，便高兴了，而那时一个君主的所得还不及现在一个县令多。[6]

先秦思想家们对于“情”的认识主要有：

(1)《论语》中有丰富的情绪情感方面的描述和记载。“学而时习之，不亦说乎？有朋自远方来，不亦乐乎？”(《学而》)“唯仁者，能好人，能恶人。”(《里仁》)

(2)孟子多从道德角度论述情感，他认为恻隐之心、羞恶之心等是道德的基本。君子以自己行为不合乎道德而感到羞耻。

(3)荀子对情绪情感的论述较多。“性之好、恶、喜、怒、哀、乐谓之情。”(《荀子·正名篇》)荀子认为，情绪不好的时候，虽然感官接触到美好的外界事物，人也不会感到愉快；情绪好的时候，虽然感官没有接触到美好的外界事物，人也会感到愉快。

(4)庄子论及的情绪情感主要有喜怒、哀乐、好恶六种，但均以否定的态度看待。庄子主张无情，实际是要超越感情对精神自由的束缚。他看重的是真情：“真者，精诚之至也；不精不诚，不能动人，故强哭者虽悲不哀，强怒者虽严不威，强亲者虽笑不和。真悲无声而哀，真怒未发而威，真亲未笑而和。”(《庄子·渔父》)[6]

(5)墨子兼爱天下，不惜牺牲自己，如无真情实感，必不能如此。但墨子主张只应发挥兼爱之情，其他情绪都有害于事业，应予以消除。[3]

总体而言，先秦诸子对待情欲大都持节制态度：孔子注重节制，也注重正当的欲望满足和情感体验；荀子从“欲不可去”的现实出发，主张节欲和导欲；孟子主张寡欲，寡欲则少惹祸，然后能保全自己，保全自己方能有所作为；老子讲无欲，韩非要人知足，都是为统治者考虑的；庄子一方面讲真情，另一方面讲无情，是说人不应因感动而累及精神自由，他强调精神生活的超越性；墨子主张克制自己的欲望去实现民众的基本欲望的满足。[6]

除了先秦诸子对情与欲的认识和思考以外，另一个我们比较熟悉的就是宋明理学的情欲思想了。一提到宋明理学的思想，大家都会脱口而出“存天理灭人欲”，觉得它是一种“吃人”的思想。然而笔者在准备这个主题的过程中看到了一篇文献，里面对于宋明理学思想的分析与我们平时所了解的不太相同，笔者认为其中观点讲得也颇有道理，所以在这里和大家分享一下。

如果用一句话来涵括理学家对“情欲”的态度，那便是“存天理，灭人欲”。这很容易让人误以为理学家都是禁欲主义者。其实，宋明理学并非无源之水，它继承了孔子和儒家积极的入世人生态度，肯定日常世俗生活的合理性和身心需求的正当性，与先秦儒学相同，理学家也主张“情不可免”，而他们所理解的情欲有特定的内涵。[7]

理学家主张“节情灭欲”是与其“情可善可恶”论相一致的。在此之前，有的思想家把情看作全善，如孟子由情本善证明性本善：“人之情，但本可以为善，而不可以为恶，则性之本善可见矣。”[8]而理学家为情设置了性本体，性是情之源而情是性的表现；这样，性善情善，性恶情亦恶，再加上情又必须感物而动，情就有了不善的可能。理学家主张去掉恶情而保留善情，从这一点上看，他们的“节情灭欲”说其实采取的是儒家的传统观点，他们不是要求人们去掉一切情欲，而是要求人们的情欲均能自觉地循礼而行，只不过在理学家那里，道德伦理性的“礼”已被宇宙本体兼道德本体的“理”所代替；凡是合乎天理的善情好欲是人人所必有的，只有那些违背天理的坏情恶欲才在消灭之列(图3)。

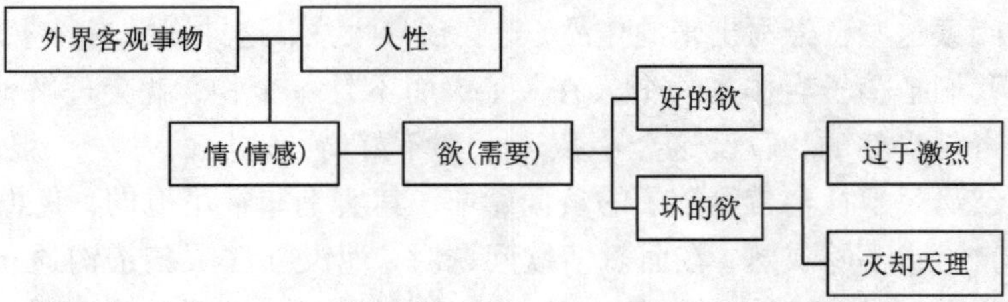

图3　理学情欲关系逻辑示意图[9]

首先，朱熹认为，欲与情在本质上是一样的，都是人的内在本性与外在客观事物相互作用产生的，只不过情感是一种比较平静的反应，而欲则是一种更为激烈的反应。其次，欲和情一样有好坏之分。符合道德伦理的欲是好的欲，不好的欲则有两种具体表现，一种是在激烈程度层面上，欲的强度超出了正常范围，过于激烈；另一种是在道德层面上，与伦理规范的要求不符合，灭却天理。[7]而理学家所说的“存天理灭人欲”中的“人欲”其实指的主要是三种：第一，不加节制之欲；第二，与道德相违背的欲；第三，一己之私的“私欲”。

(二)狭义的情欲

关于这个方面笔者比较认同蒋勋的《生活十讲》里所写的一些观点，在此也跟大家分享一下。

身体在人类的文化中一直是个很大的禁忌，大部分的文化，在牵扯到人的肉体和精神时，多半会得到一个结论：就是精神是比较崇高的，肉体是比较低下的。这样一个倾向几千年来影响着我们，使我们对肉体非常不了解，或者也真的认为肉体就是肮脏、污秽、卑下、动物性的？[10]

在“设下防范的关卡”的这个部分中蒋勋写道：

一直到现在，还是很少有人可以坦然面对性带给身体的某一种愉悦。如果吃到好吃的食物、听到好听的音乐，让你觉得好快乐，你会说出来。可是对于性的愉悦，却羞于启齿。同样是官能上的满足，为何会有差别？就好像我们看到一个优雅的妇人，说着食物多么好吃的时候，不会觉得有什么不妥，可是如果她谈的是性官能的愉悦时，她就变得不道德了。对于情欲我们设了很多防范的关卡，防范未必不好，但绝不是唯一的方法。要减低情欲，很重要的一部分是了解情欲。[10]

在“真正诚实地面对问题”的这个部分蒋勋写道：

在教育系统中，我们不能够假设人是这么的脆弱，这么没有判断力，所以不给予他关于情欲的相关知识。我们更不能在一个不理想的状况下，再预设更不理想的状况，我们的社会已经缺乏为情欲的书写提供正当的了解情欲的管道了，还要去禁止阅读这些已经写出来的作品，这会误导大众，这种假设本身才是愚弄。

如果我们把孩子当作是一个人在关心，而不是一个物，就会理解他在成长、他对性好奇是自然的，假设这个小孩一点都不好奇，这反而是一个很可怕的问题。所以父母恐惧社会带给孩子的负面影响，其实是非常吊诡的，我想，是不是这些父母自己也不够成熟，在面对情欲问题时，他没办法跟孩子沟通、讨论，甚至可能担心孩子会轻睨大人，因为大人所能讨论的，还没有他们自己摸索得清楚。[10]

在“情色的诱惑”和“教忠教孝，却不教情教爱？”这两个部分中蒋勋写道：

一个需要被探讨、很严重的问题就是，为什么我们的教科书里读不到情欲问题？为什么学校里教忠教孝，却不教情教爱？

在中学里面教书的老师，可能不知道他所讲的东西跟学生在外面、在网络上接触的东西之间的差距大到什么程度。这是一个很大的断层，上层严格禁止，下层却是情欲横流；青少年在上层得不到一点帮助跟鼓励，就全部沉溺于下层载浮载沉。

所以我反而会提倡，上层适度地开放，就去面对，为什么不能面对？当我们的校园能开放阅读这些小书，我们的社会能够开放情欲书写时，自然就能平衡A片、色情漫画等图像式的性泛滥，让青少年在欲望难熬的时刻，能够经由文字得到疏解或者转换。[10]

讨论部分

唐松林老师：情欲，这个话题在教育学中基本是一个空白，但是我觉得要讲，之所以要讲，是因为它很重要，我觉得它是生命的重要属性，甚至是生命最本质的内容。我们一般理解的是狭义的情欲，它与后面我们要讨论的爱情和婚姻的主题均有密切关系。一舟讲的这个情欲的划分我也比较同意。情欲不仅是我们青少年时期的躁动，而且充斥着我们整个人生。我们现在还在青春期，我们今后面对着很多情欲的问题，这也是纠缠我们一辈子的问题。我们一辈子是否只爱一个人？就算你一辈子只爱你的那个白马王子，但是那个白马王子是否也一直爱你？很多你不爱的人来追求你，你怎么办？你如何与你爱的人快乐地享受这个人生？这都是与情欲有关的问题，也是如同吃饭一样同等重要的问题。教育中，青少年儿童的情欲状态与发展，我们如何看待，我们不能回避它。但是在教育中我们一直回避，刚刚一舟也讲了，有些老师甚至把生物书中涉及的有关章节用订书针钉掉。我们不能回避，要讲这个东西，这不仅对我们青年人重要，在我们一生中会遇到的许多问题也与这个有关。

我们觉得这个问题，大家比我更了解，因为我们那一代人在这个方面是处于蒙昧甚至压抑的状态，所以直到很久之后在生活中遇到这个问题我们不知道怎么解决，也犯了一些错误。

什么叫情欲，其实性爱应该与它是近义词。它本身主要是讲的情欲的第一个层次，其实讲的还是欲，这个欲，是我们讲的人的生命的内部的一种能量也好，冲动也好，它都是一个本能的存在。西方的尼采和叔本华都讲过，叔本华的意志、生存欲望其实就是讲的欲。但是这个欲是一个混沌体，有物质方面的欲、权力方面的欲，还有性方面的欲。后来尼采把它说成权力意志，也是讲的欲，之后的弗洛伊德讲的本我，其本质内容是欲，并且专指性欲。

上次我们为什么要讲身体？讲到身体我们首先想到的就是你的身体、我的身体。因为身体就是你最本质的一个东西。到了弗洛伊德那里就讲得更加具体，本我就是我们对异性的一种倾向，一种恋父情结或恋母情结，不管你相不相信，但大部分人还是认同他的观点的。其本质就是那种性能量。我们讲的情欲主要就是讲的这个层次的东西，也是最基本的层次。

我们讲的第二个层次就是情，它在心理学中包括情绪和情感。情绪是一个比较低的情的层次，它与我们基本的生理需要有关；而情感是一个较高的层次，它与我们的社会需要有关系，包括道德方面的需要，理智方面的需要和审美方面的需要等。

而最高的层次，实际上我们可以把它和情绪情感那个层次分开的，它与我们人与人的关系是有关的。不知道大家是怎么样理解的，通过一舟的讲解和我平时的理解，这就是我认为的情欲的含义。

我们应该少看一些会唤起我们性本能的东西，比如《金瓶梅》等，但是有一些是我们必须要涉及的，比如我给大家推荐的一部电影《西西里的美丽传说》，这是一部非常好的讲情欲的片子。这里面确实有一种情感在里面，有爱在里面，当然也有性欲在里面。里面有一个十二三岁的小男孩，还有一个女主角叫马琳娜。小男孩第一次接触马琳娜的时候就一见钟情，但是完全是一种暗恋，一种单相思，整个故事里面都是这个小男孩对女主角的暗恋。这个暗恋里面有性的欲望和冲动。我们在青春期，或许每一个人都有暗恋的对象和性幻想的对象，我们每一个人也有被暗恋的时候。对于女孩子来说，在和平时代，被暗恋基本上都是能感受到的，当你察觉到的时候你会采取一个什么样的方式？因为你只能爱一个人。有一个人我们是可以有性爱的，可以与之结婚的，但是其他人你是不能有性爱的。

这个美丽的女主角却非常悲惨。所以说，有时候长得漂亮也不一定是一件好事，不要因为自己长得漂亮而骄傲，也不要因为自己长得不好看而哀伤。西方宗教里面也讲美丽是一种罪恶，你看马琳娜在街上走的时候，许多男的都对她产生一种幻想，贬义的说就是淫欲。美丽是动人的，也可能是麻烦的，它不仅会带来有些家庭的不和谐，而且也会带来女人的嫉妒。后来马琳娜的名声不仅毁了，人生也毁了。因为在德国入侵期间她当过军妓，后来她的生活穷困潦倒，人们甚至都不卖东西给她吃，最后她当了妓女。德国鬼子撤退后，街上的女人都打她，打得头破血流，后来都待不下去了，可以说是美丽毁了她。长得美可以说是一个资本，但是你如果不能让自己过得平静，洁身自好，矜持审慎地对待它，就会给你带来许多麻烦，这是一个现实生活必须思考的问题。

我们今天主要讨论一些问题。第一个问题还是讨论一下你对情欲的理解，也可以结合自己的生活实际，讲一些你身边的故事也可以。比如说当一个女人爱上一个有夫之妇怎么办？或者当你遇到一个不爱的人或不该爱的人追求你该怎么办？比如我们应该怎样去面对一些异性的朋友？我们大概就是讨论一些类似的问题，我觉得这些问题，不仅可以帮助我们解决以后人生中出现的一些棘手的情感问题，也能帮助解决我们以后会面对的青少年儿童中出现的类似的问题。我觉得我们可以结合实际的经历讲一些故事，然后大家讨论一下，通过讨论来讲一下如何解决这些难题。

刘茂梅：今天我看到一篇文章上说："男性更在乎女性肉体上的出轨，而女性更在乎男性精神上的出轨。"为什么会有这样的心理？是因为现实生活中女性更在意的是一种安全感。说到这个问题我就想到了现在生活中的恋爱问题，我现实中有些男性朋友会让我介绍女朋友，问他有什么要求，他说没要求，看眼缘就行了，或者说看感觉就好。其实没有要求就是最高的要求。我当时就想，为什么说看眼缘就好？假如真的介绍他们见面了，他们聊天、了解女孩子的兴趣爱好或者家庭背景或者长相的话，才会知道这个人他感觉对不对，而且根据我身边朋友的经历发现，很多女生在与异性交往或者选择异性朋友时会遇到迷茫，不知道自己要什么。我就想到这一点。

我们日常生活中，一提到“情欲”两个字，往往都会觉得有些羞赧而避之不谈。我们常常理解的情欲就是指性，中国人传统的这种性保守观念下，谈性和情欲是不道德或者有违“礼”的。其实“情欲”就像刚刚一舟讲的那样，它不只包括性，指人的各种情感和本能欲望，也即俗话所言“七情六欲”，历史上不同的学派对此定义不同，比如道家的七情——喜、怒、哀、惧、爱、恶、欲，六欲——眼、耳、鼻、舌、身、意；西方宗教七情（七宗罪）——傲慢、妒忌、暴怒、懒惰、贪婪、贪食及色欲。总的说来，“七情六欲”都是人与外界互动交往过程中表现出来的以及人在生理上的一些需求和欲望。那么如何对待人的“情欲”呢？首先，我觉得我们应该正确地看待情欲。情欲并非是可怕和邪恶的东西，物极必反，欲望和需求超出了适度的范围，情欲就变成了灾难与魔鬼，但是在适度范围，情欲反而可以变成一种美好的东西。比如说，对食物的追求。现在我们的生活条件好了，我们对食物的追求和需要就不再以能否果腹为标准，而是食物的标准，更追求食物的健康、绿色、美味，在选择或烹饪食物的时候，更注重食物的味道和健康，这样的食欲，是使人类生活更美好的。如果，对食物过度的需要与渴求，把食物往胃里填塞，食欲不受控制，那么这种欲望变成了可怕与邪恶，对身体造成伤害。所以，情欲不能简单地加以是非判断，欲望在合理的范围内是可以使我们人类生活更美好。其次，节制。对待情欲，我们应该有一种节制的能力，正如前面所说，物极必反，纵欲和放纵，最终使人走向罪恶或痛苦的深渊。比如对财富的追求，如果过度追求在物质财富，对金钱贪婪不足，最终会使人在金钱的泥淖中沉沦。因此，对待情欲我们要有一颗适可而止的心，和有节制欲望的能力。

胡秀银：听了茂梅说的以后，我发现我也是这样的。我是一个比较感性的人，会比较注重感觉。我也觉得我是一个极度缺乏安全感的人。我觉得肉体要建立在爱的基础上，先要有了爱，才会有情欲的需要，而不是像托马斯那样仅仅为了身体上情欲而去随意纵欲，结果只会伤害自己真正爱的人。首先，感性、感觉、安全很重要，肉体的情欲建立在爱的基础上，先有了爱才会有情欲和欲望的需要，否定了托马斯的唐老师通过讲述自己学生之间的真实故事，提出现在年轻人对待恋爱不够慎重，没有正确的恋爱观。同时比较反对小三，而现实生活中小三遍布我们的身边，她们多是年轻、漂亮的女孩子，她们经常出现在经济实力、社会地位已经比较高的男性朋友圈子里，做了小三，时间久了要求结婚，从而产生各种冲突、麻烦。所以现在的年轻女性对待这样的事情一定要慎重，较少的进入、接触这样的圈子，更多的要依靠自己，毕竟，最后靠的还是自己。

唐松林老师： 我再跟大家讲一个故事，就是我原来教的一个学生。我当时在一所大学教公共课，那个学生是学数学的，我一直对他感到有点惋惜，给我的印象也很深刻。一个农村的孩子，他有几个很强的特点：字写得好，口才非常好，文笔也很好。有点文艺的气质，但是也有点散漫。他当时一进校的时候就被班上的一个女孩吸引了，产生了一种单相思。他跟我说："唐老师，我要放长线钓大鱼。这个女孩子无论想要什么，我都会帮助她。"然后他们在一起两年多，那时候的时代风气也不是很开放，学校也有谈恋爱就不能当学生干部也不能入党的规定，所以他后来也没有再当学生干部了。我那时候跟我爱人也比较忙，这个男生总是帮我跑腿帮助我做一些事情，跟我关系很好。有一天那个男生神情恍惚地跑来找我，说那个女生跟别人定亲了。这个事情对他的打击非常大，他三年级的时候还挂科了，补考也没有过，所以留级了一年，这种现象在当时念大学的时候是少见的。后来他也一直消沉下去了，缺课很多。当时也有很多老师跟我说，你一定要帮帮他，因为他是一个很优秀的男生。后来他复读一年，还是勉强毕业了，但感到惊讶的是，他一毕业就结婚了，是他们班中结婚最早的，他告诉我找了一个理发店里的没有正式工作的女生。他跟我说，唐老师，其实我也不是很喜欢这个女孩子，可是她很漂亮，我要先下手为强，要先同居后恋爱，后来怀了小孩就结婚了。

所以，这里有一个问题，说到底是先有欲再有情，还是先有情再有欲，有时候是很难说清楚的。这个男生的家庭稳定以后，他的情绪也有了质的变化，之后他在一个中学当老师。其实这个男生差点就毁了，因为之前失恋后他抽烟就抽得非常厉害，还喜欢喝酒、打牌，养成了许多不好的习惯。这个男生确实给我留下了很深刻的印象。有时候我也跟别人说，现在的年轻人可能不会恋爱太久就同居，但是以前要是两个人同居了的话，那事情差不多就是定了，可是现在好像大多年轻人都不是这样。我有些朋友是开公司的，也很有钱，交往了一些小女孩。我发现有些小女孩很容易进入他们的圈子，特别是长得漂亮的。就是我们说的小三那种，我觉得这个事情真的做不得。有些女孩开始是无条件做朋友，但是最后也都会陷入进去，想跟有钱的男的结婚。那些女孩跟有钱的、有家庭的男人交往几年以后离开，再去找一个男人结婚而能幸福的很少。大家看过《蜗居》没有？那个男主角很有钱，也有权，他的魅力确实比那些小男生大得多，所以那些女生也都要求"转正"，后来麻烦和冲突就接二连三地来了。我觉得对于这种事情就是少给自己借口，要懂得自尊、节制与慎重，不要给"不应该"的人以机会，不要想着自己今后靠谁，其实靠自己才是最可靠的。

廖锐： 我们本科学校开设了一门公共课——性教育与性生活，我每次都选不上。据说这门课节节课都爆满，有很多人都是站着听课的。我说这个只是想说明一个事实，就是现在我们的教育中不管是关于性还是情感的教育都是很少的。刚刚老师也讲了他那个学生，而且我生活周围也有一个很奇葩的师妹是这么做的。她和她的男朋友吵架分手了，那天我印象特别深，雷雨交加，我们宿舍正在卧聊，然后我们宿舍另一个女生的男朋友打电话来说，“某某师妹说她在校园里被强暴了”。当时我们都震惊了，都不知道怎么办，而且碰到这种事情大多数人都不会，或者说很少寻求父母和老师的帮助，当周围的人碰到这种事情了我们也没有经验应该怎么做才能去帮助她。后来过了几天之后，大家终于弄清楚了事情的真相，是因为那个师妹跟男朋友吵架，就告诉所有的人她被强暴了。当时我就觉得这个师妹怎么居然用这种事情打一个幌子来骗大家，让所有人来担心她。所以我觉得我们的教育中，很有必要开设这样一门课来培养学生的正确的价值观、感情观。

关于老师说的小三的问题，我也听一个朋友说了一件事情。当时他买了一辆一百多万的宝马，停在了广西师大的校园门口，一个小时回来以后，玻璃窗上贴了五张女生的照片，特别是学艺术类的。其实我觉得她们也不是因为喜欢那男的才会去当小三，更多的还是因为钱，追求物质以满足自己攀比的心理。有一次，我跟我男朋友在路上看到一个40多岁的秃顶男人搂着一个跟我们差不多大的女生，我看着就特别受不了，一看就是包养与被包养的关系。而且我们现在十七八岁进入大学，正是最迷茫的时期，学校也没有给予我们这方面的教育，虽然我们上了这么多年的政治课，一直说要树立正确的人生观、价值观什么的，但是从生活中的例子来看，并没有起到什么实质性的作用。所以我觉得我们的教育也不能一直去避免涉及这方面的东西，而是应该以正确的方式去引导。

于晓卉：我也想起来一件事，并不是所有的忘年恋都是可耻的或者说都是为了金钱财富。当时我本科学校，出过两对引起轰动的师生恋，但都是特别高尚特别纯洁的恋情。一对算是忘年恋吧，那个男老师的笔名叫瓦当，他跟我们一个学妹谈恋爱了。那个女生我见过，擅长弹古筝特别有气质。当时有学姐说这是瓦当老师的女朋友，我就产生了一种可耻的心理，觉得作为一个学生跟老师在一起，还装得这么高傲的样子，觉得很不应该。但是后来我知道，是那个老师先追求的这个女生。这个女生非常有才华，会各种乐器，还会跳舞，从古典的到现代的她全会，还会国画、软笔书法。这个老师又是搞文学的，他们志趣相投，当时老师已经离婚很多年了，原因是觉得感情枯萎了，没有激发他创作的源泉了。老师那时通过写情书追她，他们两个人的感情后来被大家发现后也就公开了，他们把情书的内容都发在微博上，包括女生的回复，但是并没有被很多人看好，我也觉得不好，原因就是他们太张扬了。但是我觉得他们这种感情应该是要被认可的，因为他们都是比较洒脱的人，不在乎别人看他们的眼光，他们的爱应是自由的。另一对就是我的一个学姐与她的老师，她是学生会的主席，非常优秀和干练的一个女生。她的男朋友是我们学院最年轻的一个老师，年龄差距只有五六岁的样子，那个老师没有结过婚，他们俩的爱情是在学姐毕业以后才公开的。这一对受到了很多人的祝福，因为他们不把私人的感情搬到台面上，没有给大家产生什么舆论的影响，公私分明。所以有时候爱情这个东西，我觉得是跟年龄无关的。所以并不是所有的小三都应该被骂的。如果说这个有妇之夫跟他的妻子之间是有爱情和感情的，只是为了一个年轻女人的身体而出轨，我觉得这个小三当得是可耻的，因为她只是为了得到物质财富。但是如果说这个男的与他妻子之间是没有感情的，是自己主动想要放弃这段婚姻的话，那也跟小三没有太直接的关系，她的出现可能只是给了这个男人一种勇气。我的一个朋友的父母离婚了，而且他很支持自己父母离婚。他的爸爸在外面就有小三，而且这个小三不怎么年轻也不怎么漂亮，还带着一个儿子。我朋友就觉得离婚有时候对他们而言也许是一种解脱。

再说年轻人之间的感情。刚刚同学们也说了《金瓶梅》的问题，我是没看过，但是我知道我们资料室有，应该是被删减过后的。蒋勋就说过他当时是不排斥这个的，因为他就是通过文字、通过看这些书来排解内心的欲望，如果没有这些书的话，老师也不教，他可能就会做一些错事。所以说有时候文字还是一个很好的排解方式。但是媒体可能会对教育有很大的冲击，老师可能在讲台上讲情欲的问题，但是学生可能更追求感官上的刺激。我们昨天在社会学上也讲了拟像时代，我就觉得媒体这个东西很难说，有些东西看似真却假，看似假却真，没法分辨。在教育这个方面，我觉得更应该给学生提供一种方式，哪怕是从最差的东西中选出一种比较好的方式。虽然我觉得这对克制媒体带来的负面影响的可能性不大，但是起码是一种努力，你让学生看情欲方面的小说，总比让他们采用更不妥的方式要好点，我个人是这样认为的。

唐松林老师：晓卉其实刚刚讲的信息量很大。其实我对那些小三没反感，感情的事情两厢情愿，但我要说的是她们的归宿大都不好。有些小三就是一直瞒着，瞒着她们的父母，直到瞒不住了被父母发现了，父母和亲人们就很伤心甚至愤怒，这给自己和自己的家人都带来了很多痛苦。但是这个问题又很难解决，不知道今后怎么解决。我的那个朋友说准备和儿子谈，谈了之后再跟老婆谈。要是谈得好那还好办，要是谈不好，老婆不离婚，小三又要自杀，怎么办？其实他和老婆也不是没有感情。这种男的他找小三也不止找一个。男的确实注重视觉，注重女孩子漂亮，世界上的漂亮女孩何其多呀！所以我们不要陷入这样一个陷阱里面，麻烦事很多，也很痛苦，也给很多人造成伤害。关于这个忘年恋的问题，关于忘年恋被社会认可与否的问题，我觉得这是别人的生活，我们不要去管它，这也是别人的选择，但我们恋爱要合理合法，在道德与法律范围内交往与恋爱，这是情欲释放的底线。

在这里我再给大家讲一个故事，是我一个同学的故事。他的老婆在45岁左右的时候，学会了上网，跟上海的一个男士聊上了。因为我们那一代人有一个问题，就是在情感上面有先天的不足，很少经过深入的自由恋爱而结合的，包括你们的父母大多也是这样。因为我们那个时代还非常封闭，你们可以看看野夫的小说《1980年代的爱情》，我们那一代人很少有自由恋爱的经历，大多是经过介绍认识的，就是我们经常说的“先结婚，后恋爱”的那种。所以，他的老婆突然感觉认识了一个一见钟情的人，遇到了一个自己真正爱的人，就跟人家在网上轰轰烈烈地谈起爱来了。恋爱了一段时间，她要跟我同学离婚，希望他理解她，我同学就不同意，因为接近50岁的人了，家庭一直和睦。他老婆也偷偷去过上海几次，跟那个男的见面，那个男的可能也是巧言令色的那种人，估计是你们所说的情场高手。后来岳父岳母也知道了，严厉地批评女儿的行为，反复给女儿做工作让女儿不要离婚。并且还有一个问题要说明的是，我同学夫妻俩没有生孩子，他们的孩子是我同学老婆妹妹的孩子，他们养大的，这给他们离婚也带来许多情感上的牵扯。我同学夫妻共同的朋友听说这事后，还悄悄去上海调查那个男的，发现那个男的是一个没有工作的人，在社会上混的，如果和他结婚无疑是不现实的。后来我同学他们最终还是离婚了，因为我同学妻子说,都吵了这么多架了，也提出离婚了，再在一起生活也很尴尬了。离婚后我这个同学还让他的岳父岳母住在家里，他和老婆的养子有感情了，他自然带着，也十分爱这个儿子。他说还给老婆一年的时间考虑，希望她能回心转意。后来因为他们住的化工厂发生泄漏事故，他必须要搬家，而且一年的时间也差不多到了，他就带着小孩一起住到了新房子里面，前岳父岳母就走了。

这个故事还没完，还有一个出奇的地方就是，他原来的一个下属，小他十几岁的一个小姑娘，一直暗恋他，许多年也没有在一个单位甚至没有在一个城市了，虽然已经在沿海的一个城市成家立业，生了小孩，后来听说他离婚了就打了电话给他说要跟他在一起。这个女孩也是结婚了，小孩也都6岁了，我同学就坚决不同意，并让另一个朋友去找那个女孩做工作，告诉她“不要身在福中不知福”，后来去给那个女孩做工作的朋友打来电话，就跟我同学说，他都开不了口，因为那个女孩的态度太坚决了，看来你们俩必须要结婚了。后来这个女孩就以闪电速度离了婚，带着孩子跟他结婚了，后来他们又生了一个孩子，现在带着三个小孩过得很好。

在这里面呢，我最感动的就是我这个同学，一般像我们这个年代的男人对老婆的包容很难做到这点，每个男人都比女人更要面子。这里面要批评的就是他的老婆，太任性了，犯错可以理解，但是犯错还不悔改就太任性了，给家庭和父母带来了痛苦，而且在网上的这样一种情欲冲动，战胜了自己的理性，这给身边的人带来了巨大的不幸。不管我的这个同学怎么样，但起码他还是很有责任感的，而且也给了妻子相当长的时间反思与悔过，可谓仁至义尽，让人感动，表现了一个男人的理性、大度与包容。这是一个真实的故事。

吴建云：刚刚老师也说了爱情，那我就给大家分享一下我和几个蓝颜知己的故事。他们一个是湖南人，一个是郑州人，一个是石家庄人，他们的性格也非常不同。那个湖南人是体育学院的，性格非常开朗，宿舍也在一片，我生病的时候他也一直陪着我。有一天我让我宿舍的朋友去找我的那个蓝颜知己帮我充电费，故事就开始发生翻转了。后来他们频繁地联系和见面，在路上碰到我也很不好意思跟我打招呼，后来我才知道他们在一起了。我觉得心里很不舒服，觉得他们在一起就在一起了，但是为什么不告诉我，而且宿舍那个朋友也把我的很多私生活告诉了那个蓝颜知己，我也很生气，后来关系慢慢也就淡了。石家庄的男生是比较小男人的那种，人很好，而且很信佛，我们有很多共同话题，也很聊得来，毕业以后他就也回家乡了。郑州的那个就比较大男人的那种，很沉稳，也很可靠，当初写论文的时候我有很多资料都查不到，他就帮我查，现在他在英国留学。有一段时间我还迷恋上了赵薇和黄晓明，他们之间的那种蓝颜知己关系我觉得很好。我觉得生命中除了你的朋友和爱情以外，你也需要一些异性朋友，蓝颜知己也是需要看眼缘和性格的。

唐松林老师：讲得很生动啊。佛教里面讲欲望也讲“贪”“嗔”“痴”，提出的解决方法就是“戒”“定”“慧”。刚刚建云讲的那个蓝红颜知己的关系也是一种很美妙、神秘、和谐、理想的男女之间的关系，但是这种关系的度怎么把握?

记得我小时候遇到过一件事情，莫言的小说里面也经常写一些男女关系的问题。我住的村子是唐家湾，有个姓唐的人家是我的本家，招了一个女婿，那个人就喜欢乱搞男女关系。虽然那个时候还小，但是我已经懂事了，经常想狠狠地揍他，但是又无能无力。有的人没有节制的人格，确实会伤害好多的亲朋好友，这就叫做伤风败俗！这就叫做世风日下！你如果有这样的行为，社会会很排斥你的！说男女互相吸引，男女正常交往关系我都可以理解，大家也都可以理解，但是对周围的人乱搞两性关系，伤害太大了，就会出现不团结，甚至出现暴力，究其原因都是对情欲的不节制造成的。

熊艳青：唐老师，我就如何处理与异性朋友之间的关系来谈谈自己的一点感想，而且我想更细化点，即当我们有了男朋友的时候，如何和异性朋友相处？人有时候很奇怪，明明有了男朋友，但是对于一些异性朋友，仍然想与他们保持比较密切的联系(当然这种密切的联系是在正常范围内的)，我有时候就有一种这样的心理，而且，我不反对这样的一种心理。我觉得每个人都有自己的特点，当你乐于和某一些人交流相处时，肯定是由于他们身上有某些性格特点吸引你，或许是乐观，或许是幽默，或许是有担当等。但是在与他们相处时，我觉得应该有个度，如何把握这个度，我从以下几个方面讲一下我的体会：从谈话交往内容上来说，我觉得聊天的内容应该不要涉及感情问题，感情是一个敏感的话题，而异性朋友之间的相处又很容易日久生情，如果在异性朋友面前抱怨男朋友的不好，很容易给异性朋友一种假象的暗示：她和我谈感情，是不是希望我们之间有所发展？或者她喜欢我？等等。为了避免不必要的误会，我觉得最好讨论一些相互关注的公共话题或者不那么敏感的个人问题；其次，面对面相处交流的时候，最好有第三人在场，我觉得这样既可以让男朋友不多想，也可以避免尴尬；最后，我觉得还是要保持基本的礼貌，即使关系再好，该礼貌、表达感激的时候需要采取适当的方式进行表达。

卢猛：对情欲我大概有这么一些理解。情欲包括情和欲，这是一个组合命题。我觉得只有有情感的欲才能算是情欲，那些为了某种需求的欲只能算是生理需要，算不上情欲。比如古代去妓院的男人，他们只是为了满足自己的生理需求，这和动物没什么区别。比如夫妻之间，他们因为爱情的结合，因为爱的冲动产生的欲望，在我看来才是情欲。刚刚唐老师说到当你遇到一个有妇之夫怎么办？我觉得作为我自己，面对这种情况，我会选择放弃，即使我爱他，但是我不能把这种爱建立在别人的不幸上，这样的情欲是不道德的，也是不应该被祝福的。曾经看过一部小说《谢谢你曾经爱过我》，后来还被拍成了电视剧，里面的女主角爱上了一个有妇之夫，而这个有妇之夫也爱着这位女主角，但最终他们也没有结合在一起，只能对彼此道声：谢谢你曾经爱过我。我感到惋惜，同时也感到庆幸，有时候爱一个人不一定要占有，我想这也是情欲的最高境界吧。所以面对不该爱的人，我们要懂得放手，放过你自己，也放过他。

袁野：在谈论人性的时候，我们谈到人一出生就有欲望，随着人的成长，欲望的层次和程度会变得多样性。后来我们又谈到了理性，涉及人的思维、感情。情欲作为人感情的一种欲望，身体是情欲的承载体。因此情欲不仅是身体、心理的欲望满足，更重要的是人的精神心理需要的满足。人是社会关系的总和，个体与他人、社会又构成了情欲的社会属性。我们个体在社会生活中，要学会正确对待情欲，要学会利用理性节制欲望，用智慧与心灵、灵魂对待爱情以及情欲，同时还要学会正确认识我们的身体，保护自己的身体，学会自爱，最终学会真正认识自己的情感，不要只为追求一时的欢乐或自己的幸福而破坏别人的幸福。

周舟：情欲往往被人看成是一个不好的东西，然而每个事物都有其存在的道理。在我看来，情和欲都是人天生所有的，所以我们应该正确地去看待它，而不是否认它。第一，它本身是一种正当的欲望满足，所以人们应该理性地对待，把它看成是一种发泄，一种人内在成长的过程；第二，它的存在需要给予一种正确的环境以及控制力。物极必反，任何事物发展到了极致往往会走向对立面，而错误的环境也会让事物逐渐由外向内地腐烂。

龙漫：情欲，顾名思义，是指人的各种情感和本能欲望。从心理学角度来讲，根据马斯洛需要层次理论，情欲建立在各种生物欲望为基础的金字塔上端，欲望一共可以分为七层；从生物学角度上讲，情欲受某种化学成分的作用，不管是悲伤、快乐、呆滞等情感都是因为某些生物激素而引起的，同时情感又会激起某些激素来影响身体。人非草木，孰能无情，情欲是我们每个人都拥有的最基本的情感。情欲的最低层次是欲，中间层次是情绪，最高层次是社会性情感。情欲需要节制，需要通过引导，把人们的情欲从最低层次引向最高层次，实现质的改变。

在现实生活中，我们都会遇到关于情欲的许多困惑：也许你会同时喜欢上两个人，对爱情的欲望超越了对爱情的专一和忠贞；也许你无意间成为破坏别人家庭的第三者，面对爱情和道德的两难境地无法抉择；也许你正在金钱和权力的驱使下，做出一些违背人性和道德的事情。这些例子生活中比比皆是，到底是什么原因让人们丧失对情欲的正确把握呢？我觉得可能有以下几点原因：一是受环境的影响，身处在一个充满诱惑的环境中，你可能会渐渐迷失自己，沉迷于欲望带来的快感，而缺乏理性的思考；二是缺乏节制，情欲是需要严格节制的，最有效的方法便是和超出自己承受范围的欲望少接触，严格要求自己的一言一行。

邓洁隽：对于情欲这个哲学主题，我们在过去是羞于启齿，但是当下物欲横流，人心不古，出现贪恋于情欲之中以致道德沦丧的现象。所以我们谈论它是有必要的。有人曾说，“七情六欲的麻木生冷就是断灭，七情六欲的堕落就是贪嗔痴慢，七情六欲的升华就是慈悲喜舍”。在我看来，人有七情六欲是人区别于自然他物的重要特征。但应有度，包括深度与宽度，深度是对七情六欲的把握，宽度是不只顾自身而应延扩到他者，也即是人不要因为贪痴嗔慢而把情欲变为痛苦的根源和自私自利的属性，而是要顾及格局、他者、环境，把握情感的释放，要将道德存怀于心。

张欢欢：情欲是一种欲望、一种渴求，是我们回避不了的问题，过分克制或过分放纵都是不合理的，它与理性相对，我们应借理性来指导和约束情与欲。现实生活中，人们易受物质利益驱使，为满足各种欲望而不计后果。很多影视作品也是以此为题材，呈现生活中人所不知的一面。例如钱权交易、色相交易等不正当行为。特别是尚有姿色的人，不惜付出身体与青春的代价来谋取利益，甚至欲望泛滥，造成更严重的后果。我们常说，无欲则刚，这里的“欲”，实际就是一种生活目标，一种人生理想。面对七情六欲，面对大千世界，不是不允许人们有欲，而是要学会克制，能清心寡欲，能淡泊明志，能坚守自己，并常常以此警示自己。情欲不分等级，不会因身份地位或受教育程度不同而变化，是我们每个人都会面临的问题，不能以为自己有钱或受过高等教育就多么的高贵，就能摆脱情欲的困扰和束缚，生活中高级知识分子因此问题而误入歧途的也不罕见。因此我们应明确并坚守自己的人生观、价值观，时时提醒自己，找到解决问题的更好办法，以免被欲望冲昏头脑。

邱海青：性欲，指对性的渴望。一般科学家认为，性欲是一种本能欲望，是指个体渴望与另一个体发生性关系或肉体接触的愿望。情欲是自然性地随着年龄增长而增加，也与道德有关系，因为人活着要有责任，不管做什么都不要超过道德的底线。

唐松林老师：因为时间关系，我就不总结了。大家对情欲的概念、情欲与我们教育与生活的关系，我们如何对待情欲均有自己的理解与判断。最后送给大家六个字：自重、节制、智慧。

参考文献

[1] 刘再复. 广义情欲论——性格二重组合的心理动力[J]. 求索, 1986, (3): 30-49

[2] 冯友兰. 三松堂自序[M]. 北京: 生活·读书·新知三联书店, 1984

[3] 张岱年. 中国哲学大纲[M]. 北京: 中国社会科学出版社, 1982

[4] 张立文. 中国哲学范畴发展史(人道篇)[M]. 北京: 中国人民大学出版社, 1995

[5] 杨鑫辉. 中国心理学思想史[M]. 南昌: 江西教育出版社, 1994

[6] 郭永玉. 先秦情欲论 [J]. 心理学报, 2001, 33(1): 82-87

[7] 熊鸣琴, 范立舟. 宋明理学"情欲"思想刍议 [J]. 西南民族大学学报·人文社科版, 2004, 25(1)

[8] 朱熹: 朱子语类[M]. 北京: 中华书局, 1994

[9] 陈四光, 余仙平. 试论宋明理学情感心理思想 [J]. 江西社会科学, 2011, (10): 43-47.

[10] 蒋勋. 生活十讲 [M]. 广西师范大学出版社, 2010

美德：人类的最高理性

吴建云*

时间：2015年3月23日

地点：湖南大学教育科学研究院320教室

参加人员：唐松林（湖南大学教师）、邓洁隽、廖锐、于晓卉、周舟、袁野、胡一舟、熊艳青、龙漫、卢猛、刘茂梅、张欢欢、胡秀银、邱海青（泰国留学生）、吴建云（没有特殊注明者为湖南大学研究生）

提及美德，或许首先跃入我们脑海的便是诸如“诚实”“谦虚”“勇敢”“忠诚”“仁慈”这样一些词。但是，美德自源起时，在不同时期、不同地域、不同人眼里都有着不同的理解。

那么，什么是美德呢？在人格心理学内，美德的概念是指：凡是可以给一个人的自我增添力量的东西，包括力量、勇气、自信等，都可称为美德。在积极心理学中，美德是性格的上位概念，不同的性格优势可以汇聚成不同的美德。在社会潜意识里，美德是一种大众所推崇的高尚道德行为，它主要提倡一种自制的、积极的态度。《辞海》中，美德指高尚的道德行为和优良的道德品质。但总体来讲，美德不论是在古代还是现代，不论是在西方还是我国，在不同人眼里，具有不同的见解。

---

* 作者简介：吴建云（1991年出生），女，湖北十堰郧阳人，湖南大学教育科学研究院2014级研究生，从事教育哲学研究。

一、西方哲人眼中的“美德”

在西方世界与我国美德是有不同的见解和渊源的。在西方，美德要追溯到古希腊时期。在古希腊语里，美德意味着一种卓越或优秀，这种卓越又是与世界万物所具有的功能联系在一起的。古希腊人认为无论是自然界还是人造物，包括人类自己，都有其特有的功能或本质，而良好地实现这种功能就是一种卓越。比如一把刀的功能就是快而有力地切断东西，那么“锋利”对于刀就是一种卓越。这样说来，一把刀有一把刀的卓越，一匹马有一匹马的卓越，那么具体到人，人类特有的本质和功能是什么呢？希腊人的回答是：人类是有理性的动物，同时也是社会性的动物。基于这样一种对人类本质的认识，诸如智慧、节制、勇敢这样的美德就体现了人类的卓越。[1]

（一）古希腊时期

苏格拉底是古希腊文化的鼻祖。在苏格拉底时期，希腊流行着四种美德，即勇敢、公正、节制和智慧。苏格拉底认为，所谓四德可以归结为一个统一性或道德规定性，这就是人的自我识见与知识。[2]提出“美德是否可教”，“美德要可教，美德必首先具有自我存在性，即是说，美德必先是自然的，自身就是善的。不仅要求美德具有自然性，而且要求美德具有某种人为性，即要求有某种美德的教育行为来使人获得美德”。[3]这里将美德与善结合为一体，并认为“美德即知识”，知识的对象不仅从善得到它们的可知性，而且从善得到它们自己的存在和实在。[4]

美德与人的天性、理性、知识是一个混沌体，美德可教，是因为你首先要认识美德的价值，认识其中的美与丑的价值，认识善与恶的价值，你发扬善，抑制恶，这就是美德的教育。一是善是美德的核心价值。二是人的存在中有善有恶，你可以自省甄别（美德的可知性）。三是你要有甄别的能力，这种能力一方面是先天就有的，甚至有的人认为美德不需要后天的学习就自然具有，如你的理性能力中不要任何知识就可判断美丑，只要你“合乎自然地生活”，你就是有美德的；另一方面是要开发培养的（美德的可教性），也就是说美德是需要教育的，当然这样的教育还是以自我反思为基础的，所以美德的形成，自我修养十分重要。四是美德需要实践笃行才能完成，如你的知识需要实践的检验，这样才能明晰什么是“善”与“美”的价值，并且如果你不通过实践，无法发挥你的意志力以克服你的恶性。

柏拉图承继并发展了苏格拉底的观点，力图以知识来解决“善”的问题。柏拉图具体解释了“美德（善）即知识”的含义，并以知识来定义“善”“美德”。他以“太阳的比喻”来说明这个关系。善之于知识、可知性和认知能力相似于太阳之于万物、可视性和视觉能力，“太阳不仅使看见的对象能被看见，并且还使他们产生、成长和得到营养”。[5]

小苏格拉底派在关于“美德”与“知识”的关系上，突出特点是重视生存实践，在实际生活中实践美德。他们认为实践是知识的目的，不以实践为目的的知识根本无法回答什么是善的问题。实践美德所需要的智慧不来源于知识，知识并不能教人以美德，他们甚至否定知识的可能性。安提斯泰“美德是行为的事，不需要太多的道理和学问，有智慧者是自我充足的，因为其他一切善都属于他”。[6]

基提翁的芝诺：斯多葛派创始人，亦被称为“廊下学派”，对美德提出的核心主张是“美德在于合乎自然地生活”。自然不仅包括那些引发自然冲动的东西，也指整体宇宙的秩序。整个宇宙是由渗透万物的恰当的理性所掌控的，而只有作为理性存在着的人是例外，他们一方面是宇宙的一部分，另一方面，他们的行动是由自己的决定产生的。[7]因此，美德就包括从人的角度来看每个个体的自然，也从自然安排宇宙的方式来看待个体的自然。这样，合乎自然地生活就意味着通过我们自己的决定和行动来切合自然本身的安排。

（二）古罗马时期

塞涅卡，斯多葛派哲学家，他将美德、快乐、幸福三者相联系，认为幸福的生活就是与自己的本性自然和谐一致的生活，而要做到这一点则需要节制、审慎、明智等美德。美德并不总是和快乐联系在一起，美德是高贵而庄重的，而快乐则是低贱而短暂的。[8]有的人不缺快乐但并不幸福，美德带来心灵的和谐，而心灵的和谐则是最高的善，实现了最高的善的生活是幸福的生活。因此，真正的幸福是建立在美德之上的。

（三）文艺复兴时期

意大利代表者但丁在《神曲·炼狱篇》第二十九章的神秘游行队伍里展示了他的美德理念，体现为狮鹰兽车旁边的七位贵妇人：左边是穿着红、绿、白衣服的三位，分别象征着爱、希望和信心，右边的四位穿紫色衣服的象征智慧、正义、勇敢和节制。这七种美德就是基督教的“三超德”和“四枢德”。《天国篇》里，但丁则以古今著名人物作为这些美德的体现，将他们分别安排在月轮天、水星天、金星天、日轮天、火星天、木星天、土星天、恒星天和水晶天（或称原动天）中，清晰地展现了他对欧洲中世纪美德伦理思想体系的思考。[9]

（四）西方现当代时期

麦金泰尔是美国印第安纳州圣母大学哲学系教授，提出美德理念包含以下三个方面：

(1)“美德是一种人类后天获得的品质，其拥有和践行，会使我们能够获得内在于实践的那些好处，其缺乏就会阻碍我们获得任何这样的好处。”

(2)“人的美好生活是在寻求美好生活之中度过的生活，对这种追求所必需的美德是这样的美德，即它使我们理解人的美好生活是什么的美德。”

(3)“美德的意义和作用在于维系了社会传统的延续，为实践和个人生活提供了必然的历史联系。”[10]

二、我国美德哲思概述

中华民族传统美德的精神实质和价值核心是《周易》所提出的天地之德的人文化彰显和集结，是效法天地之道的有为君子内在精神和品质的凝聚与弘扬。如“天行健，君子以自强不息”，“地势坤，君子以厚德载物”。

儒家学派，孔子说：“三军可夺帅，匹夫不可夺志也。”孟子提出“大丈夫”的人格，把“富贵不能淫，贫贱不能移，威武不能屈”视之为“大丈夫”人格的基本内容。荀子发展了孔孟的思想，提出“德操”的范畴，指出：“权利不能倾也，群众不能移也，天下不能荡也，生乎由是，死乎由是，夫是之谓德操。”(《荀子·劝学》)他主张面对权利不屈服，面对众议不附和，面对流俗不动摇，为真理和正义而生，为真理和正义而死，这样就会拥有“德操”。孟子提出：“老吾老，以及人之老；幼吾幼，以及人之幼。”宋代思想家朱熹沿袭儒学思想，强调“善在哪里，自家却去行也。行之久，则与自家为一，则得之在我。未能行，善自善，我自我”。在朱熹看来，优良的品德，只有自己在道德实践中才能获得，长期进行道德实践，优良品德就会熔铸在自己身上。如果不能努力进行道德实践，优良的道德品质是无法获得的。

道家主张“无为”和“顺其自然”，在美德观上也秉承此观念。如老子“上德若谷”，真正有道德的人“敦兮其若朴，旷兮其若谷”(《老子》十五章)，认为为人处世胸襟宽广，豁达大度，就好像幽深的山谷一样，能够包容人世间的一切。[11]

除此之外，法家指出侈而惰者贫，而力而俭者富。整个封建社会，虽然君主专权和文化的压制，但哲人思想也并不沉寂。哲人思想内涵丰富，不能一一而足。

过渡到现代的社会主义社会时期，爱祖国、爱人民、爱劳动、爱科学、爱社会主义的五爱是每个公民应当具备的基本美德。总体而言，“仁、义、礼、智、信”是中华民族传统美德的核心价值理念和基本要求，带动整个社会体系的发展和社会道德水平的提升，在整个中华民族传统美德中具有重要地位。

三、中西方美德的简单比较

那么大家认为，中西方对美德的看法有差异吗？以下是我的观点：

第一，文化差异，西方美德更多表达对自由的追求；第二，制度差异，中国长久的封建社会制度带来对人权的压抑，而西方最早进入现代社会，所以在美德表达中更多体现对人权追求；第三，社会发展差异，西方偏重美德修养对个人的利益，中国更偏重在形成良好美德后对国家和社会的贡献。

四、美德本质

美德问题本身有着十分复杂的性质。从本质上说，美德关涉着个人精神素质的塑造培养，是人们通过自我教化、涵养而获得的实有诸己的道德品质，所以它是主体的道德素质，也是道德主体的情感、欲望、气质的优状态。对人的生活而言，美德是一种内在价值，构成个体人生和社会生活的底蕴。

既然，美德是主体的道德素质，也是道德主体的情感、欲望、气质的优状态。可见，美德与道德息息相关，难以分开，那么美德与道德有什么联系和区别呢？联系体现在：人有了美德才有道德价值；没有美德，人就毫无道德价值。区别则在于：第一，从起源来讲，道德起源于个人的社会性需要，即功利需要；美德起源于个人的精神自由，即道义需要；第二，从目的来讲，道德在于构建社会秩序和使人成为人；美德所欲达到的目的，是实现个人成就为大人；第三，道德是一种行为的社会规范，也是一种行为的个人规范，美德却不能规定为是对行为的规范，它只能是行为要求，是一种行为的社会要求，也是一种行为的个人要求，即道德是责任，美德为义务。[12]

五、美德意义与形成

美德与我们每个人的生活息息相关，也关乎社会的文明与素质。不仅是每个人生活的基本准则，也是社会发展的需要。那么它对我们的生活有什么意义呢？其一，对个体人生而言，美德是个体经过涵养教化而形成的普遍化的情感、欲望品质，那么可以认为塑造美德对个体人生意义而言，是一种内在要求，是一种为人生创造价值让生命得到提升的表征。其二，美德的社会意义。美国社会心理学家米德曾言："只有当你能把你的动机和你追求的实际目的与共同的善认同时，你才能达到道德的目的并获得合乎道德的幸福。因为人性本质上是社会的，合乎道德的目的也必定是社会性的。"[13]在本质意义上，一个有美德的人，他的精神空间一定具备了社会性的维度。因此良好的美德可以提升社会文明程度，维护社会秩序，从而推进人类的文明程度。

美德虽然对个人对社会意义重大，但并不是一蹴而就。我认为美德的形成可以从以下几个方面来讲：(1)历史的锤炼与积淀(德意志美德：勤奋、秩序、节俭、守时、洁净)[14]；(2)文化交流的传承与传播("仁、义、礼、智、信"是中华民族的传统美德)；(3)外在力量的推动与内在的修身养性(政治经济等)。

但是，现实中我们的美德却面临着考验。我们运用亚当·斯密在《国富论》的观点来阐述美德不再美的原因。他认为，"个人既不打算促进公共的利益，也不知道他自己是在什么程度上促进那种利益，他只是盘算他自己的安全；由于他管理产业的方式的目的在于使其生产物的价值能达到最大限度，他所盘算的也只是他自己的利益。在这场合，像在其他许多场合一样，他受着一只看不见的手的指导，去尽力达到一个并非他本意想要达到的目的，也并不因为事非出于本意，就对社会有害"。[15]

人们需要什么，才会追求什么。亚当·斯密的后继者们认为，在现代社会，人们觉得不需要过多的美德，认为过多的美德是浪费(品质浪费)。在经济活动中过多的美德非但没用，而且会妨碍市场配置资源的最佳机能。人们觉得不需要那么多美德，这是现代人不重视美德的内在原因。现代社会以经济增长为共同的目标，离不开经济增长的社会又不容人们具有太多的美德。这是其可能的外在原因，如在市场交易中诚信只是赚钱的必要条件。

六、践行美德

著名的哲学家和伦理学家麦金泰尔对美德伦理的关注源于他对现代西方伦理危机的反思，认为出现西方社会道德问题的深层原因是启蒙运动以来对西方历史上存在着的以亚里士多德为中心的美德传统的背离。因此他认为，摆脱伦理危机的唯一出路就是回归亚里士多德的美德传统和历史，将美德带回人间。但是现代社会已经不同于传统社会，追寻传统美德对于重拾美德尽管至关重要但是却也应该与时俱进，紧密结合社会需求，不抑制"资本逻辑"的规制作用。美德仍然会处在社会的边缘中。下面，我提出三点意见：其一，明辨美德，修己达人。其二，榜样影响，"上有好者，下必有甚焉者矣"。(《孟子·滕文公上》)家庭、社会以及学校的榜样力量结合。其三，践行美德，"知与行，工夫须著并到知之愈明，则行之愈笃；行之愈笃，则知之益明。二者皆不可偏废"。

讨论部分

唐松林老师：古往今来，关于美德，见仁见智，不同人有不同的见解。那么，你是如何理解的？我们经常抱怨现实社会，抱怨美德缺失，为何？我们如何修成美德，融入现实社会，使自己与世界融为一体，成就一个和谐完整的自我与世界？

袁野：我认为人性谈的主要是“什么是人”这一问题，而美德则是谈“成为一个什么样的人”的问题。美德是人的一种内在价值，其本身就是善，是人心灵品质的优秀状态，是人性各种心理特征融合的状态，塑造美德就是对人生意义的创造。有了美德，人性当中“杂质”的东西就会剔除掉，从而具备社会意识、他人意识，成为一个对社会、他人有责任、有爱心之人。如何践行美德？我认为，首先要通过广泛的阅读与学习，充分认识分析自我，不断修正自我，定位好自己，做好自己；其次就是学会与社会、他人、自然和谐相处；再次，生活当中的榜样作用以及学校的教育在美德的形成过程中扮演着至关重要的角色。一个真正辨明美德且拥有所有美德以及不断践行美德的人，其精神境界才达到了真正的“自由”以及幸福。

卢猛：美德，我从字面意义上理解就是美好的品德，是一个人所具有的人格魅力的重要组成部分。它是一种从内而产生出的力量，一个人心中充满着对世界的爱、对生命的尊重，以及对时间与万物的珍惜。我们能想到的关于美德的描述有很多，比如正义、诚信、乐于助人等，但是这些美好的词语，关于人美好的品德却常常不敢拥有。记得春晚上郝建演的小品，他好心帮助摔倒的老人家，却被误认为是肇事者，虽然最后误会解开了，但是也给我们很多思考，现实社会中这种事情常有发生，以至于看到老人摔倒不敢扶起，遇到可怜的乞讨者不愿再去帮助等，这些都阻碍我们发扬美德。面对这些外部的环境影响，我们在课堂中应该怎么去帮助学生树立正确的美德观呢？我觉得还是要让学生树立对这个社会的信心，保持一颗发现美的心灵，同时国家和社会也应该给美德创造好的环境，双管齐下，才能让美德发扬光大。

胡一舟：雪莱说过：“美德的最大秘密就是爱，或者说，就是逾越我们自己的本性，而融入旁人的思想、行为或人格中存在的美。”我觉得这也就跟唐老师之前说过的“让自己与周围环境保持一种和谐的状态，让自己成为世界中美好的元素”是一个意思。我也很赞同老师说的“识、悟、修、范、信、行”这六个字，认识美德是第一步，然后得以领悟，再使自己具备它，以美德的标准来修身，进而养成自己的态度，最后使它成为一种信仰和追求，从而指导自己的行动，并运用于生活之中。我们每个人都应做一个具有美德的人，这也是我们教育的最高的要求。

胡秀银：美德包括才智、道德品质等。才智过人的人，能够引起别人的景仰崇拜，无能的人决不会受到赞赏。不过，才智过人却品质恶劣，会令人厌恶或畏惧，才能一般而心地善良，也会受人尊敬。比较起来，道德品质比才智更为重要。美德是实践的人的生命活动，只有人的生命才有灵魂，灵魂是最高的理性，人的理性必须接受最高理性的支配，否则人就可能出现从恶，服从恶念的意志。只有灵魂是人德性内在的、本质的根据，只有心“对灵魂操心”，才能体现人之为人的优秀性，即德性。心与灵的一致才会产生德性，心灵美德是人追求善生的根本途径，也是人之为人的真正德性，因为人是有逻辑思维的生命体，人懂得选择善行的重要性，人清楚行正义的快乐。

于晓卉：关于美德，这让我联想到苏格拉底说的一句话，即“知识就是德行”。他认为，一个人假如知道什么是德行，就必然会实践它。但是实际上，人们却并不如此理性，就拿作弊来说，许多人都知道作弊是错的，但是依旧坚持那样去做了，这是因为什么呢？我认为，这是因为一个“利”字，当利害出现时，美与丑的界限有时就会变得模糊了。而苏格拉底认为，这是由于人们还并未弄清什么是真正的善恶，实际上这两者并不矛盾，因为这中间有一个重要的因素，就是教育。教育就像苏格拉底口中的精灵，它会在错误出现时告诉人们“不!”也就是说，假如现实中一个人的美德没有真正践行到位，我们就需要反思是什么做得还不够，是这个社会物欲横流的太彻底吗？还是我们的教育做得还不够彻底呢？认识到这一问题，教育才能够正视自身的缺陷，给予道德和情感教育更多的空间，从源头破除这种潜在影响美德的因素。

龙漫：美德这两个字，我们再熟悉不过了。从小就被教导要学习中华民族的传统美德，勤俭节约、吃苦耐劳、爱国等。每当提到这些字眼，作为一个中国人的民族自豪感油然而生，美德带给我们的不仅是日常生活行为的规范，更是一个民族得以绵延发展的永恒的灵魂和精髓。在西方，美德也作为古希腊先哲们热衷讨论的焦点，包含了勇敢、勤劳、智慧、节制等内容，为世界文明的发展做出巨大贡献。美德本质上来源于人的天性，属于人性中的一部分，在后来的学习和生活过程中，人性中美好的一部分得以保留和发展。我认为的美德是在不断完善自我的基础之上，通过自己的力量对周围社会产生好的影响。首先，要加强自身的学习，不断完善和丰富自己。纵观古今中外以美德著称的名人，都拥有渊博的知识和良好的自我修养，他们把美德视为美好生活的最高境界，在复杂的社会以一种诗意的姿态栖居。其次，通过自己的良好美德影响周围的事物。这个世界的美德有很多，可也存在许多不具有美德的事物，我们也许不能改变所有，但可以通过自己的努力，严格要求自己的一言一行，尽可能地影响到周围的环境，产生一些正能量，展现世界的人格之美。

熊艳青：我认为美德就是一种美好的德性，是一种由内至外散发的力量，它能在关键时刻给予我们指引。美好的德性有很多种，比如说勇敢、感恩、包容、正义等。但是这种德行不是生来就有，也不是时时刻刻不变的，尤其处在我们这样一个充满诱惑的时代。如何培养美德或者说维持美好的德性，就像建云刚刚在PPT中提到的那样：首先应该要修己达人，对自身要有一种约束；其次，以德性的榜样为模仿对象，以榜样的力量来激起我们对美德的共鸣；最后再结合自身的实际情况，在现实生活中去践行美德。

张欢欢：美德，听起来是很高大、很神圣的词汇，其实离我们并不远。生活中一件小小的善事就是美德，一句抚慰受伤心灵的话语就是美德。我觉得，心灵美就是美德的一种。如果一个人的心灵是美的，他感受到的生活是美的，他眼中周围的人和事是美的，那么他的灵魂就是美的，他就越接近上帝。于个体而言，做到心灵美并不是遥不可及，我们要善于付出努力，感受生活的美好，多给予自己积极的正能量，开朗乐观、包容一切。不为小事斤斤计较、不因一时得失而耿耿于怀。当然，这种能力也不是人人具备的，我们首先要有这种渴求美好的心，然后是不断地努力和锻炼，虽然现世纷繁复杂、物欲横流，但守住心灵的净土还是可以做到的。心灵就是一扇窗，一旦心灵美好了，所有的美好就都接踵而至，此时，美德就是生活中平平淡淡、力所能及的小事，无关年龄、素质，无关利益得失。但愿我们都能在忙碌的生活中不忘回归心灵，静驻美好的根源，体会生命与生活的伟大意义。

刘茂梅：从字面上看，美德是美好的品德或道德，美德是使人更美好的德行。美德是什么？虽然我们每个人不一定都能给它一个准确概念或定义，但我们对于什么是美德却可以罗列出许许多多，比如美德之感恩、乐于助人、谦虚、勇气、有责任心、诚信、善良、勤奋、正义等。但丁在《神曲》中说过这样一句话，“人不能像走兽那样活着，应该追求知识和美德”。我个人也非常赞同这句话，美德是使人之为人的一种东西，它使我们成为大写的人。拥有美德的人，我想应该是快乐的，就像巴尔德斯说的快乐应该是美德的伴侣。追求美德，我认为是在生活的过程中，有着明确和合理的是非价值判断，所思所作所为充满着人性光辉力量。美德它很简单，每一个怀有美德之心的人，都可以拥有它。它不远，就在你我身旁，公交车上的为老人让座，同学之间的诚信互助，对长辈师长的尊敬与感恩，人们之间的信任与忠贞……罗曼·罗兰曾说过：“没有伟大的品格，就没有伟大的人，甚至也没有伟大的艺术家，伟大的行动者。”怎样做一个有美德之人？我认为最重要、最伟大的品格就是要有爱。美德是一种从内而产生出的力量，当一个人心中充满着对世界的爱、对生命的尊重以及对时间与万物的珍惜时，就会自然而然地产生美德。雪莱也说过类似的话，他认为，“美德的最大秘密就是爱，或者说，就是逾越我们自己的本性，而融入旁人的思想、行为或人格中存在的美”。有爱，我们会常怀感恩之心，有爱我们愿真诚地帮助别人，有爱我们发自内心地宽容他人，因为爱，美德之光在人的身上闪烁，流光溢彩。所以追求美德，我认为首先要有爱！对一花一草、一山一水都表示爱意的人，他必定是一个有美德之人，他的人生必定丰富而富足。

唐松林老师：人生的美好需要美德，若要实现这种美好，就是美的思考的开始，是你追求最高理性的开始，直到达到最高理性。苏格拉底曾说，“知识即美德”，或“美德即知识”。我认同。但我还要说，美德不仅是知识，更是你的最高理性。其实，美德即知识，美德即最高理性，其内涵是一样的。《圣经》上说到耶稣对自己的即将下去传教的门徒们说，“你们去吧！到民众中去！到劳苦大众中去！你们什么都不要带，不需要带吃的，也不需要带穿的，当你们饥饿或寒冷的时候，上帝会告诉你们怎么做的！”这里的上帝真的存在吗？不存在！但为何耶稣说，当门徒们遇到困难时，上帝会告诉他们如何做呢？其实告诉他们的是自己的理性，当你的理性与“上帝”合一，你的理性就是最高的，中国的道家哲学中不叫“上帝”，叫“天”，当“天人合一”，你的理性就最高了；儒家哲学中也不讲“上帝”，讲“君子”，当你成为君子，你的理性就最高了；佛教中也不讲“上帝”，讲“佛”，你成为了佛，心中有佛，你的理性就最高了，佛教信徒也有句类似的话：我就是佛，佛就是我，佛在我心中！我们是唯物主义者，世界上并不是真正有上帝，上帝只是一个形而上学，一种精神指向。所以，理性非常高的人，他就接近了上帝，甚至就是上帝。所以，中国的不管是上帝还是佛祖，你在信念上接近了它，说明你的理性发展到最高阶段，你就是一个道德的人。人的理性能力达到一定高度时，他是智慧的、善良的，也是美丽的。所以美德是最高的理性，是最高的智慧。我们的岳麓书院有一块匾额“学达性天”，它是康熙皇帝赠给岳麓书院的，它就有通过学习达到理性与道德合一的最高境界的意思。

最后谈一点，就是为何说“知识即美德”或“美德即知识”？这句话是苏格拉底说的，但我们对它的理解是有限的。我是这样理解的，这里的知识主要包含三个方面的内涵：第一，关于自我的知识。你要对自我全面的分析和定位，特别是你是个什么样的人，你能做什么，你在做什么，以后将做什么。这是你思考的关于自己“无知”的知识，经常思考这样的问题，你就渐渐接近美德。第二，关于自我与他人关系的知识。如果你有一种利己、利他、平等、齐物的伦理观，你就会与人为善，就会如孟子说的：“老吾老，以及人之老，幼吾幼，以及人之幼，天下可运于掌。”这与孔子所期待的“人不独亲其亲、不独子其子，使老有所终、壮有所用、幼有所长、鳏寡孤独废疾者皆有所养”的思想是一致的，也与“自由、平等、友善、公正”等社会主义核心价值是吻合的。因此，关于美德的价值，人类古今中外均有相同的理解，这就是我们讲的人类的终极价值。第三，自我与宇宙关系的知识。就是我前面讲过的道与德，当你认识了天道，并且按照天道行事，你就是有道德的。于是，如果我们坚持回归自然，遵循规律，就是一个有道德的人。例如老子的上善若水，水利万物而不争。他所崇尚的处柔、处静、处下、处拙等美德，是建立在他对天道的理解基础上的，是建立在他的人生体验与对实践的理解的基础之上的，没有如此的基础，就无法谈美德。美德是人类美好生活的最高境界，包括美好的人格基础。因此要形成良好的美德，需具备知识、悟性、修养、自省，才能进入修己达天、爱己及人、天人合一的自由审美境界。

参考文献

[1] 蔡蓁. 美德二十讲[M]. 天津:天津人民出版社, 2008

[2] 李伯杰. 美德是怎样炼成的[J]. 读书, 2013(12): 37 - 44

[3] 余友辉. 美德可教吗? ——苏格拉底哲学命题的美德教育悖论[J]. 道德与文明, 2008(3): 62

[4] 王振林. 苏格拉底: 真理、知识与美德[J]. 理论探讨, 2012(5): 48 - 52

[5] 黄俊松. 知识、意见与美德——柏拉图的《美诺》[J]. 现代哲学, 2013(2): 82 - 89

[6] 苗力田. 古希腊哲学[M]. 北京: 中国人民大学出版社, 1989

[7] 蔡蓁. 美德二十讲"美德在于合乎自然地生活"[M]. 天津:天津人民出版社, 2008

[8] 蔡蓁. 美德二十讲"论幸福生活"[M]. 天津: 天津人民出版社, 2008

[9] 姜岳斌. 但丁《天国篇》的美德伦理思想[J]. 外国文学研究, 2011(6): 58 - 66

[10] 郑富兴. 麦金泰尔的美德教育思想[J]. 全球教育展望, 2004(8): 31 - 35

[11] 王泽应. 中华传统美德通论[J]. 南通大学学报(社会科学版), 2005(3): 7 - 15

[12] 唐代兴. 道德与美德辨析[J]. 伦理学研究, 2010(1): 6 - 12

[13] 〔美〕乔治·H. 米德. 心灵、自我与社会[M]. 赵月瑟译. 上海: 上海译文出版社, 2005

回归生活：教育质量漫谈

于晓卉*

时间：2015年4月7日

地点：湖南大学教育科学研究院320教室

参加人员：唐松林（湖南大学教师）、邓洁隽、廖锐、吴建云、周舟、袁野、胡一舟、熊艳青、龙漫、卢猛、刘茂梅、张欢欢、胡秀银、于晓卉、邱海青（泰国留学生）（没有特殊注明者均为湖南大学研究生）

教育质量的发展难以避开生活。生活在教育之中的长期缺位，使得教育发展失去赋予其活力与生机的土壤。认识生活是教育的源泉，以及教育回归生活的转向，为教育关注生活提供了契机，生活教育也在教育质量发展中得到重视。

一、生活之内涵

生存和生长是生活的两个层面。生活是人基本的存在形式，而生存是生活的基础，只有在满足生存需求的基础上，人才会向生长发展。生长即人向更高层级发展的存在形式，是对于人的真正解放的一种渴望和人类发展的必由之路。生存是生长的基础，生长是生存的延伸，生存是具体的，生长是抽象的。生存以具体的形式展开，需要人不断地为满足基本需求而本能地探索物质和能量，而生长则

* 作者简介：于晓卉（1990年出生），女，山东威海人，湖南大学教育科学研究院2014级研究生，从事教育哲学研究。

是在生存得到保证的情况下进行的对于自我释放的探寻。两者相辅相成，共同发展进而组成了我们的生活。具有不同的生存、生长条件和环境将会形成不同的生活状态，而且两者缺一不可，缺少任何一个方面都将会造成畸形的生活状态，两者需要协调发展，使生活可以称之为生活，使人可以称之为人，最终成为自由的人。

（一）“生活”在现代哲学中的理解

“生活”虽然在很多教育哲学家的理论体系中都具有不同的含义，但是他们也大多突出强调，生活是与人有关的一切活动。例如，在卢梭眼中，生活强调的是人的自由、理想。斯宾塞则认为，生活是社会的载体，生活的现象反应了社会的现象。杨贤江认为，人是社会中彼此关联的个体，是非孤立的，生活就是这些个体的衣、食、住以及知识、才能的发展。杜威认为，“我们使用生活这个词来表示个体的和种族的全部经验，生活包括习惯、制度、信仰、胜利和失败、休闲和工作，生活就是发展，生活的本性就是要努力使他自己继续不断地存在，所谓生活即是一种自新的历程”。[1]而陶行知所阐释的“生活”，其基本含义主要是两点，即生存和发展的活动与人类的全部生活实践。梁漱溟认为，生命与生活是同义词，其内容是统一的，他理解的生活与杨贤江的衣食住行不同，他更认为生活不仅仅是为了“生活需要”的满足，而是具有生命意义的，即“生活者生活也，非谋生活也”。[2]

笔者认为，生活是一个庞杂的体系，但具体来看，认识生活的广度亦是有线可究的，对此笔者从三个维度，即物质世界、情感世界、精神世界来厘清生活的广博内容，并进一步从这三个维度升华出其在生活世界的更深层次的表现，最终，从哲学高度来辨识生活，其无非就是一个生命关系及认知的复杂交汇的混沌体（图 4）。

（二）生活的哲学内涵

首先，生活存在于物质世界，包含了最基本的衣、食、住、行，包含着人类生存发展最基本的元素，这是向情感世界和精神世界过渡的基础，并且涉及物化及文化生活，更深层次的表现即为生存主义或者生命主义，该层次生活即生存。其次，生活中存在着情感世界，包含着亲情、友情、爱情、无情等多种情感形式，这其实已脱离个人行为，是一种社会关系，人们之间相互联系，相互沟通形成了独特的情感，这些情感又是交错相织的，即形成了一种关系行为，人正是在这种关系行为中不断生存和生长的，由最基本的生存解放出来，向更高的层级迈进。另外，生活中更存在着精神世界，我们通过自身去感受世界，不断去形成各自的世界观、人生观、价值观，具有了各自的不同特点。期间每个人都会不断地去思考

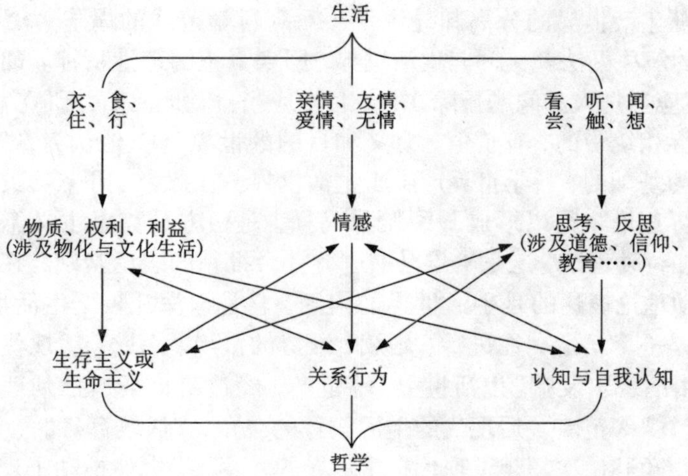

图4　＊(笔者从物质、情感、精神三个方面所做活图解)

并反思，当然里面还涉及道德、信仰、教育等问题，在这个层次我们不断地形成新的认识，不仅是对世界更有(是)对自我的感知与不断修正，即认知与自我认知。

在这三个不同的层次里我们不断地去认识生活，向生活更深的层次发展，形成了生活哲学。即：生活的哲学是一个生存、关系行为及认知与自我认知相互交混的混沌体，其中包含个人与社会、物质与精神、认知与更新等方面，我们在这三个世界里不断前行，对自我和社会进行反思，形成各色的生活哲学，这些哲学又相互交融，形成整体的生活哲学高度。

二、回归生活：遮蔽与彰显

对生活方式重视的哲学理念并非无源之水，无根可寻，它不是一个新生事物，而是有其从古至今的发展脉络。追溯到中世纪时期，我们会发现，苏格拉底提出了自己的哲学生活样式，即“未经审视的生活是不值得过的”；柏拉图则使人们的生活类别化、等级化，提出了“灵魂生活”的样式；亚里士多德曾提出“理性生活”；阿奎那则以“宗教生活”的发展为其主要观点，并为中世纪提供了一种“垄断”生活的方式。

由此可见，西方社会较早对生活样式有了一定的探讨。“回归生活世界”的理念被认识即是源自西方哲学，最早提出者为现象学代表胡塞尔。他对回归生活的认识是源于对“生活世界与科学世界的矛盾”的思索。他的思索有益于科学向生活的回归，“指明了生活世界的优先性，在生活世界里，人和世界保持着同一性，而科学世界从生活世界的分离却导致了一系列科学范式的塌陷”。[3] 要挽救这种危机，唯一的解决办法就是回归生活世界，回到真正的理性精神。胡塞尔反复强调，“科学不应当把人的问题排除在外，哲学应当自觉地回归并研究生活世界，为重建人与世界相统一的、有价值、意义和目的的世界”。[4] 他认为，“科学世界是以生活世界为基础的，科学世界产生于生活世界。在此影响下，哈贝马斯等哲学家的生活世界理论才得以形成”。[5] 哈贝马斯，是西方马克思主义流派的代表人物，提出交往行动理论，这是哈贝马斯进行社会批判的理论基础。在哈贝马斯眼中，交往行动理论表达的是生活世界的内涵，它是深深扎根于生活世界之中的，生活世界就是一个经由交往进行、延续、维持的世界。由此，后现代生活世界教育领域，便由胡塞尔发端“生活世界”等范畴，经过哈贝马斯批判理论的发展之后，融入“交往”等范畴。后现代的生活教育的视角，“从教育目的、观念、方式、手段等各个视角和层次超越了现代科学世界的教育，极大地推动了现代科学教育范式向后现代生活世界教育范式的转换”。[6] 这一系列的变化与发展，足以说明哲学教育领域发挥作用的基础，是在哲学转向生活领域的视角之后才逐渐形成的。

立足于哲学看待学生生活，有时，我们所学到、获得的知识并不能等同于智慧，生活的智慧或哲学，都不在分数里面。因为，生活的哲学是一个关系的、复杂的“混沌”体，将情感、理性、自由、文化、信仰、教育等包容其中。正如美学大师蒋勋曾写道，“谈生活，离不开食、衣、住、行这四个基本条件，甚至有时候我们会发现，构成我们的生命记忆的，就是这些看起来简单、很平凡的琐碎小事，而构成人生艰深复杂的哲理，也是从微不足道的实际中体现出来的”。[7] 哲学，其实就是一种个人对自我生活进行审问明辨的活动，“它所关切的核心问题，就是一种审慎的生活如何可能”。[8] 在苏格拉底的世界里，哲学并不是离个人很远的事情，哲学恰恰是个人生活的一部分，哲学就是个人生活的基本态度。哲学本应就该回归生活，应该让其融入生活的方方面面，让其为生活中的人提供具体的指导意义，而不是虚无缥缈的东西，只有对实际生活产生影响，才能实现存在的意义，才能作为生活的一部分。

所以，我们要打开遮蔽生活世界的阴影，彰显回归生活的价值，并学会实践自己的生活哲学，学会反省、检讨、忏悔与进步的自我认识的哲学，这是生活的哲学的基础与根本。哲学本应彰显生活的本质与意义，而不是遮蔽其真实内涵，进一步融入生活，回归生活，作为其中的一部分发挥其作用，这才是哲学转向应该到达的地方。

三、教育的生活转向：借鉴与发展

真正的教育，好的教育，不仅对未来生活而言是有益的，而且它本身也是有价值的。教育只有更好地关注当下才能更好地放眼未来，而当下即生活，只有转向生活，在生活中得以借鉴和发展，教育才会实现其意义，发挥其作用。教育向生活的转向是一个必然而不断发展的过程，逐步形成适合本土的教育，生活的教育，教育的本质才得以彰显，质量才得以提高。

（一）教育视域转向生活的思想发展

以苏格拉底、柏拉图为代表的古典教育以对美好事物的追求为基本内容，以教育即回忆为基本形式，体现出对日常生活世界的超越性。夸美纽斯提出教学论是"把一切知识教给一切人的艺术"，最早提出了"教育为生活"的命题；卢梭提出了自然生活教育理论；斯宾塞提出了教育是"为未来完满生活做准备"；杜威的"教育即生活"的民主主义教育理论。可以从这一发展与转向的变化中发现，"现代教育发展的过程是教育转向成人生活、再转向儿童生活的过程"。[9] 卢梭和杜威，是教育视域转向生活中最具代表性的人物。

卢梭提出了关注儿童自然生活的"自然教育"。他重新定义了赤裸裸的人，发现了真正的人的教育。这种纯粹的生活教育认为，生活教育就是要引导孩子懂得"如何生活"，这是符合现代教育发展的趋势的。因为，人本是自然的，在教育的过程中遵从自然的规律也是教育应该遵循的基本原则，"在生活中得到教育，在生活中成长，在生活中去获得，这样得到的东西才是深刻的、容易理解的"。[10] 但是笔者认为，卢梭的自然教育在其时代中是具有超越性的，但其思想是否完全适合于每个孩子的成长成才，其自然后果法和苦难教育等方法对儿童而言又是否顺应了儿童的自然天性，也值得我们进一步思索。到20世纪初，杜威明确提出"教育即生活"，即关注民主生活的民主教育。他将斯宾塞的教育回归生活的"教育即是为生活做准备"的观点，向前发展一步，强调"教育是生活的过程，而不是生活的预备"。但他并不否认教育作为生活的准备，教育即生活本来就暗含着教育作为通往未来民主生活方式的路径。同时，杜威的教育即生活，"无疑是对卢梭关于儿童自由思想的延伸与扩展，或者说卢梭儿童自由理念的现实化。把每个人作为自我生活的主体而实现的个体在教育中的生长、教育回归生活的过程，乃是教育目标下移、促进普通个体的生长与生活并由此而获得社会生活雏形的过程"。[11]

从整体而言，杜威的"教育即生活"是对赫尔巴特的传统教育观念的批判，传统教育的特点是"教师中心、课堂中心、书本中心"，而现代教育则是"儿童中心、活动中心、作业或经验中心"。在杜威看来，个人最好的发展就是其生活，也即自主活动，教育就是当下儿童的生活，指责传统学校教育与儿童生活相脱离。教育根植生活，意即指教育就是人的生活的重建过程。

杜威的生活教育思想在成熟后辗转传入我国，陶行知的思想受其影响别具一格。陶行知虽非杜威的授业弟子，但却同杜威有着过密交往。他完全领会杜威所谈论的生活和教育的关系，也认识到生活就是一种教育，但却总是从杜威的“教育即生活”理论模式下走不出来。在其创办晓庄学校之后，经过不断地探索发展才逐步形成了完整的生活教育理论，从杜威的理论中行走出来，升华出“生活即教育”的思想。“生活即教育”的观点，就像陶行知自己总结的那样，“从生活与教育的关系上说，是生活决定教育。从效力上说，教育要通过生活才能发出力量而成为真正的教育”。他于 1926 年在《我们的信条》中提出“生活是教育的中心”，“教育应当培植生活力”。

从卢梭的自然教育，到杜威的教育即生活，再到陶行知的生活即教育等一系列的发展与深化，不难看出教育正在遵从自然规律而融入生活，在生活的大环境里教育得到彰显，同时也提高了生活的真正内涵。通过不断的发展、融合、创新，教育向生活的转向越来越强烈，越来越深刻，并且教育的意义在这种转向中也愈发明显并且与生活融为一体，生活是教育的重心，教育又可培植生活力。从教育即生活到生活即教育，不断发展与进步，可见生活之于教育的重要性，生活即教育的核心所在。故，教育本应归真于生活，在生活的世界里提高教育的质量，实现教育生活中人的目的。教育的“生活”转向，是一个借鉴与发展的过程，在这个过程中逐步彰显出教育的根本问题应该回归于人，回归于人的生活，在这里教育才真正是人的教育，也才可以称之为教育。

（二）教育向生活回归的可能性

笔者认为，教育向生活的回归的过程其实是把教育的过程回归到人的生活之中，教育过程只有在人的生活这个大环境中进行才会更加充分。另外，教育的内容理应反应和提高生活，我们所提及的教育的内容应该是生活化的，而不是虚无缥缈的东西，这样其内容才有意义。生活和教育的目的有相通，都是使人成为完满的人，使人获得真正的幸福和解放，教育要培养的完满的人是与生活相统一的，只有在生活中人才能够更加具体完善地发展，脱离了生活，教育得到的人将会是抽象的、不完整的。教育转向生活培育出完满的、懂得生活的人，也就实现了教育的目的，教育也就有质量可言。教育向生活的转向将会形成内在的关系从而实现人存在的意义，这也是教育的内在目的，实现完满的人的培植。

四、教育与生活的关系及其建构：实现生命意义

教育、生活与人本为一体，三者交错相连。教育是培养人的，人的问题是教育的根本问题，而人的问题的核心是生活意义的问题。教育之于人的观照，首先应该是使人实现其意义，得到真正的快乐、幸福和解放，教育正是在不断地与生

活发生关系，实现生命意义的过程中才使得其自身成为一种有意义的实践。而人又恒在生活之中，生活是人的依托，生活又是人的生活。教育即生活，生活即教育，在生活中得到教育，教育最终让人更好地生活，教育关注人即关注人的生活，故只有在人的生活之中教育才可有其意义所在，才可发展；生活是其源泉，唯有更好的理解和生活才能有更好的教育。

生活与教育既有本质区别，又有内在联系，生活是人的生命意义之展现，教育则是培植人生命意义的现实过程，即由生活，到生命意义，再到教育，这是一个反复而循序渐进的过程，在这个过程中对关于生活与教育的关系而不断深化，从而构建起生命的意义。有学者曾指出，“教育与生活的脱节有其深刻的科学观和科学哲学根源。从这个根源出发，我们可以探寻到教育回归生活的途径，那就是从知识教育回归文化教育、再从文化教育回归生活教育”。[12] 在生活中获得理想教育的灵感和素材、方法，从而促使教育向更高层次发展而得到理想的教育，生活作为教育之根和本不可或缺，同时也在教育中不断丰满自我，使得生活质量得以提高，从而也提高了生活中人的质量，实现生命的意义。即，生活本身是具有生命意义的过程，教育亦是一个将生活所赋予的生命意义倾注其间的活动。

正如刘铁芳教授所说，“通过教育建构生活与生命的意义，要求我们认识到，教育要起到其引导作用。引导人热爱生命；引导人与环境作积极对话；引导人去努力建构自己的精神世界；增强人的文化意识和文化涵养，从而有效地拓展理解生活意义之‘理解’，为个人生活意义的充盈奠定坚实的精神基础”。[13] 哲学家爱因斯坦曾指出，“现在大家为了电冰箱、汽车、房子而奔波、追逐、竞争，这一时代完全被事物的有用性包围着、裹挟着前进”。由此可见，在探寻生命意义的道路上，教育要发挥起作用，通过其方式让生活中的人拥有正确的观念和思维方式，拥有丰富的精神空间。

教育的目的并不是告诉后人如何学习科学的事物和理论，就像“有些人认为有了科学以后，就不再需要宗教、哲学以及一些心灵上虚构幻想的东西”[14]，而忽视了“科学是非常谨慎、非常有分寸的，它绝不会去批评不在它研究领域的东西”。[15] 即科学不会否定教育以及人类生命去追逐它们的其他要求，不会否定教育关注生活，进行关涉生活的教育而是告知他们如何精神充盈地度过一生，就如尼采所说的那样，是告诉我们“生命，应该被热爱”。[16] 要实现这一目标，教育势必要找到其土壤，即教育回归生活，在生活中不断充盈教育之素材、内涵、方法，并不断丰富和发展教育与生活的关系及其建构，使得教育质量不断提高，从而实现生活中人的生命意义。这样与教育质量发展相关的生活与哲学才能够不缺失，才能够对教育质量的发展起到推动作用，教育质量才可真正地发展。

讨论部分

唐松林老师：针对今天的主题“生活与教育”，我们要了解生活的内涵，生活与教育的关系，如何回归生活的教育等问题。第一，生活含义广泛，生活是人类生存发展的形式与状态，它有优劣之分。晓卉刚才说的我们的感知觉、推理归纳分析等活动就是人类的理智的生活形式；你的信仰，对事物的追求和热爱，你的欲望、亲情、爱情、友情、对敌人的仇视与愤怒等情欲与关系形式，也是人的生活形式的内容。第二，教育本身就是一种生活形式，或者说生活形式与教育存在紧密关系。我们的教育是否体现了我们希望的生活形式，或者生活与教育脱节，大家可以思考、讨论这样的问题。第三，如何使我们的教育更融入生活，或使我们的生活更具有教育的品性，如何使大家都热爱真理，热爱学习，更有正义，更有智慧与道德等。从哲学讲是复杂的，这就需要我们从多层面加以理解。我们在这里可以讨论，大家追求的是一种什么样的生活？我们应该怎样过一种有意义的生活？如何追求生活的意义？

邓洁隽：我所追求的生活是一种适宜的栖居的生活，在这种生活中需要我们做的是理智与热爱并存。理智，即理性，尽管面对现实的生活、世界的浑浊，但是依旧需要清醒的头脑，与世界交流，同时我们需要“顺应”，人因顺应而自由；同时也应自律，因为只有个人的自律才能幸福。热爱，即温情、信仰（指个人的情感、价值观）。因此，我认为理想的生活是一种“有选择的生活”，而世界上最坏的生活就是一种没有选择的生活。

吴建云：我记得林语堂有一本书叫作《生活的艺术》。我相信我们在座的每个人的生活态度、生活品味迥异，因为选择的不同，也使得这门生活的艺术在每个人的身上表现不同。其次，我想说的是，生活存在艺术感，但同时也是自由的，适合自己的生活，能活出自己的精致精彩与潇洒就是有意义的生活。

廖锐：对我而言，有意义的生活是一种阳光的生活，有爱、有温暖、情怀，超然于现实生活，也不能脱离现实生活。我的生活态度就是，尽量地远离世俗打扰，追求精神生活，倾听内心声音并去做。

周舟：我觉得，存在即生命的意义，不断爱自己、不断追求、爱生活，所以生命的意义就是活在当下。

袁野：生活，就是与人之所以为人的所有相关活动。人是生活的主体，忽视人，那么生活也就没有可以谈的价值。那么什么是美好的生活？一个人能够在生活中让生命自由地流淌，让内部能量自由地释放，尊重自己内在欲求；对他人不造成伤害，尊重社会，尊重他人，尊重自然，就是美好生活。而作为个体我们怎样过一种有意义的生活？其一，我们处于当世，总会说的一句话就是生活难，因为生活中芝麻绿豆大的小事，我们会将其放大，直到我们把简单的生活转变成艰难、复杂的生活为止；其二，我们又不得不谈到欲望，一切欲望的根源本是无所谓善与恶，只不过人处于世，生活无形当中让我们的欲望膨胀了，不满足、得不到、放不下让我们觉得生活一切都是不美好的。因此我们要学会有理性，以理节欲，“糊涂是福”。选择让自己幸福的生活就是有意义的生活，因外在世界，我们无法改变，顺应也许不枉为一种幸福的处世态度。多阅读，亲近自己的内心世界，与智者多交谈反思自己，这样我们的生活就会回归本质——简单。

胡一舟：我曾经觉得人类不过就是生活在生命旅途之中的匆匆过客，终有一日到达归途。就像李白说的：“生者为过客，死者为归人。”生活中充斥着的名利之争、爱恨之苦皆是虚妄，转眼成空。直到有一天我看了一本有关机器人设计的书，人类的设计使机器人无限地接近人类，它能做到许多事情，甚至还能进行某种意义上的思考，却始终做不到真正地去感受这个世界，因为它不是真正的生灵。短短数十年人世嬉游，人究竟怎样生活才是对的？我想，大概是要赏花品月，尝爱尝恨，才算对得起大自然一个偶然的缘分创造出的自己吧。

熊艳青：这个主题让我想起了去年在图书馆看过的一本书，书名叫作《体验幸福》。这本书带给我的体会很深，用书中的一句话来回答今天的问题：我希望过一种有意思、有意义的生活。如何过这种生活，就像这本书的书名一样“体验”，因为如今的我们，阅历太少，什么是有意思的，什么是有意义的，我们或许并不知道，或者说我们是很模糊的。因此，唯有不断体验，体验没有尝试过的事情，才能知道什么对我们自己而言真正有意义，并且愿意投入我们的情感与精力，或者即使我们没有那么幸运，能找到自己有意义、有意思的一种生活方式，但是，至少通过体验，我们会知道自己不喜欢什么样的生活。

龙漫：我所向往的生活包含三个关键词：自由、简单、幸福。首先是自由。自由并不是不管不顾随心所欲地干自己喜欢的事，而是在你所处的生活环境中，不管是你的身体，还是你的灵魂，都感觉是自由的，这种感觉对于生活来说是一种必不可少的调味剂。其次是简单。对我来说，我崇尚的是一种简单实用的生活态度，但不是为了生活而生活。当大部分人为了生存忙于各种生活技能的学习，为了提高生活质量热衷于追求财富、权力和地位，把原先简单的生活变得充满复杂。我宁愿选择一种简单的生活方式，享受简单带来的内心的愉悦。最后是幸福。当你朝着自己预先设定的方向努力向前，当你和家人朋友一起感受到亲情、友情和爱情带来的精神上的满足，当你在纷繁复杂的社会寻找到片刻的宁静，都是充满着幸福的。幸福其实很简单，只要用心体会，幸福就在我们身边。

卢猛：前两天看到朋友在朋友圈发的一段话：愿你自强到无须有人宠、有人惯，却依然幸运到有人宠、有人惯。我觉得这就是我想要的生活状态，有自己独立的空间，有自己奋斗的目标，可以做自己喜欢的事，却又不是孤独的。有一个疼自己爱自己的爱人在身边，无论在外面怎么伪装，回来都可以全身心放松地依偎在他身边。再生个可爱的宝宝，可以每天把他打扮得帅帅的，每年一家人可以来一次旅行，拍些美丽的照片。定期回家和父母团聚，和爸爸聊聊工作，和妈妈唠唠家常，我想这就是我想要的生活——简单、平静、幸福、团圆。关于第二个问题，如何去追求生活的意义，我想就是要常怀感恩的心，善待生活的每一天，善待身边每一个人，懂得满足，懂得谅解。常常在网上看到那种老伴间相互扶持、相互依偎的照片，每次都感动得热泪盈眶，我想他们相互扶持走过这一路却依然可以有爱，就是他们懂得感恩，懂得善待的结果吧！可以和相爱的人一起享受爱情，和父母、子女一起享受亲情，和闺密一起享受友情，一直这样幸福下去，这就是我想要的生活，也是我努力的目标。

刘茂梅：生命的意义在于自由：生活自由，精神自由，人身自由。

张欢欢：生活是琐碎的、繁杂的。也许会有人觉得《活着之上》是一本带来太多负面效应的书，我却觉得，其中描述的所有事情和经历确是生活不易、生活艰辛的真实写照。它或许不全是一个人的经历，而是大多数人经历的综合。其中有我经历过的，有未来将要经历的，还有一些永远不会经历但却有别人会经历的事情。比如，工作编制得不到解决的烦恼，找关系发表论文的忧心，学校、学生中的不公平事件，养儿难、买房难等现实问题。生活不可能风平浪静，太多的事情等待着我们去面对、去解决。逃避不是办法，找到解决方法才是出路，而我们的思路决定我们的出路。有时候，换个角度、换个想法，困难或不愉快就会迎刃而解。在这个过程中，我们需要具备良好的心态，具备面对和解决一切问题的能力。生活也会逼你具备这些能力，如果不自甘堕落的话。我们会问，生活的意义到底是什么？其实，生活的意义就是生活本身。这些看似纷繁复杂的事情其实就是生活的全部。只要我们放正心态，善于品味和发现生活中的美好，充实地过好每一天，就足够了。至于那些困难、那些不开心，当它出现的时候，我们勇敢面对，它总会过去的，它并不会阻挡生活的前进，也并不会毁掉生活本身的意义。

胡秀银：我个人认为主观能动性很重要，主观能动性告诉我们，有意义的生活就是主动去做，虽然生活难，但那是因为很多人不试图去改变，要使生活有意义就要主动积极地去改变。

邱海青（留学生）：我想要的生活其实很简单，就是吃得饱、穿得好、睡得好、想去哪儿都能去哪儿、能照顾好家里人、工作顺利、找到爱我的我也爱的那个人一起陪伴彼此，互相依靠，还有一群朋友一起疯狂一起奔跑。但现实的生活并没有那么简单，以现实生活来看，我个人觉得在生活里面我们最想要的就是陪伴，不管是家人也好、情人也好、朋友也罢，一起鼓励着对方一起渡过难关，然后我们就会发现其实生活就这么简单。

唐松林老师：我们谈生活，实际上美好的生活就是让生命自由地流淌，内部能量自由地释放，享受与世界的美好关系。它包括人生存发展的一切活动，包括人的思想与行动样式。它是一个信仰、情感、关系、创造与爱的混沌体。我们不仅要追求理性的生活，而且还要追求有情感的审美的生活。

怎么建构幸福的生活呢，大家的发言已经很全面，总结了爱、理智、顺应、避开、适当的超脱、自己选择、理解尊重别人、正确认识自己等方式。其中尤为重要的是心态，就是要保持对世界的温情，包括对所有甚至伤害自己的人一种宽恕、包容与热爱。经常倾听自己的内心，经常与智者对话，提升精神素养，享受生活。就是说，我们可以主动地追求自己的理想生活，但是前提是不要对他者的生活造成伤害，所以，生活包括内在的尊重、理解与包容，因为我们生活在一个关系中，生活在社会中。一定要与他者共生、共荣与共存，美好的人际关系体现在"和而不同"的团结的生活之中。

教育与生活的关系是我们要关注的重要问题。杜威、胡塞尔等在反思我们传统的活动特别是在教育的领域，忘记了教育本来的意义，即教育的生活意义。胡塞尔有这样的经典名言，"回到事情本身"，就是呼吁我们回归生活，因为西方的理性的、宗教的生活均使人过得过于忧伤与痛苦，人类的不幸福主要是过着禁锢与统治人思想的宗教生活，我们还应该有审美的、情感的生活。这需要我们真正地认识到，生活的本质就是追求生命的意义，而我们每一个生命的真正意义是在思考、创造、互动与爱中体现出来的。要在生活中去体会、创造，去发现爱的存在。如何过一种有品质的生活，这是教育的重要目标。教育应该把自我发展到最大化，使人内在力量强大，我们每个人应该有自己的东西，有独立思考与自由精神。世界强大，就是依赖个人力量的强大。世界的美好与个人生活的美好紧密相连，个人的自由生活与社会的和谐是人类生活幸福的两个表征。

参考文献

[1] [美]约翰·杜威著. 民主主义教育[M]. 王承编译. 北京：人民教育出版社，1990

[2] 梁漱溟. 梁漱溟全集. 第4卷[M]. 济南：山东人民出版社，1991：759

[3] 张传燧，赵荷花. 教育到底应如何面对生活[J]. 教育研究，2007(8)：47－52

[4] 衣俊卿. 理性向生活世界的回归——20世纪哲学的一个重要转向[J]. 中国社会科学，1994(2)：115－127

[5] 蒋勋. 生活十讲[M]. 桂林：广西师范大学出版社，2010：245

[6] 刘铁芳. 走向生活的教育哲学[M]. 长沙：湖南师范大学出版社，2005：103

[7] 刘铁芳. 从苏格拉底到杜威：教育的生活转向与现代教育的完成[J]. 北京大学教育评论，2010(2)：91－112，190

[8] 孟建伟. 教育与生活——关于"教育回归生活"的哲学思考[J]. 教育研究，2012(3)：12－17

[9] 刘铁芳. 生活意义的失落与当代教育的使命[J]. 高等师范教育研究，1997(2)：15－23，30
[10] 傅佩荣. 哲学与人生[M]. 北京：东方出版社，2005：73
[11] [德]尼采. 尼采生存哲学[M]. 杨恒达，等，译. 北京：九州出版社，2003：69

艺术教育——成人之美

刘茂梅*

时间：2015 年 6 月 2 日

地点：湖南大学教育科学研究院 320 教室

参加人员：唐松林（湖南大学教师）、邓洁隽、廖锐、吴建云、周舟、袁野、胡一舟、熊艳青、龙漫、卢猛、张欢欢、胡秀银、邱海青（泰国留学生）、于晓卉、刘茂梅（没有特殊注明者均为湖南大学研究生）

一、关于艺术的起源

数万年前，人类就开始了艺术活动，无论社会怎样发展，艺术活动都是人类社会活动的重要组成部分，是人类生活的特有现象。艺术，是人类在漫长的生产活动和社会活动中形成和创造的成果，是人们满足自身的审美需求，以一定的物质形式和情感为中介，表现社会生活和艺术家思想情感的审美形态。艺术活动是社会审美意识和精神文化创造的凝结，是人类通过与客体世界审美关系的把握，实现掌握世界的特殊形式。

关于艺术起源的几种学说：

* 作者简介：刘茂梅（1991 年出生），女，四川泸州人，湖南大学教育科学研究院 2014 级研究生，从事教育哲学研究。

（一）模仿说

模仿说认为艺术起源于人类对自然和现实的模仿。这是关于艺术起源最古老的理论，西方的代表人物主要是古希腊哲学家，柏拉图、亚里士多德等人均持这种观点。柏拉图认为艺术即模仿，艺术是对模仿品的模仿，艺术的目标是对现实世界的模仿。亚里士多德认为艺术即再现，他把所有的艺术，包括音乐、舞蹈、文学、绘画、雕塑都看作是一种再现，再现的东西有别于现实，再现现实世界中可能存在的事物，所以我们才能欣赏艺术作品；如果艺术作品内容是真实的，反而令人厌恶（比如俄狄浦斯王）。这种强调把再现的可能性作为艺术创作对象的做法是亚里士多德艺术理论的一个重要特征。

我国古代也有艺术起源于模仿自然的说法，如《吕氏春秋·古乐》认为：黄帝命伶伦制定音律，“听凤凰之鸣，以别十二律”，尧“命质为乐，质乃效山林溪谷之音以歌”，阮籍在《乐论》中也说原始乐歌乃“体万物之生”，“体”的意思是模仿和效仿的意思。

（二）表现说

表现说认为艺术是情感表现和交流的需要。代表人物有托尔斯泰、乔治·科林伍德等。托尔斯泰认为艺术即情感交流，艺术使用诸如色彩、声音和行动等手段，向其观众传达了一种艺术家曾经历的感受或情绪。科林伍德认为艺术不是再现或模仿，更不是单纯的游戏，只有表现情感的艺术才是“真正的艺术”，艺术就是艺术家的主观想象和情感的表现。

艺术表现情感的这种说法在我国也有悠久的历史，我国汉代的《毛诗序》中就讲道：“情动于中而形于言，言不足故嗟叹之，嗟叹之不足故咏歌之，咏歌之不足，不知手之舞之，足之蹈之。”这可以体现我国古代学者认为唱歌、跳舞等艺术行为是表现情感的。[1]

（三）游戏说

游戏说认为艺术活动起源于人类具有的游戏本能。一方面由于人类具有过剩的精力，同时由于人类可以将这种过剩的精力运用到没有功利性的活动中，于是体现为一种自由的游戏。代表人物主要有席勒、斯宾塞等。德国古典美学家席勒认为，艺术的产生是人类脱离动物界的最后的也是最重要的标志。“无论我们对历史追溯到多么遥远，在摆脱了动物奴役状态的一切民族中，这些现象都是一样的：即对外观的喜悦，对装饰和游戏的喜好。”他认为，游戏是创造力的自由表现，在游戏中过剩的精力流露出来……感性的冲动和形式的冲动就融合为自由的游戏冲动，也就是审美冲动。于是，艺术产生了。[2]斯宾塞也认为游戏和艺术都是过剩精力的发泄，美感起源于游戏的冲动。

（四）劳动说

劳动说认为产生艺术的根本动力和原因在于人类实践活动，尤其是占主导地位的物质生产实践。劳动起源说在我国学术界得到比较多的肯定。人们把劳动看作艺术发生的主要原因在于人类的劳动实践活动与原始艺术有着最直接的联系。史前人类的艺术活动与劳动紧密联系在一起，如有的部族在种下庄稼后跳的“踊跃舞”。我国汉代的《淮南子·道应训》中记载：“今夫举大木者，前呼邪许，后亦应云，此举重劝理之歌也。”清晰表明了艺术在劳动中的重要作用。在艺术形式方面，很多学者发现，音乐、舞蹈和诗歌所具有的鲜明节奏感均与生产劳动联系在一起。有些打击乐器是从劳动工具演化而来的，比如我国殷墟中出土的石磬就是由犁演化而来的。

（五）巫术说

巫术说认为艺术起源于原始民族的巫术仪式活动，这是近代西方学术界最具影响的一种理论，最早由英国人类学家爱德华·席勒提出。他在《原始文化》一书中，最早提出艺术起源于巫术的理论主张。他认为，原始人思维方式与现代人有很大不同，对原始人来说，万物有灵，并且都可以与人交感。法国考古学家雷纳克阐发了交感术的思想，认为原始艺术就是巫术的一种。在原始部族中巫术信仰存在无可怀疑，他们发明建筑抵御大自然的侵袭，也企图发明支配自然力的巫术，各种巫术活动中，说唱舞蹈，以及绘画、雕刻都被用来保证成功，这些技巧得到改进，巫术能鼓励艺术的发展，在艺术的最低阶段，巫术的艺术成为最早的文化模式之一。巫术所创造的艺术具有双重性，增加巫术效果氛围、情绪与形象逼真，同时又能将人们带入幻觉真实，从而引导出一种愉快的感觉，最终转化为审美愉悦。

以上各种关于艺术产生的学说各有其合理与局限的地方，艺术的起源因素应该说是多元的，不是单一的。在众多因素中，劳动说和巫术说最为重要，原始人采集、狩猎等生产活动与巫术活动以及社会群体的交往活动融合在一起，形成独具特色的原始文化现象。正是这种基础上萌发的原始艺术，一步步发展成为文明时代的艺术。

二、关于艺术的定义

关于艺术的定义西方和我国都有相应的见解。

在西方，如果我们从考察艺术这个词入手，今天所使用的“艺术”（art）一词源自拉丁文“ars”，拉丁文的“ars”从希腊文翻译而来，古希腊文的原意是指工匠制作东西的一种技艺。在西方艺术史上，古希腊所说的艺术主要并不是指一种产品，而是指一种生产性的制作活动，尤指技艺(韵律的生产)。古希腊人将农作、医疗、手工业制造等与日常生产生活相关的技艺统称为艺术。

随后，一些学者如柏拉图等人认为艺术即模仿。艺术是对模仿品的模仿，艺术的目标是对现实世界的模仿。这位伟大的艺术家对艺术抱以很深的怀疑态度，他认为艺术只会唤起情感而不会激发理智。亚里士多德认为艺术即再现。他把所有的艺术，包括音乐、舞蹈、文学、绘画、雕塑都看作是一种再现，再现的东西有别于现实，再现现实世界中可能存在的事物，所以我们才能欣赏艺术作品。托马斯·阿奎那用“理性的正当秩序”来为艺术下定义，认为在制造者的心里原先就存在着一件作品的源泉，他是按照制造事物的观念去制造该事物的；邓斯·司科特在一种神学意义上也曾涉及艺术的概念，认为艺术是行为的产物，把艺术定义为一种正确观念的产品。此时艺术是神学的附庸。

文艺复兴时期后到现代，许多文学家、哲学家、艺术家对美的本质提出了自己的见解。伊曼努尔·康德认为艺术是可传递的快感。艺术是各种人类活动中的一种人们自由从事的活动。美的事物的形式促成了想象力和知性以一种特殊的方式相互协调，艺术作品就是那些通过形式制造审美快感的作品。卢梭认为艺术是情感的交流。他认为艺术不是对经验世界的描绘或复写，而是情感或感情的交流。[3]谢林认为艺术是至高无上的精神产品，因此，艺术与野蛮是水火不容的，有野蛮就无艺术，有艺术就无野蛮。他说：“艺术是很神圣的，很纯洁的，以至艺术……完全与真正的野蛮人向艺术所渴求的一切单纯感官享受的东西断绝了关系。”亚瑟·叔本华认为艺术即展现。艺术揭示了现实的本质，让我们了解关于存在的形而上学的真理。他认为，一件重要的艺术品，我们关注的不是某些特殊的东西，而是隐藏其后的揭示现实的普遍理念。托尔斯泰认为艺术即情感交流。艺术，使用诸如色彩、声音和行动等手段，向其观众传达了一种艺术家曾经历的感受或情绪。对托尔斯泰而言，艺术总的来说像一门语言：一种交流的手段。到了现代，约翰·杜威认为艺术即经验。艺术虽然有其特别突出于人的一面，但它与其他更为平凡的人类活动形式是一样的。其特点在于：当创作的冲动控制了整个创作过程，且作品的可感知特性能立马带来满足的时候，就产生了艺术。他认为艺术聚焦于我们对整个创作过程的有意识的欣赏，即杜威所说的“一种经验”。西奥多·阿多诺认为艺术即自由。他认为艺术是使人能够获取“不自由中的自由”的为数不多的领域之一，甚至在企图从体制上否定自由的社会中，艺术也能让人充满对自由的向往。

阿瑟·丹托认为艺术的目的在于模仿事物的外表，并区分物质的模仿和理性的模仿；艺术的目的在于表现事物内在的主要特征，表现得越充分越好。[4]英国画家奥布里比尔兹利认为艺术即美感制作。“艺术品是被制作的，意图赋予它以满足审美意趣的能力的东西。”他把艺术家的满足某种审美兴趣的意图列为艺术品身份的必要条件。艺术品之所以为艺术品，是因为艺术家有着把艺术品塑造为艺术品、用以满足审美兴趣的意图。

我国艺术的概念也有自己的历史。艺，甲骨文通“耕”字，指生产劳动，这是古时最早的艺术本义。春秋以后，艺术的含义继承了春秋时期的规定，没有太大的变化，但儒、释、道三家对艺术的态度却各不相同。然而有一点是共同的，即他们均把艺术作为一种“技”。儒家把艺术视作政治的“技”，道家认为艺术只是技，要“进乎道”，禅宗把艺术当作空无，所谓“色即是空，空即是色”。总而言之，传统中国艺术史上的艺术是作为附属物出现的，艺术概念没有自主性的一面。在这方面，西方对艺术概念的论述确实更加深刻。现代中国的艺术概念基本上接受了西方理论的洗礼，在此就不详细说明了。

通过对这些定义的梳理，我们可以看到学者或艺术家们对于艺术的理解，艺术是再现、精神产品、可传递的快感、情感交流、经验、自由、美感。不同的艺术家从不同的角度给予艺术定义，都有其合理的地方，同时也有利于我们全面理解艺术。西方和中国传统的看法是相同的，把艺术作为与劳作相关的一些生产技艺的活动。

三、关于艺术的本质

艺术的本质可以分为：社会本质、认识本质、审美本质。

（一）艺术的社会本质

因为艺术的发生和发展都离不开人类社会，任何创造艺术品的人都是社会的人，离开社会，就没有现实的人，也根本不会有艺术。所以，社会性是艺术的本质。

艺术是一种特殊的社会意识形态，是相对于物质关系的一种社会意识形态；是建立在经济基础之上，并从根本上说为经济基础所决定的上层建筑，反映经济基础，也反作用于经济基础。它与政治、经济、哲学、宗教等相互影响和相互作用。进一步认识艺术社会本质就要进一步考察艺术与社会中的政治、经济、宗教、哲学、科学等关系。

1. 艺术与政治、经济的关系

它们的关系在历史唯物主义关于经济基础与上层建筑学说中论述得很清楚了：经济基础主要是通过政治中介影响艺术，而艺术也主要通过政治的中介作用反作用于经济基础。中外艺术史上大量事实可以证明，进步的艺术总是由上升的经济关系通过进步的政治所决定的，并且反过来给政治和经济以积极影响，而没落的经济关系通过反动的政治所决定，并且反过来为其政治和经济服务。意大利文艺复兴时期的艺术如此，法国大革命的艺术也如此。虽从历史上讲，艺术品往往带有一定的政治倾向性和阶级性，但不能做简单化的解释说艺术是“阶级斗争工具”，艺术更重要的是表现丰富多彩的社会生活、人类的情感生活、审美理想等。

2．艺术与宗教的关系

宗教对艺术的影响从根本上是对艺术的否定。主要是宗教利用艺术为自己服务并严格限制其发展。中世纪教堂里的神像只是拟态偶像，是宗教观念的外化，无艺术性可言。反过来艺术在宗教的束缚下发展到一定阶段，又获得自己的独立性，即利用宗教实现自己的本质。比如，我国敦煌、云冈、龙门石窟的佛教艺术就有很高艺术成就，佛像形态逼真、栩栩如生，凝注了画家和雕刻家们的审美意识和情感。文艺复兴时期，达·芬奇、米开朗琪罗等艺术巨匠以宗教题材为契机反映现实生活，表现人文主义理想。从世界范围来看，宗教对艺术的影响无疑是很大的，宗教艺术占了中外艺术史很大的一部分篇章。

3．艺术与科学的关系

艺术与科学都是人类社会重要的文化现象，它们有相似之处也有区别。现代科学技术的发展为艺术提供新的物质手段、传播手段，并带来新艺术形式的产生和美学观念的变化。艺术与科学和世界上其他事物一样，都在对立统一中发展。科学是生活的理智，艺术是生活的欢乐，艺术与科学缺一不可，缺少艺术，科学就会枯燥，缺少科学，艺术也会苍白。“艺术家是自然各种形式的发现者，而科学家是各种事实和自然法则的发现者……在科学中，我们力图把各种现象追溯到它们的终极原因，追溯它们的一般规律和原理。在艺术中，我们专注于现象的直接外观，并充分欣赏着这种外观的全部丰富性和多样性。”[5]

（二）艺术的审美本质

在讨论艺术的审美本质之前，我们先来看看艺术与美的关系。

艺术反映现实美。从郑板桥的《竹》、徐悲鸿的《马》等作品中，我们看到形态各异的植物与动物的美，从《米洛斯的维纳斯》和米开朗琪罗的《大卫》中，我们看到男性与女性身体无与伦比的美；从罗中立的《父亲》、伦勃朗的《戴金盔的人》、达·芬奇的《蒙娜丽莎》中我们看到各种人物的精神之美；等等。艺术史实告诉我们，从自然美到社会事物的美，我们都可以在艺术作品中看到。

艺术创造艺术美。艺术作品的美即艺术美，它是因创作主体的审美认识而产生，按照“美德规律”并为美的目的而创造的事物美，是人对现实审美认识的集中体现，是艺术家根据美的现实而创造出来的第二现实美。同时艺术也能根据丑的现实而反映现实丑，并且通过审美创造使得现实丑转化为艺术美。在文学、戏剧作品中这样的例子比较多，比如吴敬梓的《范进中举》、莫里哀的《悭吝人》、莎士比亚的《奥赛罗》等。

艺术是审美对象。艺术作品一旦完成，它就成了一件物态化了的社会文化财富，成为欣赏者的审美对象。既然美应是艺术作品的灵魂，那么审美就应是艺术的核心本质。艺术的审美特征一般包括以下几个特征：实践性与主体性、合目的性与合规律性、形象性、形式美与形式感、创造性、情感性。以下主要谈谈情感性：从广泛意义上来讲，一切文学艺术都是情感艺术，没有情感也就没有艺术，在艺术创作和欣赏中，始终起重要作用的心理要素是情感。所谓情感是人的喜怒哀乐等心理形式，它反映人对外部世界的对象和现象的主观态度。罗丹也曾说："艺术就是情感。"(《罗丹艺术论》)。托尔斯泰在其《论艺术》中明确地说："人们用语言互相传达思想，人们用艺术互相传达感情。"艺术以情动人，情感是艺术形象具有感染力的重要因素。比如毕加索的《格尔尼卡》描绘了1937年，德国法西斯对西班牙历史名城格尔尼卡狂轰滥炸激起了毕加索的义愤，于是他花了一个月创作了名垂画史、伸张正义、控诉暴行的杰作《格尔尼卡》。

(三)艺术的认识本质

艺术以特有的方式"掌握"世界。艺术是对世界的一种认识的物化形态。艺术作为一种精神生产活动，只能以客观世界为基础，从现实的社会出发，在此获得了对生活独特的审美意识后才能进行创作和表现。

艺术用形象反映世界。艺术与其他社会意识形态根本不同的一点是它的具体可感的形象性。形象性是艺术的基本特征。马克思的《资本论》和巴尔扎克的《人间喜剧》，二者都是19世纪资本主义生活在作者头脑中的反映，但它们反映社会生活的方式截然不同，一个是抽象逻辑论证，一个是具体形象描绘。

艺术反映客观世界的真实性。艺术形象是艺术家从感性到理性的认识成果，艺术形象的真实性是一切优秀作品的基本要求。战国时期的音乐著作《礼记·乐记》中说"唯乐不可以伪"，黑格尔说："艺术的特性就在于把客观存在所显现的作为真实的东西来了解和表现。"

艺术固然来源于生活但又不是现实生活，应该高于生活，把现实生活中不那么明显的本质真理形象揭示出来，通过艺术作品认识真、理解善、欣赏美。

四、艺术的种类

艺术活动是一个整体的系统，其中包含许多艺术种类，而每一种类又可以区分多种体裁与样式。中国古代文艺理论著作《毛诗序》对诗、歌、舞三种不同的艺术加以分析。古希腊亚里士多德根据模仿的媒介、对象和方式的不同，区分了音乐、悲剧与喜剧、史诗与戏剧等。近代黑格尔将艺术分为象征艺术、古典艺术、浪漫艺术等。目前，一般将艺术分为：造型艺术、表情艺术、实用艺术、语言艺术、综合艺术。

（一）造型艺术

造型艺术是指运用一定的物质材料（如颜料、纸张、泥石、木料等），通过塑造静态的视觉形象来表现世界、社会生活与艺术家的思想情感的创造性活动，是最具特色的艺术门类之一。包括：绘画、雕塑、书法，摄影艺术等。它（除摄影外）是人类文化史上古老的艺术门类之一。

（二）表情艺术

表情艺术是指通过一定的物质媒介（音响、人体）来直接表现人的情感，间接反映社会生活的这一类艺术的总称，主要包括：音乐和舞蹈这两门表现性和表演性艺术。同其他种类的艺术相比，表情艺术是历史上人们参与最多、最普及的艺术门类。节奏性和韵律美是其鲜明的美学特征，它们能最直接地抒发感情，撼动听众或观众的心灵，因而具有广泛的群众性。

（三）实用艺术

实用艺术是指实用与美相结合的表现型空间艺术，主要包括建筑艺术、园林艺术、实用工艺等。它与其他艺术最重大的区别是：它不仅能够满足人们精神上的审美需要，而且在一定程度上满足人们物质上的实用需要。

（四）语言艺术

语言艺术主要是指文学，文学是以语言或文字符号作为物化手段的一种特殊艺术形式。包括诗歌、小说、散文、戏剧以及影视文学等。它采用语言作为媒介手段，从而与其他艺术在性质上产生了重大区别，在人类艺术发展史上一直居于主流艺术地位，与其他艺术相互促进。

（五）综合艺术

人们把电视、电影、戏曲艺术样式称为综合艺术，是因为这些艺术广泛吸取了文学、绘画、音乐、舞蹈等各门类艺术的特点，经综合后，获得多种表现手段与方式，将时间艺术与空间艺术，视觉艺术与听觉艺术、造型艺术与表演艺术的特点融合到一起，进而形成自己独特的审美特征，更具艺术表现力。

事实上，所有的分类都是相对的，随着艺术实践的发展，艺术的类别与种类之间的联结也在悄然发生变化，艺术间的融合与游离，某些艺术形式的衰微，新艺术的生成，均是艺术发展规律及其多样性的体现。

五、艺术的功能

艺术的社会功能很多，现代艺术具有认知功能、教育功能、审美功能、审美娱乐功能、交际功能、劝导功能等社会功能，但主要的是审美娱乐功能、审美认知功能、审美教育功能。

（一）审美娱乐功能

审美娱乐功能是指通过艺术审美活动，使人获得视、听感官的某种快适和感觉上的美感，给人以精神上的满足和愉悦。这是艺术最基本的功能。中国先秦时期的艺术理论著作《乐记》提出了“乐者乐也”的见解，认为音乐应当使人快乐。古罗马美学家贺拉斯也提出艺术应当“寓教于乐，既劝谕读者，又使他喜爱，才能符合众望”。

（二）审美认知功能

审美认知功能是指人们通过艺术创作活动和鉴赏活动，可以更加深刻地认识自然、认识社会、认识人生。通过艺术作品生动感人的艺术形象，更深刻地洞察人生真谛。恩格斯在谈到巴尔扎克的《人间喜剧》时，也认为从这里所学到的东西，“比当时所有职业的历史学家、经济学家、统计学家那里学到的全部东西还多”。[6]再比如我国古典巨著《红楼梦》，广泛涉猎当时的社会、经济、政治、文化、教育、宗教、道德等方面的情态，同时也展示了当时的社会风俗、生活方式以及建筑、园林、礼仪、诗词、饮食、医药等多方面的知识，具有广阔的社会背景和精神内涵，使人在获得审美愉悦的同时也受到多方面知识的熏陶。

（三）审美教育功能

审美教育功能即指人们通过艺术创作与鉴赏活动，受到真善美的感染，可以在思想上受到启迪，情操上获得陶冶，并使人思想、情感、理想发生深刻变化，获得审美能力的提高与精神世界的升华。许多优秀的艺术作品，大都将真善美有机融为一体，让欣赏者在审美过程中潜移默化地接受美好的、善的观念，并化为自己的自由自觉意识。通过艺术欣赏活动，与艺术家精神世界获得沟通，受到启迪。如，鲁迅解释辛亥革命前后现实的小说，塑造祥林嫂、阿Q、孔乙己等典型人物形象，反映了鲁迅不妥协的反抗精神和对中国社会的深层思考，他的小说对中国社会产生的影响巨大，人们从中获益也是多方面的。

六、艺术面临的问题

19 世纪以后，伴随着商品化和市场化程度的加深，文化与市场之间必要的张力关系逐渐消失，艺术品的独立性和自主性日趋削弱，艺术向市场和商品的谄媚怪相横生，失去了自己的自律和批判功能，艺术家作为驾驭艺术的主体地位也不断受到市场和商品的挑战。在这样的情形之下，艺术家面临着两种选择：要么冒着失败的危险和生存的焦虑，坚守自己的阵地；要么放下自己的尊严和信仰，以合理化的原则去迎合公众的需要。贡布里希说："在 19 世纪的艺术家中便产生了一道很深的裂痕，一部分艺术家的天性和信仰允许他们因袭守旧，并满足公众的要求，而另一部分艺术家则宁愿孤芳自赏，在寂寂无闻中保持他们高傲的节操。"[7] 根据艺术家对艺术的态度，出现了两种功能截然相反的艺术——自律的严肃艺术和通俗化的娱乐艺术。前者一般称为先锋派，后者一般称为大众文化。随着电影、电视、数字化网络等电子媒介的兴起，文化发展的逻辑不是依照自身的规律和需求的轨迹稳步向前，而是被市场这条利益链日渐整合，成为这根生产线的一个重要环节。阿多诺把这种文化称为"文化工业"，它自上而下地整合了雅、俗艺术和它们的消费者。这种文化工业，带来的只是文化对商品的臣服，市场打着文化自主的旗号行市场主导之实。文化给大众带来的仅仅是快感，以及作为消费品的艺术作品。失落的是文化自身原本所具备的精神空间和真理启蒙。加伯利克指出，文化若是"屈服于经济力量的体系之下，而这个体系则以金钱和地位来回报他们的臣服"。[8]

"到了 20 世纪，美学逐渐被赋予了艺术哲学的含义，一旦讨论起艺术，有两个本质特性是不可或缺的：一是无功利性；二是欣赏艺术所引起的审美愉悦。无功利和审美性成了艺术品之所以称为艺术品的两大基石。"[9]

艺术如何在市场经济下"洁身自好"？我想应该是在考虑社会需求的同时，保持自身的自律和独立，追求艺术的本质。艺术家们在追求美的道路上，应抛弃功利之心，那样才能在艺术的道路上越走越远。

七、艺术教育——美育

艺术的功能使得艺术教育在学校的施行中成为可能。美育的核心是艺术教育。

艺术从一开始就被人类纳入教育范畴，它不仅是手段，而且是目的。早期的艺术教育主要是人类在生产和生活过程中通过口口相传和师徒相授的方式进行的，而学校教育中的艺术教育则是作为综合普通教育的一个组成部分得到实施的。比如，孔子提出“兴于诗，立于礼，成于乐”的教育观点，《周礼·地官·保氏》最早记载了包括礼、乐、射、御、书、数在内的“六艺”教育。在西周，不论是国学或是乡学，都以“六艺”为基本教育内容。“六艺”教育在规范社会秩序、教化民众方面发挥了重要的作用。真正大力倡导美育的是中国近代教育家蔡元培。西方，柏拉图把审美教育视为道德教育。席勒认为，只有通过审美教育，才能由感性的人变为理性的人。中世纪学校教育中“七艺”教育，包括语法学、修辞学和逻辑学、算术、几何、音乐和天文学。不论是我国的“六艺”还是西方的“七艺”，都包括了艺术教育，从教育目的看，都着眼于以艺术陶冶人，使受教育者获得艺术素养，造就个性与和谐品格。

随着艺术发展水平的不断提高，艺术教育的独立性不断得到强化，艺术教育越来越走向高度的专业化，甚至过度的专业化，导致其自身与其他学科专业教育的关系逐渐疏离。艺术教育高度专业化带来的疏离问题既表现在教育观念上，也表现在教育选择上。从观念上看，它带来了艺术教育的工具理性的泛滥，使艺术教育工具化，强调教而非育，重技术而轻人文、厚实用价值而薄文化价值。从教育选择上看，其消极影响主要表现在：一是艺术专业学生只看重艺术教育课程，对其他文化科学技术教育课程不感兴趣，即便选修了也是敷衍了事；二是非艺术专业大学生将艺术通识教育课程作为“打酱油”课程，能不选就不选，即便选择了也不是为了接受艺术的陶冶，而是为了凑足学分；三是有志于艺术追求的“准大学生”从中学阶段就开始专攻艺术考试科目，而忽视文化科学科目的学习，导致“艺考”成为很多考生投机取巧的门道，从而使很多人进入大学后难以适应相关文化科学技术教育课程的学习。

面对艺术教育面临的问题我们该如何做?

(一)更新艺术教育观

观念的更新发挥着先导作用，用新的艺术教育观统领改革，塑造艺术教育新的精神和灵魂。更新单纯的艺术专才教育观，树立人人艺术教育观。艺术教育需要培养艺术专才，这是艺术专业教育发展的必然要求，但不能将艺术教育的目的局限于培养艺术专才，它还应当满足所有大学生养成基本艺术素养的需要。艺术教育不能只是为艺术专业大学生服务，必须服务于每一个大学生，这正是艺术教育区别于其他专业教育的特别之处。更新片面的艺术功利主义教育观，树立全人教育观。不论艺术专业大学生还是非艺术专业大学生，都应通过接受相当的艺术教育，实现认知与个性、人格的和谐发展。更新技术本位教育观，树立人文本位教育观。艺术不仅包含了表现技巧，而且还拥有体系化的创作技术和规范。艺术教育不能忽视技巧、技术和规范的训练和养成，也不能唯技术论，不能使艺术教育陷入技术本位化的误区，否则，不论艺术专业教育还是艺术通识教育，都将沦为艺术匠人训练的一种手段。

（二）加强艺术专业大学生的通识教育

艺术专业教育改革，就是要使艺术教育走出封闭办学、孤芳自赏的怪圈，加强与其他相关学科专业教育的交流与融合，将艺术教育置于广泛深厚的各门文化科学技术教育的基础之上，建立综合学科教育基础上的艺术专业教育体系。

（三）加强非艺术专业大学生的艺术通识教育

在功利主义教育价值观的影响下，高度专业化的人才培养模式将艺术教育置于可有可无，甚至根本不应该有的地位，各专业仅仅从本专业角度制定人才培养方案，使非艺术专业大学生的艺术教育空间被压缩到了最低程度。对非艺术专业大学生而言，艺术教育改革应当从培养其基本艺术素养、发展其完美人格的目的出发，加强艺术通识教育，建立针对性强、适应面广的艺术通识教育体系。[10]

八、个人感悟

美感发生过程中最大的一次历史飞跃就是人们终于摆脱了对象的实用价值和功利内容，仅把对象的形式作为审美对象。比如羽毛。狩猎时代，猎人把羽毛插入自己鼻唇，是作为力量、勇气和灵巧的标记，因而具有适用性。但是，现代妇女，把羽毛插在帽子上，与力量、勇气和灵巧无关，仅仅以它的形式引起人们的美感。

我们现在"一旦讨论起艺术，有两个本质特性是不可或缺的：一是无功利性，二是欣赏艺术所引起的审美愉悦。无功利和审美性成了艺术品之所以称为艺术品的两大基石"。[11]美也是艺术品之所以称为艺术品的非常重要的原因。优秀的艺术品不仅给我们带来审美愉悦，而且也是和优秀的艺术家的一种思想与情感的交流。在《艺术：让人成为人》这一本书中看到一句话，"一位伟大的诗人首先是一首伟大的诗"。我的理解是真正的艺术家之所以成为大家，不仅是他的作品的杰出，更重要的是本身的修养和人格的成就。记得有一次听唐老师沙龙洁隽说"学术的最高成就是人格成就"，我觉得艺术的最高成就也是人格的成就，他的艺术作品存在"美"，其人格也"美"。

愈是伟大的、成就卓越的艺术家，愈是有着独立的人格，其作品中也会渗透其人格的风范与力量。文如其人，透过作品不难看到艺术家独特精神世界与品格。如毕加索的《格尔尼卡》、于谦的《石灰吟》等。人格的高尚与卑下，直接影响到艺术创作的格调与作品的品味。言为心声，坚持对世界和人生真谛的执着探索，不因外界的各种干扰而改变自己的追求和见解，才使得作品充满着主体人格的光彩和对世界的真知灼见，使作品成为艺术家智慧精神和人格美的载体。

最后引用卡西尔的一句话总结今天我所讲的内容：

“在艺术中，我们专注于现象的直接外观，并充分欣赏着这种外观的全部丰富性和多样性……艺术教会我们将事物形象化，而不是仅仅将它概念化或功利化。艺术给予我们以实在的更为丰富生动的五彩缤纷形象，也使我们更深刻地洞见实在的形式结构。人性的特征在于，他并不局限于对实在只采取一种特定的唯一的态度，而是能够选择他的着眼点，从而既能看出事物这一面的样子，又能看出事物的那一面样子。”[12]

讨论部分

唐松林老师：在我们人类生活中，艺术是一个很重要的一部分。我们的生活本身是充满艺术的，人天生就是艺术家。甚至有些学者把我们古代的“礼、乐、射、御、书、数”都归结为艺术。这种说法是有道理的，你看“礼”里面没有艺术吗？中国古代生活中的“礼”是一个十分重要的生活内容，那些庆典、礼仪、祭祀活动等都是充满艺术的。“乐”和“射”就不用说啦，它有美的模仿、再现与创造，金庸、古龙、梁羽生的小说，那些江湖豪杰用的各种武器，无论从其内容与形式，无疑都是艺与术的结合；“御”，驾车，它也是艺术，那些车马舟船的功用与装饰，无不与艺术紧密联系。还有“书”，你说它不是艺术吗？从甲骨文到竹简、到纸张印刷、到计算机输入等“书”的形式，哪一种不是艺术？孔子讲“兴于诗，立于礼，成于乐”，这里面都充满了艺术，所以我们讲“礼、乐、射、御、书、数”它本身就是艺术。你看古希腊的“三艺”，文法、修辞、辩证法，无论从思想还是表达方式，都充满着美，这是艺术吧。后面我们又讲音乐是艺术，西方七艺里面的音乐、算术、几何学、算术，它们本身就是一种艺术。比如勾股定理，它本身是一种几何美，比如天文学中描述的天体运动以及它们之间的关系，你要表达出来，就是一种艺术，也充满了艺术。所以，艺术无处不在，人天生就是艺术家。

我们今天主要讨论什么是艺术，艺术与教育的关系。从这种关系看，我们的教育还存在什么问题？我们的教育应该如何做才是艺术的？等等这些问题，如果能够明晰，我们的教育就会向美的方向发展。

邓洁隽：感觉我们离艺术很远，艺术好像非常高大上，但在我看来并不是那么的遥远，只是我们还缺少发现美感的心与眼。把你身边任何一个人或事当作一件艺术品来欣赏与赞美，心灵的爱意与温暖，人与人之间的情谊与感恩便自然流淌出来。当我们把我们手头上的每一件重要的大事件或者平常的小事情当作一种艺术行为，我们所完成事情的质量便可与艺术品之美不相上下。在读书阶段，艺术在我看来不是画家不是音乐家所独有的，即使你只是一个整日埋于书海的孤独学人，你也是一位艺术家，因为只要带着审美之心，你也能拥有天籁般的上帝之作。就如同在座的我们，当我们将我们所苦恼的论文当作一种艺术行径，那么我们也能写出如维特根斯坦所言的“诗歌版的论文”。

邱海青（泰国留学生）：艺术是指用形象来反映现实但比现实有典型性的社会意识形态，包括文学、戏剧、电影等。艺术的本质是反映现实又高于现实。只有这样，艺术才能起到感染人、教育人、启迪人的作用。艺术因哲学而伟大。作为创作主体的艺术家是不可能纯粹地“为艺术而艺术”的，或多或少地在艺术作品中渗透着、寄寓着创作主体的世界观人生观等一系列哲学范畴的东西。而作品本身所发出的哲学信号也成为评判、赏析作品的重要依据，在很多的时候，哲学思想的高低深浅直接体现出作品的优劣深浅。

廖锐：艺术或许在许多人看来是一门高深的学问，其中总是含有一些普通人不能理解的细节。当我们看到一幅被称为“艺术”的绘画作品时，或许我们无法理解作者的创作意图，但是在唯美的画面中会让人找到一份遗失许久的宁静与美。在我们教育中也是如此，有些教师将教育看成一份普通的工作，那么他所收获的仅仅是薪水。而有些教师将教育看成一门艺术，在教学过程、在师生互动过程中，用心去创造、去发现其中的美，这样的教师所收获的是教育这门“艺术”所带给他的宁静与美。艺术在我们生活中无处不在，但如何去发现、享受艺术带给我们的幸福与美，这就取决于人们是否有一双善于发现的眼睛与一颗相信美存在的心。

龙漫：以前对艺术的理解很狭隘，认为艺术就是少数人追求的美好的事物，我们大部分人都与艺术无关。在听了同学们和老师的讲解之后，我对艺术有了全新的看法。首先，每个人都有追求艺术的权利，艺术就如同美的存在一样，哪里有艺术，哪里就有美。也许你不能成为一名钢琴家，但你可以沉浸在钢琴曲优美的旋律中不能自拔，并享受巨大的精神愉悦；也许你不能成为一名优秀的舞蹈家，但你可以通过一些简单的舞蹈训练保持仪态的优雅；也许你不能成为一位出色的画家，但你可以把画画作为业余爱好，并在这个过程中尽情享受生活的美好。其次，艺术具有强烈的情感性。真正美妙绝伦的艺术不在于技术的高超，不在于难度的高低，而在于是否以情动人，以最真挚的感情唤醒人们干涸的心灵。因此，艺术可以说是纯粹的，毫无功利性的，它表达了人们对美好事物的追求和渴望。最后，艺术是对客观事物模仿的模仿，影子的影子。一方面说明艺术活动的原型来源于客观世界，并不是艺术家的主观臆想，另一方面也表明艺术需要在客观原型的基础上加以创造和发展，才能使艺术活动永葆生机。

吴建云：一提到艺术，我们可能不经意间就想到了音乐、美术、绘画、雕塑等等，确实，它们属于艺术，但并不仅此而已。艺术是来源于生活的，但也高于生活。我们每天都在生活，甚至我们所有的活动都可以称为生活，但很难说我们生活的每一部分都是有艺术的。艺术满足人们主观与情感的需求，通过特殊的娱乐方式反映日常生活，是浓缩化或夸张化的生活再现。艺术的根本在于不断创造新兴之美，借此宣泄内心的欲望与情绪，把人对自然界中的一切活动进行深入体验、感悟、提炼、加工，用艺术的形式去表现它。例如：用音乐去表现高山流水，用绘画去表现梅兰竹菊，用书法去表现阴晴圆缺，用文字去表现喜怒哀乐等。我们每个人可能都想追求一种有艺术的生活，但是却并不容易。如何让我们的生活也富有艺术呢？我认为可以用心去感知、用美去点缀、用爱去包容，追求感知的艺术，融入生活的进行曲中。

于晓卉： 对于科学理性对艺术的影响我想谈两个方面：一是科学理性难以实现艺术的抽象性。艺术家用抽象的手法提炼出人性中普遍的品质，这是"抽象"的艺术文明的深意，艺术通过诗歌、音乐、绘画、雕塑等表现人性的品质，以蒙克的《呐喊》为例，以科学理性去看这幅作品，估计没有人能正确理解其中蕴含的情感，能做的也仅是分析其构图与布局、用色等。二是科学理性遮蔽了艺术的美。用王国维的话来说，美，即是"使人之感情发达，以达完美之域"，能够真正地"超然于利害之外，而忘物于我之关系"，艺术的美就在于超脱于利益的镣铐之束缚，而科学理性中没有甚至会选择遮蔽这种"艺术的美"，科学理性的规定性、单一性，一定程度遮蔽了艺术家的"随性"。

袁野： 艺术首先在我们的观念里面是工匠制作东西的一种技艺，后逐渐变成正确观念的产品，后又隐含可传递的情感交流含义，最后艺术代表一种至高无上的精神产品。我们说艺术人生，言下之意就是人天生就是艺术，生活也是艺术。教育作为一种社会活动，是人的生活中不可或缺的组成部分。而在教育的分类中，学校教育是关涉到个体发展的关键部分。因此，如何使我们的教育成为一门艺术，而不仅仅就是一门培养人才的工具，是每个人都需要考量的。教育应该回归生活，回归到最纯粹的角色中去——那就是关注个体的真正的发展，关注个体的生活、精神、内心等，这样的教育才是好的教育，才能称得上艺术。

张欢欢： 艺术，是一种生活态度，每个人所归属的艺术门类不太一样，有的人对音乐敏感，有的人对文字敏感，而有些是对画面、舞蹈之类敏感。其实就像是精神世界的一把锁一样，一旦匹配成功，就会觉得世间的事情，可以没那么复杂。高晓松在《如丧》里提过，生活不止眼前的苟且，还有诗和远方。真正有情怀的人，如果找到自己的艺术归属感，内心必然会丰盛充实。艺术来源于生活，又高于生活，或者生活本身就是艺术，包括爱的艺术、理解的艺术、聆听的艺术、与人交往的艺术等。我们需要运用这些艺术来完善和美化生活，从而让生活变得更加像是我们用时间和生命刻画的艺术品。

艺术就是美。只要是美好的事物，我都会觉得它是艺术的。因为它会带给我们视觉或心灵的震撼，让我们感受到生活的美好，从而看到更多的真善美，而不是假恶丑。它就像是上帝撒播在人间的艺术品，为了引导人们不断追求并无限接近美好。

艺术就是一首好听的歌、一只漂亮的蝴蝶、一朵盛开的花，它实实在在地存在于我们的身边，等待我们去享受。这样看来，艺术与幸福接近，因为我们欣赏了艺术，就是享受到了幸福。

艺术代表一种至高无上的精神活动。你也是一位艺术家，因为只要带着审美之心，你也能拥有上帝之作。将教育看成一门艺术，在教学过程、在师生互动过程中，用心去创造、去发现其中的美，不在于技术的高超，不在于难度的高低，而在于是否以情动人，以最真挚的感情唤醒人们干涸的心灵。教育应该回归生活，回归到最纯粹的角色中去——那就是关注个体的真正的发展，关注个体的生活、精神、内心等，这样的教育才是好的教育，才能称得上艺术。

周舟：谈到艺术，首先人们会联想到绘画，为什么大家都会认为绘画是一门艺术呢？这是因为在绘画中存在着一种理想与现实高度的融合与自由，它存在于现实中，却又是对现实的一种升华。画家将自己所看、所感、所想，从感性到理性，从理性再升华为一种视觉体验，冲击着人的内心。艺术能让人的内心产生一种共鸣，因为每个人的内心都有一颗自由的种子，而称得上为一门艺术的东西是都需要自由的，包括教育、哲学、文学等。这样一种对自由的追求不是放任，而是对生活、对心灵中存在的困惑、障碍的问题的解答。所以每个人都要去追求自己的艺术，这样你的生活才是有意义的。

卢猛：艺术在我看来就是能给人以美的享受的精神所在。这让我想起了家乡的"豫剧"，它是在河南梆子的基础上，不断进行继承、改革和创新发展起来的，以唱见长，豫剧唱腔铿锵有力，富有热情奔放的阳刚之气，具有强大的情感力度。小时候经常跟着爷爷奶奶听豫剧，看梨园春，那个时候的我还不能理解什么是艺术，只知道和爷爷奶奶在一起看豫剧的时光很幸福。后来长大了，懂得的多了，却再也听不出小时候的味道了。所以，我觉得艺术的魅力不在于它本身有多美，而是它带给我们的体验，和我们情感的碰撞。就像豫剧，因为有爷爷奶奶的陪伴，让豫剧这门艺术加上了儿时幸福的味道，才让它独具魅力。我心目中的优秀的艺术不是多么难懂晦涩的，而是深入我心的，是能与我的心灵发生碰撞的。就像茂梅讲的艺术是以情动人的，这点我非常赞同，所以我觉得教学本身就是门艺术。我们要把孩子当成是天使，用心用情去教，并且多给他们呈现美好的事物，让他们懂得爱这个世界，懂得享受艺术，我相信只有懂得发现美的眼睛才能真的理解艺术。

熊艳青：艺术，我觉得它是高雅、孤独的代名词。高雅是因为艺术能够给我们呈现一种美，这种美是高雅的，它能给欣赏者带来一种震撼，一种能量，它凝聚着表演者的智慧、汗水、天赋。说艺术是孤独的代名词，主要是因为从普通的平凡者走向艺术家的道路需要付出异常的艰辛，一开始，你不一定能获得他人的支持，不一定能够遇到赏识自己的伯乐，相反，你可能会在追求艺术的道路上受到他人的嘲笑、谩骂、不屑。这段路程需要自己默默地承受，它是孤独的。回到我们的教育中，我们教师也应该追求教学的艺术，这段过程或许会很艰辛、孤独，但是当我们能够坚持时，定能呈现一种高雅的美。

胡一舟： 跨过原始社会，人类生产力不断进步，简单的生计不再是氏族、种群内的唯一大事，也因此催生了人类通过更多形式丰富生活的诉求。此过程中，艺术不断发展，人们通过肢体、音乐、图像等各种手段诠释生活，可以是对美的感悟，亦可以是单纯的情绪宣泄。

时至今日，咖啡馆的音乐、街头的涂鸦、律动的街舞等艺术充斥在人们的生活中，却变得愈发浮躁。很少有年轻人能静下心听完一场古典音乐会、花时间去看一场画展或是体悟到传统舞蹈与音乐的结合及肢体动作间所传达出的饱满感情。人们不禁会问，当无数中小学校用各类主科课程将文体课程的空间挤得所剩无几时，是否考虑过上述现象的出现？

不得不说，如今国内的艺术教育是充满功利的。学校内因为升学压力文体类课程被有意无意地压缩，部分校外学习艺术的孩子也只是由于父母的逼迫，不注重兴趣培养的结果便是一个个只能被写在特长上却基本毫无收获的技能。

人各有所长，并不是每个人都能掌握一种艺术形式，但是对艺术的欣赏能力不仅是一门素养，也是对情操、心境的陶冶，这是通识教育全面培养下一代所不可忽视的一环。例如被誉为欧洲音乐之乡的德国，学校的音乐生活丰富多彩，相当数量的学校中全校有一半学生参加了学校的乐团、合唱团、课外活动小组的音乐活动。学校也经常在节日、新生入学、毕业典礼、体育运动会及各种传统性活动时举办全校师生参与其中的音乐会，更大地域上的音乐活动、比赛也是层出不穷。在培养专业艺术人才的同时，也将艺术的氛围渲染到了每个人的日常生活中，而这一氛围不仅影响了学生的心境，更会映射在其日常行为中。快餐艺术作为艺术的一类有其存在的意义，但是毕竟在内涵上有所缺失。在低头族日益增长、互联网笼罩人们日常生活的今天，艺术是充实人们躁动心灵的一湾清泉，而为了更好地普及艺术，通识教育义不容辞。

唐松林老师： 我们讲艺术，主要是把它作为名词用，主要是人类表达美的诸种形式，在艺术传统中划分为五个方面的内容：音乐、诗歌、舞蹈、绘画、雕塑。随着我们拟像时代的到来，艺术更复杂，甚至于无法划分，艺术的概念也有很多。刚刚茂梅的报告讲了有关艺术的概念，有模仿说、表现说、经验说、生活说、自由说等，艺术是主观见于客观的精神产品，可传递快感，交流情感、表达意图、激发愉悦，释放自由。艺术来源于我们的主观与外界客观世界发生作用时的思想冲动与审美行为。我们的感官接触到的外在世界，客观事物和它的结构和形式决定了我们的审美形式，决定艺术的形式。比如中国的中山服，它的扣子都是讲究对称的，很工整，这是艺术。我们的对联，如“天对地，地对天，日月对山川，祥云对瑞雪，暮雨对朝烟，北斗七星三四点，南山万寿十千年”的“三四点”加起来是“七”，“十千”加起来是“万”，它对得非常工整。这是客观事物的结构和形式决定的艺术形式也符合这种对称的结构形式。还有一种是模仿，这是对自然的模仿。柏拉图就讲过，艺术就是对模仿的模仿，它是影子的影子，什么的影子？客观事物的影子，所以它与客观事物不直接联系，隔了一定的距离。但是，它又反映客观事物，来自客观事物。还有一种是讲客观事物激起的我们内心世界的一种感受、一种情绪、一种愉悦，这样的客观事物能引起我们的美感，引起我们的情绪、愉悦。这就是客观事物渐渐地移入我们主体的内在创造欲望与艺术实践欲望。艺术虽然是主体和客观的统一或融会，但是，它具有强烈的主体性，艺术往往凝聚了创作者的生命能量的精华。比如康德和黑格尔，他们都认为美就是我们人类的理念，美是感性的显现。什么意思呢？这好像是美它来自于内部，是我们内部的理念，对客观世界的一种理念的显示与外部表现。它是通过一种感性的形式显现出来的，称为感性显现。客观事物渐渐移入我们的主体世界，主体世界在这样的诱发中，内在的欲望绵延出来，就成就了艺术作品。所以，后来的哲学家柏克森，他认为美的本质就是我们人的生命能量的一种表现形式。

按照弗洛伊德的理论，艺术活动的根本动力，必然是人的自然生物本能冲动，其核心的力量源泉是人的生殖本能，即性本能的冲动。这已经完全抛开了客观世界，它视艺术完全是一种内部的冲动、一种生命能量。

我们在讲“理性”的时候，说理性也是人主观的一种生命能量，它与人的本能有关系，是一种本能的冲动，美也是一种主观的内部力量。是的，你仔细去思考，两者的确是不矛盾的，是统一的，或者说理性与艺术是联系非常紧密的，它们相互作用，是一个混沌体。歌德曾经就这样说过：“我简直好笑，你们这些哲学家们坐在一起，想把美这种不可言说的东西表达出来，这是不可能的。”所以，他对美的定义是：美的定义是不可能的。这个概念很有意思，他的意思就是说“美”你无法对它下定义。但是，刚才我对茂梅的定义是很认同的，她还提到艺术的“劳动说”，什么是艺术的“劳动说”，你看这个“艺术”的“艺”字，中国古代的“艺”上面是个草字头，下面一个“执”字，下面还有一个“云”字，其实这个字，它最早的意思是种树，你看我们现在园艺种树是一种艺术。艺术起源于种树，种树也是一种艺术，它也是一种劳动。所以这个“艺”它确实与我们的生产劳动和生活有关系。如果要给它下定义的话，我觉得可以从这么几个层面入手。一是我们把这些哲学家的思想融合一下，艺术它起源于我们的生命的本能的冲动，它是自我意识释放的最佳状态，这是从它的起源来讲。二是艺术的内容是客观世界的理性内化本身。三是它的表达形式是人类的理性的感性表达。四是艺术的结果是客观实践与主观精神的完美统一。那么从这个定义来看，这里面我们很容易想到，它的内容是客观实践，我们讲科学的时候，说科学的内容也是客观实践。但是科学与艺术虽然都研究客观世界，但其目标不是一样的。科学追求的目标是“真”，是表达客观世界的真实；艺术追求的是美，是表达客观世界的美的形式。还有，艺术与宗教的关系，宗教追求的目标是“圣”，如你崇拜真理、信仰上帝，追求“圣”，而艺术追求的是“美”，艺术通过“美”来表达客观事物。实际上科学也好、艺术也好，它都是来自生命内部的能量，只有宗教它不是关注生命内部的，但它可以促进生命的“圣”化。

然后就是我们艺术与教育。艺术有许许多多的内容，既然礼、乐、书、数都有许多艺术的成分的话，那么我们的教育无疑是一种艺术。夸美纽斯就是这个观点，他认为教育教学是一种艺术，一种把所有真理传授给所有儿童的那样的艺术，当然，他这里面有一种崇拜与信仰真理的强烈味道。我们现在讲知识的传授、传承，在夸美纽斯看来要艺术地传承。高尔基说人本身就是一个艺术家。我们的生活本身是艺术的，我们的教育也应该是艺术的，教育的最高境界是一种自由的境界，是一种审美境界，当然是艺术的。教育追求的境界是一种自由境界——身心和谐的境界，这是非常美丽的。马克思讲的全面发展的人的最佳状态就是一种身心充分自由、高度和谐的状态。从这样的角度说，人的全面发展的过程与结果本身就是一个艺术形式，它非常美。

有句话说：“天地大美而无言。”从教育内容上讲，礼、乐、射、御、书、数都蕴含着美，这本身就是艺术形式。这就是说，教育内容是与艺术紧密联系的。艺术中的“术”是指技术的东西，礼、乐、射、御、书、数也包括“术”的内容。我们古代的“术”包括些什么东西呢？比如，巫术、占卜，这叫术。后来在劳动人民的劳动生活发展过程中，“术”渐渐地演变为劳动技术，比如铁匠、木匠、瓦匠，这些手工业者的劳动内容蕴含了丰富的“术”，他们的这种劳作技术叫“术”，它是这样分开的。

现在我们很可悲的是美术课都不是艺术。为什么呢？你看那些学画画的，比如我大女儿就是学画画的，她就是模仿。这种模仿没有创造，不是生命内部能量的一种启动，所以从某种程度上说，它不是很美。美应该是生命内部的一种冲动，一种感性显现，模仿不是很美，还停留在“术”的层面。“术”是可以反复练习达到一种水平，所以我们的教育有许多时候为了功利的目的，在追求某种“术”，但谈不上艺术。

我们的教育方法应该是美的。我们教育学上讲的方法大家还记得吗？讲授法、讨论法、读书指导法、实验法等。前几天，我去一个大学参加答辩，当评委，在这个过程中，我很不理解有的老师，认为一些新的方法不是方法，这点我是不认同的，这需要争鸣。像有些教育方法不局限我们教育学书上说的方法，比如，我们在一堂课中，这个老师没用到书上的方法，它可能是采用一种对话、独白，这何尝不是一种方法呢？老师这种独白，学生保持一定的沉默，此时无声胜有声，给学生一些思维和活动的空间，在这样的一种过程中等待，等待奇迹的发生，这何尝不是一种方法呢？当然是。为什么只有教育学书上讲的方法才是方法呢？如果我们老师都这样保守的话，那么我们的教育就没有希望。方法是无限的，方法是艺术的，方法也是创造的，艺术的方法就意味着形式的多样化、个性化与创造性。黑格尔有一句话，美是寓杂多于整一。所以我们的教育方法是艺术的。实际上，我这里讲都是从价值的角度上讲，我们的教育目的也应该是艺术的，一种自由的境界。真正从事艺术的人是非常自由的人，比如有些大学的美术学院的老师，披着长发，穿个布鞋，留个胡子，他们绝大部分是有水平的，他们的作品表现出来的东西，是自己的东西，是一种生命能量的感性显现，他这种感性是基于对客观现实的理解，他有思想。艺术品能够引起冲动的，美感的，它自然是好东西。在我们现在那些画作中，比如对《蒙娜丽莎》的模仿，也许有人的模仿水平高，画出来很像原作，但这是不是艺术，还是可以讨论的。我们唱歌也是一样，有的人唱歌是用生命和经历在唱，为什么我昨天讲的那个老师他在搞艺考面试时候，一个走路都困难的残疾学生，这位老师给了她高分，因为她的歌声唱出了她生活的艰难。但是那个老师后来理性一想，这不行，招一个残疾人，领导会找我麻烦。但那位残疾考生是用生命在唱歌，用她的经历在唱歌，歌声打动了你，你为何不给高分呢？为何领导可能找麻烦你就要故意给她低分呢？这就是艺术与政治的关系，艺术真的能够获得彻底的自由吗？这里隐含错综复杂的社会制度与政治权力的约束，大家还可以进一步思考。

既然我们的教育应该是艺术的，但是我们现在的教育是艺术的吗？一思考就会发现很多问题。就像茂梅刚讲到的艺术它有科学的问题，现在我们的科学知识对我们的艺术表现出一种傲慢和不包容，甚至是偏见，我们现在学校里面只有知识，没有艺术，只有科学研究，缺乏审美形式；学生只有各种考试和各种考证。艺术本身不带来任何功利的目的，更重要的是各种权力、市场网络、功利主义与绩效主义之中的艺术现实，有许多不尽如人意的情况，需要我们思考。艺术的自由人，他是不带功利的，艺术家是最自由的人，最接近上帝的人。实际上，我们今后当老师，我们也应该是艺术家，我们也应该是离艺术最近的人，心灵自由缥缈，这才真正能够享受人生。所以我们现在的问题就是科学理性对待艺术生活的傲慢与偏见。那么该怎么办呢？由于时间关系，这个问题留在这里。

参考文献

[1] 田川流，刘家亮. 艺术学导论[M]. 山东：齐鲁书社，2014
[2] [德]席勒. 美育书简[M]. 北京：中央编译出版社，2014
[3] 恩斯特·卡西尔. 人论[M]. 甘阳译. 上海：上海译文出版社，2013:239
[4] [法]丹纳. 艺术哲学[M]. 张伟，沈耀峰译. 北京：当代世界出版社，2009
[5] [德]恩斯特·卡西尔. 人论[M]. 甘阳译. 上海：上海译文出版社，2013:245
[6] 中共中央马克思恩格斯列宁斯大林著作编译局 编译. 马克思恩格斯选集. 北京：人民出版社，2012:463
[7] [法]贡布里希. 艺术的历程[M]. 党晟，康正果译. 西安：陕西人民出版社，1987：313
[8] 苏希加布里克(SuziGablik). 现代主义失败了吗？[M]. 滕立平译. 台北：远流出版事业股份有限公司，1991:56
[9] 别敦荣，夏晋. 论艺术教育的专业化及其通识性[J]. 高等教育研究，2013(2)：60－66
[10] [德]恩斯特·卡西尔. 人论[M]. 甘阳译. 上海译文出版社，2013:291

身体的教育意蕴

邱海青*

时间：2015 年 3 月 30 日
地点：湖南大学教育科学研究院 320 教室
参加人员：唐松林(湖南大学教师)、邓洁隽、廖锐、于晓卉、吴建云、周舟、袁野、胡一舟、熊艳青、龙漫、卢猛、刘茂梅、张欢欢、胡秀银、邱海青(泰国留学生)(没有特殊注明者均为湖南大学研究生)

身体是一个古老而年轻的话题，自人类有意识之日起，就开始关注自己的身体，可以说人类的进化史也是身体的演进史。

一、身体的界定

我们每一个人都拥有身体，也可以说我们每一个人都是一个身体，我们身体性地存在着。我们每天遇到身体，但是身体到底是什么呢？这却是一个无法言尽的答案。就像作为人，从古至今我们却很难给“人”一个明确全面的定义，定义身体同样是一个难题。中外热衷于从事身体理论研究的学者有很多，但是却少有人对身体下一个完整的定义。可能是因为各种身体研究中很少有对身体的整体性进行定义和理论建构，而各理论从不同的研究视角来讲对身体的内涵会有不同的理

* 作者简介：邱海青(1990 年出生)，女，泰国人，湖南大学教育科学研究院 2014 级研究生，从事教育哲学研究。

解。《辞海》对身体的释义：主要有三个方面①指人或动物的全身。②体格；体魄。③谓亲身履行。

二、中国的传统思想对于身体的观念

中国传统思想对于身体持有独特的观念。道家给予身体以自然的规定，身体从属自然并要回归自然。与此不同，儒家给予身体以社会的规定，身体必须合于礼的尺度：正是礼说明了身体哪些是可做的，哪些是不可做的。但中国的思想在思考自然和社会对于身体规定的时候，忽略了身体自身的特性，即忽略了它是个体的、差异的并且是充满无限欲望的。中国传统文化中以“气”为核心的宇宙观铸就了对身体独特的理解，如《老子》云：“道生一，一生二，二生三，三生万物。万物负气而抱阳，冲气以为和。”阴阳二气交融产生万物，万物的本体和生命就是“气”。人的身体也是由“气”来构成的，中国文化中的“气”既是物质的又是精神的。[11]实际上，中国“天人合一”的思想也暗示了身体与精神同构的身体观。

三、西方对身体的观念

从古希腊说起，古希腊传统哲学对身体的理解是建立在二元对立的哲学思维基础之上的，即所谓的“身心二元论”。柏拉图奠定了“抑身扬心”的身体观，这一思想成了后世上千年哲学思想的根基，柏拉图之后的普罗丁、奥古斯丁、中世纪宗教哲学、现代哲学家笛卡儿、黑格尔等都把关注点放在心灵和理性上，对于身体则要么把身体等同于动物性肉体，要么干脆被贬低和遗忘。身体和感性被认为是低等的、不确定的、暂时的、罪恶的，身体被排除在哲学和美学之外。

直到尼采，他提出了“从身体出发”的口号，主张身体是衡量世界万物的尺度，我完完全全是身体，此外无有，灵魂不过是身体上的某物的称呼——所谓“心灵”者，也是你身体的一种工具，你的大理智中一个工具、玩具。尼采认为，世界中只有身体唯一真实地存在着，灵魂或精神隶属于它，从根本上打破了身心二元对立的模式。人的身体充满着创造性冲动和激情的生命力量，即权力意志。

胡塞尔和梅洛·庞蒂也对二元对立思想进行了批判，反对身体和意识的对立，并试图消除二者的对立。胡塞尔认为，我们的日常生活世界是通过我们的直觉被发现、被体验到的世界，人是认知的主体，而且人是处于特定时空中肉身化的主体，这个主体即我们的身体。在知觉对象的活动中，所有的体验都是以身体为中介的，也是因身体才成为可能的。梅洛·庞蒂认为，身体主体运用知觉来体验世界，身体通过知觉和物体进行联系，知觉是身体的知觉，是感知物体的对象性的知觉，身体是知觉的主体。

福柯被称为“20世纪法兰西的尼采”。福柯的诸多思想是以身体为载体来进行讨论的，但在他的理论著作中，找不到对身体范畴的明确界定。福柯的身体观大致可以概括为：身体既包括作为个体存在的活生生的肉体之躯，也包括被社会文化建构的精神灵魂。

美国哲学家舒斯特曼认为身体具有含混性，我们既是存在于世界中的某物，又是一个有感觉的主体，体验、感觉着世界，并行动其间。我们同时既是一个身体也拥有一个身体。

美国哲学家唐·伊德在他的著作《技术中的身体》中提出了三个身体的概念：第一种身体是肉体意义上的身体，即感觉、直觉、情感产生和存在的身体，也可称为物质的身体；第二种身体是社会文化意义上的身体，即在社会，文化的各种关系中建构形成的身体，如性别化的身体、权利的身体，而福柯是此类身体观的代表；第三种身体概念——技术的身体，是“穿越身体一、身体二，在与技术的关系中通过技术或者技术化人工物为中介建立起的”。马克思对身体的理解是辩证的、历史的。他既给予了身体作为人类历史“自然基础”的重要地位，又强调身体伴随人的活动是可以发生变更的。身体作为人类历史的基础，既是自然的又是历史的，是历史的自然性和自然的历史性的统一。没有脱离物质生产活动的历史的“纯粹自然性”身体，也没有脱离自然的“身体基础的”历史性。前者会导致费尔巴哈式的形而上学的抽象感性身体观，后者会导致没有感性基础的、“无人身的理性”的抽象观念的历史性，进而出现黑格尔式的唯心史观。可见，马克思的身体观是历史的唯物主义的身体观，身体是历史的自然感性基础，历史由此具有了唯物主义的“肉身”。物质、自然界、人类社会、思维由此闪现着“感性”的光辉。同时，身体又是物质生产活动所开辟的商业社会、市民社会和工业社会历史中的不断变化生成的历史性的感性体和物性体，是充满历史的感性“身体”。

四、身体与教育

身体是教学的中心和教育活动之源。教育者和受教育者都以身体“在场”实现教与学的目的。身体与教学相互联系，相互影响。“教学过程不单是静坐、读书、学习、思考，也需要学生亲自动手动脑、躬身实践才能取得实效。”不仅学生的学需要身体力行，教师的教更是一个表现身体的艺术。

身体是教学的重要条件，体现在以下几个方面：第一，身体是生命之基，是教学的物质前提。何芳在《人之身体的教育关注》一文中指出，身体是人生命存在的基础，离开了身体，人的一切发展就无从谈起。身体的在场是教育的基础和前提。第二，身体感知是认知的一个首要环节，教学作为一种特殊的认知过程，也需要身体感知这一环节的参与。何芳认为身体的感官认知是人追求知识和真理的起点。我们通过身体的感官获得最初的认识和经验。它虽然是认识发展的较低阶段，但是如果缺少这一环节，更高级的理性思维活动就无法进行，教育要完成传授知识的任务也必须遵循这一认知规律，而不能脱离人的身体进行。

五、总结

身体观是在哲学思想史上最具有代表性的。有着重要地位的身体观，对此后哲学身体研究，社会学、文化学身体研究，政治身体研究都有着深远的影响。其中社会学家对身体问题的关注最多，他们也有不同的身体观问世。哲学家们对身体的理解最普遍的一个特征是：身体是多维度、多层面、流动着、变化着的。他们从不同的角度、不同的层面来定义身体，把身体分为生理的身体、肉体的身体、世界的身体、社会的身体、符号的身体等。

讨论部分

唐松林老师：哲学里面讲身体，从身心合一的角度讲得多，尤其是后现代哲学。我与范春香合作写过一篇文章，题目是《身体：教育实践蕴藏其中》，建议同学们去看看。尼采讲“我就是身体”意味深长，身体包括你的理性、情欲与意志，甚至你的身体就是你的理性、情欲与意志本身。法国梅洛·庞蒂的《眼与心》，就讲到心来源于感觉又超越于感觉，即来源于你的眼耳鼻舌身，可见身体是心理之源。马克思讲人的全面发展时，首先强调人的发展最根本的是身体与心理的最充分、最自由、最和谐的发展，他强调身体与心理的整体性、联系性与运动发展性。我也认为，身体与心理、肉体与灵魂是一个混沌体，身体是一个整体的、能动的与自由的存在。所以，我们追求人生的境界，是以身体的审美开始的，同时又以身体的审美为归宿。你追求知识的广度与身体的儒雅是一个过程，你追求道德的高尚与你追求身体的行动是一个过程，你追求勇敢的品性与你追求身体的强健是一个过程。你的身体美丽必然散发着你心灵的美丽！你身体的美丽与你全面发展是一个内涵！大家可以根据刚才海青的报告做一些理解。

张欢欢：身体是一切的基础。洛克在《教育漫话》中制订了一套包括体、德、智等在内的家庭教育课程体系，书中第一个论述的问题就是健康教育，他说，“健康之精神寓于健康之身体”，“我们要能工作，要有幸福，必须先有健康；我们要能忍耐劳苦，要在世界上做个人物，也必须先有强健的体格”，健康的身体是人世间一切幸福的基础和源泉，有了健康的身体才能有发展和创造的可能。学会爱护自己的身体。无论什么时候，身体都是第一位的，没有好的身体，再伟大的愿望也无法付诸实践。因此我们要学会关心和爱惜自己的身体，没有人可以替代你完成这件事。家庭教育和学校教育都应首先强调体育的重要性，课程建设中为体育留有余地。健康的体魄是创造和奉献的源泉。

健康就是福。身体健康就是我们幸福的资本。记得小学时学过史铁生的《我与地坛》，两条腿残后，他的脾气坏到了极点，经常是发了疯一样地离开家，回去后又中了魔似的什么话都不说。他一心以为自己是世上最不幸的一个，却不知道儿子的不幸在母亲那儿总是要加倍的。更遗憾的是，这所有的道理直到母亲去世后他才渐渐明白。这篇文章每读一次就被击中一次，其中包含太多的人生故事和道理。就身体这个话题而言，其中可以学习的就是，珍惜生命中的每一个阶段，是对自己负责，也是对亲人的不辜负，不要等失去更多时才明白。

胡秀银：米兰·昆德拉在其书《不能承受的生命之轻》中的“灵与肉”一章中讲到：“肉体是囚笼，里面有个东西在看、在听，在害怕、在思索，在惊奇；这东西在肉体消失之后还在，还残存，它就是灵魂。”

身体与灵魂都是作为一个完全的“人”所不可或缺的重要部分。身体会消失，但灵魂是永恒的。在生命仍活在世界上时，如果没有灵魂，那么身体就是一具行尸走肉。你没有思想，不会思索，不会害怕，也没有惊奇，没有喜怒哀乐，对世间一切没有感情，没有爱，那么，活着，也就不称其为“人”。就像哈瑞·刘易斯《失去灵魂的卓越》中写的那样，哈佛若失去灵魂，就不能培养出有灵魂的人，也就不再是我们心目中的“哈佛”了。

龙漫：我所理解的身体是灵魂的载体，不仅包括自身的身体理念、身体现象、身体价值等，还应明确自己的身体在客观世界中所处的位置。具体来说体现在以下两点：①首先，身体必须合乎礼的尺度，在道德法则范围之内。我国有句古话，“身体发肤，受之父母，不敢毁伤，孝之始也”，身体是父母赋予的，我们就更应该倍加珍惜。然而，现在整容行业的风靡挑战我们对于这一传统身体观念的认识。每个人都有追求美的权利，那些整容的人无非是希望通过改变外在条件使自己变得更美更好，然而他们不知道，真正的美不在于外在，而在于内心，只有内在不断充实不断丰富，才能从内而外散发出真正的美丽。②身体应成为教育目的。每个学生都有不同的身体，他们每个人的情况都不一样，只有在充分尊重学生自主性和独立人格的基础上，才能真正促进每个学生的进步，达到教育的真正目的。以前看过一篇文章，文章的末尾写道，每个孩子都是天使，都是上天给予我们的最宝贵的礼物。可是，当越来越沉重的学业负担压在他们身上，他们渐渐丧失了最初的单纯和可爱，他们还是天使吗？

袁野：身体不单单是指个体的肉身，更多的我们应该用微观的层面看待身体，它应该是承载着个体理性、美德的核心之物。试想一个没有理性、缺乏美德的人，这种人的身体还能称之为身体吗？“行尸走肉”也不过如此。因此，我们可以理解身体是肉体与精神的灵魂两者的组合体；个体的肉体又是文化、社会当中的身体，因任何身体都在社会与文化的各种关系中浸润；灵魂又存在于心理之中，因此身体也是肉体与心理的组合体。同样在教育中，我们经常提到“身心在场”。美国著名教育家杜威提到“在做中学”，反映的是人的身体也应该是学习的载体，身体和大脑应该都要参与到学习的过程当中，积极参与能够给学生更多的创造空间，主动探索自己需要的事物，而不是“填鸭式”。还有另外一种情况，身体在场，心却不在场。大部分的学生坐在教室聆听、记笔记，努力听懂什么、记着什么，可过段时间就忘了。这样的教育与学习是否有意义？我们不断把自己和教育陷入这样一个尴尬的关系当中。我们应该转变这样一种观念，学校其实就在窗外，知识就在我们身边、周围。让学生参与到知识的学习中来，才能真正做到身心结合。教学理念与教学方法的转变迫不及待。

熊艳青：在教育领域中，身体自古以来都是备受关注的一个方面。我们知道，早在古希腊的斯巴达教育中，对身体的教育就十分严格，只有身体健全、健壮的孩子才会被国家继续培养教育，使其体魄更加健壮。我们的体育场上也写着“野蛮其体魄，文明其精神”的标语。由此可见，身体教育是十分重要的。然而在现实的教育过程中，我们的身体教育却不是很理想，比如在中小学，许多教师霸占着体育课为学生进行补习；在大学生的体育测试中，成功通过5000米测试的学生少之又少。如何解决这一难题，我觉得首先学校应该重视身体教育，最起码的标准是：能按照课表正常上体育课；其次，可以设置一些“体育标兵”的奖励机制，鼓励学生坚持锻炼；最后，家长需要配合学校的身体教育，在空余时间可以适当地陪同孩子一起锻炼，帮助孩子养成锻炼身体的好习惯。

卢猛：古人说，身体发肤，受之父母。身体首先是父母基因的延续，但又不是父母的复制。这让我想起现在的家庭教育，很多时候父母都是把孩子当作了自己未完成事业的延续，自己以前没有做到的希望自己的孩子帮助自己完成，“望子成龙、望女成凤”给了孩子原本不应该承受的负担。我觉得这样的想法没有尊重孩子，没有把他当成一个鲜活的主体看待。这个主体是身体，那我就说说教育中的身体吧。每个身体都是一个独一无二的个体，我们教师应该努力促使学生的身体得到最圆满的成长，既不应该拔高也不应该压制，应该顺应身体发展的规律自然成长。

胡一舟：在我看来，身体既是强大的，又是脆弱的。说它强大，是因为每个人的身体都潜力巨大，它能助我们成功；说它脆弱，是因为身体又非常容易受伤，又可能成为我们的负担。每个人的身体可以说相同又可以说不同，认识身体和了解身体才能帮助我们更好地去运用它。每个人都应该对自己的身体负责，身体是革命的本钱，也是我们健康、长久、幸福生活的必要保障。

吴建云：身体，就是一个小宇宙，充满了各种各样的秘密。虽然我们每天和我们的身体朝夕相处，但我们对我们的身体却了解甚少，某些神秘现象我们也无法解释。近年来，身体健康、身体艺术、身体灵魂等开始成为我们关注的焦点。我认为，首先，我们每个人的身体本身具备美好艺术感，我们可以通过舞蹈、雕塑等让我们的身体尽情绽放艺术的魅力；其次，我们的身体是具有灵魂的，不具灵魂的身体如同行尸走肉，没有活体特征；第三，身体的构造就像机器一样复杂并且有生命年限，如果不经营维护，总有一天会像机器一样出故障，所以，我们应该好好爱护身体，保持身体健康，这样身体才能发挥最大功能和它的价值。

刘茂梅：柏拉图在《理想国》中曾说过一句话：人生最高的境界是身体的优美与灵魂的优美和谐一致。身体之美是灵魂之美的基础，灵魂的美寓于身体之美。所以，在修身养性，追求人生境界的过程中，我们应该注重“修身”，陶冶身体之美。

何为身体之美，我想是一种健康与健美吧。俗话说，身体是革命的本钱，有一个健康的身体才能从事其他社会实践活动，才能愉悦地发现美、感受美、创造美。身体虚弱，它将永远不会培养有活力的灵魂和智慧。身体的健康，没有疾病疼痛的干扰，轻轻松松地感受我们生活的这个世界，给我们健全心灵成长的优质土壤。健康的身体是健美身体的基础。有句话这么讲：流水不腐，户枢不蠹，动也。常运动给身体不断增加活力与魅力，日积月累，身体的健美自然而然形成。

古希腊有句哲言：如果你想强壮，跑步吧！如果你想健美，跑步吧！如果你想聪明，跑步吧！从这句话中，我们可以知道运动对身体与我们心灵之美的塑造作用。很多东西适度就好，运动也是如此。运动太多和太少，都会损伤体力；饮食过多与过少，同样地损害健康；唯有适度可以产生、增进、保持体力和健康。适度的运动加上合理的饮食，才会塑造我们健康健美的身体，在此基础上，我们通过阅读、思考这样的“运动”，塑造灵魂之美。身体之美与灵魂之美的结合构成我们美好的人生境界！愿运动与阅读、思考常伴随你我。

周舟：身体是生命的载体与基础，所以说身体不好了，生命也会逐渐消亡。而往往身体又是最容易被忽略的，在许多人的眼里，工作、爱情、学习等都比身体重要或者是认为我以后再好好补身体，其实他们不知道身体就像是那些不可再生的资源一样，过度的消耗是没办法再次让自己的身体恢复原样的。所以在教育中，我们应该重视对学生身体的锻炼，每个学生都有活力去学习，这样的校园才是有朝气的，而不是整天昏昏欲睡的。

廖锐：身体是人活着的基本构成，是一个重要的部分。在教学中有一个教学方法叫“模仿法”，我认为这种模仿并不是学生口头上的模仿，更应该是学生身体上对教师教授的知识的一种模仿、一种反应。尤其在古代的学习中，在口口相授中，更多的是师傅传授的过程中，学生的身体对所教知识进行一定行为上的反应，是一种最直接的“知行合一”的学习方式。学生的身体早已被政治学、经济学、生理学与心理学的学科逻辑过度诠释，进而沦为求知的工具。身体不仅体现了人的主体性，而且身体本身就是主体。尊重学生的主体地位，就是尊重学生的身体。为此，我们在教育中应该充分将教学过程与身体结合，使学生能达到一种知行合一的状态。

于晓卉：谈到身体在教育和哲学中的认识，这让我想到王国维以及一些后现代思想家的观点。王国维先生曾激励提倡全人教育，不仅关注精神的发展，而且关注人的身体的强大，他曾说，“发达其身体而萎缩其精神，或发达其精神而罢敝其身体，皆非所谓完全者也”。并且认为，“健全之精神宿于健全之身体，罗马人之理想也；而美之精神宿于美之身体，则希腊人之理想。吾人既欲实现前者之理想，亦愿实现后者之理想”。这与后现代思想家们的“身体实为教学活动的主体”的认识是统一的。所以，身体教育在现在教育中的缺失，是值得我们深思的。我认为，前提是：教育要尊重身体发展的规律，教育教学内容要按照学生的身心发展规律来设置，就如皮亚杰、维果茨基等建构主义学家早就认识到了身体的发展规律。

邓洁隽：身体是人类探索世界的媒介，是人类追求幸福和美好的基础。人类只有通过身体力行找到身体状态和思想意识的平衡点才能完成生命的超越和精神的升华。尼采曾说：身体作为所有价值的源泉，要成为主人，而不是奴仆。这是对身体的关注和热爱。身体是社会和心灵的外部显现，作为女性应温婉如水，作为男性应刚硕强健。身心和谐发展，身体归属自然这才是身体的原本之态。

唐松林老师：根据大家的发言，我想总结如下几点：第一，身体是包含灵魂的整体，身体的强与美，是灵魂纯洁与美的体现，并且，身体之差异正是生命呈现的多样性与奇迹。尼采说：每个人都是独特的、一次性的生命的奇迹。我们也是否可以说，这个“奇迹”是身体的奇迹，是身体发出的力量的奇迹，我们身体的智慧、坚毅、健美正是理性的灵魂、情感的灵魂与意志的灵魂的显现。身体寓灵魂于其中，不具灵魂的身体如同行尸走肉！劳动、跑步、阅读、思考等身体的运动形式，既塑造了身体之美，也塑造了灵魂之美。

第二，身体有很多层面，在生理学上它是一个有机体，它既是生理的，又是文化的，还是社会的。或者说，身体不仅具有自然的特征，而且具有社会的、文化的特征。如男人和女人，是有不同的自然特征，在各个时代，也有不同的社会与文化特征；又如女人中有的人当教师，有的人当妓女，她们均体现身体的不同内涵。

第三，身体的健与美是与身体的习惯相联系的。身体的习惯决定你的心理方式，决定你的对客观世界的相对稳定的态度与价值观，当然也决定你的性格，甚至决定你的命运，决定你的人生。身体的健与美由习惯习得。

第四，在学校教育中，身体具有认知职能，如你的认知是从你的身体感觉开始的；身体是教育的手段，如小学生上课时背手、直立、整齐严肃的身体的统一行动，使学生符合生活规范。人要守规矩，要理性，要有爱，要有人道主义，要在此基础上发生社会行动。理性活动的本质是身体的活动，如笛卡儿的“我思故我在”，是说我的大脑的活动，可以说我大脑活动故我在；我有爱，我有能力，最终都要表现在身体上。

第五，我们应该如何形成良好的习惯，以促进身体的健与美？劳动。劳动其实是体育，它不仅仅限于用锄头挖地。作为学生，主要培养好的学习习惯，我们应该多观察、阅读、对话、批判、辩论、写作。所以，身体本应该成为教育目的，我们通过激发身体的行动，促进爱、思、能等行为的发生。总之，发展身体是教育的开始，身体要维护，爱护身体，保持身体健康，使身体发挥最大功能，这是教育的真谛。

参考文献

[1] 聂英栋，唐松林．身体的教学意蕴[J]．煤炭高等教育，2014(2)：10

[2] 刘胜利．从对象身体到现象身体——《知觉现象学》的身体概念初探[J]．哲学研究，2010(5)：75－82，128

[3] 杨大春．从身体现象学到泛身体哲学[J]．社会科学战线，2010(7)：24－30

[4] 张曙光．身体哲学：反身性、超越性和亲在性[J]．学术月刊，2010(10)：28－32，44

[5] 龙宝新，韩国强．论身体哲学视野中的教师文化[J]．基础教育，2010(10)：9－14

[6] 彭富春．身体与身体美学[J]．哲学研究，2004(4)：59－66，95

[7] 周丽昀．走向多元自然主义——拉图尔身体政治学思想探微[J]．哲学动态，2009(10)：77－83

[8] 张再林．作为“身体哲学”的中国哲学的历史[J]．西北大学学报(哲学社会科学版)，2007(3)：52－63

自由的张力与境界

邓洁隽*

时间：2015 年 4 月 26 日

地点：湖南大学教育科学研究院 320 教室

参加人员：唐松林（湖南大学教师）、于晓卉、廖锐、吴建云、周舟、袁野、胡一舟、熊艳青、龙漫、卢猛、刘茂梅、张欢欢、胡秀银、邓洁隽、邱海青（泰国留学生）（没有特殊标注者均为湖南大学研究生）

教育质量关注的是教育的自由、生活的自由、心灵的自由以及学术的自由，教育质量更是关乎生命的质量，而自由是生命变得从容与深厚所必须坚持的原色和基调。保持对自由的向往、憧憬以及秉持是生命的敬畏和天性的释放。对自由的思考和漫谈正是对教育质量的关注以及真正的自由的开端。

一、愿做自由人

一谈到自由，大家很难用非常哲学的语言来言明自由究竟是什么？而真正地理解自由却是来自我们心灵的感受和生活的体验。首先，谈到自由，我们会联想到世界上代表自由的一切美好的现实事物，他们的存在就是自由的存在。大家最先想到的应该是美国曼哈顿外海自由岛上的自由女神雕像。它闻名于世，是 1876

---

* 作者简介：邓洁隽（1992 年出生），女，湖南长沙人，湖南大学教育科学研究院 2014 级研究生，从事教育哲学研究。

年，美国建国百周年时，友邦法国送给美国的礼物，前后耗费10年才完工，成为纽约最显著的地标。女神右手高举火炬，左手握着一本美国《独立宣言》，头顶着代表四大洋与七大洲的头冠，脚下是打碎的手铐、脚镣和锁链。她象征着自由、挣脱暴政的约束。在花岗岩构筑的神像基座上，镌刻着美国女诗人埃玛·娜莎罗其的一首脍炙人口的诗——《新巨人》：

送给我
你那些疲乏的和贫困的挤在一起渴望自由呼吸的大众
你那熙熙攘攘的岸上被遗弃的可怜的人群
你那无家可归饱经风波的人们
一齐送给我
我站在金门口
高举自由的灯火

除了最具代表的美国自由女神像，世界上还有很多象征着自由的美好事物。因此，我们说自由从来都是人们所追随的美好的东西，有史以来，历史之流、生活之流，有多少人为自由讴歌，追求，奋斗，甚至不惜生命。这使我想到马克思和恩格斯都赞颂不已的一位爱国诗人，他就是匈牙利诗人裴多菲，匈牙利爱国诗人裴多菲在瑟克什堡大血战中同沙俄军队作战时牺牲，年仅26岁，为争取民族的自由与独立而献出生命。自由是什么？在很长一段时间内，关于这个问题的思考与讨论从来就没有停止过。历史上，很多著名的思想家、哲学家都曾经给出了他们的看法，各种不同的看法，都是在一定的社会环境、立场以及思维方式下的产物，不同的社会发展阶段与社会制度对自由的理解更存在差异，就是到现在，关于自由也没有一个统一的定义。我想每个人对自由的理解正是一种思想自由的体现。自由是每个人的高贵和价值，既控制着度也释放了美。面对自由，即是仰望星空，茫茫无际且浩瀚无边，可是站立的土地是联结万事万物，留有各自生成与思考的空间却是自由最高的境界。在自由面前我们永远是那个纯真的赤子，自由被视为梦，而我们就是那个逐梦人。

二、西方哲学之自由观

苏格拉底、柏拉图之自由观。苏格拉底和智者派都想给自由意志一个一劳永逸的定义：自由意志要么自发地行善，要么自发地作恶。是精神上的、内在的自由，并非近代西方自由主义者所注重的个人的自由权利的自由。古希腊的政治是西方最早的民主政治；但苏、柏二人都不满当时的民主政治。注重个人的意见情欲等束缚限制得以解除的自由。柏拉图的理想国，所以要主张寡头政治，是希望世人皆受哲学家的领导，以求节制人的私欲，并使其灵魂上升。苏、柏二人所讲的自由，可说是理性的或知识的自由。

卢梭之自由观。“人生而自由，却无所不在枷锁之中。”卢梭认为，自由是绝对的，放弃自由就意味着放弃做人的权利，就不再有做人的权利，也不再有做人的义务。那枷锁是什么呢？如果它们是习俗的枷锁，是暴君的枷锁，如果是那些想利用你达到他们私人目的私人的枷锁，那这些枷锁的确是枷锁，你必须抗争和奋斗，为争取个人自主和自由清除障碍。这是一般意义上的争取自由，有些人可以为之放弃生命。但如果枷锁是你自己制造的，是内在天性最自由、最有力和最自发的表现呢，那么这副枷锁就不束缚你了，这是自我控制而不是枷锁，自我控制也是自由。自由不仅是能够去做某些事情，而且是能够不去做某些事情。

萨特的自由与选择，自由与责任，自由与自欺观。“人生而为自由而苦”，“人是生而要受自由之苦，自由是选择的自由”，“人诚然不能改变自己的过去，但人能够通过自己的将来为过去赋予新的意义。因此，人生的意义只能由人自己去填充，人究竟是怎样的，取决于人如何去选择和如何行动”。(《萨特哲学论文集》)“人是自由的，我们被判处了自由这样一种徒刑。”(《存在与虚无》)“自由”是萨特存在主义哲学的核心，他所有的哲学思想凭借“自由”这一内容得以展开，自由及自由选择贯穿他的存在主义的始终。他的自由主要是主观意识的自由，所以他的存在主义以人为本，非常关照人，他的所有哲学思想都以人为出发点和归宿。在他看来，人之所以比物高贵，就是因为人可以自由地决定自己的存在，自由地选择自己的本质。他认为人类的希望在于用自己的行动反抗荒诞的世间，没有上帝，没有任何超人的力量，更没有任何他人能改变你的命运。人是英雄还是懦夫，全靠你自己选择。每个人都应该自由地选择自己的道路，为自己的生活创造独特的价值。

约翰·斯图亚特·密尔之自由观。以自由对抗“多数人的暴政”。“唯一实称其名的自由，乃是按照我们自己的道路去追求我们自己的好处的自由，只要我们不试图剥夺他人的这种自由，不试图阻碍他们取得这种自由的努力”。[1](《论自由》)“现存的一切美好事物都是首创性的果实。”[2]

密尔一生主要生活在维多利亚时代(1837—1901)，这是“日不落帝国”最为辉煌的时代，也是个人权利受侵犯十分隐蔽的时代。密尔承认，他所处的时代与过去相比，统治者已经受到很大程度的制约，个人权利有所拓展，政府已不再严格控制形式，即大众民主对于个人自由的侵害正逐渐渗透到每个人的生活中。密尔把生活内容分为两个部分：涉及个人的部分和涉及社会的部分。如果一个人的行为只涉及个人自身而不涉及他人和社会，个人的所有行为可以完全自由，不必向社会承担任何责任。如果个人的行为损害了他人的利益，那么个人就应该承担相应的社会或法律惩罚。有学者分析，密尔通过为社会和个人划界的方式（“自我保护”原则）来保障的个人自由包括三类：一是内在意识方面的自由，包括信仰、思想和表达意见的自由；二是个人规划自己的生活蓝图，做自己想做的事情的自由；三是人与人之间相互结合的自由。“多数人的暴政”（维克托尔）：对个人思想言论自由的压制，即对个性的压制。第一，任何人，包括集体都具有“可错性”个人承认，集体盲从，这是压制思想言论自由的根源。第二，即使任何人和集体的观点正确，也不应该压制个人的思想言论自由。因为人们坚持的观点是绝对正确的，如果不允许思想讨论的自由，那么这一观点可能会被当作僵死的教条而为人信奉。第三，事实情况是大多数观点都只是部分正确，这更不能压制思想言论自由。因为部分正确的观点中有谬误，这就需要公开的讨论来加以纠正。

以赛亚·伯林之自由观。英国哲学家、观念史学家和政治理论家以赛亚·伯林，20 世纪最杰出的自由思想家之一，以赛亚·伯林主要是因为对政治和道德理论的贡献而闻名的。他说：“自由是一个意义漏洞百出以至于没有任何解释能够站得住脚的词。”首先，他在消极的和积极的自由之间做出了著名的区分，并主张对于可能的误用，消极概念是更为安全的一个。其次，他将价值多元主义观念作为伦理学中的中间立场，确立于一元论和相对论之间，并对于道德生活提出了一种独特的描述。两种观点的结合导致了自由思想中一个新的学说——自由多元主义（Liberal Pluralism）的建立。伯林对自由的思考以人们公认的政治自由最基本的内涵为起点。他指出“政治自由简单地说，就是一个人能够不被别人阻碍地行动的领域”。伯林并不认为一个人拥有自由就可以为所欲为。为了让所有的人都可以享受最广泛的自由，每个人的自由都应该有一定的边界。伯林为自由分类：积极自由和消极自由。消极自由是指，在怎样的限度内，一个人或一群人可以或应当被允许做他能做的事，或成为他愿意成为的人，而不受他人干涉，也就是一个人能够不被他人阻碍而行动的领域。如果本来可以做的却受到人为阻碍，就是不自由的，如果不被干涉的行动领域被人为挤压，则是被强制的。强制意味着在可以行事的领域存在来自他人的故意干涉，自由恰与强制相对应，不被别人干涉的领域越大，自由也就越宽广。如果一个人没受干扰而仅仅出于无能力达到某一行动目标时，不能认为是缺乏政治自由，就像一个人不能环游世界不是因为他人阻碍而是因为自己无钱支付一样。但是，自由的实现，是依赖于条件的，对于无力运用自由的人，自由又有什么意义呢？这就是说，政治自由的实现必须要有创造出维护这种自由的环境。例如，一个无钱购买面包的人，他的贫困可能是由于未受教育或者疾病丧失劳动能力而引起，那么在这种情况下，某些强制就成了实现自由的条件，如强制教育或其他的强制社会保障措施。积极自由是指，什么东西或什么人有权控制或干涉某人，从而决定他应该去做这件事，或成为这种人，而不应该去做另一件事，或成为另一种人。积极自由意味着自己有权选择自己的生活，成为自己愿望的主人，实现自己的意志，而不成为别人意志的工具；成为自己行动的主体，而不是他人行动的客体；自我设计、自我决策、自我实现，而不听命于别人。消极自由与积极自由，都是个人主义理论下的个人自由，前者是排除干涉和妨碍下的行动自由，后者是主体以积极姿态做自我的愿望、思考和行动的主人。消极自由衡量的是自由活动的空间范围，控制越少，自由越广大，这是自由观念的内在目的；而积极自由是个人拓展自由空间的手段。伯林认为，道德、公正、平等不能作为妨碍自由的理由。“自由就是自由，既不是平等、公平、正义、文化，也不是人的幸福或良心的安稳。如果我、我的阶级或我的民族的自由依赖于其他巨大数量的人的不幸，那么促成这种状况的制度就是不公正的与不道德的……自由之所失也许会由于公正、幸福或和平之所得来补偿，但是失去的仍旧失去了，不过，为了保证一些人的自由，另一些人的自由有时候必须被剥夺。”

邦雅曼·贡斯当之自由观。邦雅曼·贡斯当是法国文学家和政治思想家，近代自由主义的奠基者之一。贡斯当受到亚当·斯密(1723—1790)、亚当·佛格森等著名苏格兰启蒙思想家的影响。他在苏格兰所受的教育奠定了他自由主义思想的基础，也奠定了他对英国文化与政治制度终生不渝的推崇。贡斯当选择对古代自由观和现代自由观进行比较研究。在贡斯当看来，古代人的自由，以古希腊和古罗马为例，意味着政治自由，即广泛参与集体活动的自由，诸如公民大会上的辩论、审判席上的陪审等。古代人的自由是集体性自由，在于以集体的方式直接行使完整主权的若干部分，承认个人对社群权威的完全服从，其表现为积极而持续地参与集体权力。相比之下，现代人的自由在现代民族国家中则开始意味着公民自由，免于任意逮捕的自由，舆论自由，职业自由，结社自由以及其他诸如此类的个人权利。现代人的自由必须是由和平的享受与私人的独立构成的。个人独立是现代人的第一需要，因此，任何人决不能要求现代人做出任何牺牲，以实现政治自由。

康德之自由观。自由与自律：“人有自由；以及相反的：没有任何自由，在人那里，一切都是自然必然性。”康德的自由概念分为先验的自由、实践的自由和自由感三个层次。康德把意志自由看成是阐明道德自律性的关键，从而高扬了道德的主体性，在伦理学上实现了所谓的“哥白尼式的革命”。相应地，康德在道德上强调“自律”而摈弃“他律”，强调敢于运用理智的勇气，而摒弃屈从于权威的懦弱。在康德看来，屈从于他律就是道德上的懦弱，道德懦弱是蒙昧主义盛行的前提；而自主的自律则是道德上的勇敢，道德上的勇敢是启蒙得以普及的前提。在康德式启蒙中，自由与责任密不可分，自由的连带方面是自我负责，承担起与你的自由选择相关的一切的责任。换言之，自由的时代也是个人责任的时代，要自由就必须为自由选择的后果负责——无论是成功还是失败。“个人责任没有替代品”，此之谓也。

叔本华之自由观。“自由是一个神秘之谜。”“‘自由’这一概念，只要我们仔细思考一下，就可以发现这其实是一个带否定特性的概念。一旦说起‘自由’，我们所想到的就是：不存在任何起妨碍作用的东西。相比之下，起妨碍作用的东西，作为显现力量的东西，却必然是带有肯定特性的。根据起妨碍作用之物所可能有的性质和构成，自由的概念也就相应可细分为各自差别很大的三类，亦即身体、物质上的自由，智力上的自由和道德上的自由。”[6]意志作为自在之物，它的本质是没有任何目的和限制的自由。

三、中国哲学之自由观

佛教的求真之自由观。真理有二义：经验知识的真理与超越知识的真理。以佛教的用语来说，可分别称为俗谛与真谛。佛教讲自由，主要是实践求真的价值，而“真”取超越义而非经验义。所以佛教的中心观念为觉悟（反面是执着与无明）。在求真这方面，佛教可说比西方哲学更进一步。因为能用超经知识的方法，其主要特征是超越经验原则与逻辑原则，并泯灭主客对立的形式。佛教的自由，包括果位自由和因位自由两层面。佛教的果位自由，是佛教信众在修道正果后获得的自由，大体上是一种无限自由和绝对自由。佛教认为，自然条件的束缚和生理心理现象的束缚，最终是可以摆脱的。人们在正道解脱时，生理会有根本性的转变，不再对人们形成束缚；心理也会有根本性的转变，消除了种种烦恼而获得绝对清净；而物质世界也会显现出其空的本性，从而也不再对人们形成束缚。因位自由指佛教信众追求解脱的阶段。

儒家的求善之自由观。儒家所讲的主要是一种实现善的价值的自由，或即道德的自由。道德与自由义的相通，可以用康德哲学来说明——就其独立不依于经验和只依于自己建立的法则而行动这两方面来说明。儒家讲道德自有优越于西方哲学之处（可通过与康德哲学比较）：康德的自由意志相对于上帝来说只是有限的自由；儒家以为人性本善，讲德性是真正无限的自由。

道家求美之自由观。讲自由的本义，道家是三家中最明白的。道家以“自然”和“无待”等用语来解释人的精神的自由，非常妥帖。人类永远面临着不确定性，因而人类是自由的，人类的“自由”即体现于“言”“行”之“道”的永不停止的探索之中，因此可以说“道”就是“自由”。“道”本身就是“自由”，“道”与其说是通往自由之路，不如说就是自由本身。自由就是不断地突破现实世界的局限，向未来无穷可能的世界开掘，就是不断否定过去开辟未来。人类正是在这种自由之“道”的探索与创造之中，感受到了美。道家哲学以一种极端的、艺术化的方式显示着人类“自由”的本性，显现着“道”的本质，亦即以其“不遣是非”的言说方式对已有的确定性加以否定与解构，使“道”从确定性话语体系的封闭中解救出来，重新获得自由生命的活力。庄子：游——绝对的自由与相对的实现。“游”是经过实际的“体道”修行所实现的独特的生命体验与超越的精神境界，也是庄子自由哲学的顶峰。按其理论推演，人经过合道的“物化”之后进入自由之境——“游”。“游”是“游心”，是心灵的一种解脱与自在，是不为外物所役、不为限制所限的逍遥自适。有了这种精神的自由和高维的视域、广大的心量，人的处世态度与方式会相应改变，从而影响、改变人与世界的关系。游世是庄子提出的一种人的存在方式，他认为避世的隐士生存方式和用世的儒家生存方式都是不可取的，只有游世的生存方式才是合于道的生存。对庄子游世思想的阐释大多从现世的黑暗和自我保存的角度展开。事实上，游世是和对“道”的领悟不可分离的，是领悟“道”之后的一种生存方式。同时，游世也不是一种毫无原则的保身方式，不是一味地消极等待。游世是一种悠悠自在、积极的生存方式。故游世不是消极避世，也不是入世。游世的具体表现，乃是一种“顺人而不失己”，即既顺应这个社会，又不丧失自我追求的处世态度。另一种表现形式是安然面对灾祸和死亡。庄子提出的游世的生存方式是一种积极的生存方式。游世的本质并不是要超世或遁世，而是顺世。我们能够做到顺世何必去超世或遁世呢。游世的生存方式也不仅仅是一种精神的自由状态。庄子的游世主张既是一种精神的自由状态，也包括身体的悠悠自在，这两个方面是统一的。庄子的思想是强调顺的。游世就是要做到一种顺世的生存状态。

冯契之自由观。冯契（1915—1995）是我国现代著名的哲学家和中国哲学史家。他一生致力于知识和智慧及其相互关系的探讨，会通古今，比较中西，建立了“智慧说”的哲学体系。他认为，哲学智慧的目标和追求不仅仅在于认识天道，更重要的是在于培养人的自由德性，即追求真善美的统一，造就一种统一的全面发展的自由人格。因此，关于自由问题的思想，在冯契的哲学理论体系中占有极其重要的地位。冯契先生的自由观不仅是对马克思主义自由学说的展示、继承，更重要的是在于发展。他克服了唯理性主义的局限，提出了自由是理想的实现的学说。他指出，人类从事物质生产和精神生产，从认识论的观点看，都可以说是从现实中汲取理想，又促使理想化为现实的活动，而理想的实现就意味着人的自由。他不仅把自由问题与对价值论的研究联系起来，更重要的是把自由与智慧、人生相联系，在提出自由是理想的实现的学说之同时，深入地探讨了理想人格的培养等问题。

梁启超之自由观。释放心灵，获真自由。“人之奴隶我，不足畏也，而莫痛于自奴隶于人；自奴隶于人，犹不足畏也，而莫惨于我奴隶于我”，“人有‘真自由’，有‘伪自由’”，“辱莫大于心奴”（《论自由》）。一个人要想获得心灵的自由，必须有自己的主见，清楚地知道自己想要什么，去追求自己认为好的东西。如果是我奴役我自己，那么，我不会想到反抗，别人也无从拯救，这才是最可怕的。

四、我之自由观

自由是自我探索，自由是指人的思想行为活动，由自己做主，不受限制与约束。但是任何自由都是有条件的自由，都是受制约的自由。自由与不自由都有良恶的两重性，良性的自由与不自由都是我们所需要的。我们每一个人都无法获得绝对的自由，自由只能是建立在自身权利与秩序利益的平衡上。自由发自于内心，不是外界赋予的。在现实生活中，我们的心灵无时无刻都在制造着限制，哪怕外在的限制并未限制并未用强权将这些限制加诸我们的内心。我们贫乏的心灵不懂得自我探索。所以自由的获得在于自我探索，自我超越。

自由与束缚的博弈是我愿戴着镣铐舞蹈。我们所向往的无忧无虑、为所欲为、云淡风轻真的是自由最好的释义么？太过于自由并不见得是一件好事，它可能会让人变得无所适从，会导致一种对生活的空虚与无力感，回归忙碌与充实，重新找回自我，才是对自由全新的诠释。帕特里克说“不自由，毋宁死”，熊培云则说“不自由，仍可活”。我们需要自由，更需要的是有所束缚的自由。真正的智者是清楚知道自由为何物的人，真正的追求自由是时时保持向心力。心若奋力追求，外部因素哪里能挡住前进的脚步。若有枷锁，为何有人仍能戴着镣铐轻盈地舞蹈。没有遮拦的自由就像在太空一样漂游而没有重心，终有一天你自己也失去了方向。有所束缚的自由则像有线的风筝，志在蓝天，还能飞得更远，而这才是我们真正应该去追寻的。

讨论部分

张欢欢：关于自由，我觉得最重要的是心灵的自由。如果形体自由而心灵不自由，也永远得不到真正想要的解脱。我们现在到处都强调要自由，学习要自由，成长要自由，恋爱要自由，工作要自由。在我看来，这些都是形式的自由，真正的自由来自内心。最近比较流行的一首歌，叫《李白》，歌词大意就是说现在的生活太过世俗，到处是奸诈和模仿，如果能重来，我会选做李白，因为他至少能写写诗来澎湃，还被那么多人崇拜。我的理解就是，现实生活太累，到处奉迎，最后说不定还被怀疑和指责，想要挣扎却无路可逃，空留幻想。其实，静下来想想，虽然生活很苦很累，我们会整日忙于奔波劳累，但这不妨碍我们有自己的兴趣爱好，不妨碍我们有自己的发泄方式。相反，我们选择自由的方式更多了，可以写诗作画、可以赏花品茶、可以游山玩水等。重要的是找到适合自己的方式，它无关高雅与低俗。沉淀下来，学会与自己的心灵对话，弄清楚自己心灵的需求，并满足它，这样才会获得真正的满足与自由。就像风筝，虽然它在形式上被人们束缚，但它的心灵是自由的，它永远向往并渴求着蓝天，那就是它存在的意义。而我们人类却正好相反，有时候，我们看似自由，却没有打开心灵上的枷锁，整日斤斤计较于利益得失，拿得起、放不下，忧心忡忡，甚至忘了生活和生命的意义所在。

胡秀银：自由是一种基本价值，也可以说是“核心价值”，是达成其他一切价值的基础。自由是实现人生其他所有价值的基础。这其中又包含两层意思：一层是说，没有自由，人生的其他价值理想就不能得到真正实现；另一层意思是指，实现人生其他的价值理想，不能以牺牲自由为代价。人生的价值理想是丰富多样的，比如“健康”“爱”“友谊”“发展”“幸福”等。毫无疑问，健康是人生的一项基本价值，没有健康，人什么也谈不上。但是，健康不仅包括身体的健康，而且包括精神的健康。在当代社会，精神健康已经超过身体健康成为人类健康最大最棘手的问题。爱是我们生活中一种基本的力量和价值追求。没有爱的生活是没有光彩的，甚至是没有意义的。但是，无论是追求爱还是表示爱，没有自由的心境，就没有真正的爱。如果给爱附加许多条件或限制，那么爱也就打了折扣，变成一种利益的权衡。爱必须伴随着自由，而不能伴随着强迫、限制或利害关系的考量。再看友谊。友谊也是生命中不可缺少的一种价值关怀。缺少友谊的生活，就如同缺少爱的生活一样，是没有趣味的生活。然而真正的友谊也必须是以自由交往为前提的，不能有任何的个人利害关系的考虑在里面。否则，友谊就变成了相互利用的关系。在这个功利主义的时代，真正纯洁或纯粹的友谊不多见了。正常的交往大都带有寻找可以利用的社会资源的意味。至于“发展”，无论是个体的发展还是社会的发展，意味着个体或社会组织内在秩序向善的方向的展开或自我实现。因此，发展必须是内在的，而不能是外在的。任何外在的强制并不能导致真正的发展，发展是内在力量自由应用的结果。最后看一看幸福。幸福有多种定义和理解，但是无论如何，幸福一定是奠基于自由的基础上的。一个没有自由的人，无论他/她如何富有，都不能说是一个幸福的人。而且他/她个人的体验也一定是不幸福的，最多只有财富带来的满足或权势带来的虚荣。正是由于这样，历史上有很多的人愿意为了幸福而抛弃财富或权势。因此，自由是人生其他一切价值的基础，是真正实现其他一切价值不可或缺的条件。

胡一舟：自由的范围很广，而现在我想谈谈与老师、学生最贴近的学术自由。学术自由的目标是在于独立地追求真理，不计功利，具体内容可以分为教师的教学和研究自由以及学生的学习自由。而随着国家作用的强化，教师学生不得不正视绩效压力和社会的需求，从此按照社会的要求发展。这一矛盾引人思考。对教师而言，教学和科研是重头戏。在教学中，教师很多时候无法按照自己的想法去教授学生，因为他们要对学生升学率和就业率负责任。在科研中，教师无法完全按照自己的兴趣选择课题，因为国家对学术领域提供的经济支持并不是均等的。

连最为自由的大学也难以保证学术自由。大学之间的竞争、大学承受的绩效问责压力最后都会落在每一位大学学术人员的身上。国家作用在学术领域的扩张在一定程度上培养了人才，增强了学术活动的活力，但同时，也压抑了学者不计功利得失、为学术而学术的纯粹理性精神。对学生而言，大部分的学生并没有明确的学术自由观念。学生们从小就被灌输“学习是为了考好大学、找好工作”的观念。学术自由的种子并没有播种于娃娃的心田。这一点在学生们填报高考志愿时尤为明显。名牌大学、专业热门度、就业率永远是最为大众所关心的，学术成就很少被提及。当然，并不是需要每个人都投入学术研究之中，但是学术自由是科学研究和知识的源泉，必须得到更多的重视。当我们凝视鼻尖上的利益，陶醉于眼前的绩效之外，更多地应该去思考头上的星空，履行知识分子理性探知真理的使命。

袁野：自由是个体享受权利的状态。一个是自主思考；一个是自主行动。思考与行动都涉及私人与公共领域。我们的意识是自由的，这并不意味着个体完全可以做自己喜欢做的事，企图做自己喜欢做的事情即所谓的个性自由，某种程度上这会给世界造成社会、经济的混乱，对混乱的回应就是极权主义。人是社会性动物，我们与他人、他物、社会交织在一起，那些所谓的束缚其实也就是社会关系，任何人都会置身其中。但是我们却无法辨别清楚，觉得自己不自由。自由不是束缚的反面，逃离了束缚并不意味着你自由。外界环境强加给你的限制只是对你的身心进行了约束与桎梏，真正的自由是灵魂、精神上的自由。就算陷于牢笼，虽身不自由，但是心可以是自由的，你就是自由的。我们身处于世，总说我不自由要追求自由，归根结底是由于我们误解了自由的本质，将其等同了束缚的对立面，殊不知自由就是它自己。我们要学会做一个拥有真正自由的人，要做一个有目标、有选择、有理性的人，自由地生活。

卢猛：之前听洁隽说过一句话：人生而自由，却无所不在枷锁之中。我觉得自由都是相对的，没有绝对的自由。之前看过一本书《生命不能承受之轻》，我觉得来形容自由也是恰当的。绝对的自由带来的反而是不自由，不是有句话说物极必反吗，每个人都向往自由。有首诗：生命诚可贵，爱情价更高，若为自由故，两者皆可抛。我觉得我是不赞同的，虽然我佩服这个人的勇气。一个人来到世上，不是为了轻雾缥缈来的，有了经历、责任、爱情、友情等这些才是一个完整的人。虽然这些可能有时候会牵绊住你的脚步，让你无法拥有绝对的自由，但是就是这些牵绊，才让你的人生圆满。所以我更偏爱相对的自由，也相信因为相对才会更加享受自由，更加珍惜自由。就像风筝，如果没有线的牵绊，也许就不会珍惜飞上天空的那一刹那的愉悦。

龙漫：自由是什么？不是不管不顾一时兴起就抛下一切去旅行，而是拥有所有选择的权利。世界上没有绝对的自由，只有相对的自由，当你拥有所有选择的权利的时候，你仍然会受现实的羁绊而做出一些不符合内心期望的选择。从小到大，我们对自由的理解就是从学校、家庭或国家等组织中逃脱出来，可就算是从这些组织中逃脱出来，还是无法得到真正的自由。如果你无法不在意他人对你的看法和评价，害怕被人讨厌，也不想付出可能得不到认同的代价，那么你将得不到真正的自由。那么，我们怎样才可以获得自由呢？首先，自由需要自律，只有自律者才会有自由，当一个人缺乏自律的时候，他做的事情总是在受习惯和即时诱惑的影响，要么就是被他们的思想观念所扰，几乎永远不可能去做内心真正渴望的事情。其次，每个人按照自己喜欢的方式生活，确立自己的原则，自主思考、自主行动，在道德和法律约束的范围内充分享受自己拥有的权利。最后，自由需要分寸。自由并不是你想做什么就做什么，如果你的自由会带给别人伤害和损失，那这样的自由还有什么意义呢？因此，自由必须是在一定前提条件下的自由，也只有建立在尊重别人基础之上的自由才能成为真正有意义的自由。

廖锐：自由，在我看来是一种可遇而不可求的状态。但是我们的内心可以处于一种自由的状态。真正达到自由，在我看来，需要满足几个条件：一是物质满足；二是精神满足；三是具有一种豁达的态度。物质满足就是你所具有的物质条件可以支撑你的基本需求，满足你在正常社会生活中的种种需求。精神满足是你需要找到一种精神依靠，且能满足自我的精神需求。最后是需要有一种豁达的态度，能接受周遭世界所发生的任何事情，且当自己面对这些事情时有一种无所谓的态度。或许你就离自由更近一步了。其实，我们现在所讨论的“自由”都是处于体制下的自由，带着镣铐的同时追求自己所想要的，这或许在先哲身上曾经出现过，但当我们想要追求时，我们应该学会在这个社会生活中如何去寻找最大化的自由。

周舟：关于自由，字面上理解可能就是自由没有约束，没有规定，自己想做什么就做什么。从初中到高中再到大学，每个人一直都想着追求自由；现在发现其实自己对于每个时期的自由都有着不一样的定义。小时候想的自由就是没有人管着自己，天大地大我最大该多好；现在想得更多的是自由就是全身心有着一种美的体验，一种内心的安宁。在我看来自由并不是无拘无束，而是当那些约束你自由的规则早已作为你生命的一部分时，当你所关注的事情点不再是小心翼翼地去躲避这些约束，而是更多地关注约束以外的东西时，你就已经有了自由。而自由本身是不能去追求的，所以我觉得要想获得自由，更多地应该是不断地去追求生活，追求梦想，因为在这个过程中，任何的困难你都会去克服，当你尝尽了酸甜苦辣后，你也就会获得了那份属于你自己的自由！

邱海青（泰国留学生）：“人是生而自由的，却无往不在枷锁之中。自以为是其他一切的主人的人，反而比其他一切更是奴隶。”这是卢梭对其所处社会时代人的生存状况作出的概括性论断。自由是社会人的权利。与自由相对的，是奴役。

每个人都有自由的权利，但是必须在社会法制内。对我来说自由就像我们想去玩，就可以去没有被阻止。但其实就是你想做什么就做什么，只要不影响或者伤害别人便是了，这才是自由。

熊艳青：我也来谈谈我对自由的感受：首先，自由是一个美好的字眼，我们都在竭尽全力去追逐它，靠近它，那么如何才能最大限度地靠近它？我认为这取决于我们的主观能动性。很多时候，我们的自由取决于我们的选择。即要想获得自由，必须根据我们的信仰和价值观作出合乎自己心意的选择，这是获取自由的前提之一，当然我们也得同时尊重别人的选择，持着包容与理解的态度看待别人的选择，唯有如此，才能真正做到心境自由。

刘茂梅：自由与束缚是相对的，人往往是喜欢自由而不喜欢束缚。记得帕特里克曾在维吉尼亚的一次反殖民演讲中的最后一句：Give me liberty or give me death，翻译成中文意思就是：不自由，毋宁死。类似的话裴多菲也说过，生命诚可贵，爱情价更高，若为自由故，二者皆可抛。可以说，这是对自由的最高向往和追求。奴隶时代和封建时代人们追求着人身自由，反抗压迫、束缚、奴役和控制。当然，不同时代对自由的理解不一样，对自由的追求状态也不一样。现代社会，政治和物质文明高度发展，我们追求的自由已然和过去时代的自由不一样。如果有人问我人活着的意义是什么，我想我会回答是自由。我理解的自由包括两个方面，物质自由与精神的自由。物质自由，人活着都需要一定的物质基础，我认为物质自由不是指大富大贵，拥有很多的钱财，而是指维持自己以及家人必需的物质的基本标准的能力，也就是说，有基本的生活和娱乐物质保障，用今天的话说就是小康生活。这是精神自由的基础。精神自由我认为是指，人生价值的实现以及对生活经历、万事万物深深思考的心灵追求与自由。如果不对我们过去经历以及事物的思考，我们活着就像原地踏步，束缚在一个地方，没有前进的自由。当我们生活的物质自由满足时或者在追求物质自由的过程中，我们应该追求精神的自由，在工作或学习中追求个人价值的实现与满足，并学会对人生的总结与思考，保持一种自我觉醒的状态，认识自己，认识他人，认识社会，认识万物。

唐松林：我想结合大家的观点，谈一点我的理解：

第一，什么是自由？自由是个体享受思考、言论与行动的权利及其生存状态。人有自由思想、自由选择与自由行动的权利。人可以自由地决定自己的存在，这种存在，在一定程度上说，就是人的本质。它包括如下三个方面的内容：(1)意欲的自由。即内在意识方面的自由，包括自由的思想，自由地选择自己的信仰，自由地表达自己的意见等。(2)生活的自由。即自由地确立自己的生活原则，自由地规划自己的生活蓝图，自由地按照自己喜欢的方式生活。(3)行动的自由。人有选择行动的权利，可以自由地做自己想做的事情，自由地追求自己认为正确的东西。自由是人之为人的一种基本价值，也可以说是社会的基本价值，是其他一切人与社会价值的基础，是实现人生幸福与社会和谐的基础。

第二，自由与约束的关系。也就是今天选题中讲的自由的“张力”问题。自由是有边界的，一个人的自由不是为所欲为的。(1)你的自由不能伤害到他人的自由。古人说，“己所勿欲，勿施于人”。你在享受自由的时候，不要干涉其他人享受他的自由。(2)你的自由要以法律、道德与集体的规范为边界。如果违背法律，你就会受到法律的制裁而失去自由；如果你违背道德，你就会受到良心的谴责而无法享受自由；如果你违背集体规范，你就会受到群体的冷落而不会自由。所以，没有约束，就没有真正的自由，这就是自由的张力。

第三，我们如何享受自由。自由的实现，依赖于一定内外条件，我主要谈谈内部条件，如你的心态、能力、自律等要素。只有从主体内部理解自由的条件，才能使你不怨天尤人，不自暴自弃，以开放豁达的精神面貌迎接每一个黎明，并照亮你的世界，这是自由的最高境界。(1)自由需要一定的能力。你的希望在于用自己的行动不断地拓展自己的认知，提升自己的智慧，依于自己的法则而行动，反抗你所处世界的荒诞，争取、建构自己的美好世界。这个世界没有上帝，没有救世主，没有任何超人的力量，更没有任何他人能改变你的命运。你必须经过一个修身养性的过程，才能从必然王国走向自由王国，享受高质量的自由。(2)自由需要一定的担当精神与责任意识。自由与责任与担当与使命密不可分，自由意味着你对自己的言论、选择与行动要自我负责，无论成败与否。自由的时代，自由的人，是责任与担当的时代，需要有责任与担当的人，你必须远离“平庸之恶”，为自由选择的后果负责。(3)自我约束。自我约束不是自套枷锁，它是自由的条件与境界。它是一种道德上的勇敢，它意味着你做人做事有分寸，意味着你拥有权力但不滥用权力，意味着你不仅能够自由地去做某些事情，而且也能够不去做某些事情。(4)自由需要包容与奉献的品性。人是社会性动物，我们与他人、他物、社会交织在一起，那些所谓的束缚其实也就是社会关系对自己的束缚，你置身其中，关系必然有时候会牵绊住你的脚步，让你无法拥有绝对的自由，但是就是这些牵绊、互动与妥协，才让你的人生具有意义，更加圆满。所以，你要学会觉悟、接纳与爱，以一种豁达的态度，泯灭自己与世界对立的形式，进入“天人合一”的自由之境，那时，你的全身心会有着一种美的体验。

参考文献

[1] [英]约翰·斯图亚特·密尔. 论自由[M]. 顾萧译. 北京：译林出版社，2010：69

[2] [英]以赛亚·伯林. 自由论[M]. 胡传胜译. 南京：译林出版社，2003：189

[3] 严宾. 密尔与伯林自由观对勘[J]. 学海，2013(1)

[4] [英]以赛亚·伯林. 自由论[M]. 胡传胜译. 南京：译林出版社，2003

[5] [德]叔本华. 叔本华论道德与自由[M]. 韦启昌译. 上海：上海人民出版社，2010：2
[6] 甘慧磊. 通向涅槃之境的自由——读叔本华自由观[J]. 中山大学研究生学刊(社会科学版)，2007(3)
[7] 徐克谦著. 庄子哲学新探：道言自由与美[M]. 北京：中华书局，2005
[8] 周义顺. 论冯契先生的自由观[J]. 湘潭大学学报，2000(24)

何谓民主：内涵、价值与教育

胡秀银*

时间：2015 年 4 月 27 日

地点：湖南大学教育科学研究院 320 教室

参加人员：唐松林（湖南大学教师）、卢猛、袁野、吴建云、龙漫、周舟、胡一舟、于晓卉、廖锐、邓洁隽、刘茂梅、张欢欢、胡秀银、邱海青（泰国留学生）（没有特殊注明均为湖南大学研究生）

民主与教育的关系问题，是一个非常重要的教育哲学主题。教育哲学领域对这个主题的研究是不充分的。深入研究“民主”的概念、民主的价值、民主与教育、民主与社会的关系问题，反思民主实践对于教育所提出的要求以及教育实践的民主品质，探讨民主公民的素质结构以及民主教育的性质和目的，分析教育民主化所面临的理论问题，不仅是我国教育哲学未尽的任务，也是21 世纪世界政治哲学不可忽视的使命。

* 作者简介：胡秀银（1992 年出生），女，湖南郴州人，湖南大学教育科学研究院 2014 级研究生，从事教育哲学研究。

一、民主的概念

(一)日常生活中的“民主”用法

在日常生活中，“民主”是一个高频词。例如，在国家的政治生活中，人们会经常提到“建设高度的社会主义民主政治”“建设一个高度民主、富强的社会主义新中国”“每一个公民都可以行使自己的民主权力”，等等；在一般的社会生活中，我们也经常听到诸如“要加强对于政府机关的民主监督”“师生之间的关系应该是一种民主的关系”“爸爸妈妈待我很民主”，等等。在这些“民主”的日常用法中，有的是“作为一种政治制度的民主”，有的是“作为一种权力的民主”，有的是“作为一种管理措施的民主”，有的是“作为一种社会关系的民主”，还有的是“作为对某种社会关系评价的民主”。这些用法之间显然存在着比较大的差别，反映出“民主”这个词比较复杂或丰富的内涵。

透过这些多样的用法与丰富的内涵，我们还是可以看到日常生活中人们关于“民主”的一些“有限共识”。首先，不管人们在有关民主的理论与实践问题上存在多大分歧，他们几乎一致同意，“民主”是一个褒义词而不是一个贬义词；其次，不管人们在何种语境下使用“民主”一词，他们都承认，“民主”是对于“强者权力”的一种限制，从这个意义上说，“要民主”的呼声与“不民主”的抱怨，也往往来自社会的弱势群体；再次，人们都意识到，无论在哪一个领域，“民主”都不是一种静态的结果，而是一种动态的过程，不是一种对现实的简单肯定，而是一种对未来的美好畅想。

上述这些最低限度的共识并不表征“民主”概念的共同本质，但是却构成了人们日常生活民主化的认识论基础。只不过，这个基础还比较薄弱，有可能导致日常生活民主化过程中一些矛盾。例如，既然“民主”是一个褒义词，那么为何“大民主”或“资产阶级民主”却受到人们的批判呢？“民主”作为褒义词，究竟是指它的“名”，还是指它的“实”？或者是同时包括了它的“名”与“实”？“民主”作为对“强者权力”的限制，其本身的合法性在什么地方？“限制”的具体内涵又是指什么？是“削弱”“抑制”，还是“分享”？民主作为一种过程或理想，有没有适当的边界？民主是不是可以适用于私人领域？像这些问题，都不是常识层面上可以解决的，需要进行深入的理论探讨。

(二)“民主”的词源

“民主”一词，在英语中是 democracy，来自古希腊文 δημοκράτια，16 世纪由法语的 democratie 引入英语。众所周知，在古希腊众多的奴隶制城邦国家中，不仅有君主政体、僭主政体（是通过政变或以武力夺取政权而建立的一种个人统治形式）、寡头政体（由贵族中少数人掌握政权）和贵族政体（由元老院或贵族会议掌握政权的统治形式）等，还有一种由城邦的全体公民组成的公民大会或人民大会作为最高权力机关的统治形式。雅典国家的平民在和贵族的斗争取得胜利之后，先后经过两次重大改革，以定期召开的全体公民大会为国家最高权力机构。公民大会闭会期间，则由十个按地区分成的选区选出的代表组成“五百人议事会”执掌国家政权。Democracy 就是由 demos 和 cratos 两个词根组成的，前者的意思是“地区”或“人民”，后者的意思是“统治”或“权力”。所以，从词源上看，“民主”一词从一开始的时候，就意味着“由人民直接地或通过分区选出的代表来治理或统治国家”，即“人民的统治”或“人民的权力”。

在我国古代典籍中，“民主”一词也屡见不鲜，但通常意义上并不指“人民的统治”或“人民的权力”，而是指“民之主”“民之君”，即人民的“君主”“父母官”或“管理者”。例如，《尚书·多方》中曾有“天惟时求民主，乃大降显休命与成汤”之类的话；《左传·襄公三十一年》中有“仆为民主，当以法率下”一类的句子。《辞海》对于“民主”进行了如下解释：“①原意指人民的权力。②庶民之主宰。”这两项释义分别反映了西方和中国“民主”概念的不同起源。不过，在今日的中国，受到自五四运动以来民主思潮的影响，人们已经很少将“民主”看作是古典意义上的“民之主”“民之君”了。但是，由于受长期的古代社会政治文化的影响，个别人还仍然将“民主”朴素地理解为由“民之主”“民之君”所延伸出来的“为民做主”，理解为一种对于政治家或管理者的道德要求或建议。显然，这种理解根本上是与“主权在民”的民主思想格格不入的，其实质是“主权在我”的封建专制思想。

（三）不同政治哲学中的“民主”概念

不同历史时期、不同政治哲学派别对于“民主”概念的界定或阐释是不同的。

最早的阐释和批评来自柏拉图和亚里士多德。经历了苏格拉底审判的柏拉图，对于“民主”深恶痛绝，将“民主制”与“寡头制”“财阀制”“僭主制”等并列加以反对，认为“民主”就是“不加区别地把一种平等给予一切人，而不管他们是不是平等者”。

亚里士多德和柏拉图一样，也对民主制度抱怀疑态度。他概括了民主制度的两个基本原则——“自由”及“按照你喜欢的方式来生活”。亚里士多德担心，根据上述两项原则，民主制度会导致一些逻辑的矛盾与实践的困惑，如“平等”与“自由”之间的矛盾、大多数的穷人比少数的富人在政治生活中更有自主权等。正是由于这些担心，亚里士多德没有将民主制度看成是最美好的或值得优先选择的政治制度。

18 世纪的欧洲思想家对古代的“民主”概念进行了新的阐释与限定。孟德斯鸠对亚里士多德的观点进行了改造，认为衡量一个国家的政治制度是不是民主的，关键不是看其政权是否掌握在全体人民的手中，而是看权力是如何由政府实施的，他提出了众所周知的“分权”思想，即将国家的权力区分为“行政权”“司法权”和“立法权”。

同时代的卢梭不赞同孟德斯鸠的“民主”观，认为重视权力实施的方式固然重要，然而弄清楚国家权力的合法性来源尤其重要。卢梭发挥了古典“民主”概念中“人民主权”的思想，认为“人民主权”是指“公意”而非“众意”，两者的区别在于：“公意”是着眼于“公共利益”，“众意”是“个别意志的总和”。为此，他提出主权不可“转让”“代表”或“分割”的思想，提倡一种公民直接表决式的“直接民主”，以防止“人民的主权”被议员或代表们滥用、篡夺或架空。

18 世纪末和整个 19 世纪的民主实践并没有听从卢梭的教导。麦迪逊、边沁以及密尔都认为，直接民主是不可取的，议会民主或间接民主是唯一可行的，三权分立是必需的，人民代表可以合法地行使国家职能，定期选举、派系斗争、秘密投票等都是防止出现绝对权力或政治腐败的制度性基础。

然而，托克维尔却通过“多数的暴政”这一概念从另一个角度为卢梭辩护。他指出，民主制度有其优越之处，也有其不足之处。而民主制度的所有不足之处，都是由于“多数权力”或“多数权威”的不断扩张而引起的。“当一个人或一个党在美国受到不公正的待遇时，你想他或它能向谁去诉苦呢？向舆论吗？但舆论是多数制造的。向立法机构吗？但立法机构代表多数，并盲目服从多数。向行政当局吗？但行政首长是由多数选任的，是多数的百依百顺工具。向公安机关吗？但警察不外是多数掌握的军队。向陪审团吗？但陪审团就是拥有宣判权的多数，而且在某些州，连法官都是由多数选派的。因此，不管你所告发的事情如何不正义和荒唐，你还得照样服从。”[1] 托尔维克的这段论述，引起了 20 世纪政治哲学家关于民主实践中少数人“不服从”权力的研究。

20 世纪政治哲学中的“民主”概念得到了更进一步的研究，但没有迹象表明达成了更多的共识。杜威在谈及“民主的理想”时认为，“民主主义不仅是一种政府的形式，它首先是一种联合生活的方式，是一种共同交流经验的方式”。[2]

很明显，杜威心目中的“民主”，已经从一种单纯的“政治民主”拓展为“社会民主”。与杜威这种将民主“泛化”的路线相反，韦伯和熊彼特（Schumpeter J.）则希望走一条“窄化”路线。他们的研究认为，古典的“民主”概念是模糊不清的，因而也是非常有害的。“民主”“充其量不过是选择决策者并制约其过分行为的手段。”[3] 韦伯和熊彼特的论述使得他们同时代和稍后的政治哲学家们将更多的注意力集中在“作为程序的民主”研究方面。当代颇有影响力的政治学者亨廷顿（Huntington S. P.）就接受了这种程序性的定义，认为“民主政治的核心程序是被统治的人通过竞争性的选举来挑选领袖”。[4]

总之，“民主”概念有着十分复杂的内涵，在不同的语境中有着不同的用法，这些用法大致可以概括为下面几种：第一，作为一种“政体”的民主。在这种意义上，“民主”指的就是“人民的统治”或“人民的权力”，是与“专制政体”“君主政体”等相对而言的，其权力的合法性来源于“民意”(“公意”或“众意”)而不是“天意”“教皇”“个人权威”或“军事恐怖”。因此，“政府”只不过是人民设立并通过其代理人来反映、体现、协调和实现民意的代理机构，必须对人民负责，忠诚于人民，服务于人民。第二，作为一种“程序”的民主。在这种意义上，“民主”是人民在公共政策领域中表达自己意愿行使自己主权的一整套程序或方法，如“投票”“辩论”“监督”“协商”“妥协”“不服从”等。作为一种程序的民主，既是根植于作为一种政体的民主，同时也是作为一种政体的民主的保障，所以孟德斯鸠才将选举法看成是民主政治的根本法律。第三，作为一种“生活态度”的民主。在这个意义上，“民主”意味着“开放”“宽容”“平等”“尊重差异”等个性品质，与“霸道”“蛮横”“狭隘”“自我中心”“强词夺理”“差强人意”等个性品质相对而言。作为一种生活态度的民主是前两种意义上的民主精神在日常生活各个方面的表现，是人类社会民主化的最好见证，同时也是实现政治民主所必需的一些公民素质。

二、民主的价值

在讨论了“民主”的概念以后，接下来要讨论民主的价值，既包括民主对于个人的价值，也包括民主对于社会的价值。从一些政治哲学的著作来看，思想家们关于民主价值的讨论并不十分充分，似乎民主的价值是不言而喻的。然而，通过历史上民主的真实遭遇，我们可以发现，许多时候许多人对于民主的价值并不是十分清楚。有些人认为实行民主会带来社会的动乱；有些人认为民主无助于改变自己的生存境况，所以根本就不参加民主选举；还有一些人认为民主对于一个经济发展水平不高的国家或地区来说根本就是一种奢侈品。通过理论的分析而回应这些质疑是政治哲学的重要任务，也是教育哲学的重要任务。

(一)个人价值

1. 民主是自由的保障

自由对于人类来说是可贵的，不自由的状态是一种非人的状态。尽管现实生活中的人总是受到种种的奴役，但是他们的心中无时不向往着自由。追求自由是不易的，然而要保卫自由尤其不易。历史上威胁人类自由的因素有许多，其中最长久、最重要的因素就是专制制度或各种形式的暴政。在专制制度或暴政下，人们的肉体和思想同时受到严密的监视，稍有“越轨”便会受到严厉的惩罚。可以说，专制制度或暴政是自由的“死敌”，对自由充满恐惧，因而也极力地限制甚至摧残自由，使得整个社会处于一种噤若寒蝉的奴役状态。毫无疑问的是，人类要真正地追求自由、保卫自由，在制度设计上就必须选择民主制度而不是专制制度或暴政。

2．民主是德性的基础

人总是要过一种有德性的生活，否则人与动物之间便没有什么实质的区别。德性是人性的核心。然而，人的德性却是与人的自由密切联系在一起的，离开了人的自由特别是内在自由，就没有什么真正的德性。而自由又是由民主制度来保障的，因而德性也同样是以民主制度为基础的。尽管民主本身不属于德性范畴，但是却为人们称为真正有德性的人提供了良好的社会政治条件或环境，有利于德性的生成和发展。

3．民主尊重个性的多样性

人的存在是一种独特性的存在，每一个人及其生活都是非常独特的。这种独特性是人之所以为人的一个重要特点。动物没有独特性，相同物种的动物总是有着相同的生活习性和机体需要。因此，尊重人的独特个性，从某种意义上说，就是尊重人本身。保持人的独特个性，也就保持了人的一项基本存在特征。个性的丧失对于人来说是一种非常不幸的事件，是人的异化或堕落。

然而，人类个性的历史命运是坎坷的。在原始社会，根本没有什么个性可言，所有的人都从属于他们所生活的氏族社会，彼此之间除了自然的差别以外，恐怕没有任何的差别。他们是同质的，而非异质的。他们身上的社会性就是他们全部的“个性”。阶级社会的产生，第一次使得人们意识到个性的存在。但此时的个性，却并非是普通大众可以享有的，只是统治者的专利或特权。专制的暴君不喜欢有个性的人，因此通过种种隐性的或显性的制度来压抑和摧残人的个性，最终形成了“万马齐喑究可哀”的局面。只有到了现代社会，人的个性及其多样性才能得到真正的尊重。在民主制度中，每一个人都有权利在法律的框架内表达个性化的声音，并为自己的个性化要求、判断和行为进行辩护。

4．民主有助于健康人格的形成

民主是自由的保障、德性的基础，并且尊重个性的多样性，自然就会有助于人们形成健康的人格特点，如“正直”“宽容”“平等”“开放”“理性”等。在我国封建社会，多的是一些趋炎附势、颠倒黑白、欺上瞒下的奸臣；真正能够做到宽容的人很少，更多的人形成了“同而不和”“睚眦必报”的心态；流行的是“三纲五常”“唯我独尊”和“唯书、唯上、唯大人之言”，长期生活在这样的制度下，人们形成了小心翼翼、唯唯诺诺、沉默寡言、心胸狭隘以及明哲保身等人格特征。这些特征尽管有助于当时人们的生存，但是从总体上来说，它是病态的，是与人的本性要求不相适应的，是以降低生命的生机和活力为代价的。民主制度有助于从根本上铲除形成这些病态人格的社会政治基础，使每一个人都能积极地参与到社会公共生活里来，都能够自由地表达自己的意见，自主地决定自己的事务，平等地与他人交流自己的观点，不断加深与他人之间的理解，用公开的、和平的方式解决彼此之间的冲突。

（二）社会价值

1. 民主有助于遏制绝对权力

自从有人类社会以来，就存在着管理公共资源的“权力”。既然存在着管理公共资源的权力，就存在着“权力的滥用”。正如阿克顿说，“权力导致腐败，绝对权力导致绝对腐败”。因此，他一针见血地指出，“对权威的限制是必不可少的。只有当一个政府受到有效的限制时，它才是合法的”。[5]民主制度的设计，最初就是为了防止权力的绝对化以及由此产生的滥用或腐化问题的。民主制度将权力或实施权力的合法性来源放在民意或公意上，就是为了提醒那些统治者不可滥用自己手中的权力，尤其是不能用自己手中的权力来直接或间接地谋取私利，侵犯人民群众的利益。否则的话，人民或社会大多数的被统治者就有权力重新选举自己的代理人来负责与自己的利益密切相关的公共事务。

2. 民主有助于社会政治的稳定

社会的进化总是“乱”和“治”相互交替的。从人类社会总体的进化路线来看，不乱不治，大乱大治，是有些道理的。但是，无论如何，“乱”本身不是治，也不等于“治”。历史本身也已经无数次地说明，社会文明发展最迅速的时期，都不是“乱”的时期，而是“治”的时期。这就意味着，政治的稳定对一个国家经济的发展、文化的繁荣来说，是非常重要的，可以说是一个先决条件。但是，问题在于，如何去保持政治的稳定？或者说什么样的政治体制才比较容易避免大规模的社会动荡？答案可想而知，即民主政治或民主制度。

3. 民主有助于增强社会凝聚力

民主制度增强社会凝聚力是通过以下几个途径实现的：首先，民主鼓励每一个人都积极地参与到社会生活中来，都通过合法的渠道关心公共政策的制定和实施问题。其次，民主制度为不同意见之间的有效沟通和公开对话开辟了制度管道，以便不同意见的各方能够不断和充分地求同存异，形成共识。再次，民主制度通过保卫和增进“共同利益”（common goods）或“公共利益”（public goods）不断地提升社会的凝聚力。

4. 民主有助于最大限度地实现社会公正

衡量一个社会公正与否的标准多种多样，罗尔斯（Rawls J.）提出了三项基本原则：第一，平等原则；第二，差别原则和机会的公正平等原则；第三，补偿原则。根据罗尔斯的这三项原则，民主制度是能够最大限度实现社会公正的政治架构。

总之，无论是对个体而言，还是对社会一个人的联合体而言，民主都是有价值的一种政治安排，是值得优先选择的一种政治制度，也是最具有人道主义气质的一种政治制度。但是，民主也不是万能的，不是解决所有个人问题和社会问题的灵丹妙药。民主也不是铁板一块，而是存在着各种各样的民主模式或实践。因此，对于任何民主的理论和实践，我们必须保持一种理性的批判态度。

三、民主与教育

历史上的任何民主实践，都是与一定形式的教育分不开的。民主的政治理想通过适当而有效的教育—民主教育—才能够实现。这正是杜威在《民主主义与教育》一书中所要阐述的基本原理[6]，也是陶行知先生在解放前所非常关注的问题。[7]

（一）民主需要教育

杜威指出："民主政治热心教育，这是众所周知的事实。根据表面的解释，一个民主的政府，除非选举人和受统治的人都受过教育，否则这种政府就是不能成功的。"[8]

无论实施什么样的民主，都离不开教育的支持。否则，民主就会成为一种单纯的甚至是盲目的政治游戏，而不会成为一种理性的和深刻的社会实践；就会成为一轮新的党派斗争，而不会成为重建整个社会公共领域的事业。在中国谈民主，极易犯简单化、情绪化和形式化的毛病。克服这种毛病的最好药方就是对全体人民特别是青少年学生进行"民主教育"。正如刘少奇同志曾经指出的那样，"中国是一个缺少民主传统的国家，一般人民没有经过民主的训练，不懂民主。而我们党内，也有很多党员不了解民主……我们要以民主精神教育中国群众，甚至在党内也有实行这种教育的必要"。[9]

（二）民主公民的素质

民主依赖于教育，教育为民主所能做的事情就是培养"民主公民"（democratic citizens）。那么究竟具备什么样的素质结构才能成为一个合格的民主公民呢？这对于民主教育来说是一个至关重要的问题。一个合格的民主公民由以下几方面的素质构成：民主意识、民主态度、民主知识、民主能力、民主信念。

（三）民主教育

了解了民主公民所具有的素质结构，我们应该对"民主教育"的概念、目的与性质有一个系统的认识。

1．民主教育的概念

关于“民主教育”的概念。杜威并没有给出一个明确的定义来。他只是说，“倘若有一个社会，它的全体成员都能以同等条件，共同享受社会的利益，并通过各种形式联合生活的相互影响，使各种社会制度得到灵活机动的重新调整，在这个范围内，这个社会就是民主主义的社会。这个社会必须有一种教育，使每个人都有对社会关系和社会控制的个人兴趣，都有能促进社会变化而不至于引起社会混乱的心理习惯”。[10]从这段话中我们可以看出，杜威所理解的“民主教育”就是能够培养民主生活“兴趣”和“习惯”的教育，实际上就是能够造就适合于民主社会的公民的教育。

与杜威相比，陶行知先生倒有一个比较明确的定义：“民主的教育是民有、民治、民享的教育。‘民有’的意义，是教育属于老百姓自己的。‘民治’的意义，是教育由老百姓自己办的……‘民享’的意义，是教育为老百姓的需要而办的，并非如统治者为了使老百姓能看布告，便于管理，就使老百姓认识几个字。”“……说得通俗些，民主教育是人民的教育，人民办的教育，为人民自己的幸福而办的教育。”[11]，显而易见，陶行知所理解的教育，是“人民的教育”，而不是“少数人的教育”。

但是，从今天人们所持的“民主”观及民主实践的要求来看，杜威和陶行知有关“民主教育”的理解也有一些不足或不能适应之处，总的来说，杜威关于“民主教育”的理解显得过于狭隘，陶行知关于“民主教育”的理解又显得过于宽泛。对此，石中英(2002)提出一个“民主教育”新概念：民主教育是这样一种教育，它向人们特别是青少年一代传播民主思想，培养他们健全的民主意识和态度，帮助他们掌握合理的民主知识结构，引导他们在民主实践中形成一定的民主生活能力，并树立某种程度的民主信念，以最终促使他们成为合格的民主公民。[12]

2．民主教育的性质

从这个“民主教育”的新概念中，我们可以看出“民主教育”的性质。首先，民主教育是一种“政治教育”，既不是教育的全部，也不同于“科学教育”“人文教育”或“道德教育”。其次，民主教育是“大众教育”，是面向大众的，而不是“精英教育”，仅面向少数社会精英或政治精英的。再次，从教育的时空上说，民主教育也是“终身教育”和“大教育”，而不仅仅只局限于“基础教育”和“学校教育”。最后，民主教育与“公民教育”也不完全是一回事。从逻辑上说，民主教育属于公民教育的一部分，但不是公民教育的全部。就公民教育中的政治教育而言，也未必是“民主教育”。就当前这个民主化的时代来说，民主教育应该是公民政治教育的核心。

3．民主教育的目的

抽象地说，民主教育就是要培养民主的公民，他们应该具有起码的民主意识、态度、知识、能力和信念；具体地说，我国民主教育的目的就是要培养社会主义民主的公民，他们应该具有社会主义民主的意识、态度、知识、能力和信念，从而使他们更好地成为社会主义事业的“建设者”和“接班人”。

四、教育民主化

(一)什么是教育民主化

“教育民主化”这一概念出现于20世纪60年代。自那以后，这个概念就广泛地出现于联合国教科文组织以及世界各国教育政策性文件中，也出现在学者们论述教育问题的著述中，还为广泛的社会舆论所使用。

然而，迄今为止，关于教育民主化，无论是从内涵还是从外延说，都没有一个十分确切的定义。每一个人或每一个国家都是从不同的角度或立场来解释或实施教育民主化的。在有些人看来，教育民主化就是“普及教育”(comlulsory education)及其所带来的“教育机会均等”(equality of educational opportunity)，在另一些人看来，教育民主化远远不只是“教育机会均等”，它还包括“学制的民主化”“课堂生活的民主化”“终身教育”(“学习机会的民主化”)等。还有人从教育阶级属性的变革出发，认为“教育民主化”意味着“逐步打破教育由少数人、特别是社会统治者所垄断、主宰、专制，而使之为越来越多的人所享受、掌握和利用”。[13]法国教育史学家米亚拉雷(Mialaret G.)和维亚尔(Vial J.)两人认为：“教育‘民主化’这一概念就其完整的意义而言包括两个方面：教育面前的平等和参与教育管理的平等”。[14]在一些不发达国家或地区，教育民主化仅是指能够受到最低程度的教育，学到最低限度的知识；而在一些发达国家或地区，教育的民主化意味着家庭、企业、社区等公共机构最大限度地参与教育决策。联合国教科文组织在20世纪70年代的一次区域性会议上对教育民主化的这种丰富而复杂的内涵给了一个总的概括：“教育民主化既涉及入学机会均等，又涉及学业成功机会均等，还涉及教育形式多样化，教育面向社会和生活，以及在教学内容、教学方法和教学组织中培养新精神。”[15]教育民主化从其性质上说，是指按照民主的要求改造教育或学校工作的所有方面——对象、制度、方法、师生关系、管理、内容、组织形式等，使之处处体现民主的精神，成为“民主实践的典范”[16]，培养民主公民的摇篮。简言之，教育民主化就是以民主的精神去改造教育、重建学校。

教育民主化不完全等同于民主教育。从目的上说，教育民主化与民主教育是同样的，都是为了培养民主社会的公民。但是，从实施内容或范围上而言，教育民主化比民主教育要广泛得多，涉及教育活动的各个方面。

（二）教育民主化的四项原则

教育民主化，作为一种教育改革行动或过程，要遵循一些基本的原则。

1．平等原则

教育民主化的平等原则是指在教育资源的配置、利用及教育关系的建构方面，所有的人，不论其肤色、种族、性别、财富、地位、智力等，都应享有同样的机会、权利，或受到同样的对待，反对任何形式的特权、歧视或排斥。从教育资源的配置和利用方面说，平等原则就是要致力于实现“教育机会平等”和“教育条件均等”；从教育关系的建构方面说，平等原则就意味着“每一个学生受到平等的教育关怀”“学业成就的机会均等”以及“师生关系的平等”。可见，教育民主化所要求的平等原则，不仅有硬性的“量”的要求，如是否具有同等入学机会问题，而且更有着“质”的要求，如是否受到同等教育关怀问题。

2．参与原则

教育民主化的参与原则是指在教育实践的各个环节——决策、咨询、制定目标、课程改革、教学组织、发展评价、学校管理等方面，最大限度地调动各个社会机构、组织、家庭以及个人的积极性，使更多的人成为教育改革、发展和评价的主体，改变传统教育教学和管理过于集中的现象，使教育事业成为一种由绝大多数人所参与的公共事业。正如联合国教科文组织所说的那样，“教育民主化不仅要把更多的教育给予更多的人，也要有更多的人参加教育管理，传统教育已不能适应大量增加学生人数的需要，教育必须重新建立。但是，谁来重建这种学校呢？不是教育的管理人员和官员，而是人民，全体人民……这就是说，我们必须把各阶层的人民组织起来，或者毋宁说发动起来，进行关于教育与教学的讨论。让教育的民主化从真正的民主行动开始；让尽可能多的人民帮助重建教育”。[17]在教育民主化过程中实施参与原则，首先需要从法律上或制度上规定学生拥有课程有关各方面的参与权利。例如，应该从法律或制度上规定学生拥有课程选择权或遭遇不公正对待时的申诉权，从而为他们参与课程实践与课堂管理提供法律保障。其次，应该为有关各方有效参与教育教学和管理活动提供必需的资讯，使他们能够尽可能正确地对某些问题、趋势作出判断，并采取合适的行动。例如，应该为家长参与学校管理提供充分的资讯。再次，应该建立一个通畅的沟通和协商的渠道，以便及时解决多方参与过程中出现的矛盾或冲突，避免影响正常的教育教学及管理工作。在教育民主化过程中确定参与主体时，可以根据某种决策或行为与某些人、团体或家庭的关涉程度来判断。如果是直接相关的，那么就应该赋予或接纳他们的参与权利；如果是间接相关的，则可以政治生活中代表制的方式参与确定参与者的范围。

3．自主原则

教育民主化的自主原则是指，在教育实践活动过程中，要充分地尊重教育或学校的相对独立性，充分地尊重校长、教师和学生在教育教学及管理活动中的主体地位，以便使教育或学校免于对社会政治和市场的过度依赖，使教师免于对政府或学校教育管理人员的过度依赖，并通过充分发挥学校、校长、教师和学生的自主性，重构教育的外部与内部关系，使之更加符合民主的要求。

自主原则的实施，有两个重要的基础：一是"自由"，二是"理性"，二者缺一不可。没有对法律框架内"学校自由"和"个人基本自由"的确认和保护，就没有任何的自主性可言。而没有"理性"的质疑、辩护、反思和实践，自主性也很可能蜕化为"学校中心"与"个人中心主义"。

4．宽容原则

教育民主化的宽容原则是指，在教育实践活动中，多样的观点、制度和行为方式，如果没有威胁到多样性本身的话，就应该得到允许、尊重、鼓励和保护。宽容原则是对于自主原则的进一步说明或支持。

作为教育民主化的原则，宽容不仅仅是一项教育的美德，也是一系列的教育实践。第一，建立相应的教育教学和管理制度，使得发表不同声音的人不至于受到打击、歧视或责备；第二，利用各种各样公开教学或集会的机会，促进不同意见之间的充分交流和对话，从而达成最大可能的理解；第三，创造条件，超越多样性，将单纯的宽容引向共同的合作，从而帮助每一个人既看到自己观点的价值，又看到别人观点的意义，更看到共同合作的力量。只有进行了这一系列的宽容实践，民主社会的多样性才不会像一些保守主义者所诅咒的那样演变为分裂的力量，而成为联合的力量、团结的力量和重塑自我以及自我与社会公共领域关系的力量。

(三)建设民主的学校

首先，建设民主的学校，必须理解"民主"的概念与价值。如果教育者连什么是"民主"以及为什么优先选择民主制度之类的问题都没有搞清楚，就根本谈不上建设什么民主的学校。与之相关的问题是，要建设民主的学校，教育者包括学习者，必须弄清楚学校在民主社会中的地位、作用以及民主对于学校的整个生活意味着什么。如果他们还看不到学校与民主社会的内在关系，还不能够理解民主精神能够给学校带来什么有益的变化，那么建设民主的学校是根本没有希望的。更进一步的问题是，建设民主的学校，必须使教育者感受到自己的工作在培养民主公民的改造专制教育方面的实际贡献，从而增加他们创办和经营民主学校的自信心和自豪感。

其次，建设民主的学校，必须将培养民主的公民或未来的民主素质纳入学校教育哲学之中，使之成为指导学校各个方面工作的基本观念。在狭隘的教育哲学指导下，一些孩子缺乏起码的民主意识、民主态度、民主能力，更谈不上民主的信念了，在实际的学校生活中变得极其自私、冷漠、霸道、固执、狭隘、不负责任，等等。要建设民主的学校，教育者就不能对这些不良品质熟视无睹，应该坚决与之做斗争，将上述民主素质作为整个教育教学工作所要追求的重要目标，作为学校教育哲学或个人教育哲学的核心内容。

再次，建设民主的学校，必须造就民主的校长和民主的教师。凡是熟悉教育的人都知道，没有什么东西比校长和教师对学校生活更有影响力的了，以至于有人说，一个好校长就是一所好学校，一个好教师就是一个好班级。

建设民主的学校，民主的校长和民主的教师就应该促进学生的自治，并指导学生的自治，培养学生的自主性，使他们成为具有个性、独立见解和自我管理能力的人。要做到这一点，首先，必须信任学生自治的能力，相信学生在他们自己的世界里是有能力实现充分自主的，相信学生对于自治或自主有着几乎天然的兴趣和要求。其次，必须理解学生自治的重要意义，理解学生自治对于他们自己的健康成长、对于他们的家庭和整个民主社会的意义。再次，必须意识到促进学生的自治不仅是指促进学生“个体的自治”，更重要的是促进学生“团体的自治”，通过各种各样的学生团体活动，使学生们学会按照集体的共识来行动，而不是一意孤行地按照自己个体的意愿来行动。最后，民主的学校要指导学生的自治，而不是放任不管，因为学生对于民主的精神、民主的程序和民主的方法都不一定了解得很清楚，对于自治过程中出现的一些问题，也未必能够有充分的能力和耐心去解决。

建设民主的学校，离不开教学的民主化。教学的民主化就是用民主的精神来改造我们的教学，使教授和学习的双边活动符合民主的要求。民主的要求在教学中的具体体现包括：应用多学科的知识，如历史学的知识、政治学的知识、经济学的知识等，促进学生对民主的理解；给予教师以必需的教学自由，以便教师能够改变教材知识的呈现方式，解构教学知识的霸权，突出知识的多样性和认识论的多样性，防止教材知识对学生自由思想的束缚；改变教学的观念，不再将教学看成是一种居高临下地传递真理性知识的过程，而是将教学看成是一种师生利用知识共同进行理智探险的过程，改变教学的组织形式，增加讨论、质疑、辩论、试验、自学等环节，使教学变成一种平等讨论和自由交流的场所，而不是教师的“一言堂”和“独角戏”；在教学过程中培养学生的批判性思维，使他们成为自主的学习者或认识主体；改变教学的评价方式，使得教学评价更能够引导和促进学生的自主学习、自由表达和批判性思维能力的发展。

建设民主的学校，其核心的一点就是要建设民主的师生关系。

建设民主的学校，在管理体制上，还必须最大限度地体现参与原则，使教师、学生、家庭和社会充分地参与到学校工作——学校发展规划、课程改革、学校管理制度的制定、教学评估、思想道德教育、学生活动等中来，将学校真正办成一个公共的机构，而不是私人机构。

总之，民主的学校是政治民主和社会民主的宣传部和试验场。没有民主的学校，就没有民主的公民；没有民主的公民，就没有民主的政治；没有民主的政治，就没有民主的社会；没有民主的社会，就不会有每个人最大限度的发展和最大福祉的实现，就不会有社会的持续进步和美好的未来。因而建设民主的学校和民主的课堂是新世纪每一个进步的教育工作者不可推卸的责任和不可懈怠的工作。[18]

讨论部分

唐松林老师：感谢秀银，报告非常系统全面，下面的讨论还是从最基本的问题入手，如民主的概念、民主的形式、当前教育中的民主问题及相应的分析与对策。

熊艳青：我来分享一个故事吧。公元前六世纪，古希腊城邦雅典有一个名叫克利斯提尼的政治家发明了一种人类历史上最早的民主制度雏形——贝壳放逐法。所谓“贝壳放逐法”，就是雅典人为了对付某个破坏民主，实施专制的独裁者，可以召开公民大会，对其进行投票(因用贝壳投票而得名)。如果这个人得到的票数超过6000，那么对不起，无论你有没有错，都要立即离开雅典，去往外面呆上10年再回来。这种惩罚制度有点类似于中国古代的流放。不过二者性质截然不同，前者是公民大会的集体投票，后者是专制君主的个人意志。

袁野：政治、社会、生活各方面都存在民主。民主是自由的保障，是德性的基础。一个社会国家如果没有了民主，生活在其中的人连最基本的身体自由都会丧失，何谈灵魂精神的自由，更何谈德性的追求。国家为了保证人们民主的获得，在历史的进程中不断的推进民主的形态的更替，然后再用法律、制度对民主进行保障。外在的民主只是人们获得民主的基本前提和基础，个人自我民主的态度与生活也是需要养成的，以包容理解的方式对待周围的人与事物，每个人按照自己喜欢的方式自我生活、民主生活。

于晓卉：对于民主，我对“教学民主的实现”有所思考。《盗火者》中谈到理想的师生关系是相生共济的关系。要实现这种教师和学生的民主，首先，教师要认识到两点：一是在班级管理中，放手让学生去做，相信学生有自己的意识和明辨是非的能力，让学生参与甚至是自我管理；二是教师对待学生要平等、关切，要能够坚信“每个孩子都是地球上的小星星”，发现每个学生的天赋，避免产生马太效应。其次，学生需要尊重教师的劳动与付出，因为现在也出现了教师地位的危机，在师生关系中，教师处于不利地位，教师是服务者的地位越来越明显，学生是消费者，而学生的优越地位使教师的劳动和心力越来越不受尊重。所以在要求教师平等对待学生的同时，还要要求学生尊重教师。

卢猛：我就谈谈教育上的民主吧。教育的民主化，首先是指教育机会均等，包括入学机会的均等，教育过程中享有教育资源机会的均等和教育结果的均等；其次是指师生关系的民主化；再次是指教育活动、教育方式、教育内容等的民主化，为学生提供更多的自由选择的机会。现在我国实行的是义务教育，使教育机会实现了形式上的均等，但是我觉得实质上并没有从根本上实现，城乡之间教育资源的差别依然存在，高考录取的不均等也是实实在在存在着。再说师生关系民主化，我觉得这点在我们的教学中非常重要，和学生做朋友，在学习中教学相长，取得学生情感上的信任和依赖，帮助他们实现自身人格的丰满。我觉得这比什么都重要。

吴建云：提到民主，我们可能就会想到政治民主，然而社会是一个复杂的系统，包括政治、经济、文化、教育等多个方面。在此，我想谈谈在教育领域中的民主。教育民主是把政治领域的民主扩展到教育领域，使教育成为公民的权利和义务，所以我会很自然想到教育机会平等。我国自孔子开始就追求“有教无类”教育机会平等，然而现实教育不平等不民主的现象比比皆是，大家作为探讨教育问题的关注者，是否感到痛心呢？虽然国家和学界都在为教育平等、教育民主努力，但我觉得它离真正的教育民主还有很长一段路要走。教育体制的革新，教育管理的民主渗透，教育资源的分配等都将是决定教育民主的关键。

胡一舟：我的想法可能比较偏激，因为我觉得其实民主是个伪命题，世界上不存在真正的民主，民主是相对的。许多人抱怨中国不民主，但我认为中国的国情决定了不能实行西方的民主。而西方所谓的民主也是假的，虽然民主是西方攻击中国的主要方面之一，但是西方所谓的民主也只是一部分人的民主。既得利益集团牢牢把控着真正的权力，给予平民居高临下的所谓平等权利。以美国为例，所谓民主选举选出来的总统需要依赖的却是大财阀集团的支持，没有深厚背景的平民阶级在参选的时候就已经因为财力问题而被淘汰，而且他们代表的也是不同党派的需求，是少数上层利益集团的代言人罢了。

邓洁隽：今天秀银的“民主”主题与我的“自由”主题放在一起来讲演，我觉得是很合理的，因为自由民主从来都是一对孪生兄弟，对自由与民主的探讨从来也是历史之潮、生活之流、哲学之家的重要话题。民主到底是手段还是普世价值呢？我认为民主是通往自由的一条道路。民主就是为了保证个人自由的实现以及限制权力的滥用。对民主的看法每个人的诠释几近相同，而对国家来说关于民主的释义以及实现问题必然是有差别的，因此世界上的国家与国家之间总会为人权问题有所争议。而我非常赞同有人用“鞋子理论”和“普世价值”解答了这个问题，也就是每个人都有鞋子穿，但每个人都要穿适合自己的鞋子。再如，人类应摄取蛋白质，这是普世价值，而中国人适合喝豆浆摄取蛋白质，西方人则更适合喝牛奶来摄取蛋白质，这就是鞋子理论。

龙漫：对于民主是什么，人们有不同的看法。有的认为民主就是自由发表意见，有的认为民主就是人民当家做主，也有的认为民主是投票选举，还有的认为民主就是政党制度。我理解的民主是一种享有权利的形式，主要是制度形式，涉及权力的分配问题。民主是与自由息息相关的。自由是民主的基础，没有自由，民主就失去了平等的前提。但是，不能把二者简单地混为一谈。民主一定程度上是一种按照少数服从多数原则进行决定的机制，而这就意味着少数人的自由意志向多数人做了让渡。这种让渡表现为一部分人的自由必须服从按照多数人的意志决定后形成的制度和法律，这是民主的重要保障。如果把自由混同于民主，甚至把自由看作是民主的核心，民主就无法实行。

刘茂梅：我们都知道，“民主”一词来源于西方，源于古希腊的雅典，希腊词“demos”，就是民主的意思，意为人民，其含义刚刚秀银也讲过，这里不重复了。从民主的含义中我们就可以知道，民主有它的阶级性，民主中含有平等，有民权。民主的阶级性，不论哪个时代，不论哪种体制的国家对民主的理解都有其独特性和阶级性。封建社会所谓的民主和现代社会的民主，资本主义国家的民主和社会主义国家的民主，其所指的民主都有其阶级性。所以，无论怎么说，民主它都有其局限性。但是，这并不能掩盖民主所具有的优越性，在民主社会，人们有更多的自由、平等和话语权，有更多参与国家管理的机会与权力。

民主中的“民”。民为国之本，我们国家创立了人民民主的政权国家，把人民放在民主前，更强调“民”的重要性。历史上的唐太宗，深深懂得人民的力量是极其伟大的，他曾提出“水能载舟亦能覆舟”这一观点，十分强调依靠人民力量的重要性，所以在他治理下，唐朝达到鼎盛时期，出现名垂青史的“贞观之治”。所以，无论我们今天要建设怎样的民主社会，都不能忽视“民”。

民主中的“主”。这个主就是人民当家“做主”，它更强调的是人民平等地拥有参与国家管理的权力。我们常常说，每一个人都是国家的主人，我们有参与国家管理的权力，但是这种权力是如何实现的，我们通过哪些形式参与国家管理，对大多数人来说这仿佛成为自己知识中的一个盲点。我们这种国家的主人翁感还不够。中国经历了两千年漫长的封建社会，在封建专制和压迫下，用鲁迅的话说就是催生了一种奴性意识，这种思维和历史的“惯性”，到现在这种残存的意识还在百姓中飘散。

但是，我们应该以一种发展的眼光看待民主。社会在不断发展，民主所涵盖的权利和范围在不断扩大，人们参与国家管理的途径也在增多，特别是网络的普及。我相信，民主终会掌握在人们手中，扎根在人们心中！

邱海青（泰国留学生）：对我来说民主有社会性，不同的社会制度会决定着不同的民主。虽然同在一个国家，但一些地方发展快而另一些地方发展慢。可以用文明程度界定发展的快慢，发展快的地区人民的科学民主素质高、对提高民主层次的要求高，受民主科学的教育程度和实践经验水准高，因此具备实行更为广泛和深刻的民主条件。在落后地区尽管也有先进人物，但在整体比例上还属于少数。

张欢欢：民主与自由是我们现在常常会提到的词语，而且多是在教育领域，如学术自由、教学民主等。在学校教育中，我们经常会呼吁学校或教师给学生创造民主的学习氛围，允许学生自由发挥、允许学生质疑和挑战，给予学生一定的权力。在家庭教育中，父母被要求做子女的朋友，平等相处，尊重子女的意见和决定。

民主就是和谐。民主意味着理解、尊重，意味着共情、设身处地。民主的氛围让人愿意坦诚相待、无所顾忌。民主与专制相对，专制带来怨声载道，民主却能使环境变得和谐。建设和谐社会、和谐校园，当然需要更多的民主。

在不同的使用环境中，民主的意义也是不同的，因此我甚至觉得民主是个复杂的词语。在政治环境中，民主就是指民主政治，是保障主权在民的政治制度。马克思主义认为，没有民主就没有社会主义，我国国家领导人又在发展中提出，没有民主，就没有现代化。在家庭和学校环境中，民主就是尊重与平等。这种环境有利于培养年轻一代的民主意识，从而学会主动争取和维护自己的这种权利。

廖锐：我认为所谓的民主首先应该建立在国民具有一定基本素质之上的，这是谈民主的根本，因为民主是人民之间的一种公平、平等的状态。国民基本素质未达到"民主"的最低标准，我们何谈民主。国民基本素质应包括：受过一定的教育、有公平和平等的意识、有敢于支持与维护民主以及敢于抵制不平等的勇气。这是谈民主的第一步，我认为也是关键的一步，也是最难的一步。人心不可测，尽管我们的教育在一定程度上使人在各方面有了一定的提高，但是在面对利益、权力时，仍然显得有点渺小，这也是人性的弱点，也是我们教育应该考虑的问题。综上所述，我认为民主建立在有素质、追求平等的公民之上的。

唐松林老师：感谢大家的积极思考与发言，我想就大家的发言及自己的思考，做如下总结：

第一，什么是民主？所谓"民"，是人民，为国之根本；所谓"主"，是主人，是人民当家"做主"。它是一种政治生活与社会生活方式。它不仅仅是一种国家政治制度，而且是人的日常生活方式，只要有人群聚居的地方，就需要民主。《孟子》中有"民为贵，社稷次之，君为轻"之著名论断，已经体现了我国古人"主权在民"的民主思想。

第二，民主的意义在于它能保证人的生存权利与自由平等的价值，促进人与人之间的平等、尊重与融洽的关系，建构一个合理的政治生活形式，以最大可能地限制强者，保护弱者，把公正带给一切人，是社会文明的标志。

第三，教育需要民主。我们也经常说民主教育与教育民主，是指教育中人的权利、自由与平等需要民主制度保障，这是教育正义的基础，也是个性自由发展的保障。它体现在教育中，需要教育机会均等，需要师生间的高度信任，需要师生间的相互激励，相互尊重，包容差异。

第四，民主依赖于国民素质的全面提升。(1)我们要建设民主的制度与生活形式，需要我们每一个人有一种开放、宽容、平等、尊重差异的生活态度。(2)民主要有综合素质、自由品性与批判精神。你要有自己的独立判断，防止过分行为的发生。最近我看美国电视连续剧《纸牌屋》，主人公弗兰克追求纯粹的权力，玩弄权术，不关心真正的正义与人的价值，诡计多端、逢场作戏、心狠手辣，有这样的人特别有这样的领导者，其素质如此低劣，是无法实现真正的民主的。(3)遏制绝对的权力，以平等、参与、自主、宽容等理念建构我们的教育环境，尤其要关注学校中的弱势群体，如学业成绩不理想者、家庭贫穷者、身体残疾者、父母离异者，等等，关注他们的利益与尊严，教育面前人人平等。

参考文献

[1] 托尔维克. 论美国的民主(上)[M]. 董果良译. 北京：商务印书馆，1988：290

[2][6][8][10] 杜威. 民主主义与教育[M]. 王承绪译. 北京：人民教育出版社，2001：97，5，97，109－110

[3] 赫尔. 民主的模式[M]. 燕继荣等译. 北京：中央编译出版社，1998：200

[4] 亨廷顿. 第三波——20世纪后期民主化浪潮[M]. 刘军宁译. 上海：三联书店，1998：4

[5] 阿克顿. 自由与权力[M]. 侯建，范亚峰译. 北京：商务印书馆，2001：342

[7][11]陶行知. 中国教育改造[M]. 北京：东方出版社，1996：192－203，193

[9] 刘少奇. 民主精神与官僚主义[J]. 红旗，1980(14)

[12] 石中英. 教育哲学导论[M]. 北京:北京师范大学出版社，2002:322

[13] 黄济，王策三. 现代教育论[M]. 北京：人民教育出版社，1996：183

[14][15]米亚拉雷，维亚尔. 世界教育史(1945年至今)[M]. 张人杰等译. 上海：译文出版社，1991：314，313

[16] 联合国教科文组织总部中文科译. 教育——财富蕴藏其中[M]. 北京：教育科学出版社，1996：47

[17] 联合国教科文组织国际教育发展委员会. 学会生存[M]. 华东师范大学比较教育研究所译. 北京：教育科学出版社，1996：108

[18] 石中英. 教育哲学导论[M]. 北京:北京师范大学出版社，2002:289－335

正义：社会的核心价值

熊艳青*

时间：2015年4月13日

地点：湖南大学教育科学研究院302教室

参会人员：唐松林（湖南大学教师）、熊艳青、吴建云、卢猛、邱海青（泰国留学生）、张欢欢、刘茂梅、龙漫、邓洁隽、于晓卉、廖锐、胡秀银、周舟、胡一舟、袁野（没有特殊注明者均为湖南大学研究生）

无论在东方文明，还是在西方文明中，正义都是一个既古老又常青的话题。许多哲人、学者对其进行了长久的研究，并给出了诸多解读方式，尽管正义的解读具有历史性、地域性、阶段性，但是这些解读共同彰显着人类发展文明、追求正义的精神。

一、正义的词源考究

"正"在古代汉语中，与"直""端"同义，如《新书·道述》曰"方直不曲谓之正，反正为邪"；又《广雅·释沽一》曰"端，正也"。若"正"用于客观事物之时，则表示不偏不斜、不弯的初意，而用于社会人际关系时，则包含公道、正当、正确等含义。"义"字在中国古代的甲骨文中就已存在，其繁体形态为"義"，由"羊"

---

* 作者简介：熊艳青（1991年出生），女，湖南益阳人，湖南大学教育科学研究院2014级研究生，从事教育哲学研究。

与“我”二字会意而成，在我国古代，羊被认为是一种聪明正直、公正无私、美善和智慧的象征，“我”字在古代的原初本意是指一种戈形武器，后来被引申为今天所用的第一人称代词，所以繁体字的“義”蕴含着这样的本意：“凭借我的力量和智慧，去捍卫具有真善美属性的世间一切事物以及真善美所代表的崇高的社会价值原则。”那么两者正式合用，始于《荀子·儒校》：“不学问，无正义，以福利为隆，是熟人也。”[1]这句话的意思是：鄙视学问，忽视正义，以追求富贵与权力为最高原则，这是低俗的人。由此，我们看出，“正义”是一个慢慢合成的词语，其含义也在逐渐丰富。

二、正义观念的缘起

关于正义观念的起源，许多学者从不同的角度对其进行了阐述，比如拉法格在其著作《思想起源论》中对文明社会的正义观念的起源做了较为详细的考察和阐述。他认为，文明社会的正义观念产生有两个来源：“一是人类的本性即报复的渴望和平等的感情；二是建立于私有财产基础上的社会环境。正是人类本性中存在的报复和平等的情欲、观念，以及在财产基础上产生的利益观念相互作用、彼此影响，使得正义和非正义的思想在文明人的脑子里产生、发展和成熟起来。正是同等报复在人类头脑中撒下了正义思想的种子，而奠定私有的不动产基础的土地划分又加以培育并结出了自己的果实。”因此，“正义的观念就它的起源来说只不过是平等精神的表现而已，以后由于受了它所促使形成的私有财产的影响，致使财产在人们之间所产生的不平等神圣化”。[2]

三、正义的内涵

（一）西方的正义观

正义是什么？这是一个仁者见仁、智者见智的命题。苏格拉底认为正义就是一种美德。考究他的论述，我们不难看出：其实他的正义论是以其“道德哲学”或“伦理哲学”为前提的，他认为：美德即知识。其推理依据是美德是一种善，而知识是一切的善，所以美德是知识。具体到正义这一命题中，人知道正义，并以正义的精神去做正义之事，这就是美德。换句话说，一个人要想做一个有道德的人，就必须懂得什么是正义，并按正义的原则去行事，因此正义是一种美德。柏拉图的正义观表现在其理想国里。他把正义分为国家的正义和个人的正义。他将社会成员分为统治者、武士和劳动者，因此，对国家来说，正义就是各个等级各守其位，各司其职。与此相应，个人也有三种心理功能和三种美德：“理性及其美德智慧、意志及其美德勇敢、欲望及其美德节制。当三者和谐地发挥其职能时，个人就表现出正义的美德。因此，对个人来说，正义就表现为灵魂各组成部分和谐协调的一种内在的精神状态。”[3]同柏拉图一样，亚里士多德的正义理论也把正义分为个人正义和社会（城邦）正义。就个人而言，正义是一种美德，即个人的公正或公平的心灵、行为和品性。正义也就是通过社会分配的正义以及矫正的正义来调整社会成员们之间的利益关系，使各个社会成员“得其所应得”。简而言之，正义包含两个因素——“事物和应该接受事物的人；大家认为相等的人就该配给到相等的事物。”[4]

纵观古希腊三哲对正义的论述，我们可以发现古希腊时期的正义主要是一种伦理学和价值观，是人们对美德的向往和理想社会的憧憬。

随着时间车轮的滚滚向前，到了近代，经历了封建专制的严冬煎熬后的资产阶级思想家们对正义的解读则发生了翻天覆地的变化，他们认为在没有自由、平等、权利为基础的社会里，正义的美德和理想社会是不可能实现的，因此正义的主题逐渐向“自由、平等、权利”转变。值得一提的是：“近代资产阶级学者建立自由、平等、权利为主题的正义观念与自然状态说和社会契约论紧密相连，或者说是以自然状态说和社会契约论为基础和出发点而展开其正义学说的。在他们看来，自由、平等、博爱等都是人们与生俱来的基本权利，尊重、保护这些与生俱有的人权是政府和法律的正义选择；按照人民主权、权力制约等理性原则组织起来的政府才是正义的。”[5]霍布斯、洛克等是这种正义论的主要代表。以霍布斯为例。霍布斯假设在人类进入社会状态之前，处于一种自然状态之中。这种自然状态之中的人们，由于没有像国家这样的公共权力，完全按照自己的自然本性而生存；而人的本性就是趋利避害、自保自利的动物性，“人对人像狼一样”，这就不可避免地会出现“一切人反对一切人的战争”。处在自然状态中的人们经过长期的冲突和苦难之后，终于按照人类理性的提示，相互之间制订契约，将自己所有的权力交给一个人或一些人组成的会议；而且这样的权力一旦交出就永远不能收回，这就出现了国家。霍布斯认为，在这种通过契约建立起来的国家中，人们的自由、平等、权利才能得到保障，人们才能过正义的生活”[6]。

如果说近代的正义主题是“自由、平等、权利”等政治哲学，那么到了现代，正义的核心则是如何将自由、平等、权利理想付诸实践，于是我们可以看到西方正义论主题的现代转变，即由近代自由、平等、权利的理想设计到现代作为具体制度的社会政策、社会体制的设计。其代表人物是美国学者罗尔斯和诺齐克。罗尔斯认为，“正义是社会制度的首要价值，正如真理是认识的首要价值一样，每个人都拥有一种基于正义的不可侵犯性，这种不可侵犯性即使以社会整体利益之名也不能逾越。因此，正义否认为了一些分享更大利益而剥夺另一些人的自由是正当的，不承认许多人享受的较大利益能绰绰有余地补偿强加于少数人的牺牲。所以，在一个正义的社会里，平等的公民自由是确定不移的，由正义所保障的权利不受制于政治的交易或社会利益的权衡”[7]。因此，罗尔斯把他的正义论称之为“公平之正义”，即社会权利和利益的公平分配。怎样使社会权利与利益公平合理分配？罗尔斯提出两个正义原则来保障，“第一个原则：每个人对与所有人所拥有的最广泛平等的基本自由体系相容的类似自由体系都应有一种平等的权利。第二个原则：社会和经济的不平等应这样安排，使它们：在与正义的储存原则一致的情况下，适合于最少受惠者的最大利益；并且依系于在机会公平平等的条件下职务和地位向所有人开放”[8]。第一个原则可以概括为平等原则，它规定和保障公民的平等自由，用于调节公民的利益与权力的分配；第二个原则可以概括为差别原则，它适用于财富和收入的分配，以及那些利用权力、责任的不相等或权力链条上的差距的组织机构的设计，用以调节社会和经济利益的分配。两者的关系是前者优先于后者。因此，在罗尔斯看来，一个正义合理的社会分配制度，不是以牺牲一部分人的利益来增加另一部分人的利益，而是要在社会竞争和分配中保护弱者的利益。同样的，社会公平合理分配的基点不是社会的大多数或平均值，也不是少数优越者，而是需要考虑处于社会最不利地位的人的最大利益，即“使处于最不利地位上的人最有利”。总而言之，罗尔斯认为：一个社会既能保障每一个人的平等、自由、权利、公平竞争，又能“对处于最不利地位上的人最有利”，这样的社会就是公平正义的社会。诺齐克赞同罗尔斯所说的正义的首要性，但他主张的正义的核心概念不在于平等而是在于权利，这里的权利除了罗尔斯所讲的言论、信仰、思想、政治、人身及法治规定的自由的权利，他还强调对物品、利益的所有权的神圣不可侵犯。因此，诺齐克反对罗尔斯的“正义分配原则”，认为政治和道德的首要问题不是罗尔斯所谓社会权利的正义分配问题，而应该是个人人权的自由保障问题。正义的基础是个人权利的绝对自由，而人权的实质就是个人权利的神圣不可侵犯。据此，诺齐克提出了包含有持有正义三原则的权利理论，来反对罗尔斯的差别原则及其分配正义原则的公平正义论。正义的三个原则具体包括如下：“(1)获取的正义原则。这一原则解决的是对无主物的占有问题。诺齐克同意洛克的‘劳动获取理论’，即一个人通过自己的劳动附加在一个无主物上，就能产生对这件东西的所有权，前提条件是‘还有足够多的和同样好的东西给其他人共有’，符合这个条件，则占有就是正义的。(2)转让的社会原则。这一原则用来解决利益从一个人的持有到另一个人持有的转让。如果个人之间的转让是通过合法的自愿交换、馈赠等方式完成的，那么这种转让就是正义或正当的。(3)纠正的正义原则。现实中通过非法或不正当手段而获取或转让的持有则是非正义的，必须对这种非正义的持有进行矫正。”[9]

通过对罗尔斯与诺齐克正义观的比较，我们可以看到，罗尔斯和诺齐克的正义论存在着差别和对立。具体而言：罗尔斯是从社会结构和权益分配的宏观机制角度考虑正义合理性，而诺齐克则偏向于个人权利资格的获取与维护的正义合理性。然而不论他们之间存在着怎样的差别和对立，他们的正义论之间至少有一点是共同的，那就是他们都在为现代社会的发展提供一种能使人们的正义理想转化为社会的正义现实的方案，或者也可以说他们的正义观念能为西方现代社会，特别是美国社会现行政策和体制的合理性提供理论支持和辩护。

（二）中国正义观

中国传统正义观的核心范畴——义。儒家的创始人孔子论“义”时，有时将“义”抬高到最高道德范畴的地位，认为义能够体现一切道德条目的要求。如“君子之于天下也，无适也，无莫也，义之与比”[10]（《论语·里仁》）；有时他又只是将义与正直和勇敢相联系，说：“见义不为，无勇也。”[11]（《论语·阳货》）孟子发展了孔子的思想。就“义”的来源进行了思考，他认为“义”来源于人皆有之的“羞恶之心”[12]（《孟子·公孙丑上》）为义的品德提出了在人性中的先天根据。紧接着，孟子又提出“居仁由义”[13]（《孟子·尽心上》），认为只要内心保持住生来就有的仁，行为坚持走合乎义的路，就会成为品德高尚的人。墨家学派的墨子则把义看作最高道德准则。他说：“不义不富，不义不贵，不义不亲，不义不近。”[14]（《墨子·尚贤上》）对财富名位的取舍要以义为标准，对人的亲疏远近也要以义为标准，凡不符合义的财富名位以及情感都不可取。老子倡言“绝仁弃义”[15]（《老子》第十九章），他认为：人的本性就是淳朴自然、少私寡欲，保持自然的淳朴状态才合乎人性。道的根本内涵即是自然，迎合自然即是正义，违背自然即是非正义。

四、对“正义”的反思

通过对古今中外正义的解读，我对正义进行了反思，正义究竟是什么？它与哲学有什么关系？我借用一个学者的观点来进行回答：“在哲学的视域中，正义的秘密与根本存在于人自身，对正义的把握要深入对人的存在之洞见和领悟，深入‘人是谁?’和人的存在特性以及与之相关的人的价值、人的意义世界和做人的真理之追问。因此，在哲学的视野中，正义是一个批判性的哲学范畴，它表达着人类对现实生活世界的批判和反思的要求，体现了人类生命不满足现状的存在本性，以及对人类生存状态和意义的终极关照。哲学正义观的核心在于：把人的价值和尊严、人的自由和解放以及人的全面发展视为正义的根本，并以此作为最高原则对现实的社会关系和生活世界进行合理性和合目的性正义审视和评判，而且给予深刻的理论批判和现实的革命改造。正是在这样的原则高度上，我们认为一切有关正义问题的终极价值标准都必须导回到对人的自由和存在意义的思考，所有具体的正义问题诸如政治正义、法正义、经济正义的探究都必须具有这样的价值指针。”[16]

回到现实情境中，正义也遭受到了诸多困境。比如：城乡教育资源以及教育投入的巨大差异；流动人口的子女教育歧视问题；城乡贫困人口因经济困难而失学的问题；重点学校和薄弱学校的差异问题；择校问题以及学校对部分学生的教育歧视问题；等等。

面对这些非正义现象，我们如何进行应对？我选取了一些对策作为参考。如：“通过教育加强公民意识；建立公平正义的社会环境，形成完善的社会保障体系；坚持差别原则，着力向弱势群体倾斜；完善社会制度，健全利益表达机制，积极化解社会矛盾；等等。”[17]

讨论部分

唐松林老师：艳青今天做的这个 PPT 的陈述，有点比较专业的味道了，但是我觉得还听得不过瘾，在最后讲措施的环节，如果再深入点就更好了。这里呢，我也说说我的理解：关于正义，其实它是一个社会学概念、政治哲学概念，它是我们社会的最高价值，所以，柏拉图早就说过，正义就像金子一样贵重的东西。它对于我们个体来说讲美德，对于社会来说就讲正义。刚刚艳青也讲到柏拉图关于个人的正义与国家的正义，我们有时候也将“国家的正义”翻译成“城邦的正义”。实际上，我们现在也有国家的正义，也有我们自己本身的正义，这两个正义，我觉得柏拉图的有些方面的解释也是适合我们现在的，比如说他讲城邦的正义，或者说国家的正义，就是讲的我们每个人啊。如果能够各就各位，把自己的本职工作做好，很有兴趣地、很幸福地满足自己的现在这个状态，这个城邦就很美好了，如果社会能够做到这样，那就是一个正义的社会。但是呢，柏拉图的这种国家正义也是有局限性的，因为他将人分成了不同的层次，忽视了人的平等性，他讲的正义就是在这种不平等的前提下，要求每个人在各自的等级中各守其位，各尽其职。比如政治家、军人、农民、手工业者，把他们划分成了不同的层次，他认为具有金子般品质的人，就当政治家、哲学家，因为他主张政治家和哲学家是统一的，要用哲学来统治这个国家，也就是我们国家古代的“学而优则仕”观点。还有就是具有银子般品质的人，他们去当士兵，协助政治家和哲学家来保卫这个国家，保护它的安全。讲到安全，霍布斯也讲过安全，他说我们每个人感到安全就是正义的，比如说言论自由，无论你说什么，也不会受到惩罚，这就是一种安全；还有你的财产，如果某个产品是通过我们的劳动获取的，这个产品就是我们的私人财产，它是受保护的，这也是安全的；再比如说获取某些政治地位，你获取这个地位是凭着自己的本事，那它也是受保护的、安全的。比如说秦始皇对他的士兵们说“你杀一个人就给你一级爵位，杀的人越多爵位越高，他这个事也要受到法律的保护，但他是有点残忍，这是一个负面的例子，当然封建社会的统治集团通过法律形式来保护他的这种权益，这也是安全的一种需要。再就讲个人的正义，柏拉图讲个人的正义是从人性出发的，我们还记得吧，原来讲人性的时候，讲到人性包括三个要素：理性、激情和欲望，也有的书上面把“激情”叫“情欲”，其中理性是很严谨的、很有逻辑的，我们这个正义就要经过逻辑的思考，才有力量。首先，我们知道经过逻辑思考的东西一般都具有科学性、规律性，别人也容易信服，但是是不是只要讲的东西具有科学性、规律性，它就是正义的呢？那不一定。这是我们在后面反思正义理论的时候，许多政治家和哲学家发现的问题。其次，在激情方面，主要的就是勇敢了，勇敢这个概念是继承了他的老师苏格拉底的，它适用的情形有很多，比如说士兵们在战场上的冲锋陷阵，捍卫自己的权利，保护自己的自由，而不惜牺牲自己的生命，这是勇敢的品性，也意味着正义包含着勇敢的品性。再次就是欲望，他也继承了他老师对欲望的观点，我们欲望的这种本性，实际上就是一种个人的德性。如果人能够节制，控制好自己的欲望，呈现出一种美好的德性，那么离正义这种美德就很近了。所以说，对个体而言，如果你是理性的，又是勇敢的、节制的，那你就是正义的。再有，我们在传统的正义的概念理解之中，都会涉及国家的利益与个人的利益。但是我们讲国家利益的时候，有一些问题就出来了。比如说我看到的一个真实的故事：一个西方国家的老太太在超市里面偷了三个面包，法律给她的判决是要么付钱，要么在监狱里面呆上一个星期，判的时候这个老太太是这么说的“假使我能够交得出这十块钱，我就肯定不会偷，假使我蹲七天监狱，我的三个孙子就会被饿死”，最后坐在法庭下的市长感动了，他说：“这十美金一定要罚，我来替她罚。”最后在座的所有人都向老太太捐款，来解决老太太和她三个孙子的温饱问题。这就是一个例子，结局体现了正义，是非常好的一个例子。国家的法律，它的制定是为了维护正义，每个人都要遵守，不管你是以何种理由触犯了法律，都得受到惩罚，这才能保证国家与人民的利益，这种“只讲证据、只依法行事的正义行为”无法全面顾及犯人触犯法律时的无奈，缺少人情味，这就是它存在问题的地方。

邓洁隽：唐老师，我先来谈谈自主择校与就近入学两种入学模式的利弊。因为我之前在阳老师的课上对这一现象进行过一些研究。首先，自主入学的话，学生选择的一般是一些名校，可能离自己的居住地还是有一定距离的，那么这样的话，学生在上学时可能要来回奔波，严重的话会影响学生的休息时间，不利于学生身体发育；从心理上来讲，学生可能会知道家长只有用钱才能买到这个入学资格，这在他心理上可能会产生一种社会不公的影响；第二个弊端是：自主择校可能会产生教育腐败，学校乱收费现象，导致教育竞争无序；第三个弊端是：自主择校违反了有教无类的教育原则，破坏了教育的公平。如果从反向思维去思考择校的合理性的话，其实它本身不是一件坏事，它是大众高度重视优质教育资源的一种表现，是市场竞争在教育领域的反映，从教育发展的本身来看，它可能能够促进教育的良性竞争。这是自主择校的利弊。而说到就近入学，它是国家制定的政策与法规，我们进一步去思考它是否真的就是合理的？首先，它是否遵循了因材施教的原则，平等的教育不等于平均的教育，均衡只是机会的均衡，而没有考虑学生的差异性。如果农村的学生，由于户籍的差异，只能在农村上学的话，那有名校户籍所在地的学生，从小就可以在名校读书，以后升入重点高中的机会也会更大，这本身就是一种不公平。其次，实施就近入学，它侵犯了人具有选择教育的权利。我就说到这里。

龙漫：首先我在洁隽的基础上补充一点自主择校在学校层面的合理性：自主择校不仅是学生与学生之间、家长与家长之间的竞争，还是学校与学校之间的竞争，通过这种竞争，可以提高学校的管理水平，改善他们的办学条件，这是有利于学校的发展的。其次，我来谈谈对正义的理解。我觉得正义从来都是一个充满无限正能量的词语，那么到底什么是正义呢？就我而言，我觉得一个具有良好美德的人依法维护自己的合法权益就是正义。这样听起来或许显得很狭隘，也许你会质疑，难道你所谓的正义仅仅只是维护你自身的权利，而不去尽己所能帮助别人吗？很显然不是的，我所理解的正义是自由、平等的代名词，其一，如果你要成为一个充满正义的人就必须具有良好的美德，这是正义的基础；其二，在自身能力范围之内，并在不侵犯他人合法权益之上，维护自己的合法权益，并尽可能通过自己的力量帮助别人。美德之于个人，正义之于社会，即社会的最高价值之所在。正义也包含很多因素，比如理性、勇敢、节制、公平等。这个世界从来不乏正义之士，他们用自己的行动对正义的含义作了最好的诠释。然而，我国的正义之风正在骤然下降，当小悦悦事件、李天一轮奸事件、上海踩踏事件等等，一次又一次挑战国民对正义的底线，如何保持正义成为当前亟待解决的社会问题。正义体现在教育上更多的是追求教育公平。然而，我国目前的教育体系却缺乏公平，城乡教育资源的巨大差异、不同省市之间招生比例的严重失衡、择校问题的弊端等，都反映出教育公平的缺失。当然，国家也在采取相应的举措调节教育资源的分配，我相信教育中的正义会有充分发挥出来的那一天！

廖锐：我也来说一下，就说我想到的几个点吧，第一点是，我觉得正义是受到环境的影响的，环境的话，我暂时想到了两点，分别是政治环境与经济环境。我觉得在不同的政治体制下，每种社会对正义的理解是不一样的，通过艳青的PPT，我们可以很明显地看到：西方更加偏重的是一种自由、平等、权利。而在我国古代，更加注重的是一种"义"，就是我们平常讲的义气、人情，是德性的一个方面。这种差异我觉得是与我们的政治环境有关的。大家有没有一种这样的感觉，现在的经济环境相对于新中国初期来说是越来越好了，但是具有正义感的人似乎越来越少了，我觉得这可能是与当今的经济环境强调竞争、功利主义盛行有关。第二点是，我想讲下欲望与正义的关系，我觉得欲望是人的一种本性，而人的本性是自私的，而正义是能够克制欲望，使我们慢慢修养成为有德性的人。

唐松林老师：刚刚洁隽对第二个问题的回答挺全面的，还挺有逻辑和条理，龙漫的补充也是补充到了点子上，很好，我这里就不再重复了。廖锐的话，其实概括起来，讲了两点：一个是正义的起源，正义源于人性，而人的本性是自私的，自私会产生矛盾，产生矛盾了就需要调和，需要一种美好的德性来调和，这种美好的德性就是正义；第二个呢，就讲了正义的影响因素，正义受到政治和经济因素的影响。廖锐比较了中西方，我觉得用两个字概括一下更好，西方的正义强调的是“理”，而古代中国强调的是“礼”，两者的侧重点是不同的。

张欢欢：我结合教育，来谈一点我对教育正义的理解。刚刚艳青在PPT中也提到正义一词在古希腊时期，是用来表达个人或城邦做合宜之事从而保持和谐的一种概念。然而现代人所谈的教育正义，是指传授给受教育者符合当下价值取向的谋生知识，它们在很大程度上充满着功利性，工具理性膨胀，显然已经背离了正义原本的含义。这样看来，教育事业本身又变得不正义了，那么给予学生的正义知识就可想而知，它只会注重外在的行为与表现，而忽视最重要的内在的德性。这样培养出来的人，只是符合现代人所定义的正义而不是正义本身，他就不能走向更善、更美好的生活。因此我们应厘清教育正义化与正义教育化。在我看来，教育正义化就是现代社会中出现的，为了满足生存或管理目的而进行的规则与规范教育，它教会人们服从、顺从，有正义之名而无正义之实，从根本上已经远离真正的正义。教育同质化、教育普及化等现象都是“不正义”的表现。正义教育化就是将正义精神即自由平等、德性等植入教育活动中，尊重差异性、尊重人性，内在地提升人的心性，使人的灵魂与社会内各部分都变得和谐，从而自然生成一种秩序的状态。

面对这个问题，到底应该怎么去做、从哪里入手等问题都是首先要思考的。正义教育化是一项复杂而艰巨的系统工程，想要跳出现存的教育正义怪圈，回归正义本原，实现正义教育化，还有很长的路要走。

袁野：正义，我认为更主要的是社会的一种德行，而美德更多的是针对于个体而言。也许在生活当中，我们会将一个人是否拥有正义感作为其美德标准之一，但是正义真正意义上应该是从社会层面上建立的标准，然后再折射到人的身上。国家层面，西方强调用“理”，强调秩序与法；在中国强调“礼”，道德与情感。无论哪种形式的正义，我们都认为国家的正义是为了保障人们的正义。马克思说，“人是社会关系的总和”。同样人与人之间的所有关系构成了社会，社会的正义即体现为人之间的正义。作为国家一系列的保障机构、执法机构、立法机构等等，都应当从外部保障人们之间的平等，这是正义的基本体现。而作为社会中的个体，我们从内部也应该要学会维护正义。只有从社会与个人这两个层面，贯彻正义的精神，我们的社会才会真正和谐。

卢猛：我主要来谈谈教育领域的正义吧。提起正义，脑海里首先浮现的词语是公平、公正。这不仅是我们教师要教给学生的世界观，也是每个教师应该履行的基本原则，或者说是每个教师应该具备的基本职业道德素养。面对教育领域的不正义现象，我有一些思考，谈谈自己的浅薄想法。首先，教育领域的不正义现象确实存在，我们不能回避它，更不能纵容，我们每一个利益相关者都应该有勇气发挥自己的正义感。其次，作为学校，应该努力营造正义的校园氛围，鼓励学生揭发不正义现象。作为老师，应该传递给学生正确的世界观，培养他们明辨是非的能力和正义感，同时自己也要以身作则，树立榜样。作为学生家长，应该注意自己的言行举止，不要把社会上的一些不好的东西搬到学校，比如送礼啊，找关系啊，等等。最后是作为学生自己，要勇于伸张正义，对抗学校里的不公正现象。我相信多管齐下，我们教育的正义是能够实现的。

于晓卉：我就谈一下与我们相关的高等教育的公平问题吧。对于高等教育公平的现实，我国很多学者已经作过探讨。在定量分析中，能够看出大学的公平现状，包括“高等教育大众化、成本分担、资源配置、公平与效率……教育中女性、特殊、弱势群体受教育的公平问题研究”等，均是与大学的公平息息相关的话题，这些话题的存在也在一定程度上反应了高等教育公平存在的问题。面对涉及高等教育公平的诸多话题，让我不禁想起罗尔斯的《正义论》这本书。罗尔斯通过与功利主义的比较将正义的两个原则的意义显示出来。差别原则，强调即使存在一定的差别也要对弱势群体给予关照与补偿，较功利主义相比，将作为期望基础的基本的社会善的问题很好地解决了，同时“差别原则解决了人际比较中的某些困难”。也就是说，根据罗尔斯原则，我们的高等教育公平的实现应该遵循“普惠”和“差异”并存，坚守“正义底线”与“差异补偿”并重。

周舟：正义，印象中这个词出现最多的应该是在小时候，那时候老师总会教我们要做一个有正义感的孩子，正义的代表就是警察，抓坏人就是正义。而现在重新来思考这个词的意义时，觉得它包含的内容太多太多。正义教会我们要拥有正确的价值观与人生观，教会我们要维护社会的公平，也教会我们要去与不正义的现象做斗争。而在教育中，存在太多的不正义的现象，但是我们应该了解正义不仅仅只指“义”，在我看来，它是一种存在于法律中的道德。它比公平多了一丝人性。就好比“范跑跑”，他所做的是没有触犯法律的，但是他违背了道德，所以他的所作所为受到了人们的谴责，他是不正义的。所以正义在我们生活中是不可缺少的，因为有了法律而没有道德，社会就是一座冰冷的城市；而只有道德没有法律，社会则有可能随时陷入混乱。

邱海青（泰国留学生）：刚刚廖锐说我们现在具有正义感的人越来越少，其实我是不认同的，我觉得充满正义感的人还是处处存在的，而且他们都在以自身的力量在维护着正义，只是我们有时候感知不到。比如说前段时间著名的主持人柴静自掏腰包，顶着重重压力，拍摄了《穹顶之下》，为的是让公众知道雾霾的危害，痛斥企业部门的唯利是图、政府部门的踢皮球规则，也呼吁我们关注生存的环境。该视频一传到网络上，也马上得到了许多艺人、知名人士的转播，他们都在以自己的能力维护着正义，所以说正义之士还是大量存在的。

胡一舟：接着海清与廖锐的发言，我来说说我的理解。刚刚廖锐感慨现在的正义之士越来越少，而海清又觉得其实正义之士是存在的，他们都在以自己的力量维护着正义，只是我们有时候不知道这些事迹而已。为什么会出现这种现象？我觉得可能与我们现在所处的时代有关，大数据时代的到来，信息传播速度之快、信息覆盖能力之强，使得我们无法在短时间内浏览完所有的新闻，而媒体之间为了争得竞争的优势地位，一般会投读者所好，将一些能博到眼球的新闻放在显眼的版面，而正义这种比较中规中矩的题材一般放置在较边缘的版面上，这就使得公众对这种正义事件的信息的感知能力比较不灵敏吧。

吴建云：我也来谈谈我的理解。我觉得罗尔斯的《正义论》将我们对正义的理解阐述得非常详尽，追求公平正义。批判功利主义是他对正义最核心的概括。运用到我们的教育中，纵观我国教育的发展现状，不难发现我们的教育离正义还差得太远。国家总在大力宣传并采取措施，学校总在大张旗鼓拼排名，老师总在埋首搞科研，学生总在明争暗斗。城乡教育资源分配不公、择校问题、大学教师评职称，发论文等问题似乎成了老生常谈的噩梦，正义早已不见踪迹。我们的教育需要公平，更需要正义，更需要抛弃功利主义，可是这该如何改进呢？我认为，仅靠某一方面的力量是不够的，需要国家、学校、社会、家长、学生等多方面的共同努力，循序渐进有的放矢才能真正实现教育的公平。

胡秀银：唐老师，我也来说点我的理解。我觉得正义是对人类德性反思的结果，刚刚艳青在PPT里面列举了很多哲学家的观点，我也列举几个我比较认同的观点：比如，乌尔比安的“正义是给予每个人其应得的部分的这种坚定而恒久的愿望”，穆勒的“坚持给予每个人应得之物的原则”。其实这些都是前人对人类德性的反思，因此，正义就是给予每个人其应得部分的德性。

刘茂梅：我们希望生活中有正义，因为有它的存在，我们的生活会亮起光明之灯，不至于混乱黑暗。自人类诞生之日起，它一直伴随我们存在，也许随时代的发展，它的内涵越来越丰富，但无论如何，正义之中的平等和公正永远存在。正义观念最早源于原始人类的平等观，最终形成于私有财产出现后的社会。虽然不同的社会或阶级的人们对“正义”有着不同的理解和解释（比如：古希腊哲学家柏拉图认为，人们按自己的等级做应当做的事就是正义；基督教伦理学家则认为，肉体应当归顺于灵魂就是正义；法律层面的正义是指人类社会普遍认为的崇高价值，是指具有公正性、合理性的观点、行为、活动、思想和制度等），但是总的来说大多数人认为公平即是正义，简单来说是把同样的人同样对待。

我们渴望被尊重，渴望被公平对待，渴望正义存在于各种机会之间。因为生活中存在不平等和违背正义的非正义现象，正义和平等更凸显珍贵和重要。维护正义，才能给大众更多的安全感。法西斯国家挑起的两次非正义战争——两次世界大战，给世界带来了极大的灾难和伤害，非正义的战争（正义的丢失）给我们带来恐慌和不安全感，最终正义战胜非正义，法西斯国家发起的非正义战争都以失败告终，联合国的崛起，开始履行维护世界和平的原则，伸张正义。当年轰动全国的内蒙古冤案的重审，我们看到正义、公平的回归；福建绑架冤案杀人冤案的重审，无辜的人最终得以含冤昭雪，公平正义得以伸张。法律和公安在我们看来是充满公平正义和伸张正义的地方，如果他们都被非正义浸染，无法想象这个社会的公正和良好秩序在哪里，就像福建冤案的当事人所说，缺乏正义、公正的绝望时刻，公正也是一种诱惑。多么让人震惊的话语，也可见司法机关没有实现伸张正义之责的可怕！

维护正义、伸张正义，也并非司法机关才能做，我们每一个普普通通的公民也可以尽自己一份绵薄之力，有维护正义之心，做正义之人，从日常点滴做起，我相信，当正义之光洒满整个社会之时，我们社会将充满和谐与安全感！

唐松林老师：由于时间关系，我们今天的讨论就到这里，接下来我来总结下大家刚才的发言。其实刚才大家的发言还是比较有深度的，有的观点也讲到了点子上，大家的思路也慢慢打开了，也给了我许多启发，这是值得发扬的。大家讲的内容大致可以概括为以下几个方面：第一个就是谈到就近入学与择校问题的利弊，这个问题洁隽和龙漫回答的比较细致全面了，我就不补充了。第二个方面就是关于正义本身的一些个人理解，比如廖锐提到的正义起源于人性；秀银、袁野理解的正义是一种德性；周舟将正义理解为存在于法律中的道德，它比公平多了一丝人性，这个理解也是比较有意思的。第三个方面就是将正义与教育联系起来进行了思考，像卢猛、晓卉、欢欢、建云等的发言，有些思想还是挺有见地的。再有一个呢，就讲到了现实生活中的一些与正义相关的问题，像海青、一舟、茂梅在回答的时候，可以看出他们还是进行了思考的，而且大家相互之间还有互动，挺不错的。

刚刚讲到罗尔斯，他的理论影响很大，我们以前有一个师姐讲过他的《正义论》，刚刚艳青只讲了三个方面，我觉得可以再加一点，对这个理论的理解可以从以下四个方面进行理解：第一个就是要使每个人都感到自由，这就是正义的第一个含义。第二点就是艳青讲的平等的原则，这里的平等是什么意思呢？就是所有的社会地位、财富、荣誉、机会等都要均等地向每个人开放。第三个就是要意识到差异原则，也就是说，即便社会地位、财富、荣誉、机会等都向每个人平等和开放了，但由于每个人获取这些资源的能力是不一样的，就会造成一些差异。就比如说现在啊，农村里面的孩子要考上重点大学非常困难，这些学生的能力差不是他们的智力问题，而是由于他们后天的文化环境差异造成的，我们要意识到这个差异形成的原因。第四个就是补偿原则，即对弱势群体进行补偿。这里有一个身边的故事，前几天有个大学老师跟我聊天，她说她招收了一个身体残疾的学生，她很担心上面的领导会批评她，但是那个患有小儿麻痹症的女孩子唱歌唱得非常好听，非常感人，她一听到她的歌声就感动得哭了，所以就动心招收了她。可是从另一个方面来说，考虑领导的顾虑，这个女孩子如果被招收到大学里面，由于身体的原因造成的管理不便，谁来负责呢？这是一个情与理的抉择。但是我觉得这个时候选择情更重要。当时我就这么和她说的："我说你这是做了一件非常高尚的事情，这个女孩子如果大学不招收她，她这种情况又不能在社会上立足，你不帮，谁能帮她呢，我们的教育，我们的大学需要你这样的老师，需要这样一种善举。"这个故事中的女孩子，由于身体的原因，成为了弱势群体，我们制定的政策、规则如果不在一定程度上向他们倾斜的话，那么正义从何而来？好了，我今天就讲到这里，接来下由大家来谈谈对这个主题的看法，或者针对我们国家教育中存在的"择校问题、就近入学"等问题谈谈自己的看法，主要谈谈它们的利与弊。

鉴于时间关系，一些细节也就不展开讲了，谢谢大家。

参考文献

[1][6]毛勒堂. 什么是正义？——多维度的综合考察[J]. 云南师范大学学报(哲学社会科学版), 2006, 38(3): 112－118

[2] 拉法格. 思想起源论[M]. 北京: 生活·读书·新知三联书店, 1963: 96

[3] 沈晓阳. 西方正义观念的历史演变及其启示[J]. 杭州师范学院学报(社会科学版), 2003(3): 29－34

[4][古希腊]亚里士多德. 政治学[M]. 吴寿彭译. 北京: 商务印书馆, 1997: 148

[5][6]戴桂斌. 西方正义论主题的历史嬗变[J]. 辽宁大学学报(哲学社会科学版), 2004, 32(6): 91－95

[7] 约翰·罗尔斯著. 正义论[M]. 何怀宏等译. 北京: 中国社会科学出版社, 1988: 1－2

[8][美]罗伯特. 诺齐克著. 无政府、国家与乌托邦[M]. 何怀宏等译. 北京: 中国社会科学出版社, 1991: 157

[9] 杨伯峻. 论语译注[M]. 北京: 中华书局, 1980

[10] 杨伯峻. 孟子译注[M]. 北京: 中华书局, 1960

[11] 王先谦. 荀子集解[M]. 北京: 中华书局, 1986

[12] 孙诒让. 墨子间诂[M]. 上海: 上海书店, 1986

[13] 崔淑芳. 浅谈社会公平正义问题及其对策[J]. 江汉大学学报(社会科学版), 2010, 27(4): 15－17

教育的必修课：爱情

廖　锐*

时间：2015 年 5 月 8 日

地点：湖南大学教育科学研究院 320 教室

参加人员：唐松林（湖南大学教师）、邓洁隽、吴建云、周舟、袁野、胡一舟、熊艳青、龙漫、卢猛、刘茂梅、张欢欢、胡秀银、邱海青（泰国留学生）

爱情是人类永恒的话题，也是伴随人一生的美好事物之一。然而在现实的教育中，在爱情方面的教育往往被学校忽视，而青少年由于自身成长发展的不成熟，在面对爱情时，青少年的懵懂、冲动都可能会影响他们的成长成才。为此，爱情应作为教育中的必修课，认识爱情的本质，学会如何尊重爱情、享受爱情，使学生更好的成长成才。

一、何为爱情

关于爱情的定义，没有唯一的答案，不同的人对爱情的理解是不一样的。在《辞海》中，爱情是这样定义的：爱情是男女相爱的感情。《社会心理学辞典》中将爱情解释为：爱情是人类特有的感情，指男女两性之间产生的相互吸引和依恋的一种特殊的强烈感情。《中外文化知识辞典》说：爱情是人对另一个异性发自内心

* 作者简介：廖锐（1990 年出生），女，广西柳州人，湖南大学教育科学研究院 2013 级研究生，从事教育哲学研究。

的真挚仰慕，渴望对方成为自己终身伴侣的强烈感情。爱情与性欲不能画等号，脱离了男女双方在思想、情感、兴趣、爱好、气质等方面共鸣、倾慕的单纯的性欲是不能称之为爱情的。真正的爱情会使人精神振奋。在古希腊先哲中，柏拉图的《会饮篇》记载道：阿里斯多潘认为，很久以前，人类并不是现在这个样子，从前的人是球形的，有两个脑袋，两张脸，两对胳膊，四条腿，每一个器官都是现在人的两倍，他们眼观六路，无所不能。他们可以随意向前或者向后，他们想要快跑的时候，可以四只胳膊，四条腿一起翻滚，滚得非常快。体力如此精壮的前人无处释放自己的能量，于是想和神比高下，因而触犯了神意，被宙斯劈成了两半。从此，为了自身的完整，被分开后的每一半都于茫茫人海中寻找自己的另一半。正是基于这样一种假设，当我们爱上一个人的时候，我们与另一个人心心相印的时候，我们通常说，我们找到了自己的另一半，或者说爱情使我们完整。

二、爱情的本质

关于爱情的本质，主要有两种观点。

（一）唯精神论

唯精神论认为，爱情是纯精神的，它与性欲绝对排斥，毫不相干，是男女在精神上的依恋，它将爱者的情感完全融化在所爱之人的关怀之中。[1]其中的典型代表是柏拉图。所谓的柏拉图式的爱情，《牛津大辞典》的解释是：Of love, affection, or friendship: intimate and affectionate but not sexual; spiritual rather than physical. 即爱情、感情或友谊，二者亲密互相爱慕却没有性，精神上而不是身体上的恋爱。在柏拉图看来，人具有两种生殖力：身体的生殖力和心灵的生殖力。身体的生殖力，即延续后代的能力。但是肉体上的两性爱不是真正意义上的爱情，只有心灵的生殖力才是真正的爱情。柏拉图式的爱情的目的，是要让男女达到一种没有肉体接触的灵魂的融合。它坚决否认精神同肉体的联系，追求“纯粹”精神的享受，要求男女在纯粹的精神王国去遨游，去享受爱情的快乐，而不应当追求尘世的肉体快感[2]。柏拉图式的爱情在中世纪的欧洲影响广泛而深刻。到了20世纪初，这种唯精神的爱情本质观仍然存在。例如，当时的一位学者奥托·魏宁格写了一本书叫作《性别与性格》。他在书中宣称：爱情和情欲是根本不同，互相排斥，甚至是相互对立的两种状态。因此，当一个人确实在爱着的时候，他完全不可能想到要在肉体上同他所爱的对象结合。真正的爱情会由于所爱之人非预谋的肉体接触而死亡。因为这种接触引起了性的冲动，从而在一瞬间毁灭了爱情。只存在柏拉图式的爱情，因为除它之外，其他一切被称为爱情的东西都是卑鄙下流[3]。以上是唯精神论的一些观点。

（二）唯性欲论

在唯性欲论认为，爱情是纯粹的性本能，性欲是爱情产生的唯一根源，爱情的目的仅仅是为了性欲的满足。[4]其代表有福雷尔、马列克、弗洛伊德。瑞士知名的精神病学者福雷尔在《性问题》一书中，通过详细地揭示男女亲昵生活的各个方面，叙述在文明社会中实现本能的各种形式来证明：所谓性爱实际上就是性的本能，是经过我们的大脑加工，由于种种心理活动而复杂化了的性本能的变体。也就是说，爱情归根到底就是短暂的性的激情和我们的祖先动物的原始欲望的综合。[5]马列克认为，爱情不过是两个性细胞的融合，交配实际上就是"输送一些爱情的细胞"。他认为，动物也有爱情。他举例说：鹿有爱情，雄鹿的发情就是对迷人的雌鹿的"深深的"爱。蜘蛛有爱情，它"在爱情的时刻到来时"，开始热烈地、疯狂地舞蹈。连石头下面的蚯蚓也能体验某种"爱情的忐忑不安"。[6]奥地利精神病理学家弗洛伊德也持有相似的观点。他认为，男女之间的爱情，其核心是性爱，其目的即性的亲近，性爱是其他非性爱情感的基础，所有的爱的情感都是性本能需要的不同表现。这种"唯物"的（唯生理功能的）爱情观比之"唯心"的（精神恋爱）爱情观有其更接近现实的一面。因为它肯定了人的自然性，把性欲当成人的一种正常的生理功能。但是，种种观点把爱情等同于性欲，实际上把人降低到了动物的地步。这种本能式的爱情离现代的性爱还有相当的距离。

（三）马克思的爱情观

无论是唯精神论的爱情观还是唯性欲论的爱情观，两者都有一定的缺陷。马克思在这两种理论的基础上提出，爱情具有自然和社会双重性，它是人的自然性和社会性的统一。首先，爱情具有自然性。爱情的自然性是由人的自然性决定的。恩格斯指出："人来源于动物界这一事实已经决定人永远不能摆脱兽性，所以问题永远只能在于摆脱得多些或少些，在于兽性或人性的程度上的差异。"[7]不可否认，继饮食的需要之后，最强烈的就是性的需要。男女间的爱情正是在性欲的原始动力的推动下产生的，它不可能排斥性欲这种人的自然属性。为此，与性欲毫不相干的"唯精神论"是错误的，这种没有肉体结合的爱情，是对人性的压抑，在实际生活中是很难存在和维持的。其次，爱情具有社会属性。爱情不单纯是两性的吸引，而且是两性的一种特殊的社会关系。它是在性欲的基础上高度升华而成的人类崇高的社会性情感。黑格尔指出："爱情里确实有一种高尚的品质，因为它不只停留在性欲上，而是显出一种本身丰富的高尚优美的心灵，要求以生动活泼、勇敢和牺牲的精神和另一个人达到统一。"[8]因此，否认爱情的社会属性，把爱情等同于性欲的"唯性欲论"更是错误的，这无疑是把人降低到动物的地步，因为，离开了爱情的社会属性，人的爱情和动物的性欲本能就没有什么区别了。[9]

三、爱情的社会属性

那么，爱情具有哪些社会属性呢？瓦西列夫认为爱情有九种社会属性。第一，人类爱情是有意识的，这一点不仅表现为预见、认识和按一定目的调整自己的行动，而且表现为高于幻想和殷切地渴望获得个人幸福。这种意识把人的爱情改造成一种美好的、充满着情感联想的、令人激动的回忆，使人能充分地体验到幸福，赐予他将来再度获得享受的隐隐约约的希望。第二，只有人才把道德带进两性关系。一旦爱上了另一个人，就承担了尊重这种亲昵的友谊，并且要把它看作最大的幸福而珍惜它的义务。当一个人体验到真正的爱情时，他就会表现出自我牺牲的精神和巨大的道德力量。第三，动物那些看似艺术的举动是有固定程式的，是在生理上的由先天规定的。动物是不懂艺术魅力的。只有人才能创造美，洞察美的理想境界。只有人才能够把艺术编织进生活里，从而使得两性关系具有美感。第四，爱情造成的不是孤立于外界的、绝对独立的双双对对。它使集体更加巩固。列宁曾说过："参与爱情的只有两个人，但是，要诞生第三个生命、新的生命。这里就有社会利益，就产生了对集体的义务。"这也就是一男一女建立在爱情基础上的共同生活在解决社会矛盾上具有极大的作用的原因所在。第五，男女之间的相互作用不仅是生物作用，而且是精神作用。且在不同的社会背景下，爱情的思想内容有特殊的细微差别。例如，中世纪时爱情包含着基督教的神秘主义成分和所谓的骑士理想，而到文艺复兴时期，就可以看到一种新的社会心理正在形成。爱情变得更有理性、更有世俗意味、更符合人道。到 18 世纪，爱情就受到宫廷文化，即贵族文化的影响。这些都是与社会发展水平相关的。第六，这就使人类的爱情高于动物的性关系，高于单纯的实现本能。第七，在自然条件下，动物的交配是为了保障物种的延续，无论是发情还是交配都是周期性的。当这种短暂的"爱情时期"结束，动物就只顾为自己觅食和保全生命。而人类不受自然的限制，不受自然周期的限制。跨越了为所有其他动物在进化过程中规定的生理限制。第八，对人的性接触的这种禁止在原始社会里只具有纯道义的性质，而在阶级的社会形态里它获得法律的批准。例如，近亲结婚。这些都是带有一种监督性质以调节社会的。第九，列图尔诺指出，羞耻感并不是天生的，它是文化修养，特别是两性关系是文化修养的必然产物，它成为了男人和女人的"道德装饰"。[10]为此，我们不能单纯地认为爱情是唯精神或是唯性欲的。人的本质是社会关系的总和，爱情只有在社会生活中才能产生和发展，爱情关系交织于社会关系之中，受到各种外界因素的影响，例如社会经济、政治、文化等。

四、当代大学生的爱情观

受西方思潮的影响，我国社会越来越开放，爱情已经不再是避而不谈的话题了。这当然在大学生中也是一种普遍的现象了。学生处于一种懵懂阶段，长期以来，爱情对他们而言是一种神秘的、充满诱惑的东西。为此，大学生对爱情是向往的、是抱有幻想的、是义无反顾的。爱情之于大学生的主要意义在于：爱情影响自我心境，爱情影响人生困难的克服，爱情影响事业的位置。[11] 如果大学生能将爱情问题处理得好，会促进事业和前途的发展。例如，马克思和燕妮的结合，极大地促进了马克思在事业上的成功。爱迪生与玛丽和米娜的先后结合，也极大促进了事业的成功。爱迪生有如此多的发明，这与他妻子对他的理解和支持是分不开的。正如有人说“从某种意义上说，没有玛丽和米娜，就没有大发明家爱迪生”。然而，如果在爱情问题上处理不好，会妨碍甚至葬送一个人的事业与前途。如“俄罗斯文学之父”普希金和娜塔丽亚的结合，不但妨碍了普希金的事业，而且还葬送了大诗人的生命。正如培根所说的那样，“一切真正伟大的人物，没有一个是因为爱情而发狂的人，因为伟大的事业抑制住了这种软弱的感情”。当代大学生的爱情具有恋爱普遍化、恋爱低龄化、恋爱自主化、恋爱行为公开化、择偶标准多样化等特点。[12] 这些特点在现在是极为显著的，这也是我们在日常大学校园生活中随处可见的。

基于哲学的视角，大学生爱情可分为三种类型。一是“持久战与速决战”之说——恋爱中的渐进性与飞跃性。爱情要求生理与心理的共同成熟，且爱情是需要一个磨合过程的。然而大学生面临爱情时，有些人抱着玩玩而已的心态，速战速决。而有些人则认为爱情是一辈子的事业，需要磨合与培养，为此需要较长一段时间。二是“天长地久与曾经拥有”之说——恋爱中的过程与结果。恋爱仅仅是一种需要与被需要，这一观点在大学生中普遍认同，更有甚至有些大学生认为大学校园中的爱情是为了填充生活的寂寞、为了证明自己的实力，甚者是随波逐流。三是“西瓜与芝麻”之说——恋爱中的主次矛盾。爱情需要两个异性耗费一定的时间在相互了解、产生感情的过程中，为此一些人会认为爱情会影响学业、影响友情。同时爱情的过程中难免会有些物质投入，而对大学生而言，没有经济收入，额外的开销会加重家庭负担，为此部分人认为在大学中暂时不应该谈恋爱。

五、爱情教育

前苏联著名教育家苏霍姆林斯基认为，爱情教育是道德教育与审美教育的统一，教育工作者不应该也不可能回避这个问题、回避寻找解决这个问题的方法。

“爱情，是一个永恒的话题，它摆在了年轻一代的面前。我们要根据共产主义道德原则、文明史提供的可借鉴的全部正面经验来研究这个课题。”苏霍姆林斯基是把爱情教育作为整个公民教育的重要一环纳入教育学范围的。他划分了构成爱情的三个最基本的因素及相应的教育途径和方法。

（一）道德因素

道德是调整人与人之间、人与社会之间关系的行为规范的总和。“爱的情感是衡量道德的最灵敏、最精确的天平”，“爱情对人的道德面貌的形成和继续进步，对新人的高尚品德的培养起着非常重要作用”。爱情和道德是相互影响的，真正的爱情以崇高的道德感为前提。对青少年来说，培养道德情操的重要途径就是集体生活，丰富的集体生活可避免青少年学生闭锁心理，使男女学生之间的交往变得和谐自然。“在这种精神交往中锻炼出真正的友谊，培养了共同的道德情感，这是建立高尚爱情的最重要前提。”

（二）精神心理因素

苏霍姆林斯基认为，应该创造各种条件来丰富学生的精神生活。很多早恋而又无法把握自己行为的学生，多半是由精神生活贫乏引起的。因此，只注重学生的学习而不管学生的其他要求的倾向是不利于青少年健康发展的。学校应该通过集体活动以培养学生的友爱、互助和献身精神。学生在集体生活中所获得的丰富的心理体验将对其未来生活产生影响。

（三）审美因素

爱情是美好的，正如黑格尔所说：“爱情里确实有一种高尚的品质，因为它不仅停留在情欲上，而是显出一种本身丰富的高尚优美的心灵。”教育工作者的责任就在于使青少年“不仅欣赏美，而且要培植美、创造美”。学校生活应使青少年细心体验美的活动，不断积累对美的认识和经验，这是促使学生在人格上不断成熟的重要内容。学生如果认识不到真正的爱情所应有的崇高情感，就很容易把爱情当儿戏，甚至庸俗化。[13]

苏霍姆林斯基的爱情教育实际上是对青少年的爱情观教育，是对学生的道德情操和审美理想的教育。同时他也一再强调，实施爱情教育的确需要“教育艺术”。他认为，在培养高尚的爱的情感中所取得的成绩，是衡量一位教师的教育艺术的尺度。

在了解了爱情的定义、类型、特征及各种先哲们的观点之后，有一些疑惑，在此提出三个问题，望与大家能一同思考。一是基于哲学视角，您如何看待同性恋？是真爱？还是好玩？二是面对我国传统礼教根深蒂固的影响，如何把学生爱情的教育付诸行动之上？且如何合理地开展？三是面对物质世界的外在影响，如何引导学生正确地认识爱情？如何正确地处理物质与爱情两者间的关系？

最后，跟大家分享一首莫言的诗歌，让我们再一次感受爱情之美。

你若懂我　该有多好

莫言

每个人都有一个死角，
自己走不出来，
别人也闯不进去。
我把最深沉的秘密放在那里。
你不懂我，我不怪你。

每个人都有一道伤口，
或深或浅，盖上布，以为不存在。
我把最殷红的鲜血涂在那里。
你不懂我，我不怪你。

每个人都有一场爱恋，
用心、用情、用力，
感动也感伤。
我把最炙热的心情藏在那里。
你不懂我，我不怪你。

每个人都有 一行眼泪，
喝下的冰冷的水，酝酿成的热泪。
我把最心酸的委屈汇在那里。
你不懂我，我不怪你。

每个人都有一段告白，
忐忑、不安，却饱含真心和勇气。
我把最抒情的语言用在那里。
你不懂我，我不怪你。

你永远也看不见我最爱你的时候，
因为我只有在看不见你的时候，才最爱你。

同样，你永远也看不见我最寂寞的时候，
因为我只有在你看不见我的时候，
我才最寂寞。

也许，我太会隐藏自己的悲伤。
也许，我太会安慰自己的伤痕。
从阴雨走到艳阳，
我路过泥泞、路过风。
一路走来，你若懂我，该有多好。

讨论部分

唐松林老师：关于什么是爱情，可能永远也讨论不清楚。就我个人的理解，爱情与“喜欢”和“仰慕”等类似的词汇，好像很难区分，虽然我活到50多岁，但我并不知道我遇到真正的爱情没有。在这里所提到的瓦西列夫的《情爱论》，这里所讲的“爱情”的定义就源自《情爱论》之中，在《情爱论》的第一章有这么一句话，爱情就是相互之间的、相互依赖的、强烈的吸引，两性相吸的强烈的感情。但这些概念似乎不太完美，不知道大家是否有这种感觉。我们渐渐地感觉到“爱情是什么”，并能够说一些。比如说“爱情是自然的”，所谓自然的，是人的一种原始的冲动，一种生命的本能，而这种本能从生理学讲它是大脑中分泌的一种物质——荷尔蒙，当达到一定量的时候，我们会对异性会产生一种强烈的感情。从心理学角度上讲，比如像荣格（弗洛伊德的学生）说的，爱情是我们的人格中产生的一种能量，叫力比多，这在生理学上不存在，这是一种形而上学的假设，假设为我们爱情的最原始的能量，弗洛伊德称之为“本我”。而这种能量就是一种性的情节，对异性的一种需要的情节。我们有时候对一个异性一见钟情，但我们根本不了解他（她），而这里可能更多的是一种性的冲动，这也就是精神分析学派所说的力比多。我们人生下来就有一种对异性的一种强烈的吸引，尽管有人不承认，但在弗洛伊德、荣格看来，这种能量隐藏在我们的人格之中，尽管在意识层面你感觉不到，但它发挥着强烈的作用。这就是爱情的自然属性。其二是一种社会属性。这种社会属性，爱情确实是两颗心在交感的时候所发出的一种感应，在我们人格中存在的一种高贵的品质，其中有一种社会美在里面，正如柏拉图式的爱情中，有一种爱，一种相互之间的友谊。但是我读柏拉图并非如此，柏拉图说过“爱情的最高境界就是爱情与肉体的结合”。实际上，柏拉图也是重视肉体的。所以我们要同意马克思的观点，爱情要具有自然属性与社会属性，是两者的完美统一。但是，不要忽视自然属性的巨大的能量，若将其排除在外，爱情是不行的。

一些精神分析学家在研究时发现这样一个问题：夫妻不合，80%以上是男女两性关系的不合。所以我们在恋爱的过程中，有一些倾向，如男性对性要求高一些，女性对精神、物质上的要求较高，喜欢听美的语言，喜欢漂亮的服饰等，物质上与精神上的满足都可以打动女性。但是男性更强调的是一种女性的自然属性，只要他感觉是美的就能打动他。为此，男的出轨较多，这是一种社会文化引起的。在文化历史长河中，大多数都是男性文化，如传统所说的“女子无才便是德”。在民国时期的一些人，如鲁迅、郁达夫、郭沫若、蒋介石等，他们受媒妁之言，他们都是传统文化的受害者，尤其是女子。例如，鲁迅的第一任妻子朱安，天天在家里都是守空房。在读这些故事的时候我们会为她们伤心，都是文化的受害者。难道她们没有这些需求吗？不是，她们也是人啊，封建礼教使她们成为了一个个“贞女”，完全是扼杀人的自然属性。所以，我们讲爱情不要抹杀它的自然属性。我们承认、尊重、理解、欣赏它，这样我们才享受美好的爱情生活，缺失了会导致爱情的破裂。爱情的社会属性是具有道德、伦理属性的，人在一辈子之中不可能只对一个人产生这种感情。若发生了怎么办？陈独秀曾遇到过这样的问题，他的结发妻子没有什么文化，但陈独秀爱上妻子同父异母的妹妹。妻子对陈独秀的父母非常好，很孝顺。这种媳妇的美德现在不是很多，甚至现在的媳妇不喜欢孝顺的丈夫。在社会上，很多道德层面的事情不是发自内心的，是装出来的，是做给他人看的，但这样也会对小孩有一种潜移默化的作用。确实，女性是传统礼教的受害者，尤其在浙江一带，女子的丈夫过世了，都不能再嫁，但是男子则会再娶，这是社会要求的。所以这就是为什么女性对性的欲望低一些，这是社会所导致的。现在尽管男女平等了，但这种传统礼教还是存在的。社会就是这样一个社会。在我家里，对女孩的培养都会传统一些，这样社会更接受她一些。为什么要讲爱情的社会性，就是伦理道德的一些情爱问题。自然属性我们也需要尊重它，我喜欢亚里士多德讲的中道，任何事都要适可而止，对欲望一方面要尊重它，但是要在爱情社会性的范围之内，要考虑到一些社会关系与人。我们可以结合自己的经历谈谈一些体会，可结合这两个问题谈一下。第一是如何处理第三者插足你的爱情生活。第二个是当一个倾慕你的对象追求你的时候，你如何解决。可结合生活中的例子谈谈。

龙漫：这里我想分享一下梁静茹的一首歌——《第三者》，歌词是这样写的：她只是最最无辜的第三者，就算她消失此刻，告诉我能得回什么呢？责怪她又凭什么呢？她只是无意闯入的第三者。我们之间的困难，在她出现之前就有了，虽然我愤怒但是我明白的，把过错让她去背着，那是不对的。从这首歌中，我领悟到对第三者，我们需要的是一种包容，去包容她的无意闯入，尽量去原谅她的这些无意行为。这或许是对她、对自己的一种宽容。对于第二个问题，当我面临这样的问题时，在爱情阶段或许我会去比较两个人谁更适合我，但到了婚姻阶段，我会更加考虑到家庭、孩子之上。

于晓卉：跟大家分享一下我闺密的感情。昨晚她给我打电话，一直在哭，我一直在开导她。但是她在哭的时候并没有听得进我对她的开导，尤其是一个人在感情崩溃的时候。她是我大学同学，她现在的男朋友是一个体育老师。她谈过三个男朋友，我先说说她的第二个男朋友吧，也是大学同学。那个男生一直追求她，就是因为她很有吸引力，女生说当时因为寂寞才跟这个男生在一起，且这个男生对她非常好。但是她现在为什么总跟现任男友吵架呢？是因为她现在在读研究生，男生只是一名体育老师，这个男生感觉他俩不是一样的生活环境，所面对的事情也是不一样的，刚开始的时候男生会跟女生说说工作上的压力，说多了女生会觉得很烦。但是现在女生又说男生什么都不跟她说，她又很担心这个男生又有其他的女生了。其实在爱情中，男女双方都需要安全感。男生会担心女生在大学中遇到更好的男生会不会离开自己。但女生就会认为我对你好，我就会跟你结婚。在爱情中，男女生所考虑的事情是不一样的。两个人的侧重点不一样时，往往会有矛盾，会吵架。女生常常会认为不能放弃自己的尊严，但是男生也同样如此。在爱情中，男生更加理智，而女生更容易被感情冲昏头脑。当两个人在时间上错过，就失去了彼此；两个人在思想上错过，也是如此。我认为后者是更遗憾的。

卢猛：我觉得婚姻应该是两个人因为相爱而走在一起的结合，虽然现实中很多时候你娶的或者你嫁的并不是你最爱也不是最爱你的，甚至是完全不爱的两个人迫于各方因素走在了一起，但是我依然坚持相爱的婚姻，我觉得没有爱情，因为某种目的硬生生地结合的婚姻是对它的不尊重。这是我想说的我对婚姻最基本的理解。我觉得婚姻和恋爱不同，它不像恋爱那样纯粹了，它关乎的不再只是两个人的卿卿我我，我觉得它包含的东西更多了，家庭、责任、陪伴等。关于婚姻，我想作为一个未婚人士我能说的也只是浅层次的，也只是纸上谈兵，它的奥秘也许只有经历过的人才能深刻理解。

刘茂梅：对于第三者的介入，如果在恋爱期间的话，我觉得我是不能容忍的。正如有一句话是这样说的，能被人抢走的爱人便不是我的爱人。所以我会放弃。如果结婚了的话，没有孩子，我会选择放手。如果是有孩子的话，如果他依然选择离开，我也会放手，我相信我跟我的孩子也会过得很好。如果他是偶尔一次失误，可能我会原谅他。对于我，我妈妈希望我留在长沙或者回四川。大学期间，我也遇到很多男孩子，有他喜欢我、我也喜欢他的。但最后在毕业的时候，他说希望我跟他回老家。但是我不希望这样。最后他的决定是我们做朋友吧。有时候，在你倾慕一个人的时候可能你会考虑距离、考虑你的家人，并不是需要考虑自己的感受就可以了的。莎士比亚曾说："爱的力量是和平，从不顾理性、成规和荣辱，它能使一切恐惧、震惊和痛苦在经受时化作甜蜜。"我比较赞同这个观点。

爱情能使一个人变得宽容有爱，变得坚强果敢，变得沉着淡然，在经历过沧海桑田，不忘初心，依然紧握彼此之手，那是爱情的甜蜜、快乐与幸福。记得小时候曾经被问过的一个脑筋急转弯的问题：这世界上有哪些人？当时自己没回答上。答案是两种人，男人和女人。异性之间的感情，除去所谓的红、蓝颜情以外，最多当然是男女相爱之情——爱情。爱情可以是文学的。爱情的事物就是生活的事物，文学的事物离不开生活，在生活中离不开爱情的形式，文学的任何形式进行，没有爱与情的进行都是乏味的空洞的。纵观我们现有的文学作品，绝大多数作品一定有男女主角，一定会涉及他们之间的爱情。爱情也可以是哲学的。爱情的进行就是生命的进行，爱情诠释了生命，是人的思想对生命思维的形式表达，这种表达在哲学的形式里，可以进行存在的、有无的、意义的、形式的、精神的、物质的全部概括解释。拥有爱情需要很多方面的能力，我觉得最重要的是爱人的能力。爱的能力包括很多，付出的能力、宽容的能力、理解的能力和自我承担的能力缺一不可。不要指望爱人会为我们分担一切，很多东西我们仍然需要独自面对；付出比索取对爱情更有益，也使自己更快乐；宽容对爱情有出乎意料的效果，在要求、指责、恳求都达不到目的时，宽容也许可以奏效。最后真心祝愿天下有情人终成眷属！

吴建云：这是关于婚姻的故事。我的老师在结婚一年的时候生了小孩，她与她老公长期分居，后来她老公出轨了。当她知道的时候她很理智，后来她老公意识到错了，想寻求她的原谅，她跟她老公说："不好意思，我不能原谅我生命中出现的第三者。"之后，她离婚了。在她离婚之后，她的生活却有另一番景象，读书、生活、修养自我。也有人劝她与前夫复婚，但她还是很理智地坚持自己的选择。孩子判给了前夫，她偶尔去看望一下。一次，孩子问她，为什么自己有两个妈妈时，她很心酸。当时孩子还不到两岁。她回忆起大学时的爱情，一个武汉理工的男生追求她，他们是同乡，那时的爱情是非常美妙的，但没有选择他。她曾经说过，在最美的季节里我遇到最美的你，但是我就是这么理性，也就是这么要求的，我希望我的感情是完美无缺的，她出现了，我退出，我希望能给你，这也是最好的。爱情与婚姻还是有区别的。在爱情中，如果出现了第三者，我觉得有时候确实是需要放手的。如果婚姻中出现第三者，我会给彼此一个空间，如果觉得我们还是可以继续生活的，那么我们可以继续生活，如果不可以，那么我就放手。年轻人的爱情本身就是追求一种唯美的。我的爱情观也在改变，曾经我以为我遇到的一个人我会付出我的一生，付出我的一辈子。而现在我发现我变得更理性了，我会更珍惜自己、更珍惜现在。跟你在一起，我会好好珍惜、经营。但将来如何，我也不会强求。无论是在爱情，还是在婚姻中，都是需要经营的，当第三者真的出现时，或许放手是一个更好的守护。

张欢欢：爱情是世界上最复杂的感情，几乎所有的文化中，最美丽的故事和传说都是与爱情有关的。现代许多影视作品和歌曲也都是以爱情为题材的，爱情是生活中重要的部分，人们渴望美好的爱情，甚至为它生、为它死。自古以来就有“问世间情为何物，直教人生死相许”的感叹。梁山伯与祝英台、杨过与小龙女、白娘子与许仙这些我们幼时就存在脑海中的人物形象，都是与爱情佳话有关。当然，美好的爱情并不一定都是轰轰烈烈、人人皆知的，重在两厢情愿。只要双方觉得幸福、快乐，生活因彼此而变得更加有意义，愿意相互付出、相互爱惜，也足够了。那什么是爱情呢？我比较赞同网上看到的一句话：爱情不是乍见之欢，而是久处不厌。因为说到爱情，我们就会想到婚姻，想到未来的生活，我们不是为了一时快感才与某个人产生爱情的。乍见之欢并不能带来长久，要想稳稳的幸福下去，我们就应该找一个无论怎样都觉得舒坦的人，舒舒服服地过日子。爱情是对的时间遇见对的角色。爱情是愿得一人心，白首不分离。爱情也是你若安好，便是晴天。爱情同样是需要经营的，用心才能刻画出最幸福的风格。爱情有美好，也有苦涩，它能带来幸福，也能带来痛苦。正是因为这样，相互搀扶着走过，才会那么刻骨铭心吧。

胡一舟：说到爱情这个主题，我觉得在爱情里面两个人最好的状态就如舒婷的《致橡树》里面所描绘的那样：我必须是你近旁的一株木棉，作为树的形象和你站在一起……我们分担寒潮、风雷、霹雳；我们共享雾霭、流岚、虹霓，仿佛永远分离，却又终身相依，这才是伟大的爱情。在恋爱的过程中，我希望我能做到：不会总是担心男生会不会在下一秒就离开我，也不会在分开之后再后悔莫及，因为我真诚地对待了每一段感情和每一个人。在两人的关系中，我是一个独立的个体，也不依附于任何人而存在，也不会因为他人离我而去而过分悲伤甚至一蹶不振，我可以享受到爱情的美好，而不是深陷于爱情带来的痛苦。

袁野：爱情不等同于婚姻，更加不等同于性欲。爱情可以发生在电光火石之间，来得迅猛，但同时也不要祈求会天长地久。爱情中的个体心甘情愿为对方牺牲与付出。爱情中的个体双方不会以性欲为基本前提，而更多关涉情感。尊重对方，理解对方会赢得爱情更多的幸福，爱情结束时也切勿伤害自己或他人，做一个成熟的个体把握现在，因为爱情没有义务与责任。

唐松林老师：尽管我们可以给爱情下个定义，讲一些故事，但是爱情很复杂，很难说清楚。大家都说了一些，爱情对个人来说，可能会慢慢退化，到最后会更多地考虑一些道德因素以维持双方关系。有时在你的生活中，新的爱情会诞生，这也是爱情会产生一些悲情因素。面对这些现象，还是有一些方式去解决。首先要从自己做起。因为爱情要退化，美丽也会消失，尤其对女性。而男性由于社会文化的影响，正如张爱玲说的“红玫瑰与白玫瑰”那样，每一个男子都有过这样的两个女人，至少两个。娶了红玫瑰，久而久之，红的变了墙上的一抹蚊子血，白的还是“床前明月光”；娶了白玫瑰，白的便是衣服上的一粒饭粒子，红的却是心口上的一颗朱砂痣。张爱玲比喻得非常形象，她看透了人与人之间的各种感情。面临这种情况，要增强自己的魅力，保持自己的生活。要相信自己有强大的吸引力，以一种爱去吸引他。其次，爱情是不讲交换的，需要不停地给予，要不断地给他爱、理解他的需要。在爱情过程中需要自己的付出与无私的奉献。再次，要分担对方的困难。你爱他就是爱屋及乌，要对他的家庭给予一样的爱，要分担对方的痛苦与困难。最后，就是如何对待对方的不忠，如果对方有第三者怎么办？或许我们要有一种意识，或许未来的丈夫或妻子会遇到一些女性或男性，有时候需要学会装傻，有时候需要学会沟通，学会暗示与教育，总之要理性分析，不要动不动就覆雨翻云，大闹花灯，要学会理性分析，学会包容与理解，这样才能将我们的爱情更好地进行下去。但是，对于在座的各位同学，无论男女同学，我们要坚定，决不当第三者，决不做伤害他人与他人家庭的事情。

参考文献

[1] [9]吴鲁平．爱情的本质及其意义[J]．中国青年政治学院学报，1988(1)：31－34

[2] 樊丽萍．“柏拉图式的爱情”：一种被后人曲解的爱情观[J]．河北学刊，2004(5)：77－80

[3] [10][保]瓦西列夫．情爱论[M]．生活·读书·新知三联书店，1997：4－5，25－26，25－26

[4] 张卫东，杨学传．爱情的哲学思考——西方哲学家爱情观述评[J]．道德与文明，2003(2)：71～75

[5] 瓦西列夫·情爱论[M]．北京：当代世界出版社，2003：29

[6] 马克思，恩格斯．马克思恩格斯全集(第3卷)．北京：人民出版社，1972：40

[7] 常秀芳．当代大学生爱情观教育研究[D]．辽宁师范大学，2012

[8] 黑格尔·美学(第2卷)．北京：人民出版社，1962：332

婚姻：一种不断创新的爱

龙　漫*

时间：2015 年 4 月 28 日

地点：湖南大学教育科学研究院 320 教室

参加人员：唐松林（湖南大学教师）、邓洁隽、廖锐、吴建云、周舟、袁野、胡一舟、熊艳青、于晓卉、卢猛、刘茂梅、张欢欢、胡秀银、邱海青（泰国留学生）

在中国社会发展过程中，婚姻教育越来越受到广泛的重视。本讲通过对婚姻的定义和历史沿革、婚姻观念以及婚姻本质的探寻，进一步揭示出婚姻教育的重要性，并提出一些相关建议以促进婚姻教育的发展。

一、婚姻的定义

《简明文化人类学词典》对婚姻作如下释义：指社会所认可的男女两性结合形式，是建立家庭实现人类自身生产的前提。婚姻的功能有：为婚生子女建立合法地位；把权利移到配偶双方；在双方亲戚之间建立姻亲关系；使配偶双方具有公认的性关系。《中国伦理学百科全书·婚姻家庭伦理学卷》认为：婚姻是男女两性结合的社会形式，为一定社会制度所确认的夫妻关系。婚姻因结婚而发生，因配偶一方死亡或离婚而结束。婚姻通常被人们在两种不同的意义上加以使用：一是

* 作者简介：龙漫（1991 年出生），女，四川巴中人，湖南大学教育科学研究院 2014 级硕士研究生，从事教育哲学研究。

指男女双方具有合法的夫妻关系；二是把婚姻作为结婚的同义语，认为婚姻就是指结婚。我国古代对婚姻也有两种类似的解释。《礼记·经解》中说，“婿曰昏(古婚字)，妻曰姻”，婚姻就是指的夫妻关系；又《礼记·昏义》篇称，“昏礼者，将合两姓之好，上以事宗庙，下以继后世也”。把婚姻看成是结婚，看成是男女两个宗姓的结合。国外对婚姻也有此界说。基督教教义《新约全书·马太福音》上讲，婚姻是神把男女两性结合在一起的结果，“神所合者非人类所得离”。古代罗马法学家莫德斯蒂奴斯认为，“婚姻是男女以终身共同生活的结合关系”。

由此可见，婚姻涉及以下几个要素：婚姻的对象包括男女双方，也涉及双方的亲戚；婚姻具有道德和法律效应，并受道德和法律的严格约束；维持婚姻关系的因素多样，包括性关系、子女、家庭等，从某种意义上说，婚姻并不仅仅只是男女双方两个人的事，有时会上升到整个社会的高度。

二、婚姻的历史

在人类社会发展史上，曾先后出现过三种婚姻形式，即没有固定配偶关系、不带个体色彩选择的群婚；由一男一女在或长或短的时间里结为配偶关系的对偶婚；一个男子与一个女子相结合而产生的一夫一妻制婚姻。虽然奴隶社会、封建社会和资本主义社会的婚姻形式都属于单偶婚制，然而由于政治经济权掌握在男子手中，女子处于从属的地位，因此一夫一妻制并不排除公开的或隐蔽的一夫多妻制。从道德的意义上说，婚姻作为男女两性结合的社会现象，具有强烈的伦理意向，是直接表现一定社会中两性之间伦理关系的特殊组织形式。

如果按照人类社会历史依次更替的五种形态划分，每种社会形态对应的婚姻关系都有所不同。原始社会的婚姻在其发展过程中，依次出现了原始群团生活的乱婚、同辈血缘婚、排斥同辈同胞血缘的族外婚(又称作普那路亚婚)、对偶婚以及一夫一妻制婚姻。奴隶社会的婚姻形式上是一夫一妻制，然而奴隶主贵族实际上实行的却是一夫多妻制。买卖婚、掠夺婚、指配婚通行于整个社会。奴隶主贵族一方面通过女奴隶和妓女的存在，普遍享受着婚外性生活；另一方面，也公开实行多妻制，最明显的特征就是阶级性。封建社会是一夫一妻制婚姻，但这只对妇女而言；对成年男子来说，还有允许一夫多妻的纳妾制度和以嫖妓形式存在的婚外性生活。包括包办婚姻、买卖婚姻、童养媳、早婚、政治联姻、指腹为婚等多种形式。资本主义婚姻包含资产阶级与无产阶级婚姻的两个基本部分。与商品货币关系支配一切的状况相适应，资产阶级的婚姻关系是以通奸和卖淫为补充的一夫一妻制，主要包括金钱婚姻和自主婚姻两种形式。社会主义社会的婚姻是具有严格法律效应的一夫一妻制，使男女平等、婚姻自由、一夫一妻有了切实可靠的保障。

三、中西方婚姻观念

(一)西方婚姻观

古代罗马实行严格的一夫一妻制。罗马早期的婚姻主要是采取“有夫权婚姻”形式，妻子完全处于夫权的支配下。共和国后期，“无夫权婚姻”逐渐取代“有夫权婚姻”，出嫁女子虽然脱离了夫权的支配，但仍处在其生父的家长权之下。此外，罗马还存在一种非正式婚姻制度，即“姘合”，即许多追求爱情的男女因受条件限制而不能成婚，因此他们不得不采取事实结合的方式来达到男女双方永续共同生活的目的。从某种意义上讲，“姘合”是对古代门第婚姻的一种突破。[1]

在西欧中世纪，基督教决定和支配着人们的思想观念。作为对奴隶主贵族骄奢淫逸的生活方式的极端批判，基督教宣扬禁欲主义，在婚姻问题上，鼓吹独身主义。但西欧中世纪的教会不得不面对民众普遍结婚的现实，因此承认婚姻是一种仅次于独身的第二选择，并把婚姻视为圣事。为维护婚姻的神圣性，基督教制定了一整套婚姻伦理规范。这些规范有利于婚姻乃至社会的稳定，因此能够被社会所接受。教会认为婚姻有两个方面的积极意义：一是婚姻能够使人抵制诱惑、避免私通等罪恶；二是繁衍后代。[2]

随着西方工业革命兴起，资本主义迅速发展，资产阶级民主思想得到了广泛的传播，同时文艺复兴中提倡的人本主义将人权从神权中分离，倡导个人权利的维护和尊重，而婚姻作为一种个人的权利，是完全从个人角度出发的。这一时期的婚姻渐渐从上帝的爱中走向世俗社会，强调门第观念、财产、爱情在婚姻中的重要地位。

而到现代社会，更加重视人性与个人意志的自由，因而西方的青年男女注重个人交往恋爱的自由，互相结为夫妻，认为爱情就是要为爱牺牲，为爱奉献。婚姻的主要因素包括爱、宗教、平等、自由等。

(二)我国婚姻观

中国古代的婚姻制度是宗法制度下的包办和买卖婚姻，婚姻是男女双方家族的事情，婚姻的成立和解除由家长决定；在这种男子为中心的宗亲制度下，夫妻的关系是极不平等的，夫权至上，“夫者倡，妇者随”，女性附属于男性，没有独立的人格；婚姻和家庭是家族伦常关系的载体，所以在其中充满着伦理和道德的约束，而这造就了相对稳定的婚姻关系，女子要从一而终的要求培养了爱情的专一和忠诚的传统，家长制的控制使两性关系归于单纯，扼制了婚姻道德的沦丧[3]。鸦片战争后，随着民族资本主义的发展和西方文化的强势东进，西方社会的婚姻状况、人权观念、婚姻理论渐渐传入中国，引起了中国社会的共鸣。自由婚开始出现，文明婚礼逐渐流行，婚礼程序由繁趋简。婚姻自由、夫妻平等、个性解放一度成为当时社会的中心话题。[4]

改革开放以来，随着中国经济的发展，社会的进步，以及国民思想意识的进一步提高，人们的婚恋观也发生了巨大的变化，人们的爱情和婚姻的自由度加强了许多，这些显而易见的变化使得婚恋观念、择偶标准和婚礼形式更加丰富更加多元化。

近年来，人们的婚恋观还有了新的变化，这一变化体现在人们开始进行婚前财产公证，以保护彼此的经济利益不受损失。随着时代的变迁，人们价值观与生活方式产生了重大的改变，在婚姻的形式上更是多种多样，如丁克、闪婚、裸婚等，这些都体现了人们婚恋观的日益开放。

（三）中西方婚姻文化之异同

1. 中西方婚姻文化的共同点

（1）在思想观念上，中西对于婚姻及婚礼的重视程度是一致的，都认为婚姻是人生的头等大事之一；（2）二者的婚姻都受到宗教的影响，虽然宗教的形式与内容并不相同，却都对婚姻产生深远的影响；（3）虽然在爱情中强调的不分等级与贵贱，但是古今中外的婚礼仪式上，经济都不可避免地产生不同程度的影响。

2. 中西方婚姻文化的差异

（1）在价值观上，中国注重群体利益而忽视了个人价值的体现，然而西方更注重人性的感受体验。所以中国的婚姻至今仍带有强烈的传统色彩，在婚姻中的关系主要以家族的利益为导向与联系，而西方国家的婚姻中较为崇尚个人的爱情自由，所以西方人的个体感受更强烈，不容他人干预自己的婚姻生活。（2）在婚姻关系上，中国更多表现为夫唱妇随的关系，女性在婚姻生活中处于被动从属的地位。而西方更加强调男女平等，夫妻之间没有从属关系。西方没有中国“重男轻女”的观念，认为男孩女孩都是天赐最好的礼物。

四、婚姻的本质

关于婚姻的本质，哲学史上有三种代表性的观点：第一种是从婚姻的自然属性出发将婚姻看作一种性爱关系的观点；第二种是康德式的将婚姻看作民事契约的观点；第三种是从主观感性的爱出发认为婚姻仅仅建立在爱的基础上的观点。

黑格尔认为，爱是自然形式的伦理，是两个人在彼此身上得到承认并发现自己，与对方合为一体，这就要求爱慕者双方抛弃自我独立性；而婚姻则是具有法的意义的伦理性的爱。爱是一种牺牲和舍弃，爱只有在抛舍中才能取回自身，而婚姻不应该为激情所破坏，应用婚姻伦理的、精神的方面来消除那些不稳定的感觉和任性以维护婚姻的稳定。因此，爱从步入婚姻的那一刻起就不应再是任性之爱，而应升华为伦理性之爱，并最终积淀为亲情之爱，“爱”只有在爱情、婚姻与家庭中不断运动和升华才能圆满自身。[5]

罗素支持婚姻必须以爱情为基础，每个人都应该有追求幸福的权利，一旦涉及子女的婚姻就应该慎重对待离婚这件事。他在《婚姻与道德》这本书中分析了爱情、婚姻与幸福的关系。他提出何为婚姻以及婚姻幸福的条件，爱情是婚姻的动力，在生儿育女的家庭离婚的可行性和困难性。在前卫自由思想的激励下，罗素主张性解放和性自由，并赋予婚外恋等现象以合理化。[6]

康德将婚姻看作一种法律关系，从个人的私法权利角度来对这种关系进行界定。认为婚姻是两个不同性别的人，为了终身相互占有对方的性官能而产生的结合体。康德对婚姻的界定是以区分人的自然属性和社会属性为基础的，在康德看来，人的自然属性就是性的要求，是一种较为低级的欲求；从社会属性来讲，他把婚姻看作是基于物权的契约，获得一个配偶不能根据二人同居的事实而不事前缔结婚约便可以构成，只有通过法律才能获得配偶。[7]

恩格斯认为婚姻的道德基础是爱情，“如果说只有以爱情为基础的婚姻才是合乎道德的，那么也只有继续保持爱情的婚姻才合乎道德”。婚姻应充分自由，包括结婚自由和离婚自由，既然在婚姻中起主要作用的不是利益而是爱情，那么也就决定了婚姻的自由和自主。“离婚无非是宣布某一婚姻是已经死亡的婚姻，它的存在仅仅是一种假象和骗局。”家庭应建立平等的人际关系，家庭是以婚姻关系为前提，经济关系为基础的。[8]

我认为婚姻的本质是多元性的，正如我们对婚姻的直观感受，既能带给我们人世间最诚挚的感情，也能在每天的磕磕碰碰之后瓦解那份最诚挚的感情。我将从以下四个方面对此进行具体阐释：

（一）婚姻之爱

顾名思义，幸福的婚姻需要以爱情为基础，爱情是维系一段婚姻最坚实的保障。我喜欢的婚姻生活是这样的：两个人有各自热爱的事业，工作结束回家一起做饭，一起打扫房间，彼此微笑，假期一起旅行，一起看电影，一起逛街，有什么话首先会对彼此说起。就这样简简单单，干干净净，以爱之名，行爱之事。

（二）婚姻之美

美满的婚姻可以带来积极的正能量。我们总是感动于那些“执子之手，与子偕老”的爱情故事，对爱情、对婚姻也有自己的一份执念，那就是希望找一个对的人来一场永远不分手的恋爱，一起走进神圣的婚姻殿堂。但是，婚姻不是轰轰烈烈的誓言，而是平平淡淡的陪伴，愿在最好的年华里，遇到那个和你有着相同频率的人，能看懂你的喜怒哀乐，走过七年之痒，容颜老去还是爱你如初，繁华落尽依然不离不弃。

（三）婚姻之殇

周国平说："两性关系由三个因素组成，一个是性，一个是爱情，一个是婚姻。性追求的是快乐，爱情追求的是理想，婚姻讲的是现实，所以这三个东西实际上老是发生冲突。婚姻的困难就在于要把这三个不同的东西统一起来，确实是挺难的事情。"在现实的婚姻面前，越来越多的人屈服于现实的压力，宁愿牺牲自己的终身幸福，换取金钱、权力和名誉，企图满足永远满足不了的虚荣心。可是，没有爱情的婚姻真的只能"如鱼饮水，冷暖自知"了。

（四）婚姻之痛

在这里，我想向大家介绍一个概念："受虐妇女综合征。"它是目前国际通行的概念，用来描述"受虐妇女"特殊的心理和行为模式。她们经历的受暴周期一般是：关系紧张的积累阶段—爆发阶段—平静期—紧张关系的积累期。她们无处求助，并且受到威胁，暴力只会愈演愈烈，周期越来越短，直到多年的隐忍终于爆发，一旦开始，不可避免。在加拿大和美国，患有"受虐妇女综合征"的人，由专家证人出法庭作证后，可以获得轻判甚至免刑。但在国内，她们都是十五年以上的死刑、死缓。面对家庭暴力愈演愈烈的现状，我们的婚姻观、价值观、人性观都应得到重新审视。

五、婚姻教育势在必行

随着社会的发展，婚姻恋爱问题已经越来越引起人们的关注。在当今世界，无论是发展中国家的巴西、尼日利亚、孟加拉还是发达国家的加拿大、美国，都把大学生的婚恋观教育放在了重要的位置。当前，我国有些高校在开展大学生婚恋观教育方面，做了有益的尝试和探索，但还缺乏普遍认同，很多高校仍未开展。从当前大学生的婚恋观现状看，我认为这项教育势在必行。

（一）把婚恋观教育纳入人才培养大目标

大学生的婚恋观，反映了他们的精神面貌、品格和对待人生的基本态度。大学生的自我意识已基本形成，能对自己及他人进行评价，一旦他们树立了正确的人生观，对社会和个人有了正确的认识，就能科学地分析周围的事情，坚持正确的婚恋道德标准，并自觉抵制不健康的思想侵蚀，始终保持积极健康的人生态度，更好地投身到中国特色的社会主义建设中去。因此，开展大学生婚恋观教育，不要停留在传授知识上，要提升到人才培养的高度，使之更好地服务于新时期我国全面建设小康社会的目标。

（二）把婚恋观教育纳入课程体系

目前，高校把大学生婚恋观教育仅作为思想品德课程的一个章节，内容简单。许多教师也对这一问题的讲解缺乏科学精神，蜻蜓点水，一带而过。这种做法显然不适应对大学生进行有效的婚恋观的教育引导。要加强对大学生的婚恋观教育，教育者必须转变观念，解放思想，把大学生婚恋观教育作为思想品德课的重要内容，并贯穿于思想政治教育的过程当中。在这方面，我们可以借鉴世界其他国家成功的做法，把性生理知识、性心理知识、性健康保健知识、婚恋道德有机统一起来，共同纳入思想政治教育课程，运用多种方式开展教育。也可以开设必要的讲座、辅修课程。

（三）开展多渠道多途径的教育活动

1. 设立网站，充分利用互联网优势

互联网对大学生的影响超过以往任何传播方式，特别是当前网恋问题已经提到思想政治教育的日程，成为高校德育工作中的新课题，更需要我们占领网上阵地，加强正面教育。思想政治教育工作者要以平等的方式引导学生自我约束，自我教育。高校可设专属网站，介绍恋爱、婚姻和性的有关知识，并与学生平等聊天、讨论，加强沟通。这样，学生不仅能够接受正确的婚恋知识，而且可以大胆提出自己关心或困惑的问题，提高教育效果。

2. 开展朋辈教育，发挥群体效应

朋辈教育是利用朋辈间的影响力，通过发展自助群体，抵御各种消极影响。这一方式消解了青春期性教育中传统教育者（老师、家长）与受教育者之间的沟通障碍。朋辈之间，具有更多的共同语言和经验体验，有利于坦诚平等的交流，是大学生婚恋观教育的有效途径。

3. 开展多种形式的婚姻教育

利用讲座、心理咨询、热线电话等形式开展教育，加强教育的针对性，最大限度地使教育贴近生活、贴近实际、贴近学生思想，回答学生需要解决的问题。

（四）学校教育、家庭教育、社会教育相结合

大学生是社会的一个群体，大学生的婚恋观教育，无疑需要学校、家庭和社会的共同努力。对此，学校担负着义不容辞的责任，应发挥主渠道的作用。同样，家庭和社会也要发挥应有的作用，形成三者的合力，同一声音，同一导向，只

有这样，才能使大学生婚恋观具有稳定性和认知一致性。

讨论部分

唐松林老师：同学们可能不久之后都会步入婚姻的殿堂，这是人生中的一件大事。关于什么是婚姻，通过刚才的介绍，我们都有了一定的认识，也有一些感性的经验。在我看来，婚姻就是两个性格不同的人，在爱的力量的驱使下，身体和灵魂的契合。这种契合是在法律范围内发生的。如何选择、维护和经营婚姻，可能需要智慧和德性，还需要你的一种审美方式，其实婚姻就是一种审美、一种德性、一种智慧。婚姻没有很多科学的道理，很多时候需要感悟、觉醒、经营与创造。需要我们想办法去维持和保护我们的婚姻，所以婚姻是需要经营的。

今天讨论的主题就是如何建构以及思考自己的婚姻。钱钟书在《围城》中讲到，婚姻、事业等都像一座围城，走进去的人想出来，出来的人又想进去。但是我现在不太认同这种观点，以前比较认同。这可能也与人的年龄与人格的成熟有关系。许多人第一次婚姻是失败的，失败的原因主要是进入婚姻之前缺乏自主性与自由的恋爱。其实有的人进入婚姻之前就与对方合不来，由于父母之命或媒妁之言，结婚之前就感觉到结婚后可能要离婚。那为什么又要结婚呢？主要有以下原因：一是当时这门亲事是家长、师长或亲友的意见，有时因为面子观念，就觉得一定要照顾长辈的面子；二是不小心同居了，在许多人的观念中，同居是一件很大的事情，就好像你同居了就必须要负起这个责任。何况，对方也不差，甚至在外人看来，对方配自己绰绰有余，你还有什么值得挑剔和不满足的呢？就这样，就开始了婚姻生活，但当时就明显感觉到，对方的人生观和性格与自己的格格不入，的确不是自己想要的。所以，有些人说婚姻是一码事，爱情又是另一码事。我认为婚姻还是要以爱情为基础，许多人之间就缺乏爱情的基础，这就是婚姻失败的主要原因。三是门当户对的问题。我们那一代，城乡两种户口是有天壤之别的，一个城市的，一个农村的，家庭条件、生活习惯都存在天壤之别，这导致许多人经常在生活中发生冲突，特别是对待农村亲友特别是父母态度的问题上，双方经常发生激烈的冲突。四是时代的变化发展太快，观念也变化太快。双方在生活中相处不舒服，经常冲突，也想努力维持自己的婚姻。特别是有小孩了，会多出很多事情，许多人面临冲突时，在心里默默告诉自己一定不能提出离婚，一定要对对方好一点，不要在感情上走下坡路，努力地经营自己的婚姻。

没有爱情的话一定要慎重结婚。当然，也并不是说没有爱情就一定不能结婚，不完全是这样，这个完全是根据你的智慧，你的需要去衡量，有时候结婚是为自己的爸爸妈妈。我们的前一辈，他们大部分都没有什么爱情，都是媒妁之言、指腹为婚、父母包办，但他们有的也有爱情，所以完全是凭你的理性与感觉去判断。我先讲了，我们要认识到门当户对的重要性。如果你的亲戚都是一些穷亲戚，他的亲戚全部都是城市里面有权有势的，你们两个人的生活习惯、价值观念等都要经过长期的磨合。有的经过磨合，经过互相的妥协和接纳，能够使家庭维持下来，但有的却不能。门当户对不仅是指物质条件方面的，而且指精神层面的，包括家庭的文化模式和生活习惯。所以有时候我真的不太喜欢这种马拉松式的爱情，谈到最后自己又耽误了时间，可能到最后对双方都会造成伤害。我原来讲过真正的爱情实际上是一种生理反应，一种心心相印的强烈吸引，但实际上并没有这么多强烈的吸引。所以我们选择的时候确实需要智慧，要现实。我不需要那么多钱，只要两个人能享受自由的生活，就能过得很好。但金钱与权力却具有很强的诱惑力，我们要避免进入这个圈套。

吴建云：婚姻，虽然我们现在还没有触及但已经离我们很近，我们每一个人都会经历这样一个过程。我们可以想象也可以憧憬。有人说婚姻是爱情的坟墓，婚姻扼杀了爱情。我觉得婚姻只是在某种程度上淡化了爱情的浪漫而不是埋葬和扼杀。它只是用婚姻这种形式进一步表现演绎了爱情的浪漫。试想如果婚姻真是爱情的坟墓的话，为何每个人都在追求婚姻呢？我觉得，婚姻其实是爱成熟后的一种产物，它在一定意义上让爱更加的深邃和富有内涵，并赋予了爱一种神圣的责任，来完成一种生命的延续，使未来的一切继续繁衍生息，给了生活一种希望。没有婚姻的爱情只是一种空洞的情感，有了婚姻的爱情才会更加完美，有了爱做基础，婚姻才会更加美好的。持久幸福的婚姻是需要双方共同经营维护的，彼此的包容与理解才会让婚姻和爱情不变质。

胡一舟：我觉得在一段婚姻关系中，责任感是非常重要的。我记得我看过的一部电影叫《廊桥遗梦》，里面的男女主人公相爱了，但是女主角是有夫之妇，为了家庭和孩子他们最终还是没有在一起，有生之年也没有再见过一面，直到女主角死后的遗愿是想跟他埋葬在一起，她的孩子们才知道母亲有这样一段婚外情。虽然我不太赞成婚外情这样的事情，但是我很欣赏女主角的责任感。她与丈夫之间其实也没有爱情，虽然她只跟男主角短暂的在一起几天，可就像是找到了她的灵魂伴侣一般，但她为了责任她放弃了这段感情，尽责地肩负起了家庭的责任直到死去。而且更加感动的是，其实她的丈夫是知道这件事的，可是并没有说出来，而是选择了包容。正是有了这样的包容、节制和责任感，婚姻才能长久地保持下去，所以我觉得这些对婚姻来说是不可缺少的。

胡秀银：幸福婚姻的必备条件之一是包容。“包容”的“容”有两层意思：一个是女人的容颜要漂亮，那是面子；一个是女人的心里要有度量，那是里子。你的仪态里有一种温柔光彩，那你是一个大气的女人；你的心里有一个大度量，那你是一个幸福的女人。包容不等于顺从和纵容。人前给足面子，两个人在私密场合时却要开诚布公。婚姻里面需要爱，也需要智慧。现代社会，一些女人看待婚姻最大的误区是，她们拒绝成长，认为男人照顾女人是天经地义的事，是受良知和责任约束的。婚姻的责任和良知确实很重要，但是也不能过分夸大它的作用。一个女人对婚姻的维系不能仅仅依靠良知和责任，你得自己有魅力，让自己的婚姻一直是一个活体，而不是死去成为一个约定。这就需要自己不断成长。不能因为忙碌和压力而丢失两个人的私人时间，要度假，要休闲，没事聊聊朋友，聊聊世界，评价评价遇到的事，聊聊孩子和老人，这种沟通，会让你永远都能够体会到情人一样的浪漫，会让两个人的感情一直很契合。作为脑子活着的这个人要有理性，要很有责任感，家庭才会运转得很流畅；作为心活着的人，就要让家里有浪漫、有天真、有快乐、有梦想。这才是一个平衡的组合。

熊艳青：说到婚姻，大家可能会想到网上流行的段子，比如说“婚姻是爱情的坟墓”，当然也有拥护婚姻的人辩驳它：“没有婚姻，爱情将死无葬身之地。”不知道大家持何种观点，就我而言，我是倾向于后者的，爱情需要婚姻的守候。如何建构婚姻或者说维持婚姻，我认为需要做到以下几点：首先，彼此之间应该相互信任。其次，女孩子应该保持经济独立，钱可能不需要赚得很多，当然能赚到更多是更好的，总之，在经济上，不要一味地依赖男生，我觉得这也是女生维持自我尊严的一种手段。最后，当出现问题、矛盾时，需要一种很重要的态度：一种抱着解决问题的态度，只有两人正视问题，一起寻求解决问题的方案，相互体谅，彼此宽容，婚姻才能朝着我们希望的方向走。

袁野：不同于爱情，婚姻更多是涉及了责任与义务。虽然建立在爱情上的婚姻绝对是婚姻中最好的归宿，但是也不要企图于男女双方有了婚姻，就可以一劳永逸。婚姻需要我们用心去呵护与经营，任何事物缺乏爱就会失去生机。有人说，“婚姻是爱情的坟墓”，我却不敢苟同。因为持有这种观点的人，他们对婚姻是没有自信的，表面上婚姻只是将爱情用法律的形式武装起来，其本质还是爱情的延续与发展。婚姻双方个体因为有了责任，关系由于被约束而被固定，从而不会像爱情那样随意或是任性地解除。当然我们用“一纸文书”就将婚姻中的责任关系缔结，但是我们是否有真正理性的思考，为何这种责任是外在物赠予，责任感本是我们应有对人、对事的基本准则。一个缺乏责任感的人，他的婚姻注定经受不住外在诱惑，如风浪中的扁舟随风飘摇。“恐婚”一族表面上是害怕步入婚姻，其实本质是害怕责任带给自身的约束感。因此我们在婚姻中首先需要有责任感，有责任用爱去呵护家庭，有责任用爱去经营家庭，有责任用爱去稳固家庭，用心感受家庭的幸福，这样的婚姻才会经受得住时间的考验。

邓洁隽：对婚姻，我有如下几点个人见解。第一，我相信一见钟情的感情，只有第一感觉对了才能继续走下去，连第一感觉都不属于美好，那么继续相处也只是牵强。就像有很多人，是你无论多么为之倾心与付出都是徒劳的，因为一开始，就不是心之向往的人。第二，物质基础是美满婚姻的堡垒。古语言：“贫贱夫妻百事哀。”所以一个有责任感的人，一定是先成其事业再成其婚姻，因为只有这样才能真正地去对爱的人负责。第三，门当户对，不应只是物质上的更应是精神上的。许多人误以为婚姻的门当户对是两家的经济实力相当，我想这是一方面，但是更应注重精神境界、爱好偏向、性格人品的门当户对，在此基础上，两人相处久了也不相厌，因为两者的价值导向是趋于和谐共融的。第四，妥协与包容是婚姻的调和剂。相互扶持，相互体贴，相互融合是夫妻应有的品质。对于这个多元自我的新时代来说，我们年轻人的个性越来越具有张扬性和侵犯性，因此我们需要给予对方空间。婚姻的神奇之处就在于把世界上两个彼此不同且陌生的个体联结在了一起，所以我们应该好好珍惜，彼此拥有。

廖锐：刚刚老师讲到，最好认识五六个月就结婚，我觉得说得非常正确。我和我男朋友在一起很久了，久到都感觉不到当初的激情，有时候也会想是不是我们之间已经没有了爱情，所以我觉得谈恋爱真的不要谈太久。

卢猛：之前在微博上看到一句话：相似的人适合一起欢笑，互补的人适合一起到老。大概就是说相似的人只适合恋爱，结婚却要互补的才能长久。我觉得我不是很认同这句话，婚姻不是应该建立在爱情之上吗？那么爱情的发生在我看来就是两个脾气相投的人因为互相欣赏走在一起，因为有相似的经历，对待问题有相似的处理方式，这样在婚姻中才能去体谅对方，理解对方，婚姻才能长久。这是看到婚姻这个话题突然想到的一点。接着我想说一下面对婚姻中出现第三者怎么办？唐老师说这个社会可以容忍男人出轨，却对女人的出轨无比苛刻，我虽然能够理解在这个男性主导的社会中，这样一种现象存在的普遍性。但我觉得作为女人，我不能做全世界的主，却可以做自己的主，我们自己做到洁身自好的同时，面对第三者，我们要有勇气维护自己，出轨不论何种原因，都是不能原谅的，这个社会男人出轨被认为可以容忍，大多也是女人惯的。

邱海青(泰国留学生)：婚姻可以算是人生最大的转变和决定，是一对男女结合在一起共同生活变成一个家庭。若是选对的人当对象那就算中了彩票，但如果选错人了那可能是人生最大的一个错误。我在不久之前有看过一部电视剧《爱情回来了》，那里面有一段父母的对话，说的是“如果女儿嫁不出去就怕她辛苦，可如果她要是嫁得出去也怕她会吃苦”，我个人也比较认同这句话，因为谈恋爱只是一段时间，可是婚姻后的生活是一辈子的事。

周舟：婚姻，神圣不可侵犯。因此，在步入婚姻之时，要做好一切准备。婚姻不是谈恋爱，它比谈恋爱多了份对家庭的责任。可是人有时候难免会走错路，选错人。有些婚姻的破裂可能是因为性格的不合，有些则是因为别人的介入，也就是所谓的小三。对于小三，我是反对的。因为这样的一个名词就代表着她是破坏别人婚姻的人，即使原来的婚姻已经不再幸福。法律没有权利规定你不能喜欢谁，但他规定了每个人不能背叛婚姻，所以即使你自己的婚姻破裂，即使你遇见了更好的人，你也要处理好婚姻的关系后才有资格做其他的事情。而我觉得小三的存在是男女双方共同的错误，可能对女方的伤害更大，所以女生要为自己负责，也为别人负责。

张欢欢：婚姻是以爱为纽带建立起的社会关系，自古以来就被认为是人生中重要的大事，人生的幸福也多来源于此。和谐美满的婚姻会使生活的意义和价值得到体现，但美满的婚姻却不是唾手可得。一方面，成功的婚姻离不开夫妻双方的共同经营，包括双方自愿的、无私的付出，双方为婚姻生活所做的所有努力。另一方面，在我看来是基础的方面，就是婚姻双方的门当户对。也就是说，门当户对的婚姻成功和幸福的指数会更高。曾经在书上看到过这样一个例子，是印度学者做的研究，他们访问了某座城市中50对夫妻，发现由爱情结合的夫妻婚后5年，彼此爱的情感开始不断地减少；而由父母之命结合的门当户对的夫妻，开始爱情水平并不高，但会慢慢增加，5年后大大超过前者。当然，事实并不绝对。无论因爱情或门当户对而结合的夫妻，都会有幸福的、有不幸福的。个人看来，门当户对是重要的、是基础，但也要有爱情，可现实生活中并不是所有的婚姻都具备两者。这就是婚姻之所以难、之所以重大的原因吧。

刘茂梅：黑格尔曾说过，婚姻实质上是伦理关系，婚姻是具有法定意义的伦理性的爱。我们知道，在黑格尔那里，自由意志借外物（特别是财产）以实现其自身，就是法；自由意志在内心中实现，就是道德；自由意志既通过外物，又通过内心，得到充分的现实性，就是伦理。因之，黑格尔的那段话，实际上指出了婚姻具有基于爱情并由法律固定下来的道德关系的性质，体现了“双方人格的同一化”。这里，已经内含着爱情和义务应该统一的思想。强调爱情和义务的统一，是从现实的伦理关系出发的。一方面，婚姻是包括人们爱情生活在内的特定的共同体。爱情在婚姻中有着重要的地位，有爱情为基础的婚姻往往更幸福和长久。用马克思的话来说，即如果缺少“有效的和决定性的原则的爱情”，就只能是“没有灵魂的家庭生活，是家庭生活的幻觉”。因此，婚姻需要爱情为自己存在的伦理基础之一。另一方面，在现实的婚姻关系中，义务也是不可缺少的基础因素之一。一般地说，在婚姻生活中，义务是一种普遍存在的关系和要求。为此，我国婚姻法中明确规定“夫妻有互相扶养的义务”，“夫妻双方都有实行计划生育的义务”，等等。也就是说，一个公民，当他（她）依据法律，与他人缔结了婚姻以后，或者讲得更广泛些，当他（她）作为一个特定家庭的成员以后，就必须履行相应的婚姻义务以及由此产生的社会义务。我们以后都会走进婚姻的殿堂，要拥有或经营好我们的婚姻，我们应该把爱情与义务统一于婚姻中，那样的婚姻是幸福的，美满的，长久的。

于晓卉：我感觉不管是婚姻或者是爱情，都要做到两点：第一是相处自在，第二是包容对方。首先，相处自在特别重要，一般在爱情或婚姻中都是希望把自己最光鲜亮丽的一面表现给对方，但实际上，就算你再怎么精心打扮，相处久了，也还是会在那个人面前暴露无遗，所以我还是觉得两个人之间相处自在比较好，而不是为了取悦对方掩饰自己的天性。其次是包容对方。我在这一点上做得非常不好，我永远是被包容的那一个。现在幸福的婚姻大都有一个共同点，就是有一个人肯定非常能够容忍，女人相对男人而言，都会有一点小脾气，所以如果女生可以找到一个可以包容你的脾气，又不是不分对错一味迁就你的人，那我想你们的婚姻应该会很幸福，才能维持得比较长久。

唐松林老师：婚姻是需要经营的，幸福的婚姻往往包含以下一些要素：一是包容。刚刚晓卉讲到包容比较重要，婚姻中的双方每一个人都应不断包容对方。但根据我的经验，婚姻中容易出现的一个问题就是男生出轨的比较多，关于这个问题的处理，我不知道大家怎样看待？大家的包容也包括对这个问题吗？当你对对方的包容超过一定的界限，这个时候就需要你自己内心的强大，当然还得正确看待对方出轨的原因。二是给予。家庭不要讲太多的理性主要是讲情感，如不断地付出，不断地了解对方的需要，给予对方更多的满足与感动，你千万不要和对方谈公平，家庭里是无法谈许多道理的，甚至家庭是一个不讲道理的地方，但是它讲爱，讲美。三是节制。当双方面临外界的诱惑时，一定要懂得节制，远离诱惑。人类社会的很长一段时期都是男性社会，如男人都允许自己出轨，但不允许自己的老婆出轨，虽然听起来很不公平，但这却是一个现实社会问题。你如果遇到这样的问题，接受还是不接受，需要理性的分析，需要自我检讨，需要耐心的教育与等待。四是欣赏。需要一辈子欣赏对方。把整个生活过程作为一种审美，要经常有新的东西，因为两个人长期在一起，生活肯定会有审美疲劳甚至枯燥无味的时候，所以，婚姻需要用心，需要创造。

参考文献

[1] 兰奇光．古罗马婚姻制度探微[J]．湖南师范大学社会科学报，2005，34(5)：116－121.
[2] 那朝丹．浅议中世纪西欧基督教的婚姻观[J]．黑龙江教育学院学报，2011(4)：18－19.
[3] 秦亚东，黄大威．中国古代婚姻制度探析[J]．齐齐哈尔大学学报(哲学社会科学版)，2007(5)：62－64.
[4] 陈文联，桂运奇．西学东渐与中国近代婚姻变革思想的演进[J]．中南大学学报(社会科学版)2014(1)：216－222.
[5] 张有才．论黑格尔婚姻伦理思想及其当代价值[J]．求索．2012(3)：101－103.
[6] 张芳琴，罗索婚姻伦理思想及其当代反思[D]．上海师范大学，2010.
[7] 仲玉虹．用契约解析婚姻[D]．吉林大学硕士论文，2008.
[8] 马克思，恩格斯．马克思恩格斯全集，第二卷[M]．北京：人民出版社，1995：348.

幸福：难言的永恒价值

周 舟*

时间：2015年4月20日

地点：湖南大学教育科学研究院322教室

参加人员：唐松林（湖南大学教师）、周舟、龙漫、张欢欢、刘茂梅、胡秀银、邓洁隽、于晓卉、袁野、吴建云、熊艳青、邱海青（泰国留学生）、卢猛

幸福，人们总是挂在嘴边；有人觉得幸福，相反就会有人觉得痛苦；关于幸福没有一个确切的定义，所以幸福究竟是什么？怎样才能收获幸福或许是每个人都应该思考的问题。

一、幸福之定义

如此幸福的一天。
雾一早就散了，我在花园里干活。
蜂鸟停在忍冬花上。
这世界没有一样东西我想占有。
我知道没有一个人值得我羡慕。
任何我曾遭受的不幸，我都已忘记。

* 作者简介：周舟（1992年出生），女，湖南常德人，湖南大学教育科学研究院2014级硕士研究生，从事教育哲学研究。

想到故我今我同为一人并不使我难为情。
在我身上没有痛苦。
直起腰来，我望见蓝色的大海和帆影。

——米沃什《礼物》

幸福就是上天赠予我们的一份永恒的、无价的礼物。而在现实生活中，我们也经常会被人问道：你觉得自己幸福吗？又或者说某天在自己的朋友圈里发条状态：今天我很幸福！那么究竟幸福是什么呢？《现代汉语词典》上把“幸福”一词解释为“使人心情舒畅的境遇和生活”。百度百科则把幸福理解为一个人的需求得到满足而产生喜悦与稳定的心理状态。

亚里士多德认为“幸福是人类存在的唯一目标和目的”。“积极心理学”之父马丁·赛里格曼把幸福划分为三个维度——快乐、投入、意义。他认为每个维度的幸福都是好的，但是将浅层次的快乐转化为深远的满足感和持久的幸福感是一件益处更大的事情。弗洛伊德认为追求快乐是人类的一种本能。他指出：人的这种本能“是受快乐原则支配的，从而是超道德的，不理会是或非的”。所以幸福的首要因素就是快乐。穆勒觉得幸福是指快乐与免除痛苦，不幸福是指痛苦和丧失愉快，费尔巴哈眼中的幸福是人们需要、欲望满足后体验到的快乐。

二、幸福的本质

西方主要存在三种关于幸福本质的观点。

（一）快乐即幸福

在伦理思想史上，由于对幸福的定义不同，幸福论主要有两种形式：快乐论是其中之一，它是西方感性主义的幸福观所强调的观点；感性主义者以感性的人性论为基础，认为人的自然本性就是趋乐避苦，一切引起快乐的就是善，导致痛苦的就是恶，并把快乐视为人生追求的最高目标，是衡量一个人是否幸福的标准。而感性主义伦理学试图从人的感性（感觉、情感、欲望等）出发来确立道德规范。古希腊智者学派的感觉主义、居勒尼学派的快乐主义是感性主义伦理学的典型形态。亚里斯提卜曾说，一切有生命、有感觉的生灵，都欲求着快乐。感觉驱使着我们追求快乐而逃避痛苦。在古希腊的伦理学体系中，德谟克利特和伊壁鸠鲁等人倡导的幸福论或快乐主义是感性伦理学一个更值得关注的流派。在伊壁鸠鲁看来，快乐就是人们道德追求的最高目标，甚至是包括他自己的原子理论在内的人们所研究的自然哲学，无不是为了消除人们的灵魂烦恼，并且最终通过有节制的生活和社会的公正而真正达到“肉体无痛苦，灵魂无纷扰”。而在近代以来，法国卢梭的自然情感主义、爱尔维修的合理利己主义则都是感性主义伦理学的具体形态。

（二）幸福就是需要满足的心理体验

“幸福是人们需要、欲望满足后体验到的快乐。”费尔巴哈的《幸福论》，在人本学的意义上提出了“生命本身就是幸福”“幸福是人们需要、欲望满足后体验到的快乐”等观点。这是近代感性主义幸福观的代表人物关于幸福定义的一种经典阐述。他批判了康德、黑格尔等人所主张的抽象的、超自然的幸福观，也批判了基督教道德的虚伪性。这种观点是从满足个人需要的角度来分析和界定幸福的。需要产生满足这些需要的欲望，欲望产生实现它的实践活动，这种实现活动的目的则导致实现它的行为手段的产生，使人类的事件最终得以形成。所以，欲望是直接引发每个人行为的直接动因。

“幸福就是我们所能有的最大快乐。”莱布尼兹则是近代西方理性主义幸福观的重要代表人物。对于幸福是什么的问题，他既不同意斯多葛派的看法，也不同意伊壁鸠鲁的看法，而是力图对两者的看法进行综合和调和。他认为，我们虽不能把幸福等同于快乐，但也不脱离快乐来谈幸福。所以，他认为幸福就其最广的范围而言就是我们所能有的最大快乐。但是幸福与快乐又是有差距的，最大的快乐一般来说，都需要由理性指导，作为理想而经过较长时间的努力奋斗才能实现。所以在一般意义上说，幸福是理想实现的快乐。

（三）幸福是合乎德性的现实活动

苏格拉底、柏拉图和亚里士多德被称为西方理性主义幸福观的重要代表。他们在幸福问题上基本都是德性论者，但他们又有所不同。苏格拉底认为德性就是幸福。柏拉图继承了它的观点，认为德性和智慧是人生的真幸福，善的理念是最高的目的。亚里士多德认为德性是达到幸福目的的阶梯，拥有美德使人幸福，缺乏美德将妨碍人获得幸福；进而提出了“幸福就是一种合乎德性灵魂的现实活动”。

三、哲学家眼中的幸福

（一）亚里士多德的幸福

受苏格拉底、柏拉图的影响，亚里士多德也是从德性的角度来探讨幸福的。他认为，动物、植物和人皆有灵魂；植物的灵魂是植物营养吸收方面；动物的灵魂是感觉方面；人的灵魂是人的理智能力方面。因此人的功能应体现为理性的现实活动而不是单纯的生命。“一切德性，只要某物以它为德性，就不但要使这种东西状态良好，并且要给予他优秀的功能。”因此德性给予人优秀的功能，使人能更好地活动，由于有了德性人们才能更好地追求善，因此德性是人追求善的内在原因，德性之实现，也就是自我“优良性、优良品质”之实现，所以说，幸福也就是自我实现论，就是自我潜能的实现。而亚里士多德又认为，人类的情感世界是最复杂和最难把握的。唯有中间状态的情感是值得人们称赞和追求的。这种中间状态就是中道，即中庸之道。

(二)卢梭的幸福

首先，卢梭认为幸福在于减少痛苦，“自然人的幸福是同他的生活一样简单的，幸福就是免于痛苦，也就是它是由健康、自由和生活的必需条件组成的”。衡量是否幸福的标准就是谁的痛苦最少谁就是最幸福的人。而痛苦的产生源于我们旺盛的欲望，当欲望的增长超过了人类能力所能满足的范围，痛苦就产生了。所以平衡能力与欲望的唯一方法就是减少欲望。

其次，卢梭认为想要得到幸福还必须做到安静。“这是一种均匀的、温和的、既没有冲动，也没有间歇的运动”，这种运动其实就是指人的想象力。想象力可以无拘无束，本质上则是一种精神的自由。当残酷的社会现实阻碍了人的自由，想象力便会把人带向内在的精神自由。而不合理的想象力又会使人变得邪恶，所以卢梭提出让情感驾驭想象力，即要做一个有感情的人，即怜悯之情。

(三)庄子的幸福

庄子认为，幸福是一种安时处顺、自然无为的真实存在；他把幸福理解为一种贴近心性自然的体验，而把享受幸福的人生看成是在看似平凡而乏味的生活历程中安时处顺、效法自然的过程。他认为，只要依靠自己的主观感受就能够体验到绝对的幸福与快乐。因此，追求幸福之人应该尽量自觉地去掉什么、忘掉什么，而不需要如政治宣传、礼乐教化、仁义劝导等外在力量去教导什么、规定什么。幸福是自身精神的丰富，而非盲目顺从世俗标准。

庄子认为“圣人不由而照之于天”。即，只有达到圣人境界的人才能够明白上述道理，他可以不必追随世俗而积极地分辨彼此、是非、生死，而是自觉地超脱期间、顺其自然，人如果能够尝试着站在这个层面去认识和追求人生的幸福，他的精神就能摆脱世俗中相对的、有限的束缚，达到绝对的“道”的自由，从而获得绝对的、最高的幸福。所以追求幸福需要顺道守德，超越名利，淡泊生死。

四、幸福与教育

从最美好和最深刻的意义上说，所有的教育都应当是幸福教育。关于教育与幸福的关系，在很大程度上取决于人们对于教育的理解。在当代，教育与幸福的关系一直被忽视，这与当代流行的实证主义和功利主义的教育是密切相关的。卢梭认为当人们已经腐败时，对他们来讲，有知识总比无知好；如果他们还是好的话，应该提防科学会腐蚀他们。即他认为知识可以唤起人类的良知，使人类弃恶从善；但若人依然还处在纯真无邪的时候，知识则会腐蚀人的心灵。在他看来，知识是社会文明走向堕落的标志。因为人们在知识的诱惑下只知道向外索取，而忘了本性的回归。而人生永恒的财富与价值其实就是美德。这里也就是所说的教育往往强调知识的真理性和工具性，而往往忽视了教育的文化和精神价值。

所以说真正的教育应该站在以人为本的高度看，教育与人性、教育与幸福之间不仅密切相关，而且从某种意义上说，所有的教育都应当是人性教育和幸福教育，其过程和目的也应该是为了人的幸福。如果一个人忘掉了他在学校里所学的每一样东西，那么留下来的就是教育，而这个留下来的东西或许正是幸福教育最深刻的意蕴所在。

五、我的幸福哲学

幸福其实是一件很平常的事，但正因为它的平常特性，使得大多数人对它没有自我意识。幸福其实无处不在。不论是在爱情、亲情还是友情中，我们都能收获到幸福。寻找幸福、体验幸福时不妨把幸福标准降低些、内涵泛化些，对日常生活中那些有常无常、平平淡淡的充分体验又何尝不是一种幸福呢。幸福是一种内在的、个人的自我生命体验，它是一种自我满足、是随遇而安，也是对生命的客观尊重。以下我曾经体验过幸福感的时刻，想分享给大家，或许这会让你发现你也是一个一直被幸运眷顾的人。

(1)幸福就是早上醒来，看到一抹阳光恰好落到枕边。可以不用急着起床，躲在被窝里听着妈妈在厨房里轻手轻脚地忙碌，不一会儿荷包蛋的香味弥漫了整个房间。

(2)幸福就是穿着白色的棉布长裙走在华灯初上的傍晚，经过一家音像店时正好响起一首久违的老歌。于是停住脚步将歌听完，许多美丽遥远的回忆在脑海中渐渐清晰起来。

(3)幸福就是开心时有人陪着出去吃大餐，难过时有人拍拍自己的肩膀递上一杯温热的咖啡，犹豫不决时有人像灯塔一样照亮我前进的方向，累了倦了时发现有人一直在不远处默默守候。

(4)幸福就是在公园的长椅上看书，有一只皮球滚到脚边，把它拾起来还到追随而来的那个胖乎乎的小男孩手中，然后听他脆生生地说："谢谢姐姐。"

(5)幸福就是和大学同学聚会时，大家坐在一起回忆四年来每一个细小动人的情节，倾诉现实生活的得意与失意，讨论发生在身边的爱情故事……说到兴奋处大家肆无忌惮地哈哈大笑。

(6)幸福就是和他过马路时，他紧紧拉着我的手；就是坐在他那辆旧单车的后面，晃动着两条腿，看见风吹乱了他的短发。

(7)幸福就是用心采集生活中的点点滴滴，无论是苦是甜都当作人生的风景收入行囊，然后以更轻松潇洒的心态继续上路。

讨论部分

唐松林老师：关于如何获得幸福？可以从三个方面来讨论：一是从本能来定义幸福；我们的需要没有得到满足，就会产生一种相反的情绪，你就感到不幸福。所以幸福的定义是从人的本能出发的。二是我们的有些幸福需要满足时，它就会与社会发生关系，比如说资源有限时，就会产生竞争，博弈；所以我们就要从理性的角度来定义幸福，即我们的幸福要合理性。亚里士多德提出中道，就是让我们要适中，不能够巧取豪夺，损人利己；苏格拉底告诉我们要认识自己，要认识到自己的能力、社会地位、角色、权利、义务与责任，在这样的基础上，人才理性，所以谈论到权利与义务时，从最高的层次来说，那就是要合德性。当然德性和理性是交叉的甚至就是统一的，譬如说苏格拉底认为知识就是美德。三是就是要合德性，当然德性既有伦理方面的要求，又要合规范，还要合政治价值方面的要求。

关于幸福的主题，我们可以讨论三个问题：一是什么原因使人类经常面临不幸？二是人类的幸福有没有可能？因为很多哲学家认为人生来就会受苦的，比如叔本华，他讲的受苦主要在于人的意识，由于人的欲望无边，所以我们的苦难无边。我们人类的苦难就来源于我们的欲壑难填。佛教也是认为我们必须受苦，而要达到脱离苦海的彼岸，就要修身养性，这是一个自我克制以及自我救赎的过程，而这个过程是很痛苦的。基督教认为我们要受苦，是因为我们有罪，亚当和夏娃是有原罪的，所以要回归上帝，回归天国，你必须赎罪。三是假设人类幸福是可能的，人类怎样才能达到这种幸福？

廖锐：和大家分享一首刘若英的歌《幸福就是》："幸福就是该结束的时候不再强求，在你应该珍惜的时候别无所求，幸福就是去包容，却从不遗忘自我，懂得爱自己才会更加辽阔。幸福就是爱过，被伤过都有收获，在你还能被珍惜的时候珍惜你的选择。幸福是让爱更加辽阔。”她认为幸福在比较窄的意义上是在指爱情的方面，但是里面包含了一些比较有哲理的东西，像我们不需要勉强一些事情的发生，我们要去爱自己、珍惜自己。关于怎样得到幸福？一是学会满足，不去贪求太多，吃饱穿暖就是一种幸福。二是学会放弃，不强求，在经过一些努力后无法获得就应该放弃。学会放弃就是不让自己那么的痛苦，换个角度去看，世界就会更加美好。三是学会感恩。在这个世界上，我们不是一个人，而是一个群体，我们应该感恩所有帮助、爱过我们的人，从行动上获得一种幸福。四是学会爱与被爱。爱与被爱是我们每个人都要经过的历程。我们在生活中应该独立自主，不能遗失自己。被爱则是指不能强求，合理地看待被爱的问题。最后就是发现世界上的美，然后和大家分享一个自己所经历的事情：回宿舍的路上发现鸢尾全部都开花了，因为上了一天课比较累，看到那些花时眼前一亮，就感觉特别幸福。所以我们应该用另外一种眼光，去发现世界的一种美，而不是一直在想我要得到什么，或者想自己一直完成不了的事情，这样就会导致自己不幸福。

唐松林老师：学会放弃是一个很重要的生活原则。我们很多时候就是贪心，所以老师经常怀疑“树立远大的目标”的合理性问题。我认为，假使有目标的话，你的目标就是努力。但是，也不主张年轻人完全像庄子一样，拿着一个钓鱼竿去钓鱼或在海边晒太阳。所谓的努力指的是按照自己欲望的方向，既合理性，也合德性。我们在努力中无意中会生成很多的目标，其实目标是与你的机遇、与你的理性选择联系在一起的。不一定你预先计划达到一个远大的目标，那样的目标不一定是好东西。我们只要把努力作为目标，我们就能达到自己的目标，你努力了，机会一来就可以抓到。正如老子所说的，“圣人无为而无所不为，圣人无私而故能成其私”。所以我很喜欢亚里士多德的中道，就是任何事情要适可而止，相反我反对大家树立远大的理想和目标，但是提倡大家一定要努力，努力即是目标，越努力越幸福。

胡秀银：什么原因使人类不幸？我觉得第一点就是贫穷。这里有曾经发生在身边的故事：迫于生计，丈夫出去打工，就留下自己的老婆孩子在家里，导致大家都不幸福。很多人迫于生计，满足不了自己的生活，为了生存，就做一些让自己不幸福的事情。二是欲望。基本的需要已经满足了，还想要得到更多的，得不到就很痛苦，得到了可能伤害其他人，也不会幸福。那么有没有幸福的可能？佛教、基督教认为，人生下来要受苦受累的，是有罪的。但是我们身边还是有很多幸福的人，比如说，我有个在法院工作的同学，某天发表了一篇日志，讲述的是我同学自己的经历，他让他爸爸找一个调音师，把自己闲置在家的钢琴搬出来，想重新学习，我同学写道：以前想去做却来不及做的事情，我现在想要慢慢去完成。我觉得自己现在想做很多事，但是因为考试、升学，所以没时间去做，但是觉得自己可以在工作之后，来慢慢完成小的目标就挺幸福的。那么，怎样才能获得幸福？努力、奋斗、合理的符合德性地去努力，去奋斗。只要你去做了，你就会有收获。满足现在，做好自己的事情。最近风靡网络的最具情怀辞职信：中学老师想辞职，于是乎，他写道：世界那么大，我想去看看。我想去寻找生命的意义。这是一个好的人生态度，价值观。另外，还有一副对联：世界那么大我想去看看，钱包那么小哪儿都跑不了。横批：好好工作。其实幸福就是努力奋斗，让自己有能力去做自己想做的事情。有能力让自己的家人、身边的人幸福、开心。幸福就是享受当下的时光。到图书馆，在安静的合适的位置上看自己喜欢的书。幸福就是我爱的那个人恰恰爱着我，我们可以同甘共苦，一起做我们喜欢的事情，相亲相爱，不离不弃。

唐松林老师：前天看到微信上说，妻子把自己的孩子杀了，丈夫却安慰自己的妻子。这种行为是一种什么样的行为，它不仅很不道德，而且就是罪大恶极，这种现象的根源在哪里？用《七宗罪》里面的原因分析就是“发怒”，发怒的原因是贫穷，贫穷的原因又是什么？其实人的很多欲望与内在修养有关系。他不道德、不理性，他是满足自然的一种本能的释放。但是我们要思考的是，贫穷所处的外界环境，如社会制度。你不能完全从人的修养方面找原因，更要从社会环境找原因，一个人的生活要无后顾之忧，他才能够享受高度的自由，才能享受真正的幸福，因为自由是享受幸福的基本条件，贫穷是没有自由的。

幸福是需要能力的，但是我们讲幸福是一种能力，对有能力的人，能够获取物质财富，他们取得幸福的基础就好些，但是对于那种没有能力的人怎么办？我有一个叔叔，他生了一个女儿，招了一个女婿，但是某天那个女婿从建筑工地高楼上摔了下来，造成终身残疾，只能在地上爬。更让人痛心的是没有任何人负责。于是就找政府给他弄了一个政府方面的补助，补助了十年，结果前两年补助到期了，又找残疾人协会等机构办了一个低保，但是还是杯水车薪。这样的人怎么能够幸福？于是他选择了自杀。人的幸福需要一种社会制度，需要对这种人有一种社会保障制度，让他们活得有尊严一些。所以，幸福不仅仅是温饱问题，他还要有尊严。现在社会上许多的残疾人、老人、穷人等是没有尊严的，它不是内心修养就能解决的。所以胡秀银讲的贫穷是一个重要的原因，但是这种贫穷与我们的能力有关，也与我们的制度有关系。我在加拿大访学时，一个朋友开玩笑说，多伦多最好过的就是残疾人，然后就是老人和小孩，接着是妇女，然后就是狗，最后才是男人。这说明多伦多的社会保障体系是比较好的，有合理的对边缘群体的政策，这是我们需要反思的问题，也是大家正在解决的社会问题。

吴建云：每个人的幸福体验是不一样的，幸福感是不一样的，人的不幸福其实是由于一种比较，一种环境的压力与束缚。当你羡慕别人穿着名牌鞋子，而你只能穿着帆布鞋的时候，你的自我安慰应该是：你比那些没有脚的人幸福多了。龙应台的《孩子，你慢慢来》有过一句这样的话：“我坐在夕阳前照的世界上，望着这个眼睛清亮的小孩专心做着这件事，是的，我愿意等上一辈子的时间让她从容地把这个蝴蝶结扎好，用她五岁的手指，孩子你慢慢来。”但是现在的教育实际上是一种拉伸型的教育，相对一种自然的成长，过度的束缚就会让孩子感觉不到幸福。教育本身是一件幸福的事情，就像海子的：面朝大海，春暖花开。所以说，幸福不是满足于现状，不是不思进取，不是满足就够了，幸福也是要争取的，你现在做的事情永远是最重要的事情，你最重要的是做好自己。另外每个人都在追求梦想，追求金钱，但每个人需要做的是当梦想落幕时，每个人都要学会欣赏，即使你失败了，你的幸福感还是存在的。

于晓卉：我想说几个问题：一是不幸福源于个人的欲望。面对友情时，看到别人有闺密而羡慕，我们因比较而引发了自己内心的欲望，所以说，最终促使你不幸福的还是你的需求以及欲望的不满。亲情：网络上拼爹等现象，这是一种对亲情的欲望。爱情：我们拿自己的幸福指数和其他人的去比较。引发欲望的另一个东西就是工作。工资的多少、工作的舒适度，这些都会和我们内心的欲望相冲突。而这主要指的是情感上的享受度和物质上的满足度，这是每个人都要面对的。二是内心为什么有欲望？人就像向日葵，向日葵有向光性，人对美好的事物都有要追求的心理，所以人会产生欲望。欲望不是贬义的，年轻人需要追求，年长的人则学会了沉淀，这就是为什么年长人幸福指数会高于年轻人，因为他们学会了沉淀，大部分的欲望得到满足了，没有满足的欲望已经在生活中寻找了更好的方式来发泄。所以外部会让我们不幸福的原因就是外部会给予我们限制和约束。但这不是说我们需要触犯法律的底线来寻求幸福，而是我们在遵守了法律的时候还是有很多的不自由，包括我们的时间、条件的不自由。三是兴趣和爱好。在年轻的时候就要学着像老年人一样沉淀，找到一种让自己发泄的方式。有时候，会梦想着自己开一家花店或者咖啡店，然而目的不是为了盈利，而是为了在我忙碌的工作中，为自己提供一个安静的场所。就像前几天去过一个喝茶的地方，那个地方人很少很安静。在那里只见到了老板娘，但当时就感觉到那个女人很幸福。因为那里摆了很多书，就觉得她有一个爱看书，同时又会素描、水粉、水彩画的老公。那是一种在浮躁的生活当中，找到另外一种宣泄的方式；人生就是一个调色盘，而所有的颜色都是能够用调色盘调出来的，所以说我们的生活既要像每个颜色那样艳丽，又要有柔和。

唐松林老师：不幸福的原因来自于比较。而比较有几种，一种是物质上的，一种是精神上的。人类不幸福往往是物质上的比较。房子、车、金钱、社会地位等。我们往往忘记精神上的、美的，没有把这些作为幸福的要素。其实类似的情景有很多，但是我们往往没有把精神层面的比较列为幸福的层面。晓卉是追求一种平静中有品位的生活。她认为老板娘的幸福是源自她对幸福的理解，晓卉有幸福的基础，她的男朋友是学历史的，其精神层面是很丰富的。5000 块钱一个月的生活有时候比5万块钱一个月的生活可以过得更好。我们要强调生活的品味，老师曾经有一段时间去常德做讲座，看到农村的物质生活提高了，那些在沿海打工的人回到农村后修很漂亮的房子，但是那些房子基本上是没有人住的，可能就是一个老人和一个小孩住一栋别墅。农村的经济收入提高了，每个人都在比较，每个人都要修一栋别墅。农村生活水平提高了，但是生活质量并没有提高，我们的房子修漂亮了，但是传统的村落已经瓦解了，传统的文化瓦解了，没有内聚力了，农村传统文化出现了空洞现象。另外一个现象就是铺张浪费，一个农民甚至比一个城市中产阶级的日常开支还要大，这都源自我们对物质的比较。而我们追求的真正幸福的生活，在有维持人生活的基本的物质基础的前提下，更多的是要追求内心的宁静。所以，幸福与兴趣与爱好有关，这一观点是很有意思的，但你有怎样的兴趣与爱好也是有区别的。比如农村人喜欢打麻将，但是应该追求一点高雅的，精神上的享受，同时这种享受又能够辐射社会的。比如看书、沙龙等热爱生活的兴趣爱好，就能够影响社会。我有一个女同事，她保养得非常好，原因就是每天晚上她都会去跳舞。她的这种爱好给自己带来了一种身心的愉悦。而之前所讲的柏拉图的“理性的幸福”时，还包括有一个内涵：真正的幸福是国家的幸福。我们经常说：幸福是个体的。但是它的幸福是城邦的幸福，城邦里面的个人各就各位，每个人符合自己的审美享受，同时整体又和谐。所以你的兴趣爱好要有一种辐射的功能。个人的幸福也就是国家的幸福。

卢猛：每个人对幸福的理解都不同，当人的欲望逐渐得到满足，但这些真的得到满足时人就能够感觉到幸福吗？就像你想拥有财富，但当你拥有财富时，你可能并没有觉得幸福，也许是那个过程让你觉得幸福。但当你达到那个目的时，并没有你想象的那么幸福，所以不仅仅要学会满足，还要有感受幸福和创造幸福的能力。就是在这个过程中，你达到目的是你要有感受这个事物的能力，比如说你今天吃了一个包子、一个鸡蛋感觉饱了，在别人看来是很平常的，然而自己却感觉非常满足。如果今天没有下雨，能够爬爬山就会感觉更幸福了。可是时间久了就会厌烦，所以这种感受幸福的能力是不够的，偶尔还要自己去创造幸福。就像和自己相爱的人在一起久了就会出现一些矛盾。而如果偶尔一束鲜花，一个惊喜，你就会又幸福起来。所以说这个幸福是可以创造的。为什么说嫁得好的女人一般都是不起眼的女人，而不是女强人、女博士。就像周杰伦娶了昆凌，相比其他一些女明星，可能她能够带给他更多的幸福感。

唐松林老师：有些人就不会感受幸福，你比如当别人给你送一束鲜花，你要给别人一个肯定的眼神，给别人尊重，这是一种感受，一种接纳；但是我们身边有各种各样的人，有的对于自己身边合不来的人就会排斥，这不是一种感受幸福，而往往会导致一些冲突，所以感受幸福包括一种包容，包容差异、不喜欢的，它还包括一种平等的观念，就是平等地去接纳每一个人，平等地看待每一个人，即使他的幸福爱好与你不一样。但是更多的是我们要创造，因为日常生活时间久了就会乏味，所以我们要经常变换生活的形式，特别是夫妻之间，你要常常给予对方感动与美感。所以，幸福是需要创造的，幸福是需要理性的，幸福是需要想象的。

世界上没有救世主，没有上帝，真正的幸福要靠自己，最重要就是学会满足，学会放弃，学会创造。

熊艳青：和大家分享一个自己亲身经历的事情：和朋友坐公交车，一个残疾人把乞讨的盒子放在车厢的中间，然后他先向后面的人乞讨，后面的乘客就先给了他一块钱，残疾人又来到了车厢前面一个外国人前，外国人就拿出了自己钱包里一张十块钱，站起来走向车厢中间，把十块钱放在盒子里，然后自己在那里面找零钱。因为他只想捐两块钱，于是自己找了八块钱。在我眼里他不觉得自己这样没面子，没有愧疚感，而是很有勇气。所以说，幸福有时候或许就是坚持做自己，问心无愧就行了。每个人的要求不一样、期待不一样、给出的答案与解释也会不一样。但是它有一个共性：幸福是让人内心愉悦的一种感受。如何获取幸福或者说如何去维护我们的幸福，我觉得需要做到以下两点：一是不要比较，人都有喜爱比较的天性，越比较越不容易满足，内心与现实的落差也会越大，那么内心的愉悦感也会越来越少。二是不要惊动别人的幸福。不要刻意在别人面前揭穿他认为很好的事情，有些时候保持沉默，或者善意附和是一件成全别人幸福的事情，而这种幸福又是可以被感染的。比如说你的某个闺密刚买了一件新衣服，她认为性价比很高，可是你觉得它的样式很一般，这时候不去说衣服的缺点，或许能够让你的闺密持续好心情的时间更长。你也会因为成全了别人的小幸福而感到心情愉悦。

唐松林老师：幸福的条件之一是言行要合一，不要太爱面子，太讲虚荣，这只是一种短暂的快乐，不是真正的幸福，这种快乐不会永恒！你太爱面子，太讲虚荣，必然言行不一，这样的人很难有真正的幸福，一个经常说假话的人他能有幸福吗？所以，真正幸福的人要有诚实、简单、淳朴的品性。

邓洁隽：谈论幸福就像我们之前讨论过的生活这个话题：生活为什么会变得艰难？其实这也是不幸福的原因，那就是：得不到、不满足、放不下。从外部来讲，我们生活、学习都需要满足外部的需要，它是一种社会本位论的取向，一种追求功利的满足，正是因为那些达不到的满足，所以我们才会痛苦。但是，我们如果真正地得到了满足是否又会幸福？可能我们依然不幸福，因为我们没有学会满足。这可能就是人类追求前进向上所导致的。幸福实现的可能性会有多大？有些人可能会把这个问题转换为“权力的实现的可能性会有多大？金钱获得的可能性会有多大？”有些人则会转换为“快乐实现的可能性会有多大？自由实现的可能性会有多大？”我觉得幸福实现的可能性来源于一种内心和你对生活的态度。有一个人把人生和生活比喻成一个碗，这个碗能吃得起山珍海味也能装得下野菜粗饭。他的意思就是要我们懂得适可而止，因为装多易溢，所以幸福实现的可能性来自我们对生活的一种英雄主义，让我们看透了尘世生活的本质后依然能够热爱生活，追求幸福并且能够自由地思考。幸福可能实现的话，怎样去达到幸福？一是爱自己，爱自己的身体，爱自己的灵魂。爱惜自己的身体是追求幸福的基础，爱灵魂是爱自己的一种最高的境界。我们的灵魂应该不屈就也不清高，屈就是一种懦弱、苟且的表现，而清高只会让我们清而不高。二是学会安静，安静是幸福的条件之一。这种安静是一种内心的平静，当你平静下来时，你就可以自由地去思考。三是活在当下，珍惜眼前，不去过多地悔恨以前，也不过多地去妄想未来。

胡一舟：归根结底也就是得不到、不满足、放不下。其实我觉得这也跟之前谈过的"人性"的主题息息相关。在我看来，因为人性的缺陷才会让人不幸福。就像莫泊桑写的《项链》中的人一样，因为主人公的虚荣和不敢承担丢失项链的责任，辛辛苦苦劳作了很多年，结果得到了一个无比讽刺的结局。又像《追风筝的人》中主人公的自私和嫉妒，才会得到令人震惊且无比悔恨的真相，从而踏上赎罪之旅。反过来也可以说，只有勇敢的人才能得到他人无法与之相比的幸福，得到幸福是需要勇气的。

龙漫：你幸福吗？这是一个再简单不过的问题，可如果真有人这样问我，我会觉得很难回答。原因不是因为我过得不幸福，而是在于我从来没有思考过这个问题。在我的意识里，好像人们不幸的原因有很多，归结起来，我认为不外乎九个字：得不到、不满足、放不下。首先是得不到。人的一生会追求许许多多不属于自己的东西，抑或是在自己能力承受范围之外的东西。而往往那些得不到的事物是具有致命吸引力的，似乎有一种魔力使人们为之疯狂，而不顾现实条件是否允许，最后往往是得不偿失。有句歌词写道，得不到的永远在骚动，被偏爱的有恃无恐，正是对人们这种心理的真实写照。其次是不满足。人是一种贪婪的动物，总在忙碌地追求更好的事物更好的生活，当你满足了最初确立的比较容易达到的目标，又会立即追求下一个更高的目标，反反复复，永远停歇不下来。也许有一天，当你累了停下来看一看时，你已经错过了途中最美好的风景，而这些美好是任何金钱、权力、地位都无法换来的。最后是放不下。我们在成长的过程中会遇到许多困难和挫折，没有人在追求幸福的道路上是一帆风顺的，幸福之所以为幸福，正是因为其来之不易。因此，我们要学会拿得起、放得下，不要因为一点小挫败就放弃对幸福生活的追求。

袁野：从感性和理性我们都能得到关于幸福的定义，快乐即幸福或是幸福就是需要满足的心理体验。从人的内在出发，学会知足，适当地降低幸福的标准，人才更容易体会到生活中的美与幸福。一个拥有理性的人会告诉自己学会放下，学会知足，学会平静生活。心态的平静就是幸福。当然幸福也是一种能力，一种能够为他人创造价值的人，他也容易获得幸福。其中一个基本的前提也不容忽视，个体在社会生活中是平等地得到别人的尊重。

刘茂梅：有句话是这么说的："幸福的原因只有一个，而不幸福的原因有千万个。"所以幸福其实很简单，人类幸福是有可能的。那么怎么样使幸福紧紧握在我们手中呢？我觉得主要有两个方面。第一，达到物质上的一定自由（外在因素）。物质上的自由不是说幸福需要大量的金钱来做铺垫。这个物质自由是我们劳动或工作所得的报酬最起码能够满足自己以及家人的衣食住行，达到这个基本线就可以了。幸福与金钱的多少不是一种正相关的关系，物质有一定自由，我们不为衣食担忧，才有心情感受生活中的爱与幸福，才有时间去寻找和追求属于自己的幸福。第二，幸福取决于个人心灵（主观因素）。幸福如鱼饮水，冷暖自知。幸福是一种个人的主观体验与感受，正因为如此幸福才具有独特性，在相同的境遇下个人能感受到的幸福程度都是不一样的。如何使自己感受到幸福，首先我们就要有一颗能感受幸福的心灵。以前唐老师在课堂上曾说过生活不幸福的原因主要有三个：不满足、得不到、放不下。个人非常赞同这个观点。生活在世界繁华、丰富多彩的今天，人往往容易在欲求中迷失自己，变得欲壑难填，不能珍惜自己现在所有的东西，盲目地仰望着他人的幸福。所以人要幸福首先要做的就是学会满足，不盲目比较他人所拥有的，珍惜现有，珍惜当下。当我们追求的东西得不到时，如何不让这种失落与挫败感影响我们的幸福感呢？叩问我们的内心之门，它真的是我们要追求的吗？或者就是学会放下，放下那些不属于自己的追求。拿得起放得下，豁达地面对人生得失，拥有这样一颗心灵，我相信幸福一定掌握在我们自己手中！

邱海青：觉得人类的幸福都有可能实现，只要看个人重视的方面，其实幸福可能就是从简简单单的事创造来的。比如说，吃得好、睡得好、穿得好，如果学会知足就会感到幸福。我个人觉得幸福就是满足，只要我们达到自己的目标就会觉得自己好幸福，因为已经满足了自己的愿望。可是人生也不会一直那么幸福，有时候也会面临不幸，那就是我们没达到自己的目标或者是事情不是我们想象的那样。其实幸福是无限的，因为人生的愿望也是无限的。

张欢欢：幸福，其实幸福不止是快乐。周作人在《雨天的书》中说，我们于日用必需的东西以外，必须还有一点无用的游戏与享乐，生活才觉得有意思。我们看夕阳，看秋河，看花，听雨，闻香，喝不求解渴的酒，吃不求饱的点心，都是生活上必要的——虽然是无用的装点却是愈精练愈好。幸福就是对生活的满足程度，是一种主观情感和体验。幸福或不幸福只有我们自己知道，我们所追求的，正是自身能感受到的幸福，而不是别人看起来的所谓的幸福。幸福，需要经营。我们应使自己具备这种经营幸福的能力，善于发现，善于创造，学会满足，学会感恩。而关于幸福，人们却往往喜欢比对，什么事情都要跟别人比高低，幸福程度自然会降低些。看到过一项关于大学生幸福感的研究，结果显示当前大学生幸福感处于一般水平，幸福程度不高。原本正青春正风华的阶段，却没有相匹配的幸福。人人都羡慕的美好的大学生活，却因为有了太多的比较或被比较、太多的利益羁绊而黯然失色。我们需要静一静。在这个纷繁复杂、变化万千的社会中，不妨多问问自己，我们到底在追求什么？我们得到了什么？我们拥有什么？多一些思考的时间，多一些独处的时间，多一些放慢脚步的时间，静静地体会我们已经拥有的幸福，这才是生活。

周舟：最后，想谈谈自己最后的感想。笔者也问过自己同样的问题，我幸福吗？答案毫不犹豫的可以说是肯定的。因为我是一个特别容易满足的即将年满23周岁的孩子；之所以称自己为孩子，是因为自己的心中没有太多的欲望，在这个随心所欲的年纪，我有着爱我的亲人、朋友；我能够体验着躺在书海里的快乐；偶尔也可以毫无顾忌地来一场说走就走的旅行，知足常乐。这样的生活何尝不是一种幸福？所以我对于幸福的定义很简单：出生时每一个人身上都有着上帝给予的独特的烙印，然而它不是为了让你记住生活所带给你的苦难，而是让你学会去感恩生活中所带给你的一切，这时的你会发现幸福无处不在，幸福其实很简单。

参考文献

[1] 孟建伟. 教育与幸福——关于幸福教育的哲学思考教育研究,[J]. 教育研究，2010(2)

[2] 史修永. 现代性困境与人的幸福——弗洛伊德与马尔库幸福观比较研究[J]. 重庆社会科学，2006(5)

[3] 乔斯坦·贾德. 苏菲的世界[M]. 肖宝森译. 作家出版社，2014

[4] 方秋明. 幸福哲学视野下的教师管理模式探索[J]. 教育科学论坛，2008(7)

[5] 江传月. 现当代中西方幸福观研究综述[J]. 学术论坛理论月刊,2009(4)

[6] 王鲁宁. 马克思主义幸福的当代指导意义探讨——关于马克思主义幸福观中国化的若干思考[J]. 中共济南市委党校学报,2012(4)

且当后记：分享心灵

时间：2016年9月8日19:00—22:30

地点：唐松林家

参加人：唐松林、杨明刚、于晓卉、李吟霁、于思琪、李倩、郑洁、菲菲（外蒙古）、首本（老挝）、芦方园、周咪、冯誉萱、吕亚妮

杨明刚：在这里，除了老师，我的年纪最大，能够和大家成为同学，我深感荣幸，在此，尤其是要感谢唐老师，可以说，您是不仅是圆了我的梦，还圆了我们城步三十几万苗乡人的梦，因此，我会在接下来的几年时间里好好努力，一定要顺利毕业。

暑假期间除了看看书，写写文章，就是为湖大老教工合唱团排练，我要带这个合唱团去张家界参加全国合唱比赛，我为湖南省的老年合唱事业做了12年的贡献了，熏了12年，从他们身上学到很多东西，发现老年人的生活方式简单，遇事淡定，想法很质朴单纯，和他们在一起，对自己的生命质量的提升大有裨益，不是学他们颐养天年，而是学他们对人对事的那种超凡脱俗的心境，他们常常提及，要微笑每一天，生活就是要学会遗忘，学会宽容，学会感恩，老同志的这些优秀品质值得我们好好学习，我会在接下来的生活学习中去好好践行与学习它的。

各位学弟学妹们，你们可能不知道我工作了将近20年了，作为一名湘西南边陲的苗族农家子弟，一个人在长沙奋斗到今天很不容易，体味过太多的人间冷暖，尝过太多的酸甜苦辣，受过不少坎坷磨难，慢慢的自己的心静下来了，很多事情都可以泰然处之了，目标也更加明确了，大家有什么心思可以和我这个大师

兄倾诉，有什么困难也可以找大师兄解决，只要是力所能及的事情，大家就不要客气。

于晓卉：今年已经研三了，由北方离家到长沙读书，难免会有些思乡的情愫。所以，每次放长假也就成了完成学业之外较有期待的事情。其实刚回家新鲜感挺强的，毕竟离家时间不短，还是牵挂着家里人，但是时间长了，除了亲情的满足感获得之外，也并无其他。有时想跟爸妈聊天，但是毕竟他们的思想跟我还是有很多不同。我的父亲，是一个活在大山脚下的人，一生的勤劳也塑造了他山一样的淳厚品性，这也是我得益于他最本真的品质。我经常与他谈论自己毕业后将来的发展，虽然他也许并不能为我指明以后的方向，但是他给予我的那种坦然认识自己、面对未来的勇气，也为我的学业和生活指点迷津，不禁也有明朗之感。因此，在即将毕业之际，假期对我来说只是多了一些思考自己以后去向的时间。其间会考虑到找工作的现实性，会思量自己的前途应何去何从，所以整个假期过得也不轻松。与其在家里日日担忧，不如回校写好自己的毕业论文，所以我也就早早的回来了。其实，说到面临就业，也涉及责任感的问题，我一直认为自己对家庭也有一份责任。

大学毕业的时候，放弃教师编制的工作，父母支持我为了自己的梦想继续学习，但是作为一个成年人，我内心十分明白，他们内心所承受的压力以及对我未来发展的期盼。他们等我成长成才的时间一直在延续，所以我觉得我也应该为工作多做打算。至于毕业论文，其实暑期我已着手写论文，做调查问卷，翻阅相关书籍，但是我觉得自己闭门造车并没有什么意义，不管是对文章本身还是对自己能力的提高并无助益。闭门造车只会局限于自己的视野之中，对于与教育发展问题有密切关系的研究，还是应该多与外界沟通，与具有深切感悟的一线教育工作者交流与对话，才能激发我自身更多的创新意识。

回首三年研究生生活，我觉得跟唐老师，师弟师妹们在一起真的很有乐趣，大家一起谈自己的学业、工作、爱情等，我们由相识走向相知的过程令我倍感珍惜，珍惜在湖大的这段时光让我能得良师益友，感恩唐门的这段时光让我能够更加坚定地迎接未来的挑战！

李吟霁：大学毕业后我就关注志愿者的事情，因为我自己很喜欢外面的世界，也想靠自己的力量到外面看一看、闯一闯，我发现这次真有机会到韩国当一年的汉语教师，这好像是再合适不过的一条途径了。七月份在昆明参加了为期一个月的志愿者培训，这其中就认识了许许多多的有着各种抱负、各种理想的志愿者们，像我，可能是以此为途径来实现我到外面看看的目标，而他们就真的实实在在的是抱着传递祖国文化的信念，来选择这份事业的，不论所分配国家的贫穷富有，哪里需要他们他们就义不容辞。以前觉得这些人都是电视剧里才存在，当我实际看到还真的存在时感触颇深。也为自己选择了这条路而有了小小的骄傲，因为，才一开始，就已经带给了我不小的震撼，我肯定能有很好的收获的。同时，作为一个一路上学到现在的学生，这一个月所接触到的中国文化真的比我这么久的学习更多，既为自己之前忽视了这么多传统而自责也庆幸自己现在开始接触这些也为时不晚。所以，培训下来更让我坚定了我的想法。之后在家里呆了将近一个月，能感受到爸妈时时刻刻把我即将出远门这件事挂在心上，就免不了伤感，是啊，自己想出去圆自己的梦，父母就要承受思念与担心的折磨，这种时候，也讨厌自己的自私。可是不管怎样，就像唐老师说的，尽孝不是一直呆在家里就可以的，我也需要强大起来。

随着离开的时间临近，我越来越期待，但也越来越担心自己在那边会不会适应，因为未知的因素实在是太多，语言、生活、工作、人际关系各种，都是头一次，所有的都要靠自己解决。但是自己选择的路，跪着也要走完，我一直这么对自己说，我也相信自己可以的。

于思琪：我的假期相对没有那么多经历，回家后陪我妈妈去医院，因为她的手有些问题，住院了半个月。我在家会给妈妈做饭，帮妈妈刷牙、洗澡，妈妈很开心，我感觉父母的要求并不多，很细小的事情就能让他们感觉很温暖。我心里对他们也有一份愧疚，因为我的男朋友是长沙的，他们会很担心我会离开他们，因为父母一直都希望我将来在家乡找男朋友，一个人在外地，他们会担心很多。年龄越大，跟父母的心理距离越近，更多能理解父母，考虑他们的感受。

这学期我的打算是，跟着老师好好写文章，然后打算考人力资源和心理咨询方面的证书，因为毕业后我还是偏向在学校做行政工作。

郑洁：先说说家里吧，我觉得这次回家，我更懂得陪伴，我会陪着父母做他们喜欢做的事情，帮妈妈做饭，陪爸爸钓鱼，因为在外求学，回家的时间就越来越少，所以我会尽可能地让爸妈每一天都能过得开心幸福。

然后我想谈谈研一到研二的变化吧，我觉得晓卉姐说的一句话很有道理，人在特别想要做成一件事的时候反而会做不好。记得考专八时，我第一次没考过，而第二次的时候，投入的时间不及第一次考试，但是反而考过了，后来我明白其实无论什么考试，心态真的很重要，只要复习到位，就应该对自己有信心，而不必太纠结成败，才能发挥出正常水平。

研二阶段，我对工作有着些许期待，可能也是因为年龄大了后，感觉对家庭有着更大的责任，我也希望自己能通过社会的历练来更好的成长，当然我觉得还应该沉下心多读一些有益的书籍，把这些精神养料好好地吸收、消化、沉淀出更好的自己。

李倩：我觉得无论你经历什么，都是成长的一部分。我分享三件小事吧：第一件事是一部电影。和我同名的大学老师推荐一部电影《美食、祈祷与恋爱》，女主角在三个城市，三段不一样的经验，堪称女性的心灵鸡汤。而从这个电影里给我的感想是，世界那么大，一定多出去走走。所以每一年我都决定去不一样的城市，去体验不一样的生活。第二件事是一次无心的提问。一个阿姨问我学什么专业，我脱口而出一句“英语”。因为我觉得是别人礼貌性的问候，自己也就礼貌性的回答了一句。但阿姨就说她女儿也是学英语专业，现在在外研社工作，在北京……。现实的落差性，让我想到一个人的圈子不同，经历不同，她的格局也就不同。井底之蛙的我，真的应该作出改变。第三件事，考驾照。教练在我犯错时，马上提醒我，有时还会凶我，自己当时觉得很委屈。想到最近看的一个纪录片说到：当一个人愿意提出你的缺点时，证明那个人还没放弃你，证明他还很在乎你。有时我们会对夸奖心存感激，却对批评耿耿于怀，其实需要辩证地看待事物。

关于研二阶段的学习，我打算一如既往地跟唐老师好好做研究，很感谢老师一直以来对我的支持与鼓励。

菲菲（外蒙古留学生）：我觉得一个女生在外国读书，挺难的，尤其是生活方面。我很羡慕中国的孩子，他们只用担心自己的学习，生活上有家人、朋友可以陪伴。而我在中国却经常感觉到孤独，虽然在中国已经两年，但还是有很多难以适应的地方。我觉得我的汉语因为与人交流少了有所退化。

首本（老挝留学生）：我高中毕业后，因为受哥哥的影响，我到老挝国立大学读书，本科毕业后我教英语，我觉得我的英语不是很好，但是交流没问题，还缺少教书的经历。我的朋友从国外留学回来，他们也建议我留学。后来我就通过自己的努力来到中国留学，我不会中文，也遇到很多因为语言不通而带来的困扰。后来，我开始学习中文，我们班有来自不同国家的同学，老师告诉我们最好学习中文的方法就是多说，多听，多交流。只有说出来了，你才知道你说的对不对。

我也会想家，我家里有三个孩子，去年过年我同胞都回国了，而我没有回去，而是留在中国学中文。因为我未来想留在中国发展，我想做翻译，所以我会花很多时间去学习中文。我们国家人口700万，有很多中国的企业，我觉得会讲中文会给自己更多的就业机会。

芦方园：唐老师好，各位学姐大家好，我暑假找了一个实习工作，感触挺深的。之前在学校的时候听学长学姐说实习工作很好找，专业课学习不需要下很大功夫。但是并不是这样，我找的这家实习单位面试考核还是很严格，问了很多专业相关的知识，而且还做了一些专业测试。如果在学校不努力学习，专业课知识掌握得不牢固，找工作时还是非常困难的。

在我来学校的前几天，我姥爷做了一个小手术，本来是没什么大问题的，但是因为手术过后麻药造成了肠麻痹，问题很严重，我姥爷他肚子和腹部都鼓得很高，他特别瘦，肚子和腹部鼓起来的感觉像都要撑破一样，然后医生就采取灌肠措施，就是把管子从鼻子里插进去到胃里，这个过程中，很痛苦，他真的是一个很坚强很能忍的人，以前当兵时被子弹打穿都没有说过疼，这一次，他一直在说：

“算了吧，取下来吧，受不了了。”我在旁边站着，泪水一直流个不停……心里面是心疼，心痛，比那些病痛发生在我身上还难受。小时候，我一直是姥姥姥爷在看我，因为上学的缘故，小学中学一直住在姥姥家。小学总是姥爷接送我，风雨无阻。记得是读小学二三年级的样子，我过马路时被车撞到了一次，很轻。但是心里却特别害怕过马路。有一次，姥爷跟我说，今天让我自己去上学，他有事没办法送我。因为家距离学校比较近，我几分钟就走到了马路口，我站在路边，迟迟不敢过去，很害怕。就在我来回徘徊间，侧身看到了姥爷骑着车子在我身后……类似种种，数不胜数。家人给了我太多爱，太多关心，太多付出，太多感动。我的姥姥姥爷都很爱我，我也很爱他们。希望他们身体健康，远离病痛折磨。来学校的当天，姥爷已经恢复正常了，管子拔掉了，脸上也有了血色。我的心也放下来了，全家人的心都可以放下来了。

假期的时候，我还去了杭州，那边正在开 G20 峰会，检查特别严格，整个城市也非常干净，去了西湖、乌镇等一些景区，我个人不是特别喜欢乌镇，可能是因为商业化太严重了，只能依稀寻得江南水乡的踪影。我还是比较喜欢自然的景观，青色的石板或是潺潺的流水都足以让我感动。

周咪：先说我这个人吧，我是一个还算比较独立的女孩。我本科四年是在湖北读的大学，爸妈在外地工作，我们基本上一年见两次，一次是国庆，一次是过年。其他时间就是打电话和视频聊天。也就是这样，我比较容易适应新生活。所以，来到湖南大学也没有像你们这样不适应，反而挺期待今后的生活。

然后，聊聊我的暑假。今年暑假找了份暑假工，在奶茶店工作。工作也不是很辛苦，就是工作时间有点长，而且一站就是一整天。往年的暑假我都是去爸妈那边做暑假兼职。今年就留在了株洲。一个是想弟弟一个人在这边，想和他一起，多陪陪他。另一个也是想锻炼锻炼自己。因为以前暑假去爸妈那边，只需要去打工就行，其他的什么事情都帮我安排好了。但在这边我需要自己去找兼职，然后每天得照顾自己的饮食，因为找的工作不包吃住。收获也挺大的。比如说“坚持”，整整三个月只休息了三天，体会到“坚持”的重要性。就说这么多了，我会好好享受在湖大的学习时光的。

冯誉萱：首先我想说能成为唐老师的徒弟很幸运，能认识优秀的师兄师姐很开心。唐老师在学术上的造诣就不用说有多棒了，刚刚听了学姐们及周咪、方园分享她们的各自的经历和感悟，我就在回想自己读大学时，作为学生干部，和老师同学的关系也很融洽，但真的从来没有一次像今天这样，大家坐在一起分享内心里最真实而又最不经常表达的东西，我觉得很棒。

其次我就说说我的想法和研究生三年的计划。我大学选择考研是因为在大学接触到了一些有很渊博知识的老师和一些很优秀的同学，我看到自己身上有太多的不足。读的书太少，加之我本身又没有很丰富的经历，所以感到自己无论是在思考问题还是在做事情时都有好多“界限”。眼界太小，思维不开阔。我愈来愈感到我对知识对阅读是渴望的，是迫切的。我也很庆幸在我现在这个年龄，对知识的渴望超过了对服装和化妆品的迷恋，每拿到一本新书还有小学一年级刚入学那时的新奇和珍惜。

刚刚师姐们都有谈到生活的压力，我也有压力，但又不同于她们。毕竟是跨考教育经济管理这门学科，现在自己还完全是一个门外汉。上了一周的课，感觉压力越来越大，老师上课讲的好多专业词汇不知道，提到的书籍几乎都没读过。有太多的知识要学，太多的书要读，感觉时间还是蛮紧张。反而是生活压力还要小一些吧。很幸运自己是家里最小的妹妹，姐姐都大学毕业工作了，父母现在就供我一个孩子读书，没有太大的压力。我的父母一直鼓励我多读书，充盈内心世界，他们也都认为，尤其是女孩子“腹有诗书气自华”，会较男孩子更明显。我希望有机会的话能够继续攻读博士，爸妈也很赞成。我特别特别感谢我的父母和姐姐。所以啦，接下来的打算就是好好学习，大量地读书，在研一打好基础，尝试着去写写文章。研二研三肯定要多多写文章，有机会申请读博还是要试一试的。总之，希望这三年的幸福和充盈都来自于书香吧。

吕亚妮：唐老师好，各位师兄师姐们好，我叫吕亚妮，来自湖南邵阳，今年21岁，我可能是唐老师这一届招的学生里最小的，因为我是一名公费定向师范生，初中起点，也就是说没有读高中，便来到湖南第一师范学院学习了五年，专业是小学教育，毕业后分配回了当地的一所乡镇中学教英语。之所以考研不是因为不热爱教师这一份职业，而是在这两年的教学经历中，有心无力感愈发强烈，当我站在讲台上，穿上高跟鞋个子也不比台下坐着的学生高多少，20出头的我也不比学生们大太多，有的时候上着课，心里是有些发虚的，我希望自己不管是精神上、知识上都能够再丰富一些，这样在鼓励我的学生们努力学习时，也能更有底气。于是和大学的几个好朋友一起准备考研，考研的时候会遇到一些困难，相信大家都感同身受，对我来说，最大的困难便是平衡工作和考研的关系，我是个责任心较强的人，我认为考研是我个人的事，个人的事绝对不能影响到我的工作，既然我还在这个岗位上，那么本职工作就一定要做好，要对自己的学生负责。我带了两个班的英语，其中一个班是毕业班，所以经常周末补课，这在考研后期冲刺阶段时是很崩溃的，总感觉没有时间。在这里我一定要感谢晓卉姐姐，如果不是晓卉姐姐帮助我鼓励我，我很可能就已经放弃了，不是她打电话来给我信心，坚定我的信念，我今天就没有机会坐在这里，真的很感谢姐姐。

关于读研的计划，首先肯定是好好上课，夯实专业知识，大量阅读，拓宽自己的视野。具体来说就是在研一的时候除了认真听讲完成学习任务之外，我想考一次雅思或者再刷一次六级，如果学有余力想再考心理咨询师的三级证书。如果有机会的话，我希望能继续读博，家里对于读博这件事也不是太反对，但如果自己没有这个资质，毕业后工作的意愿是进大学当辅导员，或者考长沙市的教师编制，也许会考公务员，但我个人还是比较倾向于教师这个行业。万分荣幸能成为唐老师的学生，能有机会和各位优秀的师兄师姐一起学习进步，研究生三年还请大家多多关照，我也会加油，不辜负自己和这三年时光。

唐松林：今天非常高兴，又迎来了2016级新生，大家刚才的发言使我们加强了相互的了解，特别是对新生的了解。这两天，我和范老师说，对二年级有的同学开学只有思琪准时到了，其他三人都没返校我有点看法，好在刚才李倩、吟霁都来了，郑洁在家生病的，昨天也来了，我突然情绪好了许多。虽然，我们二年级没有课了，但是我们要天天在学校，积极参加学院与学校的相关活动。所以，我希望大家准时返校，这不仅仅是唐老师爱热闹，希望经常看到大家，而且是一个基本的规范、纪律与做人的常识问题。我从教以来，很少有说纪律的情况，但今天我要说一下，除了说“纪律”问题，也说说“孝道”的问题，我之所以说“孝道”，是因为我今天说的“纪律”与“孝道”有点关联，最后也说说“责任”的问题。

首先，关于纪律。我觉得纪律不只是起码的作为社会人的规范，而且是一种对世界的爱与尊重。如对学院、对学院领导和对老师的爱与尊重，如果我们从爱与尊重的高度理解纪律，我们的人格中即使没有规范和纪律的概念，你也不会违反规范和纪律，你就会“随心所欲而不逾矩”。唐老师经常给大家说，人类最高的道德就是你做人的理性与知识，这也是苏格拉底的名言：“美德即知识！”其实这种知识从某种意义上说，就是你热爱世界与尊重世界的态度与人格。你有了这样的态度和人格，你就是自由的人，你就是一个温暖、守纪的人，你就会在自己的生活中没有条条框框，但是你绝不会犯错误，这是纪律的最高境界。

其次，我要讲讲“孝道”。为什么突然讲这个问题？是因为我们几个迟到的同学，你们不是因为勤工俭学而迟到，也不因为社会调查或科学研究而迟到，而是因为在家里尽“孝”而迟到。人要尽“孝”，这是必需的，但什么是“孝”？我经常说，你的健康成长与学习进步就是非常重要的“孝”！古人讲“不孝有三”，其中第二条就是包含这个意思，即如果你不寻求功名利禄，不能光宗耀祖，在事业上没有进步，这是很大的不孝(第一“孝”)！所以，尽孝，不是天天在家守住父母，而是常常回家看看！当然，这里说“功名利禄”“光宗耀祖”有些陈腐或落后，但是，我要说的是，促进你发展的真正力量，是天天把自己看成是零，或常常发现自己的无知！决不是你和你的父母比，你成了研究生的那种傲慢与得意忘形！第二“孝”是结婚生子。即我们知道的“不孝有三，无后为大”。你到了适宜年龄，要娶妻或出嫁，要生育子女，延续你家的宗祠，这是最大的“孝”。所以，我经常鼓励你们读研期间最好完成恋爱、结婚、生子、毕业等四项任务，如果这样是非常好的。第三“孝”，是你父母老了不厌倦他们，他们有过失你规劝他们，不至于他们在社会上受到非议或被指责。